BIBLIOTHÈQUE THÉOLOGIQUE

DU XIXᵉ SIÈCLE

Rédigée par les principaux Docteurs des Universités catholiques

ENCYCLOPÉDIE, APOLOGÉTIQUE
INTRODUCTION A L'ANCIEN ET AU NOUVEAU TESTAMENT
ARCHÉOLOGIE BIBLIQUE, HISTOIRE DE L'ÉGLISE, PATROLOGIE, DOGME
HISTOIRE DES DOGMES, DROIT CANON, LITURGIE, PASTORALE
MORALE, PÉDAGOGIE, CATÉCHÉTIQUE ET HOMILÉTIQUE
HISTOIRE DE LA LITTÉRATURE THÉOLOGIQUE

TRADUCTION DE L'ABBÉ P. BÉLET

DROIT CANON

PAR LE Dʳ FRÉD.-H. VERING

Professeur des deux Droits à l'Université de Heidelberg

II

PARIS
SOCIÉTÉ GÉNÉRALE DE LIBRAIRIE CATHOLIQUE

PARIS	BRUXELLES
VICTOR PALMÉ	**J. ALBANEL**
Éditeur des Bollandistes, Directeur général	Directeur de la succursale de Belgique
76, RUE DES SAINTS-PÈRES	12, RUE DES PAROISSIENS

GENÈVE
Henri TREMBLEY, IMPRIMEUR-ÉDITEUR
1881

BIBLIOTHÈQUE THÉOLOGIQUE

DU XIX⁰ SIÈCLE

DROIT CANON

II

BIBLIOTHÈQUE THÉOLOGIQUE
DU XIXᵉ SIÈCLE.

~~~~~~

DROIT CANON.

LIVRE II.
LA CONSTITUTION DE L'ÉGLISE.

CHAPITRE PREMIER.
LA CONSTITUTION DE L'ÉGLISE EN GÉNÉRAL.

L'ÉGLISE CATHOLIQUE

§ 57. Propriétés essentielles de l'Église catholique.

I. Selon la doctrine catholique (voyez ci-dessus § 1ᵉʳ), l'Église est la société de tous ceux qui font profession de la foi chrétienne, reconnaissent les sept sacrements et forment entre eux une société gouvernée ici-bas par les évêques, ou successeurs des apôtres, soumis à l'autorité du Saint-Siége, et en dernière instance par le pape chef visible de Jésus-Christ [1].

---

[1] Conf. *Catechismus romanus*, part. I, cap. x, quæst. 10 et seq.; *Concil. Vatican.*, sess. IV, *constitutio de Ecclesia Christi*. Voyez aussi le *Schema*

II. Jésus-Christ lui-même est apparu ici-bas sous la forme sensible de notre humanité pour y fonder son royaume vi-

<small>constitutionis dogmaticæ de Eccl. Christi, cap. 1 et seq., dans Martin, Omnium concil. Vatic. documentorum collect., édit. 2, p. 38. A l'appui de notre définition de l'Église catholique (qui est du reste incontestée et admise même par des canonistes protestants, tels que Richter, Droit eccl., § 91; Hinschius, Droit eccl., dans l'Encyclopédie du droit, de Holtzendorft, 2e éd., Leipzig, 1873, § 3, p. 611), les Archives, t. XXX, p. 433 et suiv., contiennent une multitude d'arguments. De cette notion de l'Église, il résulte que les vieux-catholiques ne sont plus catholiques; car ils rejettent non-seulement le dogme de l'infaillibilité du pape, régulièrement défini par le concile du Vatican, mais encore d'autres dogmes catholiques, comme celui de l'infaillibilité de l'Église en général et de l'infaillibilité du concile œcuménique, la primauté du pape et l'immaculée conception de Marie. Ils n'ont pas les mêmes sacrements que les catholiques, et ils ne peuvent administrer validement celui de la pénitence, car leurs évêques et leurs prêtres sont sans juridiction. Ils ont même modifié de leur propre chef la discipline pénitentiaire de l'Église en abolissant la confession auriculaire. Ils ont établi enfin une constitution ecclésiastique indépendante, uniquement représentée par des organes choisis dans leur sein : synodes, évêques, prêtres, représentation communale. Les vieux-catholiques forment donc, en ce qui regarde la doctrine, la discipline, la constitution, une société religieuse distincte de l'Église catholique.

Ils sont de plus formellement exclus de la communion catholique en vertu de l'excommunication prononcée contre eux par le chef légitime de l'Église (voyez la constitution dogmatique Pastor æternus, conc. Vatic., sess. IV, cap. IV) : « Si quis autem huic nostræ definitioni contradicere, quod Deus avertat, præsumpserit, anathema sit. »

Un décret de la congrégation de l'Inquisition, du 17 septembre 1871, confirmé par le pape (Archives, t. XXVII, p. 171), déclare que les « vieux-catholiques » sont, en tant qu'hérétiques, exclus des fonctions de parrains, et que leurs mariages avec des catholiques sont soumis aux mêmes prescriptions que les mariages mixtes; que pour les mariages entre deux vieux-catholiques on devra observer ce que la Pénitencerie a statué le 10 décembre 1860 concernant les mariages de ceux qui sont frappés de censures.

Comme l'indifférence en pareille matière ne serait pas de mise aujourd'hui et qu'il importe d'éviter toute espèce de scandale, un bref pontifical du 12 mars 1873 défendit aux catholiques de se servir des mêmes églises que les « vieux-catholiques, » ces « nouveaux hérétiques, » et ordonna d'interdire les églises catholiques assignées aux « vieux-catholiques » par le pouvoir civil.

Cette mesure fut expliquée plus tard en ce sens que « l'omission pure et simple du culte divin devait immédiatement avoir lieu dès que les nouveaux hérétiques exerceraient leurs fonctions sacriléges. »

Voyez Archives, t. XXX, p. 349. Voyez aussi l'ordonnance du vicaire capitulaire de Spire, du 16 novembre 1871, sur les relations ecclésiastiques avec les « vieux-catholiques » (Archives, t. XXXII, p. 47), et l'article</small>

sible, la sainte Église. Il a fait connaître aux hommes les doc-

du *Catholique* de Mayence « sur la défense ecclésiastique du *simultaneum* avec les vieux-catholiques » (1875, avril, p. 362 et suiv.) dirigé contre un écrit de Reusch.

La question de savoir si quelqu'un peut être membre d'une société quelconque, par conséquent, dans le cas actuel, de la société catholique, doit, selon la nature des choses, et comme point de vue du droit civil, se juger par les statuts de cette société, c'est-à-dire, dans le cas présent, d'après le droit catholique.

Le droit civil, les tribunaux civils ne sauraient donc, quand il s'agit de décider si quelqu'un appartient à l'Église, se placer à un autre point de vue que celui du droit catholique, lorsque, comme c'est le cas dans les États de l'Allemagne, la constitution du pays, les lois civiles en général, des conventions particulières (concordats) reconnaissent généralement l'Église catholique et la validité du droit canon dans le domaine ecclésiastique, l'administration de l'Église par les organes que lui assigne sa constitution, par conséquent aussi les décisions rendues selon les principes de cette constitution.

Voyez d'autres détails dans Pierre Reichensperger, Dr Maas, Vering, *Archives*, t. XXX, p. 329-357; Jean Ulp. Laicus, *ibid.*, t. XXXI, p. 240-259 : *Beitrag zur Beurtheilung der Frage : Sind die Fallibilisten, auch Altkatoliken genannt, nach den preussischen Gesetzen noch als Mitglieder der katolischen Kirche zu betrachten? — Sind die sogen. Altkatoliken noch Katoliken, und wenn nicht, was folgt daraus?* Lettre pastorale de Mgr Lothaire de Kubel, évêque de Leuca *in partibus* et administrateur de l'archidiocèse de Fribourg, Fribourg en Brisgau, 1874; *Germania*, 1874, n. 264-274 : *Widersprechende Urtheil oberster deutscher Gerichtshœfe — als Folge falscher Verhaltungsmassregeln der Regierungen.*

Contrairement à cette situation de fait et à ces principes de droit, les gouvernements, les hautes cours de différents États de l'Allemagne ont déclaré, avec plus ou moins de netteté, que les vieux-catholiques étaient membres de l'Église catholique. A cet égard, non-seulement les décisions des gouvernements et des tribunaux, mais encore les décisions et les mesures d'un même gouvernement offrent les plus grandes contradictions dans l'application de ce principe.

Voyez ci-dessus t. I, p. 166, n° 8, 4-16; *Archives*, t. XXXI, p. 374, sur la conduite du gouvernement prussien et du nouveau gouvernement de l'empire d'Allemagne, et sur les faveurs accordées par lui aux vieux-catholiques. Voyez aussi l'article des *Archives*, t. XXXII, p. 83 et suiv., 380 et suiv., sur la conduite du gouvernement prussien à l'égard de l'évêque Namszanowski; sur la conduite analogue du gouvernement badois, t. I, p. 275 et suiv.; *Archives*, t. XXXI, p. 375.

Vient ensuite la loi badoise du 15 juin, suivie d'une ordonnance d'exécution du 27 juin 1874, « concernant la situation légale des vieux-catholiques. » (*Badisches Ges.-und Verordnungsblatt*, 1874, n° XXIII, du 24 juin, et n° XXVI du 2 juillet 1874; *Archives*, t. XXXII, p. 451 et suiv.) Il y est dit expressément que les vieux-catholiques sont des catholiques; de là les nombreuses églises, bénéfices, ustensiles catholiques qui leur ont été assignés par le gouvernement.

trines du salut, institué les sacrements, signes visibles auxquels

Voyez surtout les *Officiellen Aktenstücke über die Kirchenfrage in Baden*, livrais. 7, Fribourg en Brisgau, 1875.
En Prusse, une loi analogue fut édictée le 4 juillet 1875 (reproduite dans les *Archives*, t. XXXIV, livrais. 5).
Le gouvernement hessois reconnut également comme « catholique » un évêque nommé par les vieux-catholiques et décida qu'on ne pourrait point soulever de conflit de compétence dans le cas où les vieux-catholiques porteraient plainte en justice pour abus des églises paroissiales et des biens ecclésiastiques catholiques, il déchargea les vieux-catholiques de l'obligation de concourir aux dépenses religieuses des catholiques.
Voyez t. I, p. 261 et suiv.; *Archives*, t. XXXI, p. 374.
Le gouvernement bavarois favorisa aussi les vieux-catholiques, protégea les prêtres apostats, Dœllinger, Friedrich, Renftle, etc., les maintint en possession de leurs bénéfices, de leurs chaires, de leurs paroisses, assigna aux vieux-catholiques un grand nombre d'églises catholiques, permit à l'évêque janséniste de Hollande de faire une tournée de confirmation, etc. (voyez t. I, p. 154 et suiv.); tandis qu'une commission de juristes bavarois (Édel, Held, Kleinschrod, Neumayr, Poezl), nommée par le ministère, déclarait, dans une consultation juridique du 10 mars 1874, que la constitution, les lois bavaroises et le concordat ne permettaient pas de reconnaître l'évêque vieux-catholique.
Cf. *Rechtsgutachten über die Frage der Anerkennung des altkatolischen Bischofs Reinkens in Bayern. Bekannt gemacht vom kœnigl. bayerischen Staatsministerium des Innern für Kirchen-und Schulangelegenheiten*, Munich, 1874. Les *Archives*, t. XXXI, p. 258 et suiv., contiennent un long extrait de cette consultation.
En Autriche, le ministère ne put s'empêcher tout d'abord d'accorder une certaine reconnaissance aux vieux-catholiques (voyez t. I, p. 453 et suiv.). Le 17 mars 1875, la chambre des députés adopta une proposition demandant que le gouvernement reconnût les vieux-catholiques pour de vrais catholiques. Le cardinal prince archevêque Rauscher a parfaitement commenté ce décret dans sa lettre pastorale du 7 avril 1875 (voyez *Archives*, t. XXXIV, p. 185 et suiv.).
Nous avons parlé des mesures de violence employées par les gouvernements cantonaux de la Suisse protestante pour favoriser les vieux-catholiques au détriment des catholiques (voyez ci-dessus, t. I, p. 527 et suiv.).
Les rapprochements suivants permettront d'apprécier la confusion qui règne dans les sentences des tribunaux relativement aux droits religieux des vieux-catholiques. Un jugement de la cour d'appel de Cologne, du 21 mars 1870 (entièrement reproduit dans les *Archives*, t. XXX, p. 329 et suiv.; *Germania*, 1874, n° 265) porte que les vieux-catholiques, comme ils s'intitulent, « s'écartent de l'Église romaine catholique tant sur le dogme que sur la discipline, qu'ils ne peuvent plus la représenter, mais que, selon l'esprit de la patente (du 30 mars 1874, concernant la formation de nouvelles sociétés religieuses), ils constituent une société religieuse nouvelle qui ne peut invoquer le § 166

sont attachés les secours invisibles de la grâce; puis il a offert de la loi qu'après que l'État lui aura conféré les droits de corporation. »

Le haut tribunal prussien, le 24 mai 1873 (voyez ce jugement dans les *Archives*, t. XXV, p. 330 et suiv., avec une excellente critique), décidait au contraire que, les vieux-catholiques prétendant appartenir pleinement à l'Église catholique et les lois de l'État n'ayant pas établi les conditions sous lesquelles on appartiendrait à cette Église, en tant que l'État la reconnaît; que les décisions des autorités « ecclésiastiques, » même abstraction faite de la controverse qui existe sur leur validité, ne pouvant pas servir de règle dans le domaine de l'État, « tous ceux qui s'avouaient membres de l'Église catholique avaient droit, sans savoir si leur culte divin correspondait au rite de leur Église, à la protection que la loi accorde à l'Église catholique contre ceux qui injurient ses institutions ou ses usages, tant que la loi n'a pas établi qu'ils ne peuvent pas jouir de la protection que l'État accorde à l'Église catholique. »

Une autre décision du haut tribunal prussien, 11 septembre 1874 (voyez *Germania*, 1874, n° 265), regardait la question si les vieux-catholiques étaient tenus de payer les taxes catholiques dans une commune catholique.

Un individu qui avait appartenu jusque-là à la paroisse de Sainte-Gertrude, à Essen, refusa de payer ces taxes, parce qu'il ne reconnaissait pas le nouveau dogme de l'infaillibilité papale et s'était, par conséquent, détaché de la paroisse. La sentence du premier tribunal, qui l'obligeait de payer, fut modifiée par le tribunal d'appel de Hamm, qui repoussa la demande de la commune, par cette raison entre autres « qu'un schisme » existant dans l'Église catholique, l'État reconnaissait les deux « parties » et leur accordait les mêmes priviléges; qu'il s'entendait de soi que les taxes qui étaient encore à acquitter et ne profitaient qu'à une partie, ne pouvaient être exigées que des membres de cette partie, et non de tous.

Sur la demande en nullité de la commune ecclésiastique, le haut tribunal cassa le jugement du tribunal d'appel et confirma celui de la première instance. Voici la remarque que le haut tribunal faisait dans sa sentence du 11 septembre 1874 relativement aux raisons alléguées par la seconde instance : De ce qu'il y a schisme dans l'Église catholique et de ce que les deux parties sont reconnues par l'État, ou que, à la place d'une corporation unique privilégiée jusque-là, il y en a maintenant deux qui sont également reconnues par l'État et pourvues des mêmes priviléges, il ne s'ensuit pas que l'accusé appartenant au parti vieux-catholique soit par cela seul affranchi des charges qui découlent de l'association paroissiale à laquelle il appartenait jusqu'ici. Si l'État, depuis que le schisme existe, n'a pas retiré aux membres de l'*une* des parties (aux catholiques), aux chrétiens appartenant à cette Église, l'exercice de leurs fonctions et la jouissance de leurs priviléges; s'il a permis à l'autre partie (aux vieux-catholiques) de former une corporation « particulière » sous un chef « distinct, » en reconnaissant et en assermentant son « évêque » nouvellement élu; s'il a accordé cela aux deux parties, tandis qu'autrefois une seule corporation indivise, l'Église catholique romaine, était dotée par l'État; si le gouvernement ne se mêle

lui-même, à la face du monde, le sacrifice de notre rédemption,

pas à la dispute des membres divisés par le schisme, dispute qui est du ressort de l'Église, on n'en saurait conclure que l'État considère comme des sociétés religieuses particulières, comme des partis religieux distincts, les deux portions de cette Église qui se tiennent momentanément séparées.

L'État n'envisage point les vieux-catholiques comme un parti religieux spécialement autorisé, mais comme continuant d'appartenir au parti religieux reconnu par l'État sous le nom d'Église catholique romaine. La concession que l'État a faite aux « vieux-catholiques » de former dans les communes des associations religieuses particulières, ne détache pas, « en soi et sans autre formalité, » l'individu « vieux-catholique » de son ancienne paroisse. Il faut au contraire que l'État autorise les vieux-catholiques qui résident dans tel district à former une nouvelle commune ecclésiastique.

Un sentence du haut tribunal prussien, du 20 octobre 1874 (*Germania*, 1874, n° 263, supplém. 1; *Westfælische Volkszeitung*, n° 271, 26 nov. 1874), décida que « la société des vieux-catholiques, bien qu'elle n'embrasse pas la totalité des catholiques, doit cependant, dans l'application du § 166 de la loi, être considérée comme » représentant l'Église catholique, « par conséquent que les injures faites à la société religieuse vieille-catholique doivent être envisagées comme des injures à l'Église catholique. »

Nous trouvons le contraire dans un jugement rendu par la haute cour bavaroise le 15 septembre 1873 (réimprimé au n° 116, p. 366 de *Sammlung von Entscheidungen des obersten Gerichtshofes für Bayern in Gegenstænden des Strafrechts und Strafprocesses*, publié sous la direction du ministre de la justice, 3 vol., 4ᵉ livrais., librairie de Palm et Enke, 1874; *Archives*, t. XXXII, p. 159 et suiv.).

Ce tribunal décida « qu'au point de vue de l'État, l'Église catholique se composait présentement de membres dont les uns étaient infaillibilistes, les autres vieux-catholiques, par conséquent qu'une attaque dirigée contre le vieux-catholicisme n'apparaissait que comme une attaque dirigée par un membre de l'un des partis contre les partisans de l'autre parti, et non comme une attaque contre l'Église même, contre ses institutions ou ses usages.

Dans le duché de Bade, le tribunal de Constance (19 avril 1873) disait dans les considérants de son jugement : Si un arrêté du ministre de l'intérieur, en date du 15 février 1873, porte que les décisions dogmatiques du concile du Vatican, en tant qu'elles influeront sur les affaires civiles et politiques, n'auront point de valeur légale; si un arrêté du même ministre (15 février 1873) accorde aux vieux-catholiques de Constance le co-usage de l'Église de l'hôpital pour célébrer leur culte, — il ne s'ensuit point que les vieux-catholiques aient obtenu des droits de corporations, comme formant une société religieuse distincte; tout ce qu'on peut inférer du premier arrêté, c'est que ceux qui n'admettent pas lesdites constitutions n'en souffriront aucun dommage au point de vue civil et politique. Quant au second arrêté, il porte simplement que les vieux-catholiques de Constance, ayant déclaré qu'ils voulaient continuer d'appartenir à l'Église catholique, doivent être en droit reil est ressuscité des morts; il a conversé pendant quarante

connus comme catholiques et conserver dans l'Église les droits attachés à cette qualité. (Voilà donc de simples décisions ministérielles considérées comme une interprétation authentique des dispositions de la loi !)

La cour de Constance ajouta cette autre explication : Les vieux-catholiques, en tant qu'ils appartiennent encore à l'Église catholique, doivent jouir de la protection que le § 166 de la loi accorde à cette Église; mais les attaques dirigées contre un nombre plus ou moins important de membres de l'Église ne tombent sous le coup du § 166 que lorsqu'on peut les considérer comme une insulte à l'Église, à ses institutions ou usages. Or cette hypothèse, dans le cas présent (un journal catholique, la *Voix libre,* avait traité le culte des vieux-catholiques de sacrilège et impie, soutenu que ce culte avait profané l'église de l'hôpital de Constance, que les francs-maçons en avaient fait un lieu de spectacle, etc.), cette hypothèse n'existe pas, car les insultes faites aux vieux-catholiques ne seraient faites à l'Église catholique qu'autant que les vieux-catholiques formeraient une société distincte de cette Église régie par le pape et les évêques. Il n'y avait donc pas injure contre cette Église.

De son côté, la haute cour badoise siégeant à Mannheim annula le jugement dont nous venons de parler, en soutenant que les expressions de la *Voix libre* étaient injurieuses à l'une des Églises chrétiennes, à ses institutions et usages, parce que, tant que les catholiques qui contestent le dogme de l'infaillibilité n'ont pas formellement déclaré qu'ils sortent de l'Église, ils ne peuvent être considérés, au point de vue de l'État, que comme formant une seule Église catholique, composée des vieux-catholiques et des partisans de l'opinion contraire. Or toute offense publique infligée à cette Église totale ou à l'une de ses parties, à ses institutions et usages, doit être considérée comme infligée à toute l'Église catholique, attendu que la protection que la loi accorde à tous les membres qui constituent l'Église ne peut être retirée à une partie.

Les *Archives*, t. XXX, p. 336 et suiv., reproduisent le texte entier de ces deux jugements des tribunaux badois, avec une critique détaillée.

En Autriche, le ministre des cultes prit la décision suivante, dans un arrêté du 20 février 1872 : « Le gouvernement doit considérer les vieux-catholiques comme faisant partie de l'Église catholique et comme placés sur le terrain de l'organisme total « tel qu'il s'est formé dans le cours de l'histoire, » tant qu'ils n'ont pas déclaré, dans les termes voulus par l'article 6 de la loi du 25 mai 1868, qu'ils sortent de l'Église (voyez le texte complet de cette circulaire dans les *Archives*, t. XXVII, p. 135).

On le voit, le gouvernement autrichien considère, lui aussi, les vieux-catholiques comme des catholiques, et il tire toutes les conséquences de ce principe. Ainsi, les prêtres vieux-catholiques ne jouissent pas dans leurs fonctions de la protection « spéciale » que le § 303 de la loi autrichienne (correspondant au § 166 de la loi allemande) accorde aux Églises et aux sociétés religieuses reconnues, parce que le prêtre vieux-catholique ne se nomme pas lui-même ministre de l'Église catholique, mais pasteur d'une commune vieille-catholique. Ainsi décidé par la haute cour de Vienne le 29 avril 1873 (*Archives*, t. XXX, p. 168 et suiv.).

jours au milieu des hommes et est remonté au ciel, après avoir.

Le ministre de l'intérieur décida, dans son arrêté du 27 décembre 1872 (*Archives*, t. XXIV, p. 289 et suiv.), que les curés chargés par l'État de la tenue des registres ne pouvaient être astreints à inscrire les mariages entrepris par des prêtres vieux-catholiques et qu'on leur faisait connaître ; que les naissances, les baptêmes et les décès des vieux-catholiques ne devaient être enregistrés que par les prêtres ordinaires (les catholiques) autorisés à tenir les registres, dans les districts où surviennent ces sortes de cas.

La haute cour de Vienne rendit le même jugement le 20 janvier 1874 (*Archives*, t. XXXII, p. 447 et suiv.), en décidant qu'un mariage conclu devant un curé vieux-catholique était invalide. Ce tribunal considère donc, suivant l'excellent résumé de la *Germania* à la fin de l'article cité, que les vieux-catholiques sont encore catholiques au point de vue de l'État, qu'ils appartiennent à la « seule » Église catholique reconnue en Autriche.

Mais alors, d'après cette manière de voir, il n'y aurait, à côté de l'Église catholique légalement reconnue, point d'Église vieille-catholique indépendante que l'État puisse considérer comme commune catholique. Ce tribunal n'admet donc point de curés vieux-catholiques comme pasteurs ordinaires « dans le sens de la jurisprudence autrichienne ; » il ne leur reconnaît pas le droit d'entreprendre un mariage civilement validé ou de revendiquer la protection « spéciale » accordée aux sociétés religieuses.

C'est à ce point de vue que les juristes bavarois dont nous avons parlé déclarent qu'un évêque « vieux-catholique » ne peut être reconnu comme évêque catholique, et que la cour suprême de Bavière, ainsi que nous l'avons vu, admet qu'une injure infligée aux vieux-catholiques n'est pas une offense à l'Église catholique elle-même, mais seulement une offense à un parti formé dans cette Église ; que les vieux-catholiques, appartenant à l'Église catholique, ne constituent pas dans l'empire allemand une société religieuse distincte, avec droits de corporations, par conséquent que la société vieille-catholique n'est pas comme telle protégée par le § 166 de la loi.

Par contre, les cours suprêmes de Prusse et de Bade revendiquent cette protection pour les vieux-catholiques, et elles la revendiquent non-seulement pour les institutions et les usages qu'ils ont retenus du catholicisme, comme la messe, mais encore pour la société vieille-catholique elle-même.

Les administrations prussiennes et badoises traitent presque toujours les vieux-catholiques, dès que les intérêts de ceux-ci l'exigent, comme une portion de la seule Église catholique reconnue par l'État, tandis qu'ils les envisagent comme formant une société religieuse à part, malgré les lois les plus précises de l'État, dès qu'il s'agit de reconnaître et de rétribuer leur évêque comme évêque catholique distinct. Il en est de même des tribunaux que nous avons cités, des ministres de Prusse et de Bade : ils considèrent les vieux-catholiques tantôt comme des membres de l'unique Église catholique (par exemple la loi badoise

institué dans la personne de Pierre un chef visible [1] et confié aux apôtres le gouvernement de son Église [2].

Les apôtres, hommes visibles et accessibles aux sens, que le Sauveur avait eus autour de lui comme des témoins de ses paroles et de ses actes, devaient à leur tour annoncer et faire annoncer au genre humain ce qu'ils avaient vu et entendu de Jésus-Christ, administrer le baptême, cette marque sensible de l'adoption des hommes dans l'Église, enseigner les fidèles à garder tout ce que Jésus-Christ avait confié aux apôtres [3].

Voilà comment l'Église, par la manière dont elle a été constituée dès son origine, représente dans le monde un organisme visible [4].

Aux yeux de Dieu, il est vrai, et dans la vie future, tous ceux qui aspirent sincèrement à la vérité font partie de l'Église, bien que, par une erreur involontaire, ils n'appartiennent pas

---

du 15 juin 1874, que nous avons citée), tantôt comme représentant « seuls » l'Église catholique.

Ainsi les vieux-catholiques sont tantôt une partie de la corporation approuvée par l'État, tantôt une corporation à part et de la même espèce que l'Église catholique. Ce sont deux sociétés religieuses en face l'une de l'autre.

[1] Il dit à Pierre : « Tu es Pierre, et sur cette pierre je bâtirai mon Église, et les portes de l'enfer ne prévaudront jamais contre elle. Et je te donnerai les clefs du royaume des cieux, et tout ce que tu lieras sur la terre sera lié dans le ciel, et tout ce que tu délieras sur la terre sera délié dans le ciel, » *Matth.*, XVI, 18, 19. « Pais mes agneaux, pais mes brebis, » *Jean*, XXI, 15, 17. « Et moi j'ai prié pour toi afin que ta foi ne défaille point. Et toi, converti un jour, confirme tes frères, » *Luc*, XXII, 32.

Il n'y a donc, conclut saint Cyprien, « qu'une seule Église fondée sur Pierre par notre Seigneur Jésus-Christ, » *origine unitatis et ratione fundatâ (Ep. LXX ad Januar.)*

Et saint Jérôme : « Un seul est élu entre douze, afin que l'établissement d'un chef enlève toute occasion de schisme, » *ut capite constituto schismatis tolleretur occasio. (Ad Jovin.*, lib. I, cap. XIV.)

[2] Et il dit aux apôtres : « Comme mon Père m'a envoyé, ainsi je vous envoie, » *Jean*, XX, 21. « Veillez sur vous et sur tout le troupeau sur lequel le Saint-Esprit vous a établis évêques, pour gouverner l'Église de Dieu qu'il a acquise par son sang, » *Act.*, XX, 28. « En vérité, je vous le dis : Ce que vous lierez sur la terre sera lié dans le ciel, et ce que vous délierez sur la terre sera délié dans le ciel, » *Matth.*, XXIII, 18. (Voyez le paragraphe suivant.)

[3] De là vient que dans l'Écriture l'Église est si souvent comparée à des objets extérieurs et sensibles. (Voyez Phillips, *Droit eccl.*, t. I, § 30, note 25.)

[4] *Matth.*, XXVIII, 19, 20; cf. *Éph.*, IV, 3, 5, 11, 13; *I Cor.*, X, 17; XII, 13.

ici-bas à la société extérieure de l'Église¹; tandis que les méchants, tout en faisant partie ici-bas de son organisme extérieur, n'appartiennent pas à l'Église triomphante. Ainsi l'Église ne condamne pas ceux qui, par erreur, pensent autrement qu'elle, bien qu'elle assure :

1° Qu'il n'y a point de salut hors de son sein ²;

2° Que l'Église est une ³;

3° Qu'elle est sainte par son fondateur (*Hebr.*, XIII, 12), par sa fin, par la présence de Jésus-Christ dans le sacrement de l'autel⁴ et par l'assistance du Saint-Esprit⁵, deux choses que Jésus-Christ a promises à son Église jusqu'à la fin des temps;

4° Que l'Église est catholique⁶, ou universelle, parce qu'elle doit embrasser tous les temps et tous les peuples;

---

¹ Saint Augustin (mort en 430), can. XXIX, C. XXIV, q. III : « Dixit Apostolus : hæreticum hominem post primam et secundam correptionem devita : sciens, quia subversus est hujusmodi et peccat, et est a semetipso damnatus. Sed qui sententiam suam, quamvis falsam et perversam, nulla pertinaci animositate defendunt, præsertim quam non audacia suæ præsumptionis pepererunt, sed a seductis atque in errorem lapsis parentibus acceperunt, quærunt autem cauta sollicitudine veritatem, corrigi parati, cum invenerint, nequaquam sunt inter hæreticos deputandi. » (S. Augustin), cap. XXXIV, CXLIX, *Dist. IV de consecr.*; Clemens Alexandr. (e. an. 210), *Stromat.*, VI, 15; Origène (mort en 254), *Comment. in epist. ad Rom.*, II, 7 ; *Catechism. roman.*, part. I, cap. X, quæst. I, n. 1; *Pii PP. IX Allocut.*, dd. 9 déc. 1854 (dans le *Catholique*, Mayence, 1855, 1ʳᵉ livraison, p. 1, avec des éclaircissements). Voici le principal passage : « Tenendum quippe ex fide est extra apostolicam romanam Ecclesiam salvum fieri neminem posse, hanc esse unicam salutis arcam, hanc qui non fuerit ingressus, diluvio periturum; sed tamen pro certo pariter habendum est, qui veræ religionis ignorantia laborent, si ea sit invincibilis, nulla ipsos obstringi culpa ante oculos Domini. Nunc vero quis tantum sibi arroget, ut hujusmodi ignorantiæ designare limites queat juxta populorum, regionum, ingeniorum aliarumque rerum tam multarum rationem et varietatem ? » etc. Pie IX a exprimé la même pensée dans l'allocution du 18 mars 1861 (*Archives*, t. VI, p. 330 et suiv.).

² Ignat. (mort en 107), *ad Ephes.*, V; Origenes (mort en 253), *Homil.* III *ad Josuam*, cap. V; Cyprian. (mort en 258), *De unit. eccles.*; Augustin., *De unit. eccles.*, cap. II.

³ Ignat. (mort en 107), *ad Philadelph.*, cap. IV; *ad Magnes.*, cap. VII; Cyprian. (mort en 258), *Epist.* LXX : « Et baptisma unum sit, et Spiritus sanctus unus, et Ecclesia una, a Christo Domino supra Petrum origine unitatis et ratione fundata. » Voyez aussi saint Cyprien, *Epist.* LXXII, et *De unit. eccles.*, dans Gratien, cap. XVIII, C. XXIV, q. I.

⁴ Conc. Trid., sess. XIII, *de Eucharistia*.

⁵ *Joan.*, XIV, 16, 17.

⁶ L'expression καθολική Ἐκκλησία se trouve déjà dans saint Ignace (mort

5º Qu'elle est apostolique [1], c'est-à-dire qu'elle tire sa légitimité de ce que Jésus-Christ a confié aux apôtres et surtout à Pierre la puissance ecclésiastique, et que cette puissance, par l'imposition des mains, a passé sans interruption de Pierre à leurs successeurs les évêques et le pape.

§ 58. Caractère et hiérarchie du pouvoir ecclésiastique.

I. L'Église catholique forme une société inégale, *societas inæqualis*; en d'autres termes, il existe chez elle un corps particulier, la hiérarchie, qui est investi en principe de la puissance ecclésiastique. Ce n'est pas à la totalité des fidèles [2], mais aux apôtres et en dernière instance à Pierre, que Jésus-Christ a conféré ce pouvoir. C'est pourquoi le pape possède la plénitude du pouvoir ecclésiastique. Les évêques gouvernent l'Église en union avec lui, et toute autorité ecclésiastique dérive des évêques et du pape.

II. Dans le pouvoir ecclésiastique, on distingue deux parties constitutives, différentes par leurs propriétés, bien qu'on les rencontre presque toujours chez les mêmes organes.

1. Le pouvoir d'ordre, c'est-à-dire la faculté d'exercer certaines fonctions religieuses, résultant de l'ordination conférée par l'Église : ce pouvoir introduit celui qui le reçoit dans l'ordre du clergé et lui imprime un caractère à jamais indélébile, *character indelebilis* [3].

2. Le pouvoir de juridiction, ou la faculté d'exercer certaines aptitudes religieuses que l'on possède déjà. Ce pouvoir résulte d'une mission régulièrement conférée par l'autorité ecclésiastique, et peut être retiré selon les conditions fixées par les lois de l'Église.

Cette division, qui existe dans l'Église de temps immémorial,

---

en 107), *ad Smyrn.*, VIII. Voyez saint Irénée (mort en 202), *Contra hæres.*, I, 10; III, 11; IV, 36; V, 20.

[1] Tertullien (mort en 240), *De præscript. hæreticor.*, cap. XXXII; *Éphés.*, II, 20.

[2] Kober, *Archiv.*, t. V, p. 70 et suiv.; Phillips, *Kirchenrecht*, t. I, § 25, p. 219; Schenz, *Das Laien- und hierarchische Priesterthum*, Fribourg en Brisgau, 1874.

[3] L. Thiele, *De charactere indelebili, qui ex romano-cathol. Ecclesiæ doctrina in ordinis sacramento imprimitur*, Regimont., 1861.

est également établie par saint Thomas d'Aquin [1], et le concile du Vatican l'a confirmée dans sa définition dogmatique sur la primauté [2]. Le pouvoir d'enseigner, *magisterium*, n'est donc qu'une branche du pouvoir de juridiction. Chaque fonction de l'enseignement qui a pour objet la religion ou la théologie, exige une mission épiscopale, et cette mission, l'évêque a toujours le droit de la retirer, sans qu'il soit besoin d'une procédure spéciale et sans qu'on puisse faire valoir contre ce retrait un moyen de droit, excepté une simple représentation au pape [3]. La faculté même qu'ont certains instituteurs primaires d'enseigner la religion est une juridiction conférée par l'évêque [4], et l'instituteur, pour l'exercer, n'a pas besoin d'avoir reçu aucun ordre sacré. Avant le douzième siècle, on voyait souvent des

---

[1] *Summa theol.*, II II, q. XXXIX, art. 3. Cf. *Catech. roman.*, part. II, cap. VII; Berlage, *Archiv.*, t. VII, p. 335, et son édition de Phillips, *Compend. jur. eccl.*, § 48, note 9; Schneemann, *Die kirchliche Gewalt und ihre Træger* (*Voix de Maria-Laach*), Fribourg, 1867.

[2] Le Saint-Siége a toujours tenu, l'usage permanent de l'Église prouve, et les conciles œcuméniques eux-mêmes, ceux-là surtout où l'Orient se réunissait à l'Occident dans l'union de la foi et de la charité, ont déclaré que la puissance suprême d'enseigner est comprise dans la primauté apostolique que le pontife romain possède sur l'Église universelle en sa qualité de successeur de Pierre, « ipso apostolico primatu (jurisdictionis) quem romanus pontifex tanquam Petri principis apostolorum successor in universam Ecclesiam obtinet, supremam quoque magisterii potestatem comprehendi, » etc. Voyez Alphonsi Salmeronis, doctoris Toletani atque in concilio tridentino theologi doctrinam de jurisdictionis episcopalis origine ac ratione ex variis ejusdem commentariis conscriptam ad comprobandum concilii Vaticani de jurisdictione episcopali oraculum. Apto ordine disposuit notisque illustravit J. A. Andries., Moguntiæ, 1871, p. 275 et seq.

[3] Jean-Fréd. Schulte, *le Droit de conférer la mission d'enseigner la théologie, d'après l'histoire et le droit en vigueur dans l'Église catholique*, en allemand, *Archives*, t. IX, p. 1-57, 477; excellent article de ce canoniste aujourd'hui « vieux-catholique. »

[4] Il était admis autrefois qu'une mission ecclésiastique conférée par l'évêque était nécessaire aux instituteurs et institutrices pour enseigner la religion, aux inspecteurs scolaires pour surveiller la conduite morale et religieuse des maîtres, inspecter l'école par rapport aux connaissances religieuses et constater l'état religieux des écoliers. La collation de cette mission canonique, jointe à la mission politique des maîtres et des inspecteurs, fut réglée dans la province prussienne de Westphalie par un accord entre l'Église et l'État, et approuvée par le roi le 9 août 1858 (voy. cet accord dans les *Archives*, t. IV, p. 358 et suiv.).

laïques prêcher avec l'approbation de l'évêque¹, qui leur donnait la juridiction nécessaire². Quand le pape prend une décision doctrinale, cet acte est évidemment, en dernière instance, un acte de juridiction³.

Il n'y a pas, du reste, pour chaque acte ou chaque branche de la juridiction, une ordination particulière, quoique les pouvoirs suprêmes de la juridiction ne soient ordinairement conférés qu'à ceux qui occupent dans l'ordre un degré proportionné d'élévation. Cependant il n'en est pas toujours ainsi⁴.

III. Dans l'ordre et dans la juridiction, il existe des degrés divers, une succession hiérarchique :

A. Dans l'ordre, tous les évêques sont égaux entre eux et égaux au pape lui-même. L'ordre le plus élevé est celui de l'épiscopat⁵; le second, celui des anciens ou des prêtres, *pres-*

---

¹ La constitution publiée par Léon X dans le cinquième concile général de Latran, impose aux maîtres d'école l'obligation d'enseigner la doctrine chrétienne. Cependant le pontife ne statue pas de peine.
Benoît XIV *(Institution ecclésiastique IX),* après avoir dit que l'obligation d'enseigner la doctrine chrétienne concerne principalement les évêques et les curés, parle d'une décision de la Congrégation du concile en date du 17 juillet 1688; cette décision porte que les évêques peuvent obliger les maîtres d'école, d'abord par l'exhortation, ensuite par le commandement. (*Analecta,* nov. 1854.) (*Note du trad.*)

² Voyez Kober, *la Suspense,* p. 98 et suiv. Voy. aussi dans Innocent III la distinction entre l'office de prédicateur et « l'office divin » (in c. 43, x, *De sent. excomm.*, V, 39).

³ Voyez ci-dessus p. 12, note 2.

⁴ Celui qui est élu évêque, par exemple, peut, quand il est confirmé par le pape, exercer la juridiction épiscopale avant d'avoir reçu la consécration.

⁵ C'est une question dogmatique non encore décidée si l'épiscopat n'est qu'un degré plus élevé, un complément de l'ordre sacerdotal, ou s'il constitue un ordre supérieur distinct. La dernière opinion domine aujourd'hui parmi les théologiens et les canonistes. On peut alléguer en sa faveur des textes formels de l'Écriture relatifs à l'ordination de l'évêque (*I Tim.,* IV, 14; *II Tim.,* I, 16), confirmés par l'autorité des anciens Pères. Les théologiens scolastiques, comme saint Thomas et saint Bonaventure, ont été partagés sur cette question.
Le concile de Trente, dans ses décisions dogmatiques (sess. XXIII, can. VII, cap. IV. Cf. sess. XXIV, cap. I, *De reform.*), place l'évêque au-dessus de tous les prêtres et lui donne, relativement à l'ordre, la prééminence sur ces derniers (sess. XXIII, can. VII, cap. IV).
L'ordre épiscopal rend habile à donner la confirmation et l'ordination, et dans celle-ci ce n'est pas vainement que l'évêque prononce ces pa-

byter ; le troisième, celui des diacres. Ces trois ordres sont primitifs ou de droit divin. Du diaconat sont dérivés dans la succession des temps le sous-diaconat et les quatre ordres mineurs. Quoique ces cinq derniers ne soient que de droit ecclésiastique, ils participent cependant indirectement du caractère sacramentel des ordres supérieurs, en ce sens que les fonctions attachées au sous-diaconat et aux quatre ordres mineurs sont toutes originairement contenues dans le diaconat [1].

Les évêques étaient surtout les dispensateurs des sacrements ; mais ils reçurent des auxiliaires dans la personne des prêtres, notamment pour l'oblation du sacrifice de la messe. Cependant l'ordination et la confirmation furent refusées aux apôtres.

Les diacres devaient aider les prêtres soit dans les fonctions du culte, soit dans l'administration des biens ecclésiastiques et la dispensation des aumônes. Les sous-diacres étaient chargés de présenter à l'autel les dons des fidèles et les vases sacrés. Depuis le douzième siècle, le sous-diaconat fut rangé parmi les ordres mineurs, parce que c'est à partir de ce temps que la loi du célibat y fut rigoureusement attachée.

Hors de Rome, malgré l'avertissement contraire du concile de Trente, session XXIII, *de reform.*, cap. XVII, les quatre ordres mineurs ne sont plus exigés en pratique pour les basses fonctions de l'Église ; on ne les confère qu'à ceux qui se montrent disposés à recevoir les ordres supérieurs. Les quatre ordres mineurs, à partir du sous-diaconat, sont :

1° L'ordre des acolythes, qui accompagnent l'évêque à l'autel ;

2° L'ordre des exorcistes, chargés de la surveillance des possédés ;

---

roles : « Recevez le Saint-Esprit, » *accipite Spiritum sanctum.* Cf. Conc. Trid., sess. XXIII, can. III et IV).

Il suit de là que la consécration épiscopale constitue par son fond et sa forme un ordre particulier, qui est la source de tous les autres ordres, renferme toutes les propriétés d'un sacrement, et, par les grâces, les aptitudes supérieures qu'il confère, contient la plénitude du sacrement de l'ordre. (Voyez surtout Furtner, *Rapport de l'ordination épiscopale avec le sacrement de l'ordre*, Munich, 1861 ; Phillips, *Manuel*, § 57 ; Aichner, *Compend. juris eccl.*, edit. 4, § 58, n. 3. Si le canon II de la session XXIII du concile de Trente n'est pas intitulé *De octo*, mais *De septem ordinibus*, cela est indifférent, car ces sortes de titres ont été ajoutés après coup.)

[1] On trouve un aperçu des différents ordres et de leurs fonctions dans le ch. I, dist. XXI ; ch. I, dist. XXV ; ch. IX-CXXIII, dist. XXIII.

3° L'ordre des lecteurs, chargés de lire l'Écriture sainte (l'épître et l'évangile) à l'église ;

4° L'ordre des portiers, chargés de la surveillance et de la propreté de l'église.

La tonsure[1] n'est point un ordre proprement dit, mais une simple préparation extérieure à l'état ecclésiastique. C'est un signe indiquant que le tonsuré doit renoncer aux vanités de la terre.

B. Dans la juridiction, il y a quatre degrés qui sont de droit divin :

1° La primauté pontificale ;

2° L'épiscopat ;

3° Le sacerdoce ;

4° Le diaconat.

L'épiscopat a donné lieu, dans le cours des âges, aux patriarches (voyez ci-dessous § 114), aux exarques (voir plus loin § 114), aux primats (ci-dessous, § 115), aux métropolitains ou archevêques (ci-dessous, § 116).

Du sacerdoce sont sortis les archiprêtres (ci-dessous, § 123) et les prélats (§ 71 et suiv.).

Du diaconat sont issus les archidiacres.

De ces divers degrés, qui n'ont qu'une existence historique[2], il ne reste plus guère que le nom, devenu un titre honorifique.

§ 59. Constitution de l'Église protestante.

Origine et caractère de l'Église protestante[3].

I. Le protestantisme justifie sa séparation en disant que l'Église catholique s'est tellement éloignée de la doctrine pri-

---

[1] Voyez sur la distinction entre la tonsure et les ordres mineurs, le concile de Trente, sess. XXIII, *de reform.*, cap. VI, c. 10 ; *Catech. rom.*, *de sacram ord.*, n. 13. La tonsure ne peut être appelée un ordre clérical que dans un sens impropre, comme dans le ch. XI, X, *De ætate et qualit. ordinis*, I, 14. Voyez Phillips, *op. cit.*, t. I, § 34 ; Kober, *Encyclop. de la théol. cath.*, t. XI, p. 83 et suiv.

[2] Voyez aussi cap. I, dist. XXI ; Daude, *Majestas hierarchiæ ecclesiasticæ*, Bamberg., 1760, in-4° ; *Freiburger Kirchenlexicon*, t. V, p. 161 et suiv.

[3] Jacobson, *Grundlage der Verfassung der evangelischen Kirche*, dans *Zeitschrift für christliche Wissenschaft*, 1859, n°ˢ 10-13 ; Richter, *Grundlagen der Kirchenverfassung*, dans *Zeitschrift für deutsches Recht*, IV, 1 ; le même, *Geschichte der evangelischen Kirchenverfassung*, Leipzig, 1851 ;

mitive qu'elle l'a défigurée au point qu'elle n'est plus l'Église de Jésus-Christ. Les protestants appuient donc la légitimité de leur nouvelle Église sur la prétention de vouloir restaurer la vraie Église de Jésus-Christ. Dans leurs livres symboliques, ils assignent à cette Église les caractères suivants[1] :

1° Elle doit être visible et reconnaissable à des signes visibles[2]. Humainement, les méchants en font aussi partie, tant qu'ils demeurent attachés à sa communion extérieure[3] ; mais devant Dieu, elle ne renferme que les bons, et, à ce point de vue, la véritable Église est invisible et n'est connue que de Dieu[4].

Cependant, ceux qui cherchent l'Église véritable ont suffisamment de moyens pour la reconnaître dans l'Église visible, car la parole de Dieu et les sacrements peuvent être efficacement administrés même par les méchants[5].

Hœfling, *Grundsætze der evangelisch-luterischen Kirchenverfassung*, 3ᵉ éd., Erlangen, 1853 ; contre Hœfling, suivi par Richter, voyez Numemeyer, *Das Amt des nuen Testamentes*, Osterode, 1853 ; Stahl, *Die Kirchenverfassung der Protestanten*, 2ᵉ édit., Erlangen, 1862 ; O. Meyer, *Grundlagen des lutherischen Kirchenregiments*, Rostock, 1864 ; Scheurl, *Zur Lehre vom Kirchenregiment*, Erlangen, 1862, et Dove, *Zeitschrift für Kirchenrecht*, VI, 28 ; VII, 151.

[1] Voyez Walter, *Lehrbuch*, § 34, qui contient les preuves à l'appui de ce qui suit. Voyez aussi Richter, *Lehrbuch*, §§ 61-64, 94-97.

[2] August. Conf., art. 7 : « Est autem Ecclesia congregatio sanctorum, in qua evangelicum recte docetur et recte administrantur sacramanta. » — Belg. Conf., art. 29 : « Credimus imprimis diligenter ac circumspecte ex verbo Dei discernendum esse, quænam vera sit Ecclesia, siquidem omnes sectæ, quotquot hodie in mundo sunt, Ecclesiæ nomen prætexunt. — Notæ quibus vera Ecclesia cognoscitur hæc sunt : si Ecclesia pura Evangelii prædicatione, si sincera sacramentorum ex Christi præscripto administratione utatur. » — Angl. Conf., art. 19 : « Ecclesia Christi est visibilis cœtus fidelium, in quo verbum Dei purum prædicatur, et sacramenta — administrantur. » *(Note du trad.)*

[3] Helvet. Conf., I, cap. XVII : « Non omnes qui numerantur in Ecclesia, sancti et viva atque vera sunt Ecclesiæ membra. Sunt enim hypocritæ multi. — Et tamen dum hi simulant pietatem, licet ex Ecclesia non sint, numerantur tamen in Ecclesia : sicuti proditores in republica, priusquam detegantur, numerantur et ipsi inter cives. » Belg. Conf., art. 29 ; Gallic. Conf., art. 27 ; Angl. Conf., art. 26 ; August. Conf., art. 8 ; Apolog. Conf., 4, de Ecclesia. *(Note du trad.)*

[4] Helvet. Conf., II, art. 14.; Helvet. Conf., I, cap. XVII ; Belg. Conf., art. 27 ; Scotic. Conf., art. 16.

[5] August. Conf., art. 8 : « Quanquam Ecclesia proprie sit congregatio sanctorum et vere credentium : tamen, cum in hac vita multi hypocritæ et mali admixti sint, licet uti sacramentis, quæ per malos administran-

2º L'unité essentielle de la véritable Église consiste surtout dans la doctrine et dans les sacrements [1]. Or, comme on n'a point institué d'organe visible de cette unité [2], il s'est formé avec le temps, dans les différentes Églises évangéliques, une grande variation dans la doctrine même [3].

3º Les livres symboliques déclarent également que la véritable Église est nécessaire au salut [4]; ils exigent que ceux qui veulent entrer au ciel s'unissent avec elle [5].

---

tur. Et sacramenta et verbum propter ordinationem et mandatum Christi sunt efficacia, etiamsi per malos exhibeantur. » Apolog. Conf., IV, de Ecclesia, Helvet. Conf., I, cap. XVIII, Angl. Conf., art. 26. *(Note du trad.)*

[1] August. Conf., art. 7 : « Ad veram unitatem Ecclesiæ satis est consentire de doctrina Evangelii et administratione sacramentorum. » — Helvet. Conf., I, cap. XVII : « In dogmatibus itaque in vera concordique prædicatione Evangelii Christi, et in ritibus a domino diserte traditis, dicimus veram Ecclesiæ constare concordiam. *(Note du trad.)*

[2] Apolog. Conf., IV, de Ecclesia.; Artic. Smalc., part. II, art. 4, de papatu; Helvet. Conf., II, art. 28; Helvet. Conf., I, cap. XVII; Gallic. Conf., art. 30.

Artic. Smalc., part. II, art. 4, de papatu : « Episcopi omnes, pares officio (licet dispares sint quoad dona), summa cum diligentia conjuncti sint unanimitate doctrinæ, fidei, sacramentorum, orationis et operum caritatis. » *(Note du trad.)*

[3] Les auteurs des livres symboliques déclaraient, en jetant un regard de travers sur l'Église catholique, qu'il n'y avait d'accessoire que le consentement dans les usages et les parties accidentelles. Aug. Conf., art. 7; Apolog. Conf., IV, de Ecclesia; Helv. Conf., I, cap. XVII, XXVII; Angl. Conf., art. 16.

[4] August. Conf., art. 7; Apolog. Conf., IV, de Ecclesia; Helvet. Conf., I, cap. XVII, XXVII; Angl. Conf., art. 34.

[5] Apolog. Confess., IV, de Ecclesia : « Neque vero pertinet (promissio salutis) ad illos qui sunt extra Ecclesiam Christi, ubi nec verbum nec sacramenta sunt, quia regnum Christi tantum cum verbo et sacramentis existit. » — Helvet. Conf., I, cap. XVI : « Communionem vero cum Ecclesia Christi vera tanti facimus, ut negemus eos coram Deo vivere posse, qui cum vera Dei Ecclesia non communicant, sed ab ea se separant. » — Belg. Conf., art. 28 : « Credimus quod cum sanctus hic coetus et congregatio, servandorum sit coetus, atque extra eam nulla sit salus, neminem cujuscumque ordinis aut dignitatis fuerit, sese ab ea subducere debere, ut se ipso contentus separatim negat; sed omnes pariter teneri huic se adjungere, eique uniri, Ecclesiæ unita unitatem conservare, seque illius doctrinæ et disciplinæ subjicere. — Ut porro melius hoc observetur, omnium fidelium officium est, sese secundum Dei verbum, ab iis omnibus qui extra Ecclesiam sunt disjungere, ut huic se congregationi adjungant, ubicumque illam Deus constituerit, quamvis magistratus principumque edictis adversantibus, quinimo licet mors aut qualiscumque corporis poena subeunda esset. » *(Note du trad.)*

II. — DROIT CANON.

II. Avec le temps cependant, cette notion de l'Église invisible s'est considérablement étendue ; on l'a appliquée même aux affaires temporelles, et l'on a entendu de l'Église invisible tout ce que les anciennes confessions de foi entendaient de l'Église visible. L'idée de l'Église invisible est aussi le point de départ de l'union conclue entre les luthériens et les réformés (§ 56, p. 706, t. 1). Dans ce sens agrandi, on entend par Église invisible l'unité dans le culte véritable que toutes les confessions rendent à Dieu. D'après la théorie des unionistes, tous les signes visibles de la communion, de l'Évangile et des sacrements se trouvent dans la conscience des individus [1].

§ 60. Organisation des pouvoirs dans l'Église protestante [2].

I. Dans l'Église protestante, tous les membres sont égaux entre eux ; les pouvoirs divins ne sont pas conférés à une classe particulière, mais à toute l'Église. Il n'y a donc point de hiérarchie, point de qualité distinctive entre l'ordre et la juridiction. Les protestants admettent un sacerdoce général, qui autorise chacun à exercer les actions saintes du culte. Ils n'ont retenu l'ordination que comme un témoignage solennel et public donné au nom de l'Église pour attester qu'un tel est apte à exercer le ministère sacré, *ad docendum Evangelium et ad sacramenta porrigenda populo*, c'est-à-dire à enseigner l'Évangile et à conférer les sacrements au peuple [3]. La mission légitime, la vocation au ministère spirituel découle régulièrement de l'ordination.

II. Les protestants n'admettent point de corps enseignant investi d'une autorité particulière. Leurs confessions de foi déclarent que les Écritures de l'Ancien et du Nouveau Testa-

---

[1] Voyez pour le contraire Rothe, *Die Anfænge der christlichen Kirche und ihre Verfassung*, t. IV, Wittenberg, 1837, p. 98-138.

[2] Richter, *Geschichte der evangelischen Kirchenverfassung* (cité au paragraphe précédent) ; le même, *Sammlung der evangelischen Kirchenordnungen des 16 Jarhrhunderts*, Weimar, 1846 ; Hundeshagen, *Beitræge zur Kirchenverfassungsgeschichte*, Wiesbaden, 1864, t. I ; Stælin, *Das landesherrliche Kirchenregiment*, Leipzig, 1871 ; Wasserschleben, *Das landesherrliche Kirchenregiment*, Berlin, 1873.

[3] August., Conf., art. 5, 7, 14 ; Apolog. Conf., tit. VII ; Helvet. Conf., II, art. 15, 17 ; Helvet. Conf., I, cap. 18 ; Gallic. Conf., art. 25, 31 ; Angl. Conf., art. 23 ; Scotica Conf., art. 12.

ment sont l'unique source où l'on doit puiser la connaissance de la révélation [1].

ADDITION DU TRADUCTEUR.

Quant à savoir comment ils possèdent les saintes Écritures, question fort grave, et qui leur en garantit l'authenticité, les protestants ne s'en sont point occupés; seules quelques confessions réformées déduisaient cette certitude d'une inspiration immédiate du Saint-Esprit. Ils ne s'inquiètent pas non plus de savoir ce qui adviendrait si des divergences éclataient entre les membres du corps enseignant ou parmi les laïques sur l'interprétation de l'Écriture, et si chaque parti soutenait qu'il est d'accord avec l'Église. Luther écartait cette question en disant que l'Écriture était parfaitement claire par elle-même et ne donnait pas lieu à des interprétations différentes. Cependant, quand le cas se présenta réellement, il revint lui-même à une autorité décisive en matière de foi [2].

III. Le gouvernement ecclésiastique fut revendiqué par l'Église protestante soit dans la confession d'Augsbourg [3], soit dans les livres symboliques de la réformation [4]. Mais comme la réforme fut introduite dans la plupart des territoires par la violence des princes temporels (§ 34), et qu'après avoir rejeté l'autorité du pape et des évêques, les protestants n'avaient plus de représentant du pouvoir ecclésiastique, ce pouvoir, dans ce qu'il a d'essentiel, échut presque toujours au pouvoir civil [5].

Les réformés de France furent les seuls qui se donnèrent une constitution synodale et presbytérale autonome (voy. ci-dessous, § 139); comme ils étaient en lutte avec l'autorité civile, ils furent obligés de se créer une constitution à part, et c'est ce qu'ils firent notamment par « la discipline ecclésiastique des Églises réformées de France, » instituée dans le premier synode national français tenu à Paris en 1559. Les réformés de Hongrie,

---

[1] Helv. Conf., II, art. 1-3; Helv. Conf., I, cap. I, II; Gallic., art. 4, 5; Belg. Conf., art. 2, 5, 7; Angl. Conf., art. 6, 20, 21; Scotic. Conf., art. 18, 19. Voyez August. Conf., tit. VII.

[2] Walter, *Droit canon*, p. 78 et suiv.

[3] August. Conf., tit. VII, de potestate ecclesiastica. Artic. Smalc. Tractat. de potestate et jurisdictione episcoporum. Seulement les réformés n'admettaient pas que la juridiction épiscopale fût appuyée par le bras civil.

[4] Helv. Conf., II, art. 16, 19; Helv. Conf., I, cap. XVIII.

[5] Voyez les observations de Dœllinger, *l'Église et les Églises*, Munich, 1861, p. 52.

de la Frise orientale, de Londres, et, dans la seconde moitié du seizième siècle, ceux du Bas-Rhin (Juliers, Clèves, Berg et La Marche, imitèrent cet exemple [1].

IV. Quand on eut décidé que le gouvernement ecclésiastique serait dirigé par les princes temporels, on imagina différents systèmes pour justifier cet ordre de choses [2]. La dogmatique luthérienne établit ce principe qu'il y a trois classes dans l'Église : la classe des gouvernants *(status politicus)*, ou des princes, chargés de la direction extérieure; la classe des docteurs *(status ecclesiasticus)*, qui administrent le pouvoir des clefs à raison de leurs connaissances doctrinales; la classe des familles *(status œconomicus)*, qui ont charge d'âmes dans la société domestique.

Quant au pouvoir ecclésiastique des princes temporels, on se contenta d'abord de le justifier en disant que la diète de l'empire en 1555 ayant suspendu la juridiction des évêques catholiques sur ceux qui adhéraient à la confession d'Augsbourg (voyez ci-dessus § 33, p. 136), le pouvoir épiscopal avait passé [3], ou, selon d'autres, était retourné aux princes. On appelait cela le « système épiscopal [4]. »

Un autre système, le système territorial, repose sur cette opinion que le pouvoir ecclésiastique supérieur réside déjà en germe dans l'autorité du prince temporel [5]. Au système terri-

---

[1] Voyez Richter, *Droit eccl.*, § 65, et les preuves à l'appui de chaque point.

[2] Voy. Nettelbladt, *De tribus systematibus doctrinæ de jure sacrorum dirigendorum domini territorialis evangelici quoad Ecclesias evangelicas sui territorii*, in ejusd. *Observ. jur. eccl.*, Halle, 1783; Richter, *Manuel*, § 64, et les citations; Phillips, *Droit eccl.*, t. III, p. 450.

[3] Voy. Stephani (mort en 1646), *De jurisdictione*, Francf.-sur-le-Mein, 1611, in-4°; Reinkingk (mort en 1664), *Tractatus de jurisdictione sæculari et ecclesiastico*, Giess., 1869, in-4°; Basil., 1623; B. Carpzov, le juriste (mort en 1666), *Jurisprud. consistorialis*, Lips., 1645; J.-B. Carpzov (mort en 1699, théologien), *De jure decidendi controversias theologicas*, Lips., 1695; Fr.-C. v. Moser, *Vertraute Briefe über das protestantische geistliche Recht*, Francfort-sur-le-Mein, onzième lettre, 1761; Nettelbladt, *Anerkennung über die Kirchengewalt der evangelischen Landesherrn, in dessen Abhandlungen*, Halle, 1783; *Ueber das bischœfliche Recht in der evangelischen Kirche in Deutschland*, Berlin, 1828 (*Jahrbücher des preussischen Gesetzgebung*, livrais. 61).

[4] C'était le sentiment de Reinkingl, *op. cit.*

[5] C'était l'opinion de Grotius dans son ouvrage posthume : *De imperio summarum potestatum circa sacra* (Paris, 1646-1647). Les philosophes

torial on opposa, dans le commencement du dix-huitième siècle, le système collégial, suivant lequel l'Église, formée en vertu d'un contrat, serait une société indépendante de l'État, aussi légitime que lui, ayant le droit d'administrer elle-même ses propres affaires *(sacra collegialia in sacra)*, de fixer sa confession, son culte, sa discipline, etc.; tandis que le pouvoir civil n'aurait qu'un droit de surveillance *(jus circa sacra)*. Cependant, pour justifier le pouvoir que les princes temporels exerçaient en fait, on admit que l'exercice des droits *in sacra* avait passé aux princes par une transmission tacite [1].

V. Comme ces systèmes sont échafaudés sur des assertions insoutenables et inconsistantes, qu'ils sont en opposition directe [2] avec la distinction de l'Église et de l'État, qui est de l'essence du christianisme, et avec la manière dont l'Église a été établie dans l'origine, on a mis en avant de nos jours plusieurs autres projets pour développer la constitution de l'Église évangélique [3],

---

Hobbes et Spinosa, puis en Allemagne Thomasius, placèrent l'Église sous la domination absolue de l'État (Thomasius, *Vom Rechte eines Fürsten in Mitteldingen*, Halle, 1695, attaqué par J. Bened. Carpzov, dans *De jure decidendi controversias*, mentionné ci-dessus, note 1) Thomasius répondit sous ce titre : *Vom Rechte evangelischer Fürsten in theologischen Streitigkeiten*, Halle, 1696, 1713; *Vindiciæ jur. majest. circa sacra*, ibid., 1699; J.-H. Bœhmer, *De jure episcopali principum evangelicorum*, Halle, 1712, in-4º (et son *Jus eccl. protest.*, lib. I, lit. XXXI, §§ 19-64); J.-J. Moser, *Abhandlungen aus dem deutschen Kirchenrecht*, note. 1. — Voyez aussi l'article *Territorialsystem* de Jacobson dans *Realencyclopædie*, de Herzog, t. XV, p. 532 et suiv.

[1] Ce système fut adopté par les réformés de France et les presbytériens d'Angleterre, et en Hollande par Gisb. Voëtius (mort en 1676). En Allemagne, il fut surtout développé par Pfaff, chancelier de Tubingue, dans ses *Origines juris Eccl. Tub.*, 1719, in-4º; *De jure sacro absoluto et collegiali et De vera Ecclesiæ ratione*, supplément à l'édition d'Origène de 1756; *Academische Reden über das Kirchenrecht*, Tubingue, 1742; Francfort, 1753. Voyez d'autres représentants de ce système dans Walter, *Lehrbuch*, § 40, p. 86, note 1 de la 14e édit. O. Mejer en a fait une longue réfutation dans la *Revue ecclésiastique* publiée par lui et Kliefoth, t. VI, 1859, p. 3-99.

[2] Voy. Walter, *Droit eccl.*, §§ 38-40.

[3] Puchta (*Introd. au droit de l'Église*, en allem., Leipzig, 1840) s'en tenait aux principes du système collégial; Krausshold (*Das landesherrliche Summepiscopat*, Erlangen, 1860) à l'épiscopat du prince avec constitution consistoriale. Stahl (*Die Kirchenverfassung nach Lehre und Recht der Protestanten*, Erlangen, 1840, 2e éd., 1862) demandait que l'autorité du corps enseignant fût le principal organe du pouvoir ecclésiastique, que les communes

tout en conservant les grandes lignes¹ du système épiscopal. En même temps les évangéliques réclamaient partout une plus grande indépendance pour les communes et les synodes, notamment en ce qui regarde la législation. Ces vœux sont en partie réalisés dans les nouvelles constitutions évangéliques (voyez ci-dessus § 56, fin).

VI. Sous l'influence du système territorial dont nous avons parlé, on en est venu à donner aux souverains même catholiques les droits de premiers évêques sur l'Église protestante de leur pays². Mais de même que le souverain peut exercer ses droits de chef temporel par des ministres, et qu'il importe peu qu'il soit apte lui-même à exercer l'un ou l'autre de ces droits, de même les droits d'évêque peuvent être exercés par des délégués, c'est-à-dire par des protestants. Plusieurs législations civiles contiennent même sous ce rapport des garanties formelles en faveur des protestants³, notamment pour le cas où

n'eussent qu'une action subordonnée et le souverain un pouvoir modéré.

Richter, dans l'histoire citée de la constitution évangélique, appendices au droit ecclésiastique prussien, p. 38 et suiv., et dans son ouvrage : *Le roi Frédéric-Guillaume IV et la Constitution de l'Église évangélique*, Berlin, 1861 ; *Mémoire concernant la constitution de l'Église évangélique en Hongrie* (juin 1859), dans la Revue de Dove *pour le droit ecclésiastique*, t. I, p. 138 et suiv.) soutient le droit épiscopal du prince, mais il demande que les communes soient représentées par des synodes. Il en est de même de Hermann (*les Bases nécessaires d'une constitution ecclésiastique réunissant le régime consistorial et le régime synodal*, en allem., Berlin, 1862).

Rothe (*Commencements de l'Église chrétienne*, p. 1-18, en allem.) disait que l'Église devait être absorbée par l'absolutisme de l'État, et, si l'on en croit ses auditeurs, il aurait déclaré dans les dernières années de sa vie, du haut de sa chaire de Heidelberg, que l'État badois actuel lui semblait un État aussi parfait qu'on peut humainement le concevoir, et que l'Église pouvait sans hésiter se sacrifier à lui.

¹ Sur cette question : Si le prince ne doit pas faire exercer ses droits épiscopaux par des organes ecclésiastiques particuliers, voyez Kliefoth, *Über das Verhœltniss der Landesherrn als Inhaber der Kirchengewalt zu ihren Kirchenbehœrden*, Schwerin, 1861.

² Voyez Richter, *Lehrbuch*, § 66.

³ Par exemple la constitution wurtembergeoise du 25 septembre 1819 ; celle du royaume de Saxe du 4 septembre 1831, § 57 ; l'ordonnance du Brunschweig, du 12 octobre 1832, § 214 ; la constitution de Saxe-Altenbourg, § 67. En Saxe-Gotha, la même assurance fut donnée en 1822 ; elle se trouvait aussi dans la constitution de Hesse-Cassel du 5 janvier 1831,

un souverain protestant rentrerait dans le giron de l'Église catholique.

CHAPITRE II.

L'ÉTAT ECCLÉSIASTIQUE ET LES FONCTIONS QUI Y SONT ATTACHÉES.

Article I*er*. — *L'ordination; ses conditions d'après le droit canonique.*

§ 61. 1. **Qualités personnelles des ordinands.**

I. Sont absolument incapables d'être validement ordonnés les infidèles [1] et les femmes [2].

L'ordination conférée à quelqu'un contre son gré est également invalide [3].

II. Un empêchement personnel reposant sur une loi générale de l'Église et rendant la réception ou l'exercice d'un ordre illicite s'appelle irrégularité [4]. Mais l'irrégularité n'exclut pas la validité d'une ordination [5]; elle ne supprime point les droits

§ 134. Une garantie semblable fut donnée en Bavière par l'édit du 26 mai 1818.

En Autriche, dans la patente du 8 avril 1861, § 16 (*Archives*, t. VI, p. 216), l'empereur ne s'est réservé que le droit de haute inspection et de garantie sur l'Église protestante, la confirmation des intendants et le droit de nommer les membres du haut conseil évangélique. Il ne revendique point le droit épiscopal complet qui appartient aux princes protestants (voyez Richter, *Manuel*, § 66, note 8).

En général, les protestants jouissent, sous les princes catholiques et dans les pays où prédomine le catholicisme, comme en Autriche et en Bavière, de droits ecclésiastiques beaucoup plus étendus que sous les princes protestants.

[1] *Cor.*, xiv, 34; *I Tim.*, ii, 11-14.

[2] X, iii, 43, *De presbytero non baptizato*.

[3] Innocent III, c. 3, x, in f. *De baptismo*, III, 42.

[4] Bœnninghausen, *De irregularitatibus*, Monast., 1863 et seq., 3 fascicul.; Lingen et Reuss, *Causæ select. in S. Congr. Conc. per sum. prec. prop.*, p. 17 et seq.

[5] L'irrégularité, du reste, peut n'être que partielle, c'est-à-dire un simple obstacle à la réception de certains ordres ou à l'exercice de quelques fonctions d'un ordre. Ainsi, à un prêtre privé du pouce et du doigt du milieu, il est simplement interdit de dire la messe; les autres fonctions sacerdotales ne lui sont pas défendues. (C. 2, X, *de clerico ægrot. vel debilit.*, III, 6). De plus, ainsi qu'il ressort de notre définition, une irrégularité peut ne se produire qu'après la réception de l'ordre. *irregu-*

de juridiction obtenus d'une manière régulière, ni aucun des droits ecclésiastiques qui reviennent aux laïques catholiques.

III. L'irrégularité provient soit de l'absence de quelque condition requise, *ex defectu*; soit de quelque crime, *ex delicto*¹.

L'irrégularité par défaut atteint :

1° Les *enfants illégitimes, defectus natalitium*².

ADDITION DU TRADUCTEUR³.

Leur naissance a quelque chose de déshonorant, et il est à craindre qu'ils n'imitent l'incontinence de leurs pères ou n'en rappellent le souvenir.

On n'entend guère par enfants illégitimes que ceux qui ne sont pas nés d'un légitime mariage; cependant le droit⁴ regarde comme illégitimes par rapport à la cléricature ceux qui seraient nés depuis que leur père aurait, du consentement de son épouse, renoncé à tout usage du mariage, soit en entrant dans les ordres, soit en embrassant l'état religieux. Il en serait de même si la mère s'était fait religieuse de l'aveu de son mari.

Un homme qui saurait seul le défaut de sa naissance ne serait pas moins obligé de demander dispense. Mais il ne serait pas tenu de se croire illégitime sur l'autorité seule de son père ou de sa mère, quand même ils le déclareraient à l'article de la mort. Il a pour lui la possession et le titre d'un mariage légitime; cela suffit pour son repos, à moins qu'on ne lui prouve son état par des preuves qui tiennent de la démonstration. Si, vaincu par les raisons qu'on lui apporte, il en venait à croire qu'on lui dit vrai, il devrait se conduire en irrégulier, parce qu'il n'est jamais permis d'agir contre sa conscience. Celui qui ne découvre qu'après coup le vice de son origine doit sur-le-champ s'abstenir du saint ministère, à moins que la crainte d'un scandale inévitable ne l'oblige à continuer pendant qu'il poursuit sa dispense.

On ne regarde pas comme illégitimes par rapport aux ordres ceux

---

laritas subsequens. Enfin, il peut arriver que telle infirmité corporelle ou spirituelle qui aurait empêché de recevoir les ordres, n'empêche pas, les ordres reçus, l'exercice licite des fonctions qui y sont attachées, par exemple, quand la folie ou l'épilepsie temporaire survient après l'ordination.

¹ Cette division se trouve déjà dans Innocent, in cap. XIV, 10, *De purgat.*, can. v, 34.

² X, I, 17, *De filiis presbyterorum non ordinandis*, in VI°, cod. tit. 1, 11.

Van Espen remarque que l'irrégularité attachée au défaut de naissance ne regardait d'abord que les enfants illégitimes des clercs et qu'insensiblement on l'a rendue générale. (*Dict. du droit can.*, par Dur de Maillane.)

(*Addit. du trad.*)

³ Collet, *Traité des dispenses*. — ⁴ Cap. XIV, de filiis presbyt.

qui sont nés d'un mariage nul à raison d'un empêchement absolument inconnu à l'un des deux contractants, quand même les parties auraient été séparées juridiquement, pourvu que leur mariage ait été célébré dans les règles [1].

Il en est de même de ceux qui ont été légitimés par un mariage subséquent; ce mariage légitimerait quand même il ne serait ni immédiat, ni consommé, ni précédé de publication de bans.

Cependant cette légitimation ne les rend pas habiles à posséder un bénéfice qui ne serait affecté qu'à des enfants légitimes; elle n'a pas lieu quand les parents, dans le temps de leur commerce illégitime, ne pouvaient s'épouser à cause de quelque empêchement, non pas prohibitif, mais dirimant; et cela serait vrai quand même ils auraient après coup obtenu dispense pour se marier, car cette dispense n'empêche pas que l'enfant n'ait été formé dans un temps où les parties étaient inhabiles à contracter. Il faut donc alors, pour assurer la légitimation de l'enfant, une double dispense, l'une pour le mariage, l'autre pour la légitimation même.

Un enfant serait-il légitime par un mariage postérieur nul, si ce mariage avait été contracté de bonne foi, parce que l'empêchement était inconnu aux parties?

Les uns croient cet enfant légitime, pourvu qu'il ait été conçu avant l'empêchement: ils ne demandent même que la bonne foi d'un des contractants. Ce sentiment ne paraît pas bien appuyé; aucun enfant n'est légitimé par un mariage invalide: 1° parce que ce n'est pas la bonne foi qui légitime des enfants conçus dans le crime; ce droit, selon les canons, n'appartient qu'au mariage, et qui dit mariage ne dit pas l'ombre, mais la réalité; 2° parce que ce qui est nul de droit ne produit aucun effet [2].

On croit même que la dispense que ces personnes obtiendraient dans la suite pour se marier ne légitimerait pas leur enfant, parce que la dispense ne pouvant opérer au-delà des termes dans lesquels elle est exprimée, dès qu'elle n'accorde que la réhabilitation du mariage, elle ne peut servir à légitimer.

Que dire d'un enfant dont le père et la mère ne pouvaient, lorsqu'il a été conçu, se marier à raison d'un empêchement, quand cet empêchement était inconnu à l'un des deux? Titius a commerce avec Mævia, qui ne sait pas qu'il est marié: elle l'épouse lorsqu'il est de-

---

[1] *Conférences d'Angers*, p. 131. Pontas, v. *Illégitimes*, cas. 2 et 3.
[2] Barbosa, Pirrhing, Reiffenstuel, in tit. *Quin filii sint legitimi*, n. 35; Molina, tract. II, disp. CLXXII, n. 12; contra Basilium Pontium, lib. II, cap. I, § 2, n. 13, et alios quos citat et sequitur Leuren, q. CCLIV, n. 4, eod. tit.

venu veuf; l'enfant qu'elle a eu de lui est-il légitimé par ce mariage, auquel il ne manque rien?

Des canonistes prétendent que cet enfant n'est pas légitimé, parce qu'il est vrai de dire qu'il est né de parents qui dans le temps de sa naissance ne pouvaient s'épouser. Plusieurs autres tiennent le contraire, parce que la bonne foi de la mère jointe à un vrai mariage mérite que son fils ne soit pas regardé comme pleinement adultérin. On peut ajouter que le droit n'ayant rien de bien exprès sur cette question, on doit pencher du côté le plus favorable au mariage et à l'enfant [1].

Si, lors de la conception de l'enfant, les coupables étaient habiles à contracter et qu'il soit survenu entre eux un empêchement dirimant dont ils aient obtenu dispense, l'enfant sera légitimé par leur mariage. Des docteurs [2] croient même que l'enfant est légitimé pourvu que depuis sa conception jusqu'à sa naissance il se trouve un point où ses père et mère aient été capables de se marier.

Il y a quelques cas où le droit traite en tout ou en partie les enfants les plus légitimes comme s'ils ne l'étaient pas. Ainsi le fils qu'un prêtre a eu d'un mariage légitime ne peut posséder son bénéfice immédiatement après lui [3]; le fils d'un hérétique n'en peut recevoir [4]; le fils ou le petit-fils de celui qui a frappé ou emprisonné un cardinal, loin d'en pouvoir recevoir, est privé de ceux qu'il possédait [5].

L'irrégularité du défaut de naissance cesse par la profession religieuse, par la légitimation et la dispense.

Elle cesse : 1° par la profession religieuse et non par la prise d'habit, à moins que l'ordre n'ait un privilége spécial, comme celui que Pie V avait accordé aux théatins [6]. Mais la profession religieuse ne rend un illégitime capable que des ordres et des bénéfices simples; d'où il suit qu'il ne peut sans dispense obtenir aucune prélature séculière ou régulière. Les religieux, il est vrai, enseignent communément que leurs supérieurs peuvent, pour de justes causes, accorder cette dispense, cela leur ayant été permis par plusieurs souverains-pontifes [7].

Si un religieux faisait casser ses vœux, son irrégularité recommencerait, ou plutôt elle n'aurait jamais été éteinte par une profession

---

[1] Voyez Marchini, *De ordine*, p. 164, n. 33.
[2] Basil. Pontius, lib. XI *De matrim.*, cap. I.
[3] Cap. II, de filiis presbyt.
[4] Cap. XV, de hæretic., in 6.
[5] Cap. II, de pœnis.
[6] Pellizar., t. II, cap. III, sect. 4, n. 128. La communication des priviléges, si fameuse parmi les réguliers, ne va pas d'un ordre à l'autre, quand les priviléges sont exorbitants.
[7] Grégoire XIV, en 1590; Clément VIII, en 1596; Paul V, etc.

nulle. S'il était chassé, comme il ne cesserait pas d'être religieux, il ne redeviendrait pas irrégulier, mais la sacrée Congrégation ne veut pas qu'il fasse les fonctions de ses ordres et moins encore qu'il en reçoive de nouveaux. Si, comme il arrive aux jésuites, il était dispensé de ses vœux, de bons canonistes soutiennent que son irrégularité ne renaîtrait pas, parce qu'il n'y a rien dans tout le corps du droit qui établisse l'irrégularité sous réincidence.

2° Cette irrégularité cesse par la légitimation, soit qu'elle vienne du mariage ou qu'elle soit accordée par le souverain-pontife. La légitimation ne diffère de la dispense qu'en ce que la dispense n'a d'autres effets que ceux qu'elle exprime, au lieu que la légitimation est générale et s'étend à tous les ordres et à tous les bénéfices, à moins que ceux-ci ne soient affectés par le titre de la fondation ou donation, ou par d'anciens statuts, à ceux qui seront nés en légitime mariage et non à d'autres.

Enfin, l'irrégularité du défaut de naissance cesse par la dispense; le pape seul peut l'accorder pour les ordres majeurs et les bénéfices à charge d'âmes. Les évêques dispensent pour la tonsure, les ordres mineurs et les bénéfices qui ne sont ni cures, ni dignités, ni personnats, ni fondés pour être possédés seulement par un prêtre. Rebuffe [1] et d'autres ne croient pas que la dispense de l'évêque suffise à l'effet de posséder un canonicat de cathédrale. Deselva, Gibert [2], etc., pensent le contraire : ils se fondent sur ce que le pouvoir des ordinaires ne doit pas être restreint sans des raisons pressantes qui ne se trouvent pas ici.

Le chapitre succédant à la juridiction de l'évêque peut, comme lui, dispenser pendant la vacance du siège. Il en est de même des abbés qui ont une juridiction comme épiscopale : ces dispenses accordées dans un seul lieu valent pour tous les autres. Au reste, lors même que le vice de la naissance est secret, il faut toujours avoir recours au pape pour les ordres majeurs; mais il suffit alors de s'adresser à la Pénitencerie.

Quelque part qu'on aille, il faut exprimer de quel commerce on est né, car plus le crime à qui on doit la vie est énorme, plus il est difficile d'obtenir la dispense; quelquefois même il la faut double, comme si le fils d'un prêtre voulait avoir un bénéfice dans la même église où son père en possède ou en a possédé un.

La dispense simple s'interprète à la rigueur, parce qu'elle est odieuse. Ainsi, ceux qui sont dispensés pour les ordres ne peuvent recevoir que

---

[1] Rebuff., *Prax. de dispens. circa natalia*, n. 10 et 11.

[2] Gilbert, *Usage de l'Église gallicane*, p. 665; Pontas, voy. *Dispense de l'irrégul.*, cas 28.

les mineurs; ceux à qui on permet de prendre un bénéfice n'en peuvent recevoir deux, encore moins un second qui soit à charge d'âmes; dispensés pour celui-ci, ils ne le seraient pas pour l'épiscopat.

Si un homme, sans connaître la condition de sa naissance, avait reçu les ordres sacrés, plusieurs disent que l'évêque peut lui en permettre l'exercice. Ils ajoutent qu'un illégitime qui se fait ordonner sans dispense pèche mortellement, mais qu'il n'encourt pas une nouvelle irrégularité : c'est aussi le sentiment d'Avila. Navarre, qui avait pensé le contraire, y est revenu [1]. Il en est de même à tous égards de celui qui, sans dispense préalable, ferait les fonctions de ses ordres.

Toute irrégularité qui rend inhabile au sacerdoce rend inhabile à tous les ordres inférieurs et même à la tonsure, si on ne l'a pas encore reçue : un évêque ne peut la donner à ceux qui, ne pouvant boire de vin ou qui, ayant un pouce coupé, sont incapables d'être jamais ordonnés prêtres. La raison en est : 1° que l'irrégularité par elle-même exclut non-seulement d'un ordre, mais de tout l'état clérical; dans le langage commun, quand il ne s'agit pas du défaut d'âge ou de science, dire qu'un homme est irrégulier, c'est dire qu'il ne pourra jamais entrer dans l'état ecclésiastique; 2° un canon, cité par Gratien [2], défend que ceux qui ont quelque défaut du corps soient appliqués au saint ministère, et ils y seraient appliqués s'ils recevaient la tonsure; 3° c'est le sentiment de la Rote, comme on peut le voir dans Garcias, et presque tous les canonistes ont embrassé sa décision.

En vain, dirait-on, que si un sous-diacre peut faire les fonctions de son ordre lorsque quelque accident l'a rendu inhabile au sacerdoce, un laïque peut aussi recevoir la tonsure et même quelques ordres sacrés, quoique un accident semblable le mette hors d'état d'être jamais prêtre. Cette objection n'a rien de solide : 1° c'est une maxime de droit qu'on n'accorde pas quand les choses sont en entier ce qu'on accorde quand elles sont déjà faites : *Multa tenent facta quæ fieri prohibentur*; 2° il est convenable que l'ordination ne soit pas inutile à celui qui l'a reçue dans les règles, et qui, n'étant plus maître de choisir un état, souffre déjà assez de se voir arrêté; rien de pareil n'existe en faveur d'un homme qui n'est point encore engagé; 3° enfin l'Église s'est clairement expliquée pour le premier, et par sa pratique et le sentiment de ses meilleurs théologiens, elle paraît s'expliquer contre le second.

2° Le *défaut de liberté* existe pour les esclaves, les serfs [3],

---

[1] Avila, part. VI, disp. I, dub. XI; Sayr., *Thesaurus casuum*, lib. VI, cap. X, n. 37. — [2] Gratien, dist. L, can. L. — [3] Dist. 54; X, I, 18, *De servis non ordinandis*.

quand ils n'ont pas le consentement de leurs maîtres; pour ceux qui administrent les biens d'autrui, les caisses publiques, tant qu'ils n'ont pas rendu leurs comptes [1] ; pour les gens mariés, à moins que l'épouse ne consente et ne fasse vœu de continence; pour les époux séparés de corps et de biens leur vie durant pour cause d'adultère du côté de la femme [2].

3° *Défaut d'âge.* La tonsure, qui est un acte préparatoire aux ordres sacrés, ne peut être reçue avant l'âge de sept ans accomplis; elle suppose en outre qu'on a été confirmé. Les ordres mineurs peuvent être reçus avant l'âge de quatorze ans. Les lois diocésaines précisent d'ordinaire cet âge et exigent communément l'âge de quatorze ans. Le concile de Trente exige pour le sous-diaconat l'âge de vingt et un an; pour le diaconat, l'âge de vingt-deux; pour le sacerdoce, l'âge de vingt-cinq; pour l'épiscopat, l'âge de trente ans révolus, qui était celui du sacerdoce avant le concile de Trente [3].

4° *Défaut du corps* [4], ou infirmité corporelle qui empêche d'exercer certaines fonctions importantes ou qui pourrait nuire à la dignité extérieure de la personne qui les remplit.

ADDITION DU TRADUCTEUR.

Dans les trois premiers siècles de l'Église, quand les plus fervents

---

[1] X, I, 19, *De obligatis ad ratiocinia ordin. vel non.*

[2] C. 19-26, CXXVII, q. 2. — Chez les Grecs unis comme les Grecs non-unis, la réception des ordres majeurs est permise aux hommes mariés, et ils peuvent continuer d'user du mariage; seulement il faut que la femme soit libre, qu'elle ait été vierge en se mariant et qu'elle soit la première femme. Conc. *in Trullo*, can. VI, 13; Benoît XIV, const. *Etsi pastoralis*, § 26.

[3] Conc. Trid., sess. XXIII, cap. XIII, de reform. Autrefois on exigeait l'âge de vingt-cinq ans pour le diaconat, comme pour les lévites de l'ancienne loi (c. 5, 7, d. 77), et pour le sacerdoce l'âge trente ans, parce que c'est l'âge où Jésus-Christ a reçu le baptême (c. 4, d. 78; cf. c. 6, § 2, d. 77).

[4] X, I, 20, *De corpore vitiatis ordinandis vel non.* Ainsi, sont irréguliers : les aveugles, les bossus, ou ceux à qui il manque un œil, les sourds, les muets, les paralytiques, les épileptiques, les lépreux, ceux qui manquent d'un bras, d'une main, d'un pouce ou d'un index, ou qui du moins sont privés de son usage, parce qu'ils ne peuvent célébrer la sainte messe de la manière qui est prescrite.

On dispense plus volontiers du défaut de l'œil droit que de celui de l'œil gauche, ou œil canonique, parce que ce dernier est plus nécessaire pour la lecture du canon de la messe. En cas de doute, on s'en rapporte à l'évêque. Si quelqu'un ne pouvait supporter l'usage du vin et fût sujet à le vomir, ce serait là un motif d'irrégularité (C. 1, 2, C. VII, q. 7).

chrétiens étaient plus exposés que personne à être défigurés par les tyrans, la mutilation et la difformité étaient en quelque sorte des titres d'éligibilité. Le moine Ammonius [1] s'étant coupé une oreille pour n'être pas fait évêque, on lui dit que l'Église ne s'occupait que de l'intégrité des mœurs, et il ne réussit qu'en protestant qu'il se couperait la langue si on continuait à vouloir l'élever à une dignité qui ferait trembler les anges.

Depuis le cinquième siècle, le défaut du corps rend irrégulier : 1° quand il est l'effet ou la punition du péché; 2° quand il rend incapable de faire les fonctions ecclésiastiques; 3° quand il empêche de les faire d'une manière sûre, ou 4° avec la décence convenable.

Ceux qui ont été faits ou se sont faits eunuques sont exclus de la cléricature par les canons [2]. Il en serait de même, selon Yves de Chartres [3], s'ils avaient eu dessein de se guérir de l'épilepsie et à plus forte raison s'ils n'avaient pensé qu'à conserver leur voix. Il en serait autrement si les chirurgiens avaient été obligés de faire cette opération ou qu'elle résultât d'une violence injuste. Un homme qui se la serait attirée par le crime serait irrégulier selon le sentiment le plus suivi [4].

Quant à la difformité, qu'elle vienne de maladie ou d'une certaine conformation des organes extérieurs, on convient qu'elle produit l'irrégularité lorsqu'elle inspire une sorte d'horreur ou de scandale aux assistants. Les canonistes regardent comme irréguliers, non-seulement les monstres à deux têtes ou à quatre mains, mais ceux qui ont le visage hideux, la bouche de travers, les lèvres si rongées qu'à peine couvrent-elles les dents, les yeux si tournés ou si chassieux qu'ils inspirent du dégoût, une taille de géant ou de pigmée, un ventre énorme, trop ou trop peu de nez, une jambe ou un pied de bois. Il en serait autrement si un homme avait seulement les jambes torses.

Il appartient aux évêques de juger quelle impression peut faire sur le peuple la vue de ceux qu'ils lui donnent pour ministres [5]. Les supérieurs de communauté n'ont pas droit de juger si leurs sujets sont

---

[1] Vid. Sozomen., lib. V, cap. XXX, et *Histor. Lausiac.*, cap. XII.
[2] Vid. can. IV, V et VII, dist. LV.
[3] Qui semetipsum propter epilepsiam curandam eunuchiavit, secundum rigorem canonum, nec ad altiorem gradum promoveri, nec in eo in quo erat ordine ministrare potest, quod ei non interdicitur, si esset sectus a medicis. (Yvo Carnot., *Epist.* CCXXXI.)
[4] Ugolin, Navarr., Cabassut., Avila.
[5] C'est le sentiment commun des docteurs. Il est fondé sur ces paroles d'Alexandre III : « De macula quam in oculo habes archiepiscopo *cantuariensi* mandavimus, ut cum consilio suffraganeorum suorum, quod exinde visum fuerit, exequatur. » (C. IV de corpore vitiat., lib. I, tit. XX.)

irréguliers ou non *ex defectu corporis*[1]. Un évêque même ne peut décider que de ceux à qui il impose les mains; si par surprise il donnait un dimissoire à quelqu'un de ses diocésains qu'un autre trouvât trop difforme, celui-ci ne pourrait en conscience l'ordonner.

« Hermaphroditus, si virilis in eo sexus prævaleat, ordinari valide potest, sed non sine scelere; est enim etiam tum irregularis, utpote quædam species monstri. Si, quod rarissimum est, sexum utrumque pari gradu participet, ne valide quidem ordinabitur, cum femina sit æque ac vir. »

On ne traite pas un homme qui, étant déjà engagé dans l'état ecclésiastique, devient irrégulier par quelque défaut du corps comme on traite celui qui est encore séculier. Celui-ci ne doit pas même être admis à la tonsure[2]; l'autre n'est privé ni de ses bénéfices, ni de l'exercice des ordres qu'il peut faire avec décence, ni par conséquent incapable de recevoir des bénéfices qui ne demandent pas d'autres fonctions que celles qu'il peut faire. Le chapitre VI, *De corpore vitiatis*, etc., n'y est pas contraire, car le bénéfice dont il y est question exigeait des ordres dont la perte d'une main rendait incapable celui à qui ce même bénéfice avait été conféré par surprise.

L'irrégularité du défaut du corps cesse par la guérison du mal, par la dispense, qu'un usage constant a réservée au pape et qui n'est accordée qu'avec précaution. L'ordinaire est chargé d'examiner, non par procureur, mais par lui-même, si le défaut n'est capable ni d'empêcher les fonctions ni de donner du scandale[3].

Si un homme, par une fausse dévotion, s'était mutilé ou qu'il eût mérité de l'être, l'évêque pourrait le dispenser, pourvu que la chose fût secrète; l'irrégularité naît alors non du défaut, mais du crime, et le concile de Trente autorise les évêques à dispenser du dernier, quand il n'y a ni notoriété ni homicide volontaire.

5° *Défaut d'esprit*, ou absence du libre usage de la raison[4].

---

[1] Vide S. Antonin., part. III, tit. XXIX, c. VI; Navar., c. XVII, n. 203.

[2] C'est le sentiment de la plupart des canonistes sur le titre X du premier livre des *Décrétales*, et il suit de ce que nous avons dit au premier chapitre, n. 4.

[3] La dispense du pape est commissoire et conçue en ces termes, toujours adressés à l'évêque, lors même qu'il s'agit des réguliers : « Committatur ordinario qui inspecto per seipsum (*Nota bene*) et considerato diligenter dicto defectu, si talis non sit, nec ex eo proveniat tanta difformitas quæ scandalum generet in populo, aut impedimentum divinis præstet, super quo ejusdem ordinarii conscientia oneretur, cum eodem oratore, dummodo ad id reperiatur idoneus ... dispenset. » (Pyr. Corrad., lib. III, cap. VI, 16, edit. 2.)

[4] C. II, dist. XXXIII.

ADDITION DU TRADUCTEUR.

Si cependant l'infirmité de ceux qui sont privés de l'usage de la raison cessait entièrement, ils pourraient être admis aux ordres mineurs avec l'agrément de l'évêque : c'est le sentiment de Sayrus[1], qui se fonde sur ce que le canon *Clerici*[2] ne paraît les exclure que du ministère sacré. Mais ce même auteur et plusieurs autres croient que pour les ordres sacrés il faut recourir au pape, à moins qu'il ne soit question de ceux qui, avant l'âge de puberté, auraient été attaqués d'épilepsie et qui n'y seraient pas retombés, comme il arrive assez souvent. Il est d'usage alors, selon Cabassut[3], de ne demander aucune dispense. Si un homme, depuis l'âge de quatorze ans, avait été une fois saisi du mal caduc, il ne pourrait être admis à la cléricature sans dispense; on ne devrait pas même la lui accorder avant qu'il eût vingt-cinq ans, afin de voir s'il ne retombera pas. Après vingt-cinq ans, Hippocrate et les plus sages médecins ne veulent pas qu'on compte jamais sur un parfait rétablissement.

Le droit est plus indulgent quand ces accidents arrivent à ceux qui sont déjà dans les ordres. Quoiqu'il prescrive qu'ils n'en fassent point les fonctions pendant le temps où Dieu les éprouve, il leur permet cependant de les faire, quand une année de santé fait croire à l'évêque qu'il n'y a rien à craindre[4]. Saint Antonin accorde même à un prêtre dont les accès ne sont ni fréquents ni violents de célébrer en particulier, pourvu qu'il ait à côté de lui un autre prêtre qui, en cas de malheur, puisse suppléer.

Ceux qui tombent dans cet état peuvent garder leurs bénéfices en se faisant remplacer. Comme le droit ne parle pas de ceux qui ont des vertiges, on ne peut dire qu'ils sont irréguliers. Cependant, ils ne devraient pas célébrer s'ils causaient quelque scandale.

6° *Défaut de science*, quand on manque des connaissances requises par les lois de l'Église pour la réception d'un ordre[5];

---

[1] Sayr., lib. VI, cap. IX, n. 14, p. 524.
[2] Clerici qui adolescentia a dæmonibus cognoscuntur obsessi, ad superiorem sacri regiminis gradum ascendere non possunt. (C. IV, d. XXXIII.)
[3] Cabass., lib. V, cap. X, n. 8.
[4] M. Babin, dans sa deuxième édition, p. 165, dit qu'une année d'épreuve n'est pas toujours suffisante et qu'il faut, après avoir fait bien observer le malade, consulter d'habiles médecins.
[5] Pour la réception de la tonsure, qui précède les ordres mineurs (§ 53), le concile de Trente exige simplement qu'on sache lire et écrire et qu'on connaisse les vérités élémentaires de la foi. Les ordres mineurs ne doivent être conférés qu'à ceux qui savent au moins le latin, connaissent les fonctions de ces ordres et font espérer qu'ils deviendront aptes à recevoir les ordres majeurs (Conc. Trid., sess. XXIII, cap. XIV et

ADDITION DU TRADUCTEUR.

Il est évident que ceux qui n'ont pas la science requise pèchent mortellement en recevant les ordres pour lesquels elle est prescrite; sans parler du droit et naturel et divin, ils foulent aux pieds une des plus saintes lois de l'Église. Sont-ils irréguliers en prenant ce mot à la rigueur?

Plusieurs docteurs le croient[1] : 1° parce que le pape Gélase met les ignorants dans la même classe que ceux qui, par la perte d'un membre, sont impropres aux fonctions ecclésiastiques. Or ceux-ci sont irréguliers de l'aveu de tout le monde. Dire, comme a fait Gibalin, que ce pontife parle seulement de ceux qui ne savent pas lire, c'est donner à son texte un sens qu'il exclut formellement. Il parle de ceux que leur incapacité empêche d'être propres au saint ministère[2], et il ne suffit pas de savoir lire pour être propre au sacerdoce. De plus, ceux dont parle Gélase sont ceux que les canons[3] veulent qu'on punisse, aussi bien que les évêques qui auront osé leur imposer les mains; or, qui oserait prétendre que les canons se sont contentés de frapper ceux qui ne savaient pas lire, sans toucher à ceux qui n'avaient pas cette science qu'on appelle compétente[4]? Certainement, l'évêque qu'Honorius III déposa[5] savait lire, et cependant il est bien plus odieux de déposer un homme que de ne le pas admettre.

De ce principe il faut conclure que la provision d'un bénéfice est

---

XI, de reform.). Le sous-diaconat et le diaconat demandent qu'on soit pourvu d'un bon témoignage, qu'on soit exercé dans les fonctions des ordres inférieurs, qu'on ait la connaissance scientifique et pratique de ce qui est requis pour les fonctions de ces deux ordres (sess. XXIII, cap. XI, de réform.). Pour recevoir la prêtrise, il faut être muni d'un bon témoignage, être jugé capable d'enseigner au peuple les choses nécessaires au salut, et de lui administrer comme il faut les sacrements (sess. XXIII, cap. XIV, de reform.).

[1] Voyez les *Confér. d'Agde,* confér. IX, q. IV, p. 277; celles d'Angers, p. 175; Gibert, p. 734; *la Théorie et la pratique des sacrements,* ch. II, de l'Irrégularité; Habert, etc.

[2] Illitteratos, aut aliqua parte corporis vitiatos vel imminutos, nullus præsumat ad clericatus ordinem promovere; quia litteris carens, sacris non potest esse aptus officiis. (Gelas., cap. I, dist. 6.)

[3] Voyez le chapitre XIV, De ætate, etc., lib. I, tit. XIV, et plusieurs autres que cite Gonzalès et qu'il a mal à propos expliqués comme Gibalin.

[4] On distingue deux sortes de science, l'une éminente, au moyen de laquelle on peut dire, moralement parlant, qu'un homme n'hésite sur rien; l'autre compétente ou médiocre, par laquelle on décide les questions communes, et on sait douter et consulter dans celles qui sont plus épineuses, et celle-ci est plus rare qu'on ne pense.

[5] Cap. XV, eod. tit.

nulle quand elle est accordée à un homme qui manque de la science exigée par le concile de Trente. Ainsi le décident les auteurs cités.

L'irrégularité qui vient du défaut de science n'est pas dispensable quand il met hors d'état de faire comme il faut et dans le temps voulu les fonctions de l'ordre ou du bénéfice qu'on veut recevoir : elle tient d'une incapacité réprouvée par le droit naturel et par le droit divin.

Dans les autres cas, on peut en dispenser sous quatre conditions. La première, que le défaut de science ne soit pas considérable et puisse être réparé à temps par le travail et l'application. La seconde, que celui à qui on accorde la dispense ait de la piété et qu'on puisse s'assurer qu'il ne négligera rien pour se mettre en état de remplir ses fonctions. La troisième, qu'il ne s'ingère pas de les faire jusqu'à ce qu'il ait la capacité nécessaire. La dernière, enfin, qu'il n'y ait personne à qui on puisse actuellement confier l'office dont on le charge ; autrement il faudrait attendre qu'il fût en règle.

Fagnan [1] soutient qu'un évêque ne peut accorder la dispense dont nous parlons, et il ajoute que la sacrée Congrégation n'a jamais permis qu'on donnât les ordres sacrés à des ignorants, quoique dans les pays où on les destinait il y eût une très-grande disette de prêtres.

Restent ceux dont la foi n'est pas assez éprouvée et qu'on appelle communément néophytes. Les canons et les Pères parlent de plusieurs sortes de néophytes : les uns, quoique nés de parents chrétiens, ont reçu le baptême depuis peu ; les autres ne font que sortir des ténèbres de l'infidélité. Ceux-ci, engagés dans l'hérésie, viennent de l'abjurer ; ceux-là, élevés dans le sein de l'Église, se sont déshonorés par une vie criminelle et commencent seulement à vivre selon les règles du christianisme. D'autres ont attendu jusqu'à l'extrémité à recevoir le baptême, et ils ne l'ont reçu que parce qu'une maladie sérieuse les avertissait de penser à leur salut. Ces derniers se nommaient cliniques.

Ceux qui ont depuis peu embrassé la foi sont irréguliers. Saint Paul l'a décidé [2] et l'Église l'a plus d'une fois répété dans ses conciles [3]. Il ne convient pas que ceux qui sont encore enfants dans la foi soient les conducteurs de la multitude. Si l'exemple de saint Ambroise qu'on pourrait objecter prouve quelque chose, il prouve seulement que l'irrégularité des néophytes n'est pas de droit divin et que saint Paul ne l'a établie qu'en qualité de pasteur ordinaire.

Quant à ceux qui, après avoir longtemps vécu comme les enfants du siècle, commencent seulement à changer de vie, quoiqu'ils ne soient

---

[1] Fagnan, in cap. Quæris vi ; de ætate, etc.

[2] Non neophytum, ne in superbiam elatus in judicium incidat diaboli. (*I ad Timoth.*, III.)

[3] Concil. Nicæn., can. II, etc.

pas irréguliers au sens des canons [1], on ne peut cependant regarder le désir que la plupart ont de monter aux ordres que comme un préjugé terrible contre leur salut. Des hommes dont les plaies saignent encore sont-ils propres à fermer celles de leurs frères? On peut lire sur ce sujet la belle décrétale du pape Zozime, quelques-unes des lettres de saint Grégoire le Grand et le P. Thomassin [2].

Ceux qui, nés de pères juifs ou d'autres infidèles, ont été baptisés dans l'enfance et ont bien vécu, ne sont pas plus irréguliers que les autres chrétiens. Cependant, comme les pères transmettent d'ordinaire à leurs enfants leur génie et leurs inclinations, on ne doit, selon le concile tenu au Mexique en 1585, les admettre aux ordres qu'avec bien des précautions. Les jésuites n'en reçoivent point chez eux, et l'Église de Tolède ne les admet point à ses bénéfices.

Il n'y a dans tout le corps du droit qu'un canon qui regarde les cliniques, et il les exclut du sacerdoce, à moins que leur vertu bien éprouvée ou le besoin de prêtres n'oblige d'en agir autrement [3].

7. Le *défaut de sacrement* ou de pureté du cœur. Il existe chez celui qui s'est marié deux fois ou qui a épousé une veuve dont le premier mariage avait été consommé (bigamie similitudinaire). La raison en est que le sacrement de mariage figure l'union de Jésus-Christ avec son Église et que cette union n'est plus représentée par une double division de la chair [4].

ADDITION DU TRADUCTEUR.

Il y a trois sortes de bigamies : la réelle, l'interprétative et la similitudinaire, qu'on appelle aussi spirituelle ou métaphorique.

La bigamie est réelle quand un homme a successivement épousé et connu plusieurs femmes; interprétative, quand un homme, quoiqu'il n'ait épousé qu'une femme, est par fiction de droit censé en avoir épousé plusieurs. Il en est ainsi : 1° quand un homme marié épouse une seconde femme du vivant de la première, soit de bonne foi, parce qu'il la croyait morte, soit de mauvaise foi et par une passion criminelle; 2° quand un homme contracte deux mariages invalides à cause

---

[1] *Théorie et pratique des sacrements*, ubi supra.
[2] La décrétale de Zozime est dans le *Codex canonum vetus Ecclesiæ romanæ*, p. 388, ed. 1609; S. Gregor., lib. IV, *Epist.* L, et lib. VII, *Epist.* III; Thomassin, *Discipl. eccles.*, part. II, lib. II, cap. XXIV.
[3] Si quis in ægritudine constitutus, fuerit baptisatus, presbyter ordinari non debet. Non enim fides illius voluntaria, sed ex necessitate est, nisi forte postea ipsius studium et fides probabilis fuerit aut hominum raritas exegerit. (Cap. unic., dist. XXXVII; voyez Gibert, p. 768. Collet, *Traité des dispenses*.)
[4] C. III, X, h. t.; Müller, *De bigamia irreg. fonte et causa*, Vratisl., 1868.

de quelque empêchement connu ou inconnu; 3° quand il épouse une veuve ou une fille qu'un autre avait déjà connue, quand même il ignorerait le premier mariage de l'une ou la faute de l'autre; 4° lorsqu'un homme qui avait épousé une vierge la connaît depuis qu'elle a eu commerce avec un autre, que ce commerce ait été forcé ou volontaire; cela serait vrai quand même il n'habiterait avec cette femme que par crainte des censures dont on l'aurait menacé, parce qu'il n'aurait pu prouver son crime.

Il y a bigamie similitudinaire lorsqu'un homme, après avoir contracté un mariage spirituel avec l'Église par le vœu solennel de chasteté qu'il a fait en religion ou en recevant les ordres, contracte un mariage charnel avec une personne vierge, corrompue ou veuve [1]. Quelques théologiens ont cru que le vœu simple de chasteté suivi du mariage produisait cette sorte de bigamie. Sanchez les a réfutés [2].

Un sous-diacre ou un religieux qui se marieraient par dispense seraient-ils bigames? Si un vrai mariage spirituel, suivi d'un faux mariage charnel, produit la bigamie métaphorique, comment deux vrais mariages ne la produiraient-ils pas?

Toute bigamie suppose une consommation de mariage : un homme qui épouserait une seconde femme sans avoir eu de relation avec la première pourrait être présumé bigame, mais ne le serait pas. Il en est de même de celui qui aurait épousé une veuve demeurée vierge, ou qui, sans en venir jusqu'au mariage, aurait eu commerce avec deux ou trois personnes qu'il aurait fiancées, ou enfin d'un prêtre qui aurait péché avec différentes personnes, mariées ou non, sans essayer de contracter mariage avec elles.

Toute espèce de bigamie produit l'irrégularité.

Il n'y a jamais eu difficulté sur la bigamie réelle. Saint Paul veut qu'on n'admette au diaconat et aux ordres supérieurs que ceux qui n'auront eu qu'une femme [3]. Or quiconque est inhabile à recevoir un ordre sacré est exclu de la simple tonsure; les canons sont formels : *Ne is qui secundam duxit uxorem, clericus fiat*, dit Innocent Ier [4].

L'Église a eu trois raisons pour établir cette irrégularité. Un prêtre ne doit pas être suspect d'incontinence; il doit être en état de porter efficacement les fidèles à la perfection, soit de la virginité, soit du veuvage; enfin, et c'est la raison la plus générale, il doit se souvenir que le Fils de Dieu n'a eu qu'une seule Église pour épouse et que cette épouse est sans tache.

L'irrégularité des deux autres sortes de bigamie n'est pas moins ex-

---

[1] Sanchez, *De matrim.*, lib. VII, disp. LXXXV, n. 3.
[2] Ita Majolus, Lopez et alii quos refellit Sanchez, *ibid.*, n. 12.
[3] Diaconi sint unius uxoris viri. (*I ad Timoth.*, III, 12.)
[4] Innoc. I, *Epist.* II *ad Victricium*, cap. VI.

presse dans le droit[1]. D'ailleurs si le vrai bigame ne représente point par son mariage l'unité de celui du Fils de Dieu, le bigame interprétatif ne représente pas la virginité de celle que l'Homme-Dieu a épousée.

Mais comment concevoir qu'un homme est irrégulier en épousant une veuve et ne l'est pas si, étant marié, il a eu commerce avec toute autre femme que la sienne : l'un est beaucoup plus odieux que l'autre ; il n'y a point de péché dans le premier, et il y en a beaucoup dans le second.

Cette difficulté, si grande qu'elle soit, ne change pas la nature des lois. Qu'on dise qu'un homme livré à l'incontinence jusqu'à avoir plusieurs femmes aurait dû être déclaré irrégulier, à la bonne heure ; mais qu'on en conclue qu'il l'est en effet, quand le droit n'en dit rien, ou que celui qui épouse une personne non vierge ne l'est pas, quand le droit le déclare en termes formels, cela ne peut s'admettre.

Du reste, la discipline de l'Église sur ce point n'est pas si difficile à justifier. On a fait des canons contre les bigames, parce que plusieurs se présentaient aux ordres ; on n'en a point fait contre les impudiques, parce que dans les premiers temps ils savaient au moins respecter le sacerdoce et que, quand ils étaient connus, ils étaient soumis à la pénitence publique, qui emportait une irrégularité dont on ne dispensait point. La pénitence solennelle a cessé, et le crime multiplié a été moins timide.

Fagnan[2] ajoute que l'irrégularité de bigamie est semblable à celle du défaut de douceur : ni l'une ni l'autre n'est la punition d'un péché, mais d'un simple défaut. Ce défaut se trouve dans un bigame sans se trouver dans un impudique ; le premier a donc besoin de dispense, le second d'une pénitence qui coûte infiniment plus que toutes les dispenses.

Un homme est-il irrégulier par la bigamie quand il a épousé deux femmes avant d'être baptisé ?

Saint Jérôme croit que non ; saint Augustin, Innocent Ier et saint Ambroise[3] soutiennent le contraire, et saint Thomas, avec la plupart des

---

[1] Curandum est ne ad sacras ordines quisquam qui uxorem non virginem duxit, aspiret. (Can. IX, dist. XXXIV.) Nec bigamum aut qui virginem non est sortitus uxorem aut ignorantem litteras, vel in qualibet parte corporis vitiatum …, ad sacros ordines permittas accedere. (Can. X, ibid.) Quotquot virginitatem pollicitam prævaricati sunt professione contempta, inter bigamos, id est qui ad secundas nuptias transierunt, haberi debebunt. (Synod. Ancyrana, cap. XVIII.) Gratien lit *prævaricata*, mais le texte grec est au masculin, et Justel, dans son *Codex canonum Eccles. univ.*, traduit *quicumque virginitatem promittentes*. (Can. XXXIX.)

[2] Fagnan, in cap. Super eo, II, de bigam., n. 10.

[3] Hieronym., apud Gratian., cap. I, dist. XXVI; Augustin., lib. *De bono*

théologiens, est de cet avis. La raison en est que l'irrégularité de la bigamie ne vient pas d'un crime que le baptême puisse effacer, mais du défaut de représentation du mariage spirituel que Jésus-Christ a contracté avec son Église parfaitement vierge. Ce défaut de représentation se trouve en celui qui a été marié deux fois avant ou après son baptême, parce qu'il est toujours vrai de dire qu'il a divisé sa chair, division que le sacrement ne répare pas. Il en est donc de ce bigame comme d'une catéchumène qui, s'étant laissée corrompre, ne pouvait jamais être reçue parmi les vierges consacrées à Dieu. Le baptême ne rend pas la virginité aux personnes qui l'ont perdue [1].

Celui qui contracte un second mariage nul par défaut de consentement est-il bigame, ou, comme nous l'entendons ici, est-il irrégulier par bigamie?

Les plus savants auteurs le croient [2], autrement on ne pourrait dire qu'un prêtre qui ose se marier ou qu'un laïque qui du vivant de sa première femme en prend une seconde doivent être estimés bigames, puisqu'il n'y a pas d'apparence que l'un ou l'autre aient l'intention de contracter un vrai mariage. D'ailleurs les canons demandent uniquement pour encourir l'irrégularité de bigamie : *affectum intentionis cum opere subsecuto* [3]; or cette condition se trouve dans le cas présent, où nous supposons ce faux mariage pleinement consommé : *ad quam quidem consummationem requiritur, ex communiori opinione, seminis emissio intra vas debitum, nec sufficit sola vasis ejusdem penetratio; licet hinc in exteriori foro præsumatur consummatio perfecta.*

Doit-on traiter de bigame celui qui a épousé une personne qu'il avait lui-même corrompue?

Saint Antonin [4] ne le croit pas : 1° parce que le droit n'a pas de texte précis sur ce point, et les canons qui demandent qu'un homme, pour n'être pas bigame, épouse une vierge, veulent dire seulement qu'il ne peut, sans être bigame, épouser celle qu'un autre a connue, au moins peut-on leur donner ce sens et cela suffit; 2° parce qu'il n'y a pas alors ce que le droit appelle *divisionem carnis in plures*; 3° parce que le mariage a un effet rétroactif et qu'on est censé épouser vierge celle qui n'a point eu de commerce avec un étranger.

---

conjugii, cap. XVIII; Innocent. I, *Epist. ad Victric.*, cap. VI; Ambrosius, lib. I *Offic.*, cap. ult., relati apud Gratian., ead. dist., cap. II, III et IV.

[1] Sicut femina, si catechumena vitiata est, non potest post baptismum inter virgines consecrari; ita non absurde visum est bigamum non peccasse; sed sacramenti normam amisisse, non ad vitæ meritum, sed ad ordinationis ecclesiasticæ signaculum necessarium. (Augustin., apud Gratian., cit. cap., dist. XXVI.)

[2] Ita auctores melioris notæ, apud Suarem, disp. XLVI, sect. II, n. 10.

[3] Cap. final., de bigamis. — [4] Part. III, tit. XXIX, cap. III.

Un religieux, un sous-diacre deviennent-ils bigames et irréguliers en épousant une fille séculière? un séculier deviendrait-il bigame s'il épousait une religieuse?

Ce cas n'est pas marqué dans les canons, et l'irrégularité ne s'encourt que quand elle est exprimée dans le droit.

L'irrégularité de bigamie n'est que de droit ecclésiastique; l'autorité qui l'a établie peut donc, pour de bonnes raisons, la lever, comme a fait le pape Luce III, à l'égard d'un évêque de Palerme [1].

Il est plus difficile de définir à qui il appartient de dispenser de l'irrégularité les bigames qui l'ont contractée.

On convient que le pape seul peut dispenser de la bigamie réelle ou interprétative, à l'effet de recevoir les ordres sacrés, parce que le droit ne permet nulle part aux évêques d'accorder cette dispense et qu'il le leur défend sous peine d'interdit de leurs fonctions [2]. Les papes eux-mêmes ne dispensent en ce point qu'avec beaucoup de peine et seulement pour des causes très-importantes.

Le canon cité par Gratien [3], qui pourrait être objecté, n'est pas du pape Martin, mais d'un évêque de Brague, qui ne pouvait ni dispenser d'une irrégularité établie par saint Paul et confirmée par des conciles généraux, ni accorder aux autres le droit d'en dispenser. D'ailleurs ce canon dit bien que dans la nécessité on peut recevoir un bigame au sous-diaconat; mais il ne dit pas à qui il appartient de l'admettre.

Un évêque peut-il de son chef donner la tonsure et les mineurs aux bigames vrais ou interprétatifs. Gibert croit qu'il le peut [4]; mais les canons sur lesquels il s'appuie ne sont pas assez clairs: 1° parce qu'ils ne prouvent que *a contrario sensu*, ainsi que parlent les canonistes, et cette preuve est peu concluante en ces matières, quand elle n'est étayée d'aucune autre; 2° parce que ces textes prouveraient tout au plus qu'il a été un temps où les évêques ont pu dispenser les bigames et qu'on ne doute point que les évêques n'aient fait autrefois bien des choses que l'usage ou des lois postérieures leur ont interdites.

Il faut donc dire avec Pastor, Ducasse, Thomassin et le plus grand nombre des docteurs [5] que ces bigames ne peuvent être élevés à la cléricature qu'avec une dispense du Saint-Siége : 1° parce que le pape saint Gélase a défendu qu'aucun évêque n'appliquât ces sortes de

---

[1] Vid. Glossam, in cap. Lector., d. XXXIV.
[2] Vid. cap. II, de bigamis.
[3] Can. XVIII, dist. XXXIV; Vide *Dialogus Anton.*; Augustini *De emendatione*; Gratiani, lib. I, dialog. X, p. 108, edit. Baluz.
[4] Gibert, *Usages*, etc., p. 709, ex can. X, dist. XXIV, et c. II, de bigamis.
[5] *Pastor*, lib. III; tit. XXIV, n. 3; Ducasse, part. I, cap. X, sect. II; Thomassin, ubi supra; Babin, p. 288; Gohard, t. I, q. II, art. 4; Habert, etc.

bigames au ministère divin¹, et l'on sait que les clercs et les minorés y sont appliqués à leur manière ; 2° parce que le second concile de Lyon défend sous peine d'anathème aux bigames de porter la tonsure ou l'habit ecclésiastique², et que celui de Trente leur commande de s'abstenir des fonctions des ordres mineurs ; 3° parce que Sixte V et la sacrée Congrégation ont décidé cette difficulté, et ils n'ont fait en cela que suivre les anciens canons et les derniers conciles, comme le remarque Thomassin.

On croit cependant, contre Fagnan, qu'un évêque des Indes ou d'un autre pays fort éloigné de Rome pourrait, dans un pressant besoin de prêtres, ordonner un bigame ou tout autre irrégulier.

Quant à la bigamie similitudinaire, l'évêque peut permettre à celui qui en est coupable de faire les fonctions de ses ordres³ ; il peut même l'élever à un ordre supérieur ; mais les canons qui le lui permettent veulent qu'il ne fasse ni l'une ni l'autre de ces grâces qu'à ceux qu'une sérieuse pénitence en aura rendus dignes.

Cette règle souffre deux exceptions : elle n'a lieu ni pour ceux qui n'auraient pas contracté leur mariage sacrilége avec une vierge, ni pour ceux qui, avant leur ordination ou leur profession, auraient déjà été mariés. La raison en est que dans ces deux cas la bigamie interprétative se trouve jointe à la bigamie similitudinaire.

8. Le *défaut de douceur (defectus perfecte lenitatis)* se trouve chez ceux qui ont concouru comme juges, comme témoins, etc., à une sentence de mort ou de mutilation ; chez les soldats qui, en qualité de mercenaires volontaires, ont tué des hommes ; chez les médecins qui, dans leurs opérations, tuent ou mutilent quelqu'un par leur faute⁴.

ADDITION DU TRADUCTEUR⁵.

L'Église n'impute pas le défaut de douceur à ceux qui ont tué ou mutilé avant leur baptême (en cela ils sont plus ménagés que les bigames⁶), ni à ceux dont l'action n'a pas été volontaire en elle-même ou en sa cause, comme les enfants et communément les frénétiques,

---

¹ Ne quisquam pontificum bigamos aut conjugia sortientes ab aliis derelicta, divinis servituros applicare ministeriis confidat. (Can. LIX, d. L.)

² Concil. Lugdun., an. 1274, can. XVI, et Trident., sess. XXIII, c. XVII, de reformat.

³ Sanchez, lib. VII *De matrim.*, disp. LXXXVI, n. 14; Pirrinth., in tit. XXXI, lib. I *Decretal.*, n. 10; Barbosa, allegat. XLIX, n. 25.

⁴ C. I, IV, V, d. 51. — ⁵ Collet, *Traité des dispenses.*

⁶ Voyez-en les raisons dans Suarez, disp. XIV, sect. II, n. 3; la meilleure est la volonté de l'Église,

ni à ceux qui, malgré tous leurs efforts, n'ont pu réussir à tuer ou à mutiler, quoiqu'ils aient frappé et blessé quelqu'un qui n'a évité la mort que par miracle. La loi demande un acte libre et consommé en son genre.

Il suit de là qu'on peut être irrégulier sans répandre une goutte de sang et ne l'être pas quoiqu'on en répande beaucoup. Le premier paraît par l'exemple d'un homme qui en étouffe un autre, et le second par l'exemple de celui qui fait une large blessure sans mutilation.

Par mutilation, on entend l'action de séparer un membre du corps. Un homme qui en aurait estropié un autre jusqu'à le priver totalement de l'usage d'un bras ne serait pas irrégulier, parce que l'affaiblissement d'un membre et l'amputation sont choses différentes, et que les canons ne soumettent que celle-ci à l'irrégularité. Ainsi, un juge ne devient irrégulier ni pour avoir fait donner une question violente, ni pour avoir fait fendre le nez et les oreilles.

Comme l'action de mutiler cause la perte d'un membre, il est important de savoir ce qu'on appelle membre dans le corps humain. Cajetan[1] croit qu'on doit donner ce nom à toutes les parties qui contribuent à l'intégrité du corps, qu'elles aient une opération pleine et indépendante ou qu'elles ne l'aient pas. Selon ce sentiment, couper à quelqu'un un doigt de la main ou du pied, c'est lui couper un membre et par conséquent le mutiler.

La plupart des autres théologiens ne regardent comme membre que les parties qui ont une opération pleinement distincte de celle des autres, ou qui sont l'instrument et le principe total et prochain de cette opération[2]. Dans ce système, l'œil seul fait un membre, parce qu'il a une fonction distincte ; mais la main entière n'en fait qu'un, parce que c'est à elle seule, prise dans sa totalité, qu'il appartient d'écrire, de peindre, etc. Il est vrai que sans doigts elle ne pourrait rien faire ; mais on n'en peut rien conclure en faveur de Cajetan : autrement il faudrait regarder comme de vrais membres la moitié du pouce et de l'index, car sans cette moitié la main ne pourrait ni peindre ni écrire ; cependant Cajetan n'a jamais traité d'irrégulier celui qui aurait abattu à un autre la moitié du doigt.

Nous concluons de là que ceux qui ont donné pour règle qu'un homme qui en rend un autre irrégulier le devient lui-même se sont trompés. Le contraire paraît non-seulement par l'exemple de celui qui coupe à un autre la moitié du pouce ; mais encore par l'exemple de ceux qui priveraient un homme de tout usage de la main sans en

---

[1] Cajetan., II II, q. LXV, art. 1 ; Avila, p. 7, d. V, § 1.
[2] Suarez, disp. XLIV, sect. II, n. 6 ; Marcus Paulus Leo, part. III, cap. I, n. 58.

rien retrancher. Il en est de même de ceux qui ont des enfants illégitimes : ceux-ci sont irréguliers, leurs pères ne le sont pas.

Nous concluons en second lieu qu'on n'est pas irrégulier pour couper l'oreille d'une personne, parce que le cartilage qui porte son nom n'est pas absolument nécessaire pour l'ouïe, quoiqu'il y contribue.

Enfin, nous concluons que celui qui ferait à une personne du sexe l'opération que les Amazones se faisaient serait irrégulier, parce qu'il couperait une partie qui, étant destinée à nourrir, comme l'œil l'est à voir, doit être regardée comme un membre du corps.

Pour encourir l'irrégularité par défaut de douceur, il suffit de tuer ou de mutiler un homme quel qu'il soit : hérétiques, idolâtres, catholiques, tous sont égaux en ce point. Mais celui qui, trouvant son ennemi mort, de rage le couperait par quartiers, ne serait pas irrégulier, parce que mutiler un cadavre n'est pas mutiler un homme. Il en est de même de celui qui rendrait une femme stérile ; il est bien homicide en un sens, selon les canons [1], mais il ne l'est pas jusqu'à tomber dans l'irrégularité. Ainsi, celui qui fait avorter une femme avant que son fruit soit animé n'est pas irrégulier, ainsi que l'enseignent saint Thomas, saint Antonin, tous les théologiens et les canonistes [2]. Sixte V avait réglé le contraire en 1588 ; mais Grégoire XIV modéra sa constitution et restreignit l'irrégularité, comme avait fait Innocent III [3], au seul cas où le *fœtus* est animé.

Que dire de ceux qui tuent ou mutilent sans s'écarter des lois de la justice, des juges, des soldats, des chirurgiens, et de ceux qui tuent pour n'être pas tués eux-mêmes ? Commençons par ces derniers.

Ceux qui, sans sortir des bornes d'une juste défense, tuent ou mutilent un injuste agresseur pour sauver leur propre vie, n'encourent pas l'irrégularité. C'est la décision de Clément V au concile de Vienne [4], et le concile de Trente [5] n'y a point dérogé, ainsi que l'a déclaré la congrégation chargée d'en expliquer les décrets. Si quelquefois un homme, qui pour sauver sa vie en a tué un autre, est obligé de demander dispense à son évêque, c'est parce qu'il est difficile dans ces sortes de cas de rester dans la modération, et que d'ailleurs le peuple

---

[1] Cap. v, de homicid.
[2] S. Thomas, in IV, dist. XXXI ; S. Antonin., part. III, tit. XXVIII, cap. II, § 5, et cæteris apud Pontas, v. *Irrégularité*, cas. 53.
[3] Si nondum erat vivificatus conceptus, ministrare poterit ; alioquin debet ab altaris officio abstinere. (Innoc. III, cap. X, de homicid.)
[4] Si furiosus, aut infans, seu dormiens hominem mutilet vel occidat, nullam ex hoc irregularitatem incurrit, et idem de illo censemus qui mortem aliter vitare non valens, suum occidit vel mutilet invasorem. (Clemens. unic., *De homic.*, lib. V, tit. IV.)
[5] Trid., sess. XIV, cap. VII.

serait effayé s'il voyait à l'autel un homicide qu'il saurait n'avoir pas découvert son état aux supérieurs ecclésiastiques.

Un homme se tient dans les bornes de la modération quand il ne fait que ce dont il a besoin pour se défendre. Celui qui tue quand il lui suffirait de mutiler, celui qui mutile quand il pourrait s'échapper par la fuite ou appeler du secours, n'évite pas l'irrégularité.

Un léger excès dans la défense suffit-il pour encourir l'irrégularité? Plusieurs le nient[1] : 1° parce que celui qui en défendant sa vie devient irrégulier ne peut l'être qu'*ex delicto,* et que toute irrégularité *ex delicto* suppose un péché mortel; 2° les prêtres grecs, qui par malheur avaient étouffé leurs enfants dans le berceau, ne furent pas jugés irréguliers par Clément III, quoiqu'il y eût de la négligence dans leur fait; ce fut plutôt pour l'exemple que le pape voulut qu'ils s'abstinssent pendant un temps de monter à l'autel[2].

Quoi qu'il en soit, un homme qui en se défendant a passé les bornes de la modération doit toujours se faire dispenser par précaution : un gentilhomme, par exemple, s'imaginerait, quoiqu'il pût fuir, qu'il n'a pas dû le faire parce qu'il se serait déshonoré.

Un homme qui tue pour n'être pas arrêté et mis en prison est-il irrégulier?

Personne n'en doute, car si un homme peut fuir, il n'a pas le droit de tuer ceux qui ont droit de l'arrêter. Quand même un homme aurait été condamné sur de fausses dépositions, il ne pourrait mettre à mort un agent qui voudrait se saisir de lui. Pour qu'un homme poursuivi par les officiers publics pût se défendre, il faudrait supposer que les juges qui l'ont condamné et ceux qui courent après lui connaissent son innocence.

Que dire d'un voleur ou d'un adultère qui, étant pris en flagrant délit, ne peut éviter la mort qu'en la donnant lui-même?

Cas difficile : un mari qu'on déshonore et un homme dont on prend le bien ne sont pas en droit d'ôter la vie à ceux qui les maltraitent, et par conséquent ils sont injustes agresseurs. On croit cependant que le voleur et l'adultère, quelques mesures qu'ils gardent en se défendant, sont irréguliers, quand ils ont pu prévoir qu'ils s'exposaient au danger de donner la mort pour ne la pas recevoir. L'homicide qu'ils commettent est volontaire en sa cause, et un homicide volontaire en ce sens entraîne toujours l'irrégularité.

Un homme peut-il, sans devenir irrégulier, prévenir celui qui ne l'attaque pas encore, mais qui doit l'attaquer dans la suite?

---

[1] Avila, part. VII, disp. v, sect. 3; Bonacina, disp. VII, q. IV, punct. 6, n. 3, etc. — [2] Cap. Quæsitum, VII, de pœnis. — [3] Vid. Reiffenstuel, in lit. *De homicid.*, lib. V, tit. XII, § 3.

Il l'est sans doute si, sans effusion de sang, il peut se garantir du piége. Il en serait autrement s'il lui fallait ou périr nécessairement ou prévenir son adversaire. Un homme qui me cherche depuis longtemps vient sur moi l'épée à la main : je n'ai, pour sauver ma vie, d'autre parti que de lui tirer un coup de fusil; je me proposais seulement de le blesser, et je le tue; je ne suis pas irrégulier.

Un homme qui en tue d'autres pour sauver la vie de son père, de son frère ou de quelque autre parent tombe-t-il dans l'irrégularité?

Molina, Hugolin, Tolet et les meilleurs casuistes [1]. croient qu'en ce cas un homme devient irrégulier, parce que les lois n'ont soustrait à l'irrégularité que celui qui tue pour conserver sa propre vie. Plusieurs savants auteurs pensent que, selon le droit ancien, un homme qui avait tué uniquement pour ne l'être pas était irrégulier. De ce principe, Tolet [2] conclut qu'un homme qui en tue un autre qui n'avait pas dessein de le tuer lui-même, mais seulement de lui couper une jambe, continue toujours d'être irrégulier, parce qu'on l'est encore aujourd'hui quand on tue sans y être obligé par la nécessité de défendre sa vie.

Il suit de là, à plus forte raison, qu'on encourt l'irrégularité lorsqu'on tue ou mutile en vue de défendre son honneur ou son bien. Tolet l'enseigne, quoiqu'il suppose que l'un et l'autre se peut faire sans péché. Nous avons réfuté ailleurs ce sentiment, dit Collet.

Devient-on irrégulier par un meurtre dont on ne peut s'abstenir sans péché? C'en est fait, par exemple, de la vie du prince ou du salut d'une ville, si on ne prévient un homme qui va tuer l'un ou s'emparer de l'autre?

Des canonistes soutiennent qu'il n'y a point d'irrégularité : 1° parce que si un homme peut, sans devenir irrégulier, se garantir la vie du corps aux dépens de la vie d'un autre, à plus forte raison peut-il tuer quand on suppose qu'il n'y peut manquer sans s'exposer à la mort éternelle; 2° parce qu'un juge qui condamne les criminels au dernier supplice n'est irrégulier qu'à raison du choix libre qu'il a fait d'une profession si rigoureuse; or il n'y a point de choix, point de liberté dans le cas présent : on s'y trouve malgré soi; 3° parce qu'une telle irrégularité serait dangereuse, et que la crainte d'y tomber pourrait quelquefois empêcher un homme de rendre à la patrie un service essentiel.

Ces raisons, si solides qu'elles paraissent, donnent une entorse à la lettre des canons; il n'est pas bien sûr qu'un juge qui n'en aurait fait les fonctions que pour ne pas désobéir aux ordres précis du prince, fût exempt d'irrégularité s'il avait porté des sentences de mort.

---

[1] Tolet., lib. I, cap. LXXX, n. 14, alias 16; Pontas, v. *Irrégularité*, cas. 32; Babin, p. 434. — [2] Tolet., *ibid.*, n. 6.

Si un confesseur ou tout autre accélérait directement la mort d'un criminel, par exemple en priant l'exécuteur de ne le pas faire languir, en lui faisant remarquer qu'il n'est pas encore mort, en lui faisant connaître sur quel endroit il faut frapper pour ouvrir une veine dont l'ouverture abrégera et les souffrances et la vie du coupable; dans tous ces cas, le P. Alexandre croit qu'avec les meilleures intentions on s'exposerait au danger de l'irrégularité, et que dans le doute il faudrait s'abstenir de ses fonctions jusqu'à ce qu'on eût été réhabilité par le pape [1]. Un docteur de Sorbonne disait qu'il n'osait ni donner un verre d'eau à un homme qui languit sous la roue, ni aider à le mettre dans une situation moins incommode, dans la crainte de le suffoquer ou d'avancer autrement son heure. Corradus semble aller plus loin [2] : il dit qu'une confrérie de gens zélés qui, à Rome et en d'autres villes d'Italie, exhortent les criminels, et, en leur répétant trois fois le nom de Jésus, donnent au bourreau le signal pour commencer l'exécution, ne peuvent le faire sans tomber dans l'irrégularité. Ce canoniste ajoute que, pour parer à cet inconvénient, les confrères ont obtenu du Saint-Siège un bref de dispense.

Babin, en ses *Conférences d'Angers,* enseigne qu'un prêtre qui, voyant un homme rompu vif prêt à tomber dans le désespoir, prie les juges de le faire étrangler, devient irrégulier. Ce sentiment paraît dur.

Quoi qu'il en soit, on convient qu'un prêtre n'est irrégulier ni lorsqu'il conseille au prince de faire une loi en vertu de laquelle certains désordres soient punis de mort, ni lorsqu'il refuse l'absolution soit à un magistrat qui, par connivence, ne veut pas faire exécuter cette loi, soit à un criminel qui refuse d'avouer son crime. Le prince même qui fait une ordonnance portant peine de mort ou de mutilation n'est pas irrégulier. Ces personnes n'influent pas prochainement sur la mort des criminels, ou ils n'y influent pas librement. L'Église s'est assez expliquée sur ce point par la voix de tous ses docteurs.

Un homme encourt-il l'irrégularité lorsque, consulté par un juge sur quelques cas qui l'embarrassent, il répond qu'un tel crime mérite la potence?

On convient que quand on n'est consulté qu'en général on peut spécifier les supplices; autrement, tous les docteurs qui ont traité des différentes peines que méritent les coupables seraient irréguliers. La difficulté est donc de savoir si un homme consulté sur un coupable déterminé encourrait l'irrégularité en répondant qu'il mérite la mort. Plusieurs le prétendent et ils veulent qu'un prêtre renvoie celui qui le

---

[1] Natal. Alex., *ibid.,* in fine.
[2] Pyrr. Corrad., lib. V, cap. II, n. 5, prax. disp.

consulte aux lois ou aux jurisconsultes. Les théologiens de Salamanque, qui diminuent autant qu'ils le peuvent l'irrégularité du défaut de douceur, croient qu'en ce cas un homme peut dire sans crainte : Brûlez-moi ce coquin-là, pendez-moi cet autre, que ce dernier soit rompu vif. Le premier sentiment est plus conforme à la douceur chrétienne, le second ne peut se combattre bien solidement.

Ceux qui vont à une guerre juste ne sont irréguliers que quand ils ont tué de leur propre main ou qu'ils doutent avec fondement s'ils ont tué ; encore faut-il qu'ils y aient été dans le dessein de combattre.

La raison en est que, selon le chapitre XXIV, *De homicidio*[1], un homme n'est irrégulier que dans le cas que nous venons de marquer.

Les officiers généraux et ceux qui sonnent la charge ne sont pas irréguliers pour animer les troupes à bien faire. Il en est de même des prêtres qui conseillent la guerre, qui exhortent les soldats à se souvenir qu'ils sont Français, ou qui leur portent de la poudre et des armes. Il en serait autrement s'ils avertissaient de tuer quelqu'un en particulier; encore les Salamanques prétendent-ils qu'alors il n'y a point d'irrégularité.

Un homme qui est allé à la guerre ou pour fournir des vivres ou pour quelque autre chose semblable et qui se trouve dans la nécessité de tuer pour éviter de l'être, n'est pas irrégulier : à la guerre comme ailleurs, on peut tuer pour sauver sa vie. Suarez[2] croit cependant qu'un soldat serait irrégulier en pareille occasion, parce qu'il en est de lui comme d'un juge qui condamne à mort : l'un et l'autre ont embrassé une profession qu'ils prévoyaient les devoir engager à répandre le sang humain.

Un ecclésiastique à qui le pape permet de porter les armes est virtuellement dispensé de l'irrégularité attachée à l'homicide et à la mutilation.

Les laïques qui exercent la chirurgie ou la médecine peuvent couper ou faire couper un membre du corps *selon les règles de l'art*; ils ne sont pas irréguliers quoique mort s'ensuive; mais les clercs dans les ordres sacrés seraient irréguliers, s'ils avaient fait eux-mêmes cette opération, à moins qu'il ne se fût trouvé personne pour l'entreprendre.

Les trois parties de cette règle sont communément reçues : le chirurgien qui coupe un bras ne viole pas les lois de la douceur : il suit celles de la charité et de la miséricorde ; ce n'est pas un homme sévère qui punit en juge, c'est un ami qui retranche une partie pour sauver le tout.

---

[1] Mandamus quatenus si de interfectione cujusquam in illo conflictu tua conscientia te remordet, a ministerio altaris abstineas. (Honor. III.)

[2] Suarez, disp. XLVII, sect. V; Bonacina et alii, contra Avilam, lib. IV, disp. VI, sect. 2, dub. 1.

J'ai dit *selon les règles de l'art*. Un médecin qui, par ignorance ou par négligence, tue son malade, est irrégulier. Il ne le serait pas s'il n'y avait eu dans son fait qu'une faute légère. Dans le doute, il faut présumer l'irrégularité, parce qu'il s'agit d'homicide. Celui qui, pour faire une expérience *in anima vili*, comme parlent les matérialistes, essaierait un remède qu'il ne connaîtrait pas assez, serait coupable de meurtre. Si, la maladie étant désespérée, faute d'un remède plus sûr on en employait un douteux, Bonacina dit qu'il n'y aurait point irrégularité.

J'ai dit qu'un clerc *in sacris* serait irrégulier en pareil cas s'il avait fait l'amputation d'un membre, parce qu'il ne peut couper ni bras ni jambe, ni appliquer le feu aux maux qui le demandent : les canons le défendent [1]. Une simple saignée suivie de mort suffirait même, selon Sylvius [2] et plusieurs autres, pour le faire tomber dans l'irrégularité, parce qu'elle suppose une incision qui lui est absolument interdite.

Les canons ne soumettent à l'irrégularité que les clercs engagés dans les ordres sacrés, qu'ils soient bénéficiers ou non [3].

Ceux qui servent les malades dans les hôpitaux, par devoir ou par charité, ne peuvent user de trop de précaution. Si contre les ordres du médecin ils donnent de la viande, du vin ou autres choses semblables, qu'ils supposent ou pourraient supposer contraires aux infirmes, et que ceux-ci viennent à mourir, ils tombent dans l'irrégularité. Il en est de même quand, en changeant le malade de place ou de situation, ils agissent trop brusquement et accélèrent sa mort. Hugolin et Cajetan [4] prétendent néanmoins qu'ils ne sont pas tenus sous peine d'irrégularité à user de toutes les précautions que pourrait prendre l'homme le plus attentif; mais ils avouent du moins qu'ils doivent se comporter comme font d'ordinaire les personnes prudentes.

Le savant Comitolus [5] avait été consulté sur le cas que voici : un prêtre trouve sur sa route un malheureux que des scélérats ont roué de coups : il s'arrête et tâche d'exciter en cet homme des sentiments de piété. Il se fait un concours de monde; le prêtre leur conseille de lever le malade : on obéit; mais tandis qu'on le lève, il rend le dernier soupir. Cinq théologiens, parmi lesquels Comitolus, s'assem-

---

[1] Nec ullam chirurgiæ artem subdiaconus, diaconus vel sacerdos exerceat, quæ adustionem vel incisionem induxit. (Innocent. III, *In conc. Lateran.*, cap. ix, de clerici, etc.)

[2] Sylvius, Resol. var., v. *Chirurgus*, concl. 2 et 5.

[3] Idem, *ibid.*, § Quæritur præterea; Bonacina, disp. de censuris, q. iv, punct. 5, n. 4.

[4] Hugolin, cap. xi, § 3, n. 4; Cajetan., II II, q. lxiv, art. 8; Sayr., lib. VII, cap. vi, n. 12; Sylv., ubi supra.

[5] Comitol., lib. VI, q. lii.

blèrent à la prière de ce prêtre pour délibérer si, par le conseil qu'il avait donné de lever cet homme, il n'était pas censé avoir accéléré sa mort et par conséquent encouru l'irrégularité. Quatre d'entre eux n'en doutèrent pas, et il fut conclu qu'il avait besoin de dispense. Ce n'est pas qu'ils trouvassent du péché dans sa conduite; mais ils crurent y trouver cette espèce de faute que les jurisconsultes appellent juridique, et qui, au moins quand elle est légère, suffit, selon d'habiles théologiens, pour rendre irrégulier un homme qui se mêle de raisonner sur l'état d'un malade et de prescrire ce qu'on doit faire. Un docteur, disaient-ils, tel qu'était le prêtre consultant, ne pouvait-il pas voir qu'en pliant un homme dans cet état, on le met en danger de lui fermer la respiration, ou qu'une goutte de sang caillé peut lui tomber dans la poitrine et l'étouffer? Cette décision d'un auteur fort estimé doit rendre attentifs ceux qui travaillent dans les paroisses.

Cependant on ne traite communément d'irréguliers par rapport aux malades que ceux qui accélèrent leur mort par une négligence considérable, *per culpam latam et notabilem negligentiam* (Avila, Suarez, Bonacina, Sylvius [1], Cajetan et Hugolin).

Mais il faut ici se souvenir de deux choses : la première, qu'on est coupable d'une négligence considérable quand on omet ou ne prévoit pas ce que n'auraient point omis ou ce qu'auraient prévu des personnes vraiment sages et intelligentes; la seconde, que si le maniement d'un vase de prix exige des soins qu'on ne demande pas pour un colifichet de peu de valeur, il faut pour la vie d'un homme des attentions particulières.

L'irrégularité *ex defectu lenitatis* ne peut être levée que par le pape, quand elle est certaine et constante. Les Salamanques disent que les supérieurs de religion ont reçu le pouvoir d'en dispenser qu'elle soit secrète ou publique. Seulement, ceux qui sont en droit de dispenser de l'homicide casuel ne peuvent pas dispenser du défaut de douceur. Ce sont deux espèces différentes.

9. Le *défaut de foi* existe chez ceux qui ne sont pas encore

---

[1] Qui infirmos custodiunt, aut illis serviunt, nullam irregularitatem incurrunt, etiamsi præter eorum opinionem accidat quod ex eorum actione contingat mortem accelerari, nisi interveniat culpabilis negligentia, ita ut periculum accelerationis fuerit prævisum, vel prævideri potuerit, et notabili negligentia prætermissum fuerit. Ac proinde qui bona fide in firmum resolvit..., licet acceleretur mors, non est irregularis, sive is sit laicus, aut sacerdos, aut religiosus, si culpa lata non interveniat. Sylvius, v. *Chirurgus*, p. 452; Sayr., lib. VII, cap. VI, n. 13, cite pour ce sentiment dix-sept théologiens, parmi lesquels saint Antonin, Navarre, Covarruvias, etc.

affermis dans la foi chrétienne, les néophytes et leurs enfants [1]; chez ceux qui n'ont demandé le baptême que dans une grave maladie (*clinici*) [2].

10. L'irrégularité par *défaut de réputation* provient de la perte de l'honneur et de la bonne renommée. Elle naît de la même cause que celle du défaut de naissance. On considère comme infâmes non-seulement ceux qui sont déclarés tels par le droit canon, mais encore ceux à qui les lois civiles impriment cette flétrissure [3].

ADDITION DU TRADUCTEUR.

Aucun crime, si grave qu'il soit, ne produit l'infamie et l'irrégularité s'il n'est public, à l'exception de l'homicide et de quelques autres.

L'irrégularité dont nous traitons naît d'une mauvaise réputation, et il n'y a point de mauvaise réputation pour des fautes secrètes et inconnues.

La disposition du droit exclut des ordres et les homicides et ceux qui se sont rendus coupables de certains excès même secrets [4].

L'infamie de droit produit l'irrégularité et sans doute aussi l'infamie de fait, surtout quand le fait est du nombre de ceux que les lois regardent comme infamants.

La raison de la première partie est que si quelque infamie produit l'irrégularité, comme on n'en peut douter, ce doit être au moins l'infamie de droit, puisqu'elle est plus publique et plus flétrissante qu'aucune autre. Aussi n'y a-t-il qu'une voix sur ce point.

---

[1] *I Timoth.*, III, 6.
[2] C. 1, d. 57 (Concil. Neocæsar.).
[3] R. 87, de regul. jur., in VI° : « Infamibus portæ non pateant dignitatum; » c. II, C. 6, q. 1. C'est une maxime reçue que tous les péchés qui rendent infâme selon le droit civil rendent aussi infâme selon le droit canonique, *omnes qui jure civili sunt infames, jure canonico sunt infames*.
Le droit canon détermine les cas suivants d'infamie; mais le premier seul fonde une irrégularité *ex defectu*, les autres établissent une irrégularité *ex delicto* : 1° Le mariage avec une femme publique ou une danseuse de corde, à moins qu'il ne soit un acte de pure charité chrétienne (c. V, d. 34, rapproché de c. XX, X, de sponsal., IV, 1); 2° une attaque sur la personne d'un cardinal (c. V, de pœn., in VI°, V, 9); 3° l'hérésie (c. II, V, de hæret., in VI°, VI, 2); dans ces cas l'infamie passe aux enfants; 4° le rapt (Conc. Trid., sess. XXIV, de reform. matrim. c. VI); 5° le duel, aussi bien pour les duellistes que pour les témoins (Conc. Trid., sess. XXIV, de reform. matrim., c. VI; sess. XXV, de reform., c. XIX).
[4] Si proposita crimina adulterii, parjurii, falsi testimonii, ordine judiciario comprobata, vel alias notoria non fuerint, non debent hi, præter reos homicidii, post pœnitentiam in jam susceptis vel suscipiendis ordinibus impediri. (Greg. IX, cap. ult., *De temporib. ordinat.*, lib. II, tit. II.)

Voici les raisons de la seconde partie : 1° le droit, dont il ne faut s'éloigner que quand on ne peut faire autrement, ne demande pour l'irrégularité de l'infamie que la sentence du juge ou la notoriété de fait.[1] ; 2° les magistrats[2] n'exigent rien de plus quand il s'agit d'exclure quelqu'un de leur corps; ils n'admettaient ni un sodomiste ni un usurier public, sous prétexte qu'il n'y avait point encore eu de sentence contre eux; 3° les comédiens, les charlatans et autres gens de même aloi sont, avant toute sentence de juge, incapables de servir l'Église. En vain dirait-on que les lois les ont déclarés infâmes; car elles ont fait autant par rapport à ceux qui commettent des crimes déshonorants, et la question est de savoir si, pour être réputé infâme, il ne faut pas une sentence du juge par laquelle on soit déclaré tel.

Deux remarques sont à faire sur l'infamie de droit : 1° si un innocent avait été sur de faux témoignages condamné aux galères ou à quelque autre peine infamante, il ne pourrait ni être promu aux ordres ni recevoir validement un bénéfice, à moins qu'il n'eût été justifié par une autorité supérieure ou qu'il n'eût obtenu dispense de son irrégularité. D'autres croient cependant qu'une pareille dispense serait inutile, parce que celui à qui elle serait accordée ne pourrait s'en servir sans opposition de la part du magistrat et sans scandale de la part des peuples, qui présument pour un jugement rendu dans les formes.

2° On dispute si une sentence infamante fait perdre de plein droit à un homme les bénéfices dont il était pourvu. Quelques-uns le nient[3] quand même ce serait une sentence de mort, à moins que cette peine n'y soit expressément marquée. D'autres (Bengeus, Mornac, Cabassut et Pontas[4]) disent qu'il y a des crimes si énormes que leurs auteurs perdent par le seul fait tout droit de disposer de leurs bénéfices, en sorte que, s'ils les résignaient après avoir interjeté appel de la sentence, la résignation serait de nul effet. En 1625 et 1626, deux arrêts du Parlement de Paris déclarèrent nulles deux résignations dont la première avait été faite par une personne condamnée pour cause d'assassinat, et la seconde par un curé d'Anjou qui avait appelé d'une sentence portée contre lui au sujet d'un adultère et d'un inceste spirituel.

---

[1] Si crimina ... ordine judiciario comprobata, vel alios notoria non fuerint. (Cap. IV, de accusationib.)

[2] Voyez Ferrières, v. *Infamie*.

[3] Voyez M. Gohard, *Traité des bénéfices*, t. II, p. 191.

[4] Beng., *De beneficiis*, tit. Quibus modis vacent, etc., § 5, n. 12 et seq., p. 421 et 422; Mornac ad tit. ff. *De his qui notantur infamia*; Cabassut, lib. IV, cap. VI, n. 4; Pontas, v. *Résignation*, cas 14. Ce dernier met l'hérésie parmi les crimes atroces qui font vaquer des bénéfices par le seul fait, ce qui souffre de grandes difficultés.

Dans ces sortes de cas, ce n'est pas tant la sentence du juge que la qualité du délit qui prive le coupable de son bénéfice.

L'infamie ne peut quelquefois cesser que par la dispense; quelquefois elle cesse par d'autres voies.

La raison en est que l'infamie est ou de droit ou de fait, et cette dernière vient ou de la profession ou de la mauvaise vie. L'infamie de droit ne cesse que par la dispense. Il en est de même de l'infamie qui vient d'une profession infamante en elle-même, comme celle de comédien [1]. Au contraire, l'infamie qui vient d'une vie criminelle peut cesser par une conversion parfaite et une pénitence proportionnée aux anciens égarements.

On peut donc admettre que l'infamie de droit ne cesse que par la dispense, car elle est une vraie peine, qui de sa nature est perpétuelle; il en doit donc être d'elle comme des censures ou du bannissement; et de même qu'un homme qui se repent de sa faute n'est pas pour autant absous de l'excommunication ni rendu à la patrie, il paraît juste qu'un homme flétri par la justice soit censé déshonoré jusqu'à ce qu'il ait été rétabli dans ses droits.

A qui appartient-il de le rétablir? Gibert dit que si l'infamie vient de la loi, le prince seul peut la faire cesser; que si elle vient du canon, ce droit appartient à ceux qui peuvent dispenser des canons; que si elle vient d'une sentence, celui qui l'a portée peut en dispenser [2].

D'autres canonistes disent simplement que le pape peut dispenser pour des raisons extraordinaires un homme qui aurait encouru l'infamie, pourvu qu'il se soit fait une bonne réputation par une vraie pénitence. Selon ces canonistes, quand le crime qui a produit l'infamie n'est pas plus énorme que l'adultère, l'évêque peut dispenser à l'effet d'exercer les ordres déjà reçus et de servir un bénéfice dont on était déjà en possession, mais non à l'effet de recevoir des ordres supérieurs ou d'autres bénéfices. Quelques auteurs ajoutent que quand l'infamie vient directement de la transgression d'une loi purement civile, le prince peut la lever, et ils prétendent qu'en ce cas on n'a pas besoin d'une dispense ecclésiastique [3]. Cela semble difficile quand la transgression a été punie d'une peine infamante, par exemple du bannissement. Il en serait autrement si l'infamie provenait du fait d'un autre, comme si des enfants n'étaient devenus infâmes que parce que leur père

[1] C'est la décision de Gibert, qui ajoute que quand la profession n'est infamante qu'à l'égard de la personne qui l'exerce, comme serait la profession de boucher ou de cabaretier pour un ecclésiastique, l'infamie cesse quand on quitte la profession. (Gibert, *Usages*, etc., p. 763.)

[2] Gibert, *Usages*, etc., p. 762.

[3] Voy. Suarez, disp. XLVIII, sect. 2, n. 2. Voyez aussi les canonistes sur le chapitre IV, de judiciis.

a commis un crime de lèse-majesté; en ce cas, il semble que leur infamie cesserait à tous égards si le prince les rétablissait. Mais lorsque l'infamie naît d'un fait personnel et des peines déshonorantes infligées par le magistrat, il ne faudrait rien faire sans le concours des deux puissances.

L'infamie de fait cesse par une pénitence proportionnée, sauf le cas de la pénitence solennelle; on sait que ceux qui y avaient passé étaient irréguliers jusqu'à ne pouvoir être admis aux plus bas emplois de la cléricature [1]; il ne s'agit donc que de la pénitence telle que la font aujourd'hui des personnes parfaitement converties. Navarre, Barbosa et plusieurs autres croient [2] qu'un homme dont la vie a été déréglée doit être éprouvé pendant trois ans.

Restent deux difficultés à examiner : la première, si le baptême lève l'infamie d'un infidèle qui se convertit; la seconde, si un homme diffamé dans un lieu cesse de l'être quand il passe dans un pays où il est inconnu.

Sur la première question, il semble : 1° que l'infamie de fait est levée par le baptême, parce que le baptême efface tous les péchés qui la produisaient; 2° il y a beaucoup d'apparence que l'infamie de droit subsiste même après la réception du baptême, parce que, quand un homme a été une fois déshonoré par la justice, sa peine porte avec elle une empreinte qui ne peut finir que par un rétablissement juridique.

La seconde question n'est pas difficile à résoudre. L'infamie de fait cesse par le passage d'un lieu dans un autre. Comme il y est inconnu, on doit le réputer bon, selon cette maxime du droit : *Tamdiu quisque debet præsumi bonus donec constet eum esse malum.* Mais soit que l'infamie de droit cesse ou non dans le même cas, l'irrégularité qu'elle a produite ne cesse pas, parce que l'irrégularité est un empêchement personnel et perpétuel qui doit suivre celui qui l'a encourue quelque part qu'il aille. Autrement, rien de plus facile que d'éluder les lois qui ont attaché l'irrégularité à l'infamie.

B. L'irrégularité du crime, *ex delicto*. — Autrefois cette irrégularité atteignait généralement ceux qui étaient soumis à la pénitence publique; car le défaut de réputation subsistait même après qu'ils avaient fait pénitence [3].

Selon le droit actuel, il y a irrégularité du crime :

---

[1] Vid. cap. LV, LVI, LIX, LX, etc., dist. L.

[2] Navar., Comment. II; De regularib., num. LX; Barbosa, allegat. XLIII, n. 23; Tamburin., *De jure abbat.*, t. II, disp. XVII, q. VII, n. 13.

[3] C. VI, d. 33; c. XI, X, de excess. prælat., V, 31.

1° Quand on commet un grave délit, publiquement connu, qui entraîne l'infamie selon la loi civile ou la loi canonique[1];

2° Les crimes suivants, qu'ils soient où non publiquement connus, entraînent constamment l'irrégularité : l'homicide volontaire[2], la réitération du baptême[3], la réception du baptême par un adulte de la main d'un hérétique[4], le schisme, l'hérésie, l'apostasie, le renoncement aux vœux solennels de la profession religieuse[5], la simonie[6], la réception obreptice d'un ordre[7], la réception d'un ordre avant d'avoir reçu celui qui précède, *promotio per saltum*[8], l'exercice d'un ordre non reçu[9], l'exercice de l'ordre dans un lieu interdit[10], l'exercice illégal des fonctions du culte par un clerc censuré[11], la violation du célibat par un clerc investi d'un ordre majeur[12].

ADDITION DU TRADUCTEUR.

L'irrégularité *ex delicto* ne s'encourt jamais que pour un péché mortel, extérieur et consommé en son genre.

1° Un péché mortel, parce qu'elle est une peine très-grave qui exclut à jamais des ordres et des bénéfices. Ainsi toute action défendue sous peine d'irrégularité est péché mortel ou en soi ou à cause de la défense de l'Église ; quand une action à laquelle est attachée l'irrégularité est exempte de péché mortel, elle est aussi exempte d'irrégularité.

2° Un péché extérieur, parce que l'Église ne veut pas punir les péchés intérieurs. Celui qui désirait de tout son cœur tuer son ennemi, et qui en effet l'eût tué s'il l'eût trouvé sous sa main, n'est pas irrégulier.

---

[1] Voyez la note 5; c. IV, X, de temp. ordinat. et qual. ordinand., I, 11; c. XVII eod.

[2] C. IV, 6-8, d. 50; c. VII-XVIII, 24, X, de homic. vol. v. casual., V, 2; c. unic., de homic., in Clem. V, 4; Conc. Trid., sess. XIV, c. VII, de reformat.

[3] C. LXV, d. 50; c. VI, X, de bapt., III, 42; c. II, V, de apostatis et reiter. bapt., V, 9.

[4] C. V, d. 51; c. III, IV, c. 1, q. 4.

[5] C. LXIX, d. 50; c. XXI, c. 1, q. 7; c. II, § 2, c. XIII, in VI°, de hæret., V, 2.

[6] C. XXI, X, de accusat., V, 1 (Innoc. III).

[7] X, V, 30, de eo qui furtive ordin. susc.

[8] C. V, d. 51; c. I, d. 52; c. unic., X, de clerico per salt. prom., V, 29.

[9] C. I, II, X, de clerico non ordinato ministrante, V, 28.

[10] C. XVIII, in VI°, de sententia excomm., V, 11.

[11] C. VII, c. 11, q. 3; c. I-VI, X, de clerico excommun., V, 27; c. XXXII, X, de sententia excommun., V, 39.

[12] C. XXXII, c. 27, q. 1; c. IV-VII, X, de bigamis non ordinand., I, 21.

Mais il faut remarquer qu'un péché peut être extérieur et secret tout à la fois; un homicide, pour être fait sans témoins, n'en est pas moins un homicide extérieur; aussi le concile de Trente [1] reconnaît expressément des irrégularités qui naissent d'un délit occulte.

3° Un péché consommé en son genre : on n'encourt une peine que dans les cas voulus par le législateur. Si l'irrégularité n'était attachée qu'à l'homicide, on ne serait pas irrégulier pour avoir maltraité un homme jusqu'à le mettre à deux doigts de la mort. Mais si l'irrégularité était attachée à un acte commencé, il suffirait de le commencer pour l'encourir, parce qu'il serait consommé en son espèce.

Ces différents sentiments sont attaqués par quelques théologiens; mais ils sont communément reçus.

III. Dans plusieurs cas, l'irrégularité tombe d'elle-même avec le motif qui l'a produite, par exemple quand on a atteint l'âge voulu, acquis les connaissances nécessaires, recouvré la liberté. Le défaut de naissance est supprimé par le mariage subséquent des parents ou par rescrit, *legitimatio per subsequens matrimonium* ou *per rescriptum* [2]; par les vœux solennels de religion [3]. Il l'est quelquefois d'une manière partielle, par exemple pour recevoir le sacerdoce, mais non pour obtenir des dignités.

L'irrégularité peut aussi être levée, quand elle naît du crime, par l'absolution; quand elle naît d'un défaut, par dispense. Comme il s'agit ici d'une loi générale, c'est au pape qu'il appartient en soi de dispenser et d'absoudre [4]. Cependant, l'ancien droit canon permettait déjà aux évêques de dispenser du défaut de naissance légitime pour la réception des ordres mineurs et l'obtention d'un bénéfice simple [5] (§ 68), ainsi que de l'irrégularité provenant de la bigamie similitudinaire [6].

D'après le concile de Trente, les évêques peuvent dispenser de toutes les irrégularités provenant de crimes secrets [7] (excepté

---

[1] Sess. xxiv, cap. 6, de reformat.

[2] Voyez Devoti, *Instit.*, tom. I, lib. I, tit. 7, § 13 (Gandæ, 1846, p. 313); Phillips, *Kirchenrecht*, t. I, p. 533.

[3] C. I, de fil. presb., I, 17.

[4] Les dispenses pontificales, selon la nature des cas, sont données tantôt par la Daterie, tantôt par la Pénitencerie, tantôt par la Congrégation du concile.

[5] C. I, in VI°, de filiis presbyteror., I, 11.

[6] C. IV, X, de clericis conjugatis, III, 3.

[7] Conc. Trid., sess. xxiv, c. vi, de ref., cf. sess. xiv, c. vii, de ref.

de l'homicide volontaire ou de crimes poursuivis en justice ; l'hérésie, ils n'en peuvent absoudre que dans le for intérieur et à l'exclusion des vicaires généraux). Enfin, d'après les facultés quinquennales (§ 96) accordées à plusieurs évêques (du moins aux évêques allemands et autrichiens), les ordinaires peuvent, quant il y a pénurie de prêtres, dispenser d'une année pour la réception de la prêtrise [1].

ADDITION DU TRADUCTEUR.
Irrégularité de l'homicide.

Un homme est coupable d'homicide volontaire : 1° quand il donne à celui qu'il veut faire périr un poison mortel ; 2° quand, sans penser explicitement à sa mort, il lui porte un coup dont moralement parlant on ne revient jamais ; 3° quand pour le tuer il s'avise d'un expédient qui de mille fois ne réussirait pas une seule, mais qui par malheur lui réussit : comme s'il mettait une cloche en branle, dans le dessein que le battant s'en détachât et frappât son ennemi ; c'est l'exemple qu'emploie le cardinal Tolet [2].

Ce cardinal qui, selon Comitolus [3], est de tous les théologiens celui qui a le mieux écrit sur cette matière, prétend avec Navarre que l'homicide, quoique très-coupable, n'est pas volontaire dans le sens du concile de Trente, quand il arrive contre l'attente de celui qui en a posé la cause, quoique cette cause produise souvent la mort, *ut plurimum*, pourvu qu'elle ne la produise pas nécessairement. Suarez [4] paraît être du même sentiment.

Molina ne pense pas ainsi : il prétend [5] que l'homicide est volontaire dans le sens des canons, et lorsqu'on a intention de tuer, et lorsque, sans l'avoir, on se comporte de manière à faire dire au public qu'on a voulu tuer. Selon cet auteur, un homme qui témérairement et sans précaution jette une pierre dans une rue où il passe beaucoup de monde est homicide volontaire, quoiqu'il n'ait pas eu dessein de tuer et qu'il se fût bien donné garde de jeter sa pierre s'il eût prévu qu'elle dût blesser quelqu'un. Cet homme, au contraire, selon Tolet, Suarez et d'autres, n'est coupable que d'un homicide casuel, parce que cet homicide n'est volontaire que dans une cause qui ne le produit pas nécessairement.

Au reste, en restreignant avec Tolet, autant qu'il est possible, la

---

[1] Voyez Walter, *Fontes juris eccles.*, p. 507 et seq.
[2] Tolet., lib. VIII, cap. LXXVII, n. 5, edit. Paris., 1669.
[3] Comitolus, lib. IV, q. X, n. 1, p. 453.
[4] Suarez, disp. XLIV, sect. I.
[5] Molina, t. IV, tract. III, disp. III, n. 4.

notion de l'homicide volontaire, il faut reconnaître qu'on peut s'en rendre très-aisément coupable, et cela d'une infinité de manières différentes. Ainsi on peut considérer comme homicides directs et volontaires : 1° ceux qui, sans dessein formel de tuer, frappent où ils peuvent, parce que vouloir frapper où l'on peut, c'est vouloir percer le cœur aussi bien que toute autre partie du corps, et par conséquent vouloir donner un coup qui produit nécessairement la mort.

2° Ceux qui tuent en duel ou dans une guerre qu'ils savent injuste, quand même entre vingt mille soldats il n'y en aurait qu'un qui tuerait, tous seraient irréguliers; ceux-mêmes qui ne seraient là que pour garder le bagage le seraient comme les autres, parce que tous concourent au crime, les uns en l'appuyant par leur présence, les autres en fournissant des vivres, des provisions, des armes, de l'argent. Ce sentiment est beaucoup plus suivi que celui de Lessius. Il en est de même de ceux qui tuent dans une querelle, à moins peut-être qu'excédés par les injures dont on les charge et les outrages qu'on leur fait, ils ne perdent la tête jusqu'à ne savoir presque plus ce qu'ils font.

3° Ceux qui commandent à un homme d'en tuer un autre, quand même ils ne commanderaient qu'en termes ambigus.

4° Ceux qui conseillent efficacement un meurtre, c'est-à-dire qui par leur conseil déterminent à le commettre ou au moins affermissent un homme dans le mauvais parti qu'il avait déjà pris. Un mauvais conseil ne se révoque pas comme un mauvais commandement. Il infecte l'esprit, il l'imprégne, il le fascine : ce n'est donc pas le rétracter suffisamment de dire qu'on a eu tort de le donner; il faut opposer raisons à raisons et détruire les premières par de plus fortes. Dans le doute, si on en est venu à bout, il faut avertir avec précaution celui qui doit être la victime du mauvais conseil. Si on n'a pas réussi, il faut se regarder comme irrégulier, à moins qu'on n'ait cru de bonne foi qu'il n'y avait plus rien à craindre.

5° Ceux qui, sans frapper eux-mêmes, coopèrent à un homicide en excitant ceux qui le commettent; et cela est vrai, selon Sayr[1], quand un ami, tout en exhortant son ami à ne pas faire un meurtre, ne laisse pas de l'accompagner, car il intimide celui qui est attaqué et enhardit l'agresseur.

6° Ceux qui, obligés par justice et par le devoir de leur charge d'empêcher un meurtre, ne s'y opposent pas autant qu'ils peuvent. Il en est de même, selon Comitolus, d'un père, d'un allié, d'un parent, d'un ami qui, voyant ceux qui prennent part à ses intérêts résolus à laver dans le sang un outrage qui lui a été fait, ne les en empêche pas. Il en serait de même : 1° d'un mari ou d'un séducteur qui, voyant sa

---

[1] Sayr., lib. VII, cap. III, n. 11.

femme ou son amie déterminée à perdre son fruit, la laisserait faire ; 2° d'un médecin qui abandonne son malade ou le traite avec beaucoup de négligence.

Nous ne dirons rien de l'homicide purement casuel ; involontaire, il ne peut produire l'irrégularité. L'homicide mixte est plus embarrassant.

Pour décider quand il est censé libre, il faut remarquer : 1° qu'un homme peut en tuer un autre par hasard, ou en faisant une action qui n'est ni défendue ni dangereuse, ou en faisant une action qui est et dangereuse et défendue, ou enfin en faisant une action qui, quoique défendue, n'est pas dangereuse.

2° On ne peut faire une action formellement mauvaise que par une négligence plus ou moins condamnable. On distingue trois sortes de négligences : l'une grossière, que le droit appelle *culpa lata*. On en est coupable quand on agit sans prendre les mesures que prennent d'ordinaire les gens avisés ; l'autre légère, quand on fait ce qu'ont coutume de faire les gens qui savent leur métier, mais qu'on ne fait pas ce que font ceux d'entre eux qui sont plus attentifs que bien d'autres, qui d'ailleurs passent pour bien faire ; la troisième, très-légère, consiste à ne pas faire ce que font ce petit nombre de personnes qui ne négligent rien de ce qui peut les rendre supérieurs à tous les autres.

Quand un homme en tue un autre par une action qui n'est ni périlleuse ni défendue, il ne devient irrégulier que par une négligence grossière, à moins que quelques circonstances n'exigeassent de lui plus qu'une précaution commune.

La raison de la première partie est que, pour encourir l'irrégularité de l'homicide, il faut un péché mortel et qu'on ne peut en accuser celui qui, faisant une action qui n'est ni dangereuse ni mauvaise, prend les mesures qu'ont coutume de prendre les gens sages.

La raison de la seconde partie, c'est qu'un homme peut quelquefois s'être engagé à éviter non-seulement toute négligence grossière, mais encore toute négligence même légère.

Ainsi un domestique qui a un honnête salaire pour garder une personne peu malade ne devient pas irrégulier s'il la quitte pour respirer un peu ou faire quelques prières, quand même cette personne, par un accident imprévu, tomberait dans le feu. Mais s'il avait des appointements considérables et qu'il se fût engagé à ne sortir que lorsqu'il y aurait quelqu'un pour le remplacer, il devrait peut-être se tenir pour irrégulier, si son malade venait à mourir, car il a manqué à une obligation importante librement contractée.

Lors même qu'une action est défendue, il faut encore une négligence grossière pour produire l'irrégularité, si cette action n'est pas dangereuse en elle-même ou par rapport à celui qui l'a faite. Ce sentiment est contredit par de savants hommes, entre autres par Tolet et Comitolus [1]; mais il parait beaucoup plus probable, et voici pourquoi :

1° L'irrégularité ne s'encourt que dans les cas marqués par les lois; or aucun texte du droit canon n'attache l'irrégularité à une action suivie de mort, quand on a pris les mesures ordinaires pour ne pas blesser et que l'action, quoique défendue, n'est pas dangereuse. Le pape Gélase, consulté au sujet d'un homme qui, ayant froissé une femme enceinte avec des chevaux qu'il suppose avoir été volés, avait été cause de la mort de son enfant, répond [2] que ce larcin est criminel, mais que celui qui l'a fait n'a pas encouru les peines portées par les lois contre les homicides, parce que, dit-il, *voluntas ejus non noscitur perniciosa fuisse.*

2° Tout homicide qui produit l'irrégularité *ex delicto* doit être péché mortel en fait d'homicide; or un homicide qu'on ne commet qu'après avoir pris pour l'éviter toutes les mesures qu'ont coutume de prendre les personnes attentives, cet homicide, lors même qu'il provient d'une action criminelle, ne peut être volontaire en matière de meurtre autant qu'il le faudrait pour faire un péché mortel. On avoue qu'il ne le serait pas s'il venait d'une action innocente; pourquoi le sera-t-il s'il naît d'une action qui, quoique criminelle, n'a pas plus de rapport à l'homicide qu'une action permise, et qui quelquefois en a beaucoup moins?

Un homme qui fait une action défendue et en même temps assez périlleuse est irrégulier quand il tue quelqu'un, quoiqu'il ait pris des mesures suffisantes pour ne pas tuer. 1° C'est le sentiment de saint Thomas et des plus savants docteurs [3]; 2° dans un doute qui concerne l'homicide, il faut prendre le parti le plus sûr; 3° quiconque veut une cause dangereuse et défendue comme telle est censé vouloir tous les effets qui en sortent.

Les évêques peuvent deux choses touchant la matière qui nous occupe. Ils peuvent dispenser : 1° de toute mutilation, 2° de tout homicide mixte, pourvu que l'un et l'autre soient occultes.

1° De toute mutilation. La simple mutilation n'est pas un homicide, et les évêques peuvent dispenser de toute irrégularité occulte qui provient d'un crime différent de l'homicide volontaire.

---

[1] Tolet., *Instruct. sacerd.*, lib. I, cap. LXXXI; Comitolus, lib. V, q. LII et LIII.

[2] Forte si caballos alienos tulerit, inde est culpabilis. Nam de muliere quæ casu inter caballos confracta est, ubi voluntas illius non agnoscitur perniciosa fuisse, non potest nec debet addici per leges. (Gelas., can. Quantum, XLVIII, dist. L.)

[3] S. Thomas, II II, q. LXIV, art. 8, et presque tous les canonistes, de l'aveu même de Gibalin.

2° De tout homicide mixte. Quoique l'homicide casuel soit volontaire en un sens, il ne l'est pas directement et formellement en lui-même, mais seulement en sa cause. Bonacina en conclut qu'un évêque peut dispenser : 1° celui qui, voulant frapper légèrement, a tué par inadvertance; 2° celui qui avait commandé à son valet de donner quelques coups de bâton à son ennemi, avec défense expresse de le blesser dangereusement; 3° celui qui, en défendant sa vie, a passé les bornes d'une juste modération; 4° celui qui, contre son intention, a causé de fausses couches à une femme enceinte, soit qu'il ignorât sa situation, soit que par erreur il l'ait frappée plus rudement qu'il ne voulait, eu égard aux mesures qu'il avait prises.

Le pape seul peut dispenser de l'homicide volontaire; mais Fagnan[1], qui a passé sa vie à examiner ces sortes d'affaires, avoue qu'il n'a jamais vu accorder de dispense à un laïque coupable d'homicide volontaire. Si la Pénitencerie en donne quelquefois à de malheureux prêtres tombés dans ces excès, c'est seulement lorsqu'ils ne peuvent s'abstenir de leurs fonctions sans se rendre suspects du crime qu'ils ont commis : on leur impose une pénitence presque aussi dure que la mort qu'ils ont méritée. On traite même avec beaucoup de rigueur un prêtre qui n'a eu que quelque part à un homicide connu : outre la pénitence que son évêque est chargé de lui imposer, il doit pendant dix ans être suspendu de l'exercice de ses fonctions et ne les faire jamais dans la paroisse où il a contribué à un meurtre[2]. Souvent la seule crainte du scandale que causerait un prêtre en s'abstenant de ses fonctions ne suffit pas pour lui obtenir dispense; on lui répond : *Si timet scandala, discedat.*

Il faut au reste expliquer et le degré du crime et quelquefois les moyens dont on s'est servi. Un homme, dit Paul Léon[3], qui se contenterait d'exposer qu'il a fait un meurtre, sans dire que ce meurtre est un assassinat, ou que celui qu'il a tué était prêtre ou même clerc, ne serait pas validement dispensé. Il en serait de même sans doute s'il avait tué un père, une mère ou un proche parent. Celui qui dit n'avoir tué que parce qu'on l'a provoqué n'est pas dispensé, si le fait est faux[4].

Suarez[5] croit, contre Tolet, que les supérieurs à qui leurs privilèges permettent de dispenser de toute irrégularité, excepté de celle qui naît de l'homicide volontaire, peuvent dispenser un juge ou un homme

---

[1] Fagnan, in cap. Henricus, de clericis pugnant. in duello, n. 32 et 41.
[2] Pyrr. Corrad., lib. V, cap. 1, n. 15 et 21.
[3] Marcus Paulus Leo, *Prax.*, part. IV, cap. IV, n. 3, p. 408.
[4] Id., ibid., cap. III, n. 4.
[5] Suarez, disp. XLVII, sect. VII, n. 13; Tolet., apud Bonacin., disp. VII, q. IV in fine.

de guerre qui n'ont mis à mort qu'en suivant les règles de leurs emplois. La raison en est, selon saint Augustin, suivi par l'Ange de l'École, que ni le juge ni le guerrier ne sont pas à proprement parler de vrais homicides [1].

Sylvius ajoute [2] avec plusieurs autres que les mendiants peuvent dispenser leurs religieux d'un homicide grièvement coupable, pourvu qu'il ne soit qu'indirectement volontaire, quand même il aurait été autrefois public, parce qu'une chose dont on ne parle plus depuis un nombre d'années est en quelque sorte devenue occulte. Il penche même à croire, avec plusieurs autres, qu'un supérieur peut dispenser d'un homicide récent et connu, mais casuel mixte.

Irrégularité de la réitération du baptême.

Le crime de la *réitération du baptême* est peu commun de nos jours. Quelques observations seulement.

Si un prêtre, dans la crainte qu'une sage-femme effrayée ou malhabile n'eût pas baptisé un enfant comme il faut, lui administrait un second baptême sous condition, quelques auteurs prétendent qu'il encourrait l'irrégularité. D'autres soutiennent au contraire qu'un homme qui rebaptise de bonne ou de mauvaise foi ne devient pas irrégulier, pourvu qu'il rebaptise sous condition : 1° parce que les canons qui ont attaché l'irrégularité à la réitération du baptême ne regardent que ceux qui, comme les donatistes, veulent autant qu'il est en eux le réitérer; ce n'est pas le fait d'un prêtre qui baptise sous condition. S'il agit de bonne foi, il ne veut que pourvoir au salut de l'enfant et il ne pense nullement à rebaptiser celui qu'il croirait avoir été baptisé dans les règles. 2° On convient que celui qui n'épouserait une personne qu'à condition qu'elle ne fût pas sa parente ne tomberait point dans l'excommunication portée contre ceux qui contractent un mariage volontaire dans des degrés prohibés : pourquoi donc un prêtre deviendrait-il irrégulier dans le cas que nous examinons?

Cependant on ne peut justifier un prêtre qui rebaptiserait à la légère et sans avoir des raisons qui rendissent le premier baptême légitimement suspect. Un homme qui, sur un simple soupçon et sans examen suffisant, se ferait rebaptiser (purement et simplement), n'éviterait pas l'irrégularité. Il en serait de même de ceux qui, par crainte, recevraient ou conféreraient un second baptême, au moins s'ils avaient une vraie intention l'un de le recevoir et l'autre de le conférer.

On n'est pas irrégulier pour recevoir deux fois la confirmation [3] ou

---

[1] S. Thom., I II, q. LXXXVIII, art. 6 ad 3.
[2] Sylv. Resol. var., v. *Irregularitas*, 9.
[3] Juenin, dans sa *Théorie des sacrements*, t. III, p. 446 de la 2ᵉ édition,

l'ordre, ni pour consacrer de nouveau une hostie qui l'aurait déjà été : ces cas ne sont nulle part exprimés dans le droit. Mais on serait irrégulier si, sans nécessité, on se faisait baptiser par un hérétique déclaré [1].

Quand l'irrégularité de la réitération du baptême est publique, le pape seul peut en dispenser ; l'évêque le peut si elle est occulte.

Quelques théologiens croient qu'un diacre qui aurait rebaptisé ne serait irrégulier que pour les ordres supérieurs et non pour l'exercice de ceux qu'il aurait déjà reçus. Ce sentiment n'est pas assez prouvé pour paraître sûr dans la pratique ; aussi est-il contredit par plusieurs savants auteurs [2].

De l'irrégularité qui naît de la réception non canonique des ordres.

Ceux qui sans avoir été admis par l'évêque se mêlent parmi les autres ordinands et reçoivent l'ordination avec eux sont irréguliers. Quand l'évêque, comme il arrive presque toujours, a défendu sous peine d'excommunication cette manière de se faire ordonner, le pape seul peut les dispenser pour les ordres supérieurs, si le crime est public, à moins qu'ils ne passent quelque temps dans un monastère, où ils portent avec édification l'habit régulier. Cette disposition est d'Alexandre III [3].

Un homme marié qui reçoit les ordres même avant d'avoir consommé son mariage est de droit commun irrégulier ; il ne peut être promu aux ordres supérieurs ni faire, après la mort de sa femme, les fonctions de ceux qu'il a reçus de son vivant [4].

Celui qui reçoit les ordres d'un évêque nommément excommunié, suspens, interdit, déposé ou dégradé, dont il connaissait l'état, est suspens de l'exécution de ces ordres et en quelque sorte irrégulier pour les autres, puisqu'il ne peut y être promu qu'après avoir fait pénitence et lorsqu'une conduite édifiante, jointe à la nécessité ou à l'utilité de l'Église, exigent qu'on lui fasse grâce [5].

Ceux qui ont pris les ordres *per saltum*, ou les ont reçus d'un évêque qui a renoncé à sa dignité [6], ne sont que suspens, parce que les canons

---

dit que ceux qui reçoivent deux fois la confirmation sont irréguliers. Heureusement, il n'en donne pas de preuve. Voyez Gibert, dans ses *Usages de l'Église gallicane*, p. 778, ou plutôt voyez presque tous les théologiens, qui prouvent bien le contraire.

[1] Causa I, q. I, can. XVIII, in fine.
[2] Sayr., lib. VII, cap. VIII, n. 5, et apud eum Ledesma, Majolus, Hostiensis, Panormitanus, etc.
[3] Cap. I, de eo qui furtive, etc., lib. V, tit. 50.
[4] Extravag. Joannis XXII, tit. VI, de voto.
[5] Vid. can. IV, IX, q. I ; Sayr., lib. VII, c. x, n. 17 ; Gibert, p. 793 et 794.
[6] Aujourd'hui les évêques renoncent à leur siège sans renoncer à leur dignité, c'est-à-dire au pouvoir de donner les ordres du consentement

qui parlent d'eux ne marquent bien qu'une suspense [1]. Ils ne deviennent donc irréguliers que lorsqu'ils font les fonctions de leurs ordres malgré leur suspense.

Ceux qui reçoivent les ordres après avoir encouru l'excommunication, Innocent III veut que, s'ils l'ont fait par une ignorance crasse, ils ne puissent être relevés que par le pape ; que, s'ils l'ont fait avec connaissance, ils soient déposés pour toujours des ordres qu'ils ont reçus [2]. S'il n'est question que d'une suspense, celui qui dans cet état a été pourvu par le pape d'un bénéfice en est légitimement possesseur, parce que les pourvus en cour de Rome sont toujours absous des censures *ad effectum*; s'il s'agit d'une irrégularité, le pape n'en dispense point en pareille occasion.

S'agit-il d'une suspense ou d'une irrégularité ?

Pour résoudre cette difficulté, il faut recourir au texte d'Innocent III et aux premières notions des peines canoniques. La différence entre l'irrégularité et la suspense, c'est que le premier effet de la suspense est de priver un homme de l'usage de ses ordres, et que le premier effet de l'irrégularité est de le rendre inhabile à recevoir ces ordres. Il est vrai qu'un homme suspens ne peut recevoir les ordres qu'il n'a pas et qu'un irrégulier ne peut exercer ceux qu'il a ; mais ce ne sont là, de l'aveu du très-grand nombre, que des effets secondaires et indirects. Le texte d'Innocent III porte une peine qui consiste directement à s'abstenir de l'exercice des ordres qu'on a reçus dans l'excommunication, *a susceptis ordinibus censemus in perpetuum deponendos*. Il faut donc la regarder comme une simple suspense et non comme une irrégularité, ainsi qu'a fait Suarez et d'autres écrivains de mérite. D'ailleurs le mot *deponendos* exprime plutôt une peine à encourir qu'une peine encourue ; il convient donc moins à l'irrégularité, qui n'est jamais *ferendæ sententiæ*.

Un excommunié qui reçoit la tonsure ou les ordres mineurs est-il sujet à la suspense dont nous venons de parler ? Nous le croyons de

des autres prélats. Selon Laiman et Pirrinth, l'évêque seul qui se ferait religieux aurait besoin d'une concession du pape pour donner les ordres ; je ne sais si cela s'observerait en France. Nous ne parlons pas d'un évêque déposé ; il ne renonce pas à sa dignité, il en est dépouillé.

[1] Mandamus ut ab officio sacerdotali cum *qui per saltum ordinatus est*, prohibeas. (Cap. unic., dist. LII.) Sayr, qui croit qu'en ce cas on encourt l'irrégularité, avoue que, quand elle serait publique, l'évêque en pourrait dispenser, à moins que celui qui a été ordonné de la sorte n'ait fait les fonctions ou de l'ordre qu'il n'avait pas, ou de celui qu'il avait *per saltum*.

[2] Qui in excommunicatione positi ecclesiasticos ordines accipere non formidant..., si fuerint sæculares clerici a susceptis ordinibus censemus in perpetuum deponendos. (Innocent. III, cap. Cum illorum, XXXII, de sentent, excomm.)

celui qui recevrait les mineurs, parce qu'Innocent III parle indistinctement de tous ceux qui reçoivent les ordres [1] ; mais nous pensons autrement de celui qui n'aurait reçu que la tonsure, parce qu'en matière pénale on ne la comprend pas sous le nom d'ordre, à moins que le contraire ne soit clairement établi par l'usage.

La suspense portée par Innocent III n'est réservée au pape que quand le crime est public, et il ne peut l'être que quand on sait que celui qui se présente aux ordres est excommunié. Si un homme excommunié, suspens ou interdit faisait dans l'ordination même les fonctions de son ordre, s'il servait en qualité de diacre ou de sous-diacre, il serait irrégulier, selon plusieurs théologiens. De là Covarruvias, Navarre et quelques autres [2] concluent qu'un homme lié de censures ne peut être ordonné prêtre sans devenir irrégulier, parce qu'il dit la messe avec l'évêque qui a fait l'ordination.

Cette conséquence ne paraît ni juste ni certaine : 1° parce que, dans le langage commun, dont les canons ne sont pas censés s'écarter, un homme qui consacre avec l'évêque n'est pas regardé comme disant sa première messe ; 2° parce que le droit, en soumettant à l'irrégularité celui qui, quoique suspens, fait les fonctions de son ordre, parle manifestement de fonctions différentes de celles qu'un nouveau prêtre fait nécessairement avec l'évêque dans son ordination, comme le prouve Suarez [3] ; 3° parce que, dans le sentiment de Navarre, un homme qui se fait ordonner prêtre avant l'âge serait non-seulement suspens, mais encore irrégulier pour avoir violé sa suspense en célébrant avec l'évêque. Or le Saint-Siége ne reconnaît point cette irrégularité, pourvu qu'un homme n'ait point dit la messe depuis son ordination, il n'a besoin, lorsqu'il a atteint l'âge prescrit, que de se faire relever de la suspense qu'il a encourue en prenant de mauvaise foi les ordres avant le temps fixé. Ainsi raisonnent les deux théologiens cités ; ils se fondent sur la pratique de Rome.

Suarez prétend même qu'un sous-diacre qui, étant lié de censures, ferait les fonctions de son ordre à la messe de l'ordination ne serait pas irrégulier, pourvu qu'il ne se présentât pas de lui-même et qu'il ne fît que se prêter à ceux qui le nommeraient pour cet office, parce qu'en refusant il pourrait se faire soupçonner.

Ceux qui, trompant leur évêque, se font ordonner sans titre ou sous un titre faux, collusoire et avec pacte de ne rien demander à un donateur prétendu ; enfin ceux qui ne présentent qu'un titre insuffisant, que des témoins affidés font valoir plus qu'il ne vaut ou dont le titre est grevé d'hypothèques par lesquelles le fonds doit être absorbé en tout

---

[1] Cap. XXXII. — [2] Vide Avilam, disp. VII, sect. II, dub. 6, concl. 4. — [3] Suarez, disp. XXXI, sect. I, n. 70.

ou en partie, sont suspens de droit commun. Il en est de même de ceux qui prennent les ordres hors du temps ou sans dimissoire.

Remarquons, à propos de ceux qui se font ordonner sans titre suffisant : 1° qu'un sous-diacre qui, dans les cas extraordinaires, se serait fait absoudre de la suspense qu'il a encourue, retomberait dans la même suspense si avant d'avoir un titre canonique il se faisait ordonner diacre; car il doit commencer par se mettre en règle, et c'est la première chose qu'un confesseur doit exiger [1]; 2° quand un prêtre ordonné sous un faux titre se fait dispenser à la Pénitencerie de l'irrégularité encourue pour avoir célébré pendant qu'il était suspens, on le rend bien habile à posséder un bénéfice simple ou double qui puisse lui servir de titre, mais on ordonne à son confesseur de lui faire garder la suspense jusqu'à ce qu'il ait acquis un titre, quel qu'il soit, et quand même il aurait ce titre, on doit encore le suspendre pour un temps de ses fonctions, *in pœnam delicti*; 3° quand il se fait dispenser à la Daterie, ce tribunal veut qu'il soit suspendu de l'exercice de ses ordres pendant un ou deux ans, et que, même après ce temps, il ne puisse être rétabli que du consentement de son évêque.

Voilà ce qu'enseigne Corradus [2], très-instruit de ces matières. Au reste, ce n'est pas là un point où l'on puisse aisément prétexter l'ignorance : tout homme qui se dispose à recevoir les ordres doit être instruit des obligations que l'Église lui impose.

Suarez ajoute que le dimissoire accordé par un évêque qui a été trompé sur un titre doit être regardé comme nul, et que celui qui l'a obtenu a par là encouru une nouvelle suspense, celle qui est portée contre les clercs qui se font ordonner sans dimissoire. Ce théologien en conclut qu'un homme qui est dans ce cas doit l'exposer tout entier, afin d'être relevé de la double suspense où il est tombé [3].

On pèche dans l'usage des ordres soit en exerçant mal ceux qu'on a reçus, soit en exerçant ceux qu'on n'a pas. Deux règles feront connaître quand l'un ou l'autre produit l'irrégularité.

Ire RÈGLE. Tout homme qui étant lié d'une excommunication majeure, de suspense ou d'interdit, fait d'office les fonctions d'un ordre sacré, devient irrégulier [4].

Les excommuniés tolérés et dont la censure est occulte sont dans ce cas, car les canons ne font point de distinction, et la bulle *Ad vitanda scandala* n'a pas été faite pour favoriser les excommuniés.

Cette remarque ne s'applique pas aux ordres moindres. Ceux qui

---

[1] Suarez, disp. XXXI, sect. 1, n. 39.
[2] Pyrr. Corradus, lib. IV, cap. XI, n. 3 et 4.
[3] Suarez, disp. XXXI, sect. 2, n. 36 et 37.
[4] Vid. cap. III, XI, q. III, cap. I, XVIII et XX, de sentent. excomm., in 6.

confèrent un bénéfice, confirment un élu ou absolvent des censures hors du tribunal de la pénitence ne sont pas irréguliers, car ils ne font pas des fonctions d'ordre. L'ignorance, l'oubli, la nécessité d'éviter le scandale peuvent quelquefois empêcher qu'un excommunié devienne irrégulier.

Il suit de là qu'un hebdomadaire lié de censures devient irrégulier en disant le *Dominus vobiscum* dans les offices publics. De même un sous-diacre ou un diacre qui à la messe chante, l'un l'épître avec le manipule, l'autre l'évangile avec l'étole; ceux qui baptisent solennellement ou qui confessent en public ou en secret, bénissent solennellement l'eau, les fruits, la cire, une femme qui relève de ses couches, un mariage, etc. Si un homme qui a encouru deux censures faisait les fonctions d'un ordre sacré, il encourrait deux irrégularités : chaque crime doit avoir sa peine.

IIe RÈGLE. — On devient irrégulier quand on fait d'office et avec connaissance les fonctions d'un ordre sacré qu'on n'a pas reçu[1]. Cette décision comprend les laïques mêmes. Si un homme croyait de bonne foi ou sur l'autorité de gens qu'il suppose instruits que telle fonction appartient à l'ordre qu'il a reçu, en la faisant il ne deviendrait pas irrégulier; il faudrait même que son ignorance fût plus coupable qu'à l'ordinaire : *quia lex temeritatem requirit*.

Il suit de là qu'un homme est irrégulier quand, sans être sous-diacre, il en fait l'office en prenant le manipule, ou que, sans être diacre, il chante l'évangile avec l'étole. Quelques-uns croient que cela a lieu s'il prend la dalmatique, parce qu'elle est l'ornement propre des diacres.

Un diacre est irrégulier lorsque, par précipitation ou une ignorance criminelle, il fait l'exorcisme du sel et de l'eau bénite, dont on se sert les dimanches, parce que c'est une fonction purement sacerdotale. Il en serait de même si, sous prétexte d'un cas de nécessité, il administrait l'extrême-onction à un malade prêt à expirer. On ne croit pas cependant qu'un diacre devînt irrégulier ni même qu'il péchât si, faute de prêtre, il portait, ou de l'avis d'un curé malade ou de son propre mouvement, en l'absence de tout prêtre, le saint viatique à un mourant (saint Thomas et saint Antonin).

Un diacre qui aujourd'hui baptiserait solennellement, hors le cas de nécessité, sans la permission de l'évêque, serait coupable, parce que cette fonction lui est depuis longtemps interdite. Suarez[2] et plusieurs théologiens prétendent de plus qu'il serait irrégulier quand même il

---

[1] Vid. cap. I et II, de clerico non ordin. minist., et remarques : 1° que la décrétale est plus ancienne que le titre; 2° qu'en plusieurs anciens manuscrits le titre est *De non ordin. minist.*

[2] Suarez, disp. XLII, sect. 4, n. 14; Sayr, lib. VII, cap. X, n. 4, p. 622; Navar., cap. XXVII, n. 242.

ne conférerait le baptême solennel que dans un cas de nécessité, parce que, s'il est nécessaire qu'il baptise, il ne l'est pas qu'il baptise solennellement. Il semble que, par la même raison, il deviendrait irrégulier en administrant la communion hors les cas de nécessité, parce qu'il se rendrait ministre ordinaire d'un sacrement dont la dispensation est réservée aux prêtres. Il faudrait des raisons moins pressantes pour qu'un curé permît à un diacre de baptiser solennellement qu'il n'en faudrait pour lui permettre d'administrer l'Eucharistie.

Celui qui, n'étant que clerc ou même laïque, prêcherait comme font les prêtres, pécherait en le faisant sans ordre des évêques; mais il ne serait pas irrégulier, au jugement de la sacrée Congrégation [1]. Si un prêtre était suspens *a divinis* ou même nommément du ministère de la parole, il ne deviendrait pas irrégulier dans ce cas, parce que la fonction qui lui aurait été interdite ne serait pas sacrée au sens où ce terme est pris dans les canons.

Un homme qui, sans être prêtre, entendrait la confession d'un autre serait irrégulier, quand il n'aurait pas prononcé les paroles de l'absolution, parce qu'il n'a pu commettre ce crime sans usurper une partie du pouvoir des clefs et que l'office d'entendre les confessions est quelque chose de très-sacré [2]. Il en serait de même, selon Suarez [3], de celui qui par quelque accident n'aurait reçu dans l'ordination que le pouvoir de consacrer et qui confesserait avant d'avoir reçu dans une nouvelle ordination ce qui manquait à la première. Mais un homme qui confesserait des personnes pour qui il n'est point approuvé ne deviendrait pas irrégulier, selon Avila et plusieurs autres [4], quoiqu'il méritât d'être rigoureusement puni, comme le sont ceux qui donnent la bénédiction nuptiale à d'autres qu'à leurs paroissiens sans être autorisés par le propre curé. Un homme qui, sans être prêtre, donnerait la même bénédiction en se comportant sérieusement comme curé, serait aussi irrégulier, même selon l'opinion de ceux qui ne le regardent pas comme ministre du mariage [5].

Le pape seul peut dispenser de l'irrégularité qu'a encourue un ecclésiastique en exerçant ses ordres malgré la censure dont il était lié. Lui seul aussi peut permettre à celui qui a fait les fonctions d'un ordre qu'il n'avait pas de recevoir un ordre supérieur. Mais l'évêque peut, après avoir soumis cet usurpateur à une pénitence de deux ou trois ans [6], le rétablir dans les fonctions de l'ordre qu'il avait reçu. Dans ces deux décisions, on suppose que la faute des coupables est publique;

---

[1] Fagnan, in cap. responso, XLIII, de sent. excomm.; Pontas, v. *Irrégularité*, cas 7. — [2] Navar., cap. XXVII, n. 42; Suarez, disp. XLII, sect. 4, n. 19. — [3] Suarez, *ibid.*, n. 13. — [4] Idem, *ibid.*, n. 14. — [5] Idem, *ibid.*, n. 19. — [6] Cap. II, de clerico non ordin. minist.

si elle ne l'était pas, l'évêque pourrait dispenser les uns et les autres en entier. Celui qui a violé plusieurs fois la censure qu'il avait encourue, qui, par exemple, a dit la messe vingt fois, fait diacre ou sous-diacre plusieurs fois par jour, administré plusieurs fois les sacrements, doit marquer toutes ces transgressions, selon Gibert [1]. D'autres le nient, si le crime est de la même espèce.

De l'irrégularité de l'hérésie.

Les hérétiques, les apostats, ceux qui les favorisent et les défendent sont irréguliers de droit commun, même après leur conversion. Ce n'est même que par grâce qu'on leur permet l'usage des ordres qu'ils avaient pu recevoir auparavant [2].

On convient assez communément que toute hérésie, même occulte, pourvu qu'elle ne soit pas purement mentale, produit cette irrégularité [3]; mais on avoue aussi qu'un homme ne l'encourrait point par une hérésie feinte et simulée, quoiqu'il péchât grièvement et qu'il pût devenir irrégulier à titre d'infamie. Un apostat est plus sévèrement puni, et ne fût-il pas dans le cœur ce qu'il veut paraître extérieurement, il devient irrégulier [4]. Ceux qui quittent l'habit clérical ne tombent pas dans l'irrégularité; mais un religieux qui quitte l'habit de son ordre l'encourt [5]. Les schismatiques ne sont irréguliers que quand ils joignent le schisme à l'hérésie [6].

Les enfants d'une mère hérétique sont irréguliers; si c'est le père qui est hérétique, l'irrégularité s'étend jusqu'aux enfants de ses enfants [7]. Le fils d'un juif ou d'un païen n'est pas irrégulier, parce que le droit n'en parle pas. Il en est de même des enfants d'un hérétique qui s'est converti avant de mourir, ou qui est sur le point de rentrer dans le sein de l'Église et d'y faire pénitence. Si un père n'était pas hérétique quand son fils est venu au monde, celui-ci ne serait pas irrégulier. C'est le sentiment de Navarre, d'Ugolin et de plusieurs autres [8]: *Ne*, dit Avila, *plus habeat luxuria quam castitas*.

IV. L'évêque est également autorisé, non-seulement par suite d'une connaissance juridique, mais *ex informata conscientia*, c'est-à-dire après des renseignements suffisants, à refuser

---

[1] Gibert, *Usages*, p. 787 et 788; Vid. Avila, p. 450; Babin, p. 535; Pontas, hic cas. 19.

[2] Vid. cap. XXI, I, q. VII, cap. 32, dist. L, et cap. II, de hæret., in 6.

[3] Suarez, disp. XLIII, sect. 1; Lugo, de fide, disp. XXIII, n. 119.

[4] Le chapitre XXXII, dist. L, met au nombre des irréguliers tous ceux qui ont sacrifié aux idoles, quoique plusieurs détestassent en eux-mêmes l'idolâtrie.

[5] Cap. final., dist. L. — [6] Cap. XXVI, 24, q. III. — [7] Cap. II et XV, de hæretic., in 6. — [8] Navar., consil. XXVII, de hæreticis, etc.

l'ordination ou le passage à un ordre plus élevé. Quand cette mesure est prise en suite d'une connaissance juridique, on peut en appeler à un tribunal supérieur; quand elle vient *ex informata conscientia*, on peut recourir au pape [1].

V. Il peut arriver aussi que d'autres conditions pour la réception des ordres soient fixées par des concordats.

ADDITION DU TRADUCTEUR.
Effets de l'irrégularité.

L'irrégularité a quatre effets : elle exclut des ordres, de leur exercice, des bénéfices ecclésiastiques, et rend coupables de péché mortel ceux qui agiraient sur ce point comme s'ils n'étaient pas irréguliers.

Un homme qui tombe dans l'irrégularité perd-il de plein droit les bénéfices dont il était pourvu, et celui qui est irrégulier reçoit-il validement le bénéfice qu'on lui confie? Presque tous les canonistes croient qu'un homme qui tombe dans l'irrégularité ne perd pas les bénéfices dont il était déjà possesseur. Une peine si considérable demanderait des textes qui l'établissent d'une manière claire, et il n'y en a aucun dans le corps du droit qui ne se puisse résoudre solidement. Le chapitre x, *De excessibus prælatorum*, insinue assez clairement que, lors même que l'irrégularité naît d'un homicide coupable, il faut une sentence du juge pour qu'un homme soit obligé de quitter son bénéfice. C'est ainsi du moins que ce chapitre est presque universellement expliqué.

Un irrégulier est obligé en conscience ou d'obtenir au plus tôt dispense de son irrégularité, ou de renoncer à son bénéfice; on ne peut retenir ce dont on ne peut faire les fonctions. Si l'irrégularité venait d'une infirmité ou de quelque défaut semblable, un curé à qui son bénéfice serait nécessaire pour vivre n'en devrait pas être privé; le droit [2] ne veut pas qu'on ajoute une nouvelle affliction à celle d'un homme qui est déjà affligé, il faudrait cependant lui donner quelqu'un qui le remplaçât dans son ministère.

Si un bénéficier n'avait que son bréviaire à dire, ou qu'il pût faire dire par un autre les messes dont il est chargé, Suarez [3] croit qu'il pourrait garder son bénéfice sans sortir de son irrégularité. On conçoit que l'Église ne résiste pas jusqu'à un certain point à une possession de cette nature.

---

[1] Voyez Walter, *Fontes juris eccles.*, p. 507 et seq.

[2] *Cum episcopum Aurasiensem* ad cessionem compellere non possit, nec debeat ullo modo, nec afflictio afflicto sit addenda, etc. (Innoc. III, c. v, de clerico ægror.)

[3] Suarez, t. V, ad III part. D Thomæ, disp. xl, sect. 2, n. 19.

De ce qu'un homme devenu irrégulier n'est pas par le seul fait privé de ses bénéfices, il s'ensuit que s'il ne veut ou ne peut obtenir dispense de son irrégularité, il peut les résigner en faveur. Cela n'aurait pas lieu si son irrégularité était fondée sur certains crimes, car il en est de si énormes qu'ils privent sur-le-champ de tout bénéfice, comme le crime de lèse-majesté, l'assassinat. Quelques-uns y ajoutent mal à propos l'hérésie, le schisme, la simonie, etc.

Un irrégulier à qui on confère un bénéfice, Suarez et le plus grand nombre des docteurs croient qu'il n'en est pas vrai possesseur. La première raison, c'est que dans les affaires d'une extrême conséquence on ne peut s'éloigner du sentiment commun sans motifs pressants. Ceux qui sont d'un avis contraire n'apportent aucune raison péremptoire. Ils se contentent de dire que les textes du droit [1] ne sont pas assez précis. Quand cette raison serait vraie, elle ne serait pas décisive; les lois, les textes ambigus doivent s'expliquer comme on les a expliqués dans tous les temps. L'usage et la pratique sont les interprètes légitimes des canons; ceux qui les premiers ont expliqué une décrétale ont souvent consulté celui qui l'avait dressée ou appris de gens dignes de foi le sens du législateur. Or, le sentiment qui annule les provisions d'un irrégulier a été de tout temps beaucoup plus suivi que l'opinion contraire.

Il semble d'ailleurs qu'on doit regarder comme clairement irritant ce décret du concile de Trente [2] : *Nec aliis in posterum fiat provisio, nisi qui jam ætatem et cæteras habilitates integre habere dignoscantur, aliter irrita sit provisio.* Or, un irrégulier n'est-il pas un de ceux qui manquent le plus de ce qui est nécessaire pour posséder un bénéfice. Cette décision est conforme à celles de la Rote et de la cour de Rome.

Du reste, l'irrégularité est dans le droit une tache si considérable qu'elle exclut de tout l'état clérical; or, conçoit-on qu'elle n'exclue pas totalement des bénéfices dont la possession est un des premiers et des plus grands droits de la cléricature?

Il suit de là que les irréguliers qui ont reçu un bénéfice sont obligés d'en restituer tous les fruits, à moins qu'ils n'aient invinciblement ignoré leur état; alors ils ne seraient tenus qu'à restituer ce dont ils sont devenus plus riches.

Un irrégulier ne fait validement aucun des actes qui supposent une possession valide. Les élections, les présentations, les collations et autres actes semblables qu'il peut faire sont nuls de plein droit.

Un prêtre irrégulier qui a été pourvu d'une cure ne peut-il donc confesser et absoudre validement ses paroissiens?

---

[1] Cap. XXII; de. election., cap. II; de cleric. pugnantibus in duello, cap. VII; Conc. Trid., sess. XIV, de reform.
[2] *Ibid.,* sess. XXII, de reform., cap. IV.

En soi, l'irrégularité ne prive personne de la juridiction qui l'a précédée. C'est, dit Suarez [1], le sentiment commun des jurisconsultes; il est fondé sur ce que l'irrégularité de sa nature n'exclut que des ordres, de leur usage et des bénéfices; or, la juridiction n'est rien de tout cela, quoiqu'elle en puisse supposer quelque chose. Si un irrégulier pèche en consacrant ou en faisant quelque autre fonction de ses ordres, ses actes sont cependant valides. Si donc ce prêtre était déjà approuvé dans le diocèse où il a obtenu une cure, ses absolutions, quoique sacriléges, seraient valides, si le pénitent n'y mettait point d'obstacles. Suarez [2] croit même qu'un prêtre irrégulier qui serait délégué pour conseiller le serait validement, parce qu'un irrégulier n'est pas incapable d'une juridiction déléguée.

Ainsi tout se réduit à savoir si un irrégulier est capable de recevoir la juridiction ordinaire. En regardant comme juridiction ordinaire celle qui est attachée au titre ou à la dignité, et qui a l'un ou l'autre pour fondement, il faut, pour s'en tenir à nos principes, soutenir qu'un irrégulier, étant inhabile à recevoir une cure, est également inhabile à recevoir la juridiction qui en dépend. Il ne peut donc confesser validement que dans le cas où tout homme dont le titre est nul le peut faire. Or, un homme dont le titre est nul par simonie ou autre crime peut validement exercer toute sorte de juridiction, pourvu qu'il ait un titre coloré, qu'il y ait erreur publique, c'est-à-dire qu'il soit publiquement réputé vrai pasteur; qu'il n'y ait point en lui d'empêchement de droit naturel ou divin, car quand un laïque passerait partout pour curé, ses absolutions n'en vaudraient pas mieux [3]. L'Église qui, pour prévenir des maux infinis, supplée la juridiction, ne peut suppléer les défauts essentiels.

1º L'erreur peut être commune dans un lieu sans l'être dans un autre. Un curé qui aurait une paroisse et une succursale éloignée pourrait quelquefois confesser validement dans l'une et non dans l'autre. 2º Quand même quelques personnes sauraient qu'il n'est pas légitime pasteur, sa juridiction subsisterait même à l'égard de ces personnes, car la connaissance d'un petit nombre n'empêche pas l'erreur commune, comme aussi l'ignorance de quelques personnes ne la produit pas. 3º Une erreur grossière et stupide ne fait pas ce qu'on appelle ici une erreur commune, et par conséquent l'erreur, pour occasionner la juridiction, doit être probable et bien fondée.

Un homme qui a commis ou qui doute s'il a commis une faute à laquelle est annexée l'irrégularité a-t-il toujours besoin de dispense?

---

[1] Suarez, disp. XL, sect. 2, n. 12. — [2] Suarez, *ibid.*, n. 45, p. 629. — [3] Voyez Pontas, v. *Curé*, cas XII, p. 1055.

Pour résoudre cette difficulté, il faut savoir quelles causes peuvent empêcher un homme de tomber dans l'irrégularité.

Tout ce qui excuse un homme de péché mortel l'excuse de l'irrégularité *ex delicto*. Si l'oubli, l'ignorance, l'inattention, la bonne foi, la légèreté de la matière peuvent empêcher de l'encourir, il n'en est pas ainsi de l'irrégularité *ex defectu* : une action non coupable, et quelquefois même involontaire, la produit.

L'ignorance vincible n'excuse ni du péché mortel ni de l'irrégularité quand elle y est attachée. C'est la décision de Grégoire IX[1].

Restent deux difficultés : l'une si on encourt l'irrégularité en faisant une action qu'on sait défendue par la loi de Dieu, sans savoir quelle est défendue par l'Église; l'autre, si, dans le doute qu'on soit irrégulier, on doit se regarder comme tel.

Sur le premier point, nous croyons que pour encourir l'irrégularité il suffit de faire une action qu'on sait contraire à la loi de Dieu, quoiqu'on ne sache ni qu'elle est défendue par l'Église ni sous quelle peine elle est défendue. La preuve en est décisive. L'irrégularité du crime est une peine pure et simple : or, il est sûr qu'en général l'ignorance de la peine n'en exempte pas, et il est sûr d'un autre côté qu'il n'y a aucune raison d'excepter l'irrégularité de la règle générale.

On dira peut-être que celui qui fait une action défendue sous peine de censure ne l'encourt pas s'il ignore qu'elle est attachée à son action. Mais il ne faut pas confondre la censure et l'irrégularité. Celle-ci, quand elle est *ex delicto,* est une simple punition; celle-là est une peine médicinale que l'Église ne décerne que contre ceux qui, dûment avertis, résistent à ses lois. Elle exige donc un esprit de contumace, et, pour l'avoir, il faut être instruit de toute la loi.

Pour résoudre la seconde difficulté, il faut distinguer deux sortes de doutes, l'un de droit, l'autre de fait. On est dans le doute de droit lorsque, tout en étant certain qu'on a fait telle action, on ne sait pas bien si elle est défendue sous peine d'irrégularité, parce que la loi est obscure et que les savants sont partagés. On est dans le doute de fait quand, par un sérieux examen, on ne peut démêler si on a fait telle action à laquelle on sait que l'irrégularité est attachée. Le doute de fait regarde l'homicide ou quelque chose de différent de l'homicide.

Dans le doute de droit, il n'y a point d'irrégularité à craindre. C'est le sentiment commun des canonistes.

Selon Boniface VIII[2], on n'encourt l'irrégularité que dans les cas

[1] Quia tempore suspensionis ignari celebrastis divina, vos reddit ignorantia probabilis excusatos. Cæterum si forte ignorantia crassa et supina, aut erronea fuerit ....., dispensationis gratia egetis. (Greg. IX, cap. IX, de cleric. excomm. minist.)

[2] Licet *quis* temerarie agat, irregularitatis tamen (cum id non sit ex-

marqués dans le droit, ou clairement ou au moins probablement, comme disent les meilleurs interprètes : or, les cas douteux ne sont pas exprimés dans le droit, car ils ne seraient plus douteux.

Si les motifs qui concourent à établir l'irrégularité l'emportent de beaucoup sur les motifs opposés, il faut suivre le parti le plus sûr. Il en serait de même si l'usage avait fixé le sens d'un canon ambigu. Ce même usage peut aussi étendre le pouvoir des évêques [1].

Dans le doute de fait, il faut se tenir pour irrégulier quand il s'agit d'homicide : par exemple, quand on doute si le conseil qu'on a donné a influé sur un meurtre; si la négligence injuste avec laquelle on a traité un malade n'a point causé sa mort; si le fœtus était animé quand on a procuré de fausses couches.

Ainsi, Innocent III [2] veut qu'un prêtre qui, avec plusieurs autres personnes, avait frappé un voleur, sans qu'on pût savoir quelle main lui avait porté le coup mortel, s'abstienne toute sa vie de célébrer les saints mystères. Clément III ordonna la même chose à un autre prêtre qui, en châtiant quelqu'un de sa famille, l'avait par mégarde blessé d'un couteau, quoiqu'on ne pût dire s'il était mort de sa blessure ou d'une maladie survenue dans le temps de sa convalescence.

Saint Thomas enseigne la même chose [3] : lorsque quelqu'un a été tué sans qu'on puisse savoir par qui, il veut que tous ceux qui se sont trouvés à l'action soient irréguliers.

Dans tout autre doute de fait on n'encourt pas l'irrégularité. C'est le sentiment de Cabassut et de la majorité des théologiens [4].

La raison en est : 1° que les lois odieuses ou pénales doivent être restreintes aux cas qu'elles spécifient; or, nul texte du droit ne s'exprime de cette manière sur l'irrégularité dont nous parlons; 2° dans le doute de tout autre fait que celui de l'homicide, il y a un doute de droit, c'est-à-dire qu'il est au moins très-incertain si le droit déclare irrégulier celui qui doute qu'il ait fait telle action ; et il faut bien qu'il en soit ainsi puisque les meilleurs théologiens croient n'apercevoir nulle

---

pressum in jure), laqueum non incurrit. (Bonifac. VIII, cap. XVIII, de sent. excomm., in 6.)

[1] On convient assez qu'il est plus probable qu'un enfant trouvé est illégitime ; cependant on convient aussi que l'évêque peut le dispenser.

[2] Vid. cap. XVIII, 12 et 24, de homicid. volunt.

[3] S. Thomas, Quodlib. IV.

[4] Cabassut, lib. V, cap. XX, num. 14; Boudart, t. V, p. 358, edit. 2; Suarez, disp. XL, sect. 6, part. VII, disp. II, dub. 5; Gibalin, p. 120, est du même sentiment; il croit même que l'on n'encourt l'irrégularité à l'occasion de l'homicide que quand l'homicide est certain et l'auteur incertain, et il en conclut que celui qui ne sait s'il a tué un homme ou une biche ne doit pas se croire irrégulier. Cela ne me paraît pas assez appuyé.

part cette prétendue irrégularité. Or nous avons dit que, dans le doute de droit, on n'est point censé irrégulier.

Ceux qui disent le contraire objectent que le principe dont les papes se sont servis pour le cas d'un homicide incertain convient à tous les cas douteux : ce principe, disent-ils, est que dans le doute il faut prendre le parti le plus sûr; or ce n'est pas seulement dans le cas d'homicide qu'on doit prendre ce parti; donc le principe des souverains-pontifes conclut pour tous les cas douteux comme pour le cas d'homicide.

Il est vrai que dans le doute il faut prendre le parti le plus sûr, si par là on entend le parti qu'on ne peut quitter sans s'exposer au danger de pécher. Il est vrai encore qu'en matière d'irrégularité, où le danger de pécher n'est fondé que sur le danger de l'indécence, il faut prendre le parti qui éloigne le plus de cette indécence. Mais si on veut bien admettre une troisième supposition, la solution sera bien avancée. Nous demandons qu'on nous accorde que le danger de l'indécence cesse quand la loi l'ôte et qu'elle en dispense virtuellement. Sur ce dernier aveu, qu'on ne peut nous refuser, nous formons le raisonnement que voici : on peut faire une action quand il n'y a point de péché à craindre en la faisant; or, dans tous les cas douteux, excepté celui de l'homicide, il n'y a point de péché à craindre. Car il n'y aurait de péché à craindre qu'autant qu'il pourrait y avoir indécence à agir dans un état où l'on peut être irrégulier. Or, en cela il n'y a point d'indécence hors le cas d'homicide, puisque la loi même dispense de toute irrégularité douteuse hors le cas de meurtre, en établissant qu'on ne deviendra irrégulier que dans les cas certainement exprimés dans le droit. Donc un homme peut se persuader qu'il n'est pas irrégulier par cela seul qu'il doute avec un fondement légitime de son irrégularité.

De ce principe, plusieurs théologiens [1] infèrent : 1° qu'un homme qui doute seulement s'il en a mutilé un autre n'est pas irrégulier, parce qu'il n'y a d'irrégularité que pour le cas d'un meurtre douteux, et que la mutilation n'est pas un meurtre; 2° dans le cas même d'un meurtre douteux, quoiqu'un clerc ne puisse recevoir les ordres ni faire les fonctions de ceux qu'il a reçus, il n'est pas inhabile à recevoir un bénéfice, parce que le droit n'en parle pas. Les Salamanques croient même qu'un laïque ne devient pas irrégulier dans le cas d'un meurtre douteux, parce que les canons ne parlent que des clercs.

De ces trois sentiments le premier paraît juste. Le second n'est pas assez sûr pour qu'on puisse s'y tenir sans consulter son évêque, parce qu'il restreint sans preuve suffisante la nature et les effets de l'irrégularité. Le troisième doit être rejeté; il est contraire à la doctrine de

---

[1] Suarez, disp. XL, sect. 6; Bonacina, disp. VII, punct. 5, n. 4 et 8.

saint Thomas, à l'opinion commune des canonistes et à la pratique universelle. Au reste, si l'argument des Salamanques était juste, il prouverait que les prêtres seuls deviennent irréguliers par un meurtre douteux, car il ne s'agit que d'eux dans les canons cités.

Ce que nous venons de dire en passant, que la coutume peut fixer dans le sens de l'irrégularité certains canons un peu obscurs, prouve que, dans le cas d'une irrégularité douteuse, il est juste de consulter son évêque.

Règles pour la dispense de l'irrégularité.

I. Nous avons dit que toute irrégularité qui vient d'un défaut passager tombe d'elle-même et sans dispense par la cessation de ce défaut.

La raison en est : 1° qu'une irrégularité de ce genre n'a pas été établie pour toujours, mais seulement pour autant de temps que durerait le défaut qui la produisait; 2° quand l'indécence d'où naissait l'irrégularité est levée, l'irrégularité ne peut plus subsister.

Ainsi, ceux qui sont irréguliers par défaut de science, d'âge, de corps, d'esprit, de liberté, cessent de l'être quand ils acquièrent ce qui leur manquait. Il y a cependant des cas où il faut les éprouver, et quelquefois longtemps, comme les épileptiques.

Il en est de même de ceux qui, ayant encouru l'irrégularité de l'infamie par une vie peu édifiante, recouvrent une bonne réputation par une longue et sérieuse pénitence. Toutes les autres irrégularités sont perpétuelles et ne finissent que par la dispense. On regarde comme une sorte de dispense la profession religieuse; elle a deux effets : le premier, de rendre un illégitime habile à recevoir les ordres sacrés [1]; le second, de faciliter la dispense de toute autre irrégularité.

II. On a vu que les évêques peuvent dispenser de toutes les irrégularités du crime, excepté celle de l'homicide volontaire, pourvu que le crime soit secret ou qu'il n'ait point été porté au for contentieux [3].

Nous expliquons ailleurs quand un crime cesse d'être secret; remarquons seulement qu'un péché peut être public sans produire une irrégularité publique. Un prêtre, par exemple, a encouru publique-

---

[1] Un religieux illégitime ne peut cependant de droit commun posséder, sans une dispense particulière, les prélatures de son ordre.

[2] Avila, part. VII, disp. x, dub. 3, dit qu'un évêque est en droit de rejeter tout irrégulier qui ne justifie pas les pouvoirs qu'aurait son ordre de donner des dispenses, et il ajoute qu'il ne suffirait pas d'alléguer la coutume. Ce théologien excepte les illégitimes, parce qu'ils sont exceptés de droit commun.

[3] « Liceat episcopis in irregularitatibus omnibus et suspensionibus ex delicto occulto provenientibus, excepta ea quæ oritur ex homicidio voluntario et exceptis aliis deductis ad forum contentiosum, dispensare. » (Trident., sess. XXIV, cap. VI).

ment les censures; on le voit quelque temps après faire ses fonctions, on n'a point de preuve qu'avant de les faire il se soit fait absoudre; mais on doit charitablement supposer qu'il l'a fait; son irrégularité n'est pas publique, quoiqu'il ait manqué à son devoir. Elle ne le serait pas non plus s'il avait dit la messe en particulier et devant trois ou quatre personnes qui ne l'ont pas révélé [1]. De bons auteurs prétendent même que son irrégularité serait encore occulte s'il avait célébré devant tout un peuple qui savait bien qu'il ne pouvait célébrer sans crime, mais qui ne savait pas qu'en célébrant il tombait dans l'irrégularité. Paul Léon dit expressément qu'en pareil cas la Pénitencerie donnes des dispenses. Tiburce Navar enseigne la même chose [2].

L'irrégularité est plus aisément publique dans les villes que dans les campagnes. Les hérétiques sont ceux qui peuvent le moins éviter l'irrégularité publique, parce que, se faisant gloire de leurs mauvais sentiments et y revenant sans cesse, on ne peut présumer que, quand ils font des fonctions sacrées, ils ont eu la précaution de se faire absoudre des censures attachées à leur révolte. Il en serait de même d'un ecclésiastique connu pour n'avoir ni religion ni conscience.

III. Les irrégularités qui viennent d'un défaut sont presque toutes réservées au pape. Cabassut, fort versé dans le droit, n'excepte de la règle commune que l'irrégularité des illégitimes et des bigames, auxquels, dit-il, l'évêque peut accorder dispense pour les ordres mineurs et les bénéfices simples [3]. Plusieurs autres enseignent que l'évêque ne peut dispenser que ceux dont la bigamie est similitudinaire, et par conséquent toujours *ex delicto*. Cependant, comme le second chapitre *De bigamis* favorise le sentiment de Cabassut, si la coutume des lieux y accédait, on ne devrait avoir aucune peine sur la dispense qu'un évêque aurait accordée à un bigame, quel qu'il soit, pour les mineurs et les bénéfices simples.

IV. Les irrégularités en matière réservée au pape peuvent être levées par l'évêque : 1° quand elles sont douteuses; 2° quand des raisons légitimes empêchent de recourir au pape.

La raison de la première partie est qu'il n'y a de réservé au pape

---

[1] « Sufficit ut alterutrum delictum occultum sit, seu illud quo incurritur censura ob quam violatam incidit quis in irregularitatem, seu istud quo commisso irregularitas ipsa contrahitur. » (Mandat. Paris., an. 1719, de casib. reserv., tit. de disp. in irregul. Vide et Habert, t. VII, p. 608.)

[2] Marc. Paul. Leo, part. II, cap. I, num. 66, p. 157; Navar., in manuduct. cap. III, introduct., p. 26. Il suffit, pour ôter la réserve au pape, qu'elle soit douteuse.

[3] Cabassut, lib. V, cap. XIX, n. 3; Babin, p. 288 et seq.; Pontas, voir *Dispense de l'irrégularité*, cas 16. Gibert, sur cet endroit de Cabassut, paraît de son sentiment.

que ce qui l'est certainement, et on ne peut regarder comme réservé certainement ce dont la réserve est douteuse.

La raison de la seconde partie, c'est que si la réserve subsistait, quand on ne peut moralement recourir à Rome, elle serait plus propre à détruire qu'à édifier, et elle n'aurait plus pour objet le vrai bien de l'Église. Ainsi quand un prêtre commence à s'apercevoir d'une irrégularité qu'il a contractée dans sa jeunesse, ou qu'il a encourue depuis qu'il est engagé dans le saint ministère, et qu'il ne peut, sans faire beaucoup plus de mal que de bien, abandonner un peuple dont il est l'unique ressource et suspendre ses fonctions pendant les deux ou trois mois nécessaires pour recevoir un bref de Rome, son évêque peut le dispenser; mais il est obligé de recourir au plus tôt au Saint-Siége et d'en obtenir la grâce que l'ordinaire ne lui donne que par *interim*.

Un évêque peut-il dispenser de l'irrégularité un étranger qui se trouve dans son diocèse? Cette question est assez difficile à résoudre.

Le principe d'où il faut partir est que la dispense étant un acte de juridiction, l'évêque a droit d'en user envers tous ses sujets, *quoscumque sibi subditos*, dit le concile de Trente.

Il suit de là que l'archevêque de Paris et tout autre à proportion peut dispenser tous ceux qui sont domiciliés dans son diocèse, soit d'une manière fixe, soit avec subordination à la volonté de leurs supérieurs, comme les personnes de communauté [1]. Il en serait de même d'un homme nouvellement arrivé à Paris dans le dessein de s'y fixer. Cela serait vrai quand même il aurait commis dans son propre diocèse le crime qui l'a rendu irrégulier; dès qu'il fixe son domicile à Paris de bonne foi et sans fraude, il devient diocésain de l'évêque dans le territoire duquel il demeure, et il cesse de l'être de l'évêque du lieu où le délit a été commis.

Suarez croit même que des religieux exempts peuvent, comme les autres sujets de l'évêque, être relevés par lui des irrégularités qu'ils auraient encourues, à moins, dit-il, que cela ne leur soit défendu. Avila dit la même chose [2], d'après ce principe de droit que les priviléges ne doivent pas porter préjudice à ceux qui les ont reçus. Mais il veut qu'un religieux ait obtenu de son supérieur la permission de s'adresser à l'évêque, ainsi que l'a réglé Paul III.

Il suit encore de ce principe qu'un évêque peut dispenser celui qui, par le seul fait d'entrer dans son diocèse, deviendrait son sujet. Ainsi les aumôniers des troupes peuvent être dispensés partout où ils se

---

[1] Je ne parle pas d'un homme qui séjournerait quelques jours dans une maison de son ordre, en allant à une autre où on l'envoie, ni de celui qui passerait trois ou quatre semaines à Paris pendant les vacances.

[2] Suarez., disp. XLVIII, sect. 2, n. 12; Avila, part. II, cap. VI, disp. I, dub. 6.

trouvent; si, parce qu'ils ne font que passer, ils ne pouvaient y être dispensés, ils ne pourraient l'être nulle part.

La difficulté est donc de savoir si un homme qui ne se trouve que pour un temps dans un diocèse, comme un clerc qui prendrait ses degrés à Paris ou qu'un procès y aurait conduit, et qui a dessein, ses affaires terminées, de retourner chez lui, peut être dispensé par l'archevêque de Paris ou s'il doit s'adresser à son évêque, ou au moins recourir à la Pénitencerie.

On ne trouve pas d'auteur qui croie en général qu'un homme qui n'est dans un diocèse que pour peu de temps, puisse y être relevé de l'irrégularité.

Sanchez et quelques autres [1] soutiennent qu'un irrégulier peut être dispensé dans tout diocèse où il doit passer la plus grande partie de l'année.

Un second sentiment adopté par un grand nombre de docteurs consiste à dire qu'on ne peut être dispensé en pareil cas ni d'irrégularité, ni de vœu, ni de serment; que pour l'être dans un lieu, il faut y être véritablement domicilié, *firmum habere domicilium*. C'est l'opinion de Garcias, Riccius, Marchini, Barbosa, Suarez [2], etc.

Un troisième sentiment est une limitation du second: il consiste à dire que si un évêque ne peut en général dispenser un étranger de l'irrégularité, il le peut cependant quand un autre évêque le lui envoie pour l'ordonner, parce qu'en accordant le principal, il doit donner l'accessoire, surtout quand celui-ci est nécessaire pour que l'autre ait son effet.

Sanchez combat solidement cette opinion [3]. Il prouve par le droit que de la concession d'un pouvoir on ne peut inférer la concession d'un autre tout différent [4]; qu'en admettant la preuve dont se servent ses adversaires, il faudrait dire qu'un prélat qui charge un prêtre de marier deux de ses diocésains, lui permet de les dispenser de tous les empêchements dont il pourrait les dispenser lui-même, ce que personne n'a encore imaginé.

---

[1] Sanchez, lib. III *De matrim.*, disp. XXIII, n. 13, v. *Et ita credo*, etc. Ce théologien en conclut, *ibid.*, n. 14, qu'un homme pourrait en ce cas être dispensé si tôt qu'il est arrivé dans le territoire où il a dessein de faire un séjour si considérable. (Lessius, lib. II, cap. XL, dub. 18, n. 121, p. 561; Arragon, Henriquez, Navarre, in cap. Placuit III, de pœnit., d. 6, n. 92, et Heiflinger, *Resolut. moral.*, part. III, cas. 13, p. 230.)

[2] Barbosa, *De offic. et potest. episcopi*, part. II, alleg. XXX, n. 18, et alleg. XXXIX, n. 6, p. 408 et 420; Marchini, *De ordine*, tract. I, part. IX, diffic. 5, n. 2 et seq., p. 144; Garcias, *De benefic.*, part. II, cap. X, n. 139; Suarez, ubi supra.

[3] Sanchez, lib. VIII *De matrim.*, disp. I, n. 25.

[4] A separatis non fit illatio, cap. XII, de decimis.

La seconde opinion est peut-être préférable : 1º il n'est pas sûr, comme le supposent les défenseurs du premier sentiment, qu'un domicile de six mois suffise pour rendre un homme diocésain en matière d'irrégularité ; or, cette preuve étant caduque, tout leur système tombe ; 2º il est encore plus difficile de dire pourquoi quatre ou cinq mois de séjour dans un diocèse ne suffiraient pas pour y procurer ce qu'on appelle *quasi domicilium*. L'incertitude où l'on serait sur ce point ferait bientôt diminuer le temps que Sanchez prescrit, et en effet des docteurs de marque [1] ne demandent pour le quasi-domicile que l'intention de passer quelques mois dans un lieu ; ce qui pourrait très-bien s'entendre du dessein de n'y passer que deux ou trois mois ; or, comment compter sur un système qui ne peut fixer la durée du domicile sur lequel il est entièrement appuyé. 3º La sacrée Congrégation a décidé plusieurs fois qu'un évêque peut bien, en vertu du chapitre *Liceat*, absoudre un étranger des censures qu'il a encourues, mais qu'il ne peut lui accorder de dispenses ; 4º un évêque qui ne peut ordonner ne peut dispenser de l'inhabilité aux ordres. Or, un évêque ne peut, selon le droit [2], ordonner ceux qui n'ont pas de domicile dans son territoire ou dans sa paroisse, ainsi que parlent les canons. Donc ce n'est pas à lui qu'il appartient de les dispenser ; ils doivent recourir ou à l'évêque auquel il appartient de les consacrer, ou à son supérieur, c'est-à-dire au pape ; 5º un évêque n'absout, ou par lui-même ou par son délégué, les étrangers des censures même réservées à leur évêque [3], que parce que cela est nécessaire pour recevoir les sacrements, dont un homme serait quelquefois longtemps privé s'il en était autrement ; or, cette raison n'a pas lieu en fait de dispense, parce qu'un irrégulier, un homme lié d'un vœu ou d'un serment, ne sont exclus ni de la pénitence, ni de la participation aux divins mystères ; 6º enfin Sanchez, qui est d'une opinion contraire (lib. VIII *De matr.*, disp. I, n. 12), cite vingt-huit docteurs qui pensent autrement, et Marchini est de leur avis (lib. I, part. VII, c. IV, n. 8).

On pourrait prendre le milieu entre ces deux sentiments, en disant qu'à la vérité un évêque ne peut dispenser de l'irrégularité un étranger

---

[1] Navarrus, Suarez, Laiman, Friedrich asserunt sufficere propositum habitandi per aliquot menses, præsertim si domus, conclave, taberna fuerint conducta. (Heiflinger, *ibid.*, p. 236.)

[2] Cum nullus clericorum alienæ parochiæ debeat præter superioris licentiam ordinari, superior in hoc casu intelligitur in cujus diœcesi promovendus domicilium obtinet. (Cap. Cum nullus, III, de temp. ordinat., in 6.) Ce canon ne s'observe pas en France, où l'évêque de la naissance est le seul qui ait coutume d'imposer ou de faire imposer les mains : mais le principe nous suffit.

[3] Il faut supposer que ces censures ne sont pas *ab homine, per sententiam specialem*.

à l'effet de recevoir les ordres, mais qu'il peut le dispenser à l'effet de faire les fonctions des ordres déjà reçus, ou au moins de dire la messe. Comme l'Église souhaite qu'un prêtre célèbre la messe le plus souvent qu'il lui est possible, surtout les dimanches et les fêtes [1], il n'est pas présumable qu'elle l'ait voulu traiter plus rigoureusement que les simples fidèles. Puis donc qu'elle permet qu'on lève à ceux-ci tous les obstacles qui les empêcheraient de participer aux sacrements, pourquoi refuserait-elle cette grâce à un bon prêtre, qui quelquefois serait obligé, au temps de Noël ou de Pâques, d'être cinq à six semaines sans monter à l'autel? Qu'un jeune homme ait besoin d'être *habilité* par son évêque à la réception des ordres, rien de mieux; c'est au supérieur à voir si ceux qui ont tel empêchement conviennent à son diocèse; mais qu'un prêtre dont le sort est déjà fixé, qui ne peut souvent sans scandale et sans se faire tort s'abstenir de dire la messe comme de coutume, soit forcé d'écrire à Rome pour se faire relever d'une irrégularité, il est plus difficile de l'admettre.

On dira peut-être qu'un bon prêtre ne tombe pas dans l'irrégularité; mais un ecclésiastique vertueux peut quelquefois se rappeler longtemps après son ordination des fautes auxquelles une conscience délicate lui fait croire que cette peine pourrait être attachée, et au sujet desquelles plus il y a de lumière, plus il est embarrassé. D'ailleurs est-il donc si difficile d'encourir, ou au moins de douter si on a encouru l'irrégularité, surtout celle qui est *ex defectu lenitatis?*

Il y a deux cas où un irrégulier peut, avant d'avoir obtenu dispense, faire les fonctions de ses ordres. Le premier, quand il faut pourvoir au salut de quelqu'un qui est en danger de mort et que personne ne le peut que le clerc irrégulier. Le second, quand il s'agit d'éviter le scandale que donnerait un homme dont l'irrégularité est cachée, s'il n'exerçait pas les ordres auxquels l'oblige son bénéfice ou son office. Mais on comprend aisément qu'un homme ne serait pas dans le cas du scandale s'il pouvait, sans qu'on le soupçonnât, faire remplir sa place par un autre.

Un évêque peut hors de son diocèse absoudre un de ses sujets de toute censure, pourvu qu'elle ne soit ni réservée au pape, ni portée spécialement à raison du délit par un autre évêque. S'il peut validement confesser son diocésain partout où il se trouve, pourquoi ne pourra-t-il pas l'absoudre des censures qu'il aurait encourues?

Plusieurs théologiens [2] prétendent, il est vrai, que, pour qu'un

---

[1] Trid., sess. XXIII, de reform., cap. XIV.
[2] Voyez Suarez, disp. XLI, sect. 2, n. 10 et 11; Garcias, *De benefic.*, part. II, cap. X, n. 139; Barbosa, part. II, allegat. XXXIX, n. 7; Marchini tract. I, part. IX, difficult. 6, n. 6 et seq.; Salmanticenses, etc.

évêque lève celles des censures d'un de ses sujets qui, avant le concile de Trente, étaient réservées au Saint-Siége, il faut ou que lui-même, ou que celui qu'il absout soit dans son propre diocèse, parce que, disent-ils, ces paroles du concile de Trente, *in diœcesi sua,* demandent au moins l'un des deux. Cependant ces auteurs avouent communément que cela n'a pas lieu en matière de dispenses, parce que ces paroles, *in diœcesi sua,* ne sont pas jointes au premier membre du texte, relatif aux dispenses, mais au second, où il s'agit de censures. Sanchez[1] croit même que le mot *in diœcesi sua* signifie simplement qu'un évêque, quelque part qu'il soit, peut absoudre des censures tous ceux qui se présentent à lui, pourvu qu'ils soient ses diocésains ordinaires. La raison qu'il en donne, c'est qu'il n'y a pas apparence que le concile, par un texte si ambigu, ait voulu corriger tant de canons qui permettent aux évêques d'exercer partout où ils se trouvent la juridiction volontaire[2]. Ducasse[3] paraît enseigner qu'un évêque ne peut absoudre des cas réservés au Saint-Siége ses sujets que dans son diocèse; au moins, dit-il, l'évêque et celui qui veut être absous doivent se trouver ensemble. Peut-être a-t-il cru que ces paroles *in foro conscientiæ tantum,* s'entendaient du tribunal de la pénitence. Il est vrai que Garcias et Barbosa[4] assurent que la Congrégation du concile l'a expliqué en ce sens; mais le dernier cite seize docteurs qui prétendent que le for de la conscience est opposé au for extérieur, et que tout tribunal où une grâce s'accorde secrètement, même hors la confession, peut être appelé for de la conscience.

Le chapitre peut pendant la vacance du siége dispenser des irrégularités; mais un grand vicaire de l'évêque ne le peut sans permission spéciale, à moins qu'il ne soit d'usage dans le lieu où il travaille que son titre seul lui suffise.

§ 62. 2. Conditions de fortune requises pour l'ordination.

L'Église veut qu'il soit suffisamment pourvu à l'entretien de ceux qui aspirent aux ordres sacrés. Avant le douzième siècle, on n'ordonnait qu'aux conditions suivantes :

1° Sur un titre de bénéfice[5]; l'ordinand recevait immédiatement une fonction ecclésiastique et tirait son entretien des re-

---

[1] Sanchez, *In Sum.,* lib. II, cap. xi, n. 16 et 18.
[2] Habert, part. III, *De ord.,* cap. v, § 13, p. 607 et 610.
[3] Ducasse, part. I, cap. x, sect. 4, n. 4.
[4] Garcias, *ibid.;* Barbosa, *ibid.,* n. 8. Marchini le cite pour le sentiment contraire; peut-être a-t-il changé d'opinion.
[5] D'après le concile de Trente (sess. xxi, c. ii, de reform.), le titre doit, autant que possible, être la règle.

venus de l'Église. Mais depuis que la fortune de l'Église, concentrée jusque-là dans chaque diocèse en une seule masse, eut été partagée en diverses portions pour chaque église ou bénéfice particulier; depuis que les clercs eurent cessé de vivre en commun (§ 125), d'autres titres devinrent nécessaires [1]. On ordonna désormais, — et le concile de Trente [2] l'autorise par exception :

2° Sur un titre de patrimoine, quand l'ordinand possède en fonds de terre une fortune suffisante, ou

3° Sur un titre de pension, quand l'ordinand perçoit d'une tierce personne une rente qui lui permet de vivre.

Dans ces deux cas, la fortune qui sert de titre d'ordination est inaliénable comme tout autre bien d'Église [3].

4° Pour les religieux, l'Église admet le titre de pauvreté [4], parce que l'entretien de l'ordinand est à la charge de l'ordre.

5° Sur le titre de la mission [5], on ordonne les prêtres destinés à l'œuvre des missions. Il existe à Rome des établissements de cette sorte auxquels on consacre une partie des sommes provenant des dispenses.

---

[1] Voyez Benedict. XIV, de synodo diœc., lib. XI, c. II, n. 14.

[2] Conc. Trid., sess. XIV, c. I, de reform.

[3] Le *Schema* d'une constitution du concile du Vatican, non encore discuté : « Des titres de l'ordination » (voyez Martin, *Collect.*, éd. 2, p. 144), tendait à obtenir un adoucissement aux lois de l'Église sur cette matière et à les accommoder aux besoins du temps présent. Voici ce qu'il proposait :

L'Église est à peu près privée partout de ses biens, et il n'y a plus de bénéfices qui permettent de fonder des titres d'ordination; la plupart des ordinands manquent de fortune. Il devrait donc être loisible aux évêques, une fois pour toutes, à défaut d'un titre de bénéfice et d'un titre patrimonial rigoureusement canonique, d'ordonner les candidats dont ils ont besoin pour le service de l'Église (*titulus servitii*) et qui leur paraissent convenir, sur n'importe quel titre de patrimoine, pourvu qu'ils le trouvent satisfaisant; ce titre, les évêques l'assurent autant qu'il dépend d'eux.

En 1845, Rome a repoussé la demande d'un évêque qui désirait pouvoir ordonner sans titre, en exigeant de chacun, lors de son ordination, une somme de 200 francs qui serviraient à former une caisse pour les besoins éventuels du clergé. (Voyez *Correspondance de Rome*, 1850, n° 39).

[4] Pie V, const. *Romanus pontifex* de 1568 (*Bullar. Rom.*, t. IV, part. III, p. 46. Voyez aussi les décisions de la constitution *Apostolicæ Sedis*, de 1869, à la fin de ce paragraphe.

[5] Mejer, *De titulo missionis*, Regioman., 1848. Le même, *la Propagande* (en allem.), t. I, p. 225 et suiv.

6° Depuis la réforme, alors que tant de biens ecclésiastiques furent perdus, l'Église se contente, dans les cas de nécessité, du titre de la mense *(titulus mensæ)* [1], en vertu duquel l'évêque, ou un possesseur de biens-fonds, ou un établissement, ou un ami, se charge de pourvoir à l'entretien de l'ordinand qui n'a aucun emploi ou qui est devenu impropre au service.

II. Si un évêque ordonne quelqu'un sans titre, il est responsable du titre de la mense, et cette obligation passe à ses successeurs [2]. De plus, les évêques qui ordonnent quelqu'un sans titre de bénéfice ou de patrimoine, avec cette clause que l'ordinand ne pourra exiger d'eux aucun moyen de subsistance, sont suspens pour trois ans de la collation des ordres, et pour un an lorsque, sans titre de bénéfice ou de patrimoine, ils confèrent les ordres à un clerc vivant dans un ordre religieux où l'on fait des vœux solennels, ou à un postulant qui n'a fait encore aucune profession, à moins d'un privilège spécial [3]. L'absolution de la suspense est réservée au Saint-Siége.

§ 63. 3. Compétence requise pour conférer les ordres sacrés.

I. Sont aptes à conférer les ordres tous les évêques [4], même schismatiques [5] et hérétiques, excepté toutefois les évêques anglicans, danois, suédois et les évêques protestants allemands [6],

---

[1] Voyez Mejer, *Archives*, t. III, p. 257 et suiv.; Nacke, *Der Tischtitel*, Paderborn, 1869.

[2] C. II, X, de præbendis, III, 5; c. 16 eod.; Cf. c. IV, 23 eod.; c. XXXVII h. t., in VI°, III, 4.

[3] Pii IX constit. *Apostol. Sedis* (12 octobre 1869).

[4] Cf. *I Tim.*, IV, 14; V, 22; *II Tim.*, I, 6; *Actes*, XIV, 22, 23; VI, 1, 6; can. IV, d. 68; can. XXIV, § 1, d. 93. (Hieron.) : « Quid enim facit excepta ordinatione episcopus, quod presbyter non facit ? » Conc. Trid., sess. XXIII, de sacram. ordin., cap. IV.

[5] Sont suspens *ipso jure* de l'exercice de leur ordre ceux qui ont été ordonnés par un évêque connu pour être censuré, hérétique et schismatique (const. *Apostolicæ Sedis*, 12 octobre 1869). Celui qui aura été ordonné de bonne foi par une des personnes susdites n'aura pas l'exercice de l'ordre ainsi reçu jusqu'à ce qu'il ait obtenu dispense. (*Cit. du trad.*)

[6] Cf. E.-E. Estcourt, *The Question of the Anglican ordinations*, London, 1873 (voyez de nombreux ouvrages indiqués par Bellesheim, dans les *Archives*, t. XXXI, p. 3 et suiv.); Collet, *Continuatio prælect. Honorat. Tournely*, t. XIII, part. I, p. 512 et seq., part. II, p. 334 et seq.; de Warrimont, *Mémoire historique sur la prétendue succession apostolique de la Scandinavie*, 2ᵉ édit., Louvain, 1854; Phillips, *Lehrbuch*, § 58.

parce qu'ils n'ont pas été eux-mêmes légitimement ordonnés, et que chez eux la succession épiscopale ne remonte pas sans interruption jusqu'aux apôtres.

II. Les cardinaux prêtres ont le privilége de conférer les ordres mineurs aux personnes qui fonctionnent dans les églises de leur titre [1]; les abbés, quand ils sont prêtres et qu'ils ont été bénits, peuvent les administrer aux moines de leur couvent [2].

III. La compétence pour ordonner licitement dans toute l'Église n'appartient qu'au pape [3]. Les autres évêques ne sont compétents que lorsqu'ils ont la qualité de propre évêque de l'ordinand [4]. Ils l'ont dans les quatre cas qui suivent :

1° *Ratione originis.* L'évêque du lieu où les parents de l'ordinand avaient leur domicile quand celui-ci est né [5];

2° *Ratione domicilii.* L'évêque du diocèse où l'ordinand a son domicile [6];

3° *Ratione familiaritatis* ou *commensalitii*. L'évêque au service duquel l'ordinand a été pendant trois années consécutives, pourvu que l'évêque *(patronus episcopus),* dans l'intervalle d'un mois, lui donne un bénéfice [7];

4° *Ratione beneficii.* L'évêque dans le diocèse duquel l'ordinand possède paisiblement un bénéfice ecclésiastique, soit simple, soit à résidence.

ADDITION DU TRADUCTEUR.

Si le bénéfice était d'un très-petit revenu, les canonistes estiment

---

[1] Cf. Bened. XIV, constit. *Ad audientiam* (1753).

[2] Conc. Trid., sess. XXIII, cap. X, de ref. Cf. Benedict. XIV, *De synodo diœc.*, lib. II, c. XI, n. 9 et seq.

[3] C. XX, C. 9, q. 3. Cf. c. X, de privileg., in VI°, V, 7, et ci-dessous, note 5.

[4] Conc. Trid., sess. VI, c. V, de ref.; sess. XIV, c. II, III, de ref.; sess. XXIII, c. VIII-X, de ref.; const. Innocent. XII, *Speculatores pr. Non.* nov. 1694; Bened. XIV, const. *Impositi nobis,* 3 kalend. mart. 1747.

[5] C. I, de temp. ord., in VI°, I, 9. Pour les enfants trouvés, on devrait s'en rapporter à l'ancien motif de compétence concernant le baptême des païens et des Turcs convertis. Il est encore en vigueur pour ceux-ci. (Paul III, const. *Cupientes,* 1543, *Bullaire,* t. IV, part. I, p. 204). Cf. Phillips, *Droit eccl.*, t. I, § 41, p. 379; § 42, p. 394.

[6] « Episcopus familiarem suum non subditum ordinare non possit, nisi per triennium suum commemorans fuerit, et beneficium, quacumque fraude cessante, statim re ipsa illi conferat. » (Conc. Trid., sess. XXIII, c. IX, de reform.) (*Citation du trad.*)

[7] Conc. Trid., sess. XXIII, c. IX, de ref.

que l'évêque du lieu ne serait pas censé le propre évêque de l'ordinand, et qu'il faudrait un dimissoire de l'évêque de naissance. Ainsi l'a réglé une bulle d'Innocent XII.

IV. Parmi les évêques qui se trouvent dans ces conditions, l'ordinand est libre de choisir; il peut même, selon les circonstances, recevoir un ordre de celui-ci, et un autre de celui-là. Mais quand c'est le pape qui a conféré un ordre, le propre évêque a besoin de sa permission pour conférer un ordre subséquent [1].

V. Un évêque qui confère les ordres sans être dans les conditions voulues est suspens pendant une année de son droit d'ordination, et celui qui a été ordonné sans la permission de son propre évêque est suspens de l'exercice de ses ordres aussi longtemps que le propre évêque le juge à propos [2].

Pour qu'un évêque incompétent puisse ordonner licitement, il faut que le propre évêque l'y autorise par écrit [3].

Il ne faut pas confondre avec les lettres dimissoires les lettres

[1] C. XII, X, de tempor. ordin., I, 11. Voyez aussi const. Bened. XIV, *In postremo*, 20 octobre 1756.

[2] C. I-IV, d. 72; c. II, d. 72; c. VI, IX, X, C. IX, q. II; c. I, II, in VI°, de temporibus ordinationum, I, 8; Conc. Trid., sess. XXII, c. VIII, de ref. — Voyez la note suivante.

[3] Sont suspens *ipso jure* pendant un an, de la faculté d'administrer les ordres ceux qui ordonnent un sujet étranger sans lettres dimissoires de son évêque, même sous prétexte de bénéfice à lui conférer ou déjà conféré, mais tout-à-fait insuffisant; de même ceux qui ordonnent leur propre sujet, après qu'il a fait ailleurs un si long séjour qu'il a pu contracter où il était un empêchement] canonique, lorsqu'il ne présente pas les lettres testimoniales requises de l'évêque du lieu où il était. (Const. *apostolicæ Sedis*, 12 octobre 1869. Voyez *Archives*, t. XXIII, p. 330.)

La même constitution de Pie IX porte ce qui suit : « Sont suspendus *ipso jure*, selon le bon plaisir du Saint-Siège, des ordres qu'ils auront reçus, les clercs séculiers qui séjournent à Rome depuis plus de quatre mois et qui auront été ordonnés par un autre que par leur ordinaire sans la permission du cardinal-vicaire ou sans examen préalable passé devant lui ; ceux-mêmes qui auront été ordonnés par leur ordinaire, mais après avoir été refusés à l'examen dont nous venons de parler; les clercs qui appartiennent à l'un des six diocèses suburbains et qui auront été ordonnés hors de leur diocèse, si les lettres dimissoires ont été envoyées à un autre qu'au cardinal-vicaire, ou bien s'ils n'ont pas fait précéder la réception de l'ordre d'exercices spirituels accomplis pendant dix jours dans la maison que les prêtres de la mission ont à Rome. Quant aux évêques qui les auront ordonnés, ils seront suspendus pendant un an de l'usage des droits pontificaux. »

testimoniales[1], qui attestent la capacité et la dignité du candidat. Ces lettres, l'évêque doit les exiger quand le candidat ne réside pas dans son diocèse depuis l'âge de sept ans.

§ 64. 4. Examen des ordinands[2].

Avant de recevoir les ordres, le candidat doit témoigner de ses aptitudes par un triple « scrutin » (*scrutinium*). Le premier est un témoignage du curé pour ceux qui veulent recevoir les ordres mineurs, et une proclamation faite en l'église paroissiale du lieu du domicile ou de la naissance, pour ceux qui veulent recevoir les ordres majeurs, en vue de découvrir les empêchements qui pourraient exister; vient ensuite le témoignage du curé. Le second scrutin a lieu environ quinze jours avant l'ordination. L'évêque, ou d'autres hommes versés dans la loi divine et ecclésiastique, s'enquièrent de l'origine, de l'âge et autres relations personnelles du candidat, de ses moyens de subsistance, de ses mœurs, de sa foi, de ses connaissances. Le troisième scrutin consiste dans la réponse affirmative et solennelle de l'archidiacre, ou du chanoine qui tient sa place, quand l'évêque, immédiatement avant l'ordination, l'interroge une dernière fois sur les aptitudes de l'ordinand. Les candidats doivent aussi, avant l'ordination, faire des exercices spirituels.

§ 65. 5. Temps et succession des ordres[3].

I. Les ordres sont précédés de la tonsure. (Voyez ci-dessus § 61, n. III, p. 29.)

II. Les ordres doivent être reçus graduellement, à commencer

---

[1] Ces lettres, pendant la vacance du siége épiscopal, ne peuvent être données que lorsque la vacance dépasse une année et que quelqu'un perdrait son emploi ecclésiastique s'il n'était pas ordonné (*si quis arctatur beneficio*). La violation de cette ordonnance entraîne la suspense de la charge et la perte des revenus. (Conc. Trid., sess. VII, c. X, de ref.; sess. XXIII, c. X, de ref.).

[2] Conc. Trid., sess. XXIII, cap. V, VII, de ref. Les constitutions subséquentes des papes se trouvent dans Giraldi, *Expos. jur. pontif.*, p. 942; Bened. XIV *Epist. common. ad univ. episc.* (constit. *Ubi primum* de 1740). Voyez aussi const. *Apost. Sedis* de 1869, dans Phillips, *Kirchenrecht*, t. I, § 44.

[3] X, I, 11, de temporibus ordinationum; Conc. Trid., sess. VI, cap. V, de ref.; sess. XXIII, cap. VIII, XI, XIII, XIV, de ref.; Phillips, *Kirchenrecht*, t. 1, § 59.

par le plus bas et sans omission d'un seul; une promotion faite *per saltum* serait irrégulière. (Voyez ci-dessus, § 61, n. III, p. 52.)

III. Les ordres doivent être reçus à des intervalles déterminés (interstices). Le concile de Trente confirme aux évêques le pouvoir de dispenser des interstices pour la réception des ordres mineurs [1].

Selon le droit coutumier, la tonsure et les ordres mineurs sont conférés simultanément. Quant aux ordres majeurs, le concile défend de les conférer avant qu'un an se soit écoulé depuis la réception du dernier des ordres mineurs, à moins que, de l'avis de l'évêque, la nécessité ou le bien de l'Église n'exige un moindre temps [2]. Cependant il est interdit, sous peine de suspense, de conférer le même jour les ordres mineurs et le sous-diaconat. Entre le sous-diaconat et le diaconat, comme entre ce dernier et la prêtrise, il doit y avoir un intervalle d'un an; mais les évêques ont le pouvoir, en vertu des droits qui leur sont accordés par le pape (facultés quinquennales), d'abréger cet intervalle; seulement, ils ne doivent jamais initier à deux ordres majeurs dans un seul jour [3]. On permet de recevoir le même jour le sacerdoce et l'épiscopat [4].

IV. Le dimanche est fixé comme le jour le plus convenable pour la collation des ordres mineurs. Les ordres majeurs, à l'exception de l'épiscopat, doivent être administrés un des samedis des Quatre-Temps, ou le samedi qui précède le cinquième dimanche du Carême, ou enfin le samedi saint. Aujourd'hui cependant les facultés quinquennales autorisent les évêques à conférer les ordres majeurs à d'autres époques, *extra statuta tempora* [5]. L'ordination des évêques doit se faire un dimanche ou le jour de la fête d'un apôtre, à moins que le pape ne fixe un autre jour [6].

---

[1] Conc. Trid., sess. XXIII, cap. XII, de ref. — [2] Conc. Trid., loc. cit.
[3] Cap. XIII, XV, X, de temp. ord., I, 11; cap. III, X, de eo qui furtive, V, 30; Conc. Trid., sess. XXIII, cap. XIII, XIV, de ref. La douzième des facultés quinquennales pour la foi extérieure est ainsi conçue : « Conferendi ordines extra tempora, et non servatis interstitiis, usque ad sacerdotium inclusive. »
[4] Voyez la glose ad can. VII, d. 75, et ad can. XIII, X, de temp. ordin., I, 11. — [5] Cap. VII, d. 75; c. III, X, de temp. ord., I, 11. — [6] Cap. V, d. 75.

§ 66. 6. **Éducation et instruction scientifique du clergé** [1].

I. Dès les temps les plus anciens, l'Église a pris soin de faire élever dans des établissements particuliers les enfants et les jeunes gens qui se destinaient à l'état ecclésiastique [2]. Elle l'a fait surtout en imitant les règlements que saint Augustin avait établis dans son église épiscopale d'Hippone. L'Espagne se conformait en cela aux décrets des deux conciles de Tolède en 531 et 633. A Rome, de jeunes clercs appartenant surtout à des familles nobles, étaient élevés dans le palais pontifical de Latran, tandis que dans le reste de l'Italie on confiait aux curés de la campagne un certain nombre d'enfants à qui ils étaient chargés de donner les connaissances théoriques et pratiques nécessaires pour le service de l'Église. Cet usage fut introduit dans toute la province d'Arles par le concile de Vaison, tenu en 529.

En Angleterre, saint Augustin, de l'ordre de saint Benoît, envoyé par saint Grégoire le Grand en 596, fonda un établissement ecclésiastique où les jeunes clercs devaient vivre conformément aux saints canons.

Partout on vit surgir des institutions monastiques destinées, d'une part, à recevoir ceux qui se consacraient à l'état religieux, et, d'autre part, à donner l'instruction à de nombreux externes qui désiraient entrer dans la cléricature [3].

Lorsque, dans les huitième et neuvième siècles, la vie en commun fut introduite entre l'évêque et le clergé de sa cathédrale dans l'empire des Francs selon la règle de saint Chrodegang (t. I, § 23, p. 85), on s'y occupa de l'éducation des jeunes gens qui faisaient partie de cette communauté. L'usage s'établit que, pendant un certain temps, les autres ecclésiastiques du diocèse se réuniraient par groupes distincts *(per turmas)* au siège de l'évêché, pour y recevoir de nouvelles instructions

---

[1] Phillips, *Kirchenrecht*, t. VII, § 362, et les citations : *Freiburger Kirchenlexicon*, t. X, p. 46 et suiv.; Bened. XIV, *De syn. diœc.*, lib. V, c. xi.

[2] L'usage des ordres mineurs se rattache probablement à la coutume qu'avaient les parents de destiner leurs enfants à l'état ecclésiastique et de les offrir à l'Église. On continua plus tard de les conférer, comme moyen de préparation, à ceux qui étaient d'un âge plus avancé. Voyez Phillips, *op. cit.*, p. 91.

[3] L'école monastique de Saint-Gall devint particulièrement célèbre. Voy: Ild. de Arx, *Histoire de Saint-Gall* (en allem., t. I).

et rendre compte de leurs travaux. Plus tard, quand les clercs de la ville épiscopale eurent cessé de vivre en commun, l'éducation et l'instruction du jeune clergé échut surtout aux écoles monastiques, puis aux universités, placées sous l'autorité ecclésiastique [1].

II. Mais il ne suffisait pas de pourvoir à l'instruction du clergé; pour combattre la corruption des mœurs au sein des universités et travailler à la culture morale et religieuse des jeunes clercs, le concile de Trente [2] décida que dans chaque diocèse serait institué un séminaire où des jeunes gens nés de légitime mariage, qui posséderaient quelques connaissances et donneraient lieu d'espérer qu'ils se consacreraient à l'état ecclésiastique, recevraient, dès l'âge de douze ans, une éducation et une instruction conformes à leur future carrière [3].

Pour l'érection des séminaires, les évêques devront s'associer deux chanoines choisis entre les plus capables. Ils se procureront les moyens de les fonder et de les entretenir en distrayant une position des revenus du clergé ou en unissant des bénéfices simples (§§ 70, 72). Ils en confieront l'administration à quatre prêtres, choisis l'un dans le chapitre, l'autre dans le clergé de la ville; les deux autres, choisis également dans la ville, seront nommés l'un par l'évêque, l'autre par le clergé du lieu.

D'autres lois pontificales [4] complétèrent plus tard ces décrets du concile de Trente relatifs aux séminaires [5].

---

[1] Voyez, sur l'origine ecclésiastique des établissements tant inférieurs que supérieurs, Phillips, *Manuel*, § 294.

[2] Conc. Trid., sess. XXIII, cap. XVIII, de reform. — Ces dispositions reproduisent en substance ce qui avait été décidé dans un synode tenu à Londres en 1556, sous le cardinal Réginald Polus.

[3] La pensée du concile de Trente est qu'on choisisse surtout des enfants de familles pauvres, sans exclure pourtant ceux des riches, quand ils montreront du goût pour le service de Dieu et de l'Église.
(*Note du trad.*)

[4] Benoît XIII (constitution *Creditæ nobis*, 1725) institua une congrégation spéciale de cardinaux pour favoriser l'érection des séminaires, Benoît XIV (constitution *Ubi primum*, 1740) inculqua de nouveau aux évêques l'obligation de visiter souvent ces maisons.

[5] Sur ce point, comme sur les mesures opportunes prises pour l'érection des séminaires dans un synode tenu à Milan en 1579 par saint Charles Borromée, dans les synodes de Rouen, 1583, Reims, 1584, Bordeaux et Aix, 1585, Aquilée, 1596, Cambrai, 1586, et sur une foule de

III. En Allemagne, par suite des guerres incessantes de religions et des nombreuses controverses religieuses, l'établissement des séminaires n'eut pas tout le succès qu'on pouvait espérer [1]. Sans doute la plupart des diocèses instituèrent de ces sortes d'établissements ; mais le plus grand nombre n'étaient que des « séminaires de prêtres, » où les ecclésiastiques se préparaient pendant un ou deux ans à la réception des saints ordres. Ce n'est que dans les derniers temps qu'on a formé des petits séminaires distincts des premiers. On comprendra l'importance de ces sortes d'institutions si l'on considère que dans le dernier siècle le joséphisme et le fébronianisme [2], et de nos jours le libéralisme, se sont principalement acharnés contre les séminaires [3].

décisions rendues à ce sujet par la Congrégation des conciles, voyez Phillips, *loc. cit.*, p. 102.

On a de nouveau insisté de nos jours, surtout au concile provincial de Vienne, en 1818, et au concile de Cologne, en 1860, sur la nécessité des séminaires.

[1] C'est là ce qui décida saint Ignace à fonder à Rome un établissement spécial pour l'éducation et l'instruction du clergé allemand, appelé le Collége germanique. Il fut approuvé en 1552 par le pape Jules III et considérablement agrandi par Grégoire XIII, qui, en 1582, y joignit une institution spéciale pour les clercs de Hongrie. L'établissement total est dirigé par les jésuites sous le nom de *Collegium germano-hungaricum*. Voyez Jul. Cordara, *Collegii germanici et hungarici historia, libris quatuor comprehensa*, Rome, 1770; *Feuilles historiques et politiques*, t. IX, p. 216 et suiv. — Le cardinal Pazmani, de la Compagnie de Jésus, a fondé en 1623, à Vienne, un collége semblable pour les clercs de Hongrie. — Voyez *Historia collegii Pazmaniani* (ex tabulariis conscripta), Vienne, 1865.

[2] En 1783, l'empereur Joseph II supprima tous les séminaires diocésains de l'Autriche et les remplaça par des séminaires généraux, qui dépendirent exclusivement de l'État : ils disparurent peu de temps après la mort de Joseph II. En 1806, le gouvernement bavarois fonda à Landshut un établissement analogue, pourvu de professeurs immoraux et ennemis de l'Église. (Voyez la note suivante.)

[3] Les gouvernements de l'Allemagne et de la Suisse avaient assumé dans les concordats qui instituaient de nouveaux diocèses à la place de ceux qui avaient été supprimés par suite de la sécularisation opérée au commencement de ce siècle, l'obligation d'ériger et d'entretenir des séminaires conformes aux prescriptions du concile de Trente.

Ou ces obligations n'ont pas été remplies, ou elles ne l'ont été que partiellement par la dotation imparfaite des séminaires de prêtres. Les gouvernements sont même intervenus dans l'organisation intérieure et la direction des séminaires de garçons érigés avec les

IV. Au concile du Vatican, plusieurs évêques français [1] ont insisté pour qu'on renouvelât les prescriptions du concile de Trente relatives à l'institution des séminaires et qu'on les complétât par de nouvelles ordonnances. Ils ont demandé surtout qu'il fût avisé aux moyens de fonder dans chaque province ou région, en dehors des maisons d'éducation et d'instruction diocésaines qui existent déjà, des établissements théologiques analogues à ceux de Rome et de Belgique, pour les prêtres où les candidats du sacerdoce qui voudront se perfectionner dans la théologie et s'adonner à la culture des sciences ecclésiastiques ; qu'on pût y décerner des grades théologiques qui serviraient de distinction honorifique à ceux qui se seraient signalés par leurs aptitudes. Ils ont demandé en outre que les jeunes prêtres, pendant les six ou sept années qui suivent leur ordination, eussent à se présenter tous les ans devant une commission épiscopale pour y subir un examen dans les diverses branches de la théologie, et que cet examen fût disposé de telle sorte que, pendant ce laps de temps, on y parcourût tout le domaine de la théologie. Ils ont demandé enfin, suivant ce qui a lieu déjà en Allemagne et dans plusieurs diocèses français, qu'il y

---

ressources de l'Église. Voyez, sur les empiètements du gouvernement bavarois, t. I, § 36, p. 154 et suiv.; sur la suppression et la fermeture des séminaires de Prusse, en vertu de la loi du 11 mai 1873, t. I, § 38, p. 186 ; sur la suppression du séminaire de garçons et du pensionnat théologique à Bade par la loi du 19 février 1874, t. I, p. 326, *Archives*, t. XXXI, p. 378 ; sur la suppression par les gouvernements cantonaux du grand séminaire de Soleure et du petit séminaire de Saint-Gall, t. I, p. 562, 555 ; sur les attaques dirigées contre les établissements diocésains de théologie et les séminaires d'Autriche, ci-dessus t. I, p. 435 et suiv.

Voyez aussi les ouvrages cités dans ce dernier endroit pour et contre la question de savoir si et jusqu'à quel point les étudiants en théologie doivent se préparer à la vocation ecclésiastique par les études universitaires ou dans les séminaires ecclésiastiques? — Voyez enfin le travail de Fr. Schulte cité § 58, p. 12, note 3.

— En France, avant la Révolution, il existait trois sortes de séminaires : les uns pour former et élever les jeunes clercs, les autres pour les préparer à recevoir les ordres et à faire les fonctions pastorales. Les troisièmes étaient des maisons de retraite pour les ecclésiastiques infirmes. *(Note du trad.)*

[1] Voyez le texte de leurs propositions dans Martin, *Collect.*, édit. 2, p. 146 et suiv., et du même, *Travaux du concile du Vatican* (en allem.), p. 97 et suiv.

eût dans tous les décanats, lesquels ont été établis à cette fin, des conférences ecclésiastiques qui se tiendraient six ou sept fois par an, et dans lesquelles tous les prêtres se prépareraient à résoudre de vive voix ou par écrit les questions de théologie ou de pastorale posées par l'évêque.

Plusieurs décrets préparés par la commission politique ecclésiastique ont insisté sur la liberté et l'indépendance de l'Église vis-à-vis de l'État en ce qui regarde l'éducation du clergé et la direction des séminaires.

§ 67. 2. L'ordination dans l'Église protestante [1].

L'ordination, chez les protestants, n'est pas considérée comme un sacrement et n'imprime point un caractère particulier, à plus forte raison indélébile. Ce n'est qu'une solennité attestant que le candidat est apte aux fonctions ecclésiastiques (§ 60). Il n'y a qu'une seule ordination, celle de pasteur ou prêtre (voyez plus loin § 88). Ce témoignage est le plus souvent précédé d'un autre non solennel; il consiste dans la réception au nombre des candidats du ministère ecclésiastique (voyez n. II).

L'ordination proprement dite n'a lieu que lorsqu'on est institué ministre de la parole de Dieu, c'est-à-dire la première fois qu'on est appelé à remplir une fonction ecclésiastique. Il n'y a que dans le Wurtemberg où l'on fasse ce qu'on appelle des ordinations absolues [2]; sans cela elles n'ont lieu que pour les ecclésiastiques destinés aux missions. Ainsi, chez les protestants, l'ordination implique ordinairement la mission légitime.

II. L'ordinand doit être âgé de vingt-cinq ans, ou à peu près, doué d'une bonne santé, exempt d'infirmités corporelles qui seraient un obstacle à son ministère, jouir d'une réputation intacte, témoigner de ces capacités ordinairement par deux examens, *examen pro candidatura*, *pro licentia concionandi* et *pro munere* ou *ministerio*. La condition ordinaire est qu'il soit indigène. Presque toujours on l'oblige à donner par écrit

---

[1] Cf. Jakobson, *Ueber den Begriff der Vocation und Ordination, in den theologischen Studien und Kritiken*, 1867, p. 244; Richter, *Kirchenrecht*, § 158, 7ᵉ édit.; Mejer, *Kirchenrecht*, § 63, 175 et suiv.; Bluhme, *System des in Deutschland geltenden Kirchenrecht*, 2ᵉ édit., § 59.

[2] « Ordination absolue » signifie que l'on confère l'ordination sans assigner un poste à celui qui le reçoit. *(Note du trad.)*

sa profession de foi, à moins qu'il ne l'ait fait déjà quand il a été reçu parmi les candidats de l'état ecclésiastique.

III. L'ordination est faite d'ordinaire par un ecclésiastique d'un rang plus élevé, par le surintendant, sur l'injonction de l'autorité ecclésiastique. En cas de nécessité, la commune convoquée peut conférer la mission de son propre chef [1].

IV. L'ordination n'est pas renouvelée pour la collation d'une charge nouvelle; mais elle perd toute son efficacité quand un ecclésiastique est dépossédé de son emploi au nom de l'Église.

II. DROITS ET DEVOIRS DES ECCLÉSIASTIQUES.

§ 68. 1. Droits généraux du clergé catholique [2].

Le droit canon accorde aux clercs, même aux simples tonsurés, et aux moines, les prérogatives suivantes, auxquelles l'individu ne peut pas en soi validement renoncer :

1° Le privilége du canon [3], en vertu duquel quiconque exerce de mauvais traitements *(manus violenta)* sur un ecclésiastique ou un moine, encourt par le fait même une excommunication réservée au pape.

---

[1] D'après l'*Instrumentum pacis Osnabr.*, art. VII, § 1, a, e.

[2] De foro competenti X, II, 2; in VI°, II, 2; Clem. II, 2, de immunitate ecclesiarum, cœmeterii et rerum ad eas pertinentium, X, III, 49; de immunitate ecclesiarum, cœmeteriorum et aliorum locorum religiosorum, in VI°, III, 23; de immunitate ecclesiarum, in Clem. III, 17; Extrav. comm. III, 13.

[3] Voyez Hüffer, *Privilegium canonis,* dans les *Archives* du droit canon, t. III, p. 115-170. — Ce privilége, provoqué surtout par la doctrine d'Arnault de Bresse, hostile au clergé, est ainsi nommé d'après le canon du deuxième concile de Latran, où il est contenu. Ce canon se trouve au décret de Gratien (cap. XXIX, C. XXVII, q. IV) et est ainsi conçu : *Si quis, suadente diabolo, hujus sacrilegii reatum incurrerit, quod in clericum vel monachum violentas manus injecerit, anathematis vinculo subjaceat et nullus episcoporum illum præsumat absolvere, nisi mortis urgente periculo, donec apostolico conspectui præsentetur et ejus mandatum suscipiat.* Quand l'offense n'offre pas une gravité particulière, les décrétales admettaient déjà que l'évêque peut en absoudre (cap. XVII, X, de sent. excom., V, 39; Conf. c. VI eod.). La même peine est décernée par la constitution *Apostolicæ Sedis,* de Pie IX, en date du 12 octobre 1869, contre « ceux qui, sous l'inspiration du diable, portent une main violente sur les clercs ou les religieux de l'un et de l'autre sexe. Sont exceptés de la réserve les cas et les personnes qu'un évêque ou tout autre personne peut absoudre par droit ou privilége. »

ADDITION DU TRADUCTEUR.

Tous les auteurs conviennent que les tonsurés eux-mêmes, les membres des ordres religieux approuvés par le pape, ceux-mêmes de l'ordre des chevaliers, jouissent du privilége du canon. Boniface VIII l'étend aux novices, aux sœurs et aux frères convers qui n'ont pas encore fait vœux. Il revient aux clercs mariés, pourvu qu'ils aient reçu la tonsure et portent l'habit ecclésiastique.

Cependant, comme il ne convient pas que des hommes tout-à-fait indignes participent à ce privilége, tous ceux-là en sont exclus qui ont encouru l'exil pour des délits graves et publics, ceux qui sont actuellement dégradés, ceux qui ont été déclarés déchus des prérogatives ecclésiastiques et livrés à la justice séculière; tous ceux enfin qui ont participé à une insurrection, à un combat ou qui ont trempé dans quelque acte criminel de ce genre. Innocent III décide la même chose des clercs qui, vivant à la façon des séculiers, déposent l'habit ecclésiastique, portent les armes, laissent croître leur barbe et leurs cheveux, et qui, après un triple avertissement, ne renoncent pas à leurs mœurs séculières.

Quant aux personnes qui violent ce privilége, aucune distinction n'est faite entre les hommes et les femmes, entre les clercs et les laïques. Les mots *suadente diabolo* supposent une mauvaise volonté intentionnelle; ils excluent ceux qui n'ont pas cette mauvaise volonté ou à qui elle n'est pas imputable en droit : les aliénés, les enfants, les mineurs, les jeunes clercs qui se poursuivent dans leurs jeux, ceux qui blessent un clerc sans savoir qu'il l'est. Mais la glose rappelle que l'erreur doit pouvoir s'excuser par des motifs vraisemblables. Si, tout en voyant la tonsure, on croit n'avoir pas affaire à un clerc, on encourt l'excommunication. En cas de doute, Innocent III exige le serment [1].

Un ecclésiastique avait chassé de l'église, de sa propre main, un moine et une nonne qui troublaient l'office. Clément III le déclara innocent. Par contre la Congrégation du concile (16 mai 1733) condamna un curé pour avoir grossièrement injurié et frappé un jeune clerc qui demeurait chez lui et qu'il employait à son service.

La portée de ces mots : *violentas manus*, a été interprétée dans le sens le plus large par des décrétales subséquentes et par la pratique. Celui qui crache sur un clerc, lui donne des coups de pied, laisse tomber d'une fenêtre quelque chose sur lui, en un mot quiconque se permet une offense qui revêt le caractère d'une véritable injure, encourt l'excommunication.

Innocent III prononce la même peine contre ceux qui s'emparent

---

[1] Innocent III excuse également celui qui a surpris un clerc en commerce criminel avec sa femme, sa mère, sa sœur ou sa fille.

d'un clerc et le retiennent captif. Dans la bulle de Grégoire IX contre Frédéric II, il est dit que le principal motif de l'excommunication, c'est que des clercs ont été saisis et emprisonnés dans le royaume de Sicile.

L'excommunication atteint également les aides et les complices, ceux qui, pouvant empêcher le crime, ne l'ont pas fait.

2. Le PRIVILÉGE DU FOR[1] exempte les ecclésiastiques de toute juridiction des tribunaux séculiers et les renvoie uniquement devant les juges ecclésiastiques. Il n'est plus en vigueur nulle part en Allemagne[2]; cependant, on peut encore, du côté de l'Église, maintenir la compétence du tribunal ecclésiastique, dans une certaine mesure[3].

[1] Voyez plus loin, livre III, X, de foro competenti, II, 2; Conc. Trid., sess. XXIII, cap. CI, de ref.; *Syllabus*, n. XXXI.

[2] Le concordat bavarois, art. 12, lit. c., et le concordat autrichien déclarent que les affaires civiles des ecclésiastiques doivent se vider devant le tribunal civil, et le concordat autrichien, art. 14, décide la même chose pour les délits civils des clercs (voyez t. Ier, § 45, n. I, 45 et suiv., p. 422 et suiv.). Cependant, en Autriche, en Bavière et en Prusse, il est ordonné qu'on avertisse l'évêque des enquêtes dirigées contre les clercs, ou qu'on lui communique les actes. (Voyez aussi les citations dans Schulte, *Manuel*, § 40, notes 11-14; Richter, § 223.) En Prusse, on ne peut pas entamer une enquête criminelle contre un ecclésiastique sans la permission du ministre des cultes. Des arrêtés du ministre de la justice, du 12 juin et du 15 décembre 1873 (*Archives*, t. XXXI, p. 340) invitent les avocats du gouvernement d'annoncer de suite au premier président les enquêtes dirigée contre des ecclésiastiques ou des candidats à l'état ecclésiastique, les jugements condamnant à la maison de correction, à la perte des droits honorifiques, des emplois publics ou rendant incapables de les occuper; — cette disposition se rattache aux lois prussiennes de mai 1873 (voyez ci-dessus, t. I, § 38, p. 161 et suiv.). — Sur les dispositions des lois pénales badoises et prussiennes contre « l'abus des fonctions ecclésiastiques, » voyez ci-dessus, t. I, § 37, p. 154 et suiv.

[3] Voyez Hirschel, *Die heutige Anwendbarkeit des* privilegium fori (*Archives*, t. VII, p. 200-207). L'auteur termine par cette excellente remarque : « Dans les affaires civiles, il dépend le plus souvent des intéressés d'éviter le for civil. Quand il s'agit de prétentions personnelles ou d'injures, les ecclésiastiques entre eux doivent les déférer aux autorités ecclésiastiques. Ils agissent alors, ainsi que le veut expressément le droit canon (c. XLIII, XLVI, C. 11, q. I; c. I, X, de foro competenti, II, 2), selon l'esprit et le sens de l'Église, et contribuent essentiellement à faire prévaloir ses vues.

Les laïques peuvent également soumettre à l'autorité ecclésiastique leurs griefs contre les clercs et contribuer ainsi à sauver l'honneur et la dignité de l'état ecclésiastique, le crédit et la force de la religion, tout

ADDITION DU TRADUCTEUR.

« Nul clerc tonsuré, dit le concile de Trente, quand même il aurait les quatre moindres, ne pourra tenir un bénéfice avant l'âge de quatorze ans, et ne pourra jouir du privilége de la juridiction s'il n'est pourvu de quelque bénéfice ecclésiastique, ou que, portant l'habit clérical et la tonsure, il ne serve dans quelque église par ordre de l'évêque, ou s'il ne fait sa demeure dans quelque séminaire ecclésiastique, dans quelque école ou université, où il soit avec la permission de l'évêque pour recevoir les ordres majeurs. »

Le *Syllabus* condamne ceux qui disent « qu'on doit absolument abolir le for ecclésiastique pour les procès temporels des clercs, soit au civil, soit au criminel, même sans consulter le Siége apostolique et sans tenir compte de ses réclamations[1]. »

en se montrant dociles aux prescriptions de l'Église (c. III, VIII, XLV, C. 11, q. 1).

De leur côté, les autorités ecclésiastiques doivent accepter ces sortes de plaintes civiles contre les clercs. Généralement les affaires ne sont pas très-compliquées et n'exigent pas des preuves longues et difficiles à fournir. Dans le cas contraire, et quand l'affaire convient mieux aux tribunaux civils, l'autorité ecclésiastique peut les y renvoyer et sauver ainsi les prescriptions du droit canon, qui exigent le consentement de l'évêque pour porter plainte contre des clercs devant les tribunaux civils.

Les moyens de contrainte ne font pas défaut pour assurer l'exécution des ordonnances de l'autorité ecclésiastique et surtout l'acquittement de ce qui revient à la partie plaignante. On peut imposer des amendes pécuniaires, confisquer une partie des revenus, là où les autorités ecclésiastiques ont plus ou moins d'influence sur l'administration des biens d'église, et, dans les cas extrêmes, recourir aux différents degrés de la suspense.

Rarement il sera nécessaire d'employer ces moyens de contrainte, car un ecclésiastique, pour ne pas encourir la disgrâce de ses supérieurs, les préviendra, en s'acquittant de ce qu'on lui réclame.

L'évêque de Mayence a pris, le 13 février 1868 (*Kirchl. Amstblatt für die Diœcese Mainz*, 1863, n. 3), un arrêté très-opportun en ce qui concerne la comparution en justice : « Il est toujours fâcheux qu'un prêtre soit obligé, soit comme accusateur, soit comme accusé, de comparaître devant un tribunal civil, car il peut en résulter des suites fâcheuses non-seulement pour sa personne, mais encore pour le clergé en général et même pour la religion. Afin de les prévenir autant qu'il est possible, et de savoir en tout cas si un ecclésiastique est impliqué dans un procès, et quel est ce procès, nous ordonnons que chaque prêtre du diocèse, avant de soumettre une plainte au tribunal, ou quand il est lui-même accusé, nous le fasse savoir, en indiquant brièvement l'objet du différend et ses circonstances principales. »   *(Note du trad.)*

[1] Le privilége du for a été aboli en France.

3. Le PRIVILÉGE DE L'IMMUNITÉ [1] consiste pour le clergé dans l'exemption de certaines charges ou redevances, service militaire, logement de troupes, fonctions communales, tutelles, corvées, charrois, contributions. Aujourd'hui, le clergé est généralement astreint à tous les impôts de l'État, et même dans certains pays à des contributions particulières [2], aux logements de troupes [3]. Les lois civiles actuelles ne reconnaissent pas même en principe et d'une manière suffisante leur exemption de service militaire [4].

[1] Les empereurs romains chrétiens reconnaissaient le privilége de l'immunité aussi bien que le privilége du for. Voyez Cod. Theodos., XVI, 2; Justin. Cod., I, 3, de episcopis et clericis. — X, III, 49; in VI°, III, 23; in Clem., III, 13, de immunit. eccles.

[2] Ainsi le clergé de Bavière est astreint pour la collation des bénéfices à une taxe qui s'élève au dix pour cent du revenu annuel pour les bénéfices de patronage royal, au cinq pour cent pour les bénéfices de collation épiscopale ou de patronage privé; il paie également pour être exempté du service militaire.

Voyez, sur la loi autrichienne du 7 mai 1874, qui impose le fonds de religion, ci-dessus, t. I, n. I, 88, p. 492 et suiv.

[3] Il n'y a que l'Autriche où les presbytères et leurs dépendances soient affranchis des logements militaires; cependant les aumôniers militaires peuvent être logés chez des ecclésiastiques de la même confession.

[4] En Autriche, les ecclésiastiques sont exempts du service militaire dès qu'ils ont reçu un ordre majeur; il en est de même des pasteurs des âmes dans les églises et les sociétés religieuses reconnues. Cependant ils peuvent être employés comme aumôniers tant qu'ils sont dans l'âge requis pour le service militaire (*Wehrgesetz* du 15 décembre 1868, § 25; *Archives*, t. XXIII, p. 409). Sur les congés des étudiants en théologie, (Autriche), voyez t. I, n. I, 53, p. 431 et suiv.; pour la Hongrie, t. I, n. XII, 18, p. 379.

La loi de la confédération du Nord du 9 novembre 1867, aujourd'hui loi de l'empire, sur le service militaire, et la constitution de l'empire allemand du 16 avril 1871, art. 57, n'exempte pas en principe le clergé de l'obligation de défendre le pays. Voyez *Archives*, t. XXIII, p. 406 et suiv.

La loi militaire de l'empire allemand du 2 mai 1874, art. 65, porte que les personnes qui jouissent d'un congé ou qui appartiennent à la réserve, lorsqu'elles exercent une fonction ecclésiastique dans une société religieuse pourvue des droits de corporation dans les limites de l'empire, ne sont pas tenues « au service des armes, » mais doivent être incorporés à la réserve en qualité d'infirmiers; en cas de mobilisation, quand elles ne peuvent pas, même momentanément, abandonner leurs postes, ou se faire convenablement remplacer, elles peuvent être rangées dans l'armée la plus ancienne de la *landwehr*.

Or, d'après un arrêté du ministre prussien de la guerre en date du 7 juillet 1873 (*Archives*, t. XXXI, p. 339 et suiv.), on ne doit considérer

ADDITION DU TRADUCTEUR.

La règle est que l'immunité existe pour tous les lieux sacrés et religieux, basiliques, chapelles non domestiques et autres lieux consacrés par l'évêque, monastères, habitations conventuelles des ecclésiastiques séculiers ou réguliers, hôpitaux, séminaires et autres lieux semblables établis par l'autorité de l'évêque ou du pape.

Une église non paroissiale où l'on ne célèbre jamais les saints mystères est comprise dans cette règle et jouit du droit d'asile ; de même les églises non consacrées (quand on y célèbre les offices divins), interdites ou ruinées, avec espérance de reconstruction. L'immunité a lieu aussi dans une église dont la construction n'est pas finie, mais dont l'évêque à posé la première pierre, pourvu que la construction n'ait pas été abandonnée. Elle a lieu dans le cimetière de la paroisse, contigu ou séparé de l'église ; dans les hôpitaux fondés par l'évêque ou établis de son autorité, dans les oratoires ou chapelles publiques et non privées, fondées par l'ordinaire, dans l'enceinte de l'église, c'est-à-dire dans le cloître, le portique, le dortoir et autres lieux accessoires ; dans le palais de l'évêque, pourvu qu'il ne soit pas éloigné de plus de quarante pas de la cathédrale, qu'il y ait une chapelle où l'on dise la messe.

Le prêtre qui porte le Saint-Sacrement peut servir de refuge et d'immunité à un criminel. Autrefois ce privilége était même attaché aux statues des princes.

On admet ordinairement (Glos. in cap. *Sicut antiquitas,* XVII, q. IV) que 1° l'immunité a lieu dans les églises jusqu'à trente pas à l'entour,

comme investis d'un emploi ecclésiastique que ceux qui l'ont reçu conformément à la loi prussienne du 11 mai 1873, c'est-à-dire avec l'approbation du premier président. (Voyez aussi t. Ier, § 38, n. VIII, 29, p. 195).

Les candidats de l'état ecclésiastique, d'après le § 22 de la loi militaire du 2 mai 1874, ne doivent plus être exemptés du service militaire que par exception et par décision ministérielle, et d'après une disposition du chancelier de l'empire (22 juillet 1874 ; *Archives,* t. XXXII, p. 459), l'exemption ne doit être généralement accordée, le cas échéant, qu'aux théologiens qui avaient déjà dépassé l'âge de vingt-trois ans quand la loi militaire de l'empire est entrée en vigueur, « attendu que tous ceux qui n'avaient pas encore cet âge pouvaient rendre le service annuel volontaire sans grand dommage (?) pour leurs études. » (Est-ce donc que l'état ecclésiastique est une pure étude ? Et puis qui fournira à de pauvres théologiens les moyens de couvrir les frais de ce service annuel volontaires ? Quand la loi militaire fut discutée au *Reichstag,* le 16 avril 1874, le centre proposa vainement que les candidats de l'état ecclésiastique fussent exemptés du service militaire.) — Dans le royaume d'Italie, le clergé est également assujéti au service militaire.

quand ce ne sont pas des églises cathédrales, et jusqu'à quarante à l'entour des églises cathédrales ; 5° régulièrement, l'immunité des églises est due à toutes sortes de personnes, y compris les ecclésiastiques. L'excommunié et autres personnes à qui l'entrée de l'église a été interdite jouissent également du droit d'asile.

On ne peut violer sans crime le lieu d'immunité où s'est réfugié le criminel ; on ne peut lui refuser les aliments et les secours nécessaires à la vie. Ceux qui méconnaissent cette défense sont punis comme les violateurs des droits ecclésiastiques. « Si quis, dit Grégoire XIV, quovis prætextu quidquam præter aut contra hujus nostræ constitutionis tenorem attentare præsumpserit, declaramus eum ipso facto censuras et pœnas easdem incurrere quæ contra libertatis, juris et immunitatis Ecclesiæ violatores, per sacros canones, conciliorumque generalium et nostrorum prædecessorum constitutiones sunt promulgatæ. »

Les immunités des personnes sont les priviléges dont les ecclésiastiques jouissaient à cause de la dignité de leur état, notamment l'exemption de certaines charges.

En France, la loi civile du 22 mars 1831 et celle de 1852 sur la réorganisation de la garde nationale dispensent les ecclésiastiques du service de la garde nationale ; la loi sur le recrutement de l'armée exempte aussi les élèves des grands séminaires du service militaire. Ils sont dispensés de la tutelle.

En ce qui regarde enfin l'immunité, les exemptions des charges réelles, les lois civiles actuellement en vigueur, tous les biens ecclésiastiques, considérés comme établissements d'utilité publique, jouissent de l'immunité ; ils sont exempts des charges et impositions réelles.

Ainsi ne sont pas imposables : « Les églises et les temples consacrés à un culte public, les cimetières, les archevêchés, les évêchés et séminaires, les presbytères et jardins y attenant, les hospices, enfin tous les bâtiments dont la destination a pour objet l'utilité publique [1]. » Les colléges, les maisons fournies par les communes aux instituteurs pour leur logement, les bâtiments, cours et jardins des communautés religieuses qui se vouent à l'éducation, sont également exemptes de la contribution foncière.

Les petits séminaires ou écoles secondaires ecclésiastiques qui sont établissements publics et dont le gouvernement nomme les directeurs, sont assimilés aux grands séminaires et jouissent aussi de l'exemption de la contribution foncière. Mais cette exemption ne pourrait être réclamée par un petit séminaire ou école secondaire tenue par un particulier pour son compte et qui ne serait plus un établissement public. Malgré cette exemption, il est des paroisses qui ont continué de payer

---

[1] Art. 403 des règles du cadastre.

cette contribution. Le conseil d'État, pour réprimer cet abus, a rendu l'arrêt suivant : « Considérant qu'il résulte des articles organiques que les presbytères doivent être considérés comme affectés à un service public, que dès lors ils doivent jouir de l'exemption prononcée par l'article 105 de la loi du 3 brumaire an VII, art. 1, l'arrêt du préfet du département de la Sarthe, du 23 août 1835, est annulé. Le presbytère de la commune de Conlie sera rayé du rôle de la contribution foncière [1]. » (Arrêté du 23 avril 1836.)

4. Le BÉNÉFICE DE COMPÉTENCE, ou le privilége de ne pouvoir être poursuivi dans ses biens jusqu'à manquer du nécessaire pour sa subsistance [2]. Les lois civiles actuelles défendent généralement de prélever sur la fortune des ecclésiastiques ce qui est nécessaire à un honnête entretien [3].

5. Enfin les clercs jouissent encore de certains droits honorifiques et purement ecclésiastiques, comme la préséance sur les laïques et une place au chœur qui les sépare de la foule [4]. La plupart des lois civiles assurent aux clercs des distinctions honorifiques et des marques extérieures de respect [5].

---

[1] Voy. André, *Cours alphabétique de droit canon,* art. *Immunité.*

[2] On fait dériver ce privilége du chapitre *Odoardus* (III, X, *De solut.,* III, 23, de Grégoire IX), ainsi conçu : « Odoardus clericus proposuit quod quum P. Clericus, D. Laicus et quidam alii ipsum coram officiali archidiaconi Remensis super quibusdam debitis conveniunt, idem in eum recognoscentem hujusmodi debita, sed propter rerum inopiam solvere non valentem, excommunicationis sententiam promulgavit. » Et plus loin : « Mandamus, si quatenus consisterit quod prædictus Odoardus in totum vel pro parte non possit solvere debita supradicta, sententiam ipsam sine difficultate qualibet relaxatis, recepta prius ab eo idonea cautione, ut, si ad pinguiorem fortunam devexerit, debita prædicta persolvat. » Ce texte dit simplement que lorsqu'un clerc est incapable de payer, on ne doit point l'excommunier : 1° quand il avoue sa faute; 2° quand il garantit par une caution qu'il paiera si sa situation s'améliore. Il n'est pas dit qu'une partie de sa fortune soit privilégiée. (Citation du traducteur depuis *Odoardus clericus.*) — Voy. Bœhmer, *Jus eccles. protest.,* lib. III, tit. XXIII, § 20, t. II, p. 938; Jac. Eck (J.-H. Bœhmer), *Dissert. de clerico debitore,* Hall, 1725, cap. IV, § 5, p. 95. Déjà les glossateurs cherchaient dans le chapitre *Odoardus* le bénéfice de compétence pour les ecclésiastiques, et ils ajoutaient que les clercs, étant les soldats de Dieu, *milites Dei,* devaient jouir du bénéfice que le droit romain accordait aux soldats.

[3] Voyez dans Schulte, *Lehrbuch,* § 40, note 22, l'énumération des différentes lois.

[4] C. I, X, *de vita et honestate clericorum,* III, 1.

[5] Le concordat bavarois, art. 14, et le concordat autrichien, art. 16

§ 69. Devoirs des ecclésiastiques [1].

I. Le clerc doit surtout s'appliquer à l'exercice des vertus chrétiennes [2]. Les lois de l'Église l'obligent notamment à garder la chasteté [3] et à éviter jusqu'aux apparences du contraire [4], à

(conçus dans les mêmes termes), contiennent des dispositions formelles. — Les attentats contre les prêtres dans l'exercice de leurs fonctions sont sévèrement réprimés. — Voyez Lois pénales de l'empire, §§ 167, 169; Lois pénales autrichiennes, § 153; cf. § 122.

[1] Voyez Phillips, *Droit eccl.*, t. I, §§ 61, 62; *Manuel*, §§ 69 et suiv.

[2] Conc. Trid., sess. XIV, proœm. de ref.; Schema constit. Conc. Vatic., De vita et honestate clericorum, ap. Martin, *Collect.*, ed. 2, p. 136.

[3] Cf. Grat., *Decret.*, d. XXXIV; X, *De cohabitatione clericorum et mulierum*, III, 2; voyez aussi Prosp. Lambertini, inst. LXXIII.

[4] Can. XVI, d. 32 (Conc. Nic.); can. XXVII, XXXI, d. 81; cap. IX, X, h. t., cap. XIII, de vita et honestate clericorum, III, 1. Le concile de Trente (sess. XXV, cap. VI, 14, de reform.) contient des règles particulièrement sévères contre les « clercs concubinaires. » Ceux qui les enfreignent, on peut leur retirer successivement les revenus de leurs bénéfices et leur administration, puis leurs charges elles-mêmes.

Voici le texte du concile de Trente : « Combien il est honteux à des ecclésiastiques, qui se sont dévoués au service de Dieu, et combien c'est une chose indigne du nom qu'ils portent, de s'abandonner aux désordres de l'impudicité et de vivre dans l'ordure d'un concubinage; c'est une vérité qui n'est que trop manifeste, et par le scandale général qu'en prennent tous les fidèles, et par l'extrême déshonneur qu'en reçoit tout l'ordre ecclésiastique. Afin donc que les ministres de l'Église puissent être rappelés à cette continence et pureté de vie, si bienséante à leur caractère, et que le peuple apprenne à leur porter d'autant plus de respect qu'il les verra mener une vie plus chaste et plus honnête, le saint concile défend à tous ecclésiastiques de tenir dans leurs maisons ou au dehors des concubines ou autres femmes dont on puisse avoir du soupçon et d'avoir aucun commerce avec elles; autrement, ils seront punis des peines portées par les saints canons ou par les statuts particuliers des Églises. Que si, après avoir été avertis par leurs supérieurs ils ne s'en abstiennent pas, ils seront effectivement privés de la troisième partie des fruits, rentes et revenus de tous leurs bénéfices et pensions, laquelle sera appliquée à la fabrique de l'église ou à quelque autre lieu de piété, selon qu'il plaira à l'évêque. Mais si, persévérant dans le même désordre avec la même femme ou avec quelque autre, ils n'obéissent pas encore à une seconde monition, non-seulement ils perdront tous les fruits et revenus de leurs bénéfices ou pensions, qui seront appliqués aux lieux susdits; ils seront encore suspens de la fonction de leurs bénéfices, tant que l'ordinaire, comme délégué même du Siége apostolique, le jugera à propos. Et si, étant ainsi suspens, ils ne chassent pas encore ces personnes ou continuent leur mauvais commerce avec elles, ils seront privés à perpétuité de tous bénéfices, portions, offices et pensions ecclésiastiques, et demeureront à l'avenir incapables et indignes

observer la modération dans le boire [1] et le manger [2], à éviter autant que possible la fréquentation des cabarets [3], à exercer chez lui l'hospitalité [4] et la bienfaisance [5].

II. Les clercs doivent s'abstenir des affaires séculières [6],

de tous honneurs, dignités, bénéfices et offices, jusqu'à ce qu'après un amendement de vie manifeste, leurs supérieurs aient jugé à propos, pour de bonnes raisons, de leur donner dispense. Mais si, après en avoir été une fois renvoyés, ils sont assez osés pour recommencer le commerce qu'ils avaient interrompu et reprendre d'autres femmes scandaleuses, outre les peines susdites, ils seront encore frappés du glaive de l'excommunication, sans qu'aucune appellation ou exemption puisse empêcher ou arrêter l'exécution de ce que ci-dessus. La connaissance de toutes les choses susdites n'appartiendra point aux archidiacres, ni aux doyens ou autres inférieurs, mais directement aux évêques mêmes, lesquels, sur la simple vérité du fait reconnu, pourront procéder sans bruit ni formalité de justice. Quant aux ecclésiastiques qui n'ont ni bénéfices, ni pensions, selon la qualité de leur faute et selon qu'ils y auront persévéré, avec coutumace, ils seront punis de l'évêque par emprisonnement, suspension de la fonction de leurs ordres, déclaration d'incapacité à tenir quelque bénéfice que ce soit ou par d'autres voies, conformément aux saints canons.

« Que s'il arrivait, ce qu'à Dieu ne plaise, que des évêques tombassent en ces sortes de crimes et qu'après avoir été admonestés par le synode provincial ils ne se corrigeassent point, ils seraient réellement et de fait suspendus, et, s'ils continuaient encore, déférés par le même synode au très-saint père, qui, selon la qualité du crime, en fera le châtiment jusqu'à les priver même de leur siége, s'il en est besoin. »

(Cit. du trad.)

Dans le *Schema* d'une constitution intitulée *de la Conduite et des Devoirs des clercs*, discuté dans plusieurs congrégations du concile du Vatican, puis renvoyé à la députation des lois disciplinaires, on renouvelle (ch. III) les dispositions du concile de Trente sur la procédure criminelle contre les clercs indignes.

Voyez Martin, *Collect. doc. conc. Vat.*, éd. 2, p. 138.

Outre ses propres parentes, le clerc doit autant que possible n'avoir dans sa maison que des femmes ayant atteint un âge qui les mette hors de tout soupçon, par conséquent l'âge de quarante ans au moins.

Sur cet âge canonique des domestiques des prêtres, voyez Schmalzgrueber, *Inst. canon.*, t. III, t. II, § 1, n. 1.

[1] Decret. Grat., dist. XXXV, XXXVI; voy. aussi can. IV, dist. XXXVI; cap. IV, *De vita et honestate clericorum*, III, 1.

[2] Can. I, dist. XLIV.

[3] Cap. XV, X, *De vita et honestate clericorum*, III, 1; Conc. Trid., sess. XXIV, de reform., cap. XII.

[4] Decret. Grat., dist. XLII.

[5] Can. XII, XIII, dist. XLV.

[6] X, III, 50, *Ne clerici vel monachi sæcularibus negotiis se immisceant;* in VI°, III, 28.

notamment du négoce et du commerce [1], de la médecine et de la chirurgie [2], de la jurisprudence civile, des affaires de procureurs et d'avocats [3], du service militaire [4]. Il leur est défendu d'administrer la fortune des laïques [5] et de prendre leurs biens en location.

ADDITION DU TRADUCTEUR [6].

La discipline qui interdit le commerce aux clercs remonte aux premiers temps de l'Église. Des théologiens pensent que cette prohibition est de droit divin, d'après ce passage de saint Paul : *Nemo militans Deo, implicat se negotiis sæcularibus.* Il est certain, du moins, que le droit positif de l'Église a de tout temps défendu le commerce. Le VIIe des canons attribués aux apôtres défend aux clercs *sæculares curas,* sous peine de déposition. On a dans les lettres de saint Cyprien la preuve certaine que, dès cette époque, les ecclésiastiques se tenaient éloignés *molestiis et negotiis sæcularibus.* En 397, le concile de Carthage, alléguant le précepte de saint Paul, défend que les clercs soient *conductores, vel procuratores privatorum*; il leur interdit de gagner leur vie par un négoce indécent pour eux : *Neque ullo turpi, vel inhonesto negotio victum quærant.* Le concile d'Arles de 452 condamne à la déposition et à l'excommunication le clerc qui fera un acte quelconque de commerce pour gagner de l'argent : *Qui turpis lucri gratia aliquod negotiationis exercuerit.* Un concile général (Chalcédoine) confirme cette discipline traditionnelle en prohibant aux clercs *sæcularia negotia propter lucra turpia.*

Rien n'égale l'horreur que montrent les saints Pères pour les clercs qui font du commerce. Saint Jérôme recommande d'éviter comme une peste *negotiatorem clericum, et ex inope divitem.* L'auteur du traité intitulé : *Quæstiones Veteris et Novi Testamenti,* dans les œuvres de saint Augustin, déclare formellement que le négoce n'est pas licite à un

---

[1] Can. II, IX, XIII, dist. LXXXVIII, can. III; can. XIV, IX, 4; cap. I in Clement., *De vita et honestate clericorum,* III, 1.

[2] Voy. § 56, III, A. 8, p. 452.

[3] Cap. I, X, *De postulat.,* I, 37; Alexandre III, cap. III, X, *Ne clerici vel monachi,* III, 50, et Honorius III, cap. X, *eod.,* allèrent jusqu'à défendre aux clercs d'étudier le droit romain. Leur intention, évidemment, était de faire en sorte que les clercs ne s'appliquassent à cette étude, suivant ce qui arrivait alors, au détriment des devoirs de leur vocation. — Cf. Savigny, *Revue de la science historique du droit,* t. VIII, p. 225 et suiv. (en allemand); Bened. XIV, *De synodo diœces.,* lib. IX, cap. X; lib. XIII, cap. X, n. 12.

[4] Voyez la note précédente. — [5] Can. XXVI, dist. LXXXVI.

[6] Nous empruntons à l'excellente revue les *Analecta* quelques détails précis sur la question du commerce défendu aux ecclésiastiques.

ecclésiastique. *Antequam ecclesiasticus quis sit, licet ei negotiari; facto jam, non licet.* Sulpice-Sévère stigmatise les ecclésiastiques adonnés au commerce : *Inhiant possessionibus, prædia excolunt, auro incubant, emunt, venduntque, quæstui per omnia student.* La règle qui écarte du ministère les clercs d'un degré quelconque de la hiérarchie voués à des opérations de commerce, est consacrée dans la célèbre décrétale adressée par saint Gélase aux évêques de la Lucanie, des Abruzzes et de la Sicile : « Clerici aut ab indignis quæstibus noverint abstinendum, et ab omni cujuslibet negotiationis ingenio, vel cupiditate cessandum, aut in quocumque gradu sint positi, si cessare noluerint, mox a clericalibus officiis abstinere cogantur. » Ces décrets ont pris place dans Gratien.

Selon les décrétales de Grégoire IX (titre L, troisième livre); les Clémentines (titre Iᵉʳ, troisième livre), les évêques doivent procéder sévèrement contre les clercs qui font du commerce, et les punir par l'excommunication, s'ils ne se désistent pas. Alexandre III écrivait à l'évêque de Londres : « Secundum instituta prædecessorum nostrorum sub interminatione anathematis prohibemus ne monachi vel clerici causa lucri negotientur. » La défense de se livrer au commerce comprend les religieux et les ecclésiastiques séculiers. La constitution de Clément V, publiée au concile général de Vienne, a un caractère encore plus solennel; elle porte que les évêques sont strictement obligés de faire observer les canons prohibitifs du commerce, s'ils ne veulent avoir à répondre d'une négligence vraiment condamnable : « Adversus clericos negotiationibus vel commerciis sæcularibus vel officiis non convenientibus clericali proposito publice insistentes, vel arma portantes, sic canonica servare studeant (diœcesani locorum) instituta, quod et illi ab excessibus compescantur hujusmodi, et ipsi de damnabili circa hæc negligentia nequeant reprehendi. »

En dehors du *Corpus juris*, les constitutions des papes modernes fixent plusieurs points importants : les bénéfices réalisés par les ecclésiastiques à l'aide du commerce ne leur appartiennent pas légitimement et doivent être confisqués; le commerce exercé indirectement et par un tiers est condamné et fait encourir les peines canoniques aussi bien que la négoce direct; les opérations de change sont comprises dans la prohibition, quand même on les ferait *per alium;* enfin, il est défendu aux religieux et aux ecclésiastiques séculiers de prendre des intérêts dans les institutions de commerce et de crédit.

Nous possédons à cet égard les constitutions de Pie IV, d'Urbain VIII, de Clément IX, de Benoît XIV et de Clément XIII, outre les décisions des congrégations et de la Rote.

La constitution *Decens esse consentes* de Pie IV (5 novembre 1550) confisque les profits réalisés par le négoce illicite des religieux et des ecclésiastiques (*Bullaire romain*, t IV, part. II, p. 58). Cette loi générale comprend tous les clercs, les évêques, les archevêques et les dignitaires supérieurs, les religieux des instituts les plus privilégiés, même les ordres mendiants et les ordres militaires. Les profits du négoce illicite, selon l'ordonnance de Pie IV, appartiennent à la chambre apostolique. Il paraît même que la confiscation au profit de la chambre existait avant la publication de la bulle, car le pape s'exprime de manière à faire entendre qu'il n'introduit pas une disposition nouvelle.

Les missions réclamaient des mesures spéciales, parce que le danger y est plus sérieux et le scandale plus grand. Saint Turribius, célébrant son premier concile provincial à Lima en 1582, porta l'excommunication *ipso facto* contre les clercs qui feraient du commerce; le clergé réclama auprès du Saint-Siége; mais la Congrégation du concile ratifia l'excommunication *ipso facto* des clercs commerçants. Elle savait que les saints canons prohibent le négoce *sub interminatione anathematis*, et que d'ailleurs ce serait un grand scandale pour les infidèles qui verraient des ecclésiastiques s'adonner au commerce et seraient en droit de suspecter que c'est là le principal motif qui les attire aux missions.

Urbain VIII marcha dans cette voie. Son bref du 22 février 1633 défend aux missionnaires réguliers de l'Inde, de la Chine et du Japon les opérations de commerce, soit directement, soit *per alium*; il confisque les profits, les marchandises même achetées dans un but de spéculation. Cette prohibition est sanctionnée par la peine d'excommunication *ipso facto*; les missionnaires encourent en outre la privation de voix active et passive, des emplois et des dignités, ainsi que l'inhabileté à recevoir d'autres charges durant leur vie. Urbain VIII prescrit d'appliquer les profits et les marchandises aux missions dirigées par les missionnaires qui se rendent coupables de négoce illicite.

Malgré ces dispositions formelles, des abus se produisirent encore, et Clément IX reconnut la nécessité d'y obvier. Par sa constitution *Sollicitudo pastoralis officii* du 17 juin 1669, il confirme les canons qui prohibent aux ecclésiastiques le négoce et le commerce lucratif, notamment le bref d'Urbain VIII. Il défend aux missionnaires séculiers et réguliers de tous les ordres qui se rendent dans l'Inde, dans la Chine, au Japon, en Amérique, dans quelle mission que ce soit, de faire du commerce, de spéculer directement, ou par intermédiaire, sous peine d'excommunication *latæ sententiæ*. En ce qui concerne les réguliers, le pape renouvelle les peines édictées par Urbain VIII. Il ordonne de donner les profits aux pauvres, aux hôpitaux, aux séminaires, etc.

Urbain VIII et Clément IX défendent autant le commerce indirect et *per alium* que le commerce que l'on fait en personne : c'est absolument comme si on le faisait soi-même, suivant cette maxime de droit, insérée dans Sexte : *Qui facit per alium, est perinde ac si faciat per se ipsum.* Quoique les constitutions pontificales citées plus haut ne parlent expressément que des missionnaires, la Rote romaine a toujours décidé que le commerce *per alium* était illicite pour tous les ecclésiastiques. De savants auteurs se sont rangés à ce sentiment, tels que Mgr Fattinelli (*Resp.* 6, t. II), le cardinal Acciajuoli dans un savant mémoire pour une affaire qui fut traitée devant la Congrégation. Cependant il y eut des théologiens qui ne regardèrent pas le négoce *per alios* comme illicite, par exemple Molina, Lessius, Layman, Théophile Raynaud, Miglioruccius, dans ses institutions canoniques. Leur sentiment ne pouvait s'appliquer aux pays de mission, car les brefs d'Urbain VIII et de Clément IX sont formels. Pour les autres pays, on mettait en doute si la défense comprenait les actes de commerce que feraient des ecclésiastiques *per interpositam personam*. En 1681, la Congrégation du concile, consultée sur les opérations de change, s'abstint de répondre ; Mgr Altoviti, secrétaire, disait que ces actes de commerce, quoique non prohibés et non illicites, ne convenaient pas à l'état clérical et qu'on devait s'en abstenir : « Verum quidem est hunc negotiandi modum, per interpositam personam, licet non prohibitum, nec illicitum, non esse tamen decentem statui clericali, ideoque non esse ad praxim deducendum. » Le cardinal de Luca rédigea pour la Congrégation un mémoire où il suggérait de ne faire aucune réponse, à cause du scandale que produirait infailliblement le négoce *per interpositam personam*. La Congrégation prit ce parti et garda la même réserve cinq ans plus tard, lorsqu'on lui fit de nouvelles instances. Benoît XIV trancha la controverse. Par sa constitution du 25 février 1741, il déclare que les ecclésiastiques ne peuvent exercer le commerce sous le nom d'autrui et par intermédiaire ; autrement ils encourent toutes les peines édictées par les canons et les constitutions apostoliques, particulièrement la confiscation du lucre. « Illorumque omnia et singula bona sic ab eis alieno nomine illicite acquisita, sub inevitabili spolii pœna, ad formam constitutionis Pii IV, quæ incipit : *Decens esse*, subjicimus, et subjecta esse volumus et declaramus. »

De ce principe, Benoît XIV (bref du 25 février 1741) conclut que l'ecclésiastique qui hérite d'un établissement de commerce doit l'abandonner aussitôt ; s'il y a des cohéritiers, il ne doit pas leur laisser sa portion d'héritage, pour partager ensuite avec eux les profits qu'ils feront en continuant le commerce en leur nom. Il doit se retirer de la société ; sinon, il encourt les peines canoniques, y compris la confiscation du lucre. Si la cessation immédiate du commerce devait causer des pertes notables, il peut demander au Saint-Siège la permission de le faire continuer provisoirement par un laïque ; s'il continue sans indult apostolique, s'il outrepasse le délai prescrit, Benoît XIV décide qu'il encourt les peines canoniques, tant au spirituel qu'au temporel, y compris la confiscation.

Moins de vingt ans après, Clément XIII publia une nouvelle constitution dans le but de confirmer une fois de plus les canons et les décrets pontificaux qui interdisent le commerce aux ecclésiastiques séculiers et aux réguliers.

Cette constitution, *Cum primum* (17 septembre 1759), a été insérée dans la continuation du *Bullaire romain*, t. Ier, p. 227. Quatre dispositions la résument. 1° En confirmant et en innovant les lois canoniques et les constitutions des souverains-pontifes contre les clercs négociants, Clément XIII déclare qu'elles concernent toutes les personnes ecclésiastiques du clergé séculier et régulier ; il condamne l'usage opposé comme un abus intolérable, une corruption que nulle prescription ne saurait autoriser. 2° Il ordonne, en cas de doute, de consulter le Saint-Siége. 3° Il décide que les opérations de banque sont de actes de commerce, auxquels nul ecclésiastique ne peut se livrer *etiam per interpositam personam*, sans encourir les peines canoniques. 4° Enfin, de peur que les abus ne reparaissent sous prétexte de nécessité, Clément XIII prescrit que les ecclésiastiques qui n'ont pas d'autre moyen que le négoce pour aider à leurs parents, en demandent la permission au Saint-Siége. Voici les expressions de Clément XIII : « Decernentes et declarantes prædictis omnibus legibus ac pœnis subjici, ac subjectas censeri debere omnes et singulas personas ecclesiasticas, non solum e sæculari clero, sed etiam e regulari, cujuscumque sint ordinis, congregationis, societatis et instituti, amplissimis licet et singularibus indultis, privilegiis et exemptionis muniti, et cujus etiam expressam et individuam mentionem fieri oporteret. Ita ut quicumque adversus hujusmodi leges deliquerint, statutas in ipsis pœnas incurrant, ac respective ab iis ad quos pertinet, juxta casuum distinctionem, et procedendi methodum alias a tridentina synodo, seu ab apostolica Sede præscriptam, cum effectu mulctari et puniri debeant, non obstante contrario quolibet usu, stylo aut consuetudine, etiam immemorabili, quæ aliquo in loco, diœcesi aut regione inolevisse dici posset ; quam quidem Nos, veluti damnabilem abusum et impræscriptibilem corruptelam, earumdem præsentium tenore, damnamus, proscribimus et viribus omnibus vacuamus. »

Lorsqu'il y a doute sur certaines opérations, par exemple en ce qui concerne les banques, les actions des sociétés en commandite, etc., Clément XIII recommande de consulter le Saint-Siége, au lieu de s'en tenir au sentiment des auteurs, et encore moins à la persuasion des personnes intéressées.

Quoiqu'il n'y eût pas le moindre doute que les changes étaient un des actes de commerce défendus aux ecclésiastiques, on demanda à Clément XIII une décision expresse, d'autant plus que la Congrégation du concile avait refusé de s'expliquer. Le change consiste à échanger de l'argent avec bénéfice pour le changeur. Il y a plusieurs espèces de change : tantôt on échange le numéraire contre une autre monnaie ; tantôt on compte l'argent dans un lieu, à Rome, par exemple, afin de le restituer dans un autre, ou bien le banquier donne l'argent à Rome, et se rembourse ailleurs. Tous les canonistes conviennent que les laïques peuvent se livrer licitement à ce genre de commerce et prélever un bénéfice, fondé sur des titres parfaitement légitimes. C'est le *cambium activum*. Mais ce qui est permis aux laïques est formellement défendu aux ecclésiastiques; Clément XIII déclare illicites pour eux *cambia activa*, même *per interpositam personam*; ils doivent s'abstenir de prendre des intérêts dans les établissements de change et de banque ; ils encourraient les censures spirituelles et la confiscation portées contre les clercs et les religieux commerçants : « Quum acceperimus, dit Clément XIII, perspicuam nostram et apostolicæ Sedis declarationem desiderari super eo an clericis liceat cambium activum contrahere ; quamvis non aliam fere rem dubitationi minus subjectam putemus, nihilominus, ad omnem causandi occasionem amputandam, præsentium litterarum tenore declaramus ac definimus cambium activum, natura sua, esse actum veræ et propriæ negotiationis ; ideoque ecclesiasticis omnibus vetitum censeri debere, tam proprio nomine, quam per interpositam personam, illud contrahere ; quicumque vero e sæculari vel regulari clero cambium activum contraxerit, omnibus obnoxium fieri pœnis atque censuris quæ in clericos negotiatores constitutæ noscuntur. »

Les clercs qui n'ont aucune autre ressource pour venir en aide à leurs parents, doivent se munir d'une permission particulière. En Italie, elle doit être demandée au Saint-Siège ; hors de l'Italie, les ordinaires ont le pouvoir de l'accorder ; mais il faut observer qu'il s'agit du cas de nécessité, et non de la permission de continuer provisoirement un établissement de commerce qu'un ecclésiastique acquiert par succession ou autre titre légitime ; car Benoît XIV prescrit de demander cette permission au Saint-Siège ; les ordinaires sont incompétents ; Clément XIII ne les autorise, hors de l'Italie, que pour le cas où un ecclésiastique se trouve dans la nécessité réelle de secourir ses parents. Il recommande de n'accorder l'indult que lorsque la nécessité est constatée.

Nous avons en outre les décisions des Congrégations, qui ont rappelé à l'observation des lois, répondu aux consultations et enfin des indults.

Fagnan rapporte des résolutions de la Congrégation du concile qui désignent ce que les ecclésiastiques peuvent faire dans leurs biens patrimoniaux et dans les terres de leurs bénéfices sans être coupables de négoce illicite. (Voyez le chapitre Multa sunt negotia, titre *Ne clerici vel monachi,* dans les Décrétales, III⁰ livre.) Voici les règles qui découlent de ces décisions. Les ecclésiastiques peuvent cultiver leurs biens patrimoniaux et ceux de leurs bénéfices par le moyen des laïques, acheter les bœufs et autres animaux nécessaires à la culture, vendre à un juste prix et d'une manière décente les produits de la fécondité de ces animaux; donner à mi-fruit les feuilles de leurs mûriers et vendre les produits. Pour qu'ils puissent s'occuper eux-mêmes de l'éducation des vers à soie, il faut que ce travail ne nuise pas à leurs devoirs, qu'ils y emploient des personnes non suspectes et obtiennent l'autorisation de l'évêque. Ces conditions remplies, on porte la tolérance jusqu'à permettre l'éducation des vers à soie, dans la mesure de la quantité de feuilles qu'ils récoltent sur leurs biens; mais ce serait un acte de négoce que d'acheter la feuille pour élever les vers à soie. Les décisions qui consacrent ces diverses règles sont de 1627.

Une décision de 1662 défend d'acheter du bétail pour le donner à un fermier ou à un associé et en retirer du bénéfice : « An prædictis presbyteris et clericis liceat absque negotiationis clericis interdictæ nota, oves, boves, aliaque hujusmodi animalia emere, eaque locationis aut societatis titulo conductori aut socio tradere, ac lucrum ex hujusmodi locatione sive societate percipere? Die 17 octobris 1662, S. Congregatio censuit : *Non licere.* » Cette prohibition comprend les religieux et les religieuses.

La banqueroute produit-elle un déshonneur qui empêche la réception des ordres? Cette question est examinée dans le *Thesaurus* de la Congrégation du concile (t. III, p. 177). Michel avait reçu la tonsure et les ordres mineurs; ne pouvant être promu aux ordres sacrés par défaut de patrimoine, il se maria et s'adonna au commerce. Il fit de mauvaises affaires et fut obligé de céder tout son avoir aux créanciers pour éviter la prison. Sa femme morte, il reprit la soutane, avec l'autorisation de son évêque, qui hésita pourtant à lui conférer les ordres sacrés, à cause de l'infamie de fait, sinon de droit, qui s'attache au banqueroutier, d'autant plus qu'il ne cesse pas d'être responsable vis-à-vis de ses créanciers, qui auront le droit de saisir les revenus du patrimoine ou du bénéfice assigné comme titre d'ordination. La Congrégation décida : *Non esse promovendum.* (*Thesaur.,* t. III, p. 179.)

Le tome LXV du *Thesaurus* parle d'un curé qui a administré successivement deux paroisses. Il a été assez généreux envers les pauvres et les églises. Le surplus des revenus de la paroisse, les rétribution des messes, ce qu'il gagnait en faisant l'école, les rentes de ses biens patrimoniaux lui ont procuré des ressources qu'il a employées à spéculer sur le bétail, sur des lettres de change, sur des rentes perpétuelles. Le négoce du bétail a été fait avec quelques associés. En somme, il s'est enrichi ; son avoir s'est augmenté d'environ cinq mille francs. Réfléchissant enfin que ce commerce était illicite, il recourut à la Pénitencerie, qui autorisa le confesseur à l'absoudre des censures et à le dispenser de l'irrégularité, en exigeant qu'il donnât aux pauvres tout ce qu'il avait gagné par le négoce. Le confesseur qui a fulminé l'indult a obligé le curé de donner aux pauvres les bénéfices des sociétés de bestiaux, en conservant les produits des biens patrimoniaux. Inquiet de cette absolution, le curé, qui ne se souvenait pas exactement du chiffre des bénéfices, porta un nouveau recours à la Pénitencerie pour tranquilliser sa conscience. La Pénitencerie lui répondit de s'en tenir au premier indult et de s'adresser à la Congrégation du concile s'il voulait tranquilliser pleinement sa conscience. Le curé demanda à la Congrégation d'être dispensé de rendre les bénéfices illicites. Les informations transmises par le vicaire capitulaire confirment ce que le curé avoue : il n'a jamais eu l'intention de se livrer au négoce interdit aux ecclésiastiques ; il a pris part aux associations concernant le bétail dans le but d'améliorer sa position ; s'il s'est enrichi d'environ cinq mille francs, il a donné une somme égale pour les pauvres et les églises ; il possède son patrimoine d'ordination, outre sa paroisse, et sa famille vit dans l'aisance. Quelles peines a-t-il encourues par le commerce du bétail et les lettres de change ? Il a encouru des peines temporelles et des peines spirituelles. La peine temporelle est la confiscation du lucre ; les peines spirituelles sont l'excommunication et la suspense. Il semble qu'il devrait restituer les cinq mille francs dont son avoir s'est augmenté. Cependant il a eu ses rentes patrimoniales, les rétributions de messes, le traitement de maître d'école qu'il a acquis légitimement. L'équité doit présider à l'appréciation. D'après la constitution de Pie IV, les bénéfices devraient être confisqués au profit de la chambre apostolique ; mais la Pénitencerie traitant l'affaire sur le terrain de la conscience, a déjà prescrit de les distribuer aux pauvres. La Congrégation déclare illicite le commerce dont il s'agit, oblige le curé à donner quinze cents francs aux pauvres de ses deux paroisses, et dispense de l'irrégularité.

Peut-on défendre aux ecclésiastiques de fréquenter les marchés et les foires ? Cette question est examinée dans le *Thesaurus* (t. LXXIII, p. 192). Il existe un diocèse où une foule de bons ecclésiastiques, de religieux et de religieuses font vendre leurs denrées par leurs fermiers et leurs agents ; un certain nombre fréquentent les foires et les marchés ; affublés de la blouse des marchands de bestiaux, ils stationnent sur les places, passent la matinée à examiner la bouche, les dents des animaux, puis entrent dans une église pour dire la messe.

La plupart ne vont aux foires que dans un but de spéculation : tel individu a acheté et vendu dix fois un cheval dans une matinée. L'évêque a jugé indispensable de prendre des mesures contre un si grand abus. Il a commencé par prier ces ecclésiastiques de s'abstenir des foires. Comme ils n'ont pas tenu compte de l'exhortation, il a intimé à chacun d'eux un commandement verbal, qui n'a obtenu aucun résultat. Alors il s'est vu forcé de promulguer une ordonnance qui défendait aux ecclésiastiques de fréquenter les foires et les marchés, sous peine de cinquante francs d'amende, sauf une permission spéciale. Il n'a pas été nécessaire d'en venir à l'application de la peine ; car l'évêque a prié le capitaine de la milice qui maintient l'ordre dans les marchés d'avertir prudemment et sans bruit tout ecclésiastique qu'il verrait de se retirer, parce que ce n'est pas sa place ; deux ou trois exemples ont suffi. Cependant quelques-uns ont porté plainte à la Congrégation du concile, disant que si le négoce *personnel* qui se fait en dehors de la culture des biens-fonds est interdit aux clercs, le négoce *réel,* inséparable de la gestion des terres, est parfaitement licite ; qu'ils peuvent vendre leurs denrées, acheter des bestiaux et les revendre après l'engrais, ce qui entraîne la nécessité d'aller aux marchés et aux foires. Les plaignants nient les choses inconvenantes qui leur sont reprochées. — La Congrégation maintient l'ordonnance épiscopale, sauf les permissions spéciales que l'évêque croira pouvoir accorder.

En 1737, un clerc bénéficier de Lisbonne demande l'autorisation de surveiller un magasin et de gérer les affaires de famille dans l'intérêt de son frère et de sa sœur, encore mineurs. Cet ecclésiastique n'est pas prêtre ; il n'est pas même dit qu'il soit dans les ordres sacrés. Voici la lettre que la Congrégation des évêques et réguliers écrivait au patriarche de Lisbonne : « Quidquid pro parte et ad instantiam clerici beneficiati Alphonsi Conca de Soresa S. C. EE. et RR. expositum fuerit, ex adjuncto supplici libello percipiet Amplitudo Tua. EE. Patres remittendum indicarunt eidem, quatenus, veris existentibus narratis, juxta suam prudentiam prædictis oratoris precibus incumbendi enunciatæ Apothecæ, negotiisque domesticis pro substentatione sororis virginis et fratris minoris juxta petita provideat, absque illicitæ negotiationis delicto, dummodo tamen non se immisceat in mercimoniis, quæ juxta sacros canones ecclesiasticis personis non conveniunt. Hæc igitur Amplitudini Tuæ innotesco ut exequi valeat, et veriores felicitates tibi ex corde precor a domino. »

Le chanoine André demanda l'autorisation de continuer le commerce de drap que faisait son père, afin de nourrir sa famille et de payer les dettes du défunt. L'indult fut accordé en 1835 *ad triennium.* Cet indult étant expiré depuis deux ans et quelques mois, et les mêmes motifs subsistant, le chanoine en implore la prorogation, ainsi que l'absolution pour les deux ans pendant lesquels il a fait du commerce. L'évêque atteste que la prorogation de l'indult ne causera pas de surprise dans la population. « Ex audientia SSmi die 3 junii 1840. SSmus annuit arbitrio ordinarii, pro petita sanatione quoad præteritum, et pro prorogatione ad aliud triennium, » etc.

En ce qui concerne les pharmacies des couvents, il existe un grand nombre de résolutions tant de la Congrégation du concile que des évêques et réguliers. Nous ne citerons que le décret suivant (registre *Regularium,* de 1707), rendu pour l'Espagne : « Sacra Congregatio, attentis narratis, censuit dandas esse infrascriptas declarationes alias editas, ac super earumdem executione, ac exacta observantia monendos esse superiores prout præsentis decreti vigore executioni demandari et servari mandat, nempe superiores quorumcumque ordinum, congregationum, societatum, monasteriorum, collegiorum ac domorum regularium utriusque sexus et quorumvis piorum locorum, nec non particularibus religiosis, et ecclesiasticis quibuscumque, non posse sive religionis, ac loci pii nomine, sive particulariter per se vel per alios exercere in suis conventibus, seu domibus, aut alibi, in quocumque loco venalem artem aromatariam, præterquam pro suis, aut alumnorum usibus, nec ullo modo sæcularibus, aut aliis religiosis et ecclesiasticis pharmaca, aut alia cujusvis generis medicamenta vendere, etiam prætextu amicitiæ et familiaritatis, exceptis theriaca, hyacinto et aliis, vulgo nuncupatis *chimiche,* sub poenis contrafacientibus suspensionis ipso facto a divinis et privationis officiorum, vocisque activæ et passivæ absque alia declaratione. Quibuscumque in contrarium non obstantibus, etc. Romæ, mense augusti 1707. »

Les congrégations de vœux simples étant comprises dans la prohibition, doivent demander l'indult apostolique quand la nécessité exige quelque acte de commerce. Un indult a été accordé le 5 juin 1818 aux rédemptoristes de Nocera, dont la maison était fort gênée ; la dispense fut donnée « usquedum enunciata domus fuerit in bono statu œconomico. »

Souvent des religieux demandent la permission d'accepter les fonctions d'exécuteur testamentaire, de tuteur et autres de ce genre défendues par les saints canons. En 1840, un religieux représente qu'il a une sœur non mariée et orpheline, qui, mal conseillée par les gens qu'elle consultait pour ses affaires, n'a plus de confiance qu'envers son frère ; elle ne cesse de le supplier de la diriger ; mais il est religieux et n'y peut consentir sans permission spéciale. Voici l'indult que l'on accorde : « Ex audientia SSmi die 10 aprilis 1840, SSmus annuit arbitrio P. Abbatis, pro simplici assistentia ad quinquennium, dummodo nomen non præstet in contractibus, et nil indecorum agat characteri sacerdotali et statui religioso; citra facultatem discedendi a proprio monasterio absque legitima licentia. »

Les saints canons et les constitutions pontificales qui interdisent le commerce s'appliquent aux communautés de femmes, et non-seulement aux communautés, mais à chacun de leurs membres, qui devient personne ecclésiastique par la profession d'un institut approuvé; peu importe que les vœux soient solennels ou simples; il n'est pas même nécessaire qu'il y ait des vœux; dès qu'une personne s'aggrége à un institut approuvé, les saints canons prennent leur empire.

Nous avons vu que la constitution de Benoît XIV ne permet pas aux ecclésiastiques de continuer *per alios* les établissements de commerce qu'ils acquièrent licitement par testament ou donation. En 1769, la Congrégation des évêques et réguliers appliqua ce principe à une religieuse servite de Ferrare, qui venait d'hériter d'un magasin estimé 40,000 francs. Elle exigea la vente immédiate de cet établissement, dont la propriété revenait à la communauté comme représentant la religieuse professe des vœux solennels.

Les religieuses ne peuvent vendre des médicaments que lorsqu'elles sont munies d'un indult apostolique. En 1738, la Congrégation écrit au général des franciscains de l'observance : « Il a été représenté à la S. C. que les religieuses de Sainte-Lucie ont une pharmacie et vendent des remèdes à tout le monde, contrairement aux décrets que cette congrégation a rendus mainte fois. Ces Éminentissimes ont estimé devoir ordonner que V. P. révérendissime défende en leur nom aux susdites religieuses de faire désormais un semblable commerce, » etc.

En 1846, la Congrégation des évêques et réguliers fut consultée au sujet des actions qu'émettent les sociétés en commandite. Une banque allait s'établir dans une ville de l'État pontifical et les fondateurs désiraient que les ecclésiastiques prissent des actions. L'évêque soumit la question au Saint-Siége. La Congrégation des évêques et réguliers, en assemblée générale du 30 janvier 1846, examina les *dubia* suivants :
« I. Est-il permis aux ecclésiastiques promus aux ordres sacrés ou possesseurs de bénéfices de prendre les actions de la banque en commandite dans le cas dont il s'agit? Et quatenus negative : II. Faut-il prier le saint-père de vouloir bien accorder un indult ? La réponse fut : Ad primum, *non licere*. Ad secundum, *provisum in primo*. »

En ce qui concerne l'immixtion du clergé aux questions politiques [1], sa participation aux affaires de l'État comme député,

---

[1] Voyez G. Clericus, *la Participation du clergé à la représentation communale et populaire*, en allem. (*Archiv.*, t. X, p. 75-93); Hergenrœther, *Sur la participation du clergé aux discussions politiques* (*Archives*, t. XV, p. 67-87).

sa collaboration aux journaux, ce ne peut être là assurément son occupation régulière, notamment celle des prêtres qui ont charge d'âmes. Mais rien n'empêche que le clergé, dans les limites de la loi, use de ses droits politiques pour le bien de l'Église et de l'État; aucun principe ne demande qu'il soit exclu de toute participation à la vie publique. Il peut même se rencontrer des circonstances, des époques où, comme c'est le cas de nos jours, les questions ecclésiastiques et religieuses sont tellement prédominantes que c'est un devoir pour le clergé de s'intéresser aux affaires de la politique, autant que sa position et les travaux de son ministère le lui permettent. Il semble même qu'en ces sortes de circonstances un prêtre qui se sent des aptitudes particulières pour concourir à la rédaction d'une feuille publique, y soit autorisé et appelé dans l'intérêt suprême de la religion et de la morale, pourvu qu'il ne perde pas de vue sa subordination hiérarchique et l'obéissance due aux canons.

III. Les clercs doivent éviter les divertissements bruyants des gens du monde (la danse[1], les mascarades[2], la chasse en général[3], les jeux de hasard leur sont principalement défendus[4]).

ADDITION DU TRADUCTEUR.
Le jeu, le bal et la danse[5].

Le clerc qui s'adonne au jeu pèche plus grièvement que le laïque. La première peine est l'exclusion des bénéfices ecclésiastiques; les saints canons prononcent la nullité de la collation (c. I, dist. 34, c. *Inter dilectos, de excessibus prælatorum*). Si le délit est public, la col-

Le synode de Budweis, cap. XXXIII, en 1853, a pris à cet égard d'excellentes dispositions (*Archives*, t. XIV, p. 301 et suiv.). — L'évêque de Concordia est allé trop loin lorsqu'il a demandé au concile du Vatican (Martin, *Collect.*, ed. 2, p. 192) qu'il fût défendu à un ecclésiastique, sous les peines les plus sévères, de publier, sans l'autorisation préalable de l'évêque, non-seulement des livres et des brochures, mais encore des articles de journaux. — Ces articles, quand la permission serait arrivée, souvent n'auraient plus de raison d'être.

[1] Can. III, dist. XXIII, cap. XII, X, *De vita et honestate*, III, 1; can. XIX, dist. XXXIV.

[2] Cap. XII, cit.

[3] X, *De clerico venatore*, V, 24; Conc. Trident., sess. XXIII, cap. XII, de reformatione : « Ab *illicitis venationibus*, aucupiis, choreis, tabernis lusibusque abstineant. » En pratique, on ne considère comme défendu aux clercs que la *venatio clamosa*.

[4] Can. I, dist. XXXV, cap. XII, X, *De vita et honestate*, III, 1.

[5] Résumé d'un article des *Analecta* (Palmé).

lation est nulle, *ipso jure*, sans monition préalable; autrement on doit l'annuler par sentence. La seconde peine est la réclusion *ad triennium* dans un couvent, avec suspense de l'exercice des ordres, lequel n'est rendu qu'après cette pénitence de trois ans. La troisième peine est la déposition, après les monitions canoniques (c. *Episcopus*, dist. 35, clement. 2, de vita et honestate). Le concile de Trente confirme toutes ces peines.

Il n'est pas permis aux clercs d'assister au jeu, ni même de rester dans la maison où l'on joue, encore moins de prendre une part intéressée.

Quelques jeux sont pourtant permis aux clercs. Les canonistes donnent pour exemple les échecs; mais ils exceptent les fêtes et le carême, et recommandent de ne pas jouer avec des femmes, surtout si elles sont jeunes. Quant au jeu gratuit et de pur délassement, celui où l'on expose de modiques sommes, ils recommandent une grande circonspection, en faisant observer que le jeu en public est interdit en toute hypothèse et que les jeux licites pour les clercs sont néanmoins interdits aux réguliers.

La Congrégation approuve que le jeu public et particulier soit interdit aux clercs sous peine de réclusion et de suspense *ferendæ sententiæ*. Ainsi en 1720, réformant des statuts diocésains contre lesquels le clergé avait porté plainte, elle prescrit de régler l'article du jeu de la manière suivante : « Au sujet de la prohibition des jeux, il faut prescrire la peine d'un mois de prison contre les clercs et de suspense *ferendæ sententiæ*, avec l'obligation de faire les exercices spirituels contre les prêtres qui joueraient publiquement aux cartes, aux dés et à tout autre jeu. Si l'on joue en particulier et dans des maisons privées, il faut imposer en ce cas, contre les prêtres qui se livreraient habituellement à ces jeux, la suspense pareillement *ferendæ sententiæ* pour quinze jours et l'obligation de faire aussi les exercices spirituels. Les diacres et sous-diacres seront passibles de six jours de prison et les clercs minorés devront être condamnés à trois jours, etc. Rome, novembre 1720. »

Les censures *ipso facto* contre le jeu ne sont pas admises. La Congrégation des évêques et réguliers écrivait à un évêque en 1734 : « Quelques ecclésiastiques de la ville ont demandé l'abolition de l'édit publié par le vicaire général de Votre Seigneurie le 23 octobre dernier, lequel édit défend rigoureusement de jouer aux cartes, aux dés et à toute espèce de jeu en public ou en particulier, sous peine de suspense *a divinis ipso facto incurrendæ* pour les prêtres et les ecclésiastiques engagés dans les ordres sacrés, et d'excommunication majeure également *ipso facto incurrendæ* pour les clercs minorés; ces peines sont étendues à ceux qui assistent au jeu. Les éminentissimes cardinaux, tout en reconnaissant que l'édit en question est l'effet d'un zèle louable, réfléchissant d'autre part qu'il est trop rigoureux tant pour la peine que pour la prohibition générale de toute espèce de jeu, ont pensé devoir répondre : *Recurrant ad episcopum et ad mentem*. Ainsi, lorsque ces ecclésiastiques demanderont à Votre Seigneurie l'adoucissement de cet édit, Votre Seigneurie devra l'atténuer en ce qui concerne le jeu des cartes, non du *reste*, dans un lieu non public, non que Votre Seigneurie doive déclarer qu'elle le permet, mais seulement elle n'en parlera pas dans son édit et n'imposera aucune peine. Quant aux joueurs publics, il ne faut imposer ni l'excommunication ni la suspense *latæ sententiæ*, mais seulement *ferendæ*, et autres peines suivant le cas. A l'égard de ceux qui regardent jouer, s'il s'agit du *reste*, on pourra imposer quelque peine au gré de l'Ordinaire, mais non l'excommunication ou la suspense. Rome, novembre 1734. »

Voici un cas où la Congrégation exige la restitution de l'argent gagné au jeu. En 1741, elle écrit à un évêque : « Votre Seigneurie fera citer au tribunal les abbés N. N. pour les contraindre de restituer les sommes qu'ils ont reçues de Jean-André Bandini à titre de gain dans des jeux prohibés. Ils devront tout au moins rendre ce qu'ils ont déjà avoué d'avoir gagné. Supposé que ces sommes soient rendues, Votre Seigneurie les fera déposer au mont-de-piété, pour les restituer ensuite aux établissements pies dont Bandini a dissipé les capitaux, etc. Rome, le 23 juin 1741. »

Au lieu de la suspense *a divinis*, ce sont les peines pécuniaires qu'il faut employer ou des peines arbitraires, telles que les exercices spirituels ou la réclusion pour dix ou quinze jours, suivant le cas. En 1749, la Congrégation des évêques et réguliers écrivait à un évêque : « Les éminentissimes cardinaux ont examiné l'édit de Votre Seigneurie sur le jeu, et ils veulent que la suspense *a divinis* soit révoquée et remplacée par les peines pécuniaires ou arbitraires. Ainsi, etc. Rome, 2 mai 1749. »

Autant la Congrégation désapprouve les censures préventives contre l'abus du jeu, autant elle les confirme *in subsidium* et en cas de récidive. Voici ce qu'elle mandait à un évêque en 1772 : « Dominique V., prêtre de ce diocèse, a demandé l'absolution de la suspense qu'il a encourue et qui lui avait été comminée par le tribunal de Votre Seigneurie pour ses rechutes dans le jeu de cartes, même prohibé et en public ; il a imploré aussi la dispense de l'irrégularité qu'il a contractée en violant cette suspense. Le saint-père, prenant en considération la relation de Votre Seigneurie, a bien voulu accorder la grâce, comme Votre Seigneurie le verra dans le décret que le recourant lui présentera. Mais en même temps le saint-père a ordonné d'écrire à Votre Seigneurie qu'autant il a été édifié de sa sollicitude pour obtenir l'amendement de ce malheureux et de la charité qu'elle lui a témoignée, autant il mérite de blâme; car oubliant la sainteté de son caractère, il s'est laissé entraîner à un vice honteux pour les séculiers eux-mêmes et que le saint-père punit sévèrement chez ceux-ci. Le saint-père veut donc qu'après avoir fait sentir par une sévère monition au recourant la clémence qu'on lui témoigne par considération pour Votre Seigneurie et son obligation de correspondre à cette indulgence, par un vrai changement de vie, Votre Seigneurie le fasse demeurer dans une maison religieuse pendant deux mois, pour faire les exercices spirituels, sans lui permettre de célébrer le saint sacrifice avant le premier jour de carême; avant de le lui permettre, il faudra informer cette Congrégation des marques de repentir qu'il aura données. Rome, 13 janvier 1772. »

L'évêque de Vaison avait publié des statuts synodaux qui prohibaient toute espèce de jeux au clergé sous peine d'excommunication réservée. L'évêque ordonnait de porter continuellement la soutane longue, et se réservait l'absolution de ceux qui transgresseraient l'ordonnance. Il défendit les bals dans tout le diocèse, le dimanche et les fêtes, sous peine, pour les transgresseurs, de ne point publier leurs bans de mariage et de n'être pas admis comme parrains et marraines du baptême.

Divers ecclésiastiques portèrent plainte contre les deux premiers statuts; une municipalité du diocèse recourut à la Congrégation du concile contre le troisième.

Voici quelques extraits du mémoire par lequel le prélat essayait de justifier ses statuts. Il commence par un tableau assez sombre des mœurs du clergé et cite les anciens canons, sans prendre la peine d'examiner ce qu'ils condamnent réellement et le sens qu'y attache la jurisprudence communément reçue.....

« Prohibui ecclesiasticis ludos alearum sub pœna excommunicationis; motus primo ad hoc auctoritate concilii Tridentini (sess. 22, cap. 1). Statuit sancta synodus ut quæ alias a summis pontificibus et a sacris conciliis de clericorum vita, honesto cultu, doctrinaque retinenda ac simul de luxu, etc.; salubriter sancita fuerunt, eadem in posterum iisdem pœnis vel majoribus arbitrio ordinarii imponendis, observentur. Nec appellatio executionem horum quæ ad morum correctionem pertinent, suspendat. Excommunicantur autem juxta antiquos canones clerici aleæ deservientes, ut patet ex can. *Episcopus*, distinct. 35, qui est 41 apostolorum tam egregie laudatus a S. Ephrem Syro, serm. *De abrenuntiatione in baptismo facta*. Ex quo canone infert sanctus Raimundus (lib. II, tit. *De negotiis sæcularibus*) quod peccatum eorum qui aleæ deserviunt est mortale : « Ex canone apostolorum, inquit, colligitur quod peccatum eorum qui aleæ deserviunt est mortale, et grave cum tales pœnæ non sint imponendæ pro levi crimine. » In concilio Senonensi, an. 1527, canon. xxv, prohibetur omnibus clericis, ne in publico pila ludant, aut aliis ludis, maxime cum laicis, a ludo alearum, aliisque qui a sorte pendent abstineant. In concilio Lateranensi quarto, sub Innocentio III, relato in canone *Clerici, de vita et honestate clericorum*, sic legitur : « Clerici ad aleas vel taxillos non ludant, nec hujusmodi ludis intersint. »

» Miror quod latores illarum precum petere ausi sint ab EE. VV. ut præceptum impositum clericis a summis pontificibus et conciliis generalibus deferendi vestes talares intelligeretur tantum quando divinis officiis intersunt. Cum concilium Tridentinum, sess. xiv, cap. vi, dicat : Oportet tamen clericos vestes proprio ordini congruentes semper deferre. Falsum tamen est quod illud prohibuerim sub pœna excommunicationis; reservavi mihi tantum facultatem dandi absolutionem illis qui contra decreta conciliorum sine vestibus talaribus in loco residentiæ incedunt, exemplo sancti Caroli in synodo Mediolanensi anni 1568..... »

« Quod attinet ad prohibitionem chorearum et saltationum inter personas diversi sexus diebus dominicis et festivis, sancti Caroli exemplum secuti sumus in suo concilio provinciali III, in quo sic legitur : « Sacrosancta Tridentina synodus cum statuit fideles religioso
» festorum dierum cultu abuti non debere ad comessationes, ad
» luxum, ad lasciviam, tum pastores omnes vehementer in Domino
» obtestatur debitam sanctamque eorumdem observantiam pastorali
» diligentiæ magnopere commendavit. »

» Quoniam autem usu jam hac in provincia nimis compertum est depravatis his temporibus et moribus ad choreas, tripudia, saltationes, et id genus alia nunquam fere conveniri sine gravissimis Dei offensionibus, idque cum ob turpes cogitationes, obscænæ dicta, etc., illecebras illis perpetuo conjunctas, tum propter cædes, rixas, dissidia, stupra, adulteria, aliaque mala plurima inde consequentia quam sæpissime; sicut ad instantiam cleri nostri constitutiones synodales contra clericos promulgavimus, sic ad instantiam communitatum nostræ diœcesis eas quæ concernunt sanctificationem festorum edidimus, ad hoc moti quod major pars nostræ diœcesis sita sit in Gallia, in qua quamplures sunt noviter ad fidem conversi, qui scandalum patiebantur ex eo quod cum apud illos choreæ et saltationes diebus præsertim dominicis prohiberentur, apud nos ut licitæ haberentur. Unde constitutiones nostras omnes cum amore susceperunt et fideliter observant. Unum referam in favorem loci Du Pumeras, quod cum soliti essent festum sancti Bartholomei patroni illius loci in choreis, saltationibus ebrietatibusque transigere, essetque res omnino insolita quod vel unus in hoc festo sanctissimum reciperet : hoc anno maxima omnium congratulatione fere omnes nostris manibus Eucharistiam susceperunt. Quantum ad pœnas impositas iis qui constitutionibus nostris contraire præsumpserint, judicavimus quod illi non poterant in baptismate fidejussores pro aliis esse, quod mundo, pompisque ejus renuntiarent quas ipsi sectarentur. Cum autem in Ecclesia ad matrimonium contrahere dum necesse sit fidei rudimenta edixisse, dubitavimus an qui diebus dominicis et festivis saltationibus vacabant, iis rudimentis imbuti essent, ideoque per nos ipsos de illorum eruditione certiores fieri consentaneum esse censuimus.

» Vasionen, 19 septembris 1687. — *Franciscus, episcopus Vasionen.* »

Un autre évêque s'étant plaint de quelques nouvelles danses qu'il réputait indécentes et contre lesquelles il se proposait de publier un édit, particulièrement contre la valse, la Congrégation des évêques et réguliers répondit en 1828 : « La représentation de Votre Seigneurie contre certaines formes de bal qui blessent les mœurs et sont la source de bien des désordres est édifiante. Si ces désordres arrivaient au point de scandaliser les fidèles et étaient vraiment indignes d'un catholique, Votre Seigneurie pourrait les interdire en vertu de son pouvoir ordinaire. Mais comme la lettre de Votre Seigneurie en date du 9 septembre parle de quelques genres de bal qui sont tolérés même ici sous le gouvernement si vigilant du saint-père, la Congrégation ne pourrait pas les interdire totalement sans en référer à Sa Sainteté, surtout s'il s'agit d'un bal privé. Toutefois Votre Seigneurie peut fort bien suggérer aux personnes qui surveillent les théâtres, les bals et autres assemblées publiques, de ne pas introduire la valse et autres danses trop libres. Votre Seigneurie pourra donner le même conseil aux particuliers avec une charité et une prudence toute épiscopale, sans publier d'édit. Rome, 19 septembre 1828. »

Le procureur du clergé et de la commune fit remarquer, au sujet du jeu, que le concile de Trente s'est contenté de recommander l'observation des anciens canons, sans introduire aucune disposition nouvelle. Or les anciens canons prescrivent de condamner et de priver de la communion les prêtres et les clercs qui s'adonnent fréquemment au jeu. Au lieu de respecter les limites canoniques, l'évêque de Vaison condamne le jeu qui a lieu quelquefois à la suite d'un repas et par récréation, ce qui est parfaitement permis de l'aveu de tous les canonistes. L'excommunication ne pouvant être infligée que pour un péché mortel d'une gravité particulière, l'évêque de Vaison a eu tort de l'édicter contre des jeux licites.

On ne pense pas que l'évêque ait le pouvoir de se réserver l'absolution des clercs qui ne portent pas continuellement la soutane longue. Il est vrai que saint Charles Borromée se réserva l'absolution, mais dans un cas bien différent, car il parle du costume clérical tout entier, composé de la tonsure et de l'habit noir, et non de la soutane longue en particulier.

Les loteries.

Les loteries sont rigoureusement interdites aux réguliers; quant au clergé séculier, des raisons de haute convenance lui conseillent de s'abstenir de ce jeu de hasard, surtout si on y affectait les revenus ecclésiastiques.

Les théologiens ont été longtemps partagés sur la question de savoir si les loteries sont licites en conscience. Innocent XI et Innocent XII les prohibèrent rigoureusement dans Rome et le district. Sous le pontificat de Clément XI, une congrégation de cardinaux les défendit spécialement au clergé, non-seulement à Rome, mais aussi dans toute l'Italie. La lettre suivante fut adressée par la Congrégation des évêques et réguliers au vicaire capitulaire de Lucques en 1704 : « Le saint-père vous communique les pouvoirs nécessaires et vous ordonne de publier en son nom un édit pour défendre à tous les ecclésiastiques séculiers et réguliers de la ville et du diocèse de mettre dorénavant à la loterie de Gênes, de Turin et de Milan, sous peine, pour les ecclésiastiques séculiers, de privation immédiate des bénéfices qu'ils possèdent et d'incapacité à en obtenir jamais d'autres, sans parler des peines que vous pourrez leur infliger en vertu de votre autorité ordinaire. Les réguliers des deux sexes seront privés de la voix active et passive et des emplois qu'ils occupent, et deviendront inhabiles à en occuper d'autres. En outre, les religieuses seront privées du voile. Toutes ces peines ont été édictées par la congrégation particulière tenue le 18 décembre 1703 en vue de porter remède à l'abus de ce jeu. Rome, janvier 1704. » Il fallait que l'abus fût grand pour exiger des dispositions si rigoureuses. Sept ans se passent et la Congrégation écrit au cardinal-archevêque de Lucques : « Comme on a appris que l'abus de jouer à la loterie de Gênes règne encore chez vous parmi les personnes ecclésiastiques, malgré les peines rigoureuses précédemment édictées, le saint-père, qui a grandement à cœur d'extirper cette mauvaise plante de la vigne du Seigneur, m'a expressément commandé d'écrire à Votre Seigneurie de se régler sur les décisions de la congrégation tenue par son ordre le 18 décembre 1703, et de procéder à l'application des peines édictées contre ceux qui retirent l'argent et ceux qui le donnent. Rome, mars 1711. »

Benoît XIII va plus loin : il étend aux laïques cette rigoureuse prohibition. Après avoir fait publier en 1725 trois édits renouvelant les précédents et défendant la loterie aux ecclésiastiques séculiers et réguliers, il publia le motu-proprio *Apostolicæ Sedis*, du 13 août 1727, qui renouvelle la défense sous les plus rigoureuses peines, l'excommunication *ipso facto* pour les laïques et la suspense pour le clergé. Cette

seigneur s'explique lorsqu'on sait que la loterie était devenue une véritable frénésie parmi les gens du peuple. D'ailleurs Benoît XIII voyait dans la loterie une injustice et une espèce d'usure de la part du trésor pontifical, qui encaissait les bénéfices. Aussi, lorsque l'interdiction a été levée, les produits ont-ils été affectés à des œuvres de charité.

Clément XII confirma d'abord les peines contenues dans le motu-proprio de Benoît XIII. L'année suivante, 1731, voyant le grand enthousiasme que montrait encore le peuple pour la loterie et sachant que de fortes sommes sortaient chaque année de l'État pontifical, il réunit une congrégation particulière sous la présidence du cardinal Tolomei. Les théologiens et les canonistes ayant exprimé à l'unanimité un avis favorable, il révoqua la constitution de Benoît XIII, tout en conservant la prohibition rigoureuse en ce qui concerne les réguliers et les religieuses, et en ordonnant d'employer le produit de la loterie en œuvres de charité. En 1769, Clément XIV, dans le chirographe du 14 juin, recommanda aux ecclésiastiques séculiers de ne pas employer au jeu de la loterie les revenus ecclésiastiques des bénéfices, et renouvela la défense absolue pour les réguliers. Actuellement, l'administration de la loterie réserve sur ses produits environ trente mille écus par an, dont la plus grande partie est confiée à la Commission des subsides, qui les distribue aux pauvres.

Le théâtre et la comédie.

Clément XI fit publier par l'organe de la Congrégation des évêques et réguliers plusieurs circulaires sur la sanctification des fêtes, notamment en 1701, 1703, 1719 et 1721. Nous remarquons dans ces circulaires la recommandation de ne pas tolérer les masques et les représentations théâtrales les dimanches et fêtes. Nous nous bornons à citer la circulaire de 1721, qui reproduit les dispositions des précédentes :

« Le Saint-Père, excité par le devoir de son ministère apostolique, voulut montrer dès les premiers mois de son pontificat combien il avait à cœur l'observation ponctuelle et la sanctification des fêtes ; il fit expédier par cette Congrégation une circulaire, en date du 30 juillet 1701, pour recommander aux évêques de veiller avec la plus grande sollicitude à ce que les jours de fêtes fussent vraiment sanctifiés par les fidèles et employés au culte de Dieu, en assistant aux divins offices, à la prédication de la parole de Dieu et autres exercices et œuvres de piété, et en s'abstenant des œuvres serviles, surtout des divertissements mondains et scandaleux. Cette recommandation fut renouvelée par ordre de Sa Sainteté dans une autre circulaire du 16 mars 1703. Plus tard, ayant réfléchi que l'époque du carnaval multipliait les occasions de ces divertissements si peu en rapport avec l'obligation de sanctifier les fêtes, le Saint-Père, par une autre circulaire de cette

Congrégation, en date du 11 janvier 1719, recommanda aux évêques de défendre absolument, les jours de fêtes, les masques de toute espèce, ainsi que les spectacles et réunions d'histrions, de charlatans ou saltimbanques, quand même ils prétexteraient qu'ils se borneront à donner quelque honnête divertissement au peuple, afin de vendre et distribuer plus facilement leurs remèdes. Si la trop longue tolérance de ces abus ne permettait pas d'en venir à une prohibition générale et absolue, Sa Sainteté exprime le désir qu'on les défende au moins le matin et qu'on ne les tolère que l'après-midi, et après vêpres et autres divins offices. Le Saint-Père recommande aussi d'interdire aux histrions, charlatans et saltimbanques les gestes, paroles et chansons obscènes, et surtout de les éloigner des églises, des couvents de femmes et des conservatoires de jeunes filles. Par malheur, ces ordres formels et réitérés n'ont pas été partout convenablement observés. Le Saint-Père est convaincu que cette prévarication a été et est encore la vraie cause des fléaux dont Dieu nous a frappés et nous afflige, et il craint avec raison que la Providence n'envoie des châtiments plus terribles annoncés par le prophète Ézéchiel : *Sabbata mea violaverunt vehementer. Dixi ergo ut effunderem furorem meum super eos et consumerem eos.* C'est pourquoi Sa Sainteté m'a commandé strictement d'exciter de nouveau l'attention et le zèle de Votre Seigneurie pour faire observer ponctuellement lesdites circulaires. C'est l'intention formelle du saint-père qu'on ne permette en aucune manière et à aucune époque aux charlatans, saltimbanques et histrions de donner des drames, des comédies et des représentations auxquelles on fasse agir, réciter, chanter ou comparaître des femmes, lors même qu'elles seraient masquées. La secrétairerie d'État écrit dans le même sens aux cardinaux légats et la sacrée Consulte aux gouverneurs de l'État pontifical, etc. Rome, 4 janvier 1721. »

Il n'est pas permis de représenter sur les théâtres les mystères de la Passion. Nous trouvons à ce sujet deux lettres écrites par la Congrégation en 1802. Voici la première, qui fut adressée à un évêque le 30 mars de ladite année : « Les éminentissimes cardinaux, étrangement surpris d'apprendre qu'on a représenté la Passion de Notre-Seigneur, c'est-à-dire le plus auguste mystère de notre religion, sur le théâtre public où l'on met en scène les choses profanes, me commandent d'écrire à Votre Seigneurie afin qu'elle s'informe clairement et sans retard et fasse savoir avec quelle permission on a fait cette représentation, quels en ont été les acteurs, si on en a demandé permission à Votre Seigneurie et si l'autorisation en a été donnée. Rome, 30 mars 1802. » Une lettre subséquente fait connaître les circonstances et témoigne de la haute désapprobation de la Congrégation : « La Congrégation a été satisfaite de l'empressement qu'a mis Votre Seigneurie pour révoquer la permission imprudemment donnée de représenter sur un théâtre vénal pendant le carême, il y a deux ans, les mystères de la Passion de Notre-Seigneur, en sorte que la représentation n'eût pas lieu. D'autre part, la Congrégation ne peut se dispenser de blâmer la témérité de quelques prêtres et autres personnes que Votre Seigneurie désigne dans sa lettre et qui ont osé représenter ces mystères après Pâques, avec l'autorisation du gouverneur et à l'insu de Votre Seigneurie, par la raison que c'était une époque non prohibée. C'est toujours une haute indécence de faire d'un mystère si auguste un objet de représentation théâtrale. Les cardinaux veulent donc que Votre Seigneurie avertisse les coupables d'avoir scrupule d'une si grande irrévérence, de mettre ordre à leur conscience et de s'abstenir de semblables impiétés. Votre Seigneurie interdira toute représentation religieuse sur les théâtres, même en temps permis, sans une autorisation spéciale de sa part, et elle ne l'accordera qu'avec la plus grande circonspection. Rome, 16 avril 1802. »

Au mois d'août 1840, un ecclésiastique ayant porté plainte à la Congrégation contre son évêque qui lui avait infligé huit jours de retraite parce qu'il avait fréquenté plusieurs fois le théâtre, eut pour réponse : *Pareat mandatis episcopi*. La supplique de cet ecclésiastique renferme plusieurs faits dignes d'être connus : « Antoine, prêtre et chanoine, représente que Mgr l'évêque publia en 1838 une lettre par laquelle il voulut défendre au clergé d'assister aux représentations théâtrales. Ce digne prélat porta le zèle au point d'assujétir le clergé à la surveillance des agents de police, contrairement aux lois sacrées de l'immunité, ce qui surprit étrangement tous les gens de bien. Après avoir inutilement demandé à l'évêque la révocation de cette étrange disposition, le clergé porta plainte à la Congrégation des évêques et réguliers et l'on forma un volumineux dossier. Si aucune décision ne fut prise, c'est que Mgr l'évêque, reconnaissant l'irrégularité de sa mesure, changea entièrement d'avis et publia une autre lettre par laquelle il révoquait la peine et remettait la prohibition à la sagesse et à la discrétion d'autrui. En cet état de choses, le recourant, porté par une inclination innocente pour la musique (qui forma toujours l'ornement du sanctuaire et au progrès de laquelle il a contribué en inventant une *Harmoniographie* dont l'utilité sera constatée par l'expérience et par un mémoire dédié au cardinal Giustiniani, camerlingue de la sainte Église et protecteur des arts), est allé plusieurs fois au théâtre musical au mois de juillet dernier, et il l'a fait avec la plus complète bonne foi, avec une entière sécurité de conscience et sans l'ombre d'un subterfuge qui pût faire supposer la faute. Or, Mgr l'évêque, oubliant peut-être qu'il avait révoqué son édit, a fait intimer immédiatement au recourant par le chancelier de faire huit jours de retraite, *en expiation*, dit-il, de la désobéissance commise en fréquentant le théâtre. Mais comme il ne peut y avoir désobéissance sans commandement ni insubordination sans une loi, et comme on ne peut pas infliger de punition là où il n'y a point de faute, le recourant fait appel à la rectitude et à la justice de Vos Éminences, afin qu'elles daignent l'exonérer des exercices qui lui ont été infligés comme peine, etc. S. Congregatio rescripsit : *Pareat mandatis episcopi*. Die 1 augusti 1840. »

Il est expressément défendu aux clercs de prendre part comme acteurs aux comédies et représentations théâtrales, même religieuses et spirituelles. En 1706, la Congrégation écrit à un vicaire capitulaire : « Le saint-père a appris qu'on se disposait dans votre ville à jouer une comédie en musique, à laquelle quelques prêtres avaient l'intention de prendre part en qualité d'interlocuteurs. Sa Sainteté a peine à croire qu'en présence des calamités universelles et de celles qui affligent particulièrement votre cité, vous permettiez aux prêtres et aux clercs de comparaître sur des théâtres et à des représentations qui sont à peine tolérées pour les laïques et que prohibent les saints canons et les décrets de cette Congrégation. Toutefois le saint-père a cru devoir vous ordonner strictement de défendre en son nom sous des peines vraiment graves aux prêtres et aux clercs d'assister à des comédies et représentations, quoique religieuses et spirituelles Rome, septembre 1706. »

Un édit épiscopal prohibant les masques et les comédies sous peine d'amende mérita la pleine approbation de la Congrégation. « In causa Anagnina vertente inter promotorem fiscalem curiæ episcopalis ejusdem civitatis ex una, et clericum Carolum Severa, aliosque clericos et laicos terræ Anticuli, ex altera, reclamantes adversus decreta episcopi illiusque edicta et constitutiones respective synodales, prohibentia ecclesiasticis gestationem larvarum, ac choreas et tripudia bachanali tempore, et laicis festivis diebus, sicuti et adversus indictionem mulctæ contra presbyteros et clericos, etiam conjugatos transgressores applicandæ locis piis et contra laicos prout in edicto, in quo etiam imponitur pœna peragendi exercitia spiritualia nec non adversus hujusmodi prohibitiones in posterum faciendas.

» Sacra Congregatio episcoporum et regularium, partibus voce et scripto hinc inde informantibus, referente eminentissimo Nicolao Spinola rescripsit : *Pareant omnino et amplius, et Severa petat humiliter veniam ab episcopo*. Romæ, februarii 1718. »

Au siècle dernier, on ne tolérait pas que les femmes comparussent sur le théâtre en qualité d'actrices. En 1718, la Congrégation des évêques et réguliers écrit à un évêque : « Informé qu'on se propose de jouer dans votre ville une comédie à laquelle des femmes prendront part, le saint-père veut que Votre Seigneurie le défende absolument sous les peines qu'elle croira, et même subsidiairement sous peine d'excommunication. C'est l'intention de Sa Sainteté qu'on ne permette les représentations théâtrales qu'après les fêtes de Noël, et non pendant l'Avent, comme on le prétend; bien entendu qu'en aucun cas les femmes ne doivent réciter ou chanter. Rome, novembre 1718. »

Les saints canons défendent le bal et la danse dans les lieux sacrés et au moment des offices. Ils les prohibent aussi aux clercs et aux réguliers. Hors du temps des offices, ils sont permis, même le dimanche, en vertu de la coutume, comme des marques d'allégresse publique. Comme le bal et la danse peuvent avoir lieu d'une manière honnête et sans délit, on ne doit pas, dans le doute, présumer qu'ils soient vicieux et coupables, d'autant plus qu'on s'y livre publiquement et en présence d'une foule de filles honnêtes. Il est parfaitement permis de se recréer corporellement le dimanche. Telle est en abrégé la réponse de la Congrégation.

Elle dit notamment, en ce qui est du port de la soutane et des danses :

« Transeundo ad secundam prohibitionem emissam super eo quod presbyteri et clerici non incedant sine veste talari extra domum in locis ac territoriis eorum residentiæ, reservata sibi absolutione in casu contraventionis, reverenter insinuant presbyteri et clerici loci Podiialmeratii, quod de jure non reperitur determinatus certus clericorum habitus (Clar., in § final., q. xxxvi; Ricciul., *De jur. person.*, lib. VII, cap. vi). Ideoque illæ vestes dicuntur clericis esse decentes, quæ a communi usu et consuetudine provinciæ, in qua commorantur reperiuntur admissæ (Ricciul., d. cap. vi; Barbos., *De off. et potest. episcop.*, p. 2, alleg. 1).

» Et quamvis sacrum concilium Tridentinum (sess. xiv, de reform., cap. vi) præcipiat ut clerici vestes congruentes proprio ordini deferant, sano tamen modo hoc debet intelligi, non de continua sine intermissione habitus delatione, sed pro tempore et loco. (Barbosa loco mox allegato num. 8).

» Hoc posito credunt principales nostri debere deferre vestes talares quando divinis officiis intersunt, non tamen quando propriis negotiis aut domesticis servitiis incumbunt, præsertim quia commorantur in regione in qua vestes breviores reputantur habitus decens clericorum, ut patet ex communi usu.

» Et quia degunt in loco Podiialmeratii, qui est oppidum parvum, in villis autem et in locis campestribus reputatur decens habitus clericalis illa vestis, quæ se extendat infra genua usque ad medios crures, ut ex sententia sacræ Congregationis tradit Passerinus, in cap. *Clerici*, de cleric. conjug., in 6.

» Et revera esset grave nimis et dispendiosum personis ecclesiasticis degentibus in dicto loco Podiialmeratii gestare vestem talarem per vias saxosas et dumis refertas.

» Quoad tertium decretum concernens prohibitionem chorearum et saltationum, pro illius revocatione non supplicant personæ ecclesiasticæ, sed laici, nempe communitas dicti loci Podiialmeratii, et sperat obtinere.

» Dictæ namque choreæ et saltationes sunt permissæ de jure civili. Textus est in L. *Ut prophanos*, c. de Pagan.; Novar., *De gravam.* Vassall., t. II, gravam. 198.

» De jure vero canonico non sunt prohibitæ, nisi ratione loci, ut si fiant in locis sacris, ratione temporis, ut si fiant in horis destinatis ad celebrationem divinorum officiorum, et ratione personarum, ut si fiant a clericis et personis regularibus, ut habetur in canone *Presbyteri*, dist. XXXIV; in canone *Irreligiosa*, dist. III, de consecr., et in clem. *Gravi*, vers. *Nonnulli etiam*, de celebratione missar.; et tradunt Bonacina, t. I, *De magno matrim. sacram.*, q. IV, punct. 9; Azor., *Inst. moral.*, p. III, lib. III, cap. XXVI.

» Et illas posse fieri in diebus festivis tradit idem Bonacina mox allegatus, ea ratione, nempe quia choreæ sunt signa publicæ lætitiæ, et receptæ per consuetudinem, quæ in hac re non videtur corruptela, nisi respectu mali eventus.

» Et quod talis in statu Avenionensi ab omni ævo extiterit consuetudo faciendi dictas saltationes et choreas testatur a Laurentiis, *Decis. Aven.* 183, n. 14; ubi cum fieri possint honeste et sine delicto, quod in dubio non præsumitur, malæ et vitiosæ non sunt reputandæ; maxime quia fiunt palam et in societate multarum honestarum puellarum et matronarum illuc recreandi animi causa confluentium, et in horis non destinatis ad celebranda divina officia.

» Hinc non meretur attendi, quod R. episcopus asserat illas prohibuisse ratione mali eventus, scilicet ut tolleret occasionem turpium cogitationum, et scandalum removeret; nam cum dictæ saltationes palam et publice fiant in plateis et viis publicis, cessat quæcumque sinistra suspicio, quia qui mala agere volunt eligunt potius extraneos et solitarios vicos. Ubi quod in iis contingentiis, non est respiciendum ad cogitationes et ad intentionem eorum qui choreas agunt, quia de his judicat solus Deus. » (Can. *Erubescant*, et ibi Gloss., dist. XXXII; Fagnan., in cap. *Vestra*, num. 46, *De cohabit. cleric. et mulier*.).....

IV. Afin que les clercs se montrent partout à la hauteur de leur vocation et qu'on puisse veiller avec plus de soin à l'accomplissement de leurs devoirs religieux, il leur est prescrit de porter constamment la tonsure [1], une chevelure simple (point

---

[1] Clement. II, *De vita et honestate*, III, 1; Conc. Trident., sess. XIV,

de perruque ni de barbe)[1], un vêtement modeste, qui est ordinairement déterminé par la loi diocésaine[2].

V. Les ecclésiastiques initiés aux ordres majeurs sont tenus au célibat[3]. Ils ne peuvent point contracter de mariage valide aux yeux de l'Église. Cette prescription repose sur la préférence que l'Écriture, en divers endroits, donne à la virginité sur le mariage[4] et sur plusieurs raisons d'opportunité, celle-ci notamment, que le prêtre doit se vouer au service de Dieu avec

---

cap. VI, de reform. — Le *schema* déjà mentionné d'une constitution du concile du Vatican recommande également (ch. 1) d'observer les prescriptions du concile de Trente sur le costume des ecclésiastiques.

[1] Can. XXII, XXIII, XXXII, dist. XXV; cap. IV, X, *De vita et honestate*, III, 1, can. 1 et s., can. XXI, 9, 4. Sur la défense faite aux ecclésiastiques de porter la barbe, voyez Thalhofer, *Archives*, t. X, p. 93 et suiv., et la lettre, reproduite au même endroit, du nonce de Munich, en date du 4 mai 1863, à l'archevêque de cette ville, pour l'inviter à réagir contre la coutume de porter la barbe, usitée dans le clergé bavarois, afin que cette nouveauté n'entraîne pas d'autres abus, « ut disciplinæ unitas et perfecta cum Ecclesia romana, omnium magistra, conformitas, in omnibus, ac proinde etiam in habitu et tonsura clericorum servetur. » — Voyez aussi le concile de Prague de 1860, tit. I, cap. VIII.

[2] Le concile de Trente (sess. XIV, cap. VI, de reform.) laisse aux évêques le soin de prescrire le vêtement. — Voyez par exemple les ordonnances des conciles provinciaux de Vienne, 1858, tit. V, c. VIII; de Prague, 1860, t. I, cap. VIII; de Cologne, 1860, part. II, tit. III, cap. XXXVII; de Gran, 1858, tit. VI, cap. I; de Colocsa, 1863, tit. IV, cap. V; Schulte, *Manuel*, § 41, n. 4.

[3] X, III, 8, *De clericis conjugatis*; in VI°, III, 2, *Qui clerici vel voventes matrimonium contrahere possunt*. — Phillips, *Kirchenrecht*, t. I, § 63-65; *Lehrbuch*, § 70; F.-A. Zaccaria, *Storia polemica del celibato sacro*, Rom., 1775, et *Nuova giustificazione del celibato sacro*, Folign., 1785; Mœhler, *Beleuchtung der Denkschrift für die Aufhebung des den katholischen Geistlichen vorgeschriebenen Cœlibats*, dans ses *Mélanges*, publiés par Dœllinger, Ratisbonne, 1839, t. I, p. 177-267; *Der Cœlibat*, Ratisbonne, 1841; Roskovány, *Cœlibatus et breviarium, duo gravissima clericorum officia, e monumentis omnium sæculorum demonstrata*, t. V, Pestini, 1861. Voyez aussi Walter, *Lehrbuch*, § 214; Mittermüller, *Zum Verstændnisse einiger alten den Cœlibat und die Priesterehe betreffenden Kirchengesetze*, dans *Archives*, t. XVI, p. 209 et suiv.; le même, *Ueber den Zeitpunkt in welchem das verbietende Ehehindernisz der Weihe in ein trennendes überging*, dans *Archives*, t. XVI, p. 3 et suiv. Cf. le même, dans le *Catholique*, livraison de mai 1866, p. 528 et suiv.

[4] Cf. Matth., XIX, 11 et suiv.; I Cor., VII, 27 et suiv. — Prétendre que l'Écriture ordonne aux ecclésiastiques de prendre une femme, c'est altérer le sens du texte. L'Église ne doit point accepter au rang de ses ministres quiconque a été marié deux fois.

d'autant plus d'abnégation et d'indépendance que le respect et la confiance du peuple, surtout au confessionnal, est plus grande envers le prêtre non marié ; que le mariage des prêtres, comme le prouve la situation des Églises grecque et anglicane, pourrait facilement introduire dans l'Église la plaie funeste du népotisme.

À l'époque où le christianisme parut dans le monde, l'immoralité avait pris de telles proportions dans l'empire romain, que la loi ne considérait comme des hommes ordinaires que ceux qui étaient mariés et qui engendraient des enfants dans le mariage. C'est à ce point de vue que la loi julienne et poppéenne avait imposé à tous l'obligation de se marier et d'avoir des enfants [1]. Et c'est ce qui explique pourquoi, dans les premiers temps, on ordonnait des hommes mariés. Du reste, en ce qui est des apôtres, saint Pierre est le seul dont on puisse prouver par l'Écriture [2] qu'il ait été engagé dans le mariage, et il est certain de lui, comme de tous les autres apôtres, qu'après sa vocation il s'affranchit de tous les liens du mariage, à l'exemple de Jésus-Christ, qui mena une vie toute virginale.

Le célibat des prêtres fut donc considéré dès les premiers temps comme une chose qui s'entend de soi. Quand le zèle des chrétiens, en cela comme en toutes choses, se fût relâché, la loi écrite intervint pour inculquer aux clercs le devoir de continuer la pratique du célibat [3], ainsi qu'on le voit par les

---

[1] Voyez Vering, *Droit romain privé* (en allem.), § 220, p. 534 et suiv., 4ᵉ édition.
Cette loi est nommée *Julia*, du nom de l'empereur Auguste, et *Pappia Poppéa*, du nom des consuls d'une partie de cette année-là. « Ce n'est point pour vivre seuls, disait Auguste aux sénateurs qui demandaient l'abolition de cette loi, — que vous restez dans le célibat ; chacun de vous a des compagnes de sa table ou de sa couche, et vous ne cherchez que la paix dans vos dérèglements. — Mon unique objet est la perpétuité de la république ; j'ai augmenté les peines de ceux qui n'ont point obéi, et à l'égard des récompenses, je ne sache pas que la vertu en ait encore eu de plus grandes. Il y en a de moindres qui portent mille gens à exposer leur vie, et celles-ci ne vous engageraient pas à prendre une femme et à nourrir des enfants ! » (Montesquieu, *Esprit des lois*, liv. XXIII, ch. XXI.) (*Cit. du trad.*)

[2] *Matth.*, VIII, 14.

[3] Cependant l'Église grecque, au concile d'Ancyre, cap. X (c. VIII, dist. 28), permit au diacre de se marier quand il se réserverait de le faire avant de recevoir l'ordination de l'évêque. Elle n'exigea pas non

conciles à partir du quatrième siècle [1]. L'Église, il est vrai, se vit dans la nécessité d'user de certains ménagements; mais à partir du sixième siècle, du moins en Occident, il fut admis en principe dans la législation ecclésiastique que le clerc, depuis le sous-diaconat, était tenu au célibat [2].

L'exécution de cette loi trouva un appui dans le développement de la vie en commun (vie canonique), de même qu'il rencontra plus tard un obstacle dans l'établissement de l'investiture laïque et dans la simonie, quand la vie commune eut disparu. De là vient qu'au onzième siècle les papes insistèrent de nouveau sur l'observation des anciennes lois du célibat [3]. Nicolas II [4], Alexandre II [5], mais surtout Grégoire VII [6] et plus tard Urbain II [7] défendirent sous peine d'excommunication d'assister à la messe d'un prêtre marié.

Le premier concile de Latran [8], célébré en 1122, sous le pape Calixte II, de même que le second de Latran, en 1139 [9], sous Innocent II, déclarent invalide le mariage des clercs initiés aux

plus, comme l'Église latine, de ceux qui, étant déjà mariés, voulaient recevoir un ordre supérieur, qu'ils rompissent les relations du mariage, elle permit de les continuer, tout en défendant d'en contracter un nouveau après la mort d'une première femme.

En 692, le concile *in Trullo* décida, suivant ce qui était déjà précédemment usité dans l'Église grecque, que l'évêque ne pourrait pas continuer un mariage conclu avant la réception des ordres majeurs; de là vient que dans cette Église les évêques sont ordinairement choisis parmi les moines.

Les lois de l'empereur Théodose II, en 420 (l. 19 C. *De episcopis et clericis*, I, 3); celles de Justinien au sixième siècle (l. 45, C. eod., Nov. 6, cap. I; Nov. 123, cap. IX, XII) témoignent des efforts que faisaient l'Église pour inculquer au clergé oriental l'obligation du célibat. — Voyez d'autres détails dans Walter, *Lehrbuch*, § 212.

[1] Conc. Eliber., can. XXXIII (dans Hardouin, *Concilia*, t. I, col. 253). — Conc. Ancyr., ann. 314 (can. VIII, d. 28). — Conc. Neocæs., anno 314 (can. I, d. cit.). — Can. I, d. 32 (Leo M.). — Voyez aussi Conc. Nicæn., can. III.

[2] Can. I, dist. 31 (Greg. Magn.). Voy. can. I, dist. 32 cit.; can. IV, d. 32 (Nicol. I), an. 865.

[3] C. XIV, dist. 32 (de Léon IX ou de son légat Humbert); can. XIV, dist. 31 (Stephan IX).

[4] Can. V, dist. 32. — [5] Can. VI, dist. 32. — [6] Can. XV, dist. 81. — [7] Can. X, dist. 32; can. XII, eod. — [8] Can. VIII, dist. 27, et le concile de Reims en 1140.

[9] Can. II, dist. 28; can. XL, C. 27, 9, 1. Voyez can. IV, X, *De clericis conjugatis*, III, 3 (Alexander III).

ordres majeurs[1]; le Code justinien, au sixième siècle, disait la même chose en des termes suffisamment clairs. Alexandre III[2] étendit cette défense aux clercs des ordres mineurs; mais on leur permit plus tard le mariage; seulement ils devaient être déclarés déchus de leur emploi par sentence du juge et ils ne pouvaient exercer leurs fonctions qu'en cas de nécessité[3]. Quant au mariage de ceux qui ont reçu les ordres majeurs, son invalidité a été confirmée de nouveau par le concile de Trente, qui prive *ipso facto* de leur bénéfice ceux qui commettent ce délit[4].

VI. De même que les membres des ordres religieux doivent réciter l'office du chœur à certains temps de la journée, les clercs séculiers, à partir du sous-diaconat, sont tenus de réciter journellement l'office du Bréviaire[5], distribué en sept parties (*horæ canonicæ*), sous peine de perdre les fruits de leurs bénéfices, et finalement leurs bénéfices mêmes.

L'Église, en prenant cette mesure, a voulu fortifier le prêtre et l'animer dans l'exercice des devoirs de son état[6].

Le Bréviaire se compose de psaumes, d'hymnes, d'extraits de la sainte Écriture, d'homélies des saints Pères, de légendes des saints et de prières. Dans ces derniers temps, la plupart des Bréviaires diocésains ont été remplacés par le Bréviaire romain. Au concile du Vatican, plusieurs propositions ont été faites sur la réforme du Bréviaire et les prescriptions relatives à sa récitation[7].

Dans le *schema* d'une constitution du concile du Vatican sur

---

[1] Voyez p. 127, note 3.

[2] C. III, X, de clericis conjugatis, III, 3; voyez c. I, II, eod.; c. XIII, X, de vita et honest., III, 1.

[3] C. unic., in VI°, de clericis conjugatis, III, 2; Clem. I, de vita et honest., III, 1; Conc. Trid., sess. XXIII, cap. VI, de ref.

[4] Conc. Trid., sess. XXIV, de sacramento matrimonii, can. IX; Phillips, *Kirchenrecht*, t. I, p. 743.

[5] Voyez le tome V de l'ouvrage de Roskovany, cité plus haut, p. 126, note 3; Probst, *Brevier und Breviergebet*, 2e édit., Tubingue, 1868. Voyez surtout c. XVII Conc. Later. IV, an. 1216; Conc. Basil., 1435, (sess. XXI; Const. Leonis X, Supernæ dispositionis, an. 1514 (sess. IX d. 3 mai 1514; Conc. Lateran. V); Const. Pii V, 20 sept. 1572. Voyez aussi la décision de la Congrégation des rites (*Archives*, t. II, p. 384; t. XIV, p. 473).

[6] Moy, *Archives*, t. II, p. 86 et suiv.

[7] Voyez Martin, *loc. cit.*, p. 165 et seq., 178, 188 et seq., 190, 195, 202 et seq.; le même, *Die Arbeiten des Vaticanischen Concils*, p. 109.

la conduite et les devoirs des prêtres [1], la récitation du Bréviaire a été de nouveau inculquée à tous les ecclésiastiques investis des ordres majeurs, quand même ils ne sont revêtus d'aucun emploi ecclésiastique. Ce *schema* recommande également à tous, principalement aux pasteurs des âmes et aux confesseurs, de faire au moins tous les trois ans des exercices spirituels.

VII. On a proposé au même concile que des mesures fussent prises pour instituer dans chaque diocèse des maisons communes où les prêtres qui ne sont pas employés dans le saint ministère ou qui n'ont aucun emploi à exercer, pussent vivre, prier et étudier en commun ; que, dans le cas où ce projet ne pourrait s'exécuter, les prêtres qui n'ont pas charge d'âmes et ne sont pas occupés au service de l'Église fussent strictement obligés de consacrer tous les jours un temps déterminé, non seulement à la récitation du Bréviaire, mais à la lecture ou à la méditation spirituelle [2].

§ 70. 2. **Droits et devoirs des ecclésiastiques protestants** [3].

I. Les droits du clergé protestant, autant qu'on en peut juger par les lois civiles, sont les mêmes que ceux du clergé catholique (§ 68). Mais ils ne s'acquièrent régulièrement que par l'obtention d'une charge ecclésiastique ou par la soutenance des examens. Ils disparaissaient avec la perte de l'emploi, conformément aux prescriptions qui règlent l'ordination protestante.

II. Sur les obligations particulières des ecclésiastiques, les ordonnances de l'Église évangélique contiennent les mêmes principes que le droit canon. Elles exigent d'eux des mœurs irréprochables, la fuite des occupations séculières, l'abstention des divertissements publics, même licites, et surtout la décence dans le maintien extérieur, etc. Quant à la récitation du Bréviaire et au célibat, les protestants les ont rejetés dès le principe.

Pour le reste, les principaux droits et devoirs des ecclésias-

---

[1] Voyez le chapitre II du projet de cette constitution dans Martin, *Collect.*, p. 137 et suiv.
[2] Voy. Martin, *Collect.*, ed. 2, p. 1 et seq. (postul. episc. Albinganen.); le même, *Die Arbeiten*, p. 109.
[3] Voyez Richter, *Lehrbuch*, § 162, 7e éd.

tiques protestants coïncident avec les droits et les devoirs de leurs fonctions.

CHAPITRE III.

LES OFFICES ECCLÉSIASTIQUES DANS L'ÉGLISE CATHOLIQUE.

LES OFFICES ECCLÉSIASTIQUES [1].

§ 71. 1. **Leur notion et leurs espèces** [2].

I. *Offices* ou *bénéfices ecclésiastiques*. On appelle bénéfice le droit que l'Église accorde à un clerc de percevoir certains revenus ecclésiastiques, à la condition de rendre à l'Église, dans la sphère qui lui est assignée par les supérieurs ecclésiastiques, les services prescrits par les canons, par l'usage ou par la fondation. Dans le principe, on entendait simplement par bénéfice les biens destinés à l'entretien des ministres de l'Église. On leur donnait aussi le nom de prébende.

II. Les *bénéfices réguliers* sont possédés par des religieux ; les *bénéfices séculiers*, par des prêtres séculiers.

III. Les *bénéfices ecclésiastiques*, dans le sens propre du mot, doivent être conférés à vie, *beneficia titulata*. Relativement aux prébendes séculières et aux prébendes régulières auxquelles est attachée la charge d'âmes, c'est-à-dire l'administration des sacrements, notamment de la pénitence, on admet, en cas de doute, que ce sont des bénéfices en titres [3]. Les bénéfices ma-

---

[1] Thomassin, *Vetus et nova Ecclesiæ disciplina circa beneficia*, Paris, 1868. Voyez t. Ier, § 15, n. III, p. 38 ; Rebuffi, *Praxis beneficiariorum*, Lugduni, 1579 ; Paris., 1664 ; Garcias, *De beneficiis*, Mogunt., 1614 ; Colon., 1636 ; Pyrrhi Corradi *Praxis beneficiaria*, Neapol., 1656 ; Lotter, *De re beneficiaria*, Lugduni, 1659 ; Leuren, *Forum beneficiale*, Colon., 1704 ; Squanin, *Tractatus beneficiarius*, Romæ, 1752 ; Phillips, *Droit ecclésiast.*, t. VII, § 379.

[2] Sur la division des offices ecclésiastiques, voyez aussi Schmalzgrueber, *Jus eccl. univ.*, lib. III, tit. v, § 2.

[3] Le concile de Trente, renouvelant l'ancienne discipline, demande, en plusieurs endroits, que les clercs qui ont été ordonnés ou attachés à un certain ministère par l'autorité légitime de l'Église, y demeurent toute leur vie pour remplir les fonctions qui y sont attachées ; car c'est ainsi seulement qu'il existe un véritable lien entre le chef et les membres. (Conc. Trid., sess. VII, cap. VII, de ref. ; sess. XXIII, cap. XVI ; sess. XXIV, cap. XIII, de reform.)

nuels, ou commendes, sont des bénéfices improprement dits ; ils peuvent être retirés sans motifs particuliers, quand même ils ne peuvent demeurer vacants et qu'il y ait obligation de les pourvoir.

En France et dans les provinces de la rive gauche du Rhin, il n'existe plus, depuis la restauration du culte, qu'un petit nombre de bénéfices fermement dotés ; ce sont les curés cantonales établies dans les plus importantes localités. Les autres ne sont que des succursales (*parochi amovibiles*, curés desservants [1]).

Il en est de même en Angleterre, en Écosse, en Irlande et dans le nord de l'Amérique ; il n'y a que des paroisses insuffisamment dotées qui ne sont point de vrais bénéfices. Au concile du Vatican, on a laissé indécise la question de savoir si ces curés amovibles pouvaient être écartés au gré de l'évêque, *ad nutum episcopi*, ou seulement pour une cause grave, *ex gravi causa* [2].

ADDITION DU TRADUCTEUR.

Le cas suivant, soumis à la Congrégation du concile en 1857, permettra d'apprécier les raisons qui peuvent légitimer l'éloignement d'un curé inamovible :

Un curé inamovible s'était rendu odieux à ses paroissiens par sa sévérité et par la rudesse de ses mœurs. L'évêque lui proposa d'échanger sa cure contre une autre, également inamovible. Le curé refusa. L'évêque pouvait-il ordonner d'office la permutation, et, en cas de résistance, suspendre le curé de son bénéfice, lui interdire la juridiction, l'excommunier? Tous les canonistes reconnaissent l'inamovibilité des bénéficiers, mais cette loi souffre des exceptions.

Le consentement du bénéficier, des crimes notoires et publics, un avantage évident, le besoin de l'Église, ce sont là des motifs généralement reconnus suffisants pour qu'un curé soit écarté de sa paroisse ; le troisième seul, la nécessité ou l'utilité de l'Église, peut soulever des difficultés.

Le chapitre *Quæsitum V, de permutat. rerum*, semble reconnaître à l'ordinaire le droit de transférer un curé d'un bénéfice à un autre quand la nécessité l'exige ; mais ce passage se rapporte plutôt à un échange volontaire que font entre eux deux bénéficiers, et que l'évêque approuve.

[1] Voyez t. Ier, § 38, n. VIII, 43, p. 204; Lingen et Reuss, *Causæ selectæ in Congr. conc. prop.*, p. 826 et seq.

[2] Voyez t. Ier, § 38, n. VIII, 43, p. 204, note 2.

Donc, l'évêque de Limbourg envoie au curé N. un décret qui le transfère à une autre paroisse pour les raisons suivantes : 1° l'évêque, satisfait des mœurs et du zèle du curé, le blâme de s'être attiré par sa faute l'aversion des fidèles dans un tel degré qu'il ne peut plus attendre aucun bon succès de son ministère : la population devient chaque jour plus mauvaise, quelques-uns même menacent d'apostasier ; 2° le curé a dédaigné les avertissements de l'évêque ; 3° il a attendu jusqu'au 26 novembre pour informer l'autorité diocésaine d'une démonstration scandaleuse qui avait eu lieu le mercredi des Cendres. Il en a parlé en chaire en termes inconvenants.

N. a repoussé l'offre qui lui a été faite d'une autre paroisse et n'a pas appelé au métropolitain. Il proteste contre ce décret, invoque l'autorité civile et demande une enquête. L'évêque l'invite, sous peine de suspense, d'échanger sa paroisse contre une autre à son choix, puis, le terme écoulé, il le suspend de ses fonctions, *ab officio,* avec menace de lui retirer son bénéfice s'il ne se soumet dans l'espace de huit jours. Quand les huit jours de l'appel sont passés, la cure est déclarée vacante et confiée à un autre.

N. dépose au secrétariat de l'archevêché une déclaration d'appel au Saint-Siège et demande ses lettres dimissoires (*apostolos* : — ce sont des lettres que le juge dont on appelle envoie au juge auquel il est fait appel, pour attester que l'appellation a pleinement eu lieu). Ces lettres doivent être demandées dans la période du temps où l'appellation doit se faire. L'évêque les refuse parce que le temps voulu est écoulé ; cependant il ne fera pas obstacle à l'appel à Rome.

L'évêque, sur ces entrefaites, a souvent mandé près de lui le curé récalcitrant, dans l'espoir de le fléchir. Il avertit encore trois fois par écrit, puis il l'interdit. Dans son décret, il le prive de toute participation active et passive aux sacrements. L'excommunication majeure n'a jamais été prononcée ; l'évêque s'est contenté d'avertir les prêtres du voisinage de lui refuser la pénitence et l'Eucharistie jusqu'à ce qu'il ait réparé le scandale.

N. prie la Congrégation du concile d'annuler les décrets de l'évêque. La demande est renvoyée à l'ordinaire, qui répond par un récit de ce qui s'est passé, avec preuves à l'appui. Ce récit, imprimé, fut distribué aux cardinaux. En voici le résumé : Nicolas a des mœurs distinguées, sa conduite est irréprochable, mais les meilleurs de ses paroissiens se plaignent de son excessive dureté, de son imprudence, de sa violence, de sa grossièreté. Les fidèles s'éloignent de l'église et vont se confesser dans les paroisses voisines ; les autres s'en abstiennent, même à Pâques. Les hérétiques en profitent pour gagner les faibles. Le doyen, chargé de s'enquérir des plaintes, les a trouvées légitimes. Déjà autrefois, l'évêque avait écrit à l'inculpé de changer de conduite, sinon qu'il l'enverrait ailleurs, etc.

Le défenseur de N. s'efforce de démontrer que le décret de permutation est invalide, que la désobéissance, le mépris de l'autorité épiscopale ne sont nullement prouvés, que ce décret est nul, parce qu'il a été rendu sans avertissement préalable, que la procédure juridique n'a pas été observée.

Enfin, voici les doutes qui furent soumis à la Congrégation du concile : 1° Le décret d'éloignement porté contre le curé est-il valide? 2° Faut-il infirmer les peines canoniques portées contre lui? — Dans une première séance, les sentiments furent partagés et l'affaire ajournée. Elle fut reprise plus tard à la demande des deux parties, qui fournirent de nouvelles explications.

L'évêque disait, dans son second rapport : N. s'oppose au décret de translation parce qu'il croit qu'un évêque ne peut éloigner un curé de sa paroisse que pour des crimes atroces et notoires. Son défenseur allègue le canoniste Pischler, mais il aurait dû ajouter ce qui suit : pour tous les motifs qui ont rapport au bien public, l'évêque peut ordonner la permutation, même contre le gré du bénéficier. Les plaintes contre N. ont commencé en 1838 et l'auraient empêché de devenir curé avant 1843.

Le défenseur réfute ces griefs en disant que N. est curé depuis 1840, que sa conduite est suffisamment connue par la première défense, que sa translation est un vrai châtiment, que la nouvelle paroisse est loin de valoir la première, l'évêque ayant lui-même déclaré qu'il la considérait comme un noviciat pour les jeunes gens; que la nomination d'un nouveau curé s'était faite à la hâte et était entachée de nullité : il avait reçu l'institution canonique pour une paroisse vacante depuis la nuit précédente.

Le témoignage des juges synodaux et du doyen ne prouve rien. Il est absurde que les premiers, simples laïques chargés d'administrer les biens de l'église et de protéger ses droits, s'ingèrent à juger leur curé, à faire des enquêtes sur sa conduite, à décider s'il doit rester ou partir. La loi canonique le défend formellement[1]. Le doyen a fait son enquête en dehors de toutes les formes juridiques; il s'est borné à questionner de maison en maison les ennemis du curé, lequel n'a pas été entendu. Il apporte de nouveaux témoignages par lesquels les paroissiens déclarent que N. a été faussement accusé.

La Congrégation du concile confirme tous les décrets de l'évêque et décide qu'on lui écrira d'absoudre N. des censures encourues, de lui donner une autre paroisse ou un autre bénéfice dont les revenus

---

[1] Cap. ii, de judiciis, et cap. xiv, de test. et attest.

soient équivalents à ceux de la première. Nous avons donné ci-dessus le texte des deux questions; voici la réponse de la Congrégation : « Ad primum, affirmative; ad secundum, scribatur episcopo ut sacerdotem N. a censuris absolvat et rehabilitet eumque provideat de alia parochia, seu beneficio redditus æquivalentis, die decembris 1857 [1]. »

Au moyen âge, on appelait aussi commende la collation des revenus d'un bénéfice avec dispense des devoirs attachés à la charge [2]. On en conférait souvent aux avocats, aux protecteurs de l'Église et aux évêques expulsés.

IV. Les grands bénéfices, *beneficia majora*, les prélatures, sont des charges ecclésiastiques dont le titulaire possède une juridiction épiscopale ou comme épiscopale. Tous les autres sont de petits bénéfices, *beneficia minora*.

V. Les bénéfices simples, *beneficia simplicia*, sont ceux qui obligent seulement au service du chœur et au service immédiat de l'autel, comme les simples canonicats des chapitres et des collégiales. On appelle bénéfices doubles, *beneficia duplicia*, ceux qui joignent une obligation nouvelle à ces deux obligations, par exemple :

1° La charge d'âmes, *beneficia curata*, comprenant l'administration des sacrements, notamment de la pénitence, et en particulier les fonctions de curé;

2° L'administration des biens de l'Église, *officia*;

3° Des distinctions personnelles, *personatus*, comme la préséance [3].

4° Les dignités ou bénéfices auxquels sont annexées une juridiction et une administration, *dignitates*. De ce nombre sont, outre les grands bénéfices, les seuls qui dans le principe fussent appelés dignités, les emplois qui, dans les chapitres et

---

[1] *Archives du droit canon*, par Vering.

[2] Boniface VIII combattit ces sortes d'abus dans le c. xv, in VI°, de rescriptis, I, 3.

[3] La demande a été faite au concile du Vatican (cf. Martin, *Collect.*, ed. 2, p. 156) que le Saint-Siége s'abstînt de conférer des distinctions honorifiques, des titres, des priviléges, tels que ceux de camérier d'honneur, de protonotaire, de missionnaire apostolique, à des ecclésiastiques qui résident hors de Rome, avant d'avoir consulté leurs ordinaires. On a demandé aussi qu'il fût défendu aux évêques de nommer chanoines honoraires de leurs cathédrales des ecclésiastiques d'autres diocèses, avant d'avoir entendu les ordinaires de ces ecclésiastiques.

les collégiales, sont pourvus de la juridiction, comme les prévôtés, les décanats [1].

VI. On distingue les bénéfices de libre collation, *liberæ collationis*, auxquels le supérieur ecclésiastique nomme sans qu'un autre ait le droit d'élection ou de présentation ; les bénéfices de patronage, qui se confèrent sur la présentation d'une autre personne ; les bénéfices mixtes, qui sont conférés une fois librement par les supérieurs ecclésiastiques et une autre fois sur la présentation d'un patron.

§ 72. 2. La préséance et l'obédience canonique (majoritas et obedientia) [2].

La préséance *(majoritas)* indique la supériorité d'une fonction sur une autre fonction, d'un clerc sur un autre clerc. Elle a pour corrélatif l'obéissance des clercs inférieurs, des serviteurs laïques de l'église [3], des laïques en général dans toutes les affaires religieuses.

II. Les évêques sont tenus, même par serment, de promettre l'obéissance au pape. La formule actuelle date de Clément VIII [4].

ADDITION DU TRADUCTEUR.

Cette formule est ainsi conçue : « Ego N. electus Ecclesiæ N. ab hac hora in antea fidelis et obediens ero beato Petro apostolo sanctæque romanæ Ecclesiæ et domino nostro papæ N. suisque successoribus canonicæ intrantibus. Non ero in concilio aut consensu vel facto ut vitam perdant aut membrum, seu capiantur mala captione, in eos violenter manus quomodolibet ingerantur, vel injuriæ aliquæ inferantur, quovis quæsito colore. Consilium vero, quod mihi credituri sunt per se aut

---

[1] C'est en ce sens plus large que les dignités sont opposées aux prébendes dans les titres suivants : X, *De præbendis et dignitatibus*, III, 5; in VI°, III, 4; in Clem. III, 2.

[2] Titul. *De major. et obedientia*, X, I, 33; in VI°, I, 17; Phillips, *Kirchenrecht*, t. II, §§ 78-81.

[3] Voyez sur la condition des serviteurs laïques de l'Église (Rohden), *Die katolische Kirche in Preuszen und deren hœchster Gerichtshof*, Dantzig, 1861 ; Roshirt, *Archives*, t. VIII, p. 1 et suiv.

[4] Clément VIII modifia celle des Décrétales, cap. IV, X, *De jurejur.*, II, 24, par celle qui se trouve dans le *Pontifical romain*, ed. Urbin, 1818, p. 55. Elle est reproduite dans Phillips, *Lehrbuch*, § 74, n. 10, et dans le même, *Droit eccl.*, t. II, § 81, avec des remarques historiques et critiques. Le jésuite Victor de Buck, présent au concile, a écrit en faveur des exemptions, *De exemptione regularium conservanda et confirmanda*, Bruxellis, typ. Franc. Vromant., 1869.

nuntios suos aut litteras, ad eorum damnum me sciente nemini pandam. Papatum romanum et regalia S. Petri adjutor eis ero ad retinendum et defendendum, salvo meo ordine, contra omnem hominem. Legatum apostolicæ Sedis ineundo et redeundo honorifice tractabo et in suis necessitatibus adjuvabo. Jura, honores, privilegia et auctoritatem sanctæ romanæ Ecclesiæ domini nostri papæ et successorum prædicatorum conservare, defendere et promovere curabo. Neque ero in concilio vel facto, seu tractatu in quibus contra ipsum dominum nostrum vel eamdem romanam Ecclesiam aliqua sinistra vel præjudicialia personarum, juris, honoris, status et potestatis eorum machinentur. Et si talia a quibuscumque tractari vel procurari novero, impediam hoc pro posse, et, quanto citius potero, significabo eidem domino nostro, vel alteri per quem possit ad ipsius notitiam pervenire. Regulas sanctorum Patrum, decreta, ordinationes, seu dispositiones, reservationes, provisiones et mandata apostoli ea totis viribus observabo et faciam ab aliis observari. Hæreticos, schismaticos et rebelles eidem domino nostro vel successoribus prædictis pro posse persequor et impugnabo. Vocatus ad synodum veniam, nisi præpeditus fuero canonica præpeditione. Apostolorum limina singulis trienniis personaliter per me ipsum visitabo, et domino nostro ac successoribus præfatis rationem reddam de toto meo pastorali officio ac de rebus omnibus ad meæ ecclesiæ statum, ad cleri et populi disciplinam, animarum denique quæ meæ fidei traditæ sunt, salutem quovis modo pertinentibus, et vicissim mandata apostolica humiliter recipiam et quam diligentissime exequor. Quod si legitimo impedimento detentus fuero, præfata omnia explebo per certum nuntium ad hoc speciale mandatum habentem de gremio mei capituli, aut alium in dignitate ecclesiastica constitutum seu alias personatum habentem, aut his mihi deficientibus per diœcesanum sacerdotem, et clero deficiente omnino per aliquem alium presbyterum sæcularem vel regularem spectatæ probitatis et religionis, de supradictis plane instructum. De hujusmodi autem impedimento docebo per legitimas probationes ad sanctæ romanæ Ecclesiæ cardinalem proponentem in Congregatione sacri concilii per supradictum nuntium transmittendas. Possessiones vero ad mensam meam pertinentes non vendam nec donabo neque impignorabo, nec de novo infeudabo vel aliquo modo alienabo, etiam cum consensu capituli ecclesiæ meæ, inconsulto romano Pontifice. Et si ad aliquam alienationem devenero, pœnas in quadam super hoc edita constitutione contentas eo ipso incurrere volo. Sic me Deus adjuvet et hæc sancta Evangelia[1]. »

La phrase suivante contenue dans cette formule : *Hæreticos*

[1] Voyez Schulte, *Système du droit canon*, p. 290.

pro posse persequar et impugnabo, signifie simplement, d'après une interprétation authentique réitérée [1], que l'évêque veillera de toutes ses forces au maintien de la pureté de la foi dans son diocèse.

III. Chaque ecclésiastique, lors de son ordination, doit promettre obéissance à son évêque; il lui est soumis de telle sorte qu'il ne peut, sans sa permission, rompre les liens qui l'attachent à son diocèse et qu'il est obligé d'y rentrer sur sa demande.

S'il voulait rompre ce lien d'obéissance, il devrait en obtenir la permission de son évêque (lettres dimissoires).

IV. Quand un clerc obtient un bénéfice double [2], ou qu'il a déjà failli une fois à l'obéissance ecclésiastique [3], il doit promettre à l'évêque, par serment, l'obéissance canonique, c'est-à-dire la soumission requise par les lois de l'Église.

V. L'exemption [4] dispense de l'obéissance à l'évêque diocésain. Il arrive quelquefois que les supérieurs des corporations religieuses, sans posséder l'ordre épiscopal, reçoivent une juridiction quasi-épiscopale (§ 117) sur la corporation qu'ils dirigent. Les prélats exempts se nomment abbés, ou *prælati nullius (scilicet diœceseos).*

VI. Quelquefois aussi les évêques sont affranchis du lien métropolitain et placés directement sous le pape, qui est alors comme leur archevêque.

VII. Entre les prêtres de même rang, la préséance dépend de celle du diocèse lui-même, de l'âge où l'on a obtenu telle dignité ou tel ordre. Le clergé séculier précède le clergé régulier, et

---

[1] Elle a été donnée notamment lorsque le prince électeur archevêque de Dalberg, demanda, avant de prêter serment, une explication sur le sens de ces paroles. — Voyez Kopp, *l'Église catholique au dix-neuvième siècle* (en allem.), p. 31, note; *Feuilles historiques et politiques,* t. VI, p. 52.

[2] Conc. Trid., sess. XXIV, cap. XII, de reform.

[3] C. x; cf. 3, X, h. t.

[4] Voy. Phillips, *Droit eccl.,* t. V, § 206, p. 98. — Une double proposition a été soumise au concile du Vatican : comme les différents priviléges et exemptions accordés aux prélats du clergé séculier et du clergé régulier nuisent souvent à l'ordre ecclésiastique et sont une occasion d'intrigues scandaleuses, de désagréments et de troubles, il serait opportun de prévenir ces inconvénients et de sauvegarder l'efficacité de la juridiction épiscopale, soit par une sage restriction, soit par une suppression complète. — Voy. Martin, *Collect.,* ed. 2, p. 194 et suiv.

dans le clergé régulier les mendiants occupent la dernière place. La décision de ces sortes de controverses appartient à l'évêque [1].

§ 73. 3. Institution des emplois dans l'Église catholique [2].

I. Le pape seul est compétent pour instituer ou modifier les grands bénéfices [3]. Les petits bénéfices ressortissent à l'évêque diocésains [4]. Le concours du gouvernement n'est requis que pour obtenir la personnalité juridique et accréditer les registres paroissiaux devant la loi civile, quand le gouvernement doit fournir une subvention, ou que son concours est exigé par quelque concordat, comme en Bavière et en Autriche [5].

II. Les conditions requises pour l'établissement d'un bénéfice sont :

1° Une cause juste, *justa causa*, notamment une nécessité pressante, *urgens necessitas*, ou une utilité manifeste, *evidens utilitas*, ou l'accroissement du culte divin, *augmentum cultus divini*. C'est à l'évêque de décider si quelqu'une de ces conditions existe [6];

2° Un lieu convenable, *locus congruus*;

---

[1] Tous les différends pour le pas et la préséance, qui s'élèvent bien souvent avec grand scandale entre les ecclésiastiques tant séculiers que réguliers, soit dans les processions publiques, soit aux enterrements, soit pour porter le dais ou autres occasions semblables, seront accommodés par l'évêque, nonobstant tout ce qui pourrait être allégué, et tous exempts, tant ecclésiastiques séculiers que réguliers, et même tous moines appelés aux processions publiques, seront obligés de s'y trouver, à l'exception toutefois de ceux qui passent toute leur vie dans une clôture étroite. (Conc. Trid., sess. XXV, cap. XIII, de regul.)
(Note du traducteur.)

[2] Cf. Berardi, *Comment. ad jus canon. univ.*, t. II, diss. III, cap. I, p. 80 et seq.; Phillips, *Kirchenrecht*, t. VII, § 318; Lingen et Reuss, *Causæ selectæ in S. Congr. conc.*, p. 749 et seq.

[3] C. I, dist. 22. Voyez, sur l'érection des évêchés, Phillips, *op. cit.*, t. V, § 219, p. 211 et suiv.

[4] Cependant les évêques ont aussi besoin de la permission du pape pour ériger des collégiales. Cette permission, quand les conditions requises existent, n'est pas habituellement refusée. Voy. Ferraris, *Prompta Bibl.*, au mot *Collegiata*, n. 21; Phillips, *Droit eccl.*, t. VII, p. 285.

[5] Concordat bavarois, art. 12; concordat autrichien, art. 4 c.

[6] C. III, X, *De eccles. ædif.*, III, 48. Voyez Conc. Trid., sess XXIV, cap. XIII i. f., de ref.

3° Une dotation suffisante [1];

4° Respecter les droits des tiers [2], qui pourraient réclamer contre un empiètement ;

5° Entendre toutes les parties intéressées, notamment le fondateur du bénéfice, à qui il est permis de ne consentir à la fondation que sous des conditions déterminées [3].

§ 74. 4. Changement ou suppression des bénéfices [4].

I. Un bénéfice ne doit être modifié, *innovatio*, que lorsqu'il y a nécessité urgente ou utilité manifeste [5]. Ici encore, il est indispensable d'entendre toutes les parties intéressées [6].

Le changement peut concerner :

1° La fonction elle-même, et, ce qu'il y a de plus grave, diminuer les devoirs qui y sont attachés. Le concile de Trente a défendu la suppression des devoirs attachés aux bénéfices [7], et surtout la transformation en bénéfices simples des bénéfices avec charge d'âmes [8].

Les changements qui ne regardent que le bénéfice peuvent être : 1° ou une élévation de la redevance *(census)* réservée lors de l'établissement d'un bénéfice ; ou l'obligation de payer un revenu annuel et viager au dernier possesseur du bénéfice ;

2° Une section ou démembrement d'un bénéfice en plusieurs [9].

---

[1] Can. IX, d. 1, de cons. (Julian. Epit. Nov., c. LXI, c. I); c. VIII, X, *De cons. eccl.*, III, 40.

[2] C. XLIV, c. XVI, q. I; c. XXXVI, X, *De præb.*, III, 5.

[3] C. XI, X, *De præb.*, III, 5; c. XVI, X, *De censib.*, III, 39.

[4] Schmalzgrueber, *Jus canon. univ.*, l. III, tit. V, § 5; Berardi, *Comment. ad jus canon. univ.*, t. II, diss. III, cap. III, p. 95 et seq.; Phillips, *Kirchenrecht*, t. V, § 221 ; t. VII, § 381 ; Lingen et Reuss, *Caus. select. in S. Congr. conc.*, p. 749 et seq.

[5] Cap. VIII, 33, X, *De præb. et dignit.*, III, 5 (Alex. III). Voyez aussi le titre : X, III, 9, *Ut beneficia sine diminutione conferantur*.

[6] Arg. c. VI; Conc. Trid., sess. VII; c. XV, sess. XXIV, de ref.; Berardi, *Comment.*, t. II, p. 81 ; Michels, *Quæst. controv. de jure patronatus*, Berolini, 1857, p. 15 et seq.

[7] Conc. Trid., sess. XXV, cap. V, de ref.

[8] Conc. Trid., sess. XXIV, cap. XIII, de ref.; sess. XXV, cap. XVI, de ref.

[9] Cap. IV, X, *De eccl. ædif.*, III, 48 (Alex. III); Conc. Trid., sess. XXI, cap. IV, de ref. Cf. *Analecta juris pontificii*, julii 1853, p. 487 et seq., et, d'après eux, Moy, *Archives*, t. II, p. 17, 44, 129, 153; Molitor, *Archives*, t. VII, p. 400 et suiv.; Heuser, *Drei Urtheile hollændischer Gerichtshœfe, betreffend die Frage ob bei einer Pfarrdismembration die neue Pfarre;*

La division d'une paroisse en plusieurs est surtout recommandée par le concile de Trente, quand une partie des habitants est trop éloignée de l'église paroissiale pour pouvoir s'y rendre sans de graves inconvénients [1]. Autrefois, on donnait souvent à une même paroisse deux pasteurs en titre, avec la même autorité et les mêmes charges. Cet abus a disparu de nos jours.

Les changements qui regardent à la fois l'office et le bénéfice sont :

1° La suppression, ou l'abolition d'un bénéfice avec ou sans réunion à un autre. D'après le concile de Trente, les prébendes des églises-cathédrales et collégiales qui ne sont pas nécessaires pour la célébration du culte divin et pour la dignité de l'Église, peuvent être supprimées en faveur des autres, quand celles-ci sont insuffisamment dotées et ne peuvent être améliorées par la réunion de bénéfices simples. Mais il y faut le consentement du chapitre, et, pour les bénéfices ayant un patron laïque, le consentement de ce patron [2] ;

2° La translation de bénéfices simples à l'église-mère ou à une église voisine, quand les églises transférées tombent en ruine depuis longtemps, ou pour quelque raison particulière [3] ;

3° L'union [4] de plusieurs bénéfices. Elle peut avoir lieu :

a. Par confusion, *per confusionem,* quand deux ou plusieurs bénéfices sont tellement fondus l'un dans l'autre qu'ils en forment un troisième ;

b. Quand une église devient succursale d'une autre, *ecclesia filia,* et lui est soumise comme à l'église-mère *(per suppressionem, accessoria, successiva, plenaria),* sans que la première perde toutefois son indépendance, malgré quelques changements partiels. La même chose a lieu par suite d'un démembrement. Dans les deux cas, le curé, *rector,* devient le patron de l'église succursale ;

c. Ou enfin, il en résulte une union personnelle durable,

einen entsprechenden Theil von den Pfarrgütern der alten Pfarrei beanspruchen kann (Archives, t. X, p. 67 et suiv.)

[1] Conc. Trid., loc. cit.
[2] Conc. Trid., sess. XXIV, cap. XV, de ref.
[3] Conc. Trid., sess. XXI, cap. VII, de ref.
[4] Voy. Fœsser, *De unione, speciatim de incorporatione beneficiorum; Archives,* t. XXI, p. 353-416; Phillips, *Kirchenrecht,* t. VII, § 383 et suiv.

æque principalis, en sorte que les deux bénéfices restent au fond indépendants et immuables, bien qu'ils soient maintenant administrés par une même personne.

Toute union suppose le consentement du chapitre, puis, s'il y a lieu, du patron laïque, quand l'église doit être unie à une église collégiale ou transformée en celle-ci. Il faut aussi que les bénéfices qu'on veut unir soient de même espèce. Le concile de Trente ordonna qu'il fût fait un examen attentif des unions de bénéfices à perpétuité qui existaient alors, et qu'on supprimât toutes celles qui étaient illégitimes [1]. Il décida de plus que, dans les églises cathédrales et dans les collégiales les plus importantes qui ne suffisaient pas à l'entretien des chanoines, on pourrait unir aux prébendes non pas des bénéfices paroissiaux [2], mais des bénéfices simples [3]. Ce concile permet aussi, pour cause de pauvreté ou autre raisons légitimes, l'union perpétuelle de bénéfices simples et de bénéfices à charge d'âmes [4]. En général, il considère l'union des bénéfices comme le principal moyen d'améliorer les paroisses [5] et les canonicats [6] insuffisamment dotés; il tolère même la réunion des églises cathédrales, quand leurs revenus sont si faibles qu'ils ne répondent pas à la dignité de l'évêque et aux besoins de l'église [7].

Quant aux églises inférieures, le concile défend de les unir lorsqu'elles ne sont pas d'un même diocèse, afin qu'une même église n'appartienne pas en quelque sorte à deux diocèses différents [8]. On ne doit pas non plus unir les bénéfices de libre collation aux bénéfices de patronage, dans le cas où les premiers devraient perdre leur indépendance [9].

4° Par union et sujétion, les sources du moyen âge entendent la réunion, pratiquée dès le neuvième siècle [10], des églises et des

---

[1] Conc. Trid., sess. VII, cap. VI, de reform.
[2] Conc. Trid., sess. XXIV, cap. XIII, de reform.
[3] Conc. Trid., sess. XXIV, cap. XV, de reform.
[4] Conc. Trid., sess. XXI, cap. V, de reform.
[5] Conc. Trid., sess. XXIV, cap. XIII, de reform.
[6] Conc. Trid., sess. XXIV, cap. XV, de reform.
[7] Conc. Trid., sess. XXIV, cap. XIII, de reform.
[8] Conc. Trid., sess. XIV, cap. IX, de reform.
[9] Conc. Trid., sess. XXV, cap. IX, de reform.
[10] Voy. Hinschius, *Zur Geschichte der Incorporation und des Patronatsrechts in den « Festgaben für A. W. Heffter, »* Berlin, 1873, p. 1-28. Phil-

bénéfices aux monastères ou autres établissements religieux. Cette réunion, appelée incorporation à partir du quatorzième siècle, se distingue sur plusieurs points de l'union simple. Dans l'union comme dans l'incorporation, le monastère ou l'établissement auquel est unie une église, un bénéfice, entre, comme un héritier (par succession universelle), dans tous les avantages matériels, assume toutes les charges de l'église ou du bénéfice uni ou incorporé [1]; l'entretien des bâtiments passe tout entier au couvent ou à l'institution [2]. Mais dans l'union des bénéfices, aucun des bénéfices unis ne peut être libéré de ses charges; les choses spirituelles, les droits attachés aux fonctions religieuses ne sauraient être séparés des choses temporelles, c'est-à-dire des droits relatifs à la fortune; tandis que cela arrive souvent dans l'incorporation.

L'incorporation se faisait :

a. Ou plenissimo jure. Le temporel et le spirituel étaient incorporés à un monastère exempt ou à tout autre établissement

---

lips, *Kirchenrecht*, t. VII, p. 336, ne fait pas remonter l'origine des incorporations au-delà du onzième siècle.

[1] Voy. Fessler, *Archives*, t. XXI, p. 393 et seq.

[2] On pourrait aussi, évidemment, comme en matière de succession, invoquer le bénéfice d'inventaire : l'établissement avec lequel se fait l'union, aujourd'hui le fisc comme successeur légal des couvents sécularisés, etc., serait responsable, quand il y aurait, dans une union ou incorporation, un inventaire dûment dressé des biens de l'église unie ou incorporée, ainsi qu'un inventaire de la fortune du couvent sécularisé, cet établissement serait responsable jusqu'au montant de l'inventaire de l'entretien des bâtiments, etc.

Voyez l'ordre du cabinet prussien du 25 septembre 1834 sur l'obligation qui incombe à l'État de doter les églises paroissiales en suite de la suppression des couvents et des fondations de la rive droite du Rhin (*Archives*, t. XIX, p. 340 et suiv.); le jugement du haut tribunal prussien sur les obligations du fisc comme successeur légal des couvents et des fondations supprimés (*Archives*, t. XXII, p. 138 et suiv.); sur l'obligation qui incombe au fisc d'entretenir les églises par suite de la sécularisation, notamment en ce qui regarde la Prusse (*Archives*, t. XXIV, p. 112 et suiv.); un jugement du haut tribunal prussien du 19 septembre 1871 concernant l'obligation pour le prince d'entretenir les bâtiments des églises, d'après ce qui a été décidé par le congrès des princes de l'empire d'Allemagne, en 1803, §§ 35, 36 (*Archives*, t. XXXI, p. 335 et suiv.); Sommer, *Die Zulæssigkeit des Rechtsweges in Betreff des Umfanges der vom Fiscus in Folge der Sæcularisation zu gewæhrenden Dotation einer kirchlichen Stelle* (*Archives*, t. XXIII, p. 402 et suiv.). Jugement du tribunal prussien pour décider le conflit de compétence du 8 janvier 1870.

de ce genre. Cet institut exempt devenait le curé ou possesseur du bénéfice incorporé, lequel se trouvait ainsi détaché du diocèse; il se faisait représenter par un vicaire, qui n'avait besoin que de l'approbation de l'évêque pour la charge d'âmes.

b. Ou *pleno jure*. Le temporel et le spirituel passaient à une institution non exempte, qui avait le droit de présentation au bénéfice incorporé, avec la charge d'entretenir le bénéficier.

c. Ou *non pleno jure*, ou *minus plena incorporatio*. Dans ce cas, le temporel seul était incorporé à un institut non exempt. Cet institut jouissait aussi du droit de présentation, et le bénéficier devait lui rendre compte de l'emploi des revenus.

Le concile de Trente a interdit toute autre incorporation [1].

II. Quand la raison qui a fait modifier un bénéfice disparaît, ou qu'il y a une raison suffisante de le rétablir, il peut être ramené à son premier état, *restitutio in integrum*.

III. Les contestations relatives à l'institution ou au changement des bénéfices spirituels, étant des affaires purement religieuses, ressortissent au tribunal ecclésiastique.

ADDITION DU TRADUCTEUR.

On convient que les évêques ont le pouvoir de créer des paroisses où il n'en existe pas, dans les pays de missions, par exemple, et dans les contrées où, comme cela eut lieu parmi nous à l'époque du Concordat de 1801, les paroisses ayant été supprimées, il fallut les réorganiser de nouveau. Mais les évêques peuvent-ils démembrer les paroisses pour en créer de nouvelles? et dans quels cas le peuvent-ils? Il est certain que le droit s'oppose formellement à la division des bénéfices : « Majoribus Ecclesiæ beneficiis in sua integritate manentibus, indecorum nimis videretur ut minorum clericorum præbendæ patiantur sectionem. Idcirco ut sicut in magnis ita quoque in minimis membris suis firmatam Ecclesia habeat universitatem : divisionem præbendarum aut dignitatum permutationem fieri prohibemus. » Ainsi parle Alexandre III dans un concile tenu à Tours (cap. VIII *De præbendis et dignit.*); de plus, il y a dans les décrétales un titre entier ainsi conçu : « Ut ecclesiastica beneficia sine diminutione conferantur. » Or, ce titre est authentique et fait règle.

Cette règle toutefois souffre exception et cela a lieu précisément pour

---

[1] Dans toutes les unions qui se feront, les églises paroissiales ne seront jamais unies à aucun monastère ni à aucune abbaye, dignité ou prébende d'églises cathédrale ou collégiale, ni à aucun autre bénéfice simple, hôpital ou ordre de chevaliers. (Conc. Trid., sess. XXIV, cap. XIII, de ref.)

le cas d'érection d'une nouvelle paroisse nécessitée par les besoins spirituels d'une partie notable des habitants. Voici en effet ce que dit le même pape (cap. *Ad audientiam* III, *de ecclesiis ædificandis*) : « Ad audientiam nostram noveris pervenisse quod villa, quæ dicitur H, tantum perhibetur ab ecclesia parochiali distare, ut tempore hyemali, cum pluviæ inundat, non possint parochiani sine magna difficultate ipsam adire : unde non valent congruo tempore ecclesiasticis officiis adesse. Quia igitur dicta ecclesia dicitur redditibus abundare, quod præter illius villa proventus, minister illius convenienter valeat sustentationem habere, mandamus quatenus, si res ita se habet, ecclesiam ibi ædifices, et in ea sacerdotem, sublato appellationis obstaculo, ad præsentiam rectoris ecclesiæ majoris, cum canonico fundatoris assensu, instituas, ad sustentationem suam ejusdem villæ obventiones ecclesiasticas percepturum; providens tamen ut competens in ea honor, pro facultate loci, matrici ecclesiæ servetur. Si vero persona matricis ecclesiæ virum idoneum præsentare distulerit, vel opus illud voluerit impedire, tu nihilominus facies idem opus ad perfectionem deduci, et virum bonum, appellationis cessante diffugio, instituere non omittas. »

Cette discipline a été innovée et plus amplement expliquée par le concile de Trente (sess. XXI, ch. IV), où il est dit : « Episcopi etiam, tanquam apostolicæ Sedis delegati, in omnibus ecclesiis parochialibus vel baptismalibus in quibus populus ita numerosus sit, ut unus rector non possit sufficere ecclesiasticis sacramentis administrandis et cultui divino peragendo, cogant rectores, vel alios ad quos pertinet, sibi tot sacerdotes ad hoc munus adjungere, quot sufficiant ad sacramenta exhibenda et cultum divinum celebrandum. In iis vero in quibus ob locorum distantiam sive difficultatem, parochiani sine magno incommodo ad percipienda sacramenta et divina officia audienda accedere non possunt, novas parochias, etiam invitis rectoribus, juxta formam constitutionis Alexandri III, quæ incipit : Ad audientiam, constituere possint. Illis autem sacerdotibus, qui de novo erunt ecclesiis noviter erectis præficiendi, competens assignetur portio, arbitrio episcopi, ex fructibus ad ecclesiam matricem quomodocumque pertinentibus; et si necesse fuerit compellere possit populum ea subministrare quæ sufficiant ad vitam dictorum sacerdotum sustentandam. »

Il est donc certain que, lorsqu'il y a lieu de créer de nouvelles paroisses, l'évêque peut démembrer les anciennes. Pour qu'il puisse user de ce droit, plusieurs conditions sont nécessaires : 1° une cause juste ; cette cause, d'après les textes que nous venons de relater, ne peut être que *la distance* et *la difficulté des communications*. Hors ces deux cas, le démembrement n'est plus permis, quand même le nombre des paroissiens excéderait les forces du pasteur chargé d'en prendre soin ; dans cette hypothèse, le concile de Trente autorise seulement les évêques à contraindre les curés, ou autres préposés à la cure des âmes, de s'adjoindre des prêtres auxiliaires en nombre suffisant pour pourvoir aux besoins spirituels du troupeau. On doit avouer cependant que si le nombre des paroissiens dépassait la mesure, ainsi qu'il arrive dans certaines grandes villes, il serait étrange qu'on ne pût créer des paroisses nouvelles, comme l'a fait, il y a peu d'années, à Paris, Mgr Sibour. Mais il semble prudent, même dans ce cas, qu'un évêque se munisse, auprès du Saint-Siége, d'indults particuliers, ne serait-ce que pour prévenir les difficultés qui manquent rarement d'être soulevées en pareille circonstance.

C'est à l'ordinaire de prononcer sur la gravité des inconvénients qui résultent de la distance des lieux et des difficultés de communication : deux mille pas ou deux kilomètres ont été regardés comme une distance suffisante par le sacré tribunal de la Rote (*Thes. resol.*, anni 1800, p. 78). D'après les *Analecta* (Ier livr., col. 441), la sacrée Congrégation du concile a jugé plus d'une fois que la distance de deux mille pas et même de quatorze cents était suffisante. On voit encore dans Ferraris (v° *Dismembratio*, nos 37 et 40) que, d'après les dernières décisions de la même Congrégation, l'évêque peut, dans les cas susdits, procéder au démembrement des paroisses, alors même qu'il y aurait possibilité de pourvoir aux besoins spirituels des habitants trop éloignés par la construction d'une chapelle.

2° L'ordinaire doit faire une enquête afin de s'assurer que le motif est suffisant pour la nouvelle érection ; il peut à cette fin se contenter d'inspecter les lieux par lui-même ou par ses délégués.

3° L'érection d'une paroisse exige un certain nombre de paroissiens : communément dix familles au moins sont jugées nécessaires (Ferraris, *Parochus*, n° 13).

4° Bien que le consentement du curé de la paroisse qu'on démembre ne soit pas nécessaire, cependant il a droit d'être entendu, ainsi que les paroissiens et autres intéressés, s'ils avaient des réclamations à présenter. On doit donc les citer à comparaître et les écouter (cap. I, *De rebus non alien.* in 6° can. *multis* concil. et can. *Felix*, c. XVI, q. 49).

5° C'est à l'évêque à fixer les limites de la nouvelle paroisse.

6° Bien que, d'après le droit, le consentement du chapitre cathédral soit requis dans plusieurs cas pour le démembrement des paroisses, nous croyons, dit M. l'abbé Craisson, qu'en France les évêques sont en possession de se passer de ce consentement, et que cette coutume peut avoir les conditions requises pour être légitime.

7° On ne doit créer aucune nouvelle paroisse sans assigner les revenus nécessaires à l'entretien de ses ministres et aux frais du culte. En France, on obtient ces fonds en faisant reconnaître la paroisse par le gouvernement; d'après le Concordat de 1801, art. 6, cette reconnaissance est requise pour que l'érection soit canonique.

Le pouvoir des évêques est donc incontestable, on vient de le voir, quand il s'agit de démembrer une paroisse pour en créer une nouvelle jugée nécessaire. En est-il de même pour un démembrement opéré en faveur d'une paroisse déjà existante, qui serait plus à la portée des paroissiens que celle dont on les distrait?

Ce doute a été résolu affirmativement par saint Charles dans le premier concile de Milan (*Act. Mediol.*, t. I, p. 7), où il est statué que si « parochiales ecclesiæ partem habent sui populi extra mœnia urbium vel oppidarum vel alibi, quo fiat ut parochus, præsertim nocturno tempore, illis hominibus sacramenta commode administrare non possit, in illis episcopi, aut eam partem commodiori parochiæ uniant, aut etiam ... novas constituant parochias. » Mais cette opinion a été rejetée plus tard par la Congrégation du concile, qui, le 12 août 1628, a déclaré, selon que le rapporte Aldonus dans son *Compendium canonic. resol.* : « Quod dismembrare non liceat a parochia sita extra muros civitatis partem parochianorum habitantium in civitate, sub prætextu quod illis non detur aditus de nocte, sed est constituenda capella ... intra civitatem. » Consultée de nouveau, « an ..., quibus in casibus, ex decreto concilii (sess. XXI, cap. IV) potest episcopus novas parochias erigere possit etiam, loco creationis faciendæ, certam partem populi separare ab antiqua parochia et alteri commodiori applicare, si vel exiguus numerus populi, vel inopia, vel alia causa impediat erigi novam parochiam? » La congrégation répondit : « Non posse ex decreto concilii. »

Cette décision se trouve dans Fagnan, à l'endroit où il commente le chapitre *Ad audientiam,* et c'est le sentiment commun des auteurs, selon l'abbé Bouix, dans son traité *De parocho*, p. 264. La raison en est que les démembrements étant prohibés, les évêques ne peuvent se les permettre que dans les cas que le droit lui-même excepte; or, il n'excepte que le cas où il y a lieu de créer une nouvelle paroisse; ils ne peuvent donc, sans indults du Saint-Siége, se les permettre en d'autres cas.

La question, du reste, fût-elle douteuse, il semble au moins prudent qu'un évêque ne s'engage pas dans une pareille entreprise sans la précaution dont nous venons de parler. En agissant autrement, il s'exposerait à compromettre son autorité : dans le cas, par exemple, où l'affaire étant déférée au Saint-Siége, celui-ci lui donnerait tort comme ayant agi en contravention avec ses décisions. Joignez à cela que la validité même des sacrements pourrait quelquefois être révoquée en doute. En effet, si l'évêque ne peut faire le démembrement en question, les paroissiens ainsi distraits n'appartiennent pas à la paroisse à laquelle on a voulu les adjoindre; ils demeurent toujours paroissiens de leur ancien curé. Mais alors pourrait-on être sans crainte sur la validité, par exemple, des mariages, qui pour exister, on le sait, ont besoin, d'après le saint concile de Trente, d'être contractés en présence du légitime curé? Dira-t-on que l'erreur commune peut suffire pour les rendre valides? Mais que d'objections on peut opposer? D'abord bien des auteurs, outre l'erreur commune, exigent un titre au moins coloré, c'est-à-dire un titre, vicié sans doute par certains défauts occultes, tels que l'excommunication, etc., mais qui cependant émane du légitime supérieur. Or, dans le cas présent, l'évêque n'est pas ce légitime supérieur, puisqu'il n'a pas le pouvoir de faire le démembrement opéré. D'ailleurs, pour que l'erreur commune confère la juridiction, il faut que cette erreur soit de *fait*; l'erreur de *droit* n'est pas suffisante, d'après bien des auteurs qui s'appuient sur la treizième règle du droit, ainsi conçue : *Ignorantia facti, non juris, excusat*. Or, dans le cas présent, si les paroissiens regardent comme leur curé celui de la paroisse à laquelle ils ont été adjoints, ce n'est pas par ignorance du fait : ils savent tous bien que ce curé n'est devenu leur pasteur que par un démembrement qui, à leur insu, est illégitime, et s'ils regardent ce pasteur comme légitime, c'est qu'ils ignorent qu'en le soumettant à sa juridiction, l'évêque a outrepassé ses pouvoirs; ce qui n'est qu'une erreur de droit.

Dira-t-on encore que l'évêque a du moins dans le cas présent le pouvoir de déléguer? — Cela est vrai, sans doute; mais si l'évêque ne fait ici que déléguer, le curé ne doit se conduire qu'en délégué, il ne doit pas agir en pasteur; le mariage doit donc être publié dans la paroisse des contractants, il y doit être enregistré; le curé véritable ne doit pas être privé de ses droits paroissiaux, de son casuel, etc. Et puis, ne pourrait-on pas révoquer en doute ce pouvoir de l'évêque de déléguer ainsi d'une manière indéfinie et de soustraire à perpétuité par la délégation des portions entières de paroisses au curé légitime? Cela mérite, ce nous semble, qu'on y réfléchisse, et NN. SS. les évêques sont trop sages pour ne pas apprécier à leur juste valeur les considérations que nous venons d'exposer [1].

§ 75. 5. Collation des bénéfices ecclésiastiques. — Notions générales [2].

I. La collation, *collatio, provisio*, est la concession d'un emploi ecclésiastique vacant, faite par l'autorité ecclésiastique.

---

[1] Voir le développement de ces questions dans le *Manuale juris canon.* de M. l'abbé Craisson.

[2] X, *De institutionibus*, III, 7; in VI°, III, 6; X, *De concess. præb.*, III, 8;

II. Les grands bénéfices sont conférés par le pape, les moindres par l'évêque diocésain [1], bien qu'en soi le pape ait un droit de collation universel (voyez ci-dessous, § 101). Des personnes ecclésiastiques peuvent aussi, sans être supérieures du diocèse, recevoir du pape un droit de collation, comme celui dont les cardinaux jouissent dans les églises de leur titre.

Anciennement, les chapitres des cathédrales avaient souvent ce droit exceptionnel de collation. Les laïques ne peuvent le tenir que d'un privilége du pape [2]. Ceux qui usurpent ce droit encourent *ipso facto* l'excommunication, dont le pape seul peut absoudre [3].

in VI°, III, 7; in Clem., III, 3; voy. Phillips, *Kirchenrecht*, t. VII, § 397; *Lehrbuch*, §§ 77 et suiv.

[1] C. 2, h. t., in VI°, III, 7; c. 1, *Ut lite pendente,* in Clem., II, 5. — C. 4, c. 10, q. 1; c. 11, c. XVI, q. VII; c. 12, X, *De hæret.*, V, 7, i. f.; c. 3, X, *De instit.*, III, 7.

[2] Le roi de Hongrie possède ce droit comme délégué du Saint-Siége.

[3] La coutume introduite en Suisse (voyez t. I⁰ʳ, § 46, n. III, 5, 6, 7, 8, lit. 10, 15, 16, 17, 18, 19, 20), pratiquée l'une ou l'autre fois en Italie dans ces dernières années, suggérée en Prusse par la loi de 1874, de faire nommer les curés par les paroisses, a été réprouvée par la Congrégation du concile, qui y attache les peines les plus sévères. Voici un extrait de son décret du 23 mai 1874 : « Gregorius VII (can. Si quis deinceps XII, can. *Quoniam* XIII; can. *Si quis episcopus* XIV, caus. 16, q. 7). Paschalis II (can. *Si quis clericus* XVI, can. *Constitutiones* XVII, can. *Nullus* XVIII, can. *Sicut* XIX, caus. 16, q. 7); Alexander II (can. *Per laicos* XX, caus. 17, q. 7), et concilium lateranense sub Alexandro III celebratum (cap. *Præterea* IV, de jurepatr.) solemniter decreverunt, investituram Ecclesiæ per manus laicorum susceptam irritam esse, et clericos ecclesias taliter recipientes ab introitu Ecclesiæ interdici, excommunicatione mulctari, et si in scelere perstiterint, a ministerio ecclesiastico deponi debere. Quin imo scelus hujusmodi eam præterea redolet nequissimam jurisdictionis, bonorum ac jurium Ecclesiæ usurpationem, quam concilium tridentinum (sess. XXII, cap. XI, de reform.) anathemati tamdiu subjecit, quamdiu usurpatio cessaret, ac constitutio *Apostolicæ Sedis*, 4 id. octobris 1869 (part. I, § 11) *obnoxiam declaravit excommunicationi latæ sententiæ speciali modo romano pontifici reservatæ.* Cum tamen tot saluberrimæ SS. canonum sanctiones haud fregerint audaciam ac nequitiam novatorum, ne in superioribus Italiæ regionibus illud ipsum patraretur nefas, quod in proxima Helvetia nuper fuerat apostolica auctoritate disjectum, sanctissimus D. N. Pius papa IX, præ maxima qua flagrat erga omnes oves sollicitudine et charitate, mandavit huic S. Congregationi concilii, eidem malo eadem occurrendum esse medela : ideoque jussit ecclesiasticis provinciis Venetæ ac Mediolanensi, singulisque diœcesibus patriarchali ac metropolitanæ jurisdictioni subjectis applicari atque inculcari, prout præsenti decreto reapse applicantur atque inculcantur, ea

III. Il y a collation extraordinaire, *provisio extraordinaria*, quand le pape nomme à un emploi concurremment avec l'évêque, en vertu d'une réservation (voyez ci-dessous, § 101) ou par dévolution [1].

Pour empêcher que la collation des bénéfices ne soit trop longtemps ajournée, le droit décide qu'elle retournera aux premiers supérieurs ecclésiastiques quand la personne qui a le droit de nommer aura laissé passer le terme légal pendant lequel les bénéfices devaient être pourvus (voy. ci-dessous, n° VII). Quand la négligence vient du patron, l'évêque nomme librement; quand elle vient de l'évêque, c'est le métropolitain [2]; quand elle vient du métropolitain ou d'un évêque exempt, le droit est dévolu au pape. Quand un chapitre ajourne au-delà de trois mois la nomination de l'évêque, il est établi, depuis Boniface VIII [3], que l'élection appartient au pape. Il en est de même quand le chapitre nomme un candidat incapable. Cependant, dans la province ecclésiastique du Haut-Rhin, le concordat de 1821 accorde aux chapitres le droit de faire une seconde élection.

IV. On appelle collation libre, provision pleine, celle par laquelle le supérieur ecclésiastique confère l'emploi et choisit lui-même le candidat : la désignation de la personne et la colla-

---

omnia quæ pro Helvetia fœderatione, quoad popularem parochorum electionem, sapientissime constituta sunt in nuperrimis litteris encyclicis diei 21 novembris 1873; adeo ut quicumque in præmemoratis diœcesibus, suffragante populo, ad parochi sive vicarii officium electi audeant sive Ecclesiæ, sive jurium ac bonorum prætensam possessionem arripere, atque obire munia ecclesiastici ministerii, « ipso facto incurrant in excommunicationem majorem peculiariter reservatam S. Sedi, aliasque pœnas canonicas, iidemque omnes fugiendi sint a fidelibus juxta divinum monitum, tanquam alieni aut fures, qui non veniunt, nisi ut furentur, mactent et perdant. » Ita porro eadem S. Congregatio concilii statuit ac decrevit, et ab omnibus servari mandavit, sublatis exemptionibus ac privilegiis quibuscumque, etiam speciali mentione dignis. »

Dœllinger a prouvé (*le Christianisme et l'Église à l'époque de leur fondation*, livre III, n. 39 et suiv., p. 329, et ailleurs, Ratisbonne) que dans les premiers temps de l'Église les communes n'avaient pas un droit absolu, mais seulement un droit restreint et subordonné au jugement des apôtres ou des évêques de nommer leurs chefs ecclésiastiques.

[1] G. L. Bœhmer, *De jure conferendi beneficia ex jure devolutionis*, Gœtting., 1748; Kremski, *De jure devolutionis in providendis beneficiis*, Berolini, 1853; Phillips, *Kirchenrecht*, t. X, §§ 223, 229.

[2] C. 2, i. f., X, *De conc. præb.*, III, 8.

[3] C. I, de election., in VI°, I, 6.

tion sont alors réunies dans une seule main. Dans le doute, on doit toujours admettre que la collation est libre.

La collation n'est pas libre, mais nécessaire, *collatio non libera, necessaria, provisio minus plena*, quand le candidat est nommé par un collége (comme lorsque le chapitre nomme l'évêque), présenté par un patron ou élu par le gouvernement. Celui qui est ainsi élu, présenté, nommé, acquiert, en déclarant qu'il accepte le bénéfice, un *jus ad rem*, un droit qui lui permet d'intenter une action par la voie des tribunaux ecclésiastiques, *actio in personam;* il peut exiger que le supérieur ecclésiastique lui confère ce bénéfice ou un autre d'égale valeur, pourvu qu'aucun empêchement canonique ne s'y oppose.

Si l'élu manque de quelque qualité requise par les canons, il lui reste le droit d'adresser une demande d'admission; mais le supérieur n'est pas tenu d'y faire droit. Quand la confirmation du supérieur s'ajoute à l'élection, l'admission à la demande, l'institution canonique à la présentation ou nomination, le candidat obtient, comme s'il y avait provision pleine immédiate, le bénéfice même, *jus in re* [1].

V. Vient ensuite l'investiture, c'est-à-dire l'institution corporelle ou réelle; pour les évêques l'intronisation, pour les chanoines l'installation ou mise en possession du bénéfice. Les curés sont institués par leurs doyens respectifs, les chanoines par d'autres membres du chapitre. Pour la réception de l'investiture, on peut établir un procureur spécial.

Lorsque, dans l'acte de la collation ou de l'institution canonique, le supérieur a remis les emblèmes de la charge, l'institué peut prendre lui-même possession de son emploi, sans avoir besoin d'une autre investiture; tandis que l'investiture faite d'autorité privée entraîne une peine facultative qui peut aller jusqu'à la privation de bénéfice.

Lorsque, après une institution régulière, la collation est viciée par quelque crime prévu dans le droit, la simonie, par exemple, le bénéficier peut acquérir son bénéfice par une possession paisible de trois ans, en vertu de la règle XXXVI° de la chancellerie romaine [2].

---

[1] Reg. I, *De reg. jur.*, in VI°, V, 12 : Beneficium ecclesiasticum non potest licite sine institutione canonica obtineri. »

[2] « Celui qui cesse de posséder par fraude est censé possesseur. » (*Cit.*

VI. Il ne faut pas confondre avec la collation des bénéfices l'approbation nécessaire pour la charge d'âmes, accordée dans le principe pour un temps assez court. Ce terme fut prolongé dans la suite et l'approbation finit par être donnée à vie, *approbatio pro cura animarum* [1]. Elle venait à la suite d'un examen subi en présence de l'évêque. Quand même un tiers avait le droit absolu de provision, le candidat n'avait pas moins besoin d'une approbation pour la charge d'âmes.

VII. La collation des bénéfices doit se faire dans l'intervalle de six mois [2], après que le collateur a eu connaissance de la vacance [3]; elle doit être gratuite, exempte de simonie, sous peine d'excommunication encourue *ipso facto* par le collateur, d'irrégularité pour le bénéficier et de nullité pour la collation, sans condition ni convention accessoire, sans diminution des revenus [4], sans coaction et sans crainte provenant du collateur, et à perpétuité, *in titulum* [5]. Il faut enfin que la personne soit apte au bénéfice [6].

L'absence d'une condition requise par le droit commun ou par l'acte qui a établi le bénéfice, ou par une disposition quelconque du droit ecclésiastique, exclut du bénéfice et rend la collation nulle [7].

VIII. Pour le cardinalat [8] et l'épiscopat [9], pour tous les bénéfices

---

du trad.) — Règle xxxvi, reçue en Allemagne (voyez t. I, p. 602, n. 2).

[1] Cap. v, X, de clericis non residentibus, III, 4; c. xiv, in VI°, de electione, I, 6; c. xxix, X, de præbendis, III, 5; Conc. Trid., sess. vii, cap. xiii, de ref.

[2] Cap. v, X, De concessione præbendæ, III, 8 (Conc. Lateran., III, an. 1179) : « Cum vero præbendas ecclesiasticas, seu quælibet officia in aliqua ecclesia vacare contigerit, non diu maneant in suspenso, sed intra sex menses personis quæ digne administrare valeant, conferantur. » Voir, sur le droit de dévolution, n. III, p. 150.

[3] Innoc. III, c. v, X, eod.

[4] X, III, 12 : « Ut ecclesiastica beneficia sine diminutione conferantur. » (Innocent. III.)

[5] Cf. Bened. XIV, *De synodo diœc.*, lib. IV, cap. iv, n. 1; c. xix, C. 7, q. 1, et le canon xv du concile de Nicée, en 325; cf. Héfélé, *Conciliengeschichte*, t. I, p. 403; can. apostol. xiii, xiv; c. ii, d. 70. Voy. aussi Conc. Trid., sess. xxiii, cap. xvi, de ref.

[6] Voyez ci-dessous n. viii; Conc. Trid., sess. xxiv, cap. xviii, de ref.

[7] Conc. Trid., sess. xxv, c. v, de ref. — [8] Id., sess. xxiv, c. i, de ref.

[9] C. xii, d. 61; can. xiii, eod.; c. xix, d. 63; c. xv, C. 8. q. 1; voyez Trid., loc. cit. c. : Pii V constit. *In conferendis*, § 7. Voyez aussi Nov. 5, cap. ix.

à charge d'âmes[1], pour toutes les présentations faites par un patron ecclésiastique, on doit choisir « le plus digne, » *persona dignior.*

IX. Le concile de Trente[2] statue qu'un concours aura lieu pour la collation des fonctions paroissiales qui dépendent uniquement de l'évêque et qui sont de patronage ecclésiastique.

Des examinateurs *(examinatores synodales)* sont nommés par le synode diocésain, ou, au défaut du synode, par l'évêque *(examinatores pro synodales*[3]*).* Présidés par l'ordinaire, ces examinateurs s'enquièrent de l'âge, des mœurs, des connaissances, de la prudence pastorale et autres qualités des aspirants; l'évêque est tenu de choisir le plus convenable parmi ceux qui ont été trouvés admissibles. Ce concours spécial, à raison des difficultés qu'il présente, n'a jamais eu lieu dans une foule de diocèses; il est remplacé dans plusieurs, avec l'approbation expresse du Saint-Siège, par un examen général qui a lieu tous les ans.

ADDITION DU TRADUCTEUR.

« L'évêque et celui qui a droit de patronage, dit ce concile, nommera dans dix jours *(après la vacance de la cure)* ou tel autre temps que l'évêque aura prescrit, quelques ecclésiastiques capables de gouverner une église, et cela en présence des commissaires nommés pour l'examen. Il sera libre néanmoins aux autres personnes qui connaîtraient quelques ecclésiastiques capables de cet emploi, de porter leur nom, afin qu'on puisse faire ensuite une information exacte de l'âge, de la bonne conduite, de la suffisance de chacun d'eux. On pourra même, si l'évêque ou le synode provincial le juge à propos, suivant l'usage du pays, faire savoir, par un mandement public, que ceux qui voudront être examinés aient à se présenter.

» Le temps préfixé étant écoulé, tous ceux dont on aura pris les noms seront examinés par l'évêque, ou, s'il est occupé ailleurs, par son vicaire général et trois autres examinateurs, et non moins. En cas qu'ils soient égaux ou singuliers dans leurs avis, l'évêque ou son vicaire pourra se joindre à qui il jugera le plus à propos.

» Quant aux examinateurs, six au moins seront proposés tous les ans par l'évêque ou son vicaire général dans le synode diocésain; ils se-

---

[1] Conc. Trid., sess. XXIV, cap. XVIII, de ref.
[2] Conc. Trid., loc. cit.
[3] Voyez aussi t. Ier, p. 158) à propos de l'influence illégitime exercée par le gouvernement bavarois dans les concours paroissiaux.

ront tels qu'ils méritent son agrément et son approbation. Quand une église viendra à vaquer, l'évêque choisira trois d'entre eux pour faire avec lui l'examen, et quand une autre viendra à vaquer dans la suite, il pourra encore choisir les mêmes ou trois autres, tels qu'il voudra entre les six. Seront pris pour examinateurs : des maîtres ou docteurs, ou licenciés en théologie ou en droit canon, ou ceux qui paraîtront les plus capables de cet emploi entre les autres ecclésiastiques, soit séculiers, soit réguliers [1], même des ordres mendiants, et tous jureront sur les saints Évangiles de s'en acquitter fidèlement, sans égard à aucun intérêt humain. Ils se garderont bien de jamais rien prendre ni avant ni après, en vue de l'examen; autrement ils encourront, eux et ceux qui leur donneraient quelque chose, la simonie, dont ils ne pourront être absous qu'en quittant les bénéfices qu'ils possédaient même auparavant, de quelque manière que ce fût, et ils demeureront inhabiles à en jamais posséder d'autres. De toutes ces choses ils seront tenus de rendre compte non-seulement devant Dieu, mais même, s'il en est besoin, devant le synode provincial, qui pourra les punir sévèrement, à sa discrétion, si on découvre qu'ils aient fait quelque chose contre leur devoir.

» L'examen ainsi fait, on déclarera tous ceux que les examinateurs auront jugés capables et propres à gouverner l'Église vacante, par la maturité de leur âge, leurs bonnes mœurs, leur savoir, leur prudence et toutes les autres qualités nécessaires à cet emploi. Et entre eux tous, l'évêque choisira celui qu'il jugera préférable par-dessus tous les autres; à celui-là et non à autre sera conférée ladite Église par celui à qui il appartiendra de la conférer.

» Si elle est de patronage ecclésiastique et que l'institution en appartienne à l'évêque et non à quelqu'un d'autre, celui que le patron aura jugé le plus digne entre ceux qui auront été approuvés par les examinateurs sera par lui présenté à l'évêque pour être pourvu; mais quand l'institution devra être faite par un autre que par l'évêque, alors l'évêque seul, entre ceux qui seront dignes, choisira le plus digne, lequel sera présenté par le patron à celui à qui il appartiendra de le pourvoir.

» Que si l'Église est de patronage laïque, celui qui sera présenté par le patron sera examiné par les mêmes commissaires députés, comme il est dit ci-dessus, et ne sera point admis s'il n'est trouvé capable. Et dans tous les cas susdits, on ne pourvoira de ladite église aucun autre que l'un des susdits examinés et approuvés par lesdits examinateurs, suivant la règle ci-dessus prescrite, sans qu'aucun dévolu ou appel interjeté même par devant le Siége apostolique, les légats, vice-légats ou nonces dudit Siége, ni devant aucuns évêques ou métropolitains,

---

[1] Conc. Trid., sess. XXIV, cap. XVIII, de ref.

primats ou patriarches, puisse arrêter l'effet du rapport desdits examinateurs ni empêcher qu'il ne soit mis à exécution ; autrement le vicaire que l'évêque aura déjà commis à son choix pour un temps ou qu'il commettra peut-être dans la suite à la garde et conduite de l'église vacante n'en sera point retiré, jusqu'à ce qu'on l'en ait pourvu lui-même ou un autre approuvé et élu comme dessus. Et toutes provisions ou institutions faites hors la forme susdite seront tenues et estimées subreptices, sans qu'aucune exemption puisse valoir contre le présent décret, ni aucun indult, privilége, prévention, affectation, nouvelle provision, indult accordés à certaines universités, même jusqu'à une certaine somme, ni quelques autres empêchements que ce soit.

» Si néanmoins les revenus de ladite paroisse sont si petits qu'ils ne méritent pas qu'on s'expose aux formalités de tout cet examen, ou s'il n'y a personne qui se présente pour subir l'examen, ou si, à cause des dissensions et des factions manifestes qui se rencontrent en quelques lieux, il y avait lieu de craindre qu'il ne s'élevât par cette occasion de plus grands bruits et de plus grands démêlés, l'ordinaire pourra, si avec l'avis des commissaires députés il le juge expédient en sa conscience, omettre ces formalités et s'en tenir à un autre examen particulier, en observant néanmoins les autres choses ci-dessus prescrites. Si même, dans ce qui est ci-dessus marqué touchant les formalités de l'examen, le synode provincial trouve quelque chose à ajouter ou à relâcher, il pourra pareillement le faire. »

Les concours n'ont pas lieu en France. Pourquoi? Le concordat ou le gouvernement s'y opposent-ils? Non, évidemment. Pourquoi cette prescription n'est-elle pas observée? demande M. l'abbé André.

Le concours a lieu en Italie, poursuit-il, et voici comment il se passe. L'évêque commence par nommer un desservant, qui fait le service jusqu'à ce que la cure soit conférée. Dans vingt jours au plus, il présente les sujets qui doivent être examinés, après avoir fait publier le concours, s'il le juge à propos. Les sujets sont éprouvés par trois examinateurs synodaux choisis par l'évêque ou le grand-vicaire, qui assiste à l'examen. Les examinateurs jurent sur les Evangiles de n'avoir en vue que le bien public. S'ils reçoivent des présents, ils sont excommuniés *ipso facto*, eux et ceux qui les donnent. Ils ne peuvent être absous qu'après s'être démis des bénéfices qu'ils avaient avant la simonie, et ils sont inhabiles à en acquérir d'autres [1].

Le concile provincial qui vient d'être tenu au Puy (1876), a rétabli le *concours pour les cures*. Nous reproduisons ici, à cause de son importance, le décret qui le concerne :

« 1° Nous voulons que le concours prescrit par le concile de Trente,

---

[1] L'abbé André, *Cours de droit canon*, art. *Concours*.

légèrement modifié et accommodé à notre état de choses, soit rétabli le plus tôt possible dans notre province de Bourges, pour les églises paroissiales pourvues d'un titre curial.

» 2° Tous les trois ans, dans le synode diocésain, l'évêque ou son vicaire général proposera six examinateurs au moins, qui devront être approuvés par le synode, et qui auront pour office d'examiner ceux qui doivent être promus aux églises curiales, et de s'enquérir soigneusement de leur âge, de leurs mœurs et de leur capacité.

» 3° Chaque année, en temps opportun, l'évêque appellera devant les examinateurs désignés quelques ecclésiastiques capables de gouverner les églises curiales; on pourra aussi appeler par une notification publique tous ceux qui voudront être examinés.

» Au temps par lui fixé, l'évêque choisira au moins trois des examinateurs synodaux, qui feront l'examen avec lui ou avec son vicaire général. L'examen terminé, il sera dressé une liste spéciale sur laquelle seront inscrits tous ceux qui par l'âge, les mœurs, la doctrine, la prudence et les autres qualités requises pour gouverner une paroisse, auront été jugés capables, et, parmi ceux-ci l'évêque, à la vacance d'une église curiale, nommera celui qu'il jugera le plus digne.

» 5° Ceux-là seuls seront admis à ce concours qui auront donné satisfaction dans tous les examens imposés aux jeunes prêtres.

» 6° Cet examen se composera d'une double épreuve, orale et écrite; dans l'examen oral, ils seront interrogés sur toutes les matières auxquelles ils auront dû répondre dans les cinq ou six examens susdits, c'est-à-dire sur la sainte Écriture et la théologie dogmatique et morale, sur le droit canonique et l'histoire ecclésiastique et sur tout ce qui concerne l'administration pastorale. L'examen écrit consistera en un sermon qu'ils composeront sur un sujet qui leur sera immédiatement proposé.

» 6° Quoique le concours soit seulement nécessaire pour le choix des curés titulaires, il servira beaucoup cependant pour conférer prudemment les autres bénéfices et offices.

» 8° Ceux qui auront subi avec honneur l'examen pourront, sans nouvelle épreuve, pendant les dix années suivantes, être promus à toutes les cures vacantes. Mais, après dix ans, pour obtenir de nouveaux titres curiaux, il sera nécessaire de se présenter de nouveau à l'examen.

» De plus, pour que la transition du présent état de choses au nouveau qui doit être introduit se fasse plus facilement, et qu'il soit tenu compte des mérites de chacun, les évêques, pendant dix ans, seront libres de disposer à leur gré du tiers des titres curiaux, et de les conférer, s'ils le jugent à propos, à d'autres qu'aux examinés, *servatis de cætero servandis.* »

Ces décrets si importants soulèvent nécessairement deux questions très-graves touchant la loi du concours; il importe de nous arrêter un instant sur ces deux points.

1° Cette loi du concile de Trente, demande un canoniste, a-t-elle conservé parmi nous aujourd'hui toute sa force obligatoire, de telle sorte que le mode actuel de provision des cures doive être tenu pour illégal en soi, bien que plus ou moins toléré par le Saint-Siége? L'usage de nommer aux églises paroissiales par mode de libre collation serait-il au contraire une coutume rationnelle légitimement prescrite? Assurément la prescription serait acquise parmi nous, si l'usage actuel était le résultat nécessaire d'un état de choses nouveau, c'est-à-dire une coutume vraiment rationnelle. Bien que toutes les coutumes, même immémoriales, contraires au concile de Trente soient condamnées d'avance et ne puissent prescrire, cependant les canonistes restreignent communément cette opposition du législateur au cas où aucun changement substantiel ne serait survenu dans les circonstances que le concile a eues en vue. Néanmoins il serait difficile d'affirmer que nous sommes en pleine et paisible possession d'une coutume qui réunit toutes les conditions légales. La réponse faite en 1854 à Mgr l'évêque de Liége, qui du reste avait déjà rétabli le concours deux ans auparavant, n'est pas de nature à accréditer cette coutume : dans cette réponse le souverain-pontife « sanat... parochialium ecclesiarum provisiones a conventione anni 1801. » D'autre part, le questionnaire adressé en 1867 aux évêques par le cardinal Caterini, préfet de la S. Congrégation du concile, semble supposer que la loi du concours est en vigueur partout, ou du moins reste obligatoire pour tous les diocèses.

Les canonistes, à leur tour, discutent la question en des sens divers : l'abbé Bouix l'examine longuement dans son traité *De parocho*, mais sans apporter beaucoup de lumière et sans oser conclure. D'autres affirment hardiment la désuétude réelle de la loi du concours parmi nous; mais ils rencontrent de vigoureux adversaires, qui s'efforcent d'établir l'obligation stricte d'observer dans tous les diocèses de France le décret du concile de Trente. M. le chanoine Pelletier s'est fait récemment l'organe de ce dernier sentiment, et nous devons dire que nul ne l'a soutenu avec plus de précision, de rigueur et de logique [1].

C'est un principe généralement reconnu [2] que les supérieurs ecclésiastiques sont obligés *sub gravi* de donner les charges, non-seulement à des sujets dignes, mais au plus digne, *digniori*. Il faut donc une institution pratique pour peser les mérites des candidats. Les examinateurs synodaux doivent considérer l'instruction, la science, la vertu,

---

[1] *Revue du monde catholique.* — [2] *Analecta jur. pontif.*

les qualités morales, la prudence, en un mot l'ensemble des dispositions qu'il faut pour faire un bon curé.

Dans l'ancienne discipline, avant le concile de Trente, les archidiacres présentaient à l'évêque les candidats pour les paroisses, comme ils présentaient les ordinands ; c'est pourquoi le Pontifical romain place dans la bouche du prélat consécrateur cette interpellation à l'archidiacre : *Scis illos dignos esse?* D'après les canons contenus dans le *Corpus juris* et les décrétales, l'évêque ne pouvait pas instituer les curés sans l'agrément du chapitre. La commission des examinateurs synodaux instituée par le concile de Trente fait aujourd'hui ce que faisaient jadis les archidiacres ; elle donne à l'évêque la garantie officielle que les sujets qu'elle approuve sont vraiment dignes ; il est réservé à l'évêque de choisir de préférence celui qu'il juge en conscience le plus digne parmi les dignes. Saint François de Sales disait qu'il n'eût jamais accepté l'épiscopat si le concile de Trente n'avait pas institué le concours.

Le concours protège l'évêque contre les recommandations importunes ; il ne peut nommer les curés que dans le cercle des candidats approuvés par les examinateurs. Il n'est pas tenu de choisir celui que les examinateurs présentent comme le plus digne, mais il ne peut choisir en dehors.

Les premières traces du concours se rencontrent dans un décret du concile de Bâle. A Trente, deux évêques demandèrent le concours des paroisses ; la commission de cardinaux qui siégeait à Rome accueillit cette proposition avec une faveur marquée. Ces deux prélats furent l'archevêque de Grenade et celui de Brague, le vénérable Barthélemy des Martyrs. Ils proposèrent d'appeler par un édit général tous ceux qui voudraient concourir, afin que les évêques pussent choisir ceux dont les mœurs et la doctrine mériteraient la préférence : « Vocatis omnibus per edictum generale, moribus, doctrina et aliis quæ huic obeundo muneri jure sufficiant, reliquos antecellant, prævio super his omnibus examine episcopi et aliorum quos eruditione præstantiores ipse sibi delegerit assessores. » Les archevêques de Brague et de Grenade présentèrent cette requête au nom de tous les évêques d'Espagne. Le texte est dans Leplat, tome V *Monumentorum ad historiam Concilii Tridentini pertinentium amplissima collectio*, p. 440 :

« Primum enim maximopere optamus, et fervore caritatis in divinæ majestatis obsequium petimus ecclesias omnes, quibus animarum cura imminet, etiamsi fuerit juris patronatus ecclesiastici, cujusque diœcesis indigenis conferantur, his quidem, qui vocatis omnibus per edictum generale, moribus, doctrina et aliiis quæ huic obeundo muneri jure sufficiant, reliquos antecellant ; prævio super his omnibus examine episcopi et aliorum quos eruditione præstantiores ipse sibi delegerit assessores. Quod si aliquæ juris patronatus laici fuerint hujusmodi ecclesiæ, clerici qui fuerint a patronis præsentati ab episcopo non admittantur, nec eis collatio concedatur, nisi ex ejusdem episcopi et assessorum examine constiterit antea præditos eos esse moribus optimis, atque ea doctrina quæ ecclesiarum regimini jure fuerit necessaria. »

Avant de promulguer le décret qui institue le concours pour la nomination des curés, le concile le communiqua aux ambassadeurs des princes chrétiens, pour qu'ils fissent leurs observations s'il y avait lieu. Les canons disciplinaires des conciles étaient alors des lois fondamentales des États catholiques : il était convenable d'agir de concert avec les princes représentés au concile par leurs ambassadeurs.

Le décret du concours obtint leur approbation pleine et entière, excepté sur deux points. Les ambassadeurs désiraient supprimer la démission *in favorem* d'un autre; ensuite ils ne voulaient pas qu'on pût donner les paroisses du royaume aux étrangers. Les ambassadeurs approuvèrent le reste, le concours, l'édit public appelant tous ceux qui veulent concourir, les examinateurs nommés en synode diocésain, le choix du plus digne laissé à l'évêque : pas la moindre réclamation.

Tous les papes depuis le concile de Trente ont mis une grande importance à faire observer le concours des paroisses. Ils ont publié des bulles pour perfectionner cette discipline; ils n'ont jamais accordé de dispense, ni reconnu la validité de la désuétude, disent les *Analecta*.

Le pontificat de saint Pie V a eu pour mission d'entourer d'une consécration surnaturelle et divine la discipline nouvelle que le concile de Trente venait de constituer. Les époques décisives sont marquées par le passage d'un pontife revêtu de l'éclat de la sainteté et honoré sur les autels. Peu de temps après les décrétales de Grégoire IX, Grégoire X confirma pleinement la direction que la discipline canonique venait de prendre.

Saint Pie V a montré l'estime et l'amour qu'il avait pour le concours par deux bulles : la première a introduit et règlementé le concours dans les églises patriarcales et collégiales de Rome. La seconde bulle est universelle : elle perfectionne la discipline et déclare hautement que la collation des paroisses sans le concours est entièrement nulle; la nomination est sans valeur et ne confère pas même un titre coloré.

Nous ne pouvons énumérer tout ce qu'ont fait les papes depuis trois siècles en faveur du concours. Le Bullaire romain est rempli de leurs actes; les décisions sont innombrables. Quelques faits seulement.

Clément VIII a fait publier un décret concernant la convocation et la présidence du concours pendant la vacance du siège épiscopal. Clément XI a sanctionné l'encyclique *Quod parochiales*, qui règle en détail la pratique du concours et prescrit de mettre toutes choses par écrit. Le tome Ier du *Thesaurus* de la Congrégation du concile renferme la savante dissertation de Benoît XIV, secrétaire à cette époque, qui prépara l'encyclique.

Benoît XIII, au concile romain de 1725, publia la constitution qui prescrit le concours pour la nomination du théologal et du pénitencier. Benoît XIV a donné la constitution *Cum illud*, qui confirme l'encyclique de Clément XI et déclare de la manière la plus formelle que le concours est entièrement nul lorsque les examinateurs n'émettent pas un vote explicite à la majorité des voix sur les qualités morales des concurrents.

Dans le Bullaire de Clément XIII, de Clément XIV, de Pie VI, de Pie VII, de Léon XII, on remarque une foule de dispositions favorables au concours. Léon XII, reconstituant les paroisses de Rome en 1824, a supprimé toutes les cures amovibles et prescrit formellement le concours pour toutes les paroisses. Cela est observé encore aujourd'hui ; dès qu'une paroisse est vacante, le cardinal-vicaire publie l'édit invitant à se présenter tous ceux qui veulent concourir. Les étrangers sont admis, pourvu qu'ils résident à Rome depuis deux ans.

Les encycliques de notre saint-père le pape Pie IX ont recommandé à plusieurs reprises le concours prescrit par le concile de Trente et les constitutions apostoliques. Entre les questions communiquées par la Congrégation du concile aux évêques le 6 juin 1867, il en est une qui traite particulièrement du concours.

On dit souvent, pour justifier l'absence du concours, que la science ne suffit pas pour diriger une paroisse. La vérité est que le concile de Trente mentionne expressément la conduite, la prudence, tout ce qu'il faut pour le ministère paroissial ; le concours est nul si les examinateurs se dispensent du vote explicite concernant les qualités morales des concurrents.

Longtemps avant la constitution *Cum illud* de Benoît XIV, qui a réglé définitivement ce point, la Congrégation du concile avait toujours cassé comme nul tout concours où les examinateurs s'étaient exclusivement préoccupés de la doctrine et de l'instruction des candidats.

L'examen des qualités morales est tellement prépondérant dans un concours, que le prêtre frappé d'irrégularité ou d'infamie canonique ne peut pas même se présenter. Une condamnation criminelle produit cette infamie canonique, mais elle doit émaner d'un tribunal compétent. L'affaire suivante parle d'un prêtre condamné à une certaine peine par le tribunal civil comme complice d'un enlèvement. En réalité, il était entièrement innocent. Le concours ayant été publié pour une paroisse, on refusa d'admettre cet ecclésiastique, parce que la condamnation qu'il avait subie le rendait irrégulier pour les cures et bénéfices.

Le cardinal Casanata montre dans son *votum* sur cette affaire que la condamnation aurait dû être portée par le tribunal compétent. « Negative. Quia factum judicis laici contra clericum præsertim in sacris est ipso jure nullum, ut ex c. *Ecclesia Sanctæ Mariæ,* de const. aliisque textibus tam canonicis quam civilibus plenissime notat Barbos., *Juris Eccles.* lib. I, § 2, cap. xxxix per tot. Fagnanus in eodem c. *Ecclesia S. Mariæ*; imo in causis criminalibus ubi clerici et laici sunt correi, non judex laicus, sed ecclesiasticus est competens, ut de magis recepta opinione ac decreto S. Consultæ attestatur Ciarlin. (*Controvers. forens.* lib. I, cap. xxxiv).

» Præterea quod quis incurrat irregularitatem ex condemnatione in pœnam arbitrariam delicti non effectuati, non est a jure definitum, ideo nulla est irregularitas, ut pluribus allegatis advertit Diana in coordinatis t. V, tract. V, resol. 8. »

La Congrégation du concile décida, en effet, que dans l'espèce l'irrégularité n'existait pas.

Le concile de Trente lui-même dit formellement que les examinateurs ne doivent pas se contenter d'examiner la science des candidats, mais aussi leur âge, leur conduite, leur prudence, toutes les qualités requises pour diriger une paroisse. Le tome X du *Thesaurus* parle d'un concours après lequel les examinateurs ont approuvé un des candidats comme *dignum scientia,* sans dire mot des qualités morales. La Congrégation du concile prescrit de recommencer : *Deveniendum esse ad novum concursum* (*Thesaur.* t. X, *Caputaquen.,* p. 66).

On peut voir aussi le tome XIV du *Thesaurus*, et la cause *Policastren.* Une des difficultés était que les examinateurs paraissaient avoir plus tenu compte de la science que des qualités morales. La Congrégation revalida le concours : *Esse locum sanationi ad cautelam* (*Thesaur.* t. XIV, p. 55, 59).

La bulle d'érection de l'archevêché de Rennes rendue par notre saint-père le pape Pie IX en 1859 et publiée dans le troisième volume des *Acta Pii noni,* prescrit de conférer au concours non-seulement les paroisses, mais encore le canonicat du théologal et celui du pénitencier.

Les ambassadeurs français au concile de Trente, on l'a vu, approuvèrent pleinement le décret du concours, l'élection des examinateurs par le synode diocésain, l'édit invitant tous les ecclésiastiques qui veulent concourir. Seulement ils demandèrent deux choses : d'abord, que l'on prît en considération les services rendus par l'exercice du ministère sacré. Ce vœu est juste et l'Église le remplit; les examinateurs du concours doivent signaler les mérites des candidats et les services rendus. La seconde observation des ambassadeurs fut que les lois de leur pays ne permettaient pas de conférer les offices et bénéfices aux étrangers. Idées étroites, que l'Église catholique ne saurait adopter. A Rome, tous les ecclésiastiques du monde sont admissibles et peuvent concourir aux paroisses : peu importe leur patrie naturelle, pourvu qu'ils résident à Rome depuis deux ans. Les apôtres étaient *étrangers* dans tous les pays qu'ils évangélisaient; de nos jours encore, les évêques et les missionnaires qui arrosent de leurs sueurs l'Inde, la Chine, le Japon, l'Océanie, ne sont-ils pas des *étrangers*? Le merveilleux accroissement de l'Église catholique dans les États-Unis d'Amérique aurait-il lieu sans la coopération des étrangers ?

Tout ce qu'on peut demander est que les ecclésiastiques qui ne sont pas du diocèse présentent les testimoniales de leur évêque.

Le cardinal Borgia, évêque d'Albano, célébra un synode en 1641 et y publia, entre autres décrets, le suivant :

« Pars IV, c. 1. Clerici, qui ex nostra diœcesi non sunt ad concursum non admittantur, nisi habeant litteras testimoniales sui episcopi, quoad vitam et mores et ordines. Excludatur a concursu et insuper graviter puniatur qui alios descriptos vel concurrere volentes verbis aut factis deterrere ausus fuerit ne se examini subjicerent. Concursus vero ecclesiarum parochialium non habeatur, nisi prius per edictum publicum, in quo assignetur terminus saltem decem dierum vocentur ii qui volent examinari. »

Les conciles provinciaux célébrés en France vers la fin du seizième siècle et au commencement du siècle suivant recommandèrent et prescrivirent le concours pour la collation des paroisses, tel que le concile de Trente le prescrit, et avec les marques de la plus complète adhésion et de la plus vive admiration pour cette sage et salutaire institution [1].

Le tome IX des *Concilia Germaniæ* renferme les décrets du concile célébré à Cambrai en 1631. Le chapitre v du titre xxi prescrit de conférer toujours et partout (*semper et ubique*) les paroisses au concours. Voici ce statut (p. 563 du tome précité) :

« Semper et ubique ecclesiæ parochiales conferantur secundum præscriptum concilii tridentini. Et examinatores, ut ibidem mandatur, jurent omnes ad sancta Dei Evangelia se, quacumque humana affectione postposita, fideliter munus executuros, caveantque ne quidquam prorsus occasione hujus examinis accipiant, alioquin pœnas incurrant ad præscriptum ejusdem S. concilii tridentini. »

En 1707, Mgr de Grammont, archevêque de Besançon, publia les statuts de son diocèse. Le premier statut du titre iv ordonne d'observer *ad unguem* le décret du concile de Trente sur le concours, parce que c'est le seul moyen de conférer les paroisses aux plus dignes sujets. Ces statuts figurent dans les *Concilia Germaniæ*, tome X, p. 294 ; voici le décret concernant le concours :

[1] Voyez les décrets des conciles provinciaux dans la *Correspondance de Rome* (1851, 1852).

« Ne aliis quam maxime idoneis cura animarum committatur, servabitur ad unguem forma examinis, quam tradiderunt Patres in concilio tridentino (sess. xxiv, cap. xviii) nec omnes oportet idoneos existimare ad ecclesiam parochialem administrandam, quos ad presbyteratus ordinem promoverimus. Plura enim ab illo exigentur in die judicii, cui cura populi commissa est, quam ab eo qui ad sacrificandum et orandum pro defuncto fundatore sacelli alicujus ordinatus sit. »

Dans une brochure intitulée : *Eclaircissements des prétendues difficultés proposées à l'archevêque de Rouen par un docteur de Sorbonne*, 1697, nous remarquons les considérations suivantes, qui montrent que l'Église n'eût pas commandé le concours si elle eût reconnu le danger d'éveiller une ambition coupable. Bien au contraire, le concours empêche les sollicitations, les poursuites et les brigues.

« L'auteur anonyme propose une difficulté sur les cures, qui serait capable d'imposer à ceux qui n'entendent pas les matières ou ne se donnent pas la peine de les examiner. Le concile de Trente ordonne que les cures vacantes soient mises au concours. Qu'est-ce que se présenter au concours, dit l'auteur anonyme, sinon poursuivre une cure pour soi-même? que pouvons-nous penser de Noël-Alexandre en lui voyant condamner de péché mortel ce que l'Église universelle a non-seulement permis, mais commandé ?

» Noël-Alexandre ne damne pas ce que l'Église approuve ou commande, et l'Église n'approuve point et ne commande point l'ambition que Dieu condamne. Elle n'approuve point les brigues, les recherches, les sollicitations des ecclésiastiques. Le concours ou l'examen que l'on fait pour les cures dans les pays où cette discipline est reçue n'autorise point les démarches que Noël-Alexandre condamne.

» Il n'y a rien de contraire à la modestie et à l'humilité d'un ecclésiastique dans cette concurrence de plusieurs qui se présentent pour être examinés et chargés d'une cure s'ils en sont jugés dignes, et même les plus dignes. Ceux qui se présentent peuvent n'être attirés que par un motif de piété et d'obéissance. Saint Charles Borromée faisait publier à l'ordinaire le jour du concours et de l'examen pour les cures ; mais, pour nous servir des propres termes de l'auteur de sa Vie, « son clergé se montrait tant obéissant et résigné à sa volonté qu'aucun ne comparaissait à l'examen s'il n'était mandé par lui, dépendants tous de son soin et de son bon plaisir, assurés qu'ils étaient d'être pourvus de bénéfices et employés conformément à leur propre vertu et mérite, et qu'en conscience ils étaient assurés de ne faillir point, prenant des bénéfices et charges de la main de leur propre prélat, homme tant illuminé de Dieu. Et celui-là aurait-il été vraiment réputé indigne du bénéfice, qu'il aurait recherché ou procuré. »

Nous ne répéterons pas, disent les *Analecta*, ce qui a été dit dans l'ancienne *Correspondance de Rome* sur les causes qui firent supprimer le concours dans une partie des diocèses de France ; les paroisses de nomination royale motivèrent cette déplorable suppression, qui fut consommée en vertu des arrêts du parlement. Le concours était gênant pour les collateurs et plus encore pour des candidats qui redoutaient l'examen. Cependant plusieurs provinces le conservèrent. Benoît XIV rendit une bulle relative au concours des paroisses dans la province de Bretagne, et il est certain que d'autres provinces gardèrent religieusement le décret du concile de Trente jusqu'à la révolution de 1789.

Le concordat français de 1802 ayant révoqué tous les priviléges et par conséquent le patronage royal des paroisses, tout obstacle cessa de ce côté. Cependant le concours ne fut pas immédiatement rétabli. Les prêtres constitutionnels étant fort nombreux et suspects sous plusieurs rapports, la prudence ne permettait pas d'inviter par édit public tous ceux qui désiraient concourir aux paroisses. C'est sans doute la même raison qui empêcha de rendre aux curés la nomination de leurs vicaires, conformément aux saints canons et au concile de Trente.

Les circonstances étant devenues plus favorables, Mgr l'évêque de Liége a rétabli le concours pour son diocèse en 1851 [1].

Le concours exigé par le concile de Trente n'a pas encore lieu dans une foule de diocèses, à cause des difficultés qu'il rencontre. Il a été remplacé dans la plupart des diocèses, avec l'approbation expresse du Saint-Siége, par un concours général, ou examen annuel, où l'on constate si tels ecclésiastiques sont aptes à administrer une paroisse.

Au concile du Vatican [2], il a été proposé de divers côtés que le décret du concile de Trente fût modifié selon les exigences et les besoins de chaque diocèse, et, comme les conditions diffèrent souvent d'un diocèse à l'autre, que chaque évêque fût libre, après y avoir consciencieusement réfléchi, de fixer la manière dont cet examen doit avoir lieu.

X. Le concile de Trente [3] exige en outre l'âge de vingt-cinq ans pour les fonctions de curé et celui de quatorze ans au moins pour l'obtention de n'importe quel bénéfice.

XI. Plusieurs concordats demandent maintenant que, dans la collation d'un emploi ecclésiastique, on fasse en sorte que le

[1] *Analecta*, juillet 1867.
[2] Voy. Martin, *Collect.*, ed. 2, p. 178, 180 et suiv.
[3] Conc. Trid., sess. XXIII, cap. VI, de ref.

candidat soit une personne agréable au gouvernement, *persona grata*[1], c'est-à-dire qui ne lui déplaise point pour des raisons purement politiques ou civiles[2], appuyées sur des faits sérieux et démontrés. (Voyez ci-dessous, § 120, sur les élections épiscopales.)

ADDITION DU TRADUCTEUR

En France, l'article 10 du concordat reconnaît le droit divin qu'ont les évêques de nommer aux cures, mais il y apporte cette restriction que le choix ne pourra tomber que sur des personnes agréées du gouvernement. Cet article est tombé en désuétude. Le privilége que possédaient autrefois de nommer à certaines cures, par droit de patronage, ceux qui avaient fondé des églises, ne subsiste plus.

L'état présent de l'Église de France repose tout entier sur le concordat arrêté le 15 juillet 1801 entre Pie VII et le gouvernement français. Voici les articles de ce traité relatifs à la nomination des évêques :

« Le premier consul de la république nommera, dans les trois mois qui suivront la publication de la bulle de Sa Sainteté, aux archevêchés et évêchés de la circonscription nouvelle (résultant du concordat). Sa Sainteté conférera l'institution canonique suivant les formes établies par rapport à la France avant le changement de gouvernement (art. 4).

» Les nominations aux évêchés qui vaqueront dans la suite seront également faites par le premier consul, et l'institution canonique sera donnée par le Saint-Siége (art. 5).

» Les évêques, avant d'entrer en fonction, prêteront directement entre les mains du premier consul le serment de fidélité qui était en usage avant le changement de gouvernement. » (Nous en avons déjà reproduit la formule.)

---

[1] Voyez le bref *Optime noscitis*, du 5 novembre 1856 (*Archives*, t. I, p. xxxv; Walter, *Fontes*, p. 300; cf. tome Ier, p. 506), en exécution du concordat autrichien; le concordat bavarois, art. 11, a. E: 12 (Walter, *Fontes*, p. 209); voyez aussi l'ordonnance bavaroise du 8 avril 1852, § 9 (voy. le même, § 4, *Archives*, t. VIII, p. 395 et suiv.; dans Walter, *loc. cit.*, p. 225; cf. tome Ier, p. 157); supplément au concordat wurtembergeois (*Archives*, tome VI, p. 476 et suiv.; dans Walter, *loc. cit.*, p. 319; tome Ier, n. IX, 10, p. 269); concordat bavarois de 1859 (*Archives*, t. V, p. 87 et suiv.; Walter, *loc. cit.*, p. 385; comp. tome Ier, n. X, 9, p. 284). — L'article 18 du concordat accorde au gouvernement français le droit d'approuver les curés cantonaux. — Voyez aussi Phillips, *Droit ecclés.*, t. VII, § 406, et l'énumération des lois civiles dans Richter, *Lehrbuch*, § 181, note 27 et suiv.

[2] Cela est expressément déclaré dans les institutions qui se rattachent au concordat du Wurtemberg et de Bade.

LE DROIT DE PATRONAGE [1].

§ 76. Notion et nature du droit de patronage.

I. Le patronage est un ensemble de droits et de devoirs relatifs à une charge ecclésiastique et concédés à une personne qui n'est pas nécessairement appelée à en jouir par sa position hiérarchique. Ce droit, qui concerne surtout la nomination, est accordé par l'Église à titre de droit individuel.

II. Le droit de patronage n'est pas un droit relatif à des biens temporels; il ne peut être taxé à prix d'argent. C'est plutôt un droit attaché à une chose spirituelle, *jus spirituali annexum*, expression employée pour la première fois par le pape Luce III, au douzième siècle [2]. Il se rapporte tellement par sa nature à des fonctions purement spirituelles, qu'il est essentiellement ecclésiastique dans ses principales parties. Il est

---

[1] *De jure patronatus*, X, III, 38; in VI°, III; in Clem., III, 12; Conc. Trid., sess. XIV, cap. XII, XIII; sess. XXV, cap. IX, de ref., avec les nombreuses décisions de la Congrégation du concile, édition du concile de Trente, par Richter. Lingen et Reuss, *Causæ selectæ in S. Congr. conc. per summaria precum proposit.*, p. 463 et seq.

Tractatus de jure patronatus de Curte, de Citadinis, Nicolaï de Butrio, de Anania, Boich, Lambertini, Francof., 1609; Finkelthaus, *Tractatus de jure patronatus ecclesiastico*, Lips., 1639; Florens, *Tractatus de jure patronatus* et *Tractatus ad lib. III, tit. XXXVIII Decretalium* (dans ses *Op.*, ed. Doujat, Paris., 1679; Norimb., 1756, 2 vol.); Viviani, *Praxis juris patronatus*, Venetiis, 1670; de Roye, *Ad titulum de jure patronatus, lib. III Decretalium*, Andeg., 1661; de Fargna, *Commentarius in singulos canones de jure patronatus*, 3 vol. in-fol., Rom., 1717 et seq.; Mayer, *Das Patronatsrecht*, Vienne, 1824; Œsterley, *Dissert. de juris patronatus notione ex Decretal. Greg. IX hausta*, Gotting., 1824; Lippert, *Versuch einer historisch-dogmatischen Entwickelung der Lehre vom Patronatsrecht*, Giessen, 1829; Branowitzer, *Abhandlung über den Begriff und die ursprünglichen Erwerbsarten des Patronatsrechts*, Olmütz, 1839; Kaim, *Das Kirchenpatronatsrecht*, t. I, *Rechtsgeschichte*, Leipzig, 1845, t. II, *Das Recht*, Leipzig, 1866; Phillips, *Kirchenrecht*, t. VII, part. II, § 412; Schilling, *Das kirchliche Patronat nach canonischen Rechte und mit besonderer Rücksicht auf Controversen dogmatisch dargestellt*, Leipzig, 1854; Schlayer, *Beiträge zur Lehre vom Patronatsrechte*, Giessen, 1865. — Sur le patronage dans le duché de Berg (Knapp, præside) : J. J. Dewies, *Dissert. juris publici ecclesiastici de jure patronatus et singularibus ejusdem juribus in ducatibus Juliæ et Montium*, Dusseldorpii, 1779, in-4°; Ennen, *Ueber das Patronat in der Kirche, mit besonderer Rücksicht auf das Bergische Land*, Kœln, 1850.

[2] Cap. XVI, X, h. t., III, 38. Cf. cap. III, X, de judic., II, 1. Phillips, *Kirchenrecht*, t. VII, § 451, p. 666, 668.

donc soumis à la juridiction et à la législation de l'Église. Seule la question de savoir à quelles obligations matérielles le patron peut être contraint par la loi civile, est du ressort de la législation et de la juridiction civile.

§ 77. Développement historique du roit de patronage [1].

I. Dès les temps les plus reculés, nous voyons l'Église adresser aux riches de pressantes exhortations pour les engager à bâtir des églises dans leurs domaines. Elle leur représente les bénédictions du ciel qui y seront abondamment attirées par les prières continuelles du prêtre et des autres ecclésiastiques qui y célébreront les divins mystères, béniront la table, instruiront les domestiques, recevront les dîmes et les prémices.

Deux Novelles de Justinien [2] parlent des droits qui reviennent à celui qui a fondé une église et qui y entretient un clerc, du droit qu'ont ses héritiers de présenter à l'évêque de dignes clercs pour cette église. Nous voyons aussi, par des constitutions des empereurs Zénon et Justinien, que ceux qui donnaient quelque bien à une église ou pour une œuvre pie en général, pouvaient, ainsi que leurs héritiers, établir des administrateurs de ce bien. L'évêque, chargé de les surveiller, pouvait les destituer en cas de mauvaise administration [3]. C'est ainsi qu'en Orient une sorte de droit de patronage commence à se développer dès le sixième siècle. Mais ce développement n'a rien de commun avec ce qui s'est passé en Occident.

II. Le droit de patronage tel qu'il est connu en Occident s'est particulièrement développé au douzième siècle, sous l'influence de la législation ecclésiastique, dont le principal but était de repousser des prétentions illégitimes. Ces prétentions avaient pour auteurs :

1° Les possesseurs de domaines, qui, après avoir bâti une église sur leurs propriétés, faisaient élever, instruire et ordonner un des leurs pour l'administrer ; 2° les avocats ou protecteurs des églises particulières.

---

[1] Voy. Thomassin, *Vetus et nova Eccl. disciplina*, part. II, lib. I, c. XXIX et seq.; Phillips, *Kirchenrecht*, t. VII, §§ 412 et suiv.

[2] Nov. 57, cap. II (an. 537); Nov. 123, cap. XVIII (an. 546).

[3] Zeno, cap. XV, Cod. de ss. eccles., I, 2; Justinianus, an. 530, can. XLV (ailleurs, cap. XLVI); Cod. de episcop. et cler., I, 3.

L'Église consentait à reconnaître les services des fondateurs et des protecteurs d'églises, mais elle entendait aussi que leur droit de patronage demeurât un droit individuel, parce qu'il appartenait au domaine de l'Église; ce n'était pas un écoulement du droit de propriété ni d'aucun droit civil quelconque.

§ 78. Différentes espèces de patronage.

I. On distingue le patronage personnel et le patronage réel [1]. Le patronage personnel est celui qui résulte de la fondation, de la dotation ou d'un autre titre, sans être attaché à aucune terre. Le patronage réel est celui qui revient à tout possesseur d'un bien-fonds apte à exercer ce droit, quand il possède ce bien en vertu d'un titre de propriété reconnu par l'Église. Le patronage réel n'est pas un écoulement de la propriété et ne peut jamais être considéré comme un accessoire de la propriété. Ainsi, le patronage réel n'oblige pas d'avoir égard à la qualité du possesseur du fonds ni à son titre de propriétaire. Cela serait contraire au droit public de l'Église et à toute sa constitution. La notion de propriété implique simplement des droits sur le bien; or le droit de patronage ne fait point partie de ces droits.

Quand un droit de patronage existe et qu'il y a doute, on décide, d'après les principes généraux du droit ecclésiastique et du droit général, que le patronage est personnel, parce qu'il est moins onéreux. En Allemagne, cependant, les patronages réels sont plus nombreux que les personnels.

II. Le patronage, tant personnel que réel, est ou ecclésiastique, ou laïque, ou mixte [2]. Le premier, *jus patronatus ecclesiasticum*, appartient à une personne revêtue d'une charge ecclésiastique, par exemple au curé du lieu, à un couvent, à une institution ecclésiastique quelconque, à celui qui a bâti,

---

[1] Voy. Mittelstaedt, *De juris patronatus quod reale dicitur, origine*, Vratislav., 1856. Contre cette opinion de Richter (*Lehrbuch*, § 188, p. 529, 7ᵉ édit.), et de Hinschius (Dove, *Zeitschrift für Kirchenrecht*, t. II, p. 419 et suiv.) que le patronage réel n'a pas le caractère d'un patronage ecclésiastique, mais découle du droit de propriété du possesseur de fonds. voyez Vering, *Archives*, t. IX, p. 170 et suiv.; t. XXIV, p. 222.

[2] Voyez cap. XXVIII, X, h. t.; cap. un., § 1, in VIᵒ, h. t.; Schmalzgrueber, *Jus eccl. univ.*, lib. III, tit. XXXVIII, § 7.

fondé ou doté une église avec des biens ecclésiastiques [1]. Un patronage ecclésiastique ne peut passer dans des mains laïques qu'avec l'approbation de l'évêque. Ainsi, en cas de doute, un patronage qui se trouve aux mains d'un ecclésiastique est réputé ecclésiastique, comme un patronage entre les mains d'un laïque doit être réputé laïque.

Le patronage laïque, *jus patronatus laicale*, est celui qu'un laïque acquiert en fondant une église ou un emploi ecclésiastique avec sa fortune, ou un ecclésiastique avec ses biens patrimoniaux, ou même avec ses revenus ecclésiastiques, après qu'il a obtenu du pape la permission d'en disposer librement.

Le patronage mixte, *jus patronatus mixtum*, est celui qui repose sur un titre mixte ou composé, c'est-à-dire quand le bénéfice a été fondé avec des ressources partie séculières et partie ecclésiastiques, ou quand un dignitaire ecclésiastique, une corporation religieuse possède le patronage en commun avec un laïque. Lorsque, dans ce dernier cas, le droit est alternativement exercé par suite d'une convention [2], il est tour-à-tour envisagé comme ecclésiastique et comme laïque; si, au contraire, les différents patrons exercent simultanément leurs droits, ce qui est toujours le cas pour un patronage composé, c'est-à-dire fondé avec des ressources de différente nature, il est ordinairement traité comme un patronage laïque.

Le patron ecclésiastique a d'ordinaire des droits et des devoirs plus étendus. Il est tenu, dans l'espace de six mois [3] après qu'il a été informé de la vacance du bénéfice, de présenter « la personne la plus digne, » c'est-à-dire non-seulement un candidat capable, mais le plus capable qu'il peut trouver. Quand le candidat est présenté pour une cure par un patron ecclésiastique, il doit avoir subi le concours [4], et quand c'est un autre que l'évêque qui donne l'institution (voyez ci-dessus, § 75), le patron ecclésiastique doit présenter celui que l'évêque a estimé le plus capable.

Le patron laïque [5], au contraire, doit présenter dans l'inter-

---

[1] Cap. un., h. t., in VI°.
[2] Voyez c. II, § Ut facilius in Clem., h. t.; Rigantius, *Comm. ad Reg. Canc. apost. ad Reg.* IX, part. I, § 2, n. 144.
[3] Cap. III, 22, 27, X, h. t., III, 38; cap. un., in VI°, h. t., III, 19.
[4] Conc. Trid., sess. XXIV, c. XVIII, de ref. — [5] Voyez ci-dessus note 3.

valle de quatre mois; mais il suffit que la personne qu'il présente soit convenable, il n'est pas nécessaire qu'elle soit la plus digne qu'il peut trouver. Quand il présente à un bénéfice paroissial, il suffit que le candidat ait été jugé capable dans un examen privé subi devant les examinateurs synodaux [1].

Si un statut synodal portait qu'aucun prêtre nouvellement ordonné ne pourra être pourvu d'un tel bénéfice à charge d'âmes, mais seulement un prêtre qui a exercé le saint ministère pendant deux ans au moins, ce statut ne lierait point un patron laïque [2]. Quand le premier candidat a été repoussé, ou que la décision de l'évêque sur le premier candidat présenté est encore en suspens, le patron laïque peut, tant que le terme de la présentation dure, y ajouter un autre ou plusieurs candidats : c'est ce qu'on appelle le droit de variation accumulative. L'évêque choisit alors parmi plusieurs candidats qui sont capables [3]. Le patron ecclésiastique ne jouit pas de ce droit de variation accumulative, *jus variandi cumulative* [4]. Le patron laïque n'a pas non plus le droit de révoquer complètement le candidat une fois nommé, *jus variandi privative*.

III. Il y a droit de copatronage quand plusieurs participent à une fondation ou qu'un tiers vient s'y joindre dans la suite. Quant au droit même de patronage, il n'est pas réellement divisible [5]; c'est pourquoi les copatrons doivent exercer leur droit soit en commun, soit à tour de rôle. Quand ils l'exercent en commun, chacun des copatrons primitifs doit avoir le même droit de suffrage, quand même ils auraient dans le principe contribué à la fondation d'une manière inégale. Cette éga-

---

[1] Voyez la décision de la Congrégation du concile, sess. xxv, cap. ix, édition de Richter, *in causa Eichstetten,* 10 mai 1681.

[2] Voyez la note précédente et le décret de la Congrégation du concile, *in causa Olomuc.* (6 mai 1741).

[3] Comme il est attesté par une expérience journalière que le patronage laïque tourne souvent au préjudice des communes et des fidèles, on a demandé au concile du Vatican de prendre des mesures pour remédier à ces graves inconvénients. On ferait déjà un grand progrès dans ce sens si l'on décidait que le patron laïque sera tenu désormais de choisir parmi trois candidats que lui présentera l'évêque. Voyez le *postulatum* dans Martin, *Collect.*, ed. 2, p. 178.

[4] Cap. xxiv, X, de jure patronatus. Voyez Schlayer, *op. cit.*, p. 1, 69; Gerlach, *Das Præsentationsrecht,* p. 52 et suiv.; Kaiser, *Archives*, t. II, p. 417 et suiv.

[5] Cap. iii, X, h. t.

lité de suffrage existe aussi pour les héritiers d'un patron unique, quand même leurs portions d'héritage sont inégales. Ils ont tous ensemble la voix de leur donateur ou testateur [1].

IV. Dans le doute, un droit de patronage peut s'hériter soit par testament soit *ab intestat;* mais il ne peut s'hériter que dans une famille déterminée, *jus patronatus familiare,* et peut tout au plus être personnel.

V. Il y a droit de patronage passif [2] lorsqu'en vertu de l'acte de fondation, un bénéfice doit surtout être occupé par un candidat choisi dans une famille ou dans une localité déterminée.

VI. Le patronage du gouvernement, *jus patronatus regium ecclesiasticum* [3], se rencontre souvent dans le droit canon, surtout à la suite de quelque concordat. Ces droits de nominations accordés au souverain d'un pays sont un pur témoignage de bienveillance; ils ne reposent sur aucun titre de droit commun. Le souverain est obligé de présenter la personne la plus digne; pour atteindre cette fin, les concordats décident souvent, par exemple dans le grand-duché de Bade, que l'évêque indiquera trois candidats parmi lesquels le prince choisira celui qu'il veut présenter. Le prince n'est pas obligé d'élire dans un laps de temps déterminé [4].

Il n'existe pas pour les souverains de droit de patronage fondé sur leur qualité de princes temporels [5], car leur autorité

---

[1] Voyez sur ces questions Schlayer, *op. cit.*, p. 53.

[2] Voyez Schmalzgrueber, *loc. cit.*, n. 16; Ferraris, *Prompta bibliotheca*, v. *Jus patronatus*, art. 1, n. 10.

[3] Voyez Phillips, *Droit eccl.*, t. VII, § 417; *Manuel,* § 140, n. IV, et les ouvrages cités en cet endroit.

[4] Rigantius, *Comm. ad Reg. Canc. apost. ad Reg.* XLII, n. 42.

[5] Contrairement à ce que prétendait Phil. Grégel, *le Patronage du souverain considéré au point de vue du changement qui s'est produit dans les prérogatives des évêques,* en allem., Wurzbourg et Bamberg, 1805; Reibel, *Situation diocésaine des évêques catholiques,* Ulm, 1806. Cette opinion fut combattue sous le voile de l'anonyme par Frey, professeur de Bamberg, dans deux écrits (*le Patronage des souverains, nouvelle invention,* Bamberg, 1804, et remarques sur l'ouvrage de Grégel : *le Patronage du souverain, par un impartial,* Bamberg, 1805), et par l'abbé d'Ebrach, Eugène Montag (*Dissertation sur le droit de patronage des souverains, ancien et moderne,* Bamberg et Wurzbourg, 1810. Voyez aussi *l'Esposizione dei sentimensi,* indiquée t. Ier, § 43, p. 256, et le Mémoire des évêques de la province ecclésiastique du Haut-Rhin, concernant l'ordonnance du roi de Wurtemberg du 28 juin 1853.

ne regarde que les emplois civils et nullement les charges ecclésiastiques[1]. Il n'y a pas non plus de droit de patronage résultant des sécularisations, contrairement à ce qu'ont prétendu plusieurs gouvernements au début de ce siècle, car :

1° Les patronages personnels des couvents, des institutions, des dignités ecclésiastiques supprimés sont tombés en même temps que ces personnes juridiques;

2° Tous les patronages, même les patronages réels des couvents, institutions, dignités ecclésiastiques supprimés étaient en même temps des patronages ecclésiastiques, qui ne pouvaient être confiés à des mains laïques sans l'approbation de l'évêque.

3° La sécularisation ne constitue point un titre d'acquisition au point de vue du droit ecclésiastique, puisque le vol des biens d'Église est puni de la perte du patronage.

4° En Allemagne, le congrès des princes de l'empire, en 1803, ainsi qu'il résulte de ses protocoles, n'entendait dédommager les princes que par des territoires et des droits sur la fortune; or le droit de patronage n'en fait point partie. Le tribunal de l'empire, peu de temps avant sa dissolution, a rendu plusieurs jugements dans ce sens[2].

§ 79. L'aptitude au droit de patronage [3].

Pour être capable d'acquérir et d'exercer le droit de patronage, il faut posséder la capacité juridique requise par l'Église, avoir son honneur sain et sauf devant la loi civile comme devant la loi ecclésiastique. Les non chrétiens sont générale-

---

[1] Ce droit a été revendiqué par Hinschius, dans *le Patronage du souverain*, Berlin, 1856, et dans la *Revue du droit canon* de Dove, t. II, p. 42 et suiv. Schulte (*Archives*, t. VII, p. 215 et suiv.; voyez aussi sa dissertation contre Bluhme, indiquée tome Ier, p. 334, note) avoue du moins que les patronages réels des couvents, etc., sécularisés, a passé à l'État.

Voyez, pour le contraire, H. Rhenanus (Dr Kirch), *la Controverse de Cologne sur le patronage* (*Archives*, t. IX, p. 299 et suiv. Cf. Vering, *Archives*, t. IX, p. 171, 399; t. XXIV, p. 222; t. VII, p. 216, remarq. I, p. 225, remarq. I, p. 227; Schilling, *le Patronage ecclésiastique*, p. 123; Gerlach, *Manuel*, § 179, remarq.; Walter, *Manuel*, p. 285; Phillips, *Droit eccl.*, t. VIII, § 417, p. 686 et suiv.

[2] Voy. *Archives*, t. VII, p. 216, note 2.

[3] Phillips, *Droit eccl.*, t. VII, §§ 419 et suiv.

ment inhabiles[1]. Un droit de patronage réel est suspendu, quant à l'exercice des droits, lorsque les biens du bénéfice se trouvent aux mains de personnes incapables du droit de patronage, tandis que les charges continuent de subsister.

En France, — où la Révolution a détruit tous les patronages, — les patronages réels étaient suspendus quand les biens se trouvaient entre les mains des protestants. En Allemagne, au contraire, les protestants admettent les catholiques et les catholiques les protestants à l'exercice d'un patronage réel, bien que le droit ecclésiastique n'en fasse aucune obligation et qu'il n'y ait rien de semblable dans le traité de Westphalie[2], car ce traité étant une loi civile ne peut régler que des affaires civiles.

Dans le patronage ecclésiastique royal (ou gouvernemental), il est indifférent que le souverain soit lui-même protestant, quand la constitution civile du pays reconnaît l'existence civile de l'Église catholique.

§ 80. Manière d'acquérir un droit de patronage [3].

1. *Patronum faciunt dos, ædificatio, fundus*, dit la Glose (ch. XXVI, c. 16, q. XVII). Quand une personne, avec l'approbation de l'évêque, donne le fonds nécessaire pour bâtir une église, *fundatio*[4], qu'elle la construit, *ædificatio*[5], qu'elle fournit les moyens de l'entretenir, de subvenir au service divin et aux bénéficiers, *dotatio*[6], elle acquiert un droit de patronage, sans qu'il soit besoin d'une réserve expresse. Celui-là même qui n'accomplit qu'un seul de ces trois actes (avec l'approbation de l'évêque) devient patron. Quand une seconde personne, en vue d'un avantage manifeste pour l'Église ou pour le bénéfice, entreprend l'un ou l'autre de ces actes, ou qu'elle augmente simplement la dotation, elle devient elle-même patron ou co-

---

[1] C'est ce que reconnaissent les ordonnances autrichiennes du 18 février 1860 (*Archives*, t. XII, p. 129), et les arrêtés du ministère bavarois en date du 29 août 1849, 14 février 1851.
[2] I. P. O. V, § 31.
[3] Conc. Trid., sess. XXV, cap. IX, XII, de ref. — Phillips, *Kirchenrecht*, t. VII, p. 422; Schmalzgrueber, *Jus eccl. univ.*, ad h. t., § 2.
[4] Cap. XXVI, XXXII, C. XVI, q. 7.
[5] Cap. XXXI, XXXIII, *loc. cit.*
[6] Cap. XXXI, *loc. cit.*

patron [1]. La fondation et tout ce qui s'y rattache doit toujours avoir lieu gratuitement. Ceux qui fournissent des contributions en argent ne sont point patrons.

II. Quand un bénéfice est démembré, le recteur de l'église-mère devient patron de l'église succursale (voy. ci-dessus, § 73).

III. Le droit de patronage peut aussi s'acquérir par un usage immémorial [2].

IV. Avant le concile de Trente, il s'acquérait par une possession de trente ans, *quasi possessio justo titulo* et *bona fide* [3].

V. Le concile de Trente supprima tous les droits de patronage provenant d'un privilége du pape [4]. Plusieurs ont été rétablis depuis par la même voie en faveur des souverains.

§ 81. Transmission d'un droit de patronage [5].

I. Un droit de patronage s'acquiert, sans autre condition, par voie d'héritage testamentaire ou *ab intestat* [6]. Il n'est pas besoin non plus de l'approbation de l'évêque pour donner ou léguer un patronage laïque; quand un patronage laïque est

---

[1] Le concile de Trente (sess. XXV, cap. IX, de ref.) porte que les évêques doivent, en qualité de délégués du Saint-Siége, s'enquérir si un besoin manifeste de l'Église ou du bénéfice demande qu'on confère un patronage pour augmenter la dot, pour faire une construction ou pour une cause semblable; que si un tel besoin n'existe pas, les évêques doivent rendre au patron ce qu'il a donné et replacer le bénéfice dans son état de liberté.

[2] Pour les personnes et les corporations qui sont soupçonnées de s'être emparées d'un patronage par la violence, le concile de Trente exige des preuves encore plus complètes. On doit, pour démontrer que l'exercice a lieu de temps immémorial, fournir la preuve authentique que les présentations se sont faites pendant cinquante ans d'une manière ininterrompue et qu'elles ont toutes abouti. (Conc. Trid., sess. XXV, cap. IX, de reform. Cf. de Luca, *Annot. ad Conc. Trid.*, disc. II),

[3] Cap. XI, X, h. t.; cap. I, in VI°, de præscript., II, 13. Que le concile de Trente ait supprimé pour l'avenir la prescription de quarante ans comme moyen d'acquérir le droit de patronage, cela résulte d'une comparaison entre le chapitre XII, de reform., sess. XIV, avec le chapitre IX, *ibid*. Toutefois, cette opinion est contestée. Notre sentiment est partagé par Phillips, *Droit eccl.*, t. VII, § 424, p. 751 et suiv.; *Manuel*, § 144, note 23; par Schulte, *Manuel*, § 75, note 8, 2e édit. Ce dernier avait d'abord soutenu dans son Système, p. 685, l'opinion contraire, et avait été combattu notamment par Ginzel (*Archives*, t. III, p. 295 et suiv.)

[4] Conc. Trid., *loc. cit.*

[5] Phillips, *Droit eccl.*, t. VII, § 425 et suiv.

[6] Voyez ci-dessus § 78, III.

donné ou légué à une corporation religieuse ou au possesseur d'un bénéfice ecclésiastique quelconque, il devient patronage ecclésiastique. Pour donner ou léguer un patronage ecclésiastique, l'approbation de l'évêque est toujours nécessaire [1].

L'échange d'un patronage personnel ne peut se faire que contre une chose spirituelle [2], c'est-à-dire contre un autre droit de patronage, et seulement avec l'approbation de l'évêque. Un patronage réel passe au nouvel acquéreur par l'achat ou l'échange du bien. Cependant, si on rendait plus qu'on ne reçoit, ou qu'on donnât un prix particulier à raison du patronage, il y aurait simonie, absolument comme si on achetait un patronage personnel; on serait puni par la perte du patronage et le prix écherrait à l'église qui avait été jusque-là un patronage [3].

Un patronage réel ne peut être séparé du bien que lorsqu'il devient patronage ecclésiastique par une donation ou un legs fait à un établissement ecclésiastique [4]. Un patronage réel s'acquiert avec le bien par la prescription ordinaire. Un patronage laïque personnel peut être prescrit dans trente ans [5], et un patronage ecclésiastique personnel en quarante ans [6], sur le possesseur actuel. Un patronage laïque réel passe au fisc quand le bien est confisqué [7] (voy. ci-dessus § 79).

II. Un homme marié peut exercer un patronage annexé au bien dotal. L'amphytéote, le superficiaire, le vassal, l'usufruitier de tous les biens et le séquestre peuvent aussi exercer le

---

[1] Cap. XXIII, X, h. t., III, 38, cap. un., in VI°, h. t., III.

[2] Cap. IX, X, de rerum permutatione, III, 19.

[3] Cap. XIII, X, h. t. Conc. Trid., sess. XXV, cap. IX, de ref.

[4] Cf. Gerlach, *Cas Præsentationsrecht*, p. 83; Hinschius, *Das Patronatsrech und die moderne Geüstaltung des Grundeigenthums* (*Zeitschrift für Kirchenrecht*, t. VII, p. 332). Voyez aussi *Archives*, t. IX, p. 303, note; t. XXIV, p. 223. (C'est dans ce sens qu'a été rédigé l'accord intervenu entre le fisc prussien et l'archevêque de Posen. Cf. *Archives*, loc. cit.)

[5] Schulte, *Droit canon*, §.76, est d'un autre avis. Jugeant d'après l'analogie de ce cas avec la prescription des servitudes, il croit qu'un exercice de dix ans *inter præsentes*, de vingt ans *inter absentes*, est suffisant.

[6] Cap. VIII, X, de præscr., II, 26.

[7] Schmalzgrueber, *loc. cit.*, n. 262. Dans ce cas, un patronage personnel ne passe pas au fisc, parce que le droit de patronage n'est pas un droit sur la fortune.

droit de patronage réel [1]. La présentation faite par un possesseur de bonne foi est valide [2].

§ 82. Droits et devoirs du patron.

Le patron a :

1° Des droits honorifiques, *jura honorifica*, par exemple une place au chœur ; le droit d'établir ses armoiries dans l'église, *jus listræ* ; une part dans les prières de l'Église, la préséance dans les processions [3], etc.

2° Des charges, *jura onerosa*, ainsi :

a. Il doit surveiller l'administration des biens de l'Église et la manière dont le bénéficier s'acquitte de ses devoirs, afin de pouvoir, au besoin, en informer l'évêque. Pour concourir à l'administration des biens du bénéfice, le patron aurait besoin d'un privilége du pape [4] ;

b. Protéger l'Église contre l'oppression et la dilapidation violente ;

c. Entretenir les bâtiments (voy. ci-dessous § 177).

3° Des droits utiles *(jura utilia)*, savoir :

a. Un droit de présentation pendant la vacance du bénéfice (voy. ci-dessus § 78, p. 168).

Le patron ne peut pas se présenter lui-même [5], mais il peut présenter toute autre personne remplissant les conditions du droit ou les conditions exigées par l'acte de fondation, même son propre fils [6]. Pour le reste, nous en avons déjà traité (§ 78, n. II, p. 168), à propos des différences qui se rencontrent dans le patronage ecclésiastique, laïque et mixte, et en traitant du copatronage.

Si le droit de patronage appartient à une corporation, c'est la majorité absolue des voix qui décide de la présentation, quand le contraire n'est pas prescrit [7]. Quand ce droit appartient à une association civile ou à une corporation civile, par

---

[1] Cap. VII, X, h. t. Cf. *Decr. S. Congr. episc. et regul.* du 15 juin 1850 (*Archives*, t. X, p. 370 et suiv.; sur le droit de séquestre, Walch, *Der Uebergang des Patronatsrechts auf den Firmar* (Zeitschrift für Kirchenrecht, t. VI, p. 243).

[2] Cap. XIX, X, h. t. — [3] Cap. XXV, X, h. t., III, 28. Voir pour les détails Schilling, *op. cit.*, p. 94-103. — [4] Conc. Trid., sess. XXIV, cap. III, de ref. — [5] Cap. XXVI, X, h. t. — [6] Cap. XV, X, h. t. — [7] Cap. VI, X, de his quæ fiunt a prælato sine consensu capituli, III, 10.

exemple à la commune d'une ville, le droit de participer à l'élection du candidat présenté par le magistrat, c'est-à-dire la question de savoir si l'élection doit être faite par tous les membres de la corporation (les citoyens de la commune) ou simplement par le magistrat ou le conseil communal, cette question se décide d'après la constitution, les statuts de ladite corporation et les conditions que l'Église met à l'exercice de ce droit canonique. Ces conditions, c'est que les catholiques seuls, ou du moins ceux-là seuls qui sont autorisés par l'Église, peuvent exercer un droit de patronage [1].

La présentation est faite verbalement ou par écrit, au chef ecclésiastique, qui confère le bénéfice et qui a le droit d'examiner si le candidat possède les qualités requises [2].

ADDITION DU TRADUCTEUR.

Le concile de Trente défend expressément que « ceux qui seront présentés, élus et nommés à n'importe quel bénéfice par quelque personne ecclésiastique que ce soit, puissent être reçus, confirmés et mis en possession, quelque prétexte de privilège ou de coutume même inviolable qu'ils puissent alléguer, sans avoir été d'abord examinés et trouvés capables par les ordinaires des lieux, sans que la voie d'appel puisse mettre personne à couvert de l'obligation de subir l'examen, excepté toutefois ceux qui seront présentés, élus ou nommés par les universités, ou par les colléges généraux, ouverts à toutes sortes d'études [3]. »

b. Le principal droit du patron [4] est de pouvoir être alimenté sur les biens qui dépendent de son patronage, s'il n'a point d'ailleurs de quoi subsister. Jamais une personne juridique n'a ce droit en tant que patron.

---

[1] Bahlhof a raconté dans les *Archives* (t. XXXI, p. 35 et suiv.) l'élection d'un curé catholique faite en 1872-1873 par toute la bourgeoisie chrétienne de la ville de Hirschberg, en Silésie, sur le fondement d'un droit de patronage (qui du reste n'était pas même bien établi en droit) et dans laquelle plusieurs irrégularités avaient été commises.

[2] Conc. Trid., sess. VII, cap. XIII, de ref.

[3] Gerlach, *Das Præsentationsrecht auf Pfarreien*, Munich, 1854 (Ratisbonne, 1855); Phillips, *Kirchenrecht*, t. VII, § 428; Schmitz, *Natur und Subject der Præsentation*, Ratisbonne, 1868; Friedle (*Archives*, t. XXIII, p. 1-50).

[4] C. xxx, C. 16, q. 1; c. xxv, X, h. t., III, 28.

§ 83. Extinction du droit de patronage [1].

I. Le droit de patronage s'éteint :

1° Par voie de renonciation [2]. Mais pour que les charges cessent, il faut le consentement de l'évêque ;

2° Quand le patron consent à ce qu'il y ait union par suppression ou par sujétion du patronage à une église qui n'est pas soumise à ce droit, *ecclesia libera* ; ou quand il consent à ce que l'église soit érigée en collégiale [3] ;

3° Quand l'évêque empêche l'usage de la liberté *(usucapio libertatis)*, en ne permettant pas l'exercice du droit de patronage ; dans ce cas, le droit de présentation cesse au bout de trente ans pour un patronage laïque, et de quarante pour un patronage ecclésiastique ;

4° Le patronage personnel disparaît quand l'évêque devient seul patron. On dit alors qu'il y a consolidation de la collation [4] ;

5° Par la destruction complète de l'église [5] ou la perte totale de la dotation, quand le patron ne relève pas l'église et ne renouvelle pas la dotation, bien qu'il en ait les moyens ;

6° Par la mort du patron ou l'extinction des personnes ou parents d'une personne à qui appartenait le patronage. Le patronage réel disparaît quand les biens sont morcelés [6] ;

7° Quand le patron se rend coupable de certains crimes, notamment d'assassinat ou de mutilation contre un ecclésiastique, de simonie ; quand il usurpe les biens de l'Église [7], tombe dans l'hérésie ou le schisme [8].

Dans tous ces cas, l'évêque rentre dans le droit de libre collation.

II. L'exercice du droit de patronage disparaît :

---

[1] Phillips, *Droit eccl.*, t. VII, § 434.
[2] Cap. XLI, X, de testibus et attestationibus, II, 20.
[3] Voyez ci-dessus § 74, p. 140 ; Michels, *Quæstiones controv. de jure patr.*, p. 19, 31.
[4] Voyez Schlayer, *op. cit.*, p. 77 et suiv.
[5] Conc. Trid., sess. XXI, cap. VII, de ref. Voyez ci-dessus § 80, p. 173.
[6] Voy. Michels, *loc. cit.*, p. 41 et suiv ; Hinschius, dans la *Revue du droit ecclés.*, t. VII, p. 1 et suiv. Ordonnance du ministère prussien sur les affaires d'économie rurale, 21 août 1860 (*Archives*, t. VI, p. 467).
[7] Cap. VI, X, h. t., III, 38 ; Conc. Trid., sess. XXV, cap. IX, de ref.
[8] Conc. Trid., sess. XXI, cap. XI, de ref.

1° Quand le patron ne fait pas usage de son droit dans le temps voulu [1] ;

2° Et, pour le patron ecclésiastique, quand il présente un incapable ;

3° Tant que le patron demeure excommunié.

§ 84. 6. Droits et devoirs des bénéficiers.

I. Ces droits et ces devoirs sont indiqués en partie par l'acte de fondation de chaque bénéfice, et en partie par le droit commun ou par les législations particulières.

Le droit commun oblige tout bénéficier catholique :

1° A l'obéissance envers ses supérieurs hiérarchiques (§ 72) ;

2° A la récitation du bréviaire (ci-dessus § 69), quand même il n'a pas reçu le sous-diaconat ;

3° A faire profession de la foi de l'Église. Ceux qui reçoivent un bénéfice majeur, *beneficium majus* (§ 74), ou un emploi avec charge d'âmes, ou une fonction dans l'enseignement ecclésiastique, doivent faire la profession de foi aux décrets dogmatiques du concile de Trente. Ce concile impose la même obligation [2] à ceux qui doivent assister aux prochains conciles provinciaux et synodaux. Pie IV [3] établit dans ce but une nouvelle formule de profession dans laquelle il résuma en douze articles les décrets dogmatiques de Trente, en y joignant ceux de Nicée et de Constantinople [4]. — Les bénéficiers sont encore obligés :

4° D'exercer personnellement les fonctions de leur emploi et de résider au siége de leur bénéfice (§ 85) ;

5° Il leur est interdit d'accepter plusieurs bénéfices (§ 86).

---

[1] Voyez ci-dessus § 80, n. II, p. 173.

[2] Conc. Trid., sess. xxv, cap. ii, de ref.

[3] Constitution *In sacrosancta*, de 1564 (*Bullar. rom.*, t. IV, part. II, p. 201), et constitution *Injunctum nobis* (*Bullar. rom.*, loc. cit., p. 204). Cette dernière est ordinairement annexée aux éditions du concile de Trente.

[4] Sur ce symbole dogmatique et ceux qui ont précédé le concile de Trente, voyez Phillips, *Manuel*, §§ 229 et suiv.; H. Denzinger, *Enchiridion symbolorum et definitionum quæ de rebus fidei et morum a conciliis œcumenicis et summis pontificibus emanarunt*, ed. 5, Wirceburg., 1874; Devoti, *Jus can. univers.*, lib. I, tit. I (t. II, p. 1 et seq.).

§ 85. Du devoir de la résidence [1].

L'Église n'a pas directement décidé si le devoir de la résidence qui oblige tous les vrais bénéficiers est de droit divin ou simplement de droit humain [2]. Pour les évêques et pour ceux qui ont charge d'âmes, on est porté à croire qu'il est de droit divin [3].

Les évêques [4] et les prélats exempts, quand ils ont des raisons suffisantes de s'absenter, ne doivent pas là faire au-delà de deux mois, de trois mois au plus, dans la même année. Le concile de Trente les avertit que si leurs devoirs épiscopaux ne les appellent pas en quelque autre lieu de leur diocèse, ils ne doivent jamais s'absenter de leur église cathédrale pendant l'Avent et le Carême, non plus qu'aux jours de la naissance et de la résurrection de Notre-Seigneur, de la Pentecôte et de la Fête-Dieu. Une absence prolongée n'est permise que pour les quatre raisons suivantes : 1° la charité chrétienne, par exemple la conversion des hérétiques, l'apaisement de quelque querelle, notamment entre les princes ; 2° une nécessité pressante, par exemple quand l'évêque est menacé du danger de la mort, à moins que ce danger ne lui soit commun avec son troupeau ; une santé infirme, un air malsain qui mette la vie en péril ; mais non une invasion d'ennemis ou une contagion. Quand ces raisons existent, on permet une absence de six mois, pourvu que le supérieur établisse un vicaire pour le remplacer ; 3° l'obéissance due au supérieur hiérarchique, *debita obedientia* [5] ; 4° l'utilité manifeste, *evidens utilitas,* de l'Église ou de

---

[1] C. XXI, c. 7, q. 1 (Conc. Carthag., ann. 401); X, III, 4, de clericis non residentibus in ecclesia vel præbenda; in VI°, III, 3; Conc. Trid., sess. VI, cap. I, II; sess. VII, cap. I; sess. XXI, cap. III; sess. XXII, cap. III; sess. XXIII, cap. I; sess. XXIV, cap. XII, de ref.; Phillips, *Kirchenrecht*, t. VII, §§ 361, 387 et suiv.; *Lehrbuch*, § 82.

[2] Cette question a été longuement discutée au concile de Trente. Voy. Benoît XIV, *De synodo diœc.*, lib. VII, cap. I.

[3] C'est le sentiment de saint Liguori, dans son *Homo apostolicus* (tract. VII, cap. IV, n. 14). Voy. Phillips, *Manuel*, § 82.

[4] Conc. Trid., sess. XXIII, cap. I, de ref., v. Quoniam autem. Urbain VIII institua dans la Congrégation du concile une division spéciale qui s'occupa de la « résidence des évêques. »

[5] Par exemple, une commission du pape ou de l'évêque diocésain,

l'État, par exemple la convocation d'un concile ou d'une diète, un procès pour la défense d'un bénéfice¹, mais non le service d'un prince temporel².

La surveillance du devoir de la résidence des évêques appartient au métropolitain et au concile provincial. Si un évêque s'absente pendant six mois de son diocèse sans raison suffisante, il perd un quart de ses revenus annuels, que le métropolitain devra distribuer à la fabrique de l'église et aux pauvres du lieu. Il en est de même s'il continue pendant six autres mois. Pour une absence de plus longue durée, le métropolitain ou le plus ancien des évêques suffragants qui observe la résidence, doit, sous peine d'interdit, informer le pape dans l'espace de trois mois. Le pape peut aller jusqu'à la déposition.

Les abbés réguliers ne peuvent être punis par la soustraction des fruits; ils doivent l'être selon les règles de leur ordre³.

Les bénéficiers des églises-cathédrales et collégiales⁴ ne peuvent s'absenter plus de trois mois chaque année, sans avoir obtenu la permission pour une des quatre raisons indiquées ci-dessus ou pour toute autre raison importante; autrement, ils seront privés, la première année, de la moitié des fruits qu'ils auront faits leurs, et s'ils retombent une seconde fois, ils seront frustrés de tous les fruits qu'ils auront acquis cette année-là; la troisième année, on peut rendre une sentence de déposition, lorsque le séjour de l'absent est inconnu, que l'absent a été cité après l'expiration de trois ans et qu'il s'est encore écoulé six mois.

En ce qui concerne les chanoines, le concile de Trente or-

---

pour laquelle on doit surtout employer des chanoines. Cf. cap. xiv, xv, X, h. t.; Conc. Trid., sess. xxiv, cap. xii, de ref.

¹ Cap. xiii, X, h. t. Pour l'étude de la théologie et du droit canon, les scolares doivent recevoir une permission de cinq ans, les docteurs qui enseignent la théologie une permission qui dure autant que leur enseignement. C. iv, 12, X, h. t.; c. v, x, de magistr., V, 5; Conc. Trid., sess. xxiii, cap. i, de reform. Ces dispositions ne s'appliquent plus aux prêtres qui ont charge d'âmes. — Voyez, sur l'ancien droit, c. xxxiv, in VI°, de elect., I, 6.

² Conc. Trid., sess. vi, cap. ii, de ref.

³ Reg. lxxvi, de reg. jur., in VI°. Voy. cap. iii, c. 16, q. 6.

⁴ Cap. xi, X, h. t.; Conc. Trid., sess. xxiv, cap. xii, de ref. Voy. aussi Lingen et Reuss, *Causæ sel. in s. Congr. conc. per summar. prec. prop.*, p. 597 et seq.

donne que dans les églises, tant cathédrales que collégiales, dans lesquelles il n'y a point de distributions journalières, et où, s'il y en a, elles sont si faibles qu'apparemment elles sont négligées, il soit fait distraction de la troisième partie de tous les fruits, profits et revenus, tant des dignités que des canonicats, personats, portions et offices, pour être convertie en distributions journalières et divisée entre ceux qui possèdent des dignités et les autres qui assisteront au service divin, proportionellement, et selon le partage qui en sera fait par l'évêque, même comme délégué du Siége apostolique, lors de ladite distraction première des fruits, sans toucher pourtant en cela aux coutumes des églises, dans lesquelles ceux qui ne résident pas ou qui ne desservent pas ne reçoivent rien, ou reçoivent moins du tiers; nonobstant toutes exemptions, coutumes contraires de temps immémorial et appellations quelconques; et en cas de contumace plus grande de la part de ceux qui manqueraient au service, on pourra procéder contre eux suivant la disposition du droit et des saints canons [1].

Une coutume générale veut que les chanoines qui ont servi quarante ans dans un chapitre ne soient plus tenus au service ni à la résidence [2].

Les prélats non exempts et les curés [3] peuvent, en dehors des quatre raisons alléguées ci-dessus, s'absenter du lieu de leur bénéfice pendant deux mois au plus dans une année, quand ils ont d'autres raisons suffisantes et la permission écrite de l'évêque. Il en est de même pour toutes les autres charges ecclésiastiques dont l'acte de fondation exige la résidence. Ceux qui violent cette loi, l'évêque doit les punir par la privation des fruits de la charge au profit de la fabrique de l'église ou des pauvres de la localité. Si, après une invitation personnelle, ou, quand le lieu de leur séjour est inconnu, si, après trois invitations en forme d'édit, ils ne rentrent pas, l'évêque peut, à son

---

[1] Cap. un., in VI°, h. t.; Conc. Trid., sess. XXI, cap. III, de ref. Voyez Phillips, *Kirchenrecht*, t. VII, § 389.

[2] Voyez les décisions de la Congrégation du concile, n. 92-115, sur la session XXIV, ch. XII, de reform., dans l'édition du concile de Trente de Richter et Schulte; Benoît XIV, *De synodo diœc.*, lib. XIII, cap. IX, n. 15.

[3] Conc. Trid., sess. XXIII, cap. I, de ref. Voyez aussi Lingen et Reuss, *loc. cit.*, p. 779 et seq. *Decr. Congr. conc. per summaria prec. propos. de residentia parochorum.*

gré, recourir aux censures ecclésiastiques ou retirer immédiatement le bénéfice.

ADDITION DU TRADUCTEUR.

Peines renouvelées et établies par le concile de Trente contre les pasteurs non résidents.

Comme il est ordonné de précepte divin à tous ceux qui sont chargés du soin des âmes de connaître leurs brebis, d'offrir pour elles le sacrifice et de les repaître par la prédication de la parole de Dieu, par l'administration des sacrements et par l'exemple de toutes sortes de bonnes œuvres, d'avoir un soin paternel des pauvres et de toutes les autres personnes affligées, de s'appliquer incessamment à toutes les autres fonctions pastorales; comme il n'est pas possible que ceux qui ne sont pas auprès de leur troupeau et n'y veillent pas continuellement, mais qui l'abandonnent comme des mercenaires, puissent remplir toutes ces obligations et s'en acquitter ainsi qu'ils le doivent, le saint concile les avertit et les exhorte que, se ressouvenant de ce qui leur est commandé de la part de Dieu, et se rendant eux-mêmes l'exemple et le modèle de leur troupeau, ils le paissent et le conduisent selon la conscience et la vérité. Et de peur que les choses qui ont été ci-devant saintement et utilement ordonnées sous Paul III, d'heureuse mémoire, touchant la résidence, ne soient tirées à des sens éloignés de l'esprit du saint concile, comme si, en vertu de ce décret, il était permis d'être absent cinq mois de suite et continus, le saint concile, suivant ce qui a déjà été ordonné, déclare que tous ceux qui, sous quelque nom et quelque titre que ce soit, sont préposés à la conduite des églises patriarcales, primatiales, métropolitaines et cathédrales, quelles qu'elles puissent être, quand ils seraient même cardinaux de la sainte Église romaine, sont tenus et obligés de résider en personne dans leur église et diocèse, et d'y satisfaire à tous les devoirs de leurs charges, et qu'ils ne s'en peuvent absenter que pour les causes et aux conditions ci-après. Comme il arrive quelquefois que les devoirs de la charité chrétienne, quelque pressante nécessité, l'obéissance qu'on est obligé de rendre et même l'utilité manifeste de l'Église ou de l'État, exigent et demandent que quelques-uns soient absents, en ces cas le saint concile ordonne que ces causes de légitime absence seront par écrit reconnues telles par le très-saint père, ou par le métropolitain, ou en son absence par le plus ancien évêque suffragant, qui sera sur les lieux, auquel il appartiendra aussi d'approuver l'absence du métropolitain; si ce n'est lorsque ces absences arriveront à l'occasion de quelque emploi ou fonction dans l'État, attachée aux évêchés même. Car ces causes étant notoires à tout le monde et les occasions survenant quelquefois inopinément, il ne sera pas nécessaire d'en donner avis au métropolitain, qui d'ailleurs aura soin lui-même de juger, avec le concile provincial, des permissions qui auront été accordées par lui ou par ledit suffragant; il prendra garde que personne n'abuse de cette liberté, et que ceux qui tomberont en faute soient punis des peines portées par les canons.

Ceux qui seront obligés de s'absenter se souviendront de pourvoir si bien à leur troupeau, avant de le quitter, qu'autant qu'il sera possible il ne souffre aucun dommage de leur absence. Mais parce que ceux qui ne sont absents que pour peu de temps ne sont pas estimés absents dans le sens des anciens canons, puisqu'ils doivent être incontinent de retour, le saint concile veut et entend que, hors les cas marqués ci-dessus, cette absence n'excède jamais chaque année le temps de deux mois ou trois tout au plus, soit qu'on les compte de suite ou à diverses reprises, et qu'on ait égard que cela n'arrive que pour quelque sujet juste et raisonnable, et sans aucun détriment du troupeau. En quoi le saint concile se remet à la conscience de ceux qui s'absenteront, espérant qu'ils l'auront timorée et sensible à la piété et à la religion, puisqu'ils savent que Dieu pénètre le secret des cœurs, et que, par le danger qu'ils courraient eux-mêmes, ils sont obligés de faire son œuvre sans fraude ni dissimulation. Il les avertit cependant et les exhorte, au nom de Notre-Seigneur, que si leurs devoirs épiscopaux ne les appellent en quelque autre lieu de leur diocèse, ils ne s'absentent jamais de leur église cathédrale pendant l'Avent, ni le Carême, non plus qu'aux jours de la naissance et de la résurrection de Notre-Seigneur, de la Pentecôte et de la fête du Saint-Sacrement; auxquels jours particulièrement les brebis doivent être repues et récréées en Notre-Seigneur de la présence de leur pasteur.

Que si quelqu'un (Dieu veuille que cela n'arrive jamais!) s'absentait contre la disposition du présent décret, le saint concile, outre les autres peines établies et renouvelées sous Paul III contre ceux qui ne résident pas, et outre l'offense du péché mortel qu'il encourrait, déclare qu'il n'acquiert point la propriété des fruits de son revenu échus pendant son absence, et qu'il ne peut les retenir en sûreté de conscience, sans qu'il soit besoin d'autre déclaration que la présente; mais qu'il est obligé de les distribuer à la fabrique des églises ou aux pauvres du lieu. S'il y manque, son supérieur ecclésiastique y tiendra la main, avec défense expresse de faire ni passer aucun accord, ni composition, qu'on appelle en ces cas ordinairement une convention, pour les fruits mal perçus, par le moyen de laquelle tous lesdits fruits, ou partie de ces fruits, lui seraient remis, nonobstant tous privilèges accordés à quelque collége ou fabrique que ce soit.

Déclare et ordonne le même saint concile que toutes ces choses, en ce qui concerne le péché, la perte des fruits et les peines, doivent avoir lieu à l'égard des pasteurs inférieurs et de tous autres qui possèdent quelque bénéfice ecclésiastique que ce soit, avec charge d'âmes. Quand ils s'absenteront pour quelque cause dont l'évêque aura été informé et qu'il aura approuvée auparavant, ils seront obligés de mettre en leur place un vicaire capable, approuvé comme tel par l'ordinaire même, auquel ils assigneront un salaire raisonnable et suffisant. Cette permission d'être absent leur sera donnée par écrit et gratuitement, et ils ne la pourront obtenir que pour l'espace de deux mois, à moins de quelque occasion importante.

Que si étant cités par ordonnance à comparoir, quoique ce ne fût pas personnellement, ils se rendaient rebelles à justice, le saint concile veut et entend qu'il soit permis aux ordinaires de les contraindre et de procéder contre eux par censures ecclésiastiques, par séquestre et soustraction de fruits et par autres voies de droit, même jusqu'à la privation de leurs bénéfices, sans que l'exécution de la présente ordonnance puisse être suspendue par quelque privilége que ce soit, permission, droit de domestique, ni exemption, même à raison de la qualité de quelque bénéfice que ce soit, non plus que par aucun pacte ni statut, quand il serait confirmé par serment, ou par quelque autorité que ce puisse être, ni par aucune coutume, même de temps immémorial, laquelle en ces cas doit plutôt être regardée comme un abus, et sans égard à aucune appellation, ni défense même de la cour de Rome, ou en vertu de la constitution d'Eugène. Enfin le saint concile ordonne que tant le présent décret que celui qui a été rendu sous Paul III, soit publié dans les conciles provinciaux et épiscopaux ; car il souhaite extrêmement que les choses qui regardent si fort le devoir des pasteurs et le salut des âmes soient souvent répétées et profondément gravées dans l'esprit de tout le monde, afin que, par l'assistance de Dieu, elles ne puissent jamais être abolies à l'avenir par l'injure du temps, par l'oubli des hommes ou par le non-usage.

§ 86. Défense de cumuler les emplois ecclésiastiques.

Il n'est permis d'accepter un second bénéfice que lorsque le premier est insuffisant pour l'entretien et que le second n'oblige pas à la résidence [1]. On distingue :

1° Les bénéfices incompatibles au premier chef, *beneficia incompatibilia primi generis*. Dans ce cas, la prise de posses-

---

[1] Cap. I, d. 89; cap. III, § 1, C. 3, q. 3; c. I, II, C. 21, q. 1; c. III, C. 10, q. 5; c. III, VII, XII-XV, X, de præb., III, 5; c. XXVIII, eod.; c. III, X, de cler. non resid., III, 4; Conc. Trid., sess. XXIV, cap. XVII, de ref. Sur l'interdiction de la pluralité des bénéfices, voyez les développements historiques dans Phillips, *Kirchenrecht*, t. VII, § 396.

sion du second entraîne *ipso jure* la perte du premier. Tels sont : deux évêchés, deux dignités, deux personats, deux bénéfices avec charge d'âmes, deux bénéfices uniformes sous le même toit, *beneficia uniformia sub eodem tecto*, c'est-à-dire deux bénéfices dans une même église et imposant les mêmes devoirs, et enfin un bénéfice avec charge d'âmes quand il s'y joint une dignité.

2° Des bénéfices incompatibles au second chef, *incompatibilia secundi generis*, ou *ratione retentionis*, quand la prise de possession du second bénéfice exige qu'un jugement soit rendu pour la perte de l'un des bénéfices. Tels sont par exemple deux canonicats et tous les bénéfices à résidence qui n'appartiennent pas à la première classe.

§ 87. 7. Vacance des emplois ecclésiastiques.

I. Elle a lieu *ipso jure*, c'est-à-dire par le fait même et sans que le juge ait besoin de la prononcer :

1° Par le mariage d'un clerc qui est dans les ordres mineurs [1];

2° Par l'entrée dans un ordre religieux [2], ou

3° Dans l'état militaire [3];

4° Par l'acceptation d'un bénéfice incompatible au premier chef (voyez le § précédent);

5° Par la non-réception dans le temps voulu d'un ordre requis pour l'emploi [4], ou, quand il s'agit des dignités épiscopales, par la non-réception de la consécration épiscopale dans l'intervalle de six mois [5];

6° Par la perpétration de certains crimes, comme l'hérésie, le schisme.

II. Un emploi ecclésiastique se perd en outre par la renonciation du possesseur. Cette renonciation doit être expresse,

---

[1] Cap. I, III, V, X, de cler. conjug., III, 3; Decl. Congr. conc. Trid., ad c. v, sess. XXV, de ref.; Phillips, *Kirchenrecht*, t. I, § 65.

[2] Cap. IV, in VI°, de regular., III, 14.

[3] Voy. Gloss. *redierint* ad c. ult. de cler. non resid., III, 4.

[4] Le chap. XIV, XXXV, X, de elect., in VI°, I, 6, avait fixé cette condition pour les cures; le concile de Trente (sess. XXIV, cap. IV, de ref.) l'a établie pour les chanoines.

[5] Conc. Trid., sess. XXIII, cap. II, de ref.

volontaire[1] et appuyée de raisons suffisantes[2], par exemple sur des défauts corporels ou spirituels ; elle doit se faire entre les mains du supérieur ecclésiastique légitime et être acceptée par lui. Les évêques et les prélats exempts résignent entre les mains du pape ; ceux qui reçoivent leur emploi de l'évêque résignent entre les mains de l'évêque[3]. Quand une résignation est conditionnelle, comme la résignation en faveur d'un tiers, elle doit toujours être faite entre les mains du pape. Pour les bénéfices de patronage, le consentement du patron est également requis quand la résignation est en faveur d'un tiers.

La résignation d'un emploi qui constitue le titre d'ordination doit faire mention expresse de cette circonstance ; on ne doit l'approuver que lorsqu'on sait qu'il est suffisamment pourvu d'autre part à la subsistance du résignant. Autrement, la résignation est nulle[4]. Il en est de même pour les bénéfices unis : la renonciation n'est valide que lorsqu'il est établi que le bénéficier a d'ailleurs de quoi subvenir à son entretien[5]. Une charge ecclésiastique dont la possession est contestée ne peut être résignée qu'en faveur de celui qui la conteste[6]. Quand le clerc qui résigne en faveur d'un tiers était déjà malade et meurt dans l'intervalle de vingt jours après la résignation, la résignation est toujours nulle, d'après la règle *de vigenti* de la chancellerie[7] (voyez t. Ier, p. 602, note 3).

III. L'échange des bénéfices demande aussi, avec une cause légitime, l'approbation du supérieur et du patron[8].

---

[1] Cap. II, IV, X, de his quæ vi metusve causa fiunt, I, 40.

[2] Debilis, ignarus, male conscius, irregularis,
Quem mala plebs odit, dans scandala cedere possit.
(C. x, X, de renunc., I, 9.)

[3] M. de Lutz, ministre bavarois, prétendait au contraire (lettre du 28 janvier 1875 à l'évêque d'Eichstætt) que le droit conféré au prince de nommer aux canonicats était une concession pleine et entière du droit qui appartient au pape, par conséquent que la résignation d'un sujet nommé par le roi n'était parfaite que lorsqu'elle était approuvée par le roi. — Le contraire a été établi par Wolfgang (*Archives*, t. XXXIV, 1875, livrais. 5).

[4] Conc. Trid., sess. XXI, cap. II, de ref.

[5] Conc. Trid., sess. XXV, cap. II, de ref.

[6] Cap. II, ut lite pendente, in VI°, II, 8.

[7] Reg. canc. apost., XIX. Voy. Riganti, *Comm. ad reg. cancell.*, t. II, p. 232.

[8] Cap. V, X, de rerum permutatione, III, 19.

Pour renoncer à un emploi ecclésiastique, comme pour en faire l'échange, il faut un acte notarié et un proclamation publique.

La translation [1] ou déposition faite contre la volonté d'un bénéficier pourvu d'un bénéfice en titre, c'est-à-dire à vie, ne peut se faire régulièrement qu'en vertu d'un jugement [2], à moins qu'elle ne soit requise par une sorte de nécessité publique et pour des raisons urgentes. Dans ce cas, un bénéficier peut être déposé ou transféré sans qu'il y ait proprement délit [3]. Quand l'évêque prend une pareille mesure administrative, le recours au pape est admis (voyez ci-dessus, sur la déposition des curés amovibles, § 74, n. III, p. 132).

[1] Voyez aussi Lingen et Reuss, *Caus. sel. in Congr. conc.*, p. 826 et seq., de amovibilitate et remotione parochorum; Phillips, *Kirchenrecht*, t. V, § 225.

[2] La proposition suivante a été faite au concile du Vatican : « Comme la procédure canonique contre les bénéficiers et curés inamovibles souffre de grandes difficultés, surtout dans les temps actuels, qu'elle a lieu rarement sans un grand scandale et entraîne des délais qui compromettent gravement le bien spirituel des paroisses intéressées, on prie le concile de statuer que les ordinaires auront la faculté de retirer à un curé son bénéfice, sans introduire une procédure canonique formelle, dès qu'il sera incontestablement démontré qu'il s'est rendu coupable de délits tellement graves qu'il est devenu incapable, selon l'opinion mûrement réfléchie de l'évêque et de la commission d'examen consultée à cet effet, de continuer ses fonctions sans scandale et sans un notable préjudice pour le bien spirituel de sa paroisse. »

Une autre proposition ajoutait les raisons suivantes aux raisons alléguées en faveur de la privation du bénéfice : impudicité simple publiquement connue, concubinage public, passion de l'ivrognerie, prodigalité scandaleuse et incorrigible.

Une troisième proposition demandait qu'il fût loisible à l'ordinaire de transférer ou de pensionner malgré lui un curé, quand il serait hors de doute qu'il n'est pas capable d'administrer convenablement telle paroisse. (Voyez ces propositions dans Martin, *Collect.*, ed. 2, p. 178 et 191.)

[3] On sait qu'une nécessité impérieuse obligea le pape, sur l'avis unanime du collège des cardinaux, pour ne pas ajourner davantage la restauration du culte en France, à déposer, après les avoir vainement priés de résigner, un certain nombre d'évêques qui avaient suivi la dynastie expulsée en qualité d'émigrés. Voyez *Archives*, t. IV, p. 331 et suiv. Sur la petite secte ou « petite Église » issue de la résistance de quelques-uns de ces évêques, voyez Martin, *les Travaux du concile du Vatican*, p. 136, et les propositions faites à ce sujet au concile du Vatican dans Martin, *Collect.*, ed. 2, p. 259 et suiv. — Benoît XIV, *De synodo diœc.*, t. XIII, cap. XVI, n. 13, montre du reste que de nos jours aucun évêque n'est transféré contre son gré.

LES EMPLOIS ECCLÉSIASTIQUES DANS L'ÉGLISE PROTESTANTE.

§ 88. 1. Leur notion, leurs espèces et leurs mutuelles relations [1].

I. La notion du ministère ecclésiastique chez les protestants correspond à celle du droit canon; mais les divisions que le droit canonique fait des bénéfices (voyez § 71) ne sont applicables qu'aux bénéfices en titre, aux bénéfices manuels, aux bénéfices de libre collation, aux bénéfices de patronage et aux bénéfices mixtes.

II. Les dénominations de curé (pasteur, *pastor primarius*, premier curé), d'archidiacre, de diacre, de sous-diacre, qu'on trouve dans l'Église luthérienne, n'expriment point une diversité de pouvoir, mais seulement une différence de rang.

III. Sous le rapport matériel, cependant, on peut distinguer les fonctions ecclésiastiques suivant qu'elles supposent une éducation théologique et une qualification ecclésiastique, par conséquent une ordination comme témoignage solennel d'aptitude, par exemple le ministère ecclésiastique proprement dit, la charge de curé ou de pasteur, de surintendant ou de surintendant général; ou qu'elles ne supposent rien de semblable, comme l'incorporation au *presbyterium* ou certaines places dans les consistoires [2].

IV. On admet aussi la préséance et l'obédience *(majoritas* et *obedientia)* dans les relations mutuelles des fonctionnaires évangéliques, de même qu'entre les curés et les membres de la commune.

§ 89. 2. Institution et mutation des emplois ecclésiastiques protestants [3].

I. L'institution et le changement des emplois ecclésiastiques sont un droit réservé au gouvernement du pays (mais il est exercé par la direction supérieure). En Prusse, depuis 1850, ce droit est attribué conjointement au ministère des cultes et au conseil ecclésiastique supérieur.

---

[1] Voyez Richter, *Manuel du droit canon*, § 158.

[2] Voyez Hinschius, dans *Holtzendorff's Encyclopædie*, 2ᵉ édit., p. 645 (*Das Kirchenrecht*, § 64).

[3] Voyez Richter, *Manuel*, §§ 178 et suiv.

II. On y applique les principes généraux du droit canon. Dans les mutations, la commune ou le *presbyterium*, et le patron, ont un droit direct de coopération; mais ils n'ont pas le droit absolu d'empêcher un changement quand l'autorité l'estime opportun ou nécessaire. On consulte aussi le cercle synodal, par exemple dans les provinces du Rhin, dans la Westphalie et le Hanovre, quelquefois même le synode général, comme dans l'Oldenbourg et le grand-duché de Bade.

III. Les controverses qui s'élèvent sur les questions de dédommagement et de fortune, dans l'institution, la mutation ou la suppression des charges ecclésiastiques, sont vidées par les tribunaux.

§ 90. 3. Collation des emplois ecclésiastiques chez les protestants [1].

I. Les emplois supérieurs de conseillers du grand consistoire, de conseiller consistorial, de surintendant général, de surintendant, d'ancien ou de doyen, pour l'exercice du gouvernement ecclésiastique, sont conférés par le gouvernement, ou du moins confirmés par lui quand il y a élection, suivant ce qui arrive quand le cercle synodal nomme les surintendants ou les doyens.

II. La collation des charges paroissiales devait, d'après les principes des réformateurs, appartenir à la commune; mais ce droit d'élection ne s'est maintenu que çà et là, notamment chez les réformés. On le trouve encore, d'après le règlement ecclésiastique de la Westphalie rhénane [2], à Francfort-sur-le-Mein, dans la confédération de la Saxe inférieure, en Autriche. Dans une foule de localités du Mecklembourg et de la Prusse, dans l'Oldembourg et à Bade, les communes ont un droit partiel d'élection : entre trois candidats (six à Bade, non compris les paroisses de patronage), proposés par le consistoire, par le conseil supérieur ou le patron, elles ont le droit d'en nommer un. Les communes n'ont le plus souvent qu'un droit de représentation en ce qui regarde la doctrine, la vie et les mœurs de

---

[1] Voyez Richter, *Manuel*, §§ 199 et suiv.
[2] Voyez Tophoff, *Das freie Pfarrwahlrecht der evangelischen Gemeinden in den preussischen Provinzen Rheinland und Westfalen* (Zeitschrift für Kirchenrecht, t. XII, p. 153 et suiv.).

l'ecclésiastique qui leur est destiné, et dans plusieurs pays elles n'ont pas même conservé le droit de récuser un candidat qui leur déplaît.

La règle générale est que la nomination appartient au gouvernement. Elle est faite soit par le gouvernement lui-même, sur la proposition des consistoires (par exemple dans le Wurtemberg, la Bavière, le Mecklembourg), à moins qu'elle ne soit directement abandonnée aux autorités qui proposent le sujet (en Saxe, c'est le ministre des cultes, assisté de quelques théologiens), soit par les consistoires (comme en Prusse).

Le droit de patronage existe aussi chez les protestants (voyez le § suivant); mais il n'est pas actuellement en vigueur dans les communes de l'Autriche et de l'Oldembourg, dans le duché de Hesse-Hambourg et dans le territoire de Lubeck [1]. Le droit de présentation des patrons est devenu chez les protestants un droit de nomination ou de collation, bien que la collation et l'investiture doivent être confirmées par l'autorité ecclésiastique et que les communes ne soient pas privées du droit d'intervenir.

III. La nomination aux fonctions de curé doit se faire généralement dans l'intervalle de trois mois ou de six mois après la vacance, à moins que les ayants-droit ne prolongent ce terme.

IV. Dans l'institution même on distingue :

1° La « vocation. » Elle doit se faire par écrit avec indication des revenus, et être acceptée par écrit;

2° L'ordination, quand elle n'a pas eu lieu précédemment (§ 67);

3° L'investiture ou la mise en possession de l'emploi, qui est faite par un surintendant (doyen) spécialement délégué, en présence de la commune, et, le cas échéant, du patron.

4° On exige encore d'ordinaire un serment, ou du moins une déclaration solennelle.

V. Les assesseurs du *presbyterium* sont ordinairement élus par la commune, quelquefois par voie de cooptation. Ils sont rarement nommés par le surintendant ou par le patron. On exige d'ordinaire que le sujet soit âgé de trente ans, qu'il ait des mœurs irréprochables, qu'il paie les contributions ecclésiastiques et atteste qu'il a l'esprit de sa vocation.

---

[1] Voyez *Allgem. Kirchenblatt*, t. X, p. 454 et suiv.

VI. Les ministres inférieurs de l'Église (l'organiste, le sacristain, etc.) sont habituellement élus par le curé et par son clergé, quelquefois par le surintendant ou le patron.

§ 91. Le droit de patronage dans l'Église protestante [1].

I. Le droit de patronage n'est pas mentionné dans les anciens règlements de l'Église évangélique. On s'en rapportait généralement au droit canon. Peu à peu le patronage y fut, dans la plupart des cas, traité comme une chose temporelle, et pleinement subordonné à la législation et à la juridiction civile [2].

II. On trouve aussi chez les protestants des droits de patronage appartenant à des « corporations religieuses, » ou attachés à des emplois ecclésiastiques, par exemple dans le royaume de Saxe. Mais avec la manière dont les protestants conçoivent le ministère spirituel, toute distinction entre patronage laïque et patronage ecclésiastique est dénuée de sens [3]; aussi a-t-elle disparu des législations particulières et le droit de patronage ecclésiastique s'est évanoui.

III. Le patronage laïque a successivement obtenu une foule de prérogatives semblables à celles qui revenaient aux évêques. Dans quelques pays, comme en Silésie et dans la Haute-Lusace, le patron est devenu dans certaines communes la première autorité ecclésiastique.

IV. Le droit de présentation s'est transformé en droit de collation plénier; cependant l'institution ne revient pas au patron considéré comme tel (voyez § 90).

V. Le patron a également acquis, soit par un empiètement direct, soit par une nomination du presbyterium et des chefs

---

[1] Kaim, *Das Kirchenpatronatsrecht*, t. II; Stachow, *De juris canonici, quod ad jus patronatus spectat in terris protestantium usu ac non usu*, Berolini, 1865; Richter, *Lehrbuch*, § 201.

[2] Stachow, *loc. cit.*, p. 37 et suiv., soutient que chez les protestants aussi le droit de patronage a le caractère d'un « droit annexé à une chose spirituelle » (voy. § 76). Cela est important dans la pratique, ainsi que le remarque Richter (*op. cit.*, note 2), et influe sur les relations du gouvernement ecclésiastique avec les patrons et les ecclésiastiques du patronage. Nous en avons la preuve dans les débats de la conférence d'Eisenach, en 1861, relative au droit de patronage (*Allgem. Kirchenblatt*, t. X, p. 559 et suiv.).

[3] Voy. Hinschius, *Zeitschrift für Kirchenrecht*, t. VII, p. 37.

chargés d'administrer les biens, le droit de concourir à l'administration des biens et de la commune. En tout cas, le patron fait toujours partie du presbyterium. Il est également admis au cercle synodal comme membre d'honneur. Le patron n'a pas le droit de faire aucune prescription liturgique ni de congédier le curé.

VI. Avec les droits du patron ses devoirs se sont multipliés. Il est constamment tenu de subvenir aux besoins de l'église, et il est astreint, surtout à la campagne, à payer souvent le double des contributions de la commune. La charge qui lui incombe pour l'entretien des bâtiments dépasse les prescriptions du droit canonique. Aussi le patron évangélique peut-il encore moins renoncer à son patronage que le patron soumis au droit canon.

§ 92. Droits et devoirs des fonctionnaires ecclésiastiques protestants.

Les droits et les devoirs des ecclésiastiques protestants sont les mêmes que ceux des fonctionnaires ecclésiastiques, et réciproquement (voyez ci-dessus § 82). Dans les obligations de leur charge, on leur applique les règles du droit canonique, notamment en ce qui concerne la résidence [1] et le cumul des bénéfices (§ 86).

§ 93. Vacance des emplois dans l'Église protestante.

Ici encore les principes en vigueur sont analogues à ceux du droit canon. Pour renoncer à une fonction religieuse, le droit ecclésiastique protestant exige l'approbation de la commission supérieure de surveillance. Quand le résignant est encore apte à remplir ses fonctions, il perd tous ses droits à des fonctions nouvelles [2]. Outre le droit de translation, comme me-

---

[1] Les permissions de courte durée sont ordinairement données par les surintendants (doyens); les permissions pour un temps plus long sont accordées tantôt par les consistoires, tantôt par les autorités qui président aux consistoires. — Voyez les détails dans Richter, *Lehrbuch*, § 162, note 3.

[2] Voyez Richter, § 204, n. II ; cet auteur indique aussi les lois spéciales sur la matière.

sure de discipline, l'autorité ecclésiastique a encore celui de transférer un ecclésiastique contre son gré, dans certains circonstances exceptionnelles [1].

CHAPITRE IV.

LES REPRÉSENTANTS DU POUVOIR ECCLÉSIASTIQUE DANS L'ÉGLISE CATHOLIQUE.

I. LA PRIMAUTÉ DU PAPE [2].

§ 94. 1. La primauté du pape en général.

I. Dans l'ordre, tous les évêques sont égaux au pape ; mais dans la juridiction, le pape est au-dessus de tous les évêques (§ 58).

« La juridiction ecclésiastique du pape est un pouvoir souverain, ordinaire et immédiat, qui lui a été accordé par Jésus-Christ, le Fils de Dieu, dans la personne de saint Pierre ; il s'étend donc directement sur toute l'Église, par conséquent sur chaque diocèse en particulier, pour le maintien de l'unité de la foi, de la discipline et du gouvernement de l'Église ; ce n'est pas une simple prérogative résultant de quelques droits réservés [3]. »

---

[1] Voyez les ordonnances particulières dans *Allgem. Kirchenblatt*, t. II, p. 536 ; t. V, p. 483 ; Richter, *Lehrbuch*, § 206, n. II ; J.-H. Bœhmer, *Jus Eccl. prot.*, lib. I, tit. VII, §§ 23 et seq.

[2] Ouvrages à consulter, outre les nombreux auteurs indiqués dans Phillips, § 88, voyez surtout : Roccaberti, *Bibliotheca maxima pontificia, in qua auctores melioris notæ, qui hactenus pro sancta Sede rom. scripserunt, fere omnes continentur*, Romæ, 1689, 21 vol. in-fol. ; Roskovany, *De primatu romani pontificis ejusque juribus*, Aug. Vind., 1834 et seq. ; le même, *Romanus pontifex tanquam primas Ecclesiæ et princeps civilis, e monumentis omnium sæculorum demonstratus*, Nitriæ et Lomaronii, 9 vol., 1867-1872. Il est regrettable que l'auteur de ce savant ouvrage emploie les fausses décrétales comme si elles étaient authentiques. — Bouix, *Tractatus de papa, ubi et de concilio œcumenico*, 3 vol., Paris., 1869 et seq.

[3] Cf. Conc. Vatic., *Const. dogmat.* I, *de Ecclesia Christi*, edita in sess. IV (die 18 julii 1870) ; const. *Pastor. æternus*, cap. I. Le chapitre II traite de l'institution de la primauté apostolique dans la personne de saint Pierre ; le chapitre III de la permanence de la primauté de Pierre dans les pontifes romains ; le chapitre IV, de l'importance et de la nature de la pri-

ADDITION DU TRADUCTEUR.

Le concile du Vatican ajoute : « Le pouvoir de juridiction du pontife romain vraiment épiscopal est immédiat ; les pasteurs et les fidèles, tant isolément et à part que tous ensemble, quels que soient leur rite et leur dignité, lui sont assujétis par le devoir de la subordination hiérarchique et d'une vraie obéissance, non-seulement dans les choses qui concernent la foi et les mœurs, mais aussi dans celles qui appartiennent à la discipline et au gouvernement de l'Église répandue dans tout l'univers, de sorte que, gardant l'unité, soit de communion, soit de profession d'une même foi avec le pontife romain, l'Église du Christ est un seul troupeau sous un seul pasteur suprême. Telle est la doctrine de la vérité catholique, dont nul ne peut dévier sans perdre la foi et le salut.

» Mais, loin que ce pouvoir du souverain pontife nuise à ce pouvoir ordinaire et immédiat de juridiction épiscopale par lequel les évêques qui, établis par le Saint-Esprit, ont succédé aux apôtres, paissent et régissent, comme vrais pasteurs, chacun le troupeau particulier qui lui est assigné, ce dernier pouvoir est proclamé, confirmé et corroboré par le suprême et universel pasteur, selon la parole de saint Grégoire le Grand : « Mon honneur est l'honneur de l'Église universelle. Mon honneur est la force solide de mes frères. Je suis vraiment honoré, lorsque l'honneur dû à chacun ne lui est pas refusé. »

» De ce pouvoir suprême du pontife romain de gouverner l'Église universelle résulte pour lui le droit de communiquer librement dans l'exercice de sa charge avec les pasteurs et les troupeaux de toute l'Église, afin qu'ils puissent être instruits et dirigés par lui dans la voie du salut. C'est pourquoi nous condamnons et réprouvons les maximes de ceux qui disent que cette communication du chef suprême avec les pasteurs et les troupeaux peut être licitement empêchée, ou qui la soumettent au pouvoir séculier, prétendant que les choses établies par le Siége apostolique ou en vertu de son autorité pour le gouvernement de l'Église n'ont de force et d'autorité que si elles sont confirmées par l'agrément de la puissance séculière.

» Et comme le pontife romain, par le droit divin de la primauté apostolique, est préposé à l'Église universelle, nous enseignons aussi et nous déclarons qu'il est le juge suprême des fidèles et qu'on peut recourir à son jugement dans toutes les causes qui sont de la compé-

---

mauté du pontife romain. Sur l'enseignement infaillible du pape, voyez ci-dessous § 98). — Voyez aussi la déclaration collective de l'épiscopat d'Allemagne (janvier et février 1875) contre les assertions mensongères de la dépêche de Bismark sur l'élection du pape, du 14 mai 1872 (*Arch.*, t. XXXIII, p. 344).

tence ecclésiastique ; qu'au contraire, le jugement du Siége apostolique, au-dessus duquel il n'y a point d'autorité, ne peut être réformé par personne et qu'il n'est permis à personne de juger son jugement. Ceux-là donc dévient du droit chemin de la vérité qui affirment qu'il est permis d'appeler des jugements des souverains-pontifes au concile œcuménique, comme à une autorité supérieure au pontife romain.

» Si donc quelqu'un dit que le pontife romain n'a que la charge d'inspection et de direction, et non le plein et suprême pouvoir de juridiction sur l'Église universelle, non-seulement dans les choses qui concernent la foi et les mœurs, mais aussi dans celles qui appartiennent à la discipline et au gouvernement de l'Église répandue dans tout l'univers, ou qu'il a seulement la principale part et non toute la plénitude de ce pouvoir suprême, ou que ce pouvoir qui lui appartient n'est pas ordinaire et immédiat soit sur toutes les Églises et sur chacune d'elles, soit sur tous les pasteurs et sur tous les fidèles, et sur chacun d'eux, qu'il soit anathème [1] ! »

Cette déclaration du concile du Vatican sur la primauté du pontife romain peut se résumer dans les points suivants :

1° Le pape est le chef de toute l'Église, le père et le docteur de tous les chrétiens ; Jésus-Christ lui a confié les pleins pouvoirs de gouverner l'Église universelle.

2° Ce pouvoir est immédiat ; il oblige tout le monde, pasteurs et fidèles, à la subordination hiérarchique et à la vraie obéissance, en tout ce qui regarde la foi et les mœurs, la discipline et le gouvernement de l'Église, en vue de conserver l'unité de la communion et de la profession de foi.

3° Ce pouvoir ne préjudicie en rien à la juridiction ordinaire et immédiate des évêques ; il la reconnaît au contraire, la confirme et la défend [2].

4° De cette primauté du pape sur l'Église universelle découle son droit de correspondre librement avec les pasteurs et les fidèles pour les instruire et les diriger. Nulle puissance humaine n'a le droit d'empêcher ces relations ou de déclarer invalides, si elles ne sont pas approuvées par l'État, les mesures que prend le Saint-Siège pour le gouvernement de l'Église. Cette décision, qui est dans la nature des choses et reconnue par la vraie science, n'est point en usurpation des droits de

---

[1] Conc. Vatic., *Constit. dogm.*, de Eccl., sess. IV.

[2] On le voit, le concile reconnaît formellement la juridiction ordinaire et immédiate des évêques. Loin d'empiéter sur elle quand elle est exercée en union avec le chef de l'Église et selon les canons, il l'honore et l'affermit. Il est donc faux que les évêques, en signant les décisions du concile du Vatican, aient signé l'abdication de leur pouvoir, qu'ils ne soient plus que des vicaires, des instruments serviles du pape.

l'État ; c'est une simple protestation contre l'ingérence illégitime de l'État dans les affaires de l'Église.

5° Comme chef de l'Église, le pape est aussi le juge souverain en matière ecclésiastique. Chacun peut, dans cet ordre de choses, en appeler à lui ; nul n'a le droit de réviser ou d'annuler son jugement.

En tout cela, il n'est question que des affaires ecclésiastiques. Pas un mot d'une intervention quelconque dans les affaires civiles ou politiques [1].

II. Le pape doit posséder dans l'Église tous les droits nécessaires à la conservation de l'unité ecclésiastique. Il se peut que l'usage de tel et tel droit soit inutile dans une circonstance donnée, tandis qu'en d'autres cas il devient indispensable que le pape l'exerce pour le maintien de l'unité. On ne saurait donc, ainsi que le fait Fébronius (voy. ci-dessus § 35), pour ne parler que de lui, distinguer une fois pour toutes entre les droits essentiels et les droits accidentels du pape, ni entre le système épiscopal, qui attribue en principe des droits plus considérables aux évêques, et le système papal, qui impute au pape un pouvoir plus étendu. Cette distinction ne se trouve nulle part dans les sources du droit canon. Il est démontré aussi que plusieurs des droits que le pape n'aurait, dit-on, exercés que plus tard, l'étaient déjà longtemps auparavant, notamment avant les décrétales du Pseudo-Isidore (voy. ci-dessus § 17).

ADDITION DU TRADUCTEUR.

Le dessein de Dieu dans l'établissement de son Église est de faire éclater par toute la terre le mystère de son unité, en laquelle est ramassée toute sa grandeur. C'est pourquoi le Fils de Dieu est venu au monde, et « le Verbe a été fait chair, et il a daigné habiter en nous, et nous l'avons vu parmi les hommes plein de grâces et de vérité [2], » afin que, par la grâce qui unit, il ramenât tout le genre humain à la vérité, qui est une. Ainsi, venant sur la terre avec cet esprit d'unité, il a voulu que tous ses disciples fussent unis, et il a fondé son Église unique et universelle, « afin que tout y fût consommé et réduit en un : *Ut sint consummati in unum* [3]. »

C'est ici un grand mystère en Jésus-Christ et en son Église : « Il n'y a qu'une colombe et une parfaite : *Una columba mea, perfecta mea* [4] ; » il n'y a qu'une seule Épouse, qu'une seule Église catholique, qui est la

---

[1] *La République et l'Église catholique,* par Keiser (Paris, Douniol).
[2] *Jean,* I, 14. — [3] *Ibid.,* XVII, 23. — [4] *Cant.,* VI, 8.

mère commune de tous les fidèles. Mais comment est-elle la mère de tous les fidèles? C'est ici le secret de Dieu. Toute l'efficace du Saint-Esprit est dans l'unité; en l'unité est le trésor, en l'unité est la vie; hors de l'unité est la mort certaine. L'Église donc est une, et par son esprit d'unité catholique et universelle, elle est la mère toujours féconde de tous les particuliers qui la composent. Ainsi, tout ce qu'elle engendre, elle se l'unit très-intimement, en cela dissemblable des autres mères, qui mettent hors d'elles-mêmes les enfants qu'elles produisent. Au contraire, l'Église n'engendre les siens qu'en les recevant dans son sein, qu'en les incorporant à son unité. Lorsqu'elle voit les hérétiques qui s'arrachent de ses entrailles ou plutôt qui lui arrachent ses entrailles mêmes et qui emportent avec eux en la déchirant le sceau de son unité, qui est le baptême, conviction visible de leur désertion, elle redouble son amour maternel envers ses enfants qui demeurent, les liant et les attachant toujours davantage à son esprit d'unité, tant il est vrai qu'il a plu à Dieu que tout concourût à l'œuvre de l'unité sainte de l'Église, et même le schisme, la rupture et la révolte.

Le modèle de l'unité de l'Église, c'est l'unité des trois divines personnes. Jésus a dit : « Qu'ils soient un comme nous[1]. » Trois sont un dans leur essence, et par conséquent un entre eux. Le mystère de l'unité de l'Église est dans les évêques comme chefs du peuple fidèle, et par conséquent l'ordre épiscopal enferme en soi, avec la plénitude, l'esprit de fécondité de l'Église. L'épiscopat est un, comme toute l'Église est une; les évêques n'ont ensemble qu'un même troupeau, dont chacun conduit une partie inséparable du tout. Mais pour consommer ce tout en unité, Jésus-Christ a donné un pasteur qui est pour le tout, c'est-à-dire l'apôtre saint Pierre, et en lui tous ses successeurs.

Ainsi Notre-Seigneur Jésus-Christ, voulant former le mystère de l'unité, choisit les apôtres parmi tout le nombre des disciples, et voulant consommer le mystère de l'unité, il a choisi l'apôtre saint Pierre pour le préposer seul, non-seulement à tout le troupeau, mais encore à tous les pasteurs, afin que l'Église, qui est une dans son état invisible avec son Chef invisible, fût une dans l'ordre visible de sa dispensation et de sa conduite, avec son chef visible, qui est saint Pierre, et celui qui dans la suite des temps doit remplir sa place. Ainsi le mystère de l'unité universelle de l'Église est dans l'Église romaine et dans le Siége de saint Pierre, et comme il faut juger de la fécondité par l'unité, il se voit avec quelle prérogative d'honneur et de charité le saint pontife est le père commun de tous les enfants de l'Église. C'est donc pour consommer le mystère de cette unité que saint Pierre a fondé, par son sang et sa prédication, l'Église romaine, comme toute l'antiquité l'a

---

[1] *Jean*, XVII, 11.

reconnu. Il établit premièrement le siège de Jérusalem pour les juifs, à qui le royaume de Dieu devait être premièrement annoncé. Le même saint Pierre quitta Jérusalem pour aller à Rome, afin d'honorer la prédestination de Dieu, qui préférait les gentils aux juifs dans la grâce de son Évangile, et il établit Rome, qui était chef de la gentilité, le chef de l'Église. Avec la vérité de l'Évangile, saint Pierre a porté à cette Église la prérogative de son apostolat, c'est-à-dire la proclamation de la foi et l'autorité de la discipline.

Pierre, confessant hautement la foi, entend de Jésus-Christ cet oracle : *Tu es Pierre, et sur cette pierre, je bâtirai mon Église.* Saint Pierre, déclarant son amour à son Maître, reçoit de lui ce commandement[1] : *Pais mes brebis, pais mes agneaux*, pais les mères, pais les petits ; pais les forts, pais les infirmes, pais tout le troupeau. Pais, c'est-à-dire conduis. Toi donc, qui es Pierre, publie la foi et pose le fondement ; toi qui m'aimes, pais le troupeau et gouverne la discipline.

Ainsi, éternellement, tant que l'Église sera Église, vivra dans le Siège de saint Pierre la pureté de la foi et l'ordre de la discipline, avec cette différence que la foi ne recevra jamais aucune tache et que la discipline sera souvent chancelante, ayant plu à Jésus-Christ, qui a établi son Église comme un édifice sacré, qu'il y eût toujours quelque réfection à faire dans le corps du bâtiment, mais que le fondement fût si ferme que jamais il ne pût être ébranlé, parce que les hommes, par sa grâce, peuvent bien contribuer à l'entretenir, mais ils ne pourraient jamais le rétablir de nouveau : il faudrait que Jésus-Christ vînt encore au monde.

Notre-Seigneur Jésus-Christ, voulant commencer le mystère de l'unité de son Église, a séparé les apôtres du nombre de tous les disciples, et ensuite, voulant consommer le mystère de l'unité de Église, il a séparé l'apôtre saint Pierre du milieu des autres apôtres. Pour commencer l'unité dans toute la multitude, il en choisit douze ; pour consommer l'unité parmi les douze, il en choisit un. En commençant l'unité, il n'exclut pas tout-à-fait la pluralité : « Comme mon Père m'a envoyé, ainsi, dit-il[2], je vous envoie. » Mais pour conduire à la perfection le mystère de l'unité de son Église, il ne parle pas à plusieurs ; il désigne saint Pierre personnellement, il lui donne un nom particulier : « Et moi, dit-il[3], je te dis à toi : Tu es Pierre, et ajoute-t-il, sur cette pierre je bâtirai mon Église, et, conclut-il, les portes de l'enfer ne prévaudront point contre elle ; » afin que nous entendions que la police, le gouvernement et toute l'ordonnance de l'Église se doit enfin réduire à l'unité seule, et que le fondement de cette unité est et sera éternellement le soutien immobile de cet édifice.

[1] *Jean*, XXI, 15 et suiv. — [2] *Jean*, XX, 21. — [3] *Matth.*, XVI, 18.

Par conséquent, quiconque aime l'Église doit aimer l'unité ; et quiconque aime l'unité doit avoir une adhérence immuable à tout l'ordre épiscopal, dans lequel et par lequel le mystère de l'unité se consomme pour détruire le mystère d'iniquité, qui est l'œuvre de rébellion et de schisme. Je dis à tout l'ordre épiscopal, au pape, chef de cet ordre et de l'Église universelle, aux évêques, chefs et pasteurs des Églises particulières. Tel est l'esprit de l'Église ; tel est principalement le devoir des prêtres qui sont établis pour être coopérateurs de l'épiscopat [1].

Vous pouvez connaître par tout ceci ce que le pape et les évêques sont à l'Église de Dieu, et je n'ai que ce mot à ajouter, qui me semble une conséquence de ce que j'ai dit : que la grâce du Saint-Siége apostolique, quoiqu'elle soit pour tous les fidèles, est particulièrement pour les évêques ; et cela est si conforme à la discipline, que je ne puis douter que cela ne soit équitable [2].

La primauté n'est pas une création de l'histoire ; elle n'a fait qu'énoncer ce qui était un des éléments nécessaires de la notion de l'Église. Aussi, dès que commencent les témoignages historiques, nous voyons paraître la primauté romaine, non comme quelque chose de récent, mais comme une chose qui existe depuis longtemps en fait et dans la croyance de l'Église. Le premier concile de Constantinople (381) disait : « Constantinopolitanæ civitatis episcopus habeat oportet primatus honorem post romanum episcopum, propterea quod sit nova Roma. »

Bossuet lui-même en fournit la preuve d'après Sozomène. Après avoir cité la lettre par laquelle le pape Damase prescrit aux Orientaux ce qu'il faut croire au sujet des controverses du temps et menacé les récalcitrant d'excommunication, Sozomène ajoute : « La controverse ayant été vidée par la sentence de l'Église romaine, il semblait que la dispute fût apaisée et terminée : « *Quo facto, utpote judicio romanæ Ecclesiæ controversia terminata, quievere et finem quæstio accepisse visa est.* » Les hérétiques ne l'ayant pas entendu ainsi, Damase recourut à l'assemblée pour arrêter leurs intrigues. Baronius cite de très-anciens manuscrits de la bibliothèque vaticane pour établir que telle fut la volonté du pape Damase touchant ce concile : « Damase, y est-il dit, ordonna que la sentence qui condamnait Macédonius et Eunome serait aussi confirmée par le second concile. » Au surplus, ce furent les évêques mêmes de l'Orient qui conjurèrent Damase de leur venir en aide par son autorité apostolique, comme étant le dernier et suprême refuge dans les choses de la foi. Nous en avons pour preuve les lettres citées plus haut, où saint Basile, primat de la Cappadoce, écrivait au pape, au nom des Orientaux, dans les termes suivants : « Nous ne

---

[1] Bossuet, *Panégyrique du P. Bourgoin*, t. XII, p. 652 et suiv.
[2] *Lettre* IV *sur le mystère de l'unité de l'Église*, t. XXVII, p. 315.

comptons sur le secours de personne, si le Seigneur ne nous soulage par votre entremise : » *Non est quod aliunde opem exspectemus, nisi per vos Dominus curationem miserit.* « Ce secours, nous l'attendons de vous, et vous nous l'accorderez en daignant écrire à toutes les Églises d'Orient et en décidant que cette nouvelle sera publiée et répandue dans toutes les Églises : » *Horum curam a vobis exquirimus; eam adhibebitis si universis Orientis Ecclesiis scribere dignemini... Omnibus Orientis Ecclesiis publicari et manifestari petimus.* — C'est ainsi que saint Basile attestait non-seulement sa propre croyance, mais encore celle de l'Orient tout entier dans le pouvoir qu'a le pape de décider les questions de foi par des rescrits définitifs. Comment aurait-il pu sans cela promettre que la lettre du pape aux Orientaux aurait des effets si assurés ? Il ne s'était point trompé, non plus que ses deux contemporains saint Jérôme et saint Grégoire de Nazianze. Ces lettres pontificales, destinées à instruire et à confirmer les peuples dans la foi, ont toujours eu jusqu'à l'heure présente un résultat décisif.

Les Pères du concile envoyèrent au pape une lettre qui respirait la plus touchante humilité, et le prièrent en outre de confirmer leurs canons. Dans sa réponse, le saint-père les félicita d'avoir manifesté le respect qu'ils devaient au Siége apostolique, *quod debitam Sedi apostolicæ reverentiam exhibet charitas vestra vobis ipsis plurimum præstatis.* La lettre des Pères témoigne surtout une grande déférence pour la suprématie du pape dans les choses de la foi, car ils le prient de condamner aussi un certain Timothée, disciple d'Apollinaire, ce qui avait déjà été fait, comme on le voit par la réponse de Damase : « Nous avons déjà, dit-il, publié une confession de foi, qui doit être gardée par quiconque se dit chrétien. Pourquoi demandez-vous donc que je condamne encore une fois Timothée ? » *Jam enim semel formulam dedimus, ut qui se christianum profiteatur illud servet. Quid ergo Timothæi damnationem denuo a me requiritis ?*

Mais, nous l'avons dit, ce concile ne fut valide qu'autant qu'il fut confirmé par le pape. Rome ayant rejeté les autres actes de cette assemblée, comme le témoignent les lettres de Grégoire le Grand aux patriarches d'Alexandrie et d'Antioche [1], ils sont restés sans force jusqu'à ce que le pape Innocent, au treizième siècle, les eut reconnus sous certaines conditions.

La primauté est d'institution divine, parce que l'Église l'est elle-même, parce que l'Église ne peut exister que par l'unité, et l'unité que par la primauté. Elle est donc un des premiers principes vitaux de l'Église ; les décisions qui en émanent ont autant de valeur que si Dieu même les eût prononcées : *Ut ejus judicia maneant firma, quasi Deo judicante per eam.*

[1] Lib. VI, ep. IV et XXXI.

« Les hérésies, les schismes, disait saint Cyprien (mort en 258), ne viennent que de ce qu'on n'obéit pas au prêtre du Dieu très-haut, que le Christ a établi à sa place pour être prêtre et juge tout ensemble. Si toute la communauté des frères lui était soumise selon l'ordre de Dieu, personne n'introduirait de schisme dans l'Église : » *Nec unus in Ecclesia ad tempus sacerdos et ad tempus judex vice Christi cogitatur, cui, si secundum magisteria divina obtemperaret fraternitas universa, nemo Ecclesiam scinderet.* Et encore : Novatien et ses sectateurs « osent naviguer vers le Siége de Pierre, *ad cathedram Petri navigare audent,* à la première Église d'où part l'unité sacerdotale, et ils ne songent pas que ce sont là des Romains, près de qui l'hérésie n'a point d'accès : » *Nec cogitare eos esse Romanos, ad quos perfidia non possit habere accessum*[1]. Et dans sa lettre XLIII⁰, il disait : « Un Dieu, un Christ, une Église, une chaire fondée sur Pierre par la parole de Dieu : » *Deus unus, Christus unus et una Ecclesia et cathedra una, super Petrum Domini voce fundata.*

De là vient que, sous ce rapport, le pape était pour lui autant que l'Église catholique tout entière.

Cependant la primauté ne figurait point dans la constitution de l'Église comme un système définitivement arrêté ; elle y a été déposée comme un germe fécond qui devait se développer dans la vie de l'Église. « La suprématie du souverain-pontife, dit Joseph de Maistre, n'a point été sans doute dans son origine ce qu'elle fut quelques siècles après ; mais c'est en cela précisément qu'elle se montre divine, car tout ce qui existe légitimement et pour les siècles, existe d'abord en germe et se développe successivement[2]. »

On aurait donc tort de croire que le Saint-Siége a prévu d'avance tout ce à quoi il était appelé et qu'il n'a fait en quelque sorte qu'épier l'occasion favorable pour l'accomplir. Sa tâche lui a été tracée par les circonstances et par les besoins de l'Église. A mesure que le corps entier se développe, la primauté prend une forme plus accentuée. Ce développement, il serait inutile de le nier, a introduit de nombreux changements dans la discipline ; plusieurs apologistes de la papauté se donnent une peine ingrate, et se placent à tort au point de vue erroné de leurs adversaires quand ils font tant d'efforts pour établir la haute antiquité de certains droits du pape qu'on leur conteste. Ils feraient mieux de dire que si l'ancienne discipline a cédé comme d'elle-même et sans secousse devant une plus récente discipline, cela prouve qu'elle ne répondait plus aux besoins de l'Église. L'ancien droit n'est pas bon et le droit moderne n'est pas mauvais, parce que l'un est ancien et l'autre moderne ; autrement, les choses de notre temps seraient les pires de toutes.

[1] Ep. XLVIII et XLIX. — [2] De Maistre, *Du Pape,* livre 1ᵉʳ, ch. VI.

Le Siége de Pierre était honoré par l'Occident et par l'Orient comme le plus pur dépôt de la tradition apostolique [1], et dans toute controverse soulevée sur des questions de foi, on invoquait l'appui et la décision des papes [2]. Nulle décision doctrinale n'était valable sans leur approbation [3]; non-seulement les conciles provinciaux, mais encore les conciles universels leur faisaient rapport, demandaient [4] ou se bornaient à confirmer la sentence déjà portée par le Saint-Siége.

Ainsi la procédure du concile d'Éphèse est fondée sur le décret du pape Célestin, qui donnait dix jours à Nestorius pour se rétracter, et commettait saint Cyrille pour exécuter sa sentence.

Deux circonstances fort importantes, dit Bossuet, se présentaient dans cette occasion : l'une que le pape décidait *avec une autorité fort absolue*; car il écrit à saint Cyrille en ces termes : « C'est pourquoi, par l'autorité de notre Siége et agissant en notre place avec puissance, vous exécuterez la sentence avec une sévérité exemplaire : » *Quamobrem nostræ Sedis auctoritate et vice cum potestate usus, ejusmodi non absque exquisita severitate sententiam exequeris.* C'est Célestin qui prononce, c'est Cyrille qui exécute, et il exécute avec *puissance*, parce qu'il agit par l'autorité du Siége de Rome. Ce qu'il écrit à Nestorius n'est pas moins fort, puisqu'il donne son approbation à la foi de saint Cyrille, et en conséquence il ordonne à Nestorius de se conformer à ce qu'il lui verra enseigner, sous peine de déposition.

---

[1] Irenæus (mort en 201), *Adv. hæres.*, III, 3. — Cyprian. (mort en 258), *Epist.* LV. — Ambros. (mort en 387), *Ap. Siric. epist.* VIII, cap. IV : « Credatur symbolo apostolorum, quod Ecclesia romana intemeratum semper custodit et servat. » — Theodoret. (c. a. 400), *Epist.* CXVI *ad Renat. presbyt. Rom.* : « Habet sanctissima illa Sedes Ecclesiarum quæ in toto sunt orbe, principatum multis nominibus, atque hoc ante omnia, quod ab hæretica labe immunis mansit, nec ullus fidei contraria sentiens in illa sedit, sed apostolicam gratiam integram servavit. »

[2] C. VII, pr. Cod. Just. de summa Trinit. (I, 1). Il en fut ainsi en 262 contre Denis d'Alexandrie, Athanas., *De sentent. Dionys.*, n. 14; Id., *De synodis*, n. 43; plus tard, pour l'extirpation de l'anarchie en Orient, Basil., *Epist.* LII *ad Athanas.*; *Epist.* LXX *ad Damas.*, an 371 (Schœnemann, *Epist. roman. pontif.*, p. 313); contre le schisme d'Antioche (381), Hieronym., *Epist.* XIV *ad Damas.* (Schœnemann, p. 370); contre les apollinaristes (384), Damas., *Epist.* XIV *ad Oriental.*; contre Pélage et Célestius (416), Conc. Carthag. et Milev., *ad Innocent. I* (Schœnemann, p. 616, 621); contre Nestorius, Cyrill. Alexandr., *Epist. ad Cœlestin.*, an. 430; Cœlestin., *Epist.* XIV *ad cler. et popul. Constantin.*; Xyst. III, *Epist.* I *ad Cyrill.*, cap. III-VI (Schœnemann, p. 778, 816, 894).

[3] Conc. Roman., an. 372, cap. I (Schœnemann, p. 319).

[4] Conc. Carthag., *ad Innocent. I*, an. 416, c. IV; Innocent. I, *Epist.* XXIX *ad Carthag. conc.*, an. 417, cap. I, II; *Epist.* XXX *ad conc. Milev.*, an. 417, an. 342, cap. II (c. 12, c. XXIV, q. 1).

L'autre circonstance est que *tous les évêques de l'Église grecque étaient disposés à obéir*. Une si grande puissance exercée dans l'Église grecque, et encore contre un patriarche de Constantinople, donne sans doute une grande idée de l'autorité du pape. Il se montrait le supérieur de tous les patriarches; il déposait celui de Constantinople; celui d'Alexandrie tenait à honneur d'exécuter sa sentence; celui d'Antioche, quelque ami qu'il fût de Nestorius, ne songeait pas seulement à y résister; Juvénal, patriarche de Jérusalem, était dans le même sentiment. Célestin leur donnait ses ordres et à tous les autres évêques de l'Église grecque, et sa sentence allait être exécutée sans contradiction, si l'on n'eût eu recours à l'autorité, non de quelque évêque ou de quelque Église particulière, quelle qu'elle fût, mais à celle de l'Église universelle et du concile œcuménique. Telle était la situation de toute l'Église orientale. Ces circonstances, qui font voir tous les membres de l'Église catholique si soumis et si unis à leur chef, méritaient bien d'être marquées, et je ne sais si l'histoire du concile d'Éphèse avait rien de plus important.

Il est important de remarquer qu'encore que le blasphème de Nestorius contre la personne de Jésus-Christ renversât le fondement du christianisme, aucun autre évêque que le pape n'osa prononcer sa déposition, et cela sert à conclure qu'il n'y avait que lui seul qui eût droit sur lui et qui fût son supérieur.

Saint Cyrille eut bien la pensée, comme il le dit lui-même, de lui déclarer *synodiquement* qu'il ne pouvait plus communiquer avec lui : ce qu'il semble qu'il pouvait faire, puisque le clergé et le peuple de Constantinople avaient déjà refusé de participer à la communion de ce blasphémateur. Saint Cyrille n'osa pourtant pas le faire : il crut que la séparation d'un patriarche d'avec un autre qui ne lui était pas soumis était un acte trop juridique pour être entrepris sans l'autorité du pape. « Je n'ai pas voulu, dit-il dans sa lettre à Célestin, me retirer de la communion de Nestorius avec hardiesse et confiance, jusqu'à ce que j'aie su votre sentiment. Daignez donc déclarer votre pensée, et si nous devons communiquer avec lui ou non [1]. » Le mot grec signifie déclarer juridiquement : Τυπὸς, c'est une règle, c'est une sentence, et τυπῶσαι τὸ δοκοῦν, c'est déclarer juridiquement son sentiment. Le pape seul le pouvait faire. Cyrille ni aucun patriarche n'avait le pouvoir de déposer Nestorius, qui ne leur était pas soumis : le pape seul l'a fait, et personne n'y trouva à redire, parce que son autorité s'étendait sur tous.

S'il y a quelque chose d'essentiel dans l'histoire d'un concile, c'est sans doute la sentence. Celle du concile d'Éphèse fut conçue en ces

---

[1] Cyrill., *Epist. ad Cœlest.; Conc. Eph.*, part. I, cap. XIV.

termes : « Nous, CONTRAINTS par les saints canons et PAR LA LETTRE de notre saint-père et coministre Célestin, évêque de l'Église romaine, en sommes venus par nécessité à cette triste sentence : Le Seigneur Jésus, etc. » On voit de quelle importance étaient ces paroles pour faire voir l'autorité de la lettre du pape, que le concile fait aller de même rang avec les canons [1].

L'Église romaine était regardée comme la pierre angulaire, la clef de voûte de l'ordre hiérarchique tout entier [2]; comme le centre d'où étaient sorties toutes les Églises d'Occident [3]; comme une mère qui renferme tous ses enfants dans son sein [4]. Elle est la gardienne des canons [5]; les affaires graves et importantes qui ont été débattues en concile de province doivent être soumises à son approbation [6]. Les hérétiques mêmes, quand ils faisaient quelque innovation, essayaient de la faire reconnaître [7], et invoquaient le secours de Rome dans leurs détresses [8]. Le Saint-Siège, les yeux fixés sur la tradition des apôtres et des Pères, maintenait rigoureusement la discipline; aussi était-il consulté de toutes les provinces de la chrétienté [9]; il prescrivait comme une règle les observances de l'Église de Rome, donnait à ce sujet des décisions et des ordonnances [10], même en Orient [11], et en recommandait vivement l'observation [12]. Son autorité comme premier Siége de la

---

[1] Bossuet, *Remarques sur la procédure du concile d'Éphèse par rapport à l'autorité du pape*, t. XX (éd. Vivès), p. 545 et suiv.

[2] Conc. Aquil., an. 381, cap. IV; Honorius imper. rescript. circa an. 421; Bonifac. I, *Epist.* XIV, an. 422, c. I.

[3] Innoc. I, *Epist.* XXV *ad Decent.*, an. 416, c. II (c. II, d. 11).

[4] Innocent. I, *Epist.* XXX *ad Milev.*, an. 417, c. II; Conc. Ephes., *Relatio ad Cœlestin.*, an. 431 (Schœnemann, p. 846); Leon. I, *Epist.* XIV, an. 446, c. XI; Gelas., *Epist.* VI *ad Honor.*; *Epist.* XI *ad episc. Dardaniæ*.

[5] Siric., *Epist.* V *ad episc. Afric.*, an. 386, cap. I; *Epist.* VI *ad divers. episc.*, cap. I, II; Cœlest., *Epist.* IV *ad episc. Vienn.*, an. 428, cap. I.

[6] Conc. Sardic., *Epist. ad Jul. I*, an. 344, cap. I; Innocent. I, *Epist.* II *ad Victric.*, an. 404, cap. III (VI); *Epist.* XXIX *ad conc. Carthag.*, an. 417, c. I, II; Leon. I, *Epist.* V, c. VI; *Epist.* VI, c. V; *Epist.* XII, c. XIII; *Epist.* XIV, c. I, 7, 11, c. 7; pr. Cod. Just., *De summa Trinit.* (I, 1).

[7] Conc. Chalced., an. 451, ad Leon., cap. IV : « Rogamus igitur et tuis decretis nostrum honora judicium. » Avec la réponse de Léon, *Epist.* CV, ed. Baller.

[8] Chrysostom., *Epist. ad Innocent. I*, an. 404, c. I, VII (Schœnemann, p. 526); Bonif., *Epist.* XV, an. 422, cap. VI.

[9] Siric., *Epist.* I *ad Himer.*, an. 385, cap. I, 20 (15); Innocent. I, *Epist.* II *ad Victric.*, an. 404, c. I, II; *Epist.* VI *ad Exuper.*, an. 405, c. I; *Epist.* XXX *ad Milev. conc.*, an. 417, c. II.

[10] Innocent. I, *Epist.* XXV *ad Decent.*, an. 416, cap. I, II, III (c. XI, d. 11); Gelas., *Epist.* IX *ad episc. Lucan.*, cap. IX.

[11] Innocent. I, *Epist.* XXIV *ad Alexandr.*, c. an. 415.

[12] Siricius, *Epist.* I *ad Himerium episcopum tarraconensem*, an. 385,

chrétienté paraît surtout dans ses rapports avec les patriarches [1] ; les évêques déposés ou accusés lui adressaient leurs plaintes, et le pape

cap. xv (xx) : « Ad singulas causas de quibus per filium nostrum Bassianum presbyterum ad romanam Ecclesiam, utpote ad caput tui corporis, retulisti, sufficientia quantum opinor responsa reddidimus. Nunc fraternitatis tuæ animum ad servandos canones et tenenda decretalia constituta magis ac magis incitamus, ut hæc quæ ad tua rescripsimus consulta, in omnium coepiscoporum nostrorum perferri facias notionem, et non solum eorum qui in tua sunt diœcesi constituti, sed etiam ad universos Carthaginienses ac Bæticos. Lusitanos atque Gallicos, vel eos qui vicinis tibi collimitant hinc inde provinciis, hæc quæ a nobis sunt salubri ordinatione disposita, sub litterarum tuarum prosecutione mittantur.

» Et quanquam statuta Sedis apostolicæ, vel canonum venerabilia definita, nulli sacerdotum Domini ignorare sit liberum; utilius tamen, et pro antiquitate sacerdotii tui dilectioni tuæ esse admodum poterit gloriosum, si ea quæ ad te speciali nomine generaliter scripta sunt, per unanimitatis tuæ sollicitudinem in universorum fratrum nostrum notitiam perferantur; quatenus et quæ a nobis non inconsulte sed provide sub nimia cautela et deliberatione sunt salubriter constituta, intemerata permaneant, et omnibus in posterum excusationibus aditus, qui jam nulli apud nos patere poterit, obstruatur. »

Le pape Zozime était encore plus explicite (*Epist.* IX *ad Hesychium Salonit.*, an. 418, cap. IV (II) : « Sciet quisquis hoc postposita Patrum et apostolicæ Sedis auctoritate neglexerit, a nobis districtius vindicandum; ut loci sui minime dubitet sibi non constare rationem, si hoc putat post tot prohibitiones impune tentari. »

Léon Ier (*Epist.* IV *ad episc. per Campaniam, Picenum, Tusciam et universas provincias constitutos*, an. 443, cap. v) écrivait : « Omnia decretalia constituta, tam beatæ recordationis Innocentii, quam omnium decessorum nostrorum, quæ de ecclesiasticis ordinibus et canonum promulgata sunt disciplinis, ita a vestra dilectione custodiri debere mandamus, ut si quis in illa commiserit, veniam sibi deinceps noverit denegari. »

Les empereurs eux-mêmes recommandaient expressément d'obéir aux ordonnances du Saint-Siége (Nov. Valentiniani III, *De episc. ordinatione*, an. 445) : « Cum igitur Sedis apostolicæ primatum, sancti Petri meritum, qui princeps est episcopalis coronæ et romanæ dignitas civitatis, sacræ etiam synodi firmarit auctoritas, ne quid præter auctoritatem Sedis istius illicita præsumptio attentare nitatur. Tunc enim demum Ecclesiarum pax ubique servabitur, si rectorem suum agnoscat universitas. Hæc cum hactenus inviolabiliter fuerint custodita — hac perenni sanctione decernimus, ne quid tam episcopis gallicanis quam aliarum provinciarum contra consuetudinem veterem liceat sine viri venerabilis papæ urbis æternæ auctoritate tentare. Sed hoc illis omnibusque pro lege sit, quidquid sanxit vel sanxerit apostolicæ Sedis auctoritas. »

[1] Le pape veillait sur leur élection (*Damas. ad Achol.*, an. 380; *Epist.* VIII, cap. III; *Epist.* IX, cap. II), et sur leur orthodoxie (Leon. Magn., *Epist.* LXIX, LXX, an. 450, ed. Baller.). On lui annonçait solennellement leur ordination (Bonifac., *Epist.* XV *ad episc. Maced.*, an. 422, cap. VI;

II. LES PRINCIPAUX DROITS DU PAPE.

§ 95. Droit de haute surveillance.

I. Les évêques sont tenus de rendre compte au pape, par écrit, de la situation de leur diocèse, *jus relationum*, et à certains intervalles (ceux d'Allemagne, de Hongrie, de France et de Belgique tous les quatre ans) [2], d'aller, autant que faire se peut, personnellement à Rome, pour y rendre un compte exact *(relationes status)* [3], dans une des sections de la Congrégation du concile, *congregatio particularis super statu episcoporum*, de leur administration. Ces voyages à Rome s'appellent *visitationes liminum (sanctorum apostolorum Petri et Pauli)*, visites aux tombeaux des apôtres Pierre et Paul [4].

Cœlestin., ad *Nestor.*, an. 430, cap. I), et on réclamait son concours pour les déposer (Jul. I, *Epist.* I *ad Eusebian.*, an. 342, cap. XXII). Voyez des exemples dans Blascus, *De collect. Isidor. Mercat.*, cap. IX, § 1 (Gallandi, t. II, p. 69-72); Dœllinger; *Hist. eccl.*, t. I, § 39.

[1] Zozim., *Epist.* XII *ad conc. Carthag.*, an. 418, cap. I; Bonif., *Ep.* XIII *ad Rufum.*, an. 422, cap. II; Gelas., *Epist.* IV *ad Faust.*, an. 498; *Epist.* XIV *ad episc. Dardan.*, an. 498.

[2] Le terme est de quatre ans pour les évêques d'Espagne, de Portugal, d'Angleterre, d'Écosse et d'Irlande; de trois ans pour les évêques d'Italie, de Dalmatie et de la Grèce; de cinq ans pour les autres évêques de l'Europe, du nord de l'Afrique et du continent en-deçà du nord de l'Amérique, de dix ans pour tous les autres. Voyez Sixte V, const. *Rom. pontifex* de 1585; Bangen, *la Curie romaine* (en allem.).

[3] Voyez, outre la constitution citée de Sixte IV, surtout Bened. XIV, const. *Quod sancta* de 1740, et du même, *De synodo diœces.*, lib. XIII, cap. VI; Prosper Lambertini (Benoît XIV), secrétaire de la Congrégation du concile, *Instructio sacræ Congr. concilii pro episcopis, archiepiscopis, primatibus et patriarchis, super modo conficiendi relationes statuum, suarum ecclesiarum, quas occasione visitationis sacrorum liminum eidem S. Congregationi exhibere tenentur*. Ange Lucidi a donné de cette institution un commentaire étendu, où l'on trouve quantité de détails qui ne sont pas ailleurs : *De visitatione liminum seu instructio*, etc., 3 vol., Rom., 1866.

[4] Le chapitre VI d'un projet de constitution présenté au concile du Vatican (voy. Martin, *Collect.*, ed. 2, p. 131), renouvelle les constitutions de Sixte V et de Benoît XIV sur l'obligation de faire le voyage de Rome et d'y rendre compte de l'état du diocèse. Ce projet comprend aussi les possesseurs d'une juridiction comme épiscopale. Il demande que ceux qui

II. Le pape exerce aussi son droit d'inspection par des nonces, des légats et des vicaires apostoliques (voy. ci-dessous § 112).

§ 98. Législation suprême (priviléges, dispenses) ¹.

Le pape est le législateur suprême de l'Église. Il lui appartient d'établir et de modifier le droit commun, d'accorder des priviléges, c'est-à-dire des droits qui se restreignent à une seule personne ou famille ², puis de les supprimer quand le bien de l'Église l'exige ³. Il peut aussi, pour des raisons graves ⁴, dispenser d'une prescription du droit commun, quand elle ne repose pas sur le droit divin, mais seulement sur le droit humain. Le droit d'en disposer n'appartient généralement qu'au pape ⁵. Les chefs inférieurs de l'Église ne sauraient édicter des lois ecclésiastiques universellement obligatoires, et n'ont pas en soi le droit de dispenser de ces lois ; ils ne l'ont que dans les cas prévus par le droit commun ⁶, par un concile universel ⁷ ou par

---

omettront ce devoir sans raison suffisante soient suspendus de leurs droits pontificaux. S'ils continuent de s'abstenir, le pape pourra y joindre d'autres peines.

¹ Phillips, *Droit eccl.*, t. V, §§ 204 et suiv. Voyez ci-dessus §§ 47, 48, 50.

² Le concile de Trente le reconnaît lui-même, et ce droit est impliqué dans la clause qui accompagne ses décrets : « Le saint concile déclare en finissant que les choses, tant générales que particulières, qui, sous quelques clauses et quelques termes que ce soient, ont été établies sur la réformation des mœurs et la discipline ecclésiastique dans le présent concile, ont été ordonnées de telle sorte que l'autorité du Siége apostolique y soit et demeure sans atteinte. » (Conc. Trid., sess. XXV, cap. XXI, de reform.)

³ Voyez ci-dessus t. Iᵉʳ, § 50, p. 584.

⁴ Les priviléges s'étant trop multipliés, le concile de Trente en supprima un grand nombre, et plusieurs papes suivirent cet exemple. Voy. cap. VI, C. 1, q. 7; c. II, d. 29; c. XXIII, C. 1, q. 7; Conc. Trid., sess. XXV, cap. XVIII, de ref.; c. II, X, de temp. ordin., I, 11; c. XIV, C. 1, q. 7.

⁵ Sur les autorités pontificales chargées des dispenses, voyez ci-dessous § 3; sur les dispenses en général, Vering, *Archives*, t. I, p. 577; Fiebach, *De indole ac virtute dispensationum*, Vratislav., 1857; sur l'histoire des dispenses, Thomassin, part. II, lib. III, cap. XXIV-XXIX; sur les droits du pape, Phillips, *Droit eccl.*, t. V, § 210; sur celui des évêques, t. VII, p. 74; sur les dispenses de mariage, ci-dessous livre V, § 211.

⁶ Voyez dans Gibert, *Corpus juris*, t. II, p. 103 et suiv., les cas réservés aux évêques d'après le droit canon et le concile de Trente.

⁷ Voyez par exemple dans le concile de Trente, sess. XXIV, cap. VI, de reform.

le pape. Depuis le dix-septième siècle, il est devenu d'usage que le pape accorde aux évêques, sur leur demande, un certain nombre de pouvoirs pour un nombre d'années déterminées : pour cinq ans, pour trois ans, pour un an et quelquefois pour dix (facultés quinquennales, triennales, annuelles, décennales)[1]. Ils exercent aussi au nom du pape certains droits de dispense et d'absolution [2].

ADDITION DU TRADUCTEUR.
De la manière d'obtenir des dispenses et de les exécuter.

1. On doit examiner d'abord si l'empêchement dont on désire obtenir dispense peut être levé par les supérieurs légitimes, et surtout si les raisons du pénitent sont suffisantes. Si elles ne le sont pas, il faut l'arrêter. Si elles sont douteuses, on doit consulter des personnes plus éclairées, sans leur faire connaître la personne pour laquelle on consulte. Si le doute continue, on peut s'adresser aux supérieurs.

Quand un homme a de bonnes raisons pour se faire dispenser, il faut examiner si la dispense de l'évêque suffit, ou s'il faut recourir à Rome, et, dans ce dernier cas, si c'est à la Pénitencerie ou à quelque autre tribunal : soit à la Daterie (*Officium minoris gratiæ*), soit à la Chancellerie, soit à la Préfecture des Brefs. La Daterie accorde les dispenses du quatre au quatre et du trois au quatre, que la parenté soit double ou simple. La Chancellerie dispense du trois simple et du

---

[1] Sur l'histoire des facultés quinquennales, voy. Mejer, *la Propagande*, t. II, p. 201. Voy. dans Walter, *Fontes*, p. 507, un modèle des facultés quinquennales ordinaires.

[2] Des évêques allemands et français ont proposé au concile du Vatican que les facultés extraordinaires que le Saint-Siège a coutume d'accorder aux évêques pour cinq ans, trois ans ou un an, fussent concédées désormais pour toute la durée de leur administration épiscopale. Ils ont demandé qu'il en fût de même pour toutes les autres facultés extraordinaires qui, dans la pratique actuelle, ne sont accordées aux évêques que pour certains cas particulier; que le pape ne se réservât la dispense que des cas les plus graves et donnât aux évêques le pouvoir de dispenser leurs diocésains des lois générales, selon qu'ils le jugeront opportun, dans tous les cas que le Saint-Siège ne se serait pas expressément réservés.

Ils ont demandé enfin, contrairement à l'ordonnance du concile de Trente, d'après laquelle les évêques dispensent de toutes les irrégularités et suspenses qui proviennent d'un délit occulte (voyez ci-dessus § 61, n. III), de pouvoir dispenser leurs diocésains de tous les cas réservés au Saint-Siège, quand ils sont secrets, à cause de l'égalité des motifs qui ont provoqué ce décret de Trente et qui subsistent encore. (Voyez Martin, *Collect.*, ed. 2, p. 154 et suiv., 177.)

second au trois, et cela comme dans le cas précédent, c'est-à-dire quand la parenté ou l'affinité serait double. La Préfecture des brefs expédie les grâces les plus difficiles, par exemple quand il s'agit de dispenser dans le premier degré d'affinité, ou dans le premier et le second, le premier et le troisième, le premier et le quatrième degré de parenté ou d'alliance. Ces dernières grâces sont scellées de l'anneau du pêcheur. Comme les évêques peuvent dispenser en plusieurs cas secrets et que la Pénitencerie ne dispense jamais en ceux qui sont publics, il faut examiner ce qu'on entend par cas oculte et cas public. La formule de toutes les grâces publiques est la même pour eux.

II. Une chose peut être publique en trois manières : ou comme notoire, ou comme manifeste, ou comme divulguée par le bruit commun, *notorium, manifestum, famosum*.

III. Une chose est notoire de droit, *notorium juris*, ou notoire de fait, *notorium facti*. On appelle notoire de droit ce qui est connu ou par la sentence du juge, ou par l'aveu volontaire du coupable. Plusieurs savants jurisconsultes prétendent qu'un aveu extorqué par les tourments ou échappé dans un moment de fureur contre soi-même, ne formerait pas dans cette matière une parfaite notoriété de droit : *Nec enim*, dit la loi [1], *lubricum linguæ ad pœnam facile trahendum est*.

IV. On regarde comme notoire de notoriété de fait une chose qu'un nombre suffisant de personnes savent pour en avoir été témoins.

Devant combien de personnes une chose doit-elle s'être passée pour être réputée notoire ? La plupart des canonistes enseignent : 1° que dix personnes font un peuple, une paroisse, une communauté ; 2° qu'une chose est notoire de notoriété de fait quand elle est connue de la plus grande partie d'une communauté ou d'un peuple. De ces deux principes, Gamache et plusieurs autres concluent : 1° que quand la communauté n'est pas composée de dix personnes, il ne peut y avoir notoriété de fait, quand même une chose se serait passée à la vue de tous ; 2° que s'il y a dix personnes dans le lieu, il suffira pour la notoriété de fait que six personnes en aient été témoins, parce que ces six personnes sont la plus grande partie de la communauté ; 3° que si la communauté est de vingt ou de trente personnes, ces six témoins ne suffiront pas, parce qu'ils ne feront plus la plus grande partie du peuple ; enfin que si la communauté, la paroisse, la ville est très-nombreuse, il faut douze ou quinze témoins. Cependant comme dix personnes ne sont presque rien dans une grande ville, des docteurs très-versés en ces matières estiment que quand une chose n'y est connue que d'un si petit nombre de personnes, il faut laisser à un

---

[1] Leg. *Famosi* VII, ff. *Ad legem Julian. majest.*, lib. XLVIII, tit. IV.

homme prudent à définir si cela suffit pour la notoriété [1]; le droit n'a rien de bien précis sur ce dernier article.

V. On appelle manifeste ce qui est certainement connu d'un nombre de personnes qui l'ont répandu dans le public. Une chose n'a pas besoin, pour être manifeste, d'avoir été vue par la plus grande partie de la communauté; elle serait alors notoire; mais il ne suffit pas non plus qu'elle soit divulguée par deux témoins, quoique dignes de foi. De célèbres jurisconsultes prétendent que pour rendre un fait manifeste il faut la moitié des témoins qui seraient nécessaires pour le rendre notoire [2]. Sur ce fondement on peut dire qu'un fait, pour être manifeste, doit être connu d'autant de monde qu'il en faut pour le rendre notoire, avec cette différence que pour le notoire il faut que tout le monde ait vu et que, pour le manifeste, il suffit qu'une moitié ait appris de l'autre qui avait vu.

VI. On appelle *fameux* qui est connu par le bruit public, *famosum id quod fama notum*. Mais tout bruit ne produit pas ce genre de publicité; il n'y a que celui qui est fondé sur des conjectures très-fortes, ou qui, répandu par une personne digne de foi, passe pour constant parmi les gens sages : un homme pâle et troublé sort à grands pas d'une maison; son épée est teinte de sang, il en est lui-même tout couvert, on trouve dans cette maison un de ses ennemis assassiné; on dit publiquement que ce mauvais coup part de sa main. C'est ce que le droit appelle *actio famosa*.

VII. La Pénitencerie ne dispense jamais de ce qui est public dans un des trois sens expliqués. C'est l'avis de tous ceux qui ont travaillé dans ce tribunal et qui en connaissent le mieux la pratique [3].

Quand le crime est public et la peine secrète, le cas passe pour occulte, et est du ressort de la Pénitencerie ou de l'évêque, supposé qu'il ne soit réservé au pape qu'à raison de la notoriété, comme il arrive dans presque toutes les irrégularités *ex delicto*.

Si le crime était public dans un lieu et secret dans un autre où l'auteur s'est fixé, il y aurait plus d'embarras. Navarre remarque que

---

[1] Fagnan, in I part., lib. III *Decretal.*, ad cap. Verba, De cohabit. cleric., etc., n. 93; Marc. Paul. Leo, in *Praxi*, n. 31, p. 147.

[2] « Manifestum regulatur a notorio; si enim notorium requirit scientiam, v. g. decem hominum, manifestum expetet quinque; si notorium quindecim exigit, manifestum admittet septem. » (Marc. Paul. Leo, *ibid.*, n. 49.)

[3] « Ne executor erret in judicando an casus de quo agitur sit occultus, debet advertere occultum hic dici illud quod a nemine, vel a tam paucis scitur, quod neque sit famosum, neque manifestum, neque notorium facti vel juris. » (Tibur. Navarr., *Manuductio ad praxim*, in introduct., cap. III, p. 23 et 24; Syrus, Placentin., *Dilucidationis* part. II, cap. III; Marc. Paul. Leo, *ibid.*, n. 60; Fagnan, *ubi supra*.)

la Pénitencerie n'a pas coutume de dispenser en ce cas, et il avertit les confesseurs de ne pas exécuter les rescrits de ce tribunal, à moins qu'il n'y soit fait mention de cette circonstance de notoriété locale [1]. Paul Léon dit que de son temps ce genre d'occulte imparfait a été plusieurs fois admis à la Pénitencerie. L'éloignement des lieux et la différence des peuples peuvent beaucoup contribuer à la différence des jugements. Si un homme qui en a tué un autre à Paris se retire à Sens ou à Nantes, on peut bien plus aisément, au moins *à la longue*, être informé de son crime, que s'il se retirait en Pologne; il peut être traité plus favorablement dans un cas que dans l'autre.

Comme le temps dévore tout, ce qui a été public peut devenir occulte dans la suite, et ce genre d'occulte passe quelquefois à la Pénitencerie, mais avec des différences considérables, puisque dix années suffisent en fait d'empêchement de mariage et qu'en fait d'irrégularité il faudrait vingt ou trente années [2].

Selon Fagnan, rien de ce qui peut être prouvé par deux témoins ne peut passer pour occulte [3]. Peut-être serait-il mieux de dire avec ce même canoniste qu'un crime commis par trente, ou si l'on veut par cent personnes, sans autres témoins que ceux-mêmes qui en ont été complices, doit être traité d'occulte, parce qu'il n'est pas possible de le prouver. Cependant Paul Léon est d'un avis contraire [4].

VIII. Les suppliques qu'on dresse pour la cour de Rome doivent être claires, nettes, sans ambiguïté ni affectation de termes insolites; autrement on n'y répond pas. On peut se servir de toutes les langues qui sont en usage. Il est cependant plus ordinaire d'écrire en latin : nous donnerons plus bas des modèles.

La précaution la plus nécessaire est de n'exposer rien qui ne soit conforme à la vérité : il est vrai que si on s'en tenait là, on verrait beaucoup moins de dispenses, dit Collet.

Nous allons parcourir les clauses principales qui doivent être insérées dans les suppliques : les unes sont pour la Daterie et pour la Pénitencerie, les autres ne sont nécessaires que pour l'un de ces deux tribunaux. Commençons par les premières, en nous attachant principalement à celles qui regardent le mariage ; ce sont presque les seules qui puissent embarrasser.

1° Il faut exposer l'empêchement d'une manière distincte et spécifique. Si on se disait parent dans le temps qu'on n'est qu'allié, la dispense serait nulle, quoique plus difficile à obtenir. C'est le sentiment

---

[1] Navar., cap. III; introduct., p. 26 et 27; Paul. Leo, *ibid.*, n. 67.
[2] M. Paul. Leo, *ibid.*, n. 68.
[3] Fagnan, in cap. Vestra, De cohabit. cleric., etc., n. 127. Ducasse l'a combattu, ubi supra.
[4] Paulus Leo, *ibid.*, n. 31.

de Sanchez, de Pyrrhus Corradus et de Basile Ponce [1]; en ces sortes de matières, disent-ils, on ne conclut ni *a pari*, ni *a minori ad majus*. Cependant si l'empêchement exposé renfermait celui qui aurait dû l'être, la dispense subsisterait.

2° Il faut exposer dans la même supplique tous les empêchements qui peuvent faire obstacle à la grâce qu'on sollicite; autrement le supérieur n'en connaîtrait pas l'étendue.

3° Quand les futurs conjoints ont eu mauvais commerce, il faut exprimer si c'était en vue d'obtenir plus aisément dispense. Corradus [2] étend cette règle au cas même où un seul des deux serait coupable de cette intention. Car on mérite d'être privé des faveurs de l'Église quand on veut les obtenir par le mépris de ses lois Cette nécessité de découvrir le crime qu'on a commis existe quand même les parties ignoraient qu'elles sont parentes ou alliées.

4° Si on ne demande dispense d'un empêchement dirimant qu'après la célébration du mariage, il faut nécessairement exposer : 1° si les parties avaient connaissance de l'empêchement quand elles se sont mariées, ou si elles ne l'ont point ignoré par leur faute [3]. On connaît souvent le crime qu'on a commis sans savoir qu'il en résulte un empêchement dirimant; 2° si elles se sont épousées pour obtenir plus aisément dispense; 3° si elles ont consommé le mariage; 4° si elles ont fait publier leurs bans : dans ce cas on leur refuse toute dispense, ou elle n'est accordée qu'à des conditions très-dures; 5° si, ayant contracté de bonne foi, elles se sont abstenues de tout ce qui n'est permis qu'aux vrais époux, aussitôt qu'elles ont connu l'empêchement.

IX. Ces principes généraux regardent tous les empêchements; d'autres concernent quelques empêchements particuliers, et surtout ceux de la parenté, de l'affinité tant charnelle que spirituelle, de l'honnêteté publique et du crime.

Sur la parenté, il faut d'abord marquer la ligne, le degré et la multiplicité des liens : un homme qui est doublement cousin d'une personne a deux obstacles; il pourrait être dispensé de l'un sans l'être de l'autre.

Il y a plus de difficulté de savoir si, quand un homme a eu un mauvais commerce avec sa parente, il doit en faire mention, quand même il a d'ailleurs de bonnes raisons d'obtenir dispense.

---

[1] Sanchez, lib. VIII *De matrim.*, disp. I, n. 3; Pyrrh. Corradus, lib. I, cap. v; Pontius, lib. VIII, cap. xvii, n. 31.

[2] Corradus, lib. VIII, cap. I, *Conférences de Paris*, t. III, p. 421.

[3] Corradus (lib. VIII, cap. iv, n. 47) remarque que l'ignorance, pour excuser en ce point, doit être exempte de péché mortel. Quand un des deux contractants a connu l'empêchement dont il était lié, il faut l'expliquer; ce sentiment est beaucoup plus sûr et par là le seul sûr.

X. Plusieurs savants auteurs [1] croient que si ce commerce est public il faut en faire mention : 1° parce que c'est le style de la cour de Rome et que ce style fait loi, quand rien ne s'y oppose; 2° parce que, dit Sanchez, le pape, en cas de commerce incestueux, ne dispense pas comme il ferait si les parties s'étaient sagement conduites; il leur impose une aumône et une pénitence bien plus forte, et il défend d'ordinaire au survivant de passer à de secondes noces. Or, dit le même auteur [2], supprimer une chose dont la suppression change si considérablement les conditions de la grâce, c'est rendre cette grâce nulle, ainsi que la Congrégation chargée d'expliquer le concile de Trente l'a souvent déclaré [3]; 3° enfin parce qu'en matière de sacrements il n'est pas permis de quitter un sentiment sûr pour un autre qui ne l'est pas. Au reste, ceux qui ayant quelque empêchement d'alliance spirituelle ou charnelle, ou même d'honnêteté publique, voudraient en obtenir dispense sont, ainsi que les parents incestueux, obligés de découvrir le mauvais commerce qu'ils ont eu ensemble.

Il est plus difficile de décider si, lorsque le crime des parties a été secret, elles sont obligées de l'exposer. Des canonistes éclairés croient que non; Sanchez pense qu'il faut le découvrir à la Pénitencerie, en lui marquant qu'on s'est pourvu ou qu'on doit se pourvoir à la Daterie pour la dispense de l'empêchement public de parenté, d'alliance ou de l'honnêteté publique. Paul Léon [4] dit que c'est la pratique constante et qu'il a été chargé de ces sortes d'affaires. Mais on n'est pas obligé de déclarer si le mauvais commerce a été multiplié.

XI. Si deux personnes parentes ou alliées n'avaient commencé à pécher ensemble que depuis qu'elles ont envoyé à Rome, ou que leur dispense y a été expédiée, la dispense serait nulle : c'est la décision de Pyrrhus Corradus, de l'auteur des *Conférences de Paris*, de Ducasse [5], etc. Ce dernier la prouve, et par l'autorité de la Congrégation du concile, et plus encore parce qu'on ne peut alors vérifier la clause du bref de Rome; car cette clause ne permet de dispenser qu'en cas que les parties n'aient pas péché l'une avec l'autre. La raison primitive de tout cela, c'est que les dispenses ne s'accordent plus aujourd'hui qu'en forme commissoire; ce n'est pas le pape qui dispense : il charge un autre de le faire en son nom et seulement sous certaines conditions. Il

---

[1] Sanchez, lib. VIII, *De matrim.*, disp. xxv, n. 8; Pyrrh. Corradus, lib. VIII, cap. I, n. 3 et 37; *Confér. d'Angers*, t. II, p. 100, alias 116; Barbosa, Garcias, etc.

[2] Sanchez, lib. VIII, disp. xxi, n. 17.

[3] Apud Corradus, lib. VIII, cap. I, n. 37.

[4] Marc. Paul. Leo, part. II, cap. xvii, n. 2.

[5] Pyrrh. Corrad., *ibid.*, n. 38, p. 303; Ducasse, II° part., ch. iv, sect. 2, p. 174.

faut donc alors obtenir de Rome ce qu'on appelle un *perinde valere*, à moins qu'un évêque ne soit en possession de suppléer à la nullité.

Quand on demande à Rome un *perinde valere*, il faut répéter dans toute sa teneur la dispense déjà obtenue, puis le crime qu'on avait omis d'exposer ou qui a été commis depuis qu'on a obtenu le rescrit de Rome.

Il arrive quelquefois que des parents, après avoir exposé au pape le crime qu'ils ont commis l'un avec l'autre, retombent après que leur dispense a été expédiée : on demande si cette dispense peut s'exécuter, ou si les nouvelles rechutes ne la rendent pas caduque.

Des canonistes distinguent : ou la dispense n'était pas encore fulminée quand le crime a recommencé, ou elle l'était déjà. Si elle ne l'était pas, elle subsiste toujours, parce qu'on n'est pas obligé d'expliquer le nombre des incestes dont on s'est rendu coupable; si la dispense était déjà fulminée, il faut en obtenir une nouvelle.

La première partie de cette décision est juste, mais la seconde paraît fausse : la dispense semble valable dans les deux cas : 1° parce que c'est le sentiment le plus commun et qu'il est soutenu ou par tous les canonistes romains, ou par ceux qui sont plus au fait de ces matières [1]; 2° parce qu'un commerce qui vient après la fulmination du bref de Rome n'est plus à proprement parler un inceste, puisqu'on n'appelle inceste que le crime commis par des personnes qui, pour cause de parenté ou d'alliance, ne peuvent s'épouser, ce qui n'a pas lieu lorsqu'une dispense a rendu les parties habiles à contracter; 3° parce que l'inceste pur et simple n'est plus aujourd'hui un empêchement qui annule le mariage, quoique l'Église, pour empêcher le désordre, juge à propos de le faire exprimer aux parents ou aux alliés qui l'ont commis sans respecter les liens du sang.

Corradus met ici une restriction importante : si les parties avaient été dispensées *in forma pauperum* et si, pendant le temps de la séparation que l'official doit leur prescrire, ou avant qu'il eût entériné la dispense, elles retombaient dans l'inceste, la grâce serait nulle; il faudrait un *perinde valere*, ainsi que Paul V l'a décidé. Cette exception confirme la règle, et il résulte tant de la règle que de l'exception que si deux parents péchaient pour la première fois après la fulmination de leur dispense, ils pourraient toujours en profiter.

XII. Quand l'empêchement vient de l'affinité charnelle, il faut expliquer la ligne et le degré. Si les degrés sont inégaux, il est bon

---

[1] Sanchez, lib. VIII, cap. XXV, n. 4, et lib. VII, disp. v, n. 6, 15 et 16; Pyrr. Corrad., lib. VIII, cap. I, n. 42, où il cite, après Garcias, une décision formelle de la Congrégation du concile, et lib. eod., cap. III, n. 38; Sylvius, Reiffenstuel, t. IV, in append., n. 193; *Confér. de Paris*, t. III, p. 423.

d'expliquer le plus proche. Si le lien est double, c'est-à-dire si on a eu commerce avec deux de ses alliées, il faut le marquer. Si enfin le commerce n'est venu qu'à la suite d'un mariage légitime, il faut en faire mention, parce que l'honnêteté publique se trouve jointe à l'affinité.

XIII. A l'égard de l'honnêteté publique, il faut exposer si elle vient des fiançailles ou du mariage et en quel degré sont ceux qui veulent contracter. Quand elle vient des fiançailles, elle ne passe jamais le premier degré.

XIV. En ce qui concerne l'alliance spirituelle, on doit exposer son espèce. Si on permet assez aisément à un parrain d'épouser la mère de sa filleule, on ne lui permet pas de même d'épouser sa filleule, qui est sa fille spirituelle. Ponce n'a trouvé qu'un exemple de dispense accordée en ce cas, et ce qu'il en raconte n'engage pas beaucoup à en demander de semblables [1]. Il faut aussi marquer si l'alliance est double, par exemple si celui qui a servi de parrain dans le baptême n'en a pas servi à la même personne ou à son frère dans la confirmation, ou s'il n'a pas pris pour marraine de ses enfants celle qui l'a pris pour parrain des siens. Il est plus difficile de décider s'il faut exprimer qu'un homme a tenu plusieurs enfants de la même femme, soit au baptême, soit à la confirmation. Sanchez le croit [2] ; et en effet, quoiqu'un incestueux ou tout autre ne soit pas tenu d'exposer qu'il a péché huit ou dix fois avec la parente de celle qu'il veut épouser, il faut cependant qu'il explique le double lien qu'il s'est formé par le commerce qu'il a eu avec la mère et les deux filles. De même celui qui, dans sa suspense, a fait les fonctions de sous-diacre et celle de prêtre doit spécifier l'un et l'autre. Cependant comme, depuis la décision de Clément VIII sur cette matière, avant d'être pape, les tribunaux de Rome ont constamment suivi l'opinion contraire à celle de Sanchez, on peut s'y tenir. Il n'est pas non plus nécessaire de dire dans lequel des deux sacrements on a été parrain ; ces deux liens sont à peu près semblables [3].

XV. Sur l'empêchement du crime, on doit exposer s'il naît du meurtre ou de l'adultère, ou des deux ensemble. S'il vient d'un meurtre public, inutile de demander dispense ; le pape ne l'accorde jamais ; il faut même des raisons extraordinaires pour dispenser du meurtre secret.

XVI. Quant aux différences qui se trouvent dans les tribunaux de la Daterie et de la Pénitencerie, elles se réduisent à trois ou quatre chefs. A la Daterie, on marque son surnom, son nom [4], celui du diocèse où

---

[1] Pontius, lib. VIII, cap. XVII, n. 28. — [2] Sanchez, ubi statim, n. 4. —
[3] Sanchez, lib. VIII, disp. XXIV, n. 15 ; Reiffenstuel, in append., n. 201.
[4] Si un homme s'appelait Janvier Matthieu, ou qu'il eût pour surnom

l'on a fixé un domicile, et celui des deux diocèses si les parties ne sont pas du même. La supplique se dresse au nom des deux personnes qui veulent être dispensées, à moins que l'empêchement ne soit personnel, comme serait un vœu de chasteté. A la Pénitencerie, cette dernière clause s'observe, mais on n'y fait connaître ni son nom ni son diocèse; on y prend le nom de suppliant et de suppliante, *orator et oratrix*.

Les suppliques pour la Daterie sont adressées au pape; celles de la Pénitencerie sont adressées au grand-pénitencier, qui est toujours un cardinal.

XVII. Supposons, pour donner un exemple des premières, qu'une fille veut épouser un de ses parents ou de ses alliés, parce qu'elle n'a pas de dot suffisante et que le lieu de son domicile est trop petit pour qu'elle y trouve un homme de sa condition. Voici comment doit être conçue sa supplique :

Modèle de la supplique adressée à la Daterie.

« Beatissime Pater,   Parisiens.

« Exponitur humiliter S. V. pro parte devotorum illius oratorum Francisci de Senepart, diœcesis blesensis, et Margarita Gautier, diœcesis parisiensis ex oppido d'Argenteuil, quod cum dicta oratrix dotem habeat minus competentem, juxta status sui conditionem, cum qua uti, et propter angustiam dicti loci, virum non consanguineum (*vel* non affinem) paris conditionis cui nubere possit, invenire nequeat, et dictus orator, qui in memorato oppido domicilium fixit, cum dicta minus competente dote oratricem in uxorem ducere intendat, et si extra dictum locum nubere cogeretur, dos quam ipsa habet non esset competens neque sufficiens ut virum paris conditionis invenire valeat*. Quia vero tertio et quarto consanguinitatis gradu conjuncti** desiderium suum in hac parte adimplere non possunt, humiliter supplicant S. V. quatenus cum iisdem oratoribus, quod impedimento quarti (*vel* tertii et quarti) consanguinitatis gradus hujusmodi non obstante, matrimonium inter se, servata forma concilii tridentini, contrahere illudque in facie Ecclesiæ solemnisare, et in eo postmodum remanere libere et licite valeant, dispensare ; distantiam vero tertii gradus prædicti eis non obstare declarare, prolemque suscipiendam exinde legitimam nuntiare dignemini de speciali gratia, non obstantibus præmissis ac constitutionibus et ordinationibus apostolicis, cæterisque contrariis quibuscunque, cum clausulis opportunis. »

Dans l'endroit marqué d'une étoile, on doit expliquer toutes les causes en vertu desquelles on veut obtenir dispense, comme sont

quelque autre nom de baptême, le bref le marquerait par ces paroles, *alio cognomine carens.*

quelquefois le rang illustre des suppliants, leur mérite, les services qu'ils ont rendus à l'Église, le bien de la paix, l'extinction d'un procès qui viendrait d'ailleurs que du mariage projeté, en y joignant toujours le mauvais commerce qu'auraient eu les personnes, quand même elles ne s'y seraient pas proposées d'obtenir plus aisément dispense.

A l'autre endroit marqué de deux étoiles, il faut exprimer les empêchements dont on demande dispense. Si on la demandait *in forma pauperum*, il faudrait joindre à la supplique une attestation de l'évêque ou du grand-vicaire, ou de l'official, qui, sur le rapport du curé des parties, l'expédie en ces termes :

« Nos ... illustrissimi ac reverendissimi N. archiepiscopi, *vel* episcopi N. vicarius generalis, *vel* officialis,

» Fidem facimus Joannem N. et Luciam N., hujus N. diœcesis, adeo pauperes et miserabiles existere, quod ex labore et industria sua tantum vivant, prout ex fide parochi aliorumque fide dignorum testimonio nobis constare fecerunt; in cujus rei testimonium præsentes fieri fecimus, manu nostra subscriptas, nostroque sigillo munitas. Parisiis, die ..., anno ... »

Il faut observer avec Ducasse [1] : 1° que l'attestation d'un vice-gérant et encore moins celle d'un curé ne suffirait pas, parce qu'ils ne sont pas ordinaires; 2° que si les parties sont de deux diocèses, il est absolument nécessaire que chacune obtienne son attestation de l'ordinaire de son diocèse; car si Marthe est pauvre, Titius peut être riche ; 3° que quand l'homme est domicilié depuis cinq ans dans un diocèse et la fille depuis deux, ils n'ont pas besoin d'attestation de la part de l'ordinaire du diocèse de leur naissance, quoiqu'en demandant une attestation à l'ordinaire du domicile, ils doivent tous deux lui exposer depuis combien de temps ils demeurent dans son diocèse.

On se fait aisément illusion en fait des dispenses *in forma pauperum*; pour n'avoir rien à se reprocher, il faut exposer les choses comme elles sont. Quand un évêque ne dispense qu'en vertu d'un indult, il est obligé de prendre à la rigueur la clause *pauperes et miserabiles*, parce que, n'agissant qu'en délégué, il ne peut que ce que le pape a coutume de faire. Il en est autrement quand il dispense *jure ordinario* : il suffit que les parties lui prouvent qu'elle ne sont pas en état de faire les frais du recours à Rome, ce qui peut arriver sans qu'elles soient *pauperes et miserabiles*.

XVIII. Pour les suppliques qui regardent la Pénitencerie, voici comme elles doivent être dressées, supposé qu'il s'agisse d'une dispense d'affinité produite par un mauvais commerce demeuré secret.

[1] Pyrrh. Corrad., lib. VIII, cap. v, n. 18. Vid. Ducasse, part. II, cap. IV, sect. 3, n. 2.

« Eminentissime et reverendissime domine,

« Exponitur humiliter Reverentiæ Vestræ pro parte devoti illius oratoris Titii [1] quod postquam idem orator carnaliter cognovit Fabiam, postea ignarus impedimenti, bona fide (*vel* conscius impedimenti), tractatum habuit de contrahendo matrimonio cum sorore dictæ Fabiæ; cum autem dictum impedimentum sit occultum, tractatus vero sit publicus, et nisi ad effectum deducatur, scandala exinde vero similiter exoritura sint, cupit orator ad vitanda scandala, et pro conscientiæ suæ quiete, de præmissis, de quibus summe dolet, absolvi et secum dispensari. Quare Eminentiæ Vestræ humiliter supplicat, ut super his de opportuno remedio auctoritate apostolica providere dignetur.

» Dignetur, Eminentia Vestra, responsum dirigere N. ad me infra scriptum. »

Voici une autre formule à l'effet de réhabiliter un mariage nul pour cause d'affinité :

« Eminentissime et reverendissime domine,

« Fabius Laicus, conscius (*vel* ignarus) impedimenti, contraxit in facie Ecclesiæ matrimonium cum muliere, cujus matrem (*vel* filiam, *vel* sororem, *aut* sorores duas) prius carnaliter cognovit. Quare cum absque scandalo separari non possint, et impedimentum sit occultum, humillime supplicat pro absolutionis et dispensationis remedio. Dignetur, » etc.

De l'exécution des dispenses. — *Dispenses de la Pénitencerie.*

Les dispenses qui viennent de la Pénitencerie sont adressées à de simples confesseurs; celles qui viennent de la Daterie le sont aux officiaux.

Nous allons donner quelques modèles des brefs de la Pénitencerie et expliquer les clauses qui peuvent embarrasser. Le premier bref renferme une dispense à l'effet de contracter mariage. Le second renferme un autre bref à l'effet de ne pas séparer ceux qui se sont mariés avec un empêchement dirimant.

« Lucius miseratione divina episcopus N. S. R. E. cardinalis Barberinus,

» Discreto viro N. confessario, theologiæ magistro (*vel* decretorum doctori) ex approbatis ab ordinario per latorem, *vel* latricem pœnitentem eligendo, ad infrascripta specialiter deputato, salutem in Domino.

» Ex parte latoris præsentium nobis oblata petitio continebat, quod ipse de matrimonio contrahendo tractavit cum muliere, quam et cujus matrem carnaliter cognovit. Cum autem, sicut eadem petitio subjungebat, dicta carnalis cognitio cum præfata mulieris matre sit occulta, et

[1] Les noms de Titius et Fabia sont supposés.

nisi lator cum dicta muliere matrimonium contrahat, periculum immineat scandalorum, ideo ad dicta scandala evitanda et pro suæ conscientiæ quiete cupit per Sedem apostolicam absolvi, secumque dispensari. Quare supplicavit humiliter ut sibi super hoc de opportuno remedio providere dignaremur. Nos discretioni tuæ committimus quatenus, si ita est, dictum latorem, audita prius ejus sacramentali confessione, ac sublata occasione amplius peccandi cum dicta mulieris matre ab incestu et excessibus hujusmodi absolvas hac vice in forma Ecclesiæ consueta, injuncta ei pro tam enormis libidinis excessu, gravi pœnitentia salutari et aliis quæ de jure fuerint injungenda. Demum, dummodo impedimentum ex præmissis proveniens occultum sit et aliud canonicum non obstet, cum eodem latore, quod præmissis non obstantibus, matrimonium cum dicta muliere, et uterque inter se publice, servata forma concilii tridentini, contrahere, et in eo postmodum remanere licite valeat, misericorditer dispenses; prolem suscipiendam exinde legitimam pronuntiando in foro conscientiæ, et in ipso actu sacramentalis confessionis tantum, et non aliter, neque ullo alio modo; ita quod hujusmodi absolutio et dispensatio in foro judiciario nullatenus suffragentur. Nullis super his adhibitis testibus, aut litteris datis, seu processibus confectis, sed præsentibus laceratis, quas sub pœna excommunicationis latæ sententiæ laniare tenearis, neque eas latori restituas : quod si restitueris, nihil ei præsentes litteræ suffragentur. Datum Romæ, » etc.

Expliquons les principales clauses de ce bref.

I. *Discreto viro*, etc. — La discrétion, qui selon le droit [1] est la mère de toutes les vertus et suppose beaucoup de prudence et de lumière, est la première condition que le Saint-Siège souhaite en ceux qu'il charge d'exécuter ses rescrits. Un homme discret, dit Paul Léon, évite tout ce qui sent l'excès; il n'est ni trop mou, ni trop sévère.

II. *Theologiæ magistro, vel decretorum doctori.* — Quand les lettres de la Pénitencerie sont adressées à un docteur en théologie ou en droit, elles ne peuvent être exécutées que par ceux qui en ont reçu le titre dans une université. Un régent de théologie, un licencié, un homme qui, dans sa communauté, aurait reçu le titre de maître ne pourrait les exécuter ni licitement ni validement, fût-il le plus habile homme du monde. Ce serait autre chose s'il était d'un corps qui eût le privilège de pouvoir exécuter ces sortes de lettres; car sans être docteur, s'il était approuvé par l'évêque et par ses supérieurs *ad hunc effectum*, il pourrait faire en ce genre tout ce que pourrait un docteur.

[1] Clément., *Pastoralis, De sent. et re judic.* Vid. M. Paul. Leon., part. II, cap. III, n. 22 et seq.

III. *Ex approbatis ab ordinario.* — Un homme qui serait approuvé dans un autre diocèse, ou qui l'aurait été autrefois dans celui où le pénitent s'adresse à lui, ne pourrait le dispenser, à moins qu'il n'y eût erreur publique sur la révocation ou la fin de ses pouvoirs. Si un homme, à cause de sa jeunesse, n'était approuvé que pour confesser des hommes, on ne croit pas qu'il pût entendre une personne du sexe et la dispenser, parce que le grand-pénitencier est sensé suivre l'approbation de l'ordinaire, et n'admettre pas ceux que celui-ci a exclus [1]. D'où il suit, à plus forte raison que celui qui n'est pas approuvé pour les religieuses ne peut exécuter les brefs qui les concernent. Navarre dit cependant [2] qu'un homme approuvé pour un monastère, sans l'être pour l'autre, pourrait dispenser en celui-ci, et que quelquefois la Pénitencerie commet à un simple prêtre approuvé le soin de dispenser une religieuse, afin qu'elle s'ouvre avec plus de liberté. Il est plus dans la règle d'avoir recours à l'évêque et de lui demander sans aucun détail permission de confesser deux ou trois fois dans un monastère. Un supérieur sage ne fera jamais à un honnête homme des questions capables de l'embarrasser. Si celui en faveur duquel le bref est expédié était religieux, il pourrait s'adresser à tous ceux que son supérieur a approuvés.

IV. *Per latorem eligendo.* — On permet au pénitent de choisir parmi les confesseurs qui ont les qualités nécessaires celui qu'il jugera lui convenir mieux. Paul Léon et le P. Le Semélier [3] prétendent que, quand il a fait ce choix et qu'il a présenté son bref à un confesseur, qui, après avoir accepté la commission, l'a ouvert et lu, et ne juge pas à propos de dispenser, le bref devient nul, en sorte que le pénitent ne peut plus varier sans la permission du grand-pénitencier, à moins qu'il ne trouve qu'il s'est adressé à un ignorant peu capable de le bien conduire. Peut-être faudrait-il dire la même chose si la dispense pressait, et que le confesseur, par maladie ou autrement, ne pût finir ce qu'il a commencé; car, supposé que le Saint-Siège défende d'aller d'un confesseur à l'autre, ce n'est que parce qu'il craint qu'on ne préfère un homme sans fermeté et sans exactitude à un directeur sage et éclairé. On peut croire aussi, par une raison contraire, que si un pénitent tombait entre les mains d'un de ces hommes qui se croient plus habiles que tous les autres et qui sont aussi durs au prochain qu'indulgents à eux-mêmes, il pourrait avoir recours à un prêtre plus juste et plus équitable. Il y a plus, malgré toutes les raisons de Paul Léon, il est difficile de regarder comme nulle l'exécution d'une dispense qu'un

---

[1] Idem, *ibid.*, n. 28. — [2] Tibur. Navar., p. 23.
[3] Paul. Leo, ubi supra, a n. 56 ad 64; *Confér. de Paris*, t. III, p. 515. Ce dernier est moins clair et ne met pas les mêmes restrictions que Paul Léon.

bon confesseur aurait faite après refus d'un autre, ou que le premier confesseur en changeant d'avis aurait faite lui-même. Corradus, qui était ministre de la Pénitencerie, dit qu'on y a plusieurs fois déclaré que le pénitent peut varier et que c'est la pratique de toute la terre, *et ita per totum orbem servatur in praxi* [1]. Sanchez est du même avis.

Ce que nous venons de dire regarde l'extérieur du bref; les clauses intérieures ne sont pas moins importantes.

V. La première est en ces termes : *Ex parte latoris*. Paul Léon [2] conclut de ces paroles que les dispenses obtenues sans le consentement de celui pour qui on les a demandées sont nulles, à moins que celui qui supplie pour un autre n'ait avec lui une liaison particulière, comme les parents, les alliés, les pénitents, les confesseurs, ceux qui sont liés d'une amitié singulière. Il paraît qu'il donne beaucoup d'étendue à cette amitié, puisqu'il finit par ces paroles : « In summa, quando abest mercimonium et avaritia, existimo a quolibet posse impetrari hujusmodi gratias; unicuique enim mandavit Deus de proximo suo. » Autant vaudrait dire avec Ducasse [3] que les rescrits de grâce, comme ceux qu'on obtient pour des bénéfices et pour des dispenses, peuvent avoir leur effet sans que ceux en faveur de qui ils ont été accordés aient donné commission de les demander, pourvu que les parties les acceptent.

VI. La seconde clause : *Quatenus si ita est*, demande de sérieuses précautions. Pour s'y conformer, il faut d'abord que le confesseur, à moins qu'il ne connaisse de longue date la droiture de son pénitent, l'exhorte à lui dire les choses comme elles sont et à n'omettre rien de ce qui peut être à charge ou à décharge. Il faut que, par des interrogations sagement ménagées, il tâche de découvrir si les motifs qui ont été proposés au saint-père sont conformes à la vérité, si le suppliant n'a point enflé les choses, etc.

VII. Un ministre qui n'examinerait pas bien la vérité des motifs proposés au saint-père pécherait mortellement. Si sa commission était exprimée par ces paroles : *Quatenus si ita esse per diligentem examinationem inveneris*, la dispense serait nulle faute d'examen, parce que le prêtre aurait négligé la forme prescrite par le supérieur. Mais on n'est pas d'accord sur la validité ou la nullité d'une dispense conçue en ces termes : *Si ita est, si preces veritate nitantur*, dont les motifs seraient très-vrais, mais n'auraient pas été examinés par le confesseur. Paul Léon [4] croit que la dispense subsisterait, parce qu'il serait toujours

---

[1] Corradus, lib. VII, cap. IV, n. 72; Sanchez, lib. III *De matrim.*, disp. XXII, n. 49; Reiffenstuel, in append., n. 451, etc.

[2] Paul. Leo, ubi supra, part. I, c. III, n. 96. — [3] Ducasse, part. II, ch. IV.

[4] Sanchez, lib. VIII, disp. XXXIV, n. 25; Paul. Leo, part. I, cap. IV, n. 4, p. 49; Reiffenstuel, n. 456.

vrai de dire que *preces veritate nituntur*, et que le changement qui a été fait dans la forme des brefs de la Pénitencerie doit être compté pour quelque chose. Le confesseur est donc obligé en conscience d'examiner la vérité des faits; mais ce défaut d'examen n'est irritant que quand les paroles du bref portent qu'il sera tel, ou que cet examen est prescrit comme une forme nécessaire.

VIII. *Audita prius ejus sacramenti confessione.* Il faut absolument, quoi qu'en pense Sanchez, que le suppliant se confesse et qu'il soit dispensé dans le tribunal de la pénitence; et cela serait vrai, dit Navarre (chap. II, p. 19) : 1° pour un religieux, comme pour un séculier; 2° quand il ne s'agirait que d'une dispense de bigamie, d'illégitimité ou d'autres défauts qui ne supposent aucun péché. Il suffit, du reste, qu'on accuse des fautes qu'on a commises depuis la dernière confession; on n'est pas obligé d'y parler du crime dont on aurait demandé dispense, quand on s'en est déjà confessé au même prêtre ou à un autre. Un homme qui n'aurait commis que quelques péchés véniels en serait quitte pour les confesser; il est bon cependant, pour assurer la matière du sacrement, de joindre à ses autres péchés celui qui peut être l'objet de la dispense. Paul Léon se rit de certains casuistes qui ont cru que quand on s'adressait à un homme auquel on s'était confessé avant d'avoir obtenu la dispense, on n'était pas obligé de se confesser actuellement pour en obtenir l'exécution [1].

Ce qu'il ajoute : qu'un pénitent dont la confession est sacrilège, ne laisse pas d'être validement dispensé [2], paraît beaucoup plus difficile. On a peine à concevoir comment on obtient une grâce quand on ne remplit pas de bonne foi les conditions auxquelles elle paraît attachée. Cependant les raisons de Paul Léon sont très-fortes.

IX. *Ac sublata occasione peccandi*, etc. — Il ne faut ni donner l'absolution, ni accorder la dispense que le pénitent n'ait quitté, autant qu'il le peut, l'occasion de retomber dans le crime au sujet duquel il a besoin de dispense, et qu'il n'ait renoncé à ses autres mauvaises habitudes. Cependant, des auteurs disent que si le confesseur juge que le pénitent est sincèrement touché de ses fautes, et que le mariage mettra fin à ses désordres, il pourra et l'absoudre et le dispenser. Ce sentiment est commun.

X. *Ab incestu... absolvas.* — Si l'inceste dans le diocèse du pénitent était réservé avec censure, un prêtre, quoique non approuvé pour les cas réservés, pourrait en absoudre, puisque le Saint-Siége lui donne au

---

[1] Idem, *ibid.*, cap. III, n. 85.
[2] Idem, eod. cap. III, a n. 86 ad 96. L'auteur des *Conférences de Paris* pense le contraire, *surtout*, dit-il, *si la confession avait été mauvaise par une malice affectée*. (T. III, liv. V, p. 514.)

moins ce pouvoir, qui d'ailleurs est très-souvent nécessaire pour l'exécution de la dispense. Si le pénitent était retombé depuis la date du bref, on pourrait, en vertu de ce bref, l'absoudre de ses nouveaux excès, pourvu qu'il n'eût pas différé de faire exécuter son bref à dessein d'être absous de son crime après l'avoir multiplié. Il paraît, par des concessions fort amples du Saint-Siége, qu'il ne permet pas d'absoudre des censures *ab homine per sententiam specialem* [1].

Hac vice, in forma Ecclesiæ consueta. Le pape ne donne ses pouvoirs que pour l'exécution de la grâce. Quand le confesseur a rempli son ministère en donnant l'absolution et la dispense, il ne peut plus sur le pénitent que ce qu'il pouvait en vertu des pouvoirs de l'ordinaire. En supposant que la grâce ait été nulle à raison des mauvaises dispositions du pénitent, on croit que le prêtre peut encore exécuter le bref, parce que la commission n'est pas finie. Paul Léon dit [2] que la forme ordinaire de l'absolution suffit en ce cas, et qu'il n'est pas plus nécessaire qu'en toute autre confession d'y exprimer le crime dont on absout en vertu de l'autorité du Saint-Siége.

XI. *Injuncta ei gravi pœnitentia salutari.* — La nécessité d'imposer une pénitence proportionnée au crime est connue des confesseurs, mais la Pénitencerie la détermine quelquefois jusqu'à un certain point, comme on verra plus loin. Il faut que la pénitence soit réglée par la sagesse et convienne aux besoins, à l'état et aux forces du suppliant. Une jeune personne faible et sous les yeux de sa famille ne peut pas tout ce que peut un homme fort et vigoureux, maître de son bien et de ses moments. Si le pénitent s'était déjà accusé de sa faute et qu'il l'eût expiée par une juste satisfaction, il faudrait y avoir égard. Il serait cependant toujours nécessaire, pour l'exécution du rescrit, de le charger de quelque nouvelle pénitence, puisque tout ablatif absolu est regardé dans les brefs comme une condition sans laquelle il n'y a point de grâce. Navarre dit [3] que, quoique la détermination individuelle des pénitences soit au choix du confesseur, il peut imposer l'obligation de jeûner deux fois par semaine pendant six mois, de dire un chapelet trois fois par semaine, de se confesser souvent, de donner quelque temps à l'oraison mentale. Tout cela dépend beaucoup des circonstances ; cependant il faut toujours, autant qu'on le peut, s'en tenir aux termes du bref, et n'y manquer jamais quant à la substance des conditions.

XII. Les pénitences marquées dans le rescrit sont communément celles-ci : « Pœnitentia salutaris, pœnitentia gravis et longa, pœnitentia gravis et diuturna, pœnitentia gravissima et diuturna, pœnitentia gra-

---

[1] Paul Leo, part. I, cap. XLVII, n 2. — [2] Idem, part. I, cap. IV, n. 35. — [3] Navar., p. 88.

vissima et perpetua, pœnitentiæ opera perpetua, inter quæ sint aliqua quotidiana. » Voici comment elles sont expliquées par un pénitencier de l'église de Latran.[1]

Une pénitence salutaire est celle qui est propre à expier le crime et à précautionner contre les rechutes; elle doit par conséquent porter à la détestation du péché et en retrancher les occasions : il faut pour cela aller à la source du mal et guérir un contraire par son contraire. Si l'avarice a été le principe de la séduction, il faut lui opposer des aumônes; si l'orgueil, le combattre par de vrais sentiments d'humilité; si l'intempérance, prescrire le jeûne et la mortification; si la démangeaison de parler, réduire au silence et séparer du commerce des hommes.

La pénitence est considérable, *gravis,* non quand elle accable, mais lorsqu'elle se fait sentir par son poids. Jeûner, porter le cilice, visiter des églises éloignées, réciter à genoux les psaumes de la pénitence ou une partie du Rosaire, se confesser tous les mois et joindre aux actions extérieures l'esprit intérieur qui les vivifie, c'est faire ce que le Saint-Siège appelle *pœnitentia gravis*. Un confesseur peut enjoindre autre chose, il le doit même quelquefois, eu égard à la situation de son pénitent; mais il ne peut plier la règle jusqu'à omettre la substance de ce qui lui est commandé.

La pénitence est censée assez longue quand elle doit durer une année; mais la longueur ne doit point préjudicier à la substance; ce serait se tromper de croire qu'on a imposé une pénitence *grave* parce qu'on en a imposé une assez légère qui doit durer un ou deux ans. *Verificaretur longa, non verificaretur gravis.*

La pénitence est longue, *diuturna,* quand on l'impose pour trois ans. C'est la règle que donnent aux confesseurs qui exécutent les brefs les PP. Paul Léon et Syrus, qui connaissaient bien les usages de la Pénitencerie.

La pénitence, pour être très-grave et perpétuelle, *gravissima et perpetua,* doit non-seulement durer jusqu'à la mort, mais être double, ou triple de celle que le droit appelle grave. C'est pourquoi si, pour imposer une pénitence grave, il faut faire jeûner une fois par semaine, réciter une fois les sept psaumes, etc.; pour en imposer une très-grave, il faut faire jeûner trois fois, ou faire jeûner une fois à l'ordinaire, et l'autre au pain et à l'eau, ou avec un peu de vin. Une pénitence, pour être perpétuelle, ne doit pas nécessairement se faire tous les jours; il suffit qu'on la fasse certains jours jusqu'à la fin de la vie, à moins que le bref ne porte *pœnitentiæ opera perpetua, inter quæ sint quædam quotidiana*. Dans ce cas, il faut imposer quelque chose qui console et

---

[1] Syrus Placentinus, part. II, § 2, p. 194.

fortifie le pénitent, comme un petit, mais sérieux examen de conscience, des lectures de piété, des œuvres de miséricorde, et se souvenir qu'une rigueur excessive est encore plus à craindre qu'une espèce de condescendance.

XIII. Trois observations encore : il faut avoir soin de ne donner jamais de pénitence qui puisse faire soupçonner le crime du pécheur ; sa faute étant secrète, il a droit à sa réputation.

Quand le bref porte que le pénitent se confessera une fois par mois, il n'est pas permis de l'en dispenser, à moins que, comme il arrive souvent, le bref ne porte cette clause *quoties tibi videbitur*, ou qu'une confession de chaque mois ne devienne très-difficile à raison du lieu, de la condition, etc. On peut obliger à se confesser de quinze en quinze jours, ou toutes les trois semaines, ceux dont le bref porte : *singulis mensibus ut minimum semel*. Dans les rescrits qui ont la clause *quoties tibi videbitur*, il faut se régler sur les besoins et la juste commodité du pénitent.

Quand un pécheur s'est déjà volontairement imposé certaines pratiques de piété, on peut l'en charger à titre de pénitence, pourvu qu'il ne s'y soit pas engagé par vœu : ainsi une personne qui aurait promis à Dieu de se confesser tous les mois et qui, en vertu d'un bref de la Pénitencerie, serait obligée de se confesser une fois par mois, devrait se confesser tous les quinze jours, ou au moins deux fois par mois [1].

Comme les deux parties coupables ne s'adressent pas toujours au même confesseur, l'intention de la Pénitencerie est que le premier confesseur, après avoir exécuté le bref sur son pénitent, le lui remette, afin qu'il le donne à l'autre partie (lorsque celle-ci sait de quoi il s'agit), afin qu'elle le fasse exécuter sur elle-même par son confesseur ; ce dernier sera tenu de déchirer le bref. C'est ainsi que les ministres de la sacrée Pénitencerie s'en sont expliqués [2].

XIV. *Et aliis quæ de jure fuerint injungenda.* — Cette clause est générale ; on la sous-entend quand elle n'est pas exprimée. Si un pénitent qui veut être dispensé s'accuse d'avoir noirci la réputation du prochain, de n'avoir pas restitué le bien d'autrui, de vivre dans le libertinage, il faut l'obliger sur chacun de ces articles à faire ce que demandent la justice.

XV. *Dummodo impedimentum occultum sit* : c'est une clause sans laquelle la Pénitencerie ne dispense pas, quand il s'agit d'empêchements de mariage, d'irrégularités, de réhabilitations, de condonation

---

[1] Paulus Leo, part. I, cap. VI, n. 41.
[2] Rescrit du 15 novembre 1748.
Il y a des cas où l'on omet cette chose, par exemple lorsqu'un homme qui avait fait vœu d'entrer en religion est dispensé à l'effet de demeurer dans une communauté séculière.

des revenus d'un bénéfice, dont les charges n'ont pas été bien acquittées. Tout bref accordé par la Pénitencerie est nul, quand le fait qu'on lui a exposé comme secret est *notorium facti, vel juris, manifestum, aut famosum.* C'est ce qui fait dire à Nâvarre : *Hæc clausula ... ubicumque reperitur, semper est punctualiter observanda* [1]. Quand il s'est fait une information juridique (information contre laquelle il ne s'en fait point d'autres) et que les choses ont été de bonne ou de mauvaise foi certifiées être ce qu'elles n'étaient pas, on peut s'adresser à la Pénitencerie, qui quelquefois règle ce qui doit être payée à la Daterie pour les droits dont elle avait été frustrée. On regarde alors comme secrètement mauvais ce qui, par erreur commune, passe pour canonique. Cette observation n'aurait pas lieu si ceux qui ont faussement attesté ou que les parties étaient pauvres, ou qu'elles n'étaient parentes que dans un degré éloigné, venaient eux-mêmes à publier le contraire.

XVI. *Et aliud canonicum* impedimentum *non obstet.* — Si un confesseur trouvait son pénitent lié d'un empêchement qu'il n'a pas découvert, il faudrait récrire à la Pénitencerie, rappeler l'empêchement dont elle avait accordé dispense, et exposer celui dont on n'avait pas parlé, à moins que ce dernier ne fût public ; en ce cas, il faudrait s'adresser à la Daterie et recourir en même temps à la Pénitencerie, à qui l'on exposerait l'un et l'autre ; car celle-ci ne peut juger si elle doit dispenser de l'empêchement secret qu'en connaissant tout ce qui peut former obstacle à la grâce qu'on lui demande.

XVII. *Cum eodem latore quod præmissis non obstantibus,* etc. — Quand le confesseur a fait tout ce qui lui est prescrit et que tout est dans l'ordre et dans le vrai, il doit procéder à la dispense.

XVIII. *Servata concilii forma.* — Il peut permettre aux parties de se marier, après avoir fait publier leurs bans ou avoir obtenu dispense de cette publication, en un mot suivant toutes les formalités prescrites par les canons.

XIX. *Prolem suscipiendam exinde, legitimam pronuntiando in foro conscientiæ,* etc. — De ces paroles et de celles qui les suivent, il résulte : 1° que la nécessité d'expédier la grâce dans le tribunal de la pénitence est démontrée de plus en plus ; 2° que si l'empêchement d'occulte qu'il est devenait public dans la suite, il faudrait obtenir une nouvelle dispense à la Daterie, parce que les grâces de la Pénitencerie sont inutiles au for extérieur : un curé n'en peut faire mention sur ses registres, non plus que de celles que l'évêque accorde pour le for intérieur [2] ; c'est ce que le bref déclare par ces paroles : *Nullis super his ... processibus confectis.* Cependant, comme il est vrai que les parties sont

---

[1] Navar., introduct., cap. III, p. 23.
[2] *Conf. de Paris,* t. III, lib. V, p. 525 et 526.

dispensées réellement et devant Dieu, lorsque leur faute devient publique elle ne sont obligées de se séparer qu'à raison du scandale. Si l'empêchement commence à transpirer, un pasteur doit étouffer le bruit naissant et arrêter la publicité, s'il est possible.

XX. *Nullis super his adhibitis testibus, aut litteris datis.* — Cette clause n'a été mise qu'afin que les choses restassent secrètes et ne pussent jamais être portées devant les tribunaux de la justice, soit par des témoins qu'un curé aurait cru pouvoir appeler, afin de constater la grâce en temps et lieu; soit par le certificat qu'il aurait donné aux parties et par lequel il ferait foi qu'en tel temps il les a dispensés en vertu de la commission du Saint-Siége. De telles attestations seraient sujettes à bien des inconvénients.

XXI. *Sed præsentibus laniatis... sub pœna excommunicationis latæ sententiæ.* — Paul Léon [1] prouve qu'il faut déchirer le bref, et surtout en rompre le sceau, sans lequel les actes n'ont pas d'autorité. La censure portée contre ceux qui désobéiront est l'excommunication majeure encourue par le seul fait.

XXII. *Neque eas latori restituas : quod si restitueris, nihil ci præsentes litteræ suffragentur.* — Ces paroles signifient que le bref ne pourrait jamais servir dans le for extérieur à ceux à qui un confesseur aurait eu la faiblesse de le rendre. Sanchez, Paul Léon et Navarre [2] entendent ainsi cet endroit, et il en résulte que quand on aurait remis le bref à celui en faveur duquel on l'a exécuté, la dispense subsisterait toujours.

XXIII. Après l'absolution ordinaire, le prêtre continue ainsi : « Et insuper auctoritate apostolica mihi specialiter delegata, dispenso tecum super impedimento primi (*vel* secundi, *vel* primi et secundi) gradus ex copula a te illicite habita cum matre, vel sorore mulieris cum qua contrahere intendis, proveniente, ut præfato impedimento non obstante, matrimonium cum dicta muliere publice, servata forma concilii tridentini, contrahere, consummare, et in eo remanere licite possis et valeas. In nomine Patris, etc.

» Insuper eadem auctoritate apostolica prolem, quam ex matrimonio susceperis, legitimam fore nuntio et declaro. In nomine Patris, etc. Passio Domini nostri Jesus-Christi, » etc.

Quand la dispense est accordée pour valider un mariage nul à cause d'un empêchement avec lequel il a été contracté, le dispositif du bref, quoique assez semblable à celui que nous venons d'expliquer, a quelques clauses qui méritent d'être éclaircies. Après avoir répété l'exposition qui lui a été faite, le grand-pénitencier continue à peu près ainsi : « Nos igitur... discretioni tuæ committimus, quatenus si

---

[1] Sanchez, *De matrim.*, lib. VIII, disp. XXXIV, n. 42; Paul Leo, II part., cap. II, n. 88; Navar., p. 92. — [2] Idem, *ibid.*

ita est, dictum latorem audita prius, etc., a quibusvis sententiis, censuris et pœnis ecclesiasticis, quas propter præmissa quomodolibet incurrit, absolvas ... injuncta ei pro tam enormis libidinis excessu gravi pœnitentia salutari, ac confessione sacramentali semel quolibet mense per tempus arbitrio tuo statuendum, et aliis injunctis, etc. Demum dummodo impedimentum præfatum occultum sit, et separatio inter latorem et dictam mulierem fieri non possit absque scandalo, et ex cohabitatione de incontinentia probabiliter timendum sit, aliudque canonicum non obstet, cum eodem latore, ut dicta muliere de nullitate prioris consensus certiorata, sed ita caute, ut latoris delictum nusquam detegatur, matrimonium cum eadem muliere, et uterque inter se de novo secrete ad evitanda scandala, prædictis non obstantibus contrahere, et in eo postmodum remanere licite valeat, misericorditer dispenses; prolem susceptam, si qua sit, et suscipiendam exinde legitimam decernendo in foro conscientiæ, » etc.

XXIV. *A quibusvis sententiis, censuris,* etc. — Il ne peut guère être question ici que des censures décernées par le droit commun ou par les statuts particuliers contre ceux qui contractent des mariages incestueux, ou dans des degrés prohibés. Comme la Pénitencerie ne dispense que des cas occultes, elle se garde bien de dispenser un homme qui, pour un mariage invalide, aurait été nommément frappé de censures. Cependant si cet homme s'était retiré avec son épouse prétendue dans un pays où les procédures faites contre lui fussent entièrement inconnues, et qu'ayant tout expliqué à la Pénitencerie, il en reçût un bref de dispense, comme il est quelquefois arrivé, peut-être qu'en vertu de la clause très-générale *a quibusvis sententiis,* il pourrait être absous par un confesseur approuvé de tout ce qui aurait été fait contre lui en punition de son mariage criminel, et qu'il suffirait alors de l'obliger à faire une juste satisfaction au prélat qui aurait sévi contre lui. Il est vrai que quand un régulier demande au grand-pénitencier une permission générale de se faire absoudre des excès qu'il a pu commettre [1], on y met trois restrictions : la première pour les cas contenus dans la bulle *In cœna Domini*; la seconde pour les censures portées contre ceux qui violent la clôture religieuse; la troisième pour les censures nommément décernées. Mais pourquoi étendre à un cas ce qui n'est dit que d'un autre ? surtout quand l'exécution de la grâce presse et que le délai peut avoir des suites fâcheuses. D'ailleurs l'exception dans un point confirme la règle en faveur de ceux qui ne sont pas exceptés.

XXV. *Quas propter præmissa ... incurrit.* — Ces paroles paraissent restreindre le pouvoir du confesseur aux censures que le pénitent a en-

---

[1] Voyez-en un modèle dans Paul Léon, part. III, ch. XLVII.

courues pour le crime qui est l'objet de sa dispense. Il semble donc que si on lui trouve d'autres cas et d'autres censures réservées, on ne peut l'en absoudre sans un pouvoir spécial de l'ordinaire.

XXVI. *Injuncta ... confessione sacramentali semel quolibet mense, per tempus arbitrio tuo statuendum.* — Ces paroles *semel quolibet mense* demandent qu'on oblige le coupable à se confesser plusieurs mois de suite. Des docteurs croient que deux mois suffiraient pour vérifier la clause. Cela peut être à la rigueur; mais il semble qu'à parler moralement il n'y a rien de trop à aller jusqu'à six mois; on doit même aller au-delà, si on le juge expédient pour le salut de celui qu'on a dispensé. L'*arbitrium* dont parle le bref n'est pas de l'arbitraire, il doit être réglé sur les besoins du pénitent.

XXVII. Au reste, cette clause varie selon l'énormité des crimes; elle parle quelquefois d'une manière indéfinie : *Injuncta confessione singulis mensibus, ut minimum semel, et quoties animæ suæ saluti expedire judicaveris.* C'est ce qui a donné lieu de douter si en ce cas l'obligation de se confesser une fois par mois devait être imposée pour toujours. Nous ne le pensons pas : 1° parce que, quand la Pénitencerie prescrit des peines pour toute la vie, elle se sert du mot *perpetua*; 2° parce que les canons [1] bornent à sept ans la pénitence des grands crimes; 3° parce que tel est l'usage de l'Église et le sentiment de ceux qui ont le plus étudié l'esprit de la Pénitencerie [2]. Paul Léon, qui est de cet avis, remarque ailleurs que si, en conséquence de l'obligation de se confesser une fois par mois, une personne se confessait au commencement d'avril et à la fin de mai, on n'aurait rien à lui dire. Il ajoute que si, quand on exécute le bref pour la première fois, la moitié du mois était déjà écoulée, on pourrait différer l'accomplissement de cette partie de la pénitence au mois suivant [3].

XXVIII. *Et separatio non fieri possit absque scandalo, et ex cohabitatione de incontinentia timendum sit.* — Il est aisé de voir que des personnes qui passent pour mari et femme dans tout un pays ne peuvent être séparées sans scandale, et qu'il est difficile qu'elles continuent à demeurer sous le même toit sans être très-exposées. Si, par des suppositions chimériques, on trouvait qu'il n'y a aucun péril à les laisser ensemble et qu'elles sont disposées à vivre comme frère et sœur, on ne pourrait exécuter le bref conçu comme nous l'expliquons.

XXIX. *Ut dicta muliere de nullitate prioris consensus certiorata,* etc. —

---

[1] « Hoc ipsum quod canonum censura post septem annos remeare pœnitentem in pristinum statum recipit ... non ex electione proprii arbitrii SS. Patres, sed potius ex sententia divini judicii sanxerunt. » (Cap. II, 33, q. 2.) Gratien met à ce texte quelques limitations.

[2] M. Paul. Leo, part. II, cap. IV, n. 9.

[3] Idem, part. I, cap. VI, n. 38 et 42.

Cette clause a fait le désespoir des théologiens et des canonistes. Cependant elle paraît nécessaire, car une ratification fondée sur l'erreur est absolument nulle : si un homme qui renouvelle un vœu parce qu'il le croyait valide ne ratifie rien, une personne qui ratifie un engagement qui demande beaucoup de liberté ne peut le ratifier que très-invalidement lorsqu'elle ne le confirme que dans la persuasion où elle est qu'il ne peut être révoqué et souvent parce qu'elle ne croit pas pouvoir dire ce qu'elle pense.

XXX. *Sed ita caute, ut latoris delictum nusquam detegatur.* — Il s'agit d'empêcher l'éclat et le scandale ; c'en est assez pour qu'un prêtre redouble d'attention ; quand il n'y serait pas obligé de droit naturel, il y serait tenu par l'ordre précis que lui en donne ici le Saint-Siége.

Uterque inter se de novo secrete. — Des directeurs qui forceraient les parties à contracter de nouveau devant eux et devant des témoins [1] feraient plus qu'on ne leur demande et qu'ils ne doivent faire. Cette conduite ne peut avoir lieu que quand on n'a rien à craindre, encore ne faut-il point de témoins. Le consentement des conjoints suffit, de quelque manière qu'ils le renouvellent, pourvu qu'il ne soit pas purement intérieur.

XXXI. La formule de la dispense qui s'accorde en ce cas ne diffère presque pas de la précédente. La voici : « Et insuper… dispenso tecum super impedimento primi affinitatis gradus ex copula illicita quam cum matre, *vel* sorore tuæ putatæ conjugis habuisti, ut illo non obstante, renovato consensu cum præfata conjuge, matrimonium cum illa contrahere, consummare et in eo remanere licite valeas et possis. In nomine Patris, etc.

» Et pariter eadem auctoritate apostolica, prolem si quam suscepisti et susceperis, legitimam fore decerno, » etc.

XXXII. Si le bref était accordé à une personne qui eût fait vœu de chasteté perpétuelle ou de religion, il serait exprimé à peu près en ces termes : « Nos discretioni tuæ committimus, quatenus si ita est, dictum latorem, etc., absolvas, injuncta ei pœnitentia salutari, sibique votum præfatum ad hoc tantum ut matrimonium legitime contrahere, et in eo debitum conjugale exigere et reddere licite valeat, in sacramentalem confessionem semel quolibet mense et in alia pœnitentiæ opera perpetua per te injungenda, inter quæ sint etiam aliqua (religionis quam ingressurus fuisset) quæ quotidie facere teneatur, ad eum finem ut ea adimplens meminisse semper possit obligationis qua hujusmodi voto adstringebatur, prout secundum Deum, ipsius animæ saluti expedire judicaveris, dispensando commutes in foro conscientiæ tantum, » etc.

---

[1] Paulus Leo, part. II, cap. IV, n 21.

Un mot sur chacune de celles de ces clauses que nous n'aurions pas encore expliquées, au moins dans le sens qu'elles ont ici.

XXXIII. La première et la plus difficile est *quatenus si ita est*, c'est-à-dire « si constet oratorem carnis stimulis adeo agitatum esse, ut et maxime dubitet continere posse et propterea de ejus incontinentia probabiliter timendum sit. » Ce sont les paroles du bref. Le confesseur a donc besoin ici plus que jamais de sagesse et d'attention. Il doit d'abord examiner de quelle nature est la tentation du pénitent. Si elle était légère ou médiocre, il ne faudrait ni en être supris ni le dispenser : enfants d'Adam, notre vie n'est qu'un combat continuel et le monde est semé de piéges. Dans le doute si la tentation est assez forte pour vérifier la clause du bref ou si on ne pourrait point la diminuer, il faut faire entrer le pénitent dans des pratiques de piété propres à calmer son cœur, lui prescrire d'avoir souvent recours à Celui que l'Écriture appelle le Pontife sans tache, à la Reine des vierges, à son ange gardien, lui enjoindre des aumônes, la fréquentation des sacrements, etc.

Si une personne n'était tombée qu'une ou deux fois, Sanchez, Paul Léon[1] et plusieurs autres croient qu'on ne pourrait pas la dispenser, parce que son vœu est encore très-propre à l'arrêter. Ce sentiment paraît faux; quand une personne aurait jusque-là assez pris sur elle pour ne pas violer son vœu, le danger probable de chute suffit pour la dispense. Le pape ne demande pas autre chose : « Propterea de ejus incontinentia probabiliter timendum esse, » et saint Cyprien demandait peut-être moins encore lorsque, parlant des vierges qui s'étaient consacrées à Dieu, il disait[2] : « Si perseverare nolunt, vel non possunt, melius est nubant quam in ignem delictis suis cadant. »

XXXIV. Seconde clause : *Injuncta ei pœnitentia salutari*. — C'est toujours un mal de ne pas continuer d'accomplir un vœu, et il est rare qu'on ne se soit pas mis par sa faute dans une sorte d'impuissance. C'est le motif de la pénitence dont parle le bref.

XXXV. Troisième clause : *Sibique votum ad hoc tantum,* etc. — Si le pénitent faisait autre chose que ce qui lui est permis par le mariage, il transgresserait son vœu, parce que ce vœu subsiste pour tout le reste. Si donc il ne voulait plus se marier, son vœu revivrait tout entier. Après la mort de son épouse, il ne pourrait en reprendre une seconde sans dispense, à moins que, ce qui est rare, la première dispense ne fût générale. Le bref porte d'ordinaire : « Ita quod si mulieri cui conjungetur, supervixerit, castitatem servet. »

XXXVI. La quatrième clause regarde la matière qui doit être substi-

---

[1] Sanchez, lib. VIII, disp. xxi, n. 18; Paul. Leo, part. II, cap. vi, n. 21.
[2] Cyprian., *Epist.* LXII, édit. Pamel, 43ᵉ édit., Pearson.

tuée à celle de l'ancien vœu. Elle consiste nécessairement : 1° dans l'obligation de se confesser une fois par mois; 2° en quelques autres œuvres de pénitence qui doivent être imposées à perpétuité; 3° de ces œuvres, il en est quelques-unes qui doivent être pratiquées tous les jours et rappeler au suppliant son vœu ou l'ordre dans lequel il avait promis d'entrer. Comme on veut dans ce dernier cas qu'il suive en quelque chose les pratiques du monastère où il voulait prendre parti, on peut lui enjoindre d'entendre tous les jours la messe, ou d'examiner pendant quelque temps sa conscience, de lire un chapitre d'un livre de piété ou de jeûner quelquefois.

XXXVII. La clause *in alia pœnitentiæ opera* demande au moins qu'outre la confession de chaque mois on impose deux pratiques différentes au pénitent; il faut cependant avoir soin de ne le pas accabler à force de le charger. Comme une autre clause veut que ces pratiques durent autant que la commutation du vœu dont elles tiennent la place, il faut, s'il s'agit du vœu de chasteté perpétuelle, fixer leur époque au jour où le mariage sera contracté et consommé, parce que la dispense n'opère pas auparavant. Par une raison semblable, il faudra fixer la fin de la pénitence au jour où la personne dispensée redeviendra libre par la mort de son conjoint ou de toute autre manière, parce qu'alors son vœu recommencera. S'il s'agit d'un vœu de religion, comme celui-ci est levé pour toujours, la pénitence qui lui est subrogée ne finit qu'avec la vie. Mais un jeune homme qui se ferait dispenser de ce vœu à douze ou treize ans ne serait obligé de la commencer que vers le temps où l'on a coutume d'entrer au noviciat, et même plus tard, s'il s'était proposé de n'entrer dans le cloître qu'à vingt ou trente ans.

Ces paroles : « Ad eum finem ut ea adimplens meminisse semper possit, » etc., marquent seulement que le pénitent doit chaque jour se rappeler le vœu dont il a été déchargé, et cela dans le temps qu'il fait sa pénitence quotidienne. Le confesseur doit l'en avertir; c'est l'intention de la Pénitencerie.

XXXVIII. Après toutes ces précautions, on exécute la dispense par cette formule : « Item auctoritate apostolica ... tibi votum castitatis, *vel* religionis, quod emisisti ad effectum ut matrimonium legitime contrahere, et in eo debitum conjugale reddere et exigere licite possis et valeas, in opera pietatis, quæ tibi præscripsi, dispensando commuto. In nomine Patris, etc. Passio D. N. J. C., » etc.

Formule de dispense accordée par la Daterie.

« Benedictus, episcopus servus servorum Dei. Dilecto filio vicario venerabilis fratris nostri archiepiscopi parisien. in spiritualibus generali, salutem et apostolicam benedictionem. Oblatæ nobis nuper pro parte dilecti filii Francisci de Senepart diœcesis et urbis Blesens. et

Annæ Gautier diœcesis parisien. ex loco d'Argenteuil, petitionis series continebat : quod cum dicta Anna dotem habeat minus competentem, etc., *ut supra.* Nos igitur eosdem Franciscum et Annam, et eorum quemlibet a quibusvis ... ecclesiasticis sententiis, censuris et pœnis a jure vel ab homine, quavis occasione, vel causa latis ... ad effectum præsentium duntaxat consequendum, harum serie absolventes et absolutos fore censentes : ac certam de præmissis notitiam non habentes... Discretioni tuæ ... mandamus, quatenus deposita per te omni spe cujuscumque muneris, aut premii etiam sponte oblati, a quo te omnino abstinere debere monemus, te de præmissis diligenter informes et si per informationem eamdem preces veritate niti reperieris, super quo conscientiam tuam oneramus, tunc cum eisdem Francisco et Anna (dummodo illa propter hoc rapta non fuerit) quod prædicto impedimento ... ac constitutionibus et ordinationibus apostolicis cæterisque contrariis non obstantibus, matrimonium inter se publice ... contrahere ... licite valeant auctoritate nostra dispenses. Distantiam vero tertii gradus præfati eis non obstare declares... Volumus autem quod si spreta monitione nostra, aliquid muneris aut præmii occasione dictæ dispensationis exigere, aut oblatum recipere temere præsumpseris, excommunicationis latæ sententiæ pœnam incurras. Datum Romæ, » etc.

Reprenons quelques-unes des clauses de ce rescrit.

I. *Pro parte ... Annæ ... diœcesis parisiensis.* — C'est toujours à l'official de l'impétrante que la bulle ou le bref du pape sont adressés; c'est à lui à les fulminer. Si l'official du futur époux s'en mêlait, on croit que sa procédure serait nulle, parce qu'il exécuterait sans titre la commission du pape [1]. Ducasse paraît être du même sentiment, et il le prouve par Pyrrhus Corradus, qui est formel : il remarque que si, à la tête de la supplique envoyée à Rome, on ne marque pas le nom du diocèse de l'impétrante par ces mots : *Parisien., Aurelianens.,* la supplique ne sera pas admise [6]. L'auteur des *Conférences de Paris* dit que l'official de l'époux peut légitimement fulminer le bref. Quand on a des raisons pour ne pas s'adresser à l'official de l'impétrante, il n'y a qu'à prier le pape de commettre l'official du futur époux.

II. *Discretioni tuæ mandamus, quatenus ... te de præmissis diligenter informes.* — Comme les officiaux ont des modèles de formules sur ce sujet dans les greffes de l'officialité, il serait inutile de les rapporter. Quelques remarques seulement : 1° l'information doit être très-exacte, parce qu'il s'agit d'un sacrement, de l'état des familles et d'une

---

[1] *Confér. d'Angers sur le mariage,* t. II, p. 85, alias 88.
[2] Ducasse, II part., ch. IV, n. 12; Corradus, lib. VII, c. v, n. 25 et 26.

obligation étroitement imposée par le premier des pasteurs : *Super quo conscientiam tuam oneramus.*

2° L'official, en commettant comme il le peut faire au moins pour une partie de sa commission un subdélégué [1], pourvu que ce ne soit pas un laïque [2], doit chercher quelqu'un sur les lumières et la probité duquel il puisse se reposer, car c'est toujours à lui à prononcer la sentence et il ne peut s'en décharger sur un autre official [3].

3° Si le témoignage d'un père, d'une mère et des autres parents est très-admissible quand il s'agit de constater la parenté, il faut d'autres témoins pour prouver la pauvreté des impétrants, la longue fréquentation qu'ils ont eue ensemble, les scandales qui naîtraient si le mariage ne réussissait pas.

4° Il faut examiner par quelles voies les témoins savent ce dont ils déposent et si, comme il arrive souvent, ils ne sont pas apostés pour dire tout ce qu'il plaira à ceux qui les mettent en œuvre [4].

5° Quand l'official aurait lui-même donné aux parties une attestation de pauvreté, il doit encore la vérifier avant de procéder à la sentence, car tel qui était pauvre quand il a écrit à Rome, peut ne l'être plus [5].

6° Quand le motif de la dispense est *ex certis causis,* l'official ne peut avoir que trois choses à vérifier : la noblesse des parties, quand elle est non au commencement mais dans le corps du rescrit ; le degré de l'empêchement, qui pourrait être plus fort qu'on ne l'a exposé, et la pleine liberté de la fille à l'égard de ce mariage.

III. *Deposita omni spe cujuscumque muneris.* — Ces paroles, suivies d'une excommunication encourue *ipso facto,* donnent lieu de demander si l'official peut s'attribuer un honnête salaire pour les peines qu'il est obligé de prendre dans ces sortes de procédures. Quelques-uns prétendent que si le secrétaire peut recevoir une somme modique pour son salaire et si le greffier doit être payé de son service, l'official ne peut rien recevoir. 1° Les termes du bref sont formels ; 2° saint Charles Borromée défendait à ses officiaux de rien recevoir à titre de présent ou de salaire ; 3° un official, en recevant quelque chose pour l'information, ne peut pas plus prétendre qu'il ne reçoit rien pour la dispense même qu'un évêque ne pourrait prétendre qu'il confère les ordres gratuitement s'il exigeait de l'argent pour l'information de la science et des bonnes mœurs de ceux qui se présentent pour être ordonnés.

Ducasse [6] raisonne ainsi : Ou l'official a des gages, comme il en doit

---

[1] Ducasse, part. II, ch. IV, n. 5.

[2] Le parlement de Paris cassa en 1651 la sentence d'un official d'Autun qui avait fait faire une information sur un mariage par un notaire apostolique. (*Explication des sept sacrements,* t. III, p. 427.)

[3] *Ibid.,* p. 428. — [4] Ducasse, chap. IV, sect. 5, n. 6 ; M. de Tulles, *ibid.,* p. 428. — [5] Ducasse, ibid., sect. 4, n. 6. — [6] Ibid., sect. 5, in fine.

avoir selon les canons, ou il n'en a point. S'il est gagé, je crois qu'il ne peut rien recevoir, parce qu'il est déjà payé de son travail. S'il ne l'est pas, personne ne peut vouloir l'empêcher de recevoir un honoraire proportionné à ses peines. Le ministère de la parole, la célébration des saints mystères doivent aussi s'exercer d'une manière gratuite; cependant on ne trouve pas mauvais qu'un pauvre prêtre reçoive une rétribution pour l'un et l'autre.

Le bref du pape défend, il est vrai, de recevoir des présents; mais on ne regarde pas comme présent ce qui est dû pour le travail.

IV. *Dispenses.* — Quand les suppliants ont contracté mariage de mauvaise foi, sachant qu'ils étaient parents ou alliés dans des degrés défendus, l'official doit, en leur imposant une sérieuse pénitence, les absoudre de l'excommunication qu'ils ont encourue, après leur avoir fait jurer qu'ils ne sont pas tombés dans cet excès à dessein d'obtenir plus aisément dispense, à moins qu'ils n'eussent exposé au pape cette criminelle intention. Dans ce cas, il faut des raisons extraordinaires pour obtenir dispense [1]. Nous renvoyons à la remarque faite au sujet des incestueux qui, étant dispensés *in forma pauperum*, retombent dans le crime depuis que l'official les a séparés pour un temps.

V. Lorsqu'il s'agit d'une dispense accordée pour cause infamante, le pape ne veut pas qu'on l'exécute s'il en peut naître du scandale, *dummodo scandalum ex ea non sit oriturum.* On demande à ce sujet si, quand les parties ont péché en vue d'obtenir la dispense, on peut la fulminer. La raison de douter, c'est que d'un côté on apprend à deux parents qui pensent à s'épouser que pour y parvenir ils n'ont qu'à se permettre le dernier crime, c'est donner du scandale : et que de l'autre il n'est pas probable que le pape ait voulu parler de cette sorte de scandale, parce qu'il l'a nécessairement prévu. Sur cette raison, un savant official a décidé qu'en pareil cas on pouvait aller en avant et fulminer. Ce dernier sentiment paraît peu vraisemblable. Le pape veut-il donc dire que, soit que ses dispenses servent ou non à multiplier le crime, il n'y a qu'à toujours les exécuter? C'est le faire penser d'une manière bien indécente.

VI. Si l'official, en exécutant la dispense, avait manqué de légitimer les enfants déjà nés d'un commerce incestueux, comme il le doit faire, afin qu'ils soient censés légitimes, Pyrrhus Corradus [2] dit qu'il le pourrait faire après coup, et que, s'il était déposé, mort ou absent, son successeur pourrait y suppléer. Sanchez dit la même chose d'une dispense de la Pénitencerie [3]. Cela est plus difficile, à moins qu'on ne s'adresse au même confesseur; celui-ci ayant déchiré le bref, un nouveau con-

---

[1] Voy. Ducasse, chap. IV, sect. 2, n. 4. — [2] Pyrrh. Corradus, lib. VIII, cap. II, n. 37, 38 et 39. — [3] Sanchez, lib. VIII, disp. VII, n. 16.

fesseur n'a pas de preuve de la dispense. Cependant, il semble que pour une circonstance si accidentelle il en peut croire son pénitent. Toutefois, comme c'est le rescrit même qui, au sentiment de Corradus[1], donne la juridiction et que l'affaire n'est pas pressante, le plus sûr est de récrire à Rome.

VII. Quand on dispense un religieux à l'effet de passer dans un ordre plus doux, on ne le fait qu'à condition que l'observance régulière y soit en vigueur : *Dummodo ibi vigeat regularis observantia*. Cette clause mérite attention : s'il n'y avait presque ni discipline ni règle dans une communauté, que chacun y fît une partie de ce qu'il veut, que la pauvreté y fût comme inconnue, l'obéissance mal pratiquée, on ne pourrait sans prévarication entériner la dispense. Il y a bien de la différence entre permettre à un religieux que des jeûnes perpétuels réduisent à l'extrémité, de prendre un joug qui ne l'accable pas, et ne lui en imposer qu'un dont des séculiers d'une très-médiocre vertu s'accommoderaient aisément[2].

§ 97. La juridiction suprême du pape.

I. Le pape est investi de la souveraine juridiction ecclésiastique. Il n'est pas permis d'appeler de ses jugements au concile œcuménique, comme à un pouvoir qui serait placé au-dessus de lui : *Prima Sedes a nemine judicetur*[2].

II. Toutes les causes majeures, *causæ majores*, doivent être déférées au pape en première instance[3]. Quelles sont ces causes, la loi ne l'établit pas en détail[4]. On considère comme cause majeure tout ce qui apparaît tel dans un cas déterminé et tout ce que le pape reçoit à ce titre quand il lui est déféré[5].

---

[1] Corradus, ibid., n. 39. — [2] Collet, *Traité des dispenses*.
[3] Cf. Conc. Vatic., *Const. dogm.*, I, de Eccl., sess. IV, cap. III.
[4] Innoc. I, *Epist.* XXXVII *ad Felic.*, col. 910 ; *Epist.* II *ad Victric.*, n. 6, col. 749 ; *Epist.* XXIX *ad conc. Carthag.*, n. 1, col. 858 ; *Epist.* XXX *ad conc. Milev.*, n. 2, col. 896. Voyez aussi Phillips, *Kirchenrecht*, t. V, § 213, t. IV, § 177.
[5] Concil. Trid., sess. XXIV, cap. V, de reform.
[6] Voyez ci-dessous, § 151, Haussmann, *Histoire des cas réservés au pape* (en allem.), Ratisb., 1868. — Plusieurs évêques français ont proposé au concile du Vatican que les causes majeures fussent déterminées par une loi. (Voy. Martin, *Collect.*, ed. 2, p. 156.) Au concile du Vatican, un grand nombre d'évêques français ont exprimé le désir, relativement aux cas réservés au pape, dont le nombre s'est considérablement accru avec le temps et sur lesquels il règne souvent des incertitudes et des doutes, que le saint-père fût prié d'en faire une révision exacte et de les réduire autant que possible. Afin de prévenir les hésitations et les scrupules qui

III. Le pape s'est aussi réservé l'absolution de crimes particulièrement graves, et notamment des censures qui y sont attachées ¹.

IV. La connaissance et la décision des causes graves en matière criminelle concernant les évêques, comme aussi en matière d'hérésie, lesquelles emportent déposition, ressortissent directement au souverain-pontife ².

V. Dans toutes les affaires pénales et contentieuses des ecclésiastiques et des laïques, le pape a le droit de recevoir des appellations de toutes les parties de l'Église ³. Quand on appelle à lui en passant l'archevêque, il forme la seconde instance; sans cela, il forme régulièrement la troisième ⁴. Le concile de Trente ⁵ et les papes ⁶ ont beaucoup restreint la liberté des appels et insisté pour qu'on observât l'ordre régulier de la procédure ⁷.

VI. Ou le pape décide lui-même, par l'organe des congrégations romaines, ou il délègue des juges dans les pays que cela concerne, *judices in partibus* ⁸.

---

pourraient naître dans la suite, le concile émettrait le vœu que chaque nouveau pape fît connaître à toute l'Église le catalogue des censures et des péchés qu'il se réserve; toutes les réserves des précédents papes non contenues dans cette liste seraient considérées *ipso facto* comme abrogées. Sur la restriction faite à la censure *latæ sententiæ*, voyez la bulle *Apostolicæ Sedis* du 12 octobre 1869, ci-dessous § 150. Voy. Martin, *Collect.*, ed. 2, p. 159 et suiv.

¹ Conc. Trid., sess. XXIV, cap. V, de reform.

² Phillips, *Droit eccl.*, t. V, § 214 et suiv. Sur les ordonnances du concile de Sardique (voy. t. Iᵉʳ, p. 56) touchant les appellations au pape, voy. Ballerini, *Op. Leon. Magni*, t. II, p. 943 et suiv.

³ Plusieurs évêques français ont proposé de statuer au concile du Vatican qu'on ne pût appeler au Saint-Siége en passant la seconde instance et que cet appel ne pût avoir lieu que dans des cas importants fixés par la loi. Des propositions analogues avaient déjà été faites à Trente.

⁴ Conc. Trid., sess. XIII, cap. I, de ref.; sess. XXII, cap. VII, de ref.; sess. XXIV, cap. XX, de ref.

⁵ Ainsi l'appel est exclu pour les crimes notoires, c. V, § 1; c. XIII, 14, X, h. t.; quand le coupable s'avoue et qu'il est condamné à une peine fixée par la loi. Voyez aussi c. III, § 5, h. t., in VI° Schmalzgrueber, *Jus eccles. univ.*, h. t., n. 20 et seq.

⁶ Par exemple Urbain VIII, constitut. *Nuper pro parte*, de 1631; Benoît XIV, constit. *Ad militantis*, de 1742.

⁷ Conc. Trid., sess. XXV, cap. X, de ref.

§ 98. L'enseignement infaillible du pontife romain [1].

La décision souveraine des questions qui concernent le dogme et la morale est personnellement réservée au pape, et le concile du Vatican a établi ce qui suit comme un dogme catholique :

[1] Les anciens ouvrages sur l'infaillibilité du pape sont indiqués dans la *Dogmatique* (t. I, p. 121, note 1) de Heinrich. Voyez surtout Soardi, ed. Buininck, *De suprema romani pontificis auctoritate,* Heidelberg, 1793, en 2 vol.; Phillips, *Droit eccl.,* t. II, p. 89 et suiv.; *Manuel,* § 226; Bouix, *Tract. de papa,* t. II et III.
L'abbé Bouix est également l'auteur d'une correspondance de France publiée par la *Civiltà cattolica* (série VIII, t. V, p. 345), le 6 février 1869. Dans cette correspondance, l'auteur exprimait l'espoir que le concile du Vatican proclamerait l'infaillibilité du pape par acclamation, attendu que le pape ne prendrait point lui-même l'initiative. Cet article d'une revue publiée par les jésuites a souvent donné lieu d'affirmer que la définition du dogme de l'infaillibilité n'était que l'ouvrage des jésuites. Cependant c'est un jésuite de Belgique, le père de Buck, qui a fait remettre aux Pères du concile du Vatican un ouvrage contre la définition de ce dogme *(Quæstio de infallibilitate romani pontificis).* Mgr Ketteler, évêque de Mayence, chargé de déposer cet écrit, a souvent passé pour en être l'auteur.
Voyez en outre Rump, *l'Infaillibilité du pape et les Manuels allemands de théologie* (en allem.), Munster, 1870; Schætzler, *l'Infaillibilité du pape prouvée par les œuvres de l'Église* (en allem.), Frib. en Brisg., 1870; G.-Emm. baron de Ketteler, *l'Enseignement infaillible du pape d'après la décision du concile du Vatican* (en allem.), Mayence, 1871; Kellner, *Constitution, enseignement et infaillibilité de l'Église,* 2ᵉ éd., Kempten, 1874; Andries (†), *Cathedra romana,* vol. I, Mogunt., 1873; Pachmann, *Une parole sérieuse pour l'intelligence de la doctrine de l'infaillibilité du pape,* Vienne, 1871.
Contre les ouvrages qui injurient le concile du Vatican et dénaturent le dogme de l'infaillibilité, tels que : Janus (Dœllinger), *le Pape et le Concile,* Leipzig, 1869; J.-Fr. Schulte, *l'Autorité des papes sur les princes, les pays, les peuples et les individus, éclaircie d'après leurs doctrines et leurs actes, pour apprécier leur infaillibilité,* 1ʳᵉ et 2ᵉ éd., Prague, 1871, comparez : Hergenrœther, *Antijanus, le Pape et le Concile,* Frib. en Brisg., 1870; le même, *l'Église catholique et l'État chrétien,* ibid., 1872, p. 927 et suiv.; le même, articles dans les *Archives,* t. XXV, p. 117; t. XXVI, p. 414; Fessler (mort évêque de Saint-Hippolyte, secrétaire du concile du Vatican), *la Vraie et la Fausse Infaillibilité,* 3ᵉ éd., Vienne, 1871; Scheeben, *Dogmatique,* t. I, § 7, p. 59; le même, *Feuilles périodiques,* vol. III, Ratisbonne, 1871, p. 1-80. (Sur l'infaillibilité impériale inventée par Schulte, voy. Scheeben, *op. cit.,* p. 184 et suiv.)
Les faussetés et les altérations de Dœllinger et de Schulte ont été renouvelées par l'ancien ministre anglican W.-E. Gladstone, *The Vatican Decrees in their bearing on civil allegiance : a pontifical Expostulation,* London, 1874. Il a été parfaitement réfuté par l'oratorien Dʳ John New-

« Ce Saint-Siége a toujours tenu, l'usage permanent de l'Église prouve, et les conciles œcuméniques eux-mêmes, ceux-là surtout où l'Orient se réunissait à l'Occident dans l'union de la foi et de la charité, ont déclaré que le pouvoir suprême de l'enseignement est compris dans la primauté apostolique que le pontife romain possède sur l'Église universelle en sa qualité de successeur de Pierre, prince des apôtres. C'est ainsi que les Pères du quatrième concile de Constantinople, marchant sur les traces de leurs prédécesseurs, ont émis cette solennelle profession de foi : « Le salut est avant tout de garder la règle de la vraie foi. Et comme la parole de Notre-Seigneur Jésus-Christ disant : Tu es Pierre, et sur cette pierre je bâtirai mon Église [1], ne peut être vaine, elle a été vérifiée par les faits, car, dans le Siége apostolique, la religion a toujours été conservée immaculée et la sainte doctrine toujours enseignée. Désirant donc ne nous séparer en rien de sa foi et de sa doctrine, nous espérons mériter d'être dans l'unique communion que prêche le Siége apostolique, en qui se trouve l'entière et vraie solidité de la religion chrétienne [2]. » Avec l'approbation du deuxième concile de Lyon, les Grecs ont professé : « Que la sainte Église romaine a la souveraine et pleine primauté et principauté sur l'Église catholique universelle, principauté qu'elle reconnaît en toute vérité et humilité avoir reçue, avec la plénitude de la puissance, du Seigneur lui-même dans la personne du bienheureux Pierre, prince et chef des apôtres, dont le pontife romain est le successeur ; et, de même qu'elle est tenue plus que toutes les

---

man, *A letter addressed to His Grace the Duke of Norfolk, on occasion of M. Gladstone's recent Expostulation*, London, 1874; par l'évêque de Birmingham, Dr William-Bernard Ullathorne, *M. Gladstone's Expostulation unravelled*, etc., London, 1874, et par l'archevêque de Westminster, Dr H.-E. Manning, *The Vatican Decrees in their bearing on civil allegiance*, London, 1875.

Nous renvoyons encore aux ouvrages indiqués ci-dessus, § 51, n. 4, t. 1er, p. 622, sur le concile du Vatican en général. Nous avons indiqué enfin dans les *Archives*, t. XXIII-XXVII (voy. la table générale, p. 19-25), et on trouve dans la *Collection*, par Friedberg, *des actes du premier concile du Vatican* des indications détaillées sur les écrits publiés à l'occasion du concile pour et contre l'infaillibilité du pape.

[1] *S. Matth.*, XVI, 18.
[2] Extrait de la formule du pape saint Hormisdas, telle qu'elle a été proposée par Adrien II et souscrite par les Pères du quatrième concile œcuménique, quatrième de Constantinople.

autres de défendre la vérité de la foi, de même, lorsque s'élèvent des questions relativement à la foi, ces questions doivent être définies par son jugement. » Enfin, le concile de Florence a défini : Que « le Pontife romain est le vrai vicaire du Christ, la tête de toute l'Eglise, et le père et docteur de tous les chrétiens, et qu'à lui, dans la personne du bienheureux Pierre, a été remis, par Notre-Seigneur Jésus-Christ, le plein pouvoir de paître, de conduire et de gouverner l'Église universelle[1]. »

» Pour remplir les devoirs de cette charge pastorale, nos prédécesseurs ont toujours ardemment travaillé à propager la doctrine salutaire du Christ parmi tous les peuples de la terre, et ont veillé avec une égale sollicitude à la conserver pure et sans altération partout où elle a été reçue. C'est pourquoi les évêques de tout l'univers, tantôt dispersés, tantôt assemblés en synodes, suivant la longue coutume des Églises et la forme de l'antique règle[2], ont toujours eu soin de signaler à ce Siége apostolique les dangers qui se présentaient surtout dans les choses de foi, afin que les dommages portés à la foi trouvassent leur souverain remède là où la foi ne peut éprouver de défaillance[3]. De leur côté, les pontifes romains, selon que le leur conseillait la condition des temps et des choses, tantôt en convoquant les conciles œcuméniques, tantôt en consultant l'Église dispersée dans l'univers, tantôt par des synodes particuliers, tantôt par d'autres moyens que la Providence leur fournissait, ont défini qu'il fallait tenir tout ce que, avec l'aide de Dieu, ils avaient reconnu conforme aux saintes Écritures et aux traditions apostoliques[4]. Le Saint-Esprit n'a pas, en effet, été promis aux successeurs de Pierre pour qu'ils publiassent, d'après ses

---

[1] [Concil. Florent., sess. xxv, dans Hard., IX, col. 424.]
[2] S. Cyrille d'Alexandrie au pape saint Célestin.
[3] S. Innocent I*er* aux conciles de Carthage et de Milève.
[4] Voy. S. Bernard, épître 190.
[5] [C'est ainsi que Pie IX, après avoir reçu par écrit l'opinion des évêques, proclama le 8 décembre 1854 le dogme de l'Immaculée Conception de Marie, « par l'autorité de Dieu et par la sienne, » *Dei ac nostra auctoritate,* et cette autorité, il la faisait uniquement dériver de la charge qu'il remplissait comme successeur de saint Pierre au lieu de la fonder sur le témoignage des autres évêques. — Voy. Phillips, *Manuel*, § 226, note 2, a E. Voyez au même endroit, § 225, note 8 et suiv., d'anciens cas où les papes se sont prononcés sur la vraie doctrine sans consulter les autres évêques.]

révélations, une doctrine nouvelle, mais pour que, avec son assistance, ils gardassent saintement et exposassent fidèlement les révélations transmises par les apôtres, c'est-à-dire le dépôt de la foi. Tous les vénérables Pères ont embrassé, et tous les saints docteurs orthodoxes ont vénéré et suivi leur doctrine apostolique, sachant parfaitement que ce Siége de Pierre reste toujours exempt de toute erreur, selon cette divine promesse du Seigneur notre Sauveur, faite au prince de ses disciples : « J'ai prié pour toi, afin que ta foi ne défaille pas ; et toi, lorsque tu seras converti, confirme tes frères [1]. »

» Ce don de la vérité et de la foi qui ne faillit pas a donc été divinement accordé à Pierre et à ses successeurs dans cette chaire, afin qu'ils s'acquittassent de leur charge éminente pour le salut de tous ; afin que tout le troupeau du Christ, éloigné par eux du pâturage empoisonné de l'erreur, fût nourri de la céleste doctrine ; afin que, toute cause de schisme étant enlevée, l'Église fût conservée tout entière dans l'unité, et qu'appuyée sur son fondement, elle se maintînt inébranlable contre les portes de l'enfer. Or, à cette époque, où l'on a besoin plus que

---

[1] Voy. S. Agathon, épître à l'empereur, approuvée par le sixième concile œcuménique.
Luc, XXII, 32. [Cette promesse de Jésus-Christ suffit pour réfuter les prétendus exemples historiques qu'on allègue pour établir que les papes se sont trompés dans les cas mêmes où ils ont parlé à l'Église *(ex cathedra)* en qualité de docteurs suprêmes, et par conséquent en imposant le devoir de se soumettre à leur décision. On a surtout invoqué la lettre qu'Honorius Ier envoya à Sergius, patriarche de Constantinople, et qui lui valut d'être anathématisé par son successeur Léon II pour n'avoir pas suffisamment résisté à l'hérésie du monothélisme. Or, dans ce cas assurément très-difficile, il n'y a pas proprement de décision *ex cathedra;* cf. Soardi, *loc. cit.* lib. II, cap. I, § 3 ; t. II, p. 8 ; Schneemann, *la Question d'Honorius*, Lorch, 1866 ; Moy, *Archives*, t. XVIII, p. 492 ; *la Question d'Honorius, examen critique de l'ouvrage de l'évêque de Rottenbourg, le Dr Héfelé*, Ratisbonne, 1871 ; *le Pape Honorius et le professeur D[r] Æm. Kuckgaber*, Ratisbonne, 1871. Voir sur les autres ouvrages relatifs à Honorius, *Archives*, t. XXIV, p. 66 et suiv.; t. XXVI, p. 53. D'après Mgr Fessler, ce qu'il y a de mieux sur la question d'Honorius aurait été dit par le cardinal et primat d'Irlande, Gullen, dans un discours prononcé au concile du Vatican. — L'éditeur de ce livre a demandé à plusieurs reprises que ce discours lui fût remis pour être publié dans les *Archives du droit canon*, comme une simple dissertation sur cet important sujet. Aucun obstacle ne s'y opposait du côté de l'Église. Le cardinal n'a pas daigné lui répondre, bien que sa première demande fût appuyée par une lettre particulière de Mgr Fessler.]

jamais de la salutaire efficacité de la charge apostolique, et où l'on trouve tant d'hommes qui cherchent à rabaisser son autorité, nous pensons qu'il est tout-à-fait nécessaire d'affirmer solennellement la prérogative que le Fils unique de Dieu a daigné joindre au suprême office pastoral.

» C'est pourquoi, nous attachant fidèlement à la tradition qui remonte au commencement de la foi chrétienne, pour la gloire de Dieu notre Sauveur, pour l'exaltation de la religion catholique et le salut des peuples chrétiens, nous enseignons et définissons, *sacro approbante concilio*, que c'est un dogme divinement révélé : Que le Pontife romain, lorsqu'il parle *ex cathedra*, c'est-à-dire lorsque, remplissant la charge de pasteur et docteur de tous les chrétiens, en vertu de sa suprême autorité apostolique, il définit qu'une doctrine sur la foi ou les mœurs [1] doit être tenue par l'Église universelle, jouit pleinement, par l'assistance divine qui lui a été promise dans la personne du bienheureux Pierre, de cette infaillibilité dont le divin Rédempteur a voulu que son Église fût pourvue en définissant sa doctrine touchant la foi ou les mœurs [2]; et, par conséquent que de telles définitions du pontife romain sont irréformables par elles-mêmes, et non en vertu du consentement de l'Église.

» Que si quelqu'un, ce qu'à Dieu ne plaise, avait la témérité de contredire notre définition, qu'il soit anathème ! »

Telle est, dans sa traduction littérale, la définition dogmatique du concile du Vatican sur l'infaillibilité du pape [3]. Ce langage est suffisamment clair. Que le pape soit personnelle-

---

[1] Pour qu'il y ait décision dogmatique *(decisio ex cathedra)*, il faut que le pape prononce sur une question de dogme ou de morale, en indiquant que l'Église entière doit accepter cette doctrine. Il y joint souvent la menace expresse de l'anathème contre ceux qui refuseront d'obéir. Ainsi, les sentences prononcées dans l'encyclique du 8 décembre 1864 et dans le *Syllabus errorum* qui y est annexé (voy. tome Ier, § 50, p. 600), ne sont des décisions dogmatiques qu'autant qu'elles l'étaient déjà avant d'être recueillies dans le *Syllabus*. En soi, l'Encyclique et le *Syllabus* ne portent pas le caractère d'une décision dogmatique.

[2] Toutes les raisons qui militent pour l'infaillibilité de l'Église militent en faveur de l'infaillibilité du pape. Voy. Phillips, *Droit eccl.*, t. II, p. 325 et suiv.; *Manuel*, § 226, note 7.

[3] Les notes jointes au texte précédent et mises entre crochets sont les seules qui ne figurent pas dans la constitution dogmatique du Vatican.

ment impeccable ou exempt d'erreur, il n'en est point question: Les papes aussi peuvent faillir, et il s'en est malheureusement rencontré dont les mœurs n'étaient point édifiantes. Les papes peuvent également se tromper soit dans les questions de morale, soit dans les questions de dogme. Malgré tout, cependant, le pape est infaillible en vertu de l'assistance du Saint-Esprit promise à l'Église pour toute la durée des siècles, et en suite de la promesse faite à Pierre que lorsqu'il exercerait ses hautes fonctions de docteur universel, quand il prononcerait sur un point qui intéresse le dogme ou la morale, sa décision devrait être tenue pour une doctrine de toute l'Église et que tous seraient obligés d'y adhérer.

Ajoutons ici une explication donnée par Pie IX lui-même[1] en ce qui concerne l'infaillibilité du pape. Une députation de l'Académie de la religion catholique, présidée par le cardinal Asquini, s'étant présentée devant lui, le 20 juillet 1871, Pie IX déclara aux membres de cette députation qu'un de leurs principaux devoirs était de réfuter les assertions par lesquelles on essayait de dénaturer la notion de l'infaillibilité pontificale. Une des plus perfides erreurs, leur dit Pie IX, *fragli altri errori, più di tutti essere malicioso*, consiste à soutenir que l'infaillibilité implique le droit de déposer les souverains et de délier les sujets du serment de fidélité. Ce droit, ajoute Pie IX, les papes l'ont exercé quelquefois dans des cas extrêmes; mais il n'avait rien de commun avec l'infaillibilité papale ; il résultait de son autorité. Cette autorité, d'après le droit public autrefois en vigueur et le vœu unanime des nations chrétiennes, qui voyaient dans le pape le juge suprême de la chrétienté, conférait aux papes, en vertu du droit politique (et non du droit ecclésiastique) la faculté de juger les princes et les peuples même en matière temporelle. Mais les circonstances présentes diffèrent absolument de l'ancien ordre de choses, et la mauvaise foi peut seule confondre des situations si diverses, comme si une sentence infaillible portée sur une vérité révélée avait quelques rapports avec un droit que les papes, à la demande des peuples, devaient exercer quand le bien public l'exigeait. L'intention de ceux qui émettent

---

[1] Voy. *Archives*, t. XXVI, p. 80. Les altérations du dogme de l'infaillibilité auxquelles le saint-père fait allusion se trouvent notamment dans les ouvrages de Schulte et de Gladstone, cités plus haut, p. 239, note 1.

une idée si absurde, à laquelle nul ne songe, et le pape moins que personne, est manifeste. On cherche des prétextes, les plus frivoles même et les plus faux, pour animer les princes contre l'Église. « Quelques-uns désirent, ajoute le saint-père, que j'explique et développe encore davantage la définition du concile. Je ne le ferai point. Elle est suffisamment claire et n'a pas besoin d'autres explications. Quiconque lira le décret avec des dispositions sincères en découvrira facilement le sens véritable. Votre tâche se réduit à employer votre érudition et votre sagacité à combattre les erreurs qui peuvent tromper, égarer et séduire les ignorants. »

ADDITION DU TRADUCTEUR.

Dans un bref daté du 27 novembre 1871, Pie IX loue les évêques de la Suisse de leur instruction pastorale sur *la doctrine de l'infaillibilité du pape et son véritable sens,* puis il rappelle brièvement les raisons et les faits sur lesquels s'appuie cette doctrine : le besoin d'un centre d'unité immuable, la tradition et la pratique de l'Église. Pie IX ajoute : « Cette liaison entre les faits et le jugement universel et permanent (de l'Église) doit montrer clairement à quiconque examine les choses avec attention que le concile du Vatican n'attribue rien de nouveau au pape, que son infaillibilité n'est pas un dogme jusque-là inouï et qui ne soit pas venu jusqu'à nous par la tradition constante de l'Église. La définition qui en a été donnée est au contraire la simple explication d'un ancien dogme, que tous ont cru jusqu'ici et qui s'est conservé par une pratique non interrompue; seulement ce n'est qu'à dater d'aujourd'hui que ce dogme est proposé aux fidèles comme article de foi. Comme il laisse les choses dans le même état et qu'il se tient dans les bornes de la doctrine dogmatique et morale, il ne change rien ni aux rapports du chef de l'Église avec le corps enseignant, ni aux rapports de l'Église avec le pouvoir politique. On voit par là combien il est perfide et inepte, de la part des hommes astucieux, *veteratorum*, de chercher à faire croire qu'il en résulte un très-grave préjudice pour les droits de l'autorité civile. »

Ainsi, le chef de notre Église le déclare à tous dans un document public : la proclamation d'un dogme ancien ne change rien à l'état des choses; elle ne modifie en rien ni les rapports de l'Église avec les pouvoirs politiques, ni les rapports du chef avec le corps enseignant. C'est une tromperie, dit-il, et une absurdité, de prétendre que ce soit une grave atteinte portée aux droits de l'autorité civile.

Les mêmes explications ont été données par vingt et un évêques allemands et trois vicaires capitulaires dans un écrit adressé à leur clergé (mai 1871) : « Nous protestons contre le procédé aussi injuste que peu scientifique qui consiste à représenter les décrets dogmatiques du concile du Vatican comme des attentats aux constitutions politiques de l'Allemagne actuelle, et surtout aux bases de celles qui comportent l'égalité de tous devant la loi civile, et qui, par le maintien de la tolérance politique que les circonstances exigent en Allemagne et ailleurs, garantissent l'égalité des droits politiques et civils des confessions, ainsi que la liberté de conscience et la liberté des cultes. »

Si nous trouvons dans le moyen âge quantité de faits où le pape se présente comme le souverain des princes, qu'il institue ou qu'il dépose, s'ensuit-il qu'il ait encore aujourd'hui les prétentions qu'il avait alors, ou pouvait avoir ? Il s'agit d'abord de savoir sur quel principe juridique le pape appuyait ces prétentions. Croyait-il que le droit de déposer les princes *fût un droit essentiellement inhérent à la papauté ?* Dans ce cas, il faudrait dire que le pape peut et doit encore aujourd'hui nourrir les mêmes prétentions, puisqu'elles reposeraient sur un fondement dogmatique. — Ou bien, ces actes de souveraineté du pape se rattachaient-ils à des circonstances locales et temporaires, qui, en disparaissant, ont fait disparaître également les droits du pape ? Dans cette hypothèse, le droit du pape, purement accidentel, ne serait pas essentiellement lié à la papauté ; ce ne serait pas un droit divin et permanent. Eh bien, rien de plus aisé à établir que les prétentions des papes au moyen âge sont de cette dernière espèce.

Il y avait alors trois sources de droit, qui expliquent la plupart des actes des papes à l'égard des princes du moyen âge, ces actes qui étonnent la génération présente. La première source concerne principalement l'empire d'Allemagne. L'Allemagne, on le sait, était un empire électoral. Le roi d'Allemagne était élu par les princes. Mais il n'était pas encore pour cela empereur romain ; il ne le devenait que par le pape. Or, comme la coutume voulait que le roi d'Allemagne devînt empereur romain, il était naturel que le pape eût à dire son mot dans l'élection du roi allemand. De plus, il était passé en droit coutumier que le pape ne couronnerait pas empereur romain quiconque n'aurait pas été nommé roi d'Allemagne par les princes électeurs. Il y avait un droit conventionnel entre le pape et la nation allemande. Le pape, faisant l'empereur, pouvait aussi, suivant les circonstances, le déposer. En vertu de la convention passée entre Rome et l'Allemagne, l'empereur cessait d'être roi d'Allemagne au bout d'une année. Tels sont les principes d'après lesquels il faut juger la déposition de Henri IV par Grégoire VII, celle de Frédéric II par Innocent IV et par le concile de Lyon en 1245.

Une deuxième source du droit était le régime féodal, base de toutes les constitutions du moyen âge. D'après ce système, le suzerain pouvait déposer son vassal pour cause de félonie, lui enlever ses terres et ses gens. Plusieurs territoires étant devenus librement, dans le cours des âges, des fiefs de l'Église romaine, les papes en étaient les suzerains, et les princes de ces territoires étaient les vassaux des papes. Naples se trouvait dans ce cas. Quand le pape retira ce pays au jeune Conradin, le dernier des Hohenstaufen, il le fit en vertu du droit féodal.

Une troisième source du droit était la jurisprudence généralement en vigueur. Suivant cette jurisprudence, un prince qui persévérait dans l'excommunication ne pouvait plus gouverner un pays catholique. Cette réserve est expressément formulée dans plusieurs codes de lois, notamment dans le *Miroir des Saxons*. Quand donc le pape excommuniait un roi, quand il le déposait en tant que roi, il ne faisait ni l'un ni l'autre de son propre chef; ce n'était pas proprement le pape qui le déposait, c'était le droit public. La sentence du pape, dans ces sortes de cas, signifiait ceci : le pape annonçait à un prince excommunié les conséquences attachées à son excommunication. C'est à la lumière de ce principe qu'il faut apprécier la conduite de Sixte V contre Henri IV de France (qui du reste n'était pas encore reconnu roi), celle de Clément VII contre Henri VIII d'Angleterre, celle de Pie V contre Élisabeth, fille de ce roi. Ajoutez, pour ces deux derniers cas, que l'Angleterre était un fief du Saint-Siége. C'est par le même principe que les sujets d'un prince excommunié étaient déliés du serment de fidélité. C'est comme si le pape avait dit : le droit public généralement en vigueur va sortir ses effets et amener la perte de la dignité princière.

On ne voit nulle part, dans ces sources du droit, que le pape ait déposé les rois en vertu d'un droit divin; il usait seulement d'un privilége humain librement consenti par les peuples d'alors, ou, pour emprunter les paroles de Pie IX citées plus haut, il agissait en vertu de l'autorité du pape, qui, « d'après le droit public en vigueur et le vœu unanime des nations chrétiennes (lesquelles reconnaissent en lui le juge suprême de la chrétienté), permettait au pape de juger les princes et les peuples. » Il serait ridicule de craindre que le pape « en vînt encore aujourd'hui à déposer des rois et des empereurs, » abolir des constitutions, renverser de leurs siéges des hommes placés hors de l'Église ou qui ont mérité plusieurs fois d'en être exclus. D'abord il n'y a plus d'empire romain, et partant plus d'empereur romain à renverser. Ensuite, le régime féodal étant détruit, le pape ne peut plus déposer ni vassaux ni feudataires; enfin, l'excommunication nominale (très-rare du reste) n'ayant plus d'effets civils, le pape a cessé de déclarer que l'excommunié ne serait plus roi ou président.

Oui, les temps sont bien changés. Mais il se peut que des jours reviennent où les nations chrétiennes le choisiront de nouveau pour arbitre. Nous pouvons admettre dès maintenant que les *peuples* n'y seraient pas opposés.

En quoi consiste le pouvoir indirect de l'Église et du pape sur les États et sur les affaires temporelles ?

Nous ne parlons point ici des choses temporelles nécessaires à l'existence, à la vie et à la mission de l'Église, et sur lesquelles elle possède comme société visible et légitime des droits qu'on ne peut contester sans violer l'ordre de Dieu et la loi naturelle. Telle est la faculté d'acquérir les biens qui lui sont nécessaires, de les administrer, de les employer à des fondations pieuses, etc. Que l'État, à raison de leur but élevé, leur accorde des priviléges ou les soumette au droit commun, toujours est-il qu'un État fondé selon les règles de la justice, à plus forte raison un État chrétien, doit reconnaître ce pouvoir indirect du pape sur les choses temporelles.

« Mais l'Église n'a jamais entendu et n'entend point exercer un pouvoir direct et absolu sur les droits politiques de l'État. Elle a reçu de Dieu la sublime mission de conduire les hommes, soit individuellement, soit réunis en société, à une fin surnaturelle. Elle a donc par cela même le pouvoir et le devoir de juger de la moralité et de la justice de tous les actes soit intérieurs, soit extérieurs, dans leur rapport avec les lois naturelles et divines [1]. »

[1] *Dépêche du cardinal Antonelli, secrétaire d'État de Sa Sainteté, à son Excellence Mgr Chigi, nonce apostolique à Paris,* du 19 mars 1870, pour M. le comte Daru, ministre des affaires étrangères. L'auteur du *Mémoire* ne donne de cette pièce que quelques fragments mal traduits. Nous reproduisons en entier le passage relatif à notre sujet, tel qu'il se trouve dans les *Actes du concile œcuménique,* Paris, 1871, Palmé :

« Or, comme toute action, quelle qu'elle soit, ordonnée par un pouvoir suprême, ou émanant de la liberté de l'individu, ne peut être exempte de ce caractère de moralité et de justice, il arrive que le jugement de l'Église, bien qu'il porte directement sur la moralité des actes, s'étend indirectement sur toutes les choses auxquelles cette moralité vient se joindre ; mais ce n'est pas là s'immiscer directement dans les affaires politiques, qui, d'après l'ordre établi de Dieu et d'après l'enseignement de l'Église elle-même, sont du ressort du pouvoir temporel, sans dépendance aucune d'une autre autorité. La subordination du pouvoir civil au pouvoir religieux est dans le sens de la prééminence du sacerdoce sur l'empire, eu égard à la supériorité de la fin de l'un comparée à celle de l'autre. Ainsi, l'autorité de l'empire dépend de celle du sacerdoce, comme les choses humaines dépendent des choses divines, les choses temporelles des choses spirituelles. Si la félicité temporelle, qui est la fin de la puissance civile, est subordonnée à la béatitude éternelle, qui est la fin du sacerdoce, il s'ensuit que, pour atteindre le but en vue duquel Dieu les a établis, l'un de ces pouvoirs est subordonné à l'autre, comme le sont les fins qu'ils poursuivent.

» Il résulte de ces principes que si l'infaillibilité de l'Église embrasse (mais non pas dans le sens indiqué par la dépêche française) tout ce qui est nécessaire à la conservation de l'intégrité de la foi, nul préjudice n'en dérive ni pour la science, ni pour l'histoire, ni pour la politique. La prérogative de l'infaillibilité n'est pas un fait inconnu dans le monde

Cette phrase du cardinal Antonelli exprime parfaitement ce que nous entendons par pouvoir indirect de l'Église sur les États et sur les choses temporelles.

Quelques-uns refusent à l'Église tout pouvoir indirect sur l'État. Nieront-ils aussi que les rois, les princes, les gouvernements en un mot sont obligés dans toutes leurs lois, leurs mesures, leurs actes politiques, de se guider selon la raison et la justice? Nul ne dit que la raison et le droit sont les « souverains de l'État, » et cependant ils ont un certain pouvoir sur l'État et sur le souverain, puisqu'ils doivent leur servir de guide. Ce pouvoir, qui est dans la nature des choses, ne dépend pas de la volonté des princes. Outre la raison et le droit naturel, il existe une loi morale qui vient directement de Dieu; cette loi, qui est la loi chrétienne, n'est pas seulement pour les individus, mais pour les États. Les gouvernements aussi sont tenus de la reconnaître, de se pénétrer de son esprit, d'y conformer leurs actions. Cette influence de l'esprit chrétien sur les États éclate heureusement dans une multitude de faits. Tous les gouvernements civilisés défendent la polygamie. Quelle est la source de cette jurisprudence? Sûrement, ce n'est ni la raison ni le droit naturel, encore moins la volonté arbitraire du gouvernement. S'ils n'étaient pas appuyés d'en haut, les gouvernements seraient incompétents pour porter une telle loi.

catholique : le suprême magistère de l'Église a dicté de tout temps des règles de foi, sans que l'ordre intérieur des États en ait été atteint et sans que les princes aient eu à s'alarmer. Ceux-ci même, appréciant avec sagesse l'influence de ces règles au point de vue du bon ordre de la société civile, se firent souvent eux-mêmes les vengeurs et les défenseurs des doctrines définies, et en procurèrent, grâce au concours de la puissance royale, la pleine et respectueuse observance.

» Ne suit-il pas encore de là que si l'Église a été instituée par son divin Fondateur comme une vraie et parfaite société, distincte et indépendante du pouvoir civil, investie d'une pleine et triple autorité législative, judiciaire et pénale, il n'en dérive aucune confusion dans la marche de la société humaine ni dans l'exercice des droits des deux pouvoirs? La compétence de l'un et de l'autre est clairement distinguée et déterminée par les fins respectives qu'ils poursuivent. En vertu de son autorité, l'Église ne s'ingère point d'une manière directe et absolue dans les principes constitutifs des gouvernements, dans les formes des régimes civils, dans les droits politiques des citoyens, dans leurs devoirs à l'égard de l'État et dans les autres matières indiquées dans la note de M. le ministre. Mais nulle société ne peut subsister sans un principe suprême, régulateur de la moralité de ses actes et de ses lois. Telle est la sublime mission que Dieu a confiée à l'Église en vue de la félicité des peuples et sans que l'accomplissement de ce ministère entrave la libre et prompte action des gouvernements. L'Église, en effet, en inculquant à ses fils ce principe de rendre à Dieu ce qui est à Dieu, et à César ce qui est à César, leur impose en même temps l'obligation d'obéir en conscience à l'autorité des princes. Mais ces derniers doivent aussi reconnaître que s'il s'édicte quelque part des lois opposées aux principes de l'éternelle justice, obéir ne serait plus rendre à César ce qui est à César, mais ravir à Dieu ce qui appartient à Dieu. »

S'ils le font, c'est qu'ils reconnaissent la loi chrétienne pour la règle souveraine, pour la base de l'ordre politique tout entier, et qu'ils s'obligent à la maintenir dans son ensemble. Il en est de même des grands principes de la vie sociale; c'est par le christianisme seul qu'ils sont entrés dans la législation : droit de l'épouse et des enfants contre le despotisme du chef de la famille; abolition de l'esclavage et des lois barbares contre le débiteur; soin légal des malheureux, etc. Ces institutions bienfaisantes, qui ont civilisé les gouvernements, nous les devons à l'adoption d'une loi supérieure, divine. Or, cette loi, par sa nature et son but, constitue un tout et oblige dans sa totalité les grands et les petits, la société dans ses rapports intérieurs et extérieurs, aussi bien que la conscience des individus. Les États sont donc tenus de se diriger selon la loi chrétienne, non moins que selon la raison et le droit naturel, qui ont trouvé dans le christianisme leur plus noble expression et leur plus solide fondement.

Eh bien, ce n'est pas en eux-mêmes que les États et les souverains puisent les prescriptions de la loi chrétienne. Pour eux comme pour les individus, c'est l'Église qui en est l'organe et l'interprète légitime. L'État, dans toutes les décisions et les mesures qu'il prend, doit se demander d'abord si elles sont justes et raisonnables; il doit également porter son attention sur la règle suprême de toute morale, sur la loi de Dieu, telle que l'Église l'annonce; il doit s'inspirer de ses doctrines dans toutes ses ordonnances. Bases de la constitution, relations avec les autres États, règlement des droits et des devoirs des sujets par la loi, peines infligées à ses transgresseurs, maintien de l'indépendance et des droits de l'État au dehors, tout cela n'a pas seulement une existence légale, due à la volonté d'une majorité, aux circonstances des temps et des lieux; il se rattache à un ordre moral supérieur, il est régi par la volonté de Dieu manifestée dans la loi chrétienne.

Annoncer aux peuples cette loi, devant laquelle grands et petits doivent également fléchir, et sur laquelle tous un jour seront jugés par le souverain Maître, les obliger à la suivre, apprécier la moralité et la justice des actes intérieurs et extérieurs dans leur rapport avec les lois naturelles et divines, voilà en quoi consiste le pouvoir indirect de l'Église sur les États et sur les choses temporelles.

Le jugement qu'elle en porte est-il définitif, irrévocable, infaillible, obligatoire toujours et pour tous? Nous distinguons. Dans les choses de la foi et des mœurs, l'Église revendique le droit exclusif de prononcer infailliblement. Dans les questions mixtes, où les intérêts religieux et les intérêts civils se touchent, l'Église admet le droit et le devoir d'une entente réciproque. Ici, comme dans les affaires purement humaines (soumises également aux lois de la morale et de la justice), l'Église énonce avec une infaillible certitude les principes de la loi morale; mais il n'en est pas de même s'il s'agit de juger les actions particulières d'après ces principes : elle n'apprécie que selon des vues humaines, laissant le jugement définitif à Celui qui sonde les reins et les cœurs. L'Église, en s'appuyant sur la révélation divine, peut formuler les devoirs des princes avec une autorité souveraine, mais de savoir si les princes remplissent ces devoirs d'une manière irréprochable aux yeux de Dieu, elle n'en juge que selon les lumières naturelles, suffisamment claires dans un très-grand nombre de cas. Pour ce qui échappe aux regards de l'homme, elle s'en réfère à la conscience de l'individu et au jugement de Dieu. Ainsi, la morale chrétienne établit des règles solides, précises, universellement obligatoires, sur la valeur morale des lois humaines; quant à démêler si une loi purement civile porte le caractère de la justice et de l'utilité générale, si tel objet est de la compétence du législateur, etc., l'Église ne le décide point. Ainsi encore, l'Église fixe les principes moraux qui doivent présider aux traités, aux relations internationales, aux déclarations de guerre; quant à prononcer si tel traité, telle guerre est juste ou injuste, elle n'a point de certitude infaillible; elle s'en rapporte à la conscience, aux connaissances juridiques des hommes, et laisse à Dieu le jugement définitif.

Ce pouvoir indirect du pape et de l'Église sur les gouvernements et les affaires temporelles se borne à proclamer les éternels principes de la vérité, de la morale et de la justice. L'Église le fait, parce qu'elle est l'organe et le dépositaire légitime de ces principes. C'est le pouvoir indirect de Nathan disant à son roi : « C'est vous qui êtes cet homme, » armé de ce pouvoir exécutif qu'on appelle l'autorité de Dieu et la voix de la conscience. C'est l'accomplissement de cet ordre que Dieu intimait au prophète Ézéchiel : « Fils de l'homme, je vous ai donné pour sentinelle à la maison d'Israël. Vous écouterez la parole de ma bouche, et vous leur annoncerez ce que vous aurez appris de moi. » Si l'Église ne le fait pas, Dieu lui redemandera le « sang des impies; » si elle le fait, sans réussir, » elle sauvera son âme. » Le reste, Celui-là s'en charge qui a dit ces paroles : « Vous mépriser, c'est me mépriser moi-même. »

Mais que penser alors de la bulle *Unam sanctam*, où le pape déclare que « toutes les choses temporelles sont soumises aux choses spirituelles, toute créature au pape; que l'Église a deux glaives, l'un spirituel, l'autre temporel, et que le prince temporel ne porte le glaive qu'au nom de l'Église; que la puissance spirituelle ne peut être jugée que de Dieu ; que nier cette coordination des pouvoirs, c'est être manichéen? N'est-ce pas là le pouvoir indirect de l'Église sur les affaires de l'État?

Cette bulle était surtout dirigée contre Philippe le Bel, qui violait non-seulement les immunités de l'Église, mais encore ses droits les plus essentiels, répétant souvent que dans les choses temporelles il n'était responsable qu'à Dieu, foulant aux pieds les lois divines par sa politique perfide, ses injustices envers les juifs, ses déprédations envers le peuple, sa falsification des monnaies et une multitude de violences excessives. Il suffit, pour apprécier son caractère, de rappeler la persécution cruelle qu'il fit subir aux Templiers supprimés, la confiscation de leurs biens, ses mesures contre les décrets du concile de Vienne. S'il fut jamais nécessaire de rappeler à un despote couronné l'existence d'une loi suprême à laquelle tout est soumis, une règle qui gouverne de bas en haut tous les actes de la vie, c'était assurément en face d'un homme que l'historien suisse Jean Muller appelle Philippe le Hardi. Si Boniface VIII, aigri de tant d'insultes accumulées, accentua trop vivement, devant un siècle renouvelé, des prérogatives pontificales qui n'avaient leur raison d'être que dans les circonstances, il faut reconnaître aussi qu'il soutint dignement, avec les principes éternels du droit et de la morale, la mission qui incombe à l'Église de les annoncer à tous, qu'il était loin enfin de nier la puissance temporelle dans son propre domaine [1].

La bulle *Unam sanctam* fut révoquée par le second successeur de Boniface, Clément V, tandis que la partie dogmatique fut acceptée par le cinquième concile de Latran [2]. Selon l'opinion générale, « même quand il s'agit des bulles dogmatiques et des décrets des conciles, il n'y a que l'article sur lequel porte la décision qui soit de foi ; le reste n'est pas dans ce cas, non plus que les motifs et les preuves. » « De toutes les bulles qu'on se plaît à citer comme dangereuses à l'État, une seule est dogmatique, et c'est justement la bulle *Unam sanctam*. Or, cette bulle a été acceptée par un concile œcuménique. Il faudrait donc dire aussi que l'infaillibilité des conciles universels et de l'Église n'est pas moins dangereuse à l'État que celle des papes. Au reste, cette bulle ne contient qu'une décision doctrinale, relative à la primauté, que les catholiques ont toujours crue inoffensive pour l'État. » Ainsi s'expriment les évêques allemands dans une circulaire adressée à leur clergé en mai 1871. Dœllinger, en son *Histoire de l'Église*, Walter et Phillips, dans

---

[1] Philippe le Bel ayant répandu cette calomnie que Boniface VIII revendiquait sur lui et sur son autorité un pouvoir sans bornes, Boniface VIII s'exprima ainsi dans un consistoire public : « Il y a quarante ans que nous nous occupons de jurisprudence et que nous sommes convaincu que Dieu a établi deux sortes de puissances. Comment peut-on croire qu'il nous soit venu à l'esprit une idée aussi folle et aussi absurde que celle de nous attribuer la juridiction des rois ? »
Boniface mourut bientôt après, non de folie, mais par suite de ces mauvais traitements.

[2] Cf. Dœllinger, *Église et Églises*.

leurs ouvrages de droit canon, n'ont jamais trouvé dans cette bulle autre chose que ce que Walter résume dans cet excellent passage : « La chrétienté, considérée au point de vue idéal, forme un tout unique qui, dans les choses spirituelles et temporelles, doit être gouverné selon la loi du Christ. En tant que l'Église est dépositaire de cette loi, les deux glaives sont en sa puissance; le glaive temporel est subordonné au spirituel; il est dirigé par lui et jugé quand il agit injustement. »

Ecoutons un autre écrivain moderne, qui nous expliquera en même temps les expressions que l'on attaque [1].

« Le pape, dans sa bulle, part de cette idée que le pouvoir civil n'est pas tellement indépendant, que la loi politique, la volonté ou le caprice du prince puissent être sa règle unique en dehors des commandements de Dieu. Pour que les mesures prises par le pouvoir civil aient véritablement force de loi, il faut qu'elles soient conformes à une règle plus élevée, à une loi plus haute. Cette loi supérieure, c'est la loi divine, ce sont les principes éternels de la vérité, de la morale, du droit. Cette loi, c'est l'Église qui la transmet et l'annonce au pouvoir temporel, aux gouvernements et aux princes. Ce qui est permis, juste, moralement bon, même dans les affaires civiles, l'État doit le demander à la puissance spirituelle, à l'Église, puis agir en conséquence, parce que l'Église seule est l'organe de la parole et de la loi de Dieu. L'État existe pour protéger de son glaive la justice en général. Or, nul n'a plus de droit à cette protection que l'Église, à cause de son origine. C'est donc un devoir pour l'État de mettre son glaive au service de l'Église. L'État, quand celle-ci le lui demande, *ad nutum sacerdotis*, ne doit pas user de son glaive temporel uniquement parce que l'Église le veut et l'ordonne, comme fait un serviteur à l'égard de son maître; mais il appartient à l'Église et au sacerdoce de tracer la règle selon laquelle l'État doit employer son glaive, d'exposer les principes de ce qui est juste et permis. Ainsi l'État doit se servir de son glaive *ad patientiam sacerdotis*, comme le permet le sacerdoce, c'est-à-dire selon la doctrine et la loi chrétienne enseignée par le sacerdoce. C'est la mission du pouvoir spirituel d'enseigner la puissance civile, de la pénétrer des principes chrétiens, *instituere habet et judicare* (c'est ainsi qu'il faut traduire *instituere* d'après le sens du mot et le contexte, et non par *établir*, comme on le fait souvent), de la condamner quand ses actes sont opposés au droit divin. C'est dans ce sens que l'Église possède les deux glaives spirituel et temporel. Résister à cet ordre, c'est admettre les deux principes des manichéens, deux lois indépendantes l'une de l'autre, la loi humaine et la loi divine. Il est

---

[1] Rive, *l'Infaillibilité du Pape*, en allemand.

donc nécessaire de croire que toute créature humaine est soumise au pape [1]. »

Il se peut que des hommes d'État, tout en étant chrétiens et persuadés que la volonté de Dieu, la morale chrétienne sont la règle suprême de tous les actes d'un gouvernement, répugnent à ces vues de la bulle *Unam sanctam*. Ils trouveront peut-être qu'attribuer à l'Église le droit de juger du bon ou du mauvais usage de la puissance civile, c'est en quelque manière placer l'État sous la tutelle de l'Église, comme s'il ne pouvait pas, à l'aide de sa conscience chrétienne, juger de la moralité des actes politiques. Mais qu'ils veuillent bien se rappeler l'état de la civilisation à cette époque, se souvenir que les âges suivants sont redevables à l'Église de leur affranchissement et de la supériorité de leur culture, et enfin qu'un fils même émancipé se fourvoie quand il méconnaît les vrais et éternels principes d'une bonne éducation. L'Église sera toujours l'organe et l'interprète légitime de la loi de Dieu; c'est elle qui conserve dans sa pureté et sa plénitude le dépôt de la foi chrétienne, et qui assure son développement normal.

On s'explique très-bien que le pouvoir indirect du pape soulève de nombreuses réclamations. Il doit avoir pour ennemis tous les gouvernements qui n'admettent pas d'autre loi que la volonté et l'omnipotence de l'État, et plus encore ceux qu'effraie et irrite l'idée d'une loi éternelle qui préside à la justice, parce qu'elle réprouve leurs iniquités et leurs violences. Il est naturel qu'ils fassent tous leurs efforts pour

---

[1] Uterque est in potestate Ecclesiæ, spiritualis scilicet gladius et materialis. Sed is quidem pro Ecclesia; ille vero ab Ecclesia exercendus. Ille sacerdotis, is manu regum et militum, sed ad nutum et patientiam sacerdotis. Oportet autem temporalem auctoritatem spirituali subjici potestati. Spiritualis potestas terrenam potestatem instituere habet et judicare, si bona non fuerit. Ergo, si deviat terrena potestas, judicabitur a potestate spirituali. Quicumque huic potestati resistit, Dei ordinationi resistit, nisi duo, sicut manichæus, fingat esse principia, quod falsum et hæreticum judicamus. Porro subjici romano pontifici omnem humanam creaturam declaramus omnino esse de necessitate salutis. (Extravag. com. lib. I, tit. VIII, c. I.) Ce commentaire de la bulle, par Rive, est aussi celui des *Feuilles périodiques sur le Concile*, t. I, p. 153. Elles font remarquer que le pape emprunte à dessein les passages les plus forts et les plus étranges en apparence à deux illustres théologiens français, cités presque littéralement : saint Bernard et Hugues de Saint-Victor, afin de convaincre le roi de France qu'il ne lui prêche pas une doctrine nouvelle, étrangère, « ultramontaine. » Voici, d'un autre savant français, le spirituel et libéral Gerson, favorable au système épiscopal, d'autres paroles non moins remarquables, tirées de son *Sermon sur la paix et l'union des Grecs* : « Qu'on ne dise pas que tous les rois et les princes ont reçu du pape leur héritage et leurs terres, de telle sorte que le pape aurait sur tous une suprématie civile et une autorité judiciaire, *comme quelques-uns l'imputent à Boniface*. Cependant, tous les hommes, princes et autres, sont soumis au pape, *subjectionem habent ad papam*, dans le cas où ils voudraient abuser contre la loi divine et naturelle, de leur juridiction, de leurs propriétés et de leur pouvoir temporel. Cette autorité du pape mérite plutôt le nom de puissance régulative et directrice que celui de puissance civile et judiciaire, etc. » Alzog, *Hist. eccl.*, p. 576.

représenter le pouvoir indirect de l'Église, cet organe inflexible du droit, comme un empiètement intolérable sur le pouvoir de l'État, lequel n'aurait plus qu'à accepter avec résignation le terrain que le pape consentirait à lui accorder [1].

Réfutation des quatre articles de la Déclaration gallicane, tirée des œuvres de Bossuet.

ART. 1er. — « Saint Pierre et ses successeurs, et toute l'Église même n'ont reçu de puissance de Dieu que sur les choses spirituelles et relatives au salut, et non point sur les choses temporelles et civiles, Jésus-Christ nous apprenant lui-même (*Jean*, XVIII, 36) que *son royaume n'est pas de ce monde*, et, en un autre endroit, *qu'il faut rendre à César ce qui est à César, et à Dieu ce qui est à Dieu*, et qu'ainsi ce précepte de l'apôtre saint Paul ne peut en rien être altéré ou ébranlé : *Que toute âme soit soumise aux puissances supérieures, car il n'y a point de puissance qui ne soit de Dieu, et toutes celles qui sont, c'est Dieu qui les a établies. Ainsi, qui résiste à la puissance résiste à l'ordre de Dieu.* Nous déclarons en conséquence que les rois et les souverains ne sont soumis à aucune puissance ecclésiastique par l'ordre de Dieu dans les choses temporelles, qu'ils ne peuvent être déposés directement ni indirectement par l'autorité des chefs de l'Église ; que leurs sujets ne peuvent être dispensés de la soumission et de l'obéissance qu'ils leur doivent, ou absous du serment de fidélité, et que cette doctrine, nécessaire pour la tranquillité publique, et non moins nécessaire à l'Église qu'à l'État, doit être inviolablement suivie comme conforme à la parole de Dieu, à la tradition des saints Pères et à l'exemple des saints. »

Il en est de cet article comme de toutes les propositions vagues et indécises, dont l'élasticité permet d'y comprendre tout ce que l'on veut, comme d'en exclure tout ce qui déplaît.

Bossuet déclare que le pape n'a pas de pouvoir sur les choses civiles. En faut-il conclure que la soumission à la puissance temporelle dans les choses civiles n'est pas une chose spirituelle et du ressort de l'Église ? Écoutons Bossuet lui-même :

Saint Paul, après avoir dit que le prince est ministre de Dieu, conclut ainsi : « Il est donc nécessaire que vous lui soyez soumis, non-seulement par la crainte de sa colère, mais encore par l'obligation de votre conscience [2]. » C'est pourquoi il le faut servir non à l'œil, comme pour plaire aux hommes, mais avec bonne volonté, avec crainte, avec respect et d'un cœur sincère, comme à Jésus-Christ [3] : « Soyez donc soumis pour l'amour de Dieu à l'ordre qui est établi parmi les hommes; soyez soumis au roi comme à celui qui a la puissance suprême, et à

---

[1] Keiser, *la République et l'Église catholique* (Paris, Douniol). — [2] *Rom.*, XIII, 5. — [3] *Éphés.*, VI, 5, 6.

ceux à qui il donne son autorité, comme étant établis de lui pour la louange des bonnes actions et la punition des mauvaises [1]. »

Il y a donc quelque chose de religieux dans le respect qu'on rend au prince. Le service de Dieu et le respect pour les rois sont choses unies, et saint Pierre met ensemble ces deux devoirs : « Craignez Dieu, honorez le roi. »

Qu'ils respectent donc leur puissance, parce que ce n'est pas leur puissance, mais la puissance de Dieu, dont il faut user saintement et religieusement [2].

L'Église n'a aucune puissance sur les choses temporelles ! — Si l'Église n'a absolument rien à démêler dans les choses temporelles, il s'ensuit que les princes à leur tour n'ont rien à voir, en tant que princes, dans les choses spirituelles, et qu'il n'y a aucun point de contact entre ces deux ordres de choses. Or, Bossuet a constamment soutenu la doctrine contraire :

Le prince, dit-il, est le protecteur du *repos public, qui est appuyé sur la religion*, et il doit soutenir son trône, dont elle est le fondement. Ceux qui ne veulent pas souffrir que le prince use de rigueur en matière de religion, parce que la religion doit être libre, sont dans une erreur impie. Autrement, il faudrait souffrir dans tous les sujets et dans tout l'État l'idolâtrie, le mahométisme, le judaïsme, toute fausse religion, le blasphème, l'athéisme même, et les plus grands crimes seraient les plus impunis [3].

Les monarques chrétiens doivent faire régner Jésus-Christ sur les peuples qui leur obéissent, et voici en peu de mots quel sont leurs *devoirs*, tels que le *Saint-Esprit* nous les représente. Le premier, c'est d'exterminer les blasphèmes. Jésus-Christ est un grand roi, et le moindre respect que l'on doive aux rois, c'est de parler d'eux avec honneur. Un roi ne permet pas dans ses États qu'on parle irrévéremment même d'un roi étranger, même d'un roi ennemi : tant le nom de roi est vénérable partout où il se rencontre. Eh quoi donc ! ô Jésus-Christ, roi des rois, souffrira-t-on qu'on vous méprise, qu'on vous blasphème, même au milieu de votre empire !.....

Enfin, le dernier devoir des princes pieux et chrétiens, et le plus important de tous pour faire régner Jésus-Christ dans leurs États, c'est qu'après avoir dissipé les vices, ils doivent élever, défendre, favoriser la vertu ; et je ne puis mieux exprimer cette vérité que par ces beaux mots de saint Grégoire, dans une lettre qu'il écrit à l'empereur Maurice : « C'est pour cela, lui dit-il, que la puissance vous a été donnée d'en haut sur tous les hommes, afin que la vertu soit aidée,

---

[1] *Pierre*, II, 13, 14. — [2] *Politique tirée de l'Écriture sainte*, t. XXIII, p. 535 536, 538. — [3] *Ibid.*, t. XXIV, p. 43.

afin que la voie du ciel soit élargie et que l'empire terrestre serve à l'empire du ciel¹. »

Or, si les princes temporels, en accomplissant ces *devoirs religieux* que leur assigne Bossuet, entreprennent sur les droits de l'Église, l'Église sera-t-elle désarmée ?

Dans les choses temporelles, les souverains sont absolument indépendants de l'Église ! S'ensuit-il que, dans les choses temporelles, ils soient indépendants de Dieu et de sa loi, que Dieu a chargé l'Église d'interpréter à l'univers ?

« Quand vous aurez établi un roi et quand il sera assis dans son trône, il prendra soin de décrire cette loi (*la loi de Dieu*), dont il recevra un exemplaire de la main des prêtres de la tribu de Lévi, et l'aura toujours en main, la lisant tous les jours de sa vie, afin qu'il apprenne à craindre Dieu et à garder ses ordonnances et ses jugements². »

L'Église n'a aucune puissance sur les choses temporelles ! En faut-il conclure que les édifices consacrés au culte, que les biens légués aux églises, lesquels restent toujours temporels par quelque côté, soient à la libre disposition des souverains ?

Ne croyez pas, disait saint Ambroise à l'empereur Valentinien, qui voulait donner une église aux ariens, que vous ayez pouvoir d'ôter à Dieu ce qui est à lui. Je ne puis pas vous donner l'église³. Je ne conviendrais pas aisément, ajoute Bossuet, que les biens donnés aux églises puissent être tellement sujets à la puissance temporelle, qu'elle les puisse reprendre sous prétexte de certains droits qu'elle voudrait établir, ni que l'Église en ce cas n'eût pas droit de se servir de son autorité⁴.

Mon royaume n'est pas de ce monde !

Sans doute, car Jésus-Christ ne tient pas son pouvoir des hommes, mais directement de son Père céleste.

L'Église catholique parle ainsi au peuple chrétien : Vous êtes un peuple, un État et une société ; mais Jésus-Christ, qui est votre roi, ne tient rien de vous, et son autorité vient de plus haut : vous n'avez naturellement non plus de droit de lui donner des ministres que de l'instituer lui-même votre prince ; ainsi *ses ministres*, qui sont vos pasteurs, *viennent de plus haut, comme lui-même*, et il faut qu'ils viennent par un ordre qu'il ait établi. Le royaume de Jésus-Christ n'est pas de ce monde, et la comparaison que vous pouvez faire entre ce royaume et ceux de la terre est caduque⁵.

---

¹ *Epist.* LXV *ad Maurit. August.*; Bossuet, III⁰ *Sermon pour le dimanche des Rameaux*; t. IX, p. 630 et suiv. — ² *Politique tirée de l'Écriture sainte*, t. XXIII, p. 562. — ³ *Ibid.*, t. XXIV, p. 18. — ⁴ *Lettre de Bossuet à M. Dirois*, t. XXVI, p. 297. — ⁵ *Hist. des variations*, t. XV, p. 133, 134, liv. XV, n. 119.

Mon royaume n'est pas de ce monde !

Sans doute encore, dans le sens où l'entendaient les Juifs, qui étaient préoccupés de cette opinion si mal fondée, que le Messie viendrait au monde avec une pompe royale [1], leur donnerait l'empire du monde et les rendrait contents sur la terre [2].

Mais s'il n'est pas venu au monde avec une pompe royale, il y devait venir avec une puissance royale. C'est pourquoi l'ange, annonçant sa venue à la sainte Vierge sa Mère, parle de lui en ces termes : « Dieu lui donnera le trône de David son père, et il règnera éternellement dans la maison de Jacob. » Et c'est la même chose qu'avait prédite l'évangéliste de la loi, je veux dire le prophète Isaïe, lorsqu'il dit de Notre-Seigneur « qu'il s'assoiera sur le trône de David, afin de l'affermir en justice et en vérité jusqu'aux siècles des siècles. » Ce que je suis bien aise de vous faire considérer, afin que vous voyiez en ces deux passages la conformité de l'ancienne et de la nouvelle alliance. Car il serait impossible de vous rapporter en ce lieu tous les textes des Écritures qui promettent la royauté au Sauveur.

En quoi les Juifs se sont malheureusement trompés, c'est qu'étant possédés en leur âme d'une aveugle admiration de la royauté et des prospérités temporelles, ils donnaient à leur Messie de belles et triomphantes armées, de grands et de superbes palais, une cour plus leste et plus polie, une maison plus riche et mieux ordonnée que celle de leur Salomon, et enfin tout ce pompeux appareil dont la majesté royale est environnée [3].

C'est une règle infaillible par les lettres sacrées et les mystères de Dieu que lorsque nous trouvons dans la vie ou dans la doctrine du Fils de Dieu quelque contrariété apparente, ce n'est pas une contrariété, mais un mystère [4].

Nous lisons dans l'Évangile [5] que notre Sauveur, prévoyant que les peuples s'allaient assembler pour le faire roi, il se retire tout seul au désert et montre par cette retraite qu'il rejette tous les titres de grandeur humaine. Mais dans quinze jours nous lirons un autre évangile, où nous verrons ce même Jésus faire son entrée dans Jérusalem au milieu des acclamations de tout un grand peuple, qui crie de toute sa force : « Béni soit le fils de David, vive le roi d'Israël ! » Et, bien loin d'empêcher ces cris, étant pressé par les pharisiens de réprimer ses disciples, qui semblaient offenser par leur procédé la majesté de l'empire, il prend hautement leur défense : « Les pierres le crieront,

---

[1] *Panégyrique de saint François d'Assise*, t. XII, p. 354. — [2] *Sermon pour le jour de Noël*, t. VIII, p. 276. — [3] Ier *Sermon pour la fête de la Circoncision*, t. VIII, p. 304. — [4] IIIe *Sermon pour le quatrième dimanche de Carême*, t. IX, p. 336. — [5] *Jean*, VI, 15.

dit-il, si ceux-ci ne rendent pas un assez public témoignage à ma royauté. » Ainsi, vous voyez qu'il accepte alors ce qu'il refuse aujourd'hui. Qui lui fait changer ses desseins et l'ordre de sa conduite ? Quel nouveau goût trouve-t-il dans la royauté qu'il a autrefois dédaignée ? Sans doute, il y a ici quelque grand secret que le Saint-Esprit nous veut découvrir. Cherchons et pénétrons le mystère.

Le voici en un mot : c'est que Jésus-Christ ne veut point de titre d'honneur qui ne se trouve joint nécessairement à l'utilité de son peuple. Quand il fait son entrée dans Jérusalem, il y entre pour consommer l'œuvre de notre rédemption par sa passion douloureuse. Comme c'est là le principe de ses bienfaits, il ne refuse pas la juste reconnaissance que rendent ses peuples à sa puissance royale. Alors il confessera qu'il est roi. Il le dira à Pilate, lui qui ne l'a jamais dit à ses disciples. Il le publiera parmi ses supplices, lui qui n'en a jamais parlé parmi ses miracles. Le titre de sa royauté sera écrit en trois langues au haut de sa croix, afin que toute la terre en soit informée ; et il veut bien accepter un nom de puissance, pourvu qu'il ouvre à ses peuples dans le même temps une source infinie de grâces [1].

Mon royaume n'est pas de ce monde !

Non, en ce sens que les maximes de Jésus-Christ n'ont rien de commun avec celles des hommes.

« Vous êtes d'en bas, et je suis d'en haut. » Je viens apprendre aux hommes des choses hautes qui les passent, et les hommes superbes ne veulent pas s'humilier pour les recevoir.

« Vous êtes du monde, et je ne suis pas du monde. » Vous êtes charnels et sensuels, et ce que je vous annonce, qui est spirituel, ne peut entrer dans votre esprit. Il faut que je vous régénère, que je vous renouvelle, que je vous refonde, car « ce qui est né de la chair est chair, » on n'est spirituel qu'en renaissant et en renonçant à sa première vie [2].

Mon royaume n'est pas de ce monde !

On ne le nie point; mais s'ensuit-il qu'il ne soit pas *dans* ce monde ? Écoutez :

Jésus-Christ est venu au monde pour renverser l'ordre que l'orgueil y a établi : *Novissimi primi, primi novissimi*. Police de l'Église contraire à la politique du siècle, en trois points : 1° Dans le monde, les riches sont les premiers; dans le royaume de Jésus-Christ, la prééminence appartient aux pauvres. 2° Dans le monde, les pauvres semblent nés pour servir les riches; dans l'Église, les riches pour servir les pauvres. 3° Dans le monde, les grâces et les priviléges sont pour les riches, et

---

[1] IIIe *Sermon pour le quatrième dimanche de Carême*, t. IX, p. 338.
[2] *Élévations sur les mystères*, t. VII, p. 312, XVIIIe semaine, 13e élév.

les pauvres n'y ont part que par leur appui ; dans l'Église, toutes les bénédictions sont pour les pauvres, et les riches n'ont de privilége que par leur moyen [1].

Le royaume de Jésus-Christ n'est pas de ce monde! Il y a guerre déclarée entre Jésus-Christ et le monde, une inimitié immortelle : le monde le veut détruire, et il veut détruire le monde. Ceux qu'il établit ses ministres doivent donc entrer dans ses intérêts. S'il y a en eux quelque puissance, c'est pour détruire la puissance qui lui est contraire. Ainsi, toute la puissance ecclésiastique est destinée à abattre les hauteurs du monde : *Ad deprimendam altitudinem sæculi hujus* [2].

Il faut rendre à César ce qui est à César.

Assurément ; mais ne faut-il pas une autorité qui nous apprenne de la part de Dieu quel est le César à qui nous devons rendre, ou si telle chose est à César ou à Dieu? Cette autorité, Bossuet lui-même va nous l'indiquer.

L'an 751, Burchard, évêque de Worms, et le prêtre Fulrad, chapelain, furent envoyés à Rome, au pape Zacharie, pour consulter le pontife sur les rois qui existaient alors en France, et qui n'avaient que le nom de rois sans aucune puissance royale.

On ne pouvait plus, dit Bossuet, supporter la folie de Childéric, qu'on appelait l'*Insensé*, et Pépin avait l'estime et les inclinations de tous les Français. Dans cette conjoncture, il leur proposa de demander au pape Zacharie si le serment qu'ils avaient fait les obligeait d'obéir à celui qui n'avait que le nom de roi ou à celui qui en avait l'autorité. Le pape leur conseilla d'abandonner un homme inutile et d'obéir à celui qui faisait les fonctions de roi et en avait la puissance. Les ayant délivrés par cette réponse de l'obligation de leur serment, ils firent Pépin roi tout d'une voix, et ce fut par lui que commença la seconde race [3].

Quel était l'avis de Bossuet sur cette réponse du pape Zacharie?

Le pape, dit-il, est consulté dans une question importante et douteuse, s'il est permis de donner le titre de roi à celui qui a déjà la puissance royale. Il répond que cela est permis. Cette réponse, émanée de l'autorité la plus grande qui soit au monde, est regardée comme une décision juste et légitime. En vertu de cette autorité, la nation même ôte le royaume à Childéric et le transporte à Pépin; car on ne s'adressa point au pontife pour qu'il ôtât ou qu'il donnât le royaume, mais afin qu'il déclarât que le royaume devait être ôté ou donné par ceux qu'il jugeait en avoir le droit [4].

---

[1] *Abrégé d'un sermon pour la Septuagésime*, t. VIII, p. 440.
[2] *Panégyrique de saint Sulpice*, t. XII, p. 63, 64.
[3] Bossuet, *Histoire de France*, t. XXV, p. 17 et 18.
[4] *Defensio Declarat. cleri gallicani*, t. XXI, p. 360, 361.

Fénelon parle dans le même sens. Il reconnaît que pour agir en sûreté de conscience, les nations chrétiennes consultaient le chef de l'Église, et que le pape était tenu de résoudre ces cas de conscience, par la raison qu'il est le docteur et le pasteur suprême. « Le pape Zacharie, dit-il, répondit seulement à la consultation des Francs comme le principal docteur et pasteur, qui est tenu de résoudre les cas particuliers de conscience pour mettre les âmes en sûreté [1]. » Ultramontains et gallicans sont ici d'accord avec Bossuet et Fénelon, témoins le P. Bianchi, qui publia de 1745 à 1751, sur l'ordre de Clément XII, son traité *de la Puissance et de la Discipline de l'Église*. Après avoir rapporté l'explication de Bossuet sur le fait de Pépin et de Childéric, il ajoute : « N'est-ce pas cela même que nous disons ? Nous ne prétendons pas en effet que le pape puisse ôter ni donner le royaume à qui il lui plaît, mais qu'il peut, en certains cas, déclarer que les princes sont déchus du droit de régner, les sujets déliés du serment de fidélité, laissant à qui il appartient la liberté de choisir le nouveau prince et de chasser du trône le prince déclaré déposé. C'est cette déclaration que nous disons être du pouvoir de l'Église. Et il ne faut pas s'arrêter à la forme des paroles dans laquelle cette déclaration s'est faite souvent, car ces expressions : *déposer, absoudre*, ne signifient en substance que déclarer déposé, déclarer absous quant à Dieu et quant à la nature de la chose ; mais pour que cette déclaration prenne, quant aux hommes, la forme et l'autorité d'un jugement, il convient qu'elle soit énoncée avec des paroles indicatives et par manière de sentence décrétoriale. »

Dans le manuscrit des plans de gouvernement, par Fénelon, on lit ces paroles, qui ont été supprimées par son biographe : « Puissance (de Rome) sur le temporel : *Directe*, absurde et pernicieuse. — *Indirecte*, évidente, quoique faillible, quand elle est réduite à décider sur le serment par consultation ; mais la déposition ne s'ensuit nullement [2]. »

On peut démontrer plus clair que le jour, dit Bossuet dans la *Défense de l'Histoire des variations*, que s'il fallait comparer les deux sentiments, celui qui soumet le temporel des souverains aux papes, et celui qui le soumet au peuple, ce dernier parti, où la fureur, où le caprice, où l'ignorance et l'emportement dominent le plus, serait aussi, sans hésiter, le plus à craindre. L'expérience a fait voir la vérité de ce sentiment et notre âge seul a montré, parmi ceux qui ont abandonné les souverains aux cruelles bizarreries de la multitude, plus d'exemples et de plus tragiques contre la personne et la puissance des rois qu'on n'en trouve durant six à sept cents ans parmi les peuples qui, en ce point, ont reconnu le pouvoir de Rome.

Art. 2. — « La plénitude de puissance que le Saint-Siége apostolique et les successeurs de saint Pierre, vicaire de Jésus-Christ, ont sur les choses spirituelles, est telle que les décrets du saint concile œcu-

---

[1] Fénelon, *Œuvres complètes*, éd. Versailles, t. II, p. 382.
[2] *Table des œuvres de Fénelon*, p. 115, note, éd. de Versailles. — Cf. Rohrbacher, *Histoire de l'Église*, t. XIII, p. 686, 4ᵉ édit.

ménique de Constance, dans les sessions IV et V, approuvés par le Saint-Siège apostolique, confirmés par la pratique de toute l'Église et des pontifes romains et observés religieusement dans tous les temps par l'Église gallicane, demeurent dans toute leur force et vertu. L'Église gallicane n'approuve pas l'opinion de ceux qui donnent atteinte à ces décrets, qui les affaiblissent en disant que leur autorité n'est pas bien établie, qu'ils ne sont point approuvés ou qu'ils ne regardent que le temps du schisme. »

Les décrets de Constance dont il s'agit ici sont ainsi conçus :

« Toute personne de condition et dignité quelconque, même papale, est tenue d'obéir au présent concile dans les choses qui regardent la foi, l'extirpation dudit schisme et la réformation de l'Église dans son chef et dans ses membres (sess. IV)...... Toute personne de condition, état et dignité quelconque, même papale, qui refusera avec opiniâtreté d'obéir aux règlements de ce saint synode et de tout autre concile général légitimement assemblé sur les matières précitées ou autres, soit décidées, soit à décider, qui y auraient rapport, si elle ne venait à résipiscence, serait punie comme elle devrait l'être. »

Réponse de Bossuet.

« Tu es Pierre, et sur cette pierre je bâtirai mon Église. » — Pour le préparer à cet honneur, Jésus-Christ, qui sait que la foi qu'on a en lui est le fondement de son Église, inspire à Pierre une foi digne d'être le fondement de cet admirable édifice. « Tout ce que tu lieras sur la terre sera lié dans le ciel... » Tout est soumis à ces clefs : tout, rois et peuples, pasteurs et troupeaux [1].

Les apôtres (après la mort de Jésus-Christ) n'envient plus à Pierre la prééminence ; il prend partout la parole et personne ne la lui conteste. « Voyez, dit saint Chyrsostome, comme il se met partout à la tête et comme il agit dans cette sainte société comme en étant le chef. »

« Pierre, j'ai prié pour toi, » pour toi en particulier, pour toi avec distinction. Non qu'il ait négligé les autres, mais, comme l'expliquent les saints Pères, parce qu'en affermissant le chef, il voulait empêcher que les membres ne vacillassent. »

Lorsque les disciples allèrent à la pêche, ce fut Pierre et non pas Jean ni les autres qui amenèrent au Sauveur les cent cinquante-trois poissons mystérieux qui ne rompaient point le filet. Pierre est toujours à la tête de cette pêche mystérieuse. Tout cela en figure de la prédication apostolique, qui, commencée par saint Pierre le jour de la Pentecôte et les jours suivants, amena tant de milliers d'âmes à Jésus-Christ et forma à Jérusalem le corps de l'Église. Voilà ce que figurait

[1] Bossuet, *Sermon sur l'unité de l'Église*, t. XI, p. 593, 597.

cette pêche des apôtres, saint Pierre étant à la tête et les confirmant par son exemple. C'est pourquoi Jésus-Christ lui dit encore, et non pas à Jean ni aux autres dans le temps de cette pêche : « Pais les brebis, pais les agneaux, pais les mères comme les petits, » ce qui revient au commandement de les affermir dans la foi.

Quand il fallut autoriser dans le concile de Jérusalem la liberté des gentils par un décret qui mérita d'être prononcé au nom du Saint-Esprit, saint Pierre y paraît le premier comme partout ailleurs; ce fut lui qui résolut la question pour laquelle on était assemblé. Il est à la tête de tout et tout est confirmé par son sentiment.

Cette parole : « Affermis tes frères, » n'est pas un commandement qu'il fasse en particulier à saint Pierre. Il y devait toujours avoir un Pierre dans l'Église pour confirmer ses frères dans la foi. Cette autorité était d'autant plus nécessaire aux successeurs des apôtres que leur foi était moins affermie que celle de leurs auteurs. — Tous les successeurs de saint Pierre sont un seul Pierre [1].

On peut donc l'affirmer sans encourir le reproche d'exagération, si la doctrine contenue dans le 2e article de la *Déclaration* n'est pas hérétique, elle présente des caractères qui la rapprochent fort de ceux que Bossuet assigne à l'hérésie :

1° *Elle est absurde*, car il est absurde de dire ou qu'un concile puisse exister sans le pape, ou que le concile et le pape soient au-dessus du pape, ou que les membres puissent s'élever par-dessus la tête.

2° Elle est *nouvelle*, car elle n'a point de fondements dans l'histoire, ni dans la tradition ecclésiastique, puisque Bossuet lui-même établit la doctrine contraire en invoquant l'histoire et la tradition.

3° Elle ruine la constitution de l'Église, *en détruisant son unité*, qui est, selon Bossuet, le grand dessein que Dieu s'était proposé dans l'établissement de son Église, où il n'y a, dit-il, « qu'un Dieu, un Christ, un évêque : » *Unus Deus, unus Christus, unus episcopus*.

Or, tels sont précisément les caractères que Bossuet assigne à l'hérésie.

1° L'hérésie est *absurde*.

Il leur arrive (aux hérétiques) comme aux criminels, que plus ils multiplient leurs discours dans une aveugle confiance d'éblouir leurs juges, plus ils se coupent et se contredisent : ainsi en est-il de ces docteurs de mensonge à qui saint Paul a aussi donné ce caractère, « qu'ils se condamnent eux-mêmes par leur propre jugement [2]. »

C'est ce qui paraît manifestement par les continuelles variations des hérésies, qui ne cessent de se condamner elles-mêmes en innovant tous les jours et en tombant d'absurdités en absurdités; en sorte qu'on voit bientôt, comme dit le même saint Paul, que ceux qui en entreprennent la défense « n'entendent ni ce qu'ils disent eux-mêmes ni les

---

[1] *Méditations sur l'Évangile*, t. VI, p. 470 et suiv., çà et là, 482.
[2] *Tit.*, III, 11.

choses dont ils parlent avec assurance [1]. » En effet, plus ils sont hardis à décider, plus ils montrent qu'ils n'entendent pas ce qu'ils disent. Ce qui les pousse à la fin à de tels excès que « leur folie est connue à tous, » selon la prédiction du même apôtre [2], et c'est alors qu'on peut espérer avec lui « qu'ils ne passeront pas plus avant, » et que l'excès de l'égarement sera la marque du terme où il devra prendre fin. « Ils n'iront pas plus loin, dit ce grand apôtre, et ils cesseront de tromper les peuples, » parce que « leur folie sera manifeste à toute la terre [3]. »

2º L'hérésie est *nouvelle*.

Toute fausse doctrine, dit Bossuet, se fera connaître d'abord sans peine et sans discussion, en quelque moment que ce soit, par la seule innovation, puisque ce sera toujours quelque chose qui n'aura point été perpétuellement connu.

« Fondé sur la promesse » de Jésus-Christ, saint Bernard « oppose aux novateurs de son temps, » comme on avait toujours fait, « l'autorité de l'Église catholique, » et les Pères qui y ont toujours enseigné la vérité, et les papes et les conciles toujours attachés à les suivre. Cette suite ne peut être interrompue.

Au surplus, sans disputer davantage, il ne faut qu'un peu de bon sens et de bonne foi pour avouer que l'Église chrétienne, dès son origine, a eu pour une marque de son unité sa communion avec la chaire de saint Pierre, dans laquelle « tous les autres siéges ont gardé l'unité, » *in qua sola unitas ab omnibus servaretur,* comme parlent les saints Pères; en sorte qu'en y demeurant, comme nous faisons, sans que rien ait été capable de nous en distraire, nous sommes le corps qui a vu tomber à droite et à gauche tous ceux qui se sont séparés eux-mêmes, et on ne peut nous montrer par un fait positif et constant, comme il le faudrait pour ne point discourir en l'air, que nous ayons jamais changé d'état, ainsi que nous le montrons à tous les autres.

Dans cet inviolable attachement à la chaire de saint Pierre, nous sommes guidés par la promesse de Jésus-Christ. Quand il a dit à ses apôtres : « Je suis avec vous, » saint Pierre y était avec les autres; mais il y était avec sa prérogative, comme le premier des dispensateurs, *primus Petrus*; il y était avec le nom mystique de *Pierre*, que Jésus-Christ lui avait donné pour marquer la solidité et la force de son ministère; il y était aussi comme celui qui devait le premier annoncer la foi au nom de ses frères les apôtres, les y confirmer, et par là devenir la pierre sur laquelle serait fondé un édifice immortel. Jésus-Christ a parlé à ses successeurs comme il a parlé à ceux des apôtres, et le ministère de Pierre est devenu ordinaire, principal et fondamental.

[1] *I Tim.*, I, 7. — [2] *II Tim.*, III, 9.
[3] *Premier avertissement aux protestants,* t. XV, p. 181, 182.

dans toute l'Église. Si les Grecs se sont avisés dans les derniers siècles de contester cette vérité [1], après l'avoir confessée cent fois et l'avoir reconnue avec nous, non point seulement en spéculation, mais encore en pratique, dans les conciles que nous avons tenus ensemble durant sept cents ans; s'ils n'ont plus voulu dire comme ils faisaient : « Pierre a parlé par Léon; Pierre a parlé par Agathon; Léon nous présidait comme le chef préside à ses membres; les saints canons et les lettres de notre père Célestin nous ont forcés à prononcer cette sentence; » et cent autres choses semblables; les actes de ces conciles, qui ne sont rien moins que les registres publics de l'Église catholique, nous restent encore en témoignage contre eux, et l'on y verra éternellement l'état où nous étions en commun dans la tige et dans l'origine de la religion [2].

La nécessité de la tradition se prouve par deux moyens : l'un, qu'il y a des dogmes qui ne sont point écrits ou ne le sont point clairement; l'autre, que dans les dogmes écrits où l'Écriture est la plus claire, la tradition est une preuve de cette évidence, n'y ayant rien qui fasse mieux voir l'évidence d'un passage pour établir une vérité que lorsque l'Église y a toujours vu cette vérité dont il s'agit [3].

« Une chose, dit saint Augustin, qui se trouve dans toute l'Église sans qu'on en voie l'origine ne peut venir que des apôtres. » Ainsi, la marque de la tradition apostolique, c'est qu'elle soit répandue publiquement dans toute l'Église. Il donne le même titre à toutes les autres choses qui se trouvent venues de nos Pères et observées généralement dans toute l'Église : *Quod a Patribus traditum universa observat Ecclesia.*

C'est de cette sainte doctrine de saint Augustin, ou plutôt de toute l'Église catholique, que Vincent de Lérins a pris son *quod ubique, quod semper,* qui est le caractère incommunicable et inséparable qui constitue dans cet auteur les traditions apostoliques [4].

3° L'hérésie détruit le mystère de l'unité catholique,

principe immortel de la beauté de l'Église. Unie au dedans par le Saint-Esprit, l'Église a encore un lien commun de la communion extérieure et doit demeurer unie par un gouvernement où l'autorité de Jésus-Christ soit représentée. Ainsi l'unité garde l'unité; et sous le sceau du gouvernement ecclésiastique, l'unité de l'esprit est conservée. Quel est ce gouvernement? Quelle est cette forme? Ne disons rien de nous-mêmes : ouvrons l'Évangile.

---

[1] Combien de Français auraient pu dire *autrefois* avec Regnard : « Nous sommes un peu Grecs sur ces matières-là! »

[2] *Première instruction pastorale sur les promesses de l'Église,* t. XVII, p. 114 et suiv.

[3] *Défense de la tradition et des saints Pères,* t. IV, p. 43.

[4] *Tradition des nouv. mystiques,* principes de la tradition, t. XIX, p. 104.

Nous trouvons dans l'Évangile que Jésus-Christ, voulant commencer le mystère de l'unité de son Église, parmi tous les disciples en choisit douze; mais que, voulant conserver le mystère de l'unité dans la même Église, parmi les douze il en choisit un. « Il appela ses disciples, » dit l'Évangile; les voilà tous, « et parmi eux il en choisit douze; » voilà une première séparation et les apôtres choisis. « Et voici les noms des douze apôtres; le premier est Simon qu'on appelle Pierre. » Voilà dans une seconde séparation saint Pierre mis à la tête et appelé pour cette raison du nom de Pierre, « que Jésus-Christ, dit saint Marc, lui avait donné, » pour préparer l'ouvrage qu'il méditait, d'élever tout son édifice sur cette pierre. Tout ceci n'est encore qu'un commencement du mystère de l'unité. Jésus-Christ, en le commençant, parlait encore à plusieurs : « Allez, prêchez, je vous envoie. » Mais quand il veut mettre la dernière main au mystère de l'unité, il ne parle plus à plusieurs; il désigne Pierre personnellement et par le nouveau nom qu'il lui a donné : c'est un seul qui parle à un seul, Jésus-Christ, Fils de Dieu, à Simon, fils de Jonas; Jésus-Christ, qui est la vraie pierre et fort par lui-même, à Simon qui n'est Pierre que par la force que Jésus-Christ lui communique [1].

Ainsi le droit qu'ont les évêques de juger des matières de doctrine est toujours sans difficulté, sauf la correction du pape, et même, dans certains cas extraordinaires, dans des matières fort débattues et où il serait à craindre que l'épiscopat ne se divisât, le pape, pour prévenir ce mal, peut s'en réserver la connaissance, et le Saint-Siége a usé avec beaucoup de raison de cette réserve [2].

Qu'est-ce que l'épiscopat, quand il se sépare de l'Église, qui est son tout, aussi bien que du Saint-Siége, qui est son centre [3] ?

Il suit de là que le concile de Constance, en se disant supérieur au pape, n'a dû avoir en vue que les circonstances particulières où l'Église se trouvait dans un temps où l'on ignorait qui était le pape véritable. C'était aussi le sentiment de Bossuet, bien qu'il ait soutenu le contraire dans la *Défense de la Déclaration*.

Le Saint-Siége, disait-il, ne perd rien dans les explications de la France, parce que les ultramontains mêmes conviennent que, dans le cas où elle met le concile au-dessus, on peut procéder contre le pape d'une manière, en disant qu'il n'est plus pape : de sorte qu'à vrai dire nous ne disputons pas tant du fond que de l'ordre de la procédure, et il ne serait pas difficile d'établir que la procédure que nous établissons étant restreinte, comme j'ai fait, au cas du concile de Constance, est

---

[1] *Sermon sur l'unité de l'Église*, t. XI, p. 592, 593.
[2] *Lettre de Bossuet à M. Dirois*, t. XXVI, p. 595.
[3] *Oraison funèbre de Henriette d'Angleterre*, t. XII, p. 453.

non-seulement plus canonique et plus ecclésiastique, mais encore plus respectueuse envers le Saint-Siége et plus favorable à son autorité [1].

Art. 3. — « L'usage de la puissance apostolique doit être réglé suivant les canons faits par l'esprit de Dieu et consacrés par le respect général. »

Cette première parole : « Tout ce que tu lieras » dite à un seul a déjà rangé sous sa puissance tous ceux à qui on dira : « Tout ce que vous remettrez, » car les promesses de Jésus-Christ, aussi bien que ses dons, sont sans repentance, et ce qui est une fois donné indéfiniment et universellement est irrévocable : outre que la puissance donnée à plusieurs porte sa restriction dans son partage, au lieu que la puissance donnée à un seul et sur tous, et sans exception, emporte la plénitude [2].

Tous les conciles de ces temps (du sixième siècle) font voir qu'en ce qui touchait la foi et la discipline, nos saints prédécesseurs regardaient toujours l'Église romaine et se gouvernaient par ses traditions [3].

Qu'y a-t-il de plus beau que d'entendre un saint empereur dire à un saint pape : « Je ne vous puis rien refuser, puisque je vous dois tout en Jésus-Christ. Tout ce que votre autorité paternelle a réglé dans son concile pour le rétablissement de son Église, je le loue, je l'approuve, je le confirme comme votre fils ; je veux qu'il soit inséré parmi les lois, qu'il fasse partie du droit public [4]. »

Sous Charlemagne, l'Église romaine fut consultée dans les affaires douteuses, et ses réponses, reçues avec révérence, furent des lois inviolables. Il eut tant d'amour pour elle que le premier article de son testament fut de recommander à ses successeurs la défense de l'Église de saint Pierre comme le précieux héritage de sa maison, qu'il avait reçu de son père et de son aïeul et qu'il voulait laisser à ses enfants. Ce même amour lui fit dire, ce qui fut répété depuis par tout un concile sous l'un de ses descendants, que « quand cette Église imposerait un joug à peine supportable, » il le faudrait souffrir plutôt que de rompre la communion avec elle [5].

On sait que Henri VII (d'Angleterre) avait obtenu une dispense de Jules II pour faire épouser la veuve d'Arthur, son fils aîné, à Henri, son second fils et son successeur. Vingt ans se passèrent sans qu'on révoquât en doute un mariage contracté de si bonne foi. Henri, devenu amoureux d'Anne de Boulen, fit venir sa conscience au secours de sa passion, et son mariage, lui devenant odieux, lui devint en même temps douteux et suspect. Pour plaire à Henri, on attaqua la dispense sur laquelle était fondé son mariage par divers moyens, dont les uns

---

[1] *Lettres de Bossuet au cardinal d'Estrées*, t. XXVI, p. 263. — [2] *Sermon sur l'unité de l'Église*, t. XI, p. 600. — [3] *Ibid.*, p. 612. — [4] *Ibid.*, p. 608. — [5] *Ibid.*, p. 613, 614.

étaient tirés du droit et les autres du fait. On s'attacha principalement aux moyens de droit, et on soutint la dispense nulle, comme accordée au préjudice de la loi de Dieu, dont le pape ne pouvait pas dispenser [1].

Qu'il y ait pu avoir sur cette matière quelque diversité de sentiments, c'est assez qu'il ne fût pas évident que la dispense fût contraire aux lois divines auxquelles les chrétiens sont obligés. Cette matière était donc de la nature de celles où tout dépend de la prudence des supérieurs et dans lesquelles la bonne foi doit faire le repos des consciences [2].

Malgré les artifices infinis d'une savante et catholique condescendance, remercions Bossuet, dit J. de Maistre [3], d'avoir dit dans ce fameux discours (*sur l'unité de l'Église*) que

la puissance du pape est une puissance suprême ; que l'Église est fondée sur son autorité ; que dans la chaire de saint Pierre réside la plénitude de la puissance apostolique ; que lorsque le pape est attaqué, l'épiscopat tout entier, c'est-à-dire l'Église, est en péril ; qu'il y a toujours quelque chose de paternel dans le Saint-Siège ; qu'il peut tout, quoique tout ne soit pas convenable ; que dès l'origine du christianisme les papes ont toujours fait profession, en faisant les lois, de les observer les premiers ; qu'ils entretiennent l'unité dans tout le corps, tantôt par d'inflexibles décrets et tantôt par de sages tempéraments ; que les évêques n'ont tous ensemble qu'une même chaire, par le rapport essentiel qu'ils ont tous avec la chaire unique où saint Pierre et ses successeurs sont assis, et qu'ils doivent en conséquence de cette doctrine agir tous dans l'esprit de l'unité catholique, en sorte que chaque évêque ne dise rien, ne fasse rien, ne pense rien que l'Église universelle ne puisse avouer ; que la puissance donnée à plusieurs porte sa restriction dans son partage, au lieu que la puissance donnée à un seul et sur tous, et sans exception, emporte la plénitude ; que la chaire éternelle ne connaît point d'hérésie ; que la foi romaine est toujours la foi de l'Église ; que l'Église romaine est toujours vierge, et que toutes les hérésies ont reçu d'elle ou le premier coup ou le coup mortel ; que la marque la plus évidente de l'assistance que le Saint-Esprit donne à cette mère des Églises, c'est de la rendre si juste et si modérée, que jamais elle n'a mis les excès parmi les dogmes. »

Bossuet dit à propos d'une décision de Grégoire II, rapportée dans le décret *de Gratien* avec cette note : « Cette doctrine de Grégoire est contraire aux saints canons et même à la doctrine évangélique et apostolique : »

Les papes ne sont donc pas si jaloux qu'on pense de maintenir comme inviolables toutes les réponses de leurs prédécesseurs [4].

---

[1] *Histoire des variations*, liv. VII, t. XIV, p. 285. — [2] *Ibid.*, p. 290. — [3] *Du Pape*, t. I, p. 126. — [4] *Défense de l'Hist. des variations*, t. XV, p. 579.

Art. 4. — « Dans toutes les questions de foi, le pape jouit de l'autorité principale ; ses décrets s'adressent à toutes les Églises en général et en particulier, mais son jugement n'est irréformable que lorsque le consentement de l'Église vient s'y joindre. »

Tous ceux qui cherchent véritablement le salut ... reconnaîtront les avantages plus éclatants que le soleil de l'Église catholique romaine ; ... ils y verront la chaire de saint Pierre, où les chrétiens de tous les temps ont fait gloire de conserver l'unité : dans cette chaire une éminente et inviolable autorité, et l'incompatibilité avec toutes les erreurs qui ont toutes été foudroyées de ce haut Siége [1].

Pour moi, disait Bossuet dans l'affaire du quiétisme, j'attendrai toujours une décision avec respect et patience ; mais je gémirai en mon cœur si on voit une acception de personnes dans la chaire de saint Pierre [2].

Je suis presque le seul qui croit que Dieu fera un coup de sa main et ne permettra pas que la chaire de saint Pierre se déshonore pour conniver à une si mauvaise doctrine [3].

C'est faire tort à Rome que de croire qu'elle ait besoin de nos instructions pour juger [4].

Nous trouvons des gens qui nous insultent de ce que bonnement et simplement nous nous sommes attachés à consulter le Saint-Siége ; mais je ne m'en repentirai jamais, moi qui puis vous dire, et M. le nonce le sait, que j'ai plus que personne donné le conseil de consulter Rome, et conseillé plus que jamais de s'en tenir là [5].

M. le nonce continue à écrire fortement. Il me semble absolument nécessaire que le roi, en lui témoignant la satisfaction qu'il en a, lui déclare qu'il s'attend non-seulement à une prompte expédition, mais encore à une décision digne du Saint-Siége et de l'attente de la chrétienté, et qui soit capable de mettre fin à un mal si contagieux [6].

L'autorité du Saint-Siége mettra fin à une hérésie dont les suites seraient funestes au christianisme si l'on n'y pourvoyait [7].

On ne peut attendre présentement le repos des consciences que de la décision prononcée par le Père commun, mais claire, nette, et qui ne puisse recevoir de fausse interprétation ; telle enfin qu'il convient qu'elle soit, pour ne laisser aucun doute sur la doctrine et pour arracher entièrement la racine du mal [8].

---

[1] *Troisième avertissement aux protestants*, t. XV, p. 304. — [2] *Lettre de Bossuet à son neveu*, t. XXIX, p. 114. — [3] *Ibid.*, p. 190. — [4] *Ibid.*, p. 339. — [5] *Ibid.*, p. 481. — [6] *Lettre de Bossuet à M. de Noailles, archevêque de Paris*, t. XXIX, p. 538. — [7] *Lettre de Bossuet à son neveu*, t. XXX, p. 128. — [8] *Lettre de Louis XIV à Innocent XII*, t. XXX, p. 170.

Quand Bossuet connut les termes du bref qui condamnait Fénelon :

Cette décision, disait-il, tournera à l'honneur du Saint-Siége; cela s'appelle *absoluta, docta et cauta censura*[1].

Vous pouvez tenir pour assuré que la France signalera son respect et sa soumission envers le Saint-Siége et ne laissera pas tomber à terre le décret que le Saint-Esprit lui a inspiré, quelque destitué qu'il soit des formalités ordinaires en ce royaume[2].

Le bref, tel qu'il est, ne dit rien du tout dont M. de Cambrai puisse tirer avantage. Il est fort sec, et ne loue précisément que son obéissance et sa soumission à vouloir être instruit et recevoir la parole de vérité de l'Église-mère et maîtresse[3].

§ 99. Droits du pape relatifs aux évêchés et aux évêques[4].

Ce droit concerne surtout l'érection[5] et le changement[6] des évêchés, puis l'institution, la confirmation, l'ordination, la déposition et la renonciation des évêques. Anciennement, ce droit était exercé dans les conciles provinciaux par les patriarches et les métropolitains; mais les nombreux abus qui eurent lieu à cette occasion, les plaintes qui arrivèrent à Rome, décidèrent les papes, depuis le moyen âge, à se réserver exclusivement ce droit (voy. t. Ier, § 22).

§ 100. Confirmation et suppression des ordres religieux[7].

Ce droit aussi appartient exclusivement au pape[8].

---

[1] *Lettre de Bossuet à son neveu*, t. XXX, p. 348. — [2] *Ibid.*, p. 364. — [3] *Ibid.*, p. 451.

[4] Phillips, *Droit canon*, t. V, §§ 219 et suiv.

[5] Dans l'institution des évêchés, les papes recommandent de choisir autant que possible pour résidence de l'évêque les localités les plus étendues. Ce principe était déjà inculqué par les conciles du quatrième siècle. Voyez Conc. Sardic., can. VI; Conc. Laodic., can. LVII (can. V, d. 80); Leo M., can. IV, d. 80; can. I, X, *de privileg.*; V, 33.

[6] La division, l'union et la suppression des évêchés sont soumises aux principes généraux qui régissent les bénéfices ecclésiastiques (§ 74). Les règles pour la division des évêchés ont été établies par Jean XXII, en sa bulle *Salvator noster*, de 1337 (cap. V, X, de præb. et dign., in Extravag. com., III, 2; voy. aussi c. VI, eod.). Les motifs sont l'étendue du diocèse, le nombre de ses habitants, l'abondance des revenus; on y a joint de nos jours la position géographique d'un diocèse placé sur deux territoires différents.

[7] Voyez ci-dessous §§ 221 et suiv.

[8] C. IX, X, de relig. domibus, III, 36 (Conc. Lateran. IV). Voyez aussi c. un. in VI°, de religiosis domibus, III, 17 (Conc. Lugdun., II, an. 1274).

§ 101. Droit de conférer tous les bénéfices [1].

Ce droit, en principe, appartient au pape [2], mais en dehors de la province de Rome le souverain-pontife n'a jamais nommé à toutes les fonctions ecclésiastiques. Dans toute l'Église, pendant la période du moyen âge, il s'était établi en faveur du pape un droit direct de nomination, qui se présentait sous quatre formes différentes. C'étaient :

1° Le *concours* ou la *collation cumulative*. Le pape ou l'évêque nommait suivant que l'un ou l'autre connaissait le premier la vacance du bénéfice. Il en résulta plusieurs controverses de priorité, auxquelles on remédia par :

2° L'*anticipation* ; le pape donnait une expectative ou un mandat en vertu duquel tel ecclésiastique serait pourvu d'un bénéfice qui viendrait à vaquer. Cependant, comme il y a quelque chose d'odieux à spéculer en quelque sorte sur la mort d'autrui, le concile de Trente exprima le désir que cette forme de collation fût restreinte [3]. Le concile n'excepte que le cas où la nécessité pressante de quelque église cathédrale ou monastère, ou quelque utilité manifeste, demande qu'on donne au prélat un coadjuteur. Mais il ne pourra lui être donné, avec faculté de lui succéder, que la raison n'en ait été auparavant bien connue du saint-père [4].

3° La *dévolution*. Nous en avons déjà parlé ci-dessus, § 75, n° III, p. 150.

4° La *réserve*. Clément IV, élevé au pontificat en 1265, se réserva, en invoquant une ancienne coutume, de conférer tous les bénéfices qui viendraient à vaquer par la mort des bénéficiers à Rome, *per obitum in curia romana* ou *apud Sedem apostolorum* [5].

ADDITION DU TRADUCTEUR.

Voici le texte relatif à ce sujet : « In curia licet Ecclesiarum personatum, dignitatum, aliorumque beneficiorum ecclesiasticorum ple-

---

[1] Voyez Phillips, *Kirchenrecht*, t. V, §§ 228-234.

[2] Voyez cap. II, de præbendis, in VI°, III, 4; c. I, Ut lite pendente, in Clem., II, 5.

[3] Conc. Trid., sess. XXIV, cap. XIX, de ref.; Conc. Lateran., III, in c. II, X, de concess. præb., III, 8.

[4] Conc. Trid., sess. XXV, cap. VII, de ref.

[5] C. II, de præbend., in VI°, III, 4.

naria dispositio ad romanum noscatur pontificem pertinere, ita quod non solum ipse quum vacant potest de jure conferre, verum etiam jus in ipsis tribuere vacaturis collationem; tamen Ecclesiarum personatuum, dignitatum et beneficiorum apud Sedem apostolicam vacantium specialius cæteris antiqua consuetudo romanis pontificibus reservavit. »

Boniface VIII étendit cette réserve à tous les fonctionnaires de la curie et aux prébendes de ceux qui mouraient à une distance de deux jours de marche de la curie romaine [1]. Jean XXII, dans la bulle *Execrabilis* [2], et Benoît XII, dans la bulle *Ad regimen* [3], multiplièrent considérablement les réserves, afin d'empêcher que les princes et les familles nobles ne traitassent les postes élevés de l'Église comme des places destinées à pourvoir à l'établissement de leurs enfants.

Les princes et les évêques de familles nobles protestèrent vivement contre cette extension des réserves. Martin V restreignit les réservations pontificales aux bénéfices qui deviendraient vacants dans les deux premiers mois de chaque saison, *reservatio octo mensium* [4]. Le concile de Bâle [5] ne voulut admettre que les réserves renfermées dans le *Corpus juris* [6], c'est-à-dire fixées par Clément IV et Boniface VIII. Le concordat de Vienne, en 1448 [7], étendit de nouveau les réserves papales à tous les bénéfices majeurs vacants par translation, privation ou renonciation, ou aux bénéfices majeurs qui seraient à pourvoir en cas d'élection annulée ou de postulation rejetée, puis à tous les bénéfices vacants par suite de promotion à une dignité supérieure, par l'acceptation d'un bénéfice incompatible ou par une résignation en faveur d'un tiers, et enfin à tous les bénéfices devenus vacants dans les mois impairs, janvier, mars, etc., ou dans les mois du pape *(menses papales)*, comme on disait

---

[1] C. xxxv, de præb., in VI°, III, 4.

[2] C. iv, de præb. in Extravag. comm. III, 2.

[3] C. xiii, de præb., in Extrav. comm., III, 2.

[4] Cette mesure est devenue la 9ᵉ règle de la chancellerie. Cf. Rigantius, *Comment. in Regul.*, t. II, p. 1.

[5] Conc. Basil., sess. xii, sess. xxiii, cap. vi (dans Hardouin, *Concilia*, t. VIII, col. 1157, 1210.

[6] Voyez t. Iᵉʳ, p. 108 et suiv.

[7] *Tabulæ conc. Vindob.*, dans Koch, *Sanctio pragm. Germ. illust.*, p. 213, Walter, *Fontes*, p. 109 et seq. Voyez les ouvrages cités dans Phillips, *Kirchenrecht*, t. V, p. 525, note 22; surtout Ditterich, *Primæ lineæ juris public. eccl.*, Arg., 1776, p. 119-238.

alors. En Allemagne, les derniers concordats ont aboli la plupart des réserves pontificales. Il n'en subsiste plus dans la province du Haut-Rhin ni dans le Hanovre.

En Prusse (telle qu'elle était avant 1866), tous les évêchés qui viennent à vaquer en cour de Rome sont réservés au pape, excepté les prévôtés, les canonicats des chapitres et des cathédrales et les canonicats de la collégiale d'Aix-la-Chapelle. Cependant, d'après la convention consignée dans la bulle *De salute animarum* [1], le roi a un droit de nomination aux prévôtés et aux canonicats. (Ce droit de nomination accordé à Frédéric II par Benoît XIV, quand Breslau échut à la Prusse, est exercé depuis par l'empereur.) D'après les concordats de Bavière [2] et d'Autriche [3], la première dignité du chapitre est seule réservée au pape; en Autriche, c'est la seconde, quand la première est un patronage laïque. En 1841, le roi de Bavière obtint aussi le droit de nommer aux prévôtés.

§ 102. Droit du pape d'exiger des subsides [4].

Ce droit, au moyen âge, s'exerçait de quatre manières. Le denier de Saint-Pierre, actuellement établi, n'est qu'un don volontaire; mais au moyen âge et jusqu'à la réforme, chaque famille d'Angleterre, de Suède et de Norwége était imposée pour un pfenning qui était payé au pape. Les redevances encore usitées aujourd'hui sont :

1° Les annates, qui dans le principe consistaient surtout à donner au pape les fruits de la première année d'un bénéfice par lui conféré. Cette taxe [5], très-modérée aujourd'hui, est acquittée pour la collation des siéges épiscopaux (elle a été fixée

---

[1] § Futuro autem tempore.
[2] Concordat de Bavière, art. 10.
[3] Concordat autrichien, art. 22. Voy. t. Ier, § 146, p. 368.
[4] Phillips, *Kirchenrecht*, §§ 235-38; *Lehrbuch*, § 101; Muratori, *De censibus ac reditibus olim ad roman. Ecclesiam spectantibus* (*Antiquit. ital.*, t. V, p. 797 et seq.
[5] A Fulde et Limbourg, elle est de 332 florins de la chambre (4 fl. 50 kreutzers rhénans); à Fribourg, de 698 1/3; à Hildesheim, de 756; à Osnabruck, Munster, Paderborn, Trèves, Culm et Ermland, de 566 2/3; à Cologne, Gnesen-Posen, Munich, de 1,000; à Breslau, de 1166 2/3. — Voyez Mejer, dans la *Revue du droit et de la politique de l'Église*, par Richter et Jacobson, livrais. II, p. 209.

par des concordats en ce qui concerne les diocèses érigés dans ce siècle);

2° La taxe du pallium, que les archevêques acquittent quand ils reçoivent le pallium (voy. ci-dessous les paragraphes sur les métropolitains et les archevêques);

3° Les taxes pour la confection des dispenses, elles sont presque toujours consacrées à des œuvres de bienfaisance et à des établissements d'instruction (voy. ci-dessous, *droit matrimonial*, § 211).

§ 103. Droits honorifiques du pape.

I. Ce sont le titre de pape, *papa*, que le saint-père porte seul en Occident depuis le sixième siècle; le titre d'*apostolique*, *Siège apostolique*, qui désigne le siège épiscopal de Rome [1]. Viennent ensuite les titres de *Souverain-Pontife*, *grand Pontife*, pontifex maximus, *vicaire de Jésus-Christ*, *vicaire de Dieu*, *vicaire de Pierre*. Quand on lui adresse la parole, on dit [2]: *Très-Saint Père*, Sanctissime Pater, *Votre Sainteté*, Sanctitas Vestra; tandis que lui-même se nomme *Pape*, papa, ou *évêque*, episcopus, et dans ses bulles *Serviteur des serviteurs de Dieu*, Servus servorum Dei [3].

II. En sa qualité de souverain-pontife, le pape, dans toutes ses fonctions religieuses et dans certaines grandes solennités, est revêtu d'une mitre ornée de trois couronnes, *tiara* ou *triregnum* [4]. Au lieu de la crosse recourbée des évêques, il porte un bâton pastoral en ligne droite, *pedum rectum* [5], semblable à celui de saint Pierre. Il porte en outre, dans toutes ses fonctions religieuses le *pallium*, imité de l'*humerale*, des prêtres de l'ancienne loi [6]. Le pallium est le symbole d'une communion étroite avec le Saint-Siége.

---

[1] Phillips, *Kirchenrecht*, t. V, §§ 239 et suiv.

[2] Voy. M. Eberhard, *De tituli Sedis apostolicæ ad insigniendam Sedem romanam usu antiquo et vi singulari*, Trevir., 1846, p. 33 et seq.

[3] C'est le titre que prend le pape depuis le schisme grec, contrairement à la qualification pompeuse que s'arrogeait le patriarche Michel Cérulaire (voy. § 20, n. 4).

[4] Autrefois, dans les grandes solennités, cette mitre avait deux couronnes; elle en a trois depuis Clément V.

[5] Cap. un., X, de sacr. unct., I, 15.

[6] X, tit. de usu et auctoritate pallii, I, 8. Cf. Phillips, *Kirchenrecht*, t. V, § 220, note 25; Walter, *Lehrbuch*, § 154, note 2 de la 14e édit.

ADDITION DU TRADUCTEUR.

Le pallium, considéré avec tous ses priviléges, est une marque de la juridiction attribuée à certain évêque sur les autres.

Il n'appartient qu'au pape et aux patriarches de donner le pallium; le pape le donne aux patriarches sans l'avoir reçu de personne; les patriarches ne peuvent le donner à leurs suffragants sans l'avoir reçu du pape. Le souverain-pontife peut augmenter le droit d'user du pallium en l'étendant à un plus grand nombre de jours et de fonctions; les patriarches ne le peuvent pas.

Le pallium peut être donné aux légats, aux vicaires apostoliques, aux primats, aux métropolitains, aux évêques. Les vicaires apostoliques sont les premiers à qui il a été donné. Le pallium, qui était autrefois une récompense du mérite, est maintenant un apanage de la dignité; il oblige à envoyer au pape sa confession de foi souscrite de sa main; à prêter le serment de fidélité et d'obéissance, à n'user du pallium qu'à la messe pontificale.

L'archevêque transféré à un évêché perd le pallium. Transféré à un autre archevêché, il a besoin d'en recevoir un nouveau.

Le pape, en accordant le pallium, joint à cette concession une commission par laquelle il ordonne à tout évêque qui sera choisi par le pourvu de le revêtir du pallium avec les cérémonies ordinaires. Le commissaire et le pourvu, étant convenu du jour et de l'église, s'y rendent; le commissaire dit la messe pontificale, fait prêter serment de fidélité au pourvu, qui est revêtu des ornements pontificaux, excepté la mitre et les gants, et à genoux. Le serment prêté, le commissaire met le pallium sur les épaules du pourvu, toujours à genoux, et lui dit : « En l'honneur de Dieu tout-puissant, de la bienheureuse Marie toujours Vierge, des bienheureux apôtres Pierre et Paul, de notre saint-père le pape, de l'Église romaine et de celle qui vous est commise, nous vous donnons le pallium pris du corps du bienheureux Pierre, avec la plénitude de l'office pontifical et le titre d'archevêque (ou patriarche), afin que vous en usiez dans votre Église aux jours exprimés dans le privilége accordé à votre Église par le Saint-Siége. » Le pourvu ôte ensuite le pallium qu'il a reçu, monte à l'autel, et, la croix devant lui, bénit le peuple, tête nue, supposé que la cérémonie se fasse en son église cathédrale ou dans quelque autre église de son diocèse ou de sa province.

III. Tous les fidèles sont tenus d'honorer le pape en priant pour lui. Un pieux usage veut aussi que les fidèles rendent hommage au pape et lui baisent les pieds [1].

---

[1] Phillips, *Vermischte Schriften*, t. II, p. 222; Cenni, *Dissertazioni*,

IV. Comme chef de la société chrétienne, le pape exige pour lui et pour ses légats la prééminence d'honneur [1]. Autrefois il était appelé à vider les contestations qui surgissaient entre les princes et leurs sujets [2].

§ 104. Le pape comme souverain des États de l'Église [3].

I. La souveraineté temporelle du pape sur les États de l'Église s'est développée à partir du huitième siècle, après que les empereurs grecs eurent renoncé au territoire de Rome, et quand les papes consacrèrent les biens de l'Église et employèrent leur autorité à protéger leurs peuples contre l'invasion des Lombards. Vinrent ensuite les donations de Pépin, de Charlemagne et d'autres empereurs.

ADDITION DU TRADUCTEUR.

Mgr Dupanloup résume ainsi les raisons qui militent en faveur du pouvoir temporel du Saint-Siége :

« L'histoire le démontre invinciblement, tous les grands esprits l'ont pensé, tous les vrais politiques le savent : « Ce sont les siècles qui ont fait cela, et ils l'ont bien fait, » disait avec son bon sens supérieur Napoléon Ier.

» Oui : il faut pour la liberté de l'Église, pour la nôtre, que le pape

---

Pistoi, 1779, in-4°, diss. v, p. 171 et seq.; Lupus, *Comment. ad Dist. Greg. VII* (Op., t. V, p. 195.)

[1] Phillips, *Kirchenrecht*, t. V, § 243; Hery, *Krœnung der Kaiser durch die Pæpste* (traduit du français), Schaffhouse, 1857; Ch. G. Buder, *De legationibus obedientiæ Romam missis*, Jen., 1737. Contre les erreurs de ce dernier, voy. Benettis, *Vindiciæ privilegiorum S. Petri*, t. VI, p. 401 et seq.

[2] Phillips, *Kirchenrecht*, loc. cit., p. 685 et suiv.

[3] Phillips, *Droit eccl.*, t. III, § 119; de Maistre, *Du Pape*, Lyon et Paris, 1819, liv. II, ch. v et s.; t. I, §§ 230 et s.; Gosselin, *Pouvoir du pape au moyen âge*, Paris, 1845; Dupanloup, *Sur la souveraineté temporelle du pape*, Paris, 1849, 2 vol.; Brasseur, *Histoire du patrimoine de saint Pierre*, Paris, 1853; Hergenrœther, *l'État ecclésiastique depuis la Révolution française*, Frib., 1860 (en allem.); Theiner, *la Souveraineté temporelle du Saint-Siège jugée par les conciles généraux de Lyon en 1245, de Constance en 1414, d'après des documents inédits*, Bar-le-Duc, 1867; Schrœdl, *Vœu du catholicisme et consentement du monde catholique sur l'importance et la nécessité de la domination temporelle et de la souveraineté du Saint-Siège*, Fribourg, 1867; Rattinger, *le Pape et l'État ecclésiastique* (*Voix de Maria-Laach*), Fribourg, 1866. Voyez d'autres ouvrages dans Walter, *Manuel*, § 130, 14e édit.; *la Sovranita temporale dei romani pontifici propugnata nella sua integrità dal' suffragio dell' orbe cattolico, regnante Pio IX, l'anno 14*, Roma, 1860-1862, 6 vol. in-4°.

soit libre et indépendant; il faut que cette indépendance soit souveraine; il faut que le pape soit libre et qu'il le paraisse; il faut que le pape soit libre au dedans comme au dehors; il le faut pour la dignité du gouvernement de l'Église et pour la sécurité de nos consciences; il le faut aussi pour lui assurer, dans les guerres que se font trop souvent les puissances chrétiennes, la neutralité qui convient au père commun des fidèles.

» Il ne suffit même pas que le pape soit libre dans son for intérieur, il faut que sa liberté soit évidente, il faut qu'aux yeux de tous il paraisse libre, qu'on le sache, qu'on le croie, qu'il ne s'élève à cet égard ni un doute ni un soupçon. Il serait libre au fond de son âme, que, s'il paraissait, je ne dis pas opprimé, mais simplement assujéti au joug d'un prince quelconque, de l'empereur d'Autriche, par exemple, ou de l'empereur de Russie, nous en serions blessés, nous en souffririons tous; il ne nous semblerait plus assez libre. Une défiance naturelle affaiblirait pour plusieurs, à leur insu, le respect et l'obéissance qui lui sont dus. Il faut, en effet, que son action, sa volonté, ses décrets, sa parole, sa personne sacrée, planent toujours souverainement au-dessus de toutes les influences, de tous les intérêts et de toutes les passions, et que ni les intérêts mécontents ni les passions irritées ne puissent protester contre lui avec une apparence quelconque de raison...

» J'ai déjà cité le premier consul; voici ce qu'il disait encore lorsqu'il aspirait à la gloire de Charlemagne. Hélas! nous savons ce que devint cette gloire; mais nul n'a contesté qu'il ne fût alors dans la plénitude de son génie :

« L'institution qui maintient l'unité de la foi, c'est-à-dire le pape, gardien de l'unité catholique, est une institution admirable. On reproche à ce chef d'être un souverain étranger. Ce chef est étranger, en effet, et il faut en remercier le ciel. Le pape est hors de Paris, et cela est bien; il n'est ni à Madrid ni à Vienne, et c'est pourquoi nous supportons son autorité spirituelle. A Vienne, à Madrid, on est fondé à en dire autant. Croit-on que, s'il était à Paris, les Viennois, les Espagnols consentiraient à recevoir ses décisions? On est donc trop heureux qu'il réside hors de chez soi, et qu'en résidant hors de chez soi, il ne réside pas chez des rivaux; qu'il habite dans cette vieille Rome, loin de la main des empereurs d'Allemagne, loin de celle des rois de France ou des rois d'Espagne, tenant la balance entre les souverains catholiques, penchant toujours un peu vers le plus fort, et se relevant bientôt si le plus fort devient oppresseur. Ce sont les siècles qui ont fait cela, et ils l'ont bien fait. Pour le gouvernement des âmes, c'est la meilleure, la plus bienfaisante institution qu'on puisse imaginer. Je ne soutiens pas ces choses par entêtement de dévôt, mais par raison. »

» Vainement plus tard, égaré par son extrême puissance et gêné dans les rêves de son ambition par la souveraineté du pontife, essaya-t-il d'abriter une autre doctrine derrière le grand nom de Bossuet, un simple prêtre, M. Emery, eut le courage de lui répondre :

« Sire, Votre Majesté honore Bossuet et se plaît à nous le citer. Voici ses paroles :

« Nous savons que les pontifes romains possèdent aussi légitimement que qui que ce soit, sur la terre, des biens, des droits et une souveraineté (*bona, jura, imperia*). Nous savons de plus que ces possessions, en tant que dédiées à Dieu, sont sacrées, et qu'on ne peut, sans commettre un sacrilége, les envahir. Le Siége apostolique possède la souveraineté de la ville de Rome et de ses États, afin qu'il puisse exercer sa puissance spirituelle dans tout l'univers plus librement, en sécurité et en paix (*liberior ac tutior*). Nous en félicitons non-seulement le Siége apostolique, mais encore toute l'Église universelle, et nous souhaitons de toute l'ardeur de nos vœux que ce principat sacré demeure à jamais sain et sauf en toutes manières. »

» Bossuet écrivait encore : « Dieu, qui voulait que cette Église, la mère commune de tous les royaumes, dans la suite ne fût dépendante d'aucun royaume dans le temporel, et que le Siége où tous les fidèles devaient garder l'unité, à la fin, fût mis au-dessus des partialités que les divers intérêts et les jalousies d'État pourraient causer, jeta les fondements de ce grand dessein par Pépin et par Charlemagne: C'est par une heureuse suite de leur libéralité que l'Église, indépendante dans son chef de toutes les puissances temporelles, se voit en état d'exercer plus librement, pour le bien commun et sous la commune protection des rois chrétiens, cette puissance céleste de régir les âmes; et que, tenant en main la balance droite, au milieu de tant d'empires souvent ennemis, elle entretient l'unité dans tout le corps, tantôt par d'inflexibles décrets et tantôt par de sages tempéraments. » (*Discours sur l'unité de l'Église.*)

II. Quant à la prétendue donation de Constantin, elle provient d'une altération faite en France dans le cours du neuvième siècle[1], et qui a passé dans le décret de Gratien.

ADDITION DU TRADUCTEUR.

Le *Liber pontificalis* énumère quantité d'édifices et de biens-fonds dont Constantin aurait fait donation à l'Église romaine en différents pays. Malheureusement, dit Dœllinger, les sources d'où ces renseignements émanent, et où il est fait un si fréquent emploi des fictions qui se

---

[1] Voir la *Donation de Constantin,* appendice au travail de Dœllinger sur les *Fables des papes au moyen âge.* Extrait de la *Civiltà*, Mayence, 1836. Voyez *Archives*, t. XVIII, p. 492.

rapportent au temps de Symmaque, suffiraient déjà pour rendre ces documents suspects. Le soupçon augmente quand on s'aperçoit qu'un nombre si prodigieux de donations est attribué au seul Constantin et que le *Liber* n'en met pas un seul sur le compte des empereurs qui se sont succédé jusqu'à Julien et Justinien, lesquels n'auraient donné que des vases.....

Avant le milieu du huitième siècle, on ne trouve aucun vestige de cette donation, devenue si célèbre depuis, en vertu de laquelle Constantin aurait donné au pape Sylvestre des droits politiques fort étendus, notamment la propriété de Rome et de l'Italie.

D'après le document de la donation de Constantin, voici les avantages qu'auraient obtenus le pape et le clergé de Rome :

1° Constantin veut élever le Siége de Pierre au-dessus même de l'empire et de son siége terrestre, en lui conférant la puissance et les honneurs impériaux ;

2° Le Saint-Siége aura juridiction sur les siéges patriarcaux d'Alexandrie, d'Antioche, de Jérusalem, de Constantinople et sur toutes les autres Églises ;

3° Il réglera tout ce qui a rapport au culte et à la foi chrétienne ;

4° Au lieu du diadème que l'empereur devait placer sur la tête du pape, mais que le pape refusait d'accepter, Constantin lui a concédé, à lui et à ses successeurs, le *phrygium* (ou la tiare), le *lorum*, qui orne le cou de l'empereur, de même que les autres vêtements de couleur et les insignes de l'empire ;

5° Le clergé aura le glorieux privilége de faire partie du Sénat impérial, afin de pouvoir arriver aux charges de patrice et de consul, et porter les insignes des premiers fonctionnaires impériaux ;

6° Les fonctions de *cubicularii*, d'*ostiarii* et d'*excubitæ* seront instituées dans l'Église romaine ;

7° Les clercs de Rome se serviront de chevaux couverts de housses blanches, et, comme le Sénat, porteront des sandales blanches ;

8° Quand un membre du Sénat voudra devenir clerc et qu'il aura le consentement du pape, nul ne pourra s'y opposer ;

9° Constantin abandonne au pape Sylvestre et à ses successeurs la souveraineté permanente de Rome, des provinces, villes et forteresses de la Haute-Italie ou des provinces occidentales [1].

III. La possession d'un État ecclésiastique indépendant est la seule garantie suffisante de la liberté et de l'indépendance du pape dans le gouvernement de l'Église [2].

[1] Dœllinger, *Inventions sur les papes du moyen âge*.
[2] Le *Syllabus* a condamné les erreures suivantes relativement au pouvoir temporel du pape : « Les fils de l'Église chrétienne et catholique

IV. Après que Napoléon eut enlevé au pape sa souveraineté temporelle et l'eut emmené prisonnier, le congrès de Vienne (1815) lui garantit de nouveau la possession des États de l'Église (art. 103). Aujourd'hui le pape est de nouveau privé de toute possession effective des États ecclésiastiques. En 1860, le gouvernement piémontais lui enlevait la majeure partie de ses domaines, et en 1870 il s'emparait du reste par la ruse et la violence [1].

§ 105. Les droits métropolitains du pape [2].

Le pape est également investi des droits de métropolitain dans les provinces qui en sont dépourvues. Ainsi, il exerce les droits de patriarche en Occident [3], les droits de primat en Italie, et les droits d'archevêque dans les diocèses situés dans les alentours de Rome (suburbains), actuellement au nombre de quatre-vingt-quinze. Autrefois, il n'y avait dans ce nombre que les sept diocèses du Latium, dont deux furent unis de bonne heure. On range aussi dans la province ecclésiastique de Rome les évêchés exempts (par exemple ceux d'Hildesheim et d'Osnabruck, de Breslau), puis les archevêchés qui n'ont point de suffragants.

§ 106. Droits diocésains du pape [4].

Pour la ville de Rome et son entourage immédiat, dans une circonférence de quarante milles *(comarca di Roma)*, le pape

disputent entre eux sur la compatibilité de la royauté temporelle avec le pouvoir spirituel. » — « L'abrogation de la souveraineté civile dont le Saint-Siège est en possession servirait, et même beaucoup, à la liberté et au bonheur de l'Église. « (Cf. *Archives*, t. XIII, p. 325 et suiv.)

[1] Voyez t. Ier, § 51, fin, p. 630. L'encyclique *Respicientes ea omnia*, du 1er novembre 1870 (*Archives*, t. XXV, p. 35 et suiv.), déclare expressément que tous ceux qui ont pris une part quelconque à l'occupation des États de l'Église sont excommuniés. — Voyez aussi la lettre de Mgr Dupanloup, évêque d'Orléans, à Minghetti, ministre italien, sur le pillage de l'Église, 1874 (*Salzb. Kirchenblatt*, n. 47 et suiv., et Amberg, 1875).

[2] Phillips, *Droit eccl.*, t. II, § 69; t. V, § 245; t. VI, § 276.

[3] Octaviani, *De veteribus finibus romani patriarchatus*, Neap., 1828; Maassen, *Der Primat des Bischofs von Rom und die alten Patriarchalkirchen*, p. 119.

[4] Phillips, *Droit ecclés.*, t. V, § 245, p. 711.

exerce les fonctions d'évêque diocésain. Il est remplacé en cette qualité par un cardinal-vicaire, assisté lui-même d'un coadjuteur, *vice gerente*.

III. L'ÉLECTION DU PAPE[1].

§ 107. Aperçu historique.

I. Anciennement l'élection du pape était faite, comme celle des autres évêques, par l'épiscopat du voisinage, par le clergé et le peuple de la ville.

Les empereurs romains, devenus chrétiens, exerçaient en qualité de protecteurs de l'Église une certaine influence sur l'élection ; après eux, ce furent les maîtres politiques de Rome, les rois de Germanie, puis les empereurs grecs, quand ils eurent reconquis l'Italie. Plus tard, cette influence passa aux empereurs romains de nation allemande, en leur qualité de protecteurs. La liberté de l'élection fut souvent entravée par les souverains et par les partis. Pour mettre un terme à cet abus, Nicolas II, en 1059, traça un règlement plus précis[2], et l'élection

---

[1] Phillips, *Kirchenrecht*, t. V, §§ 246-260; Hinschius, *Kirchenrecht*, t. I, p. 247-289. Voyez aussi Berthmann, *Die ältesten Streitschriften über die Papstwahl* (Pertz, *Archives*, t. XI, livrais. 5 et 6); Floss, *Die Papstwahl unter den Ottonen*, Fribourg, 1858, et *Leon. VIII privilegium de investituris Ottoni I imperatori concessum*, Friburgi Brisigav., 1858. Voyez A. Huber, *Archives*, t. IV, p. 73; Zœpfell, *Die Papstwahlen und die mit ihnen im næchsten Zusammenhang stehenden Ceremonien in ihrer Entwickelung vom 11 bis 14 Jahrhundert, nebst einer Beilage : Die Doppelwahl des Jahres 1130*, Gœttingue, 1872; O. Lorenz, *Papstwahl und Kaiserthum. Historische Studie*, Berlin, 1874. (Sur cet ouvrage de tendance, qui attribue faussement aux pouvoirs civils une part à l'élection du pape ou qui exagère cette part quand elle existe, voy. : Cardauns, dans *Literar. Rundschau*, 1875, n. 2, p. 25 et suiv.); Weizsæcker, *Die Papstwahl von 1059 bis 1130*, dans *Jahrbüch. für deutsche Theologie*, t. XVII, p. 486 et suiv.; le même, *Die Decretale. Licet de vitanda*, t. XVIII, p. 1; Mor. Mejer, *Die Wahl Alexander's III und Vict. IV*, Gœttingue, 1871; Mayer, *Die Papstwahl Innocenz III nach Originalquellen*, Vienne, 1874; Bouix, *De curia roman.*, p. 126 et seq.; *De Papa*, t. III, p. 341-344; collection de documents d'après les *Acta Legationis romanæ Josephi episcopi Gurcensis*, Munich, 1875.

Saint Cyprien (mort en 258) nous a conservé la formule ordinaire d'acclamation : « Nos Cornelium episcopum sanctissimæ catholicæ Ecclesiæ electum a Deo omnipotente et Christo Domino nostro scimus » (*Ep.* XLVI). L'élu était immédiatement consacré par l'évêque d'Ostie.

(*Note du trad.*)

[2] Nicol. II, in *Conc. Lateran.*, an. 1059 (cap. I, d. 23; Pertz, *Leg.* II, ap. p. 176). Cf. c. I, IX, d. 79; Phillips, *Kirchenrecht*, t. V, § 251; Will, *Die*

échut en grande partie aux cardinaux ; les empereurs cessèrent les premiers d'y prendre part, puis vint le tour du clergé et du peuple [1].

II. Alexandre III décida, au troisième concile de Latran (1179), qu'il faudrait une majorité des deux tiers au moins des cardinaux présents pour que l'élection fût valide [2].

III. Grégoire X rendit de nouveaux et importants décrets au deuxième concile de Lyon (1274) [3], d'une part pour hâter l'élection, de l'autre pour écarter toute immixtion étrangère. Il établit le conclave, afin que les cardinaux qui devaient procéder à l'élection habitassent ensemble dans un local où ils n'auraient aucune communication avec le dehors. On pouvait, s'il en était besoin, les forcer par le retranchement des vivres de hâter l'élection.

IV. Clément V, probablement au concile de Vienne, en 1311, confirma les prescriptions de Grégoire X et les compléta par de nouveaux décrets [4]. Il statua notamment que les cardinaux mêmes qui auraient encouru l'excommunication majeure ou mineure, la suspense ou l'interdit, auraient le droit de participer à l'élection. Ces mesures avaient pour but de prévenir toutes les objections qui pourraient s'élever après coup contre l'élection.

V. Clément VI [5] apporta au régime sévère du conclave quelques adoucissements qui subsistent encore aujourd'hui.

Anfänge der Restauration der Kirche im elften Jahrundert, Marburg, 1864, 2ᵉ part., p. 166; le même, dans *Forschungen der deutschen Geschichte*, 1864, p. 537 et suiv.; Waitz, *ibid.*, p. 103 et suiv.; 1867, p. 401 et suiv.; Giesebrecht, *Münchener historische Jahrbücher für* 1866, p. 113, 156 et suiv.; H. Saur, *De statuto Nicolai II*, Bonn, 1866; Will, dans *Reuch's Theol. Literaturblatt*, 1868, p. 438 et suiv.; Hinschius, *op. cit.*, p. 248 et suiv. — Sur la falsification de ce décret, voyez Jaffé, *Bibl. rer. Germ.* (Monum. Gregor.), t. II, p. 601.

[1] Voy. Gratien., ad c. XXXIV, d. 63, avec la décision du deuxième concile de Latran (1139) sur c. VI, X, de elect., I, 6.

[2] C. VI, X, de elect., I, 6.

[3] C. III, in VI°, de elect., I, 6.

[4] Clem. II *De elect.*, I, 3. Les papes Adrien V, Jean XXI et Nicolas IV supprimèrent la constitution de Grégoire X, qu'ils trouvaient trop sévère. Célestin V la rétablit.

[5] Clem. VI const. *Licet in constitutione*, de 1351. — Après la mort de Clément VI, les cardinaux assemblés en conclave rédigèrent une capitulation électorale que chacun d'eux s'engagea d'observer s'il était élu

VI. Jules II, se souvenant des moyens de corruption qu'avait employés son prédécesseur, Alexandre VI Borgia, pour se faire élire (1492-1503), déclara qu'à l'avenir toute élection procurée par la simonie serait invalide [1].

VII. Paul IV (1555-1559), imitant l'exemple du pape Symmaque en 499, édicta des peines sévères contre ceux qui, du vivant du pape, feraient des brigues pour obtenir sa succession [2].

VIII. Pie IV (1559-1564) porta [3] d'autres décrets sur l'élection du pape, sur l'administration des États de l'Église pendant la vacance du siège et sur les conclavistes, c'est-à-dire sur les personnes qui devaient entrer au conclave avec les cardinaux. Il déclara en outre [4] que, dans le cas où il mourrait à Trente ou hors de Rome, le collège des cardinaux s'assemblerait à Rome, et que l'élection ne serait pas faite par le concile de Trente.

IX. Grégoire XV, s'appuyant sur les anciens décrets, précisa jusque dans les moindres détails le mode d'élection actuellement en vigueur [5]. Le règlement et le cérémonial de Grégoire XV furent confirmés par son successeur Urbain VIII [6] (1625). Clément XII, en 1732, y fit encore quelques additions [7].

---

pape. Cette capitulation restreignait beaucoup les droits du pape en faveur des cardinaux, notamment en ce qui concernait leur nomination et leur déposition ; elle interdisait au pape de confier à ses proches certaines fonctions dans la curie et dans l'administration de l'État ecclésiastique.

Innocent VI, nommé dans ce conclave (1352-1362), la révoqua peu de temps après son élection par la bulle *Sollicitudo* de 1353, parce qu'elle entamait les pleins pouvoirs que Dieu a transmis à Pierre.

[1] Jul. II constit. *Cum tam divino* du 14 jan. 1505 (*Magn. Bullar.*, I, 466).

[2] Paul. IV constit. *Cum secundum apostolum* de 1553 (*Magn. Bullar.*, I, 836).

[3] Pii IV constit. *In eligendis* du 9 oct. 1562 (*Magn. Bullar.*, II, 97).

[4] Pii IV constit. *Prudentiæ patrisfamilias* de 1561 (*Magn. Bullar.*, t. IV, part. II, p. 90).

[5] Gregor. XV, constit. *Æterni Patris Filius* du 15 novembre 1621 (*Magn. Bull.*, III, 444). La constitution *Decret. romanum* approuva un cérémonial publié le 2 avril 1622 (*Magn. Bullar.*, III, 454).

[6] Urbain VIII, constit. *Ad romanum pontificem* du 15 février 1625, publiée le 6 juillet 1626 (*Magnum Bullar.*, IV, 95). Voir les constitutions sur cette matière dans Meuschen, *Cæremonialia electionis et coronat. pontif. rom.*, Francof., 1737, in-4°.

[7] Clem. XII bull. *Apostolatus officium* du 11 octobre 1732 (*Bullar. rom.*, XIII, 302).

§ 108. Le droit actuel[1].

I. Le onzième jour après la vacance du Saint-Siége, tous les cardinaux qui se trouvent à Rome doivent entrer au conclave, à moins qu'ils ne soient excusés par la maladie. Il n'est pas nécessaire d'inviter les cardinaux étrangers, et nul ne peut se faire remplacer. Ceux qui arrivent après l'ouverture du conclave peuvent y entrer, mais il ne leur est pas loisible de se retirer, à moins que les médecins ne confirment par serment la maladie de celui qui demande à sortir. Les cardinaux qui font partie du conclave doivent avoir reçu au moins le sous-diaconat, à moins d'un privilége du pape. Les cardinaux suspens et excommuniés ne sont pas exclus[2].

Chacun est éligible, à moins d'un obstacle provenant du droit humain. Celui-là seul qui se rend coupable de simonie ou d'hérésie ne peut être validement élu[3]. On peut être nommé sans appartenir au collége des cardinaux, quoiqu'il n'y en ait point d'exemple depuis Urbain VI[4].

II. L'élection a lieu, ou :

1° Comme par inspiration, *quasi per inspirationem*, quand un seul ou plusieurs proposent un candidat et que tous l'acceptent aussitôt par acclamation ; ou :

2° Par compromis, *per compromissum*, quand, par suite d'un décret unanime, on confie à quelques cardinaux en nombre impair, trois, cinq, sept au plus, le soin de nommer le pape à la majorité des voix ;

3° Ordinairement par le scrutin, en donnant deux fois par jour des bulletins fermés, jusqu'à ce que les deux tiers des suffrages se soient réunis sur une seule tête.

III. L'Autriche (l'empereur du temps de l'empire romain), la France, Naples et l'Espagne, tant qu'elles furent considérées comme puissances catholiques, avaient le privilége, quand l'élection n'était pas encore consommée, de désigner chacune un candidat qui leur déplaisait. Ce *veto*, qui n'était qu'un acte

---

[1] Phillips, *Droit eccl.*, t. V, § 246; Hinschius, *Droit eccl.*, t. I, § 29.
[2] Clem. II, § 4, h. t., I, 3.
[3] Jul. II const. *Cum tam divino*.
[4] Avant Urbain VI, les papes Urbain IV, Grégoire X, Célestin V et Urbain V n'avaient pas été choisis parmi les cardinaux.

d'opportunité politique, n'était point fondé sur une nécessité de droit [1].

IV. Dès que l'élu a accepté sa nomination, il acquiert tous les droits attachés au souverain-pontificat et est proclamé pape. Il est ensuite consacré, s'il n'est pas encore évêque, par le cardinal-doyen, l'archevêque d'Ostie, reçoit le pallium et la couronne, et prend solennellement possession de Latran, la principale église de la chrétienté.

V. On n'a jamais vu qu'un pape régnant ait lui-même nommé son successeur [2].

VI. Le Saint-Siége ne peut devenir vacant que par la mort ou la résignation du pape [3].

VII. Pendant la vacance du Saint-Siége, le gouvernement de l'Église ne passe point aux cardinaux ; ils ne peuvent accomplir que les actes qui ne souffrent point d'ajournement.

[1] Voyez les détails que nous avons donnés dans les *Archiv.*, t. XXVIII, p. 68 et suiv. Comparez t. Ier, p. 170, la note 2, et la déclaration collective des évêques d'Allemagne (janvier et février 1875) contre la dépêche circulaire de M. Bismarck, ministre des affaires étrangères, du 14 mai 1872 (*Archives*, t. XXXIII, p. 338).

Hinschius, *Droit eccl.*, t. I, § 30, p. 294, termine ainsi ses excellentes remarques : « Si l'on ne tenait pas compte d'une exclusive, chose qui n'est pas encore arrivée, du moins à notre connaissance (?), cette omission n'aurait aucune influence sur une élection d'ailleurs valide, car cette institution est une pure affaire de convenance ; il n'est dit nulle part dans les constitutions sur l'élection du pape qu'il faille avoir égard à une pareille protestation, ni, à plus forte raison, qu'elle soit une condition de la validité. »

Voyez aussi Bouix, *De Papa*, vol. III, p. 341 et seq.; Granderath, dans les *Voix de Maria-Laach*, 1875, livrais. 1, p. 36.

Voici ce qu'on mandait de Rome à la *Germania* (1875, n. 42), sous la date du 18 février 1875 : « Il est avéré maintenant, de la manière la plus positive, dans les cercles les plus étendus, que le mode de l'élection du pape n'a été ni secrètement ni publiquement modifié. Mais il est également certain qu'il existe une bulle de Pie IX non encore publiée jusqu'ici, qui autorise les cardinaux, pour la prochaine élection du pape, à se considérer comme légalement dispensés de certaines cérémonies pendant le conclave, si les circonstances devaient l'exiger.

» Ce n'est pas là du reste une nouveauté. Plusieurs papes ont laissé de pareilles bulles, notamment Pie VI et Pie VIII. Si un gouvernement s'en autorisait pour ne pas reconnaître l'élection, ce serait aussi absurde que s'il lui prenait fantaisie de refuser son consentement à la rédemption du monde par Jésus-Christ. Il y a des choses qui échappent absolument à toute puissance humaine, et il faut ranger dans ce nombre la papauté et la manière reconnue valide par l'Église de la perpétuer dans l'Église. »

[2] Voy. Phillips, *Kirchenrecht*, t. V, p. 729 et suiv. — [3] Id., p. 716 et suiv.

IV. LA CURIE ROMAINE[1].

§ 109. Considérations générales.

La curie romaine se compose des fonctionnaires qui entourent le pape et l'assistent dans le gouvernement de l'Église universelle, des États de l'Église, de la province ecclésiastique de Rome et du diocèse de Rome, y compris ceux qui n'ont reçu du pape que des titres purement honorifiques[2]. Dans un sens plus restreint, le titre de curie romaine s'applique exclusivement aux autorités dont le pape se sert habituellement pour régir l'Église universelle[3]. Elles se composent :

1° Des cardinaux (voy. le § suivant);

2° Des prélats, c'est-à-dire des ecclésiastiques qui occupent dans la curie romaine le premier rang après les cardinaux et ont la préséance sur tout le reste du clergé de Rome. Ils peuvent représenter le pape en vertu d'un pouvoir ordinaire ou délégué[4]. Outre ces prélats proprement dits, il y a quantité de prélats honoraires.

---

[1] Bangen, *Die rœmische Curie,* Munster, 1854; Bouix, *Tractatus de curia romana,* Paris, 1859 (beaucoup de choses surannées); Phillips, *Kirchenrecht,* t. VI, Ratisbonne, 1864.

[2] Sur la demande faite au concile du Vatican concernant la concession de prélatures honorifiques à des ecclésiastiques qui résident hors de Rome, voy. ci-dessus, § 71.

[3] Pie VI entreprit la réforme de la curie romaine par sa constitution *Diuturnus* de 1800 (*Continual. Bull. rom.*, t. XI, p, 48). — Au concile du Vatican, plusieurs prélats français ont exprimé le désir que, dans la création des cardinaux, on eût égard à la connaissance pratique des affaires et de l'administration ecclésiastiques; qu'on fît entrer autant que possible dans le collége de cardinaux et dans les congrégations romaines des hommes de toutes les nations, afin que les besoins et les intérêts de toutes y fussent représentés par des hommes qui ont appris à les connaître dans leurs fonctions d'évêques, de vicaires généraux, d'officiaux, de curés, de supérieurs d'ordres ou de missionnaires. — Cf. Martin, *Collect.*, ed. 2, p. 156.

Peut-être pourrait-on aussi exprimer le désir que la procédure des congrégations fût simplifiée à certains égards et qu'elles remplissent plutôt les fonctions de juges que celles de législateurs.

[4] Voyez, sur les prélats pontificaux, Phillips, *Droit eccl.*, t. VI, §§ 283-319. Plusieurs classes de prélats forment en même temps des colléges particuliers, comme les auditeurs de Rote et les sept protonotaires participants, c'est-à-dire les notaires qui participent aux revenus du collége; puis les protonotaires d'honneur, qui se divisent en protonotaires *ad instar participantium;* ils sont immédiatement élus par le pape et parti-

3° Des curialistes, ou employés subalternes des congrégations romaines. On donne aussi ce nom aux personnes qui se chargent des intérêts des parties. Ce sont d'abord les avocats qui rédigent sur des questions de droit des consultations qui doivent servir de bases pour les jugements. Quand ils ne possèdent point de prélature, ils représentent, moyennant une rétribution, les parties devant les tribunaux. Il y a aussi des avocats en titre qui, au lieu d'exercer leur profession après avoir subi leur examen, remplissent certaines fonctions de juges auxiliaires.

Viennent ensuite les procurateurs, qui sont principalement chargés de représenter les parties dans les affaires de procédure, et reçoivent des honoraires ; les notaires, qui rédigent les pièces relatives aux affaires de justice ; les expéditeurs et les solliciteurs, qui fonctionnent soit dans les congrégations, soit comme auxiliaires des avocats et des procurateurs ; les agents enfin, qui sont employés par les évêques ou par les parties pour hâter l'expédition des affaires en cour de Rome, et obtenir communication des actes, des décrets de la curie romaine [1].

§ 110. Les cardinaux [2].

I. Anciennement, il y avait à Rome vingt-cinq églises principales, *tituli* (ce nombre s'accrut dans la suite), dont chacune était dirigée par un prêtre chargé de l'administration des sacrements. Il y avait en outre, dans chacun des sept principaux quartiers, un diacre qui faisait l'inspection des asiles pour les pauvres et les malades, et des églises qui s'y rattachaient. Ces

---

cipent aux priviléges des membres du collége, sans avoir part à ses revenus, et en protonotaires simplement honoraires, *protonotarii titulares*. V. la const. *Apost. Sedis* de Pie IX (29 août 1872 ; *Archives*, t. XXII, p. 438).

[1] Les évêques allemands, réunis en conférence à Wurzbourg, le 9 novembre 1848, avaient conçu le projet d'établir à Rome un agent général qui serait chargé de gérer leurs affaires. Ce projet a échoué. (Voyez *Archives*, t. XXII, p. 438.)

[2] Ouvrages à consulter : Phillips, *Droit canon*, t. VI, §§ 284-292 ; du même, *Mélanges*, t. II, p. 226 ; Lupoli, *Instit. jur. eccl.*, t. II, p. 177 ; Bangen, *la Curie romaine* (en allem.), p. 26, et en appendice : *Cæremoniale eminentissimorum cardinalium* ; Hinschius, *Droit canon*, t. I, p. 309. Pour la partie historique, Thomassin, *Ancienne et nouvelle discipline*, part. I, liv. II, ch. cxiii-cxvi.

prêtres et ces diacres, établis d'une manière permanente, *presbyteri, diaconi intitulati, incardinati, cardinales*, constituaient, comme c'était le cas dans toutes les villes épiscopales, le clergé de l'évêque; et à Rome le clergé du pape. Il y avait en outre à Rome, à dater du neuvième siècle, les sept, et plus tard les six évêques du Latium, qui résidaient dans la ville sainte depuis que leurs siéges avaient été détruits (voy. § 105).

II. Ce clergé du pape *(presbyterium)* a donné naissance au collége actuel des cardinaux, ou du sénat qui assiste le pape dans le gouvernement de l'Église et est chargé de son élection. Il occupe après lui le plus haut degré dans l'ordre hiérarchique, mais seulement à dater du onzième siècle [1].

III. Sixte V, par sa constitution *Postquam verus ille* de 1586 et sa constitution *Religiosa sanctorum* de 1587, fixa le nombre des cardinaux à soixante-dix, ainsi répartis : six cardinaux-évêques, représentant les six évêques du Latium, qui résidaient autrefois à Rome ; cinquante cardinaux-prêtres (les évêques du dehors que le pape nomme cardinaux n'ont eux-mêmes que le rang de cardinaux-prêtres), et quatorze cardinaux-diacres.

IV. Les cardinaux sont nommés par le pape et choisis autant que possible dans toutes les nations de la chrétienté [2], selon le vœu du concile de Trente [3]. Ils doivent posséder toutes les qualités que les lois de l'Église exigent des évêques [4]. Ils ont le rang de prince électeur, portent comme marque d'honneur une barette rouge, un chapeau rouge [5], un manteau de pourpre [6] et reçoivent le titre d'éminence [7].

V. Chaque cardinal a la juridiction sur une église de Rome,

---

[1] Autrefois, le nombre des cardinaux variait beaucoup : au quatorzième siècle, il fut souvent réduit à vingt et même à quinze ; mais il devint, avec le temps, beaucoup plus considérable. Le concile de Bâle (1439), par économie, le borna à vingt-quatre, et ce chiffre fut longtemps maintenu. Léon Ier l'agrandit sensiblement. *(Note du trad.)*

[2] Le collége doit comprendre au moins quatre théologiens choisis dans les ordres mendiants. *(Note du trad.)*

[3] Conc. Trid., sess. XXIV, cap. 1, de reform. Voyez aussi le *postulatum* adressé au concile du Vatican, § 109, p. 286, note 3.

[4] Conc. Trid., *loc. cit.*

[5] Il a été accordé par Innocent IV en 1245.

[6] Ce titre d'honneur remonte à Paul II, en 1464.

[7] Ce titre leur a été donné par Urbain VIII, en 1630.

dont il porte le titre. (Sur le droit d'ordination des cardinaux, voy. ci-dessus § 63).

VI. Quand un titre de cardinal devient vacant à Rome, le cardinal du même ordre qui vient immédiatement après et qui est présent à Rome a le droit d'option [1] : il peut renoncer à son titre et prendre le titre vacant. Le plus ancien cardinal-diacre a également le droit d'option concernant le dernier titre de prêtre, et le plus âgé des prêtres-cardinaux relativement au dernier titre épiscopal. Un diacre qui est depuis dix ans membre du collège des cardinaux précède, pour le droit d'option, les prêtres qui sont entrés plus tard que lui. Par suite de cette option, le doyen et le président du collège des cardinaux, l'évêque d'Ostie, est ordinairement le plus ancien des cardinaux.

VII. Les cardinaux ne sont soumis qu'à la juridiction du pape. Les censures ordinaires ne les atteignent pas [2].

VIII. Le pape choisit parmi les cardinaux les membres et les présidents des différentes congrégations (voy. le § suivant); il réunit tous ceux qui sont présents à Rome, soit en consistoire secret pour délibérer sur certaines affaires importantes, *consistorium ordinarium* [3], et il y prononce une allocution sur les évènements les plus graves; soit en consistoire extraordinaire et public, afin de relever la pompe d'une solennité, par exemple pour la remise du chapeau de cardinal, la réception solennelle de quelque prince, la canonisation ou béatification d'un saint après que le procès canonique est terminé [4].

ADDITION DU TRADUCTEUR.

Plusieurs monarques ont le droit de recommander des personnes pour le cardinalat. Le règlement des cardinaux dressé par Paul II veut que la Chambre fournisse une subvention mensuelle à ceux qui n'ont pas des revenus suffisants et qu'ils aient une part à la *rotule*, c'est-à-dire à l'argent qu'on distribue aux cardinaux des congrégations ou à

---

[1] Voy. card. Laur. Brancatius, *Diss. de optione sex episcopatuum*, Rom., 1672; sur les priviléges des cardinaux en général, voy. du même *Epitome canonum*, Colon. Agripp., 1684, in-fol., s. v. *Cardinales*.

[2] Voy. Conc. Trid., sess. XXIII, cap. I, de ref.

[3] Voyez Phillips, *op. cit.*, t. VI, § 292; Gabr. Palæoti, *De sacri consistorii consultationibus*, Rome, 1592, in-fol.

[4] Voyez Benedict. XIV, *De servorum Dei beatificatione et beatorum canonizatione*, edit. 2, Patav., 1743, 4 vol. in-fol.; Bangen, *Die rœmische Curie*, §§ 66-73; Walter, *Lehrbuch*, § 291.

ceux qui remplissent quelque fonction. Ils jouissent d'une foule de droits; ils peuvent siéger et voter dans les conciles œcuméniques, et l'inviolabilité de leur personne est protégée par les plus graves censures ecclésiastiques.

Leurs vertus et leurs mœurs doivent être au niveau de leur dignité et de leurs prérogatives. « Comme ils assistent de leurs conseils le trèssaint père dans l'administration de l'Église universelle, ce serait une chose bien étrange, si en même temps il ne paraissait pas en eux des vertus si éclatantes et une vie si réglée qu'elle pût attirer justement sur eux les yeux de tout le monde [1]. »

Le cardinal doyen est le chef du Sacré-Collège. Cette dignité, d'après les règlements de Paul V (1555), de Benoît XIII (1724) et de Clément XII (1731), revient toujours au plus âgé des cardinaux-évêques, quand il se trouve à Rome au moment de la vacance. Il y a, de plus, un cardinal camerlingue distinct du cardinal camerlingue du Saint-Siège, chargé d'administrer les revenus du Sacré-Collège. Il y a enfin un *clericus nationalis*, qui tient la place d'un secrétaire et qui doit être tour-à-tour français, allemand et espagnol; un solliciteur, qui soigne les actes juridiques du collège, et un compatiste, qui tient compte des revenus du Sacré-Collège.

§ 111. Principales autorités de la curie romaine [2].

I. Les principales congrégations de cardinaux sont :

1° La congrégation consistoriale, *congregatio consistorialis*, créée par Sixte V. C'est une commission de huit à douze cardinaux présidée par le pape, où l'on prépare les questions qui doivent être agitées en consistoire. On appelle avocats consistoriaux les avocats qui ont seuls le droit de plaider ou de défendre les causes qui passent par le consistoire.

2° La congrégation de l'Inquisition ou du Saint-Office, que Sixte V établit à la place du tribunal de l'Inquisition instituée par Paul III en 1542. Elle prononce sur l'hérésie qualifiée (voy. ci-dessous § 156) [3].

---

[1] Conc. Trid., sess. v, cap. i, de reform.
[2] Phillips, *Kirchenrecht*, t. VI, §§ 319-332; Bangen, *op. cit.*, p. 80 et s.; *Analecta juris pontif.*, II, 2230-82, 2364-2424; Joan. Simor, *De sacris congregationibus romanis et earum auctoritate* (*Archives*, t. XI, p. 410, t. XV, p. 133).
[3] Cf. Simor, *Archives*, t. XV, p. 133; Phillips, *Droit eccl.*, t. VI, p. 322 et suiv. Sur le procès de Galilée introduit autrefois devant l'inquisition romaine et si souvent dénaturé, voyez les actes dans Marini, *Galileo e l'Inquisizione*, Roma, 1850; Reusch, dans son *Theol. Lit.-Blatt*, 1867,

3. La congrégation de l'Index, *Congregatio indicis librorum prohibitorum*, établie par Pie V en 1571 pour décider, d'après les dix règles dressées par le concile de Trente, sur les livres qui doivent être défendus, sur les écrits qui offusquent le dogme et la morale. Benoît XIV résuma dans sa constitution *Sollicita ac provida* toutes les règles antérieures de cette congrégation et précisa sa manière de procéder [1].

ADDITION DU TRADUCTEUR.

Règles de l'Index.

REGULA I. — Libri omnes, quos ante annum MDXV, aut summi pontifices aut concilia œcumenica damnarunt, et in hoc indice [2] non sunt, eodem modo damnati esse censeantur, sicut olim damnati fuerunt.

REGULA II. — Hæresiarcharum libri, tam eorum qui post prædictum annum hæreses invenerunt, vel suscitarunt, quam qui hæreticorum capita, aut duces sunt, vel fuerunt, quales sunt Lutherus, Zwinglius,

---

p. 752; 1869, p. 14; 1870, p. 811. Voyez aussi *Archives*, t. XXV, p. 229. — L'inquisition espagnole n'avait rien de commun avec le tribunal de l'inquisition romaine. C'était une institution purement politique aux mains de l'absolutisme royal; elle n'avait rien du caractère que Sixte IV voulait lui imprimer, quand il l'établit en 1478, sur la demande des rois d'Espagne. Déjà en 1483, Sixte IV se plaignait amèrement de la rigueur de ce tribunal, source de conflits incessants avec le Saint-Siège, qui essaya plusieurs fois de l'abolir. Ce n'est qu'au dix-neuvième siècle que cette pierre de scandale a été écartée. Cette suppression a été opérée au milieu d'une foule d'attentats révolutionnaires. Voyez Hergenrœther, *Archives*, t. X, p. 7, avec les citations, et du même, *l'Église catholique et l'État chrétien*, p. 598.

[1] Benoît XIV, constit. *Sollicita ac provida*, 1753 (*Bull. magn.*, t. XIX, p. 59). Voyez Phillips, *Droit eccl.*, t. VI, § 324 et suiv.; Jos. Catalani, *De secretario sacræ congregationis Indicis libri duo*, Romæ, 1751, IV; *Archiv.*, t. IV, p. 509 et suiv. (D'après les *Analecta juris pontificii*, 1859, 31ᵉ livr., p. 1401 et suiv.); *Archives*, t. IV, p. 304 (article de Mgr Martin, dans le *Catholique*, 1859, livraison de janvier, p. 93); *Archives*, t. V, p. 66; Fessler, *Das kirchliche Bücherverbot*, Vienne, 1851; Simor, *Archives*, t. XXI, p. 46. Au concile du Vatican, plusieurs évêques de France, d'Allemagne et du centre de l'Italie ont demandé qu'il fût fait une révision des règles de l'*Index*, attendu que ces règles ne peuvent être rigoureusement maintenues soit dans les pays mixtes, soit partout ailleurs, à cause des changements qui se sont produits dans les relations sociales et littéraires. On a également exprimé le désir que la censure des livres nouveaux ne fût pas promulguée avant qu'on eût entendu l'ordinaire de l'auteur, afin que celui-ci fût rendu attentif à ses erreurs, qu'il pût, s'il était de bonne foi, les rétracter, et qu'on omît alors la publication afin d'épargner son honneur. — Voy. Martin, *Collect.*, ed. 2, p. 165, 177, 191.

[2] Regulæ istæ librorum prohibitorum indici præmittuntur.

Calvinus, Balthasar Pacimontanus, Schwenckfeldius, et his similes cujuscumque nominis, tituli aut argumenti existant, omnino prohibentur.

Aliorum autem hæreticorum libri, qui de religione quidem ex professo tractant, omnino damnantur.

Qui vero de religione non tractant, a theologis catholicis, jussu episcoporum et inquisitorum examinati et approbati, permittuntur.

Libri etiam catholice conscripti, tam ab illis qui postea in hæresim lapsi sunt, quam ab illis qui post lapsum ad Ecclesiæ gremium rediere, approbati a facultate theologica alicujus universitatis catholicæ, vel ab inquisitione generali, permitti poterunt.

REGULA III. — Versiones scriptorum etiam ecclesiasticorum, quæ hactenus editæ sunt a damnatis auctoribus, modo nihil contra sanam doctrinam contineant, permittuntur.

Librorum autem Veteris Testamenti versiones viris tantum doctis et piis, judicio episcopi concedi poterunt, modo hujusmodi versionibus, tanquam elucidationibus Vulgatæ editionis, ad intelligendam sacram Scripturam, non autem tanquam sacro textu utantur.

Versiones vero Novi Testamenti ab auctoribus primæ classis hujus indicis factæ, nemini concedantur, quia utilitatis parum, periculi vero plurimum lectoribus ex earum lectione manare solet.

Si quæ vero adnotationes cum hujusmodi, quæ permittuntur, versionibus, vel cum Vulgata editione circumferuntur, expunctis locis suspectis a facultate theologica alicujus universitatis catholicæ, aut inquisitione generali, permitti eisdem poterunt quibus et versiones.

Quibus conditionibus totum volumen Bibliorum, quod vulgo Biblia Vatabli dicitur, aut partes ejus, concedi viris piis et doctis poterunt.

Ex Bibliis vero Isidori Clarii Brixiani prologus et prolegomena præcidantur; ejus vero textum, nemo textum Vulgatæ editionis esse existimet.

REGULA IV. — Cum experimento manifestum sit, si sacra Biblia vulgari lingua passim sine discrimine permittantur, plus inde, ob hominum temeritatem, detrimenti quam utilitatis oriri; hac in parte judicio episcopi, aut inquisitoris stetur, ut cum consilio parochi, vel confessarii, Bibliorum, a catholicis auctoribus versorum, lectionem in vulgari lingua eis concedere possint, quos intellexerint ex hujusmodi lectione non damnum, sed fidei atque pietatis augmentum capere posse; quam facultatem in scriptis habeant.

Qui autem absque tali facultate ea legere, seu habere præsumpserit, nisi prius Bibliis ordinario redditis, peccatorum absolutionem percipere non possit.

Bibliopolæ vero, qui prædictam facultatem non habenti Biblia idiomate vulgari conscripta vendiderint, vel alio quovis modo concesserint, librorum pretium, in usus pios ab episcopo convertendum, amittant; aliisque pœnis pro delicti qualitate, ejusdem episcopi arbitrio, subjaceant.

Regulares vero, nonnisi facultate a prælatis suis habita, ea legere, aut emere possint [1].

Regula V. — Libri illi qui hæreticorum auctorum opera interdum prodeunt, in quibus nulla, aut pauca de suo apponunt, sed aliorum dicta colligunt, cujusmodi sunt Lexica, Concordantiæ, Apophthegmata, Similitudines, Indices, et hujusmodi, si quæ habeant admixta, quæ expurgatione indigeant, illis episcopi, et inquisitoris, una cum theologorum catholicorum consilio sublatis, aut emendatis, permittantur.

Regula VI. — Libri vulgari idiomate de controversiis inter catholicos et hæreticos nostri temporis disserentes, non passim permittantur, sed idem de iis servetur, quod de Bibliis vulgari lingua scriptis statutum est.

Qui vero de ratione bene vivendi, contemplandi, confitendi ac similibus argumentis vulgari sermone conscripti sunt, si sacram doctrinam contineant, non est cur prohibeantur; sicut nec sermones populares vulgari lingua habiti.

Quod si hactenus, in aliquo regno, vel provincia, aliqui libri sunt prohibiti, quod nonnulla contineant, quæ sine delectu ab omnibus legi non expediat; si eorum auctores catholici sunt, postquam emendati fuerint, permitti ab episcopo et inquisitore poterunt.

Regula VII. — Libri qui res lascivas, seu obscenas ex professo tractant, narrant aut docent, cum non solum fidei, sed et morum, qui hujusmodi librorum lectione facile corrumpi solent, ratio habenda sit, omnino prohibentur, et qui eos habuerint severe ab episcopis puniantur.

Antiqui vero ab ethnicis conscripti, propter sermonis elegantiam, et proprietatem, permittuntur : nulla tamen ratione pueris prælegendi erunt.

Regula VIII. — Libri quorum principale argumentum bonum est, in quibus tamen obiter aliqua inserta sunt quæ ad hæresim, seu impietatem, divinationem seu superstitionem spectant, a catholicis theologis, inquisitionis generalis auctoritate, expurgati, concedi possunt.

Idem judicium sit de prologis, summariis, seu adnotationibus, quæ a damnatis auctoribus, libris non damnatis appositæ sunt, sed posthac non nisi emendati excudantur.

---

[1] Quod si hujusmodi Bibliorum versiones vulgari lingua fuerint ab apostolica Sede approbatæ, aut editæ cum annotationibus desumptis ex sanctis Ecclesiæ Patribus, vel ex doctis catholicisque viris, concedantur. (*Decr. Sacr. Congregationis Ind.* 13 junii 1757.)

Regula IX. — Libri omnes, et scripta geomantiæ, hydromantiæ, æromantiæ, pyromantiæ, onomantiæ, chiromantiæ, necromantiæ, sive in quibus continentur sortilegia, veneficia, auguria, auspicia, incantationes artis magicæ, prorsus rejiciuntur.

Episcopi vero diligenter provideant ne astrologiæ judiciariæ libri, tractatus, indices legantur vel habeantur, qui de futuris contingentibus, successibus, fortuitisve casibus, aut iis actionibus quæ ab humana voluntate pendent, certo aliquid eventurum affirmare audent.

Permittuntur autem judicia et naturales observationes, quæ navigationis agriculturæ, sive medicæ artis juvandæ gratia, conscripta sunt.

Regula X. — In librorum aliarumve scripturarum impressione servetur quod in concilio lateranensi, sub Leone X, sess. x, statutum est.

Quare si in alma urbe Roma liber aliquis sit imprimendus, per vicarium summi pontificis et sacri Palatii magistrum, vel personas a sanctissimo domino nostro deputandas, prius examinetur.

In aliis vero locis ad episcopum, vel alium habentem scientiam libri vel scripturæ imprimendæ, ab eodem episcopo deputandum, ac inquisitorem hæreticæ pravitatis ejus civitatis, vel diœcesis, in qua impressio fiet, ejus approbatio, et examen pertineat, et per eorum manum, propria subscriptione, gratis, et sine dilatione imponendam, sub pœnis et censuris in eodem decreto contentis, approbetur; hac lege et conditione addita, ut exemplum libri imprimendi authenticum, et manu auctoris subscriptum apud examinatorem remaneat.

Eos vero qui libellos manuscriptos vulgant, nisi ante examinati probatique fuerint, iisdem pœnis subjici debere judicarunt Patres deputati, quibus impressores; et qui eos habuerint, et legerint, nisi auctores prodiderint, pro auctoribus habeantur.

Ipsa vero hujusmodi librorum probatio in scriptis detur, et in fronte libri, vel scripti, vel impressi, authentice appareat, probatioque, et examen, ac cætera gratis fiant.

Præterea in singulis civitatibus ac diœcesibus, domus vel loci, ubi ars impressoria exercetur, et bibliothecæ librorum venalium sæpius visitentur a personis ad id deputandis ab episcopo, sive ejus vicario, atque etiam ab inquisitore hæreticæ pravitatis, ut nihil eorum quæ prohibentur, aut imprimatur, aut vendatur, aut habeatur.

Omnes vero librarii et quicumque librorum venditores habeant in suis bibliothecis indicem librorum venalium quos habent, cum subscriptione dictarum personarum; nec alios libros habeant, aut vendant, aut quacumque ratione tradant, sine licentia eorumdem deputatorum, sub pœna amissionis librorum, et aliis arbitrio episcoporum, vel inquisitorum imponendis; emptores vero, lectores, vel impressores, eorumdem arbitrio puniantur.

Quod si aliqui libros quoscumque in aliquam civitatem introducant, teneantur iisdem personis deputandis renuntiare, vel si locus publicus mercibus ejusmodi constitutus sit ministri publici ejus loci prædictis personis significent, libros esse adductos.

Nemo vero audeat librum quem ipse, vel alius in civitatem introduxit, alicui legendum tradere, vel aliqua ratione alienare, aut commodare, nisi ostenso prius libro, et habita licentia a personis deputandis, aut nisi notorie constet librum jam esse omnibus permissum.

Idem quoque servetur ab hæredibus, et executoribus ultimarum voluntatum, ut libros a defuncto relictos sive eorum indicem, illis personis deputandis afferant, et ab iis licentiam obtineant, priusquam eis utantur, aut in alias personas quacumque ratione eos transferant.

In his autem omnibus et singulis pœna statuatur, vel amissionis librorum, vel alia, arbitrio eorumdem episcoporum, vel inquisitorum, pro qualitate contumaciæ vel delicti.

Circa vero libros quos fratres deputati aut examinarunt, aut expurgarunt, aut expurgandos tradiderunt, aut certis conditionibus, ut rursus excuderentur, concesserunt, quidquid illos statuisse constiterit, tam bibliopolæ quam cæteri observent.

Liberum tamen sit episcopis, aut inquisitoribus generalibus, secundum facultatem quam habent, eos etiam libros qui his regulis permitti videntur, prohibere, si hoc in suis regnis, aut provinciis, vel diœcesibus expedire judicaverint.

Cæterum nomina cum librorum, qui a Patribus deputatis purgati sunt, tum eorum quibus illi hanc provinciam dederunt, eorumdem deputatorum secretarius notario sacræ universalis inquisitionis romanæ descripta, sanctissimi domini nostri jussu tradat.

Ad extremum vero omnibus fidelibus præcipitur ne quis audeat contra harum regularum præscriptum aut hujus indicis prohibitionem libros aliquos legere aut habere.

Quod si quis libros hæreticorum, vel cujusvis auctoris scripta ob hæresim, vel ob falsi dogmatis suspicionem damnata atque prohibita legerit sive habuerit, statim in excommunicationis sententiam incurrat.

Qui vero libros alio nomine interdictos legerit aut habuerit, præter peccati mortalis reatum quo officitur, judicio episcoporum, severe puniatur.

4. **La congrégation des cardinaux interprètes du concile de Trente.** Nous en avons déjà parlé t. Ier, p. 133. A cette autorité si importante pour le droit canon, deux autres congrégations spéciales furent annexées, la congrégation particulière sur l'état des Églises (voy. ci-dessous § 138), pour l'examen des rapports

que les évêques font de la situation de leurs diocèses (§ 95) ; elle a été fondée par Benoît XIV, en sa constitution *Decet* du 15 septembre 1740 ; la congrégation pour la révision des conciles provinciaux (voy. plus loin § 138), fondée par Sixte V, en sa constitution *Immensa æterni*, § Deo autem Patri, VIII, et la congrégation particulière sur la résidence des évêques (voy. § 85), instituée par Urbain VIII et réglée de nouveau par Benoît XIV, dans sa constitution *Ad universæ*, de 1746[1].

ADDITION DU TRADUCTEUR.

Voici la partie de la bulle de Sixte V qui regarde la Congrégation interprète du concile de Trente : « Deo autem Patri misericordiarum gratias agentes, qui œcumenico concilio tridentino Spiritus sancti lumine diffuso, catholicam veritatem omnibus patefecit, hæreses nostrorum temporum confutavit, mores et disciplinam restituit, ejusdemque concilii decreta, ab omnibus observari volentes, cum ad singularem romani pontificis auctoritatem tantummodo spectet generalia concilia indicere, confirmare, interpretari, et ut ubique locorum serventur, curare ac præcipere :

» Eorum quidem decretorum, quæ ad fidei dogmata pertinent, interpretationem nobis ipsis reservamus, cardinalibus vero præfectis interpretationi, et executioni concilii tridentini, si quando in his quæ de morum reformatione, disciplina ac moderatione, et ecclesiasticis judiciis, aliisque hujusmodi statuta sunt, dubietas aut difficultas emerserit, interpretandi facultatem, nobis tamen consultis, impartimur. Et quoniam eodem concilio tridentino decretum est, synodos provinciales tertio quoque anno, diœcesanas singulis annis celebrari debere, id in executionis usum ab iis quorum interest, induci eadem Congregatio providebit. Provincialium vero, ubivis terrarum illæ celebrentur, decreta ad se mitti præcipiet, eaque singula expendet et recognoscet. Patriarcharum præterea, primatum, archiepiscoporum et episcoporum (quibus beatorum apostolorum limina certo constituto tempore visitare alia nostra sanctione jussum est) postulata audiat, et quæ Congregatio ipsa per se poterit, ex charitatis et justitiæ norma expediat, majora ad nos referat, qui fratribus nostris episcopis, quantum cum Domino licet, gratificari cupimus. Item ab iisdem præsulibus ecclesiarum exposcat, quæ in Ecclesiis eorum curæ, ad fidei commissis, cleri, populique morum disciplina sit, quæ concilii tridentini decretorum, cum in omnibus, tum præsertim in residentiæ munere, executio, quæ item piæ consuetudines, et qui omnium denique in via Domini sint progres-

---

[1] *Bullar. magn.*, t. XVI, p. 16 ; t. XVII, p. 79.

sus, ipsisque det litteras ex formula præscripta in testimonium obitæ per eos visitationis liminum sanctorum eorumdem apostolorum. Habeat eadem Congregatio auctoritatem promovendi reformationem cleri et populi, nedum in urbe et Statu ecclesiastico temporali, sed etiam in universo christiano orbe, in iis quæ pertinent ad divinum cultum propagandum, devotionem excitandam, et mores christiani populi ad præscriptum ejusdem concilii componendos, atque ad rationes difficillimis his perturbatisque temporibus necessarias confirmandos, quo uberius divinæ misericordiæ vim in nobis sentiamus, justamque iram atque animadversionem effugiamus..... »

Le même pontife ajoute plus loin :

« Per paternam nostram charitatem et auctoritatem, quæ nobis a Christo Domino data est, admonemus, et per ipsum, per quem reges regnant, obtestamur charissimos, in Christo filios nostros in imperatorem electum, omnesque reges, ac dilectos filios nobiles viros rerumpublicarum, aliosque duces, ac cæteros sæculares principes, quos Deus in excelso loco constituit et temporali potestate communivit, ut fidei catholicæ propugnatores et defensores sint, de quorum pietate et erga apostolicam Sedem observantia atque obedientia magnopere in Domino confidimus, et quam etiam munitis argumentis perspectam habemus.

» Alios vero ecclesiastica dignitate præditos per hæc apostolica scripta, ac per debitæ obedientiæ vinculum, statusque sui sublimem conditionem, qua Deo arctius religati existunt, obstringimus, ut his nostris conatibus ad Dei laudem, fidei propagationem, fidelium commoditatem et salutem assistant, ac auctoritatem, quæ Ecclesiæ præsulibus in beati Petri persona a Christo Domino credita et collata fuit, ac fidei catholicæ exaltationem et augmentum, prout ex eorum munere tenentur, nosque eos pie facturos speramus, tueantur et defendant, ac operam dent, studiumque demum omne conferant, ut eadem auctoritas ecclesiastica omnino illæsa conservetur, ac Ecclesiæ Dei ministris, opem et auxilium in omnibus impendant, et de Sede apostolica, ex sua majorumque suorum pietate, bene mereri non desinant; memores se in susceptione imperialis, ac regii diadematis et principatus, ad id præ cæteris devinctos esse, ut inde in hac mortali vita felicitatem, nostramque et Sedis ejusdem benignitatem ac gratiam uberius valeant promereri, post exactum vero mortalis hujus vitæ curriculum, a Deo æternam gloriam et beatitudinem consequantur. Quod si secus ab eorum aliquo, quod minime credimus, factum erit, divinam iram, donec sub potenti manu Dei humilientur, qui tarditatem pœnæ supplicii interdum gravitate compensat, se minime effugere posse certo sciant. »

5. La congrégation des Rites a pour mission de faire observer dans les Églises du monde catholique les rites et les cérémonies prescrites pour la célébration du culte divin[1] ; elle est chargée, par un mandat spécial du pape, chaque fois renouvelé, des procès de béatification et de canonisation[2]. Elle a été fondée par Sixte V[3].

ADDITION DU TRADUCTEUR.

La bulle d'institution *Immensa* porte ce qui suit : « Quinque identidem cardinales delegimus, quibus hæc præcipue cura incumbere debeat, ut veteres ritus sacri ubivis locorum, in omnibus urbis orbisque ecclesiis, etiam in capella nostra pontificia, in missis, in divinis officiis, sacramentorum administratione, cæterisque ad divinum cultum pertinentibus, a quibusvis personis diligenter observentur; cæremoniæ si exoleverint, restituantur; si depravatæ fuerint, reformentur; libros de sacris ritibus et cæremoniis, imprimis pontificale, rituale, cæremoniale, prout opus fuerit, reforment et emendent, officia divina de sanctis patronis examinent, et nobis prius consultis, concedant. Diligentem quoque curam adhibeant circa sanctorum canonizationem festorumque dierum celebritatem, ut omnia rite et recte, et ex Patrum traditione fiant ... controversias de præcedentia in processionibus, aut alibi, cæterasque in hujusmodi sacris ritibus et cæremoniis incidentes difficultates cognoscant, summarie terminent et componant. »

6. La congrégation pour les affaires des évêques et des réguliers, qui formait dans le principe deux congrégations distinctes, fut instituée par Sixte V[4]. Elle surveille les fonctions des

---

[1] Voyez *Decreta authentica Congr. sacr. Rit. exactis ejusdem sacræ Congregationis collecta*, cura Al. Gardellini, Rom., 1824, 8 vol. in-4°, edit. 3ᵃ novissimis locupleta ejusdem S. Congregationis decretis usque ad ann. 1856, Rom., 1856-1858; *Decretorum authent. synopsis*, Rom., 1853. D'autres extraits en ont été publiés à Liége, 1850, et à Ratisbonne, 1851; W. Mühlbauer, *Decreta authent. S. Rit. Congr. cum notis Gardellini et instruct. Clementina cum commentariis ... ordine alphabet. concinnata*, 3 vol., 8 mai, Monachi, 1862-67; *Supplem. ejusd. auctoris ad eamd. coll.*, ibid., 1873 et seq.; Hartmann, *Repertorium rituum*, revue sommaire, etc., 2 vol., 3ᵉ ed., Paderborn, 1873; Bouix, *Tract. de jure liturgico*, Paris, 1853, ed. 2. — Sur la liturgie, voyez aussi Phillips, *Compendium jur. eccl.*, ed. 3, § 235, avec les citations.

[2] Voy. ci-dessus § 110.

[3] Par la constitution citée. Voy. sur la congrégation des Rites, Simor, *Archives*, t. XIX, p. 58 et suiv.; Phillips, *Kirchenrecht*, t. VI, § 329. Sur les propositions faites au concile du Vatican pour réformer et fortifier la Propagande, voy. Martin, *Die Arbeiten des Vaticanischen Concils*, p. 109 et suiv., et *Collect.*, p. 165, 188, 190, 195, 209 et seq.

[4] Sixte V, constitution *Immensa*; Bizzarri, *Collectanea in usum secreta-*

évêques et des prélats exempts, leurs relations réciproques et la discipline des ordres religieux. En 1847, Pie IX établit une congrégation extraordinaire pour l'état des réguliers, dans le but de remédier aux divers abus qui s'étaient glissés dans les congrégations religieuses [1].

ADDITION DU TRADUCTEUR.

« Pressé par l'ardente charité que nous portons aux ordres religieux, disait Pie IX dans son encyclique aux abbés et supérieurs d'ordres, nous avons résolu, marchant sur les illustres traces de nos prédécesseurs et nous appuyant sur les très-sages décrets du concile de Trente (sess. XXV, *Des réguliers et des religieuses*), de tourner, selon le devoir de notre apostolat suprême, et avec toute l'affection de notre cœur, nos pensées et nos soins sur vos familles religieuses, afin de raffermir ce qu'il pourrait y avoir de malade, de réduire ce qu'il pourrait y avoir de brisé, de remettre dans la voie ce qui pourrait s'être égaré, de relever ce qui pourrait être tombé, de manière à faire revivre partout, à faire fleurir et prospérer de jour en jour l'intégrité des mœurs, la sainteté de la vie, l'observance de la discipline régulière, les lettres, les sciences sacrées surtout, et les lois propres de chaque ordre.

» Car, quoique nous nous réjouissions bien souvent dans le Seigneur de voir le grand nombre des enfants des familles sacrées s'appliquer de toutes leurs forces, pleins du souvenir de leur vocation sainte, à donner d'éclatants exemples de toutes les vertus et de tous les genres de connaissance, à marcher sur les illustres traces de leurs pères, à travailler dans le ministère du salut, à répandre partout la bonne odeur de Jésus-Christ; cependant nous nous affligeons d'en rencontrer quelques-uns qui, oubliant leur profession et leur dignité, sont tellement déchus de l'institut qu'ils avaient embrassé, au grand détriment et de leurs ordres mêmes et des fidèles, qu'ils n'ont plus que l'apparence et les dehors de la piété, et contredisent par leur vie et leurs mœurs la sainteté, le nom et l'habit même de l'institut dont ils font profession...

» Notre désir, le but de notre zèle, est surtout de pouvoir tirer des ordres religieux des ouvriers habiles et expérimentés, aussi éminents par leur piété que par leur prudence, des hommes de Dieu parfaits et formés à tous les genres de bonnes œuvres, et que nous puissions appliquer à la culture de la vigne du Seigneur, à la propagation de la foi catholique, surtout chez les peuples infidèles, aux affaires, enfin, les plus graves de l'Église et du Siége apostolique.

riæ sacræ congregationis episcoporum et regularium, Romæ, 1836; Phillips, *Kirchenrecht*, t. VI, § 328, voyez ci-dessous § 221.

[1] Voy. Bangen, *Die rœmische Curie*, p. 276.

» Pour atteindre selon toute son étendue ce but de nos vœux les plus ardents, d'une si grande importance et pour la religion et les ordres religieux eux-mêmes; marchant sur les traces de nos prédécesseurs, nous avons établi une congrégation spéciale de nos vénérables frères les cardinaux de la sainte Église romaine, que nous avons nommée *Congrégation de l'état religieux* (*De statu regularium ordinum*)...

» Mais vous aussi, bien-aimés fils, nous vous appelons à prendre part à cette grande œuvre; nous vous avertissons dans le Seigneur, nous vous exhortons, nous vous prions avec instance de vouloir bien mêler avec joie vos travaux aux sollicitudes de notre zèle, afin que votre ordre reprenne son antique dignité et l'éclat de sa première splendeur. C'est pourquoi, en vertu ..... de la charge dont vous êtes revêtus, mettez tout en œuvre pour que les religieux qui vous sont soumis, méditant sérieusement sur leur vocation, marchent dignes d'elle et s'appliquent toujours à rendre fidèlement à Dieu les vœux qu'ils lui ont une fois consacrés.

» Pourvoyez donc avec une vigilance qui ne laisse rien à désirer à ce que, suivant les illustres vestiges de leurs ancêtres, gardant la sainte discipline, fuyant absolument les plaisirs du monde, ses spectacles, ses affaires, auxquelles ils ont renoncé, ils soient tout entiers et sans interruption occupés à la prière, à la méditation des choses célestes, à la doctrine, à la lecture, au salut des âmes, selon l'institut de leur ordre; veillez avec le plus grand soin à ce que, mortifiés dans la chair, vivifiés dans l'esprit, ils se montrent au peuple de Dieu modestes, humbles, sobres, doux, patients, justes, irrépréhensibles dans leurs mœurs, d'une charité ardente, d'une sagesse qui les fasse honorer, ne donner à personne aucun sujet d'offense, mais à tous l'exemple des bonnes œuvres, de manière à imposer à leurs ennemis mêmes, étonnés de n'avoir aucun mal à dire d'eux.....

» Mais, comme de la prudente admission des novices et de leur parfaite formation dépendent entièrement la stabilité et la splendeur de chaque famille sacrée, nous vous exhortons surtout à examiner, à former avec le plus grand soin le caractère, l'esprit, les mœurs de ceux qui doivent prendre rang dans votre ordre, et de rechercher avec exactitude quel dessein, quel esprit, quel motif les poussent à embrasser la vie religieuse. Une fois assurés qu'en entrant dans la religion ils n'ont d'autre but que la gloire de Dieu, l'utilité de l'Église, leur propre salut et celui des autres, mettez principalement tous vos soins et toute votre industrie pour que, dans le temps du noviciat, ils soient formés saintement, selon les lois propres de votre ordre, par des maîtres excellents, et façonnés autant que possible à toutes les vertus et à l'institut de la vie régulière qu'ils ont embrassée. Et puisque la principale et la plus brillante gloire des ordres religieux a toujours été l'étude et la culture assidue des lettres, la composition de tant de doctes et laborieuses œuvres, gloire des sciences divines et humaines, nous vous avertissons, nous vous pressons autant qu'il est en nous de préparer avec le soin et l'habileté la plus grande, selon les lois de votre ordre, un plan raisonné d'études, et de faire tous vos efforts pour que vos religieux s'appliquent avec constance aux belles-lettres et surtout aux graves études des sciences sacrées, afin qu'excellant ainsi dans les saines doctrines, ils puissent s'appliquer avec prudence et piété aux devoirs propres de leur emploi et aux obligations du sacré ministère.

» Et comme nous souhaitons par-dessus tout que tous ceux qui combattent dans les camps du Seigneur glorifient d'une seule et unanime voix Dieu et le Père de Notre-Seigneur Jésus-Christ, et que, formés aux mêmes doctrines et aux mêmes sentiments, ils conservent avec une vraie sollicitude l'unité de l'esprit dans le lien de la paix, nous vous demandons et vous demandons encore avec la plus vive instance, qu'unis par les liens les plus étroits de la concorde et de la charité, par l'accord le plus parfait des esprits, avec nos vénérables frères les évêques et avec le clergé séculier, vous n'ayez rien de plus cher, dans les œuvres du ministère, que d'associer ensemble votre zèle et de diriger toutes vos forces à l'édification du corps du Christ, marchant à l'envi à des choses toujours meilleures. Car, comme « il n'y a pour les supérieurs réguliers et séculiers et leurs sujets exempts et non exempts qu'une seule et universelle Église, hors de laquelle personne absolument ne peut être sauvé, comme il n'y a pour tous qu'un Seigneur, une foi et un baptême, il convient que tous, n'ayant qu'un même corps, n'aient aussi qu'une seule volonté, et que, comme des frères, ils soient naturellement attachés les uns aux autres par les liens de la charité. » (Clem. unic. De excess. prælat.)...

7. La congrégation des Indulgences et des saintes reliques, fondée par Clément IX en 1669, est chargée de distribuer les indulgences et d'examiner les reliques des saints [1].

8. La congrégation de la Propagation de la foi est, avec la congrégation du concile, la plus importante des congrégations de cardinaux. Elle est chargée de la direction des missions et de toutes les affaires des autres congrégations (§ suiv., n. 2). Les premiers fondements en ont été posés par Grégoire XIII. Elle a été développée par Clément VIII et achevée par Gré-

---

[1] Clément IX, constit. *In ipsis*, 1669 (*Bull. magn.*, t. VI, p. 283); Phillips, *Kirchenrecht*, t. VI, § 329, II, p. 655 et suiv. Sur les indulgences, voy. Phillips, *Lehrbuch*, § 246. Voyez aussi plus loin § 221.

goire XV. En 1869 [1] Pie IX y établit un section particulière pour l'Église d'Orient [2].

II. Parmi les institutions juridiques de la curie romaine, la Rote [3] était au moyen âge le tribunal d'appel de toute la chrétienté. Plus tard et jusqu'à l'occupation de Rome par les Piémontais, elle ne fut plus qu'un tribunal d'appel civil pour les États de l'Église. Quelquefois, cependant, on lui confie encore des affaires de droit ecclésiastique [4].

III. Parmi les tribunaux de grâce de la curie romaine, il faut mentionner la Daterie, qui accorde les dispenses pour le for extérieur et confère les bénéfices réservés au pape [4]; la Pénitencerie, qui accorde l'absolution des cas réservés au pape et dispense des cas secrets pour le for intérieur [5].

IV. Les autorités expéditionnaires sont :

1° La chancellerie apostolique [6] pour la confection des bulles (t. Ier, § 50, p. 584) ; c'est la plus ancienne ;

2° La secrétairie des brefs, pour la confection des brefs (t. Ier, § 50, p. 584) ;

4° La secrétairie d'État pour les affaires extérieures. Elle a été séparée de la précédente et est dirigée par le cardinal secrétaire d'État.

---

[1] Grégoire XV, constitution *Inscrutabili*, 22 juin 1622 ; cf. *Bull. Pontificium sacræ congregationis de Prop. fide*, 5, t. III, Rom., 1839-1841. On trouve, avec de grossiers préjugés contre l'Église catholique, d'excellents matériaux dans O. Mejer, *Die Propaganda, ihre Provinzen und ihre Rechte*, Gœttingue, 1872. — Sur les propositions faites au concile du Vatican pour réformer et fortifier la Propagande, voy. Martin, *Collect.*, ed. 2, p. 226, et *Arbeiten des Vaticanischen Concils*, p. 113 et suiv.

[2] Pii IX *Litter. brev. pontif.*, 6 janv. 1862 (*Arch.*, t. VII, p. 268). Cf. Hergenrœther, *Die Rechtsverhæltnisse der orientalischen Riten*, t. VIII, p. 198. Voyez l'encyclique de Pie IX aux évêques orientaux du 8 avril 1862 (*Archives*, t. IX, p. 200).

[3] Phillips, *Droit eccl.*, t. VII, §§ 307-311 ; Bangen, *Die rœmische Curie*, p. 292. Sur les débats et les décisions de la Rote, voyez Rosshirt, *Archives*, pour la pratique civile, t. XLVIII, p. 195.

[4] Voy. Phillips, *Kirchenrecht*, t. VI, § 301 ; IV, § 302, n. 11 ; Urbain VIII, constitution *In supremo*, 1635; Benoît XIV, constitution *Gravissimum*, 1745. Le principal ouvrage sur la Daterie est de Th. Amydenus, *Tract. de officio et jurisdictione Datarii nec non de stylo Datariæ*, Colon. Agripp., 1701, in-fol. Bangen croit que cet ouvrage est à l'index.

[5] Voy. Phillips, *Kirchenrecht*, t. VI, § 314.

[6] Nous donnons ailleurs les règles de la chancellerie romaine.

§ 112. Les légats du pape et les vicaires apostoliques [1].

I. Tous les envoyés du pape exercent la juridiction ordinaire dans la province qui leur est assignée par le souverain-pontife. Non-seulement ils ont le droit de faire dans leur province ce que l'évêque peut dans son diocèse, mais ils sont investis des propres droits du pape, dès qu'il ne s'agit pas de droits spécialement réservés, comme de conférer les bénéfices réservés au Saint-Siége ; on distingue [2] :

1° Les légats *a latere,* qui sont choisis parmi les cardinaux pour des affaires particulièrement importantes [3].

2° Les nonces apostoliques, *legati missi* ou *nuncii apostolici* [4], qui résident en permanence auprès des gouvernements de quelques États. Ils ont généralement une juridiction ordinaire, mais leur autorité dépend des pleins pouvoirs qu'ils ont reçus. Ils ne peuvent conférer des bénéfices et n'ont point d'autorité sur les évêques. Il y a des nonces à Vienne, à Paris, à Munich, à Bruxelles. Les internonces occupent un rang inférieur à celui des nonces dans l'ordre diplomatique.

3° Il y avait autrefois des légats-nés [5], *legati nati,* en ce sens

---

[1] Voy. Thomassin, *Vetus et nova Ecclesiæ disciplina,* part. I, lib. II, cap. CXVII-CXIX ; Phillips, *Vermischte Schriften,* t. II, p. 238 ; *Kirchenrecht,* t. VI, §§ 334-340.

[2] Cap. I, h. t., in VI°.

[3] C. XXXVI, C. 2, q. 6 (Conc. Sard.).

[4] C. I, II, h. t., in VI° ; c. XXXVI, § 1, de elect., I, 6 ; Schmalzgrueber, *Jus eccl. univ.,* h. t., n. 6. — La nonciature fut surtout combattue en Allemagne par l'école de Fébronius, et donna lieu à une dispute qui fut provoquée par la nonciature établie à Munich en 1785, sur la demande du prince-électeur Charles-Théodore de Bavière. Ce fut la principale question que traitèrent les archevêques de Mayence, Trèves, Cologne et Salzbourg au fameux congrès de Ems, en 1786.

Pie VI leur adressa à ce sujet une remarquable réponse : *Sanctissimi Domini nostri Pii PP. V responsio ad metropolitanos Moguntinum, Trevirensem, Coloniensem et Salisburgensem super nuntiaturis apostolicis,* Rom., 1789. — Sur les nombreux ouvrages relatifs au congrès d'Ems, voyez Schenkl, *Instit. jur. can.,* t. I, p. 282 et suiv. ; card. Pacca, *Memorie storiche sul di lui suggiorno in Germania,* dal an. 1786 al 1794, Rom., 1832 ; Stigloher, *l'Établissement de la nonciature à Munich et le congrès d'Ems,* (en allem.), Ratisb., 1867.

[5] Voy. Devoti, *Comm. in jus can.,* lib. I, tit. XXX, § 3. — C'est ainsi que le siège de Mayence, depuis saint Boniface, a toujours eu une légation. — Le pape accorda également une légation à saint Étienne, roi de Hon-

que certains siéges épiscopaux avaient un droit permanent à recevoir des légats. Aujourd'hui le titre de légat-né, que portent encore les archevêques de Cologne, Gnesen, Posen, Salzbourg et Prague, n'est plus qu'une distinction honorifique. Les légats-nés provenaient anciennement des vicaires apostoliques ou des évêques qui représentaient le pape sur une certaine étendue de territoire et surveillaient les évêques du voisinage. Ils ne faut pas les confondre avec

II. Les vicaires apostoliques des temps modernes[1], qui président aux districts des missions. On divise en effet le territoire ecclésiastique en provinces du Siége apostolique, *provinciæ Sedis apostolicæ*, et en terres de missions, *terræ missionis*.

Les premières sont celles où la constitution hiérarchique de l'Église est pleinement exécutée et où l'on applique le droit commun ecclésiastique. Ni l'un ni l'autre n'ont lieu :

1° Dans les terres de missions ; le simple droit humain ecclésiastique n'y est même appliqué que dans une faible proportion, comme chez les peuples qui ont embrassé depuis peu le christianisme et qui pourraient s'effrayer d'un trop grand nombre de prescriptions religieuses auxquelles ils ne sont pas accoutumés ;

2° Dans les pays qui se sont détachés de l'Église, et dans lesquels le petit nombre des catholiques ne permet pas d'appliquer entièrement les lois diocésaines en tant qu'elles s'écartent du droit commun, bien que le droit commun y soit en vigueur en ce qui concerne les droits et les devoirs religieux des individus[2] ;

---

grie, et à ses successeurs apostoliques (voyez tome Ier, p. 508). Les souverains catholiques de Sicile avaient obtenu un droit de légation soit par usurpation, soit plus tard par concession pontificale. La « monarchie sicilienne, » comme on l'appelait, fut supprimée par Pie IX en 1867, à cause des nombreux abus qu'elle commettait. — Voy. *Archives*, t. XIX, p. 92 et suiv.; Sentis, *Monarchia sicula*, Fribourg., 1869. Cf. *Archives*, t. XXII, p. 477.

[1] Voy. Andreucci, *De vicario apostolico* (*Hierarch. eccl.*, t. I, p. 233 et seq.); Phillips, *Kirchenrecht*, t. VI, § 340.

[2] Le royaume de Saxe (voy. § 42) et la mission du nord (voy. § 39) se trouvent dans ce cas. Mais Mejer a complètement tort lorsqu'il affirme, dans l'ouvrage cité, que les diocèses prussiens, etc., sont des pays de mission, placés sous la direction exclusive de la propagande. Si les évêques allemands, ainsi que les autres évêques, reçoivent leurs facultés papales *pro foro externo*, sur la proposition de la propagande, c'est uni-

132. Dans les territoires où des actes de violence politiques suscitent au gouvernement d'un diocèse des obstacles qui ne peuvent être levés instantanément[1].

Dans tous ces pays de mission, lesquels diffèrent sensiblement entre eux, le pape autorise les vicaires apostoliques à exercer un pouvoir quasi-épiscopal. Ces vicaires sont tantôt de simples prêtres, tantôt des vicaires généraux, tantôt des évêques qui fonctionnent en qualité de délégués apostoliques. Les pleins pouvoirs qui leur sont accordés sont plus ou moins étendus suivant les circonstances. La Propagande, qui est chargée de la direction supérieure des pays de mission et qui confère leurs pleins pouvoirs aux vicaires apostoliques, emploie dix formules différentes pour dispenser ces pouvoirs.

V. DES MÉTROPOLITAINS.

§ 113. 1. Considérations générales[2].

I. En principe, tous les évêques sont, excepté le pape, égaux en juridiction (§ 58). Cependant les évêques de quelques Églises obtiennent, pour différentes raisons et à des degrés divers, des droits de juridiction dérivés de la primauté pontificale, sur un nombre plus ou moins considérable d'évêchés et de diocèses; ils y représentent sur certains points la primauté du pape comme centre d'unité[3]. Ces évêques, dont le siège forme le centre, la capitale ou métropole d'un certains nombre d'évêchés, se nomment métropolitains.

II. Selon les droits plus ou moins étendus de primat dont ils sont investis, on distingue les métropolitains en patriarches, en exarques, en primats, en archevêques ou métropolitains dans le sens restreint.

III. Comme signes extérieurs des droits de primats dont ils

---

quement dans le but de simplifier la marche des affaires. — Voyez Schulte, *Droit eccl.*, t. II, p. 238, note 1.

[1] Il en est ainsi actuellement dans les diocèses prussiens de Gnesen-Posen et de Paderborn, où un tribunal ecclésiastique laïque a déposé les évêques légitimes.

[2] Thomassin, *Vetus et nova Ecclesiæ discipl.*, part. I, lib. I, cap. III et s.; Phillips, *Kirchenrecht*, t. II, §§ 66-68, p. 1; t. V, p. 226, 315 et suiv.; t. VI, § 261; III, §§ 348-54.

[3] Voy. can. I, d. 22 (Nicol. II); Leo M., *Epist.* XIV, cap. XI.

sont possesseurs, tous reçoivent du pape, directement ou indirectement, le *pallium* (voy. ci-dessus § 103, n. II, et ci-dessous § 116).

IV. Comme le pouvoir métropolitain n'est pas d'institution divine, mais un simple développement historique du droit positif ou humain[1], il a besoin de prouver son étendue dans les points qui ne sont point réglés par la loi[2].

V. En Occident, la puissance métropolitaine se développa plus tardivement qu'en Orient[3]. Avant la seconde moitié du quatrième siècle, si l'on excepte l'Afrique[4], il n'y avait point en Orient de métropole, et plusieurs évêques demeurèrent encore exempts dans la suite; ils dépendaient immédiatement du pape. Dans quelques contrées de l'Occident, toutefois, le pape établit, en la personne des vicaires apostoliques, des représentants des droits primatiaux dès les temps les plus reculés (voy. ci-dessus § 112, n. 1).

§ 114. 2. Des patriarches et des exarques [5].

1. Dès le commencement du quatrième siècle, les évêques de Rome, d'Alexandrie et d'Antioche, ayant été institués par saint Pierre, possédaient sous le nom de patriarches une juridiction plus élevée que celle des autres évêques[6]. Comme ces deux derniers patriarches, les évêques d'Éphèse en Asie, de Césarée dans le Pont, d'Héraclée dans la Thrace, présidaient anciennement, sous le nom d'exarques, à un certain nombre de métro-

---

[1] Thomassin, *loc. cit.*, cap. VII, n. 11, t. I, p. 58; cap. LIV, n. 1-4, p. 412; cap. LV, n. 1, p. 418; n. 6, p. 422.

[2] C. VIII, c. 9, q. 3 (Nicol. II). Voy. c. IX, X, *De officio judicis ordinarii*, I, 31; c. 1, de suppl. negl. præl., in VI°, I, 8; Phillips, *Lehrbuch*, § 127.

[3] Cf. Maassen, *Der Primat des Bischofs von Rom und die alten Primatialkirchen*, Bonn, 1853, p. 12.

[4] Voy. Phillips, *Kirchenrecht*, t. II, p. 70 et suiv.; Schelstrate, *Ecclesia africana sub primate carthaginiensi*, Paris., 1679; Thomassin, *loc. cit.*, cap. XX, n. 8, p. 150.

[5] Voy. Phillips, *Kirchenrecht*, t. II, §§ 69-72, p. 31 et suiv.; Massen, ouvrage cité § précédent, note 3; Andreucci, *De patriarchatu in genere, et in specie de patriarchatu antiocheno* (*Hierarch. eccl.*, t. II, p. 1 et seq.); Thomassin, *loc. cit.*, part. I, lib. I, cap. VII-XVI, XXI-XXVI.

[6] Innoc. I, *Epist.* XXIII, col. 850; Greg. M., *Epist.*, lib. VII, cap. XL; Nicol. I, *Resp. ad Bulgar. cons.*, cap. XCII (Hardouin, *Concilia*, t. V, col. 381). — Alexandrie fut fondée, il est vrai, par saint Marc, mais en vertu d'un mandat spécial de saint Pierre.

poles et n'avaient d'autre supérieur immédiat que le pape[1]. Au quatrième siècle, l'évêque de Constantinople parvint à se soumettre les trois exarques et à s'élever au patriarcat, ou plutôt au premier rang après l'évêque de Rome. Bientôt après, toujours au quatrième siècle, l'évêque de Jérusalem réussit également à se faire reconnaître patriarche pour les trois provinces de Palestine.

II. Le concile de Nicée décida que les droits patriarcaux des évêques d'Alexandrie et d'Antioche seraient les mêmes que ceux de l'évêque de Rome en tant que patriarche[2]. Voici quels étaient ces droits : institution des archevêques, convocation et direction des conciles provinciaux, tribunal d'appel au-dessus des métropolitains[3].

Les patriarches obtinrent en outre le droit de donner le pallium (voyez § 103) aux métropolitains leurs subordonnés, et le droit d'exempter certains territoires de la juridiction immédiate des évêques en plantant la croix qu'on portait devant eux[4], *jus stauropegii*. Le patriarche de Jérusalem envoyait même des légats *a latere* (voyez ci-dessus, § 112, p. 303).

III. Quand les quatre patriarches d'Orient se furent séparés de l'Église par le schisme et l'hérésie, le patriarcat perdit toute son importance. Après les croisades, des évêques latins furent nommés, sous la domination des empereurs latins de Constantinople, aux patriarcats orientaux[5]; mais ils tombèrent bientôt après, et le pape nomma alors pour les quatre patriarcats d'Orient des patriarches titulaires, ou *in partibus*, qui résidèrent à Rome. Plus tard, la plupart des rites orientaux qui se réunirent à l'Église recouvrèrent de vrais patriarches, qui furent nommés, suivant ce qui avait lieu autrefois, par les évêques assemblés en synode[6], et confirmés par le pape[7]. Ces

---

[1] Ces exarques sont mentionnés avec les patriarches d'Orient au premier concile de Constantinople, can. II (381).

[2] Voy. Maassen, *op. cit.*, p. 133.

[3] Maassen, *op. cit.*, p. 121; Thomassin, *loc. cit.*, cap. XIII, n. 9.

[4] Ces droits furent reconnus par le quatrième concile de Latran, lorsque les quatre patriarcats d'Orient furent rétablis pendant les croisades, c. II, III, X, de priveleg., V, 33.

[5] C. XXIII, cit. Voy. c. VIII, X, de mai. et ob., I, 33; c. XL, X, de elect., I, 6. — [6] Cap. III, de elect. in Extravag. comm., I, 3.

[7] Ainsi, les Melchites ont à Antioche un patriarche qui administre en

patriarches ont également recouvré les anciens droits patriarcaux. Pie IX a nommé à Jérusalem un patriarche du rite latin.

IV. Le pape conféra aussi à quelques évêques d'Occident le titre de patriarche comme distinction honorifique, par exemple aux évêques de Venise, d'Aquilée et de Lisbonne. Mais ils ne portent que le titre de petits patriarches, *patriarchæ minores*.

§ 115. 3. Les primats.

Quelques évêques du moyen âge obtinrent la prééminence sur les autres évêques du même pays, et furent appelés primats. Le primat avait le droit de réunir les évêques de sa nation en concile national, de présider ce concile et d'y couronner le roi. Depuis la disparition des États catholiques, où le primat jouait un rôle à la fois politique et religieux, cette dignité a perdu son importance. Aujourd'hui, elle ne donne plus qu'une prééminence honorifique sur les simples archevêques. Pendant la fête des martyrs japonais en 1867 (voyez t. Ier, p. 624), le cérémonial n'a pas tenu compte de la prééminence des primats sur les archevêques, et au concile du Vatican il a fallu les représentations énergiques du prince-primat de Hongrie, qui avait conservé dans son pays l'ancienne position des primats, pour que la suprématie d'honneur fût maintenue aux primats. En Allemagne, le prince-évêque de Salzbourg porte le titre de primat. Le pape, nous l'avons déjà remarqué (§ 105), est considéré comme primat de l'Italie.

ADDITION DU TRADUCTEUR.

On prétend qu'avant saint Grégoire VII, élu pape le 22 avril 1073,

même temps les patriarcats melchites d'Alexandrie et de Jérusalem. Les Arméniens de Cilicie ont au Liban un patriarche depuis 1868. Les Chaldéens ont un patriarche qui réside à Alkosh ou à Mosul; les Syriens en ont un à Mardin. Voyez Hergenrœther, sur les rites unis des orientaux; *Archives*, t. VII, p. 337; Silbernagl, *Constitution et état actuel des Églises d'Orient*, Landshut, 1865, p. 282. — Sur les troubles récents de l'Arménie, voyez l'encyclique de Pie IX du 6 février 1873 (*Archives*, t. XXIX, p. 288, et sur la confirmation du patriarche syrien d'Antioche nouvellement élu, l'allocution de Pie IX du 21 décembre 1874 (*Archiv.*, t. XXXIII, p. 361).

[1] Voyez les détails dans Hergenrœther, *op. cit.*

[2] Thomassin, *loc. cit.*, part. I, lib. I, cap. XVII-XXI, XXX-XXXVIII; Phillips, *Kirchenrecht*, t. II, p. 71 et suiv.

on ne connaissait dans les Gaules l'autorité d'aucun primat, et que le pape accorda le droit de primatie à l'archevêque de Lyon sur les quatre provinces lyonnaises, Lyon, Rouen, Tours et Sens. L'Église de Lyon, qu'on peut regarder comme la première des Églises de France qui ait eu un siége épiscopal, semblait mériter cette distinction par son antiquité. Il paraît même que saint Grégoire crut moins accorder un droit nouveau à cette Église que la remettre en possession de droits anciens que le défaut d'usage avait en quelque sorte fait oublier.

Ces motifs ne semblèrent pas suffisants à deux des métropolitains que le pape assujétissait à la primatie de Lyon. L'archevêque de Tours fut le seul qui la reconnut volontairement et s'y soumit de gré. Robert, archevêque de Sens, y opposa la plus vive résistance, et fut privé par le pape de l'usage du pallium dans sa province. Daïmbert, qui lui succéda, ne montra pas la même opiniâtreté et se soumit à la primatie de Lyon. Mais ses successeurs regardèrent cette conduite comme une faiblesse qui n'avait pu préjudicier à leurs droits; ils s'opposèrent fortement à l'autorité que l'archevêque de Lyon voulait exercer dans leur province.

Lorsqu'en 1622 l'évêché de Paris fut distrait de la métropole de Sens et érigé en archevêché, ce ne fut qu'à condition que la nouvelle métropole relèverait immédiatement de la primatie de Lyon, à laquelle elle demeurerait soumise, suivant ce qui est spécifié dans les bulles et lettres patentes données à ce sujet. *Ita tamen*, dit la bulle, *quod Ecclesia ipsa parisiensis Ecclesiæ primatiali lugdunensi et illius archiepiscopo, ad instar dictæ Ecclesiæ senonensis, subjacere debeat.*

La province de Tours a fait des tentatives, dans le siècle dernier, pour se soustraire à la primatie de Lyon, mais elle n'a pas réussi.

Quant à la métropole de Rouen, elle n'a jamais supporté que fort impatiemment les droits ou prétentions de celle de Lyon.

L'archevêque de Bourges jouissait aussi du droit de primatie; ce droit, attaché depuis longtemps à son siége, lui fut confirmé par les papes Eugène III et Grégoire IX. Sa primatie paraît s'être autrefois étendue sur toute la province de Bordeaux. D'anciens monuments attestent que les archevêques de Bourges y ont fait des visites et que les archevêques de Bordeaux ont reconnu cette suprématie. Mais depuis longtemps ces derniers avaient pris eux-mêmes la qualité de primat d'Aquitaine. Ce privilége leur fut accordé en 1306 par le pape Clément V, Français d'origine, qui, avant sa promotion au souverain-pontificat, avait rempli le siége de Bordeaux. Il exempta en même temps cette province de la juridiction de l'archevêque de Bourges; nouvelle preuve que la primatie de celui-ci s'étendait anciennement, comme nous venons de le dire, sur la province ecclésiastique de Bordeaux [1].

Le concordat de 1801 ayant aboli tous les anciens titres sans rétablir celui de primat, mais seulement celui de métropolitain, on en a conclu que ces titres n'existaient plus, même honorifiquement. Cependant, les titulaires des anciens siéges qui jouissaient du droit de primatie prennent encore le titre de primat, et l'on voit dans les derniers conciles provinciaux approuvés par le pape, que l'archevêque de Lyon s'intitule encore primat des Gaules, celui de Bordeaux primat d'Aquitaine et celui de Rouen primat de Normandie. Mais dans les conciles de Sens, de Reims, de Tours et de Bourges, aucun des titulaires de ces siéges ne prend la qualification de primat [2].

§ 116. 4. Les archevêques [3].

I. Les archevêques, ou métropolitains dans le sens restreint, étaient dans le principe les évêques des principales villes de l'empire romain où furent érigés les premiers siéges épiscopaux. Ils obtinrent, avec la prééminence, un droit d'inspection et une certaine juridiction sur les évêchés qui furent fondés aux alentours en guise de succursales. Les titulaires de ces évêchés furent appelés suffragants, à cause de leurs relations avec la métropole. Les diocèses archiépiscopaux forment avec les évêchés suffragants une province ecclésiastique.

II. Les archevêques possédaient dans l'origine des droits de juridiction très-étendus : ils instituaient ou déposaient les évêques en concile provincial, érigeaient des diocèses, etc. Mais nous voyons déjà dans les décrétales ces droits singulièrement restreints, à la suite des empiètements multiples que s'étaient permis les archevêques ; ils l'ont été également par le concile de Trente et par le droit coutumier.

Il leur reste encore :

1. La prééminence d'honneur et certains droits honorifiques [4].

---

[1] Voyez Durand de Maillane, *Dictionnaire du droit canon*, article *Province*, et Rousseau de la Courbe, *Recueil de jurisprudence canonique*.

[2] Abbé André, *Cours alphabétique de droit canon*.

[3] Thomassin, *loc. cit.*, part. I, lib. I, cap. XXXI-XXXVIII; Mast, *Ueber die rechtliche Stellung der Erzbischœfe*, Fribourg, 1847; Phillips, *Kirchenrecht*, t. VI, §§ 348-52; t. V, § 240.

[4] Ces droits honorifiques consistent à faire porter la croix devant eux dans les occasions solennelles, *jus erectæ crucis præferendæ*, dans les

Comme emblème de la puissance métropolitaine, les archevêques (et tous les métropolitains en général), quand ils sont réellement à la tête d'un archidiocèse (au lieu d'être seulement archevêques ou métropolitains *in partibus* et de porter le titre d'une métropole qui n'existe plus), reçoivent du pape sur leur demande le pallium [1] (§ 103), qu'ils doivent porter à certains jours et dans certaines solennités [2]. Ils ne peuvent exercer aucune des fonctions de métropolitain avant de l'avoir reçu [3]. Le pallium est tellement personnel qu'un archevêque ne peut employer celui d'un autre archevêque ni celui de son prédécesseur; le pallium doit être mis dans la tombe du prélat décédé [4]. Des évêques reçoivent quelquefois le pallium comme signe de distinction [5], mais sans juridiction nouvelle.

ADDITION DU TRADUCTEUR.

En France, les évêques du Puy, d'Autun, de Valence et de Marseille ont le privilège du pallium. Pie IX, par un bref donné en 1851, l'a conféré à l'évêque de Marseille et à ses successeurs, afin, dit le bref, de reconnaître autant les services du prélat que la haute dignité de son diocèse, l'importance de sa ville épiscopale et l'esprit éminemment catholique de ses habitants. Il y a donc en France quatre églises épiscopales qui ont le privilège du pallium [6].

2. Les archevêques ont le droit de convoquer et de diriger le concile provincial (voyez ci-dessous § 138) [7].

limites de leur province ecclésiastique, d'être revêtus du pallium et d'avoir la préséance sur les évêques. (Voyez § 103, II.)

[1] Celui qui est déjà évêque doit en faire la demande dans l'espace de trois mois après sa consécration ou son admission; le métropolitain doit la faire en personne ou par un délégué. Elle est ainsi conçue : « Ego N. Ecclesiæ electus N. instanter, instantius, instantissime peto, mihi tradi pallium de corpore beati Petri sumptum, in quo est plenitudo pontificalis officii. » Voy. c. I, II, d. 100; c. I, IV, V, VI, X, h. t.

[2] C. I, IV, V, VI, h. t.; c. VI, d. 100.

[3] C. III, X, h. t., I, 28; c. XXVIII, X, de elect., I, 6. Avant la réception du pallium, le métropolitain prête au pape le serment de fidélité, c. IV, d. 100. La taxe du pallium, supputée autrefois d'après les revenus des archevêchés, s'élève maintenant au 5 0/0 de la taxe de la chambre (Urbain VIII, constit. *Dudum*, 1642).

[4] C. II, X, h. t., I, 8; c. IV, X, de postul. præl., I, 5.

[5] Bened. XIV, *De synodo diœcesana*, lib. II, cap. VI, n. 1, 2, 4; lib. VIII, cap. XV, n. 6-16.

[6] L'abbé André, *Cours de droit canon*, art. *Pallium*.

[7] C. XXV, X, de accus., V, 1 (Conc. Lateran., IV, an. 1215, can. VI); Conc. Trid., sess. XXIV, cap. II, de ref.

3. Le droit de visiter la province¹, quand cette visite a été résolue en concile provincial. Cette dernière restriction a été faite par le concile de Trente, sess. xxiv, cap. iii, *de reform*.

4. La haute surveillance sur les suffragants², notamment en ce qui regarde la résidence³, l'administration de la justice⁴ et le devoir d'ériger des séminaires⁵.

5. En cas de négligence de la part des suffragants, les archevêques doivent, dans un certain nombre de cas fixés par le droit, se charger eux-mêmes de les remplacer *(droit de dévolution)*. Il en est ainsi quand un suffragant néglige indûment d'absoudre un excommunié⁶, ou qu'il ne punit pas les crimes publics de ses diocésains⁷, qu'il omet de nommer dans l'espace de deux mois la personne présentée par un patron⁸, ou de conférer dans le temps voulu les bénéfices qu'il doit conférer seul ou d'accord avec son chapitre⁹.

D'après le concile de Trente, le chapitre est également tenu, dans les huit jours après le décès de l'évêque, de nommer un official ou vicaire, ou de confirmer celui qui se trouvera remplir sa place. Ce vicaire devra être au moins docteur ou licencié en droit canon, ou capable de cette fonction, autant qu'il se pourra faire¹⁰. S'il en use autrement, la faculté d'y pourvoir

---

¹ C. i et ult., in VI°, de censibus, III, 20. — Ce droit ne peut être prescrit cap. xvi, X, de præscr., II, 26. — Quand l'archevêque fait la visite en personne, il peut exiger les procurations, cap. xiv, xxii, X, de cens., III, 39.

² Il peut même les astreindre à leurs devoirs sous peine de censures; cependant quand l'archevêque réside dans sa province ecclésiastique ou à peu de distance, le droit de porter des censures n'appartient pas aux officiaux de l'archevêque. C. i, in VI°, de off. ord., I, 16.

³ Voyez ci-dessus § 85.

⁴ Cap. vi, C. 10, q. 3 (Conc. Tolet., III, a. 509).

⁵ Conc. Trid., sess. xxiii, cap. xviii, de ref. Voy. ci-dessus § 65.

⁶ Cap. xl, X, de sent. excomm., V, 39; cap. xxv, X, de appell., II, 28; cap. viii, X, de offic. judic. ordin., I, 31.

⁷ Cap. i, de censibus, in VI°, III, 20.

⁸ Voy. Pii V constit. *In conferendis beneficiis*, 15 avril 1567, § 4, dans l'édition du concile de Trente, par Richter, p. 677.

⁹ Dans les cas ordinaires, quand l'évêque ne fait pas usage de son droit de collation, ce droit est dévolu au chapitre; quand c'est le chapitre, il est dévolu à l'évêque. Quand l'évêque et le chapitre sont tous deux négligents, il est dévolu à l'archevêque. Voy. ci-dessus § 75. Reiffenstuel, *Jus canon.*, lib. I, tit. x, n. 22.

¹⁰ Conc. Trid., sess. xxiv, cap. xvi, de ref.

sera dévolue au métropolitain. Il appartient également à celui-ci de tenir la main à ce que les prélats exempts établissent des prédicateurs ordinaires dans les églises paroissiales qui leur sont soumises [1].

6. L'archevêque forme la première instance d'appel pour les tribunaux épiscopaux de sa province [2]. Pendant la visite, il peut administrer le sacrement de pénitence [3] en personne ou par un délégué; mais au for extérieur [4] il ne peut agir que pour des crimes notoires et contre ceux qui s'opposent à l'exercice de sa juridiction [5], par exemple contre ceux qui refusent les procurations [6].

VI. LES ÉVÊQUES [7].

§ 117. De la puissance épiscopale.

1. Les évêques, *episcopi*, successeurs des apôtres, sont institués de Dieu par l'autorité du Saint-Siége. Comme la papauté, l'épiscopat est d'institution divine; ses droits et ses devoirs reposent sur des règles établies par Dieu lui-même. Les évêques ne sont pas de simples employés du pape [8]. Dans sa constitution sur le pontife romain (quatrième séance, chapitre III), le concile du Vatican, traitant de la nature et de l'im-

---

[1] Conc. Trid., sess. V, cap. II, de ref.

[2] Cap. I, X, de offic. leg., I, 30. Voyez cap. IX, X, de offic. jud. ordin., I, 31. Voir la glose sur le cap. I, de suppl. neglig. prælat., in VI°, I, 8; Phillips, *Kirchenrecht*, t. VI, § 354.

[3] Cap. ult., in VI°, de censibus, III, 20. L'archevêque peut aussi, dans ce cas, absoudre des cas réservés à l'évêque.

[4] Cap. I, § 4, de censibus, in VI°, III, 20.

[5] Cap. I, de pœn., in VI°, V, 9.

[6] Cap. XVI, X, de præscr., II, 26.

[7] Thomassin, *Vetus et nova Eccles. discipl.*, part. I, lib. I, cap. L-LX; Barbosa, *De officio et potestate episcopi*, Lugdun., 1698; Venet., 1707, in-fol.; Andreucci, *De dignitate, officio et potestate episcopi* (*Hierarch. eccl.*, t. I, p. 307 et seq.); Bened. XIV, *De synodo diœc.*, lib. XIII; Bouix, *Tractat. de episcopo*, 2 vol., Paris, 1859; Helfert, *Von den Rechten und Pflichten der Bischœfe und deren Gehülfen und Stellvertreter*, Prague, 1832; Phillips, *Kirchenrecht*, t. VII, t. II, § 74. — Voyez aussi le *Schema* d'une constitution du concile du Vatican, intitulé « des évêques, » dans Martin, *Collect.*, ed. 2, p. 127-135.

[8] C'est là ce que firent ressortir les évêques allemands dans leur déclaration de janvier et février 1875 (citée § 108, page 285, note 1) en réponse aux assertions mensongères de la dépêche de Bismarck relative à l'élection du pape.

portance de la primauté pontificale d'après l'ancienne doctrine de l'Église, déclare en termes formels que « ce pouvoir du souverain-pontife, loin de nuire au pouvoir ordinaire et immédiat de juridiction épiscopale par lequel les évêques qui, établis par le Saint-Esprit, ont succédé aux apôtres, paissent et régissent comme de vrais pasteurs chacun le troupeau confié à sa garde¹, ce dernier pouvoir est au contraire acclamé, confirmé et corroboré par le suprême et universel pasteur, selon cette parole de saint Grégoire le Grand : « Mon honneur est l'honneur
» de l'Église universelle ; mon honneur est la force solide de
» mes frères. Je suis vraiment honoré lorsque l'honneur dû à
» chacun ne lui est pas refusé². »

II. Les évêques, dans leur totalité, possèdent, en communion avec le pape, une juridiction (épiscopale) universelle ; ils participent à la direction générale de l'Église³ ; de là vient qu'au concile universel ils ont voix délibérative et décisive. Les évêques sont de plus investis d'une juridiction particulière, car chacun d'eux, d'après un usage qui remonte aux premiers temps de l'Église, a reçu la direction sur un territoire distinct⁴, dans lequel il forme le centre de l'unité, de même que le pape est le centre de l'unité pour toute l'Église. Ce territoire, qu'on nomme aujourd'hui diocèse, s'appelait autrefois paroisse⁵, parce que le diocèse ne formait dans le principe qu'une paroisse unique.

III. L'évêque, en vertu de l'autorité qu'il reçoit directement ou indirectement du pape, possède la juridiction ordinaire et immédiate⁶ dans son diocèse ; c'est pourquoi il se nomme ordinaire *(ordinarius, diœcesanus⁷)*, et l'autorité établie par lui

---

¹ Act. Apost., xx, 28.
² S. Gregor. M., ad Eulog. Alexandrin., cap. xxx.
³ C. xi, C. 2, q. 6 ; c. iv, X, de auct. et usu pallii, I, 8.
⁴ Conc. Nic., can. viii, i. f. ; c. iv, X, de major et obed., I, 33 ; Bened. XIV, *De synod. diœc.*, lib. XIII, cap. x, n. 23.
⁵ C. iv, C. 10, q. 1 (Leo IV) ; c. x, C. 9, q. 2 (Urban. II). Le titre X, III, 29, *de parochiis*, traite aussi des diocèses épiscopaux.
⁶ Voyez le passage de la constitution dogmatique du Vatican, au numéro I de ce paragraphe, sess. iv, cap. iv ; Alphons. Salmeronis, *Doctrina de jurisdict. episc. origine ac ratione*, disp. Andries., Mog., 1874.
⁷ Cap. xxv, X, de jure patron., III, 38 ; cap. i, De vita et honest. cler., in VIº, I, 6. — Cap. xi, X, de officio judic. ordin., I, 31 ; cap. vii, eod., in VIº, I, 9.

pour maintenir ses droits d'évêques, ordinariat[1]. L'évêque seul est investi dans son diocèse du pouvoir ecclésiastique; les autres ne l'exercent qu'en vertu de la mission qu'il leur confère. On ne saurait dire toutefois d'une manière absolue que l'évêque peut dans son diocèse tout ce que peut le pape dans l'Église universelle[2]; car son pouvoir est limité par les droits du primat et par les droits du métropolitain, qui en dérivent.

Souvent aux droits épiscopaux des évêques le pape ajoute d'autres droits particuliers, dont l'application devient alors une juridiction déléguée qu'ils exercent au nom du pape (voyez § 97, 1).

La juridiction de l'évêque est toujours restreinte à son diocèse[3]. Il est obligé de respecter les priviléges de ceux qui, sur l'un ou l'autre point, sont exempts de sa juridiction (voyez ci-dessus, § 72, n. v). Aujourd'hui les couvents, les chapitres ou autres institutions exemptes gouvernées par un prélat *nullius* (diœceseos), revêtu de la juridiction comme épiscopale, sont rares[4]. Le concile de Trente a restreint les droits des exempts

---

[1] Voyez ci-dessous § 131, et l'excellent article de Hirschel, dans les *Archives*, t. XXVII, p. 1 et suiv. Les ordinariats épiscopaux sont-ils capables d'hériter? Voyez le pour et le contre dans les *Archives*, t. XX, p. 119 et suiv. Schulte, *Die juristische Persœnlichkeit der katholischen Kirche, ihrer Institute und Stiftungen, sowie deren Erwerbsfæhigkeit nach dem gemeinen, baverischen, œsterreichischen, preussischen, badischen, württembergischen, hessischen, sæchsischen, franzœsischen Rechte*, Giessen, 1869.

[2] Fagnani, in c. I, X, de offic. jud. ordin., I, 31; in c. xv, X, de temp. ordinat., I, 14; I, 11, n. 16.

[3] C. vi, d. 65 (Conc. Nic.); c. viii, C. 9, q. 2.

[4] Cf. Phillips, *Droit canon*, t. VII, § 440. Sur l'histoire des exemptions, voyez Thomassin, *Vetus et nova eccl. discipl.*, part. I, lib. III, cap. xxix-xxxv; Hurter, *Innocent III*, t. III, p. 488. — On distingue trois sortes d'exemptions :

1° L'exemption simple et passive de quelques prélats réguliers et séculiers par rapport à leurs églises, aux clercs et aux laïques de ces églises. Ces exempts n'ont que peu de priviléges et sont pour le reste soumis aux évêques (Bened. XIV, const. *Apostolicæ*, 1743, § 15. Cf. cap. Constitutus, vi, X, de relig. domib., III, 36);

2° L'exemption des prélats, qui ont une juridiction active sur le clergé et le peuple d'un district placé dans les limites d'un diocèse; ces prélats, ne le sont qu'improprement, *prælati nullius diœceseos*, et leur juridiction s'appelle quasi-épiscopale (cap. vi, de privileg., in VI°, V, 7);

3° L'exemption par laquelle un prélat *nullius* est investi de tous les droits épiscopaux, hormis ceux qui exigent absolument l'ordre épiscopal,

et donné à l'évêque, pour les surveiller, les droits de délégué du Saint-Siége¹.

IV. L'ensemble du pouvoir épiscopal² s'appelle juridiction épiscopale³, droit épiscopal⁴, autorité pontificale⁵, ou loi diocésaine⁶. Souvent aussi, par loi diocésaine, on entend les droits de l'évêque relatifs aux biens ecclésiastiques, par opposition à la « loi de juridiction » ou autres droits quelconques de juridiction⁷. Mais on ne saurait admettre avec quelques-uns que le terme de « loi de juridiction » désigne les droits de l'évêque relatifs à tous les habitants du diocèse, tandis que celui de « loi diocésaine » exprimerait les droits de l'évêque sur les habitants non exempts du diocèse⁸.

§ 118. Conditions requises pour l'épiscopat⁹.

Pour devenir évêque, il faut être âgé de trente ans¹⁰ et sous-diacre¹¹ depuis six mois au moins, avoir des mœurs irrépro-

et préside à un district complètement affranchi du lien diocésain (c. III, X, de in integrum rest., I, 41; cap. xv, X, de præscr., II, 26; cap. xvii, X, de privil., V, 33. Voy. Bened. XIV, const. *Apostolicæ*, cit. § 6; const. *Inter multa* de 1747). Voyez ci-dessus § 73, n. V.

¹ Conc. Trid., sess. xxv, cap. ii, de ref.; sess. vi, cap. iii, de ref.; sess. vii, cap. xiv, de ref.; sess. xiv, cap. iv, de ref.; sess. xxiv, cap. xi, de ref.; sess. xxv, cap. xi, de regular. Voyez aussi Clément X, constit. *Superna*, 1670 (*Bull. rom.*, VII, 30); Innoc. XII, const. *Speculatores*, 1692; Bened. XIV, const. *Apostolicæ* cit., et *Inter multa* cit.; const. *Firmandis* de 1744; Clément XIII, const. *Inter multiplices* de 1758.

² Voir l'énumération des droits épiscopaux dans le c. xvi, X, h. t., I, 31.

³ Cap. iii, X, de in integr. rest., I, 41.

⁴ Cap. iii, cit.; cap. xxvii, X, de jure jurand., II, 24; cap. vi, X, de except., II, 25; cap. xvi, X, h. t., I, 31; cap. i, X, Ne sede vac. aliq. innov., III, 9; cap. xix, X, de privil., V, 33.

⁵ Cap. xx, X, de jure patron., 3, 38.

⁶ C. i, C. 10, q. 1; c. xxxiv, C. 16, q. 1; cap. iii, X, de in integr. rest., I, 41; cap. xv, X, de præscr., II, 26; cap. xi, X, de privil., V, 33.

⁷ Le glossateur Huguccio est le premier qui ait établi, par erreur, cette distinction dans l'interprétation des passages du décret cité note précédente. Depuis Honorius III, elle est entrée dans la législation subséquente de l'Église. C. xviii, X, de off. jud. ord., I, 31; c. iv, de capellis monach., III, 37; c. i, de V. S., in VI°, V, 12. Cf. Bened., *De synodo diœc.*, lib. I, cap. iv, n. 3, 4; Phillips, *Kirchenrecht*, t. VII, § 359.

⁸ Voy. Phillips, *op. cit.*

⁹ Phillips, *Kirchenrecht*, t. VII, § 355. *Vermischte Schriften*, t. II, p. 285.

¹⁰ C. vii, X, de elect., I, 6 (Alex. III, conc. Later.); conc. Trid., sess. vii, cap. i, de ref.

¹¹ Conc. Trid., sess. xxii, cap. ii, de ref.

chables, jouir d'une bonne réputation[1], joindre à la prudence la pratique des affaires, être docteur ou licencié en théologie ou en droit canon, ou du moins fournir des preuves suffisantes qu'on est digne d'une pareille distinction[2]. On ne doit pas avoir aspiré à cette dignité par des sentiments ambitieux[3], ni avoir fait preuve de cupidité, par exemple en possédant dans le même temps deux bénéfices incompatibles[4]. Celui qui choisirait sciemment une personne indigne se rendrait lui-même indigne de l'épiscopat pendant trois ans[5].

§ 119. Nomination aux évêchés[6]. — Aperçu historique.

I. Le premier évêque, après les douze apôtres, fut élu au sort. Ce fut Mathias, choisi pour remplacer Judas (*Act.*, I, 23 et suiv.[7]).

Quant aux apôtres mêmes, ils s'adjoignirent en qualité de coopérateurs[8] des évêques qui étaient le plus souvent élus avec le concours du clergé et des fidèles (*Act.*, VI, 1-6; XV, 22). Plus tard, les évêques furent nommés par le clergé de la ville épiscopale et par le peuple, puis confirmés et consacrés par les évêques de la province ecclésiastique[9]. Peu à peu l'intervention du clergé et du peuple disparut, et la nomination fut exclusivement dévolue au concile provincial. Les nombreux désordres qui signalèrent ces sortes d'élections décidèrent les

---

[1] Conc. Trid., sess. VI, cap. I, de ref.
[2] Conc. Trid., sess. XXII, cap. II, de ref.
[3] Il ne doit pas déclarer d'avance, avant d'avoir été légitimement désigné, qu'il est prêt à accepter sa nomination (c. XLVI, X, de elect., I, 6). A plus forte raison un électeur ne peut-il pas se donner sa voix (c. VII, X, de instit., III, 7).
[4] C. LIV, X, de elect., I, 6.
[5] C. XXV, XXVI, X, de elect., I, 6.
[6] Thomassin, *Vetus et nova eccl. disc.*, part. II, lib. II, cap. I et seq.; Staudenmaier, *Die Bischofswahlen*, Tubingue, 1830; Chr. Lupus, *Diss. de regia Antistitum nominatione* (Op., t. IV, p. 115 et seq., et *De laica Antistitum investitura* (ibid., p. 153 et seq.); Phillips, *Lehrbuch*, §.150.
[7] Voyez dans le *Catholique* de Mayence, 1875, livraison de septembre, p. 266, un excellent article sur l'apôtre Barnabé.
[8] Clement. I, *Ep. ad Corinth.*, cap. XLIV (Coustant, *Epist. rom. pontif.*, col. 9).
[9] Voyez c. XIII, d. 61; c. II, d. 62; c. VI, XI, XIX, XXVI, XXXVI, d. 63; c. I, V, d. 64; c. II, d. 74; c. V, C. 7, q. 1.

papes à se réserver peu à peu la nomination aux sièges épiscopaux.

II. Les rois d'Espagne depuis le sixième siècle, et ceux du royaume des Francs depuis le huitième, acquirent une grande influence sur la promotion aux évêchés. Il en fut de même dans l'empire germanique, à cause de la position que l'évêque occupait comme prince temporel.

III. Au neuvième siècle commença la querelle des investitures. Les rois prétendirent alors conférer les droits temporels en même temps que le pouvoir épiscopal, et firent un odieux trafic des évêchés et des abbayes, tandis que le pape revendiquait le droit de conférer les deux pouvoirs[1]. Le pacte calixtin de 1122 (voyez t. Ier, § 31, n. 1) décida que l'évêque serait nommé par le chapitre; le pape lui conférerait l'anneau et la crosse, comme symbole du pouvoir épiscopal, et le roi lui remettrait le sceptre en signe de l'autorité temporelle. Cet ordre de choses subsista dans les diocèses de l'empire germanique jusqu'à la dissolution de cet empire. Le deuxième concile de Latran établit en droit commun la nomination de l'évêque par le chapitre[2]. Cependant, dans les pays catholiques, la nomination des évêques échut peu à peu aux souverains.

§ 120. Le droit actuel.

I. Dans la législation actuelle, la nomination aux sièges épiscopaux par le chapitre est la forme prescrite par le droit commun[3]. Elle est en vigueur en Autriche pour Salzbourg[4] et

---

[1] Voyez les développements dans Phillips, *Droit canon*, t. III, p. 134; voyez aussi Meltzer, *la Législation de Grégoire VII et ses efforts concernant les élections épiscopales*, Leips., 1869 (*Archives*, t. XXIII, p. 176).

[2] Conc. Later., II, an. 1139, can. XXVIII (c. XXXV, d. 63). Voyez X, tit. de elect., I, 6.

[3] *Tractatus de electionibus novorum prælatorum utilis et necessarius*, quondam per reverend. P. ac D. Guilelmum Mandagotum, archiepiscop. ac cardinalem compositus una cum additionibus D. Nicolai Boerij, viri undequaque doctissimi. Accessit de permutatione beneficiorum Frederici de Senis tractatulus. Recenter purgatus et auctus per Matthæum Bogss, I. L., Colon. Agripp., 1573; Passerini, *Tract. de electione canonica*, Rom., 1693, in-fol.; Franc. Hallier, *De sacr. electionibus*, 3 vol. in-fol., Romæ, 1739 et seq.; Neller, *Sacræ elect. process.* (*Opusc.*, vol. III, part. I, cap. V et VI; Schmidt, *Thesaur. jur. eccl.*, t. II, p. 696 et seq.; t. IV, p. 1 et seq.; Phillips, *Lehrbuch*, § 151.

[4] Leon. XII const. *Ubi primum* de 1825 (*Bull. rom. cont.*, t. XVI, p. 304).

Olmutz[1], ainsi que dans les diocèses de la Prusse[2], du Hanovre[3], du Haut-Rhin[4], de la Suisse[5], des Pays-Bas[6] et de la Belgique[7].

II. Les gouvernements de la Prusse, du Hanovre, du Haut-Rhin et de la Suisse ont reçu, par les bulles de circonscription relatives aux diocèses érigés dans le présent siècle, ou en vertu des traités qui s'y rattachent, le droit d'exiger qu'on ne nommât point une personne qui serait désagréable au gouvernement, *minus grata persona*[8].

Pour la Prusse, la bulle *De salute animarum* porte seulement que l'évêque devra être prussien. Mais à la suite d'une convention particulière, le Saint-Siège adressa aux chapitres cathédraux de la Prusse le bref *Quod de fidelium*[9] (16 juillet 1821), d'après lequel, sans reconnaître au gouvernement prussien un droit direct d'influencer l'élection du chapitre, le pape déclarait qu'on pouvait élire un prêtre allemand qui ne serait pas prussien; mais il obligeait en même temps le chapitre à ne point choisir un candidat désagréable au roi et à s'assurer avant l'élection que le candidat remplissait cette condition. Quant aux moyens d'acquérir cette certitude, ils sont laissés au choix des chapitres.

La déplaisance du candidat doit être appuyée sur des faits et sur les relations qui ont existé jusqu'alors entre lui et le gou-

---

[1] Pii V const. *Suprema* de 1777, § 5 (*Bullar. rom. contin.*, t. V, p. 428).
[2] Bull. *De salute animarum* de 1821, § Rem denique.
[3] Bull. *Impensa* de 1824, § Quotiescumque.
[4] Bull. *Ad dominici* de 1827, § Quotiescumque.
[5] Voyez Munch, *les Concordats*, t. II, p. 688, 691; Altenhofer, ci-dessus § 46, p. 808, note 3, article cité des *Archives* et imprimé à part, livrais. 2.
[6] Voyez t. Ier, p. 357, note 3.
[7] L'article 16 de la constitution belge supprima le privilége qu'avait le roi de nommer aux siéges épiscopaux.
[8] Voyez Hirschel, *Das Recht der Regierungen bezüglich der Bischofswahlen*, Mayence, 1870; Rosner, *Archives*, t. XXX, p. 425 et s.; t. XXXI, p. 72 et suiv. (critique de l'écrit de Sybel : *Das Recht des Staates bei den Bischofswahlen*, Bonn, 1873), dans les *Archives*, t. XXXII, p. 460 et suiv. (critique de O. Mejer, *Zur Geschichte der rœm. deutschen Frage*, part. III, Rostock, 1871-1874); *Archives*, t. XXXIII, p. 92 et s., 272 et s.; t. XXXIV (critique de l'ouvrage *Der Staat und die Bischofswahlen in Deutschland*, von Emil Friedberg, II part., Leipzig, 1874). Voyez aussi les ouvrages indiqués plus loin, p. 320, note 1.
[9] Reproduit dans les *Archives*, t. VI, p. 169 et suiv.

vernement; il faut surtout s'enquérir si le candidat possède, avec les qualités requises, une prudence consommée qui puisse faire supposer qu'il saura dans l'administration du diocèse user de la discrétion nécessaire pour éviter tout conflit inutile avec le gouvernement. Les chapitres pourront s'en assurer en consultant le gouvernement ou en présentant une liste de candidats.

Depuis 1841, en Prusse, on a presque toujours employé ce dernier procédé. Mais l'obligation pour les chapitres prussiens de présenter une telle liste n'existe que lorsqu'ils choisissent un candidat du dehors; dans ce cas, le roi se réserve le droit préalable de l'approuver ou rejeter. Le gouvernement n'est pas obligé d'accepter une liste de candidats; s'il le fait, il doit y laisser le nombre de trois requis pour l'élection[1].

[1] Otto Mejer, *Das Veto deutscher protestantischer Regierungen gegen katholische Bischofswahlen*, Rostock, 1866, et dans son écrit cité à l'avant-dernière note; Friedberg, *Das Veto der Regierungen bei Bischofswahlen in Preussen und der oberrheinischen Kirchenprovinz und das Recht der Domcapitel*, Halle, 1869, et dans son grand ouvrage pseudo-historique cité dans l'avant-dernière note; Schulte, *Die Rechtsfrage des Einflusses der Regierung bei den Bischofswahlen in Preussen, mit Rücksicht auf die oberrheinische Kirchenprovinz*, Giessen, 1869; Reusch, dans son *Theolog. Lit. Blatt*, 1868, n. 22; Hermann, *Das staatliche Veto bei Bischofswahlen nach dem Rechte der oberrheinischen Kirchenprovinz*, Heidelberg, 1869; Sybel, dans l'ouvrage cité page 319, note 8, — prétendent que les gouvernements ne sont pas tenus de laisser sur la liste aucun des trois candidats, qu'ils peuvent les rayer tous et demander que la liste soit complétée ou renouvelée. Le gouvernement prussien, dans l'élection de Cologne, et celui de Bade, dans l'élection non encore accomplie de l'archevêque de Fribourg, ont adopté le même point de vue que les auteurs des ouvrages cités plus haut.

Le Saint-Siége, au contraire, s'en tient à la thèse établie dans notre texte. Elle a été défendue notamment par Mgr de Ketteler, *Das Recht der Domcapitel und das Veto der Regierungen bei den Bischofswahlen in Preussen und der oberrheinischen Kirchenprovinz*, Mayence, 1868; par Brück, *Die Erzbischofswahl in Freiburg und die badische Regierung*, Mayence, 1869; par le *Catholique*, mars 1869; par le cardinal Reisach, *le Gouvernement badois et le Chapitre de Fribourg*, Liége, 1868 (en allem., Mayence, 1868); par Maas, *Archives*, t. XX, p. 265 et suiv.; t. XXI, p. 177 et suiv. (réimprimé à part, *Die Erzbischofswahl zu Freiburg von einem practischen Juristen*, Mayence, 1869); t. XXII, p. 477; par Otto de Wænker, *Das Recht in Bezug auf die Bischofswahlen in der oberrheinischen Kirchenprovinz*, Fribourg en Brisgau, 1869; mais surtout par Hirschel et ensuite par Rosner, qui a étudié en détail toutes les négociations, toutes les élections épiscopales qui ont eu lieu depuis les bulles de circonscriptions des

Quand un chapitre nomme pour évêque une personne que le gouvernement désapprouve pour de justes raisons, ce dernier a le droit de protester auprès du pape contre sa préconisation, en alléguant les motifs qui l'y déterminent. Quand sa protestation est fondée, le pape doit refuser de confirmer l'élu.

Dans le Hanovre et dans la province ecclésiastique du Haut-Rhin, on a adopté le mode d'élection irlandais : le chapitre dresse une liste de candidats et la présente au gouvernement, — suivant ce qui fut proposé pour la première fois en 1806 pour la nomination des évêques d'Irlande [1], — afin que le gouvernement puisse rayer les personnes qui lui sont moins agréables ; mais il doit en laisser un nombre suffisant pour l'élection. Le même accord fut conclu relativement aux évêchés de la Suisse [2].

Quant aux gouvernements du Haut-Rhin, ils exigèrent que le Saint-Siége donnât aux chapitres, dans un bref, les mêmes instructions qu'il avait adressées aux chapitres prussiens dans le bref *Quod de fidelium*. Ces instructions furent données par le bref *Re sacra* du 28 mai 1827 [3]. Ce bref n'accorde pas aux gouvernements du Haut-Rhin le droit d'influer directement sur l'élection des chapitres ; seulement les chapitres de la province ecclésiastique du Haut-Rhin ne doivent pas porter sur les listes des candidats des personnes contre lesquelles il y aurait des motifs de mécontentement. Si la liste, qui est obligatoire

---

diocèses allemands érigés dans les vingt dernières années de ce siècle, (voyez leurs travaux cités p. 319, note 8).

Toute cette controverse, du reste, cette question des listes, a perdu aujourd'hui son importance, car les gouvernements de Prusse, de Bade et de Suisse ont délaissé le terrain qui servait de base aux conventions avec l'Église.

Le *votum* préparé par Vincent Nussi, *De potestatis civilis in nominatione et electione episcoporum interventu*, pour la commission ecclésiastique politique, portait qu'il ne fallait pas supprimer toutes les nominations faites par les princes, mais abandonner cette affaire au jugement du pape, et demander seulement qu'on prît de meilleures garanties pour le choix des sujets. Il rappelait à ce sujet les articles du concordat avec l'Équateur, suivant lequel les évêques de la province ecclésiastique proposaient des candidats, après quoi la nomination devait avoir lieu dans l'espace d'un an.

[1] Voy. Mejer, *Propagande*, p. 17 et suiv.

[2] Voy. *Litteræ internuncii apostolici lucernensis*, d. 19 jan. 1863 (*Archives*, t. XIII, p. 367).

[3] Reproduit dans les *Archives*, t. XX, p. 287, note 3.

dans la province ecclésiastique du Haut-Rhin, contient un nombre de personnes déplaisantes assez considérable pour que, après leur élimination, il ne reste plus le nombre requis pour l'élection, le bref ne donne pas aux gouvernements le droit d'effacer plus de trois candidats ou de rejeter la liste et d'en demander une nouvelle [1]; ils ont simplement, comme en Prusse, le droit de réclamer auprès du Saint-Siége contre la personne élue, en exposant leurs motifs, et le Saint-Siége, quand les plaintes du gouvernement sont fondées, doit y remédier.

En France [2], en Portugal, en Autriche [3] et en Bavière [4], les souverains ont le droit de nommer aux évêchés; de même dans les États catholiques de l'Amérique du Nord. En Espagne et à Naples, les rois ont même un droit de patronage. Dans le diocèse de Gurk (Autriche), l'empereur a un droit de présentation à l'évêque de Salzbourg pour la moitié des nominations; l'évêque a le droit de collation pour cet évêché, et chaque troisième vacance, il jouit entièrement de sa liberté. Pour les évêchés de Leoben, Lavant et Seckau, la collation par l'évêque est toujours « pleine [5]. »

Le pape a la libre collation dans tous les diocèses de l'État ecclésiastique, de l'Angleterre, de l'Irlande, du nord de l'Amérique et des pays de mission. En Irlande, les chapitres et les clercs nomment trois candidats, sur lesquels l'archevêque et ses suffragants donnent leur avis, afin que le pape puisse fixer son choix sur l'un des trois. Dans l'Amérique du Nord, les trois candidats présentés au pape sont désignés par les évêques de la province [6].

---

[1] Voyez aussi c. XIV, X, de elect., I, 6; c. XLIII, h. t., in VI°, I, 8.

[2] Sur l'état actuel de l'Alsace-Lorraine, voyez t. Ier, § 40, p. 338 et suiv.

[3] D'après l'article 19 du concordat, l'empereur, dans la nomination des évêques, doit surtout prendre l'avis des évêques de la province; mais il ne s'ensuit pas qu'il doive précisément nommer un des sujets proposés par ces évêques. Voyez aussi § 45, t. Ier, p. 367.

[4] Concordat bavarois, art. 9.

[5] Rigantius, *Commentaria in reg. conc. apost.*, reg. I, § 7, n. 12 et suiv. En Autriche, quand il y a nomination ou promotion directe, on doit fixer son choix sur des personnes qui ne sont pas désagréables à l'empereur, d'après le bref *Optime noscitis* du 5 novembre 1855 (*Archives*, t. I, p. 25 et suiv.), en exécution du concordat. Cela s'applique aux siéges épiscopaux comme à toutes les charges ecclésiastiques.

[6] Voy. Schneemann, *Archives*, t. XXII, p. 130 et suiv.

§ 121. De la nomination des évêques en particulier, confirmation par le pape de l'élu, postulé ou nommé.

I. L'élection de l'évêque par les chapitres a lieu, ainsi que celle du pape (§ 108), ou comme par inspiration, ou par compromis, ou au scrutin[1]. Tous les chanoines doivent être convoqués pour l'élection[2]. Celui qui se trouve légitimement empêché peut remettre son suffrage à un autre membre du chapitre ; si un seul membre ayant droit de suffrage se présente, il ne doit pas se nommer lui-même, mais il peut en élire un autre (voy. ci-dessus § 119). L'élection de l'évêque doit se faire dans l'espace de trois mois. (Sur le droit de dévolution, voy. § 75, n. III.)

Quand le chapitre demande au pape *(postulatio)*[3] pour évêque un candidat qui manque de quelque qualité requise par les canons, le pape n'est pas obligé d'admettre le postulé[4] ; cependant quand la postulation émane de la majorité absolue du chapitre, il n'est pas d'usage qu'une personne digne soit refusée[5]. Mais la forme de l'élection est inadmissible quand le candidat manque de

---

[1] Voyez c. XLII, X, de elect., I, 6 (Conc. Lateran. IV). Voyez c. XLI, XVIII, XXXV, XXXVI, X, eod.

[2] Sont exclus de l'élection les chanoines qui n'ont pas reçu le sous-diaconat (c. II, in Clem. de act. et qual., I, 6 ; Conc. Trid., sess. XXII, de ref., cap. IV), qui sont suspens (c. XVI, X, lit., I, 6 ; c. VIII, X, de cons., I, 4) ; excommuniés (cf. glossa *Excommunicationis*, ad c. XXIII, t. *de appel.*, II, 28 ; glossa *Majoris*, ad c. un., in VI° ; Ne sede vac., III, 8. Voyez aussi c. VII, X, de cler. excom., V, 27 ; c. X, eod.).

[3] Cf. Neller, dans Schmidt, *Thesaurus*, vol. II, p. 733 ; Koch, *ibid.*, vol. VII, p. 387 et seq. ; Lippert, *Annalen des Kirchenrechts*, t. X, livrais. II, p. 68 ; Phillips, *Vermischte Schriften*, t. II, p. 290 et suiv. — Libr. X, *De postulatione prælatorum*, I, 5 ; in VI°, eod. tit., I, 5.

[4] C. V, X, h. t.

[5] Quand le postulé est en concurrence avec un de ceux qui ont droit d'élection, il a besoin des deux tiers des voix (c. XL, X, de elect., I, 6 ; c. XXX, eod.). Les membres du chapitre, même pour la postulation, ont généralement les mêmes devoirs que pour l'élection ; en postulant comme en élisant un indigne *(persona impostulabilis)*, ils perdent pour cette fois leur droit d'élection (c. I, X, de postul. præl., 3, 5).

Le pape peut aussi donner d'avance un bref d'éligibilité à une personne simplement « postulable ; » il peut la rendre éligible. Ainsi, un évêque ne peut être élu pour un autre diocèse, mais seulement postulé (c. III, X, h. t., I, 5). Les évêques coadjuteurs, qui sont en même temps membres des chapitres, reçoivent souvent un pareil bref.

quelque qualité canonique : une pareille élection serait radicalement nulle. En Prusse, cependant, la bulle *De salute animarum* a supprimé toute distinction entre élection et postulation de l'évêque.

II. Ceux qui ont le droit de présentation et de nomination sont obligés d'observer les prescriptions relatives aux qualités de la personne qu'ils désignent et au temps pendant lequel doit se faire l'élection[1]; autrement le pape n'est pas tenu de la confirmer, c'est-à-dire, dans le cas présent, de donner l'institution canonique. Quand la personne présentée ou nommée manque d'une condition canonique, la proposition ressemble à une postulation.

III. La confirmation de l'élu par le pape, l'admission du postulé, ou l'institution de la personne choisie, est précédée d'un procès d'information, en vue de constater l'aptitude et la dignité de candidat[2].

IV. Pie IX, en sa constitution *Romanus pontifex* du 28 août 1873, insiste de nouveau pour que la personne élue ou nommée s'abstienne d'administrer le diocèse avant d'avoir reçu la confirmation du pape ; autrement elle perd les droits qu'elle avait acquis[3].

---

[1] Conc. Trid., sess. XXIV, de ref., cap. I, verb. *Omnes vero*. Voyez Gregor. XIV, const. *Onus apostolicæ*, 1591 ; Concordat bavarois, art. 9.

[2] Quand il s'agit d'une élection, l'enquête a pour objet de constater si elle a été régulière. Les objections, s'il y a lieu, sont transmises au pape par le nonce ou par un évêque du voisinage. Le procès d'information, *processus informativus* ou *inquisitionis*, a été réglé par le concile de Trente et par diverses constitutions pontificales (voy. Conc. Trid., sess. XXII, de ref., cap. II; sess. XXIV, de ref., cap. I; Greg. XIV, constit. *Onus apostolicæ*, de 1591 (supplément à l'édition du concile de Trente de Richter, p. 489); Urban. VIII, *Instructio de modo conficiendi processus super qualitatibus promovendorum et statu Ecclesiarum*, de 1627 (ibid., p. 494, et dans Bangen, *Die rœmische Curie*, p. 468); Bened. XIV, constit. *Gravissimum apostolicæ* de 1757 (dans Bangen, *op. cit.*, p. 475).

Le procès d'information est suivi à Rome du procès définitif près de la congrégation consistoriale; on y examine si la confirmation doit être accordée ou refusée. (Voyez aussi Lutterbeck, *Der Informationsprocess*, Mayence, 1850; Bangen, *op. cit.*, p. 87 et suiv.). La proclamation de la confirmation pontificale a lieu en consistoire (§ 111, n. IV); elle s'appelle préconisation, et, quand l'élu était déjà évêque, translation. Vient ensuite la confection des bulles.

[3] C. XVII, X, de elect., I, 6; c. v, eod.; c. I, Extravag. com. eod., I, 3. L'exception faite en faveur de ceux qui étaient très-éloignés, *valde re-*

V. Si l'élu confirmé par le pape n'est pas encore évêque, il faut, pour qu'il puisse conférer les ordres, procéder à la déposition ou dégradation des clercs[1], qu'il reçoive d'abord la consécration[2]. D'après le droit actuel, la consécration ne peut être donnée que par le pape ou par un délégué du pape[3]. L'évêque confirmé doit se faire consacrer dans l'intervalle de trois mois à partir du jour de sa confirmation, sous peine de perdre les fruits de l'évêché[4]. Avant sa consécration, l'élu prête le serment d'obéissance (§ 95) et fait sa profession de foi (§ 84) entre les mains de l'évêque consécrateur.

Dans la plupart des pays, les évêques prêtent aussi serment au souverain de leur nation[5]. Ce serment, sous des formes diverses, date de l'époque carlovingienne[6].

§ 122. Principaux droits de l'évêque dans son diocèse[7].

Les évêques, en leur qualité de successeurs des apôtres, ont le droit de conférer les ordres dans leurs diocèses et d'y gouverner l'Église sous l'autorité du pape, successeur de saint Pierre, prince des apôtres (voy. ci-dessus § 117 et 58).

I. En vertu du pouvoir d'ordre, l'évêque est dans son diocèse le dispensateur suprême des sacrements et l'ordonnateur du culte liturgique. Il doit prier pour son troupeau[8], et surtout offrir pour lui le saint sacrifice de la messe. Afin de pouvoir le célébrer partout ou y assister, il a le privilége d'emmener avec lui un autel portatif[9]. Parmi les sacrements, l'administration

---

moti (c. XLIV, § 2, X, *de elect.*, I, 6) a disparu à cause de la facilité des relations (*Archives*, t. XXXI, p. 181).

[1] C. v, vii, c 16, q. 7; c. xv, X, de elect., I, 6.

[2] La consécration établit entre l'évêque et son Église des rapports analogues à ceux qui résultent d'un mariage consommé, c. iv, X, de transl. episc., I, 7 (voyez ci-dessous § 183).

[3] Pontif. rom., de consecr. electi, tit. xiii; const. Bened. XIV, *In postremo*, 20 octobre 1756.

[4] Conc. Trid., sess. xxiii, cap. ii, de ref.

[5] Voyez concordat bavarois, art. 15; concordat autrichien, art. 20. Sur la Prusse, voyez t. Ier, p. 170, n. 33, et p. 678.

[6] Thomassin, *Vetus et nova Eccl. discipl.*, part. II, lib. II, cap. xlvii-xlix; Buder, *De jurium princ. eccl. s. R. Germ. imperii* (Op., p. 97-166); Waitz, *Ueber die Anfænge der Vasallität*, Gœttingue, 1856, in-4°, p. 31, 58.

[7] Phillips, *Kirchenrecht*, t. VII, § 357; *Lehrbuch*, § 133.

[8] C. vi, dist. 88 (Conc. Carth., IV). — [9] C. ult., in VI°, de privilegiis, V, 7.

de l'ordre et de la confirmation lui appartient en propre. Dans le sacrement de pénitence, il a le droit de se réserver l'absolution de certains cas, et aussi, par une conséquence naturelle, celui d'accorder des indulgences pour un temps assez court. La bénédiction des abbés et des abbesses, la vêture des religieuses [1], le couronnement des princes, la consécration des églises et des autels [2], des calices et des patènes, la réconciliation des églises profanées [3], la bénédiction du chrême et de l'huile des malades sont autant d'actes liturgiques qui lui sont réservés [4] et que le prêtre n'accomplit jamais ou n'accomplit que dans des cas exceptionnels [5].

II. Nul ecclésiastique ne peut exercer dans le diocèse des fonctions à charge d'âmes, en lieu et place de l'évêque (prêcher, administrer les sacrements), sans avoir reçu de lui une mission ou des pouvoirs spéciaux [6].

III. Le droit de distribuer l'instruction religieuse, d'enseigner la théologie n'appartient qu'à ceux qui sont autorisés par l'évêque diocésain, et seulement pour le temps que dure l'autorisation [7].

IV. L'évêque, comme son nom l'indique *(episcopus)*, est chargé de surveiller la vie ecclésiastique et l'administration de tout ce qui se rapporte à l'Église, dans son diocèse; de là pour lui l'obligation spéciale de résider [8]. Il doit veiller aussi à la pureté de la doctrine et des mœurs, et à l'instruction religieuse

---

[1] C. xxiv, d. 23 (Conc. Carth., IV); c. i, § 9, d. 25.

[2] C. i, § 9, d. 25.

[3] C. ix, X, de consecr. eccles., IV, 40.

[4] Voyez Bened. XIV, *Epist. ad Engelb. abb. Campid.*, ann. 1748 (*Bullar. Magn.*, t. XIX, app., p. 10).

[5] Les cas réservés aux évêques s'appelaient *jura propria*, par opposition aux *jura communia* qui leur sont communs avec les prêtres.

[6] Voyez ci-dessus § 75; c. xv, X, de offic. jud. ordin., I, 31 (Conc. Lateran., IV, cap. x); Conc. Trid., sess. v, c. ii, de ref.; sess. xxiv, cap. iv, de ref.; sess. xiv, cap. vii, de pœnit.; sess. xxiii, cap. xv, de ref.; Bened. XIV, *De synodo diœces.*, lib IX, cap. xvii, n. 6.

[7] Voy. ci-dessus § 58. Nous donnerons dans un autre endroit un travail spécial de Schulte sur cette matière. — Concordat autrichien, art. 6-8; concordat badois, art. 7-11; concordat wurtembergeois, art. 7-9.

[8] Voyez ci-dessus § 66; Bened. XIV, constit. *Ubi primum* de 1740, § 4 (*Bullar. magn.*, t. XVI, p. 4). Voyez aussi le Schema const. concil. Vatic. *De episcopis* (c. i, de officio episcoporum; c. ii, de residentia, dans Martin, *Collect.*, ed. 2, p. 127 et seq.).

dans les écoles, détourner les fidèles de la lecture des écrits contraires à la religion et à la morale [1].

V. « Les évêques, dit le concile de Trente, ne manqueront pas de faire eux-mêmes tous les ans la visite de leur propre diocèse, ou de la faire faire par leur vicaire général, ou par un autre visiteur particulier, s'ils ont personnellement quelque empêchement légitime. Si l'étendue de leur diocèse ne leur permet pas de la faire tous les ans, ils visiteront au moins chaque année la plus grande partie, en sorte que la visite de tout leur diocèse soit entièrement faite dans l'espace de deux ans ou par eux-mêmes ou par leurs visiteurs.

» La fin principale de toutes les visites sera d'établir une doctrine sainte et orthodoxe, en bannissant toutes les hérésies, de maintenir les bonnes mœurs, de corriger les mauvaises, d'animer le peuple au service de Dieu, à la paix et à l'innocence de la vie, par des remontrances et des exhortations pressantes, et d'ordonner toutes les autres choses que la prudence de ceux qui feront la visite jugera utiles et nécessaires pour l'avancement des fidèles, selon que le temps, le lieu et l'occasion le pourront permettre [2]. »

Cette visite comprend :

1° Les lieux *(loca)*, c'est-à-dire les édifices religieux ;
2° Les choses *(res)*, les ustensiles religieux ;
3° Les fonctions ecclésiastiques, *munera* ;
4° La conduite du clergé et des laïques, *personas*.

La visite peut être réitérée aussi souvent que l'évêque le juge

---

[1] Cf. Clément XIII, const. *Opinionem*, de 1766 (*Contin. Bullar. rom.*, t. III, p. 220), et const. *Christianæ*, de 1766 (*Contin. Bullar. rom.*, t. III, p. 225). — L'éditeur d'une feuille antireligieuse s'étant plaint auprès du tribunal civil que l'évêque de Luxembourg eût interdit sa publication, fut débouté de sa demande (1863). Voyez sur ce cas intéressant *Archives*, t. X, p. 416 ; t. XI, p. 178 et suiv. ; t. IX, p. 172 et suiv.

[2] Toutes les églises, tous les établissements ecclésiastiques situés dans le diocèse, même les exempts, tant qu'il s'agit, non de la discipline monastique, mais de la charge d'âmes, sont également soumis à la visite de l'évêque. Conc. Trid., sess. VII, cap. VIII, de ref. — Voyez aussi le schema const. conc. Vatic. *De episc.*, cap. III, dans Martin, *Collect.*, ed. 2, p. 130 et seq. ; Phillips, *Kirchenrecht*, t. VII, §§ 365 et suiv. ; J. Auerbach, *De visitationum ecclesiasticarum progressu a primis temporibus usque ad conc. Trid.*, Francfort, 1872 ; Kampf, *Archives*, t. XXXI, p. 385 et suiv.

à propos (voyez ci-dessous, n. x, b). L'évêque peut y rendre la justice[1].

Cependant, la visite épiscopale revêt plutôt le caractère d'une enquête paternelle[2]. Dans les premiers temps du moyen âge, notamment depuis Charlemagne, les visites se faisaient en même temps que les synodes[3]; c'étaient des enquêtes périodiques qui avaient lieu dans certains districts particuliers; l'Église et l'État s'y enquéraient en commun de la situation morale et religieuse. Plus tard, elles furent faites par les archidiacres (voyez ce mot). Depuis la suppression des archidiacres, elles ont été reprises par les évêques en personne et coïncident presque toujours avec les tournées de confirmation.

ADDITION DU TRADUCTEUR.

En France, la loi organique du 18 germinal an x, art. 22, veut également que l'évêque visite une partie de son diocèse annuellement et en personne, et dans l'espace de cinq ans le diocèse entier. En cas d'empêchement, la visite doit être faite par un vicaire général. Une somme de 1,000 francs est allouée chaque année aux évêques pour frais de visites pastorales, quand le diocèse n'est composé que d'un département, et de 1,500 francs quand il est composé de deux départements. Mais l'évêque n'a droit à cette indemnité qu'autant qu'il justifie que les visites pastorales ont été faites ou du moins qu'il est en tournée.

VI. Sur la puissance législative de l'évêque (voyez ci-dessus, § 52, n. II). L'évêque peut dispenser ses diocésains des lois purement épiscopales; mais il ne peut dispenser des lois générales de l'Église que lorsque ces lois l'y autorisent. (Voyez ci-dessus, § 64, n. III, et ci-dessous, § 211.)

VII. L'évêque possède la juridiction ecclésiastique en pre-

---

[1] C'est-à-dire ordonner, régler, corriger et exécuter, comme délégué du Siège apostolique, suivant les ordonnances des canons, toutes les choses qui, selon sa prudence, lui paraîtront nécessaires pour l'amendement de ceux qui lui sont soumis et pour le bien du diocèse. *(N. du trad.)*

[2] C. I, § 4, rapproché du § 6, de censibus, in VI°, III, 20; c. XIII, X, de offic. et ord., I, 31; Conc. Trid., sess. XXIV, c. X, de ref. Cf. Bened. XIV, const. *Ad militantis*, 1742, § 21 (*Bull. magn.*, t. XVI, p. 76); Fagnani, *Comm. in cap. Dilectus* XXVI, I, *De rescr.*, I, 3, n. 26 et seq., 44 et seq.

[3] Voy. Molitor, *Canonisches Gerichtsverfahren*, p. 54 et suiv.; Dove, *Untersuchung über die Sendgerichte* (*Zeitschrift für deutsche Rechtswissenschaft*, t. XIX, p. 321); Phillips, *Kirchenrecht*, t. VII, § 366, III.

mière instance, pour les matières contentieuses et criminelles. (Voyez plus loin, livre III.)

VIII. Il lui appartient d'ériger, de modifier et de conférer les emplois ecclésiastiques inférieurs, *beneficia minore* (§§ 73-75).

IX. Il administre les biens d'église (voyez plus loin livre IV).

X. Il peut aussi exiger des redevances [1] ecclésiastiques, notamment :

1. Les droits de chancellerie pour la confection des documents officiels *(jus sigilli)* [2]. La taxe actuelle, extrêmement modérée, a été établie par Innocent XI en 1676 [3]. La valeur qu'avait autrefois l'argent doit être ramenée à sa valeur actuelle.

2. Quant au clergé en particulier, il fournit :

a. Pour la convocation du synode diocésain une redevance fixée par la coutume du diocèse [4]. Elle n'existe plus aujourd'hui que dans un petit nombre de diocèses [5].

b. Des *procurations,* ou contributions pour subvenir aux frais des évêques pendant la visite [6]. Ces procurations ne sont plus exigibles si l'évêque *fait une seconde* visite dans la même année [7].

ADDITION DU TRADUCTEUR.

Le troisième concile de Latran, en 1179, fit le règlement le plus

---

[1] Voyez, pour la partie historique, Thomassin, *Vetus et nova Eccl. discipl.*, part. III, lib. II, c. XXXII et s. Voyez Walter, *Kirchenrecht*, § 196.

[2] Voy. Conc. Trid., sess. XXI, cap. I, de ref.

[3] Cette taxe, *taxa innocentiana,* est reproduite dans Ferraris, *Prompta bibliotheca,* v. *Taxa.*

[4] C. I, C. 10, q. 3 (Conc. Bracar., an. 572); c. XVI, X, de offic. jud. ord., I, 31.

[5] Bened. XIV, *De syn. diœc.*, lib. VIII, cap. VII. — C'était le cathédratique et le synodatique.   *(Note du trad.)*

[6] C. 10, q. 3; c. VI (Conc. Later., III); c. XXIII (Later. IV), X, de censibus, III, 39; c. un., tit. in Extrav. comm. (Benedict. XII); Conc. Trid., sess. XXIV, cap. III, de reform.; Phillips, *Kirchenrecht*, t. VII, § 370, IV; § 376, V.

[7] D'après l'ancien droit, l'évêque pouvait aussi dans ce cas exiger des procurations (c XXI, X, de censibus, III, 39); mais la congrégation du concile, se rattachant aux prescriptions du concile de Trente (sess. XXIV, cap. III, de ref.) qui avertit de ne pas trop peser sur les paroisses et les institutions par les frais de la visite, s'est prononcée contre la pluralité des procurations dans une même année. Voy. Fagnani, *Comm.* in c. XXI cit. (c. lum. venerabilis), n. 3; Bened. XIV, *De synodo diœces.*, lib. X, cap. X, n. 6.

solennel qui existe sur cette matière. Saint Paul, y est-il dit, s'étant glorifié de vivre, lui et les siens, du travail de ses mains pour n'être point à charge au peuple, il est étonnant que les évêques fassent dans leurs visites des dépenses telles que les curés, pour y subvenir, soient forcés de vendre les ornements de leur église et soient réduits à une longue indigence par la dissipation que les prélats font en une heure des revenus de leur église. — Le concile fixe ensuite le nombre des chevaux que pourront avoir les prélats pour leur visite : les archevêques, quarante ou cinquante ; les cardinaux, vingt-cinq ; les évêques, vingt ou trente ; les archidiacres, cinq ou sept ; les doyens, deux. Quant à la table, il faut qu'elle soit frugale, qu'on se contente de ce qui est servi, mais surtout que les chiens et les oiseaux de chasse ne suivent point les prélats dans ces courses de charité et de religion. Tous ceux-là avaient droit de visite et de procuration [1].

c. *Seminaristicum* ou *alumnaticum*, subvention pour l'entretien des séminaires épiscopaux [2].

d. Dans des cas de nécessité exceptionnels, l'évêque peut, lors de son entrée en fonction, imposer une fois seulement tous les bénéfices séculiers, *subsidium charitativum* [3].

3. Dans quelques pays, le gouvernement lève des impositions pour faire face à certaines dépenses religieuses dont il s'est chargé par suite de la sécularisation. Telles sont en Prusse les redevances que les ecclésiastiques doivent percevoir pour les baptêmes, les fiançailles et les enterrements et qui sont consacrées à la cathédrale [4]. Il existe aussi dans les pays autrefois réunis à la France des contributions communales destinées à subvenir aux besoins du culte, depuis que les biens d'église ont été déclarés propriété nationale.

XI. Les droits honorifiques des évêques [5] sont : la préséance sur tous les clercs qui n'ont pas reçu l'ordination épiscopale, à l'exception des cardinaux ; sur les évêques qui ont été ordonnés après eux ; dans leur propre diocèse, la préséance sur tous les archevêques, à l'exception du métropolitain ; réception solen-

[1] Thomassin, *Ancienne et nouvelle discipline,* part. III, lib. II, ch. XXXV.
[2] Conc. Trid., sess. XXIII, cap. XVIII, de ref.
[3] Cap. VI, X, de censibus, III, 39 (Conc. Later., III).
[4] Ordre du cabinet prussien du 3 avril 1825.
[5] Voy. Thomassin, *Vetus et nova Eccl. disc.,* part. I, lib. II, cap. XLV et seq., LVIII; Binterim, *Die vorzüglichsten Denkwürdigkeiten der christlichen Kirche,* édit. 2, Mayence, 1842, t. I, part. II, p. 349 et suiv.; Phillips, *Kirchenrecht,* t. VII, § 358, III.

nelle de la part de leur clergé lors de la visite d'une église qui leur est subordonnée, et, pendant l'exercice des fonctions liturgiques, le droit de s'asseoir sur un trône élevé, disposé sous un baldaquin ; la crosse pastorale, *baculus pastoralis*, ou emblème de leurs fonctions de pasteur ; l'anneau, symbole de leur mariage avec l'Église ; la mitre, *mitra*, *infula*, et tout ce qui constitue le costume des évêques ; la croix d'or, *pectorale*, qu'ils doivent toujours porter sur la poitrine ; le titre de Révérence, *reverendissimus*, Monseigneur. Le pape appelle les évêques, même schismatiques, ses « Vénérables frères, » *Venerabilis Frater*, ou *Fraternitas Tua*[1]. Les évêques eux-mêmes, omettant leurs noms de famille et ajoutant celui de leur diocèse, se nomment évêques « par la grâce de Dieu et l'autorité du Siége apostolique[2]. »

VII. LES AUXILIAIRES DES ÉVÊQUES.

§ 123. Les chapitres des collégiales et des cathédrales[3]. — Leur notion et leur développement historique[4].

I. Le chapitre de la cathédrale est un collège de prêtres établis dans l'église épiscopale et fonctionnant comme une sorte

---

[1] Bened. XIV, const. *In postremo* de 1756 (*Bullar. magn.*, t. XIX, p. 262), § 20.

[2] *Ego N. Dei et apostolicæ Sedis gratia episcopus...* Dans le Wurtemberg et à Bade, on avait défendu autrefois d'omettre le nom de famille et d'employer la formule *Dei gratia* ; en Bavière, le gouvernement n'autorisa que la formule *divina gratia* (voy. Hinschius, *Droit eccl.* (en allemand), t. II, p. 48, note 4).

[3] Capetius, *De origine et officio canonicorum*, Antwerp., 1592, in-8°; Miræus, *De canonicorum collegiis per Germaniam*, col. 1615; Barbosa, *De canonicis*, etc., Lugd., 1640; Van Espen, *De instituto et officiis canonicorum* (in *Oper.*, Colon., 1748, t. II; ab Ickstædt, *De capitulorum metropolitanorum et cathedralium archiepiscopatuum Germaniæ origine progressu et juribus*, Amstelod., 1746; sub eodem titulo, auctore M. C. H. Amstelod., 1754; Schœttl, *la Participation des chapitres cathédraux au gouvernement diocésain autrefois et aujourd'hui*, Eichstædt, 1846 (en allem.); Gehring, *les Chapitres des cathédrales catholiques en Allemagne comme personnes juridiques*, Ratisbonne, 1851; Bouix, *Tractatus de capitulis*, Paris, 1852; Huller, *la Personnalité juridique des chapitres de cathédrales catholiques et leur position juridique*, Bamberg, 1860; Mayer, *Thesaurus novus jur. eccles., sive codex statutorum eccl. cath.*, 4 vol., Vindob., 1791. Voy. aussi Lingen et Reuss, *Causæ selectæ in S. Congr. conc.*, p. 523 et seq.; *De creatione, collatione, privatione canonicatuum*, p. 578 et seq.; *De missa conventuali*, p. 613 ; *De emolum.*, p. 648 ; *De dignitatibus et officiis capituli*.

[4] Cf. Thomassin, *Vetus et nova Eccl. discipl.*, part. I, lib. III, cap. VII (t. III, p. 31).

de sénat de l'évêque. Dans certains pays, en Allemagne notamment, il forme une corporation à la fois religieuse et politique. Le droit commun lui donne la faculté d'élire l'évêque, qui doit le consulter dans les affaires importantes, et en certains cas requérir son assentiment.

II. Les collégiales sont une association d'ecclésiastiques établis dans une église qui n'est pas cathédrale et jouissant de certaines prérogatives.

III. De la vie en commun que menaient autrefois les chanoines des cathédrales et des collégiales, il ne reste plus que le chant du chœur à certaines heures de la journée.

IV. Anciennement, l'évêque vivait avec les prêtres, les diacres et le jeune clergé de son diocèse; les repas et la prière avaient lieu en commun. Toutes les personnes qui formaient le clergé épiscopal étaient consignées dans une matricule ou canon[1]; de là leur nom de chanoines[2], *canonici*. Saint Chrodegand, évêque de Metz, dressa pour les clercs qui vivaient en commun une règle imitée de celle des bénédictins (745); elle fut corrigée par son disciple, le diacre Amalaire. Un concile impérial d'Aix-la-Chapelle prescrivit cette règle à toutes les églises où fonctionneraient plusieurs ecclésiastiques[3], et l'on distingua dès lors les chapitres de cathédrales d'avec les simples chapitres de collégiales.

Le nom de chapitre vient de ce qu'on lisait journellement un chapitre de la règle dans la salle où l'on s'assemblait. On emprunta au genre de vie des monastères toute une série d'emplois et de dignités[4], tels que ceux de *præpositus*, prévôt (celui-ci était ordinairement l'archidiacre, ou le premier diacre de l'évêque), de doyen, *decanus* (c'était communément l'archiprêtre, ou le prêtre le plus anciennement ordonné), de sco-

---

[1] Concil. Nicæn., can. XVI (Hardouin, *Concil.*, t. I, col. 330), et Concil. Antioch., can. II (*ibid.*, col. 594).

[2] Conc. Arvern., ann. 535, can. XV (Hardouin, *loc. cit.*, t. II, col. 1182); Du Cange, *Glossar.*, v. *Canonicus*).

[3] Voyez ci-dessus § 23, n. 1.

[4] Voyez c. I, d. 25; De officio archidiaconi, X, I, 23; De officio archipresbyteri, X, I, 24; De officio primicerii, X, I, 25; De officio sacristæ, X, I, 26; De officio custodis, X, I, 27, et les articles relatifs à chaque fonction dans Du Cange, *Glossar. med. et inf. latin.*; Van Espen, *Jus eccl. univ.*, part. I, lit. 11.

lastique, ou *caput scholæ*, chargé de l'enseignement et de l'éducation des jeunes clercs; de chantre, ou *primicerius*, qui dirigeait le chant du chœur; de gardien, *custos*; de portier, *portarius*; de cellérier, *cellerarius*.

V. Les chapitres acquirent l'autonomie pour la gestion de leurs affaires; aussi leur constitution offre-t-elle de grandes variétés de détails, notamment en ce qui regarde les dignités et les emplois. Le plus souvent, les charges de prévôts et de doyens étaient érigées en dignités, et les autres canonicats en personats [1].

Deux nouveaux emplois, ayant la signification « d'offices, » furent institués dans les chapitres à partir du douzième siècle. Le premier est celui de chanoine pénitencier : le pénitencier était chargé de l'administration de la pénitence pour les cas réservés à l'évêque; le second est celui de chanoine théologal. Le théologal devait faire des conférences théologiques pour le clergé et le peuple [2]. Ces deux emplois furent maintenus par le concile de Trente, à raison de leur opportunité [3].

ADDITION DU TRADUCTEUR.

Dès le troisième siècle, comme on le voit par l'*Histoire* d'Eusèbe de Césarée (liv. II, ch. XL), il y avait dans l'Église d'Alexandrie des personnes préposées par l'évêque pour expliquer l'Écriture sainte, qui, jusqu'au douzième siècle, alors qu'on introduisit la scolastique, formait toute la théologie. En France, le canon XXXV du concile de Meaux, tenu sous Hincmar en 845, enjoint aux évêques d'avoir près d'eux un savant ecclésiastique pour prêcher et expliquer les saintes Écritures.

Le canon XVIII du troisième concile de Latran (1179) statue ceci : « Afin de pourvoir à l'instruction des clercs en chaque église cathédrale, il y aura un maître à qui on assignera un bénéfice suffisant et qui enseignera gratuitement. »

Cette pieuse institution n'ayant pas été exécutée dans plusieurs églises, Innocent III la confirma au quatrième concile de Latran, et

---

[1] La dignité est un rang accompagné d'honneur, de puissance et d'autorité, *auctoritas, cultu et honore digna*. Le personat jouit de quelque prérogative, telle que la préséance ou la prééminence, mais il n'a point juridiction. (Note du trad.)

[2] C. XV, X, de officio jud. ordin., I, 31 (Conc. Lateran., IV); Bouix, *loc. cit.*, p. 107 et seq., 124 et seq.; Sentis, *Die præbenda theologalis und pœnitentialis in den Capiteln*, Mayence, 1867.

[3] Conc. Trid., sess. XXIV, cap. VIII, de ref.; sess. V, cap. I, de ref. Voy. aussi Benedict. XIV, *De synodo diœc.*, lib. XII, cap. IX, n. 17.

ajouta que non-seulement dans les églises cathédrales, mais dans celles qui pourraient y pourvoir, le chapitre choisirait un maître pour enseigner *gratis* la grammaire et les autres sciences, que les églises métropolitaines auraient un théologien pour enseigner aux prêtres l'Écriture sainte, et principalement ce qui concerne le gouvernement des âmes; qu'on assignerait à chacun de ces maîtres le revenu d'une prébende.

Le concile de Bâle établit pour la première fois que les théologiens seraient chanoines. Il veut qu'il y ait un théologal dans chaque église cathédrale, que le collateur, quel qu'il soit, sera tenu de nommer pour chanoine un prêtre licencié ou un bachelier formé en théologie qui ait étudié dix ans dans quelque université privilégiée, pour faire des leçons deux fois, ou au moins une fois par semaine.

Le concordat de François Ier contient, à quelques différences près, la même disposition. Le concile de Trente ordonne que « dans les églises où il se trouve quelque prébende, prestimonie, gages, quelque revenu enfin fondé et destiné pour les lecteurs en la sacrée théologie, sous quelque nom ou titre que ce puisse être, les évêques, archevêques, primats et autres ordinaires des lieux obligent et contraignent, même par la soustraction des fruits, ceux qui possèdent ces sortes de prébendes, prestimonies ou gages, de faire les explications et les leçons de la sacrée théologie, par eux-mêmes s'ils en sont capables, sinon par quelque habile substitut choisi par les évêques mêmes, les archevêques, primats ou autres ordinaires des lieux. Qu'à l'avenir ces sortes de prébendes, prestimonies ou gages ne soient donnés qu'à des personnes capables et qui puissent par elles-mêmes s'acquitter de cet emploi; qu'autrement toute provision soit nulle et sans effet. Dans les églises métropolitaines ou cathédrales, si la ville est grande et peuplée, et même dans les collégiales qui se trouveront dans quelque lieu considérable, quand il ne serait d'aucun diocèse, pourvu que le clergé y soit nombreux, et s'il n'y a point encore de ces sortes de prébendes, prestimonies ou gages établis, le saint concile ordonne que la première prébende qui viendra à vaquer, de quelque manière que ce soit, excepté par résignation, soit et demeure réellement et de fait, dès ce moment-là, et à perpétuité, destinée et affectée à cet emploi, pourvu néanmoins que cette prébende ne soit chargée d'aucune autre fonction incompatible avec celle-ci. Et en cas que dans lesdites églises il n'y eût point de prébende, ou aucune au moins qui fût suffisante, le métropolitain lui-même ou l'évêque, avec l'avis du chapitre, y pourvoira, de sorte qu'il y soit fait leçon de théologie, soit par l'assignation du revenu de quelque bénéfice simple, après néanmoins avoir donné ordre à l'acquit des charges; soit par la contribution des bénéficiers de sa ville, ou de son diocèse, soit de quelque autre manière qu'il sera jugé le plus commode, sans que pour cela on omette en aucune façon les autres leçons qui se trouveront déjà établies par la coutume ou autrement.

Pour les églises dont le revenu annuel est faible et où il y a un si petit nombre d'ecclésiastiques et de peuple, qu'on ne peut pas y entretenir commodément de leçon de théologie, il y aura au moins un maître choisi par l'évêque, avec l'avis du chapitre, qui enseignera gratuitement la grammaire aux clercs et autres pauvres écoliers, pour les mettre en état de passer ensuite à l'étude des saintes lettres, si Dieu les y appelle, et pour cela on assignera à ce maître de grammaire le revenu de quelque bénéfice simple, dont il jouira tant qu'effectivement il continuera d'enseigner.

Qualités et devoirs du théologal.

Innocent III veut que le théologal soit un théologien. Le concordat de 1566 exige que la théologale soit conférée à un docteur, ou licencié, ou bachelier formé en théologie, qui ait étudié dix ans dans une université privilégiée. Les conciles provinciaux de France exigent les mêmes qualités.

Il y avait des théologaux, celui de Paris, notamment, qui n'étaient chargés que de trois ou quatre sermons pendant l'année et qui ne faisaient point de leçons, parce qu'il y avait des sermons fondés et des universités où l'on enseignait la théologie et expliquait l'Écriture sainte. Ces leçons de l'Écriture devaient être faites verbalement et sans dicter. Le théologal « gagnait franc, » comme on disait alors. Quoique absent de l'office divin, il était censé présent quand il remplissait ses devoirs : *Habeatur pro præsente ut nihil perdat*. Cependant, comme ce privilége n'avait été établi en sa faveur qu'en raison de son devoir d'enseigner et de prêcher, il devait cesser dans les églises où le théologal était déchargé de ce devoir. Les chapitres ne pouvaient point priver d'une partie des gros fruits de la prébende les théologaux négligents de leur devoir, mais seulement des distributions quotidiennes de la semaine où ils auraient manqué à leur devoir.

La prébende théologale était sujette à la régale et aux expectatives, et pouvait être résignée à des personnes capables.

VI. Les revenus des chapitres s'étant accrus avec le temps, et la vie en commun ayant cessé peu à peu à partir du douzième siècle, on fit deux parts des revenus, l'une pour l'évêque, l'autre pour les chanoines. Les jeunes clercs, *domicellares*, restèrent seuls sous la surveillance du scolastique et continuèrent la vie en commun. Mais on alla insensiblement plus loin. La vie en commun fut aussi supprimée pour les jeunes clercs, et on établit pour eux de petites prébendes, *præbendæ minores*. Malgré la défense de l'Église, on distribua souvent des expectatives pour des canonicats non encore vacants. Les *expectataires* avaient une place au chœur et voix au chapitre; mais ils n'avaient aucune part aux fruits; de là le surnom de chanoines en herbe, *canonici in herbis*, qui les distinguait des chanoines en possession des revenus, *canonici in floribus et fructibus*.

La discipline des chapitres tomba souvent dans la plus grande décadence. Pour le chant même, la seule des obligations en commun qui subsistât, chaque chanoine se faisait remplacer par un vicaire, malgré les efforts qu'on faisait pour y astreindre personnellement les chanoines par des amendes pécuniaires. Le pire des abus, c'est que les chapitres étaient devenus des moyens de pourvoir à l'établissement des fils cadets de la noblesse[1].

Les lois de l'Église prescrivirent à plusieurs reprises le retour à la vie commune; elles ne réussirent que dans quelques collégiales, dont les chanoines s'appelèrent chanoines réguliers, *canonici regulares*. Le concile de Trente a rendu des ordonnances pour la réformation des chapitres[2]; mais en Allemagne, elles n'ont guère été appliquées qu'après la sécularisation des biens des chapitres.

§ 124. Constitution actuelle des chapitres[3].

I. De nos jours encore, la constitution des chapitres offre de grandes divergences en ce qui concerne le nombre de leurs membres et les dignités qui doivent y être établies[4]. En Allemagne, elle repose sur les bulles de circonscription et les concordats intervenus dans les vingt dernières années; il en est de même en Suisse pour les diocèses de Bâle et de Saint-Gall.

En Bavière et dans les diocèses de la Prusse établis avant 1866[5], les chapitres ont deux dignités : le prévôt et le doyen.

---

[1] Voy. c. XXXVII; X, de præb., V, 3 (Honor. III).
[2] Conc. Trid., sess. XXIV, cap. VIII, de ref.
[3] Voy. Phillips, *Mélanges*, t. II, p. 323, 338 et suiv.
[4] Voy. Schulte, *Status diœc. in Austria, Germ., Borussia, Bavaria, reliquis Germaniæ terris sitarum*, Gissæ, 1866.
[5] La bulle *De salute animarum* ordonne expressément que tout chapitre

A Gnesen, il n'y a qu'un prévôt ; dans le Hanovre et la province ecclésiastique du Haut-Rhin, il n'y a qu'une dignité. En Autriche, dans la plupart des chapitres, la prévôté est un personat ; le décanat seul est une dignité. Dans quelques autres, la prévôté et le décanat sont des dignités. Ailleurs on trouve en outre les dignités d'archidiacre et de scolastique. En Hongrie, il y a régulièrement quatre dignités, qu'on appelle les colonnes du chapitre, *columnæ*, ou *canonici columnares*. Pour les évêchés suisses[1], celui de Bâle a deux dignités, le prévôt et le doyen ; de même Coire. Celui de Saint-Gall n'a qu'une dignité, le doyen. Il y en a quatre à Sion : le grand doyen, le doyen du Valais, le sacristain et le chantre[2].

Outre les membres proprement dits du chapitre de la cathédrale, *canonici numerarii*, on compte encore des chanoines honoraires, *canonici honorarii*. Ces derniers n'ont en Autriche, en France et en Belgique qu'un titre purement honorifique ; en Prusse, au contraire, ils jouissent de tous les droits des chanoines de la cathédrale, sans être tenus à la résidence[3]. On voit aussi maintenant, dans la plupart des chapitres, des vicaires cathédraux qui ne servent plus comme autrefois à remplacer les chanoines, mais qui possèdent personnellement des prébendes.

II. La nomination aux canonicats qui deviennent vacants dans les mois impairs est généralement réservée au pape (§ 101) ; ceux qui le deviennent pendant les mois pairs sont pourvus par l'évêque.

Sur le droit de nomination qui revient aux gouvernements en Autriche et en Hongrie (voyez t. Ier, § 45, p. 368 et 513), en Prusse et en Bavière (ci-dessus, § 101, p. 273). En Bavière,

---

ait un chanoine théologal et fasse administrer la paroisse de la cathédrale par un membre capable du chapitre.

[1] Voy. Winkler, *Lehrbuch des Kirchenrechts*, § 98, p. 168.

[2] L'évêché de Lausanne n'a point de chapitre de cathédrale. Il en est de même de plusieurs diocèses français depuis la restauration du culte en 1801. — Cette remarque ne doit plus guère avoir de raison d'être.
(*Note du trad.*)

[3] En Suisse, les chapitres de cathédrales ont aussi des chanoines non résidants. — En ce qui concerne les chanoines honoraires, il a été demandé au concile du Vatican qu'il fût statué qu'aucun évêque ne pourrait conférer ce titre à un ecclésiastique d'un autre diocèse avant d'avoir consulté son ordinaire. Voyez Martin, *Collect.*, ed. 2, p. 156.

le roi a le droit de nommer le doyen et les chanoines de la cathédrale pendant les mois du pape, et depuis 1841, en vertu d'un accord particulier, il nomme le prévôt du chapitre. Les canonicats devenus vacants dans les mois pairs (ou mois épiscopaux,) sont pourvus par l'évêque dans l'espace de trois mois; dans les trois autres, la nomination appartient au chapitre[1]. Dans le Hanovre[2] et dans la province ecclésiastique du Haut-Rhin[3], tous les canonicats sont conférés une fois par l'évêque et une autre fois par le chapitre.

Dans le diocèse de Bâle[4], quand une place de chanoine est vacante pour les cantons de Berne, Argovie et Thurgovie, le chapitre présente au gouvernement que cela concerne une liste de six candidats, sur laquelle le gouvernement peut en rayer trois qui lui déplaisent, *minus grati;* l'évêque en choisit un parmi les trois qui restent.

Dans le diocèse de Saint-Gall, l'évêque nomme deux chanoines parmi les cinq qui sont résidants; pour les dix qui ne résident pas, il nomme aux places qui deviennent vacantes dans les mois pairs, et le chapitre nomme à celles qui deviennent vacantes dans les mois impairs. L'évêque ou le chapitre doit toujours présenter au conseil d'administration catholique une liste électorale de cinq candidats, sur laquelle ce conseil peut en rayer deux[5]. Dans le diocèse de Coire, parmi les vingt-quatre chanoines, il n'y en a que six qui résident; les résidants doivent être choisis parmi les non résidants. Deux des premiers, le gardien et le chantre de la cathédrale, sont nommés par l'évêque; deux autres, le scolastique et le sextaire de la cathédrale, par les chanoines non résidants. Le doyen est élu par la totalité du chapitre; les canonicats des chanoines non résidants qui viennent à vaquer dans les mois pairs sont conférés par le chapitre résidant.

III. Les canonicats et les dignités, d'après le concile de Trente[6], ne peuvent être conférés qu'à ceux qui ont reçu les ordres requis, ou qui les reçoivent dans l'intervalle d'un an. Le

---

[1] Concordat bavarois, art. 10. Voyez ci-dessus, p. 273. — [2] D'après la bulle *Impensa romanorum pontificum* de 1824. — [3] D'après la bulle *Provida solersque.* — [4] V. Attenhofer, article et ouvrage cités t. Ier, § 46, p. 535, note 1. — [5] Bulle du 12 avril 1847. — [6] Conc. Trid., sess. XXII, cap. IV, de ref.; sess. XXIV, cap. IV, de ref.

concile de Trente exige en outre qu'au moins la moitié des chanoines soient prêtres et l'autre moitié sous-diacres, quand une louable coutume n'exige pas que plusieurs ou que tous soient prêtres [1]. Il demande aussi que toutes les dignités, ou du moins la moitié des canonicats, soient autant que possible accordés à des docteurs ou licenciés en théologie ou en droit canon [2], que tous soient âgés d'au moins vingt-deux ans, et, quand ils possèdent une dignité avec charge d'âmes, qu'ils aient atteint la vingt-cinquième année [3]. Presque tous les concordats récemment conclus avec le Saint-Siége exigent pour le presbytérat l'âge d'au moins vingt-cinq ans, des connaissances suffisantes, une longue pratique du saint ministère, souvent l'indigénat. Ils demandent aussi, soit expressément, soit tacitement, qu'un candidat au chapitre soit agréable au gouvernement. La condition qui requérait une noble extraction n'a été maintenue que pour le chapitre d'Olmutz [4]; mais elle doit aussi

---

[1] Conc. Trid., sess. XXIV, cap. XII, de ref.
[2] Conc. Trid., *loc. cit.* Les mêmes conditions sont requises du chanoine pénitencier, outre l'âge de quarante ans. Trid., sess. XXIV, c. VIII, de ref.
[3] Conc. Trid., sess. XXIV, cap. XII, de ref.; v. *Nemo deinceps*.
[4] Une assemblée d'évêques tenue à Vienne en 1849 pour délibérer sur la réorganisation des affaires de l'Église catholique, déclara que la condition d'une origine noble pour devenir chanoine, ainsi que l'institut des chanoines *domiciliaires*, n'étaient pas avantageux à l'Église. Cet avis, partagé par le gouvernement impérial, fut consigné dans le concordat de 1855 (article 22). Voyez aussi l'appendice secret du concordat dans les *Archives*, t. XIV, p. 95.

Il est vrai que le prince Lichnowski, membre du chapitre d'Olmutz, obtint vers 1860, pour le chapitre, un bref pontifical qui maintenait, dit-on, la condition d'une origine noble pour les chanoines d'Olmutz, parce qu'elle était requise par l'acte de fondation (?). Cependant le gouvernement impérial déclara en 1875 qu'il tenait à la suppression des places de domiciliaires dans le chapitre d'Olmutz, parce qu'elles n'étaient plus acceptables, qu'on ne pouvait prouver par les actes de fondation qu'une naissance noble fût une condition requise pour devenir chanoine d'Olmutz, qu'on ne pouvait pas non plus alléguer une pratique de deux cents ans, parce qu'il était prouvé que dès le milieu du dix-septième siècle il y avait eu des chanoines roturiers dans ce chapitre; qu'enfin les lois de l'État et celles de l'Église n'exigent pas cette condition; le gouvernement demandait qu'on n'eût plus égard à cette qualité dans les demandes et les nominations.

Voyez la réponse que M. Stremayr, ministre des cultes, fit à une interpellation de la chambre, le 15 février 1875, relativement à l'affaire du chapitre d'Olmutz, dans le *Salzburger Kirchenblatt*, 1875, n. 8, p. 61, et là même une analyse du bref pontifical.

y être supprimée, suivant ce que portait le concordat, de même que l'institut des *domiciliaires* (c'est-à-dire des chanoines qui, appelés dès leur jeune âge, avaient pour mission de se préparer par l'étude à entrer plus tard dans la classe des chanoines résidants, et à concourir à l'administration du diocèse). Tout chanoine est obligé de faire sa profession de foi dans le terme de deux mois [1].

IV. La place que les chanoines occupent dans le chœur, *locus*, ou *stallum in capitulo vel in choro*, dépend de la dignité de chaque prébendaire ou des statuts particuliers du chapitre. Quant à l'ordre des dignités entre elles, il est fixé par les statuts; mais le chanoine qui est en même temps évêque en titre précède tous les autres [2]. Pour les simples chanoines, le rang se détermine d'après les années de service [3]; cependant ceux qui possèdent des canonicats d'une érection plus ancienne, *canonici primæ erectionis*, précèdent ordinairement les autres, *canonici secundæ erectionis*. Il arrive aussi quelquefois que des chanoines ont une stalle invariable, *stallum fixum* [4].

V. Les chanoines doivent faire le service du chœur journellement et en personne, notamment l'office divin à la cathédrale. Le reste est déterminé par les statuts des chapitres [5]. Sur le devoir de la résidence des chanoines (voyez ci-dessus, § 85).

VI. Les chapitres forment une corporation ecclésiastique, dont le chef est le doyen ou tout autre membre du chapitre.

---

[1] Conc. Trid., sess. XXIV, cap. XII, de ref.

[2] Voyez la réponse de la Congr. du concile, 10 janv. 1852, à une consultation de l'archevêque de Cologne. Cf. c. XV, X, de major. et obed. ,I, 33.

[3] Breve Pii VII, d. 16 déc. 1800 (*Bullar. magn.*, t. XI, p. 83; Schulte, *Lehrbuch*, § 58, note 23; Phillips, *Lehrbuch*, § 158.

[4] Sur un cas de préséance au chapitre de Laibach, quand il y a mutation de bénéfices, voyez Moy et Schulte (*Archives*, X, p. 256; XI, p. 276). Sur la préséance au chœur, Lingen et Reuss, *Causæ selectæ in Congreg. conc.*, p. 602.

[5] Conc. Trid., loc. cit.; Lingen et Reuss, *Causæ selectæ*, p. 545 et suiv. Le concile provincial de Cologne, en 1860, prescrivit aux dignitaires et aux chanoines de célébrer tous les jours et d'appliquer la messe conventuelle pour les bienfaiteurs. Le 28 janvier 1865, la Congrégation du concile décida affirmativement, comme elle avait fait auparavant pour Munster, la question de savoir si la cathédrale de Paderborn, qui appartient à la province ecclésiastique de Cologne, devait célébrer la messe conventuelle; cependant les vicaires devaient recevoir pour la messe du chapitre des honoraires qui seraient fournis, d'après une sage estimation, par une masse commune composée avec les revenus de toutes les prébendes. Voyez *Archives*, t. XVII, p. 450.

Civilement et selon le droit commun, quand ils sont régulièrement institués, les chapitres forment une personne juridique; cette personnalité a été expressément ou tacitement reconnue dans les négociations relatives aux nouveaux chapitres qui ont remplacé les chapitres sécularisés¹.

En tant que corporation ecclésiastique, personne civile et juridique, les chapitres règlent et administrent eux-mêmes leurs propres affaires. Leur autonomie se manifeste dans le droit de faire des statuts capitulaires (voyez ci-dessus, § 52, n. IV), d'administrer leurs biens ou bénéfices (quand ce n'est pas un simple traitement en argent payé par l'État), et les biens de la fabrique de l'église-cathédrale.

Le chapitre a également le droit de nommer des employés pour gérer ses intérêts et d'avoir un sceau particulier². Pour les affaires qui regardent le chapitre, le doyen ou le président peut réunir le chapitre soit dans la salle capitulaire, soit dans un autre local convenable, sans l'autorisation préalable de l'évêque³; le chapitre ne doit pas tenir ses réunions dans un temps où son devoir l'appelle à quelque fonction du chœur. Dans les assemblées du chapitre, c'est la majorité absolue qui décide⁴. L'unanimité des suffrages n'est requise que lorsqu'il s'agit des droits des individus, *jura singulorum*.

L'évêque n'est point comme tel membre du chapitre, non

---

¹ Voy. Huller, *op. cit.*; Rosshirt jun., *Die Vermœgensfæhigkeit der Domcapitel mit besonderer Beziehung auf die Rechtswerhæltnisse des Domcapitels zu Limburg* (*Archives*, t. IX, p. 131-148); Allioli, *Die juristische Persœnlichkeit der durch das Concordat vom 24 Oct. 1817 in Bayern neu errichteten erzbischœflichen und bischœflichen Domcapitel in privatrechtlicher Beziehung, nachgewiesen aus einem gegen das bischœfliche Domcapitel zu Augsburg geführten Processe*, Augsbourg, 1868.

² C. v, X, de probat., II, 19; c. XLVIII, X, de appell., II, 28; c. XIV, X, de excess. prælator., V, 31.

³ Suivant une réponse de la Congrégation du concile en date du 28 janvier 1858. Cependant, ajoute la Congrégation, l'évêque doit être informé de chaque réunion du chapitre, et ses droits doivent être maintenus conformément aux canons. (Voy. *Archives*, t. IV, p. 188.)

⁴ Cette majorité est la majorité des membres qui doivent être invités (c. I, X, de his quæ fiunt a majore parte capituli, III, 11; Conc. Later., III; c. IV, eod.). L'élection d'un coadjuteur seule demande les deux tiers des voix. La nécessité d'inviter les absents n'existe que par exception, par exemple pour l'élection de l'évêque ou du prélat, pour recevoir un chanoine ou conférer un bénéfice (c. XXXIII, X, de præb., III, 4), pour suspendre l'office divin (c. VIII, X, de offic. ordin., in VI°, I, 16).

plus que l'évêque coadjuteur (§ 128) ni le vicaire général¹. S'il possède une prébende capitulaire, il n'a dans les affaires du chapitre que les droits ordinaires attachés au canonicat.

§ 125. Droits du chapitre quand le siége épiscopal est occupé, « sede plena². »

I. L'évêque doit, dans toutes les affaires importantes, prendre l'avis de son chapitre³, mais surtout avant de publier des statuts synodaux⁴, pour la punition des délits des clercs⁵, pour l'établissement d'un substitut après la mort d'un juge synodal (voy. ci-dessus, § 73, n. ix)⁶ pour déposer ou instituer des abbés et des abbesses et autres personnes ecclésiastiques⁷, pour ériger des couvents⁸, pour ce qui regarde l'administration des biens d'église (il est même des cas où le consentement du chapitre est ici nécessaire⁹), et enfin pour toutes les affaires qui concernent le chapitre lui-même¹⁰.

II. D'après le concile de Trente, l'évêque doit prendre conseil de son chapitre pour l'érection et la direction des séminaires, pour la fixation de ce qui devra être fourni pour leur entretien *(seminaristicum)*, pour la reddition des comptes annuels¹¹, pour prescrire et annoncer des collectes¹², pour transformer des institutions pieuses dont le but ne peut plus être atteint¹³.

III. L'évêque a même besoin du consentement du chapitre

---

¹ Voyez ci-dessus § 131.

² Phillips, *Mélanges*, t. II; Bouix, *De capitulis*, p. 337 et suiv.; 669 et suiv. — Plusieurs évêques français ont exprimé le désir, au concile du Vatican, qu'on fixât par des règles précises les relations de l'évêque et du chapitre, afin d'éviter les mésintelligences et les intrigues. On contribuerait beaucoup à ce résultat en acceptant la pratique des diocèses de France, confirmée par le concordat de 1801, d'après laquelle le vicaire général est en même temps doyen du chapitre. Cf. Martin, *Collect. doc. conc. Vat.*, ed. 2, p. 154.

³ C. iv, v, X, de his quæ fiunt, III, 10.

⁴ Cependant le défaut de cet avis peut être suppléé après coup par la Congrégation du concile. Voyez Bened. XIV, *De synodo diœc.*, lib. XIII, cap. i, n. 9 et seq.

⁵ C. vi, C. 15, q. 7; c. i, X, de excess. prælat., V, 31. — ⁶ Conc. Trid., sess. xxv, c. x, de ref. — ⁷ C. iv, v, X, h. t., III, 10. — ⁸ Voy. Schmalzgrueber, *Jus ecclesiast.*, lib. III, tit. x et xi. — ⁹ C. iv, X, h. t., III, 10. — ¹⁰ Selon l'analogie du ch. x, X, h. t., III, 10. — ¹¹ Voyez ci-dessus § 66, n. II. — ¹² Conc. Trid., sess. xxi, cap. ix, de ref. — ¹³ Id., sess. xxv, cap. viii, de reform.

pour agréer un coadjuteur avec droit de future succession [1],

---

[1] Du temps de l'empire, les chapitres s'étaient attribué le droit de restreindre la liberté de l'évêque, au moment de sa nomination, par des capitulations électorales (voy. t. Ier, p. 272, note 1). Ce n'était pas là une imitation, mais le prélude des capitulations impériales, c'est-à-dire des conditions sous lesquelles l'empereur d'Allemagne était élu par les princes électeurs, et des obligations qu'il consentait à l'égard de ces princes.

La première de ces capitulations, *capitulatio cæsarea*, eut lieu en 1519, lors de l'élection de Charles V, et elle fut observée dans la suite, avec plus ou moins de changements, dans l'élection de chaque empereur. A partir de 1711, une capitulation perpétuelle fut adoptée (*capitulatio cæsarea perpetua*), c'est-à-dire que le texte en fut déterminé une fois pour toutes. Cependant elle fut légèrement modifiée dans chaque élection impériale, par le droit que s'attribuaient les princes d'y faire des changements (*jus adcapitulandi*).

Les capitulations épiscopales précédèrent de beaucoup les capitulations impériales. Leurs débuts remontent au onzième siècle, et, vers la fin du quatorzième, nous trouvons déjà une capitulation formelle à Magdebourg (1386). Au quinzième siècle, on en voit dans la plupart des églises épiscopales d'Allemagne. Ces capitulations concernaient à la fois le pouvoir spirituel et le pouvoir temporel des évêques, qu'elles restreignaient dans l'intérêt des chapitres; elles demandaient souvent la reconnaissance ultérieure des mesures contraires au droit prises par le chapitre pendant la vacance du siége épiscopal.

Les papes Martin V, Adrien VI, Pie V, Grégoire XIII, Clément VIII, Urbain VIII, Innocent X, Alexandre VII et Innocent XII à plusieurs reprises interdirent aux chapitres ces sortes de capitulations, parce qu'elles attentaient aux droits légitimes des évêques; ils déclarèrent qu'elles seraient nulles quand elles précéderaient l'élection de l'évêque; que si elles étaient faites après, elles devaient être confirmées par le pape.

L'empereur Léopold Ier les défendit également, le 11 septembre 1698, comme contraires aux droits temporels de l'évêque. Voy. sur les capitulations épiscopales : Gallade, *Diss. de capitulatione episcopo Germaniæ electo a suis electoribus proposita*, Heidelberg, 1758; Buderus, *S. Respons.*; J.-Jac. Schwartz, *Diss. de capitulationibus episcoporum Germaniæ*, Ienæ, 1737; *Factum et jus juramenti episcopalis sive capitulat.*, Herbipol., 1697, reproduit dans J.-Ch. Lunig, *Selecta scripta illustria*, Leips., 1728, in-fol., p. 450 et suiv.; Martin Dürr, *Responsum juris puncto violatæ capitulationis episcopalis et statuti antiqui*, 2e édit., Gorlitz, 1790; J.-Jacob Moser, *Teutsches Staatsrecht*, liv. 11, Leipsig, et Ebersdorf, 1743, cap. XXXIX, p. 431 et suiv.; Sartori, *Geistliches Staatsrecht*, t. I, liv. 2, Nurnberg, 1788, § 544, p. 371 et suiv.; Posse, *Ueber Grundherrschaft und Wahlcapitulationen der deutschen Domcapitel*; Benedict. XIV, *De synodo diœces.*, lib. XIII, cap. XII et seq.; M. de Schenkl, *Instit. jur. eccl.*, § 253, tom. I, p. 359 et suiv., édit. 11.

Sur la capitulation de Hermann de Lobdenbourg, évêque de Wurzbourg (1225-1254), voyez sa biographie par Henner, Wurzbourg, 1875, p. 20; sur la dernière capitulation de Wurzbourg, rejetée par Innocent XII et par l'évêque Jean Godfroi le 1er mars 1697, voy. l'ouvrage cité plus haut et reproduit dans Lunig, *op. cit.*, et Moser, *op. cit.*, p. 30,

quand le chapitre jouit du droit de nommer l'évêque[1]; pour aliéner des biens ecclésiastiques[2] quand il n'y est pas spéciale-

358, 441. Voyez les capitulations d'Eichstætt dans Sax, supplém., *Hochstift Eichstætt*, et dans Lefflad, *Regesta Eichstætt* ; la capitulation de Passau, 1344, dans *Monumenta Boica*, t. XXX, part. II, p. 172; t. XXXI, part. II, p. 35, et la capitulation de Salisbury ont paru à Rome en 1701.

Sur les capitulations d'Osnabruck, voy. Kress, *Tractat vom Archidiakonalwesen*. Une capitulation d'Osnabruck est reproduite dans Lunig, *Reichsarchiv, Spicilegii ecclesiastici continuatio*, vol. I, p. 643 et suiv.; une autre de 1642, ibid., p. 569 et suiv., et dans Lunig, *Selecta scripta ill.*, p. 546 et suiv.; une autre (*adcapitulatio*), de 1698, dans Lunig, *Reichsarchiv, Spicil. eccl. cont.*, I, p. 669 et suiv.

Par suite des dispositions du traité de Westphalie, art. 13, §§ 1 et suiv., instituant l'alternative entre un évêque catholique et un souverain protestant de la maison de Brunschwig, dans le dessein surtout de favoriser ce dernier, on établit pour Osnabruck « une capitulation perpétuelle, » qui fut confirmée le 28 juillet 1650 à la diète de Nuremberg. Elle est reproduite avec les pièces à l'appui dans J.-Godfroi de Meiern, *Acta pacis executionis publica*, ou *Nürnbergische Friedens-Executionshandlungen und Geschichte*, part. II, Gœttingue et Leipsig, 1737, p. 534 et suiv. (Il en a paru à Neuhauss, près de Paderborn, en 1717, une réimpression défectueuse.) Voy. les rectifications dans Meiern, *op. cit.*, p. 550 et suiv.

Une nouvelle édition sans titre, de 1766, à la fin de laquelle on lit : « Réimprimé sur l'ordre du vénérable chapitre de la cathédrale, » contient presque toutes les fautes et les lacunes de l'édition de Neuhauss. On trouve d'autres renseignements sur la capitulation perpétuelle d'Osnabruck dans Meiern, *Acta pacis Westphalicæ publica*, part. II, Hanovre, 1736, in-fol., p. 442, 445, 470 et suiv., 508; Moser, *Deutsches Staatsrecht*, part. X, Leipsig et Ebersdorf, 1743, ch. XXVIII, p. 481 et suiv.

La capitulation perpétuelle d'Osnabruck, sanctionnée comme loi de l'empire, n'a jamais été sous ce rapport formellement supprimée; elle garantissait aux catholiques l'exercice public de leur culte, le maintien des droits diocésains de l'évêque contre toute espèce d'empiètements et d'obstacles, pendant le règne d'un souverain protestant, et aux protestants le libre exercice de leur culte pendant le règne d'un souverain catholique.

Le passage en question de la *capitulatio perpetua Osnabrugensis* est reproduit dans les *Archives*, tome XXXII, p. 77 et suiv., en appendice au mémoire du chapitre de Limbourg sur la Lahn, de 1874, contre un projet de loi concernant l'administration des « évêchés catholiques vacants. » La dernière capitulation épiscopale connue de nous est celle de Frisingue, 26 février 1790, qui souleva un procès près de la cour impériale.

Outre plusieurs ouvrages inédits qui se trouvent à la bibliothèque royale de Munich, on peut consulter Dürr, *Respons. juris* (déjà cité, pour et contre la capitulation); A. Maler, *Beiträge zu den Wahlcapitulationsscriften der deutschen Hochstifter*, Leipsig, 1790, et l'ouvrage anonyme : *Die neueste Freysing'sche Wahlcapitulation vom 26 Febr. 1790, mit Asterisken und Documenten beleuchtet, dem hœchstpreysslichen Reichshofrath gewidmet von ***, œffentlicher Lehrer der geistlichen Rechte in J. **** 1791. Voyez aussi *Mainzer Monatsschrift von geistlichen Sachen*, juillet, 7ᵉ année, liv. 7, p. 560.

[1] C. un., de clerico ægrotante, in VI°, III, 5. Voyez ci-dessus § 129.

[2] C. I-III, VIII, X, de his quæ fiunt a prælato sine cons., cap. III, 10.

ment autorisé par le pape¹ ; pour imposer de nouvelles contributions ; pour faire un emprunt au nom de l'Église², pour conférer des bénéfices dont la collation appartient à la fois à l'évêque et au chapitre³, pour changer des bénéfices⁴, pour ériger ou rétablir des canonicats⁵, en un mot, dans tous les cas où il pourrait résulter des dommages pour l'Église, pour le successeur de l'évêque ou pour le chapitre⁶.

IV. Les chapitres exempts (voyez ci-dessus, § 117) sont soumis, il est vrai, à la visite de l'évêque⁷, mais l'évêque a besoin, pour entamer un procès proprement dit contre un chanoine, de l'avis et du consentement de deux membres du chapitre, lesquels doivent être nommés tous les ans d'avance pour ces sortes de cas. — Aujourd'hui, il n'y a plus de chapitres exempts qu'à Bautzen, en Italie et dans l'Amérique du Sud. Sur les chapitres non exempts, l'évêque exerce sa juridiction sans avoir besoin de leur consentement⁸.

V. Si l'évêque ne requiert pas le consentement du chapitre dans les cas où il est exigé, s'il néglige de le consulter quand il le devrait, ses actes ne sont pas annulés. Cependant il peut exister une coutume dérogatoire⁹ qui dispense l'évêque de demander soit l'avis, soit le consentement du chapitre¹⁰, de même que la coutume peut agrandir les droits du chapitre lui-même.

§ 126. Droits du chapitre pendant la vacance du siége, « sede vacante ¹¹. »

Pendant la vacance du siége épiscopal, la juridiction ordinaire de l'évêque passe au chapitre pour toute la durée de la vacance.

---

[1] C. II, IX, eod.; c. II, de rebus eccl. non alien., in VI°, III, 9. — [2] C. IX, X, h. t., III, 10. — [3] C. VI, eod. — [4] C. VIII, IX, X, eod., III, 10; Clem. II, de reb. eccl. non alien., III, 4; Conc. Trid., sess. XXIV, cap. XV, de ref. — [5] Cap. VIII, X, de constit., I, 2; cap. XXXIII, de præb., in VI°, III, 4. — [6] Argum. c. ult., X, de his quæ fiunt, III, 10. — [7] Conc. Trid., sess. VI, cap. IV, de ref. — [8] Conc. Trid., loc. cit., sess. XIV, cap. IV, de reform.; sess. XXV, cap. VI, de ref. — [9] C. VII, X, de arbitr., I, 43; arg., c. LII, X, de elect.; cap. I, de capellis monachor., III, 37; Benedict. XIV, *De syn. diœc.*, lib. XIII, cap. VI, n. 6.
[10] Voy. c. III, X, de consuet., in VI°; c. VI, X, tit. III, 10; Schœttl, *Antheil der Domcapitel*, p. 7 et suiv., 12 et suiv.; Giraldi, *Expositio jur. pontif.*, ad. cap. V, X, tit. III, 10, p. 280; Longner, *Die Rechtsverhæltnisse der oberrheinischen Kirchenprovinz*, p. 449 et suiv.
[11] Thomassin, *Vetus et nova Eccl. disciplina*, part. II, lib. II, cap. III et

D'après les prescriptions du concile de Trente[1], ce n'est pas la totalité du chapitre qui peut exercer la juridiction, mais le chapitre doit, dans le terme de huit jours après qu'il a eu connaissance de la vacance du siége, nommer un vicaire capitulaire[2] pour l'exercice de la juridiction épiscopale, et un ou plusieurs économes pour l'administration des revenus.

Il se peut aussi qu'en vertu d'un droit coutumier la juridiction passe non pas au chapitre, mais à une personne étrangère ou à certains membres déterminés du chapitre. Le pape peut également, quand le siége est déjà occupé, nommer un vicaire capitulaire pour administrer le diocèse.

Sans cela, quand le chapitre n'a pas nommé de vicaire capitulaire ou qu'il a nommé un incapable et n'y a pas remédié dans l'espace de huit jours, le droit d'élire le vicaire capitulaire est dévolu au métropolitain, et, pendant la vacance du siége métropolitain, au chapitre de la métropole. Quand c'est le chapitre métropolitain qui a négligé de nommer un vicaire pour l'archidiocèse, son droit est dévolu au plus ancien évêque de la province, et, si l'église vacante est exempte, à l'évêque le plus rapproché. Si l'église veuve n'a point de chapitre, et si le

---

seq.; lib. III, cap. x et seq.; Formosinus, *De potestate capituli sede vacante*, Lugd., 1666, in-fol.; Ritter, *le Vicaire capitulaire*, Munich, 1832 (en allem.); Rau, *les Droits du chapitre de la cathédrale pendant la vacance ou l'empiètement du siége épiscopal* (en all.), dans la *Revue théol. de Tubingue*, 1842; Andreucci, *De triplici vicario, generali, capitulari et foraneo* (*Hierarch. eccl.*, t. I, p. 297); Bened. XIV, *De synodo diœc.*, lib. II, cap. ix; Bouix, *De capitulis*, p. 532.

Voyez aussi le *Schema* d'une constitution du concile du Vatican, *de Sede vacante*, dans Martin, ed. 2, p. 139, et les *Travaux du concile du Vatican*, p. 88. Les auteurs du *Schema* se bornent en somme à recommander les anciennes prescriptions canoniques, ainsi que l'a fait Pie IX dans sa constitution *Romanus pontifex* du 28 août 1873 (publiée le 5 octobre 1873).

[1] Conc. Trid., sess. xxiv, cap. xvi, de ref.; Lingen et Reuss, *Causæ selectæ*, p. 16. Lorsque, ainsi qu'il arrive souvent en France, on nomme deux vicaires généraux, le chapitre peut aussi élire deux vicaires capitulaires.

Voyez les décisions de la Congrégation du concile du 21 avril 1592 et du mois de mars 1862 (*Archives*, t. IX, p. 444).

[2] Le concile provincial de Vienne de 1858, tit. ii, § 5, contient une disposition du droit privé d'après laquelle, quand le siége métropolitain devient vacant et que le chapitre néglige de nommer un vicaire capitulaire, ce droit est dévolu au plus ancien évêque de la province. Voyez Schulte, *Lehrbuch*, § 58, n. 52.

siége archiépiscopal est également vacant, c'est le chapitre de la métropole qui en nomme le vicaire.

Le vicaire capitulaire doit, autant que possible, être docteur ou licencié en droit canon. Si le chapitre ne renfermait point de sujet convenable, il pourrait nommer un autre membre du clergé.

Tous les droits dont le chapitre était investi à la place de l'évêque passent au vicaire capitulaire. Le chapitre ne peut se réserver aucun droit, pas même ceux pour l'exercice desquels le vicaire général avait besoin d'un pouvoir spécial de l'évêque. Non-seulement le chapitre peut nommer le vicaire capitulaire pour un temps déterminé; mais le vicaire doit continuer l'administration du diocèse jusqu'à ce que le nouvel évêque prouve, par l'exhibition de bulles apostoliques, qu'il est chargé de gouverner le diocèse [1].

Le chapitre ne peut pas déposer le vicaire capitulaire; s'il a des griefs à faire valoir contre lui, il doit s'adresser à la congrégation romaine chargée des affaires des évêques, *super negotiis episcoporum*.

Tous ces points ont été renouvelés par Pie IX en sa constitution *Romanus pontifex*, du 28 août 1873, non-seulement pour le cas où l'évêque doit être nommé par le chapitre, mais encore, suivant ce qu'avait décrété Grégoire X au deuxième concile de Lyon [2], quand il s'agit d'un évêque nommé ou présenté par le pouvoir civil. Un sujet nommé dans ces conditions ne peut nullement exercer les pouvoirs d'un vicaire capitulaire avant d'avoir présenté les lettres apostoliques. Si le vicaire capitulaire meurt ou résigne, si sa place devient vacante par quelque cause légitime, on doit, d'après une ordonnance de Pie VII renouvelée par Pie IX, nommer un autre vicaire capitulaire, mais jamais celui que le chapitre a nommé évêque, ou celui qui a été choisi et présenté par le gouvernement.

Si l'évêque élu, si le sujet présenté ou nommé par le gouvernement, était élu vicaire capitulaire, la nomination serait nulle; les chanoines et les dignitaires encourraient l'excommunication avec la perte de tous leurs revenus ecclésiastiques.

---

[1] Voy. Bonifac. VIII Extravag. *Injunctæ in Extr. comm. de elect.*
[2] C. Avaritiæ, de elect., in VI° (Greg. X, in conc. gener. Lugd. II).

L'absolution de toutes ces censures est réservée au pape. La même peine est encourue, selon la constitution de Pie IX, par celui qui, étant nommé ou présenté pour le siège épiscopal, accepte du chapitre les droits de vicaire capitulaire, comme aussi par tous ceux qui lui obéissent, lui prêtent conseil, assistance, protection, quel que soit leur état et leur dignité. De plus, l'élu ou le présenté perd *ipso facto* tout droit acquis par l'élection, présentation ou nomination. S'il usurpait la dignité épiscopale, il serait suspens par le fait même, privé de l'exercice des fonctions pontificales et l'entrée de l'église lui serait interdite. (Voyez ci-dessous, § 153.)

Enfin Pie IX déclare dans la même constitution que tout ce que la personne élue fera et ordonnera de cette sorte, sera nul et de nul effet dans ses conséquences.

Le vicaire capitulaire doit solliciter l'avis ou le consentement du chapitre dans les mêmes cas que l'évêque.

Toutes les fonctions qui reviennent à l'évêque en vertu de l'ordre épiscopal ne passent pas, durant la vacance du siège, au chapitre ou au vicaire capitulaire; mais quand un des membres du chapitre ou le vicaire capitulaire lui-même est revêtu de la dignité épiscopale, ce dernier, ou le premier avec l'assentiment du vicaire capitulaire, peut exercer les droits de l'ordre épiscopal [1].

De même les droits de juridiction que l'évêque exerce non comme évêque, mais comme délégué du pape, ne passent pas au chapitre et à son vicaire capitulaire [2]. Quant aux autres droits de l'évêque, ils reviennent généralement au vicaire capitulaire; cependant il est limité par des lois expresses; il ne peut, sans une autorisation formelle du Saint-Siège, conférer les bénéfices qui sont à la libre collation de l'évêque [3]. Il ne peut aliéner les

---

[1] C. XLII, de elect., in VI°, I, 6.

[2] Il faut distinguer si le concile de Trente dit de la juridiction qui appartient aux évêques : *etiam tanquam apostolicæ Sedis delegatis* (comme dans sess. VI, cap. IV, de ref.; sess. XXI, cap. IV, V, VII, VIII; sess. XXII, cap III), ou simplement *tanquam apostolicæ Sedis delegatis* (comme dans sess. VI, cap. II, III; sess. VII, cap. VI, VIII, XIV; sess. XIV, cap. IV; sess. XXII, cap. V, VI; sess. XXIV, cap. IX, XI, XIV; sess. XXV, cap. IX, de regul., cap. V, VIII, IX. Les pouvoirs marqués dans le dernier cas ne passent pas au vicaire capitulaire. Cf. Phillips, *Lehrbuch*, § 165, note 18, et les citations.

[3] C. II, X, ne sede vacante aliquid innovetur, III, 9.

biens ecclésiastiques que dans une nécessité extrême, et il lui est interdit d'accorder des indulgences. Il ne peut pas davantage, sous peine de suspense de son bénéfice et de son office pendant un an, donner des dimissoires pour la réception des ordres, à moins que la vacance du siége ne dure depuis plus d'une année[1], ou que ceux qui ont un bénéfice sans avoir encore reçu l'ordre qu'il exige, ne soient exposés à le perdre en ne recevant pas cet ordre dans le temps légal. Les lois de l'Église prescrivent également au vicaire capitulaire de s'abstenir de toute innovation qui pourrait préjudicier aux droits du futur évêque. Le temps de la vacance du siége suspend le cours de la prescription. Le vicaire capitulaire et l'économe doivent rendre compte de leur gestion au nouvel évêque et lui remettre tous les papiers qu'ils ont reçus concernant le diocèse.

§ 127. Droits du chapitre quand l'évêque est empêché d'administrer le diocèse, « sede impedita[2]. »

I. Quand l'évêque est empêché dans l'administration de son diocèse, la règle veut que le soin de son Église soit immédiatement dévolu au pape ; le chapitre n'a pas le droit de nommer un vicaire capitulaire. Mais quand l'évêque a été emmené captif par les païens ou par une puissance étrangère hérétique ou schismatique, et qu'il n'a pas laissé de vicaire général dans son diocèse, l'administration provisoire du diocèse passe au chapitre, qui doit par conséquent nommer un vicaire capitulaire. Le chapitre doit en même temps informer le Saint-Siége, afin que le pape prenne les mesures ultérieures qu'il jugera opportunes.

II. Quand l'évêque est emprisonné par son propre gouverne-

---

[1] C. III, in VI°, de temp. ordin., I, 9 ; Conc. Trid., sess. VII, cap. X, de ref.; sess. XXIII, cap. X, de ref. Voy. Seitz, *Von dem Rechte des Domcapitels, vælrend der Sedisvacanz weihen zu lassen*, Amberg, 1833.

[2] C. III, in VI°, de supplenda negligentia prælat., I, 8. Voyez les ouvrages cités note 1, § précédent; *Denkschrift des hl. Stuhles oder urkundliche Darlegung der Thatsachen, welche der Wegführung des Erzbischofs von Kœln, Frhrn. v. Droste, vorausgegangen und gefolgt sind*, Rome, 1838 ; *Das Metropolitancapitel zu Kœln in seinem Rechte oder Verhalten desselben und seine Verhandlungen mit dem apostolischen Stuhle in der erzbischœflichen Sache. Eine canonistische Abhandlung mit authentischen Actenstücken*, Kœln, 1838, et contre l'*Abhandlung*, dans *Historische-politische Blætter*, t. II, p. 158.

ment, le chapitre n'acquiert pas la juridiction ; il a simplement le devoir d'informer le pape [1].

III. Il en est de même quand l'évêque se trouve à une grande distance de son diocèse et que son vicaire général meurt dans cet intervalle ou est expulsé par le gouvernement [2].

IV. L'évêque est-il excommunié ou suspens, il perd l'exercice de la juridiction, et les pouvoirs du vicaire général expirent [3]. Dans ce cas aussi, on doit recourir au Saint-Siége [4].

§ 128. Les chorévêques et les évêques titulaires.

I. Les chorévêques [5], *chorepiscopi*, datent des premiers temps du moyen âge, lorsque le christianisme, d'abord concentré dans les villes, commença de se répandre à la campagne. C'étaient tantôt des évêques, tantôt de simples prêtres, qui étaient ordonnés par l'évêque diocésain et établis pour exercer certaines fonctions épiscopales parmi les populations les plus éloignées du siége de l'évêque. Il n'en existe plus aujourd'hui. Le trouble qu'ils apportaient dans les diocèses, les empiètements qu'ils se permettaient sur les droits et les fonctions des évêques les firent supprimer vers le neuvième siècle. Les diocèses trop vastes furent partagés en plusieurs de moindre étendue.

II. Les évêques titulaires [6] sont des auxiliaires que le pape donne à un évêque diocésain pour l'exercice de l'ordre épiscopal. Ils sont ordonnés sur le titre d'un diocèse situé en pays infidèle et qui n'existe plus en fait, de là le nom d'évêques

---

[1] Voy. Decretum sacræ Congr. episcoporum et regular. d. d. 3 maii 1862, de nullitate electionis vicarii capitularis vivente episcopo, dans *Archives*, t. IX, p. 441 ; Walter, *Lehrbuch*, § 143.

[2] Voy. Ferraris, *Prompta bibl.*, 1, v. *Capitulum*, n. 36.

[3] C. I, in VI°, de off. vicar., I, 13 ; Ferraris, l. 5.

[4] Voy. Fagnani, Comm. in c. Quia diversitatem, v, X, de concess. præb., III, 8, n. 25-27.

[5] Cf. Rhabanus Maurus, apud Hardouin, *Concil.*, t. V, col. 1417 ; Spitz, *De episcopis, chorepiscopis ac regul. exempt.*, Rom., 1781 ; Binterim, *Denkwürdigkeiten*, t. I, part. I, p. 386 ; Phillips, *Kirchenrecht*, t. II, p. 97.

[6] Thomassin, *Vetus et nova Eccl. disc.*, part. I, lib. I, c. XXVII, XXVIII ; Dürr, *De suffragancis sive vicariis in pontificalibus episcop. Germ.*, Mog., 1782 ; Heister, *Suffraganei Colonienses extraordinarii*, contin. Binterim, Mogunt., 1843 ; Evelt, *Die Weihbischœfe von Paderborn*, Paderb., 1869 ; Tibus, *Geschichtliche Nachrichten über die Weihbischœfe in Munster*, ibid., 1862.

in partibus infidelium, ou évêques titulaires. On les rencontre dès le onzième siècle, depuis le temps où les Sarrazins s'emparèrent de plusieurs régions de l'Orient et y extirpèrent complètement le christianisme. Les évêques titulaires n'ont point de juridiction particulière (voyez ci-dessus, § 117, n. II), car leurs diocèses n'existent plus de fait, et dans le diocèse de l'évêque qui les emploie, ils n'ont que la juridiction attachée aux fonctions que cet évêque leur confie. Ils ne peuvent donc exercer aucune fonction épiscopale (confirmer ou ordonner) sans une autorisation spéciale de l'ordinaire[1].

III. Il ne faut pas confondre avec ces évêques les évêques titulaires de Hongrie. Ce sont de simples ecclésiastiques qui reçoivent ce titre du « roi apostolique. »

§ 129. Les coadjuteurs des évêques[2].

I. On trouve dès le premier siècle des coadjuteurs d'évêques malades, infirmes de corps ou d'esprit, qui exercent les fonctions de la juridiction épiscopale[3]. On les rencontre aussi pour d'autres motifs, par exemple, pour cause de profusion de la part de l'évêque[4] et notamment pour prévenir les contestations qui pourraient éclater à sa mort. Dans ce dernier cas, on ne leur accorde souvent que le droit de succession, sans juridiction et sans revenus[5].

Les coadjuteurs sont donc ou simplement temporaires, ou perpétuels, *coadjutores temporarii, coadjutores perpetui cum spe succedendi*. Le concile de Trente a défendu, comme préjudiciable à la discipline de l'Église, l'établissement de coadjuteurs avec droit de future succession, de même que les expectatives en général[6]; mais cela n'empêche pas le pape, en cas de

---

[1] Conc. Trid., sess. VI, cap. V; sess. XIV, cap. II, de ref.

[2] Thomassin, part. II, I, 2, c. LV-LIX; Franc. Schmier, *De coadjutoribus et coadjutoriis perpetuis*, Tegerens., 1724, et *Jurisprudentia pract. consiliaria*, Aug. Vind., 1737, in-fol.; Overberg, *Diss. de elect. coadjutorum episcopalium*, Monast., 1780, in-4°; J.-Chr.-Wilh. Steck, *De adjutoribus præsulum Germaniæ*, Lips., 1755; Ph. Held, *Das Recht zur Aufstellung eines Coadjutors mit der Nachfolge*, Munich, 1848; Phillips, *Vermischte Schriften*, t. II, p. 304.

[3] Cap. XIII, XIV, C. 7, q. 1; c. XXXVII, X, de offic. jud. deleg., I, 29; C. XII, C. 7; q. 1. — [4] C. XXXVII, X, cit. — [5] Voy. Bened. XIV, *De syn. diœc.*, lib. XIII, c. X, n. 21. — [6] Conc. Trid., sess. XXV, cap. VII, de ref.

nécessité pressante ou d'utilité manifeste, d'établir de tels coadjuteurs¹.

II. La nomination des coadjuteurs était faite dans le principe par le concile provincial et surtout par le métropolitain; plus tard elle fut réservée au pape². Il n'y a que les pays lointains, *in partibus remotis*, où l'évêque qui a besoin d'un aide peut se nommer lui-même un coadjuteur temporaire, de l'avis et du consentement du chapitre. En cas d'absence d'esprit chez l'évêque, le chapitre peut, avec l'autorisation du pape, à la majorité des deux tiers, nommer un coadjuteur temporaire. Quand un évêque incapable d'administrer le diocèse refuse obstinément d'accepter un coadjuteur, le chapitre doit au plus tôt en informer le pape et attendre ce qu'il ordonnera³. Quand on nomme un coadjuteur avec droit de succession, le consentement du souverain est nécessaire, lorsque celui-ci a un droit de nomination au siége épiscopal. Il est aussi de règle de demander l'adhésion du chapitre, quand il a un droit d'élection, bien que le pape, quand les circonstances lui semblent l'exiger, puisse s'en passer⁴.

III. Le coadjuteur appelé à remplir les fonctions épiscopales est entretenu sur les revenus de l'évêque⁵. Il est chargé de toute la juridiction épiscopale, en tant que l'évêque ne peut ou ne veut pas l'exercer. Cependant il ne peut entreprendre aucune aliénation de biens ecclésiastiques. Quand son établissement n'a plus de raison d'être, il doit rendre compte de son administration à l'évêque et au chapitre, ou au successeur. Pour que le coadjuteur puisse exercer aussi les fonctions de l'ordre épiscopal, il faut qu'il soit lui-même évêque.

IV. Un coadjuteur qui est seulement établi en vue de la succession ne doit pas du vivant de l'évêque s'immiscer dans l'administration du diocèse; il n'a pas besoin non plus d'y résider en attendant. A la mort de l'évêque, il entre de plein droit dans sa charge et prend possession du diocèse par une intronisation solennelle. Un évêque qui a reçu un coadjuteur, quand même il ne l'aurait reçu dans le principe qu'avec espoir

---

¹ Voyez Conc. Trid., sess. XXV, cap. XXI, de ref. — ² Cap. un., de cler. ægrot. vel debilit., in VI°, III, 5. — ³ Cap. unic. cit. — ⁴ Voyez p. 351, note 6. — ⁵ C. III, X, de clerico ægr. vel debilit., III, 6; c. un. in VI°, cit.

de succession, ne peut plus déléguer à un autre les fonctions proprement épiscopales.

§ 130. Les archidiacres [1]. — Développement historique du vicariat général.

I. L'archidiacre était originairement le premier diacre de la ville épiscopale ; c'est lui principalement qui était chargé de l'administration des affaires de l'évêque. Il obtint peu à peu une juridiction indépendante comme juge en premier ressort, soit dans les affaires de juridiction volontaire (voir plus loin § 144), soit en matière contentieuse et pénale. On appelait de son tribunal à celui de l'évêque.

Depuis le neuvième siècle, les plus vastes diocèses furent partagés en une foule de districts, dont chacun était présidé par un archidiacre. La position des archidiacres devint très-influente et fut dotée de grands revenus. Ils commirent peu à peu une multitude d'abus, et le concile de Trente [2] se servit de ce motif pour leur enlever la juridiction qu'ils avaient jusque-là exercée ; de là vient qu'aujourd'hui l'archidiaconat n'est plus qu'un titre purement honorifique (voyez ci-dessus, § 64).

II. Déjà précédemment les évêques s'étaient appliqués à réagir contre ces abus, en instituant dès le douzième siècle, dans chaque district, à côté des archidiacres, un vicaire épiscopal, un official forain [3], et, à côté du grand-archidiacre (*major* ou

---

[1] X, I, 23, De officio archidiaconi; Persch, *de l'Origine des archidiacres*, (en allem.), Hildesheim, 1743; Würdtwein, *Diœcesis moguntina in archidiaconalus distincta*, Mannh., 1767; Spitz, *De archidiaconatibus in Germania ac Ecclesia Coloniensi*, Bonn, 1790, in-4°; Binterim, *Denkwürdigkeiten*, t. I, part. I, p. 404; le même et Mooren, *Die alte und neue Erzdiœcese Kœln*, 4 vol., Mayence, 1828; Mooren, *Das Dortmunder Archidiaconat*, Kœln, 1853; Wunder, *Die Archidiaconate des Bisthums Bamberg*, Bamberg, 1845. Voyez les traités de Kober et Friedle cités au paragraphe suivant.

[2] Conc. Trid., sess. XXIV, cap. V, XII, XX, de ref.; Bouix, *De capitulis*, p. 96.

[3] Au quatrième concile de Latran, sous Innocent III, il fut résolu que si, dans une ville ou un diocèse, il y avait divers peuples dont le langage, les mœurs, les cérémonies ecclésiastiques ne fussent pas les mêmes, les évêques y établiraient autant de vicaires généraux qui fussent capables de satisfaire à tous leurs besoins spirituels.

Ce furent apparemment les mésintelligences entre les évêques et les archidiacres qui obligèrent enfin les évêques de créer les grands-vicaires pour les élever au-dessus des archidiacres et les substituer peu à peu en

magnus) de la ville épiscopale, un official principal, ou vicaire général[1].

Ces officiaux de l'évêque partageaient avec les officiaux ordinaires la juridiction en première instance, selon le choix des parties; on pouvait appeler de la décision de l'archidiacre à l'official.

III. L'abolition des archidiacres entraîna celle des officiaux forains, et, depuis la fin du douzième siècle, il n'y eut plus régulièrement qu'un vicaire général dans chaque résidence épiscopale.

§ 131. Le vicaire général[2].

I. Le vicaire général est l'auxiliaire de l'évêque; il est chargé, en vertu des pouvoirs accordés à l'évêque par le pape, d'exercer toute la juridiction épiscopale *(quăsi ordinaria, vicaria jurisdictio)*[3], hormis certaines attributions que la loi réserve à l'évêque, qui ne sont transmissibles que par un mandat spécial, ou que l'évêque s'est expressément reservées[4]. Le vicaire général représente le tribunal de l'évêque; on ne peut donc pas appeler de son jugement au jugement de l'évêque, mais il faut s'adresser directement au métropolitain[5].

II. Le vicaire général est ordinairement assisté d'un collége qui délibère avec lui, ou, dans les affaires contentieuses et de droit pénal, suivant que l'évêque le juge opportun, d'un collége qui décide avec lui. Cette autorité se nomme vicariat général,

---

leur place pour l'exercice de la juridiction épiscopale, dont les archidiacres, de simples dépositaires, s'étaient rendus comme les propriétaires absolus. Thomassin, *Ancienne et Nouvelle Discipline*, part. I, liv. II, c. VIII.
(Note du trad.)

[1] C. II, de resc. in Clem., I, 2.

[2] Leuren, *De vicario episcopali*, Colon. Agripp., 1707, in-fol.; Andreucci, *De triplici vicario generali, capitulari et foraneo* (*Hierarch. eccles.*, t. I, p. 272; Bouix, *De judiciis*, t. I, p. 349; Kober, *Tübinger Theol. Quartalschrift*, 1853, p. 535; Moy, *Archives*, t. IV, p. 402; Friedle, *ibid.*, t. XV, p. 337. Voyez aussi le *Schema* d'une constitution du concile du Vatican sur le vicaire général, dans Martin, *Collect.*, ed. 2, p. 134.

[3] Voyez ci-dessous § 147.

[4] Voyez ci-dessous n. V.

[5] C. II, de consuet., in VI°, I, 4; c. III, de appel., in VI°, II, 15. Voyez Conc. Trid., sess. XIII, cap. II, III, de ref. Cependant cette unité de tribunal n'existe pas pour les « causes déléguées. » Cf. Riganti, *Comment. ad Reg. Canc.*, XLVIII, n. 62.

consistoire épiscopal ou ordinariat. Souvent aussi le vicariat général est chargé des affaires d'administration, et les affaires contentieuses sont confiées à une officialité spéciale [1].

Cependant, l'évêque ne peut pas, sans indult du pape, établir plus d'un vicaire général pour les affaires d'administration, ni surtout en créer deux ou trois pour les différents districts de son diocèse [2].

[1] Il dépend aussi de l'évêque de décider si, comme dans l'archidiocèse de Cologne, l'autorité (officialité) établie pour l'administration de la justice ecclésiastique, doit prononcer sans prendre l'avis de l'évêque (ou archevêque), ou si, comme dans le diocèse de Paderborn, toutes les décisions doivent être soumises à son approbation.

Sur l'organisation de l'ordinariat archiépiscopal et du vicariat général de Cologne, voy. Dumont, *Recueil des ordonnances ecclésiastiques*, etc., pour *l'archidiocèse de Cologne*, ibid., 1874, n. 266. Sur l'établissement d'une officialité archiépiscopale, voyez l'ordonnance de l'archevêque Jean de Geissel, du 26 décembre 1848, *ibid.*, p. 267. Walter, *Fontes*, p. 532.

Sur l'établissement du vicariat général et de l'officialité de Paderborn, voy. Gerlach, *Paderborner Diœcesanrecht und Diœcesanverwaltung*, 2ᵉ éd., p. 4. Pour Breslau, Sauer, *Pfarramtliche Geschæftsverwaltung*, 2ᵉ édition, p. 29. En Bavière et en Autriche, le tribunal matrimonial est séparé du vicariat général ou de l'ordinariat; en Bavière, il se nomme consistoire, tandis que ce mot, en Autriche, désigne l'administration épiscopale. Voyez les détails pour chaque diocèse dans Schulte, *Status diœcesium catholic.*, Gissæ, 1866, et Hinschius, *Droit eccl.*, t. I, p. 224.

A Prague, cependant, un tribunal diocésain particulier, établi en 1859, exerce la juridiction dans toutes les affaires ecclésiastiques contentieuses et criminelles, hors les affaires de mariage (voy. *Archives*, t. XXIII, p. 429).

A Mayence, le tribunal séparé de l'ordinariat se nomme consistoire; à Fulde, à Brixen et à Trente, un seul collége, présidé par l'évêque, l'ordinariat, administre toutes les affaires, y compris les questions de droit contentieuses (voy. Schulte, *loc. cit.*, p. 135, 49, 51).

Des juristes laïques fonctionnent souvent, en qualité de conseillers consistoriaux ou de syndics, pour l'examen de certaines questions qui exigent la connaissance du droit civil, par exemple à Breslau, Culm, Munster, Paderborn (cf. Rosshirt, *Ueber die rechtlien Verhæltnisse der weltlichen Kirchenbediensteten*, dans *Archives*, t. I et suiv.). Sur l'établissement de colléges de juges pour la juridiction de l'official, voy. Molitor, *Archives*, t. V, p. 348; Gerlach, *Manuel du droit ecclés.*, 2ᵉ édit., p. 343. On trouve un aperçu des institutions des diocèses allemands au temps de l'empire dans Sartori, *Geistliches und weltliches Staatsrecht der deutsch. Erz-Hoch-und Ritterstifter*, II, II, sect. 1, p. 48. Voyez aussi Binterim, *Die geistlichen Gerichte in der Erzdiœcese und Kirchenprovinz Kœln vom 12-19 Jahrhundert*, Dusseldorf, 1849.

[2] Ainsi l'a déclaré la Congrégation des évêques, le 6 septembre 1748 (*Analecta juris pontificii*, t. II, p. 872), et plus tard à diverses reprises (*Analecta juris pontificii*, 1848, p. 872, 875 et suiv.). Voy. aussi Clem. II,

L'évêque, au surplus, n'est nullement obligé de nommer un vicaire général, surtout quand il est lui-même versé dans le droit ecclésiastique et que son diocèse a peu l'étendue[1].

de rescr., I, II ; Conc. Trid., sess. XIII, cap. I, 4, de reform.; sess. XXIV, cap. III, VI, XII, XVIII, de reform.; sess. XXV, cap. XVII, de regul., cap. VI, de reform. Tous ces passages ne parlent que d'un seul vicaire général. Il n'y a d'exception apparente que lorsque l'évêque nomme deux vicaires particuliers pour deux diocèses réunis dans sa main, *æque principaliter*; il le peut parce qu'il existe alors deux diocèses indépendants. Voyez la décision de la Congrégation des évêques, en 1821, *Analecta*, 1860, p. 1754, et le bref de Léon XII, § 4, de 1824 (*Bullarii magni continuatio*, t. XV, p. 114).

Quand un diocèse uni *principaliter* est très-éloigné de la résidence épiscopale, l'évêque est même obligé de nommer un vicaire général pour ce diocèse où il ne réside pas. Ainsi décidé par la Congrégation du concile, le 2 octobre 1706. On doit aussi l'autoriser et quelquefois même l'astreindre à instituer un vicaire général particulier pour ceux de ses diocésains qui appartiennent à une nation ou à un rite étranger. Mais les raisons évidentes qui nécessitent une telle mesure n'autorisent jamais à en faire une règle générale. (Cf. c. XIV, de offic. jud. ord., I, 31 ; Moy, *Archives du droit canon*, t. IV, p. 430 et suiv.; Friedle, *Archives*, t. XV, p. 437; Hinschius, *Droit eccl.*, t. II, I, p. 220 et suiv.) S'il peut être permis à un évêque d'en établir plusieurs, c'est uniquement en vertu d'une coutume légitime. (Décision de la Congrégation du concile, 24 mars 1599 et 21 févr. 1614.)

En France, en vertu d'un indult pontifical et de la coutume (et aussi d'après le 21e article organique), il y a deux vicaires généraux dans les diocèses et trois dans les archidiocèses ; mais tous sont obligés de résider dans la ville épiscopale, où ils remplissent en partie les fonctions du chapitre de la cathédrale. On établit aussi, quand une partie du diocèse appartient à un autre pays, une officialité particulière ou un vicariat pour cette partie ; mais on ne le fait ici même qu'en vertu d'un indult pontifical ou d'une coutume légitime. Tel est par exemple l'officialité de Vechta pour la partie oldembourgeoise du diocèse de Munster (voy. tome Ier, § 40, p. 230).

Il y a également dans le diocèse de Breslau un vicariat général et une officialité spéciale pour la partie prussienne de Breslau et pour la partie autrichienne de Teschen.

Le diocèse de Brixen possède à Feldkirch un vicariat général particulier pour le Vorarlberg. Le Schema que nous avons cité d'une constitution du concile du Vatican porte qu'il n'y aura dans chaque diocèse que deux vicaires généraux, trois au plus, qu'ils seront tous sur le même pied et qu'il ne sera plus permis de nommer des vicaires généraux honoraires. (Ces deux dernières propositions regardent principalement les diocèses français.)

[1] Cf. Andreucci, *loc. cit.*, n. 8, p. 275; Ferraris, *Prompta Bibl.*, sub verbo *Vicarius generalis*, art. 1, n. 3. Le 6 mars 1851, Pie IX, dans son bref aux évêques de la province du Haut-Rhin, a exprimé le désir qu'il fût nommé, conformément aux dispositions du droit ecclésiastique, des

III. Le vicaire général ne doit être choisi ni parmi les laïques [1], ni parmi les clercs mariés [2], ni parmi les prêtres employés dans le ministère [3], ni parmi les religieux [4], si ce n'est par exception, surtout parmi les mendiants.

Il doit avoir atteint l'âge de vingt-cinq ans [5], être docteur en théologie, ou du moins docteur ou licencié en droit canon, et en tout cas versé dans la connaissance du droit [6]; il ne doit être ni parent de l'évêque [7], ni originaire de la ville épiscopale [8]. Cependant, ce dernier point, fondé sur un droit coutumier, peut être considéré comme aboli. En Allemagne, le vicaire général est ordinairement tiré du chapitre, mais cela n'est pas absolument nécessaire [9].

vicaires généraux dans les diocèses de cette province que les circonstances politiques avaient jusque-là empêché d'instituer un vicariat général. A la suite de ce désir, on établit un vicariat général dans les diocèses où des obstacles politiques (l'État revendiquait le droit de confirmation, ou bien le gouvernement ecclésiastique était paralysé par le fonctionnement d'un conseil ecclésiastique nommé par l'État) avaient jusque-là empêché de le faire, notamment à Rottenbourg. Voyez Vogt, *Kirchliche Verordnungen für das Bisthum Rottenburg*, ibid., 1863, p. 136; cf. Hinschius, *op. cit.*, p. 209.

[1] Arg., c. II, X, de jud., II, 1; car un laïque ne peut s'occuper d'aucune affaire ecclésiastique. Cependant la tonsure suffit, et il n'est pas nécessaire d'être dans les ordres majeurs. Voyez Hinschius, *loc. cit.*, p. 210, n. 12.

Le Schema d'une constitution du Vatican que nous avons cité demande que le vicaire général soit prêtre.

[2] Il n'aurait pas les priviléges de l'état ecclésiastique. Conf. Ferraris, *loc. cit.*, n. 19.

[3] Voyez la *Declaratio* XXXI *ad Conc. Trid.*, sess. XXIV, cap. XII, de ref., dans l'édition de Schulte et Richter. — Le Schema mentionné ci-dessus demande l'application du règlement fixé par le concile de Rome de 1725, d'après lequel le vicaire général ne doit être choisi ni parmi les chanoines pénitenciers, ni parmi les curés, ni parmi les proches parents (les frères ou neveux) de l'évêque.

[4] C. I, in Clem. de regular., III, 9.

[5] C. VII, § 2, X, de elect., I, 6. Le Schema cité du concile du Vatican exige l'âge de trente ans.

[6] Cette prescription du concile de Trente (sess. XXIX, c. XVI, de ref.) relative au vicaire capitulaire, la congrégation des évêques l'a étendue par analogie au vicaire général. Cf. Ferraris, *loc. cit.*, n. 38, 39; Friedle, *op. cit.*, p. 344.

[7] Voy. Friedle, *op. cit.*

[8] Voy. Friedle, *op. cit.*, et les décisions de la Congrégation romaine qu'il rapporte.

[9] Cela est expressément déclaré dans *Esposizione dei sentimenti di Sua*

ADDITION DU TRADUCTEUR.

Si le vicaire capitulaire doit être gradué en droit canonique et appartenir au chapitre. (Affaire traitée le 25 janvier 1862.)

L'Espagne ne compte actuellement que fort peu d'ecclésiastiques gradués en théologie ou en droit canonique. Cette pénurie de licenciés et de docteurs a causé, dans ces derniers temps, de sérieuses difficultés lorsqu'il s'est agi de procéder à l'élection des vicaires capitulaires, qui doivent être docteurs ou licenciés en droit canon, ainsi que le concile de Trente l'ordonne formellement. Plusieurs faits récents ont montré la nécessité d'une mesure qui serait de nature à prévenir les dissensions. Ainsi, au commencement de 1858, le siége de Coria étant vacant, le chapitre nomma vicaire capitulaire le doyen, qui est simplement docteur en droit civil. Pourtant un des chanoines avait le grade de licencié en droit canon et il ne fut pas nommé. De là recours par-devant le métropolitain de Compostelle, qui, voyant les sentiments très-partagés, jugea devoir consulter le Saint-Siége.

A la fin de mars de la même année, le chapitre d'Alicante nomma vicaire capitulaire un chanoine qui était simplement bachelier en droit canonique et civil, quoique l'on pût nommer le doyen qui était docteur en droit canonique. L'archevêque de Valence ne sut quel parti prendre, et soumit la question au jugement du Saint-Siége.

Des faits analogues s'étaient déjà produits dans d'autres chapitres. Dans celui de Tarazona, par exemple, on n'avait aucun docteur et aucun licencié; le chapitre nomma un prêtre recommandable par sa piété et ses talents, et qui avait été vicaire général de l'évêque défunt. Le doyen, docteur en droit civil, fit appel au métropolitain; celui-ci déclara l'élection nulle et nomma lui-même le doyen en qualité de vicaire capitulaire. Les chanoines en ressentirent un grand déplaisir, parce qu'il leur semblait que si vraiment leur élection était nulle, ils avaient le droit de procéder à une autre, et que le métropolitain ne devait pas s'arroger la nomination.

Ces faits et plusieurs autres ont démontré la nécessité de demander des instructions au Saint-Siége. Avant le concordat de 1851, le grade de docteur ou de licencié n'était pas regardé comme nécessaire, surtout lorsque le vicaire élu était gradué en droit civil. Le concordat,

Santità, de l'an 1819, dans Münch, *Collection de tous les conciles,* II, 402. — D'après le concordat bavarois, art. 3, et dans le diocèse de Rottenbourg, la bulle *Provida solersque* du 16 août 1821, l'État ne contribue au traitement du vicaire général que dans le cas où celui-ci est choisi parmi les chanoines, et pour Mayence, selon les dispositions de la même bulle, quand le doyen de la cathédrale est vicaire général, car il n'y a pas de traitement assigné pour celui-ci.

art. 20, prescrit d'observer dans l'élection du vicaire capitulaire le décret du concile de Trente ; il défend de restreindre la juridiction du vicaire capitulaire, de le révoquer ; enfin il abolit entièrement l'usage de nommer plusieurs vicaires capitulaires, ainsi que toute autre coutume qui serait en opposition avec les règles canoniques. Le concile de Trente veut que le vicaire capitulaire soit pour le moins licencié en droit canonique ou d'ailleurs capable de remplir ses fonctions. Tout consiste à décider si c'est sous peine de nullité. Les auteurs sont partagés ; ils rapportent des décisions qui ne prouvent point, par la raison que les circonstances particulières sont inconnues, et l'on ne sait pas en quel cas la congrégation a confirmé l'élection d'un vicaire capitulaire non gradué.

Le nonce de Madrid a donc soumis à la congrégation les cinq questions suivantes : 1. L'élection du vicaire capitulaire est-elle intrinsèquement nulle, lorsqu'il n'a pas le grade de docteur ou de licencié en droit canonique, supposé que le chapitre renferme au moins un chanoine qui possède ces grades ? 2. Le métropolitain, après avoir examiné les circonstances particulières du diocèse vacant et des personnes que renferme le chapitre, a-t-il le pouvoir de confirmer et de revalider l'élection du vicaire capitulaire non gradué ? 3. Si le métropolitain décide de ne pas confirmer l'élection, peut-il nommer le vicaire capitulaire, ou bien doit-il fixer au chapitre huit jours pour refaire l'élection ? 4. A qui doit être porté l'appel du chapitre contre la décision du métropolitain ? 5. Que faire si le vicaire capitulaire mérite d'être destitué, quoique personne ne réclame ?

Voilà les cinq questions déférées à la congrégation du concile dans la réunion du 25 janvier 1862. La congrégation n'a pas cru devoir répondre explicitement à ces questions. Elle s'est contentée de rendre le rescrit suivant : *Providebitur in casibus particularibus, et ad mentem.* En effet, comme tout dépend des circonstances particulières, il n'y a pas lieu de prescrire des règles générales. Toutes choses égales, il faut évidemment donner la préférence aux gradués. Mais, s'ils n'offrent pas toutes les qualités qu'il faut pour gouverner un diocèse, le bien de l'Église exige que les chanoines aient la liberté d'élire quelqu'un d'autre, même hors du chapitre. Tout va bien si personne ne réclame. En cas de recours, le vicaire capitulaire qui a été nommé continue l'exercice de ses fonctions ; et le Saint-Siége, admettant le concours *in devolutivo*, examine si véritablement le chapitre aurait pu nommer quelque docteur ou licencié qui aurait eu toutes les qualités qu'il faut pour un vicaire capitulaire.

Il y a eu, sur l'affaire que nous venons de rapporter, un long et savant *votum* du cardinal d'Andrea, qui a été inséré intégralement dans le *folium*. Son Éminence apprécie sainement les anciennes décisions, et combat les exagérations de certains canonistes modernes, qui affirment hardiment que l'élection est nulle toutes les fois que l'on prend un non gradué, de même que l'élection est nulle lorsque l'on nomme une personne qui n'appartient pas au chapitre. Les anciennes décisions de la congrégation n'autorisent pas des assertions aussi absolues; Son Éminence le démontre fort bien et rétablit les vrais principes sur la matière. (D'après les *Analecta*.)

IV. Comme représentant de l'évêque, le vicaire général occupe sa place, même dans les séances du chapitre; si l'évêque y assiste en personne, il siége à côté de lui et précède les chanoines[1].

V. Cependant, le vicaire général, l'ordinariat, le vicariat général ne sont que les fondés de pouvoir de la personne qui occupe le siége épiscopal; ils ne sont pas les représentants du diocèse[2]. Cette qualité n'appartient qu'à l'évêque.

VI. Les pleins pouvoirs du vicaire général sont de stricte interprétation. Quand il s'agit des pouvoirs que la loi réserve à l'évêque, celui-ci ne doit pas se borner à déclarer qu'il confère au vicaire général ses pleins pouvoirs dans leur universalité; il faut encore qu'il lui confère d'une manière spéciale les pouvoirs qui lui sont spécialement réservés; seulement, on peut admettre que des pleins pouvoirs spéciaux s'étendent à d'autres affaires de même espèce[3].

---

[1] Ferraris, *Prompta Bibl.*, sub voce *Vicarius generalis*; Bened. XIV, lib. III, c. x, n. 2, 3.

[2] C'est ce que démontre parfaitement Hirschel, dans les *Archives du droit canon*, t. XXVII, p. 1-42 : « Les ordinariats épiscopaux sont-ils capables d'hériter » (en allem.)? En soi et par sa nature, l'ordinariat est incapable d'hériter, d'acquérir et de posséder, soit pour le diocèse entier, soit pour quelques institutions.

Il est constant, toutefois, malgré cette incapacité, et bien qu'une disposition de dernière volonté faite en sa faveur soit caduque, que cette disposition doit être maintenue quand il est hors de doute qu'elle concerne une église ou une institution ecclésiastique.

[3] Cf. Schmalzgrueber, *Jus eccl. univ.*, h. t., n. 23. — Quelles affaires un vicaire général peut-il validement entreprendre quand il y a plusieurs vicaires généraux et que l'évêque assigne à chacun sa tâche particulière ? Cela se décide d'après la teneur et l'étendue du mandat conféré par l'évêque, ou d'après la restriction mise par l'évêque à son mandat général. C'est la disposition de l'évêque qui décide.

Bouix (*Tract. de jud. eccl.*, part. II, cap. II, § 3), suivi par Friedle, p. 349, est ici dans l'erreur.

Quand les pouvoirs de plusieurs vicaires généraux ne sont point répartis, mais que les pouvoirs de vicaire général sont donnés à tous *(in*

VII. Les pouvoirs que le droit réserve à l'évêque et qui ne reviennent au vicaire général qu'en vertu d'une délégation spéciale ou d'un droit coutumier, sont[1] : 1° l'exercice des fonctions pontificales par le vicaire général, quand il est en même temps évêque titulaire[2] ; 2° la confection de dimissoires, à moins que l'évêque ne soit pour longtemps absent[3] ; 3° la transmission d'un bénéfice de libre collation[4] (mais il a le droit de donner l'institution canonique à celui qui a été régulièrement nommé, présenté ou élu)[5] ; 4° le changement ou l'institution des bénéfices[6] ; 5° le jugement des graves délits commis par les clercs[7] ; 6° la convocation du synode diocésain[8] et la visite du diocèse[9] ; 7° l'aliénation des biens ecclésiastiques[10] ; 8° l'absolution des cas réservés, à l'exception de l'hérésie[11] ; 9° la levée des suspenses et les dispenses de ces sortes d'irrégularités qui naissent de crimes secrets[12] ; 10° enfin, le vicaire général doit s'abstenir de résoudre les questions difficiles (*causæ arduæ*), parmi lesquelles figure la dispensation des indulgences[13], et, à parler rigoureusement, les affaires matri-

---

solidum), et qu'il s'agit de l'exécution d'une affaire particulière, la question est de savoir lequel a commencé le premier l'exécution de cette affaire.

[1] Cf. Ferraris, *loc. cit.*, art. 2; Friedle, *op. cit.*, p. 360.
[2] Bened. XIV, *loc. cit.*, lib. II, cap. VIII, n. 2.
[3] C. III, in VI°, de temp. ordin., I, 9.
[4] C. III, in VI°, de officio vicarii, I, 13.
[5] C. III, X, de instit., III, 7. Voy. aussi Bened. XIV, *loc. cit.*, in fine.
[6] Ainsi le veulent la doctrine et la pratique canoniques : le vicaire général n'est vicaire que pour les choses spirituelles ; il lui faut une commission spéciale pour l'être dans les choses temporelles, c'est-à-dire pour administrer les droits relatifs à la fortune. Voyez aussi c. LXXXI, in VI°, de V. S. V., 12; Clem. II, de procurat., I, 10. Cf. Hinschius, II, § 87, p. 215, avec les citations.
[7] C. II, in VI°, h. t., I, 18.
[8] Voyez les raisons de cette pratique de la Congrégation du concile dans Fagnani, Comm. in cap. *Sicut olim*, de accus., n. 11; Bened. XIV, lib. II, cap. VIII, n. 3; Phillips, *le Synode diocésain*, p. 144. — Le cardinal vicaire fait ici exception (*vicarius urbis*, ci-dessus § 106), parce qu'il a dans le diocèse de Rome une juridiction ordinaire qui n'expire pas à la mort du pape. Cf. Bened. XIV, *loc. cit.*, cap. II, n. 3.
[9] C. VI, in VI°, de offic. ordin., I, 16. — [10] Voyez la note 6 ci-dessus.
[11] C. II, in VI°, de pœnit. et remiss., V, 10; Conc. Trid., sess. XXIV, cap. VI, de ref.
[12] Conc. Trid., *loc. cit.*
[13] Comparez l'analogie de ce cas avec c. XII, X, de excess. prælat., V, 31.

moniales, quoique, en vertu d'un droit coutumier appuyé sur les décrétales[1], elles soient traitées en vertu des pleins pouvoirs accordés au vicariat général ou à l'officialité. Il a aussi notamment le pouvoir de dispenser des bans de mariage[2].

VIII. Les pleins pouvoirs ordinaires accordés au vicaire général, de même que les pouvoirs spéciaux, sont absolument personnels; le vicaire général ne peut se donner un délégué qu'avec l'autorisation particulière de l'évêque, et, dans ce cas même, il ne le peut que pour un motif suffisant et pour un temps court[3].

IX. L'évêque est toujours libre de retirer au vicaire général une partie ou la totalité de son mandat[4]. A la mort de l'évêque, quand le siège devient vacant pour une cause ecclésiastique, mais surtout quand l'évêque est excommunié[5] ou qu'il perd sa juridiction pour une cause canonique, la juridiction du vicaire général disparaît[6].

Une vacance dans les fonctions de vicaire général peut se produire soit par sa mort, soit par sa renonciation expresse ou tacite, comme s'il quittait le diocèse dans le dessein de n'y pas retourner. Un vicaire général établi avec le concours du pape ou par la congrégation des évêques, ne peut abdiquer qu'avec l'approbation du souverain-pontife[7].

VIII. LES AUXILIAIRES ACTUELS DE L'ÉVÊQUE
DANS LES DIVERSES PARTIES DU DIOCÈSE.

§ 132. 1. **Développement historique des décanats et des paroisses**[8].

I. Dans les premiers siècles de l'Église, la cathédrale de l'é-

---

[1] C. VIII, X, de cogn. spir., IV, 11; c. I, X, de frigid. et malef., IV, 15.
[2] Voy. Schmalzgrueber, *loc. cit.*, n. 23; Andreucci, *loc. cit.*, n. 15, p. 278; n. 22, p. 280.
[3] Cf. l. 5, Dig. de officio ejus, cui mandata est jurisdictio, I, 13; l. 5, Dig. de jurisdictione, II, 1; Friedle, *op. cit.*, p 354, avec les citations.
[4] Voyez aussi c. I, X, de R. I., II, 41.
[5] C. I, in VI°, de offic. ordin., I, 16.
[6] Cf. Andreucci, *loc. cit.*, n. 79, p. 295; Ferraris, *loc. cit.*, art. 3, n. 27.
[7] Ferraris, *loc. cit.*; Hinschius, *op. cit.*, p. 224, note 4.
[8] Thomassin, *Vetus et nova Eccl. disc.*, part. I, lib. II, cap. XXI-XXVIII; J. Marangoni, *Thesaurus parochorum, in quo agitur de origine, dignitate, nobilitate ac variis titulis parochorum*, Rom., 1725, in-4°; Linc., 1746; Mar. Lupi, *De parochiis ante annum Christi millesimum*, Berg., 1788; Mu-

vêque était considérée comme la paroisse de tout le diocèse[1]. Mais lorsque le nombre des fidèles commença de se multiplier dans les campagnes, c'est-à-dire depuis le quatrième siècle[2], on fonda pour eux des « églises baptismales » dans les parties les plus reculées du diocèse[3]. Ces églises furent confiées à des chorévêques[4], et, depuis le neuvième siècle, à de simples prêtres *(presbyteri, plebani,* de *plebs,* peuple)[5].

C'est ainsi que furent créées à la campagne, à côté de l'église épiscopale, les plus anciennes paroisses, avec obligation rigoureuse pour les fidèles de s'y rattacher. Dans les villes, au contraire, les églises paroissiales ne furent pas établies avant le onzième siècle[6]. Depuis le quatorzième, les églises baptismales portent régulièrement le nom de paroisses[7], *parochia.*

II. Plus tard, les anciennes églises paroissiales furent aussi appelées *tituli majores,* par opposition aux églises créées plus récemment, *tituli minores,* sur le territoire des paroisses anciennes[8]. Outre les nombreux oratoires établis dans les couvents, on construisit des églises sur les tombeaux des martyrs *(martyria)* et des saints, des chapelles *(capellæ)* dans les cours des grands possesseurs de domaines : ces chapelles furent érigées dans la suite en églises paroissiales. Les curés des titres

---

ratori, *De parœciis* (in *Antiq. Ital.,* t. VI, p. 362); Nardi, *Dei parochi, Opera di antichita sacra e disciplina ecclesiastica,* Pesar., 1830, 2 vol. in-4°. Voy. aussi les ouvrages indiqués au paragraphe suivant, et Hinschius, *Droit eccl.,* t. II, I, § 90.

[1] Cf. Conc. Aurel., I, année 511, can. xxv (Bruns, *Bibl. eccl.,* t. II, p. 165); Conc. Arvern., I, année 515, can. xv (*ibid.,* p. 190). Cf. Nardi, *loc. cit.,* cap. iv, xxxii.

[2] Voyez ci-dessous note 5; Athanas., *Apol.,* ii.

[3] Cf. Du Cange, s. v. *Ecclesiæ baptismales.*

[4] Ci-dessus § 128.

[5] C. xii, d. 95. Cf. Conc. Neoc., an. 314, c. xiii (dans Bruns, t. I, p. 72), et Conc. Antioch., c. viii (*ibid.,* p. 82); c. i, c. 16, q. 3. Cf. Conc. Chalc., an. 451, can. xvii (*ibid.,* p. 30).

[6] Voyez l'ouvrage cité de Lupi.

[7] Le nom de *clerici parochiani* donné aux prêtres de la campagne se voit déjà au septième siècle (Conc. Aurel. IV, c. vi; Conc. Agath., c. liii, c. 36, c. 12, q. 2; Conc. Vaseus., an. 529, c. 1; Conc. Tolet. IV, c. xxvi, C. 2, d. 38; c. xxvii, C. 3, d. 28).

[8] Conc. Aurel. IV, c. vii (dans Bruns, *loc. cit.,* t. II, p. 202); Conc. Epaon., ann. 516, c. xxv (dans Bruns, *loc. cit.,* p. 160); Du Cange, s. v. *Capella,* ii, 6; Conc. Ticin., an. 850, c. xiii (dans Hardouin, *Concil.,* t. V, col. 28); cf. c. iv, X, *de officio archipr.,* I, 24.

majeurs furent chargés de la surveillance des curés des titres mineurs[1] de leur district *(decania, christianitas)*, et dirigèrent les assemblées périodiques du clergé de leur district, qu'on rencontre dès le neuvième siècle[2]. En qualité d'officiaux forains ils reçurent aussi (voy. ci-dessus § 130), à côté des archidiacres, une juridiction inférieure, qui disparut avec celle des archidiacres. Ces curés en titres majeurs sont devenus ce que nous appelons les doyens ruraux, *rurales* (c'est ainsi qu'on les désignait pour les distinguer des doyens de l'église épiscopale), les archiprêtres, les vicaires des districts, comme on les nomme ailleurs.

III. Comme plusieurs villes et localités manquaient encore de paroisses au temps du concile de Trente, ce concile prescrivit aux évêques d'en établir partout où le besoin s'en ferait sentir. Il s'appliqua aussi, comme l'avait fait déjà le quatrième concile de Latran, à supprimer une foule de désordres qui régnaient dans le régime paroissial[3], notamment à empêcher les curés de prendre et de congédier des vicaires selon leur bon plaisir. Les paroisses incorporées à des couvents ou à des églises ne devaient plus être pourvues que de vicaires perpétuels (voy. ci-dessus § 74).

§ 133. 2. Situation exacte des doyens ruraux [4].

I. Les doyens ruraux sont des curés qui, au nom et sur l'ordre de l'évêque, sont chargés, dans le district ou le décanat

---

[1] Conc. Pontig., an. 876, c. VII (Hardouin, *loc. cit.*, t. VI, p. 1, col. 127). Cf. Neller, *De plebium archipresbyteris in communi* et *De Burdecanatu Trevirensi* (Opusc., vol. III, p. 1, et Schmidt, *Thesaur.*, t. III.

[2] Hincm., *Capit. presb. dat.*, cap. XV (dans Hardouin, *Concil.*, t. V, col. 394); voyez aussi c. XX, d. 63 (auct. inc.). Cf. Schmidt, *De synodis archidiaconalibus et archipresbyteralibus in Germania* (dans son *Thesaur. jur. eccl.*, t. III, p. 314); Dove, *Die fränkischen Sendgerichte* (Zeitschrift für Kirchenrecht, 4e année, p. 1; 5e année, p. 1).
Depuis ce temps les *plebani*, par opposition aux curés des titres majeurs, furent nommés « archiprêtres » (cf. Conc. Trid., an. 850, c. IV, § 1, X, de offic. archipresb., I, 24), et archiprêtres ruraux pour les distinguer des archiprêtres de la ville, *urbanus, civitatensis* (cf. c. X, eod.), et enfin « doyens ruraux, » quand l'archiprêtre de la ville fut lui-même appelé « doyen » (c. VII, § 2, 6, X, de offic. archidiac., I, 23).

[3] C. XXXII, Conc. Lateran., IV, c. XXX, X, de præbendis, III, 5; Conc Trid., sess. VII, cap. VII, de ref.

[4] Baldauf, *la Charge de curé et de doyen avec ses droits et ses de-*

qui leur est assigné, d'exercer la surveillance ecclésiastique sur les clercs et les laïques, ainsi que sur toutes les institutions religieuses (églises, chapelles, écoles, etc.); mais ils ne possèdent comme tels aucun droit de juridiction. Ils doivent veiller à l'exécution des ordonnances épiscopales, faire leur rapport à l'évêque et surtout prendre les premières mesures à la mort d'un curé.

II. Les doyens ruraux sont nommés par l'évêque, qui peut les révoquer à son gré. Le plus souvent cependant les évêques en laissent le soin aux curés du décanat et se réservent seulement le droit de les confirmer.

III. A l'exemple de ce qui se faisait autrefois dans les districts des archidiacres et des archiprêtres, où l'on réunissait des synodes qui tombèrent avec les archidiacres et les archiprêtres anciens, on tient encore aujourd'hui, dans la plupart des décanats, des conférences périodiques, ou conférences capitulaires, convoquées dans des circonstances particulières[1]. On y échange ses opinions, on s'y anime mutuellement à la culture de l'esprit scientifique, on délibère et prend des conclusions sur les affaires communes. Ces assemblées sont convoquées et dirigées par le doyen ou par son représentant, le trésorier, qui est également choisi parmi les curés et fait les fonctions de caissier. Le protocole des assemblées du décanat est rédigé par le témoin synodal, qui peut être choisi en dehors des curés.

IV. Plusieurs décanats ont aussi une caisse particulière destinée à subvenir aux besoins du clergé, entretenir les édifices

---

voirs, etc., 2ᵉ éd., Gratz, 1836, 6 vol.; Helfert, *des Droits et des Devoirs des évêques* (p. 418); J.-B. Schefold, *les Droits paroissiaux*, Stuttgard, 1846; Hinschius, *Droit eccl.*, t. II, 1, § 91 (tous en allem.); Longner, *Situation légale de la province ecclésiastique du Haut-Rhin*, p. 421.

[1] Pie IX en recommande l'établissement dans sa lettre apostolique *Singularis quidem*, du 17 mars 1856, et la Congrégation du concile a l'habitude d'inculquer à tous les évêques de faire tenir souvent pendant l'année de ces sortes de conférences capitulaires ou pastorales, de dresser à cet effet des thèses qui seront élaborées par écrit, puis discutées dans les conférences.

On a proposé au concile du Vatican de prescrire que des conférences théologiques eussent lieu six ou sept fois par an dans tous les diocèses, et que tous les prêtres des districts dans lesquels le diocèse serait partagé dans ce but fussent tenus d'y prendre part, en rédigeant des travaux sur les questions théologiques ou pastorales proposées par l'évêque et en les discutant de vive voix. (Voy. Martin, *Collect.*, ed. 2, p. 148.)

religieux, alimenter les bibliothèques de décanats, secourir les pauvres, etc. Ces ressources sont administrées par le doyen sous la surveillance du chapitre rural.

§ 134. 3. **Position actuelle des curés** [1].

I. Le curé est un prêtre chargé par l'évêque de remplir les fonctions pastorales [2] dans un poste déterminé [3], auquel un béné-

---

[1] Lib. X, III, 29, *De parochiis et alienis parochianis*. — Thomassin, *Vetus et nova Ecclesiæ disciplina circa beneficia*, part. I, lib. II, cap. XXI; part. III, lib. II, cap. XX; Barbosa, *De officio et potestate parochi*, Colon., 1712; Reclusius, *De re parochiali universa tractatus in VI partes divisus*. pars I, Romæ, 1763; pars altera, Romæ, 1773; Id., *Tractatus de concursibus, collationibus et vacation. paroch.*, Romæ, 1774; Michael Lochmayer, *Parochiale curatorum*, 2 vol., Basil., 1514; Helfert, *Von den Rechten und Pflichten der Pfarrer und deren Gehülfen und Stellvertreter*, Prague, 1832; Baldauf, *Das Pfarr- und Decanatamt mit seinen Rechten und Pflichten*, Gratz, 1836, 6 vol.; Schefold, *Die Parochialrechte*, Stuttgart, 1840, 2 vol.; 2e édit., 1855; Seitz, *Das Recht des Pfarramtes*, 2 vol., Ratisb., 1840, 1852; Bouix, *Tractatus de parocho, ubi et de vicariis parochialibus*, Paris, 1855; Paul Kovack, *Manuale parochorum e probatis auctoribus librisque ritualibus practice elucubratum*, t. I, 2e édit., Vacii, 1871; t. II, Szegedii, 1860; Sauer, *Pfarramtliche Geschæftsverwaltung*, 2e édit., Breslau, 1868. — Sur la résidence des curés, voyez Lingen et Reuss, *Causæ selectæ in sacra Congregatione concilii per summaria precum propositæ*, p. 779 et seq.; sur les revenus des curés, *ibid.*, p. 818. Voyez aussi les ouvrages cités aux deux paragraphes précédents et les propositions faites au concile du Vatican dans Martin, *loc. cit.*, p. 145, et du même, *Die Arbeiten des Vaticanischen Concils*, p. 98.

[2] Conc. Trid., sess. XXIII, cap. I, de ref.

[3] On peut aussi, par exception, appartenir à une paroisse non à raison du séjour qu'on y fait, mais pour des considérations personnelles. Il se peut, par exemple, que la famille de celui qui a fondé une église ait reçu le privilège d'appartenir toujours à la paroisse de cette église, dans quelque partie de la ville qu'elle habite. Clément III, en 1188, a accordé un privilège semblable pour une église de Gênes. (Voy. *Archives*, t. III, p. 558 et suiv.) Voyez d'autres exemples dans *Acta S. Sedis*, 637; Hinschius, *Droit eccl.*, t. II, p. 292.

Ainsi les aumôniers militaires peuvent être autorisés en temps de guerre, non pour un district déterminé, mais pour les personnes de leur culte qui appartiennent à telles divisions de l'armée.

Avant les nouvelles dispositions organiques sur l'aumônerie militaire, approuvées par décision impériale du 3 janvier 1869 (*Armeeverordnungsblatt*, du 15 janvier 1869, 3e stück), il existait en Autriche, même en temps de paix, une division des paroisses militaires d'après les régiments. Le lieu où se trouvait l'état-major était le siège du curé, et c'est là aussi qu'un soldat placé dans un autre bataillon du régiment, souvent

fice est ordinairement annexé¹ (voy. § 87, p. 192, note 4).

II. Le curé est dans sa paroisse le représentant de l'évêque

dans une province éloignée, était obligé, souvent en pure perte, de faire publier ses bans quand il voulait se marier.

D'après la nouvelle organisation de 1869, la monarchie, à l'exception de la frontière militaire, est divisée en dix-sept districts pour l'aumônerie militaire ; ces districts coïncident avec ceux de l'administration militaire. Chaque district possède un aumônier-curé, puis un nombre de curateurs et de chapelains du rite grec et romain et du rite gréco-oriental, proportionné aux établissements et aux troupes qui se trouvent dans le district. Cet aumônier a pour chef (en vertu de plusieurs pouvoirs accordés par le Saint-Siège) un vicaire apostolique qui réside à Vienne. (Les membres de la confession évangélique ont aussi dans l'armée des prédicateurs de leur culte.)

Voy. sur l'aumônerie militaire en Autriche, en Prusse, en Bavière et dans les pays extra-allemands, *Archives*, t. XXI, p. 456; sur le règlement actuel de l'Autriche, Symersky, *Die Verehelichung der Stellungspflichtigen und der Militærpersonen*, Olmutz, 1874; *ibid.*, p. 143; pour la Prusse, voy. t. Ier, § 38, n. VIII, 15, p. 174 et suiv.; Mgr de Ketteler, *Die Gefahren der exemten Militærsorge*, Mayence, 1869 (Voyez *Archives*, t. XXIII, p. 181); Lunnemann, *Handbuch der kathol. Militærsorge Preussens*, Cologne, 1870; Gernsheim, *Die Regelung der kathol. Militærsorge in Preussen*, 1868 ; *Archives*, t. XX, p. 43 ; *Die kathol. Feldpropstei und das* (militærische) *Disciplinarverfahren gegen den Bischof Namszanowski, Bischof von Agothopolis*, in part. (*Archives*, t. XXXII, p. 83, 280 et suiv.)

¹ Les curés doivent régulièrement recevoir un bénéfice proprement dit, qui est conféré en titre (pour toute la vie), ainsi qu'il résulte de la décision de Boniface VIII dans cap. un., in VI°, *De capellis monachorum*, III, 18. D'après ce texte, les vicaires mêmes qui sont établis pour administrer une église incorporée à un couvent doivent l'être à perpétuité, *vicarii perpetui*.

La même chose se voit dans le concile de Trente, sess. XXIV, cap. XIII, de reform. (« perpetuum peculiaremque parochum »), et dans les principes du droit canon sur l'érection et le changement des paroisses (voy. ci-dessus, § 73). Consult. sur cette question Hinschius, *Droit canon*, t. II, § 92, p. 293 et suiv.

Cependant des circonstances particulières, qu'il appartient surtout à l'évêque d'apprécier, peuvent empêcher de nommer les curés à perpétuité. Voyez Bouix, *loc. cit.*, p. 201 et suiv.; Nardi, *Dei parochi*, Pesar., 1830, t. II, p. 61, et ci-dessus, p. 188, note 2.

Sur les paroisses dites succursales et les curés amovibles de France, de Belgique, de Hollande, de la Prusse rhénane, de l'Angleterre, de l'Irlande, de l'Amérique du Nord, etc., voy. ci-dessus § 71, n. III, p. 472; § 38, n. VIII, t. Ier, p. 204.

L'évêque peut aussi, même contre le gré du curé, quand il trouve qu'il y a nécessité pressante ou utilité manifeste, détacher une partie de la paroisse et en faire une succursale dirigée par un curé distinct, cf. c. III, X, *De eccl. ædif.*, III, 48, et Fagnani, *ad h. c.*, n. XXIX et suiv.; Conc. Trid., sess. XXI, de reform., cap. IV.

en tout ce qui concerne les fonctions sacerdotales. Les autres prêtres ont donc besoin, pour les exercer, d'être autorisés par lui [1], ou par l'évêque diocésain, ou par le pape [2]. Les paroissiens qui ont leur domicile ou quasi-domicile sur le territoire de la paroisse [3] sont tenus de s'acquitter de leur devoirs religieux dans la paroisse même [4], et, en ce qui concerne certains actes religieux, de s'adresser au curé de cette paroisse *(parochus proprius)*. Ces deux dispositions s'appellent « obligations paroissiales. »

III. La paroisse catholique n'a qu'une valeur passive ; elle forme simplement le cercle des individus qui sont soumis à la direction pastorale du curé. C'est là une conséquence de la constitution fondamentale et de l'ordonnance hiérarchique de l'Église catholique [5]. La paroisse catholique n'est pas, comme la paroisse protestante [6] ou la commune civile, une corporation dont les membres décident eux-mêmes leurs affaires, soit direc-

---

[1] Le curé ne doit permettre aux prêtres d'un autre diocèse d'exercer des fonctions dans son église que lorsqu'ils ont exhibé les lettres de recommandation de leur ordinaire (X, tit. de cleric. peregrin., II, 22; Conc. Trid., sess. XXIII, de reform., cap. XVI.

[2] C. VI-VIII, D. 71; Clem. I, de privileg., V, 7; Concil. Trid., sess. XXIII, cap. XVI. Les ordres mendiants surtout ont reçu à cet égard certains priviléges qui concourent avec les droits du curé. — Voy. Ferraris, *Prompta Bibl.*, sub verbo *Regulares*, art. 1, et ci-dessous § 225.

Sur la position des autres églises établies dans les limites d'une paroisse, voy. Beraldi, *Comment.*, t. I, p. 273. Pour avoir le droit de dire la messe dans une chapelle domestique, il faut une autorisation spéciale du pape. Cf. Bened. XIV, Const. *Magno*, de 1751, §§ 9 et suiv. (*Bullar. magn.*, t. XVIII, p. 215.) Voy. aussi *Archives*, t. III, p. 501, 613; Lingen et Reuss, *Causæ selectæ in S. Congreg. conc. per sum. præc. propos.*, p. 855 et seq.; Vandenesch, *Die Kapellen und Annexkirchen, ihre Errichtung, und ihr Verhæltniss zur Hauptkirche auf dem linken Rheinufer*, Paderborn, 1874.

Des évêques belges ont proposé au concile du Vatican que les évêques eussent la faculté de permettre d'ériger des chapelles domestiques et d'y célébrer la messe. Cf. Martin, *Collect.*, p. 182, éd. 2.

[3] Voy. les lois relatives à chaque pays dans Richter, *Droit eccl.*, § 142, note 8; Hinschius, *op. cit.*, p. 343. Selon le droit catholique, tous ceux qui sont baptisés appartiennent à l'Église, par conséquent à la paroisse (voy. ci-dessous, § 180); mais l'absence de moyens de coaction ne permet pas de faire exécuter ce principe envers les hétérodoxes.

[4] Voy. ci-dessous, § 185, n. II, sur le domicile et le quasi-domicile. Lorsqu'une personne a un double domicile, elle peut choisir entre les deux paroisses, c. II, *De sepult.*, in VI°, III, 12. Les vagabonds, ceux qui n'ont ni domicile ni quasi-domicile, sont de la paroisse où ils se trouvent.

[5] Voyez ci-dessus § 58. — [6] Voyez ci-dessus § 60, et ci-dessous § 179.

-tement, soit par des représentants élus. Ainsi, les représentants juridiques de la paroisse catholique [1], ce ne sont pas les paroissiens mêmes ; ce sont les biens de la paroisse, ou, si l'on peut s'exprimer ainsi, c'est la fin pieuse et ecclésiastique que ces biens doivent atteindre *(pium corpus)*; elle est représentée, aussi bien que les fonds scolaires et la caisse des pauvres [2], par le curé, agissant comme organe de l'évêque et sous sa surveillance.

IV. Le curé n'a point de juridiction pour le for extérieur [3], à moins qu'elle ne lui ait été spécialement conférée par l'évêque. Il n'a de juridiction que pour le confessionnal, nul et dans le for intérieur [4], tant que l'évêque ne s'est pas réservé la faculté d'absoudre [5]. Il a aussi le droit de reprendre et d'avertir en particulier.

V. Aux fonctions du curé appartiennent surtout l'administration des sacrements et autres actes relatifs au service divin [6], la

---

[1] Voyez ci-dessus §§ 169, 171.

[2] Voyez ci-dessous § 171.

[3] Cf. Bened. XIV, *De synodo diœc.*, V, IV, n. 2 ; Bouix, *loc. cit.*, p. 125, 227 ; Nardi, *loc. cit.*, I, p. 188, 405. Une exception apparente, qui s'explique sans doute par la possession d'une autre charge à côté de celle de curé, se trouve dans c. III, X, de off. ind. ordin., I, 31. Cf. Hinschius, *Droit ecclés.*, t. II, p. 296.

[4] L'étole est le symbole de cette juridiction. Cf. c. VI, d. 71 (Conc. Carth., I, an. 348); Conc. Trid., sess. XXIV, de ref., cap. IV.

[5] Sur les cas réservés au pape ou à l'évêque et qui cessent de l'être pour ceux qui se trouvent *in articulo mortis*, sur les cas réservés aux supérieurs d'ordres, voyez Buohler, *la Doctrine des cas réservés avec rapport particulier aux cas réservés dans les diocèses de Wurzbourg et de Rottenbourg*, Schaffhouse, 1859 ; Vering, *Archives*, t. IV, p. 470, 226 ; t. XX, p. 386 ; *Instruction pastorale* de Conrad Martin, évêque de Paderborn ; Schneider, *Manuale sacerdotum*, ed. 7, Colon., 1874, p. 456. Voyez aussi ci-dessous 151, sur l'absolution des censures ecclésiastiques. Hausmann, *Histoire des cas réservés aux papes* (en allem.), Ratisbonne, 1868.

[6] Voyez Conc. Trid., sess. XXIII, cap. de ref. — Des évêques français ont proposé au concile du Vatican qu'on inculquât vivement aux prêtres la sainteté des devoirs du ministère pastoral, dont l'exact accomplissement est d'une si haute importance dans un siècle matérialiste et ennemi de la foi.

Il serait bon surtout, à raison de la nécessité des temps, de rappeler aux pasteurs et à leurs auxiliaires les devoirs qui leur incombent au sujet des écoles et des pauvres de leurs communes, de l'instruction et de l'éducation religieuse de la jeunesse, les soins qu'ils doivent prendre pour préparer les enfants à la première confession et à la première communion, la nécessité des grands catéchismes (appelés en France « Caté-

prédication[1] et le catéchisme[2], l'enseignement de la religion dans les écoles et la surveillance des écoles sous le rapport religieux[3].

chismes de persévérance »), la manière enfin de remplir avec fruit le ministère de la prédication. Voy. Martin, *Collect.*, p. 150; du même, *Travaux du Concile du Vatican*, p. 98 (en allem.).

[1] Conc. Trid., sess. v, cap. ii, de ref.; sess. xxiv, cap. iv, vii, de ref.; sess. xxii, decret. De observandis et evitandis in celebratione missæ.

[2] En ce qui est de la prédication et du catéchisme, le curé peut y être contraint par les censures de l'Église (Conc. Trid., sess. xxiv, cap. iv, de ref.). A un curé qui néglige l'office de la prédication, on peut lui assigner un remplaçant et assurer à celui-ci un entretien convenable sur les revenus de la cure (Conc. Trid., sess. v, cap. ii, de ref.).

On sait que le Saint-Siège, à l'instigation du concile de Trente, avait ordonné la rédaction et la publication du *Catéchisme romain* à l'usage des curés, et chargé le cardinal Bellarmin de composer en outre pour la jeunesse chrétienne un petit catéchisme qu'il avait recommandé aux pasteurs (Clem. VIII, breve *Pastoralis*, 15 juillet 1598; Bened. XIV, const. *Etsi minime*, 7 février 1742).

Il a été résolu au concile du Vatican qu'un nouveau catéchisme abrégé serait rédigé en latin d'après le catéchisme de Bellarmin et autres ouvrages en vogue particulièrement renommés; que ce catéchisme, fidèlement traduit dans les différentes langues par les soins des évêques de chaque pays, servirait partout de base à l'instruction de la jeunesse. Cependant les évêques auront la faculté, en tenant compte des besoins particuliers de leurs diocèses, d'y joindre des instructions particulières qui seront séparées du texte du catéchisme.

Enfin, le décret du concile du Vatican recommande de nouveau et avec instances aux curés de se servir du *Catéchisme romain* comme méthode à suivre dans la marche et l'explication du catéchisme. — Voyez aussi la proposition de Mgr Greith, évêque de Saint-Gall, sur les écoles populaires mixtes, dans Martin, *Collect.*, ed. 2, p. 6.

[3] La commission ecclésiastique politique du concile du Vatican a également élaboré divers projets sur la question des écoles, principalement sur les écoles populaires, les gymnases, les écoles commerciales et industrielles, sur les universités (voy. notamment les « vœux » du chapitre de la cathédrale de Mayence et du supérieur du séminaire, Dr Moufang. Sur les tendances hostiles aux écoles chrétiennes et confessionnelles, voyez en général les discussions de l'épiscopat d'Allemagne réuni à Wurzbourg en 1848, *Archives*, t. XXI, p. 230; Mgr de Ketteler, évêque de Mayence, *Die Gefahren der neuen Schulgesetzgebung für die religiœs-sittliche Erziehung der Kinder in den Volksschulen*, 3e édit., Mayence, 1876 (*Archives*, t. XXXV, p. 387); P. Majunke, *Confessionnell oder confessionslos? Eine Antwort auf die brennend Frage im Innern*, Breslau, 1869; le même, *Die confessionslose Schule vor dem Richterstuhle der Vernunft, der Geschichte und des Gesetzes*, Cologne, 1870; E. Sickinger, *Die Communalschulen*, Mayence, 1870; voyez aussi *Archives*, t. XXIV, p. 294.

Sur la situation des écoles en Bavière, voyez tome Ier, p. 178, note, n° 4, 6, 13-15, 25, 27-30, et la réponse du ministre bavarois, 12 septembre

VI. Selon l'ancien droit canonique, chaque paroissien était obligé, les dimanches et les fêtes, d'assister à la grand'messe

1873, aux représentations faites au roi à cause des faveurs accordées aux écoles non confessionnelles (*Archives*, tome XXXI, p. 310), et une nouvelle plainte des évêques de Bavière sur la diminution croissante de l'influence de l'Église sur les écoles (représentation adressée au roi le 12 septembre 1875, *Archives*, t. XXXV, p. 138 et suiv.). Sur la situation des écoles en Prusse, voyez Fr. Claisen, *De schola confessionali jure Borussico probata* (dissert. inaug.), Bonnæ, 1870; t. Ier, § 37, n. VIII, 17, 18, 21, 22, 23, p. 175, 182.

Jognez-y l'ordonnance du collége scolaire de la province de Posen, octobre 1873, défendant aux classes des établissements supérieurs d'assister, sous peine de renvoi, aux instructions religieuses prescrites par l'autorité ecclésiastique, et prescrivant de fréquentes instructions données par des maîtres laïques imposés par l'État (*Archives*, t. XXXI, p. 453, note 1); l'ordonnance du gouvernement de Coblentz, 12 janvier 1874, sur les troubles que l'assistance des élèves aux actes du culte divin apporte dans l'enseignement scolaire (*Archives*, t. XXXI, p. 371); l'ordonnance du même gouvernement, 4 février 1874, excluant de l'enseignement de la religion les prêtres privés de leur traitement (*ibid.*, p. 372); l'ordonnance du même gouvernement, 2 décembre 1875, rejetant toute distinction entre les élèves catholiques et les élèves vieux-catholiques des établissements supérieurs (*Archives*, t. XXXV, p. 263); l'arrêté de M. Falk, ministre des cultes, 3 novembre 1875, sur les demandes de prières qui n'appartiennent pas au culte catholique des écoles; l'ordonnance du même ministre, 18 janvier 1876, défendant d'exercer aucun contrôle sur les élèves de gymnase qui ne fréquentent pas les sacrements (*ibid.*, p. 464); l'ordonnance du même ministre, 18 février 1876, qui soustrait l'enseignement de la religion catholique dans les écoles du peuple à la direction de l'Église, et, selon l'esprit de la constitution prussienne, la confie exclusivement aux personnes appelées ou autorisées par l'État, sous l'inspection des autorités scolaires laïques (*ibid.*, p. 465); une institution semblable du gouvernement de Cologne, mars 1876, sur l'enseignement de la religion catholique (*ibid.*, p. 467).

Sur l'état des écoles dans le Hanovre, en tant qu'il n'a pas été modifié par la nouvelle législation, par l'administration prussienne, voyez ci-dessus § 39, p. 223; pour le Brunschwig, voyez ci-dessus § 39, p. 228; pour Waldeck, ci-dessus § 42, p. 236; pour le royaume de Saxe, ci-dessus § 42, p. 236, avec la loi scolaire du 24 juin 1874, *Arch.*, t. XXXVI, livrais. 5; pour Saxe-Cobourg, voyez ci-dessus § 42, p. 254; pour Saxe-Gotha, voyez ci-dessus § 42, p. 252; pour le grand-duché de Hesse, ci-dessus § 43, p. 261, et la nouvelle loi scolaire du 16 juin 1874, ordonnant la réunion des écoles confessionnelles, d'après l'article 8 et suiv., quand cette mesure aura été décidée par les comités scolaires des écoles que cela concerne.

Voyez l'ouvrage de Mgr de Ketteler cité plus haut dans cette note, et l'ordonnance de l'ordinariat de Mayence, 30 octobre 1875, concernant l'instruction religieuse dans les écoles (*Archives*, t. XXXVI, p. 287); on y trouve en même temps les dispositions ministérielles du 14 septembre

dans son église paroissiale ¹ et d'y recevoir les sacrements ². D'après le droit actuel, le curé demeure toujours obligé d'offrir gratuitement, les jours de dimanches et de fêtes, la messe principale pour ses paroissiens ³ ; mais il n'y a plus

1875 et les négociations avec le ministère (cf. *Archives*, t. XXX, p. 466).

Sur l'état des écoles dans le Wurtemberg, voyez ci-dessus § 43, p. 273; à Bade, p. 289.

En 1876, une loi rendit les écoles mixtes obligatoires (voyez *Archives*, t. XXXI, p. 153). Pour Nassau, voyez ci-dessus § 43, p. 332, et relativement aux nouvelles dispositions, les indications données ci-dessus pour la Prusse. Pour l'Alsace-Lorraine, ci-dessus § 44, p. 348; pour le Luxembourg, § 44, p. 362; pour l'Autriche, § 45, p. 378, 392.

Sur un projet de loi relatif aux écoles catholiques adopté par la diète de Voralberg, voyez le *Vaterland* de Vienne, 1876, n. 84, supplém.; pour la Hongrie, voyez § 45, p. 442; sur l'état des écoles en Suisse, voyez § 46, ce que nous avons dit de chaque canton.

¹ C. IV, V, C. IX, q. 2 (ex conc. Nannetensi); c. xxxv, D. i. de consecratione (ex conc. Agath.). — Le concile de Trente (sess. XXII, dans le décret De observ. et evitandis in celebratione missæ, et sess. XXIV, de ref.; c. IV, v. *Moneatque*, exhorte les évêques d'avertir le peuple de visiter assidûment l'église paroissiale au moins les jours de dimanche et de fêtes. Cf. Bened. XIV, *De synodo diœc.*, lib. X, cap. XIV.

² Le quatrième concile de Latran veut que tout fidèle de l'un et de l'autre sexe, parvenu à l'âge de discrétion, confesse fidèlement, seul, à son propre prêtre, au moins une fois l'an, tous ses péchés; qu'il reçoive avec respect, au moins à Pâques, le sacrement de l'Eucharistie dans sa paroisse. Autrement il sera chassé de l'Église pendant sa vie et privé à sa mort de la sépulture chrétienne. C. XII, X, de pœnit. et remiss., V, 38.

³ Nous empruntons les renseignements suivants à une instruction adressée par l'évêque de Rottenbourg, le 9 février 1875, au clergé de son diocèse, concernant l'application de la messe pour le peuple les jours de dimanches et de fêtes.

a. Le saint concile de Trente (sess. XXIII, cap. I, de ref.), a énoncé comme un précepte basé sur un ordre divin (*Jean*, x, 14, et XXI, 15-17) que tous les pasteurs des âmes sont tenus d'offrir le saint sacrifice pour les fidèles : « Quum præcepto divino mandatum sit omnibus, quibus ani- » marum cura commissa est oves, suas agnoscere, pro his sacrificium » offerre, » etc. Le saint concile n'ayant pas déclaré quand et combien de fois cette application devait être faite pour le peuple, cette lacune a été comblée par différents décrets de la Congrégation du concile et par diverses ordonnances pontificales. Il a été statué qu'elle aurait lieu tous les jours de dimanches et de fêtes.

Innocent XII, dans le bref *Nuper a Congregatione* du 24 avril 1699, et Benoît XIV, en sa constitution *Quum super oblatas* du 19 août 1744, se sont exprimés sur ce point avec une remarquable précision. Ces deux ordonnances pontificales se trouvent dans Ferraris, *Prompta Bibl.*, verbo *Missa*, art. II, n. 6-11.

Sa Sainteté Pie IX, dans son encyclique *Amantissimi Redemptoris* du

qu'un certain nombre d'actes que les paroissiens sont tenus de

3 mai 1858, a décrété que « tous les curés et tous ceux qui ont en fait charge d'âmes doivent offrir et appliquer le très-saint sacrifice de la messe pour le peuple qui leur est confié, non-seulement tous les dimanches et les autres jours que le précepte oblige encore à garder, mais aussi les jours que le Saint-Siége a consenti à retrancher du nombre des fêtes de précepte, et qui ont été transférés, comme le devaient tous ceux qui avaient charge d'âmes quand la constitution d'Urbain VIII était en pleine vigueur, avant que les jours de fêtes de précepte fussent diminués de nombre et transférés. En ce qui est des fêtes transférées, nous n'exceptons qu'un seul cas, celui où l'office divin aura été transféré avec la solennité au jour du dimanche : dans ce cas, une seule messe sera appliquée pour le peuple par les curés, attendu que la messe, qui est la principale partie de l'office divin, doit être censée transférée avec l'office même. » (Voyez *Archives,* t. III, p. 226; voyez aussi Fessler, sur les fêtes abolies et l'application de la messe ces jours-là, *Archives,* t. V, p. 185, 321.)

Ainsi, l'obligation d'appliquer la messe existe pour les jours suivants : Feria III Paschæ, Feria III Pentecostes, Inventio Sanctæ Crucis, Dedicatio sancti Michaelis archangeli, Nativ. B. Joannis Baptistæ, SS. Innocentium, S. Laurentii, S. Sylvestri papæ et confessoris, sanctæ Annæ, et pour toutes les fêtes des apôtres.

Viennent ensuite pour chaque diocèse le patron diocésain, et pour chaque paroisse le jour où tombe la fête patronale ou la fête du patron principal, quand il y a plusieurs patrons.

Cependant, le Saint-Siége a introduit dans cette loi différents adoucissements. Ainsi, dans le diocèse de Rottenbourg, par une faveur spéciale de Sa Sainteté, en date du 2 mai 1859, du 10 février 1868 et du 11 janvier 1875, il est permis, dans les églises où il n'y a qu'un prêtre, et quand ce prêtre doit, dans son église paroissiale (et non ailleurs), célébrer un premier office des morts ou un anniversaire, ou la messe *pro sponsis,* il est permis de renvoyer l'application au premier jour non empêché par les rubriques.

b. Comme le texte de la constitution de Benoît XIV pouvait s'entendre en ce sens que non-seulement le curé ou l'administrateur de la paroisse, mais encore tous les prêtres qui sont employés dans le ministère, *in cura,* y compris les auxiliaires du curé, étaient obligés d'appliquer (*omnes et singuli qui actu animarum curam exercent,* disait Benoît XIV); la Congrégation des rites, par décret du 14 juin 1845, a déclaré *solum teneri qui curam primariam exercent.*

Aussi, les curés et les administrateurs sont seuls tenus d'appliquer; les prêtres auxiliaires, les chapelains, les vicaires en sont exempts. Mais ceux qui exercent *primariam curiam* y sont tenus, qu'ils soient définitivement établis ou non, qu'ils unissent ou non le bénéfice à l'office de curés, qu'ils aient ou n'aient pas la portion congrue (Decret. Congr. rit., 10 mai 1662).

Sont donc obligés d'appliquer, dans notre diocèse, l'évêque, du jour où il a pris possession du siége épiscopal (Decret. Congr. rit., 12 nov. 1831), le curé et l'administrateur de la paroisse, quelque nom qu'il porte.

faire accomplir par le curé ou son représentant *(jura paro-*

Si, dans une grande paroisse, il se trouve des chapelles et des succursales où l'on fait le service divin les dimanches et les fêtes pour les paroissiens éloignés de la succursale ou pour une partie de la commune paroissiale, il n'y a pas obligation d'appliquer (puisque le curé applique pour toute la commune), à moins qu'il n'y ait convention expresse (Decr. Congr. rit., 14 juin 1845).

Mais si l'église succursale est tellement détachée de l'église-mère que le recteur de la première ait une commune déterminée, avec la charge d'âmes complète d'un curé; s'il y administre les sacrements non par ordre du curé, mais *principaliter et immediate,* il est tenu d'appliquer, parce que le curé de l'église-mère n'est pas obligé d'appliquer pour cette paroisse totalement détachée (Resolut. select. S. Congr. Conc.). Les vicaires ne sont donc pas tenus d'appliquer. Il en est de même des aumôniers de couvents, de prisons, d'hôpitaux, des aumôniers militaires (cf. Decret. Congr. rit., 7 décembre 1844, et Heuser, *op. cit.*, p. 13-21).

c. Le devoir d'appliquer est personnel. Lors donc qu'un curé ou un administrateur a des raisons de faire célébrer la messe principale, un jour de dimanche ou de fête, par un autre prêtre, et qu'il célèbre lui-même une messe privée, il doit appliquer cette messe pour le peuple. Ce n'est que par exception et pour de justes motifs *(accedente justa et legitima causa)* que le curé qui dit une messe privée peut charger le prêtre qui célèbre la messe principale d'appliquer pour le peuple; il lui doit pour cela des honoraires particuliers (cf. Decret. Congr. rit., 18 juillet 1789, 27 févr. 1847, 25 déc. 1847, 12 juillet 1848, 20 déc. 1864).

d. Un curé ou un administrateur légitimement absent satisfait à son devoir en appliquant pour sa paroisse dans le lieu où il se trouve, supposé qu'un autre prêtre célèbre dans sa paroisse et y annonce la parole de Dieu (Decret. Congr. Conc., 14 décembre 1872).

e. Si le curé est légitimement empêché (par la maladie, etc.) d'appliquer la messe un jour où l'application est obligatoire, il doit faire appliquer par un autre prêtre dans l'église paroissiale. S'il ne l'a point fait, il doit le plus tôt possible suppléer l'application.

f. Quand un curé administre deux paroisses et qu'il bine, il doit appliquer dans les deux paroisses pour chacune d'elles (Decr. Congr. rit., 25 septembre 1858). S'il n'a pas le droit de binage, et s'il charge un autre prêtre de faire l'office divin dans une des deux paroisses, il doit le charger de faire l'application et ne pas la faire lui-même un autre jour de la semaine.

g. Quand un curé, etc., un jour de dimanche ou de fête, doit célébrer deux fois dans sa propre paroisse, il n'est tenu que de faire une seule fois l'application pour le peuple, mais il ne doit point accepter d'honoraires pour l'autre messe (Decret. Rit., 25 décembre 1858). Il n'y a que la fête de Noël où une seule application *pro populo* soit obligatoire, et où cette dernière défense n'ait pas lieu (voyez la constitution de Benoît XIV *Quod expensis,* 26 août 1748).

(Le Saint-Siége dispense de l'obligation d'appliquer les curés vraiment pauvres qui ont d'ailleurs des rétributions de messes. Il le fait rarement pour d'autres cas.) (*Cit. du trad. pour le dernier alinéa. — Analecta,* 1866.)

chiqlia), ce sont : le baptême[1], la bénédiction des femmes accouchées[2], la confession et la communion pascale[3], les proclamations de bans et les fiançailles[4], l'extrême-onction et la sépulture[5].

Le curé de la paroisse doit, d'après le concile de Trente[6], tenir registre des baptêmes et des mariages, et, dans plusieurs pays, ceux des confirmations et des décès. Les documents consignés dans ces registres[8] sont valables ecclésiastiquement, et

---

[1] Voyez ci-dessus § 180. Voyez aussi Benoît XIV, *loc. cit.*, lib. VIII, cap. v, n. 6.

[2] Voyez le décret de la Congrégation des rites du 10 décembre 1703. Cette bénédiction doit être donnée quand même l'enfant serait mort sans avoir reçu le baptême. (Decr. Congr. rit., 12 décemb. 1857; *Analecta juris pontificii*, 1858, sér. III, p. 334-336).
Les mères illégitimes ne doivent pas être bénites (Decr. Congr. rit., 18 juin 1859) ni celles qui ne sont pas catholiques, ni celles dont les enfants n'ont pas été baptisés catholiquement, mais élevés dans une confession non catholique. Cf. *Dissertatio de non introducenda solemni benedictione in templum puerpera catholica, cujus proles non est a catholico parocho baptizata*, Lovanii, 1837, et *Conc. provinc. Colon.*, 1860, p. 110; *Synod. diœc.*, Strigon., 1860, stat. VII. La formule de bénédiction d'après le Rituel romain se trouve dans Schneider, *Manuale sacerdotum*, ed. 7, Coloniæ, 1874, p. 637.

[3] Voyez ci-dessus p. 372, note 4. Les ordres mendiants (cf. Schmalzgrueber, *Jus eccl. univ.*, lib. I, tit. XXXI, n. 43) et autres ordres religieux qui participent à leurs privilèges ont obtenu le droit de donner la communion dans leurs églises, excepté la communion pascale.
Cependant Benoît XIV, *loc. cit.*, lib. IX, cap. VI, n. 5, qualifie de « fausse, scandaleuse et téméraire » l'opinion selon laquelle il serait permis de recevoir la communion pascale ailleurs que dans l'église paroissiale. Les ordres dont nous parlons ont aussi reçu plus tard la faculté d'entendre, avec l'approbation de l'évêque, les confessions, même pascales (cf. c. II, § 1, de sepult., in Extrav. comm., III, 6; c. II, de sepult., in Clem., III, 7). Cette faculté s'étend maintenant à tous les prêtres approuvés par l'évêque (Benoît XIV, *loc. cit.*, c. XIV, n. 2, ejusd. *Inst.*, 18).

[4] Voyez ci-dessous le § 186 sur la forme du mariage.

[5] Conc. Trid., doctr. de sanctissimo sacramento extremæ unctionis, c. I-IV, et de sacram. extremæ unct., c. IV; Phillips, *Lehrbuch*, § 247.

[6] Voyez ci-dessous le § 372 sur la sépulture chrétienne.

[7] Conc. Trid., sess. XXIV, de ref. matr., c. I, II.

[8] Cf. Binterim, *Comment. historico-criticus de libris baptizatorum, conjugatorum et defunctorum*, Dusseldorf, 1816; Becker, *Wissenschaftliche Darstellung der Lehre von den Kirchenbüchern*, Francfort, 1831; Uihlein, *Uber den Ursprung und die Beweiskraft der Kirchenbücher (Archiv für civil. Praxis*, t. XV, p. 26). Relativement aux droits de l'Église sur les livres d'église, voyez surtout les ouvrages cités § 45, p. 415, note 3. Il y est également question d'une controverse soulevée en Autriche; l'article de

même civilement dans les lieux où la tenue de l'état civil n'est pas introduite¹.

VII. Comme la division, la circonscription des paroisses et des diocèses est fondée sur l'intérêt général de l'Église et résulte de sa constitution même², leurs limites ne peuvent être changées par voie de prescription. Mais un changement peut avoir lieu par un temps immémorial, ainsi que le droit canon le reconnaît expressément³.

ADDITION DU TRADUCTEUR.

De quelques droits du curé, comme ecclésiastique et comme pasteur.

I. Le curé, comme ecclésiastique, est exempt du service militaire; cette exemption regarde tous ceux qui sont engagés dans les ordres sacrés⁴.

II. Le curé est exempt, comme pasteur, 1° des fonctions de juré⁵; 2° de la tutelle, s'il est obligé à résidence⁶; 3° il est le surveillant des écoles de filles et de garçons établies dans sa paroisse⁷; 4° un curé et un vicaire sont-ils exempts de fournir un logement militaire? Ils le sont par l'usage, ils ne le sont point en vertu de la loi. L'article 11 de celle du 11 juin 1792 assujétit à cette servitude tous les habitants, quelles que soient leurs fonctions et leurs qualités. Les dépositaires des caisses publiques sont seuls exceptés de le fournir, dans les maisons où sont déposées leurs caisses. Ils doivent y suppléer en donnant aux militaires les moyens de se loger chez d'autres habitants. Un curé peut-il, sans brevet de capacité, ouvrir une école primaire? Un arrêt de la Cour royale de Poitiers s'est prononcé pour l'affirmative. Mais il est contredit par deux arrêts de la Cour de cassation (1ᵉʳ juin et 3 no-

---

Bahlhof, dont il y est parlé, traite aussi de cette controverse et de la confiscation des registres dans les paroisses « fermées » de la Prusse. Voyez sous ce dernier rapport l'inutile proposition de Mallinckrodt à la chambre prussienne en 1874 (cf. *Germania*, 1874, n. 67, 114).

¹ Voyez ci-dessous § 188.
² Le canoniste Schulte (*Système*, p. 284) pense que la prescription peut se faire dans trente ans. Nulle paroisse, ajoute-t-il, ne doit être érigée à moins qu'elle ne compte au moins dix familles. *(Note du trad.)*
³ C. xxvi, x, de V. S. V., 40; cap. I, de præscr., in VI°, II, 13.
⁴ Décret du 7 mars 1806.
⁵ Arrêté du 23 fructidor an x. — Code d'instruction criminelle, art. 384.
⁶ Décret du 20 novembre 1806. — Art. 427 du Code civil.
⁷ Ordonnance du 29 février 1816, confirmée par celle du 21 avril 1828. — Voy. aussi la nouvelle loi sur l'instruction primaire, du 28 juin 1833, art. 17.

vembre 1827). Ces arrêts semblent peu fondés en droit. Un curé ne peut être exclu sous prétexte d'incompatibilité entre les fonctions de surveillant de l'instituteur et les fonctions exercées par celui-ci. C'est tirer une induction forcée de la loi, qui a voulu seulement une double garantie de capacité et de moralité. Les études nécessaires à un curé garantissent la première mieux qu'un examen; les pouvoirs qu'il exerce, son titre légal de surveillant, garantissent encore plus la seconde.

III. L'ordonnance du 31 octobre 1828 conférait au plus ancien curé des villes non épiscopales le droit de siéger comme membre de droit dans les conseils de charité. L'ordonnance du 30 mai 1831 a changé cette disposition. Les curés ont aujourd'hui besoin d'une nomination spéciale.

IV. Les curés et desservants peuvent avoir chez eux deux ou trois enfants qui se destinent à l'état ecclésiastique; ils n'ont pas besoin pour cela d'autorisation spéciale et ne sont pas assujétis aux droits payés par les maîtres de pension : leurs élèves sont affranchis de la rétribution universitaire [1].

V. Ils peuvent donner gratuitement des soins et des conseils à leurs paroissiens malades (et non à d'autres), sans craindre d'être poursuivis par ceux qui exercent l'art de guérir [2].

---

[1] Ordonnance du 27 février 1821.
[2] Avis du conseil d'État du 30 décembre 1810. Les opérations chirurgicales étant défendues par les canons aux ecclésiastiques, ils doivent s'en abstenir, lors même qu'ils penseraient qu'elles peuvent rentrer dans la faculté que donne l'avis du conseil d'Etat que nous venons de citer.

Que penser d'une opération chirurgicale, la seule que les canons permettent, lorsqu'il est impossible de se procurer un chirurgien; nous voulons parler de l'opération césarienne ?

Il est certain que le curé qui la ferait lui-même s'exposerait à être poursuivi pour exercice illégal de l'art de chirurgien, pour contravention à l'art. 35 de la loi du 10 ventôse an II. Mais le curé peut et doit donner des conseils aux parents de la femme qui est dans l'impossibilité d'être délivrée autrement qu'au moyen de cette opération.

Dans quel cas un curé peut-il donner ce conseil? Il doit, pour se le permettre, consulter les règles consignées dans tous les rituels du royaume et se conformer à leur esprit. Elles sont d'ailleurs en harmonie avec ce qu'avaient prescrit différents conciles, et notamment celui de Cologne en 1280, de Langres en 1404, de Cambrai en 1550, de Paris en 1557, de Sens en 1514. La plupart des rituels prescrivent de faire l'opération aussitôt que la femme est morte. Aucun ne la conseille avant la mort. Cette législation canonique était fondée sur les lois romaines et remontait aux rois de Rome. C'est l'opinion du savant auteur de l'*Embryologie sacrée*. On lit dans le *Digeste* : « Negat lex regia mulierem, quæ
» prægnans mortua sit, humari antequam partus ei excidatur; qui contra

VI. Ils jouissent de la franchise de leur correspondance avec les évêques :

1° Pour les imprimés qui contiennent des mandements, des lettres pastorales, des lettres circulaires, des feuilles d'approbation pour

» fecerit, spem animantis cum gravida peremisse videtur. » (Lex. Negat. D. D. *De morte inferenda*.)

Pour s'assurer si la personne est morte, il faut consulter les symptômes ordinaires et reconnus comme signes moralement certains du décès; tels sont en particulier le froid et la raideur des membres.

Mais faudra-t-il, avec la présence de ces signes, attendre encore le terme de vingt-quatre heures fixé par la loi?

Nous ne le pensons point, et nous nous fondons sur l'esprit même de la loi. Elle a voulu prévenir le danger de mort pour la personne inhumée précipitamment. Mais, dans le cas présent, c'est ce même danger qu'il s'agit d'éviter, en ne laissant pas l'enfant dans une situation qui peut, d'une minute à l'autre, devenir mortelle.

Les auteurs de l'ancienne législation avaient sans doute raisonné ainsi : entre deux dangers, celui d'ôter à une mère quelques instants d'une vie qui, selon toutes les apparences, n'existe plus, qui lui sera d'ailleurs certainement enlevée, parce que la délivrance de celle qui en jouit ne peut se faire naturellement, et l'espoir probable de sauver la vie de l'enfant, ses parents ou ceux qui les remplacent ne doivent pas hésiter à courir un moindre danger, et très-invraisemblable en lui-même, pour éviter un danger plus grand et presque certain. Du reste, l'opération césarienne a eu de tels succès qu'un auteur a pu faire un traité entier sur les ecclésiastiques célèbres sauvés par ce moyen. (Théophile Rainaud, *Tract. de ord. infant. per sect.*, cap. v.)

Ces motifs sont assez graves pour ne pas attendre l'expiration des vingt-quatre heures, d'autant mieux que ce délai lui-même ne donne pas une certitude absolue de la cessation de la vie. Si le législateur n'a pas cru un symptôme certain indispensable, à cause des graves inconvénients qu'il y aurait eu à l'attendre ; si en temps d'épidémie l'autorité municipale peut autoriser l'inhumation avant les vingt-quatre heures, pourquoi ne pourrait-elle pas, pour un motif plus grave encore, procéder à une opération qui doit avoir pour résultat de sauver la vie d'un enfant, sans augmenter et peut-être en diminuant le danger de la mère?

Les curés, desservants et vicaires peuvent donc conseiller l'opération césarienne, mais ils ne peuvent la prescrire comme autrefois. Ils doivent adresser leurs conseils dans l'ordre suivant : au mari d'abord; à son défaut, au père; à défaut de celui-ci, à la mère, et ainsi de suite, en choisissant toujours parmi les parents les plus proches ceux qui ont autorité sur la malade. Les parents feraient peut-être prudemment de faire constater le décès par le maire de la commune. Un arrêt de la Cour de cassation, rendu au commencement de cette année (1834), ne contredit aucun des principes que nous venons d'exposer. Le curé qui a été déclaré coupable pour avoir fait faire l'opération césarienne ne s'était pas borné à de simples conseils; il avait employé une sorte de violence morale, et c'est pour ce fait seulement qu'il a été condamné comme complice.

l'exercice des fonctions spirituelles, quelles qu'elles soient, les lettres d'institution des curés, des pouvoirs des desservants ;

2° Pour les manuscrits qui contiennent les comptes des fabriques, les budgets des fabriques, les délibérations des conseils de fabrique, les ordonnances pour fondation des chapelles domestiques, les ampliations des ordonnances royales.

Les imprimés ne jouissent de la franchise qu'autant qu'ils sont expédiés sous bande et contresignés par l'évêque ou, en son absence [1], par un de ses grands-vicaires.

Les manuscrits ci-dessus indiqués, qu'ils soient envoyés par le curé à l'évêque ou renvoyés par celui-ci, doivent être également expédiés sous bande et contresignés par celui qui les expédie. Ils peuvent être cachetés par l'évêque au moyen de cette note : *Fermée par nécessité*. Mais le privilège n'est pas réciproque. L'évêque serait obligé de payer la taxe d'une lettre cachetée, même avec la note ci-dessus et la signature du curé ou vicaire [2].

VII. Les brefs pour les dispenses relatives au ministère des paroisses ne sont pas soumis à l'enregistrement du conseil d'Etat [3].

Les autres priviléges et droits des curés, comme membres de la fabrique, ont été indiqués ailleurs. Nous ne parlerons pas ici des droits du curé dans ses rapports avec les communautés religieuses ; ces droits, dans ce qu'ils ont de spirituel, sont régis par les canons et soumis aux restrictions que l'évêque a droit d'y mettre [4].

§ 135. Les auxiliaires et les remplaçants des curés [5].

I. Les auxiliaires des curés dans la charge d'âmes se présentent sous différents noms. Dans certains pays, on les désigne

---

[1] Dans ce cas, le grand-vicaire met au-dessus de sa signature : *Pour l'évêque absent*. Il serait plus sûr d'obtenir, à cet égard, une décision du directeur général des postes.

[2] Circulaire du directeur général des postes du 26 juillet 1825.

[3] Décret du 28 février 1810. Ce décret déroge à l'art. 1er des articles organiques du 8 avril 1802. Le décret du 28 février 1810 porte : « Les » brefs de la Pénitencerie, pour le for intérieur seulement, pourront être » exécutés sans autorisation. » L'usage a donné plus de latitude aux évêques que ne leur en donne le décret. Ils peuvent, sans autorisation, recevoir et exécuter des indults renfermant des pouvoirs spirituels, des brefs de la Daterie, etc.

[4] L'abbé Affre, *Traité de l'administration des paroisses*.

[5] Ferraris, *Biblioth.*, s. v. *Capellani*; Bouix, *Tract. de parocho*, p. 444, 645; Hinschius, *Kirchenrecht*, t. II, p. 318; Mooren, *Was ist auf dem linken Rheinufer, wenn ein altersschwacher Pfarrer seine Dienste nicht mehr persœnlich versehen kann, Rechtens?* Kœln et Reuss, 1870; Denenbourg, *Étude canonique sur les vicaires paroissiaux*, Tournai, 1874; *Die Pfarr-*

tour-à-tour par les termes de chapelains et de vicaires. Il faut aussi distinguer si l'auxiliaire du curé a un bénéfice indépendant, s'il est perpétuel ou temporaire *(vicarius perpetuus, temporalis)*.

II. Les vicaires perpétuels ont tous les droits d'un curé et en portent souvent le titre; ce sont : 1° les vicaires chargés de l'administration d'une paroisse incorporée à un couvent[1], et 2° les vicaires qui sont établis curés dans une église succursale qui est en même temps église paroissiale, soit que cet état de choses provienne d'un démembrement[2] ou d'une union[3]. Ces vicaires se nomment dans quelques pays curés-chapelains, chapelains « exposés » ou « dépendants, » en Autriche *localistes* ou *exposites*.

Tous ces vicaires perpétuels ont le plus souvent[4] un bénéfice fixe attaché à une église déterminée, dont ils ne peuvent être arbitrairement éloignés[5]. Ils jouissent de tous les droits d'un curé[6], et sont indépendants du monastère ou du curé de l'église-mère; seulement le monastère ou le curé de l'église principale conserve certains droits honoriques, attachés à l'église paroissiale[7]. Ainsi le curé de l'église paroissiale a ordinairement le droit de présentation pour l'église succursale[8], mais non celui de s'immiscer dans la charge d'âmes; au contraire, le vicaire a le droit, même en présence du curé principal, de faire toutes les fonctions du culte divin[9]. Le bénéfice du vicaire ne devient pas

---

oder *Curatcaplæne* (Münster. *Pastoral-Blatt,* 1875, septembre et novembre; *Regulativ in der Diœcese Breslau über das Verhæltniss zwischen den Pfarrern und Caplænen* (Archives, t. XXX, p. 457-459); Swientek, *Bemerkungen zu diesem Breslauer Regulativ* (ibid., t. XXXI, p. 332-334; Lingen et Reuss, *Causæ selectæ in S. Congr. Conc. prop.*, p. 840.

[1] Voyez ci-dessus § 74, p. 141; § 132. — [2] Voyez ci-dessus p. 140. — [3] Voyez ci-dessus p. 140.

[4] En Autriche, les localistes ou exposites n'ont pas ordinairement de bénéfice proprement dit.

[5] Schmalzgrueber, *Jus eccl. univ.*, ad h. t. III, 6, § 1, n. 4.

[6] Ils doivent avoir par conséquent toutes les qualités d'un curé, et, s'ils ne sont pas encore prêtres, se faire ordonner dans le temps voulu (c. VI, X, h. t., c. un.; h. t., in Clem.). Un vicaire ne peut pas se donner à lui-même un autre vicaire, notamment un vicaire perpétuel (c. IV, X, h. t.).

[7] C. III, X, de eccles. ædific., III, 48.

[8] Voyez ci-dessus p. 141. Schmalsgrueber, *loc. cit.*, n. 3.

[9] Voyez Schmalzgrueber, *loc. cit.*, n. 5.

vacant par la mort du curé de l'église-mère; mais il le devient quand le vicaire accepte un autre vicariat de même espèce [1].

III. Il peut y avoir aussi dans une paroisse des chapelles, des oratoires, des églises succursales pourvues de bénéfices auxquels est attaché le devoir de la résidence, et dont les possesseurs (coopérateurs, chapelains, vicaires, bénéficiers) ont les droits et les devoirs spéciaux résultant soit d'une prescription de l'évêque, soit de l'acte de fondation. Ils sont ordinairement tenus de célébrer l'office divin et de donner l'instruction religieuse dans l'église succursale et dans les écoles qui en dépendent, d'administrer les sacrements de pénitence et d'Eucharistie, de soigner les malades des alentours, tandis que les baptêmes, les sépultures et les mariages reviennent au curé. Les pleins pouvoirs de ces sortes de vicaires ne cessent point quand le curé de l'église-mère est écarté, car ce n'est pas de lui qu'ils émanent.

IV. 1. Cela s'applique également aux bénéficiers, chapelains ou vicaires de l'église-mère qui ont un bénéfice indépendant, et dont les droits et les devoirs sont déterminés par l'acte de fondation. Ceux-là n'ont qu'un bénéfice simple et ils tirent leur nom de la fonction principale qu'ils remplissent, tel que celui de *primissaire,* donné au prêtre chargé de la première messe les dimanches et les fêtes. Les autres droits et devoirs qui leur sont assignés selon les besoins de la paroisse, dépendent de l'acte épiscopal qui les a établis ou des statuts diocésains qui règlent pour tout le diocèse la situation de ces auxiliaires. Pour le reste, ils dépendent de la mission générale ou spéciale qu'ils reçoivent du curé.

2. Les auxiliaires des curés, soit qu'ils fonctionnent dans une église succursale ou dans l'église paroissiale même, doivent, quand leur bénéfice n'est pas suffisant, recevoir leur entretien du curé, en totalité ou en partie, quand ils ne le reçoivent pas d'un fond commun de secours, de la commune ou de l'État. Leurs pleins pouvoirs, quand ils ne sont pas déterminés par l'institution du bénéfice, par l'évêque ou par les statuts diocésains, dépendent d'une commission générale ou spéciale du curé.

---

[1] Cap. II, X, h. t. III, 29.

3. Les auxiliaires adjoints à un curé pour l'exercice de ses fonctions dans l'église paroissiale possèdent, en vertu de leur nomination, quand cela n'est pas expressément déterminé par l'acte de fondation de leur bénéfice, les pleins pouvoirs généralement requis pour l'exercice de toute la charge d'âmes [1]. Quand il y a doute, ces pleins pouvoirs comprennent, comme une partie du tout, l'assistance à la célébration d'un mariage.

Le chapelain ou vicaire nommé par l'évêque est chargé, en seconde ligne, des mêmes fonctions qui incombent au curé en première ligne. Quand l'ordre des affaires n'a pas été réglé par l'évêque, il appartient sans doute au curé, en vertu de sa haute direction, de distribuer les fonctions du ministère pastoral [2]; mais il ne peut jamais en soi empêcher ou restreindre les pleins pouvoirs accordés par l'évêque au chapelain ou au vicaire, pour l'exercice des fonctions pastorales. Le vicaire les remplirait validement même contre le gré du curé, et il ne deviendrait responsable devant l'évêque qu'autant qu'il se montrerait indocile aux règlements qu'il appartient au curé de dresser. Le vicaire ou chapelain a le droit, comme le curé, de subdéléguer les fonctions qui sont de sa compétence.

4. Le concile de Trente [4] oblige les curés des paroisses populeuses à s'adjoindre autant de prêtres que l'exigent l'administration des sacrements et les fonctions du service divin. Les évêques, en qualité de délégués ordinaires du pape dans les territoires exempts, sont tenus d'astreindre les curés à l'observation de ce devoir. Quant à savoir si un tel besoin existe et

---

[1] Comme lorsqu'il est dit dans l'acte de nomination ou de fondation : « Le chapelain ou vicaire exercera toutes les fonctions du ministère, » ou « il administrera tous les sacrements, » ou « il remplira la charge d'âmes. »

[2] Voy. Decret. S. Congr. Conc. du 19 septembre 1789 et 19 décembre 1795, et ci-dessus § 185.

[3] Ce point a été expressément décidé par le synode diocésain de Paderborn, en 1867, part. III, cap. x; *Archives*, t. XX, p. 427.

[4] Sess. XXI, cap. IV, de ref. : « Episcopi, etiam tanquam apostolicæ Sedis delegati, in omnibus ecclesiis parochialibus vel baptismalibus, in quibus populus ita numerosus sit, ut unus rector non possit sufficere ecclesiasticis sacramentis ministrandis et cultui divino peragendo, cogant rectores vel alios ad quos pertinet, sibi tot sacerdotes ad hoc munus adjungere, quot sufficiant ad sacramenta exhibenda et cultum divinum celebrandum. »

combien de prêtres sont nécessaires, c'est à l'évêque d'en décider. Selon le concile de Trente, c'est au curé lui-même qu'il appartient de choisir son chapelain ou vicaire dans le nombre des prêtres approuvés par l'évêque pour le saint ministère.

ADDITION DU TRADUCTEUR.

La sacrée Congrégation a souvent confirmé la règle qui veut que les curés habituels aient la nomination des vicaires qui exercent la cure. En voici un exemple entre plusieurs autres cités par les *Analecta* :

Montella, ville du diocèse de Nusca, est entourée de vingt-deux hameaux, autrefois répartis entre neuf églises paroissiales. Léon X, par une bulle de 1515, unit toutes ces églises à la nouvelle collégiale de Sainte-Marie, qu'il venait d'ériger dans la ville précitée; il donna au chapitre la faculté de faire exercer la cure dans ces églises par le moyen de prêtres séculiers amovibles *ad nutum*. En 1708, la Congrégation des évêques et réguliers décide que la cure habituelle appartient au chapitre. Dans la suite, l'évêque se propose d'établir des vicaires perpétuels, et il prétend les nommer, en se fondant sur le concile de Trente (sess. VII, chap. VII, *de reform.*). Le chapitre s'y oppose, il présente la bulle de Léon X, qui lui confère clairement le droit de nommer les desservants de ces diverses paroisses, tous amovibles au gré du chapitre : « Eisdem ecclesiis unitis per aliquem, seu aliquos presbyteros sæculares ad nutum ponendos et amovendos in divinis deservire, et curam animarum parochianorum dictarum parochialium ecclesiarum exerceri facere, ... et quod dictæ ecclesiæ unitæ debitis propterea non defraudentur obsequiis et animarum cura in eis quibus illa immineat nullatenus negligatur, sed earum congrue supportentur onera consueta. » C'est bien injustement que l'évêque tente aujourd'hui de renverser un ordre de choses aussi ancien. — La Congrégation décide que le chapitre a le droit exclusif d'envoyer des prêtres séculiers, amovibles *ad nutum*, pour administrer les paroisses dont il s'agit; il n'y a donc pas lieu d'établir des vicaires perpétuels dont la nomination serait réservée à l'évêque. « III. An ad idem capitulum privative spectet deputare presbyteros sæculares ad nutum amovibiles in dictis ecclesiis parochialibus sibi unitis, *et quatenus negative*. IV. An spectet ad episcopum deputare vicarios perpetuos in casu, etc. Sacra, etc. Ad III. Affirmative. Ad IV. Provisum in tertio. » (*Thesaur.*, tom. XXXII, p. 74.)

Voyez d'autres exemples dans les *Analecta juris pontificii*, 1861, p. 860, et 1863, et dans Bouix, *loc. cit.* On y voit que la Congrégation du concile a protégé le droit des curés contre les évêques et annulé leurs nominations.

Cela n'est guère conforme avec les lignes suivantes, que nous lisons dans le *Cours alphabétique de droit canon* de l'abbé André : « Suivant l'article organique 31, *en cela assez conforme au droit canon*, les vicaires sont nommés et révoqués par l'évêque, » et l'auteur ajoute : « Quelques canonistes, comme Van Espen, prétendent que les vicaires étant destinés à travailler sous eux ..., c'est aux curés qu'appartient le droit de les choisir. » L'auteur, au fond, ne paraît pas trop savoir à quoi s'en tenir : « *Quoi qu'il en soit*, » dit-il [1]....

Dans quelques pays, cependant, notamment en Allemagne, en Autriche (et en France), le droit coutumier et les statuts diocésains appuyés sur ce droit, ont réservé à l'autorité épiscopale la nomination des auxiliaires du curé qui n'ont point de bénéfice proprement dit [2].

V. Quand un curé est devenu par la maladie, la vieillesse ou autres causes semblables, incapable d'administrer sa paroisse [3], l'évêque, sur sa demande ou de sa propre autorité, lui nomme un coadjuteur temporaire ou définitif, qui doit être entretenu avec les revenus de la paroisse. Ces sortes de coadjuteurs, le pape seul et non l'évêque, a le droit de les nommer à perpétuité avec droit de succession, *coadjutores perpetui cum jure succedendi* [4].

VI. Quand un bénéfice avec charge d'âmes devient vacant [5], l'évêque nomme d'abord un administrateur et lui assigne son entretien sur les revenus de la paroisse [6]. Quelquefois aussi les administrateurs sont nommés pour un temps plus long, quand des obstacles extérieurs s'opposent à une nomination définitive. L'évêque est juge de l'opportunité de cette mesure.

---

[1] Cit. et observ. du trad.

[2] Cf. *Statut. monaster.*, ed. Krabbe, 1849; *Rottenburger bischœfl. Verordnung vom 7 Juli 1829* (dans Vogt, *Kirchliche Verordnungen für das Bisthum Rottenburg*, 1863, p. 425); *Bayerisches Rescript vom 27 August und 3 September 1808* (dans Dœllinger, *Sammlung*, 8, 488, et Silbernagl, *Verfassung sæmmtlicher Religionsgesellschaften in Bayern*, p. 74).

[3] C. III, X, de cler. ægrot., III, 6; cf. Conc. Trid., sess. XXI, de ref., cap. VI, in fin.

[4] Conc. Trid., sess. XXII, in fin. Cf. Schmalzgrueber, *loc. cit.*, lib. III, tit. VI, n. 15.

[5] Quand une paroisse devient vacante, c'est au doyen qu'incombe le soin de veiller au culte divin. Voyez ci-dessus § 133.

[6] Conc. Trid., sess. XXIV, de ref., c. XVIII.

IX. LES CONCILES ET LES SYNODES [1].

§ 136. 1. Notions générales.

I. On ne donne proprement le nom de conciles qu'aux assemblées des évêques de l'Église universelle ou de quelques provinces ecclésiastiques réunies sous l'autorité du supérieur légitime, pour délibérer et conclure sur des affaires religieuses [2]. Tels sont les conciles universels ou œcuméniques, auxquels tous les évêques sont appelés à prendre part sous l'autorité du pape ; les conciles particuliers, patriarcaux, nationaux et provinciaux, auxquels sont conviés les évêques d'un patriarcat, d'un royaume, d'une province ecclésiastique, sous l'autorité d'un patriarche, d'un primat ou d'un métropolitain.

On désigne aussi les conciles par le terme de synodes [3] ; mais ce terme convient principalement aux assemblées délibératives du clergé réunies par l'évêque diocésain (synodes diocésains), aux réunions où les archidiacres convoquaient autrefois le clergé de leur archidiaconé [4], à celles que les archiprêtres tenaient à la campagne, au commencement de chaque mois, pour discuter, avec les curés de leur « chrétienté » *(christianitas)* ou avec les bénéficiers de leur chapitre rural, sur les affaires relatives au ministère pastoral et à la charge d'âmes, pour publier les ordonnances de l'évêque, aviser aux moyens de les appliquer, et aussi pour élaborer des projets de statuts [5]. Ces deux dernières espèces d'assemblées ont disparu avec l'office des archidiacres et des archiprêtres [6], et sont remplacées jusqu'à un certain point par les conférences pastorales des prêtres du diaconat [7].

---

[1] Voyez les ouvrages indiqués §§ 51 et 52.

[2] Le canon I, § 7, d. XV, essaie d'expliquer cette expression.

[3] Les canonistes français ne donnent le nom de « synodes » qu'aux synodes diocésains et non aux conciles.

[4] Voyez ci-dessus § 130 ; Schmidt, *De synodis archidiaconalibus et archipresbyteralibus in Germania* (dans ses *Thesauris juris eccles.*, t. III, p. 314) ; Dove, *Die fræ̈nkischen Sendgerichte* (dans la Revue du *Droit canon*, t. V, p. 1) ; Binterim, *Diœcesansynoden*, p. 64-101.

[5] Voyez la note précédente ; Binterim, *op. cit.*, p. 101-108 ; Du Cange, *Glossarium*, v. Kalendæ.

[6] Voyez ci-dessus §§ 130, 132.

[7] Voyez ci-dessus § 133.

II. Les conciles patriarcaux[1] sont également tombés en désuétude, de même que les conciles nationaux[2], à moins qu'on ne veuille ranger dans ce nombre les conciles pléniers tenus de nos jours par les archevêques et évêques des États-Unis[3]. Nous allons traiter dans les deux paragraphes suivants des conciles universels, des conciles provinciaux et des synodes diocésains.

III. L'institution des conciles peut être attribuée à Jésus-Christ même[4]. Ils se sont formés sur le modèle des assemblées des apôtres[5] et on les trouve dès les premiers temps du christianisme[6]. Ils sont un excellent moyen d'abolir les hérésies et d'extirper les abus. Paul III, en sa bulle d'indiction du concile de Trente, *Initio nostri*, les appelle *remedium optimum et opportunissimum*. Aussi les évêques sont-ils tenus, dans leur serment d'obéissance, de promettre au pape qu'ils se rendront au concile quand ils seront appelés, à moins d'empêchements légitimes[7]. Cependant, les conciles ne sont pas tellement nécessaires que sans eux l'Église ne puisse subsister[8] ; les conciles universels surtout ne sont dans le gouvernement de l'Église qu'un moyen exceptionnel[9].

---

[1] Voyez ci-dessus § 114. — [2] Voyez ci-dessus § 115.

[3] Voyez t. Ier, p. 630, note 4. — Des évêques français ont proposé au concile du Vatican que des conciles nationaux fussent de nouveau célébrés de temps en temps, afin de constater la situation religieuse et ecclésiastique d'une même nation, et de veiller à ses intérêts généraux. Cf. Martin, *Collect.*, ed. 2, p. 157.

Mgr de Ketteler, évêque de Mayence, exprime le désir que les évêques de toute l'Allemagne tiennent à l'avenir des assemblées semblables aux conciles pléniers du Nord de l'Amérique (*l'Allemagne après la guerre de 1866*, éd. Gaume, traduction de l'abbé Bélet). Nous avons reproduit dans les *Archives*, t. XXI, p. 108, 177 ; t. XXII, p. 214, 373), les délibérations des évêques allemands réunis à Wurzbourg en 1848. Depuis 1848, les évènements politiques et religieux ont donné lieu à de nombreuses assemblées d'évêques en Autriche, en Hongrie, en Prusse, en Bavière et dans le Haut-Rhin.

[4] *Matth.*, XVIII, 19 ; cf. c. III, d. 20. — [5] *Actes*, XV, 28.

[6] Voyez ci-dessus § 11 ; Tertull., *De jejun.*, c. XIII.

[7] C. IV, X, *Jurejur.*, II, XXIV, 1. Voyez ci-dessus § 95. Voyez aussi Léon X, const. *Pastor æternus* (Conc. Lateran. V, sess. XI), et la bulle *Initio nostri* de Paul III.

[8] Voy. Phillips, *Droit canon*, t. II, p. 226.

[9] Il fut décrété aux conciles de Constance et de Bâle qu'à l'avenir les conciles œcuméniques se réuniraient à des époques déterminées. Voyez Phillips, *Droit canon*, t. II, p. 248.

§ 137. 2. **Les conciles œcuméniques** [1].

I. Les conciles œcuméniques (universels) où les évêques se réunissent pour délibérer en commun sur des matières ecclésiastiques, sont convoqués par le pape [2], ou reconnus et approuvés par lui quand ils ont été convoqués par un autre. L'approbation du pape leur confère la qualité de conciles universels [3].

Des évêques français ont proposé au concile du Vatican que des conciles universels fussent réunis à des époques fixes, à peu près tous les vingt ans. Cf. Martin, *Collect.*, ed. 2, p. 157.

[1] Phillips, *Droit canon*, t. II, §§ 84, 85.

[2] Ce droit de convocation résulte de la primauté et de la pratique en vigueur. Voy. c. De E. De jure romani pontificis concil. œcumen. convocandi iisque præsidendi (dans *Archives*, t. II, p. 555, 675); Walter, *Droit eccl.*, § 162, note.

[3] Les premiers conciles œcuméniques furent assemblés par les empereurs, mais on peut prouver que le pape a participé à la convocation de tous ou qu'il les a ensuite approuvés (voy. Phillips, *Droit eccl.*, § 84; Héfélé, *Histoire des conciles*, t. I). Quand le siège pontifical est contesté, la convocation peut être faite par le collège des cardinaux ou d'une autre manière convenable; cependant un tel concile demeure imparfait tant qu'il n'a pas reçu dans le pape son chef naturel; il doit borner sa principale mission à rétablir une situation normale. Il en fut ainsi pour le concile de Constance (voy. Walter, *Droit eccl.*, § 157, note 7, et ci-dessus, § 31, n. III).

Addit. du trad. — En ce qui concerne le concile de Nicée, il est dit dans le *Prosphoneticus conc. Constant. III*, art. 16; Mansi, *Concil.*, t. XI, col. 903 : « Constantinus semper Augustus et Sylvester laudabilis magnum atque insignum in Nycæa synodum congregabunt. »

La même chose est confirmée par d'autres témoignages rapportés par Héfélé en son *Histoire des Conciles*, t. I, § 24.

Le concile de Constantinople n'a rien à voir ici, parce que l'empereur ne le convoqua dans le principe qu'à titre de concile oriental et qu'il ne prit rang parmi les conciles œcuméniques que parce qu'il fut reconnu par l'Occident (Héfélé, t. I, p. 8; t. II, p. 3).

Avant le concile d'Éphèse, Nestorius avait déjà été condamné par le pape Célestin dans un synode de Rome; le concile n'était que la suite de ce synode. De là ces paroles prononcées par les Pères du concile dans leur déposition contre Nestorius : « Coacti per epistolam sanctissimi Patris nostri et comministri Cœlestini, romanæ Ecclesiæ episcopi » (Mansi, *Concil.*, t. IV, col. 1211).

Dans cette sentence, dit Bossuet, on fit mention expresse de la lettre de Célestin, en conséquence de laquelle on procédait; la procédure était tellement liée avec celle de ce pape et de saint Cyrille qu'elles ne faisaient toutes deux qu'une seule et même action?

Et c'est ainsi qu'on l'expliqua en termes formels dans la seconde action aux légats spécialement députés au concile, en leur disant au nom du concile même « que le Saint-Siège apostolique du très-saint évêque

Le pape dirige les conciles par lui-même ou par son légat [1]. Dans la suite, les cardinaux, les généraux d'ordres et les prélats *nullius* y furent aussi appelés avec droit de suffrage [2]. Pour qu'un concile soit œcuménique, il n'est pas nécessaire que tous les invités y paraissent réellement [3].

II. Les théologiens et les canonistes amenés par les évêques peuvent aussi être admis aux délibérations [4], ainsi que leurs remplaçants (procureurs [5]), les princes des États catholiques ou leurs délégués [6].

Célestin ayant donné par sa sentence la forme et *la règle*, τυπὸν, à cette affaire, le concile l'avait suivie et avait exécuté cette règle. » Projectus, un des légats, remarqua aussi que tout ce qui se faisait dans ce concile avait pour but de mener à son dernier terme et à sa parfaite exécution, πέρας πληρέστατον, *ce que le pape avait défini.* »

Et dans la troisième action, après que le prêtre Philippe et les deux évêques légats eurent consenti à la sentence du concile, saint Cyrille dit que par là « ils ont exécuté ce qui avait déjà été ordonné par le pape Célestin; » de sorte qu'on voit toujours que tout procède en exécution de cette sentence.

Quant au concile de Chalcédoine, il fut le résultat d'une entente commune entre le pape et l'empereur (Léon le Grand), *Epist.* LXXXIII, edit. Ballerini. L'empereur, dans sa lettre de convocation, s'en réfère expressément au pape. (Mansi, *Conc.*, t. VI, col. 551. Cf. Walter, *Droit canon*, 14e édit., p. 368.)

[1] Le concile de Nicée fut présidé par Osius de Cordoue en qualité de légat du pape (cf. Gelasius Cyzicenus, *Historia concilii Nyc.*, c. v, 12). Le concile de Chalcédoine, 381, convoqué par l'empereur, ne devait être qu'un concile oriental; il ne devint œcuménique que par la reconnaissance de l'Occident (voy. Héfelé, t. I, p. 8 ; t. II, p 3). Le concile d'Éphèse fut présidé par Cyrille d'Alexandrie, représentant du Saint-Siége (Mansi, *Concil.*, t. IV, p. 566, 1081). On peut voir d'autres preuves dans Héfelé, *Histoire des conciles*, t. I, p. 24-38.

[2] Cf. Schneemann, *Archives*, t. XXII, p. 117; Raffaele Coppola, *Sul diritto di suffragio dei Vescovi titolari e rinuntiatarii nel Concilio œcumenico*, Napoli, 1868. Voy. *Archives*, t. XXII, p. 157.

[3] Ainsi le veut la nature des choses. Demander le contraire serait vouloir l'impossible ; il serait loisible à chaque évêque d'empêcher qu'il se réunisse (voy. Héfelé, *Hist. des conc.*, t. I, 1re éd., p. 1-14, et Phillips, *op. cit.*).

[4] Suivant ce qui s'est vu au concile du Vatican, des laïques éminents peuvent aussi, selon les circonstances, être admis aux délibérations et accroître par leur crédit l'autorité extérieure du concile (can. II, D. 96). Voyez Ferraris, verbo *Conc.*, I, n. 31-44; Héfelé, t. I, p. 14-24.

[5] On discuta au concile de Trente la question de savoir si on accorderait aux procurateurs voix délibérative ou voix décisive. Pie IV leur accorda voix délibérative. On a fait de même au concile du Vatican. Cf. Benoît XIV, *De synodo diœces.*, lib. III, cap. XII, n. 5 et 6.

[6] Dans les premier, sixième et septième conciles, les trois Constantins,

III. Le pape peut fixer lui-même l'ordre des affaires, comme il l'a fait au concile du Vatican [1], ou laisser ce soin au concile [2], notamment quand le concile n'est pas célébré à Rome; suivant ce qui eut lieu au concile de Trente [3].

IV. Avant l'ouverture d'un concile œcuménique, la chrétienté tout entière est invitée à faire des prières pour demander son heureux succès [4]. L'ouverture du concile est précédée d'une foule de solennités obligatoires [5].

V. Des solennités religieuses précèdent aussi toutes les séances proprement dites *(sessiones publicæ)*, où l'on doit dresser les décrets définitifs. Elles sont précédées d'assemblées plénières où l'on délibère et rédige les décrets *(congregationes particulares)*. La votation se fait en déposant un *placet* ou *non placet*. Au concile de Constance, le vote fut confié aux cinq nations italienne, française, allemande, anglaise et espagnole; à Bâle, il fut remis à quatre députations égales entre elles. Dans le premier, la majorité dépendait de trois nations; dans le second, de trois députations. Dans les premiers temps et plus tard encore, la votation avait lieu par têtes.

Aucun vote ne peut prévaloir contre l'autorité du pape [6].

---

qui les avaient convoqués occupèrent en personne la présidence d'honneur, προεδρία (ce qui n'impliquait pas la présidence proprement dite), afin de relever l'éclat de ces assemblées, d'empêcher les troubles et les tumultes. Cf. c. v, § 1, C. 11, q. 1. Voy. aussi Phillips, *Droit canon*, t. II, § 85, p. 255. Les ambassadeurs des puissances catholiques figuraient encore au concile de Trente, et on eut peine à calmer les disputes de prééminence qui éclatèrent aussitôt parmi eux. Sur la convocation des princes et des ambassadeurs au concile du Vatican, voyez t. Ier, § 51, p. 627.

[1] Voy. t. Ier, p. 627, note 3.

[2] Voy. *Ord. celebrandi conc. œcum.*, établi à la fin du quinzième siècle par Aug.-Patric. Piccolomini, an. 1488. *Sacrar. cæremon. roman. Eccles.*, lib. I, sect. XIV. (Hoffmann, *Nov. monum. collect.*, t. II, p. 458.)

[3] Voy. t. Ier, p. 133, note 2.

[4] Ainsi que l'a fait Pie IX, avant le concile du Vatican, par sa lettre jubilaire du 11 avril 1869.

[5] Voy. Phillips, *Droit ecclés.*, t. II, p. 254.

[6] Cf. cap. IV, X, de electione, I, 6. Le concile de Trente (sess. XXV, de reform., cap. XXI) termina ses séances en faisant cette réserve expresse, qu'aucune disposition du concile ne pourrait préjudicier au droit de législation et de dispensation qui appartient au pape.

Il serait également contraire à l'esprit de la constitution de l'Église et à l'essence de la primauté pontificale d'appeler d'une décision du pape à

Le concile, même après que les légats du pape en ont approuvé les décrets, exige encore, pour être valide, la confirmation expresse du souverain-pontife [1]; une fois confirmé, il oblige même les absents [2].

§ 138. 3. Les conciles provinciaux [3] et les synodes diocésains [4].

I. 1. Après que la constitution métropolitaine se fut développée, l'Église prescrivit, dès le quatrième siècle, que chaque métropolitain réunirait en concile deux fois par an les évêques de sa province [5]. Plus tard, il fut expressément décidé que ces assemblées ne se réuniraient qu'une fois par an [6]. Dans les États germaniques, les conciles provinciaux ne furent point célébrés, parce que les évêques étaient trop absorbés par les affaires mondaines, et aussi parce qu'ils s'occupaient souvent des questions religieuses dans les assemblées de l'empire. Les papes et les conciles universels réclamèrent vivement, à di-

---

un concile universel, comme le démontre le protestant Mosheim lui-même, dans son traité : *De Gallorum appellation. ad concilium universæ Ecclesiæ spectabilem tollentibus* (dissert. ad *Hist. eccl.* pertinent., t. I).

[1] Quand le pape ne préside pas le concile en personne, il l'approuve ou le confirme *(ratihabitatio, confirmatio)* plus tard au moyen d'une bulle, où il est dit que les légats n'ont en rien dépassé leurs pleins pouvoirs.

[2] Sur l'importance des décrets des conciles œcuméniques, voy. t. Ier, § 47, note 5, § 51.

[3] Fessler, *les Conciles provinciaux et les Synodes diocésains* (en allem.), Innsbruck, 1849; Bouix, *du Concile provincial*, Paris, 1850; Phillips, *Droit eccl.*, t. II, § 86, p. 274; Fagnani, *Commentaria in librum Decretal.*, ad c. XXV, X, de accusationibus, v, 1. Voyez aussi les ouvrages indiqués t. Ier, p. 631, note 4.

[4] Benedict. XIV, *De synodo diœces.* libri XIII, Ferrar., 1760; Mogunt., 1842; Binterim, *Die Curatexamina und die Diœcesansynoden*, Dusseldorf, 1849; Amberger, *Der Clerus auf der Diœcesansynode*, Regensburg, 1849; Phillips, *Die Diœcesansynode*, 2e édit., Fribourg, 1849; du même, *Kirchenrecht*, t. VII, § 365-375, p. 423; Sattler, *Die Diœcesansyn.*, Regensb., 1849; Fessler, *Ueber Provincialconcilien und Diœcesansynoden*, Innsbruck, 1849; Aloys Schmid, *Die Bisthumsynode*, Regensburg, 1850, 2 vol.; Bouix, *Tractatus de episcopo ubi et de synodo diœcesana*, Paris., 1859, 2 vol. Sur Hollgreven, *Die Diœcesansynode als Rechtsinstitut*, voy. aussi les ouvrages cités t. Ier, § 52, p. 631, note 4.

[5] C. III, D. 18 (Conc. Nicæn., an. 325), c. IV eod. (Conc. Antiochen., an. 341), c. VI eod. (Conc. Chalc., an. 451).

[6] C. VII, D. 18 (Conc. Nic. II, an. 787). En Orient, le concile *in Trullo* avait déjà établi que le concile provincial serait célébré une fois par an.

verses reprises, la célébration des conciles provinciaux [1]. Les conciles de Bâle [2] et de Trente [3] exigèrent, avec menace des peines ecclésiastiques, qu'ils fussent au moins réunis tous les trois ans. Ces prescriptions ne furent pas observées d'une manière durable [4]. Ce n'est que de nos jours qu'on a recommencé de les célébrer dans plusieurs provinces, bien qu'il n'y ait rien encore de régulier [5].

2. Le métropolitain a le droit, et il est tenu, sous peine de suspense [6], de convoquer le concile provincial. Quand il est légitimement empêché ou que le siège archiépiscopal est vacant, ce devoir incombe au plus ancien de ses suffragants. On doit y appeler d'abord les évêques de la province. Les évêques exempts et les prélats *nullius* [7] doivent, une fois pour toutes, se rattacher au concile provincial d'une province avoisinante [8]. Quand un siège épiscopal est vacant, le vicaire capitulaire doit

---

[1] C. xxv, X, de accusat., V, 1. (Conc. Lateran., IV, can. vi); c. xvi, X, de judæis, V, 6 (Conc. Lateran. IV). Voy. aussi Thomassin, *Vetus et nova Ecclesiæ disciplina,* part. II, lib. III, c. lvii.

[2] Concil. Basil., sess. xv.

[3] Conc. Trid., sess. xxiv, c. ii, de reform.

[4] Au concile du Vatican, le schema relatif à l'épiscopat (ch. v) et non encore discuté, contient une longue exhortation aux évêques pour les engager à tenir des conciles provinciaux au moins tous les cinq ou six ans. — Voy. Martin, *Collect.,* ed. 2, p. 134 et seq. Une proposition présentée par des évêques français tendait au même but (*ibid.,* p. 158).

[5] Les conciles provinciaux récemment tenus en Allemagne, en Autriche et en Hongrie sont reproduits textuellement ou par extraits dans les *Archives.* Celui de Vienne, 1858, t. IV, p. 604 et suiv.; t. V, p. 368 et suiv.; celui de Gran, 1858, t. IX, p. 97, 252, 395; t. X, p. 382; celui de Cologne, 1859, t. IX, p. 168, 267; t. X, p. 408; celui de Prague, 1860, t. XI, p. 402; t. XII, p. 77; celui de Calocza, 1883, t. XV, p. 396. Sur le concile de Venise, 1858, voyez *Acta et decreta conc. prov. Venet. prima habita,* an. 1859. Nous avons indiqué t. Ier, p. 630, note 4, les collections plus générales.

[6] C. v, X, de accusat., V, 1. Conc. Trid., *loc. cit.*

[7] Voy. ci-dessus § 72, n. IV, et § 117.

[8] Conc. Trid., sess. xxiv, cap. ii, de reform.; Benoît XIV, *De synodo diœces.,* lib. III, cap. viii, n. 13-15. — Les évêques exempts et les prélats ont aussi le droit et le devoir d'assister au concile provincial du pape, quand il est leur métropolitain. Voyez Benoît XIII, *Bulla indict. roman. conc.,* anno 1724; Benoît XIV, *loc. cit.,* lib. II, cap. ii, n. 6. Les archevêques qui n'ont point de suffragants n'ont pas, comme les évêques exempts, le droit de choisir l'archevêque dont ils veulent fréquenter le concile provincial. Voyez Benoît XIV, *loc. cit.,* lib. XIII, cap. viii, n. 14.

être invité. Tous ces possesseurs de la juridiction épiscopale ont voix décisive au concile provincial. Ce même droit peut être concédé par le concile aux procureurs des évêques empêchés. Les abbés non exempts, les chapitres des cathédrales de la province, qui se font ordinairement remplacer par deux ou trois délégués, et, en cas de vacance du siége, le chapitre de la collégiale, doivent aussi être convoqués au concile et ils sont tenus de s'y rendre; mais ils n'ont que voix délibérative [1].

On a coutume d'y appeler aussi, avec voix délibérative, les évêques coadjuteurs, les professeurs de séminaires et d'universités-théologiques, les supérieurs d'ordres qui s'occupent du ministère des âmes, puis des théologiens et des canonistes choisis par les évêques diocésains pour assister aux délibérations. Ceux qui sont tenus d'assister au concile et qui s'en abstiennent sans raison légitime, ou qui le quittent sans permission, encourent la peine de l'excommunication [2].

3. Le concile provincial se célèbre aussi avec des solennités particulières. La présidence appartient au métropolitain, mais sa voix ne compte pas plus que celle de tout autre évêque. C'est la majorité de ceux qui ont droit de suffrage qui décide [3].

En soi, les décrets d'un concile provincial, à moins qu'ils ne se rapportent à des questions de foi [4], n'ont pas besoin de l'approbation du pape [5]. Cependant, l'usage s'est établi dans ces derniers temps de demander expressément la confirmation du Saint-Siége [6]. En tout cas, d'après une ordonnance de Sixte V,

---

[1] Phillips, *loc. cit.*, p. 277.

[2] Can. v (Conc. Lao.); can. vi (Conc. Chalced.); can. x (Conc. Carthag., an. 401); can. xiii (Conc. Agath.), d. 18.

[3] Bened. XIV, *loc. cit.*, lib. XIII, cap. ii, n. 4.

« Cum omnia, dit Fagnan, in concilio provinciali ex suffraganeorum et metropolitani sententia peragi debeant, si metropolitanus est unius sententiæ, suffraganei autem alterius, S. D. N. dixit sententiam prævalere suffraganeorum, et hoc quia habent votum decisivum, et sunt conjudices et quia doctores dicunt quod debet metropolitanus statuere de consilio et assensu eorum, seu majoris partis. » *(Note du trad.)*

[4] Concil. Roman., an. 372, c. i, c. 1 (Schœnemann, p. 319); comp. aussi Coustant, *Epist. rom. pont.*, præf., n. 21 (Gallandi, t. I, p. 20).

[5] Voy. Schmalzgrueber, *Jus eccl. univ.*, dissert. procem., § 8; Walter, *Lehrbuch*, § 159, note 22.

[6] Benoît XIV, *De synod. diœces.*, lib. III, cap. iii, n. 4, en cite d'anciens exemples. Les récents conciles provinciaux ont généralement sollicité la confirmation du Saint-Siége.

les actes du concile doivent être envoyés avant leur publication à la section de la Congrégation du concile établie à cette fin *(Congregatio super revisione synodorum provincialium)*[1], afin qu'elle les parcoure et provoque le changement des points qui contreviendraient aux décrets du concile de Trente. Cependant, même confirmés par le pape ou par la Congrégation du concile, les décrets d'un concile provincial ne sont pas valables hors de la province ecclésiastique[2], et ils peuvent encore, quoique confirmés, être annulés par un concile provincial ultérieur[3].

4. Le concile provincial a le droit de porter des lois en restant dans les limites du droit commun[4], d'inspecter la province ecclésiastique, notamment en ce qui concerne l'établissement et la conservation des séminaires[5], de faire exécuter les décrets du concile de Trente par rapport aux religieux et religieuses[6], de décider si l'archevêque doit entreprendre la visite des évêchés suffragants[7], d'abolir des abus concernant le culte et l'invocation des saints[8], les reliques et les images. Le concile provincial

---

[1] Sixte V a établi dans ce but une section dans la Congrégation du concile par sa bulle *Immensa* de 1587 (voyez ci-dessus § 114, n. I, 4); et la Congrégation publia en 1596 une circulaire générale sur ce sujet. Voyez Benoît XIV, *De synodo diœces.*, lib. XIII, cap. III, n. 3; *Analecta jur. pont.*, t. I, p. 1261-1279.

[2] Voy. Bened. XIV, *loc. cit.*, lib. XIII, cap. III, n. 5.

[3] Voy. Bened. XIV, *loc. cit.*, lib. XIII, cap. V, n. 9, 10, 11.

[4] Voy. ci-dessus § 52, n. I. — Si le concile provincial croyait opportun d'établir une loi qui dépassât son pouvoir législatif, il devrait envoyer au pape des propositions, des projets de loi, par exemple sur le moyen de procurer des revenus à une cathédrale (Conc. Trid., sess. XXIV, cap. VIII, de ref.), sur le moyen le plus opportun de constater les mérites de celui qui est proposé pour évêque, des propositions relatives à l'abolition des abus concernant les indulgences.

Le concile de Trente assigne pour principale tâche au concile provincial de faire revivre et d'inculquer les anciennes lois de l'Église, notamment sur la résidence (Conc. Trid., sess. XXIII, cap. I, de ref., in fine); d'établir de nouveaux règlements quand le besoin s'en fait sentir, par exemple sur les séminaires (Conc. Trid., sess. XXIII, cap. XVIII, de ref.; id., sess. XXIV, cap. XVIII, de ref.); sur le concours des paroisses (Conc. Trid., sess. XXIV, cap. XII, de ref.); sur le service divin dans les cathédrales. — Voyez Gerlach, *Manuel du droit cathol.*, 3e édit., § 259, p. 421.

[5] Conc. Trid., sess. XXIII, cap. XVIII, de ref.

[6] Conc. Trid., sess. XXV, cap. XXII, de regular. et monial.

[7] Conc. Trid., sess. XXIV, cap. III, de ref.

[8] Conc. Trid., sess. XXV, de invocat., venerat. et reliq. sanctorum et sacris imaginibus.

peut aussi décider ou nommer des juges pour prononcer sur les délits peu importants des évêques, c'est-à-dire sur ceux qui n'entraînent pas la déposition ou la destitution[1]. Enfin, le concile provincial doit désigner quatre personnes convenables que le pape puisse charger de résoudre en dernière instance les questions de droit qui se présentent dans la province[2].

II. 1. Dès le sixième siècle, nous voyons des conciles d'Occident prescrire dans plusieurs provinces que l'évêque réunira tous les ans une ou deux fois autour de lui le clergé de son diocèse, pour délibérer sur les statuts diocésains et sur le maintien de la discipline ecclésiastique[3]. Le quatrième concile de Latran[4] fait de la tenue annuelle du synode diocésain une loi générale de l'Église, et les conciles de Bâle[5] et de Trente[6] ont renouvelé cette prescription[7]. Mais il en fut de tous ces règlements comme de ceux qui regardent les conciles provinciaux : ils n'eurent point de résultat durable. Cela vient en partie, de nos jours, des obstacles qu'y opposent les gouvernements. Cependant, on a recommencé, sans périodicité fixe, de célébrer les synodes diocésains[8].

---

[1] Conc. Trid., sess. XXIV, cap. V, de ref. Comp. avec sess. XIII, cap. VI-VIII, de ref.

[2] Conc. Trid., sess. XXV, c. V, de ref.

[3] Conc. Antioch., an. 341, c. XX; c. II, d. 38 (Conc. Tolet. IV, 633); c. XVII, d. 18 (Conc. Tol., XVI, 693); voy. Bened. XIV, *loc. cit.*, lib. I, c. I, n. 8; c. II, n. 6, 7; c. VI, n. 1-3; Phillips, *Droit canon*, t. VII, p. 135.

[4] C. XXV, X, de accusat., V, 1.

[5] Conc. Basil., sess. XV. — [6] Conc. Trid., sess. XXIV, cap. II, de ref.

[7] Au concile du Vatican, des évêques français ont proposé que la célébration régulière des synodes diocésains tous les trois ou tous les cinq ans fût de nouveau recommandée (Martin, *Collect.*, ed. 2, p. 158). La même demande se trouve dans le *Schema* non encore discuté d'une constitution sur les évêques (ch. VI), qui fixe le terme à cinq ans (Martin, *loc. cit.*, p. 133).

[8] Ils sont reproduits littéralement ou par extraits dans les *Archives*. Nous citerons le concile de Gran en 1860 (*Archives*, t. XI, p. 402; t. XII, p. 77; un autre de Gran en 1450, édité par Danko, *Synodus diœces. Strigon.*, anno 1450, 1865; voy. *Archives*, t. XIV, p. 477; le concile de Cinq-Églises, 1863 (*Archives*, t. XII, p. 95, 430); le concile de Prague, 1863 (*Archives*, t. XIV, p. 67, 253, et un autre dans la même ville en 1873 (*Archives*, t. XXXI, p. 198; t. XXXII, p. 235; le concile de Budweis, 1863 (*Archives*, t. XIV, p. 290); un autre de Budweis, 1872 (*Archives*, t. XXIX, p. 161); un troisième de Budweis, 1875 (*Archives*, t. XXXV, p. 366; le concile de Paderborn, 1867 (*Archives*, t. XX, p. 93, 353).

Sur les assemblées de décanats tenues successivement à Gnesen et à

2. La convocation du synode diocésain est affaire de l'évêque[1], et, pendant la vacance du siége, du chapitre. Le vicaire général a besoin d'une autorisation spéciale.

3. On doit y convoquer le vicaire général, les chanoines de la cathédrale, les chanoines de collégiales, les prêtres qui ont charge d'âmes et les exempts qui ne sont pas placés sous des chapitres généraux. On ne doit y appeler les simples bénéficiers et les autres clercs que lorsqu'il s'agit de la restauration de la discipline ou d'un intérêt qui concerne tous les ecclésiastiques[2].

Cependant, comme l'étendue de la plupart des diocèses ne permet pas de réunir tous les membres du clergé, plusieurs évêques ont obtenu du pape un indult spécial[3] qui les autorise à n'appeler de chaque décanat qu'un nombre restreint d'ecclésiastiques. Tous ceux que nous venons de nommer doivent, quand ils sont invités au synode, s'y présenter; la négligence de ce devoir peut être sévèrement punie. Cependant ils n'ont pas le droit absolu d'exiger qu'on les y invite[4]. Les statuts diocésains seraient nuls si, avant le synode, le chapitre de la cathédrale n'avait pas été spécialement consulté[5].

4. Il est de règle que les synodes diocésains ne durent pas au-delà de trois jours[6]. Dans la première séance ou dans une

---

Posen, les années 1866-1869, 1871, 1872, par l'archevêque Miecislas, comte Ledochowski, voy. *Archives,* t. XXIII, p. 59; t. XXIX, p. 160. Sur les anciens conciles de Prague, comp. Hœfler, *Conc. Prag.,* 1353-1413, et *Synod. Archid. habit. an.* 1605, Pragæ, 1862, in-4°. Les statuts du diocèse d'Olmutz ont été publiés par Dudik, Brunn, 1870 (*Archives,* t. XXV, p. 228). Les collections plus générales sont indiquées t. Ier, p. 630, note 4; p. 631, note 4.

[1] Pour qu'il puisse exercer cet acte de juridiction, il suffit qu'il soit confirmé en tant qu'évêque (Benoît XIV, *loc. cit.,* l. I, c. IV, n. 1, *op. cit.*).

[2] Conc. Trid., *loc. cit.;* Bened. XIV, *De syn. diœc.,* lib. III, c. I-VII.

[3] Par exemple l'archevêque de Malines; voy. *Archives,* t. XXIX, p. 160. Voyez une disposition analogue dans le concile provincial de Cologne en 1860 (*Archives,* t. IX, p. 227; t. XX, p. 477.

[4] Cf. Phillips, *le Synode diocésain* (en allem.), p. 58 et suiv.; sur l'appel des laïques au synode, *ibid.,* p. 157. Les ecclésiastiques empêchés n'ont pas le droit d'y envoyer des représentants. (Benoît XIV, *loc. cit.,* lib. XIII, cap. III, n. 7).

[5] Benoît XIV, *loc. cit.,* lib. XIII, cap. I, n. 5 et 6.

[6] Ce terme est aussi accepté par le Pontifical romain. Comme les devoirs des prêtres qui ont charge d'âmes ne leur permettent pas de s'absenter longtemps du siége de leurs fonctions, il est à propos, à raison de la brièveté de ce terme et pour rendre les délibérations plus solides, que

réunion préparatoire, l'évêque, à moins qu'il n'en laisse le choix à l'assemblée, désigne un secrétaire qui tiendra le protocole, un promoteur qui sera chargé de mettre à flot les délibérations successives du synode, un notaire ou actuaire, qui, à la fin de chaque séance, rédigera un acte public sur la prière du promoteur, et un procureur du clergé, qui présentera au nom de tous les objections ainsi que les changements à faire aux anciens statuts diocésains, proposera le statut qui est en délibération et transmettra par écrit au secrétaire du synode les propositions qui s'y rapportent [1]. Ce jour-là, l'évêque invite les prêtres assemblés à proposer franchement leurs objections ou leurs amendements [2].

5. L'évêque seul a voix décisive dans le synode diocésain, en tant qu'il est revêtu de la juridiction; les prêtres assemblés n'ont que le droit de donner leur avis, et cet avis, l'évêque n'est pas tenu de s'y conformer [3].

ADDITION DU TRADUCTEUR.

Doctrina quæ statuit, — dit Pie VI en sa bulle *Auctorem fidei,* — *reformationem abusuum circa ecclesiasticam disciplinam in synodis diœcesanis ab episcopo et parochis æqualiter pendere ac stabiliri debere, ac sine libertate decisionis indebitam fore subjectionem suggestionibus et sessionibus*

l'évêque non-seulement prenne l'avis du chapitre, ainsi qu'il le doit (voy. ci-dessus § 125), mais qu'il procure quelques réunions préparatoires du clergé, et surtout qu'il fasse discuter les principales questions dans des conférences pastorales tenues dans les différents décanats, suivant ce qui s'est fait en 1875 par le synode de Budweis (voyez Borovy, *Archives*, t. XXXV, p. 366).

[1] Cf. Benoît XIV, *De synod. diœc.*, lib. IV, cap. IV, n. 4; sur la marche du synode, voyez, outre le Pontifical romain, Barth. Gavanti, *Praxis exactissima diœcesanæ synodi cum theoria celebrandæ,* Venetiis, 1668, in-4°.

[2] D'après le Pontifical romain, l'invitation de l'évêque est ainsi conçue : le premier jour du synode : « Et si cui forte, quod dicetur aut agetur, displiceat, sine ullo scrupulo contentionis palam coram omnibus conferat; » le second jour du synode : « Charitas omnium vestrum ubicumque noverit aliqua emendatione condigna, in medium proferre non ambigat; » le troisième jour du synode : « Et cui fortasse aliquid quod digestum est, displicet, charitati vestræ cum benignitate et modestia intimare non differat. »

[3] Le fameux synode de Pistoie, en 1786, ayant soutenu le contraire, Pie VI, dans sa bulle *Auctorem fidei* de 1794 (*Bullarium rom. contin.*, t. IX, p. 395, 400, § 17, n. 9, 10, 11), condamna cette opinion comme hérétique.

episcoporum : falsa temeraria, episcopalis auctoritatis læsiva, regiminis hierarchici, favens hæresi arianæ a Calvino innovatæ.

La Congrégation du concile a également décidé : 1° que ni le consentement ni l'approbation du clergé ne sont nécessaires pour les constitutions que l'évêque établit dans le synode diocésain ; 2° que le clergé n'a pas le droit de protester, et que, s'il y a tentative de protestation, l'évêque peut procéder par des peines ; 3° que l'avis du chapitre doit être demandé, mais qu'il n'y a pas obligation de le suivre. — Ajoutons, pour être complet, que l'ordinaire n'a pas le droit d'ordonner aux clercs du diocèse (y compris les chanoines) de se procurer les statuts diocésains quand ils sont imprimés (même officiellement). Ainsi l'a décidé la Congrégation du concile, qui a cassé une suspense fulminée contre des chanoines (*in Aquin.*, 28 févr. 1750, et *Lurinens.*, 30 août 1732).

Il n'est pas nécessaire que les statuts [1] publiés par l'évêque soient acceptés du synode pour être valides [2]. Les statuts du synode diocésain n'ont pas besoin d'être confirmés par le pape [3].

6. Les lois que l'évêque édicte dans le synode diocésain, ne peuvent avoir pour objet que de compléter et de préciser le

---

[1] Les règlements portés par l'évêque au synode diocésain ne se nomment pas canons, comme les décrets des conciles. Voy. Benoît XIV, *loc. cit.*, lib. I, cap. III, n. 3. — Cependant, comme les statuts diocésains publiés par l'évêque sont de véritables lois ecclésiastiques, et non l'œuvre particulière de l'évêque ou des personnes à qui il en a confié la préparation, une nouvelle impression des statuts diocésains faite d'après l'édition officielle, ou la publication d'un extrait, quand l'évêque ne s'y est pas opposé par une défense expresse, ne peut pas être considérée comme une réimpression. (Voy. Vering, *Archives du droit canon*, t. XXII, p. 103 et suiv.)

[2] La bulle *Auctorem fidei* dit à ce sujet, § 17, n. XI : « Sententia enuntians veteri majorum instituto ab apostolis usque temporibus ducto, per meliora Ecclesiæ sæcula servata, captum fuisse ut decreta aut definitiones aut sententiæ etiam majorum sedium non acceptarentur, nisi recognitæ fuissent et approbatæ a synodo diocesana, falsa, temeraria, derogans pro sua generalitate obedientiæ debitæ constitutionibus apostolicis, tum et sententiis ab hierarchica superiore legitima potestate manantibus, schisma fovens et hæresim. » *(Note du trad.)*

[3] Sans doute il ne serait pas défendu de se plaindre au pape de la manière dont le synode a été tenu, par exemple de ce qu'un tel n'a pas été admis à délibérer, ou de demander au pape l'annulation de ce qui a été fait, parce que tel décret serait opposé au droit commun ; mais aucun diocésain, prêtre ou laïque, ne pourrait, de son autorité privée, en prétextant de pareils motifs, se mettre au-dessus des ordonnances de l'évêque parvenues à sa connaissance de quelque manière que ce fût.

mode d'exécution du droit commun; elles ne sauraient le changer¹.

7. Le synode diocésain doit, comme le concile provincial, désigner au moins quatre personnes que l'évêque fera connaître au Saint-Siége *(judices in partibus, judices synodales)*, afin que le pape puisse les déléguer pour décider, en dernière instance, les causes ecclésiastiques de leur contrée². Le synode diocésain doit aussi choisir des juges synodaux, c'est-à-dire des examinateurs pour le concours des paroisses³. Autrefois, on avait coutume en outre de désigner jusqu'au prochain synode des ponctuateurs chargés d'inscrire les noms des clercs qui négligeaient les devoirs du service du chœur.

CONSTITUTION DE L'ÉGLISE PROTESTANTE.

§ 139. 1. Ses deux principales formes et son caractère actuel⁴.

I. La constitution protestante se présente sous deux formes essentiellement distinctes :

1° D'après la constitution consistoriale⁵, c'est le gouvernement, c'est-à-dire le consistoire nommé par lui, qui gouverne l'Église ; cependant, quelques droits supérieurs, notamment le droit de législation, demeurent aux mains du souverain *(jura reservata)*.

Avant la création des consistoires⁶ (1542), on avait établi des surintendants qui étaient chargés, dans un cercle spécial, de

---

¹ Voyez ci-dessus § 52, n. II.
² Conc. Trid., sess. XXV, cap. X, de reform.
³ Voy. ci-dessus § 75, n. IX.
⁴ Voyez les ouvrages cités plus haut §§ 59 et 60. Voyez aussi Richter, *Kirchenrecht*, § 151 ; Hinschius, *Das Kirchenrecht*, dans Holtzendorff, *Encyclopædie der Rechtswissenschaft*, 3ᵉ éd., Leipsig, 1873, p. 637, § 53; Schuler von Libloy, *Protestantisches Kirchenrecht*, Hermanstadt, 1870, p. 34.
⁵ Voyez aussi Jacobson dans *Herzog's Realencyclopædie*, p. 223 ; t. IV, p. 108; Kliefoth, *Vortrag über das landesh. Kirchenreg. (Allg. Kirchenblatt*, 1861, p. 479); L. Kraussold, *Der landesherrliche Summepiscopat,* Erlangen, 1860.
⁶ Le premier consistoire fut créé en 1542 à Wittemberg, d'après un avis rédigé par Justus Jonas ; il se composait de théologiens et de laïques (juristes).

surveiller la doctrine, l'administration et la conduite du clergé, d'abord à Stralsund [1] en 1525, puis en Saxe en 1527.

Au seizième siècle, chez les luthériens, l'organisation des églises protestantes fut terminée par la nomination du souverain du pays comme premier évêque ; au-dessous de lui étaient les consistoires ; au-dessous des consistoires les surintendants et enfin les curés, qui formaient le noyau de la commune ; celle-ci avait le droit d'intervenir dans la nomination du pasteur. Quelques membres de la commune (qui n'étaient pas toujours nommés par elle), les pères de l'Église, comme on les appelait, maintenaient la discipline et administraient les biens ecclésiastiques. « A tout prendre, pour employer les expressions d'un canoniste protestant, Hinschius [2], le gouvernement ecclésiastique, depuis le dix-huitième siècle, a été géré par les princes de chaque pays d'après le système territorial ; » on a traité l'Église comme une institution de moralité et de police, les consistoires comme des autorités gouvernementales et les ecclésiastiques comme des officiers publics chargés des affaires du culte. A la fin du siècle dernier et au commencement du siècle présent, les consistoires ont été complètement abolis, en Prusse, par exemple, ou du moins le cercle de leur action a été sensiblement rétréci.

2. La constitution presbytérale ou synodale [3] est proprement la vraie constitution de l'Église protestante. Selon cette constitution, les communes forment une société ecclésiastique autonome, gouvernée par des presbytéries librement élues, et en dernière instance par les synodes. Calvin fut le premier qui établit une constitution presbytérale sans synodes [4]. Elle fut complétée

---

[1] Voyez le règlement ecclésiastique de Stralsund, 1525, composé par Bugenhagen.

[2] Hinschius, op. cit., § 67, p. 650.

[3] Lechler, *Geschichte der Synodal-und Presbyteralverfassung*, Leyden, 1854 ; H. Heppe, *Die Presbyteral-und Synodalverfassung der evangelischen Kirche*, Iserlohn, 1868 ; Richter, *Kirchenrecht*, § 65 ; Hinschius, op. cit., § 67, p. 640.

[4] Dans ses *Ordonnances ecclésiastiques de Genève*, de 1541, Calvin établit quatre fonctions distinctes. L'office des pasteurs, avec mission « d'annoncer la parole de Dieu pour endoctriner, admonester, exhorter et reprendre tant en public qu'en particulier, administrer les sacrements et faire les corrections fraternelles avec les anciens ou commis. » Ces derniers sont chargés « de prendre garde sur la vie de chacun, d'admo-

et agrandie par des synodes, dont les premiers furent tenus par les communes réformées de France. En 1559, dans une assemblée qui eut lieu à Paris, les réformés français organisèrent un synode provincial investi de la juridiction sur les anciens ou les consistoires de chaque commune, puis un synode général, chargé de la direction et de la législation supérieure. On institua encore (en 1567 ou 1562) ce qu'on appela le colloque, c'est-à-dire une autorité intermédiaire entre le synode provincial et les communes (et plus tard, en Allemagne, les *classical* ou kreissynode). Dans la seconde moitié du seizième siècle, des communes réformées s'établirent sur ce modèle dans les contrées du Rhin, et s'allièrent avec celles des Pays-Bas, où l'on avait adopté la constitution des réformés de France. Cette alliance fut dissoute en 1610. Quand le territoire du Bas-Rhin échut à la maison de Brandebourg, la constitution presbytérale et synodale fut modifiée par des éléments empruntés au régime ecclésiastique de la Prusse.

II. Une forme intermédiaire entre la constitution presbytérale et la constitution synodale, d'une part, et le régime des consistoires placés sous le souverain, d'autre part, se développa dans la Prusse rhénane à la suite du règlement ecclésiastique établi en 1835[1] pour le Rhin et la Westphalie. Cependant la constitution consistoriale, qui est de règle en Allemagne, a subi des modifications dans la plupart des églises protestantes, grâce aux changements introduits dans la constitution réformée, en suite des aspirations *unionistes* et des mouvements de 1848[2]. On a accordé aux communes une certaine influence dans l'administration de leurs affaires religieuses; les autorités ecclésiastiques ont été organisées sur un plan nouveau par la res-

---

nester aimablement ceux qu'ils verront faillir et mener vie désordonnée, et là où il en seroit mestier faire rapport à la compagnie qui sera députée pour faire les corrections fraternelles et lors les faire communément avec les autres. » La fonction des diacres est d'administrer les biens des pauvres, de soigner les indigents et les infirmes. Celles des docteurs d'instruire les fidèles dans la pure doctrine. Les curés et les anciens forment le consistoire, ou *judicium ecclesiasticum*, qui veille sur la discipline et a le droit d'excommunier. Les anciens exercent la charge d'âmes en ce sens qu'ils font annuellement avec les pasteurs des visites domiciliaires pour s'assurer de l'état de la foi (Hinschius, *op. cit.*).

[1] Voyez ci-dessus § 56, p. 427. — [2] Voyez ci-dessus § 56, n. III.

...tauration des consistoires, et suborbonnées à de hauts consistoires, ou conseils ecclésiastiques, qui concourent à la législation et à l'administration, sous la surveillance de différents synodes[1].

[1] Voyez, sur l'état du protestantisme dans les différents pays d'Allemagne, puis en Autriche et en Suisse, t. I*er*, p. 686-720. En Prusse, ainsi que nous l'avons déjà remarqué, t. I*er*, p. 708, une ordonnance royale du 10 décembre 1873 octroya une commune ecclésiastique et un règlement synodal (règlement de cercle et de province) pour les provinces de Prusse, Brandebourg, Poméranie, Posen, Silésie et Saxe. Quand cette ordonnance eut été publiée par le roi en sa qualité de chef de l'Église protestante, elle eut aussitôt force de loi en tant que règlement religieux. Comme ordonnance royale, ce décret, conformément à l'article 106 de la constitution prussienne, devint valide au point de vue civil après qu'il eut été publié en la forme prescrite par la loi, jusqu'au moment où les Chambres intervinrent, car le haut tribunal prussien décida, le 23 juin 1875, qu'en vertu de cet article de la constitution les « ordonnances du roi, qu'il les ait rendues comme chef de l'État ou comme chef du gouvernement extérieur de l'Église évangélique, sont obligatoires quand elles ont été publiées dans la forme voulue. » (Voy. le journal de Berlin, *Germania*, 1876, n. 6, 3*e* colon.)

Quand ce règlement de commune ecclésiastique et synodale fut présenté à la diète pour qu'il fût érigé en loi de l'État avec son assentiment, la diète n'approuva que le règlement des communes et rejeta le règlement du cercle, de province et de synode. Et c'est ainsi que les synodes, privés de la reconnaissance de l'État, se virent paralysés dans leurs plus importantes fonctions.

Le synode général institué par ordonnance royale du 10 septembre 1873 pour les huit anciennes provinces de la Prusse discuta, en novembre 1875, le projet d'un règlement synodal général. (Voy. de Goltz, *Bericht über die General-Synod*, Bielefeld, 1876; F. Fabri, *Nach der General-Synode*, Gotha, 1876. On trouve une critique acerbe du règlement synodal général dans J.-J. Kirchmann, *Die Reform der evangelischen Kirche in Lehre und Verfassung*, Berlin, 1876.

Du côté des catholiques, les délibérations du synode général extraordinaire ont été parfaitement élucidées par Scheeben, *Periodische Blættern*, Ratisbonne, 1876, p. 79-93. Le règlement synodal général, tel qu'il est sorti des délibérations de ce synode général extraordinaire, a été adopté comme loi ecclésiastique protestante et comme ordonnance royale par arrêté royal du 20 janvier 1876 et publié dans le recueil des lois. (L'arrêté royal, sans le règlement synodal général, est reproduit avec commentaires dans la *Germania*, 1876, n. 17, et le règlement synodal général, *ibid.*, n. 18, 1*er* supplém.)

Ainsi, cette fois encore, on n'avait pas sollicité le consentement des États de la province, bien que, sur ces entrefaites, la suppression de l'article 15 de la constitution, opérée par la loi du 15 juin 1875, eût essentiellement modifié la position.

Si jusque-là, en vertu de l'autonomie accordée à l'Église évangélique comme à l'Église catholique par cet article de la constitution, le chef du

Parmi les formes consistoriales, la constitution la plus large est celle des protestants qui vivent parmi les catholiques de gouvernement ecclésiastique dans l'Église protestante avait le droit de donner à cette Église un règlement sans le concours préalable de l'État, on peut douter maintenant, au point de vue de la législation civile de la Prusse, que le gouvernement ecclésiastique ait le droit, depuis la suppression de l'article 15 de la constitution, de publier seul et sans le concours préalable de l'État une constitution ecclésiastique comme loi définitive de l'Église. Le roi, s'il avait attendu les résolutions de la diète, aurait eu beaucoup plus de facilité pour faire les changements décidés par celle-ci, car il les aurait joints au règlement synodal et il aurait publié ceux-ci comme loi, en même temps qu'il les aurait octroyés à l'Église protestante comme règlement ecclésiastique; tandis qu'après la publication du règlement synodal général par ordonnance royale, tout changement dans la constitution ecclésiastique dépend de l'approbation du synode général lui-même.

Du reste, l'arrêté royal du 20 janvier 1876, qui a publié pour la première fois le règlement synodal général, fait valoir un principe que la législation prussienne (imbue de l'esprit du culturkampf) ne voudra pas appliquer à l'Église catholique. D'après les principes politiques que la Prusse observe maintenant en matière religieuse, la législation civile a mis les lois de l'Église hors de vigueur, et cependant, d'après l'arrêté royal du 20 janvier 1876, qui a publié le règlement synodal général, le concours de la législation pour l'exécution du règlement synodal général ne peut être requis que pour l'exécution de certains détails de la loi ecclésiastique. La validité de la loi ecclésiastique comme telle est reconnue par l'arrêté royal dans sa totalité, y compris la validité ecclésiastique des dispositions qui ont besoin, pour être exécutées, du concours de la législation provinciale.

La question de savoir quelles dispositions de la loi ecclésiastique ont besoin, pour être exécutées, du concours de la législation provinciale, peut aussi, ainsi que l'admet l'arrêté royal du 20 janvier 1876, être décidée sans la législation provinciale; autrement, ainsi que le remarquait très-bien la *Germania* (1876, n° 17), le haut conseil ecclésiastique évangélique n'aurait pu être autorisé par l'arrêté royal, *avant* la décision des Chambres, à prendre avec le ministre des affaires ecclésiastiques les « autres mesures requises pour l'exécution » du règlement synodal, quand cette exécution n'a pas besoin du concours de la législation provinciale. Cette autorisation n'aurait pas de sens si l'arrêté n'avait pas en vue des mesures qui peuvent être exécutées sans autre formalité.

On ne peut pas dire non plus que le mot « introduire » doit s'entendre dans le sens de « préparer, » par conséquent qu'il n'y aurait point de faits accomplis avant le concours de la diète provinciale; car l'avant dernière phrase du décret portant que les dispositions du § 7, n° 6, du règlement synodal général sur la procédure disciplinaire ne sont pas applicables aux enquêtes disciplinaires déjà introduites le jour de la publication de cet arrêté, que ces enquêtes doivent au contraire se poursuivre d'après l'ancienne procédure, cette phrase suppose évidemment que, sans cette disposition expresse, les affaires disciplinaires pendantes

Bavière depuis 1818[1], et plus récemment en Autriche[2]; en Hongrie, les protestants jouissent depuis longtemps, mais surtout en vertu des lois de 1791, de l'entière liberté d'administrer leurs affaires religieuses d'après les formes d'une constitution presbytérale et synodale[3]. La constitution purement presbytérale et synodale s'est conservée non-seulement chez les réformés de Hongrie, mais encore dans les communes réformées confédérées de la basse Saxe[4] et de la Suisse[5].

§ 140. 2. La commune et les curés protestants[6].

I. La charge de curé, ou le ministère spirituel proprement dit, a pour objet chez les protestants la prédication de la parole de Dieu à l'église et à l'école, la direction du culte divin, l'administration des sacrements et autres actions religieuses, le maintien de la discipline dans la commune et avec la commune. Les droits et les devoirs du pasteur sont réglés par le droit canon, tant qu'il n'est pas modifié par quelque dogme dissident ou

---

doivent être traitées d'après les dispositions du nouveau règlement synodal général, dont l'entrée en vigueur date expressément du jour de la publication de l'ordonnance royale.

Comme l'arrêté royal n'énumérait pas lui-même les points où la législation provinciale devait intervenir, cette question a été laissée à la décision non du roi, mais du haut conseil ecclésiastique évangélique et du ministre des cultes.

Au règlement synodal général, qui a changé un certain nombre de dispositions relatives à la composition du règlement de cercles et de synodes, se rattachait un projet de loi non encore adopté concernant la constitution de l'Église évangélique dans les huit anciennes provinces de la monarchie prussienne (reproduit dans *Germania*, 1876, 1er supplém., au n° 36).

Les Chambres apportèrent quelques modifications au règlement synodal général de la Prusse, et la loi fut sanctionnée par le roi le 3 juin 1876. Voy. ci-dessous, pag. 407, note 2.

[1] Voyez ci-dessus t. Ier, p. 719.
[2] Voyez ci-dessus § 45, p. 371, note 1; p. 719, t. Ier, § 56, etc.; Schuler, *Protestantisches Kirchenrecht*, p. 56.
[3] Voyez t. Ier, p. 719; Schuler, *Protestantisches Kirchenrecht*, p. 62.
[4] Voyez t. Ier, § 56, p. 712. — [5] Voyez t. Ier, p. 719.
[6] Voyez Richter, *Kirchenrecht*, §§ 159-161; Mejer, *Lehrbuch des deutschen Kirchenrechts*, 3e édit., §§ 60, 78; Hinschius Holtzendorff's *Encyclopædie, Kirchenrecht*, § 63, p. 644; Jacobson, *Das evangelische Kirchenrecht des preussischen Staates*, Halle, 1866, § 57; J.-H. Bœhmer, *Jus parochiale* (supplément à son *Jus eccles. protestantium*), edit. 6, Halæ, 1760, in-4°.

par la constitution de l'Église protestante. Cependant les liens paroissiaux sont tellement relâchées que les habitants ne sont plus soumis au pasteur que pour un petit nombre de fonctions, comme les publications de bans et les funérailles [1].

II. Il est à remarquer, et c'est là une divergence caractéristique, que les paroisses, chez les protestants, ne forment pas, comme les paroisses catholiques [2], en tant que personnes juridiques, un corps religieux proprement dit, mais une simple corporation ; elles ne sauraient donc avoir pour représentant, comme les paroisses catholiques, le curé ou l'évêque seul, mais la totalité des membres de la commune, ou le *presbyterium*, que la commune choisit pour la représenter, ou encore la représentation de la commune, à côté du presbyterium [3].

III. Les presbytéries, les conseillers des communes ecclésiastiques, établis en Prusse, en Hanovre, dans le Wurtemberg, à Bade, dans le Oldenbourg, la Bavière, la Saxe, la Hongrie, la Suisse et parmi les réformés français, sont un collège présidé par le curé. Le curé administre les affaires extérieures des communes ecclésiastiques, entretient la vie religieuse et maintient la discipline. Les pouvoirs des presbytéries s'étendent surtout à l'administration des biens ; souvent aussi elles coopèrent à la nomination des curés et aux élections pour le synode. Dans la plupart des pays (en Prusse, à Bade, dans le Oldenbourg, en Autriche, en Suisse, etc.), certaines affaires réclament l'intervention de toute la commune ou une représentation de la commune, par exemple quand il s'agit de contracter un emprunt, d'ériger des édifices, d'établir des statuts communaux, d'acquérir, d'aliéner, de grever des biens-fonds d'église, etc. [4].

IV. Relativement aux aides des curés, il faut faire les mêmes distinctions que pour les auxiliaires des curés catholiques ; il s'agit de savoir s'ils ont un bénéfice proprement dit et dans quels termes est conçu l'acte de leur nomination [5].

---

[1] Voyez Hinschius, *op. cit.*, § 62, p. 643.
[2] Voyez ci-dessus § 134.
[3] Voyez aussi Richter, *Lehrbuch*, § 61, 160.
[4] Voyez, pour la législation ecclésiastique de chaque province, ce que nous avons dit t. Ier, p. 707, et § 139, p. 401, note 1.
[5] Voy. ci-dessus § 140 ; Richter, *Droit canon*, § 160.

§ 141. 3. Les surintendants et les consistoires [1].

I. Au-dessus des curés sont les surintendants, les doyens (en Autriche, *seniores*, qui, dans les grandes provinces, ont au-dessus d'eux des surintendants). Ces surintendants correspondent exactement aux doyens ruraux chez les catholiques [2]; ils n'ont point de pouvoir ecclésiastique; ce sont de simples inspecteurs. Plus haut encore se trouvent :

II. Les consistoires, investis de pouvoirs ordinaires concernant l'administration et la juridiction. Ils ont donc un pouvoir épiscopal, dans le sens que l'Église évangélique donne à cette expression. Les consistoires sont des collèges composés d'ecclésiastiques et de laïques. Le président lui-même peut être un laïque.

III. Aujourd'hui, il n'existe plus que des consistoires nommés par le souverain du pays (consistoires immédiats). Précédemment, il y avait aussi des consistoires médiats, composés du prince ou des magistrats de la ville, des patrons ecclésiastiques ou des presbytéries.

IV. Dans les petits États, les districts consistoriaux sont presque toujours les mêmes que les districts civils. Ces derniers se nomment le plus souvent hauts consistoires, ou conseil ecclésiastique supérieur. Dans les grands États, comme en Prusse et en Bavière, les consistoires provinciaux sont subordonnés au conseil ecclésiastique supérieur, ou, comme en Autriche, aux surintendances, qui forment la première instance.

V. Les consistoires, d'après la constitution consistoriale, ne sont que les mandataires du pouvoir, qui est le premier évêque, *summus episcopus*. Leurs attributions concernent :

1° L'administration de toutes les affaires ecclésiastiques, la délimitation des districts paroissiaux, l'aliénation des immeubles, la collation de la charge pastorale ou la confirmation de l'élu, la décision des affaires liturgiques;

2° La discipline ecclésiastique, notamment en ce qui regarde les fonctionnaires de l'Église;

---

[1] Voyez dans Richter, *Droit canon*, § 153, les renseignements sur chaque pays, et t. Ier, p. 707.

[2] Voyez ci-dessus § 133. Schuler v. Libloy, dans *Œst. Blætt. f. Lit.*, Vienne, 1857, p. 250.

3° Les affaires matrimoniales. Cependant les procès en divorce et en nullité de mariage sont généralement réservés aux tribunaux civils [1], de sorte que les consistoires n'ont à se prononcer que sur le refus de mariage, et notamment sur le second mariage de ceux qui ont divorcé, puis à donner les dispenses ordinaires [2].

VI. Les dispenses, dans les cas graves, et la nomination aux premiers emplois ecclésiastiques sont un droit réservé au souverain. Il en est de même de la législation, quoique maintenant les synodes y participent généralement.

VII. A côté des consistoires et dans leurs propres districts, on rencontre souvent un surintendant général, investi du droit de haute inspection. Quelquefois aussi il préside le consistoire, avec le titre d'évêque.

§ 142. 4. Les synodes protestants [3].

I. Nous trouvons dans les différentes Églises territoriales protestantes :

1° Des synodes diocésains, des synodes de décanats, de cercles ou de districts, librement élus;

2° Des synodes provinciaux;

3° Des synodes généraux ou territoriaux.

II. Les laïques ne sont pas exclus des synodes protestants. Le nombre respectif des laïques et des ecclésiastiques varie beaucoup suivant les pays. Dans quelques-uns, les laïques doivent former la moitié, dans d'autres le quart, ailleurs les trois quarts ou les deux tiers. Dans quelques cantons de la Suisse, la constitution ecclésiastique fait prédominer l'élément laïque.

III. Les élections pour les synodes sont faites soit directement par les communes, soit indirectement, en ce sens que les presbytéries et les curés nomment les membres des synodes de cercles, les synodes de cercles nomment les membres des synodes provinciaux, et les synodes provinciaux les membres du

---

[1] Voyez plus loin § 218.

[2] Aujourd'hui, en Prusse, les affaires matrimoniales de ceux qui ont divorcé sont décidées, au point de vue civil, par le ministre de la justice, sur un rapport présenté par la justice.

[3] Voyez Richter, § 163, et Hinschius, § 64. Voyez aussi *op. cit.*, § 63, p. 644; la législation de chaque pays indiquée t. Ier, p. 708, et § 139.

synode général. Les curés du district, les représentants de la faculté théologique et le patron de l'église sont souvent membres nés du synode; d'autres fois la nomination d'un certain nombre de membres est réservée au souverain.

IV. Le synode de cercle, synode diocésain ou synode de district, placé immédiatement au-dessus des communes particulières, est nommé par les ecclésiastiques et par les anciens choisis par la commune. La présidence revient au surintendant. Ces sortes de synodes existent : en Prusse, sous le nom de synodes de cercles; dans le Wurtemberg, en Bavière, dans le Oldenbourg, à Bade, sous le nom de synodes diocésains; en Autriche et en Hongrie, sous le nom d'assemblées de séniorat et de surintendance. Leur tâche se borne généralement à délibérer et à émettre leur avis. Ils sont aussi chargés, il est vrai, de surveiller les affaires ecclésiastiques, de protéger les bonnes mœurs, d'inspecter le clergé et les presbytéries; mais ils ne peuvent d'eux-mêmes prendre aucune mesure; leurs résolutions doivent être soumises à l'approbation du gouvernement, qui se charge de les faire exécuter.

V. Les conciles provinciaux (comme en France, par exemple) ont lieu en Bavière tous les quatre ans, en Prusse [1] tous les trois ans. Leur tâche consiste aussi à délibérer et à émettre leur avis, mais principalement à veiller au maintien de la pure doctrine et de l'ordre ecclésiastique. Ces conciles n'ont pas lieu dans les petits États.

Des synodes généraux sont tenus à des intervalles réguliers : à Bade, dans le Hanovre, dans le Brunswick et la Saxe tous les cinq ans; dans le Oldenbourg et la Bavière, tous les ans. En Autriche et dans les huit anciennes provinces de la Prusse, le synode général du 20 janvier, ou 3 juin 1876 [2], veut

---

[1] Dans la Prusse rhénane et la Westphalie (d'après le règlement rhénan westphalien de 1835), pour les provinces de Prusse, de Brandebourg, de Poméranie, de Silésie et de Saxe, ils n'ont été introduits que par ordonnance royale du 10 septembre 1873. (Voy. ci-dessus § 139, p. 401, note 1.)

[2] Les 26 et 28 février et en mai 1876, les chambres prussiennes discutèrent la loi du 3 juin 1876 (aujourd'hui en vigueur), concernant le synode général (voy. ci-dessus, p. 401, note). Un amendement proposé par le député Klotz-Virchow, imité de la loi « prussienne vieille-catholique, » demandait que lorsqu'une « portion notable » de la commune se sépa-

qu'ils soient désormais célébrés tous les six ans. La règle défend de faire des lois sur la doctrine et l'ordonnance du culte, d'introduire des catéchismes, des livres de chant, des *agenda* nouveaux, de modifier la constitution de l'Église, d'établir de nouveaux impôts sans le consentement du synode général ou synode territorial. Ce synode occupe donc, à côté du souverain et de l'autorité ecclésiastique qui le représente, une place analogue à celle de la représentation nationale dans les États constitutionnels.

VI. Les décrets des synodes n'ont force de loi que lorsqu'ils ont été approuvés et publiés par l'autorité ecclésiastique qui représente le souverain.

§ 143. 5. Les chapitres de cathédrales et de collégiales chez les protestants [1].

I. Au temps de la réforme, plusieurs chapitres furent sécularisés et passèrent au protestantisme [2]. Ils se conservèrent à

rait sans changer sa confession, elle fût autorisée à jouir des biens ecclésiastiques en proportion de sa force numérique.

Cet amendement fut combattu par le ministre, comme une provocation à déserter en masse, et rejeté par la majorité sur la proposition de Gneist. (Voy. les débats dans la *Germania* de Berlin, 1876, nos 101-103.)

La fraction catholique (du centre) déclara, par l'organe du député Windthorst (Meppen) (voy. le texte complet dans la *Germania*, 1876, n° 10), qu'elle ne pouvait pas adhérer au projet de loi concernant le synode général, parce qu'elle ne trouvait pas que l'État fût compétent pour concourir à la constitution et à l'organisation de l'Église évangélique. Elle s'abstiendrait complètement de voter, si elle ne considérait pas le changement apporté par le règlement synodal général au règlement communal, synodal et provincial de 1873 définitivement arrêté, comme une violation de la constitution légitime de l'Église évangélique, et si la loi de l'État dont il s'agit, notamment l'article 12 de cette loi, ne faisait pas valoir sur les rapports de l'Église et de l'État des principes sur lesquels elle ne pouvait pas se taire.

Cet article 12, définitivement inséré dans la constitution, est ainsi conçu : « Les lois et ordonnances ecclésiastiques, qu'elles concernent des églises territoriales, des provinces ou des districts particuliers, n'ont force de loi qu'autant qu'elles ne contredisent pas une loi de l'État. La sanction d'une loi émanée d'un synode provincial ou du synode général ne doit pas être demandée au roi, avant qu'il ait été établi par une déclaration du ministre d'État responsable que l'État n'a rien à objecter contre la loi. Cette déclaration doit être énoncée dans la formule de publication. »

[1] Voy. Richter, *Kirchenrecht*, § 447 ; Jacobson, *Evangelisches Kirchenrecht des preussischen Staates*, § 245 ; *Kœln. Volkszeitung*, 1875, n° 7, 1er supplém.; 47, 1er supplém.; 67, 1er supplém.

[2] Avant la sécularisation opérée au commencement de ce siècle, il y

titre de corporations. Leurs membres, régis par les formes du droit canon, perçoivent de grands revenus, exercent des droits de patronage, sont investis d'une juridiction temporelle et représentent la province, soit d'après un usage traditionnel, soit en vertu de la constitution du pays. Autrefois, ils possédaient aussi les droits consistoriaux. Le plus important de ces chapitres est celui de Brandebourg [1], qui ressortit immédiatement au ministère de l'intérieur [2]. Les autres chapitres protestants de

---

avait aussi des chapitres composés de chanoines catholiques et de chanoines protestants, par exemple les chapitres cathédraux d'Halberstadt et de Minden. Ces chapitres mixtes, garantis par le traité de Westphalie, n'avaient évidemment que des droits matériels et politiques.

[1] Ce chapitre (ainsi que l'a déclaré le ministre de l'intérieur à la Chambre des députés, 6 mars 1875, en réponse à une interpellation sur l'état des fondations dans les provinces de Saxe et de Brandebourg) a été rétabli et complètement réorganisé comme corporation autonome, par ordre de Sa Majesté le roi Guillaume III de Prusse, le 30 novembre 1826, « en souvenir du rang honorable qu'il occupe dans l'histoire de la Marche électorale, parce qu'il a eu de temps immémorial de fréquentes et intimes relations avec les États et en particulier avec la chevalerie de cette province, et dans l'intention de conserver pour nous et pour nos descendants un moyen de récompenser dignement les mérites distingués de nos fidèles sujets. »

La fortune et les intérêts permanents du chapitre sont réglés par un statut confirmé par le souverain. Les dépenses et les revenus du chapitre, ainsi que l'a déclaré le ministre, n'appartenaient ni au budget de l'État, lequel devait être concerté avec la représentation du pays, ni au budget spécial du ministre des cultes ou du ministre de l'intérieur, car sa fortune ne fait point partie des biens de l'État. Il en était de même, ajoute le ministre, en ce qui regarde ce dernier point et la question de compétence, pour les fondations de Naumbourg, Mersebourg et Zeitz, situées dans la province de Saxe (ordonnance du 27 septembre 1810, Recueil de lois, p. 11, ordre de Sa Majesté du 3 juin 1814; Recueil de lois, p. 40; ordre de Sa Majesté du 17 janvier 1838, Recueil de lois, p. 10).

Ces trois fondations de la Saxe, réunies en 1815 à la couronne de Prusse, avaient été traitées jusque-là comme des corporations et n'avaient pas été comprises dans la sécularisation ordonnée par l'édit du 30 octobre 1810 (Recueil de lois, p. 32). Depuis 1822 on n'y avait plus donné de nouvelles expectatives, et aucune nouvelle collation de prébendes n'avait eu lieu depuis 1864. La chambre des députés prussienne, sur la proposition du docteur Éberty, avait réclamé, le 6 décembre 1866, le 6 mars 1873 et le 29 janvier 1874, la présentation des états de ces trois fondations. Dans la séance du 6 mars 1875, lors des débats sur l'état du culte, la chambre adopta les propositions de Schumann et de Wehrenpfenning, demandant que les revenus des fondations de Naumbourg, Mersebourg et Zeitz ne fussent plus appliqués désormais à des individus, mais à l'Église évangélique.

[2] D'après l'article 28 du statut mentionné.

Prusse sont soumis à l'inspection immédiate du haut président que cela concerne. Dans le Brandebourg [1], toutes les prébendes sont de patronage royal [2].

Dans le chapitre de Mersebourg, qui comptait originairement un grand nombre de prélatures [3] et de prébendes [4], la prélature et les canonicats ne sont pas exclusivement de patronage royal. Plusieurs familles de l'ancien évêché avaient acquis un droit de présentation en s'engageant à fournir une cotisation annuelle; ce droit existait même pour quelques prélatures. Cet usage est aboli depuis 1858.

Un autre chapitre protestant existe à Naumbourg [5], et une collégiale à Zeitz [6]. Les canonicats que l'université de Leipsig

---

[1] Le chapitre de Brandebourg se compose de deux prélatures, le déchant et le *senior* du chapitre, et de huit chanoines. Il a de plus un employé (Rendant) et un ecclésiastique qui est ordinairement le premier prédicateur de la cathédrale.

[2] Les ministres d'État Westphalen et Selchow hors de service sont pourvus de prébendes.

[3] Le chapitre de Mersebourg contient cinq prélatures : le déchant, le *senior*, le prévôt, le gardien et le scolastique.

[4] Il contient huit prébendes (mais il n'y en a que trois qui soient occupées, dont l'une par le général de Manteuffel).
Outre les chanoines, la cathédrale compte quatre prébendiers « mineurs, » dont toutes les places sont inoccupées, et quatre fonctionnaires soldés, le synodique, le procureur, le camérier de la cathédrale et l'administrateur de la prévôté de la cathédrale.

[5] Voyez ci-dessus p. 598, note 3. Il contient six prélatures : celles que nous avons nommées en parlant du chapitre de Mersebourg, un *subsenior* ou *cantor*, qui ne fonctionne pas; puis six chanoines, six prébendiers majeurs et quatre prébendiers mineurs. Parmi ces prébendes, il n'y a qu'une place de chanoine qui soit inoccupée. L'administration est gérée par un syndic de cathédrale, un architecte et un camérier. — Sur les inconvénients qui naissent de ce chapitre, voyez l'article de la *Nationalzeitung*, reproduit dans la *Germania*, 1873, supplém., III, n. 117.
En 1876, la *Germania* (n° 179) annonçait que le nombre des chanoines de Naumbourg était depuis des années réduit à trois, parce qu'il n'était plus permis de nommer aux places vacantes : ces trois se partagent les riches revenus du chapitre. Le *senior* et *cantor* du chapitre, Opper, conseiller intime de la Saxe, est mort à Dresde le 29 juillet 1876. Il ne restait donc plus que deux députés prussiens, Rabenau, prévôt du chapitre, conseiller intime de la justice, et le comte de Werthern-Beichlingen, déchant, tous deux âgés de 82 ans. Après leur mort, leurs revenus seront consacrés aux églises et aux écoles.

[6] Voyez ci-dessus p. 409, note 1. Cette collégiale se compose de trois prélatures, le déchant, le *senior* et le scolastique, du *custos*, de deux chanoines, d'un fonctionnaire et d'un syndic.

possédait dans les collégiales de Mersebourg, Naumbourg et Zeitz sont supprimés depuis 1866 [1].

Dans le royaume de Saxe, des canonicats protestants existent encore à Meissen et à Wurzen [2].

En Prusse, les chapitres ne sont proprement que des retraites et des pensions, et l'on a eu soin d'y maintenir, surtout pour la noblesse, tous les abus qui existaient chez leurs devanciers du moyen âge [3].

II. Dans les provinces prussiennes suivantes : la Prusse, le Brandebourg, la Poméranie, la Silésie, la Westphalie, le Hanovre, la Hesse [4] et le Schleswig-Holstein, il s'est conservé des établissements de « dames » et des couvents, dont la plupart datent de la période catholique. On y a maintenu sans doute quelques-unes des formes extérieures du droit canon, mais ces instituts ne sont, eux aussi, que des moyens d'établissements surtout pour les dames de la noblesse [5].

---

[1] Ensuite du traité conclu entre la Prusse et la Saxe, le 21 octobre 1866, art. 20. Voyez Dove, *Zeitschrift für Kirchenrecht,* t. VII, p. 150.

[2] Quelques canonicats sont attachés d'une manière permanente à certaines chaires de professeurs à l'académie de Leipsig.

[3] Le chapitre de Brandebourg et de Naumbourg ne compte pas un seul membre civil; s'il s'en trouve par exception au chapitre de Mersebourg et à la collégiale de Zeitz, c'est parce que les universités de Leipsig et de Breslau ont un droit de présentation.

[4] Il existe encore à Kauffungen un chapitre qui est administré par une commission de deux membres nommés par le gouvernement et par trois supérieurs.

[5] Voyez pour les renseignements la *Kœlnischen Volkszeitung,* 1875, n° 7, 1ᵉʳ supplém.; n° 47, 1ᵉʳ supplém. Les pensionnats de demoiselles catholiques qui avaient subsisté en Prusse jusque dans ce siècle ont été supprimés. Par exemple celui de Gesecke en Westphalie.

(Sur les diaconesses protestantes et les *Frères des rauhen Hauses,* établis çà et là sur le modèle de nos sœurs de la Miséricorde et des frères des Malades, voyez ci-dessus § 220.)

LIVRE III.

LA JURIDICTION ECCLÉSIASTQUE.

§ 144. I. La juridiction volontaire.

I. L'Église exerce sa juridiction volontaire, c'est-à-dire son activité pour faire valoir ou confirmer des actes religieux, soit par des tribunaux ecclésiastiques, soit par des personnes spécialement choisies à cette fin. Autrefois cette activité de l'Église s'étendait à une multitude d'affaires civiles, par exemple aux testaments, à des questions de droit civil confirmées par le serment. Les principes du droit canon sur les actes publics, sur la manière de les renouveler et de leur donner force de droit sont, dans leur substance, les mêmes que ceux du droit civil actuel[1].

II. Le pape nomme des notaires et des protonotaires qui exercent leurs fonctions soit à Rome[2], soit ailleurs. Quand le pape a établi un notaire sans lui désigner un lieu précis, ce notaire peut recevoir des documents ecclésiastiques dans tous les lieux de la chrétienté[3]. Les notaires établis par l'évêque ne peuvent fonctionner que dans les limites du diocèse[4]. On peut du reste, pour les actes ecclésiastiques et même pour les actes spirituels, employer les notaires établis par l'autorité civile pour des affaires civiles, quand des raisons de convenance tirées de la personne du notaire ne s'y opposent point[5]. Dans le doute

---

[1] Tit. X, de fide instrument., II, 22 ; voy. Schmalzgrueber, *Jus canon*, et J.-H. Bœhmer, *Jus eccl. protestant.*; Bouix, *Tractatus de judiciis eccles.*, t. I, Paris, 1855, p. 320 ; Wetzell, *System des ordentlichen Civilprocesses*, 2e édit., Leipsig, 1864, § 24 ; Bayer, *Vortræge über den gemeinen deutschen Civilprocess*, 9e édit., Munich, 1865, § 251.

[2] Voyez ci-dessus § 109, p. 286. Sur les protonotaires en particulier, voyez la note 4, p. 286.

[3] Bouix, *loc. cit.*, p. 507. — [4] Id., p. 506.

[5] Conc. Trid., sess. XXII, cap. X, de ref. Voy. Bouix, *loc. cit.*, p. 500.

si, au défaut d'un notaire ecclésiastique, on peut appeler le notaire civil de la localité, il est à propos, pour assurer la crédibilité ecclésiastique des documents, de demander la décision de l'évêque ou de solliciter éventuellement la nomination d'un notaire ecclésiastique [1].

III. Des notaires particuliers fonctionnent aussi dans les conciles, les synodes [2] et les assemblées de décanats [3].

IV. Enfin, les curés exercent une juridiction volontaire par la tenue des registres de l'église et par les documents qu'ils dressent d'après ces registres [4].

§ 145. II. **La juridiction contentieuse** [5]. — **1. Son étendue.**

I. L'Église, en vertu de la mission qu'elle a reçue de Jésus-Christ, revendique la juridiction sur les choses qui sont pro-

Ce dernier auteur n'admet pas qu'une telle pratique soit aujourd'hui admissible en France, parce qu'on pourrait prendre pour notaires des juifs ou des hommes absolument incrédules.

[1] On peut aussi choisir des laïques pour faire les fonctions de notaires ecclésiastiques. Les clercs ne doivent pas fonctionner comme notaires dans les tribunaux civils. Plusieurs l'entendent en ce sens général que les clercs ne peuvent être nommés notaires, si ce n'est par le pape, même pour les affaires ecclésiastiques. Ce sentiment peut tout au plus être appuyé par des raisons générales quand il s'agit des prêtres qui ont charge d'âmes. Voyez sur cette question le titre X, Ne clerici vel monachi sæcularibus negotiis se immisceant, III, 50 ; surtout Innocent III, cap. III, h. t.; Bouix, loc. cit., p. 482.

[2] Voyez ci-dessus § 137. — [3] Voyez § 132. — [4] Voyez § 134.

[5] Sur les anciens ouvrages à consulter, voyez tome Ier, § 23, n. VI. — Sur la procédure canonique au quinzième siècle, voyez Joannis Urbach, *Processus judicii, qui panormitanei ordo judiciarius a multis dicitur*, ex recognitione Theod. Muther, Halæ, 1873; Th. Muther, *Zur Geschichte des rœmisch-canonischen Processes in Deutschland wæhrend des 14 und zu Anfang des 15 Jahrhunderts Festschrift*, Rostock, 1872. Pour la partie historique, voyez en outre Fr. Florens, *Tractatus de jurisdictione ecclesiastica ad Gratian. Caus. XI, q. 1 (Op., II, p. 1)*; Hebenstreit, *Historia jurisdictionis ecclesiasticæ ex legibus utriusque codicis illustrata*, Lips., 1773; Schilling, *De origine jurisdictionis ecclesiasticæ in causis civilibus*, Lips., 1825, in-4°; Jungk, *De originibus et progressu episcopalis judicii in causis civilibus laicorum usque ad Justinianum*, Berol., 1832; Turk, *De jurisdictionis civilis per medium ævum cum ecclesiastica conjunctæ origine*, Monast., 1832; Dove, *De jurisdictionis ecclesiasticæ apud Germanos Gallosque progressu*, Berol., 1855; Friedberg, *De finibus int. eccles. et civit. reg. jurisd.*, Berol., 1859; du même, *Grenzen zwischen Staat und Kirche*, Tub., 1872; Molitor, *Ueber canonisches Gerichtsverfahren gegen Cleriker*, Mayence, 1856, c. I-III; Fessler, *Der canonische Process nach seinen positiven*

prement spirituelles *(res spirituales)*, c'est-à-dire sur toutes celles qui concernent la foi, le culte et la discipline ecclésiastique¹. L'Église considérait comme appartenant aussi à sa juridiction les choses qui sont tellement unies aux intérêts purement spirituels *(res spiritualibus annexæ)* qu'elles n'atteignent leur but que par eux et dans leur union avec eux, comme les affaires de patronage et de bénéfice; ou les objets qui servent de préparation aux choses spirituelles et produisent ainsi des effets spirituels, comme les fiançailles, les contrats confirmés par serment; ou les objets qui servent aux fins de l'Église, comme les biens ecclésiastiques, les biens sur lesquels l'Église se croit tenue en conscience d'exercer sa surveillance. Comme une pure conséquence des actes ecclésiastiques, on a rangé ensuite parmi les annexes des choses spirituelles les intérêts matériels attachés au mariage, aux fiançailles et aux vœux de religion, puis, en vertu de la mission qu'a l'Église d'enseigner et de pratiquer l'amour du prochain, les affaires des pauvres, des veuves, des orphelins *(personæ miserabiles)* et des fondations pieuses *(piæ causæ)*².

II. Dans les causes même purement temporelles, les évêques avaient obtenu une juridiction appuyée depuis Constantin par le pouvoir civil exécutif. Cette juridiction se fonde sur l'ordre que Jésus-Christ et les apôtres ont donné aux chrétiens de ne point porter leurs contestations devant les juges païens, mais de les faire décider par l'évêque³. Constantin exigea d'abord, pour que l'évêque pût décider une question de droit civil, qu'il y eût convention de la part des parties (compromis); plus tard il statua

---

Grundlagen und seiner ältesten historischen Entwicklung in der vorjustinianischen Periode, Vienne, 1860. Voyez Vering, *Katholische Literatur-Zeitung*, Vienne, 1860, n. 28; Sohm, *Die gestliche Gerichtsbarkeit im fränkischen Reiche* (dans Dove, *Zeitschrift für Kirchenrecht*, t. IX, p. 193-271). Sur la partie pratique, voyez Alteserra, *De jurisdictione ecclesiastica*, Paris, 1705, in-4°; Bouix, *Tract. de jud. eccl.*, Paris, 1855, t. I (compilation souvent littérale des meilleurs canonistes anciens, d'où il faudrait rayer quantité de choses inadmissibles et impraticables); München, *Canonisches Gerichtsverfahren und Strafrecht*, t. I, Cologne et Reuss, 1866; Maas, *Ueber die Competenzfrage der geistlichen Gerichte* (*Archives*, t. X, p. 251).

¹ Cf. Benoît XIV, *De synodo diœc.*, lib. IX, cap. IX, n. 2; voyez ci-dessous n. VIII de ce paragraphe.

² Voyez Schulte, *Droit canon*, t. I, p. 396; *Manuel*, § 101, p. 384, 3ᵉ éd.

³ *Jean*, XX, 23; *Matth.*, XVIII, 15; *I Cor.*, VI, 1; c. VII, d. 90.

que soit le plaignant, soit l'accusé pouvait, sans le consentement de l'autre partie, choisir le tribunal de l'évêque [1]. Dans la suite, les empereurs romains restreignirent de nouveau cette juridiction des évêques sur les choses civiles au cas où les deux parties conviendraient de s'en référer à la décision de l'évêque [2].

En Orient, cette pratique s'est maintenue même sous la domination turque, tandis que dans les royaumes germaniques la juridiction civile des évêques n'a jamais été en pratique, bien que la seconde disposition de Constantin y ait été renouvelée au neuvième siècle, et qu'on ait même essayé de l'autoriser par une prétendue confirmation de Charlemagne [3].

III. Les anciens conciles recommandaient surtout aux clercs de soumettre leurs contestations, non pas au juge laïque, mais à l'évêque [4]. Valentinien III restreignit la juridiction des évêques sur les contestations juridiques des clercs au cas où les deux parties conviendraient de s'en remettre à sa décision [5]. Justinien renvoyait aux supérieurs ecclésiastiques soit les plaintes des laïques contre les clercs et les religieux, soit les plaintes des

---

[1] Les deux constitutions de Constantin sur ce sujet (321 et 331) se trouvent dans les constitutions publiées à Paris en 1631 par Jacques Sirmond. Leur authenticité, niée par Gothofred et d'autres, a été solidement établie par Hænel et d'autres encore. Cf. Hænel, *Novellæ constitutiones*, Bonnæ, 1844, p. 430-440, 443.

[2] Arcadius et Honorius, Const. VII, VIII; Cod. Justin., de episcopali audientia, I, 4; novella Valentiniani III, de episcopali judicio (novell. II, tit. 35); Justinian., Const. XXIX, § 4; Cod. de episc. audient., I, 4. Sur les occupations des évêques comme juges en ces sortes de matières, voyez saint Augustin (mort en 430), *Confess.*, VI, 3; de oper. monach., c. XXXVII; voyez aussi Vering, *Pandectes*, 4ᵉ édit., § 100, n. II.

[3] Florus essaya, en 385, de faire revivre la constitution de Constantin de 331 (Hænel, *loc. cit.*, p. 423, n. 35). On trouve des fragments de cette constitution dans un concile de Valence, en 855, et dans Régino II, 116; la plus grande partie figure dans le décret d'Ives, XVI, 312. Benoît Lévite l'introduisit dans ses Capitulaires, II, 366, comme une loi du Code théodosien confirmée par Charlemagne. Anselme de Lucques la lui emprunta et la fit passer dans son recueil comme une constitution de l'empereur Théodose. De cette dernière collection et du décret d'Ives, elle a passé dans le décret de Gratien, c. XXXV, XXXVI, XXXVII, C. 11, q. 1. C'est sur cette base que s'est appuyé Innocent III dans le c. XIII, X, de judiciis, II, 1.

[4] Cf. Conc. Hippon., an. 393, c. IX; Conc. Carthag., an. 397 (c. XLIII, C. 11, q. 1); Conc. Chalced., an. 451 (c. XLVI, C. 11, q. 1).

[5] Voyez la novelle ci-dessus, p. 415, note 2, et son interprétation dans Hænel, *loc. cit.*, p. 254.

clercs et des religieux entre eux[1]. Déjà les empereurs romains chrétiens avaient expressément décidé que les affaires vraiment spirituelles ressortissaient au juge ecclésiastique[2].

IV. Dans le royaume des Francs, les controverses des prélats, qui étaient en même temps les premiers dignitaires de l'État, étaient soumises au roi, quoique les conciles ne cessassent de rappeler que les clercs sont affranchis de la juridiction laïque[3]. Cependant quelques conciles permirent expressément qu'un clerc, cité devant un tribunal laïque, pût s'y présenter[4], et c'est ainsi que pendant quelque temps les contestations entre clercs et laïques furent vidées par des tribunaux mixtes (par celui de l'évêque et par celui du comte)[5]. Peu à peu cependant l'Église acquit dans les États chrétiens du moyen âge la juridiction exclusive sur le clergé, et elle étendit en outre le cercle des affaires qui devaient être décidées devant son tribunal.

V. Ainsi, d'après le droit des décrétales, on range dans la juridiction de l'Église, non-seulement les choses purement spirituelles[6], mais encore les choses annexées aux choses spirituelles[7], à prendre ce mot dans le sens le plus étendu ; toutes

---

[1] Nov. LXXIX, c. I, an. 539; nov. LXXXIII, præf., an. 539; nov. CXXIII, an. 546, c. VIII, XXI, XXII ; voyez aussi Phillips, *Lehrbuch des Kirchenrechts*, 1re édit., Ratisb., 1862. Voyez, sur le privilége du for, ci-dessus § 68, p. 94.

[2] Constit. I Cod. Theod., de relig., XVI, 11 (an. 399); nov. Valent. III cit.; voy. const. VII Cod. Just., de episcop. audient., I, 4.

[3] Conc. Vasens., an. 452, c. V ; Arelat. II, an. 452, c. XXXI, XLVIII; Aurelian. III, an. 438, c. XX, XXXII; IV, an. 541, c. XX; V, an. 549, c. XVII; Lugdun. II, an. 567, c. I; Antisiodor., an. 578, c. XXXV, XLIII; Matiscon. I, an. 581, c. VII, VIII; Remense, an. 630, c. VI, XVIII ; Decret. synod. episcop., an. 799, c. III (Pertz, *Leg.*, t. I, p. 77).

[4] Conc. Epaon., an. 517, c. XI; Conc. Agath., an. 506, c. XXXII. On admit aussi que, dans les contestations des laïques avec les clercs, les parties pourraient, du consentement de l'évêque, s'adresser au juge séculier. Aurel. IV, c. XX; edictum Chlotar. II, an. 614, c. IV (Pertz, *Leg.*, t. I, p. 14).

[5] Chlot. II, const. an. 614, c. IV, V (dans Pertz, *loc. cit.*, p. 14).

[6] C. II, X, de judiciis, II, 1.

[7] Voyez c. III, X, de judiciis, II, 1; c. XV, X, de jure patronatus, III, 38; c. III, X, de institutionibus, III, 7; c. XXI, X, de jure patronat.; c. III, in VIe, de foro compet., II, 2; c. XIII, X, de judiciis; c. II, in VIe, de jure jurand., II, 11; c. V, X, de foro compet., II, 2; c. V, X, de decimis, III, 30; tit. X, de sepult., III, 28; tit. X, de testam. et ultim. voluntat., III, 26; c. XI, 5, X, de foro comp., II, 2; c. XXVI, X, de verb. signific., V, 40; cf. c. I, III, X, de postul., I, 37; c. III, 7, X, de donat. inter vir. et uxor, etc., IV, 20.

les affaires juridiques des clercs[1], tous les cas où le juge laïque ajournait ou refusait la justice[2], tous les cas enfin où la mission qui incombe à l'Église de veiller à ce que l'État ne commît point d'injustice, ne violât aucun droit *(æquitas, justitia, boni mores)* semblaient demander son intervention[3].

Et alors même qu'on se conformait çà et là à la loi de l'État ou aux règles du droit coutumier[4], ces maximes du droit canon ne laissèrent pas, dans leur généralité, d'être observées jusque dans le seizième siècle. En Allemagne notamment, on s'en tenait à ce principe que les affaires ecclésiastiques ne ressortissent qu'au juge de l'Église. Or, le juge de l'Église demeurait attaché aux principes ecclésiastiques. Dans ce pays et dans plusieurs autres, le droit canon était considéré comme la seconde source du droit commun, avec les modifications qui complétaient ou modifiaient le droit romain.

Ce point de vue du droit canon n'a jamais été expressément changé par une loi universelle de l'Église; au contraire, le concile de Trente, toutes les fois qu'il en a trouvé l'occasion, a pris des mesures sur une foule de matières qui n'appartiennent pas aux choses purement spirituelles, dans l'étroite acception de ce mot[5]. La même chose a été faite par un grand nombre de conciles particuliers. Les propositions, les projets de constitution non encore examinés par le concile du Vatican, offrent

---

[1] Voyez ci-dessus p. 94, note 1.
[2] Cf. c. vi, X, de foro compet.
[3] Cf. c. xiii, X, de judiciis.
[4] Les recueils de lois françaises en fournissent de nombreuses preuves. Voyez Philippe de Baumanoir, *Coutume de Beauvoisis*, par le comte de Beugnot, Paris, 1842, 2 vol. in-8°; *les Livres de justice et de plet*, publiés par Rapeti, Paris, 1850, in-4°. Voyez aussi, sur les droits de l'État en Italie, la collection de Turin *(Monum. hist. patr.)*.
[5] Comme la juridiction dans les affaires civiles et criminelles des clercs en général, l'union des bénéfices sous le rapport spirituel et temporel, l'exécution et le changement des dispositions de dernière volonté pour œuvres pies, l'administration et la visite des hôpitaux, les fondations, les redevances, les procurations, etc., du clergé, l'acquittement des dîmes, les questions de propriété dans les ordres religieux, leur dotation, le droit de succéder aux biens des novices, les contrats de location des biens d'église, l'aliénation des objets qui constituent le titre d'ordination, le droit de patronage et les intérêts de fortune qui s'y rattachent, quelques-unes des conséquences du droit matrimonial (par exemple dans le rapt). Cf. Schulte, *Droit cathol.*, Ire part., p. 398.

peu de changements sur ce point[1]. Mais l'exécution complète de toutes ces règles suppose entre l'Église et l'État de tout autres rapports que ceux qui existent de nos jours et qui existaient déjà en partie avant la réforme ; l'Église elle-même, en ce qui concerne le droit humain, a tenu compte sur quelques points, tacitement ou expressément, suivant les différents pays, du nouvel ordre de choses qui s'y est établi.

VI. Dans le droit des Décrétales, l'Église avait de beaucoup dépassé les limites qui séparent la juridiction spirituelle de la juridiction laïque, et il en résulta une foule d'inconvénients, celui-ci notamment qu'une grande partie du clergé, trop impliqué dans les affaires juridiques des laïques et dans les chicanes de droit, se vit entraîné hors de sa véritable mission[2]. Cet accroissement de la juridiction ecclésiastique n'était pas, du reste, le fruit de l'usurpation : il avait sa raison d'être dans les nécessités de l'époque, principalement dans la manière défectueuse dont la justice civile était administrée[3].

La réaction[4] contre cette étendue de la juridiction ecclésiastique, commencée en Angleterre dès la seconde moitié du douzième siècle, se poursuivit plus tard en Allemagne. En France, elle éclata avec une grande violence à dater du quatorzième siècle.

Depuis la fin du quinzième siècle, des améliorations sérieuses

---

[1] Différents projets ont été émis et non encore discutés par la commission politico-religieuse du concile du Vatican, sur les écoles inférieures, moyennes et supérieures (voyez ci-dessus § 134, p. 370, note 3); sur la question sociale et la question des ouvriers (par le docteur Moufang); sur le soin des soldats et des prisonniers, sur les écoles mixtes, sur l'usure, sur la guerre (voyez plus loin Martin, *Collect.*, ed. 2, p. 104; Roskovany, *Monum. cath.*, t. XI, p. 92). Mais toutes ces questions ne sont envisagées que sous le rapport religieux et ecclésiastique.

[2] Saint Bernard se plaignait vivement de l'extension excessive de la juridiction ecclésiastique dans son livre *de la Considération* (Op. t. I, col. 415). Du reste l'Église elle-même s'est appliquée autant que possible à prévenir les contestations juridiques des clercs avec les laïques. Elle a défendu aux clercs de se vouer à l'étude du droit romain, et elle n'a fait d'exception à cette règle que dans l'intérêt de l'Église, des personnes ecclésiastiques et des pauvres (Conc. Later. III, an. 1179, c. XII = c. I, X, de postulando, I, 37; Greg. IX, c. III, X, eod. Voyez la note 3, p. 102).

[3] Dove l'a parfaitement démontré, *loc. cit.*, p. 23, 72, 74.

[4] Voyez Richter, *Droit canon*, § 208, avec les preuves à l'appui; Phillips, *Manuel du droit canon*, § 178, 1re édit.

furent introduites dans l'administration de la justice civile, et firent disparaître une des causes qui avaient amené autrefois l'extension de la juridiction de l'Église sur les affaires civiles. C'était là pour l'Église un motif de plus de céder aux exigences de l'État, si injustes quelquefois, qui voulait la réduire à sa juridiction purement ecclésiastique.

Il faut avouer, au surplus, que depuis la réforme, la puissance civile a souvent dépassé elle-même les limites de son autorité, en soumettant à sa juridiction des causes qui par leur nature appartiennent au domaine religieux. Il y avait ici les mêmes motifs et les mêmes occasions que nous avons exposés précédemment, en montrant les empiètements de la législation civile dans le domaine de l'Église [1].

L'œuvre de sécularisation accomplie au commencement de ce siècle détruisit en Allemagne les tribunaux ecclésiastiques, et pendant la longue vacance des évêchés il n'y eut pas d'autres tribunaux que les tribunaux laïques. Quand les diocèses furent rétablis, les moyens de créer des tribunaux ecclésiastiques complets faisaient défaut, de sorte que les décisions épiscopales n'étaient guère que des mesures administratives. Pour ces motifs, et surtout à cause des obstacles provenant de l'État, la juridiction ecclésiastique demeura fort restreinte, et plusieurs affaires religieuses furent vidées devant les tribunaux civils.

VII. Voici quel est aujourd'hui le rapport entre les deux juridictions ecclésiastique et civile :

1º Le privilége du for n'existe plus nulle part pour le clergé. Du côté du Saint-Siége, il a été déclaré dernièrement à plusieurs reprises que le pape ne pouvait pas reconnaître en principe que les affaires civiles des ecclésiastiques ressortissent aux tribunaux civils [2]. Cependant, à raison des exigences du temps, il est expressément admis dans différents concordats récemment conclus [3] que, dans les affaires civiles, les ecclésiastiques peuvent se soumettre aux tribunaux civils [4]. La même

---

[1] Voyez t. Ier, § 35, p. 138.

[2] C'est la remarque du cardinal-secrétaire d'État Consalvi, dans son *Esposizione dei sentimenti di Sua Santità* du 10 août 1819, composé par ordre de Pie VII.

[3] Notamment dans les concordats de Naples (art. 8), de Bavière (art. 12, lit. d.), d'Autriche (art. 13), de Wurtemberg et de Bade (art. 5).

[4] Voyez ci-dessus p. 94, note 3.

chose est adoptée en fait et sans contradiction dans plusieurs autres pays.

2° Dans les causes matrimoniales, tout ce qui concerne les effets civils non-seulement par rapport aux biens, mais par rapport aux relations des personnes, est soumis aux tribunaux civils en France, en Allemagne, en Autriche, en Belgique, en Italie et en Suisse [1].

3° Il a été expressément reconnu que les questions de patronage regardent la juridiction ecclésiastique, notamment dans les concordats de Bavière [2], d'Autriche [3], de Wurtemberg [4] et de Bade [5].

Toutefois, d'après ce qui se pratique en Bavière conformément aux dispositions expresses des trois derniers concordats, les tribunaux civils peuvent prononcer non-seulement sur les droits et les devoirs civils des patrons, mais encore sur les controverses relatives à la succession d'un patronage laïque permanent. Les lois civiles qui ont supprimé les concordats en Autriche, dans le Wurtemberg et à Bade, ne déterminent rien au sujet du droit de patronage. Cependant, comme il est admis en principe, même par la loi civile, que dans l'Église catholique le pouvoir ecclésiastique administre les affaires ecclésiastiques, on peut en conclure que la juridiction de l'Église sur les questions de patronage continuera d'être reconnue. Dans les autres pays, les affaires de patronage sont assignées aux tribunaux civils, soit expressément, soit en fait [6].

---

[1] Voyez ci-dessus §§ 184, 188. — [2] Arguments, concordat de Bavière, art. 12 c. — [3] Concordat autrichien, art. 12. — [4] Concordat wurtembergeois, art. 5.

[5] Concordat badois, art. 5. Le § 8 de la loi badoise du 9 octobre 1860 fournit aussi la preuve indirecte que cette disposition sera ultérieurement appliquée (voy. Maas, *Archives*, t. VII, p. 237).

[6] Il en est ainsi en Prusse (*Preussisch. Landrecht*, part. II, tit. XI, § 577). Mais on pourrait maintenant objecter contre cette mesure l'article 15 de la constitution prussienne, remis en vigueur (dans l'Oldenbourg, ordonnance du 15 avril 1831, § 4).

Cependant je me souviens d'avoir trouvé, il y a quelques années, dans les *Archives de la science pratique du droit*, qui ne sont pas présentement à ma disposition, une sentence du tribunal de la Hesse qui, se fondant sur le droit commun, reconnaissait la juridiction de l'Église dans les controverses de patronage et se déclarait lui-même incompétent; mais ce jugement, si j'ai bonne mémoire, a été annulé par la cour de cassation hessoise.

4° Les contsetations relatives à des biens ecclésiastiques, que les églises soient partie plaignante ou qu'elles soient mises en cause, ressortissent partout au tribunal civil [1] (hormis les affaires bénéficiales, qui sont purement ecclésiastiques [2]).

VIII. L'Église catholique maintient partout, même dans les pays où elle est contredite par les lois civiles, que les choses exclusivement ecclésiastiques, envisagées par leur côté purement religieux, sont uniquement de sa compétence. Telle sont toutes les questions qui regardent la foi, les contestations relatives aux sacrements et les choses qui sont avec eux dans un rapport essentiel, comme les fiançailles; les controverses touchant la promotion aux charges ecclésiastiques, les droits des bénéficiers, les droits et les devoirs spirituels du patron, le changement des bénéfices, l'étendue de la juridiction ecclésiastique, par exemple en ce qui concerne l'exemption, les droits et les devoirs des religieux, l'administration et l'emploi des biens d'église [3].

Dans sa constitution *Apostolicæ Sedis*, du 12 octobre 1869, Pie IX, se rattachant à la bulle *In Cœna Domini*, qu'on lisait autrefois le jeudi saint, déclare que ceux-là encourent l'excommunication *latæ sententiæ* réservée spécialement au souverain-pontife « qui empêchent directement ou indirectement l'exercice de la juridiction ecclésiastique, soit au for intérieur, soit au for extérieur, et qui recourent pour cela au for civil; ceux qui donnent des ordres à cet effet ou les publient, ou les aident par conseil et faveur; ceux qui forcent directement ou indirectement les juges laïques à traîner devant leur tribunal les ecclésiastiques, contrairement aux dispositions du droit canon, et ceux qui font des lois ou des décrets contre la liberté ou les

---

[1] *Preussisches Landrecht*, part. II, tit. xi, §§ 650, 709, 864; l'édit bavarois de religion, § 74, les concordats de Bavière et d'Autriche ne portent rien à ce sujet. Ce point est expressément accordé par le pape dans l'article 5 des concordats wurtembergeois et bavarois, « à raison des circonstances du temps. »

[2] Cela résulte soit des concordats, soit des lois générales. A Oldenbourg, cela est expressément reconnu par le traité du 5 janvier 1830, § 16.

[3] Schulte lui-même, dans la troisième édition, § 101, n. 2, p. 336, de son *Manuel du droit ecclésiastique*, cite encore parmi les objets « d'une nature purement ecclésiastique » l'administration et l'emploi des biens d'église, avec les autres objets marqués dans notre texte. Mais il ne nomme pas les droits et les devoirs ecclésiastiques des religieux.

droits de l'Église ; ceux qui recourent au pouvoir laïque pour arrêter les lettres ou tout autre acte du Saint-Siége ou de ses légats ; ceux qui en empêchent directement ou indirectement la promulgation et l'exécution, et ceux qui, à l'occasion de ces lettres ou actes, persécutent ou menacent le Saint-Siége, ses délégats ou tous autres[1]. »

§ 146. II. La procédure ecclésiastique. — 1. Les tribunaux ecclésiastiques[2].

I. La juridiction ecclésiastique en première instance, depuis la disparition des archidiacres[3], est de nouveau exercée par l'évêque dans le diocèse duquel l'accusé a son domicile[4], ou par le représentant de l'évêque[5]. D'après le concile de Trente, l'évêque ne doit être empêché dans l'exercice de la juridiction en première instance ni par un nonce, ni par un légat ; la cause ne peut être immédiatement déférée à la cour de Rome qu'avec son consentement et celui de la partie contendante[6]. La première instance doit hâter la procédure autant que possible ; si elle n'est pas terminée dans l'espace de deux ans au plus, les

---

[1] Const. *Apostolicæ Sedis* du 12 octobre 1869 : « Excommunicationi latæ sententiæ speciali modo romano pontifici reservatæ subjacere declaramus : … 6. Impedientes directe vel indirecte exercitium jurisdictionis ecclesiasticæ sive interni sive externi fori, et ab hoc recurrentes ad forum sæculare ejusque mandata procurantes, edentes, aut auxilium, consilium vel favorem præstantes. 7. Cogentes, sive directe sive indirecte, judices laicos ad trahendum ad suum tribunal personas ecclesiasticas præter canonicas dispositiones ; item edentes leges vel decreta contra libertatem aut jura Ecclesiæ. 8. Recurrentes ad laicam potestatem ad impediendas litteras vel acta quælibet a Sede apostolica, vel ab ejusdem legatis aut delegatis quibuscumque profecta eorumque promulgationem vel executionem directe vel indirecte prohibentes, aut eorum causa sive ipsas partes, sive alios lædentes, vel perterrefacientes. » Voyez aussi le *Syllabus*, n° 31.

[2] Conc. Trid., sess. XXIV, cap. XX, de ref.; sess. XXV, cap. X, de ref.

[3] Voyez ci-dessus § 130.

[4] C. V, X, de judiciis, II, 1.

[5] Mais le concile de Trente, sess. XXIV, cap. XX, de reform., réserve à l'évêque les questions de mariage. Voy. ci-dessus § 131.

[6] Conc. Trid., *loc. cit.* Voyez aussi ci-dessus p. 238, note 3, les propositions faites au concile du Vatican. Au moyen âge, il était arrivé, par l'effet des circonstances, qu'on passait en partie ou en totalité les autres instances pour s'adresser directement au pape. C. LVI, X, de appell., II, 28; c. I, X, de offic. leg., I, 20.

parties ou une d'elles sont libres de se pourvoir devant les juges supérieurs. A cette règle du concile de Trente se rattache celle-ci : les appellations ne pourront être acceptées qu'après une sentence définitive, ou un jugement qui ait la même force [1].

II. L'archevêque forme la seconde instance. Dans les archidiocèses ou dans les diocèses exempts, on constitue un second sénat au siége de l'évêque, ou bien le tribunal épiscopal est établi en seconde instance dans un autre diocèse par délégation du Saint-Siége [2].

III. La troisième instance est le pape, avec les différentes autorités de la curie romaine, ou, dans quelques cas particuliers, les juges qui sont désignés dans les pays que cela concerne *(judices in partibus)*. C'est en vue de ce dernier but qu'à l'exemple des conciles de Constance [3] et de Bâle [4], le concile de Trente [5] ordonne que « dans chaque concile provincial ou dans les synodes de chaque diocèse, on élise toujours comme juges

---

[1] Conc. Trid., *loc. cit.* : « Causæ omnes ad forum ecclesiasticum quomodolibet pertinentes, etiamsi beneficiales sint, in prima instantia coram ordinariis locorum duntaxat cognoscantur, atque omnino saltem infra biennium a die motæ litis terminentur : alioquin post id spatium liberum sit partibus vel alteri illarum, judices superiores, alias tamen competentes adire, qui causam in eo statu, quo fuerit, assumant, et quam primum terminari curent; nec antea aliis committantur nec avocentur, neque appellationes ab eisdem interpositæ per superiores quoscumque recipiantur, eorumve commissio aut inhibitio fiet nisi a definitiva vel a definitivæ vim habente, et ejus gravamen per appellationem a definitiva reparari nequeat. Ab his excipiantur causæ quæ juxta canonicas sanctiones apud Sedem apostolicam sunt tractandæ vel quas ex urgenti rationabilique causa judicaverit summus romanus pontifex per speciale rescriptum signaturæ Sanctitatis Suæ manu propria subscribendum committere aut avocare. »
Benoît XIV, dans la constitution *Ad militantis* de 1742 (*Bullar. magn.*, t. XVI, p. 76), donne de nouveaux détails sur les cas où les appellations doivent être entièrement exclues. Le concile de Trente ajoute que les pièces doivent être envoyées aux frais des parties, à moins que, d'après la coutume du lieu, les frais ne soient à la charge du seul appelant.

[2] En Prusse, Cologne, Breslau et Ermland ont des tribunaux de seconde instance aux sièges de ces évêchés; Gnesen et Posen servent l'un à l'autre de tribunal. En Bavière, Augsbourg est la seconde instance pour Munich, et Wurzbourg pour Bamberg. En Autriche, Prague est la seconde instance pour Vienne et Salzbourg, Olmutz la seconde instance pour Prague, et Vienne la seconde pour Olmutz.

[3] Concord. Const., c. IV (Hardouin, *Concil.*, t. VIII, col. 891).

[4] Conc. Basil., sess. XXXI, cap. I (Hardouin, *loc. cit.*, col, 1245).

[5] Conc. Trid., sess. XXV, cap. X, de ref.

au moins quatre personnes *(judices synodales)*[1], ayant le mérite et la qualité requise, choisies autant que possible parmi le clergé et possédant dans une église cathédrale un personnat ou un canonicat[2]; on devra les faire connaître à Rome. Si le synode tarde longtemps à se réunir, l'évêque seul nommera, en consultant le chapitre, suivant la recommandation de Benoît XIV[3], les clercs qui lui sembleront propres à être délégués comme juges *(judices prosynodales)*.

Ces sortes de juges n'ont point de juridiction tant qu'ils n'ont pas été réellement délégués par le pape[4]. Pour les causes matrimoniales, c'est le tribunal de l'évêque d'un autre diocèse qui est désigné une fois pour toutes par une délégation pontificale, comme troisième instance, pour une série d'années.

§ 147. 2. La juridiction ordinaire, mandée et déléguée[5].

I. La juridiction ordinaire *(jurisdictio ordinaria)* est celle qui est attachée à certaines fonctions ecclésiastiques qui, d'après le développement de l'organisation de l'Église, sont occupées d'une manière durable et permanente et qui doivent, en cas de

---

[1] La question de savoir si, dans la nomination des juges synodaux, qui a lieu dans le synode, les clercs ont voix décisive, doit être résolue négativement. Cf. Benoît XIV, *De synodo diœces.*, lib. IV, cap. v, n. 5. Al. Schmid, *Die Bisthumssynode*, t. I, p. 293; t. II, p. 37, 138, 141, etc., soutient le contraire. Voyez contre lui Phillips, *Manuel de droit canon*, § 184, n. 13, 1re édit.

[2] Cette condition, à laquelle se réfère le concile de Trente, *loc. cit.*, et requise pour les légats du pape, avait déjà été établie par Boniface VIII (c. Statutum xi, de rescriptis, in VI°, I, 3). Clément V a déclaré que le vicaire général et le prieur conventuel étaient aptes à l'office de légat du pape (Cl. II, de rescr., I, 3), ce qui semble exclure le simple official et le sous-prieur, en tant que chef d'un couvent particulier. Le subdélégué n'a pas besoin de réunir les qualités requises par Boniface VIII et Clément V. Voyez Giraldi, *Expositio juris pontif.*, p. 99. Les évêques peuvent établir tout religieux et tout clerc qui possède les qualités requises. Voyez Phillips, *Manuel de droit ecclésiast.*, § 181, n. 12, 1re édit.

[3] Bened. XIV, const. *Quamvis paternæ* (Bullar. magn., t. XVI, p. 41).

[4] Declar. I ad Conc. Trid., sess. xxiv, cap. xx.

[5] Voyez Hinschius, *Droit ecclés.*, t. I, p. 121, § 185; Phillips, *Manuel du droit ecclés.*, §§ 180-183 de la troisième édition; § 177 de la seconde. L'ouvrage de Walther Kæmpfe *(Dr. utr. jur.)* contient un excellent exposé des principes du droit romain et du droit ecclésiastique qui servent de base à cette doctrine; il démontre aussi que la théorie et la pratique adoptées par le droit commun et par le droit canon, se rattachent à une fausse interprétation du droit romain en ce qui concerne la juridiction mandée et déléguée.

vacance, être immédiatement repourvues. Elle est également accordée à certaines autorités collégiales ou corporations qui sont appelées à des travaux réguliers, en sorte que si cet emploi ou ce collège disparaissait pour longtemps, il y aurait une lacune dans l'organisation actuelle de l'Église et que son chef serait dans la nécessité de prendre d'autres mesures pour maintenir ces fonctions.

Une telle juridiction ne cesse point quand celui qui a conféré la charge à laquelle elle est attachée perd lui-même son autorité par la mort, la destitution, etc., ou quand il ne peut plus l'exercer parce qu'il a encouru les censures de l'Église.

Le pape a la juridiction ordinaire de droit divin, et les évêques l'ont au même titre par transmission du pape. Sur le fondement du droit positif et historique, par conséquent sur la base du droit humain, la juridiction ordinaire appartient aux patriarches, aux exarques, aux vicaires apostoliques de Thessalonique et d'Arles, aux primats (il ne reste plus que celui de Gran, en Hongrie), aux archevêques[1], aux autorités pontificales, en tant qu'elles ont reçu un pouvoir indépendant et ordinaire pour vider certaines questions; puis, en vertu d'un droit spécial, aux prélats exempts, investis d'un pouvoir quasi-épiscopal, aux chapitres exempts, aux cardinaux en ce qui concerne l'Église de leur titre, aux chapitres de cathédrales et aux collégiales relativement aux affaires intérieures qui sont laissées à leur libre administration. Autrefois, on mettait aussi dans ce nombre les archidiacres et les doyens ruraux.

II. On distingue de la juridiction ordinaire la juridiction quasi-ordinaire, ou *vicaria*[2], qui s'exerce dans certains cas précis, déterminés par le droit, mais non d'une manière régulière et ininterrompue. Elle est concédée chaque fois, selon le gré de celui qui l'accorde, dans une étendue déterminée, au moyen

---

[1] Les conciles provinciaux, s'ils se réunissaient tous les trois ans, comme le veut le concile de Trente, et formaient dans l'Église une institution organique, seraient aussi possesseurs d'une juridiction ordinaire pour prononcer sur les moindres délits des évêques, décider s'il faut permettre à l'archevêque de visiter les diocèses qui lui sont subordonnés.

[2] Cette distinction, que Hinschius a faite le premier sur le terrain du droit ecclésiastique, *op. cit.*, est conforme au droit romain, comme le prouve Kæmpfe dans l'ouvrage cité, car chez les Romains le dictateur, les *interreges*, les *legati proconsulis*, les administrateurs et les remplaçants avaient une juridiction quasi-ordinaire ou *vicaria*.

d'une fonction officielle, elle est transmise à une corporation; elle comprend les attributions qui appartiennent à un juge ordinaire.

Cette juridiction revient au chapitre ou au vicaire capitulaire pendant la vacance du siége épiscopal, aux légats, aux conservateurs pontificaux (qui n'existent plus maintenant, du moins en Allemagne), c'est-à-dire aux personnes [1] qui ont reçu du pape la mission de protéger, de maintenir dans leurs droits et leurs priviléges certaines personnes ou corporations religieuses, telles que les universités, les couvents, les congrégations religieuses, mais elles doivent s'abstenir de toute intervention, quand un acte de violence a besoin d'être prouvé par une enquête ultérieure [2] ; aux vicaires généraux [3], aux coadjuteurs et aux vicaires apostoliques appelés à gouverner des diocèses.

Les différences entre la juridiction ordinaire et la juridiction quasi-ordinaire se révèlent, sous des formes diverses, dans quelques cas particuliers à celle-ci. Il n'y a qu'un seul point où la différence soit commune pour toutes les espèces de juridiction quasi-ordinaire, c'est lorsque le possesseur de cette juridiction peut être à tout instant validement privé de son autorité par celui dont il la tient ou par le pape, sans qu'une sentence pénale ait été rendue à la suite d'une procédure canonique en forme. Il est vrai que dans un grand nombre de cas une pareille révocation ne peut avoir lieu sans motif et est funeste à l'ordre établi.

III. Une troisième juridiction, c'est la juridiction déléguée; elle s'exerce dans un cas précis et dans une étendue déterminée, au nom et sur la demande de celui qui possède la juridiction.

Le droit romain établissait une distinction radicale entre *jurisdictionem mandare* et *jurisdictionem delegare* ou *dare* [4].

---

[1] On les choisissait ordinairement parmi les juges synodaux. Voyez ci-dessus p. 393, 398.

[2] Voyez Hinschius, *Droit ecclésiastique*, t. I, p. 179, avec les citations.

[3] On y comprend aussi le vicaire établi par le pape en qualité d'évêque diocésain pour la ville de Rome.

[4] Cf. l. 12, § 1, D. de judiciis, V, 1, D. I, 21, de officio judicis, cui mandata est jurisdictio; l. 2, 5, 16, 17, D. de jurisdictione, II, 1; l. 1, § 1, Quis a quo appell., XLIX, 3; c. 3. Cod. Ubi et apud quem, II, 47. Voyez l'excellent exposé de Kæmpfe, § 4.

Par *jurisdictio mandata*, il entendait la juridiction qui s'exerce au nom et par ordre de quelqu'un qui est investi de la juridiction ordinaire ou quasi-ordinaire, et qui ne renferme pas, sous un nom précis, une cercle d'attributions rigoureusement déterminé; elle est donnée dans une mesure plus ou moins étendue, selon le gré de celui qui l'accorde. Le possesseur d'une juridiction *mandata* ne pouvait pas la confier à un autre *(mandare)*, mais il pouvait faire, comme le possesseur d'une juridiction ordinaire ou quasi-ordinaire, ce que le droit romain appelait *delegatio* ou *datio judicis*.

La *delegatio* ou *datio judicis* du droit romain [1] n'emportait que la faculté de décider juridiquement une affaire; elle ne donnait pas le pouvoir exécutif, le droit officiel de faire exécuter ses ordonnances, ou de charger quelqu'un d'autre de décider la chose.

L'école des légistes de Bologne (les glossateurs du droit romain) méconnaissait la distinction essentielle qui existe dans le droit romain entre *jurisdictio mandata* et *judicis datio* ou *delegatio*. Elle faisait violence à l'interprétation des sources du droit romain et distinguait l'autorisation de juger une seule affaire, *delegatio ad unam causam* (juridiction déléguée dans le sens restreint), et l'autorisation donnée pour un groupe d'affaires, *delegatio ad universitatem causarum (jurisdictio mandata)*; tandis que, selon le droit romain, la *jurisdictio mandata* peut également être bornée à un cas particulier.

A cette distinction mal entendue on attachait l'idée générale qu'une personne investie de la juridiction pour un ensemble d'objets, investie de la juridiction mandée, pouvait déléguer quelques-unes des choses qui lui étaient confiées, tandis que cela était défendu au délégué pour une seule cause. Cette fausse distinction a passé de là dans la doctrine, dans la pratique et la législation canonique [2].

---

[1] Parmi ces *judices dati* ou *delegati*, on rangeait les *judices, arbitrii, recuperatores* de la première période, mais non le *judex pedaneus* de la période qui a suivi Dioclétien, lequel avait déjà une sorte de juridiction déléguée. Voyez Vering, *Pandectes*, §§ 107, 108 de la quatrième édition,

[2] Voyez les développements dans l'ouvrage cité de Kæmpfe, § 16, et dans les sources : x, I, 29, de officio et potestate judicis delegati; in VI°, I, 14 eod.; Clem. eod., 1, 8; Extravag. comm., I, 6, eod.

Seul le délégué du pape a généralement le droit de subdéléguer [1], à moins que le contraire ne soit expressément commandé par la nature des circonstances. Le délégant peut aussi accorder au délégué, expressément ou tacitement, le droit de subdélégation ; celle-ci est généralement admissible quand la délégation ne se rapporte pas proprement à un acte juridictionnel. Un juge ordinaire a toujours le droit de déléguer soit pour quelques actes particuliers, soit pour un ensemble de choses [2]. Les laïques ne doivent pas être mandés ou délégués par le juge ecclésiastique [3], à moins qu'il ne s'agisse d'une affaire purement civile; ils peuvent l'être dans ce cas, quand même les deux parties contendantes appartiennent à l'état ecclésiastique.

On peut aussi établir simultanément plusieurs délégués pour un seul et même objet [4]. Mais il faut distinguer alors si chacun a reçu ou n'a pas reçu commission pour toute l'affaire *(in solidum)*. Dans l'affirmative, c'est celui qui a commencé l'affaire qui la décide [5]; dans la négative, aucun délégué ne doit agir sans l'autre, autrement toute la procédure serait nulle [6]. Mais dans ce cas, chaque délégué peut faire une sous-délégation soit à un codélégué, soit à un tiers [7].

Le pouvoir juridictionnel d'un délégué ne commence que lorsqu'il a ses pleins pouvoirs entre les mains ; avant cela, tous les actes de juridiction qu'il accomplit sont entachés de nullité [8]; de même que ceux qu'il exercerait en outrepassant ses pouvoirs [9]. Mais il va sans dire que le délégué possède, sans commission spéciale, le pouvoir d'entreprendre les actions nécessaires à l'exécution de la chose principale, par exemple de

---

[1] C. III, X, h. t., I, 29; C. XXVIII eod.
[2] Voyez c. LXVIII, De R. J., in VI°; c. VII, in VI°, de offic. ord., I, 16.
[3] C. II, X, de jud.; II, 1. Le délégant doit avoir passé l'âge de vingt ans, ou, si les parties l'acceptent, avoir au moins atteint sa dix-huitième année (c. XLI, X, h. t.).
Le pape seul pourrait, sans autre motif, déléguer un clerc qui n'aurait que dix-huit ans. Voyez sur les autres qualités des légats du pape le paragraphe précédent, p. 423.
[4] Des cas de cette sorte se trouvent dans C. XVI, XVII, XXI, XXII, X, h. t.
[5] C. XXI, § 1; c. XXX, X, h. t.; c. XXXIV, eod.; c. VIII, h. t., in VI°. —
[6] C. XVI, X, h. t.; cap. XXI eod. — [7] C. VI, X, h. t. — [8] C. XII, X, de appellat., II, 28. — [9] C. XIII, X, h. t.; c. XXII, X, de rescript., I, 3; c. XXXII, X, h. t.; c. XXXVII eod.

citer les parties et les témoins devant son tribunal et de les forcer à comparaître en faisant usage des peines ecclésiastiques[1].

On peut de la décision du délégué appeler au délégant ; mais lorsqu'un délégué du pape a subdélégué toute sa commission à un autre, l'appellation doit être adressée directement au pape[2].

Une délégation s'éteint par révocation du délégant, par l'écoulement du temps fixé par celui-ci, à moins que le délégué n'ait déjà entamé l'affaire, et il suffit pour cela d'une simple invitation des parties[3]. La délégation finit toujours à la mort du délégué quand les pleins pouvoirs lui ont été personnellement accordés. Si elle lui a été conférée parce qu'il était investi d'une fonction déterminée, elle passe à son successeur dans la fonction[4]. Enfin, quand plusieurs ont été délégués *in solidum*, la mort de l'un fait cesser la délégation pour tous les autres[5], à moins qu'il n'en ait lui-même subdélégué un autre et n'ait déjà commencé la procédure[6].

On distingue de la délégation la juridiction quasi-ordinaire du vicaire général de l'évêque, parce que le vicaire général forme avec l'évêque qui l'a établi le même tribunal, la même instance. On ne peut donc appeler du vicaire général à l'évêque, mais il faut aller tout droit à l'instance qui précède immédiatement. La juridiction du vicaire général expire toujours à la mort de celui dont il l'a reçue, quand même les parties auraient déjà été invitées. Cette juridiction n'a rien de commun avec la juridiction *vicaria*, car les vicaires apostoliques qui se trouvent en pays de mission, ou les vicaires apostoliques en général, ne perdent point leur commission à la mort de celui dont ils la tiennent.

IV. La délégation proprement dite, la concession d'une juridiction ou de quelques droits particuliers, ne doit pas être confondue avec la délégation légale de quelques droits de juridiction supérieure attachés à certaines fonctions, comme sont les droits que le concile de Trente accorde aux évêques en qualité de délégués du Saint-Siége. Ce que nous disons des évêques s'applique également aux conservateurs des réguliers comme délégués du pape. Ces pouvoirs de délégué pontifical peuvent

---

[1] C. I, IV, X, h. t. — [2] C. XXVII, § 2, X, h. t. — [3] C. XX, X, h. t. — [4] C. XIV, X, h. t.; c. VII, X, de rescr., I, 3. — [5] C. XLII, X, h. t. — [6] C. XXX, X, h. t.

être subdélégués; ainsi le vicaire général peut être subdélégué par l'évêque et prendre sous ce rapport le rôle d'un subdélégué[1].

§ 148. 3. La procédure.

I. La procédure ecclésiastique est la même pour le fond que la procédure du droit commun, basés sur le droit canon[2]. Elle n'est que le développement de la procédure du droit romain[3].

II. Dans tous les procès proprement ecclésiastiques, on trouve la procédure sommaire introduite par Clément V[4].

---

[1] Voyez Moy, *Archives*, t. IV, p. 417; Friedle, *ibid.*, t. IV, p. 363.

[2] Parmi les récents manuels sur la procédure civile, nous citerons les suivants : Schmid (3 vol., Kiel, 1843-1845); Linde (7e édit., Bonn, 1850); Bayer (*Gemein. ordentl. Civilproc.*, 9e éd.; Munich, 1865; *Theorie der summarischen Processe*, 7e édit., ibid., 1859); Wetzell (3e édit., Leipsig, 1871); Renaud (2e édit., Leipsig et Heidelberg, 1872); Endemann (Heidelberg, 1868). Voyez aussi Bethmann-Holweg, *Der Civilprocess des gemeinen Rechts in geschichtlicher Entwickelung*, t. I-V, Bonn, 1864-1871 ; les ouvrages cités plus haut, § 145, p. 413, note 3, de Bouix, München, Maas, et une revue de la procédure ecclésiastique dans Permaneder, *Manuel du droit ecclés.*, §§ 301-321 (en allem.). Sur les ouvrages historiques et les travaux du moyen âge, voyez tome Ier, § 32, n. VI, § 145, p. 413, note 3. Relativement aux points où le droit canon a exercé une influence particulière sur la forme de la procédure actuelle, comparez Hinschius, *Beiträge zur Eidesdelation*, Berlin, 1860; Zœpfl, *Ueber die richtige Lesart (ad exemplaria* et non *aut exemplaria)* von c. 1, X, de fide instrum. *Ein Beitrag zur Lehre von der Beweiskraft der Abschriften von Urkunden (Archiv für civil Praxis*, Heidelb., 1860, t. XLII, § 3, p. 386-413); P. Gross, *Die Beweistheorie im canonischen Processe*, Vienne, 1867. — Sur l'*actio* et *exceptio spolii*, voyez tome Ier, p. 75, note. — Rothe, *Historia exceptionum litis ingressum impedientium ex jure canonico descripta*, diss. inaug. Berolini, 1858. — Mittermeier, *Die Bedeutung des canonischen Rechts als Hauptquelle des gemeinen bürgerlichen Processes (Archiv für civil. Praxis*, Heidelberg, 1858, t. XL, p. 124).

(*Cit. du traducteur.*) — Ouvrages français qui traitent cette matière au point de vue civil : *la Procédure civile*, de Pigeau, 1809; les commentaires du même sur le *Code de procédure*, 1827; les *Lois de la procédure civile*, de G.-L.-J. Carré, 1840-1843; la *Théorie de la procédure civile*, de Boncenne, 1828-1838; les *Éléments de procédure civile* de MM. Ortolan et Bonnier; le *Cours de procédure civile et de droit criminel*, de Berriat-Saint-Prix; les *Leçons de procédure* de MM. Boitard et Colmet-d'Aage; le *Formulaire de procédure* de M. Bioche, et le *Dictionnaire de procédure civile et commerciale* du même.

[3] Felsecker, *Declinatio eorum quæ in processu civili romano per Decretales mutatæ sunt*, Heidelb., 1828.

[4] Dans la Clémentine : *Dispendiosam* II *de judic.*, II, 11, et la Clémentine *Sæpe contingit* II *de Verb. signif.*, V, 11. Voyez Schmid, *op. cit.*, t. III, p. 2; Bayer, *op. cit.*; Briegleb, *Einleitung in die Theorie der summarischen Processe*, Leipsig, 1859. Voyez aussi plus haut, § 146, p. 422, les dispositions du concile de Trente.

III. Pour la procédure matrimoniale, Benoît XIV a tracé des règles particulières, que nous exposerons plus loin en traitant de la jurisprudence du mariage [1].

IV. La procédure qui a lieu devant les congrégations romaines s'écarte beaucoup des formes de la procédure canonique proprement dite [2].

§ 149. III. La procédure criminelle ecclésiastique [3]. —
1. Différentes espèces de peines ecclésiastiques.

I. L'Église exerce ses fonctions de juge en vertu de la commission [4] qu'elle a reçue de Jésus-Christ relativement à tous les péchés [5]. Cependant tout ce qui est péché n'est pas crime [6]; cette dernière qualification regarde les seuls péchés que le droit ecclésiastique ou le droit civil menace de peines temporelles. L'Église juge des péchés au tribunal de la pénitence *(forum*

---

[1] Voyez ci-dessous § 215 E.

[2] Voyez Bangen, *Die rœmische Curie*, et Phillips, *Kirchenrecht*, t. VI. — Sur la manière dont procède la Congrégation du concile, voyez surtout Lingen et Reuss, *Causæ selectæ*, p. 11; voyez le désir exprimé ci-dessus p. 286, note 3.

[3] *De pœnis ecclesiasticis praxis absoluta et universalis* ab Antonio Thesauro, *in duas partes distributa cum notis et accessionibus locupletata*, ab Ubaldo Giraldi, Ferrar., 1761; Riegger, *De pœnitentiis et pœnis ecclesiasticis*, dans Schmidt, *Thesaurus*, t. VII, p. 156. Voyez les grands *Tractatus de censuris ecclesiasticis*, par Alterius et Sayrus (les deux ouvrages souvent cités de Kober, *Der Kirchenbann*, etc., n'étaient pas à la disposition de l'auteur. Peut-être Sayrus a-t-il voulu parler de sa *Theologia moralis* dans le chapitre *De censuris ecclesiasticis*); Gibalinus, *Tractatus de sacra jurisdictione inferendis censuris;* Felicianus, *Enchiridion de censuris, irregularitate et privilegiis*, Ingolstadii, apud Sartorium, 1583, in-4°; Barth. Ugolinus, *De censuris ecclesiasticis*, Bononiæ, apud Rossium, 1594, in-fol.; Francisc. Suarez, *Disputationes de censuris in communi*, Lugdun. sumpt. Horati Cardon., 1604, in-fol.; Steph. de Avila, *De censur. eccl.*, Lugdun., apud Cardon., 1608, in-4°; Avezanus (mort en 1669), *De censur. eccles.*, Aurel., 1654 (Meermann, *Thesaur.*, t. XI); Joann. Dedicastillo, *Tractatus duo de juramento, perjurio, adjuratione necnon de censuris et pœnis ecclesiasticis*, Antwerp., 1672, in-fol.; Van Espen, *Tractatus de censur. eccl.*, Operum pars VI, p. 9; Bouix, *De judiciis*, Parisiis, 1855, t. II; München, *Das canonische Gerichtsverfahren und Strafrecht*, 2 vol., Cologne, 1865; Molitor, *Über canonisches Gerichtsverfahren gegen Cleriker*, Mayence, 1856.

[4] Cf. *Matth*, XVIII, 15-17, 18; *I Cor.*, V, 9; *II Thessal.*, III, 13; *Joann.*, XX, 23; *II Cor.*, XIII, 2, 10; *I Tim.*, V, 20; *Tit.*, II, 15. Voyez aussi Kober, *Der Kirchenbann*, p. 8.

[5] Voy. Berardi, *Comment.*, t. IV, p. 1.

[6] Voy. August., c. I, d. 81.

internum), et elle juge des crimes au for extérieur[1], à moins que le crime ne soit demeuré secret[2].

II. On distingue les crimes purement ecclésiastiques *(delicta ecclesiastica)*, qui ne transgressent que la loi de l'Église (apostasie, inimitié contre la foi chrétienne, hérésie qualifiée, schisme et simonie), les crimes civils *(delicta civilia)*, qui ne violent que la loi civile ; les crimes mixtes *(delicta mixti fori)* qui tombent à la fois sous la loi pénale civile et sous la loi pénale ecclésiastique (la magie, la divination, le blasphème, le parjure, le vol des églises, l'usure et les délits de la chair).

III. Les punitions infligées au for intérieur se nomment pénitences ; celles qui sont imposées au for extérieur sont ou des censures[3] *(pœnæ medicinales)*, ou des peines vindicatives[4] ; des censures, quand elles tendent surtout à l'amélioration du coupable : elles ne sont applicables qu'aux membres de l'Église ; des peines vindicatives, quand leur but principal est d'expier la faute commise.

§ 150. 2. Développement historique de la juridiction pénale ecclésiastique[5].

I. La plus ancienne procédure ecclésiastique est celle qui est prescrite par Jésus-Christ même[6]; la dénonciation évangélique[7], ou dénonciation à l'église[8], après d'inutiles avertissements, d'abord entre quatre yeux, puis devant témoins. Quand le coupable n'écoutait pas l'Église, il était excommunié[9]. Contre les

---

[1] Voyez ci-dessus § 1. — [2] Voyez Innocent III, c. XXXIII, X, de simon., V, 3. — [3] Voir plus loin les §§ 151-154. — [4] Voir plus loin le § 155.

[5] Voyez Devoti, *Instit. jur. canon.*, lib. III, tit. I; lib. IV, tit. I. Voyez aussi les ouvrages cités plus haut, § 143, p. 413, note 5, de Dove, Friedberg, Fessler et Sohm, les ouvrages cités au paragraphe précédent de Molitor, Kellner, *Das Buss und Strafverfahren gegen Cleriker in den sechs ersten christlichen Jahrhunderten*, Trèves, 1863; Phillips, *Manuel du droit ecclés.*, § 186, 1re édit.; Geib, *Manuel du droit pénal allemand*, t. I, Leips., 1861, p. 124.

[6] Voyez *Matth.*, XV, 15-17. Sur la manière dont les apôtres appliquaient les prescriptions de Jésus-Christ, voyez *II Cor.*, X, 6; *I Cor.*, IV, 21 ; V, 1-5; *I Tim.*, I, 20; *II Thess.*, III, 14; *II Tim.*, IV, 15.

[7] Voyez ci-dessous § 165.

[8] Les plaintes contre un prêtre ne doivent pas être admises si elles ne sont appuyées de deux ou trois témoins. *I Tim.*, IV, 19.

[9] Voir plus loin § 152.

clercs en particulier, nous voyons que la déposition était en usage depuis les temps les plus reculés[1].

II. Les empereurs romains, devenus chrétiens[2], prêtaient main forte à l'Église pour l'exécution de ses sentences, et lui laissaient le soin de punir les délits peu graves que les clercs commettaient contre la loi civile. L'Église, en ces sortes de cas, recourait à l'exil, aux châtiments corporels ou aux peines pécuniaires. Un clerc coupable de fautes graves pouvait, d'après la loi de Justinien, être accusé ou devant le tribunal civil, ou devant l'évêque, ou devant le concile. Dans ce dernier cas, l'évêque ou le concile privait le coupable de son état et de sa fonction et le livrait au juge séculier, qui achevait son jugement. Mais quand un clerc était accusé et condamné devant le tribunal civil, ce tribunal le livrait à l'évêque pour être déposé.

III. Dans les royaumes germains, surtout depuis Charlemagne, l'Église obtint que les clercs fussent complètement exempts de la juridiction civile en matière criminelle[3]. L'empereur Frédéric II reconnaissait encore expressément le privilége du for[4]; mais au milieu des controverses religieuses qui éclatèrent dans la suite[5], la juridiction pénale de l'Église en ce qui concerne les clercs fut peu à peu restreinte aux délits contre leur état et leurs fonctions.

IV. Dans le for intérieur, les différentes espèces de pénitences à imposer pour des fautes publiques ou privées furent consignées dans les livres pénitentiaux dès le commencement du moyen âge[6]. A partir du huitième siècle, l'Église et l'État exercèrent en commun, dans des synodes[7], une juridiction

---

[1] C. IX, d. 28; c. V, d. 81. Voir plus loin § 155. Les constitutions apostoliques (lib. II, cap. XLVII) offrent un tableau frappant de la manière dont la justice s'administrait dans le premier siècle de l'ère chrétienne.

[2] Cod. Theod., de episc., XVI, 2; Nov. Justin., LXXXIII, CXXIII; c. XIX, C. 11, q. 1 (Conc. Carth., an. 397, c. XXXVIII); Palea ad c. XLV, c. 11, q. 1.

[3] C. XVII, c. 11, q. 1 (Conc. Agath., an. 506, c. XXXII); c. XLII, c. 11, q. 1 (Conc. Toled. III, an. 589); Caroli Magni capit. eccles., an. 789, c. XXXVIII (dans Pertz, *Monumenta Germaniæ historica*, t. III, p. 60); Capit. Francofurt., 794, c. XXXIX (*ibid.*, p. 74); Capit. Langob., an. 803, c. XII (*ibid.*, p. 110); voy. c. IV, X, de judiciis, II, 1, c. VIII, X, XVII eod.; c. XII, X, de foro compet., II, 2, c. XIII eod.

[4] Auth. *Statuimus* ad legem XXXIII codicis de episcopis, I, 3.

[5] Voyez ci-dessus § 145, p. 418; § 68. — [6] Voyez ci-dessus § 24.

[7] Voyez ci-dessus § 130, et les ouvrages cités dans Richter, *Droit eccl.*, § 212, note 9, 7ᵉ édit.; Phillips, *Droit eccl.*, t. II, p. 507, et Frid. II, const. an. 12, 20, c. VII (Pertz, *Monumenta Germaniæ historica*, t. IV, p. 236).

formelle sur tous les délits publics contraires à la foi, aux mœurs et à l'État chrétien tel qu'il était alors constitué. Il fut également admis, à dater du huitième siècle [1], que celui qui ne se faisait point absoudre de l'excommunication était mis au ban de l'empire et que celui qui demeurait dans le ban encourait l'excommunication.

V. Insensiblement, à la suite des démêlés qui éclatèrent entre l'Église et l'État depuis le quinzième siècle, la juridiction pénale de l'Église fut restreinte aux délits mixtes; désormais ce fut la prévention qui décida entre le tribunal ecclésiastique et le tribunal civil [2].

Depuis la réforme, la juridiction de l'Église sur les protestants a perdu son efficacité civile [3]. Avec le cours du temps, les mêmes raisons qui firent cesser la compétence de l'Église en matière civile restreignirent généralement sa juridiction criminelle aux délits proprement ecclésiastiques [4]. On vit même, dans le quinzième siècle, s'établir en France, puis en Espagne et en Allemagne, ce qu'on a nommé « l'appel comme d'abus [5] » que la politique religieuse de Bismarck cherche à ressusciter en Allemagne; il consiste dans la prétention d'appeler à la puissance civile des sentences ecclésiastiques rendues d'une manière soi-disant abusive [6].

VI. Aujourd'hui (excepté en Prusse) [7], la juridiction pénale de l'Église est reconnue ou non empêchée dans les différents États, tant qu'il ne s'agit que de peines purement ecclésiastiques n'entraînant que des conséquences ecclésiastiques. Quant à celles qui ont des conséquences directement civiles [8], c'est-à-dire qui

---

[1] Voyez les documents et les ouvrages dans Richter, *op. cit.*, § 214, note 14.

[2] Cf. c. VIII, X, de foro compet., II, 2; c. II, in VI°, de exceptionibus, II, 12, et les autres preuves dans Richter, *Kirchenrecht*, § 222, p. 677, 7e éd.

[3] Voyez tome Ier, § 33, p. 137; § 35, n. I. — [4] Voyez ci-dessus § 145. — [5] Voyez tome Ier, p. 143, 187. — [6] Voy. ci-dessus p. 423, la bulle *Apostolicæ Sedis* du 12 octobre 1869, et le *Syllabus*, n. 41. — [7] Voyez tome Ier, p. 188, et la fin de la note.

[8] Sur les inconvénients résultant indirectement d'une sentence de l'Église, c'est-à-dire d'une conviction religieuse, de la position ecclésiastique de certaines personnes et du public catholique, au préjudice d'un commerçant (voyez le jugement du tribunal de compétence prussien, du 31 mai 1857, *Archives*, t. II, p. 749). Ce tribunal approuve l'institutrice d'une école populaire catholique qui avait défendu aux enfants de l'école d'acheter des articles de classe, etc., chez un excommunié.

seraient imposées par la puissance civile, elles n'ont lieu que lorsque la sentence de l'Église est reconnue par une sentence de l'autorité civile[1].

Quant aux délits que les clercs ou les fonctionnaires civils au service de l'Église commettent contre les devoirs de leur emploi et contre la discipline, l'État accorde sa protection aux enquêtes et aux jugements ecclésiastiques[2]; seulement on exige au

---

[1] L'éditeur d'une feuille défendue comme irréligieuse par l'évêque de Luxembourg (1863-1864) avait réclamé des dommages-intérêts auprès des tribunaux pour avoir subi une grande diminution d'abonnements. Cette affaire se termina par un acquittement. (Voyez *Archives*, t. IX, p. 422; t. XI, p. 178; t. XII, p. 472.)

[1] Voyez, pour l'Autriche, l'ordonnance du 18 avril 1850, § 3, art. 11 du concordat, la loi pénale du 27 mai 1852, § 26, où il est dit dans l'avant dernier article : « Sont d'ailleurs maintenues les dispositions des lois civiles, politiques et ecclésiastiques qui rattachent d'autres pénalités à une condamnation pour crime (constitution du 21 décembre 1867; loi du 25 mai 1868. Voyez aussi tome Ier, p. 388, etc.).

Pour la Bavière, voyez le concordat, art. 12, et édit de religion, §§ 38 et suiv., 74; arrêté du 8 avril 1852, §§ 5-7 (voyez tome Ier, p. 154).

Pour la Prusse, *Allgm. Landrecht*, II part., tit. XI, §§ 50 et suiv. On peut citer aussi l'art. 15 de la constitution, supprimé en 1875; pour la Hesse électorale, le règlement du 31 août 1829, § 2, et la constitution de 1852, § 3, *a* et *e* (qui s'accordent avec les paragraphes correspondants de la constitution hessoise de 1831.

Pour le Hanovre, voyez la constitution, § 68, et la loi du 5 septembre 1848, § 25.

Pour Bade, voyez la loi I du 9 octobre 1860, 1860, §§ 15, 16.

Pour le Wurtemberg, la loi du 30 janvier 1862, art. 7.

En Bavière (voyez tome Ier, p. 157), en Prusse (ci-dessus, p. 187), en Saxe (voyez ci-dessus, p. 242), dans le Wurtemberg (voyez ci-dessus, p. 268), à Bade (voyez ci-dessus, p. 283), dans la Hesse-Darmstadt (loi spéciale du 23 avril 1875, *Archives*, t. XXXVII, p. 387), la loi civile permet expressément d'appeler au gouvernement pour cause d'abus dans l'exercice du pouvoir spirituel.

[2] La reconnaissance du pouvoir disciplinaire des évêques sur les fonctionnaires laïques de l'Église en ce qui concerne leurs fonctions religieuses résulte naturellement du droit qui appartient à l'Église d'administrer les affaires ecclésiastiques. Le haut tribunal ecclésiastique prussien a rendu à cet égard, le 11 octobre 1860, une sentence défectueuse. — Voyez (Rohden) *Die katolische Kirche in Preussen und dessen hœchsten Gerichtshof, dargestellt von einem praktischen Juristen*, Danzig, 1861; Rosshirt, *Ueber die rechtlichen Verhaeltnisse der weltlichen Kirchenbediensteten* (*Archives*, t. VIII, p. 1 et suiv.); Dove, dans le *Droit eccl.*, § 224, note 7, de Richter.

Quand même un fonctionnaire renvoyé par l'évêque par mesure disciplinaire réclamerait son traitement devant le juge civil, le tribunal civil n'en devrait pas moins reconnaître les dispositions de la loi ecclésiastique pour le maintien de la discipline de l'Église à l'égard des fonctionnaires laïques de l'Église.

besoin la communication des actes, afin qu'il soit établi qu'on a procédé selon la loi de l'Église[1].

Les délits civils du clergé sont maintenant soumis partout au tribunal civil; cependant il était presque toujours expressément prescrit de communiquer à l'évêque l'enquête ou le jugement[2], afin que, s'il le juge à propos, il puisse infliger des peines ecclésiastiques.

§ 151. IV. Des censures ecclésiastiques[3]. — Notions générales.

I. Les censures ecclésiastiques[4] sont l'excommunication, l'interdit et la suspense pour un temps indéterminé[5].

II. Quand la censure dont on est menacé est expressément contenue dans la loi de l'Église, on l'appelle censure du droit ou du canon; quand le juge ecclésiastique défend quelque chose sous peine de l'excommunication ou d'une censure quelconque, on l'appelle *censura hominis*[6].

III. On dit qu'une censure est *latæ sententiæ* quand on l'encourt par le seul fait d'avoir accompli certains actes. Les censures *ferendæ sententiæ* ne sont encourues qu'après la sentence du juge[7]. La fulmination d'une censure par une sentence pénale du juge ecclésiastique doit être précédée de trois ou au moins de deux monitions *(admonitiones canonicæ*[8]*)*. Vient ensuite la

---

[1] Voyez les lois citées au paragraphe précédent; Pr. Landr., *loc. cit.*, § 123; concordat bavarois, art. 12, d. 14; édit de religion, §§ 38, 64, etc.

[2] Voyez ci-dessus p. 94, note 2.

[3] Voyez les traités des ouvrages cités § 149, note 3, p. 431, et les ouvrages indiqués plus loin sur chaque censure en particulier.

[4] Voyez ci-dessus § 149.

[5] C. xx, X, de verbor. significat, V, 40.

[6] Voy. c. un., in VI°, de majorit. et obed., I, 17; c. xxii, in VI°, de sentent. excomm., V, 11.

[7] Cette division des censures en *latæ* et *ferendæ sententiæ* se rencontre dans les lois de l'Église depuis le cinquième siècle. Cf. Concil. Gang., vers. 365, c. i, d. 30. Plus tard, le nombre des censures *latæ sententiæ* s'accrut notablement. D'après la glose sur Clément Ier, de sent. excomm., VI, 20, il y aurait au *Liber sextus* trente-deux cas, et dans les Clémentines cinquante cas d'excommunication *latæ sententiæ*. Dans Pichler, *Candidatus jurisprudentiæ sacræ*, ad lib. V, tit. 39, on ne trouve pas moins de deux cent vingt-trois cas d'excommunication *latæ sententiæ*.

[8] Cf. Lateran. Conc. III = can. xxvi, X, de appellat., II, 28. Les trois monitions avec intervalles forment la règle. Cf. c. v, c. 16, q. 7 (Concil. Rothomag., circa 650); Alexand. III, c. vi, X, de cohabitat. clericor., III, 2; c. ix, in VI°, de sentent. excomm., V, 11 (Concil. Lugd. II, an. 1274).

procédure formelle¹, à moins que le délinquant ne soit contumax, c'est-à-dire qu'il ne se soit pas rendu à l'invitation du juge. Dans les cas même où une censure est portée par le droit, par conséquent sans l'intervention du juge, le juge peut encore prononcer une sentence juridique, afin d'établir que les faits existants sont de ceux auxquels est attachée la censure *latæ sententiæ*².

Pie IX, dans sa bulle *Apostolicæ Sedis*, du 12 octobre 1869, a diminué le nombre des censures *latæ sententiæ*; cependant il reste encore près d'une centaine de cas qui y sont soumis³.

Le concile de Trente (sess. XXV, de ref., c. II) en exige au moins deux; cependant un seul avertissement péremptoire suffit par exception, quand on déclare expressément qu'on n'en fera pas d'autre, c. IX, in VI°, de sentent. excomm., V, 11. Kober, *Die Suspension der Kirchendiener*, p. 58; Mendelssohn-Bartholdy, *De monitione canonica* (Diss. inaug.), Heidelb., 1860.

¹ Voyez Kober, *Der Kirchenbann*, p. 164.
² Voyez *Thesaurus*, de pœnis eccles. prax. absol., etc., *loc. cit.*, part. I, c. VI.
³ Voy. t. Iᵉʳ, p. 629, note 2; Pet. Avanzini, const. *Qua censuræ latæ sententiæ limitantur ...*, ed. 2ᵃ, novis ditata commentariis, Rome, 1371 (publié d'abord dans *Acta sanctæ Sedis*, vol. VI); Mittermüller, *Ueber die Reformen der kirchlichen Censuren*. Archives, t. XXVI, p. 153; In constit. Apostol. Sedis ... *commentarii* editi jussu Pr. Ægidii Mauri, episcopi Reatini Interamnæ, 1873.
⁴ Parmi les censures générales *latæ sententiæ* qui concernent toute l'Église, celles-là seules continuent d'être valables qui sont contenues ou renouvelées dans cette constitution, ou qui sont établies (et non pas seulement confirmées) par les décrets de réforme du concile de Trente. Pie IX y maintient notamment l'excommunication *latæ sententiæ* contre les spoliateurs des biens d'église (Conc. Trid., sess. XXII, cap. XI, de reform.), contre ceux qui violent la clôture des couvents de religieuses (*Ibid.*, sess. XXV, cap. V, de regul.), contre ceux qui forcent ou empêchent une personne du sexe d'entrer dans un couvent (*Ibid.*, sess. XXV, de regul., cap. XVIII), contre ceux qui commettent un rapt en vue du mariage, contre les maîtres et les magistrats qui forcent les individus soumis à leur autorité à se marier avec telles personnes (Conc Trid., sess. XXIV, de reform., cap. VI, IX), contre les possesseurs de domaines qui permettent le duel sur leurs territoires (Conc. Trid., sess. XXV, cap. XIX, de reform.).

La bulle *Apostolicæ Sedis* ajoute que désormais la simple provocation au duel, de même que son acceptation, que le duel ait lieu ou non, entraîne une excommunication réservée au pape. Le concile de Trente, dans la session IV, *De editione et usu sacrorum librorum*, avait également frappé d'une excommunication réservée l'impression illicite des saintes Écritures et celle des livres contenant des explications et des remarques sur la Bible. La bulle *Apostolicæ Sedis* a restreint cette mesure du concile en ce sens que la censure ne frappe plus les commentateurs anonymes, mais uniquement ceux qui n'ont pas l'approbation de l'évêque. Des

IV. Dans le doute sur la peine qu'il faut appliquer, on doit toujours choisir la plus légère[1]; ainsi la censure précède la peine vindicative, et parmi les censures, on commence d'abord par celles qui sont *ferendæ sententiæ*.

V. Une censure *latæ sententiæ*, ou une sentence conçue en termes généraux, ne s'étend aux évêques que lorsqu'ils y sont expressément compris[2].

VI. Pour lever une censure, aucune forme particulière n'est exigée[3]. Elle est ordinairement levée à la prière de celui qui l'a encourue, quand il déclare qu'il est prêt à se soumettre[4]. Il arrive aussi que le supérieur ecclésiastique lève la censure par sa propre initiative, quand il espère vaincre par la douceur l'opiniâtreté du délinquant.

suspenses établies par le concile de Trente, la bulle *Apostolicæ* maintient seulement celle qui regarde les ordinations irrégulières (voyez ci-dessus § 64, n. V; Conc. Trid., sess. XXIII, cap. VIII, X, de reform.; sess. VI, cap. V; sess. XIV, cap. II, de reform.), celle qui atteint le vicaire capitulaire pour avoir donné des dimissoires en vue de l'ordination (Conc. Trid., voyez p. 342, sess. VII, cap. X, de reform.), la censure encourue par celui qui bénit un mariage sans l'autorisation du propre curé (sess. XXIV, cap. I, de reform matrim.), l'interdit de l'entrée de l'église qui frappe le métropolitain lorsqu'il néglige pendant trois mois de dénoncer au Saint-Siège un de ses suffragants qui n'observe pas la résidence (Conc. Trid., sess. VI, c. I). La bulle *Apostolicæ Sedis* supprime formellement la bulle *In cœna*, qui se lisait autrefois le jeudi saint et contenait les cas d'excommunication (voyez Phillips, *Mélange*, t. II). Cependant Pie IX l'a reproduite en partie.

D'autres censures sont depuis longtemps tombées en désuétude, parce que l'application d'une censure suppose toujours qu'on connaît la loi ou qu'on ne l'ignore point par sa faute.

[1] Voyez regula XV de regulis juris, in VI°, V, 12 : « Odia restringi et favores convenit ampliari; » regul. XLIX eod. : « In pœnis benignior interpretatio est facienda. »

[2] Voy. c. IV, in VI°, de sent. excomm.; c. XXXVII, in VI°, de electione, I, 6.

[3] On peut employer la formule du Pontifical romain *(ordo excommunicandi et absolvendi)*. — Pour les détails, voyez Kober, *Der Kirchenbann*, p. 550. L'absolution peut aussi être donnée sous condition. Il n'y a pas absolution tacite de la part du pape lorsque, écrivant à quelqu'un qui est sous le poids d'une censure, il le salue en la forme accoutumée. Cf. c. XLI, X, de sentent excommun., V, 39. Cependant, une personne que le pape admet au baiser pourrait se considérer comme absoute (c. XII, de privileg., V, 33. Cf. Fagnani, ad c. XLI, X cit.).

[4] La validité de l'absolution ne dépend pas de ces circonstances (voyez Schmalzgrueber, *Jus eccl. univers.*, lib. III, tit. XXXIX, n. 100). On peut absoudre même des défunts, quand il est établi qu'ils avaient la volonté de se réconcilier avec l'Église. (Cf. c. XXVIII, h. t., V, 39, c. XXXVIII, eod.)

VII. L'absolution pour le for intérieur peut être donnée par tout confesseur approuvé [1], tant qu'il ne s'agit point de cas réservés à l'évêque ou au pape. L'absolution des cas simplement et non spécialement réservés au pape, quand ils sont secrets, peut être donnée par l'évêque dans le for intérieur, et elle pouvait l'être, en vertu d'un privilége, par les religieux mendiants avant la constitution *Apostolicæ Sedis*.

A l'article de la mort, tout prêtre validement ordonné peut absoudre dans le for intérieur, même des cas réservés, quand il serait lui-même sous le poids des censures. Seulement, la personne ainsi absoute doit, en cas de guérison, demander au juge compétent l'absolution pour le for intérieur. L'absolution au for extérieur appartient à ceux qui sont compétents pour porter des censures, c'est-à-dire à ceux qui ont une juridiction épiscopale ou quasi-épiscopale dans les limites de leur district : au pape dans toute l'Église, au curé lui-même, quand il s'agit d'une censure *latæ sententiæ* demeurée secrète. Cependant, il y a une foule de circonstances où, même dans ce cas, l'absolution est réservée au pape.

Quand il s'agit du for extérieur, il faut distinguer si la réserve a été faite par le pape simplement ou d'une manière spéciale *(simpliciter,* ou *speciali modo)*. Ainsi, quand une censure est spécialement réservée au pape, le pouvoir général d'absoudre des cas qui lui sont réservés ne s'étend point aux censures spécialement réservées. Les priviléges accordés sur ce point aux ordres mendiants, sous quelques formes et pour quelques personnes que ce soient, sont supprimés par la bulle *Apostolicæ Sedis*. Ceux qui, dans de tels cas, absoudraient sans autorisation, excepté à l'article de la mort, encourraient l'excommunication réservée au Saint-Siége. Mais la bulle *Apostolicæ Sedis* maintient expressément les pleins pouvoirs accordés aux évêques par le concile de Trente d'absoudre des cas réservés au pape lorsqu'ils sont secrets [2].

---

[1] Voyez c. xxix, X, de sentent. excomm.; comparez ci-dessus § 134, p. 369, note 5.

[2] Conc. Trid., sess. xxv, cap. vi, de ref. : « Liceat episcopis in irregularitatibus omnibus et suspensionibus, ex delicto occulto provenientibus, excepta ea quæ oritur ex homicidio voluntario, et exceptis aliis deductis ad forum contentiosum, dispensare, et in quibuscumque casibus occultis, etiam Sedi apostolicæ reservatis, delinquentes quoscumque sibi subditos

§ 152. Des censures en particulier. — 1° L'excommunication [1].

I. Cette censure est la plus ancienne et elle était autrefois la plus fréquemment employée. Le concile de Trente exhorte à n'en user qu'avec modération [2].

On distingue l'excommunication majeure et l'excommunication mineure. La première, qu'on nomme simplement excommunication [3], exclut de tous les droits dont jouissent les membres de l'Église, de l'honneur ecclésiastique (mais non civil [4]), de la réception et de la dispensation des sacrements [5], des suffrages de l'Église, de l'office divin, la prédication exceptée, de la sépulture ecclésiastique, des emplois ecclésiastiques et des droits de juridiction [6]. L'excommunication mineure exclut simplement

in diœcesi sua per seipsos aut vicarium ad id specialiter deputandum in foro conscientiæ gratis absolvere, imposita pœnitentia salutari. Idem et in hæresis crimine in eodem foro conscientiæ eis tantum, non eorum vicariis, sit permissum. » — Conc. Trid., sess. xiv, cap. vii, de pœnit. : « Hanc autem delictorum reservationem, consonum est divinæ auctoritati, non tantum in externa politia, sed etiam eorum Deo vim habere. Verumtamen pie admodum, ne hac ipsa occasione aliquis pereat, in eadem Ecclesia Dei custoditum semper fuit, ut nulla sit reservatio in articulo mortis : atque ideo *omnes sacerdotes* quoslibet pœnitentes a quibusvis peccatis et censuris absolvere possunt. » Voyez Friedle sur l'absolution *a censuris in articulo mortis*, Archives, t. XXX, p. 185.

[1] Voyez ci-dessus § 151, *Tractatus de censuris;* Kober, *Der Kirchenbann,* Tubingue, 1857; Schilling, *Der Kirchenbann,* Leipsig, 1850, et Kober, *Archives,* t. V, p. 68 et 148; Fessler, *Der Kirchenbann und sein Folgen* (dans Fessler, *Vermischten Schriften,* Fribourg, 1869, p. 185); Molitor, *Die Folgen der excommunicatio major* (*Archives,* t. IX, p. 1); Phillips, *Lehrbuch des Kirchenrechts,* 1re édit., §§ 189-195. — Greg. decr. *De sententia excommunicationis,* V, 39; Sext. decr. *De sententia excommunicationis, suspensionis et interdicti,* V, 11; Mart. V const. (dans Hardouin, *Concil.,* t. VII, col. 892) *Ad evitanda,* ann. 1418; Conc. Trid., sess. xxv, cap. iii, de ref.

[2] Conc. Trid., *loc. cit. ;* « Quamvis excommunicationis gladius nervus sit ecclesiasticæ disciplinæ, et ad continendos in officio populos valde salutaris, sobrie tamen magnaque circumspectione exercendus est; cum experientia doceat, si temere aut levibus ex rebus incutiatur, magis contemni quam formidari, et perniciem potius parere quam salutem. »

[3] C. lix, X, de sentent. excomm., V, 39.

[4] Et non du mariage civil. Cf. *Archives,* t. XXVIII, p. cxc, et les ouvrages cités en ce lieu.

[5] C. x, X, de clerico excommunicato ministrante, V, 27; c. xviii, xxxii, X, de sentent. excomm., V, 39; c. viii, in VI°, de privileg., V, 7.

[6] C. vii, x, X, de clerico excommunicato, V, 27.

des sacrements et rend inhabile à une charge ecclésiastique[1]. Elle a fini par n'être plus encourue, comme censure du droit, que par ceux qui entretiennent des relations avec un excommunié *vitandus*; la constitution *Sedis Apostolicæ*[2] a supprimé cette censure, mais non la défense d'avoir des relations avec un excommunié *vitandus*.

Depuis Martin V, il n'y a plus d'excommunié *vitandus* que celui qui attente notoirement à la vie d'un clerc et qui est nommément et expressément excommunié. Tous les autres excommuniés, depuis la constitution *Ad vitanda* de ce pape, publiée au concile de Constance, sont tolérés. Dès que l'absence de relations avec un excommunié *vitandus* entraînerait des inconvénients, la défense disparaît[3].

Aujourd'hui, il ne peut plus y avoir d'excommunication mineure que dans le cas où un chef ecclésiastique défendrait telle action sous peine de l'encourir.

II. L'excommunication fulminée contre une personne déjà morte l'exclut des suffrages de l'Église; ce n'est point une censure, mais une peine vindicative.

II. On appelle anathème[4] une excommunication majeure fulminée avec une solennité particulière. L'*anathema maranatha*[5] était chez les juifs une ancienne et sévère formule de malédiction.

---

[1] C. II, X, de except., II, 25; c. x, X, de cleric. excommunic., V, 27; c. LVI, X, h. t., V, 39.

[2] La constitution *Apostolicæ Sedis* contient une disposition extraite d'Innocent III (c. XXIX, de sentent. excom., V, 39), portant excommunication majeure *latæ sententiæ contra communicantes cum excommunicato nominatim in crimine criminoso, ei scilicet impetendo auxilium vel favorem*, c'est-à-dire contre ceux qui prêtent secours et assistance à quelqu'un qui est nommément excommunié par le pape pour un crime digne de châtiment.

Cette constitution renouvelle aussi une mesure empruntée à Clément VIII (c. XVIII, X, de sentent. excommunic.) portant excommunication majeure *latæ sententiæ* simplement réservée au pape *contra clericos scienter et sponte communicantes in divinis cum personis a romano pontifice nominatim excommunicatis et ipsos in officiis recipientes*, c'est-à-dire contre les clercs qui sciemment et volontairement communiquent dans les choses du culte avec ceux qui sont nominativement excommuniés par le pape.

[3] Les causes qui excusent les relations avec un excommunié *vitandus* sont : « utile, lex, humile, res ignorata, necesse. »

[4] Voyez c. CVI, C. 11, q. 3; c. x, X, de judiciis, II, 1. Voyez aussi l'*Ordo excommunicandi* dans le *Pontificale romanum*, part. III. — [5] *I Cor.*, XVI, 22.

§ 153. 2° L'Interdit [1].

I. Cette censure exclut des sacrements et des différentes fonctions de l'office divin. Dans l'interdit *ferendæ sententiæ*, la sentence pénale peut aussi désigner en détail les actions du culte divin sur lesquelles doit porter l'exclusion. La forme de la fulmination est laissée au jugement du supérieur ecclésiastique.

II. L'interdit peut tomber sur une ou plusieurs personnes (*interdictum personale*), sur un édifice religieux (*interdictum locale*), ou sur une de ses parties (*interdictum locale particulare*), sur un district tout entier (*interdictum locale universale, generale*).

III. L'interdit local général a disparu de la pratique de l'Église, parce qu'il fait pâtir les innocents avec les coupables, et parce que les lieux, les pays privés d'offices tombent plus facilement en proie à l'hérésie et à l'incrédulité [2]. L'interdit local particulier, d'après un décret pontifical du 12 mars 1873, doit être jeté sur les églises catholiques où les non-catholiques ont célébré leur culte [3]. Il peut être lancé sur un autel particulier qui ne se trouverait pas dans un état convenable et durer tant que cet état subsiste [4].

---

[1] Voyez Phillips, *Manuel*, § 196 de la première édition, et les traités des censures, cités § 151; Munchen, *Das canonische Verfahren*, t. II, p. 196, 208-214; Kober, *Das Interdict* (*Archives*, t. XXI, p. 3, etc; t. XXII, p. 3, 53; voyez les sources citées au paragraphe précédent, p. 440, note 1.

[2] Le dernier exemple d'interdit jeté sur tout un pays fut lancé en 1606 par Paul V sur la république de Venise; il fut retiré l'année suivante. Voyez *Bullarium roman.*, t. V, part. III, p. 252.
Il y a de nos jours un interdit de fait dans les nombreuses paroisses catholiques de Prusse « fermées » par le gouvernement. — En 1872, l'évêque de Luxembourg lança l'interdit sur une commune, mais il le retira immédiatement à la prière des paroissiens. (Voyez *Salzburg-Kirchenblatt*, 1872, n. 28.)

[3] Voyez ci-dessus p. 2, note.

[4] L'évêque de Metz, il y a quelques années, interdit tous les autels des églises de son diocèse dont les tabernacles ne se fermaient pas convenablement (voyez *Archives*, t. IX, p. 170, 173). L'interdit local particulier peut encore être considéré comme une mesure pratique, d'après ce passage de la bulle *Apostolicæ Sedis* : « Scienter celebrantes vel celebrari facientes divina in *locis* ab ordinario, vel delegato judice, vel a jure *interdictis*, aut nominatim excommunicatos ad divina officia, seu ecclesiastica sacramenta, vel ecclesiasticam sepulturam admittentes, inter-

Il ne faut pas confondre avec l'interdit local la suppression de l'office public *(cessatio a divinis)* dans les églises qui ont été polluées par un crime, tel que le meurtre ou une tentative de meurtre. Une nouvelle consécration de l'église est nécessaire pour faire cesser cette situation de fait [1].

IV. L'interdit personnel, dans la pratique actuelle de l'Église, et quand il s'agit des laïques, est souvent lancé en punition du concubinage ; il consiste dans la privation des sacrements et de la sépulture ecclésiastique, au lieu de l'excommunication [2]. Pour les ecclésiastiques, l'interdit personnel consiste surtout dans la défense d'entrer à l'église *(interdictum ingressus in ecclesiam)*, en ce sens qu'ils ne peuvent pas, en tant qu'ecclésiastiques, participer aux fonctions liturgiques.

§ 154. 3° La suspense [3].

I. La suspense est l'interdiction faite à un prêtre d'exercer les droits qui découlent de sa position en tant qu'ecclésiastique. La suspense encourue pour un temps indéterminé est une censure ; pour un temps déterminé, c'est une peine vindicative [4].

II. La suspense s'étend ou à tous les droits d'un ecclésiastique (suspense générale), ou seulement aux fonctions spirituelles de sa charge *(suspensio ab officio)*, ou aux revenus attachés à ses fonctions spirituelles *(suspensio a beneficio)*, ou à l'exercice des droits spirituels de son ordre *(suspensio ab ordine)*.

La suspense peut se rapporter ou à quelques ordres seule-

dictum ab ingressu ecclesiæ ipso jure incurrunt, donec ad arbitrium ejus, cujus sententiam contempserunt, competenter satisfecerint. »

[1] Voyez aussi c. LV, X, de appell., II, 28 ; c. XIII, X, de officio judic. ordinar., I, 31 ; c. II, VII, eod. in VI°, I, 16 ; c. I, h. t., in Clem. V, 10.

[2] Comme il faudrait interrompre l'office divin (excepté le sermon) s'il s'y trouvait un excommunié nommé, il pourrait aisément en résulter quelque trouble, si on employait la force pour faire sortir l'excommunié. Cet inconvénient n'a pas lieu pour l'interdit. (Voyez Molitor, *op. cit.*).

[3] Voyez le traité des censures cité plus haut § 151 : Kober, *Die Suspension der Kirchendiener*, Tubingue, 1862 ; Phillips, *Manuel*, 1re édit., § 197. Voyez aussi les sources indiquées § 151 ; Reuter (cas de Mœnnikes), dans les *Archives*, t. XXXII, p. 349.

[4] Voyez des exemples dans c. III, § 3, X, de cland. despons., IV, 3 ; c. II, III, X, de clerico percuss., V, 25 ; Conc. Trid., sess. XXIII, c. VIII, X, de ref.

ment, ou à quelques fonctions de la charge, ou à une partie du revenu; ainsi elle peut se borner à interdire la célébration de la messe [1], la collation des ordres [2] ou de certains emplois [3], l'usage des revenus de tel bénéfice à celui qui en possède deux [4].

III. Régulièrement, la fulmination d'une suspense, comme de toute suspense *ferendæ sententiæ,* ne doit avoir lieu qu'à la suite d'une procédure juridique. Cependant le concile de Trente a expressément confirmé aux évêques l'ancienne faculté qu'ils avaient de prononcer une suspense *ex informata conscientia* [5]; quand le crime d'un ecclésiastique est secret, que les moyens de preuves juridiques font défaut ou que la publicité qui résulterait d'une enquête produirait un grave scandale, l'évêque peut, lorsqu'il a une connaissance suffisante du délit, suspendre un ecclésiastique *ab ordine* et *ab officio,* mais non *a beneficio,* et seulement pour un temps déterminé, sans faire un procès en forme. Contre une telle mesure, il n'y a point d'appellation, mais seulement recours direct au pape.

IV. La suspense peut aussi être employée comme mesure de sécurité pendant le temps où un clerc se trouve soumis à une enquête criminelle [6].

ADDITION DU TRADUCTEUR.

Pendant seize cents ans, disent les *Analecta* [7], les évêques n'ont pas eu le pouvoir de procéder extrajudiciairement, *ex informata conscientia,* et ils sont demeurés désarmés vis-à-vis des crimes occultes. Cette prérogative ne leur a été communiquée qu'à l'époque du concile de

---

[1] C. XXVIII, c. 8, q. 1; c. LVII, d. 1, de consecr. — [2] C. XLV, X, de simonia, V, 3; c. XIII, XIV, XV, de temp. ordin, I, 11; Conc. Trid., sess. XXIII, cap. VIII, de ref. — [3] C. XXIX, X, de præbendis, III, 5. — [4] C. XXXII, in VI°, de electione, I, 6.

[5] Conc. Trid., sess. XIV, cap. I, de ref. Voyez la résolution qui s'y rapporte dans l'édition de Richter; Kober, *Die Suspension,* p. 65; Roth, sur la *Sententia ex informata conscientia,* Landau, 1856; Molitor, *Ueber die Sentenz des Bischofs ex informata conscientia,* Mayence, 1856; Pallotini, *Pugna juris pontificii statuentis suspensiones extrajudicialiter seu ex informata conscientia et imperii easdem abrogare molientis,* Vienne, 1863; C. Braun, *De suspensione ex inform. conscientia ob occulta solum crimina inferenda,* Wirceburgi, 1868. Voyez aussi Bouix, *De judiciis eccles.,* t. II, p. 310. Voyez ci-dessus p. 188, note 3, les propositions faites au concile du Vatican.

[6] Voy. c. XIII, C. 2, q. V; c. X, X, de purgat., c. V, 34; Kober, *op. cit.,* p. 28. — [7] Livraison de mars et avril 1864.

ente, par concession du Saint-Siége. Une concession analogue eut
ù en faveur des évêques au treizième siècle, lorsque le pape les
torisa à prendre un vicaire général qui exercerait ordinairement
r juridiction et formerait un seul tribunal avec eux. Jusque-là, le
uvoir de déléguer la juridiction pour la faire exercer *ordinario modo*
ait toujours été considéré comme une des prérogatives de l'autorité
uveraine; les papes en avaient souvent usé en créant des légats
atere qui représentaient la juridiction pontificale dans les provinces.
point important de l'histoire de la discipline a été éclairci dans le
aité du Vicaire général[1], où il est montré que ni les chorévêques ni
archidiacres des premiers temps ne furent des vicaires généraux
ns l'acception moderne de ce mot, et que la concession papale pouvait
le donner le vrai titre sur lequel serait fondée cette nouvelle insti-
ion. Un fait analogue se montre, au seizième siècle, par rapport
x suspenses extrajudiciaires; tant il est vrai que l'autorité épiscopale
immensément redevable aux papes et à la haute intelligence avec
quelle ils ont apprécié les besoins des temps. Les doléances des jan-
nistes sur les prétendus droits originaires de l'épiscopat violés par
papes n'étaient pas moins absurdes que séditieuses; elles prouvent
e ces hérétiques, si l'on veut admettre leur bonne foi, n'avaient
cune intelligence de la marche ascendante de la discipline ecclé-
stique.
Le texte du concile de Trente a été éclairci par les décisions du
nt-Siége. La suspense *ex informata conscientia* ne peut être déférée
 métropolitain, mais au souverain-pontife. L'évêque est tenu de
nsmettre à la S. Congrégation les causes de la suspense, lesquelles
t communiquées au prévenu, afin qu'il puisse se défendre; enfin
suspenses *ex informata conscientia* sont infligées *ad tempus*; les
scriptions canoniques qui exigent une procédure régulière et les
nitions préalables conservent toute leur force quand il s'agit de la
pense perpétuelle.
a S. Congrégation a décidé que lorsqu'un évêque inflige des péni-
ces ou des censures par le pouvoir que lui donne le concile de
nte (sess. XIV, cap. I, *de reform.*), il n'est pas obligé de dire la cause
la suspense et de manifester le délit au coupable; seulement il doit
aire connaître au Saint-Siége si le coupable fait recours à lui.
e droit de recours au Saint-Siége, toujours réservé, l'obligation
r l'évêque de lui faire connaître les causes de la suspense, la défense
ordée au prévenu montrent que le Saint-Siége se réserve le jugent. Au fond l'évêque n'a qualité que pour recueillir les éléments du
cès; il n'est pour ainsi dire qu'un juge d'instruction. La peine qu'il

Livraison 27ᵉ des *Analecta*.

inflige est éminemment provisoire; le Saint-Siège en apprécie la légitimité et la durée.

Cette procédure *ex informata conscientia*, les évêques ne doivent l'employer que par exception, rarement et modérément, lorsque le bien des âmes exige impérieusement la répression d'un crime occulte. On ne doit pas oublier que l'autorité humaine ne peut avoir la prétention de punir tous les crimes, d'après ce vieil adage des canons : *Si omnia in hoc sæculo vindicanda essent, locum divina judicia non haberent.* D'autre part, la divulgation d'un crime occulte scandaliserait les fidèles, et il faut éviter cet inconvénient. Le prévenu a droit à la réputation, qu'il n'a pas perdue par un crime occulte. Cette double considération impose des précautions à celui qui inflige la suspense *ex informata conscientia.* Cette suspense n'est jamais perpétuelle. La suspense perpétuelle *ex officio* d'une cure ou d'un canonicat équivaut à la déposition, et la suspense *ab ordine* a le même résultat que la dégradation. Or l'équité ne permet pas d'infliger de telles peines sans observer l'ordre judiciaire : monitions canoniques, enquête rigoureuse, citation, droit de défense et d'appel. Si la suspense *ex informata conscientia* est en punition d'un crime passé, il est reçu qu'elle ne dépasse pas six mois. S'il s'agit d'un crime répété, d'une habitude coupable, la suspense revêt le caractère d'une censure médicinale et peut être infligée indéfiniment.

La révocation perpétuelle d'un office ecclésiastique ayant les mêmes effets que la privation, ne saurait être prononcée extrajudiciairement et par conscience informée; il faut employer l'ordre judiciaire. On ne peut écarter perpétuellement un curé de l'exercice de ses fonctions sans un procès canonique. C'est la règle que suit la Congrégation du concile et qu'elle a fait prévaloir dans tous les cas qui se sont présentés, surtout en ces derniers temps. Quoi qu'il en soit des décisions rendues primitivement, c'est-à-dire au seizième siècle et au commencement du suivant, la jurisprudence actuelle de la Congrégation n'admet pas que les clercs soient perpétuellement éloignés de l'exercice des ordres ou de leurs fonctions par des décisions extrajudiciaires; elle exige le procès régulier et le jugement canonique. Si les évêques pouvaient employer à leur gré la procédure *ex informata conscientia*, ils ne s'astreindraient jamais à l'ordre judiciaire, que le concile de Trente prescrit d'ailleurs [1]. Et comme on ne peut supposer des dispositions contradictoires, il n'est pas admissible que le décret de la session XIV puisse s'appliquer aux suspenses perpétuelles. Autrement un pouvoir exceptionnel deviendrait ordinaire, ce qui ne serait pas moins absurde que contraire à la justice.

---

[1] Sess. XXI, cap. VI; sess. XXV, cap. XIV.

La Congrégation du concile ne permet pas que la suspense perpétuelle soit infligée extrajudiciairement. En voici des exemples. Au tome XLVII du *Thesaurus*, il s'agit d'un curé dénoncé extrajudiciairement par des témoins comme coupable de crimes qui méritent la déposition. Sans monition préalable, l'évêque a nommé un pro-curé, la Congrégation juge que cette nomination du pro-curé est insoutenable et que le curé doit être réintégré dans le gouvernement de sa paroisse, et elle réserve au promoteur fiscal faisant fonction de ministère public le droit d'agir contre le curé, conformément au concile de Trente : *An sustineatur appositio œconomi seu potius parochus L. sit redintegrandus ad regimen suæ ecclesiæ parochialis in casu.* Sacra Congregatio respondit : *Negative ad primam partem, affirmative ad secundam, reservato jure promotori fiscali agendi contra parochum ad formam concilii tridentini* (*Thesaur.*, t. XLVII, p. 84 et seq.).

Un exemple assez récent montre l'esprit de justice, de prudence et d'humanité que la Congrégation apporte à l'examen des affaires. Après des informations émanant de personnes dignes de foi, l'évêque prescrivit un procès extrajudiciaire contre un curé ; puis, les conclusions de l'enquête semblant concluantes, il prononça, de l'avis de son conseil, la suspense de la cure, en réservant une pension sur le revenu de la paroisse en faveur du curé ainsi suspendu de ses fonctions. Le curé accepta d'abord sans se plaindre la mesure dont il était l'objet ; il fit ensuite recours à la Congrégation. Celle-ci s'occupa trois fois de la question dans le cours de l'année 1846. La première (24 janvier), voyant que l'ordre judiciaire n'avait pas été observé dans cette révocation, la Congrégation voulut savoir d'abord les choses dont le curé était inculpé, et elle ordonna l'impression du procès extrajudiciaire *sumptibus episcopi*. Le 5 septembre, elle prescrivit de restituer au curé tout son traitement depuis janvier, en faisant déduction de ce qu'il fallait réserver pour le pro-curé et pour l'accomplissement des charges inhérentes à la cure ; ce qui montra clairement que la révocation prononcée extrajudiciairement ne se pouvait soutenir. Le 5 décembre de la même année, la Congrégation décida qu'il n'y avait pas lieu de réhabiliter pour le moment, mais elle reconnut de nouveau le droit du curé de percevoir tous les revenus paroissiaux, sauf le traitement du pro-curé et autres dépenses nécessaires. Dans le cours de 1847, le curé fit de nouvelles instances pour être rétabli dans sa paroisse. Enfin, le 26 février 1848, la Congrégation, exauçant ses vœux, ordonna la restitution de la cure, après dix jours de retraite : *An et quomodo sit locus restitutioni et rehabilitationi ad parœciam in casu?* Sacra Congregatio rescripsit : *Affirmative, peractis exercitiis spiritualibus in domo religiosa per decem dies* (*Thesaurus*, 1848, p. 52).

Dans une affaire traitée le 8 avril de la même année, loin d'admettre que la suspense *ex informata conscientiæ* pût devenir perpétuelle, la Congrégation répondit au curé de faire de nouvelles instances après qu'il aurait donné des marques de conversion : *Parochus recurrat postquam dederit signa emendationis* (Ibid., p. 165). Tous ces cas regardent des curés canoniquement institués, à l'égard desquels la Congrégation a pour maxime de ne pas tolérer la suspense perpétuelle *ex informata conscientia*; ce serait l'équivalent de la déposition.

Causes pour lesquelles on peut infliger la suspense « ex informata conscientia. »

On ne saurait interdire aux clercs l'exercice du ministère pour des fautes légères. Le sentiment commun des canonistes et des théologiens est que la suspense requiert, pour être valide, une cause grave, résultant d'une faute mortelle. Quoique les évêques aient le pouvoir ordinaire de porter les censures, ils ne peuvent en faire usage que pour la répression des crimes les plus graves [1]. Le concile de Trente, en attribuant aux évêques le droit d'infliger la suspense extrajudiciaire, se sert expressément du mot *crimen*, qui désigne évidemment une faute mortelle d'une gravité particulière. Gratien qui prend le mot de « crime » dans sa plus large acception, ajoute à l'énumération des crimes un délit spécial, *fornicatio simplex*, qui n'est pas dans le texte de saint Augustin auquel cette définition est empruntée. Ainsi, dans la langue des canons, le mot crime s'applique au sacrilège, à l'homicide, à l'adultère, au commerce charnel, au faux témoignage, au vol simple et à plus forte raison au vol avec effraction, à l'ivrognerie, à l'avarice et autres fautes de même gravité.

Ces mots du concile de Trente : *Ex quacumque causa*, ne permettent pas d'infliger la censure pour toute sorte de fautes. Le concile a restreint le sens de cette expression générale en ajoutant immédiatement : *Etiam ob occultum crimen*, clause qui exprime la vraie nature du nouveau pouvoir accordé aux évêques. Ils avaient déjà par les Décrétales le pouvoir de réprimer les crimes publics et les crimes juridiquement prouvés : le concile entend leur donner action sur les crimes occultes, et nullement autoriser une chose contraire à toutes les notions de justice, comme serait une peine très-grave, la suspense, si on pouvait l'infliger pour une faute légère. « Si mens ac sententia Patrum tridentinorum (cap. I, sess. XIV, *de reformatione*) recte perpendatur, per verba *ex quacumque causa* nequit intelligi potestatem factam fuisse episcopis pœnitentias præceptivas imponere vel suspensiones ferre pro levibus etiam culpis, vel exercere arbitrium, quod transeat in dominationem. Etenim illa verba *ex quacumque causa* non aliud sibi indicant quam in

---

[1] Voyez Benoît XIV, *De synodo diœc.*, lib. X, cap. I.

facultate episcoporum esse pœnitentias uti præceptum, et suspensiones uti censuram nedum ferre pro publicis criminibus, verum etiam pro occultis. Quod quidem jure Decretalium facere non poterant episcopi pro delictis occultis. Nam pro hisce pœnitentias imponere quidem tenebantur, sed non uti præceptum. Quocirca si clerici suasionibus ac monitionibus episcoporum pœnitentias ob occulta crimini imponentium obtemperare noluissent, episcopi precibus omnibus orare atque obtestari debebant *sub interminatione etiam divini judicii, ut clerici* in testimonium suæ damnationis ad superiores ordines amplius non ascenderent, et in susceptis ordinibus non ministrarent [1] (cap. IV et XVII, *de temp. ordinat.*). Hac tamen obtestatione sub interminatione divini judicii in testimonium damnationis non obstante, si clerici adhuc in pertinacia mansissent, et niterentur ad superiores ordines ascendere, vel in susceptis ministrare, episcopi eos prohibere non poterant, etc. Tempore Patrum tridentinorum, cum hanc obtestationem sub interminatione divini judicii et in testimonium suæ damnationis passim clerici aspernarentur, consulto Patres tridentini pœnitentias uti præceptum sanciendi pro delictis etiam occultis potestatem episcopis facere censuerunt. Hinc verbis *ex quacumque causa,* quodcumque crimen etiam occultum comprehendere satagerunt. »

Si le décret portait : *ob occultum crimen, ex quacumque causa,* cette interversion pourrait faire croire que le pouvoir extrajudiciaire embrasse les crimes occultes et généralement toute sorte de fautes; mais c'est tout le contraire. La particule *etiam,* apposée aux mots : *ob occultum crimen,* exprime une extension des mots qui précèdent : *ex quacumque causa,* en montrant que les crimes occultes seront désormais une cause légitime d'interdire la réception et l'exercice des ordres. Il ne s'agit donc que des crimes, et non des fautes légères, qui ne peuvent être désignées par ce nom. Au surplus, le sens du concile de Trente serait-il vraiment obscur, nous devrions l'interpréter d'après la règle canonique qui prescrit de restreindre les choses odieuses, et particulièrement celles qui répugnent à l'esprit du droit commun. Or c'est un principe de droit que la suspense exige une cause grave sous peine de nullité, et que des censures ne peuvent être infligées que pour des crimes d'une gravité spéciale, dans l'acception canonique de ce mot. Non-seulement la Congrégation du concile a coutume de déclarer insoutenables et nulles les suspenses *ex informata conscientia* infligées pour des causes légères, mais elle a pour maxime que la violation de ces suspenses injustes ne fait pas encourir l'irrégularité. Quelques canonistes ont cru que les censures injustes obligeaient devant l'Église

---

[1] *Pugna juris pontificii statuentis suspensiones ... ex informata conscientia,* par Salvatore Pallottini (Vienne, imprimerie des Méchitaristes).

militante et par conséquent que le clerc tombait dans l'irrégularité en les transgressant; mais la Congrégation a souvent décidé qu'on ne devenait pas irrégulier pour une suspense nulle. C'est la doctrine de plusieurs canonistes éminents, tel que Reiffenstuel (lib. V, decret. de clerc. excomm., *Thesaurus*, de pœnis (part. II, cap. II, de cens.).

Quelques faits montreront quelles sont les causes que la Congrégation estime légères en matière de suspense. On verra que non-seulement elle fait restituer le traitement interrompu pendant la suspense, mais qu'elle accorde quelquefois des dommages-intérêts.

Le tome XIII du *Thesaurus*, p. 82, parle d'un curé frappé de suspense *ex informata conscientia* parce qu'on le soupçonne d'avoir fomenté une sédition populaire pour empêcher l'installation d'un vicaire. Dès que la population a eu connaissance de l'arrivée du délégué épiscopal chargé de l'installation, elle a couru à l'église, s'est emparée des clefs que tenait le curé, a fermé les portes et monté la garde pendant la nuit; le délégué épiscopal a été contraint de quitter le pays sans pouvoir installer le vicaire. L'évêque, soupçonnant que ce tumulte a été excité par le curé, a entendu secrètement le délégué et neuf témoins qui ont déposé, non *de visu*, mais de ce qu'ils ont entendu dire; de là, suspense *ex informata conscientia* intimée le 24 juin. Le 11 juillet suivant, nouvelle enquête; on entend quinze témoins appelés des villages voisins, qui déposent d'après la rumeur publique. Quoique dix témoins fiscaux attestent que le curé a fait son possible pour calmer la population, une nouvelle suspense *ex informata conscientia* est infligée pour le même motif; les denrées de la cure séquestrées sont vendues aux enchères afin de payer le pro-curé. Le promoteur fiscal poursuit juridiquement le curé pour diverses imputations aussi peu fondées que les précédentes. Le curé, las de tant de vexations, porte plainte à la Congrégation du concile. La Congrégation demande des renseignements à un évêque voisin, qui répond que cet excellent ecclésiastique n'a pris aucune part au tumulte et qu'il a fait tout ce qu'il a pu pour l'apaiser. *An censuræ latæ per reverendissimum episcopum sustineantur in casu*. Sacra Congregatio rescripsit : *Negative*. (*Thesaurus*, t. XIII, p. 82, 86, 100.)

Le refus de présenter des registres d'administration est-il une cause suffisante de suspense? Certains chanoines en reçoivent l'ordre réitéré avec désignation d'un terme péremptoire; au lieu d'obéir, ils disent l'un après l'autre qu'ils ne les ont pas et ils font appel à la nonciature. Tandis que le nonce reçoit l'appel et expédie les citations et défenses d'usage, le tribunal épiscopal, se fondant sur la constitution de Benoît XIV du 30 mars 1742 touchant l'appel suspensif et dévolutif, ne tient pas compte des actes de la nonciature, il renouvelle l'ordre de présenter les registres, en y ajoutant la suspense *ab officio et beneficio* à l'égard de deux chanoines désignés comme possédant ces registres. Nouvel appel à la nonciature, nouvelle citation, que le tribunal épiscopal traite comme la première; les deux chanoines continuent d'administrer les sacrements et de célébrer, comme si la suspense *ab officio* ne leur eût pas été intimée. Le tribunal prononce qu'ils ont encouru l'irrégularité. La Congrégation juge autrement; elle décide que les injonctions pénales de présenter les registres sont insoutenables; la suspense est nulle, les chanoines n'ont pas encouru l'irrégularité et ont droit à la restitution des fruits. Le détenteur des registres n'étant pas connu, l'évêque aurait dû agir contre le chapitre, au lieu de frapper quelques-uns de ses membres. D'ailleurs l'appel à la nonciature aurait dû être respecté. Enfin, le prélat ayant pleine liberté d'examiner les registres pendant la visite pastorale, ne devait pas exiger que le chapitre les fît transporter hors de ses archives et de son administration.

La procédure extrajudiciaire *ex informata conscientia* ne regarde que les crimes occultes. Pour qu'un crime soit censé occulte, Gratien, dans la première partie de son décret, dist. xxv, dit que le mot crime est pris en plusieurs acceptions : « Criminis autem appellatio alias late patet, complectens omne peccatum quod ex deliberatione procedit... Alias autem ea demum significat quæ semel commissa ad damnationem sufficiunt. Multa enim ex deliberatione procedunt, quæ nisi sæpius iterata, in consuetudinem fuerint deducta, quamvis gravent post mortem, non tamen æternaliter perdunt, quia, etsi quadam ratione crimina appellentur, tamen mortifera et capitalia non sunt..... Unde Augustinus : Et quamvis Apostolus capitalia plura commemoraverit, nos tamen, ne desperationem facere videamur, breviter dicimus quæ sunt illa : sacrilegium, homicidium, adulterium, fornicatio, falsum testimonium, furtum, rapina, superbia, invidia, avaritia, et, si longo tempore teneatur, iracundia, et ebrietas, si assidua sit, in eorum numerum computantur..... Alias autem ea tantum delicta significat, quorum est perpetua infamia. » Ces distinctions pourraient être plus précises. Toute faute grave n'autorise pas l'application d'une censure constituant aux yeux des canonistes un crime d'une gravité particulière. Les auteurs, rapportant une décision de la Congrégation pour éclaircir ce que le concile de Trente entend par crime occulte, disent qu'il ne peut plus être réputé tel, dès qu'il est connu de deux personnes qui peuvent en faire preuve en justice. Gobard rejette cette opinion; selon lui, le crime doit passer pour occulte à moins qu'il ne soit notoire, ou de droit, par la conviction qui résulte d'une sentence juridique; ou de fait, par la connaissance certaine qu'on en a dans le lieu ou dans la plus grande partie du lieu : *Donec sciatur a majori parte communitatis vel viciniæ*. Pour qu'une chose soit censée publique dans un chapitre ou dans une communauté, la connaissance de trois ne suffit pas, non plus que celle de six dans un bourg, et de huit dans une ville, à moins qu'ils ne l'aient divulguée ou que les circonstances ne donnent lieu de croire qu'elle le sera bientôt. On regarde encore comme occulte un crime qui n'est connu que des complices, en quelque nombre qu'ils soient, parce qu'il n'est pas possible alors qu'il soit prouvé. C'est le sentiment de Fagnan sur le chap. *Vestra, de cohabit. cleric.*, n. 127. (Gohard, t. II, p. 302 et seq.)

Les évêques ne peuvent-ils procéder extrajudiciairement qu'à l'égard des crimes occultes ? Avant le concile de Trente, dit l'auteur du *Pugna juris*, les crimes publics prouvés en justice ou d'ailleurs notoires étaient châtiés, mais à l'égard des crimes occultes les évêques ne pouvaient employer que l'exhortation, en s'efforçant de ramener les coupables par la crainte des jugements de Dieu. Le concile de Trente, voulant réprimer plus efficacement les crimes occultes des clercs et briser la résistance des coupables, statua que les évêques pourraient désormais interdire l'ordination ou l'exercice de l'ordre même pour un crime occulte : *Ex quacumque causa etiam ob occultum crimen quomodolibet etiam extrajudicialiter.* Il est clair que la pensée du concile se rapporte aux crimes occultes. Les décrétales donnaient des armes suffisantes contre les crimes publics juridiquement prouvés ou notoires; la nouvelle disposition du concile ne pouvait donc concerner que les crimes occultes.

Quelques personnes estiment, ajoute cet auteur, que les évêques peuvent infliger la suspense extrajudiciaire *ex informata conscientia*, pour des crimes publics. C'est une erreur. Les évêques doivent suivre l'ordre judiciaire. Le pape lui-même ne peut faire usage du pouvoir extrajudiciaire que dans les cas où la nature de la cause, les circonstances des temps et des personnes, l'intérêt de la tranquillité publique, le défaut de tout autre moyen conseillent de recourir à cette procédure extraordinaire, qui doit toujours cesser lorsqu'on peut se servir de la voie ordinaire. La procédure judiciaire a été établie pour les crimes publics. S'il était permis de laisser la voie ordinaire, pour recourir à la procédure exceptionnelle toutes les fois que le supérieur ecclésiastique le croit à propos, il n'y aurait plus ni droit naturel, ni droit divin, ni droit positif. Le jugement sommaire lui-même exige au moins la citation. Lorsqu'il s'agit de crimes pour lesquels le droit impose une peine par le seul fait que le juge ecclésiastique se contente d'appliquer, la citation est toujours nécessaire, afin de mettre l'inculpé en demeure de se défendre; l'équité canonique l'exige et c'est la pratique des tribunaux ecclésiastiques. Veut-on parler de censures? Mais tout le monde sait que les évêques ne peuvent porter des censures pour délits publics qu'en suivant l'ordre judiciaire et avec les monitions préalables. Une censure infligée en dehors des formes judiciaires est de nulle valeur. La citation est indispensable lorsqu'il s'agit simplement de rendre la sentence déclaratoire de la censure encourue *ipso jure*; autrement le procès et la sentence sont entachés de nullité. En outre, les trois monitions sont requises pour la validité des censures.

Ces prescriptions des canons seraient inconciliables avec le concile de Trente si le chapitre 1er de la session XIV accordait vraiment aux évêques le pouvoir d'infliger extrajudiciairement *ex informata conscientia* des peines et des censures pour les crimes publics.

Les canonistes conviennent que les censures sont nulles si le décret n'en exprime pas nommément la cause. Au contraire, lorsque l'évêque procède *ex informata conscientia*, il n'est pas tenu de manifester au prévenu le délit qui motive la suspense, mais seulement au Saint-Siège. Enfin, la suspense *ex informata conscientia* n'est pas intimée comme les suspenses portées suivant l'ordre judiciaire; pour celles-ci, on emploie l'intimation à domicile, ou bien le chancelier épiscopal, assisté de témoins, notifie la suspense à l'inculpé; au lieu que pour la suspense *ex informata conscientia*, afin de sauver la réputation que n'a pas flétrie le crime occulte, le supérieur ecclésiastique notifie directement la sentence, en prenant des précautions pour empêcher qu'elle ne devienne publique, et le coupable appose sa signature au décret qui le condamne. La charité s'oppose à ce qu'on diffame le prochain, surtout les ecclésiastiques. On doit s'abstenir d'intimer la suspense *ex informata conscientia* par lettre, car on ne peut s'assurer si le coupable l'a reçue; comment punir la transgression? D'autre part, il ne faut pas que des témoins soient mis dans la confidence de la punition. Le seul moyen pour l'évêque est d'appeler le coupable et de lui intimer en secret la suspense, en faisant signer le décret, afin de pouvoir procéder en cas de violation de la censure.

La Congrégation n'hésite pas à prononcer la nullité des suspenses infligées *ex informata conscientia* pour des crimes publics; mais elle réserve le droit de procéder à leur sujet conformément aux saints canons. Des exemples instructifs se trouvent dans le *Thesaurus revolutionum*, particulièrement t. XXII, p. 14 et 38; t. LXII, p. 84 et seq.; lorsque les crimes occultes sont accompagnés de fautes publiques, on peut négliger celles-ci et procéder extrajudiciairement pour les autres. La Congrégation jugea ainsi une affaire du 8 avril 1848. Autre exemple en 1853 : la Congrégation annulla la suspense, mais réserva à l'évêque le droit de procéder suivant le droit.

Il serait facile d'apporter d'autres arguments pour montrer que le pouvoir de procéder *ex informata conscientia* ne peut s'exercer que sur les crimes occultes.

Voici, d'après la bulle *Apostolicæ Sedis*, la liste de ceux qui encourent l'excommunication, la suspense et l'interdit *latæ sententiæ* spécialement réservés au pape :

I. L'excommunication *latæ sententiæ* :

« 1. Tous les apostats et les hérétiques, quel que soit leur nom, et à » quelque secte qu'ils appartiennent, » leurs fidèles, leurs fauteurs, et généralement tous leurs défenseurs.

2. Tous ceux qui lisent sciemment, sans autorisation du Saint-Siége, les livres des apostats et des hérétiques favorables à l'hérésie, les livres des auteurs prohibés, ceux qui les impriment, les retiennent ou les défendent de quelque manière que ce soit.

3. Les schismatiques et ceux qui s'obstinent à s'éloigner de l'obéissance au souverain-pontife régnant *pro tempore*.

4. Tous ceux qui appellent des ordres et des décisions des pontifes romains, régnant *pro tempore*, à un futur concile universel, aussi bien que ceux qui les soutiennent, les conseillent et les favorisent dans cet appel.

5. Tous ceux qui tuent, blessent, frappent, arrêtent, emprisonnent, retiennent ou persécutent avec hostilité les cardinaux de la sainte Église, les patriarches, les archevêques, les évêques, les légats et les nonces du Siége apostolique ; ceux qui les chassent de leur diocèse, de leur territoire et de leur domaine, ceux qui ordonnent ces mesures, les ratifient ou leur prêtent l'appui de leur conseil ou de leur faveur.

6. Ceux qui empêchent directement ou indirectement l'exercice de la juridiction ecclésiastique, soit au for intérieur, soit au for extérieur, et qui recourent pour cela au for civil ; ceux qui donnent des ordres pour cela ou les publient, ou les aident par conseil ou faveur.

7. Ceux qui forcent directement ou indirectement les juges laïques à traîner devant leur tribunal les ecclésiastiques, contrairement aux dispositions du droit canon, et ceux qui font des lois ou des décrets contre la liberté ou les droits de l'Église.

8. Ceux qui recourent au pouvoir laïque pour arrêter les lettres ou tout autre acte du Saint-Siége ou de ses légats et délégats ; ceux qui en empêchent directement ou indirectement la promulgation et l'exécution, et ceux qui, à l'occasion de ces lettres ou actes, persécutent et menacent le Saint-Siége, ses délégats ou tous autres.

9. Tous les falsificateurs des lettres apostoliques rendues en forme de brefs ou de suppliques, concernant grâce et justice, signées du pontife romain ou des vice-chanceliers de la sainte cour romaine ou de ceux qui tiennent leur place, ou par mandement du même souverain-pontife ; comme aussi ceux qui publient en les falsifiant des lettres apostoliques en forme de brefs ou ceux qui signent faussement de telles suppliques des noms du souverain-pontife, ou du vice-chancelier, ou de celui qui le remplace.

10. Ceux qui absolvent le complice du péché honteux, même à l'article de la mort, quand un autre prêtre, même non approuvé pour les confessions, pouvait entendre la confession du mourant, sans qu'il s'ensuivît une grave infamie ou un grand scandale.

11. Ceux qui usurpent ou retiennent la juridiction, les biens et les rentes qui, du chef de leurs églises, appartiennent aux ecclésiastiques.

12. Ceux qui envahissent, détruisent, retiennent eux-mêmes ou par autrui, les terres, les lieux et les droits qui appartiennent à l'Église romaine, ou qui y usurpent, y troublent et y retiennent la suprême juridiction.

Nous déclarons, dit la constitution, que l'absolution de toutes les excommunications ci-dessus énumérées a été réservée et est réservée spécialement au souverain-pontife *pro tempore*, et que pour cette absolution une permission générale d'absoudre tous les cas de censure ou d'excommunication réservés au pontife ne suffit pas.

En outre nous révoquons tout indult à ce relatif, sous quelque forme qu'il ait été donné et à quelque personne que ce soit, régulier de n'importe quel ordre, congrégation, société ou institut, ou personne de quelque dignité qu'elle soit revêtue et quelque digne qu'elle soit d'être pour ce mentionnée spécialement.

Et ceux qui, sans la permission requise, se permettraient, sous quelque prétexte que ce soit, d'absoudre de ces cas, qu'ils sachent qu'ils seront liés par les liens de l'excommunication réservée aux souverains-pontifes, pourvu qu'il ne s'agisse pas du péril de mort, auquel cas on maintient pour les absous l'obligation de se soumettre aux prescriptions de l'Église, lorsqu'ils seront revenus à la santé. »

Voici la fin de la liste des cas d'excommunication insérée dans la constitution *Apostolicæ Sedis*.

Sont soumis à l'excommunication *latæ sententiæ* réservée au Saint-Siége :

1. Ceux qui enseignent ou défendent, en public ou en particulier, les propositions condamnées par le Siége apostolique sous peine d'excommunication *latæ sententiæ*; ceux qui enseignent ou défendent comme permise la pratique de demander au pénitent le nom de son complice, pratique condamnée par Benoît XIV dans les constitutions *Suprema* (7 juillet 1745), *Ubi primum* (2 juin 1746), et *Ad eradicandum* (28 septembre 1746).

2. Ceux qui, sous l'inspiration du diable, portent la main sur les clercs ou sur les religieux de l'un et de l'autre sexe. Sont exceptés de la réserve les cas et les personnes qu'un évêque ou tout autre peut absoudre par droit ou privilège.

3. Ceux qui se battent en duel, ou même simplement ceux qui pro-

voquent au duel. Ceux qui l'acceptent, les complices et ceux qui se prêtent à le favoriser, les témoins et ceux qui le permettent ou ne l'empêchent pas dans la mesure de leurs forces, quelle que soit leur dignité, fussent-ils rois ou empereurs.

4. Ceux qui ont donné leur nom à la secte *maçonnique*, à celle des *carbonari* ou à toutes les autres sectes du même genre, qui travaillent ouvertement ou secrètement contre l'Église ou ses pouvoirs légitimes ; ceux qui favorisent ces sectes de quelque manière que ce soit, et enfin ceux qui ne dénoncent pas leurs coryphées occultes et leurs chefs, aussi longtemps qu'ils ne les auront pas dénoncés.

5. Ceux qui ordonnent de violer l'immunité de l'asile ecclésiastique ou qui le violent par une audace téméraire.

6. Ceux qui, en entrant dans les monastères sans une permission légitime, violent la clôture des religieuses, quels que soient leur famille, leur condition, leur sexe et leur âge ; ceux qui introduisent ou admettent les violateurs, aussi bien que les religieuses qui sortent de la clôture en dehors des cas et des règles prescrites par saint Pie V, dans sa constitution *Decori*.

7. Les femmes qui violent la clôture des réguliers, aussi bien que les supérieurs ou tous autres par qui elles sont admises.

8. Tous ceux qui se rendent coupables de simonie réelle, dans n'importe quel bénéfice, aussi bien que leurs complices.

9. Tous ceux qui se rendent coupables de simonie confidentielle, quelle que soit leur dignité.

10. Tous ceux qui se rendent coupables de simonie réelle pour l'entrée en religion.

11. Tous ceux qui, faisant marché des indulgences et des autres grâces spirituelles, tombent sous le coup de l'excommunication prononcée par la constitution *Quam plenum* de saint Pie V (2 janvier 1569).

12. Ceux qui reçoivent des aumônes d'un trop grand prix pour dire des messes, et qui en tirent profit en faisant célébrer ces messes dans des endroits où le prix des messes est ordinairement moins élevé.

13. Tous ceux qui tombent sous l'excommunication prononcée par les constitutions qui regardent l'aliénation et l'inféodation des villes et des lieux appartenant à la sainte Église, et qui sont : constitution *Admonet nos* de saint Pie V (4 des calendes d'avril 1567), *Quæ ab hac Sede* d'Innocent IX (veille des nones de novembre 1591), *Ad romani pontificis curam* de Clément VIII (26 juin 1592), *Inter cætera* d'Alexandre VII (9 des calendes de novembre 1660).

14. Les religieux qui, en dehors du cas de nécessité, administrent aux clercs et aux laïques, sans la permission du curé, le sacrement de l'extrême-onction ou de l'Eucharistie en viatique.

15. Ceux qui, sans autorisation légitime, enlèvent les reliques des

cimetières sacrés ou des catacombes de la ville de Rome et de son territoire, aussi bien que ceux qui les aident ou les favorisent.

16. Ceux qui conservent des rapports avec celui qui a été nommément excommunié par le pape pour ses crimes (l'expression latine *in crimine criminoso* ne peut être ici rendue dans toute sa force), ceux qui l'aident et le favorisent.

17. Les clercs qui sciemment et spontanément font participer aux divins mystères les personnes nominativement excommuniées par le souverain-pontife ou qui les admettent aux fonctions sacrées.

Sont soumis à l'excommunication *latæ sententiæ*, réservée aux évêques ou ordinaires :

1. Les clercs revêtus des ordres sacrés; les religieux et les religieuses qui, après avoir fait vœu solennel de chasteté, ne craignent pas de contracter mariage; aussi bien que ceux qui ne craignent pas de contracter mariage avec quelqu'une des personnes susdites.

2. Ceux qui pratiquent un avortement suivi d'effet.

3. Ceux qui se servent sciemment de lettres apostoliques fausses ou qui coopèrent au crime en cette matière.

Sont soumis à l'excommunication qui n'est réservée à personne :

1. Ceux qui ordonnent aux prêtres et les contraignent de donner la sépulture ecclésiastique aux hérétiques notoires, et à tous ceux qui sont excommuniés nominativement et aux interdits.

2. Ceux qui persécutent et cherchent à effrayer les inquisiteurs, les dénonciateurs, les témoins et les autres ministres du saint-office; ceux qui lacèrent ou brûlent les écritures de ce saint tribunal; ceux qui fournissent pour ces actes leur aide, leurs conseils et leur faveur.

3. Ceux qui aliènent et osent recueillir les biens ecclésiastiques sans le bon plaisir apostolique donné en la forme de l'extravagante *Ambitiosæ de reb. ecc. non alienandis.*

4. . . . .

En outre des cas d'excommunication énumérés ci-dessus, nous déclarons encore une fois excommuniés tous ceux qu'a excommuniés le saint concile de Trente, soit avec réserve de l'absolution au souverain-pontife ou aux ordinaires, soit sans réserve. Est exceptée la peine de l'anathème, portée dans le décret de la sess. IV, *de editione et usu sacrorum librorum*, à laquelle nous voulons que ceux-là seulement soient soumis qui impriment ou font imprimer, sans l'approbation de l'ordinaire, des livres traitant des choses saintes.

II. La suspense *latæ sententiæ* réservée :

1. Sont suspendus *ipso facto* de la perception de leurs bénéfices, selon le bon plaisir du Saint-Siége, les chapitres des églises, les congrégations des monastères et tous ceux qui admettent au gouverne-

ment et à l'administration de ces églises et de ces monastères, les évêques et les autres prélats qui se sont pourvus près du Saint-Siége, avant qu'ils aient montré les lettres apostoliques concernant leur promotion.

2. Sont suspendus *ipso jure*, pour trois ans, de la faculté de conférer les ordres, ceux qui ordonnent un sujet dépourvu de titre, de bénéfice ou de patrimoine, sous la condition qu'une fois ordonné, il ne demandera pas de ressources pour son entretien.

3. Sont suspendus *ipso jure*, pour un an, de la faculté d'administrer les ordres ceux qui ordonnent un sujet étranger sans lettres démissoires de son évêque, même sous prétexte de bénéfice à lui conférer ou déjà conféré, mais tout-à-fait insuffisant; ceux mêmes qui ordonnent leur propre sujet, mais après qu'il a fait ailleurs un si long séjour qu'il a pu contracter où il était un empêchement canonique, et lorsqu'il ne présente pas les lettres testimoniales requises de l'évêque de l'endroit où il était.

4. Est suspendu *ipso jure*, pour un an, de la collation des ordres, celui qui, hors du cas de privilége légitime, aura conféré les ordres sacrés, soit à un clerc de quelque congrégation où l'on ne fait point de vœu solennel et qui n'a ni patrimoine ni titre de bénéfice, soit même à un religieux qui n'est pas encore profès.

5. Sont suspendus *ipso jure* pour toujours, de l'exercice des ordres, les religieux élus qui vivent hors de leur couvent.

6. Sont suspendus *ipso jure* de l'ordre qu'ils ont reçu tous ceux qui ont osé recevoir cet ordre de quiconque a été excommunié, suspendu ou nominativement interdit, d'un hérétique ou d'un schismatique notoire; quant à celui qui a été ordonné de bonne foi par l'une des personnes susdites, nous déclarons qu'il n'aura pas l'exercice de l'ordre reçu de la sorte, jusqu'à ce qu'il ait reçu dispense.

7. Sont suspendus *ipso jure*, selon le bon plaisir du Saint-Siége, des ordres qu'ils auront reçus, les clercs séculiers étrangers à Rome et qui vivent à Rome depuis plus de quatre mois et qui auront été ordonnés par un autre que leur ordinaire, sans la permission du cardinal-vicaire ou sans examen préparatoire passé devant lui; ceux même qui auront été ordonnés par leur ordinaire, mais après avoir été refusés à l'examen dont nous venons de parler; les clercs qui appartiennent à l'un des six diocèses suburbains et qui auront été ordonnés hors de leur diocèse, si les lettres dimissoires de leur ordinaire ont été envoyées à un autre qu'au cardinal-vicaire, ou bien s'ils n'ont pas fait précéder la réception de l'ordre d'exercices spirituels accomplis pendant dix jours dans la maison que les prêtres dits de la Mission ont à Rome. Quant aux évêques qui les auront ordonnés, ils seront suspendus pendant un an de l'usage des droits pontificaux.

III. L'interdit *latæ sententiæ* :

1. Sont soumis *ipso jure* à l'interdit spécialement réservé au souverain-pontife, les universités, colléges et chapitres, quel que soit leur nom, qui en appellent des ordres ou mandements du souverain-pontife, régnant *pro tempore*, au futur concile.

2. Ceux qui célèbrent sciemment ou font célébrer les saints mystères dans des lieux interdits par un ordinaire ou par un juge délégué ou de droit, aussi bien que ceux qui admettent aux divins offices ou aux sacrements ecclésiastiques ou à la sépulture chrétienne ceux qui sont excommuniés nominativement, tous ceux-là sont soumis *ipso jure* à l'interdiction d'entrer dans l'église jusqu'à ce qu'ils aient fait une amende suffisante, au jugement de celui dont ils ont méprisé la sentence.

Enfin, nous voulons et déclarons également que tous ceux que le saint concile de Trente a décrétés suspens ou interdits *ipso jure*, encourent la suspension ou l'interdit.

Quant aux censures soit d'excommunication, soit de suspense, soit d'interdit, qui ont été portées par nos constitutions ou par celles de nos prédécesseurs, ou par les sacrés canons, outre celles que nous avons révisés et qui ont été jusqu'ici en vigueur, soit pour l'élection du pontife romain, soit pour le régime intérieur des ordres et des instituts de réguliers, ou des colléges, congrégations, réunions et lieux pieux de quelque nom et de quelque espèce que ce soit, nous voulons et déclarons que toutes soient confirmées et restent en vigueur.

Au surplus, nous décrétons que, dans les nouvelles concessions et nouveaux priviléges quels qu'ils soient, qui pourront être accordés par le Siége apostolique, on ne devra ni ne pourra d'aucune façon, ni pour aucun motif, comprendre la faculté d'absoudre des cas et des censures réservés au pontife romain, à moins qu'il ne soit fait une mention formelle, explicite et individuelle de ces cas et censures. Quant aux priviléges et aux facultés qui ont été concédés depuis n'importe quelle époque jusqu'à aujourd'hui soit par nos prédécesseurs, soit même par nous aux réunions, ordres, congrégations, sociétés et instituts, même réguliers, de quelque espèce que ce soit, même pourvus d'un titre particulier, et même dignes d'une mention spéciale, nous voulons que tous ces priviléges et toutes ces facultés soient révoqués, supprimés et abolis, comme effectivement nous les révoquons, supprimons et abolissons, nonobstant tous priviléges, même spéciaux, compris ou non dans le *Corpus juris* ou dans les constitutions apostoliques, toute confirmation apostolique, ou même toutes clauses quelconques dérogatoires, et d'autres plus efficaces et insolites, auxquelles toutes nous entendons déroger et nous dérogeons autant qu'il est besoin.

Cependant, nous voulons que soit conservée la faculté d'absoudre, concédée aux évêques par le concile de Trente, sess. xxiv, cap. iv, *de refor.*, pour toutes les censures réservées au Siége apostolique par la présente constitution, à l'exception seulement de celles que nous avons déclarées, d'une manière spéciale, être réservées à ce même Siége apostolique.

Nous proclamons que ces lettres, que toutes et chacunes des choses y constituées et décrétées, et que toutes et chacune des mutations et dérogations qui y sont faites par les constitutions antérieures de nos prédécesseurs et même les nôtres, ou par les autres sacrés canons, même des conciles généraux et du concile de Trente lui-même, sont ratifiées et confirmées, et doivent être respectivement ratifiées et confirmées, et obtenir leur plein et entier effet; nous proclamons qu'elles doivent être ainsi jugées et définies par les juges ordinaires et les délégués, aussi bien que par les auditeurs des causes du palais apostolique et par les cardinaux de la sainte Église romaine, même légats *a latere*, et par les nonces du Siége apostolique, et tous autres personnages jouissant ou devant jouir d'une prééminence ou d'un pouvoir quelconque, déclarant qu'à tous et à chacun d'eux est enlevée la faculté et l'autorité de juger et d'interpréter autrement; nous proclamons vain et inutile pour le présent et pour l'avenir tout ce qui serait attenté contre elles sciemment ou non par n'importe quelle autorité, même sous le prétexte de quelque privilége ou de quelque coutume établie maintenant ou dans la suite, et que nous déclarons être un abus.

Nonobstant les prémisses et toutes autres dispositions quelconques, constitutions, priviléges, même dignes d'une mention spéciale et individuelle, ainsi que toute coutume quelconque même de temps immémorial, et toutes autres choses contraires quelles qu'elles soient.

Qu'il ne soit donc permis à personne de rompre cette page de notre constitution, disposition, limitation, suppression, dérogation et volonté, ou de s'y opposer par une audace téméraire. Si quelqu'un a la présomption de le tenter, qu'il sache qu'il encourra l'indignation de Dieu tout-puissant et des bienheureux Pierre et Paul, ses apôtres.

Donné à Rome, près Saint-Pierre, l'an de l'Incarnation de Notre-Seigneur 1869, le 4 des ides d'octobre, et de notre pontificat le vingt-quatrième.

§ 155. 4° **Les peines vindicatives**[1].

I. La seule peine vindicative qui soit encore applicable aux ecclésiastiques comme aux laïques (*pœna communis*), c'est la privation de la sépulture ecclésiastique.

---

[1] X, de pœnis, V, 37; in VI° eod., V, 10; Clem. eod., V, 8.

II. Les peines particulières applicables aux seuls ecclésiastiques sont :

1° Les châtiments corporels[1] ; seulement ils ne doivent pas aller jusqu'à l'effusion du sang[2]. De plus, cette peine n'est admissible que pour les jeunes clercs qui n'ont point encore d'ordre majeur[3].

2° Les amendes pécuniaires, destinées à des œuvres pies[4].

3° L'incarcération dans un couvent[5], dans une maison de correction ou dans une prison[6]. L'exil[7], comme peine ecclésiastique, est depuis longtemps en désuétude, parce qu'il n'est plus réalisable.

4° La suspense pour un temps déterminé[8].

5° La privation du bénéfice[9], c'est-à-dire la déposition, mais sans inhabilité à un nouvel emploi[10].

6° La translation d'un poste à un autre[11].

7° La déposition[12] ou dégradation verbale, c'est-à-dire la destitution jointe à l'inhabilité d'obtenir un nouvel emploi, à la perte des droits de juridiction et de l'exercice des droits de

---

[1] C. IX, d. 35 (Conc. Agath., an. 506); c. I, C. 5, q. 1 (cap. I, 361); Gregor. I, c. I, X, de calumn.; Alexand. III. c. IV, de raptor., V, 17; voy. Kober, *Die kirchliche Züchtigung als kirchliches Strafmittel gegen Cleriker und Mœnche* (*Tübinger theologischen Quartalschrift*, 1875, t. LVII, p. 3, 355).

[2] Alexand. III, c. IV, 10, de raptorib., V, 17; c. III, X, de crimine falsi, V, 20. A l'exemple de la loi mosaïque, le décret de Gratien permet un maximum de trente-neuf coups. Voy. *Exode*, XXV, 3; c. VI, C. 11, q. 1; c. II, III, VII, C. 23, q. 7.

[3] C. VIII, d. 45; cf. c. I, X, de calumniator., V, 2.

[4] Conc. Trid., sess. XXV, c. III, de ref.; cf. sess. XXIII, c. I; sess. XXV, c. XIV, de ref.

[5] C. XXVIII, C. 27, q. 1; c. X, X, de purgat., V, 34.

[6] Cf. c. III, in VI°, de pœnis, V, 9. Voyez aussi Conc. Trid., sess. XXV, cap. XIV, de ref.; c. XV, in VI°, de sent. excomm., V, 11. On connaissait déjà dans les premiers siècles différentes sortes de prisons. Voyez les documents dans Devoti, *Instit.* lib., tit. I, § 21, n. 1, et lib. IV, tit. I, § 10, tit. XVII, § 3.

[7] Cf. Conc. Chalc. œc. IV (dans Hardouin, *Concil.*, t. II, col. 427 in fin.; cf. c. VIII, d. 45; c. XIII, § 1, C. 26, q. 5 (Conc. Tolet. XIII); c. II, X, de cleric. excomm., V, 25 (Conc. Vern.); c. III, X, de crim. falsi, V, 20.

[8] Voyez le § précédent.

[9] Voy. München, *op. cit.*, t. II, p. 152.

[10] C. VII, d. 56; C. 16, q. 7; c. XIII, X, de vita et honest. cleric., III, 1. Voyez ci-dessus § 87, n. IV.

[11] Voyez ci-dessus § 87, n. IV.

[12] Voyez München, *Das canonische Gerichtsverfahren*, t. II, p. 138; Kober, *Die Deposition und Degradation*, Tubingue, 1867.

l'ordre. Les priviléges du for et du canon sont les seuls qui subsistent[1].

8° La dégradation réelle, ou dégradation dans le sens rigoureux, prive en outre de tous les droits attachés à l'état ecclésiastique[2]. Autrefois, elle avait lieu surtout quand un clerc, convaincu d'un grave délit, était remis au juge séculier pour subir des peines corporelles ou la peine de mort.

§ 156. Les délits particuliers. — 1° L'apostasie, l'hérésie, le schisme et autres crimes semblables[3].

I. L'apostasie *(apostasia a fide, apostasia perfidiæ*[4]*)* est la désertion complète de la foi chrétienne. C'est le crime non seulement des chrétiens qui passent au paganisme ou au judaïsme, mais encore des athées. L'apostasie est punie d'une excommunication *latæ sententiæ*[5] spécialement réservée au Saint-Siége et de la privation de la sépulture ecclésiastique. Les clercs apostats encourent l'irrégularité, sont privés de leurs bénéfices et deviennent inhabiles à en recevoir.

II. L'hérésie *(hæresis formalis*[6]*)* est le rejet opiniâtre de l'autorité enseignante de l'Église de la part d'un chrétien qui,

---

[1] C. XVIII, X, de vita et honest. III, 1; c. VI, X, de cohabitat clericor., III, 2; Conc. Trid., sess. XXV, c. XIV de reform.; c. III, X, de clericis excommun., V, 27; c. X, X, de judic. II, 1.

[2] Voyez, outre les ouvrages indiqués dans la note précédente, surtout : c. X, X, de judic., II, 1; c IX, X, de hæret., V, 7; c. VII, X, de crim. falsi, V, 27; Conc. Trid., sess. XIII, cap. IV, de reform., et sur l'ancien droit, c. III et seq., c. XV, q. 15.
La dégradation peut avoir lieu dans les cas suivants : l'hérésie, l'apostasie, la falsification des actes du pape, l'assassinat, la provocation à l'impudicité faite en confession, dire la messe et entendre la confession sans être prêtre, voler des hosties consacrées, fabriquer de fausse monnaie, procurer l'avortement. Voyez les preuves dans Devoti, *loc. cit.*, lib. I, tit. VIII, sect. 14.

[3] Voyez München, *op. cit.*, p. 262; Phillips, *Manuel*, § 198; Kober, *la Suspense*, p. 142-396; du même, *la Déposition et la Dégradation*, p. 586.

[4] C. V, 9, de apostatis et reiterantibus baptisma.

[5] Pii IX const. *Apostol. Sedis*, de 1869 : « Itaque excommunicationi latæ sententiæ speciali modo romano pontifici reservatæ declaramus : omnes a christiana fide apostatas et omnes ac singulos hæreticos, quocumque nomine censeantur et cujuscumque sectæ existant, eique credentes eorumque receptores, fautores ac generaliter quoslibet illorum defensores. » (Voyez ci-dessus, § 181.)

[6] X, V, 7, de hæreticis; in VI°, V, 2; Clem. V, 3; Extrav. commun. V, 9. Voyez la constitution *Apost. Sedis* dans la note précédente.

sur une question de foi, adhère à une proposition condamnée par l'Église comme une erreur. On excuse l'hérésie matérielle, qui provient non de la mauvaise volonté, mais du défaut de connaissances ou d'une éducation reçue au sein d'une croyance contraire à celle de l'Église.

Les peines de l'hérésie formelle sont les mêmes que celles de l'apostasie. Quand une personne est véhémentement soupçonnée d'hérésie et qu'elle refuse de se purger, elle tombe d'abord dans l'excommunication, et, si elle ne s'en fait pas absoudre dans le terme d'une année, elle encourt toutes les peines de l'hérésie formelle.

Les mêmes peines atteignent ceux qui reconnaissent l'autorité des hérétiques en matière de foi *(credentes)*; ceux qui leur offrent un asile *(receptatores)*; ceux qui les favorisent à raison de leur hérésie *(fautores ob causam hæresis)*; ceux qui les défendent pour le même motif *(defensores)*. L'hérésie n'est plus soumise de nos jours à des peines civiles.

III. Le schisme [1] est l'acte par lequel on se sépare de l'unité de l'Église, par conséquent de son chef. Presque toujours l'hérésie ne tarde pas à se joindre au schisme. Les peines ecclésiastiques du schisme sont au fond les mêmes que celles de l'hérésie formelle. Pour justifier le schisme, on se voit obligé de soutenir une erreur et de répudier la vraie doctrine.

IV. Sont comparables aux hérétiques les francs-maçons [2] et les membres de toutes ces sociétés qui travaillent ouvertement

---

[1] x, V, 8, de schismaticis; in VI°, V, 3; Extrav. commun., V, 3. La constitution *Apost. Sedis* de 1869 porte : « Excommunicationi latæ sententiæ speciali modo romano pontifici reservatæ subjacere declaramus schismaticos et eos qui romani pontificis pro tempore existentis obedientia pertinaciter se subtrahunt vel recedunt. »

[2] Constitutio *Apost. Sedis*, d. 12 oct. 1869 : « Excommunicationes latæ sententiæ romano pontifici reservatæ, » n. IV. Voyez aussi les censures portées par les papes contre les francs-maçons, *Archives*, t. XIII, p. 443; t. XIV, p. 475; t. XXII, p. 208; t. XXVI, p. 158, et l'ouvrage suivant : *Der heilige Stuhl und die Freimaurer*, Vienne, 1866, et sur la manière dont un pasteur doit se comporter à l'égard des francs-maçons (Bangen), *Archives*, t. XIII, p. 449; Pachtler, S. J., *Der Gœtze der Humanitæt oder das Positive der Freimaurerei. Nach Documenten*, Fribourg, 1875; le même, *Der stille Krieg gegen Thron und Altar oder das Negative der Freimaurerei. Nach Documenten*, Amberg., 2e édit., 1876. Voyez aussi Annuarius Osseg, *Der Hammer der Freimaurer am Kaiserthrone der Habsburger*, Amberg., 1875; *Die Geheimnisse der Freimaurerei*, Paderborn, 1874.

ou clandestinement contre l'Église ou contre toute autorité civile légitime; les personnes qui les favorisent, et il faut ranger dans ce nombre ceux qui ne dénoncent pas leurs chefs secrets. Le châtiment qui leur est infligé est l'excommunication *latæ sententiæ*, dont l'absolution est simplement réservée au Saint-Siége.

§ 157. 2° Le blasphème, la superstition et la magie [1].

I. Le blasphème[2] consiste à proférer avec réflexion des paroles directement ou indirectement injurieuses à Dieu. On considère aussi comme blasphématoires les propos outrageants contre la Mère de Dieu et contre les saints[3]. Le blasphème confine à l'hérésie quand on attribue à Dieu des propriétés qu'il n'a point ou qu'on lui refuse celles qu'il possède réellement. Ce genre de blasphème contre Dieu se nomme blasphème hérétique; il se distingue du blasphème simple, qui comprend toute espèce d'autres paroles injurieuses à Dieu. Les peines dont l'Église punit actuellement le blasphème ne consistent plus qu'en pénitences, et l'excommunication n'a plus lieu que lorsqu'elles ne sont pas convenablement accomplies[4].

ADDITION DU TRADUCTEUR.

Une ordonnance de Louis XIII, roi de France, du 10 novembre 1617, *contre les blasphémateurs,* porte ce qui suit : « Le vice de blasphème étant l'un de ceux qui peut le plus irriter Dieu, a toujours été en horreur entre les gens de bien et le plus souvent défendu par nos prédécesseurs... Nous défendons à tous nos sujets et autres estans en nos royaumes et pays de nostre obéissance ... de plus jurer et blasphémer le nom de Dieu et de la sainte Vierge, ni proférer paroles injurieuses et exécrables contre leur saint nom et honneur ..., et ordonnons que tous ceux et celles qui seront trouvés atteints et convaincus d'avoir parlé, juré et blasphémé ainsi que dit est, seront repris, condamnés et punis par nos juges ..., à sçavoir, pour la première fois, en cinquante livres d'amende; pour la seconde, à tenir prison fermée huit jours

---

[1] Voyez Phillips, *Manuel,* § 191.

[2] Schmalzgrueber, *Jus eccl. univ.,* lib. V, tit. XXVI; Jarcke, *Handbuch des gemeinen deutschen Strafrechts,* t. II, p. 27.

[3] C. II, X, de maledicis, V, 26 ; Tit. de blasphemis et aleatoribus, in VII°, V, 7.

[4] C. II cit. Sur les anciennes peines, voy. *Lévit.,* XVIII, 16; nov. LXXVII, c. I, § 1 fin.; c. X, C. 26, q. 1.

durant et en cent livres d'amende, et pour la troisième fois, à y être un mois durant au pain et à l'eau et en deux cents livres d'amende, et s'ils y récidivent, être punis corporellement de telle peine que nos juges ordonneront selon l'énormité des paroles... »

II. Par superstition [1], à prendre ce mot dans son acception large, on entend toutes les représentations, tous les usages qui ont un caractère païen et sont opposés à la foi chrétienne. Telle est notamment la divination, qui, par une alliance expresse ou tacite avec le démon (dans le premier cas, c'est la nécromancie dans le sens large), se propose d'acquérir la connaissance de choses tellement secrètes que Dieu seul peut les révéler à l'homme [2], ou de produire par ce moyen certains effets extérieurs.

Parmi les espèces de la divination on range l'astrologie judiciaire, qui cherche, par l'observation du cours et de la position des astres, à connaître des choses futures qui ne dépendent d'aucune loi naturelle, mais de la volonté humaine [3]; le sortilége, qui n'est défendu que lorsqu'on s'en sert pour découvrir des choses cachées *(sortes divinatoriæ)*.

III. Une espèce de superstition particulièrement condamnable, c'est la magie *(magia superstitiosa sive diabolica)*, qui cherche à produire des effets surnaturels avec le secours du démon. A dater du treizième siècle, les juges civils procédèrent aussi contre ceux qui étaient suspects de magie [4]. Au moyen âge, sous l'empire du droit de la force, les procès contre les prétendus magiciens et sorciers, qu'on punissait régulièrement par la peine du feu, devinrent une véritable épidémie. Innocent VIII essaya de remédier à cet abus en demandant que les enquêtes pour cause de magie fussent laissées aux seuls tribunaux ec-

---

[1] x, V, 21, de sortilegiis. Cf. Conc. Trid., sess. XXII; decr. De observ. et evit. in celebr. missæ. — Schmalzgrueber, *loc. cit.*, lib. V, tit. XXI; Jarcke, *op. cit.*, p. 47.

[2] C. VII, C. 26, q. 5; c. I, II, X, h. t., V, 24.

[3] Ceux qui s'y adonnaient s'appelaient « mathematici. » Cf. c. I, C. 26, q. 3, § 2; c. III, C. 26, q. 5; c. VI, § 3, c. 26, q. 2; Sixti V const. *Cœli et terræ*, an. 1585 (*Bullar. rom.*, t. IV, p. 4, 176). Les premiers empereurs chrétiens avaient porté des lois sévères contre les « mathématiciens. » Cf. x Cod. de episcopali audientia, I, 3; l. 2, 5, 7; Cod. De maleficis et mathem., IX, 18.

[4] Voy. *Landrecht. des Sachsenspiengels*, part. II, art. 13, § 7.

clésiastiques". Cependant les cruautés commises dans les procès de sorciers continuèrent longtemps encore, avec accompagnement de la torture, dans les pays catholiques comme dans les pays protestants².

De nos jours, surtout dans l'Amérique du Nord, les abus du magnétisme et du spiritisme sont devenus passablement fréquents, et l'Église s'est vue de nouveau obligée de prendre des mesures contre ces opérations magiques³.

§ 158. 3° **Le parjure et les conditions du serment en général**[4]

I. Le serment ou jurement (*juramentum, jusjurandum, sacramentum*) est un acte de religion par lequel celui qui le fait prend Dieu à témoin, d'une manière directe ou indirecte, de sa sincérité, *divini nominis attestatio*. Tout emploi inutile ou abusif du serment est défendu[5].

II. On ne doit admettre au serment que celui qui est en état d'en comprendre l'importance[6]. La chose même pour laquelle

---

[1] Innoc. VIII constit. *Summis desider.*, an. 1484 (*Bullar. rom.*, III, III, p. 291). Voy. Leon. X constit. *Honestis petent.*, an. 1521 (*loc. cit.*, p. 499); Gregor. XV const. *Omnipotent.*, an. 1622 (*loc. cit.*, t. V, p. 1, p. 97).

[2] Le jésuite Fréd. Spée a combattu avec succès les procès de sorcières dans son livre : *Cautio criminalis seu processus contra sagas*, Rintel, 1631 (nouv. éd., Vendel. Aug., 1731). Voyez aussi les ouvrages sur ce sujet cités par C.-G. de Wæchter, *Appendices à l'histoire d'Allemagne* (en allem.), 4ᵉ disertation, avec les détails qu'il fournit.

[3] Sur le magnétisme, voyez les décrets de la congrégation du Saint-Office du 28 juillet 1847, du 21 mai 1856 (*Archives*, t. II, p. 80; t. XXII, p. 111; sur le spiritisme, *ibid.*, t. XXII, p. 112 et suiv.). — Mgr Gousset, archevêque de Reims, ayant consulté en 1843 le Saint-Siège à propos du magnétisme, reçut la réponse suivante : « J'ai appris par Mgr Brimont que Votre Grandeur attend de moi une lettre qui lui fasse savoir si la sainte Inquisition a décidé la question du magnétisme.

» Je vous prie, Monseigneur, d'observer que la question n'est pas de nature à être décidée de sitôt, si jamais elle l'est, parce qu'on ne court aucun risque à en différer la décision et qu'une décision prématurée pourrait compromettre l'honneur du Saint-Siège.... » (Lettre du cardinal Castracane.) Voyez aussi les décrets de la congrégation du Saint-Office du 28 juillet 1847 et du 21 mai 1856. (*Note du trad.*)

[4] X, de jurejurando, II, 24; in VI°, eod., II, 11; in Clem., eod., II, 9. Cf. Gœschel, *Der Eid nach seinem Prinzipe, Begriffe und Gebræuche*, Berlin, 1837; Marx, *Der Eid und die Eidespraxis*, Ratisbonne, 1855; Krummel, *Der Eid*, Offenburg, 1861; Phillips, *Manuel*, § 310. Voyez aussi Vering, *Pandekten*, § 129.

[5] *Matth.*, v, 34-37; *Jac.*, v, 12; Gratien, sur le ch. XXII, q. 1, part. I.

[6] Cf. C. XIV, c. 22, q. 5. Les mineurs, les insensés, les ivrognes, les parjures sont exclus, c. XIV cit.; c. I, X, de purg. can., V, 34; c. XVII, X, h. t.

on veut le prêter doit être juste. On ne peut donc attester par serment rien de contraire à la religion et à la morale, au bien et à l'ordre de l'Église, à ses droits ou aux droits d'un tiers[1]. Quand il s'agit de confirmer par serment la déclaration d'un fait accompli dans le passé (serment assertoire), celui qui le prête doit, sans égard aux inconvénients ou aux avantages qui en résulteront, déclarer la vérité tout entière et sans aucune restriction mentale. S'il s'agit de confirmer par serment l'accomplissement d'un acte futur, d'une promesse (serment promissoire), on doit avoir la ferme volonté de remplir ce qu'on a promis. Quand il y a absence de volonté par suite d'erreur ou de coaction, le serment ne peut être valide[2]; de même quand le serment était accompagné d'une condition que l'autre partie n'a pas remplie[3].

III. Quand le serment assertoire est valide, il a pour effet que la chose confirmée par serment est tenue pour vraie (jusqu'à preuve du parjure). Le serment promissoire impose l'obligation rigoureuse de le remplir. D'après le droit canon et le droit commun, l'obligation de remplir un serment promissoire est tellement grave qu'une affaire de droit, invalide en soi,

---

[1] Il serait donc invalide le serment que ferait un mari d'expulser sa femme si tel cas se présentait (c. XXIII, X, h. t., II, 24), ou de ne pas l'inviter à reprendre la société conjugale si elle avait rompu le mariage (c. XXIV eod., c. XIX, X, de regular., III, 31); de ne l'accuser pour aucun crime, même pour l'apostasie et l'adultère (c. XXV eod.).
Il ferait aussi un serment invalide celui qui promettrait de refuser l'entretien à ses parents; les chanoines qui, pendant la vacance du siège, promettraient que celui d'entre eux qui sera nommé évêque acceptera une réduction dans ses revenus d'évêque (c. XXVII eod. Cf. ci-dessus, p. 341, n. 1); un clerc qui s'obligerait envers le présentant à percevoir une pension plus élevée que celle qui est de coutume, tandis qu'il promettrait au collateur de s'en tenir à celle-ci; un évêque qui s'engagerait envers un souverain à ne lui résister en rien, même dans les choses injustes (c. XXXI).
Plus tard, Nicolas III défendit aussi tout serment préjudiciable à la liberté ecclésiastique (c. I, h. t., in VI°. Voyez Grégoire III, constitution *Inter apostolica*, 1584).
On ferait également un serment invalide si on promettait de ne jamais appeler à un juge supérieur (c. XIX, X, h. t., t. II, 24), ou de suivre dans toute espèce de cas la procédure régulière, quand même, ainsi qu'il arrive pour la notoriété, on n'en aurait pas besoin (c. XXI eod.). Le titre cité, X, II, 24, contient une foule d'autres exemple. Voyez Phillips, *Manuel*, 1re éd., p. 210, n. 16.

[2] C. XXII, C. 22, q. 4; c. II, X, h. t.; c. VIII, XV, XXI, XXIX, eod.

[3] C. III cit.; c. XXIX, § 1, cit.

devient obligatoire quand elle est confirmée par serment et qu'elle ne renferme rien d'anormal. Les sources du droit canon portent qu'il y a obligation de remplir le serment quand il ne tourne pas au préjudice spirituel de celui qui l'a prêté et qu'il ne nuit pas aux droits des tiers [1].

ADDITION DU TRADUCTEUR.

Le serment promissoire qui a pour principe le dol et l'erreur, oblige quelquefois et quelquefois il n'oblige pas.

La raison en est que le jurement oblige quand il est volontaire, et non autrement; or le jurement qui naît du dol et de l'erreur est quelquefois volontaire et quelquefois involontaire. Il est volontaire, si celui qui l'a fait n'a été trompé que sur des circonstances accidentelles; il ne l'est pas, s'il a été trompé sur la substance de la chose.

Un jurement extorqué par injustice oblige en conscience. Ainsi quand on a promis avec serment à un usurier de lui payer l'intérêt de la somme prêtée, on doit ou le lui payer ou obtenir dispense du serment. C'est la décision d'Alexandre III [2]; elle est suivie par saint Thomas et par tous les théologiens, ainsi que le remarque Sanchez. Car si un usurier ne mérite pas qu'on lui tienne parole, Dieu mérite qu'on ne le prenne pas à témoin du mensonge, et le respect dû à son nom oblige d'accomplir une promesse dont on l'a fait garant, quand cette promesse peut s'exécuter sans péché : or je puis sans péché donner mon argent à un homme qui ne le peut recevoir que par un crime.

En vain opposerait-on que l'accessoire suit le principal et que le principal, qui est ici la promesse, étant invalide de plein droit, le serment, qui est l'accessoire, doit être nul.

La nullité du principal n'emporte celle de l'accessoire que quand les raisons qui invalident le premier ont lieu dans le second; ce n'est pas le cas ici. Si la promesse faite à un usurier est nulle, c'est à cause de l'indignité de son action; mais il n'y a rien de pareil dans le serment qu'on fait à Dieu. Son nom mérite toujours d'être respecté et on ne

---

[1] C. II, in VI°, de pactis, I, 18; c. VIII, 28, X, h. t.; c. II, in VI°, h. t. On peut donc attaquer en justice le serment qu'auraient fait des filles de famille de renoncer à leur héritage, et le consentement qu'aurait donné une femme d'aliéner les biens de sa dot, contrairement aux prescriptions du droit romain.

[2] « Debitores ... si de *usuratum* solutione juraverunt, cogendi sunt Domino reddere juramentum. » Alexand. III, cap. VI, de jurejurando; S. Thomas, II II, q. LXXXIX, art. 7, ad 3; Sanchez, in *Summa*, lib. III, cap. II, n. 3.

pourrait y manquer sans le rendre en quelque sorte responsable de l'injustice d'un usurier.

Le jurement extorqué par une crainte même injuste et grave, oblige en conscience, quoiqu'un vœu fait par de semblables motifs n'oblige pas. C'est encore le sentiment de saint Thomas, de tous les théologiens et de la plupart des canonistes. « Coactio, dit le saint docteur [1], non aufert juramento promissorio vim obligandi respectu ejus quod licite fieri potest. Et ideo si aliquis non impleat quod licite fieri potest, et ideo si aliquis non impleat quod coactus juravit, nihilominus perjurium incurrit, et mortaliter peccat. » Alexandre III, consulté par un archevêque de Sens sur un serment qui n'avait été fait que par une crainte très-grave, *gravissimo metu*, décide qu'il n'y a point de sûreté à aller contre un serment qu'on peut accomplir sans offenser Dieu [2].

On suppose ici et partout ailleurs qu'on a pu sans péché faire le serment dont il s'agit. Si un voleur m'avait fait jurer que je m'associerais à ses expéditions nocturnes, j'aurais grand tort de remplir ma promesse; mais aussi j'avais eu grand tort de la faire. Ce n'est pas qu'un serment, pour obliger, doive être exempt de faute; le contraire paraît quelquefois dans ceux qui se font par imprudence ou dans la colère; mais il faut que l'objet n'en soit pas mauvais.

Il suit de là qu'un homme qui s'est engagé par serment à rentrer en prison doit y revenir au temps marqué, quoiqu'il sache qu'on lui fera souffrir une mort injuste et cruelle. C'est le sentiment de Sanchez [3], plus rigide en cela que saint Antonin. La raison est la même. Il n'est pas permis de violer un serment quand il est légitime et qu'on peut le garder sans offenser Dieu : or ce serment-là est : 1° légitime, car on ne peut trouver mauvais qu'un homme, qui, pour terminer des affaires importantes, ne peut sortir de prison qu'en jurant d'y retourner, prenne Dieu à témoin qu'il est dans la résolution sincère de le faire; 2° on peut sans offenser Dieu garder ce serment, car s'il n'est pas permis de se tuer soi-même, il est permis de s'exposer à être tué par d'autres, surtout quand la fidélité, l'honneur, la gloire de Dieu exigent qu'on éloigne le scandale d'un parjure. Sanchez et Sylvius [4] mettent cependant ici deux tempéraments. Le premier est qu'un homme qui

---

[1] S. Thomas, II II, q. LXXXIX, art. 3, ad 1 ; Sanchez, in *Summa*, lib. III, c. XI, n. 14.

[2] « Non est tutum quemlibet contra juramentum suum venire, nisi tale sit quod servatum vergat in interitum salutis æternæ. » Cap. Si vero VIII, De jurejur., lib. II, tit 24. Suarez explique bien ce texte, lib. II *De juram.*, cap. XIII, n. 1.

[3] Sanchez, *ibid.*, n. 32, et apud eum, num. 27; S. Antonin., part. II, tit. x, cap. VI. Idem, cum Sanchez docent Suarez, Cajetanus et Salmanticences, tract. XVII, cap. II, n. 75.

[4] Sanchez, *ibid.*, n. 34; Sylvius, in I II, q. LXXXIX, art. 7; Tolet., etc.

n'apprendrait que depuis son départ qu'on le destine à une mort injuste, serait dégagé de sa parole, parce que les vœux et les serments n'obligent pas quand il survient un changement si considérable. Le second est qu'un homme qui, avant de sortir de prison, aurait su tout ce qu'on lui prépare à son retour, pourrait recourir à son évêque et se faire dispenser, à moins que cette dispense, eu égard aux circonstances, ne donnât du scandale et ne fît tort à la religion.

Mais que faire si un voleur, en me tenant le pistolet sur la gorge, me faisait jurer qu'avant trois semaines je lui donnerai cent pistoles, et que je ne demanderai point dispense de ce serment ?

Les théologiens sont partagés. Les uns prétendent que ce serment est nul, parce qu'il blesse le droit qu'ont les premiers pasteurs d'être la ressource des innocents opprimés. Ce raisonnement prouve trop, car il en faudrait conclure que, pour ne pas blesser l'autorité des évêques, on peut, on doit même recourir à eux dans de telles conjonctures. Qu'on dise que le voleur blesse les droits de l'Église, on a raison ; mais qu'on en infère que je n'ai pu, pour me sauver, renoncer au droit de recourir à elle, cela paraît plus que difficile à comprendre.

Selon Laiman [1], quoique le serment doive en toute occasion, et surtout en celle-ci, être expliqué d'une manière très-étroite, on doit pourtant l'accomplir selon sa teneur. On pourrait cependant toujours avoir recours au juge séculier, et quoiqu'on puisse absolument jurer qu'on ne lui portera pas plainte, on ne pourrait jurer qu'on ne lui dénoncera pas le coupable s'il est pernicieux à la chose publique, et moins encore qu'on n'aura aucun égard aux perquisitions du magistrat si on est interrogé juridiquement. Un particulier peut, pour de pressantes raisons, sacrifier son droit ; il ne peut empêcher les autres d'user du leur quand ils en veulent faire usage.

On ne peut pas non plus renoncer à ce qui n'a été établi qu'en vue du bien public. Aussi Sanchez [2] traite d'invalides et les fiançailles et le mariage, même confirmé par serment, quand tout cela s'est fait par une crainte grave. Ce ne sont pas les seuls particuliers qui souffrent en cette occasion ; les enfants sont mal élevés, une ville est scandalisée des dissensions et autres scènes que ne manquent pas de donner ceux qui ont contracté malgré eux.

Il faut de même regarder comme nulle non-seulement la profession religieuse, mais le simple vœu d'entrer en religion, quand ils ont été confirmés par un serment forcé : car c'est en vue du bien de l'Église et du bien de l'État que ces sortes de professions et tout ce qui peut y disposer ont été réprouvées [3].

---

[1] Laiman, lib. IV, tract. III, c. VII. — [2] Sanchez, *De matrim.*, lib. IV, disp. XX, n. 15, et disp. XXI, n. 3. — [3] Id., *Summa*, lib. III, cap. XI, n. 24.

Le serment conditionnel suit la règle des vœux de même nature.

Le serment fait sans intention de jurer n'oblige pas de même; mais celui qui est fait avec intention de jurer oblige, quand même on n'aurait eu ni l'intention de s'obliger ni celle de remplir sa promesse.

La raison de la première partie est qu'un serment fait sans intention de jurer est purement extérieur; il en est de lui comme d'une promesse qu'on ferait à Dieu de bouche seulement. C'est la doctrine de saint Thomas [1].

Quoique le serment fait sans intention de jurer n'oblige pas de lui-même, il peut obliger à d'autres titres; par exemple pour éviter l'injustice, le scandale, la profanation extérieure du nom de Dieu.

La raison de la seconde partie est que quiconque a une vraie intention de faire un serment a essentiellement intention de prendre Dieu à témoin de ce qu'il promet. Or dès que Dieu est témoin d'une promesse, on doit l'accomplir; autrement on le rendrait garant du mensonge. L'intention de ne pas s'obliger est donc anéantie par celle de faire un serment, et il n'est pas plus possible d'avoir celle-ci sans contracter l'autre qu'il n'est possible de vouloir prendre le bien du prochain sans contracter l'obligation de le lui restituer.

La troisième partie résulte de la seconde; on conçoit parfaitement que si un homme qui achète un bien doit le payer, quoique souvent il soit déterminé à n'en rien faire, un homme qui fait à Dieu ou aux hommes une promesse confirmée par serment, est tenu de la remplir, quoiqu'il l'ait faite dans le dessein d'y manquer.

Quelques théologiens examinent à quoi obligent les serments qu'on a coutume de faire quand on est reçu dans de certains corps, les chapitres, les universités, etc.

Le serment de garder les statuts d'un corps ne regarde que les statuts déjà faits, à moins que celui qui a prêté ce serment n'ait voulu l'étendre aux statuts présents et futurs, ou que la formule du serment ne renferme les uns et les autres. C'est la décision de Suarez, de Sylvius et de la plupart des canonistes [2].

Voici pourquoi : 1° le serment doit être interprété aussi strictement que possible, sans cependant faire violence aux termes, à cause du danger du parjure et des maux dont il peut être la source : or étendre le serment à des statuts qui ne sont pas, ce serait lui donner toute la latitude possible;

---

[1] « Promissio quæ fit Deo ore et non corde..., apud Deum non est votum. » S. Thomas, in IV, dist. XXXVIII, q. 12.

[2] Sylvester, v. *Juramentum*, IV, q. 23; Azor, lib. XI, c. VIII, q. 7; Suarez, lib. II, *De juram.*, cap. XXXII, n. 11; Sylvius, II II, q. LXXXIX, art. 7, quæsito IV, p. 643; Gisbert, in *Corp. juris can.*, tract. *De judic.*, part. I, tit. VI, sect. 13, n. 4; Natal. Alex., lib. IV, ad præcept. II Decal., 3, reg. 17.

2° Un homme qui prête serment est censé le faire avec discrétion ; or il serait souvent imprudent de s'engager par serment à garder tous les statuts qui pourront se faire dans la suite.

Cependant si un nouveau statut n'était que l'explication d'un autre, le serment obligerait à le garder, parce qu'il ne serait qu'une rénovation du premier[1]; si le second statut était nécessaire ou avantageux à la communauté, elle pourrait exiger le serment de le garder, et quand elle ne l'exigerait pas, on serait encore obligé de s'y conformer, non en vertu d'un serment qu'on n'aurait pas fait, mais parce que chacun doit observer les lois de son état.

Celui qui a fait serment de garder les statuts d'un corps dont il est membre pèche mortellement quand il les viole en matière grave, véniellement en matière légère. C'est encore la décision de Sylvius.

Quelques-uns disent que le serment promissoire n'oblige pas sous peine de péché mortel à accomplir une chose légère, quoiqu'il oblige sous cette peine à être dans la résolution de l'accomplir, quand on le fait. Ce sentiment est suivi par un nombre de célèbres docteurs[2], notamment saint Antonin et Suarez.

Ce principe paraît au moins douteux, et on peut recourir à des preuves plus rassurantes.

1° Dans tout serment fait en faveur d'un tiers, il y a cette condition tacite que le serment n'oblige que comme il est accepté. Si celui à qui on l'a fait le remet totalement, il n'oblige plus du tout ; s'il le remet jusqu'à un certain degré, par exemple jusqu'à ne pas vouloir que celui qui l'a fait ne puisse aller contre sans pécher mortellement, il n'oblige pas sous peine de péché mortel. Or on ne peut raisonnablement supposer qu'un corps sage, tel qu'un chapitre, une université, exige de ses candidats qu'ils s'engagent sous peine de damnation éternelle à accomplir chacun des statuts qu'on leur propose à leur réception ; il n'en est pas un seul qui ait intention de s'obliger d'une manière si rigoureuse, autrement chaque jour serait marqué par quelque parjure. C'en serait un de ne pas assister à une messe, à une procession, de se dispenser de la prière du matin ; etc.

2° Si le serment de garder les statuts d'un corps obligeait sous peine de péché mortel à garder les plus légers statuts, le vœu d'observer l'Évangile obligerait sous la même peine à observer tout ce qu'il renferme, surtout quand la matière est importante ; or le contraire a été décidé par Nicolas III, dans la décrétale *Exiit qui seminat*; ce pontife remarque qu'en vertu d'une pareille promesse on ne serait tenu qu'à

---

[1] Sanchez, lib. III, cap. XIV, n. 1.
[2] Navarr., *Manual.*, cap. XII, n. 10 ; S. Antonin., part. II, tit. X, cap. IV, § 1 ; Suarez, lib. III, cap. XVI, n. 9, etc.

observer l'Évangile comme Jésus-Christ l'a donné, c'est-à-dire les préceptes comme préceptes, les conseils comme conseils[1]. C'est en ce sens qu'il faut entendre le serment de garder les statuts d'un corps (à moins qu'il n'y ait dans la constitution de ce corps des raisons d'en juger autrement). Ce n'est donc pas une vaine subtilité de distinguer le serment de garder les statuts du serment et de garder ce qui est contenu dans ces statuts. Le second serment tomberait sur la chose même et ne pourrait jamais être violé sans crime, dans le sentiment de ceux qui n'admettent point de parjure léger à raison de la légèreté de la matière; mais le premier, ne tombant que sur les statuts, n'oblige que dans la mesure de l'obligation imposée par les statuts mêmes, par conséquent sous peine de péché mortel quand la matière est grave, de véniel, quand elle est légère.

Le serment de garder les statuts n'oblige que quand les statuts eux-mêmes obligent.

Si un statut devient ou impossible ou illicite, s'il est abrogé par le non-usage, on n'est plus obligé de le garder, car le serment ne regarde que les statuts qui sont en vigueur, *ou qui doivent* nécessairement *y être*. De même si un statut n'est reçu que dans un sens plus limité que celui que présentent d'abord les termes dans lesquels il est conçu, ou s'il n'y a plus qu'une partie qui soit en usage, on n'est tenu à le garder que de la manière dont il est actuellement observé. Mais on serait obligé à garder de nouveau un statut, si d'impossible il devenait possible, et d'illicite permis, parce que le serment de le garder n'aurait été que suspendu par les circonstances qui ont empêché son exécution.

Sanchez[2] fait ici deux remarques : si un statut révoqué par le supérieur ou par la coutume rentrait en vigueur, on ne serait pas tenu, en vertu du serment, de l'observer; car ce serait comme un nouveau statut, et nous avons vu que le serment de garder les statuts ne s'étend qu'à ceux qui existent, à moins qu'il n'y ait des raisons spéciales de l'étendre aux statuts à venir.

2° On ne serait pas obligé de garder un statut qui n'est plus en vigueur, quand même ceux qui font prêter serment aux candidats exigeraient d'eux qu'ils jurassent l'observance de ce statut en particulier. C'est l'avis de Suarez.

Il semble pourtant qu'on ne devrait ni prêter ni exiger un pareil serment; c'est se moquer de Dieu et des hommes que de prendre ou faire prendre Dieu à témoin qu'on accomplira un règlement qu'on est

---

[1] « Observantia Evangelii sic *promitteretur*, sicut tradita reperitur a Christo, videlicet quod præcepta ut præcepta, et consilia ut consilia a promittentibus observentur. » Nicol. III, cap. Exiit, III, de verbor. significat., in 6.

[2] Sanchez, lib. III *Sum.*, cap. XIV, n. 9 et 12.

disposés à n'accomplir jamais, et qu'on ne pourrait même souvent accomplir sans singularité.

On ne peut pas, ce semble, dire en termes aussi généraux que l'a fait Sanchez[1] qu'un statut n'est plus en vigueur quand il cesse d'être observé par la plus grande partie d'une communauté. Dans une matière qui regarde Dieu, on ne devrait pas être rassuré si la plus grande partie n'était aussi la plus saine.

Plusieurs théologiens[2] traitent au long du serment que faisaient autrefois les médecins d'avertir leurs malades de se confesser. Ce serment est prescrit par le droit canonique et par une bulle de Pie V[3]. Quoique Pie V ait paru ordonner qu'on abandonnât des malades qui seraient assez impies pour ne pas vouloir penser à leur salut, on serait cependant obligé d'en prendre soin si l'abandon les mettait dans un danger évident de mort. Il n'y a aucun profit à laisser mourir un homme dans l'endurcissement et l'impénitence, et il peut y en avoir beaucoup à rétablir sa santé. Tel qui s'obstine à ne vouloir penser à Dieu peut dans la suite devenir un modèle de vertu. Ce serait aller contre l'intention d'un pontife que son éminente charité a placé parmi les saints, que de donner à son décret un sens rigoureux. Sanchez[4] croit que ce décret n'oblige pas le médecin à se retirer lorsque son absence, sans exposer le malade à une mort certaine, lui serait très-nuisible, *graviter ægro nocitura*[5].

IV. Bien que le serment, quand son objet est injuste, ne soit pas obligatoire, l'Église tient tellement à l'obligation de conscience qui lui est inhérente et qu'on doit d'abord présumer en toute espèce de cas, que, à moins qu'il ne s'agisse de la promesse d'un crime grossier, on doit toujours la consulter, quand même l'obligation qui est à lever semblerait purement apparente[6].

La tâche de l'Église, dans cette circonstance, consiste soit à interpréter le serment[7], soit à obliger d'abord celui qui l'a prêté de le remplir, puis de contraindre l'autre partie à restituer[8], ou enfin à délier de l'obligation du serment (absolution, relaxa-

---

[1] Sanchez, lib. III *Sum.*, cap. xv, n. 2.

[2] Sanchez, *ibid.*, cap. xvi; Salmanticenses, n. 89; Vide et S. Antonium, part. III, tit. vii, cap. ii, § 4; Navar., in *Manual.*, cap. xxv, n. 63.

[3] Cap. Cum infirmitas, xiii; De pœnit. et remission.; Pius V, bull. *Supra gregem dominicum*, an. 1566.

[4] Vide Sanchem, lib. III *Sum.*, cap. xix. — [5] Voyez Collet, *Traité des dispenses*, livre II. — [6] Voy. decr. Gratiani, C. 229, 4. — [7] C. xviii, xxvii, X, h. t. Voyez la note 2, p. 467. — [8] C. vii, X, h. t.

tion¹). Un serment forcé ne doit pas surtout demeurer inaccompli sans relaxation². En général, la relaxation doit être demandée aux supérieurs diocésains ; cependant les nombreux exemples rapportés dans les décrétales prouvent qu'en ces sortes de cas on s'est souvent adressé au souverain-pontife³. Quand la relaxation doit avoir lieu dans un cas où il s'agit des droits d'un tiers légitimement acquis, il faut que ce tiers y consente ; sans cela, le pape seul peut relaxer le serment, et encore ne le peut-il que lorsque la nécessité ou l'utilité de l'Église le réclame⁴.

V. L'importance du serment demande qu'il soit accompagné de solennités religieuses, du moins quand il est prêté en justice ou pour un acte public quelconque. Il est passé en coutume de le prêter soit devant un crucifix et des cierges allumés, soit en touchant le livre des Évangiles⁵ ou autres objets sacrés⁶, en levant les trois doigts du serment, comme symbole de la Sainte-Trinité, et en prononçant une formule solennelle⁷.

VI. Les peines ecclésiastiques du parjure sont, outre l'inhabilité pour le coupable de prêter serment à l'avenir⁸, l'infamie et les pénitences imposées par l'Église⁹ ; pour les clercs, la suspense à perpétuité de leurs fonctions et de leur bénéfice.¹⁰

---

¹ La relaxation avait lieu d'ordinaire par l'imposition d'une pénitence à celui qui avait fait un tel serment (c. XII, § 1, X, h. t.; c. XVIII, eod.).
² C. II, X, tit.; c. VIII, XV, XXIX, eod.; c. XXII, C. 22, q. 4. On l'admettait même çà et là pour l'intérêt de l'argent, défendu au moyen âge (plus loin § 158), c. VI, X, h. t., II, 24; c. I, XX, comparé avec c. XV, X, eod.
³ Les décrétales en fournissent des exemples.
⁴ Cf. Thom. Aquin., *Summa*, II II, q. LXXXIX, art. 9, ad 3; Schmalzgrueber, *loc. cit.*, II, 24, n. 97.
⁵ C. XI, C. 22, q. 1; c. XXXII, i. f., d. 63 (Otton. I const.) : « Sic me Deus adjuvet et hæc sancta Evangelia; » c. IV, i. f., X, h. t.; c. VII, X, de juram. calumn., II, 7.
⁶ L'usage s'établit de bonne heure de prêter serment en touchant des reliques. De là l'expression consacrée de *juramentum corporaliter præstare*. Cf. c. X, X, de major. et obed., I, 32; c. XIX, de regular., III, 31.
⁷ Dans plusieurs États, à Bade, par exemple, on exigeait encore récemment de ceux qui devaient prêter serment devant le tribunal civil qu'ils se fissent instruire chaque fois par l'ecclésiastique de leur confession de l'importance religieuse de cet acte et des peines attachées au parjure.
⁸ Voyez ci-dessus p. 466, note 5. — ⁹ C. XVIII, C. 6, q. 1; c. XVII, C. 22, q. 1; c. VII, C. 22, q. 5. — ¹⁰ C. II, X, i. f., de fidejuss., III, 22.

§ 159. 4° Le sacrilége [1]

On entend par sacrilége, pris dans un sens large, toute infraction à la loi de Dieu [2]. On peut le commettre directement contre Dieu en manquant de respect au sacrement de l'autel (*sacrilegium immediatum* [3]). Dans un sens plus restreint, le sacrilége est un attentat contre une personne, un lieu ou un objet consacré à Dieu (*sacrilegium personale, locale, reale*). S'il résulte d'un commerce illicite, il se nomme sacrilége charnel [4]. Dans un sens moins étendu, on nomme sacrilége le vol d'un objet consacré à Dieu [5].

Au sacrilége commis sur des personnes consacrées à Dieu on applique les dispositions du canon : *Si quis suadente diabolo* [6]. On range aussi dans le sacrilége local [7] la violation de l'asile ecclésiastique [8]. Le sacrilége réel n'atteint pas seulement les choses immédiatement destinées au service divin [9], mais encore les biens et les revenus de l'Église [10]. La peine générale du sacrilége est l'excommunication *latæ sententiæ*, simplement réservée au pape [11].

---

[1] Schmalzgrueber, *Jus eccl. univ.*, lib. V, tit. XVII, § 3; tit. XVIII, § 3; Berardi, *Comment.*, IV, p. 111.

[2] C. VII, X, de R. J., V, 51. Cf. l. 1, Cod. de crim. sacrileg., IX, 29.

[3] Voyez Permaneder, *Handbuch des Kirchenrechts*, § 550.

[4] C. XXXVII, C. 27, q. 1. Voy. Schmalzgrueber, *loc. cit.*, lib. V, tit. XVI, n. 107. — [5] C. XXI, C. 17, q. 4.

[6] Voyez ci-dessus § 68, n. 1; c. XXI, cit.; can. XXIX eod.; c. V, in VI°, de pœn., V, 9; c. 1 eod., in Clem. V, 8.

[7] C. XXII, C. 24, q. 3; c. VII, C. 17, q. 4; c. I, V, X, de immunit. eccl., III, 49; c. XII, X, de vita et honest. cler., III, 1.

[8] C. VIII, IX, X, XIX, XX, C. 17, q. 4; c. VI, X, de immun. eccl., III, 49. Voy. sur le droit d'asile en général, tit. X, in VI°, eod., III, 23; Wiestner, *De jure asyli*, Ingolst., 1869, in-4°; Assemani, *De ecclesiis, earum reverentia et asylo*, Rom., 1766, in-fol.; Zech, dans Schmidt, *Thes. jur. eccl.*, t. V, p. 284; Helfrecht, *Von den Asylen*, Hof, 1801; Dann, dans *Zeitschrift für deutsches Recht von Reischer*, t. III, q. 327; Hildenbrand, *Freiburger Kirchenlexikon*, t. I, p. 489; Vulmerincq, *Das Asylrecht*, Dorpat, 1853; Phillips, *Lehrbuch des Kirchenrechts*, § 230, 1re éd. — Sur les droits de l'asile ecclésiastique garantis dans la mesure du possible par le concordat autrichien, voyez l'article 16 du concordat.

[9] C. III, C. 12, p. 1; c. LI, in VI°, de R. J.

[10] C. V, C. 12, q. 2; c. V, XII, C. XVII, q. 4; c. IV, C. 17, q. 4.

[11] C. VI, C. 17, q. 4; c. II, X, de raptor., V, 17; c. XXII, X, de sent. exc., V, 39; Conc. Trid., sess. XXII, cap. XI, de ref. D'après la constitution *Apostolicæ Sedis* de 1869, ceux-là encourent l'excommunication *latæ sententiæ* simplement réservée au pape, qui « immunitatem asyli eccle-

§ 160. 5° La simonie¹.

I. Les lois de l'Église relatives à ce crime lui assignent une gravité toute particulière²; elles se distinguent des autres en ceci surtout que tout catholique, en fait de simonie, est admis à la fois comme accusateur³ et comme témoin⁴, et que de simples indices suffisent pour constituer une preuve⁵.

Par simonie (ce nom dérive de Simon le Magicien⁶), on entend l'entreprise sacrilège de ceux qui vendent une chose spirituelle ou annexée à une chose spirituelle en échange d'un objet temporel⁷.

II. La simonie est de droit divin ou naturel, de droit humain ou ecclésiastique, suivant que son objet est purement spirituel de sa nature, ou que l'entreprise dont il s'agit n'est déclarée simoniaque que par une disposition du droit positif⁸.

III. Il y a surtout simonie de droit divin quand le trafic concerne les sacrements, les sacramentaux, les actions de la liturgie, les actes de juridiction, les bénéfices, les droits de patronage, les places de sépulture ecclésiastique⁹, etc.; quand ces objets

---

siastici ausu temerario violari jubent aut violant. » Sur le sens de ce passage, voyez Mittermüller, *Archives*, t. XXVI, p. 158.
¹ C. I, q. 1-7; x, V, 3, De simonia et ne aliquid pro spiritualibus vel exigatur vel promittatur; Extrav. comm., V, 1; x, V, 4, Ne prælati vices suas vel ecclesias pro annuo censu concedant; x, V, 5, De magistris et ne aliquid exigatur pro licentia docendi; Clem. V, 1; Extrav. comm. eod., V, 1. — Thomassin, *Vetus et nova Eccl. disciplina*, part. III, lib. I, c. XLIX; J.-G. Pertsch, *De crimine simoniæ*; præmissa est J.-H. Bœhmeri, *Diss. epist. procem. de intentione Patrum circa doctrinam de simonia*, Halæ Magd., 1719, in-4°; Phillips, *Kirchenrecht*, t. I, p. 365; *Manuel*, §§ 206-210, 1ʳᵉ édit.; München, op. cit., t. II, p. 274.
² C. XXVIII, C. 1, q. 7. — ³ C. III, X, h. t.; c. VII, eod. — ⁴ C. XXXI, X, eod. — ⁵ C. VI, X, eod. — ⁶ *Actes*, VIII, 18.
⁷ Quelques casuistes, sans doute pour tirer d'embarras leurs amis, avaient trouvé un moyen qui mettait à l'aise ceux qui convoitaient quelques bénéfices. Selon eux, on pouvait sans ombre de simonie donner une somme d'argent à un patron ou à un collateur, pourvu qu'on n'eût pas l'abominable intention d'acheter de lui un bénéfice, mais uniquement celle de le porter à le conférer. C'était bien imaginé; à ce compte Simon le Magicien lui-même aurait pu aisément se garantir des reproches de saint Pierre; une bonne direction d'intention l'eût rendu innocent. Cette fausse subtilité a été condamnée par le Saint-Siège. (*Cit. du trad.* — Voyez Collet, *Traité des dispenses*, livre II.)
⁸ Voyez la glose *Dimittere* ad c. XII, X, de officio judicis delegati, I, 29; cf. c. VIII, C. 1, q. 1; c. VIII, C. 1, q. 3; c. XXXVIII, X, h. t.
⁹ *Actes*, VIII, 18; c. IX, X, h. t.; c. VII, C. 1, q. 1; c. CII, CV, C. 1, q. 1;

sont principalement accordés contre de l'argent ou une valeur appréciable à prix d'argent *(munus a manu)*, contre une promesse *(munus a lingua)*, ou contre un service *(munus ab obsequio* [1]*)*.

IV. Il y a simonie de droit ecclésiastique lorsqu'on acquiert ou veut acquérir d'une manière interdite par l'Église une chose spirituelle ou annexée à une chose spirituelle, quand même ce n'est pas en vue d'un avantage temporel, par exemple, si on échangeait des bénéfices ou faisait une convention à leur sujet sans demander l'assentiment du supérieur ecclésiastique [2]. On y range aussi la simonie confidentielle [3], qui a lieu lorsqu'on confère à quelqu'un une charge ecclésiastique, lorsqu'on le propose ou le nomme pour cette charge, lorsqu'il y renonce lui-même sous la condition expresse ou tacite *(cum confidentia)* qu'il la cédera plus tard à la même personne ou à un tiers, qu'il lui paiera une partie des revenus ou une pension annuelle. En ce qui concerne la renonciation à l'emploi, la simonie confidentielle est une résignation *salvo accessu*, ou *salvo ingressu*, ou *salvo regressu*, quand on ne renonce pas d'une manière absolue au droit qu'on a acquis sur un bénéfice par proposition, par transmission ou prise de possession, mais qu'on se réserve la faculté de le faire valoir dans certains cas déterminés.

ADDITION DU TRADUCTEUR.

La confidence, en tant qu'elle est l'objet des peines canoniques,

---

c. VIII, X, h. t.; c. I, X, h. t.; c. XXX, in fin. eod.; Conc. Trid., sess. XXI, c. 1, de ref.; c. XVI, XXIX, XLII, X, h. t.; c. XXIV, X, h. t.; Conc. Trid., sess. XXIII, c. XVIII, de ref., in fine; c. XXX, XL, X, h. t.; c. 1, h. t., in Extrav. comm. 1. Voyez ci-dessous § 222; c. XLIV, X, h. t.; voyez aussi p. 153; sur la simonie dans la collation des charges ecclésiastiques, voy. t. Ier, p. 582; sur la perte du droit de patronage en suite d'une présentation simoniaque; c. XII, XIII, XIV, XV, C. 13, q. 2; c. XIII, X, de sepulturis, III, 28; c. IX, XLI, X, h. t.

[1] Saint Grégoire dit à ce sujet : « Manus ab obsequio et subjecto indebite impensa; manus a manu pecunia est; manus a lingua favor. » S. Greg., in can. CXIV sunt nonnulli.   *(Cit. du trad.)*

[2] Voyez c. CXIII, CXIV, C. 1, q. 1; c. VI, C. 1, q. 3; c. XVIII, XXXIV, XXXVI, X, h. t.; c. XII, X, h. t.; c. XXVIII, X, h. t.; c. V, VII, X, de rerum permutat., III, 9.

[3] Consultez Pie IV, const. *Roman. pontificem*, an. 1564 *(Bullar. rom.*, t. IV, part. II, p. 191); Pii V const. *Intolerabilis*, an. 1569 *(ibid.*, t. IV, part. III, p. 67, dans Giraldi, *Expositio juris pontificii*, p. 169, outre les constitutions de Paul IV et de Sixte V sur cet objet); Pii IX constitut. *Apostolicæ Sedis*, an. 1869.

supposé une tradition réelle du bénéfice, et de là vient qu'elle est toujours au moins une simonie sémi-réelle. On ne doit pas traiter de confidentiaire celui qui, se démettant d'un bénéfice entre les mains de son évêque, le prie de le donner à son neveu; car les prières faites de bonne foi ne lient pas le collateur et lui laissent la liberté de faire ce qu'il jugera à propos; quoiqu'on puisse pécher en donnant tel bénéfice à un homme dans l'espérance que si un jour il devient évêque il le résignera à une certaine personne, il n'y a point là de confidence, parce qu'il n'y a, comme nous le supposons, ni convention expresse, ni convention tacite. Un ecclésiastique qui donne son bénéfice à Titius, avec pacte que Titius donnera à Pierre celui qu'il avait déjà, n'est pas coupable de confidence, parce que la confidence regarde le même bénéfice et qu'ici celui que le premier donne au second n'est pas celui que le second donne au troisième; quand on donne un bénéfice à condition d'obtenir un certain présent, il y a ou il n'y a pas confidence, selon la nature du présent. Il y a confidence si le présent consiste en quelques fruits du bénéfice; il n'y a pas confidence si le présent ne consiste pas en ces mêmes fruits; autrement, il n'y aurait point de simonie réelle qu'on ne dût traiter de confidence. On ne peut trop faire attention à ces principes, parce que la simonie confidentielle est la plus rigoureusement punie par les lois, non qu'elle soit plus criminelle que les autres, mais parce qu'elle est plus fréquente et plus dangereuse [1].

V. Si la simonie n'est que dans l'intention, non exprimée au dehors par une parole ou un acte, elle n'est point un délit dans le for extérieur, mais un simple péché de pensée (simonie interne) qui ne ressortit qu'au for intérieur [2]. Ce n'est également qu'un péché mortel relevant du for intérieur [3] que la simonie mentale; elle consiste en ce que quelqu'un, sans convention préalable, agit comme s'il en avait fait une, par exemple en donnant une chose temporelle contre une chose spirituelle qu'il a reçue dans l'intention d'acquitter une obligation qui pèse sur lui, ou d'obliger autrui à lui donner une chose spirituelle.

La simonie conventionnelle [4], commise par deux personnes en vertu d'un contrat, n'appartient elle-même qu'au for intérieur, tant que le contrat n'est encore exécuté par aucune des parties (simonie conventionnelle pure) ou qu'elle ne l'a été que

---

[1] Collet, ch. 1er, de la simonie. — [2] *Actes*, loc. cit.; *Matth.*, x, 8. — [3] Voy. c. XXXIV, XLVI, X, h. t. — [4] Voyez Reiffenstuel, ad h. t., n. 229; Ferraris, *Prompta Bibl.*, s. v. *Simonia*, art. 1, n. 11.

par l'une d'elles (simonie conventionnelle mixte), à moins que la personne qui l'a seule accomplie ne soit précisément celle qui doit livrer la chose spirituelle en vertu du contrat (cependant il est douteux si ce dernier cas ressortit au for extérieur). Mais en tant que crime, la simonie réelle, c'est-à-dire quand le contrat a été rempli des deux parts, tombe toujours dans le domaine des lois pénales de l'Église, même quand l'une d'elles n'a encore que commencé l'exécution ou qu'elle ne le fait que longtemps après.

Le droit moderne met la simonie confidentielle, ou la confidence des bénéfices, au même rang que la simonie réelle, même en ce qui concerne les effets.

ADDITION DU TRADUCTEUR.

Relativement aux ordres, il y a surtout quatre sortes de personnes qui peuvent tomber dans la simonie : celui qui les confère, celui qui les reçoit, ceux qui examinent les ordinands et ceux qui expédient leurs dimissoires.

Le grand écueil à craindre pour ceux qui imposent les mains, ce sont ou les importunités de la part de ceux dont on craint le ressentiment, ou des vues confuses de récompenser les services rendus ou à rendre, soit par ceux qu'on veut ordonner, soit par leurs amis et leurs parents. Si de pareils motifs influaient dans une ordination, elle serait simoniaque [1]; il en serait de même si, pour ordonner un homme qui n'a point de titre, on lui faisait promettre qu'il ne demandera jamais rien à son évêque [2].

L'usage des ordres peut aussi être la matière de la simonie. Un prêtre qui dit la messe ou officie en vue de la rétribution, pèche mortellement, selon saint Thomas [3]. Bonacina, moins rigoriste, dit la même chose d'un séculier qui sert la messe dans l'intention d'en retirer de l'argent. Sur ce principe il décide contre Suarez que les chantres et les musiciens qui regarderaient leurs fonctions comme une espèce de métier mécanique, seraient très-coupables devant Dieu. Il faut donc que chacun s'applique à purifier son intention, que Dieu soit le pre-

---

[1] Ita doctores passim, potissimum ubi agitur de ordinatione indigni.

[2] Vid. cap. XLIV, de simonia.
« Ne quidquam prorsus occasione hujus examinis, nec ante, nec pos accipiant : alioqui simoniæ vitium tam ipsi quam dantes incurrunt. » (Trident., sess. XXIV, cap. XVIII, de ref.) Ce texte conclut par identité de raison. *(Cit. du trad.)*

[3] « Non potest sacerdos illa intentione celebrare, vel officiare, ut ex hoc pecuniam consequatur, quia peccaret mortaliter. » S. Thom., *Opusc. de offic. sacerdot.* Vide eumd. in IV, dist. XXV, q. III, art. 2, ad 4.

mier objet de ceux qui chantent ses louanges et qu'ils regardent le temporel comme un surcroît que l'Église ne refuse point à ceux qui la servent. Rémonde, en ses remarques sur la *Théologie* de Grenoble [1], trouve cette morale trop rigoureuse; mais il ne le fait qu'après avoir posé pour principe qu'on n'est simoniaque que quand on donne le temporel comme prix du spirituel. Or, Innocent XI et le clergé de France ont depuis condamné ce sentiment.

Il pourrait aussi y avoir simonie dans la manière dont les communautés religieuses recevraient à la prise d'habit ou à la profession. La règle sur cette matière est que tout ordre doit donner l'habit [2] et admettre à la profession gratuitement; une maison religieuse ne peut rien demander que lorsqu'elle est véritablement pauvre; encore faut-il qu'elle ait des vues très-pures et n'exige que ce qui est nécessaire à l'entretien du sujet dont elle se charge : le surplus serait regardé ou comme un prix exigé par les supérieurs pour une grâce toute spirituelle, ou comme un motif qui les aurait inclinés à l'accorder.

Sur ces principes, reçus partout, deux réflexions sont à faire : 1° il n'est pas nécessaire qu'une communauté, pour être censée pauvre, soit réduite à vivre au jour la journée. On peut, sans blesser les lois de la Providence, avoir égard aux besoins qui ne peuvent guère manquer de survenir. Ajoutons, avec saint Bonaventure [3], qu'une maison extrêmement pauvre perd bientôt l'esprit de pauvreté; on souffre pendant un temps, mais enfin on se lasse de souffrir. 2° Les monastères où l'esprit primitif est affaibli, quelque riches qu'ils soient, se croient toujours pauvres et le sont en un sens par une foule de dépenses superflues [4].

Les bénéfices étaient autrefois le plus fréquent écueil. On commet en ce genre une simonie de droit naturel, quand, pour obtenir une cure, une chapelle, un canonicat, on fait des présents, on rend des services, on se plie à toutes les volontés de ceux qui peuvent les donner ou les obtenir. On est encore simoniaque, quand de sa propre autorité on fait un trafic ou de bénéfices ou de ces sortes d'actions qui y conduisent. (Collet, *Traité des dispenses*, livre II.)

---

[1] Rémonde, t. II, lettre X.

[2] Le concile de Trente, sess. XXV, cap. XVI, permet aux réguliers de prendre une pension pour l'année du noviciat.

[3] S. Bonavent., in Quæst. circa reg. S. Francisci, q. XIX.

[4] « Fatendum sæpe in monasteriis prætendi insufficientiam ac necessitatem, ubi illa non adsunt..... Ut cum pavimenta monasterii et templi nitent marmoribus, altaria undique auro et argento tument, parietes picturis pretiosissimis vestiuntur, horti arboribus exquisitissimis coluntur, stabula equis rarioribus inhabitantur, aulæa auro intexta et arte varia elaborata propendent, victus et amictus large subministrantur. » (Florent. Decocq, tract. *De jure*, etc., in IV, p. 768.)

VI. Les peines ecclésiastiques de la simonie sont dans quelques cas *latæ sententiæ*. Les peines de l'ordination simoniaque sont pour l'ordonné la suspense de tous les ordres reçus et pour l'ordinant l'interdiction de l'entrée de l'église, la suspense du droit d'ordonner et des fonctions pontificales; pour tous deux l'excommunication. Toutes ces censures sont encourues de plein droit [1]. Une collation simoniaque entraîne la nullité de l'acte et l'irrégularité du pourvu [2], avec une excommunication *latæ sententiæ* simplement réservée au pape [3].

Cette excommunication *latæ sententiæ* simplement réservée au pape est encourue pour la simonie confidentielle comme pour la simonie réelle, non-seulement par ceux qui confèrent ou acquièrent par simonie une charge ecclésiastique, mais encore par ceux qui sont coupables d'une résignation simoniaque [4].

La peine d'une simonie réelle pour la réception et l'entrée dans un couvent [5] est l'excommunication *latæ sententiæ* simplement réservée au pape tant pour la personne admise que pour celle qui a reçu l'argent. La corporation est suspendue comme telle de l'exercice de tous ses droits de juridiction. De plus, le coupable peut être condamné par sentence du juge à l'expulsion et à l'incarcération [6].

---

[1] C. XII, XXII, C. 1, q. 1; c. XXXVIII, XLV, X, h. t., V, 3; c. II, Extrav. comm., V, 1; Conc. Trid., sess. XXI, cap. I, de ref.; Sixti V constitut. *Sanctum et salut.*, an. 1588; Clem. VIII const. *Roman. pontif.*, an. 1595. Relativement aux censures encourues *ipso facto* par suite d'une ordination simoniaque, la constitution *Apostolicæ Sedis* s'en tient aux prescriptions du concile de Trente (sess. XXI, cap. I, de ref.).

[2] C. XI, XII, XIII, XXVII, XXXVIII, X, h. t.; c. II, X, de accusat., V, 1; c. II, h. t., in Extrav. comm.

[3] C. VI, X, h. t., c. II, h. t., in Extrav. comm.; Pii IX const. *Apostol. Sedis*.

[4] Car la constitution *Apostolicæ Sedis* dit en termes généraux : « Excommunicationi latæ sententiæ romano pontifici reservatæ subjacere declaramus reos simoniæ realis in beneficiis quibuscumque eorumque complices; reos simoniæ confidentialis in beneficiis quibuslibet, cujuscumque sint dignitatis. »

[5] A ce qui est dit dans la note précédente la bulle *Apostolicæ Sedis* ajoute : « Reos simoniæ realis ob ingressum in religionem. » Voyez aussi c. I in Extravag. h. t.; Van Espen, *De vitio simoniæ circa ingressum religionis,* dans ses *Op*. L'usage de fournir une dot en entrant dans un courant ne peut être considéré comme simoniaque. Benedict. XVI, *De syn. diœc.*, lib. XI, c. VII, et la déclaration sur le Conc. Trid., sess. XXV, c. XXVI, de regul. et mon., dans l'édition de Richter.

[6] C. XXV, X, h. t., V, 3.

Ceux-là encourent aussi une excommunication *latæ sententiæ* simplement réservée au pape, qui tirent quelque profit des indulgences et autres grâces spirituelles, qui font abus des honoraires de messes, qui recueillent un grand nombre d'aumônes et font acquitter les messes dans un lieu où l'on exige de moindres honoraires, en sorte qu'il leur reste un surplus considérable [1]. Les examinateurs synodaux qui, dans un concours pour les paroisses, se font donner de l'argent ou rendre des services, ne peuvent être absous de simonie, non plus que ceux qui l'ont donné, avant qu'ils aient renoncé aux charges qu'ils exerçaient, et ils sont incapables d'acquérir à l'avenir d'autres emplois ecclésiastiques [2].

Les autres actions simoniaques qui se commettent, par exemple dans l'administration des sacrements ou des sacramentaux, sont punis selon l'appréciation du juge.

La simonie en matière de bénéfices entraîne l'obligation générale de restituer. Pour les autres choses spirituelles, cette obligation n'existe que lorsqu'elle est imposée par le juge. La restitution du prix n'est pas non plus obligatoire, à moins qu'on n'ait commis un autre péché en dehors de la simonie, par exemple vendu le saint-chrême au-delà de sa valeur réelle [3].

§ 161. 6° **Crimes contre le corps et la vie de l'homme** [4].

I. Le meurtre d'un homme est considéré par le droit canon comme un des plus grands crimes [5]. Il n'est impuni que lors-

---

[1] « Omnes qui quæstum facientes ex indulgentiis aliisque gratiis spiritualibus excommunicationis censura plectuntur constitutione S. Pii V, Quam plenum 2 januarii 1569; colligentes eleemosynas majoris pretii pro missis, et ex iis lucrum captantes, faciendo eas celebrari in locis ubi missarum stipendia minoris pretii esse solent. » (Constit. *Apostol. Sedis.*)

[2] Conc. Trid., sess. XXV, c. XVIII, de ref.; Benedict. XIV, *loc. cit.*, n. 8.
Le concile de Trente n'est pas moins sévère contre ceux qui expédient les dimissoires et autres lettres ecclésiastiques; il leur défend sous les peines du droit d'exiger au-delà de la taxe fixée, encore faut-il qu'ils n'aient pas d'autre salaire.

[3] Sur la restitution du prix de la simonie, voyez Schmalzgrueber, *loc. cit.*, n. 282.

[4] X, de homicidio voluntario vel causali, V, 12; in VI°, de homicidio, V, 4; Clement., de hom. vol. v. caus., V, 4; Schmalzgrueber, *Jus eccl. univ.*, lib. V, tit. XII; Berardi, *Comment.*, t. IV, p. 183; Phillips, *Kirchenrecht*, t. I, p. 589.

[5] C. II, X, h. t.

qu'il a lieu dans une guerre[1] ou par autorité de justice[2], lorsqu'il ne peut être imputé à faute[3], qu'il est purement accidentel[4] ou la suite d'une légitime défense contre une attaque injuste, c'est-à-dire quand la personne attaquée ne pouvait pas sauver d'une autre manière, notamment par la fuite, sa vie et sa chasteté, ou défendre son bien contre un voleur de nuit ou un voleur armé[5].

II. Le droit canon est encore plus sévère contre l'assassinat que contre le meurtre, car l'assassinat n'est que le meurtre prémédité. Quant au suicide[6], l'Église le punit par la privation de la sépulture ecclésiastique. Sur le duel[7], la constitution *Apostolicæ Sedis*[8] de 1869 porte que ceux-là sont soumis à l'excommunication *latæ sententiæ*, réservée simplement au souverain-pontife, qui se battent en duel ou qui y provoquent, ceux qui l'acceptent, les complices, ceux qui y participent et le favorisent, les témoins, ceux qui le permettent ou ne l'empêchent

---

[1] C. II, v, C. 23, q. 3. Voyez Phillips, *Kirchenrecht*, t. I, p. 505.

[2] C. XXIX, C. 23, q. 5; c. IV, § 1; c. VI, XIII, C. 23, q. 6. Voy. Phillips, *Kirchenrecht*, t. II, p. 463, 508.

[3] C. II, X, de delictis puerorum, V, 23; c. LX, X, de sent. exc., V, 39.

[4] C. IX, XIII, X, h. t. Voyez Phillips, *Kirchenrecht*, t. I, p. 601.

[5] C. III, XVIII, X, h. t; c. III, X, de sent. excomm., V, 39. Sur le meurtre des enfants, titulus X, V, 10, de his qui filios occiderunt. Voyez aussi c. XX, C. 2, q. 5; Phillips, *Kirchenrecht*, op. cit., p. 594, 597.

[6] C. IX, C. 23, q. 5; c. XI, X, de sepult., III, 28.

[7] C. XXII, C. 2, q. 5; c. I, II, X, de cler. pugn. in duello, V, 14; Conc. Trid., sess. XXV, cap. XIX, de ref.; voyez aussi Greg. XIII, constitut. *Ad tollendum*, an. 1582 (*Bullar. rom.*, IV, IV, p. 19); Clem. VIII, const. *Illius vices*, an. 1592 (V, I, 386); Bened. XIV, constit. *Detestabilem*, an. 1752 (XIX, 18), où sont réfutés une foule de prétextes tendant à justifier le duel. Voyez aussi Giraldi, *Expositio juris pontificii*, p. 1069; Suum cuique. *Bericht des Grafen Clemens August von Schmiesing-Kerssenbrock über die Thatsachen und Verhandlungen, welche der Entlassung seiner Soehne Xaver, Clemens und Adolf aus dem koeniglich preussischen Militærdienste vorangegangen und bisher gefolgt sind, unter Beifügung der bezüglichen Schriftstücke*, Osnabrück, 1864; Hillebrandt, *Das Duell in seinem Ursprung und Wesen, beurtheilt nach den Grundsætzen der Religion, der Civilisation und nach den Gesetzen der Kirche und der Staaten*, avec suppléments pour les années 1752, 1859 et 1864, Paderborn, 1865; voyez aussi *Archives*, t. XIV, p. 311.

[8] Parmi les excommunications *latæ sententiæ romano pontifici (simpliciter) reservatæ*, la bulle *Apostolicæ Sedis* de 1869 énumère aussi : « Duellum perpetrantes, aut simpliciter ad illud provocantes, vel ipsum acceptantes, et quoslibet complices, vel qualemcumque operam aut favorem præbentes, necnon de industria spectantes, illudque permittentes, vel quantum in illis est, non prohibentes, cujuscumque dignitatis sint, etiam regalis vel imperialis. »

pas dans la mesure de leurs forces, quelle que soit leur dignité, fussent-ils rois ou empereurs. L'Église a également porté des défenses contre les tournois [1], contre l'usage des engins de guerre particulièrement meurtriers [2] et contre les combats d'animaux [3], parce qu'on y expose inutilement la vie des hommes et qu'on y tente Dieu. Le droit canon a édicté des peines particulières contre l'exposition des enfants [4] ou des personnes

---

[1] x, V, 43, de torneamentis; Extravag. Joannis XXII, eod. 9.

[2] x, V, 15, de sagittariis. — Quarante Pères du concile du Vatican ont proposé qu'il fût donné une promulgation et un commentaire authentique des passages du droit canon qui contiennent des règles sur le droit des gens et le droit de la guerre, afin d'éclairer la conscience publique sur les causes qui rendent une guerre juste ou injuste.

Une autre proposition, très-fortement motivée, a été faite par Antoine-Pierre IX, patriarche de Cilicie, au nom d'un concile tenu à Constantinople en octobre 1869 et fréquenté par les vingt évêques d'Arménie.

La proposition, *votum synodi*, unanimement acceptée et approuvée par ce dernier concile, est conçue sous la forme d'un projet de constitution sur la guerre et le caractère de la guerre. On y voit d'abord une longue introduction sur les maux qu'entraîne les guerres fréquentes et cruelles, sur les préparatifs qu'elles nécessitent et les dangers qu'elles font courir. Cet état de choses a pour conséquence de faire méconnaître et fouler aux pieds le droit public et international, nier les principes éternels du droit consignés dans la loi divine.

Le premier chapitre exige, comme première condition d'une guerre juste ou licite, une déclaration de guerre préalable, publique et solennelle. Le second ne permet la guerre que pour détourner une attaque injuste ou recouvrer des droits nécessaires. Le troisième traite des devoirs, de l'obéissance des chefs militaires et des soldats. Tous doivent se souvenir que le serment du soldat ne peut jamais être contradictoire à la loi chrétienne, envers laquelle ils se sont engagés par serment en recevant le baptême; que les ministres et les exécuteurs de la justice ne doivent jamais être les esclaves de la cruauté, de l'avarice et de l'ambition.

Le chapitre IVe examine quelle autorité a seule le droit de décider la guerre; cette autorité (le prince ou les représentants légitime de la nation) doit consulter des hommes d'expérience, et surtout des hommes imbus du vif sentiment de la justice, afin de s'assurer si telle guerre est juste et licite.

Ces évêques arméniens, après une courte récapitulation de ces quatre chapitres, prient le saint-père de faire en sorte que les principes chrétiens qui président au droit international et au droit de la guerre soient clairement formulés par le concile du Vatican et propagées dans le monde; qu'un tribunal permanent, composé de jurisconsultes pris dans tous les pays, soit érigé au siége du chef de l'Église pour rétablir les bonnes relations internationales et éviter la guerre. (Voir le texte de ces propositions dans Martin, *Collect.*, éd. 2, p. 102 et suiv.)

[3] Pii V const. *De salute* (*Bullar. rom.*, IV, I, 102).

[4] x, V, 11, de infantibus et languidis expositis.

infirmes, contre l'avortement¹ et l'emploi de moyens artificiels pour amener la stérilité². Tous ces crimes sont punis de l'excommunication³, et quand leurs auteurs sont des clercs, ils encourent en outre la déposition, l'incarcération⁴ et l'inhabilité absolue aux fonctions ecclésiastiques⁵.

III. L'Église a également porté des peines particulières contre la mutilation⁶, c'est-à-dire contre l'amputation ou ablation d'un membre (et non pas d'une partie seulement), contre ceux qui se mutilent eux-mêmes et notamment contre ceux qui se font eunuques⁷.

§ 162. 7° **Délits de la chair**⁸.

A cette classe appartiennent :

I. Le rapt *(crimen raptus)*, qui est puni dans les clercs par la déposition, et dans les laïques par l'excommunication⁹.

II. Le stupre, ou le commerce illicite avec une personne honorable d'ailleurs, non mariée et non encore fiancée au séducteur¹⁰. Le séducteur doit ou épouser la personne séduite, ou la doter et entretenir l'enfant¹¹.

III. La fornication, ou commerce illicite avec une femme publique, ou en général avec une personne déjà déflorée¹². La peine est arbitraire; pour les clercs, elle entraîne l'incarcération, l'amende pécuniaire, la suspense, et, selon les circonstances, la privation du bénéfice ou la déposition¹³.

---

¹ C. xx, C. 2, q. 5; c. ii, X, h. t. La constitution *Apostolicæ Sedis* du 12 octobre 1869 punit les *procurantes abortum effectu secuto* de l'excommunication *latæ sententiæ episcopo vel ordinario reservata*.
² C. v, X, h. t. — ³ C. xx, C. 24, q. 3.
⁴ C. xii, d. 81; c. x, X, de judic., II, 1; c. vii, d. 50; c. vi, X, de pœnis, V, 37; c. vi, § fin., X, h. t. Voyez ci-dessus le § 61 sur l'irrégularité.
⁵ Conc. Trid., sess. xiv, cap. vii, de ref.
⁶ Voyez Schmalzgrueber, *loc. cit.*, n. 16.
⁷ Cf. Phillips, *Kirchenrecht*, t. I, p. 466.
⁸ x, V, 16, de adulteriis et stupro; cf. Schmalzgrueber, *Jus eccl. univ.*, lib. V, dist. 16; Permaneder, *Handbuch des Kirchenrechts*, § 349.
⁹ C. vi, vii, X, de raptoribus; Conc. Trid., sess. xxiv, cap. vi, de ref. matr. Sur l'empêchement de séduction, voir plus loin § 193.
¹⁰ Dict. Grat., § 2, post. canon., ii, C. 36, q. 1; c. i, de adulteriis, V, 16.
¹¹ C. v, X, de eo qui duxit in matrimonium, IV, 13; c. i, ii, X, h. t. — Le clerc qui se rend coupable de stupre doit être déposé ou autrement puni et doter la personne séduite.
¹² Voyez le Dict. Grat., § 1, post can. ii, C. 36, q. 1.
¹³ Cf. Schmalzgrueber, *loc. cit.*, n. 11. Ceux-là participent aussi à la

IV. Le concubinage, ou le commerce durable entre deux personnes non mariées ensemble, peu importent qu'elles habitent ou n'habitent pas sous le même toit¹. Les clercs coupables doivent être punis de l'emprisonnement, de la suspense, de l'inhabilité aux bénéfices, et, s'ils en possèdent déjà, de la perte *ipso facto* de la troisième partie de leurs revenus, si après une première monition ils ne rompent point leurs relations criminelles. Après une seconde et inutile monition, ils doivent être suspendus de l'administration de leur bénéfice et perdre tous les fruits; après une troisième monition également inutile, ils perdent leurs bénéfices mêmes, et s'ils persévèrent dans leur état, ils doivent être excommuniés. De même pour les laïques en cas de persévérance opiniâtre².

V. L'inceste *(incestus)*, c'est-à-dire le commerce charnel entre deux personnes que des liens de consanguinité ou d'affinité empêchent de se marier entre elles. La peine, pour les clercs, est la déposition de l'office et du bénéfice; pour les laïques, l'excommunication³; mais, depuis la constitution *Apostolicæ Sedis* de 1869, elle n'est plus encourue *ipso jure*.

VI. L'adultère doit être puni, dans les clercs par la déposition, dans les laïques par l'excommunication⁴. Cette peine est due à plus forte raison à la bigamie ou polygamie.

VII. La sodomie, ou péché contre nature⁵, notamment avec des personnes du même sexe *(sodomia sexus)*, ou avec des animaux *(sodomia bestialitatis)*, doit être censurée dans les clercs par la dégradation et par la remise au bras séculier.

---

fornication qui la favorisent et font l'office de proxénètes *(lenocinium)*. Cf. Sixte V, const. *Ad compescendum*, 1586 (*Bull. rom.*, t. IV, part. I, p. 267).

¹ C. IV, C. 32, q. 4.

² Conc. Trid., sess. XXIV, cap. VIII, de ref. matr.; sess. XXV, cap. XIV, de ref. Les évêques doivent être avertis d'abord par le concile provincial, et, si cet avertissement n'a pas de succès, suspendus *ipso facto*. Si la suspense ne sert de rien, la décision est laissée au pape. Voici ce qu'on lit dans la constitution *Apostolicæ Sedis* de 1869 : « Excommunicationi latæ sententiæ episcopis sive ordinariis reservatæ clericos in sacris constitutos vel regulares aut moniales post votum solemne castitatis matrimonium contrahere præsumentes; necnon omnes cum aliqua ex prædictis personis matrimonium contrahere præsumentes. »

³ Clem. un. de consanguinit. et affin., IV, 1; Sixti V const. *Volentes* (*Bullar. rom.*, t. IV, part. IV, p. 292).

⁴ C. VI, X, h. t.

⁵ C. XIV, C. 32, q. 7; voy. Rom., 26; Schmalzgrueber, *loc. cit.*, n. 112; Pii V const. *Horrendum*, an. 1568 (*Bullar. rom.*, t. IV, part. III, p. 33).

VIII. **Provocation à l'impudicité dans le tribunal de la pénitence**[1].

ADDITION DU TRADUCTEUR.

Une ou plusieurs dénonciations anonymes ne permettent pas d'infliger la suspense *ex informata conscientia* pour cause de sollicitation[2]. Le cardinal Albitius cite un édit portant formellement que la dénonciation du crime de sollicitation *debet fieri in judicio cum juramento, et cum expressione et subscriptione sui nominis; nec sufficit si fiat per apochas, vel per litteras sine nomine et cognomine auctorum.* Le Saint-Office veut que la dénonciation soit renouvelée juridiquement sous la foi du serment et avec les formalités légales. La constitution de Grégoire XV, qui est le titre qui autorise la poursuite du crime de sollicitation, exige la dénonciation juridique et personnelle par-devant l'ordinaire ou son délégué ; et ce délégué ne peut pas, en règle ordinaire, être le confesseur qui est instruit du crime par la confession de la personne sollicitée, car les édits du Saint-Office recommandent de ne déléguer les confesseurs pour recevoir les dénonciations que dans les cas exceptionnels, par exemple lorsqu'il s'agit des religieuses. Que doit faire le confesseur qui ne peut obtenir la dénonciation juridique ? Peut-il se contenter que la personne sollicitée adresse une lettre anonyme à l'ordinaire ? Non-seulement il ne peut l'exiger, mais sa conscience lui défend de se prêter à une action périlleuse, qui permet de diffamer impunément des hommes qui n'auront aucun moyen de se défendre. En pareil cas, lorsque le pénitent ne veut pas dénoncer juridiquement et comparaître personnellement devant l'ordinaire ou son délégué, et qu'il offre d'écrire une lettre anonyme, le confesseur fera mieux de différer l'absolution et de s'adresser à la Pénitencerie, qui lui fournira

---

[1] Voyez Pii IV const. *Cum sicut*, an. 1561 (*Bullar. rom.*, IV, II, p. 77); Gregor. XV const. *Universi* (*ibid.*, t. V, part. V, p. 54); Benedict. XIV const. *Sacramentum*, an. 1741 (*Bullar. magn.*, t. XVI, p. 32). Une instruction de la Congrégation de l'inquisition (20 février 1867) traite longuement de la dénonciation et de la punition de ce crime (*Archives*, t. XXI, p. 74). La constitution *Apostolicæ Sedis* (1869) frappe d'excommunication *latæ sententiæ* spécialement réservée au pape : « Absolventes complicem in peccato turpi etiam in mortis articulo, si alius sacerdos licet non adprobatus ad confessiones, sine gravi aliqua exoritura infamia et scandalo, possit excipere morientis confessionem. » Elle menace d'une excommunication *latæ sententiæ* non réservée : « Negligentes sive culpabiliter omittentes denuntiare infra mensem confessarios sive sacerdotes, a quibus sollicitati fuerint ad turpia in quibuslibet casibus expressis a prædecess. nostris Gregorio XV, constit. *Universi*, 20 augusti 1622, et Benedicto XIV, const. *Sacramentum pœnitentiæ*, 1 junii 1741. »

[2] Voyez *Analecta*, 2ᵉ et 3ᵉ séries, col. 1604, 2317, 2677; 4ᵉ et 5ᵉ séries, col. 239, 1200, 1865.

les instructions convenables. Les confesseurs qui rencontrent un cas de sollicitation ne doivent ni prescrire, ni conseiller, ni tolérer la dénonciation anonyme. Si le pénitent sent une invincible répugnance à dénoncer légalement en se faisant connaître devant l'ordinaire ou son délégué, le confesseur peut s'adresser à la Pénitencerie, qui trace des règles de conduite suivant les circonstances et dispense quelquefois de l'obligation de dénoncer. Depuis l'encyclique du 21 novembre 1851, la plupart des jubilés jusqu'à celui qui a été donné aux fidèles de Rome en septembre 1863 à l'occasion de l'exposition de l'Image Achéropite, dispensent de l'obligation de dénoncer les francs-maçons et autres affiliés des sociétés secrètes. Le jubilé universel de 1850 autorisa généralement les confesseurs à dispenser de l'obligation de dénoncer dans les cas déterminés par l'Église, excepté l'hérétique dogmatisant, et le cas dont parle la constitution de Benoît XIV, *Sacramentum pœnitentiæ*. Lors du jubilé accordé à Rome au mois de septembre 1863, l'édit du cardinal-vicaire, en date du 2 septembre, exprimait la même concession. C'est par la même indulgence que la Pénitencerie accorde quelquefois dispense de l'obligation de dénoncer le prêtre coupable du crime de sollicitation *ad turpia* dans la confession. Jusqu'ici nous n'avons pas d'exemple que cette dispense ait été donnée généralement à l'occasion d'un jubilé; mais dans certains cas spéciaux, supposé que la répugnance à faire la dénonciation juridique semble insurmontable, la Pénitencerie accorde dispense, afin de ne pas compromettre le salut des âmes.

Il suit de là que les ordinaires ne peuvent pas faire usage des dénonciations anonymes, surtout pour infliger la suspense, tant la suspense *ab officio vel ab ordine* que la suspense de la confession. Les controverses importantes exigent des actes revêtus de la signature des plaignants. En 1741, la Congrégation des évêques et réguliers acquitte un curé poursuivi par des dénonciateurs, et prescrit à l'évêque de ne recevoir désormais aucune plainte qui ne soit revêtue des signatures : « Archipresbyterum absolvendum esse, et redeat ad residentiam intra mensem, prorogato ad hunc effectum indulto. Episcopus amplius non recipiat recursus domini Fontanæ et Petri Tiburtii adversus eumdem, cæterorumque Gorianensium, nisi subscribantur preces in forma valida, » etc. Dans une lettre du 28 août 1750, la Congrégation recommande de ne pas enregistrer dans les livres criminels de l'évêché une monition paternelle qu'elle fait adresser par l'évêque à un curé. En 1774, un évêque étant mort sans avoir brûlé les papiers secrets de son administration et les dénonciations non déférées au for contentieux, la Congrégation des évêques et réguliers, consultée, adressa les instructions suivantes au vicaire capitulaire : « Après avoir signifié au chapitre de la cathédrale et aux exécuteurs testamentaires de l'évêque défunt de désigner chacun un délégué, vous les désignerez d'office à leur défaut; puis, aux jours et aux heures que vous intimerez, vous appellerez à la maison où sont conservés les papiers le prêtre Philippe V., déjà choisi par l'évêque défunt pour faire le partage; les deux délégués s'y rendront aussi, ainsi que le notaire que vous nommerez et auquel vous donnerez la clef de l'appartement, lorsque vous ne voudrez pas présider à l'opération. Lorsque tous seront rendus à la maison, ils ouvriront la porte et entreront ensemble dans l'appartement; là, le prêtre Philippe V. ouvrira seul les caisses et examinera les papiers, pendant que les deux délégués et le notaire se tiendront à distance de manière à voir les papiers sans pouvoir les lire. A mesure que Philippe V. les examinera, il les divisera, en mettant à part ceux qui renferment des accusations ou dénonciations secrètes non portées au tribunal, ou des notes sur des choses qui pourraient nuire à la réputation d'autrui ou qui se rapportent au for de la pénitence. Le prêtre susdit en montrera quelques mots aux délégués, afin qu'ils puissent en comprendre la nature sans connaître d'une manière positive l'objet ni les personnes que cela concerne. Néanmoins les délégués feront serment de garder le secret. A la fin de chaque séance, les papiers séparés de la sorte seront brûlés en présence de tout le monde, et le notaire dressera acte de l'opération, etc. Rome le 4 octobre 1774. »

S'il s'agit d'une dénonciatian en forme, l'ordinaire peut-il infliger la suspense *ex informata conscientia*, sans appeler le prévenu ni le mettre en demeure de répondre? Il ne s'agit pas ici de la suspense *ab audiendis confessionibus*, dont nous dirons un mot plus loin, mais de la suspense *ab ordine vel ab officio*, qui prive temporairement un curé de l'administration de sa paroisse, et un clerc de l'exercice des ordres. Il n'y a pas lieu d'examiner si l'on pourrait infliger la suspense perpétuelle, car on a vu que nulle suspense *ex informata conscientia* n'est perpétuelle. Il s'agit de la suspense *ad tempus*, infligée extrajudiciairement pour crime de sollicitation. Les ordinaires ont-ils le pouvoir de procéder *ex informata conscientia* en ce cas déterminé? Cela semble douteux. D'après la constitution *Universi dominici gregis* (30 août 1622), les ordinaires des lieux sont délégués du Saint-Siége dans les causes de sollicitation; leur délégation comprend uniquement l'instruction juridique qui réunit les dépositions et les preuves; elle ne s'étend pas jusqu'à la sentence; c'est aux cardinaux de la sainte Église romaine inquisiteurs généraux qu'est réservée la faculté de juger si le crime de sollicitation *ad turpia* est prouvé par les témoins, par les présomptions, les indices et autres adminicules que renferme l'enquête; les ordinaires ne peuvent donc en ces sortes de causes passer à l'application des peines sans consulter le Saint-Siége; ils doivent adresser à la congrégation du Saint-Office les dénonciations qu'ils ont reçues contre les sollicitants, en faisant connaître la qualité des dénonciateurs et celle des confesseurs dénoncés. Le pontife, sachant combien il est difficile de décider en quel cas les témoins *singulares* font preuve, considérant en même temps que l'on pourrait facilement blesser la vérité et la justice si l'on n'appréciait pas avec le plus grand soin les qualités des dénonciateurs et celles des dénoncés, le souverain-pontife a réservé le jugement aux cardinaux inquisiteurs généraux. Pour punir justement et légitimement le confesseur sollicitant, il faut procéder juridiquement; il n'est permis de le punir que si le crime est pleinement prouvé. On doit tout peser avec la plus grande maturité; comme les témoins ne sont pas manifestés par rapport à ce crime, le droit de la défense n'est pas accordé plein et entier, et l'on peut toujours craindre de condamner un innocent. Quand même chacun des témoins, *singulares*, mériterait pleinement qu'on s'en rapportât à son dire, le juge n'ignore pas moins ce que l'inculpé pourrait objecter contre la personne des témoins. Il faut donc s'en remettre au jugement des cardinaux inquisiteurs généraux, qui, après avoir considéré le nombre et la qualité des témoins, ainsi que les adminicules, les indices, les présomptions, décideront si le délit est prouvé. Les ordinaires doivent attendre cette décision, avant laquelle ils n'ont pas le pouvoir de punir le prévenu. Il semble donc qu'ils ne peuvent pas faire usage, en ce qui est du crime de sollicitation, du pouvoir de procéder extrajudiciairement *ex informata conscientia* contre les crimes occultes. Un autre obstacle est que l'enquête doit être faite dans les formes juridiques et comprendre les dépositions de témoins légaux. Comment concilier ces formalités avec la procédure *ex informata conscientia?* Sans doute, les noms des témoins ne sont pas révélés à l'inculpé; mais l'ordinaire les connaît puisqu'il reçoit leurs dépositions et qu'ils doivent prêter serment devant lui. Il serait impossible d'apprécier la valeur des témoignages d'après les qualités de ceux qui déposent, si l'ordinaire n'avait que des dénonciations anonymes. L'instruction envoyée par ordre de Pie VI au vicaire apostolique de la Cochinchine en 1775 porte que l'ordinaire doit avant tout prendre pour règle que toutes les prescriptions du droit défendent de procéder à la punition s'il ne conste de la perpétration du délit par les preuves prescrites dans la loi. Les causes relatives au crime de sollicitation (qui la plupart du temps se commet en secret et en l'absence de tout témoin) ont le privilége d'admettre comme preuve les dépositions *singulares* d'hommes et de femmes qui dénoncent leur propre fait, mais il faut trois témoins. C'est à l'ordinaire que ces dénonciations doivent être déférées dans le plus grand secret. Mais lorsque la distance rend presque impossible que les personnes sollicitées comparaissent en présence de l'ordinaire pour porter les dénonciations, il peut déléguer pour les recevoir un prêtre digne de confiance. Les dénonciations devront toujours être confirmées par serment, et l'on devra ne rien oublier pour bien constater que les dénonciateurs jouissent d'une bonne réputation, et que ni la haine, ni l'inimitié, ni aucune autre passion ne les inspirent; car il faut que ces témoins *singulares* soient exempts de toutes les passions humaines pour qu'on puisse prêter entièrement foi à ce qu'ils attestent. Telles sont les prescriptions de l'instruction de Pie VI. La congrégation du Saint-Office, dans l'instruction du 7 juillet 1725, a prescrit la méthode à suivre lorsque les dénonciations doivent être reçues par les confesseurs agissant comme délégués spéciaux. Cette instruction veut que la déposition des témoins soit entourée de toutes les garanties juridiques. Ainsi, la délégation est donnée par écrit; le délégué se fait accompagner par le chancelier autant que cela se peut; il doit recevoir la dénonciation hors du confessionnal, et cela ne se pouvant pas sans éveiller des soupçons, il notera avec soin que la dénonciation a eu lieu hors du sacrement de pénitence [1]. Le crime de sollicitation ne peut ordinairement être prouvé que par des témoins *singulares*, la plupart du temps des femmes ou des mineurs. Les témoins de cette espèce, inhabiles suivant le droit, ne sont pas irréprochables; mais on les reçoit avec leurs imperfections; leur imperfection doit être suppléée par le nombre ou par le concours d'autres présomptions. On ne peut admettre le témoignage des femmes de mauvaise vie. Une seule femme qui dénonce le confesseur ne fait pas une preuve semi-pleine. Deux femmes honnêtes ne prouvent pas pleinement la sollicitation; leur témoignage n'est point parfait, aucune d'elles ne prouve semi-pleinement. Quelques auteurs pensent que deux témoins dignes de foi suffisent s'il s'agit d'une peine légère et si le confesseur a un mauvais renom. Quoiqu'il soit vrai que deux témoins dignes de foi prouvent pleinement qu'ils sont *contestes*; il en est autrement lorsqu'ils sont *singulares*. Le privilège des causes de sollicitation consiste en ce que le délit peut se prouver par des témoins *singulares*, mais il ne s'ensuit pas que l'on puisse se contenter du nombre de témoins qui suffirait si ces témoins étaient *contestes*. C'est pourquoi les docteurs s'accordent à exiger au moins trois dénonciations émanant de personnes diverses dont chacune est digne de foi; c'est d'ailleurs le nombre indiqué dans l'instruction de Pie VI. D'autres exigent quatre témoins dignes de foi, parce que les femmes étant faibles et peu dignes de foi, il faut que le nombre des dépositions supplée à la faiblesse du sexe. Enfin, des auteurs pensent que quatre témoins ne suffisent même pas pour infliger une peine ordinaire. Les témoins *singulares* ne font jamais une preuve

---

[1] Voyez *Analecta*, 34ᵉ livrais., col. 1872.

pleine et entière ; dans les causes criminelles où les femmes, par privilège spécial, sont admises à témoigner, elles ne prouvent pas pleinement, même quand elles se présentent en qualité de *contestes* au nombre des quatre. Une autre raison est que les noms des témoins n'étant pas manifestés, le prévenu est privé d'une grande partie de sa défense. Comme Grégoire XV savait que des doutes graves surgissent quand il faut décider si le délit est prouvé, et que cela est laissé à l'appréciation du juge, il a réservé la décision aux éminentissimes cardinaux du Saint-Office de Rome, pour éviter le péril que la vérité et la justice ne fussent blessées dans ces sortes de causes, si par malheur on ne pesait pas dans une juste balance les qualités des dénonciateurs et celles des personnes dénoncées. Enfin, supposé que les cardinaux du Saint-Office jugent qu'il y a lieu à l'application des peines canoniques, l'ordinaire, après avoir reçu leurs ordres, appelle de nouveau le prévenu et notifie la sentence en présence de témoins qui prennent l'engagement de garder le secret. Inutile de faire observer que le prévenu a été appelé lors de l'enquête, et que, averti du crime dont il est accusé, il a eu toute liberté de se défendre, sauf le nom des témoins, qui ne lui est pas manifesté.

Évidemment, la discipline spécialement établie contre le crime de sollicitation *ad turpia* en confession n'a rien de commun avec la procédure extrajudiciaire *ex informata conscientia*; dans celle-ci, les motifs de la suspense ne sont pas révélés au coupable, il n'est pas appelé à se défendre et la censure lui est intimée sans témoins. Ainsi, selon toute vraisemblance, les ordinaires n'ont pas le pouvoir d'infliger *ex informata conscientia* la suspense de l'ordre ou de l'office *ad tempus* pour crime de sollicitation en confession sacramentelle. Peuvent-ils du moins suspendre de la confession sans consulter le Saint-Siège avant de recevoir les instructions de la Congrégation du Saint-Office ? Delbene (*De officio S. Inquisitionis*, part. II, dub. 237) cite Peyrinus (*De privil. ad constit.* 4 Gregorii XV), d'après lequel deux témoins dignes de foi, c'est-à-dire deux dénonciations en forme émanant de personnes dignes de foi, suffisent pour interdire la confession ; car deux dépositions dignes de foi rendent le confesseur suspect ; mais il ne s'ensuit pas que les ordinaires puissent porter eux-mêmes la suspense ; la pensée de cet auteur est simplement que les cardinaux du Saint-Office, auxquels l'appréciation du crime est réservée, peuvent regarder comme suspect le confesseur contre lequel on a deux dénonciations dignes de foi, et prescrire par conséquent l'interdiction de la confession. Pignatelli va plus loin : il admet que les ordinaires peuvent prendre des dispositions lorsque la gravité du cas semble exiger une mesure d'urgence, sans attendre le jugement des cardinaux, comme le prescrit Grégoire XV pour les cas ordinaires : « La constitution de Grégoire XV, dit cet illustre canoniste, n'accorde qu'aux cardinaux du Saint-Office le pouvoir de juger si le délit est prouvé suffisamment par les témoins *singulares*; par conséquent les ordinaires ne peuvent dans ces sortes de causes passer aux choses ultérieures et à la sentence sans consulter la Congrégation du Saint-Office; ils doivent lui adresser les dénonciations qu'ils ont reçues contre les sollicitants, en faisant connaître la qualité des dénonciateurs et celle des confesseurs dénoncés; ils ne doivent prendre aucune autre disposition, à moins que la gravité du cas ne l'exige ou qu'il n'y ait péril en la demeure. » Parmi les dispositions d'urgence et provisoires auxquelles peuvent recourir les ordinaires, la suspense de la confession semble la plus rationnelle; mais si, d'une part, ce pouvoir semble incontestable, il ne faudrait pas, d'autre part, qu'une disposition exceptionnelle et provisoire devînt perpétuelle. Nous ne croyons pas que l'interdiction perpétuelle de la confession puisse être infligée autrement que selon la constitution de Grégoire XV, qui réserve aux cardinaux du Saint-Office l'appréciation des preuves propres à constater la perpétration du crime de sollicitation, ainsi que la nature de la peine qu'il mérite.

Suspense par suite de la dénonciation des complices.

Il serait inexact de dire que l'Église ordonne ainsi la dénonciation des complices. La constitution de Grégoire XV prescrit de dénoncer les confesseurs comme sollicitants et non en tant que complices. Le pénitent n'est pas tenu de manifester le consentement qu'il a peut-être donné à la sollicitation; il ne doit pas être interrogé sur ce point par l'évêque ou par les délégués devant lesquels il fait sa déposition; on ne doit pas non plus interroger sur le consentement le confesseur dénoncé lorsqu'on procède contre lui, et s'il veut en parler, on doit ne rien écrire à ce sujet. C'est ce que porte expressément la circulaire de la Congrégation du Saint-Office. On ne peut donc alléguer la discipline relative au crime de sollicitation pour dire que le Saint-Siége exige la manifestation des complices.

En dehors des crimes qui intéressent la foi, et à l'égard desquels le Saint-Siége a prescrit la dénonciation, il y a ceux qui concernent les mœurs. Le confesseur qui sollicite *ad turpia* en confession ne commet pas seulement une faute contre les mœurs; un abus si coupable du sacrement de pénitence le rend suspect sous le rapport de la foi, et c'est à ce titre que les constitutions apostoliques commandent de le dénoncer et de procéder contre lui. A l'égard des fautes commises contre les mœurs par les ecclésiastiques en dehors de la confession, il n'existe aucun canon, aucune constitution pontificale, aucune loi de discipline générale qui en exige la dénonciation. La plupart des crimes de ce genre étant occultes, la dénonciation serait impossible ou inutile;

si le péché n'a pas été consommé, on pourra faire connaître la faute, sans obliger le dénonciateur à se déshonorer ; mais en ce cas, il n'y aura pas lieu à l'application des peines et des suspenses qui requièrent une faute grave et consommée.

Examinons l'autre hypothèse, celle des fautes entièrement consommées. Évidemment, le dénonciateur devrait trahir sa complicité, et porter atteinte à sa propre réputation. En exigeant la dénonciation, l'Église commettrait une injustice ; l'homme qui commet une faute occulte conserve ses droits à l'honneur extérieur ; à quel titre l'obligerait-on de confesser sa faute dans un autre tribunal que celui de la pénitence ? Il semble donc impossible d'exiger la dénonciation personnelle et légale. Reste la dénonciation anonyme ; elle n'offre pas les inconvénients dont nous venons de parler, mais elle en renferme beaucoup d'autres plus dangereux qui ne permettent pas d'en faire usage.

Supposons un évêque animé d'un grand zèle pour la sanctification de son clergé. Dans le but d'atteindre toutes les fautes qui blessent la sainteté du ministère ecclésiastique, il met au nombre des cas réservés tous les péchés que peuvent commettre contre le sixième commandement de Dieu les ecclésiastiques engagés dans les ordres sacrés, enlevant ainsi toute juridiction aux confesseurs pour absoudre les coupables et leurs complices. Supposons que le prélat ne consente à déléguer le pouvoir d'absoudre qu'à la condition de dénoncer par lettre anonyme l'ecclésiastique complice et qu'ensuite, faisant usage de ce qu'il connaît par cette voie, il inflige *ex informata conscientia* aux clercs dénoncés. Cette hypothèse donne lieu à plusieurs questions. Est-ce là vraiment un des cas où l'ordinaire a le droit d'infliger la suspense extrajudiciaire ? Peut-il exiger la dénonciation des complices, et empêcher, par la réserve, les confesseurs d'absoudre les pénitents qui refusent de dénoncer ? Que penser du statut qui place généralement au nombre des cas réservés toutes les fautes mortelles et consommées que les ecclésiastiques engagés dans les ordres sacrés peuvent commettre contre le sixième commandement de Dieu [1] ? Quelques mots à ce sujet :

Benoît XIV a publié trois constitutions pour condamner la dénonciation des complices, en déclarant que la pratique d'après laquelle les confesseurs et autres prétendraient l'exiger par le refus d'absolution est scandaleuse, funeste, nuisible à la réputation du prochain et au sacrement de pénitence, qu'elle tend à faire violer le secret de la confession et à éloigner les fidèles de ce sacrement. Le savant pontife porta l'excommunication réservée *ipso facto* au Saint-Siège contre

[1] Voir les *Analecta,* livrais. 29e, col. 1200 et suiv.

quiconque oserait soutenir que cette pratique est permise, écrire ou parler pour la défendre, ou combattre les constitutions susnommées et les éluder par de fausses interprétation. Ferraris, au mot *Confessarius* de son dictionnaire, résume les bulles de Benoît XIV en ces termes: « Graviter peccat confessarius qui aut blandis artibus, aut minis haurire, aut extorquere a pœnitentibus nomina complicum absque justa necessitate velit. Gravius etiam delinquit, si ob negatam revelationem absolvere pœnitentem recuset. Non enim licet infamiam proximi ex legibus detractionis investigare; neque ad eam prodendam obligatione ulla constringitur pœnitens; imo, si præcisa necessitate revelaret, ex multorum sententia reum se peccati faceret. Neque gravis peccati reatum effugeret sacerdos, si revelationem complicis exigeret, ut per operam suam correptio et correctio illius præstaretur. Nam confessarii munus tantummodo est curare vulnera pœnitentis, non vero aliena ; exquirere peccata pœnitentis, non aliena. Neque is tenetur ad eos corripiendos, qui crimina sua sibi revelare nolunt; imo cavere debet a corripiendo ob scandala, quæ inde facile consequerentur. » S'il n'est pas permis de vouloir connaître les complices dans le but de la correction fraternelle, à plus forte raison est-il défendu d'exiger la manifestation pour en faire usage dans le for extérieur et pour la punition juridique. Benoît XIV publia ses trois constitutions contre l'abus qui régnait en Portugal; quelques évêques voulaient que les confesseurs obligeassent les pénitents par le refus d'absolution à révéler les complices, qu'ils punissaient ensuite par suite de ces dénonciations anonymes. Ils crurent avoir trouvé là un excellent moyen de connaître leur clergé. Un évêque ne voulait ordonner que ceux qui faisaient leur confession générale aux confesseurs désignés, lesquels avertissaient ensuite le prélat par certains signes de convention. D'autres prélats refusaient d'approuver les confesseurs qui ne prêtaient pas les mains à la dénonciation des complices. Tel est l'abus que Benoît XIV voulut réprimer par ses trois constitutions

Le pénitent ne peut pas donner au confesseur la permission de manifester son complice; le complice d'une faute occulte a droit à conserver son honneur; les théologiens qui permettent qu'on manifeste le complice en vue de la correction fraternelle que pourra faire le confesseur, exigent avant tout le consentement libre et spontané du pénitent, et c'est trahir le secret de la confession que d'extorquer ce consentement par le refus d'absolution. Nul théologien n'a jamais dit qu'il fût permis de dénoncer à l'autorité le complice occulte que l'on connaît par la confession; les supérieurs qui exigent manifestation des complices en défendant aux confesseurs d'absoudre, et les confesseurs qui se prêtent à ce système, pèchent contre la fidélité, la charité, la justice et la religion. D'ailleurs les supérieurs ecclésiastiques ne peuvent faire usage de ce qu'ils apprennent par la confession. Le pénitent a droit à l'absolution sans manifester son complice; enfin les saints canons donnent le moyen de corriger les coupables, sans employer le système des dénonciations, qui n'est propre qu'à détruire la confession.

En effet, le secret de la confession oblige si strictement qu'il n'est permis de le violer directement ou indirectement en aucun cas; le droit naturel, le droit divin, le droit ecclésiastique s'accordent pour imposer cette inviolabilité. Or, le secret de la confession est violé, lorsqu'en refusant l'absolution aux pénitents, on les oblige de manifester leurs complices; leur consentement n'étant pas spontané et libre, il y a violation du sceau de la confession. D'ailleurs, le confesseur n'a pas besoin de connaître les complices pour juger les fautes qu'on lui confesse; d'autre part, le pénitent n'a pas le droit d'autoriser la confesseur à révéler ses complices. Les circonstances spécifiques du péché exigent que l'on fasse connaître la condition du complice, mais il n'est pas nécessaire de dire le nom, qui n'est en aucun cas une circonstance propre à changer l'espèce ou à rendre le péché plus grave. Le secret de la confession oblige avec tant de rigueur, qu'on ne pourrait pas le violer quand même le monde entier serait exposé à un très-grand péril. Il est vrai que le confesseur peut révéler le secret de la confession si le pénitent y consent spontanément, mais la doctrine très-commune des théologiens est aussi qu'il ne peut faire usage des choses apprises en confession que pour le bien spirituel du pénitent, supposé que celui-ci le veuille. La loi du secret ayant été faite surtout dans l'intérêt du pénitent, il est libre de renoncer à son droit. Mais on doit raisonner tout autrement par rapport au complice, qui a droit à ce que son péché occulte ne soit pas connu; autrement il est déshonoré aux yeux du confesseur devant lequel il perd sa réputation. Les scotistes enseignent que le confesseur viole le sceau du sacrement s'il parle au complice, même dans la supposition que le pénitent consente librement et donne pleine et entière liberté de parler pour tâcher d'amener charitablement ce complice à s'amender. Les thomistes ne voient pas en cela la révélation du secret sacramentel, mais ils reconnaissent que cette correction fraternelle ne peut se faire sans préjudice du sacrement, institué pour la justification du pécheur et non pour la conversion du complice. Néanmoins, des théologiens pensent que le pénitent est libre d'autoriser son confesseur à faire usage des choses dites en confession pour la correction fraternelle du complice; mais nul théologien n'a jamais dit que le confesseur puisse être autorisé par le pénitent à manifester le complice au supérieur ecclésiastique pour le faire punir, ce qui est bien éloigné de la correction fraternelle. Nul théologien n'a dit qu'il fût licite d'extorquer la permission en refusant l'absolution au pénitent qui refuserait de nommer son complice pour lui faire la correction fraternelle. A plus forte raison le confesseur et tout autre supérieur n'ont-ils pas le droit d'exiger la manifestation du complice afin de le punir par la suspense extrajudiciaire ou par toute autre pénitence. Nul théologien ne dit que le confesseur puisse faire usage des choses connues en confession lorsqu'il s'agit d'un péché passé ; les auteurs qui croient que le pénitent peut donner la permission de parler au complice, parlent des péchés futurs que l'on voudrait prévenir. Du reste, le confesseur n'a qu'à bien convertir son pénitent, et par là il convertira le complice ; tout péché commis avec un complice ne peut être réitéré si le complice résiste.

Les décrets apostoliques de Clément VIII et d'Innocent XI, qui défendent aux supérieurs ecclésiastiques de faire usage des choses connues par la confession, interdisent à plus forte raison la dénonciation et la punition des complices. Puisque les supérieurs ne peuvent pas faire usage des choses qu'ils apprennent par la confession, à plus forte raison ne peuvent-ils obliger les autres confesseurs à exiger la manifestation des complices dans le but de punir ces complices. Benoît XII condamna cette pratique dans les évêques arméniens qui voulurent l'introduire, et Benoît XIV ordonne de poursuivre comme suspect sur la foi quiconque oserait la soutenir. Les supérieurs qui exigent la manifestation des complices et les confesseurs qui se conforment à leurs instructions sur un point si délicat, pèchent à la fois contre la fidélité, contre la charité, contre la justice et contre la religion. Contre la fidélité : ils abusent d'un secret de confession qui n'est confié que dans l'espoir qu'il ne sera pas violé et que le confesseur ne le connaîtra pas comme homme. Contre la charité : ils rendent le sacrement odieux aux fidèles qui sont renvoyés sans absolution et exposés au péril de ne pas retourner ou de commettre des sacrilèges en cachant désormais leurs fautes. Les supérieurs et les confesseurs pèchent contre la justice sous plusieurs rapports. 1° Ni le pénitent ni le confesseur ne peuvent en conscience diffamer le complice aux yeux du supérieur ecclésiastique pour des fautes occultes ; la plupart des théologiens pensent que le pénitent pèche grièvement s'il fait connaître son complice au confesseur, lorsqu'il peut accuser sa faute sans le trahir ; à plus forte raison la manifestation de la faute occulte hors du tribunal de la pénitence serait-elle coupable. 2° Parce que le pénitent a droit à l'absolution s'il a les dispositions requises. Le confesseur pèche contre la justice en refusant l'absolution. Le refus de déclarer un complice ou d'autoriser le confesseur à le dénoncer au supérieur ne sera jamais un motif légitime pour refuser l'absolution ; c'est tout le contraire, le pénitent est tenu de ne pas déclarer son complice même en confession. On ne trouvera jamais une loi de l'Église ou un théologien qui impose au pénitent l'obligation de prêter son consentement à la violation du sceau de la confession ; car, répétons-le, la permission extorquée du pénitent par le refus d'absolution constitue une vraie transgression du secret sacramentel. Enfin, on pèche contre la religion parce qu'on expose le sacrement aux profanations; on viole le secret et l'on professe une mauvaise doctrine par rapport à l'obligation de garder le secret sacramentel. Si les confesseurs et les supérieurs, d'après les ordres desquels ils agissent, croient permis d'exiger des pénitents la dénonciation des complices, ils se rendent suspects *in fide*, parce qu'on est en droit de soupçonner en eux des sentiments hétérodoxes relativement au secret de la confession.

Ainsi, nul évêque n'a le pouvoir d'exiger la dénonciation des complices dans le cas dont il s'agit. La conclusion pratique est que le confesseur ne peut pas en conscience se conformer au statut synodal qui prescrirait ce système. La réserve épiscopale étant évidemment nulle, le confesseur pourrait n'en pas tenir compte et absoudre le pénitent sans exiger la dénonciation du complice ; cependant, il doit recourir à la Pénitencerie et attendre les instructions qui lui traceront des règles de conduite.

Les principes énoncés donnent la solution de la seconde partie. Est-il au pouvoir de l'évêque de réserver toutes les fautes mortelles que peuvent commettre les clercs *in sacris* contre le sixième commandement du Décalogue ? Nous supposons que le péché du laïque complice n'est pas réservé et que les confesseurs ont plein pouvoir d'en absoudre ; c'est le clerc *in sacris* qui ne peut pas recevoir l'absolution sans faire demander des pouvoirs spéciaux à l'ordinaire, qui connaît par ce moyen l'état des mœurs de son clergé et acquiert des renseignements sur la conduite de ses prêtres suivant les parties du diocèse d'où viennent les demandes. Que penser d'un tel statut? Il est certain d'abord que l'ordinaire ne peut faire usage des choses qu'il apprend par ce moyen : les décrets de Clément VIII et d'Innocent XI sont formels; dès lors, le système devient inutile. La réserve de toutes les fautes mortelles *contra sextum* impose un joug intolérable ; elle entoure de nouvelles difficultés la confession et doit multiplier les sacrilèges. Elle contredit la circulaire de Clément VIII du 26 novembre 1602, qui recommande aux ordinaires de ne réserver que les crimes d'une gravité particulière, les crimes atroces, au lieu de frapper indistinctement toute sorte de péchés. Dans l'instruction qui accompagne la circulaire, le pape recommande particulièrement aux ordinaires d'apporter la plus grande circonspection à réserver les péchés contre le sixième commandement. Il veut en outre que les ordinaires établissent et délèguent dans toutes les parties du diocèse et surtout dans celles qui sont éloignées de la ville et de la cathédrale, des pénitenciers et autres prêtres munis du pouvoir d'absoudre de tous les cas réservés ; que ces pénitenciers soient autorisés à subdéléguer d'autres confesseurs, surtout à l'époque des grandes fêtes. En supposant un moment que la réserve épiscopale de toutes les fautes mortelles des clercs *in sacris* contre le sixième commandement fût valide et soutenable, l'ordinaire n'en devrait pas moins obéir à l'instruction de Clément VIII et déléguer des confesseurs sur plusieurs points du diocèse avec pouvoir d'absoudre des cas réservés; l'instruction veut parler de la délégation permanente, car ce qui est dit des grandes fêtes se rapporte aux confesseurs subdélégués, auxquels le pouvoir d'absoudre est communiqué par les confesseurs délégués constamment dans les diverses parties du diocèse pour absoudre des cas réservés pendant toute l'année. Si cette disposition apostolique, dont la profonde sagesse n'a pas besoin d'être recommandée, était gardée, elle atténuerait ce qu'il y a d'excessif, d'odieux, d'impraticable dans la réserve de tous les péchés mortels *contra sextum* des clercs engagés dans les ordres sacrés. Examinée en elle-même, cette réserve ne paraît pas moins inconciliable avec la circulaire de Clément VIII qu'avec le principe généralement admis par les canonistes et par les théologiens, que les crimes atroces sont seuls soumis aux réserves épiscopales; or, tout péché mortel contre le sixième commandement ne saurait être mis au rang des crimes atroces.

§ 163. 8° Crimes contre le bien temporel du prochain [1].

I. Le vol *(furtum)*, ou soustraction d'une chose mobilière appartenant à autrui, faite dans une intention de lucre. Dès que ce crime est notoire, il entraîne l'infamie et l'irrégularité [2], et pour un clerc, la déposition [3]. Si le voleur, clerc ou laïque, ne se corrige point, il doit être excommunié [4].

II. La rapine *(rapina)*, c'est-à-dire la soustraction violente et non secrète d'une chose mobilière, est menacée de l'excommunication par le droit ecclésiastique [5]. L'auteur doit être frustré du droit d'asile [6].

III. Les incendiaires qui mettent le feu à la propriété d'autrui

---

[1] Voy. Permaneder, *Handbuch des Kirchenrechts*, § 348. — [2] C. xvii, C. 6, q. 1. — [3] C. xii, d. 81. — [4] C. x, X, de judiciis, II, 1. Le receleur est mis au même rang que le voleur, c. iv, X, de furtis, V, 18.

[5] x, V, 17, de raptoribus, incendiariis et violatoribus ecclesiarum. La constitution *Apostolicæ Sedis* menace les ravisseurs des biens d'église de l'excommunication *latæ sententiæ* spécialement réservée au pape.

[6] C. vi, § 1, C. 17, q. 4; c. xvi, X, de commun. eccles., III, 49; Gregor. XIV const. *Cum alias,* an. 1591 (*Bull. rom.*, t. V, part. I, p. 271).

dans des intentions coupables sont punis des mêmes peines ; pour les clercs, le châtiment est arbitraire[1].

IV. Le crime de faux *(crimen falsi)*[2], notamment la falsification, est également frappée d'excommunication, surtout quand elle a pour objet les documents du Saint-Siége[3]. Les clercs qui s'en rendent coupables doivent être punis par la privation totale de leurs bénéfices, par la dégradation et livrés au bras séculier.

V. L'usure *(usuraria pravitas)*, entendue dans le sens de l'Église, consiste à exploiter la détresse du prochain à son propre avantage et à tirer quelque profit du contrat de prêt *(mutuum)*[4]. Le concile de Nicée et différents canons défendent le prêt avec promesse directe d'intérêt[5]; selon le droit canonique, quiconque était déclaré usurier public encourait l'excommunication, devenait infâme, inhabile à tester, et était privé de la sépulture ecclésiastique[6]. Mais les défenses canoniques de l'usure[7] repo-

---

[1] Voyez l'avant-dernière note, surtout c. v, X, h. t., V, 17; c. xxxii, C. 23, q. 8; Schmalzgrueber, *Jus eccl. univ.*, lib. V, tit. xvii, § 3.

[2] x, V, 20, de crimine falsi.

[3] Il en est surtout traité sous le titre de la note précédente. La constitution *Apostolicæ Sedis* menace de l'excommunication *latæ sententiæ* spécialement réservée au pape : « Omnes falsarios litterarum apostolicarum, etiam in forma brevis ac supplicationum gratiam vel justitiam concernentium per romanum pontificem, vel S. R. E. vice-cancellarios seu gerentes vices eorum aut de mandato ejusdem romani pontificis signatarum : necnon falso publicantes litteras apostolicas, etiam in forma brevis, et etiam falso signantes supplicationes hujusmodi sub nomine romani pontificis, seu vice-cancellarii aut gerentis vices prædictorum. » (La même constitution menace d'excommunication *latæ sententiæ* « litteris apostolicis falsis scienter utentes, vel crimini ea in re cooperantes »).

[4] X, de usuris, V, 19; in VI°, eod., V, 5; in Clem. eod., V, 5. — Voyez Alph. Villachat, *Tractatus de usuris circa contractum mutui*, Venetiis, 1589, in-fol.; Benedict. XIV *De syn. diœc.*, lib. X, cap. iv; Berardi, *Comment.*, t. IV, p. 191; Devoti, *Institutionum canon.*, lib. IV, tit. xvi.

[5] C. ii, D. 47; c. viii, C. 14, q. 4; c. iv eod.; c xi, d. 88; c. vii, C. 14, q. 4. Dans l'Ancien Testament, il était défendu de demander des intérêts à un juif (à un frère), *Deuteron.*, xxiii, 19; xxviii, 12. Cf. *Luc.*, vi, 34. Alexandre III traite de l'intérêt défendu sous l'Ancien et sous le Nouveau Testament, dans le c. iii, iv, X, h. t.

[6] C. iii, X, h. t.; c. ii, in VI°, de usuris, V, 5.

[7] Voyez L. Stein, dans Haimerl, *Magazin für Rechts-und Staatswissenschaft*, t. XIV, p. 413; Endemann, *Die Bedeutung der Wucherlehre*, Berlin, 1866; le même, *Die nationalœconomischen Grundsætze der canonischen Lehre*, Erlangen, 1864; le même, *Studien in der romanisch-canonistischen Wirthschafts-und Rechstlehre bis gegen Ende des 17 Jahrunderts*, Berlin, 1874, t. I, p. 1-71; Funk, *Zins und Wucher, eine moraltheologische*

saient sur des relations sociales et commerciales toutes différentes de celles qui se sont développées dans la suite ; aussi ont-elles été abolies par le droit coutumier [1].

Cependant les théologiens et les canonistes ont encore quelque doute sur la question de savoir jusqu'à quel point les défenses canoniques de l'intérêt peuvent être considérées comme non obligatoires. Il est généralement reconnu qu'on peut exiger au-delà de la somme prêtée à raison d'un gain cessant, d'un dommage positif, ou du danger de perdre la chose prêtée. Benoît XIV lui-même partage ce sentiment [2]. D'autre part, un grand nombre de théologiens catholiques et de juristes soutiennent que la législation civile, à raison du haut domaine de l'État, peut établir, en vue des relations commerciales et de la prospérité publique, un intérêt de tant pour cent sur le prêt, et que c'est là un autre titre légitime pour exiger et recevoir licitement des intérêts au point de vue du droit canonique. La Sacrée-Pénitencerie, interrogée, dans un cas donné, si cette opinion théologique était soutenable, s'est contentée de donner une réponse provisoire : « Le pénitent, a-t-elle dit, ne doit pas être inquiété (obligé à restitution), s'il est de bonne foi et disposé à se soumettre à la décision du Siége apostolique. »

L'importance pratique de cette question a déterminé l'archevêque d'Hydrunt, Vincent Andréas, à proposer au concile du Vatican que cette question fût définitivement résolue : l'ajournement du concile n'a pas encore permis de la vider [3].

Abhandlung, Tubingue, 1868; Perin, *Ueber Wuchergesetzgebung* (*Revue d'économie chrétienne, Annales de la Charité*, t. VIII, traduct. allemande), dans *Kathol. Studien, herausg. v. Dr Huttler*, Augsb., 1875, livrais. IV-VI, p. 325, 408, 522.

[1] Les papes eux-mêmes ont permis les achats de rentes (c. I, II, de emptione-venditione, in Extravag. comm., III, 5), qui s'éteignent peu à peu et se rapprochent ainsi d'un prêt à intérêts avec gages. Quand les lois de l'empire et plus tard les lois provinciales ont autorisé un intérêt à tant pour cent, elles ont donné un nouvel appui à la loi coutumière de l'Église, qui a atténué la défense absolue de percevoir des intérêts en vertu d'un contrat.

[2] Benoît XIV dans sa lettre apostolique *Vix pervenit* de 1745, adressée aux évêques d'Italie.

[3] La proposition de l'évêque d'Hydrunt, datée du 28 janvier 1870, est reproduite dans Martin, *Collect.*, ed. 2, p. 121-123 ; voyez du même, *les Travaux du concile du Vatican*, p. 82.

§ 164. 9° **Délits des clercs contre leur état et leur office** [1].

I. La plus grossière infraction qu'un clerc puisse commettre contre les devoirs de sa vocation religieuse, c'est de déserter son état *(apostasia ordinis sive clericatus)*. Une infraction analogue est celle d'un religieux qui renonce à sa vocation *(apostasia monachatus,* ou *a religione)* [2]. Un clerc qui apostasie les ordres majeurs est puni de l'infamie, de l'irrégularité, de la perte du privilége du canon et de l'excommunication [3]. Un clerc, un religieux ou une religieuse qui contractent un mariage encourent *ipso facto* une excommunication réservée à l'évêque [4]. L'apostasie des religieux qui sont dans les ordres est punie de l'excommunication, de la perte des privilèges de l'ordre et de l'incarcération [5].

II. Relativement aux devoirs attachés à la fonction, tout dépend de la nature de cette fonction même [6]. Un clerc, quelque charge qu'il remplisse, peut se rendre coupable soit en négligeant les obligations qu'elle lui impose, soit en outrepassant ses pouvoirs. Les délits d'un clerc sont particulièrement punissables quand ils se rapportent aux sacrements [7], surtout la sollicitation au péché contre le sixième commandement dans le tribunal de la pénitence [8] et la rupture du sceau de la confession [9]. Un prêtre violerait ce secret s'il se laissait déterminer en justice à déposer comme témoin sur ce qu'il connaît par cette voie [10]; il

---

[1] x, V, 31, de excessibus prælatorum et subditorum, V, 31, in VI°, et Clem. eod., V, 6.

[2] Ces deux sortes d'apostasies sont traités au titre X, de apostasis et reiterantibus baptisma, V, 9.

[3] C. III, X, h. t.

[4] Constitution *Apostolicæ Sedis* de 1869. Voyez le texte ci-dessus § 162, p. 487, note 2.

[5] C. v, X, h. t.

[6] Voyez, outre la note ci-dessus, p. 488, les deux titres *De vita et honestat. clericor.* (III, 1, in VI°, et in Clem., et in Extravag. comm.), et *Ne clerici vel monachi* (x, III, 50, in VI°, 24).

[7] Voyez ci-dessus § 61. — [8] Voyez ci-dessus § 162, p. 428, note 6.

[9] C. II, D. 6, de pœnit.; c. XII, X, de pœnit., V, 38; voyez aussi c. II, X, de officiis judicis ordinarii, I, 31. Sur l'inviolabilité du sceau de la confession, Reiffenstuel, *Jus canon.*, lib. V, tit. XXXVIII; Gründler, dans Weiss, *Archives*, t. I, p. 51; Knopp, *Der katholische Seelforger als Zeuge vor Gericht*, Ratisbonne, 1851; Phillips, *Lehrbuch*, § 245.

[10] C. XIII, X, de excessibus prælatorum, X, 31.

ne peut pas même témoigner en justice de ce qui lui a été confié hors de la confession en sa qualité de pasteur[1]. Un prêtre qui, par simple défaut de vigilance, trahissait le secret de la confession, était soumis à une peine arbitraire ; mais s'il l'avait fait de propos délibéré, le droit ancien le punissait de la déposition et de l'exil[2], et le droit des Décrétales voulait qu'il fût déposé et relégué dans un monastère sa vie durant[3]. En pratique, l'incarcération dans un monastère est remplacée par la peine plus ou moins grande de l'emprisonnement[4].

ADDITION DU TRADUCTEUR.

Des délits commis par des ecclésiastiques dans l'exercice de leurs fonctions et de l'autorité chargée de les réprimer, d'après la loi civile française.

I. Suivant l'article 201 du Code pénal, les ministres des cultes qui prononceront dans l'exercice de leur ministère et en assemblée pu-

---

[1] Voyez dans Knopp, *op. cit.*, p. 50 et surtout le jugement parfaitement motivé rendu par le tribunal civil (français) de Sarrebourg, diocèse de Nancy, *ibid.*, p. 54 et suiv., et le jugement de la cour de révision, en Prusse, p. 64 et suiv.
Le droit provincial prussien, part. II, tit. xx, § 18, porte ce qui suit : « Ce qui a été confié à un ecclésiastique sous le sceau de la confession ou sous le secret attaché à ses fonctions spirituelles, il doit le tenir caché quand il devrait perdre son emploi. » § 81 : « Un ecclésiastique ne peut pas non plus être invité à révéler ces sortes d'ouvertures sans le consentement de celui qui les a faites. »
Cependant le § 82 admet quelques exceptions, comme lorsqu'il s'agit d'un danger qui menace l'État, d'empêcher un crime. Voyez Knopp, *op. cit.*, p. 72, 75. On trouve des dispositions analogues dans le règlement de la procédure criminelle, publié le 25 juin 1867, pour les pays rattachés à la Prusse en 1866 (§ 155, art. 3), et dans le règlement badois du 18 mars 1864, § 105.
Le projet de règlement présenté à la fin de 1873 par le conseil fédéral allemand porte ce qui suit (§ 43) : « Les ecclésiastiques ont le droit de refuser de rendre témoignage sur ce qui leur a été confié dans l'exercice des fonctions pastorales. » Et il est dit dans le projet d'un règlement de la procédure civile allemande (§ 36) : « Sont autorisés à refuser leur témoignage … (art. 5) : les ecclésiastiques relativement aux choses qui leur ont été confiées dans l'exercice de leur charge pastorale. »
En Autriche, le règlement de la procédure criminelle de 1873, § 151, statue ce qui suit : « Ne doivent pas être entendus comme témoins, sous peine de nullité de leur déposition : 1° les ecclésiastiques relativement à ce qui leur a été confié en confession ou sous le sceau du silence exigé par leurs fonctions. Le § 368, n. 1, du projet de procédure civile (autrichien) de 1876 porte les mêmes dispositions ; mais on n'y trouve pas cette restriction : « Sous peine de nullité de leur déposition. »

[2] C. II, d. 6, de pœnitent. citat. — [3] C. XII, de pœnitent. citat. — [4] Voyez Giraldi, *Expositio juris pontificii*, p. 751.

blique un discours contenant la critique ou censure du gouvernement, d'une loi, d'une ordonnance royale ou de tout autre acte de l'autorité publique, seront punis d'un emprisonnement de trois mois à deux ans.

D'après l'article 202, si le discours contient une provocation directe à la désobéissance aux lois ou aux actes de l'autorité publique, ou s'il tend à soulever ou armer une partie des citoyens contre les autres, le ministre du culte qui l'aura prononcé sera puni d'un emprisonnement de deux à cinq ans, si la provocation n'a été suivie d'aucun effet, et du bannissement, si elle a donné lieu à désobéissance, autre toutefois que celle qui aurait dégénéré en sédition ou révolte.

II. D'après l'art. 203, lorsque la provocation aura été suivie d'une sédition ou révolte dont la nature donnera lieu contre l'un ou plusieurs des coupables à une peine plus forte que celle du bannissement, cette peine, quelle qu'elle soit, sera appliquée au ministre coupable de la provocation.

III. D'après l'art. 204, tout écrit contenant des instructions pastorales, en quelque forme que ce soit, et dans lequel un ministre du culte se sera ingéré de critiquer ou de censurer, soit le gouvernement, soit tout acte de l'autorité publique, emportera la peine du bannissement contre le ministre qui l'aura publié.

IV. D'après l'art. 205, si l'écrit mentionné en l'article précédent contient une provocation directe à la désobéissance aux lois ou autres actes de l'autorité publique, ou s'il tend à soulever ou armer une partie des citoyens contre les autres, le ministre qui l'aura publié sera puni de la déportation.

V. D'après l'art. 206, lorsque la provocation contenue dans l'écrit pastoral aura été suivie d'une sédition ou révolte dont la nature donnera lieu contre l'un ou plusieurs des coupables à une peine plus forte que celle de la déportation, cette peine, quelle qu'elle soit, sera appliquée au ministre coupable de la provocation.

VI. Les art. 207 et 208 sont ainsi conçus :

Art. 207. « Tout ministre d'un culte qui aura, sur des questions ou matières religieuses, entretenu une correspondance avec une cour ou puissance étrangère, sans en avoir préalablement informé le ministre du roi chargé de la surveillance des cultes, et sans avoir obtenu son autorisation, sera, pour ce seul fait, puni d'une amende de 100 fr. à 500 fr., et d'un emprisonnement d'un mois à deux ans. »

Art. 208. « Si la correspondance mentionnée à l'article précédent a été accompagnée ou suivie d'autres faits contraires aux dispositions formelles d'une loi ou d'une ordonnance du roi, le coupable sera puni du bannissement, à moins que la peine résultant de la nature de ces faits ne soit plus forte, auquel cas cette peine plus forte sera seule appliquée. »

L'usage général de tous les diocèses de France est que les évêques correspondent librement avec le souverain-pontife, soit pour le consulter sur des cas de conscience, soit pour en obtenir des indults ou des dispenses particulières en faveur des individus qui désirent contracter mariage dans les degrés prohibés par les lois canoniques. Cette correspondance n'est point soumise, comme le prescrit l'art. 207, à l'autorisation du ministre. Cela s'est pratiqué ainsi depuis le concordat de 1802.

L'article 1er de la loi organique avait réglé « qu'aucune bulle, bref, rescrit et autres expéditions de la cour de Rome, même ne concernant que des particuliers, ne pourraient être reçus, publiés, imprimés ou autrement mis à exécution, sans l'autorisation du gouvernement. » Les évêques exprimèrent le désir qu'il fût fait, comme autrefois, une exception en faveur des brefs de la Pénitencerie relatifs au *for intérieur*; un décret du 28 février 1810 fit droit à leur demande. Cette exception était d'autant plus nécessaire qu'il avait été décidé, en 1808, qu'aucune supplique ne pourrait être transmise au souverain-pontife que par la voie du ministère des cultes, et que plusieurs personnes avaient la plus grande répugnance à employer cette voie, craignant qu'il ne fût donné une publication indiscrète aux motifs qui les faisaient recourir à Rome; mais l'usage a étendu cette faculté au-delà des limites accordées par le décret de 1810. Aujourd'hui on s'adresse au souverain-pontife, sans avoir besoin d'autorisation, pour tous les cas qui n'intéressent que l'administration spirituelle des paroisses et des diocèses.

VII. Le curé ne peut, sans l'autorisation de l'officier civil, procéder à l'inhumation d'un décédé; et en contrevenant aux dispositions du décret du 4 thermidor an XIII, il peut être poursuivi conformément à l'art. 358 du Code pénal.

VIII. Quoique la bénédiction nuptiale ne soit, aux yeux de la loi, qu'une cérémonie spirituelle; que la présence du curé ou son absence soit regardée, par le législateur, comme indifférente; qu'il n'y ait attaché aucune espèce d'effet civil; cependant l'art. 54 de la loi organique a défendu à tout ecclésiastique d'administrer le sacrement de mariage à ceux qui ne justifieront pas en bonne et due forme qu'ils ont contracté le lien civil. Le bon ordre exige que l'on se soumette à cette loi, dont l'inobservation constitue un délit prévu par les articles 199 et 200 du Code pénal.

IX. S'il y a injure contre le roi, les chambres, les tribunaux, les personnes constituées en autorité et les particuliers, l'ecclésiastique sera puni conformément aux lois qui répriment ce genre de délit. Leurs dispositions n'ayant rien qui concerne particulièrement le clergé, nous croyons inutile de les consigner ici.

Si ces délits sont une violation des lois canoniques, les supérieurs ecclésiastiques ont seuls le droit d'en connaître et de les punir conformément aux canons; mais il est à observer qu'aujourd'hui on ne peut infliger, pour ce genre de fautes, que des peines spirituelles. C'est d'après ce principe qu'un décret du conseil d'État du 31 juillet 1829 et une ordonnance du roi du 8 juillet 1832, déclarent qu'on ne peut attaquer, par voie d'appel comme d'abus, l'interdit des fonctions ecclésiastiques porté par un évêque; qu'une autre ordonnance du 28 octobre 1829 décide la même chose par rapport à la révocation du titre de desservant. Cependant il peut y avoir dans ces actes *violation des canons*, laquelle, d'après l'art. 6 de la loi organique, est une cause suffisante d'appel. Il y a donc un peu d'arbitraire dans le choix des lois canoniques dont l'infraction peut constituer un abus. Une ordonnance du roi du 16 février 1626, tout en reconnaissant qu'il n'y avait pas de motif suffisant à former le recours contre la nomination d'un curé agréé par le roi, ajoute qu'il ne peut avoir lieu que contre les actes qui émanent exclusivement des supérieurs ecclésiastiques. Pour concilier cette décision avec les précédentes, il est évident qu'il faut que ces supérieurs aient empiété sur les droits de l'autorité civile.

Quant aux délits qui tendent à troubler l'ordre public, plusieurs étaient autrefois réservés aux officialités. Ces tribunaux connaissaient des causes personnelles des clercs, quoiqu'avec certaines restrictions, des cas privilégiés, et en outre de tous les délits communs, c'est-à-dire des fautes commises dans leurs fonctions contre les lois ecclésiastiques[1]. Aujourd'hui ces tribunaux n'ont point d'existence légale et ne peuvent conséquemment prononcer aucune peine entraînant des effets civils. Tous les délits commis par des ecclésiastiques, lorsqu'ils tendent à troubler l'ordre public ou les intérêts d'un tiers, sont de la compétence des tribunaux ordinaires. On ne peut ranger dans cette classe des actes libres et bons en eux-mêmes; telle est par exemple, la remise volontaire faite à un confesseur, par une famille, de livres mauvais ou dangereux. Ainsi décidé par le conseil d'État, le 26 août 1829.

Pendant longtemps les tribunaux ne pouvaient ordonner la mise en jugement pour un délit commis dans l'exercice des fonctions ecclésiastiques, qu'après avoir obtenu l'autorisation du conseil d'État[2]; mais la jurisprudence de la cour de cassation a changé depuis 1831, et les ecclésiastiques sont traduits aujourd'hui pour tous les délits spécifiés par la loi, sans que le recours soit nécessaire. Plusieurs arrêts

---

[1] Voyez d'Héricourt, Ire partie, ch. XIX.
[2] Voyez arrêt de la cour royale de Rouen, 17 octobre 1828; arrêt de la cour de cassation, 25 août 1827, 6 mai 1829; ordonnance du roi en conseil d'État, 16 décembre 1830.

ont décidé qu'ils ne peuvent se prévaloir de l'art. 75 de la constitution du 22 frimaire an VIII, laquelle requiert une autorisation préalable avant de poursuivre des fonctionnaires publics (voyez les arrêts du 23 juin, 9 septembre, 3 novembre, 25 novembre, 23 décembre 1831). Les mêmes arrêts déclarent que les art. 6, 7, 8 de la loi du 18 germinal an X ne sont pas applicables aux délits d'attaque contre le gouvernement et d'outrage contre la personne du roi. L'un des considérants de l'arrêt du 25 novembre 1831 ajoute que l'action peut être directement exercée, et avant toute autorisation, pour tous les délits prévus et définis par les lois, parce que, y est-il dit, ils n'ont pas le caractère d'un simple *abus*. Nous n'examinons pas s'il est juste de refuser au prêtre une garantie qui n'est point refusée au dernier fonctionnaire de la hiérarchie administrative, nous nous bornons à constater un fait. Il en résulte que les cas d'abus énumérés dans l'art. 6 de la loi du 18 germinal an X ne sont jamais d'après cette jurisprudence, que des actes répréhensibles, qui ne vont pas jusqu'à revêtir le caractère d'un délit, et que l'autorité du conseil d'État se réduit à une simple censure, ou tout au plus à prescrire une mesure administrative; mais que jamais il ne peut donner une décision qui renvoie devant les tribunaux le prévenu [1].

Les délits commis contre la religion catholique et ses ministres, doivent être jugés par les tribunaux, mais avec cette restriction, que si le délit a été commis par un fonctionnaire public dans l'exercice de ses fonctions, il ne peut être poursuivi sans l'autorisation préalable du

---

[1] La cour de cassation n'a-t-elle pas cédé à l'entraînement de l'époque où elle a changé sa jurisprudence, plutôt qu'elle n'a consulté le véritable esprit de l'article 6 de la loi du 18 germinal an X? Elle a supposé qu'il pouvait y avoir *usurpation* et excès de pouvoir, *contravention aux lois* et règlements, attaque *contre l'honneur des citoyens*, qui dégénère en *oppression, injure*, scandale public, sans que pour cela il y eût délit. Tout cela est-il bien naturel? ne faut-il pas un peu subtiliser pour donner à la loi cette interprétation? Il nous paraît beaucoup plus rationnel de dire que, parmi les différents cas d'abus énumérés dans l'article 6, les uns n'étant jamais délits, les autres ne l'étant pas toujours, c'est au conseil d'État à décider, d'après les circonstances, si le fait imputé doit être rangé parmi les délits et renvoyé au jugement des tribunaux, ou s'il ne constitue qu'un abus.

Quoi qu'il en soit, lorsque des prêtres sont dénoncés pour injure, excès de pouvoir, contravention aux lois, et que le fait a eu lieu dans l'exercice de leurs fonctions, ils peuvent, avant de paraître devant les tribunaux, recourir au préfet ou au ministre pour que ceux-ci élèvent un conflit. Car la jurisprudence de la cour de cassation ne détruit point le texte si formel de l'article 6, qui dit positivement que, dans les cas énumérés plus haut, il y a lieu à recourir au conseil d'État, sauf à celui-ci à se déclarer incompétent, s'il change sa jurisprudence, comme l'a fait la cour de cassation.

conseil d'État ; telle est la disposition de l'art. 75 de la constitution du 22 frimaire an VIII.

Le recours compétera à toute personne intéressée. A défaut de plainte particulière, il sera exercé d'office par les préfets.

Le fonctionnaire public, l'ecclésiastique ou la personne qui voudra exercer ce recours, adressera un mémoire détaillé et signé au conseiller d'État chargé de toutes les affaires concernant les cultes, lequel sera tenu de prendre, dans le plus court délai, tous les renseignements convenables ; et, sur son rapport, l'affaire sera suivie et définitivement terminée dans la forme administrative, ou renvoyée, selon l'exigence des cas, aux autorités compétentes [1].

§ 165. VI. **La procédure ecclésiastique en matière criminelle** [2].

I. L'ordre des instances est le même que pour les affaires contentieuses [3]. Les tribunaux ecclésiastiques, en matière criminelle, peuvent, en cas de nécessité, se composer d'un seul juge, avec un notaire ecclésiastique chargé de rédiger le protocole. Ordinairement, cependant, le tribunal de l'évêque se forme d'un collége de plusieurs juges [4]. Avant la sécularisation qui eut lieu au commencement de ce siècle, il y avait communément dans les tribunaux ecclésiastiques un fiscal ou promoteur, semblable à l'avocat général des tribunaux civils, qui

---

[1] L'abbé Afre, *Traité de l'administration des paroisses*.

[2] x, V, 1, de accusat. inquisit. et denuntiationibus; in VI° eod.; x, V, 34, de purg. can., et V, 35, de purg. vulg.; Kellner, *Das Buss-und Strafverfahren gegen Cleriker in den sechs ersten christlichen Jahrhunderten*, Trèves, 1863; Fessler, *Der canonische Process in den ersten fünf Jahrhunderten*, Vienne, 1860; F.-A. Biener, *Beiträge zur Geschichte des Inquisitionsprocesses*, Leipsig, 1827; K. Hildenbrandt, *la Purgatio canonica et vulgaris*, Munich, 1841; W. Molitor, *Ueber canonisches Gerichtsverfahren, gegen Cleriker*, Mayence, 1856; le même, *Archives*, t. V, p. 344; Marx, *De denuntiatione juris canonici*, Schaff., 1859; München, *Das canonische Gerichtsverfahren*, t. I, Cologne, 1865; Bouix, *Tractatus de judiciis*, Paris, 1855.

[3] Voyez ci-dessus § 146, et Conc. Trid., sess. XXIV, cap. XX, de reform.; sess. XIII, cap. V eod.; sess. XIII, cap. VI-VIII; Pii V const. *Si de prodeg.*, an. 1569.

[4] Voyez Molitor, *Archiv.*, op. cit. Dans la procédure contre les membres d'un chapitre exempt, le concile de Trente (sess. XXIII, cap. VI, de ref.) veut qu'on appelle deux chanoines comme juges. La disposition de l'ancien droit, suivant laquelle les évêques, dans la procédure pénale contre les prêtres et les diacres, doivent appeler d'autres évêques (c. III, IV, V, C. 15, q. 7) ne s'est conservée que pour la dégradation (voyez ci-dessus § 155).

remplissait le rôle d'accusateur en vue de l'intérêt public. Aujourd'hui, il a presque entièrement disparu.

II. La procédure criminelle ecclésiastique se présente sous trois formes différentes :

1° Il y a d'abord la dénonciation évangélique [1], usitée dans le droit primitif. Nous en avons déjà parlé : elle a pour but l'amendement du coupable et exige préalablement une monition canonique. Quand le dénonciateur ne peut prouver le crime qu'il défère à l'Église, il est puni comme calomniateur [2];

2° L'accusation, qui a été empruntée au droit romain. Elle suppose la présentation d'une plainte écrite *(libellus accusatorius* ou *legitima inscriptio).* L'accusé doit fournir la preuve complète du délit, sinon il encourt lui-même la peine édictée par la loi [3]. Ces deux formes de procédure criminelle disparurent insensiblement et furent remplacées par :

3° L'inquisition, dont le droit romain ne faisait usage que dans un petit nombre de cas; usitée de bonne heure dans le droit canon [4], elle devint de plus en plus commune à partir d'Innocent III [5] et finit par être de règle. Dans cette forme, c'est le juge lui-même qui d'office institue l'enquête, quand il a des raisons sérieuses de croire qu'un crime a été commis [6]. Quand même la preuve du crime n'est pas établie, le juge n'est passible d'une peine que lorsqu'il s'est rendu coupable d'un abus de pouvoir [7].

La notoriété et l'exception ne sont pas des formes particulières de la procédure criminelle. Ce qui est notoire n'a pas besoin d'être prouvé [8]. Contre les qualités d'un ordinand ou d'une personne qui doit être revêtue d'une fonction ecclésiastique, ainsi que contre la crédibilité d'un témoin, on peut produire des exceptions, quelquefois en ce qui regarde le témoin,

---

[1] Voyez ci-dessus § 150, p. 617; Marx, *loc. cit.*

[2] Voyez c. XIII, X, de judiciis, II, 1 ; c. XVI, X, de accusationibus; c. XIV, XXV, eod.; c. XVII, d. 45.

[3] Voy. c. VII, C. 2, q. 1 ; X, tit. V, !, cit.; surtout c. XIV, X, h. t.; c. V, X, de procurator., I, 38 ; Geib, *Gesch. des rœm. Criminalprocesses*, Leipsig, 1844 ; Molitor, *Canon. Gerichtsverfahren*, p. 44 ; Marx, *loc. cit.*, p. 40.

[4] Comp. *I Cor.*, V ; c. VI, XV, C. II, q. 1. Hildenbrandt, *op. cit.*, p. 39.

[5] C. I, XIV, XVII-XXIV, X, de accusat.; c. XXX, de simonia. Voy. Molitor, *Canonisches Gerichtsverfahren*, et *Archives*, op. cit.; Ciener, *op. cit.*

[6] C. XXIV, X, h. t.; c. XXXI, X, de simon. — [7] Marx, *loc. cit.*, p. 40. —

[8] Cf. Conc. Trid., sess. XIII, cap. VI, de ref.

en lui imputant le même crime ou un crime différent[1]. Cette notoriété et cette exception sont possibles dans un procès d'accusation, de dénonciation et d'inquisition.

III. Une peine ne doit être infligée que lorsque la preuve du délit est fournie soit par l'aveu de l'accusé, soit par tout autre moyen de preuve[2]. Dans la procédure criminelle, l'Église se rattachait généralement aux principes du droit romain[3]. Dans la procédure de l'inquisition, on employa de bonne heure la purgation par serment[4]; celui qui était accusé d'un crime, mais non entièrement convaincu, avait le droit de s'en servir pour attester son innocence, quand il ne pouvait pas autrement en fournir la preuve[5].

Une autre coutume qui a passée du droit germanique dans le royaume des Francs et qui a été adoptée par les tribunaux ecclésiastiques, c'est le serment que faisait l'accusé et que faisaient avec lui un certain nombre de témoins, pour attester son innocence, puis le jugement de Dieu. L'un et l'autre étaient appelés purgation vulgaire[6]. L'accusé et ses témoins prêtaient le serment de purgation[7]. On l'imposait même à un clerc dès

---

[1] Dans le c. XVI, X, de accusationibus, il est dit expressément que l'exception n'est pas une procédure particulière : « Licet (in exceptione agatur de crimine, *non est tamen hujusmodi quæstio criminalis*, unde per procuratorem potest rite tractari. » Ailleurs encore, X, et VIe, V, 1; c. XXIV, X, h. t., V, 1; c. XXXI, X, de simon., l'accusation, l'inquisition et la dénonciation sont mentionnées comme les seules formes de procédure criminelle.

[2] Voyez aussi Hirschel, *Ueber Beeidigung der Zeugen vor den bürgerl. Gerichten auf Ansuchen der geistlichen Gerichte* (*Archives*, t. XXI, p. 417). Sur la procédure « ex informata conscientia, voyez § 61, n. IV, § 154.

[3] C. VII, § 3, C. 2, q. 1; c. XVIII eod.; c. XXVII, C. 2, q. 7; c. XXIII, C. XXXII, q. 5; c. XVI, XVIII, h. t., V, 1; c. XXX, de simon.

[4] Voyez Hildenbrandt, *loc. cit.*; Molitor, *Canonisches Gerichtsverfahren*; p. 50; Strippelmann, *Der Gerichtseid*, IIIe partie, Cassel, 1857, p. 202, H. Brunner, *Zeugen-und Inquisitionsbeweis des karolingischen Zeit*, Vienne; 1866; Karl Gross, *Die Beweistheorie im canonischen Process*, 1re livraison Vienne, 1867.

[5] C. XXXVII, C. 2, q. 5; c. VIII, IX, eod.; c. XII, XIII, XVI, XVII eod., c. V, X, XII, XV, X, de purgat. canon., V, 34; III, 2. Sur la réception de la communion comme moyen de purgation, voyez Hildenbrandt, *op. cit.*, p. 28; Dahn, *Studien zur Geschichte der germanischen Gottesurtheile*, Munich, 1857; Hilse, *Das Gottesurtheil der Abendmahlsprobe*, Berlin, 1867; voyez *Archives*, t. X, p. 350.

[6] X, h. t., V, 35.

[7] Conc. Mogunt., an. 851 (dans Pertz, *Monumenta Germaniæ histor.*, t. III, p. 410). Voyez aussi c. II, X, h. t., V, 34. Sur les ordalies et les té-

qu'il était accusé d'un crime par la rumeur publique[1]. Celui qui refusait le serment, ou qui ne pouvait le prêter parce qu'il n'avait pas un nombre suffisant de témoins, était suspendu de ses fonctions. Ce serment avec témoins s'appelait « purgation canonique[2]. »

Insensiblement, toujours d'après l'esprit germanique, on alla plus loin encore dans la procédure ecclésiastique, et au douzième siècle, celui qui refusait de prêter le serment de purgation était considéré comme un criminel convaincu[3].

Les jugements de Dieu furent abolis sous l'influence de la législation ecclésiastique et cessèrent complètement depuis Innocent III[4]. Ce pape ne conserva le serment de purgation, qu'on prêtait ordinairement avec sept témoins, que dans la procédure de l'inquisition et comme un moyen de preuve subsidiaire. Quand on refusait de le prêter ou qu'on échouait, on était soumis à une peine arbitraire, que le juge imposait à celui qui avait été convaincu par la procédure de l'inquisition[5].

Depuis le quatorzième siècle, l'usage des témoins et, depuis le dix-huitième, celui du serment de purgation tombèrent peu à peu en désuétude[6].

IV. La sentence, après que les parties ont été invitées en la forme prescrite, est publiée par le juge en personne et rédigée par écrit ; dans le cas contraire, elle est nulle. L'évêque seul, quand il rend lui-même la justice, peut remettre la lecture du jugement à un tiers[7]. Il convient que les raisons de la sentence soient incorporées au texte, mais cette condition n'est pas requise pour sa validité, et ce n'était pas au moyen âge une pratique canonique généralement adoptée[8].

V. On ne peut appeler que d'une sentence définitive ou d'un

---

moins qui attestaient la crédibilité de l'accusé, voyez Phillips, *Vermische Schriften*, t. I, p. 122; Zœpfl, *Deutsche Rechtsgeschichte*, t. III, p. 332, 337, 401, 4ᵉ éd.; Phillips, *Deutsche Rechtsgeschichte*, 4ᵉ éd., p. 128, 210, et les citations. Gemeiner, *Ueber die Eideshülfe und Eideshelfer*, Munich, 1849.

[1] C. XVI, C. 2, q. 5. — [2] V, h. t., V, 34. — [3] C. XI, X, de simon.; c. XIII, eod'; c. VIII, X, de cohabit. clericor. — [4] C. II, III, X, de purgat. vulgar.; c. IX, X, ne cler. v. mon., III, 50 (Conc. Later. IV). — [5] Hildenbrandt, *loc. cit.*, p. 136. — [6] Hildenbrandt, *loc. cit.*, p. 151.

[7] C. II, in Clem. de sent. et re judicat., II, 11 ; c. XXXIV, X, de test. et attest., II, 20 arg.; Clem. II de verb. signif., V, 11 ; c. V, in VIº, de sent. et re judicat., II, 14.

[8] Le c. XVI, X, de sent. et re judicat., II, 27, approuve que les motifs de la décision ne soient pas communiqués.

jugement qui a la vertu d'une sentence définitive, ou pour des griefs auxquels on ne pourrait plus remédier par un appel contre un jugement définitif[1]. L'appellation contre un jugement définitif peut être faite ou à l'instant même et de vive voix, ou par écrit dans l'espace de dix jours auprès du juge contre la sentence duquel on appelle[2]. Dans l'espace de trente jours, à dater de celui où l'appellation a eu lieu, l'appelant est tenu de demander les *apostoli*, c'est-à-dire un certificat attestant que l'appellation a été faite au temps voulu[3] ; le mieux est d'y joindre aussi la demande de la remise des actes du procès. Ces actes doivent être transmis par le juge à l'appelant, et par l'appelant au juge devant qui il appelle dans l'espace de trente jours[4]. Le premier juge doit aussi être invité, quand on lui demande les *apostoli*, à communiquer au juge de

---

[1] Ainsi l'a décidé le concile de Trente, sess. XIII, cap. I, de reform.; sess. XXIV, cap. XX, de reform. Il est revenu par là aux prescriptions du droit romain et a mis des bornes aux appellations sans fin.
Cit. du trad. — Dans les causes qui regardent la visite et la correction, la capacité ou l'incapacité des personnes, comme aussi dans les causes criminelles, on ne pourra appeler, avant la sentence définitive, d'aucun grief, ni de la sentence interlocutoire d'un évêque ou de son vicaire général spirituel, et l'évêque ou son vicaire général ne seront point tenus de déférer à une telle appellation, qui doit être regardée comme frivole; mais ils pourront passer outre, nonobstant toute défense émanée du juge devant qui on aura appelé, et tout usage ou coutume contraire, même de temps immémorial, si ce n'est que le grief fût tel qu'il ne pût être réparé par la sentence définitive ; auquel cas les ordonnances des saints et anciens canons demeureront en leur entier. »
On appelle « interlocutoire » un jugement préparatoire qui ne décide pas le fond du procès, mais qui ordonne qu'il sera fait des recherches pour l'instruction de la contestation et pour parvenir à la connaissance de quelques faits ou à l'examen et à la preuve de quelque point contesté.

[2] Voy. c. LIX, X, de appellat., II, 28; c. I in Clem., de appell., II, 12; c. II, d. de appell.; c. XV, X, de sententia et re judicat., II, 27; c. VIII, in VI°, de appell., II, 15.

[3] C. VI, in VI°, de appell., II, 15; Clem. II eod., II, 12; Schmalzgrueber, *loc. cit.*, II, 28, n. 76.

[4] « Celui qui, en matière criminelle, est appelant de la sentence d'un évêque ou de son vicaire général dans le spirituel, sera nécessairement obligé de produire au juge devant qui il appelle les pièces de la première instance; le juge ne doit point procéder à son absolution qu'il ne les ait vues. A son tour, celui de qui on appelle sera tenu de fournir lesdites pièces gratuitement, dans trente jours à dater du jour de la demande qui lui en sera faite; autrement l'appellation sera vidée sans lesdites pièces, ainsi qu'il paraîtra être de raison. » (Conc. Trid., sess. XIII, cap. III, de reform.) *(Cit. du trad.)*

l'appel tout ce qu'il croit nécessaire pour éclaircir la question[1]. Le temps pendant lequel l'appelant peut introduire l'appel devant le juge supérieur et remettre les « apôtres » est d'une année; cependant le juge de qui l'on appelle peut, selon les circonstances, l'étendre à deux années et même au-delà, comme il peut l'abréger aussi, ce qui doit maintenant se faire généralement[2].

L'appel peut aussi être employé contre un jugement qui prononce une censure proprement dite, mais il n'a pas pour effet de suspendre la censure[3].

VI. Le concile de Trente statue que « toutes les causes de la juridiction ecclésiastique seront entièrement terminées dans l'espace au plus de deux ans, à compter de jour où le procès aura été intenté; autrement, il sera loisible aux parties ou à l'une d'elles de se pourvoir devant les juges supérieurs, lesquels prendront la cause en l'état où elle se trouvera et auront soin qu'elle soit au plus tôt terminée[4]. »

VII. L'évêque et les autorités ecclésiastiques supérieures peuvent, en vertu de leur position hiérarchique et de leur pouvoir, arrêter à leur gré une procédure criminelle, à quelque phase que le procès soit parvenu; ils peuvent aussi se charger eux-mêmes d'un procès commencé devant leur official[5].

§ 166. La juridiction dans l'Église protestante.

I. La juridiction contentieuse[6], autant qu'elle peut exister dans l'Église protestante, devrait appartenir aux consistoires ou au conseil ecclésiastique supérieur; et de fait, dans le temps où l'on commença de les établir, les consistoires étaient chargés à peu près des mêmes affaires que les tribunaux des évêques parmi les catholiques. Mais dans le cours des dix-huitième et dix-neuvième siècles, la législation civile leur a enlevé la juri-

---

[1] Conc. Trid., sess. XXIV, c. XX, de ref.
[2] C. V, VIII, X, de appell., II, 28; Clem. III, de appell., II, 12.
[3] C. XXXVII, X, de appell., II, 28; c. XX, in VI°, de sent. excom., V, 11.
[4] Conc. Trid., sess. XXIV, cap. XX, de ref.; sess. XXV, cap. X, de ref.
[5] Molitor, *Archives*, t. V, p. 362.
[6] Richter, *Kirchenrecht*, § 211, 7ᵉ éd.; Jacobson, dans Herzog, *Encyclopædie*, art. Gerichtsbarkeit und Consistorialverfassung, t. V, p. 68; t. III, p. 122; Hinschius, *Das Kirchenrecht*, dans Holtzendorff, *Encyclopædie*, § 69, p. 647.

diction même en ce qui concerne les affaires contentieuses des ecclésiastiques, les questions de patronage et de bénéfices, et le plus souvent aussi les affaires de mariage, pour les soumettre aux tribunaux ordinaires[1].

II. Les visites[2] ont lieu dans l'Église protestante de la même manière que dans l'Église catholique ; il existe même en plusieurs pays des règlements particuliers à ce sujet. Ordinairement, c'est le surintendant et un membre du consistoire qui visitent les églises *éphorales*, et le surintendant les églises paroissiales. Dans plusieurs pays, les curés sont tenus de faire des rapports réguliers. En Prusse, une instruction révisée le 15 février 1854 prescrit pour les six provinces de l'est de faire des visites générales extraordinaires, avec le concours d'ecclésiastiques appartenant à d'autres provinces[3].

III. Dans le principe, les luthériens conservèrent avec les sacrements de baptême et de l'Eucharistie, le sacrement de pénitence, et par conséquent la confession privée comme une condition requise pour participer à la cène[4]. Peu à peu ils firent comme les réformés[5], qui avaient rejeté la confession dès le début, et

---

[1] Cependant dans la principauté de Lippe, les prédicateurs et les candidats ont encore dans les consistoires en matière civile un tribunal indépendant, et, d'après la loi du 12 avril 1859 (*Allegm. Kirchenblatt*, t. IX, p. 118), les controverses sur les mariages et les fiançailles ressortissent encore en première instance aux consistoires.

En Saxe (loi du 28 janvier 1835, §§ 52 et suiv., Cod., p. 407) et dans le Wurtemberg (Hauber, *Recht und Brauch*, t. II, p. 31), des ecclésiastiques faisaient partie des tribunaux qui jugeaient les causes matrimoniales, et en Bavière, il n'y a que des juges protestants qui puissent prendre part à la décision. L'introduction du mariage civil dans l'empire d'Allemagne a supprimé ces dispositions. Voyez ci-dessous § 188.

Les articles de Schmalcalde (*De pot.*, ep. 356, 353) portaient que des tribunaux particuliers seraient institués pour les affaires de mariage, et dans les anciens règlements ecclésiastiques les surintendants étaient adjoints aux juges civils dans ces sortes d'affaires. Dans les premiers temps qui suivirent l'abolition des tribunaux épiscopaux, les curés protestants usurpèrent souvent la juridiction en matière de mariage et procédèrent avec beaucoup d'arbitraire. (Voyez sur cette situation Friedberg, *Das Recht der Eheschliessung*, Leipsig, 1865, p. 180 et suiv.)

[2] Voyez Richter, *Kirchenrecht*, § 77, 7e éd ; Jacobson, *Evangel. Kirchenrecht des preussischen Staates*, § 148.

[3] Voy. *Allg. Kirchenblatt*, t. III, p. 164; Jacobson, *loc. cit.*, § 150.

[4] Apol. Conf., dans Hase, p. 200; voy. Aug. Conf., *ibid.*, p. 27; Apol., p. 181; Aug. Conf., *ibid.*, p. 27; Apol., p. 163, 182; art. Smalc., *ibid.*, p. 323, 324. Cf. Richter, *Kirchenrecht*, § 258, 7e éd., avec les citations.

[5] Conf. Helvet., II, c. XIV.

ils se contentèrent le plus souvent de la confession générale des péchés et de l'absolution prononcée par le pasteur sur les fidèles avant la réception de la cène. Cette absolution, en cas de nécessité, pouvait être promulguée par un laïque au nom de l'Église[1].

IV. Quant à la justice pénale dans l'Église protestante[2], quelques pasteurs de la campagne exercent encore une sorte de droit de réprimande en donnant des avertissements privés, en faisant des objurgations dans leurs prônes, en assignant une place distincte dans l'église, en excluant des fonctions de parrain ou de la cène, par conséquent, dans ce dernier cas, en usant de l'interdit. Mais le plus souvent, c'est au *presbyterium* à infliger ces sortes de peines[3].

La privation de la sépulture ecclésiastique se rencontre encore çà et là, très-rarement l'excommunication, qui avait été expressément maintenue par Luther et Calvin et par les anciens règlements ecclésiastiques[4]. En fait, elle a été à peu près transformée en une peine de police, dont on peut se racheter à prix d'argent, grâce surtout à l'influence de Carpzow[5]. Selon la remarque d'un canoniste luthérien[6], l'Église l'a abolie dans une foule de pays par des considérations de familles, par esprit de vénalité, « sous l'action du piétisme et du rationalisme[7]. » Après l'avoir encore employée çà et là dans des cas d'impudicité, on l'a laissé tomber dans plusieurs localités[8].

Comme mesures disciplinaires contre les clercs et les fonctionnaires ecclésiastiques, nous trouvons les semonces et les amendes (surtout pour absence illégale ou négligence dans les

---

[1] Art. *Smalc.*, dans Hase, p. 353.
[2] Voyez Richter, *Kirchenrecht*, §§ 227-231, 7ᵉ éd.; Jacobson, *Kirchenrecht*, §§ 153-157; Hinschius, *Das Kirchenrecht*, dans Holtzendorff, *Encyclopædie*, § 70, p. 648, 2ᵉ édition.
[3] Voyez ci-dessus §§ 139, 140.
[4] Voyez Kober, *Der Kirchenbann*, p. 36.
[5] Definit. eccles., III, 85 et 91.
[6] O. Mejer, *Lehrbuch des deutschen Kirchenrechtes*, 3ᵉ éd., § 210, p. 634, note 4.
[7] O. Mejer compte parmi les auteurs de cette suppression J.-H. Bœhmer, *J. E. P.*, lib. VIII, tit. XXXIX, qui niait l'institution divine de l'excommunication.
[8] Voyez dans les *Archives*, t. XXVIII, p. 62, le cas d'une femme protestante excommuniée en 1872 pour avoir consenti que tous ses enfants fussent élevés dans le catholicisme.

affaires extérieures), la suspense de l'office avec ou sans suspense du bénéfice, la déposition, et pour les ecclésiastiques, des punitions et une diminution de traitement. On peut aussi employer la prison, notamment quand le tribunal civil s'est prononcé.

Le soin d'infliger les peines ecclésiastiques appartient proprement au consistoire ; cependant, les délits mêmes purement disciplinaires des ecclésiastiques, qui dans le principe ressortissaient aux consistoires, ont été souvent abandonnés à la juridiction des tribunaux séculiers, et ce n'est que de nos jours qu'on a rétabli pour le clergé, dans quelques pays, des tribunaux particuliers. La Prusse a ses consistoires et son conseil ecclésiastique supérieur ; le Oldenbourg, un conseil ecclésiastique, et, dans les cas graves, un tribunal disciplinaire, composé du premier président du tribunal, de curés, d'autres officiers ecclésiastiques et des anciens de l'Église ; Bade, un haut conseil ecclésiastique, qui, dans les circonstances importantes, est renforcé par la commission du synode général. Les autorités disciplinaires pour les anciens de l'Église se composent le plus souvent de synodes de cercles, de synodes diocésains ou de commissions, par exemple en Prusse, à Bade, dans le Hanovre. Quelques anciens règlements de l'Église rangent aussi parmi les crimes ecclésiastiques l'hérésie et la simonie. L'un et l'autre ne se présentent plus maintenant que comme des délits commis par les ecclésiastiques contre leurs fonctions ; d'autres fois, l'hérésie a pour suite l'exclusion de la société religieuse. Quant à la simonie chez les laïques, elle ne peut être punie, d'après la loi pénale civile et devant les tribunaux civils, que lorsqu'elle prend le caractère d'un délit civil, comme la corruption d'un fonctionnaire[1].

[1] Voyez Hinschius, *op. cit.*

LIVRE IV.

DROIT DE L'ÉGLISE SUR LES BIENS TEMPORELS.

I. DANS L'ÉGLISE CATHOLIQUE [1].

§ 167. 1. **Caractère mixte du droit de l'Église sur les biens temporels.**

I. L'Église, en tant que société organisée, a besoin de biens temporels pour subvenir à son existence en ce monde ; si les gouvernements refusaient de la reconnaître comme personne juridique, c'est-à-dire comme capable d'acquérir des biens temporels, ils refuseraient par cela même de la reconnaître en tant que société et de respecter les convictions religieuses de leurs citoyens catholiques [2]. Ainsi, les mêmes raisons qui per-

---

[1] Cf. Hirschel, *Archives*, t. XXXIV, p. 32, 239 ; t. XXXV, p. 38 ; Evelt, *Von dem Kirchenvermœgen*. 3ᵉ édit., Prague, 1834 ; Evelt, *Die Kirche und ihre Institute auf dem Gebiete des Vermœgensrechtes*, Soest, 1845 ; Maas, *Archives*, t. IV, p. 583, 644 ; t. V, p. 3.

[2] Le *votum de bonis ecclesiasticis deque eorum libera administratione*, élaboré par le docteur Molitor, chanoine de Spire, en sa qualité de membre de la commission ecclésiastique politique du concile du Vatican, porte ce qui suit, p. 38 : « A synodo œcumenica declaretur potestatis civilis esse non solum agnoscere, Ecclesiæ jus nativum possidendi et administrandi bona sua, sed etiam suis legibus providere, ut hoc jus tam ab Ecclesia universali quam a singulis ejus institutis canonice creatis plane libere exerceri possit. Hoc præcipuum potestatis civilis recte ad Ecclesiam ordinatæ officium esse, cui satisfaciendo potestas civilis non aliter agat erga Ecclesiam, quam ipsi agendum erga quemcumque alium, cujus jura acquisita confirmare et tueri ex justitia tenetur. Sunt autem illa jura Ecclesiæ, quæ pertinent ad possessionem bonorum suorum recte acquisita, imo ei innata et essentialia. »

Le *Syllabus* a rejeté cette proposition (nᵒ 98) : « L'Église n'a pas le droit naturel et légitime d'acquérir et de posséder. » Voyez l'allocution de Pie IX *Nunquam*, du 15 décembre 1857, et l'encyclique *Incredibili* du 15 décembre 1863. — Le nᵒ 30 du *Syllabus* condamne également cette assertion que « l'immunité de l'Église et des personnes ecclésiastiques tire son origine du droit civil. » Voyez la lettre apostolique *Inter multiplices* du 10 juin 1851.

mettent à un particulier d'administrer librement sa fortune et d'en disposer à son gré sont applicables aux biens ecclésiastiques ; ils ne doivent être soumis qu'à la volonté de l'Église, déclarée dans sa législation et manifestée par les supérieurs.

Si le gouvernement, pour l'un ou l'autre motif obligatoire, notamment depuis que les biens de l'Église ont été sécularisés, contribue pour une certaine part aux fins de l'Église, cela ne change point l'état de la question, car le droit et la volonté d'un créancier ne sont point amoindris parce qu'un autre devient son débiteur. Ajoutons que les biens de l'Église ne sont nullement une portion de la fortune publique de l'État.

II. Au point de vue pratique, la question de savoir si et dans quelles conditions l'Église peut acquérir, posséder ou perdre des biens, à quelles restrictions elle peut être soumise en ce qui concerne leur administration et leur emploi, cette question doit être décidée selon la législation civile du pays où elle possède ces biens. Quand les lois de l'État ou les administrations empiètent dans la sphère de ses droits, l'Église, comme il ne s'agit point de ses intérêts les plus chers et les plus sacrés, que ses lois dogmatiques et morales ne sont pas en jeu, qu'il s'agit seulement de sauvegarder des biens temporels, nécessaires sans doute à son existence terrestre, l'Église peut, selon les circonstances, se borner à maintenir son droit par voie de protestation, et sur le reste céder en fait. Elle se conforme aux lois civiles positives, pour prévenir de plus graves inconvénients, lorsque, dans les circonstances où elle se trouve, elle croit qu'elle sauvegardera mieux ses intérêts religieux. Elle peut même obliger les fidèles de se prêter à l'exécution de pareilles lois, tout en s'abstenant de ces sortes d'actes que la conscience défend dans toute circonstance, et en veillant à ce qu'il soit tenu compte, autant que possible, des droits de l'Église[1].

---

[1] Cette attitude est celle des catholiques de Prusse, depuis la loi du 20 juin 1875 sur l'administration des biens d'église dans les paroisses catholiques. Voyez la loi, dans les *Archives*, t. XXXIV, p. 167 et suiv., et ci-dessous § 171, avec la circulaire de l'archevêque de Cologne (24 juillet 1875) aux curés sur l'attitude recommandée aux fidèles par l'épiscopat vis-à-vis de cette loi, et enfin la déclaration du vicariat général de Munster (31 juillet 1875) aux premiers présidents de Westphalie (*Archives*, t. XXXV, p. 173).

§ 168. 2. **L'Église a le droit d'acquérir des biens temporels** [1].

I. L'Église a possédé des biens dès les premiers temps de son existence. C'étaient le plus souvent des biens mobiliers, parce qu'il était plus facile d'empêcher qu'ils fussent confisqués par les empereurs païens [2]. Extérieurement et selon le droit civil, les biens de l'Église étaient représentés par les évêques en tant que personnes privées, suivant ce qui existe encore dans les pays où la personnalité juridique de l'Église et de ses institutions n'est pas reconnue, par exemple dans la plupart des États de l'Amérique du Nord [3]. Pour acquérir la personnalité juridique, plusieurs chrétiens, à Rome surtout, se constituèrent sous les empereurs païens en sociétés de sépulture, avec l'évêque pour supérieur. Ces sortes de corporations étaient des personnes juridiques, en vertu d'une loi générale basée sur le droit romain [4].

II. Constantin restitua à l'Église les biens qui lui avaient été enlevés pendant les persécutions [5] et lui accorda :

1° La pleine faculté d'acquérir et de posséder [6].

2° Théodose II lui assigna les biens des clercs et des moines morts sans héritiers [7].

Justinien lui accorda les priviléges suivants :

3° Les legs ou les testaments faits en vue de Dieu, d'un saint,

---

[1] Mamachi, *Del diritto libero della Chiesa di acquistare e di possedere boni temporali, si mobili che stabili*, t. II, 5 vol., Rome, 1770; Schulte, *Die Erwerbs-und Besitzfæhigkeit der deutschen kath. Bisthümer und Bischœfe*, Prague, 1860; le même, *Die juristische Persœnlichkeit der katholischen Kirche, ihrer Institute und Stiftungen sowie deren Erwerbsfæhigkeit*, Giessen, 1869; voyez aussi plus haut, p. 341, note 1, les ouvrages cités, et *Praktische Fragen über die kirchliche Vermœgensfæhigkeit* (*Archives*, t. XX, p. 119).

[2] Braun, *Das kirchliche Vermœgen von der ältesten Zeit bis auf Justinian mit besonderer Rücksicht auf die Verwaltung desselben gegenüber dem Staate*, Giessen, 1860; Helle, *Das kirchliche Vermœgen*, Paderborn, 1875; Grashof, *Archives*, t. XXXVI, p. 3.

[3] Voyez Schneemann, *Archives*, t. XXII, p. 177.

[4] Mommsen, *De collegiis et sodalitatibus roman.*, Kiliæ, 1843, p. 87; Kraus, *Roma sotterranea*, Fribourg, 1872, lib. I, cap. III, p, 49.

[5] Sur l'édit du consul Licinius (314), voyez Lactance, *De mortibus persecutorum*, cap. XLVIII; Eusèbe, in *Vita Constantini*, II, 36; Codex Theodos., XVI, 5.

[6] Codex Theod., XVI, 2 (c. IV, 4 edict., Const., an. 321); Cod. Just., I, 2.

[7] L. 20 Cod. Justin., de episc., I, 3. Voyez Nov. Justin. CXXXII, c. XIII.

des pauvres, des captifs ou de toute œuvre de bienfaisance furent reconnus valides [1]; ils étaient exécutés par l'évêque du lieu ou par un administrateur nommé par l'évêque [2]. Ce principe fut confirmé par le droit canon [3]. Lorsqu'une personne faisait un legs en faveur de l'Église, des écoles, des pauvres, etc., sans spécifier aucune église particulière, etc., on entendait par là l'église de la paroisse [4].

4° Les legs pour œuvres pies n'étaient pas soumis à la *quarte Falcidie* [5].

5° Les droits de l'Église se prescrivaient après un laps de quarante ans [6]; ceux de l'Église romaine, du patrimoine de saint Pierre, après un laps de cent ans, suivant ce que Justinien avait temporairement décidé pour les Églises d'Orient. Cette restriction ne faisait que renouveler le droit canonique [7].

6° Dans les royaumes germaniques, l'Église reçut encore peu à peu de plus grands priviléges; elle obtint notamment que les dispositions pour œuvres pies seraient valides même sans formalités [8].

---

[1] L. 26, Cod. de sacrosanctis ecclesiis, I, 2. Voy. Vering, *Rœmisches Erbrecht.*, Heidelberg, 1861, p. 267.

[2] L. 19, 24, 28, 45, rest. 49 Cod., de episcopis, I, 3; l. 34 Cod., de donationibus, VIII, 44; l. 26 Cod., de sacrosanctis eccles., I, 2. Une *lex ret.*, dont la substance est reproduite dans la novelle CXXXI, c. IX. Voy. aussi Novella CXXXI, c. X-XV. Vering, *Erbrecht*, p. 268.

[3] Voyez Rosshirt, dans sa *Revue*, t. V, p. 234; Roth, sur les fondations, dans les *Annales de dogmatique*, par Gerber et Jhering, I, p. 189.

[4] Voyez dans les *Archives*, t. XX, p. 122, un cas survenu dans l'ancien duché de Nassau.

[5] L. c. XLIX Cod., de episc. et cler., I, 3; Nov. CXXXI, c. XII. Cf. Vering, *Erbrecht*, p. 759, 823; Vering, *Pandekten*, § 281, note 5, p. 575, 1e édition.

[6] L. 23 Cod., de sacrosanctis eccl., I, 2, an. 825; Novell. CXI in pr.; Novell. CXXXI, c. VI (c. III, C. 16, q. 4). Pour les choses mobilières, on maintint la prescription de trois ans, l. un., § 2 Cod., de usucapione transformanda, VII, 31. Cf. Auth. Quas actiones ad legem 23; Cod de sacrosanct. eccles., I, 2. Le droit canon se rattacha à ces règlements dans c. II, III, C. q. cit.; c. IV, VI, VIII, IX, X, de præscript., II, 26.

[7] On ne saurait déterminer avec certitude depuis quelle époque le droit canon a de nouveau revendiqué pour l'Église de Rome la prescription de cent ans. Le canon XVII, C. 16, q. 3, émane du pape Jean VIII et remonte à 874 au plus. (Voyez Wattenbach, *Supplément à l'histoire de l'Église chrétienne en Bohême et en Moravie*, p. 15.) Voyez aussi c. XIV, C. 16, q. 3; c. XIII, XIV, XVII, X, h. t., II, 26; c. IV, X, de confirm. utili vel inutili, II, 30; c. II, h. t., in VI°, II, 13.

[8] Voy. c. XI, X, de testam. et ultimis voluntat., III, 26; Schulte, *Zeitschrift für Civilrecht und Process. Neue Folge*, t. VIII, Giessen, 1851, p. 157; Vering, *Erbrecht*, p. 823.

7° Depuis les glossateurs, l'Église obtint par droit coutumier la restitution *in integrum*, comme les mineurs, pour toute injustice un peu importante, quand il n'y avait pas d'autres moyens d'y remédier. Et c'est ainsi qu'en ce qui regarde les revendications, la prescription de quarante ans fut étendue à quarante-quatre ans par l'adjonction du *quadriennium restitutiones*[1].

8° Dans le royaume des Francs, les biens dotaux de l'Église furent affranchis d'impôts[2], et l'on arriva peu à peu à considérer cette exemption comme revenant à l'Église de droit divin[3]. C'est à ce point de vue que le droit canon décida sous quelles conditions l'Église et les clercs pouvaient être imposés[4]. L'Église cependant contribuait plus aux charges de l'État en entretenant ses écoles, en créant des établissements de bienfaisance, en secourant les pauvres, en établissant des avocats pour se défendre elle-même, qu'elle ne l'eût fait par un impôt régulier. Dans la suite, les biens dotaux de l'Église ne furent plus affranchis de l'impôt[5]. L'empereur Frédéric II reconnut encore par une loi spéciale l'immunité « réelle » de l'Église[6].

III. Une réaction contre les nombreuses faveurs accordées à l'Église en ce qui concerne le droit d'acquérir eut lieu dans plusieurs pays dès le treizième siècle, par le moyen des lois d'amortissement[7]. Son droit d'acquérir de nouveaux biens ou au moins de nouveaux immeubles (la main-morte, *manus mortua*) fut subordonné désormais à l'autorisation de l'État.

---

[1] Unterholtzner, *Verjæhrung*, t. I, § 40; Savigny, *System*, t. V, § 247, p. 344.

[2] Fatoni, *Theatrum immunitatis et libertatis ecclesiasticæ*. Rom., 1704, in-fol.; Mazzarelli, *Immunità ecclesiastica reale* (*Il buon uso della logica in materia di religione*, t. VI, p. 3, 38, 65); Devoti, *Inst. jur. can.*, lib. II, tit. xx; voyez aussi Mattes, *Einwirkungsrechte der Staatsgewalt auf das Kirchenvermœgen* (Tübing. Theol. Quartalschrift, 1845, p. 235); Phillips, *Lehrbuch*, § 205.

[3] Voy. X, tit. III, 49; in VI°, III, 23; in Clem., III, 17; Extr. comm., III, 13, de immunitate ecclesiar., cœmet. et rerum ad eos pertinent.

[4] Voy. c. IV, VII, X, h. t.; c. III, in VI°, h. t.; c. un. Extrav. comm., Clem. un., h. t.; Leo X, const. *Superna*, an. 1514; Conc. Trid., sess. XXV, cap. XX.

[5] Capit. Aquisgr., an. 812, c. XI, dans Pertz, *Leg.*, I, p. 173.

[6] Fridér. II, Auth. ad l. 2 Cod., de episcopis.

[7] J.-B. Glette, *Legis amortisationis et immunitatis ecclesiasticæ anatomia juridica*, Argentinæ, 1714, in-12; J.-P. Hahn, *Diss. de eo quod justum est circa bonor. immobil. ad manus mortuas translat.*, Mogunt. 1746 (Schmidt,

Ces sortes de faveurs ont disparu en Allemagne et dans une foule d'autres pays[1]. Ailleurs, les lois d'amortissement ont été abolies, ou n'ont été renouvelées que récemment[2].

Thes., V, p. 664); Ph. Friederich, *Dissert. de eo quod justum est circa amortisat.*, Heidelberg, 1747 (*ibid.*, p. 687); Moshamm, *Ueber Amortisationsgesetze*, Ratisbone, 1798; Buininck, *Meditatio ferial. de lege amortisationis*, 1787, in-4°; Nicol. Rodriguez Fermosinus, *Allegationes fiscales*, 1, 2, Lugd., 1663, in-fol.; A. Widder, *Die Amortisationsgesetzgebung im Kœnigreich Bayern (Inaug. diss.)*, Munich, 1873; voyez Pœzl, *Münchener Kritischen Vierteljahrschrift für Gesetzgebung und Rechtswissenschaft*, t. XV, 1873, p. 613.

[1] L'amortissement était une concession du roi par laquelle il permettait aux gens de main-morte de tenir fiefs et autres héritages à perpétuité sans être obligés de les mettre hors leurs mains moyennant finance... L'amortissement avait donc pour effet de rendre les gens de main-morte capables de posséder les biens qu'il leur était défendu d'acquérir pour plusieurs raison (Durand de Meillane). — On entend par main-morte un corps qui, par une suite non interrompue de membres qui se succèdent les uns aux autres, ne meurt jamais. (Id., *Diction du droit can.*)
(Note du trad.)

[2] Sur les taxes imposées aux biens d'église et au clergé en particulier, voyez pour l'Autriche (le concordat se taisait à ce sujet) notre aperçu dans les *Archives*, t. XIV, p. 94, 401; t. XV, p. 33; t. XVI, p. 223, 447; t. XVII, p. 76; t. XVIII, p. 125; t. XIX, p. 440; t. XX, p. 316; t. XXIII, p. 87, 266; t. XXIV, p. 31, et la loi du 7 mai 1874 concernant les subventions à fournir au fonds de religion, *Archives*, t. XXXII, p. 222.

En Bavière, les biens des églises et de bénéfices acquittent les contributions ordinaires; cependant, quand la portion congrue se trouve entamée, l'État restitue le surplus. Les revenus des fondations et des établissements du culte, mais non ceux des bénéfices, sont affranchis de l'impôt sur les revenus (constitution, tit. IV, § 9, 13; édit de religion, §§ 73 et suiv.); Permaneder, *Manuel*, § 469, p. 863, 4e éd.; Silbernagl, *Constitution et Administration*, p. 89, 331 et suiv.

En Prusse, sont affranchis des contributions les cimetières et les places de sépulture, les églises, les chapelles et autres édifices servant au culte, les maisons au service des évêques, du clergé paroissial, des sacristains, et les biens-fonds qui appartiennent à leur dotation, à des fondations pieuses ou ecclésiastiques.

Voyez la loi du 24 février 1850, qui supprime l'exemption de la contribution foncière, § 2; la loi du 21 mai 1861, concernant le nouveau règlement de l'impôt foncier (introduit dans les nouvelles provinces par la loi du 11 février 1870), § 1, § 4; sur les biens-fonds nouvellement acquis et sujets à l'impôt, voyez *ibid.*, § 10, et la loi du 21 mai 1862, relative à l'établissement d'un impôt général sur les bâtiments (introduit dans les nouvelles provinces par ordonnances du 28 avril 1867, § 3).

Dans le royaume de Saxe, il y a immunité partielle. Voyez Weber, *Sæchs. Kirchenr.*, II, 2, p. 603, 3e éd.

Pour le grand-duché de Hesse, voyez Schumann, p. 187 et suiv.

Dans le Wurtemberg, l'article 10 du concordat porte que les biens d'églises sont assujétis aux charges publiques et aux impôts comme les

ADDITION DU TRADUCTEUR.

En France, les dispositions entre vifs ou par testament au profit des hospices, des pauvres d'une commune, d'un établissement d'utilité [...] biens particuliers. Même disposition dans la loi wurtembergeoise du 30 janvier 1862, art. 18.

A Bade, les mêmes prescriptions se trouvent dans le concordat, art. 10 et § 14 de la première loi du 9 octobre 1860. Sur les charges ordinaires imposées aux biens des bénéfices à Bade, voyez les décisions dans les *Archives*, t. IV, p. 306.

En Autriche, les lois d'amortissement ont été supprimées par le concordat, art. 10 et 35. Sur l'ancienne législation autrichienne, voyez Helfert, *op. cit.*, t. I. p. 33 et 51. L'article 6 de la loi fondamentale du 21 décembre 1867, concernant les droits des citoyens de l'État, porte ce qui suit : « Pour la main-morte, les restrictions que la loi apporte au droit d'acquérir des biens-fonds et d'en disposer seront admises par la voix de la législation, pour des motifs de bien public. »

En Prusse, l'article 40 de la constitution dit que la loi pourra restreindre le droit de l'Église d'acquérir des immeubles. Cependant, on se contenta d'abord de simples ordonnances, et ce fut en 1870 seulement qu'une loi du 23 février (*Archives*, t. XXIV, p. 120), — cette loi dépasse ce que permet la constitution, — décida que les donations faites à l'Église et dépassant 1,000 florins devraient être approuvées par le gouvernement.

D'après la même loi, les donations et dispositions de dernière volonté, quelle qu'en soit l'étendue, ont besoin de l'approbation royale quand elles ont pour effet de créer dans le pays une nouvelle personne juridique, ou qu'elles doivent être appliquées à une corporation déjà existante dans le pays, ou à une autre personne juridique pour d'autres fins que celles qui lui avaient été concédées jusque-là.

En Bavière, les lois d'amortissement ont été abolies par l'article 8 du concordat. Mais on demande, en se fondant sur le § 44 de l'édit de religion, l'approbation du gouvernement chaque fois que l'Église veut acquérir des immeubles, ou qu'elle veut faire un emploi d'argent ou de meubles dépassant 2,000 florins. Voyez aussi l'arrêté royal du 17 décembre 1825, § 34 ; Heuner, *Die Katholische Kirchenfrage in Baiern*, Wurzbourg, 1854, p. 154 et suiv. ; Roth, *Bayerisches Civilsecht*, t. I, p. 232 et suiv.

Dans le royaume de Saxe, il n'y pas de lois d'amortissement. Voyez Weber *Kirchenrecht*, t. II, 2, p. 573, 4e édit. Voyez aussi les §§ 1055 et suiv. du *Sæchs. bgl. Gesetzb.*, sur la forme des donations, et § 2074, sur l'interprétation des testaments d'après le droit commun, quand il s'agit d'une église en général.

Dans le Wurtemberg, l'article 18 de la loi du 13 janvier 1862 porte que toute acquisition de biens de main-morte doit être autorisée par les gouvernements de cercle ; sans cela, les choses immobilières données gratuitement à l'Église doivent être aliénées le plus tôt possible, et au besoin par licitation forcée.

A Bade, toutes les donations, toutes les dispositions de dernière volonté en faveur de fondations déjà existantes et d'autres personnes juridiques, de même que l'établissement de fondations nouvelles, doivent être approuvés par l'État (loi du 5 mai 1870, sur les fondations, § 1, et ordonnance grand-ducale du 18 mai 1870, §§ 2, 3 ; voyez t. Ier, p. 302 et suiv.).

publique doivent, pour avoir leur effet, être autorisées par un décret impérial (art. 910 du Code civil).

Le décret du 12 août 1807, sur « le mode d'acceptation des dons et legs faits aux fabriques, aux établissements d'instruction publique et aux communes, » est ainsi conçu :

Art. 1er. L'arrêt du 4 pluviôse an XII (25 janvier 1804) sur les dons et legs faits aux hôpitaux et qui n'excèdent pas la somme de 300 francs, est déclaré commun aux fabriques, aux établissement d'instruction publique et aux communes.

Art. 2. En conséquence, les administrateurs des établissements d'instruction publique et les maires des communes, tant pour les communes que pour les fabriques, sont autorisés à accepter lesdits legs et dons sur la simple autorisation des sous-préfets [1], sans préjudice de l'approbation de l'évêque diocésain, dans les cas où ils seraient faits à la charge de service religieux [2].

Art. 3. Chaque année, le tableau de ces dons et legs sera envoyé par les préfets à notre ministre de l'intérieur, qui en formera un tableau général, lequel nous sera soumis dans le cours du mois de janvier et sera publié [3].

A Saxe-Weimar, toute acquisition provenant d'une libéralité doit être autorisée par le gouvernement (édit du 7 octobre 1823, § 23). Sur les restrictions faites à Altenbourg, voyez la constitution, § 60 ; à Meiningen, la constitution, § 35 ; à Cobourg-Gotha, constitution, § 52.

Dans l'Oldenbourg, il n'y a pas de lois d'amortissement.

En France, toutes les donations faites à l'Église doivent être approuvées par l'État ; les préfets peuvent donner l'autorisation quand la somme n'excède pas 30 fr. (loi du 2 avril 1819). Cependant, d'après la loi du 15 février 1862, ils peuvent, après avoir consulté l'évêque, autoriser les donations aux fabriques qui ne dépassent pas 1,000 fr. (Voyez *Archives*, t. XX, p. 456.) Voyez aussi, sur les conditions auxquelles les diocèses, les paroisses, etc., peuvent acquérir en France, ci-dessous, p. 627, note 2, à la fin ; Debg. *Ueber Schenkungen und Vermächtnisse un Kirchen im linksrheinischen Theile der preuss. Rheinprovinz*, Archives, t. XIX, p. 110, et la loi prussienne citée plus haut de 1860. Voyez, dans les *Archives*, t. VII, p. 371, la loi espagnole d'amortissement du 1er mai 1855.

[1] L'ordonnance du 2 avril 1817 défère ce pouvoir aux seuls préfets.

[2] Cette disposition est conservée par l'article 2 de l'ordonnance du 2 avril 1817.

[3] Consultez aussi l'ordonnance du 2 avril 1817, qui détermine les voies à suivre pour l'acceptation et l'emploi des dons et legs faits aux établissements ecclésiastiques et autres établissements d'utilité publique ; — la circulaire du ministre de l'intérieur sur l'interprétation de la loi du 2 janvier 1807 ; — l'ordonnance du 7 mai 1826, concernant les donations et legs ; — l'ordonnance du 14 janvier 1831 relative aux legs et donations ; — la circulaire du ministre de la justice et des cultes du 14 janvier 1831.

§ 169. 3. Le sujet des biens ecclésiastiques [1].

I. Le droit canonique détermine en termes précis à qui il appartient d'administrer et d'employer les biens de l'Église. Aussi, la question de savoir qui doit être considéré en théorie comme le sujet des biens ecclésiastiques est sans importance pratique. Sur cette question, le droit canon ne se prononce pas d'une manière directe. Au point de vue du développement historique qu'a pris le droit canon sur cette matière, comme au point de vue de la constitution de l'Église, du droit ecclésiastique et du droit commun, il faut dire ceci : chaque institution ecclésiastique se présente extérieurement comme sujet des biens ecclésiastiques, mais ce sujet n'est pas indépendant; les biens de l'Église, à raison du but spécial en vue duquel ils sont donnés, forment une branche particulière de la fortune totale de l'Église (une espèce de *peculium profectitium*), et c'est proprement l'Église dans sa totalité qui en est la propriétaire [2].

---

[1] J. Hergenrœther, *Würzburger katholischen Wochenschrift*, 1856, p. 113, 134, 150; Maas, *Ueber das Rechtssubject, die Vertretung, Verwaltung und Verwendung des Kirchen-, Schul-und Stiftungsvermœgens* (*Archives*, t. IV, p. 533, 644; t. V, p. 3); Schulte, *De rerum eccl. dominio*, Berol., 1851; le même, *Die juristische Persœnlichkeit*, etc.; voyez ci-dessus § 168, p. 520, note 1; Bernh. Hübler, *Der Eigenthümer des Kirchenguts. Eine civilistische Antwort auf eine canonistische Frage*, Leipzig, 1868; Henr. v. Poschinger, *Der Eigenthümer am Kirchenvermœgen mit Einschluss der h. und geweihten Sachen dargestellt auf Grund der Geschichte des Kirchenguts und des katholischen und protestantischen Kirchenrechtes*, Munich, 1871.
Contre ces trois derniers ouvrages et sur toute la question, voyez Hirschel, *Archives*, t. XXXIV, p. 33, 259; t. XXXV, p. 38 (ce dernier article regarde surtout les prétentions des vieux-catholiques sur les églises et les biens d'église). Hübler, *op. cit.*, prétend que la question de savoir si l'Église est capable d'acquérir et quel est dans l'Église le vrai propriétaire des biens ecclésiastiques dépend exclusivement du droit privé qui est en vigueur dans l'État, par conséquent qu'il n'y a pas à tenir compte de la constitution de l'Église et de son organisation. Voyez ci-dessus § 167.

[2] Deux principales opinions sont en présence : l'une prétend que chaque institution ecclésiastique est le sujet de la fortune de l'Église; l'autre, que c'est l'Église même. La première est soutenue par Schulte, *op. cit.*; Richter, *Droit eccl.*, § 302; Walter, § 251, 14e, 9e-12e éditions, Poschinger, etc. La seconde, par Évelt, Hergenrœther, Maas, Hirschel, Philips, *Manuel*, § 207.
Hirschel (*Archives*, t. XXXIV, p. 259) a longuement démontré cette dernière opinion, la seule qui réponde à la constitution de l'Église. Elle

Les différentes stations du fisc, dans le droit romain, offrent quelque chose d'analogue[1] : elles étaient indépendantes, bien que toutes ne fussent que des divisions du seul et même fisc de l'État. De même que l'Église et l'État, la commune civile et la paroisse sont choses essentiellement distinctes, et on ne saurait dire que les biens de l'Église sont la propriété de l'État ou de la commune civile[2].

n'est nullement contredite par les dispositions de Constantin et autres empereurs chrétiens subséquents; car il est évident que par *corpus christianorum*, il entendaient la société des fidèles dans le sens où les fidèles l'entendaient eux-mêmes; l'Église universelle, telle qu'elle allait bientôt paraître au concile de Nicée (325) dans son unité visible.

On ne peut pas non plus conclure des passages où les empereurs ne parlent que de donations faites à des églises particulières, qu'ils aient voulu leur attribuer une propriété indépendante et concevoir ces églises autrement que comme des membres subordonnés au tout.

Tous les textes, toutes les dispositions du droit canon relatifs aux biens ecclésiastiques appuient le sentiment selon lequel l'Église universelle en est le sujet.

En Autriche, en Bavière et en Saxe, la loi civile adopte la théorie selon laquelle chaque institution ecclésiastique est le sujet des biens d'église; la Prusse, le Wurtemberg (voyez, sur les biens de l'Église catholique dans le Wurtemberg, Vogt, *Archives*, t. IX, p. 37) et la Suisse, se plaçant au point de vue protestant, font de la commune ecclésiastique la propriétaire de ces biens.

Cette dernière opinion, émise pour la première fois par Sarpi, *Traité des bénéfices*, art. 21, q. 2, a été développée par J.-H. Bœhmer, sect. 5, cap. II, § 9, et défendue surtout par Savigny, *Système du droit actuel*, t. II, p. 264 (en allem.). Walter lui-même, marchant sur les traces de Sauter *Fundam. jur. eccl.*, part. V, § 834, l'avait enseignée jusqu'à la 9ᵉ édit. de son Manuel. — Voyez sur cette opinion, Schulte, *loc. cit.*, p. 9 et seq.; *Droit eccl.*, t. II, p. 478; ci-dessus, Maas, IV, p. 663; Hübler, p. 78; de Poschinger, p. 275 et suiv.

[1] Voyez Vering, *Pandectes*, 4ᵉ édit., § 219, p. 747.

[2] On a attribué à l'État un droit de haut domaine sur les biens de l'Église. (Voyez tome Iᵉʳ, § 35, p. 142; Eybel, *Introductio in jus eccl. cathol.*, t. II, lib II, cap. IV; Glück, *Erläuterung der Pandekten*, t. II, p. 481.) — L'opinion suivant laquelle les communes civiles seraient propriétaires de ces biens a été principalement soutenue en France pendant la Révolution (avis du conseil d'État du 2 pluviôse an XIII, 22 janvier 1805). Pendant la Révolution française, tous les biens d'église furent déclarés propriété nationale (loi du 2-4 novembre 1789), y compris les biens des fabriques et les fondations de messes des églises particulières (décret du 13 brumaire an II, 3 novembre 1793); les édifices seuls furent laissés provisoirement aux communes pour l'office divin (loi du 11 prairial an VIII, 30 mai 1795; décret des consuls du 7 nivôse an VIII, 30 décembre 1799, et 2 pluviôse an VIII, 22 janvier 1800).

Après la conclusion du concordat, on rendit définitivement à l'Église

ADDITION DU TRADUCTEUR.

Arrêté relatif aux biens des fabriques.

An xi, 7 thermidor. — Art. 1ᵉʳ. Les biens des fabriques non aliénés, ainsi que les rentes dont elles jouissaient, et dont le transfert n'a pas été fait, sont rendus à leur destination.

les édifices religieux, ainsi que les presbytères et les jardins non encore aliénés; on prescrivit le rétablissement des fabriques pour l'entretien du service divin et des édifices religieux (articles organiques du 18 germinal an x, 8 avril 1802, art. 72, 75, 76), et on restitua peu à peu dans ce but les biens des fabriques et les fondations de messes non encore aliénés (décret du 7 thermidor an xi, 26 juillet 1803; du 28 frimaire an xii, 20 décembre 1803; décret impérial du 25 ventôse et du 28 messidor an. xiii, 6 mars et 7 juillet 1805; du 30 mai et du 31 juillet 1806, du 17 mars 1809, du 18 novembre 1810).

Dans les pays allemands situés sur la rive gauche du Rhin, dès que ces pays furent occupés par les Français, les biens d'église furent aussi placés sous l'administration de la France, par ordonnances des commissaires (décret des consuls du 29 prairial an x, 9 juillet 1802.)

Cependant, dans les pays situés sur la rive gauche du Rhin incorporés à la république française, les institutions ecclésiastiques, les évêchés, les chapitres, les séminaires ne furent pas supprimés, suivant ce qui avait eu lieu en France; il ne fut pas nécessaire de les rétablir, mais seulement de les conserver quand il fallut exécuter le concordat et les articles organiques (voyez Bauerband, *Theol. Liter. Blatt*, 1869, p. 858; Walter, *Droit eccl.*, § 250).

Les biens restitués à l'Église par décrets du gouvernement lui furent rendus à titre de propriété et non en usufruit, ainsi que l'ont déclaré la cour de cassation de Darmstadt et récemment le gouvernement prussien. Il est vrai que le projet de décret de la France relatif aux fabriques portait d'abord que l'Église n'en recevrait que l'usufruit, mais cette restriction a été rayée du décret (voyez Huffer, *Forschungen auf dem Gebiete des französischen und rheinischen Kirchenrechts*, Munster, 1863, p. 60; ce qui prouve évidemment qu'on a abandonné cette opinion. Il est vrai encore que le décret sur les fabriques chargeait le maire de représenter la commune civile dans les fabriques, mais cela vient de ce que les bâtiments religieux étaient au compte des communes; cette charge leur était imposée parce que la Révolution avait absorbé les fonds de l'Église. On n'en peut pas conclure que les fabriques des églises soient des institutions communales; autrement on n'aurait pas eu besoin de créer des fabriques spéciales et des conseillers de fabrique; il aurait suffi de remettre toute l'administration des biens d'église aux autorités de la commune.

Le fait suivant, rapporté par la *Gazette populaire de Cologne*, 1876, n. 83, III, supplém., montrera comment procèdent les autorités prussiennes dans ce qu'on appelle le *Culturkampf*. Il s'agit d'une disposition prise par le premier président de la province du Haut-Rhin : « Le gouvernement part de cette idée que les biens dotaux des paroisses de la rive gauche du Rhin confisqués par le gouvernement français, et qui ont été restitués par décrets impériaux du 5 nivôse an xiii et du 7 mars 1806 (Hermens, t. II, p. 340; t. III, p. 237), sont demeurés la propriété de

Art. 2. Les biens de fabrique des églises supprimées seront réunis à ceux des églises conservées, et dans l'arrondissement desquelles ils se trouvent.

l'État, lequel, dans cette restitution, n'a aliéné que l'usufruit. Ces biens sont donc soumis aux dispositions de la loi de la présente. » (Cette loi porte que les « subventions formées avec les ressources de l'État » seront supprimées pour les évêchés et les ecclésiastiques romains catholiques jusqu'à ce que ces évêques et ces ecclésiastiques aient reconnu les lois de mai.)

Le décret impérial du 5 nivôse an XIII (reproduit dans Hermens, t. III, p. 237) ne se rapporte qu'au diocèse de Trèves, et seulement aux biens appelés « bouvereaux; » il ne s'agit point des biens dotaux des paroisses. Il ne regarderait donc pas le diocèse d'Aix-la-Chapelle (qui s'étendait jusqu'au Rhin et comprenait les deux départements de Roer et de Rhin-Moselle), et il ne s'appliquerait que partiellement au diocèse de Trèves.

L'autre décret du 5 nivôse an XIII, sur lequel le premier président prussien appuyait la confiscation des biens dotaux des paroisses, ne parlait que du traitement assigné par exception aux aides et aux vicaires. Les quatre articles du décret du 7 mars 1806 disent le contraire de ce que leur fait dire le premier président. L'article 1er est ainsi conçu : « Les curés et les vicaires du diocèse d'Aix-la-Chapelle sont maintenus dans la jouissance des biens non aliénés qui servaient autrefois à la dotation des curés et des vicaires de ce diocèse; ils en jouiront de la même manière qu'ils en ont joui précédemment. » Ce mot « précédemment » doit évidemment s'entendre de l'époque antérieure à la sécularisation, et non de l'époque qui a précédé immédiatement le jour du décret du 7 mars 1806; car depuis la sécularisation jusqu'à leur suppression, ces biens ne servaient pas à la dotation des curés, mais aux fins de l'État.

Avant la sécularisation, les curés jouissaient de ces biens en ce sens que l'État ne revendiquait sur eux aucun droit de propriété. Ainsi, quand il est dit à l'article 1er de ce décret que les curés sont maintenus dans la jouissance de ces biens, qu'ils en jouiront comme autrefois, cela veut dire que l'État a renoncé à la propriété qu'il avait usurpée en sécularisant ces biens et qu'il les a pleinement restitués à l'Église, quand il ne les avait pas encore vendus. Les trois articles de ce décret du 7 mars 1806 portent que le revenu net est établi et sera imputé sur la dotation de l'État.

Le premier président peut donc encore moins les invoquer. Pour étayer son opinion, il a certainement traduit le mot « jouissance » par usufruit et attaché à ce terme un sens que le législateur ne pouvait y attacher, d'après le contexte de l'article 1er et la signification naturelle du mot jouissance.

La notion juridique de *Niessbrauch*, par opposition à propriété, les Français l'expriment par le mot « usufruit, » tandis que « jouissance » désigne l'usage et la jouissance qui appartiennent au propriétaire (voyez la critique de l'ordonnance du premier président dans la *Gazette populaire de Cologne*, 1876, n. 87, 2e supplém.).

Une preuve que le mot « jouissance » ne désigne que l'usage paisible d'un droit, que cette jouissance découle d'un droit de propriété ou d'un droit d'usufruit, c'est qu'après la première confiscation des biens d'église dans les départements du Rhin, l'an IV de la glorieuse république française, le général Hoche disait, dans son arrêté du 16 prairial an V, art. 5 :

Art. 3. Ces biens seront administrés dans la forme particulière aux biens communaux, par trois marguilliers que nommera le préfet, sur une liste double présentée par le maire et le curé ou desservant. »

« Le clergé est rétabli dans la jouissance de tout ce qui lui appartient en propre ou à titre d'usufruit, » expression qui désigne avec plus d'exactitude celle qui fut employée lors du second rétablissement : « de la même manière qu'ils en ont joui précédemment. » (Voyez *Gazette populaire de Cologne*, 1876, n. 88, 2e supplém.)

Un décret du préfet du département de Rhin-et-Moselle, daté de Coblentz le 29 septembre 1810, où il s'agit des biens paroissiaux, contient deux fois cette phrase : « Le décret impérial du 7 mars 1806 a remis les curés et succursalistes de (l'ancien) diocèse d'Aix-la-Chapelle en possession et jouissance des revenus des biens dotaux de leurs paroisses, » et il répète encore plus loin que « le curé est remis en fait en possession et jouissance des biens dotaux. » Cette expression marque plutôt la restitution d'une propriété que celle d'un simple usufruit.

D'après une lettre du ministère des finances en Prusse (Berlin, 18 décembre 1828), le gouvernement prussien était lui-même convaincu que les décrets de la France avaient restitué à l'Église la propriété de ses biens (voyez *Germania*, 1876, n. 78, la reproduction d'un article de la *Gazette de Coblentz*). L'idée que les communes civiles sont devenues, d'après le droit français, propriétaires des biens d'église, n'a été de nos jours adoptée en Allemagne que par la cour de cassation hessoise, du 5 avril 1853, 28 juin 1859, 26 mai 1873, et partiellement par le haut tribunal prussien, le 19 mai 1869.

Voyez l'ouvrage signalé dans les *Archives*, t. XI, p. 461 : *Das Eigenthum an katholischen Kirchen und deren Zubehœrungen in den vormaligen sogen. vier neuen Departementen Frankreichs, insbesondere in Rhein-Hessen, besonderer Abdruck eines über diese Materie am 28 Juni 1859 ergangenen Urtheils*, Darmstadt, 1859 ; Hirschel, *Archives*, t. XXXII, p. 33, et le jugement du tribunal prussien, *Archives*, t. X, p. 265, t. XI, p. 1 et suivantes.

Le sentiment général, en France comme en Allemagne, est que les décrets du gouvernement français ont rendu à l'Église elle-même la propriété des biens ecclésiastiques restitués. Voyez les ouvrages et les sentences de tribunaux cités par nous dans les *Archives*, t. IV, p. 309, 465 ; t. V, p. 291 ; t. XI, p. 457 ; t. VIII, p. 146.

Voyez notamment Affre, *Traité de la propriété des biens ecclésiastiques*, et *Traité de l'administration temporelle des paroisses* ; Gaudry, *Traité de la législation des cultes et spécialement du culte catholique, ou de l'origine, du développement et de l'état actuel du droit ecclésiastique en France*. Paris et Troyes, 1854, 3 vol., t. II, p. 472 ; t. III, p. 361 ; Longard, *Die Sæcularisation des Kirchengutes*, Coblentz, 1856 ; J. Mooren, *Ueber Eigenthum und Benutzung der Kirchhœfe auf dem preussischen Gebiete des linken Rheinufers*, Cologne et Neuss, 1857 ; W. Maurer, *Ueber Eigenthum an Kirchen mit Dependenzen in den deutschen, vormals mit Frankreich vereinigten Gebieten*, etc., Darmstadt, 1858 ; Molitor, *Die Immunität des Doms zu Speyer*, Mayence, 1859 ; F.-W. Græff, *Das Eigenthum der katholischen Kirche an den ihrem Cultus gewidmeten Metrop.-, Kathedral- und Pfarrkirchen, nach den in Frankreich und in den übrigen Lændern des linken Rheinufers geltenden Gesetzen*, Trèves, 1859 ; le même, *Das Eigenthum an den Kirchhœfen nach den in Frankreich, etc., geltenden Gesetzen*, Trèves, 1860 ; E. de Sy, *Das die Kirchenfabriken betreffende Decret vom 30 December 1809*,

Art. 4. Le curé ou desservant aura voix consultative[1].

Art. 5. Les marguilliers nommeront parmi eux un caissier. Les comptes seront rendus en la même forme que ceux des dépenses communales.

Cologne, 1861; le même, *Das Decret über die Erhaltung und Verwaltung der Güter des Clerus vom 6 November 1813*, ibid., 1863; Hüsser, op. cit., p. 114; Heuser, *Archives*, t. X, p. 268, avec le jugement du haut tribunal de Berlin (19 mai 1863), réimprimé à part, Cologne, 1863; P. Reichensperger, *Das verfassungsmæssige Recht der Kirchen in Preussen* (*Archives*, t. XI, p. 1; voy. ibid., t. XV, p. 53; O. Saedt, *Die katholischen Kirchenfabriken des linken Rheinufers, deren Stellung zur Kirche, zum Staate und zur Gemeinde*, 2ᵉ éd., Cologne, 1865; Th. Regnier, *Plaidoyer in Sachen des bischœflichen Seminars zu Trier, die Jesuitenkirche betreffend, gegen die evangelische Kirchengemeinde daselbst, und der preussische Fiscus*, Trèves, 1856; J. Hirschel, *Das Eigenthum an den katholischen Kirchen nebst Zubbechœrung und der franzœsischen Gesetzgebung*, Mayence, 1867; le même, *Archives*, t. XXXII, p. 3; Schulte, *Juristische Persœnlichkeit*, p. 124, 139; v. Poschinger, p. 287; Bauerband, *Ueber das Eigenthum an den Kirchhœfen nach franzœsischem und rheinpreussischem Rechte* (*Archives*, t. IX, p. 279); le même, *Kœnnen nach franzœsischem und rheinpreussischem Rechte nur die Civilgemeinden Eigenthümer von Kirchhœfen sein?* (*Archiv.*, t. XVI, p. 447); le même, *Sind durch den Art. 49 der Verwaltugsordnung für das Grossherzogthum Baden vom 13 October 1807 die damals bereits bestehenden von den kirchlichen Gemeinden der verschiedenen christlichen Confessionen ausschliesslich besessenen Kirchhœfe diesen letzteren entzogen und in Eigenthum der Civilgemeinden verwandelt und dadurch zugleich die früheren usuellen Nutzungsrechte der resp. Pfarrei aufgehoben worden?* (*Archives*, t. XVII, p. 94); le même, *Ueber die Conclusion des Generalstaatsanwalts zu dem Urtheile des kœnigl. preuss. Obertribunals vom 11 Juni 1865 in Betreff der Autorisation der Kirchenfabriken zur Processführung*, ibid., p. 99; le même, *Ueber das Eigenthumssubject der Kirchhœfe und die Nothwendigkeit der Regierungsermæchtigung für die Kirchenfabrik zur Anstellung einer desfallsigen possessorischen Klage gegen die betreffende Civilgemeinde nach rhein.-franz. Rechte*, ibid., p. 333; Sœnens, *des Fabriques d'églises*, Louvain, 1862; Ducrocq, *des Églises et autres Édifices du culte catholique*, etc. (avec la jurisprudence du conseil d'État, de la cour de cassation, etc.), Paris, 1866; A.-J. V., vicaire général de Mᵍʳ l'évêque de Langres, *Manuel des conseils de fabrique*, nouvelle édit., Paris, Langres, Tournay (1872?); le même, *Dissertation sur la capacité civile des diocèses, des paroisses et des établissements diocésains et paroissiaux*, ibid.; le même, *de la Propriété et de l'Administration des biens ecclésiastiques en France et en Belgique*, ibid., 1872. Tandis qu'en France les communes ecclésiastiques et les fabriques qui les représentent sont considérées comme les sujets des biens d'église, le conseil d'État, depuis 1840, a formellement refusé de reconnaître la personnalité juridique des diocèses. Cependant, dans les séances du 30 avril, des 7 et 13 mai 1874, après une discussion approfondie, le conseil d'État français a adopté un avis qui reconnaissait la personnalité juridique des diocèses. (Voyez *Revue catholique des institutions et du droit*, Grenoble, juillet 1874, 2 vol., p. 85; *Archives*, t. XXXIII, p. 267.

[1] Aujourd'hui les curés ont voix délibérative.

Art. 6. Les ministres de l'intérieur et des finances sont chargés, chacun en ce qui le concerne, de l'exécution, etc.

Voyez la loi du 13 brumaire an II; décrets des 15 ventôse, 28 messidor et 22 fructidor an XIII; décrets des 30 mai, 31 juillet 1806; avis du conseil d'État du 9 décembre 1810; ordonnance du 28 mars 1820. — Un arrêté du 18 nivôse an XII, non inséré au Bulletin des lois, porte que « les différents biens, rentes et fondations chargés de messes anniversaires et services religieux, faisant partie des revenus des églises, sont compris dans les dispositions de l'arrêté du 7 thermidor an XI, et qu'à ce titre ils seront rendus à leur première destination. » (Décret du 30 décembre 1809, article 36, § 3; décision du ministre des finances du 6 août 1817. Voyez l'explication de ces divers documents, 1re part., tit. II, ch. 1er, art. 2.)

II. Bien que toutes les choses saintes, à raison même de leur destination, doivent être généralement considérées comme la propriété de l'Église, et qu'on ne puisse les mettre au même rang que les choses appartenant à des institutions privées ou laïques, cette règle souffre cependant des exceptions, que l'Église elle-même a établies. Les hôpitaux, les orphelinats, les écoles publiques et autres établissements de bienfaisance souvent ne sont pas la propriété de l'Église[1]; cependant, à raison des rapports qu'ils ont avec la religion, ils doivent être placés sous la surveillance des évêques, qui peuvent y autoriser la célébration du culte divin et notamment de la messe[2].

Les églises et les chapelles annexées à ces institutions, les cimetières, les ustensiles, les ornements sacrés, quoique consacrés ou bénits, et malgré leur qualité de choses saintes *(res sacræ)*, ne sont pas la propriété de l'Église; ils appartiennent à l'établissement, quand cet établissement a la capacité d'acquérir, ou à l'État, etc., quand l'établissement est à l'État.

Les chapelles instituées dans des maisons particulières, avec l'autorisation du Saint-Siége[3], demeurent, alors même qu'elles

---

[1] Conc. Trid., sess. XXII, cap. VIII, de ref.
[2] Conc. Trid., sess. XXII, de observ. et evitandis in celebratione missæ.
[3] Conc. Trident., *loc. cit.*; Clement. XI, lit. brev. ddo. 14 dec. 1703; Bened. XIV, const. magno cum ddo. 2 junii 1751, § 12. Voyez une dissertation sur les chapelles domestiques dans les *Analecta juris eccl.* (*Archives*, t. III, p. 501); Vandenesch, *Die Kapellen und Annexkirchen, ihre Errichtung und ihr Verhæltniss zur Hauptkirche auf dem linken Rheinufer*, Paderborn, 1874; cf. *Archives*, t. IX, p. 153. Sur les églises de couvent et leur organisation, voyez § 224.

sont bénites, une propriété privée [1], y compris les vases sacrés et les ornements. Il en est de même des choses qui, selon les prescriptions de l'Église, ont été bénites pour être possédées et employées par des personnes privées, quand même ce sont des laïques ; elles demeurent leur propriété, ainsi qu'il résulte de la formule même de bénédiction, notamment pour les rosaires, les crucifix, etc., les maisons, les navires, les chemins de fer [2], les animaux, les vivres [3], etc. Cependant, quoique ces choses bénites et consacrées *(res consecratæ et benedictæ)* appartiennent à des personnes privées, ecclésiastiques ou laïques, à des corporations, bien qu'elles puissent entrer dans le commerce civil, elles gardent toujours le caractère de choses bénites et consacrées. La consécration ecclésiastique leur confère un caractère religieux, et tant qu'elles ont ce caractère, on ne saurait leur attribuer dans le commerce une valeur appréciable à prix d'argent à cause de ce caractère ; on ne pourrait ni les acheter ni les vendre à un plus haut prix à raison de cette qualité, sans être coupable de simonie [4].

Il n'est pas permis non plus d'employer à un usage étranger ou directement contraire à leur caractère des choses saintes qui sont la propriété de personnes privées, de corporations ou d'établissements laïques [5], avant qu'elles aient été dépouillées de leur caractère religieux par la formule prescrite par l'Église (exécrées) [6].

[1] Fagnani, *Comment.* in lib. V Decret., tit. XXXIII, de privil., c. XXX, n. 16.

[2] Voyez dans les *Archives*, t. II, p. 512, la formule de bénédiction pour les chemins de fer et les bateaux à vapeur.

[3] Voyez le Rituel romain, *De benedict.*

[4] Voyez c. VIII, IX, XV, X, de simonia, V, 3.

[5] *Regula juris* 51, in VI° : « Semel Deo dicatum non est ad usus humanos ulterius transferendum. » Ainsi les particuliers ou les corporations locales ne peuvent pas, de leur propre chef, employer à des actions non catholiques, aux cérémonies du culte vieux-catholique, les choses saintes qui leur appartiennent, quand elles ont été dévouées au culte divin par une bénédiction ou consécration.
Voyez Hirschel, *Archives*, t. XXXIV, p. 340; cardinal Rauscher, *Ueber das Eindringen der sogenannten Altkutholiken in die Rathauskapelle zu St. Salvator in Wien*, 1871 (*Archives*, t. XXVIII, p. 29), et l'avis du professeur Bauerband, de Bonn, en 1871, sur la réponse négative faite aux néoprotestants de Bonn, demandant qu'on leur livrât la chapelle de la cour de cette ville (*ibid.*, p. 35).

[6] C. IV, X, de religiosis domibus, III, 36; c. III, X, de rer. permutat.,

L'Église, qui seule confère aux choses saintes leur caractère, peut seule aussi le leur enlever[1].

III. A la suite de la réforme du seizième siècle, l'Église catholique fut spoliée d'un nombre considérable de ses biens[2], et les restitutions faites par les souverains de quelques pays furent relativement peu importantes. Le traité de Westphalie avait décidé que la situation de fait qui existait dans l'année normale de 1624 serait maintenue en ce qui concerne les biens d'Église, entre catholiques et protestants[3]. Les lois civiles, les mesures politiques des princes, les contrats, laissèrent en plusieurs endroits les églises, les cloches, les cimetières[4] à l'usage simultané des catholiques et des protestants. Ce sont là, au point de vue ecclésiastique, des situations de pur fait, auxquelles l'Église s'accommode quand elle peut le faire sans porter une plus grave atteinte à ses droits et sans préjudicier aux intérêts religieux[5]. Comme cet ordre de choses repose uniquement sur le droit civil, les controverses juridiques qui s'y rapportent sont uniquement de son ressort[6]. La police se croit aussi autorisée, pour maintenir l'ordre, à prendre des mesures sur l'usage simultané des églises, jusqu'à ce que la controverse soit vidée par un accord amiable ou une sentence juridique[7].

IV. Le plus grand empiètement sur le droit de propriété de l'Église, ce sont les sécularisations entreprises par la seule autorité civile, notamment celles qui ont été faites au septième siècles par les rois mérovingiens dans l'empire des Francs; en Allemagne, celles qui ont été opérées par la réforme du seizième siècle, par le traité de Westphalie en 1648, par le congrès des

---

III, 19; Bœckhn, *Comment. in jus canon. universum*, lib. II, tit. XII, § 2, n. 55.

[1] Les précédentes remarques sont empruntées à Hirschel (*Archives*, t. XXXIV, p. 353).

[2] Voyez tome Ier, p. 136, 137. — [3] Voyez tome Ier, p. 137.

[4] Sur les cimetières, voyez ci-dessous § 226.

[5] Sur l'impossibilité d'admettre la simultanéité avec les vieux-catholiques, voyez ci-dessus p. 2, note, et Adams, *Anti-Reusch oder juristisches Urtheil über das theologische Eutachten des Herrn Reusch, betreffend das Verfahren deutscher Bischœfe bezüglich der den Altkatholiken zum Mitgebrauche eingeræumten Kirchen*, Ratisbonne, 1875.

[6] Voyez des cas intéressants rapportés dans les *Archives*, t. XII, p. 470; t. XVI, p. 310; t. XXII, p. 265; t. XXV, p. 1.

[7] Voyez le jugement de la cour prussienne sur un conflit de compétence (10 octobre 1863, *Archives*, t. XII, p. 470).

princes de l'empire en 1803, par la France pendant la révolution de 1789, et de nos jours par l'Espagne, l'Italie et indirectement par la Prusse et le duché de Bade[1]. Tous ces actes, l'Église les considère comme un attentat à ses droits, elle traite de sacrilége[2] tout détournement illégitime d'objets destinés à des fins religieuses et menace ceux qui s'en rendent coupables des peines portées sous l'ancienne loi contre ceux qui pillaient le temple[3]. C'est pourquoi, au point de vue de l'Église, toutes les ventes de biens ecclésiastiques étaient absolument invalides et quiconque les acquérait était tenu de restituer sous peine des censures de l'Église[4]. Déjà anciennement les promesses solennelles des rois[5], et de nos jours plusieurs traités non moins solennels, quelquefois des actes émanés des gouvernements qui ont entrepris des sécularisations sur une vaste échelle, des lois et des constitutions ont déclaré que les biens d'église encore existants seraient protégés contre tout empiètement[6].

---

[1] Nous voulons parler du projet daté du 28 novembre 1875 (adopté en 1876). Cf. *Erklærung des (Freiburger) erzb. Capitelsvicariats, den Gesetzentwurf über die Aufbesserung gering besoldeter Kirchendiener aus Staatsmitteln betreffend*, Fribourg, 1876; Zœpfl, *Staatszuschüsse oder kirchliches Umlagerecht ? Bemerkungen zu dem Grossherz. badischen Gesetzentwurfe, die Aufbesserung gering besoldeter Kirchendiener aus Staatsmitteln betreffend*, Fribourg, 1876. Voyez aussi *Archives*, t. XXXV, p. 389.

[2] Voyez ci-dessus § 159; c. xxi, § 2, C. 12, q. 2; c. iii eod.; c. i, vi eod.; Conc. Pist., an. 862, can. iv (Hardouin, *Concil.*, t. V, col. 565); Conc. Trolesj., an. 909, c. iv (Hardouin, *loc. cit.*, col. 513); Bened. XIV constit. *Ut primum*, an. 1744 (*Bullar. magn.*, t. XVI, p. 176.

[3] Cf. *Machab.*, iii, 7; ix, 5. Voyez aussi Spelman, *The History and fate of sacrilege, discover'd by examples of Scripture, of Heathens and of Christians; from beginning of the world continually to this day, in the year 1632*, London, 1698, 1846. Voyez Phillips, *Vermischte Schriften*, t. II, p. 384.

[4] C. xii, X, de reb. eccles. alien. v. non., III, 13.

[5] Pipin. Capit., an. 768, c. iii (Pertz, *M. G. H.*, t. IV, p. 13); Carol. M. Capit. (Anseg., I, 77; voyez c. lix, C. 59, C. 16, q. 1); Ludov. Capit., an. 817, c. i (Pertz, *loc. cit.*, t. III, p. 206). Voy. Walter, *Lehrbuch*, § 248, p. 558; c. xii, X, cit.

[6] *Instrumentum pacis Osnabrug.*, art. 5, §§ 7 et suiv.; actes du congrès des princes, en 1803, § 63; constitution bavaroise du 26 mai 1818, tit. iv, §§ 9, 10; concordat, art. 8; édit de religion, §§ 31, 44-49; constitution bavaroise du 22 août 1818, § 20; constitution wurtembergeoise du 25 septembre 1819, §§ 72, 82; constitution hessoise du 17 décembre 1820, §§ 43, 44; constitution de Saxe-Cobourg du 8 août 1821, §§ 29, 30; constitution de Saxe-Meiningen du 23 août 1829, art. 33; constitution d'Altenbourg du 29 avril 1831, § 155; constitution de Saxe du 4 septembre 1831, § 60; constitution de Prusse du 31 janvier 1850, art. 15 (supprimé en 1875);

V. Quand une institution ecclésiastique est supprimée, la confiscation de ses biens par l'État est également une sécularisation injuste ; car si ces biens ont perdu leur destination spéciale, ils gardent leur destination ecclésiastique générale, et, puisque l'Église catholique est reconnue comme telle, il convient de respecter le droit qui appartient au pape, en vertu de la constitution de l'Église, de disposer de ces biens en première instance [1].

§ 170. 4. Des objets qui composent la fortune de l'Église.

I. Les choses de l'Église se divisent en choses sacrées et en choses ecclésiastiques dans le sens rigoureux. Les choses ecclésiastiques sont les fonds qui servent à l'entretien des édifices religieux et des ministres de l'Église, les édifices qui appartiennent à l'Église et les biens-fonds situés en dehors du temple et du cimetière.

II. Les choses sacrées sont des objets spécialement destinés au culte par une bénédiction ou consécration [2], comme les vêtements sacrés, les cloches [3], les tabernacles, les ostensoirs,

---

constitution de Waldeck du 17 août 1852, § 43 ; concordat autrichien, art. 29 ; loi fondamentale du 21 décembre 1867, art. 15 ; constitution d'Oldenbourg, art. 80 ; concordat français, art. 12, articles organiques, 75.

[1] La congrégation du concile, *in causa Toletana* (*Thesaur. resolut.*, t. I, p. 54), a décidé que les biens des couvents supprimés, etc., appartenaient au Saint-Siège, et que c'était à lui d'en disposer. Voyez Krabbe, *Wem steht das Eigenthum der vormaligen Jesuitengüter, beziehungsweise das Recht zu, sie zu verwalten und zu den stiftunhsmæssigen Zwecken zu verwenden?* Munster, 1855 ; W. Ullrich, *Ueber die rechtliche Natur der aus dem Vermœgen aufgehobener Stifter gebildeten Kirch.-Schul-Fonds und das droit d'épave unter Mittheilung zweier Erkenntnisse des kœnigl. sæchs. Oberappellationsgerichts als Compromiss-Gerichtshofes in Sachen Preussens wider Sachsen-Weimar* (*Archives*, t. XI, p. 93).

[2] Voyez sur les cérémonies de la consécration et de la bénédiction, *Archives*, t. II, p. 201.

[3] Sur la propriété, l'achat des cloches, le droit d'en disposer, l'obligation qui incombe au patron de les réparer, *Archives*, t. VIII, p. 23 ; sur la bénédiction des cloches, *Archives*, t. II, p. 222. Une ordonnance de l'official de Trèves du 11 février 1853 explique ainsi le droit en vigueur relativement aux cloches de l'Église catholique : « D'après les principes du droit canon, ainsi que d'après la loi française basée sur le droit canon (et valable sur la rive gauche du Rhin prussien), voici les dispositions qu'il faut maintenir en ce qui regarde les cloches de l'Église catholique :

les cimetières¹, puis les choses consacrées, comme les autels², le calice, la patène et les églises mêmes³. On se contente souvent d'une bénédiction provisoire.

a. Les cloches bénites par l'Église sont la propriété exclusive des églises où elles se trouvent, alors même qu'elles ont été procurées par la commune civile. *b.* Les cloches non bénites ne doivent pas être suspendues dans les clochers des églises catholiques, et l'évêque a le droit de les faire disparaître. *c.* Le curé seul a le droit de garder les clefs du clocher.

d. L'usage des cloches n'est généralement permis que pour les fins du culte catholique. Elle ne doivent pas servir à un autre culte, ni pour une solennité religieuse à laquelle l'Église ne peut participer par ses prières et ses bénédictions. *e.* La sonnerie des cloches employée çà et là de temps immémorial doit être maintenue, mais sans préjudice du droit qu'a l'évêque de la supprimer en cas d'inconvénients graves.

f. Sont également exclus de la règle ci-dessus tous les cas de nécessité publique extraordinaire, par exemple dans un péril général et lorsqu'il est besoin d'un prompt secours, etc. *g.* Dans tous les cas où l'on désire que les cloches soient sonnées contre la règle, et lorsqu'il n'existe aucune des exceptions générales indiquées ci-dessus, il faut l'autorisation de l'évêque. *h.* Les présentes dispositions ne sauraient évidemment s'appliquer aux cultes simultanés. — Sur la sonnerie des cloches en temps d'orage et sur la rétribution en Autriche, voyez *Archives*, t. XXV, p. 302; t. XXVIII, p. 57. Sur le droit de disposer de l'usage des cloches en Autriche, voyez *Archives*, t. XXXII, p. 445.

¹ Voyez ci-dessous § 225.
² Sur la consécration des autels, voyez Bingham, *Orig. eccles.*, lib. VIII, c. VI (t. III, p. 220); Selvaggio, *Antiq.*, lib. II, part. I, cap. II, § 6. Voyez aussi Giraldi, *Expositio jur. pontif.*, p. 417. Les autels portatifs doivent aussi être consacrés par l'évêque (c. XXXII, d. 1, de consecr., c. IV, d. 1; c. XXV, d. 1, de consecratione; c. V, X, de consecr. eccles.). Les prêtres ont besoin, pour consacrer un autel, d'un privilége spécial du pape. Voyez Schmalzgrueber, *Jus eccl. univ.*, l. III, tit. XL, n. 38; Bened. XIV, *De synodo diœc.*, III, cap. VIII, n. 2, lib. XIII; c. XV, n. 2. Un autel consacré est profané par l'effusion du sang ou l'impudicité. L'autel est exécré (c. I, X, h. t.; c. III, VI eod.) quand il est brisé, que le sceau est entamé de quelque manière, ou que l'autel, quand il n'est pas portatif, est séparé de sa base, c. XIX, d. 1, de consecr.; c. I, X, h. t.; Schmalzgrueber, *loc. cit.*, n. 44. Quand un autel est exécré, il faut le consacrer de nouveau, mais non l'église où il se trouve (c. un., h. t., in VI°). Sur la consécration des autels, voyez *Archives*, t. II, p. 201, 241.
³ Le calice et la patène doivent être consacrés par l'évêque (c. un. in VI°), à moins qu'un prêtre n'ait un privilége du pape. Cf. Schmalzgrueber, *loc. cit.*, n. 50 et suiv.; Benoît XIV, *loc. cit.*, lib. XIII, c. XVI, n° 12. Le calice et la patène ne peuvent être ni en bois, ni en verre, ni en os, ni en cristal, ni en bronze, ni en cuivre, ni en plomb (c. XLIV, XLV, d. 1, *de consecr.*). Pie IX cependant a autorisé sous certaines conditions des calices et des patènes où l'aluminium est mélangé avec d'autres métaux. Voyez le décret du 6 décembre 1866, dans la *Revue des sciences ecclésiastiques*, t. XVII, p. 539, et le décret de la Congrégation des rites

ADDITION DU TRADUCTEUR.

La bénédiction des cloches n'appartient qu'à l'évêque, mais il peut la confier à un prêtre. Cependant plusieurs canonistes, tels que Reiffenstuel, Barbosa, Marc-Antoine, enseignent qu'elle est tellement réservée aux évêques qu'elle ne peut être commise à un prêtre, parce qu'on emploie le saint-chrême, *quia in consecratione intervenit unctio*. Ils concluent que le simple prêtre a besoin d'un indult du souverain pontife. L'usage contraire a prévalu en France.

La Congrégation des rites (17 septembre 1822) a décidé qu'on ne doit point baptiser la cloche ou timbre de l'horloge, à moins qu'elle ne serve en même temps pour convoquer les fidèles au service divin.

La Congrégation des évêques et des réguliers a déclaré plusieurs fois qu'on ne devait employer les cloches à des usages profanes que dans un cas de nécessité et avec le consentement interprétatif de l'évêque, par exemple pour sonner le tocsin.

Le concordat de 1801 a remis en vigueur les anciens canons reçus en France, quand ces canons ne sont pas en opposition avec les lois civiles et politiques, ainsi qu'il résulte de plusieurs arrêts de la cour royale et de la cour de cassation. Ainsi, les prescriptions relatives aux cloches, reçues autrefois en France et appliquées par les parlements, doivent encore être suivies depuis la loi du 18 germinal an x. Cette loi porte, art. 48 : « L'évêque se concertera avec le préfet pour régler la manière d'appeler les fidèles au service divin par le son des cloches. On ne pourra les sonner pour toute autre chose sans la permission de la police locale. »

La chambre des députés a approuvé cette disposition par une décision du 1er juillet 1837, ainsi conçue : 1º La destination spéciale des cloches est d'annoncer les cérémonies du culte catholique ; 2º elle ne peuvent être employées à un autre usage, par l'autorité locale, que dans quelques cas exceptionnels d'utilité publique et communale ; 3º elles ne doivent pas être sonnées pour un enterrement, quand la cérémonie religieuse n'a pas lieu[1].

III. Régulièrement, les choses sacrées et bénites sont, à raison de leur destination, une propriété ecclésiastique ; dans le doute on les considère comme telles. Cependant elles peuvent être aussi une propriété privée, et elles sont hors du commerce en ce sens seulement que leur caractère sacré ne peut être estimé

---

du 20 mars 1875, dans *Regensburger Ord.-Blatt*, 1875, n. 71, p. 169 ; sur la bénédiction des calices, voyez aussi *Archives*, t. II, p. 213.

Sur la consécration des églises, voyez le n. IV du présent paragraphe.

[1] Voyez l'abbé André, *Droit eccl.*, art. *Cloches*.

à prix d'argent et que le particulier qui les possède n'a pas le droit d'en faire un usage contraire à leur caractère religieux[1]. C'est aussi en vertu de ce caractère sacré que toute profanation qu'on en fait est sévèrement punie[2]. Les lieux saints : églises, autels, cimetières, sont également placés sous la protection des lois ecclésiastiques[3].

A cette « immunité locale » se rattache le droit d'asile, selon lequel les criminels eux-mêmes qui se réfugiaient près de l'autel d'une église ou dans un cimetière, jouissaient d'une certaine protection[4]. Ils n'étaient livrés que sous la condition qu'ils ne seraient ni mis à mort ni mutilés. Depuis la fin du dernier siècle, ce droit d'asile a été supprimé presque partout par la législation civile[5]. La législation ultérieure de l'Église a également refusé le bienfait de l'asile à une multitude de criminels[6]. Cependant l'Église sauvegarde ce droit, même dans le temps présent, partout où elle le peut, surtout par des moyens ecclésiastiques[7].

---

[1] Voyez dans le paragraphe précédent, n° II; X, III, 59; in VI°, III, 23, de immunitate ecclesiarum, cœmeterii et rerum ad eas pertinentium.

[2] Voyez ci-dessus § 159.

[3] Voyez *Genes.*, XXVIII, 17; *Exod.*, III, 5; III *Rois*, IX, 3, etc.; *Matth.*, XXI, 12, 13. Sur les marques de respect qu'on rendait à l'Église dans les premiers temps du christianisme, voyez Devoti, *Instit. jur. can.*, lib. II, tit. VII, sect. 2, § 23.

[4] C. VI, C. 17, q. 4.

[5] Zech, *De benignitate moderata Eccles. romanæ in criminosos ad se confugientes*, Ingolst., 1761, et dans Schmidt, *Thesaurus jur. eccl.*, t. V, p. 328 et suiv.; *Preussisch. Landrecht*, II, 11, § 175; ordonnance wurtembergeoise du 28 mai 1804; édit de Weimar du 7 octobre 1823, § 10; mandat saxon du 19 février 1827, § 36.

En Autriche, Ferdinand III a limité le droit d'asile par des ordonnances. Le 7 décembre 1875, il était encore partiellement reconnu; mais plus tard il a été considéré comme aboli. L'article 15 du concordat portait que l'immunité ecclésiastique serait maintenue autant que possible. En Bavière, il a été tacitement supprimé par les nouvelles lois pénales, et en Sardaigne par la loi du 9 avril 1875.

[6] C. VI, C. 17, q. 4 (Nicolaus II, 1059); c. v, vi, x, X, de immunitate eccl., III, 48; c. I, X, de homicidio, V, 12; c. I, in VI°, h. t., V, 4. Sur la législation moderne, voyez Zech, *loc. cit.*, p. 340; Bened. XIV, *De syn. diœc.*, lib. XIII, cap. XVIII, et *Instit.* XLI, p. 285, édition d'Ingolstadt, 1751.

[7] Voyez concordat autrichien, *loc. cit.* La constitution *Apostolicæ Sedis* de 1869 déclare que ceux qui commandent de violer le droit d'asile ou qui le violent eux-mêmes encourent l'excommunication *latæ sententiæ* simplement réservée au pape.

IV. La fondation d'une église est subordonnée à l'approbation du pape ou de l'évêque, suivant que le lieu où l'église doit être bâtie est ou n'est pas exempt [1]. L'évêque ne peut refuser son consentement à la construction d'une église que pour des raisons suffisantes [2]. Il y aurait motif suffisant si, par exemple, l'église n'était pas convenablement dotée [3]. Des raisons décisives pour approuver la construction d'une église sont la trop grande distance où plusieurs paroissiens seraient de l'église paroissiale, ou les graves dangers qu'offrirait le chemin à parcourir [4]. « La reconstruction, l'amélioration, l'agrandissement, etc., des églises paroissiales sont choses purement ecclésiastiques et indépendantes du gouvernement ou de la commune, sauf en ce qui regarde les mesures de police relatives à la construction [5]. » La consécration d'une église faite par un autre que l'évêque diocésain est valide, mais punissable [6]. La consécration

---

[1] C. IV, in VI°, de privil., V, 7; cf. Conc. Chalced., c. IV, X, C. 18, q. 2; c. XLIV, C. 16, q. 1.

[2] Voyez Schmalzgrueber, *Jus eccles. univ.*, lib. II, tit. XLVIII, n. 6.

[3] C. IX, d. 1, de consecr. (Julian. epitome nov.); c. VIII, X, de consecr. eccles., c. XXVI, C. 16, q. 7; c. X, d. 1, de consecr. Les sources indiquent comme motifs suffisants de refus de la part de l'évêque une pensée de lucre ou le préjudice qui résulterait pour une autre église (c. XLIV, C. 16, q. 1; c. XLIII, ibid.; c. II, X, de eccles. ædific.; c. I, X, de novi operis denuntiatione, V, 32).

[4] C. III, X, de eccles. ædific.; Conc. Trid., sess. XXI, cap. IV, de ref.

[5] Le texte placé entre guillemets est littéralement extrait de *Lehrbuch*, éd. 3, § 83, n. IV, p. 550, de Schulte. — Voyez pour l'Autriche les articles 34 et 35 du concordat, l'arrêté ministériel du 25 janvier 1856. Les lois des différentes provinces de la couronne contiennent en substance les mêmes dispositions en ce qui concerne l'entretien des édifices religieux; voyez ci-dessous § 177. Voyez aussi le concile provincial de Vienne, t. IV, c. II, le concile provincial de Prague, t. V, c. II.

Pour la Prusse, voyez l'article 15 de la constitution aujourd'hui supprimée et le rescrit du ministre des cultes du 15 août 1864 (*Archives*, t. XV, p. 29); pour Bade, la première loi du 9 octobre 1860, § 7; l'arrêté du ministre de l'intérieur du 10 mai 1861, et l'ordonnance archiépiscopale du 4 juillet 1861 (*Archives*, t. VII, p. 121). Pour la Bavière, voy. l'arrêté du 8 avril 1852, § 7, et l'arrêté ministériel du 3 juillet 1866 (*Archives*, t. XVI, p. 393).

[6] C. XXVIII, C. 7, q. 1; Conc. Trid., sess. VI, cap. VII, de ref.; Phillips, *Lehrbuch*, § 210. La consécration et la bénédiction de la première pierre par l'évêque diocésain doivent se faire selon le Pontifical romain (*Pontificale rom.*, part. II, de benedictione et impositione primarii lapidis pro ecclesia ædificanda; de ecclesiæ dedicatione seu consecratione).

d'une église ne doit pas être réitérée[1], à moins que l'église ne soit exécrée, par exemple à la suite d'une dégradation des murs ou d'un écroulement à l'intérieur[2]. L'église doit être, non pas consacrée de nouveau, mais réconciliée, quand elle a été souillée (*pollutio*) par l'effusion du sang, le meurtre, l'impudicité ou par la sépulture d'un excommunié[3]. Une église ne doit être employée qu'à des usages ecclésiastiques ou à des usages en rapport avec des fins ecclésiastiques. Dans les cas douteux, le curé ou le chef de l'église doit demander la décision de l'évêque[4].

§ 171. 5. Administration et emploi des biens ecclésiastiques[5].

I. Dans les premiers temps de l'Église, les apôtres faisaient administrer les biens ecclésiastiques par des diacres. Depuis le

---

[1] C. xx, d. 1, de consecr.; c. iii, d. 68.

[2] Voyez can. xx, cit.; Schmalzgrueber, *loc. cit.*, tit. xl, n. 23. L'écroulement du toit ne nécessite pas une nouvelle consécration (c. vi, X, de consecr. eccles., III, 40).

[3] L'Église n'est point polluée par la sépulture d'un excommunié qui n'est pas nommément dénoncé, ni par celle d'un suicide, d'un duelliste ou de tout autre pécheur public mort dans l'impénitence finale. Autre chose, dit le cardinal Gousset, est d'être indigne des honneurs de la sépulture et autre chose que la sépulture de celui qui en est indigne profane le lieu saint. On doit, en ces matières, s'en tenir à la lettre de la loi. (*Note du trad.*) — Cf. c. iv, X, h. t., c. ix, eod. Quand une église s'écroule et que les autels demeurent intacts, ils ne sont pas exécrés; tandis que la pollution de l'église entraîne celle des autels et du cimetière adjacent. Cf. Schmalzgrueber, *loc. cit.*, n. 47, c. un., h. t., in VI°, III, 21, iv, vi, 10, X, h. t., iii, 40.

[4] Voyez les ordonnances des évêques et les décision du Saint-Siège dans les *Archives*, t. VIII, p. 153, et pour un cas survenu à Fribourg en Brisgau (*Archives*, t. IX, p. 426), la sentence de la cour d'appel de Cassel, 13 novembre 1849, *Archiv für praktische Rechtswissenschaft*, 1852, liv. 1; concile provincial de Prague, tit. v, c. ii. Voyez des dispositions analogues dans Vogt, *Preussisches Kirchenrecht*, t. I, p. 213 (où se trouve une ordonnance pour l'Église protestante en Prusse).

[5] Voyez Thomassin, *Vetus et nova Ecclesiæ disciplina*, part. III, lib. II; Probst, *l'Administration des biens d'église dans les trois premiers siècles*, en allem. (*Revue de Tubingue*, 1872, t. LIV, p. 383); Paul Wollmann, *Diss. inaug. de provisoribus eccles. secundum jus canonicum*, Vratislav., 1863. Voyez les ouvrages cités plus haut § 169, surtout en ce qui regarde la jurisprudence française, p. 630, note; Loberschiner, *Die Kirchenvermœgen ober die gesetzliche Art der Erwerbung und Verwaltung des Gotteshaus-und Pfründenvermœgens auf Grundlage des œsterreichischen Concordats*, Budweis, 1862.

troisième siècle, les évêques en confièrent le soin à des économes particuliers. Pendant toute la durée des dix premiers siècles, les biens de chaque diocèse demeurèrent concentrés dans les mains de l'évêque, qui les divisait en trois, et le plus souvent en quatre parties inégales [1] :

La première était pour les frais de l'administration épiscopale, *quarta episcopi*;

La seconde pour le clergé, *quarta cleri*;

La troisième pour l'entretien des édifices religieux et du culte, *quarta fabricæ*;

La quatrième pour les pauvres, *quarta pauperum*.

II. Quand les clercs cessèrent de vivre en commun [2], depuis le douzième siècle surtout, on commença d'assigner à chaque église particulière une portion distincte des revenus de l'église, consistant en biens-fonds et autres ressources. Il y eut aussi une multitude de biens distincts et séparés (une sorte de *bona profectitia*) [3]. Les biens, dans chaque église particulière, furent ordinairement divisés en deux masses : les biens du bénéfice et les biens de la fabrique; on y ajoutait presque toujours des fonds ecclésiastiques destinés aux écoles [4] et aux indigents [5]. Le soin des pauvres a toujours été inculqué aux clercs comme une obligation de conscience, et il a été de nouveau recommandé par le concile de Trente [6].

---

[1] C. XXIII, XXV-XXX, C. 12, q. 2, can. XXX, cit. (Gregor. I) : « Mos est apostolicæ Sedis ordinatis episcopis præceptum tradere, ut de omni stipendio, quod accedit, quatuor fieri debeant portiones, una videlicet episcopo et familiæ ejus, propter hospitalitatem et susceptionem, alia clero, tertia vero pauperibus, quarta ecclesiis reparandis. » En Espagne l'évêque percevait le tiers des revenus ecclésiastiques; ce qu'il tirait de l'église épiscopale était pour lui-même; ce qu'il percevait des autres églises était pour l'entretien de ces églises; un tiers était pour le clergé et un tiers pour la fabrique. (C. I-III, C. 10, q. 3.)

[2] Voyez ci-dessus § 123, p. 331. — [3] Voyez ci-dessus § 169, p. 526. — [4] Voyez ci dessus § 134, p. 369.

[5] Voyez *ibid*. De nos jours, les lois de l'État, dans plusieurs pays, ont assigné à des institutions civiles les fondations des écoles et des pauvres, ou du moins les ont traitées comme telles. — Voyez sur l'Autriche t. Ier, p. 433-440; sur Bade, p. 301; sur la Prusse, p. 184-186.

[6] Conc. Trid., sess. XXV, cap. I, de ref. Cf. Ratzinger, *Geschichte der kirchlichen Armenpflege*, Fribourg, 1868. Voyez aussi l'ordonnance du ministre des cultes et de l'intérieur en Prusse, du 17 mars 1858 (*Archives*, t. XIII, p. 364).

III. Dans la suite, l'administration des fabriques fut confiée, dans les églises cathédrales et collégiales, au chapitre ; dans les églises des religieux et des confréries, à la confrérie ; dans les églises paroissiales, au curé ou au bénéficier, quel qu'il fut [1]. Les actes de fondation peuvent également établir des droits d'inspection plus ou moins étendus, par exemple en faveur du patron.

Il se peut aussi que les paroissiens exercent un droit de surveillance et qu'ils aient voix délibérative dans l'administration de la fabrique, soit parce que la commune a doté l'église, soit en vertu de la coutume, soit parce qu'ils sont obligés de subvenir à l'impuissance de l'église. Ainsi on adjoint ordinairement au curé un certain nombre de membres de la paroisse, qui se nomment conseil paroissial, pères de l'église, fabriciens. Ils sont tantôt nommés par la commune, tantôt établis par le curé, ou bien il y a cooptation, comme en France, d'après le décret de 1809 sur les fabriques. Quelquefois aussi, les concordats ou les lois de pays accordent [2] au gouvernement un droit de co-inspection. Précédemment, le gouvernement exerçait souvent en fait la haute tutelle sur l'administration des biens de l'église. Il en est encore ainsi en Bavière et en Suisse, de même en

---

[1] Les laïques ne doivent pas être admis ; c. v, d. 89 ; c. I, d. 69 ; c. XXII, XXIV, C. 16, q. 7 ; c. x, X, de const., I, II ; c. III, X, de consuet., I, 4. Le roi de Naples obtint par un bref de Pie VII du 12 mai 1803 (Bullar., t. XII, p. 14) l'administration des biens ecclésiastiques. Voyez, sur le patron, ci-dessus § 82, p. 172, note 2.

[2] Sur la Bavière, voyez tome Ier, § 37, p. 156.
Haberstrumpf, *Die neuen Kirchenverwaltungen nach dem Gesetz vom 1 Juli 1854*, Sulzbach, 1854 ; J.-A. Aull, *Handbuch über die Verwaltung des Kirchenvermœgens in Bayern*, Wurzbourg, 1855 ; Müller, *Lexikon des Kirchenrechts*, art. *Kirchenvermœgen* ; Dœllinger, *Sammlung der im Gebiete der inneren Staatsverwaltung des Kœnigreichs Bayern bestehenden Verordnungen*, VIII, 2, Munich, 1838, p. 838 ; Henner, *Die katholische Kirchenfrage in Bayern*, p. 37.

Sur l'Autriche, voyez t. Ier, p. 362, 367, 426, 485 et suiv.

Sur la Hongrie, p. 366 ; sur la Prusse, p. 170 et la note suivante.

Sur le Hanovre, ci-dessus p. 220 ; sur Hohenzollern, p. 331 ; Nassau, p. 332 ; Francfort-sur-le-Mein, p. 334.

Sur le Wurtemberg, p. 274 ; sur Bade, p. 331 ; sur la Saxe, p. 242 et la note suivante E ; sur Saxe-Weimar, p. 250.

Sur la Suisse, p. 536. Sur la France et les pays de la rive gauche du Rhin, § 168, p. 527, note, et la note suivante.

Prusse avant l'article 15 de la constitution. Cet ordre de choses a été établi en 1875[1].

[1] Sur la Bavière et la Suisse, voyez la note précédente; sur la Prusse, *ibid.* L'article 15 de la constitution, qui rendait à l'Église le droit de régler et d'administrer librement ses affaires, qui lui garantissait de nouveau la possession et la jouissance des établissements, des fondations et des fonds destinés à son enseignement, à son culte et à ses œuvres de bienfaisance, cet article a été entièrement supprimé par la loi du 18 juin 1875 (*Archives*, t. XXXIV, p. 166). Déjà les lois de mai 1874 et une loi du 15 avril 1873 (voyez tome Ier, p. 186) avaient mis des restrictions aux droits de l'Église.

D'après la loi prussienne du 20 mai 1874, § 6, quand le tribunal royal ecclésiastique prussien a prononcé le renvoi d'un évêque, ainsi qu'il l'a fait de nos jours (1876) pour la plupart des évêques prussiens, et que le chapitre de la cathédrale refuse de nommer un administrateur du diocèse, ainsi qu'il arrive naturellement, car le siége épiscopal est encore canoniquement occupé, le ministre des cultes nomme un commissaire pour administrer les biens de l'évêché appartenant au siége épiscopal et soumis à l'administration de l'évêque, et pour exercer les droits d'administration et de surveillance qui appartiennent à celui-ci (§ 9 de la loi). Il est entretenu sur les revenus de l'église.

Selon le § 7 de la même loi, le ministre procède d'une façon analogue lorsque, dans une vacance canonique de l'évêché, les droits de l'évêque sont exercés par des personnes qui n'ont pas été établies conformément aux prescriptions de la loi prussienne du 11 mai 1873 (voyez la loi du 20 mai 1874 dans les *Archives*, t. XXXII, p. 395, et les remontrances du chapitre de la cathédrale, *Archives*, t. XXXII, p. 32. Voyez aussi t. Ier, p. 214).

La loi prussienne du 21 mai 1874, « explication et commentaire de la loi du 11 mai 1873 sur l'éducation et le placement des ecclésiastiques » (voyez le texte dans les *Archives*, t. XXXII, p. 398; voyez aussi plus haut, p. 214) porte que lorsqu'un emploi ecclésiastique devient vacant et qu'une nomination n'a pas eu lieu conformément à la loi prussienne du 11 mai 1873, ou lorsqu'on ne prévoit pas qu'elle aura lieu, le premier président nommera un commissaire (art. 4 de la loi du 21 mai 1874) qui exécutera la confiscation, ordonnée par le premier président, des biens de l'emploi, les administrera, exercera en un mot tous les droits d'administration jusqu'à ce que la charge soit administrée ou pourvue en conformité des lois de mai. Les frais d'administration seront couverts par les revenus de la charge.

Une autre loi prussienne du 22 avril 1875 supprime les subsides que l'État fournissait à l'Église catholique, à ses évêchés, à ses établissements, à son clergé, en vertu des anciennes sécularisations ou de conventions ultérieures, à l'exception des subsides destinés au clergé des établissements.

Il est dit dans cette loi que les subsides ne seront rendus que si l'évêque, l'administrateur ou quiconque a le droit de les recevoir, déclare qu'il est prêt à obéir aux lois de l'État, lesquelles comprennent évidemment les lois ecclésiastiques civiles des 11, 12 et 13 mai 1873, des 20 et

ADDITION DU TRADUCTEUR.

En France, les fabriques sont régies par le décret du 30 décembre 1809, dont voici les principaux articles :

21 mai 1874. (Voyez le texte de la loi dans les *Archives,* t. XXXII, p. 162; la réclamation des évêques de Prusse, 2 avril 1875, contre ce projet de loi, *Archives,* t. XXXIII, p. 467, 468, et le rescrit du ministère d'État du 9 avril 1875, *ibid.,* p. 468; la réponse des évêques, fin avril 1875, *ibid.,* t. XXXIV, p. 351, enfin la réclamation du chapitre contre le projet, *ibid.,* p. 405.)

La loi prussienne du 20 juin 1875 assigne l'administration des biens de l'Église catholique et des chapelles à un comité ecclésiastique assisté d'une représentation communale. Ce comité se compose de l'ecclésiastique, qui ne doit pas être président (d'après une décision ministérielle, il ne doit avoir aucune des clefs de la caisse), et de membres choisis dans la commune, dont la moitié sort tous les trois ans; puis du patron, ou de son remplaçant, lorsque, en vertu de son patronage, il a eu jusqu'ici le droit de faire partie du comité ecclésiastique, ou de nommer, d'établir, de présenter les chefs de l'église.

La représentation communale, dont le consentement est souvent requis pour les résolutions du comité, se compose de représentants nommés par les membres de la commune; leur nombre doit être le triple de celui des chefs élus de l'église.

Les chefs des églises et chapelles, nommés jusque-là en conformité des lois ecclésiastiques diocésaines, ont été supprimés par la loi prussienne du 20 juin 1875; quand les membres d'une commune ne nomment pas les chefs de l'église et les représentants de la commune conformément à la loi du 20 juin 1875, les présidents du gouvernement sont autorisés à établir un commissaire pour administrer les biens d'église.

Bien que cette loi attente aux intérêts matériels et aux droits de l'Église, les évêques prussiens résolurent, comme la foi et la conscience n'étaient pas en jeu, de participer à l'administration telle qu'elle est prescrite par cette loi, d'exercer les droits épiscopaux qu'elle leur reconnaît encore, et d'autoriser les fidèles à entreprendre et accepter ces sortes d'élections. C'était un moyen d'éviter les inconvénients plus graves qu'aurait entraînés la non-participation des évêques et des fidèles à l'exécution de cette loi.

Voyez le texte de cette loi dans les *Archives,* t. XXXIV, p. 167 et suiv. Sur l'introduction et le maintien de cette loi, consultez Bahlkamp, *Archives,* t. XXXV, p. 161 et suiv.; *ibid.,* p. 168; le tome XXXVI, p. 181, contient aussi l'ordonnance ministérielle en exécution de la loi du 20 juin 1875, avec les protestations des évêques de Prusse contre le projet de loi et leurs explications sur la manière dont l'Église doit prêter son concours.

Voyez dans les *Archives,* tome XXIX, p. 355, les critiques et les remarques des évêques de Munster et de Paderborn. Parmi les ouvrages écrits sur cette loi du 20 juin 1875, nous citerons le commentaire suivant, publié en 1875 à la librairie de la *Germania* de Berlin : *Das Gemeine Kirchenvermœgensgesetz* vom 20 juni 1873; puis les commentaires relatifs

Art. 3. Dans les paroisses où la population sera de cinq mille âmes et au-dessus, le conseil sera composé de neuf conseillers de fabrique. Dans toutes les autres paroisses, il devra l'être de cinq ; ils seront pris

à cette loi et aux lois ecclésiastiques prussiennes des années 1873-1875, du canoniste protestant Hinschius, qui a participé à leur rédaction : *Die preussischen Kirchengesetz des Jahres* 1873, Berlin, 1874; *Die preussischen Kirchengesetze der Jahre* 1874 und 1875, *nebst dem Reichsgesetze vom* 4 mai 1884, Berlin, 1875.

Une loi prussienne, édictée le 4 juillet 1875 et qui empiète très avant sur les droits de propriété de l'Église catholique, porte que le premier président, dans les communes ecclésiastiques catholiques où il se sera rencontré un « nombre considérable » de catholiques majeurs et libres qui auront formé une commune ecclésiastique vieille-catholique, accordera à celle-ci la cojouissance de l'église et du cimetière, avec une part dans l'usage des ustensiles ; que, dans les lieux mêmes où il y aura plusieurs églises, chapelles et bénéfices, ils pourront servir à l'usage des catholiques et des vieux-catholiques.

De la décision du premier président on ne peut appeler qu'au ministre des affaires étrangères ; or ce ministre s'est déjà prononcé dans une foule de cas pour le « co-usage » des vieux-catholiques, c'est-à-dire pour l'exclusion des catholiques de leurs églises. (Voy. tome I*er*, § 38.)

La même loi du 4 juin 1875 porte qu'un bénéficier qui passe à une commune vieille-catholique, demeure en possession et en jouissance de son bénéfice. (Voyez cette loi dans les *Archives*, t. XXXIV, p. 403.)

Une loi semblable a été portée dans le grand-duché de Bade. (Voyez *Archives*, t. XXXI, p. 375, et le texte de la loi du 15 juin 1875, t. XXXIV, p. 431.)

Une loi prussienne du 7 juin 1876 (*Archives*, t. XXXVI, p. 183) agrandit encore les « droits d'inspection de l'État sur l'administration des biens ecclésiastiques dans les diocèses catholiques. » D'après cette loi, les administrateurs ont besoin de l'approbation des inspecteurs de l'État pour acquérir, aliéner ou grever de charges réelles la propriété foncière ; pour aliéner des objets qui ont une valeur historique, scientifique ou artistique ; pour faire des biens un usage extraordinaire, qui empiète sur la substance même ; pour faire rentrer des capitaux, quand ils ne doivent pas être replacés pour produire des intérêts ; pour contracter des emprunts, quand ils ne sont pas une simple ressource transitoire et qu'ils ne peuvent être couverts avec l'excédant des revenus courants du budget ; pour construire de nouveaux édifices servant au culte religieux ; pour l'établissement des places de sépulture et pour le changement de leur destination ; pour introduire de nouvelles taxes ou changer les anciennes ; pour ordonner, préparer et faire des collectes, etc., en dehors des églises ; pour l'emploi des revenus des places vacantes (revenus de vacance, fruits intercalaires) ; pour consacrer les biens à des fins étrangères au but de la fondation.

Cependant les administrateurs n'ont pas besoin d'être autorisés par l'État pour entamer des procès. Dans ce but, on supprima l'article 77 du décret français sur les fabriques pour les parties de la Prusse où le droit rhénan-français est en vigueur : ce droit impose aux fabriques

parmi les notables; ils devront être catholiques et domiciliés dans la paroisse.

Art. 4. De plus, seront de droit membres du conseil :

1° Le curé ou desservant, qui y aura la première place, et pourra s'y faire remplacer par un de ses vicaires ;

2° Le maire de la commune du chef-lieu de la cure ou succursale ; il pourra s'y faire remplacer par l'un de ses adjoints. Si le maire n'est pas catholique, il devra se substituer un adjoint qui le soit, ou, à défaut, un membre du conseil municipal catholique. — Le maire sera placé à la gauche, et le curé ou desservant à la droite du président.

Art. 5. Dans les villes où il y aura plusieurs paroisses ou succursales, le maire sera de droit membre du conseil de chaque fabrique ; il pourra s'y faire remplacer comme il est dit dans l'article précédent.

Art. 6. Dans les paroisses et succursales dans lesquelles le conseil de fabrique sera composé de neuf membres, non compris les membres de droit, cinq des conseillers seront, pour la première fois, à la nomination de l'évêque, et quatre à celle du préfet. — Dans celles où il ne sera composé que de cinq membres, l'évêque en nommera trois, et le préfet deux. Ils entreront en fonctions le premier dimanche du mois d'avril prochain.

Art. 7. Le conseil de fabrique se renouvellera partiellement tous les trois ans, savoir : à l'expiration des trois premières années, dans les paroisses où il est composé de neuf membres, sans y comprendre les membres de droit, par la sortie de cinq membres, qui, pour la première fois, seront désignés par le sort, et des quatre plus anciens après les six ans révolus ; pour les fabriques dont le conseil est composé de cinq membres, non compris les membres de droit, par la sortie de trois membres désignés par la voie du sort après les trois premières années, et des deux autres après les six ans révolus. Dans la suite, ce seront toujours les plus anciens en exercice qui devront sortir.

Art. 8. Les conseillers qui devront remplacer les membres sortants seront élus par les membres restants.

l'obligation de demander l'autorisation du gouvernement pour intenter des procès. Cette nécessité, du reste, n'existait plus depuis la suppression de l'article 15 de la constitution prussienne.

Le premier tribunal prussien ne voulut point accepter cette disposition : il maintint que les fabriques de la Prusse rhénane avaient besoin, pour porter plainte, de l'approbation du gouvernement ; et comme les plaintes roulent très-souvent sur les empiétements des autorités gouvernementales ou des communes civiles, et que dans ces sortes de cas le gouvernement prussien refuse l'autorisation d'intenter un procès, on a souvent refusé sous ce rapport de rendre justice aux fabriques. (Voyez Pierre Reichensperger, *Archives*, t. XI, p. 1 ; t. XV, p. 3 ; Bauerband, *ibid.*, t. XVII, p. 353 ; cf. *ibid.*, t. IX, p. 280 ; t. X, p. 268.)

Lorsque le remplacement ne sera pas fait à l'époque fixée, l'évêque ordonnera qu'il y soit procédé dans le délai d'un mois; passé lequel délai, il y nommera lui-même, et pour cette fois seulement.

Les membres sortants pourront être réélus.

Art. 9. Le conseil nommera au scrutin son secrétaire et son président; ils seront renouvelés le premier dimanche d'avril de chaque année, et pourront être réélus. Le président aura, en cas de partage, voix prépondérante.

Le conseil ne pourra délibérer que lorsqu'il y aura plus de la moitié des membres présents à l'assemblée, et tous les membres présents signeront la délibération, qui sera arrêtée à la pluralité des voix.

IV. Le curé, les conseillers, les économes établis avec l'approbation de l'évêque, doivent rendre compte tous les ans à l'évêque[1]; les économes doivent fournir en outre une caution. En général, c'est à l'évêque qu'il appartient, en vertu de la constitution de l'Église, d'exercer la haute surveillance sur les biens du diocèse, et de faire en sorte que les revenus de la fabrique soient employés pour les besoins et à l'avantage de l'église[2].

ADDITION DU TRADUCTEUR.

En France, d'après les décrets du 30 décembre 1809, le trésorier est tenu de présenter son compte annuel au bureau des marguilliers dans la séance du premier dimanche de mars. (Art. 85.)

L'évêque pourra nommer un commissaire pour assister, en son nom, au compte annuel; mais si ce commissaire est un autre qu'un grand-vicaire, il ne pourra rien ordonner sur le compte, mais seulement dresser procès-verbal sur l'état de la fabrique et sur les fournitures et réparations à faire à l'église. Dans tous les cas, les archevêques et évêques en cours de visite, ou leurs vicaires généraux, pourront se faire représenter dans les comptes, registres ou inventaires, et vérifier l'état de la caisse. (Art. 87.)

---

[1] Conc. Trid., sess. XXII, cap. IX, de ref.

[2] Conc. Trid., sess. XXIV, cap. III, de ref. Jugement de la cour d'appel de Cologne, du 9 janvier 1862, portant qu'un conseil ecclésiastique catholique ne peut pas entamer un procès sans l'autorisation de l'évêque (avec introduction par Heuser, *Archives*, t. VII, p. 250), et sentence du haut tribunal prussien cassant ce jugement (19 mai 1863). Voyez *ibid.*, t. X, p. 263; t. XI, p. 22, 51; t. XVII, p. 99.

§ 172. VI. **Différents objets dont se composent les biens de l'Église.** — 1° **Les prémices, les oblations [1], les collectes.**

I. Conformément à ce qui existait sous la loi ancienne, on avait coutume, dans les premiers temps du christianisme, d'offrir à l'Église les prémices des fruits de la terre *(primitiæ)*. Cet usage, qui a cessé depuis longtemps en Occident, existe encore aujourd'hui dans l'Église orientale.

II. Une autre coutume fort ancienne consistait en ce que les fidèles déposaient sur l'autel, pendant la messe, des dons volontaires, soit en argent, soit en nature [2]; autrefois, les sous-diacres recueillaient eux-mêmes ces oblations [3].

III. Il n'est pas défendu de faire des collectes soit dans l'enceinte de l'église, soit chez les paroissiens eux-mêmes, pour satisfaire aux besoins religieux de la commune. L'évêque peut aussi prescrire des collectes à l'église. Quant à celles qui se font à domicile pour des besoins étrangers à l'église, l'autorisation de la police est ordinairement requise [4].

---

[1] x, III, 30, de decimis, primitiis et oblationibus; in VI°, III, 13; in Clem. III, 8.

[2] En Prusse, depuis que le gouvernement, engagé dans le *Culturkampf*, a retiré son traitement au clergé, les fidèles sont revenus avec ardeur à ces sortes d'offrandes.

[3] La loi et la coutume ont souvent assigné au curé le produit des offrandes, destinées surtout aux pauvres. Ce produit, qui fait partie des revenus de l'église, sert aussi à satisfaire aux besoins ecclésiastiques, notamment de ceux pour lesquels il n'y a pas de fonds, ou à compléter la portion congrue du curé. — C'est la volonté du donateur qui doit surtout décider de la destination des offrandes en argent et en nature. Voyez, pour la Prusse, *Allgem. Landrecht*, II, 11, § 665; pour la Bavière, Silbernagl, *Verfassung und Verwaltung*, p. 357. Sur la coutume de Lucerne, Segesser, *Rechtsgeschichte von Luzern*, t. II, p. 779.

[4] En Bavière, l'autorisation du roi est requise pour les collectes publiques et à domicile, mais non pour celles qui se font à l'église. Voyez *Archives*, t. XI, p. 463. En Prusse, avant la publication de la constitution, l'État lui-même ordonnait souvent des collectes pour les catholiques; il ne le fait plus depuis. — Cf. Richter, *Revue du droit eccl.*, t. I, p. 117.
Il est également admis depuis 1849 qu'on n'a pas besoin de l'approbation du gouvernement pour faire des collectes dans les églises ou à domicile parmi les membres d'une société religieuse pour satisfaire à ses besoins religieux : cela regarde l'autorité ecclésiastique. (Ordonnances du 1ᵉʳ mai 1849 et du 2 janvier 1851, dans *Paderborner Beitræge*, livrais. 1, p. 27, 55; Gerlach, *Verhæltniss*, etc., p. 97. Voyez aussi de même *Paderborner Diœcesanrecht*, 2ᵉ éd., p. 134.)

ADDITION DU TRADUCTEUR.

En France, ainsi qu'il ressort de divers arrêts de la cour de cassation, « une quête faite à domicile ne rentre dans aucune des matières que l'autorité municipale peut règlementer par des arrêts, » et ne peut y être assimilée : cet acte en lui-même ne porte aucune atteinte à l'ordre public. S'il était l'occasion d'exigences ou de manœuvres frauduleuses, il tomberait sous la répression de la loi pénale. « L'autorité municipale ne peut règlementer par des arrêtés que ce qui intéresse la sûreté, la salubrité publique, l'ordre, la viabilité, la police des lieux publics[1]. »

IV. Outre les legs et les donations, les fabriques des églises, dans plusieurs pays, ont une autre source de revenus dans les places de sépulture, dans la sonnerie des cloches, les draps mortuaires, etc., dans la location des chaises.

ADDITION DU TRADUCTEUR.

En France, les revenus de chaque fabrique se forment :

1° Du produit des biens et rentes restitués aux fabriques, et généralement de ceux qui auraient été affectés aux fabriques par nos divers décrets ; 2° du produit des biens, rentes et fondations qu'elles ont été ou pourront être par nous autorisées à accepter ; 3° du produit des biens et rentes cédés au domaine dont nous les avons autorisés ou dont les autorisons à se mettre en possession ; 4° du produit spontané des terrains servant de cimetière ; 5° du produit de la location des chaises ; 6° de la concession des bancs placés dans l'église ; 7° des quêtes faites pour les frais du culte ; 8° de ce qui sera trouvé dans les troncs placés pour le même objet ; 9° des oblations faites à la fabrique ; 10° des droits que, suivant les règlements épiscopaux approuvés par nous, les

---

En Saxe-Weimar, d'après le § 23 de la loi du 7 octobre 1823, « les collectes pour les églises, les paroisses et les écoles catholiques, sont interdites quand leur nécessité n'a pas été préalablement constatée et l'autorisation du souverain accordée. »

En Autriche, les quêtes à domicile sont soumises à l'autorisation de l'État : la permission est donnée, pour un seul pays de la couronne, par le gouverneur ; pour tous les pays et pour des églises étrangères, par le ministre de l'intérieur. Ceux qui font une collecte pour une église indigène, doivent être munis d'un certificat de leur curé, portant le nom de l'église et du quêteur, des communes où se fait la quête et de l'objet de celle-ci ; ce certificat doit être visé par chaque maire.

Voyez l'ordonnance du ministre des cultes du 18 juin 1857, chiffre 9037, *Archives*, t. XIV, p. 434 ; ordonnance ministérielle du 16 juin 1864, chiffre 5590 c. u.

[1] Arrêt de la cour de cassation du 13 août 1858. Plusieurs arrêts semblables ont été rendus.

fabriques perçoivent, et de celui qui leur revient sur le produit des frais d'inhumation; 11° du supplément donné par la commune, le cas échéant. (Art. 36.)

§ 173. 2° Les dîmes [1].

La dîme est une contribution qui était fournie aux prêtres de l'ancienne loi comme la quote-part d'un revenu. Les chrétiens des premiers siècles l'offraient volontairement, et elle fut acquittée dans la suite en vertu des lois ecclésiastiques, puis des lois civiles.

A partir de Charlemagne, il était admis en principe que tout chrétien doit à l'église baptismale, c'est-à-dire à son curé, la dîme des fruits de la terre *(decimæ prædiales)*, des animaux *(decimæ sanguinales)* et de son revenu *(decimæ personales)*.

La dîme personnelle disparut de bonne heure. Au moyen âge, les laïques percevaient souvent les dîmes, soit par l'effet de l'arbitraire et de la violence, soit par l'investiture des évêques et des prélats, qui voulaient s'assurer la protection de quelque puissant seigneur. L'Église, il est vrai, défendit dans plusieurs conciles, au moyen âge surtout, de transférer les dîmes à des laïques; elle les déclara incapables d'acquérir les droits de décimateurs : cependant un grand nombre demeurèrent aux mains des laïques.

C'est donc à la tradition de décider dans quelle mesure l'Église a le droit dans tel pays de percevoir les dîmes sous l'une ou l'autre forme. Quand la dîme est en usage dans une paroisse, on suppose, d'après le droit canon et le droit commun, que tous les possesseurs de biens-fonds, tous les habitants de la paroisse, y compris les clercs, sont tenus de la fournir au curé; c'est à l'individu de prouver qu'il en est exempt. Contre les membres d'une autre confession, le droit de dîme ne peut être exercé qu'autant qu'il revêt un caractère « réel, » et que le droit civil le reconnaît comme une charge qui pèse sur les biens-fonds. D'après le droit canonique, les contestations au sujet des dîmes ressortissent au tribunal ecclésiastique.

---

[1] Voyez les sources citées au paragraphe précédent : Wagner, *Das Zehntrecht*, Berlin, 1815; Birnbaum, *Die rechtliche Natur der Zehnten*, Bonn, 1831; Zachariæ, *Aufhebung, Ablœsung und Ursprung des Zehnten*, Gœttingue, 1831; Gœschl, *Ueber den Ursprung des kirchlichen Zehnts*, Aschaffenburg, 1837.

En France, les dîmes ont été supprimées pendant la révolution de 1789, sans aucun dédommagement. Dans quelques contrées de l'Allemagne, ce droit est permis avec ou sans faculté de rachat. Quand il est racheté, le capital du rachat remplace le droit de dîmes et fait partie de la dotation de l'église.

ADDITION DU TRADUCTEUR.

Les dîmes sont abolies en France; cependant, dans la plupart des diocèses, les habitants de chaque paroisse sont dans l'usage d'offrir à leur curé quelques produits du pays, du blé, ou ce qu'on appelle la « Gerbe de la Passion, » ou du vin. Ces offrandes sont présentées comme une indemnité pour les prières spéciales qu'on demande au curé pour la prospérité des biens de la terre, ou en place des droits casuels que le curé pourrait exiger pour divers services religieux, ou un supplément à la modicité des traitements. Des maires ont cru voir dans ces libres offrandes un renouvellement de la dîme, et les ont proscrites; mais plusieurs arrêts ont condamné cet abus de pouvoir et déclaré l'arrêté des maires illégal [1].

§ 174. 3° Des bénéfices [2].

1. *Nullum officium sine beneficio, nullum beneficium sine officio* : tel est le principe du droit canon [3]. Ainsi la fonction et le revenu de la fonction vont toujours ensemble. Dès qu'un bénéficier est canoniquement institué, il a droit à tout le revenu [4].

Pour les bénéfices à charge d'âmes, l'évêque, ayant égard aux circonstances des lieux, fixe un minimum (portion congrue) qui doit demeurer intact, même quand il y a changement dans le bénéfice. En général, un bénéficier ne doit être grevé dans son revenu ni par des pensions ni par des impôts, sinon dans les cas expressément indiqués par la loi, comme lorsqu'il s'agit

---

[1] L'abbé André, *op. cit.*, au mot *Dîmes*.

[2] Voyez Schmidt, *De varietate præbendarum in Eccles. german.*, Heidelb., 1773; dans son *Thesaurus*, t. III, p. 224; *Erlass des Cardinal-Fürsterzbischofs v. Rauscher*, de Vienne, 2 juillet 1860 (*Archives*, t. IX, p. 323). Pour le droit français, voyez Carl de Syo, *Das Decret über die Erhaltung und Verwendung der Güter des Clerus vom 6 November 1813*, übersetzt und unter Berücksichtigung der preussischen Gesetze erläutert, Cologne, 1863; Hirschel, *Des Staats-und Gemeindeeinkommen der Geistlichen nach canonischen und französischen Rechte*, Mayence, 1868. Voy. aussi *Archives*, t. XVIII, p. 249; t. XX, p. 347; t. XI, p. 263; t. XII, p. 169.

[3] Cf. *I Cor.*, IX, 13.

[4] X, III, 12. Ut ecclesiastica beneficia sine diminutione conferantur.

de l'entretien d'un coadjuteur ou d'un cens à fournir quand il y a union de bénéfices[1].

II. Les droits d'un bénéficier sur son bénéfice commencent au moment où il a reçu l'acte de collation; ils sont analogues à ceux d'un vassal. Quand il en prend possession, il doit faire un inventaire, administrer les biens sous la surveillance de l'évêque, intenter, avec sa permission, l'action possessoire et l'action pétitoire relativement aux édifices et aux biens-fonds qui font partie du bénéfice, plus les actions en revendication par rapport aux capitaux du bénéfice[2]. Il obtient la propriété des fruits par séparation; il ne peut aliéner la substance du bien[3]. Il a droit d'exiger un dédommagement pour les réparations, mais il est responsable des détériorations[4]. Il peut aussi affermer les biens-fonds appartenant au bénéfice; mais cet affermage ne vaut que pendant la vie du bénéficier, et il ne doit pas être au détriment du successeur[5]. Pour les forêts, on doit estimer la croissance qui a eu lieu depuis l'obtention du bénéfice; le bénéficier, lors de la coupe du bois, obtient la valeur de ce surcroît[6].

Le bénéficier a encore le droit de percevoir les intérêts des capitaux qui font partie de son bénéfice. Il peut aussi, sans autre formalité, intenter des procès en vue de recouvrer les revenus du bénéfice, le prix de location ou de fermage. Le bénéficier est responsable à l'église des fonds et des capitaux du bénéfice, comme serait un tuteur; mais les législations modernes ont aboli l'hypothèque générale de l'église sur les biens du bénéficier, fondée sur le droit commun. Selon ce même

---

[1] H. Gigas, *De pension. eccles.*, Colon. Agripp., 1619; c. XXI, X, de cens., III, 39; Conc. Trid., sess. XXIV, cap. XIII, de ref.; Molitor, *Ueber Dismembration eines Beneficiums* (Archives, t. VII, p. 400).

[2] Maas, *Die Verwaltung des Pfründevermœgens und das Rechtsverhæltniss der Bepfründeten* (Archives, t. V, p. 23-32); voyez aussi Lingen, *Ueber den Umfang der Rechte eines Beneficiaten an den zu seinem Beneficium gehœrenden Grundstücken* (Archives, t. XX, p. 70).

[3] C. V, X, de pecul. cleric., III, 25.

[4] C. II, X, de donat., III, 24; c. V, X, h. t.; arg. c. I, X, de in int. rest., I, 41.

[5] Conc. Trid., sess. XXV, cap. XI, de ref.

[6] Endter, *De jure usufructuario parochi in parochialibus bonis spec. silvis*, Altorf, 1733.

droit, l'église a vis-à-vis du bénéficier le privilége de la restitution *ad integrum*, comme une mineure¹.

III. Ce qui reste à un clerc de ses revenus ecclésiastiques se nomme pécule clérical², par opposition au pécule patrimonial, c'est-à-dire obtenu en dehors des fonctions ecclésiastiques, par donation, héritage, industrie personnelle, travaux littéraires, etc. Ces derniers biens sont les seuls dont le droit canon permette aux clercs de disposer par testament³; le pécule clérical doit retourner à l'église⁴. En Allemagne cependant, à partir du treizième siècle, les ecclésiastiques obtinrent, soit par des synodes provinciaux, soit de la coutume⁵, la faculté de disposer de toute leur fortune, avec la seule obligation de faire un legs *ad piam causam*. Il fut prescrit en outre, dans plusieurs diocèses, que les ecclésiastiques feraient confirmer leurs testaments par l'évêque, moyennant une contribution *(ferto)*.

Quand le privilége du for disparut, l'exécution au for extérieur de ces prescriptions canoniques devint très-difficile. Aujourd'hui les ecclésiastiques font leurs testaments d'après la loi civile, et l'obligation de consacrer *ad piam causam* au moins

---

¹ Voyez ci-dessus § 168, p. 520; c. I, X, de in integr. rest., I, 41.

² X, III, 25, de peculio clericorum.

³ C. XX, C. 12, q. 1; X, 1, C. 12, q. 3; c. XIX, C. 12, q. 1; c. III, C. 12, q. 3; c. XXI, C. 12, q. 1; c. I, C. 12, q. 5; c. I, X, de testam., III, 26.

Note du trad. — En France, les ecclésiastiques succèdent à leurs parents, et ceux-ci leur succèdent sans distinction des biens acquis de l'église ou autrement.

⁴ C. 2, C. 12, q. 3; c. I, X, de succ. ab. int., III, 27; c. IV, C. 12, q. 5; l. 20, 42, § 2, Cod. de episc., I, 3; Nov. CXXXI, c. XII; c. VII, C. 12, q. 5. Voyez Thomassin, *Vetus et nova Eccl. disc.*, part. III, lib. II, cap. XXXIX, n. 7; Van Espen, *Jus eccl. univ.*, part. II, tit. XXXII, cap. I. Le droit canon empêchait même les clercs de disposer librement des biens patrimoniaux acquis depuis l'ordination, tandis que le droit romain permettait de disposer à son gré de ce qu'on avait acquis avant et après la réception d'un emploi, quand cette acquisition ne venait pas de l'église. Voyez aussi G.-Chr. Neller, *De episcoporum testamentifactione act. eorumque testamentis sancte ordinandis*, Trevir., 1762 (Schmidt, *Thesaur.*, t. VI, p. 382); du même, *De clericorum sæcularium testamentifactione* (ibid., p. 402); du même, *De testamentis clerici Trevirensis* (ibid., p. 424; les trois dissertations de Neller se trouvent aussi dans ses *Opuscula*); Lorenbeck, *Ueber die canonischen Bestimmungen für die Errichtung der Testamente der Gestlichen*, Munster, 1857; F. Sentis, *De jure testamentorum a clericis regular. ordinandorum. Diss. inaug.*, Bonnæ, 1862.

⁵ Voyez Schulte, *System.*, 529.

une partie de leur fortune n'est plus valable qu'au for ecclésiastique ; pour y satisfaire, il suffit qu'ils s'intéressent à leurs parents pauvres [1].

IV. Au moyen âge, le clerc était tenu ou de faire un testament ou d'établir une personne fidèle (*manus fidelis*), d'abord devant la justice, puis sans formalités, qui disposait de sa succession [2], afin de prévenir l'exercice du droit de dépouilles (*jus spolii* ou *enduviarum*), en usage dès le dixième siècle, c'est-à-dire d'empêcher les évêques, les archidiacres, les rois, les princes, les avoués, etc., de s'emparer des biens mobiliers d'un clerc mort sans testament.

---

[1] C. II, X, de succes. ab intest.; Conc. Trid., sess. XXV, cap. I, de reform. — L'article 21 du concordat autrichien porte : « Dans toutes les parties de l'empire, il sera libre aux archevêques, aux évêques et à tous les ecclésiastiques de disposer de ce qu'ils laisseront au moment de leur mort ; ils suivront à cet égard les saints canons, dont les dispositions devront être également observées avec soin par les héritiers légitimes appelés à succéder *ab intestat*. Dans l'un et l'autre cas cependant seront exceptés les insignes des évêques diocésains et les ornements d'église, qui devront être considérés comme faisant partie de la mense épiscopale et passeront à ce titre aux évêques successeurs. » (Ordonnance ministérielle du 7 février 1859, *R. G. Bl.*, n. 39; cf. Pii V const. *Rom. prov.*, Pii VII, tit. 22 jun. 1807; *Bull.*, XIII, 167.) « La même chose sera observée pour les livres partout où l'usage l'a ainsi établi. »

Voyez de Moy, *Archives*, t. II, p. 429, *Ueber die Verlassenschaft der Geistlichen, insbesondere in Œstreich*; Schulte, *Ueber das Recht der Geistlichen in Œstreich, zu testiren, und das Recht der Kirche*, ab intestato *zu erben nach dem Concordate*, ibid., t. III, p. 284.

Le premier de ces auteurs admet que l'article précédent du concordat restreint la liberté de tester des ecclésiastiques relativement au pécule clérical et les soumet aux lois de l'Église. Le second raisonne ainsi : Comme l'article 13 du concordat abandonne aux tribunaux civils les affaires de succession des ecclésiastiques, l'article 21 a voulu seulement supprimer les restrictions de la liberté de tester qui existaient dans quelques parties de la monarchie, en Hongrie, par exemple, et non pas obliger le clergé à ne tester que selon les lois de l'Église ; il a simplement voulu accorder le droit de tester, en y rattachant les effets de la loi ecclésiastique, afin que les héritiers légaux ne pussent attaquer le testament pour avoir été lésés dans leur portion naturelle.

Cette dernière opinion a été suivie par le concile provincial de Vienne, 1858, t. VII, cap V, p. 179, qui reconnaît aux ecclésiastiques, ainsi que les conciles provinciaux de Gran, Prague et Colocza, la liberté de tester, et les oblige seulement en conscience à suivre les prescriptions canoniques. — Voyez aussi Schulte, *Manuel*, § 187, note 24.

[2] « Extremam voluntatem suam in alterius dispositionem committere. » C. XIII, X, de testam., III, 26 ; Vering, *Rœm. Privatrecht*, § 266, IV ; le

ADDITION DU TRADUCTEUR.

Par arrêt du parlement de Paris, du 10 juillet 1664, l'archidiacre de Josas, de l'Église de Paris, fut encore maintenu dans le droit de prendre, après le décès des curés de son archidiaconé, tant de la ville que de la campagne, leur meilleur lit garni, robe ou soutane, ceinture, surplis, aumuse, bréviaire, bonnet carré, cheval ou mulet, s'ils en ont, comme à lui appartenant par leur décès, à cause de sa charge et dignité d'archidiacre, pour son droit de funérailles, et de percevoir, lorsqu'il ferait le service et l'inhumation desdits curés, la somme de trois livres, avec les cires et oblations pour le droit de sépulture. (*Mémoires du clergé*, t. XI, col. 1882.) Il a même été jugé, par arrêt du 18 mai 1711, que ces droits sont préférés aux créanciers du curé, étant regardés comme frais funéraires [1].

Le droit de dépouilles des évêques fut combattu par plusieurs conciles [2]; l'empereur et le pape y renoncèrent réciproquement, et il tomba peu à peu en désuétude [3]. Ce droit disparu, on cessa de distinguer entre les biens patrimoniaux et les biens bénéficiaux des clercs morts *ab intestat* [4].

Aujourd'hui la question des clercs morts sans testament se décide d'après le droit civil. Selon le droit particulier, l'église a le droit d'hériter *ab intestat* [5].

ADDITION DU TRADUCTEUR.

L'auteur, au commencement de cet article, renvoie, en ce qui concerne le droit français, au décret du 6 novembre 1813, « sur la conservation et l'administration des biens du clergé. » Par biens du clergé

---

même, *Erbrecht*, p. 826; Fr.-Ant. Dürr, *De manufidelibus in specie eccl. tum principum tum priv. in Germ.*, Mogunt., 1762 (dans Schmidt, *Thesaur.*, t. VI, p. 328); Thomassin, *Vetus et nova Eccl. discipl.*, part. III, lib. II, cap. LI; Kober (*Freiburger Kirchenlexikon*, t. X, p. 307).

[1] Héricourt, *Recueil de jurisprudence canonique*.
[2] C. XLVI, C. 12, q. 2; c. XLVII, eod.
[3] Voy. Otton. IV *Coron. Aquisgr.*, an. 1198 (dans Pertz, *Monum. Germ. hist.*, IV, p. 204); du même, *Promissio*, an. 1209 (*ibid.*, 217); Friderici II *Promissio*, an. 1213 (*ibid.*, p. 274); *Renunciatio spoliorum*, an. 1216 (*ibid.*, p. 226); *Confœder. cum principibus eccles.*, an. 1220, cap. I (*ibid.*, p. 236).
[4] Voyez Phillips, *Manuel*, § 216, avec les citations.
[5] En Autriche, la loi partage également entre l'église, les pauvres et les proches la succession d'un clerc mort sans testament. Voyez Helfert, *Kirchenvermœgen*, part. II, p. 274; Stubenrauch, *Das allgemeine bürgerliche Gesetzbuch*, t. II, p. 637; Unger, *Erbrecht*, § 83; Schulte, *Lehrbuch*, § 187, note 25. Pour la Hongrie, voyez Cherrier, *Jus eccl.*, II, p. 246; Schulte, *op. cit.*

l'on entend les biens des cures, des menses épiscopales, des chapitres et des séminaires. Ces biens, on le sait, furent confisqués au profit de la nation par décret du 2 novembre 1789. Cependant l'article 2 du concordat de 1801 et les articles organiques de 1802 remirent à la disposition des évêques les églises non aliénées. Des décrets subséquents rendirent aux fabriques quelques-uns des biens qu'elles possédaient. Les biens du clergé qui n'ont pas été aliénés où qu'il a acquis depuis le concordat, sont administrés par le décret du 6 novembre 1813.

Voici la partie de ce décret relative aux biens des cures :

Des biens des cures.

Art. 1er. Dans toutes les paroisses dont les curés ou desservants possèdent à ce titre des biens-fonds ou des rentes, la fabrique établie près chaque paroisse est chargée de veiller à la conservation desdits biens.

Art. 2. Seront déposés dans une caisse ou armoire à trois clefs de la fabrique, tous papiers, titres et documents concernant ces biens.

Ce dépôt sera effectué dans les six mois, à compter de la publication du présent décret. Toutefois, les titres déposés près les chancelleries des évêchés ou archevêchés seront transférés aux archives des préfectures respectives, sous récépissé, et moyennant une copie authentique, qui en sera délivrée par les préfectures à l'évêché.

Art. 3. Seront aussi déposés dans cette caisse ou armoire les comptes, les registres, les sommiers et les inventaires, le tout ainsi qu'il est statué par l'art. 4 du règlement des fabriques.

Art. 4. Nulle pièce ne pourra être retirée de ce dépôt que sur un avis motivé, signé par le titulaire.

Art. 5. Il sera procédé aux inventaires des titres, registres et papiers, à leurs récolements et à la formation d'un registre-sommier, conformément aux articles 55 et 56 du même règlement.

Art. 6. Les titulaires exercent les droits d'usufruit ; ils en supportent les charges, le tout ainsi qu'il est établi par le Code civil et conformément aux explications et modifications ci-après.

Art. 7. Le procès-verbal de leur prise de possession, dressé par le juge de paix, portera la promesse, par eux souscrite, de jouir des biens en bons pères de famille, de les entretenir avec soin et de s'opposer à toute usurpation ou détérioration.

Art. 8. Sont défendues aux titulaires, et déclarées nulles, toutes aliénations, échanges, stipulations d'hypothèques, concessions de servitudes, et en général toutes dispositions opérant un changement dans la nature desdits biens, ou une diminution dans leurs produits, à moins que ces actes ne soient par nous autorisés en la forme accoutumée.

Art. 9. Les titulaires ne pourront faire des baux excédant neuf années, que par forme d'adjudication aux enchères, et après que l'utilité en aura été déclarée par deux experts, qui visiteront les lieux et feront leur rapport; ces experts sont nommés par le sous-préfet, s'il s'agit de biens de cures, et par le préfet, s'il s'agit de biens d'évêchés, de chapitres et de séminaires.

Ces baux ne continueront, à l'égard des successeurs des titulaires, que de la manière prescrite par l'article 1429 du Code civil.

Art. 10. Il est défendu de stipuler des *pots-de-vin* pour les baux des biens ecclésiastiques.

Le successeur du titulaire qui aura pris un pot-de-vin, aura la faculté de demander l'annulation du bail, à compter de son entrée en jouissance, ou d'exercer son recours en indemnité, soit contre les héritiers ou représentants du titulaire, soit contre le fermier.

Art. 11. Les remboursements des capitaux faisant partie des dotations du clergé sont faits conformément à notre décret du 16 juillet 1810 et à l'avis du conseil d'État du 21 décembre 1808.

Si les capitaux dépendent d'une cure, ils seront versés dans la caisse de la fabrique par le débiteur, qui ne sera libéré qu'au moyen de la décharge signée des trois dépositaires des clefs.

Art. 12. Les titulaires ayant des bois dans leur dotation en jouiront conformément à l'article 590 du Code civil, si ce sont des bois taillis.

Quant aux arbres futaies réunis en bois ou épars, ils devront se conformer à ce qui est ordonné pour les bois des communes.

Art. 13. Les titulaires seront tenus de toutes les réparations des biens dont ils jouissent, sauf, à l'égard des presbytères, la disposition ci-après, art. 21.

S'il s'agit de grosses réparations, et qu'il y ait dans la caisse à trois clefs des fonds provenant de la cure, ils y seront employés.

S'il n'y a point de fonds dans cette caisse, le titulaire sera tenu de les fournir jusqu'à concurrence du tiers du revenu foncier de la cure, indépendamment des autres réparations dont il est chargé.

Quant à l'excédant du tiers du revenu, le titulaire pourra être par nous autorisé, en la forme accoutumée, soit à un emprunt avec hypothèque, soit même à l'aliénation d'une partie des biens.

Le décret d'autorisation d'emprunt fixera les époques de remboursement à faire sur les revenus, de manière qu'il en reste toujours les deux tiers aux curés.

En tout cas, il sera suppléé par le trésor royal à ce qui manquerait, pour que le revenu restant au curé égale le taux ordinaire des congrues.

Art. 14. Les poursuites à fin de recouvrement des revenus seront faites par les titulaires, à leurs frais et risques.

Ils ne pourront néanmoins, soit plaider en demandant ou en défendant, soit même se désister, lorsqu'il s'agira des droits fonciers de la cure, sans l'autorisation du conseil de préfecture, auquel sera envoyé l'avis du conseil de fabrique.

Art. 15. Les frais des procès seront à la charge des curés, de la même manière que les dépenses pour réparations.

Art. 16. En cas de décès du titulaire d'une cure, le juge de paix sera tenu d'apposer les scellés d'office, sans rétribution pour lui ni son greffier, ni autres frais, si ce n'est le seul remboursement du papier timbré.

Art. 17. Les scellés seront levés, soit à la requête des héritiers, en présence du trésorier de la fabrique, soit à la requête du trésorier de la fabrique, en y appelant les héritiers.

Art. 18. Il sera procédé, par le juge de paix, en présence des héritiers et du trésorier, au récolement du précédent inventaire, contenant l'état de la partie du mobilier et des ustensiles dépendants de la cure, ainsi que des titres et papiers la concernant.

Art. 19. Expédition de l'acte de récolement sera délivrée au trésorier par le juge de paix, avec la remise des titres et papiers dépendants de la cure.

Art. 20. Il sera fait aussi à chaque mutation de titulaire, par le trésorier de la fabrique, un récolement de l'inventaire des titres et de tous les instruments aratoires, de tous les ustensiles ou meubles d'attache, soit pour l'habitation, soit pour l'exploitation des biens.

Art. 21. Le trésorier de la fabrique poursuivra les héritiers pour qu'ils mettent les biens de la cure dans l'état de réparation où ils doivent les rendre.

Les curés ne sont tenus, à l'égard des presbytères, qu'aux réparations locatives, les autres étant à la charge de la commune.

Art. 22. Dans le cas où le trésorier aurait négligé d'exercer ses poursuites à l'époque où le nouveau titulaire entrera en possession, celui-ci sera tenu d'agir lui-même contre les héritiers, ou de faire une sommation au trésorier de la fabrique de remplir à cet égard ses obligations. Cette sommation devra être dénoncée par le titulaire au procureur du roi, afin que celui-ci contraigne le trésorier de la fabrique d'agir, ou que lui-même il fasse d'office les poursuites, aux risques et périls des paroissiens.

Art. 23. Les archevêques et évêques s'informeront, dans le cours de leurs visites, non-seulement de l'état de l'église et du presbytère, mais encore de celui des biens de la cure, afin de rendre au besoin des ordonnances, à l'effet de poursuivre, soit le précédent titulaire, soit le nouveau. Une expédition de l'ordonnance restera aux mains du trésorier pour l'exécuter, et une autre expédition sera adressé au procuréur du Roi, à l'effet de contraindre, en cas de besoin, le trésorier par les moyens ci-dessus.

Art. 24. Dans tous les cas de vacance d'une cure, les revenus de l'année courante appartiendront à l'ancien titulaire depuis le jour de sa nomination.

Les revenus qui auront eu cours du jour de l'ouverture de la vacance jusqu'au jour de la nomination, seront mis en réserve dans la caisse à trois clefs, pour subvenir aux grosses réparations qui surviendront dans les bâtiments appartenant à la dotation, conformément à l'art. 13.

Art. 25. Le produit des revenus pendant l'année de la vacance sera constaté par les comptes que rendront le trésorier pour le temps de la vacance, et le nouveau titulaire pour le reste de l'année. Ces comptes porteront ce qui aurait été reçu par le précédent titulaire pour la même année, sauf reprise contre sa succession, s'il y a lieu.

Art. 26. Les contestations sur les comptes ou répartition de revenus dans les cas indiqués aux articles précédents seront décidées par le conseil de préfecture.

Art. 27. Dans le cas où il y aurait lieu à remplacer provisoirement un curé ou desservant qui se trouverait éloigné du service, ou par suspension par peine canonique, ou par maladie, ou par voie de police, il sera pourvu à l'indemnité du remplaçant provisoire, conformément au décret du 17 novembre 1811.

Cette dispositions s'appliquera aux cures ou succursales dont le traitement est, en tout ou en partie, payé par le trésor royal.

Art. 28. Pendant le temps que, pour les causes ci-dessus, le curé ou desservant sera éloigné de la paroisse, le trésorier de la fabrique remplira, à l'égard des biens, les fonctions qui sont attribuées au titulaire par les art. 6 et 13 ci-dessus.

§ 175. 4° Les droits d'étole (jura stolæ).

I. Les droits d'étole[1] sont une redevance, fixée par la coutume ou par la loi diocésaine[2], et fournie à l'occasion de certains actes du ministère pastoral, soit pour reconnaître la juridiction du curé, soit pour contribuer à l'entretien du bénéficier privé de ressources suffisantes, et des prêtres qui con-

---

[1] Schefold, *Parochialrecht*, t. II, § 118; pour l'Autriche, voyez Helfert, *Kirchenvermœgen*, II, § 35; pour la Prusse, Vogt, *Preussisches Kirchenrecht*, t. I, p. 327; *Ministerial-Rescript* du 8 mai 1852 (Aulicke, *Beitr.*, livrais. 2, p. 9); pour la Hesse, Schumann, p. 187.

[2] Sur le règlement du droit d'étole dans le diocèse de Breslau (partie prussienne), voyez *Archives*, t. XXII, p. 353, 357.

courent à certaines fonctions du saint ministère. Tels sont notamment les droits perçus pour le baptême, la proclamation des bans, les fiançailles, les relevailles, l'absoute et l'enterrement, pour les certificats que donne le curé en témoignage de l'accomplissement de l'un ou de l'autre de ces actes.

II. On trouve un caractère semblable dans les honoraires de messes *(stipendia, eleemosynæ missarum)*[2], que les fidèles fournissent aux prêtres qui offrent le saint sacrifice de la messe dans une intention permise par l'Église[3]. Souvent des fonda-

---

[1] Outre les droits d'étole et les dîmes, il existe encore dans plusieurs pays d'autres redevances ou services qui doivent être fournis aux curés, vicaires, instituteurs et sacristains (caisses paroissiales). Ils sont quelquefois attachés au sol (mais alors ils sont, comme les dîmes, presque toujours rachetés). D'autres fois ce sont des contributions personnelles fondées sur la loi ou la coutume.

En Prusse, l'acquittement de ces contributions réelles ou personnelles était poursuivi par le pouvoir exécutif, quand il y avait négligence des débiteurs, tant pour les contributions de l'année courante que pour celles qui restaient des deux dernières années. (Ordre du cabinet du 19 juin 1836; *Recueil des lois*, p. 198, dans Vogt, *op. cit.*, t. I, p. 324.) Cet ordre du cabinet était également en vigueur dans la province du Rhin. (Jugement de la cour du conflit de compétence, 18 avril 1857, dans *Justizministerial-Blatt*, 1857, p. 47.)

La voie de la justice, singulièrement restreinte par cet ordre, fut permise sans condition par le § 15 de la loi du 24 mai 1861 pour les contributions qui reposaient sur un règlement notoire de localité ou de district. Relativement aux prestations résultant d'une obligation générale, ou ordonnées par le gouvernement chargé de l'inspection, ou décidées exécutoires, la voie de la justice ne fut ouverte que dans les cas mêmes où elle l'est pour les impôts publics (d'après les §§ 9 et 10 de la loi).

Il est également reconnu en Prusse, d'après les principes généraux, que les droits *forensea* doivent faire partie des charges paroissiales. (Ordonnance du ministre des cultes, du 3 avril 1866, relative au pays de Berg; *Archives*, t. XVI, p. 204 et suiv.)

Sur les devoirs des sociétés par actions, voyez *Archives*, t. XIV, p. 462.

Dans le pays d'Osnabruck, les prestations paroissiales réelles ne sont pas généralement reconnues par la loi. (Voyez le jugement de la haute cour d'appel du Hanovre, *Archives*, t. III, p. 665. Sur les charges paroissiales dans le Wurtemberg, voyez Schurer, *Archives*, t. IX, p. 363; en Bavière, t. IV, p. 90.) — En général, les charges paroissiales n'incombent aux membres d'une autre confession que lorsqu'elles sont réelles.

[2] Geyer, *De missarum stipendiis*, Moguntiæ, 1864; Benedict. XIV, *De synod. diœc.*, lib. V, cap. VIII et IX; du même, *Instit. eccles. instit.*, 36, 56, 92; Phillips, *Lehrbuch*, § 241.

[3] Voy. Conc. Trident., sess. XXII, decret. de sacrif. miss., cap. II, c. 3. Voyez aussi les remarques du cardinal Gerdil (sur la propos. XXX synod.

tions sont faites à ce dessein, les unes assignées à un bénéfice comme partie de la dotation, les autres complètement indépendantes (bénéfices simples). Ces fondations, étant absolument ecclésiastiques, sont placées sous l'administration de l'Église. Dans plusieurs pays cependant elles sont soumises à l'approbation de l'État, comme l'acquisition des biens ecclésiastiques en général, ou du moins à une publication. Pour les honoraires de messes, les fondations de messes, la loi diocésaine fixe d'ordinaire un minimum. Les prêtres qui ont le droit de binage [1], ne doivent recevoir d'honoraires que pour une seule messe [2]. Quand un prêtre fait célébrer par un autre une messe pour laquelle il a reçu des honoraires, il doit les lui remettre tout entiers, sans rien réserver pour lui-même [3]. Il n'en est pas ainsi pour les fondations de messes, quand elles forment la totalité ou une partie intégrante des revenus du prêtre : dans ce cas, quand un bénéficier fait célébrer par un autre prêtre les messes fondées qui sont à sa charge, il n'est tenu de lui donner que le maximum des honoraires fixés par la loi diocésaine ; il peut garder le reste pour son entretien [4].

Pist., in bulla Pii VI *Auctorem fidei*), dans les *Analecta juris pontificii*, t. I, col. 398 et seq.

[1] Un prêtre ne peut dire plusieurs messes en un seul jour que dans les cas de nécessité (hors le jour de Noël, où le clergé du rite latin peut en célébrer trois) : par exemple, quand le curé, ne pouvant avoir d'auxiliaire, doit pourvoir à l'office divin dans son église et dans une église succursale.
Voyez Benoît XIV, constit. *Declaravit nobis*, an. 1746 (*Bullar. magn.*, t. VIII, p. 8); constit. *Apostolicum*, an. 1733 (*Bullar.*, t. XIX, p. 52). Voyez aussi dans Schulte et Richter les déclarations sur le concile de Trente, sess. XXII, decr. de observ. et evit., sub 2; Benoît XIV, *De synodo diœc.*, lib. VI, cap. VIII, n. 2; Neher, *Die Bination nach ihrer geschichtlichen Entwickelung und nach dem heutigen Rechte*, Ratisbonne, 1874.

[2] Voyez les décisions de la Congrégation du concile, *Archives*, t. VIII, p. 32, 335; t. IX, p. 445.

[3] Urbain VIII, const. *Cum sæpe contingat*, § 4 (*Bull. rom.*, t. V, part. V, p. 335). Voy. aussi Benedict. XIV, *De syn. diœc.*, lib. V, cap. IX, n. 5.

[4] Voyez le concile provincial de Vienne de 1858, tit. III, cap. V. (Autres documents dans *Archives*, t. XXIX, p. 285.) — Un décret de la Congrégation du concile, en date du 9 décembre 1874 (reproduit dans notre édition latine du *Manuel* de Phillips, p. 521, note 18), vise principalement l'abus commis par Migne (mort aujourd'hui), et par d'autres ecclésiastiques, qui, spéculant sur les livres, se faisaient remettre des honoraires et faisaient acquitter les messes par des prêtres à qui ils fournissaient des livres en retour.

Il est arrivé souvent que la trop grande accumulation de messes fondées n'a pas permis de satisfaire aux obligations qu'elles imposent, soit par la pénurie des prêtres, soit par la dépréciation de l'argent ou la perte des revenus. Quand ce dernier cas arrivait et qu'il n'y avait point de coupables du côté de l'Église, les charges attachées à ces fondations disparaissaient ; dans les autres cas, il est permis de diminuer les charges. Le concile de Trente avait permis aux évêques, aux abbés et aux généraux d'ordres de faire une réduction des messes, après qu'ils auraient soigneusement examiné la chose dans le synode diocésain et dans les chapitres généraux [1]. Cependant le pape Urbain VIII s'est réservé ce droit, sauf les cas où l'acte de fondation accorde à l'évêque le droit d'opérer une réduction [2].

§ 176. 5° Les fruits intercalaires.

1. On nomme ainsi les fruits d'un bénéfice vacant. Anciennement ils échéaient à la fabrique de l'église ou étaient employés au profit des pauvres. Au moyen âge [3], par suite de la liberté de tester qui fut accordée au clergé, sous l'influence du régime féodal et du droit de dépouilles, les évêques se chargèrent [4] de

---

[1] Conc. Trid., sess. xxv, c. iv, de reform.; sess. xxii, c. vi, de reform. Cf. Lingen et Reuss, *Causæ selectæ in S. Congr. conc.*, p. 317-372.

[2] Urbain VIII, const. *Cum sæpe contingat*, an. 1625, § 1 (*Bull. rom.*, t. V, part. V, p. 335; dans Ferraris, *Prompta Bibl.*, verbo *Missæ sacrificium*, art. 2, n. 2. Plusieurs successeurs d'Urbain VIII ont restitué ce droit aux généraux d'ordres, et Benoît XIII l'a rendu aux évêques réunis au concile de Rome en 1725. (Voy. Benoît XIV, *De synodo diœces.*, lib. V, cap. x, n. 3.)

Le *schema* d'une constitution du concile du Vatican non encore discuté recommande de nouveau l'observation des décrets d'Urbain VIII et d'Innocent XII (const. *Nuper*, 23 décembre 1697) relatifs aux honoraires de messes, et propose de nouvelles mesures.

On a demandé qu'il fût accordé aux évêques la faculté d'opérer, dans le premier synode diocésain qu'ils tiendraient à la suite du concile du Vatican, une réduction des messes fondées, après qu'ils auraient consciencieusement examiné l'état des choses, conformément au décret de Trente (sess. xxv, cap. iv, de reform.). — Ce projet de constitution renouvelle aussi la défense de trafiquer des intentions de messes. — Voir le texte du *schema* dans Martin, *Collect.*, ed. 2, p. 149, et du même, *Die Arbeiten des Vatican. Conc.*

[3] Voy. Phillips, *Droit canon*, t. V, p. 560.

[4] Cf. c. ix, in VI°, de officio jud. ordin., I, 16 : « ... ecclesiis ad custodiam pertinentibus. »

la conservation du bénéfice vacant, disposèrent temporairement de ses fruits, et obtinrent souvent du pape des privilèges qui les autorisaient à employer pour eux-mêmes les fruits du bénéfice. Mais il y eut aussi des rois, des avocats et des patrons, des clercs mêmes qui revendiquèrent comme un droit la perception des fruits d'un bénéfice vacant jusqu'à ce qu'il fût pourvu (droit de régale, droit de déport). En Allemagne, les rois renoncèrent à ce droit dès le treizième siècle[3]; en France, il subsista encore pendant longtemps[4].

ADDITION DU TRADUCTEUR.

Louis XIV, dans sa déclaration de février 1673, prétendait le droit de régale sur tous les archevêchés et évêchés de ses États. Régulièrement, le roi conférait en régale tous les bénéfices vacants qui auraient été à la disposition de l'évêque si le siège avait été rempli, excepté les cures, soit régulières ou séculières, dont la collation n'appartenait ni au roi ni au successeur de l'évêque, mais au chapitre, qui les conférait librement[5].

Au commencement du quatorzième siècle, les papes, pour remédier à leurs embarras financiers, se réservaient aussi temporairement, et, dans le principe, d'une manière purement partielle, les fruits des bénéfices qui venaient à vaquer. Mais à la fin du concile de Constance, Martin IV renonça aux fruits intercalaires des bénéfices vacants *(fructus medii temporis*[6]):

II. Selon le droit actuel, les fruits intercalaires, après déduction des frais d'administration, appartiennent régulièrement à la fabrique[7]; cependant il y a des lois, édictées par le seul pouvoir civil, portant que les fruits intercalaires d'un bénéfice vacant seront assignés à un fond général (voy. ci-dessous, n. III), que les fruits de la mense de l'évêque écherront à son succes-

---

[1] Cf. c. XXXII, X, de V. O. V., 40; c. X, in VI°, de rescr., I, 3, c. XXVI, X, de præb., III, 4.

[2] C. XL, in VI°, de elect., I, 6; c. IX, in VI°, de officio jud. ordin., I, 16; Clem. VII, de elect., I, 3.

[3] Voy. ci-dessus, § 174.

[4] Cf. Durand de Meillane, *Dictionnaire de Droit canonique*, aux mots *Régale, Vacance*. — [5] *Ibid.*

[6] Phillips, *op. cit.*, p. 562; G. Phillips (jun.), *le Droit de régale en France*, Halle, 1873.

[7] C. IV, X, de officio jud. ord., I, 31; c. XL, in VI°, de elect., I, 6; c. IX, in VI°, de officio ordin., I, 16.

seur[1], et ceux des dignités, des canonicats, des bénéfices dans les églises cathédrales ou collégiales, tantôt aux autres membres de la corporation[2], tantôt aux héritiers pour un temps déterminé[3]. Dans les paroisses et autres bénéfices inférieurs, les fruits sont également donnés pour un certain temps aux héritiers[4] ou au doyen[5], à moins qu'ils ne soient versés dans ce qu'on appelle le fonds des *émérites*[6].

III. Dans quelques pays on a formé avec une partie des biens des couvents sécularisés, puis avec les fruits intercalaires, un fonds général pour subvenir aux besoins religieux, tels que entretien d'édifices, complément de la portion congrue, quand d'autres ressources font défaut. Les pouvoirs civils ont pris ces mesures de leur propre chef. Il existe en Autriche, depuis Joseph II, un fonds de religion pour tous les pays de la couronne[7];

---

[1] Il en est ainsi, d'après la bulle d'érection, dans les évêchés suisses de Coire et de Saint-Gall, faiblement dotés. Même disposition dans la loi prussienne.

[2] En Autriche, les fruits intercalaires des prébendes dont les revenus sont puisés dans une masse commune, retournent à cette masse. (Ordonnance impériale du 8 février 1771; décret de la cour du 13 juin 1792.) Dans ce pays, les canonicats de la plupart des chapitres ne forment qu'une seule masse. — Voyez, sur l'état des différents diocèses, Schulte, *Status diœces. cathol.*

[3] A Saint-Gall, d'après le § 9 de la bulle d'érection, les revenus des dignités et des canonicats appartiennent aux héritiers pendant trois mois à partir de la vacance.

[4] Il en est ainsi en Bavière pendant le mois de la mort, qui est de trente jours (arrêté royal du 21 avril 1807); dans le grand-duché de Saxe-Weimar, pendant « le trimestre mortuaire » (loi du 7 octobre 1823, § 36); dans le diocèse prussien de Paderborn et dans les parties de la rive gauche du Rhin, Cologne, Munster et Trèves (ordonnance du 3 juillet 1843). Il y a une année de grâce complète *(annus gratiæ, desservitus)* dans l'ancien duché de Wesphalie. (Constitutions de 1678, 1681, 1683, 1748, dans Seibertz, *Statutar und Gewohnheitsrechte des Herzogthums Westfalen*, Arnsberg, 1839, p. 539, 319. — Sur la liquidation avec les héritiers, voyez Schulte, *Système*, p. 540.

[5] Il en est ainsi à Bade et dans le Wurtemberg, dans les trente premiers jours.

[6] Par exemple, dans les diocèses de Wurzbourg, Spire et Bamberg; puis en Prusse, quand l'année de grâce n'y est pas admise. (*Allgem. Landrecht*, II, 11, § 851.)

[7] Voyez tome Ier, p. 274. Dans les provinces qui ne profitent pas du fonds de religion, l'article 32 du concordat veut que les fruits intercalaires soient administrés par des commissions mixtes.

dans le Wurtemberg¹ et le grand-duché de Bade², un fonds intercalaire; à Nassau, depuis 1827, une caisse centrale ecclésiastique³.

§ 177. Soin des prêtres impropres au service.

I. Un prêtre devenu incapable de service avant d'avoir obtenu un bénéfice doit être entretenu sur son titre d'ordination⁴.

II. Un prêtre déposé est entretenu dans un séminaire ou dans une maison de « déméritants » *(domus demeritorum)*⁵, ou au moyen d'une pension.

Un prêtre excommunié, tant qu'il reste excommunié, n'a aucun droit à l'entretien ecclésiastique ou à son titre d'ordination.

III. Un prêtre mis à la retraite pour cause d'âge, d'infirmités corporelles ou spirituelles, est entretenu soit dans un refuge d'émérites *(domus emeritorum, bene emeritorum)*⁶, soit par une pension prise sur le bénéfice, soit par des subsides puisés dans une caisse commune, par exemple, avec les fruits intercalaires.

§ 178. 6° Entretien des édifices religieux et du culte divin⁷.

Les revenus de la fabrique doivent être en premier lieu consacrés à cet objet. Quand ils sont insuffisants :

---

¹ Voyez les lois dans Lang, p. 682; loi du 30 janvier 1867, art. 19. Voyez t. Iᵉʳ, p. 268.

² Voyez *Archives*, t. IV, p. 754; t. VII, p. 131, et t. Iᵉʳ, § 43, p. 362; § 169, p. 535, note 1.

³ Voyez t. Iᵉʳ, p. 332. — ⁴ Voyez ci-dessus, p. 80.

⁵ La plupart des récents concordats et des bulles de circonscription ont demandé presque partout qu'on établît des maisons de « déméritants » ou « d'émérites. » Voyez les détails dans Schulte, *Status diœc. cath.*

⁶ Voyez la note précédente. Les refuges de déméritants ont été fermés par la loi de mai 1873.

⁷ x, III, 48, de eccles. ædificandis vel reparandis; Conc. Trid., sess. xxi, cap. vii, de ref. Voyez les éclaircissements de Benoît XIV, *Archives*, t. VIII, p. 161 (Bened., *Inst. eccl.*, n. 100); Permaneder, *Die kirchliche Baulast*, 2ᵉ éd., Munich, 1856, et les ouvrages cités : Helfert, *Von der Erbauung, Erhaltung und Herstellung der kirchlichen Gebæude nach gemeinem und œsterr. Kirchenrechte*, 2ᵉ édition, Prague, 1831, et *Noch einig Worte über die kirchliche Baulast*, dans *Archiv für civil. Praxis*, t. XXVII, p. 103; v. Sainte-Marie-Église, *Die Pflicht der baulichen Erhaltung und Wiedererbauung der Cultusgebæude*, Augsbourg, 1832; v. Steinhardt, *Ueber*

I. Les cardinaux [1] doivent pourvoir à l'entretien et à l'ornementation des églises de leur titre.

II. L'évêque [2], tant que sa portion congrue n'est pas entamée, puis le chapitre [3], sont tenus des réparations de l'église cathédrale. Éventuellement, l'évêque peut aussi y astreindre les autres membres du clergé, et en premier lieu le clergé de sa

---

kirchliche Baulast, Stuttgard, 1846; Gründeler, *Ueber die Verbindlichkeit zum Beitrage der Kosten der Erhaltung und Wiederherstellung der Cultusgebænde*, Nurnberg, 1839; Lang, *Beitræge zur Lehre von der Kirchenbaulast* (*Archiv für civil. Praxis*, t. XXVI, p. 12, 296); Huck, *Die rechtliche Natur der Kirchenbaulast* (*Zeitschrift für deutsche Rechte*, t. VIII, p. 326); Mayer, *Zur Lehre von der Kirchenbaulast*, ibid., t. X, p. 89; Denzinger, *Beitræge zur Lehre von der Baupflicht der Decimatoren* (dans *Würzburger Kathol. Wochenschrift*, 1856, n. 36, 37, 50-52; 1857, n. 25, 26, 32, 33, 50-52); Kübel, *Zur Lehre von der kirchlichen Baulast*, etc., in *Württemberg* (dans *Archiv von Sanvey und Kübel*), Stuttgart, 1858, t. II, p. 1-97; Purgold (dans Dove), *Zeitschrift für Kirchenrecht*, t. V, p. 458; pour l'Autriche, voyez Kutschker (*Archives*, t. XII, p. 97); Vering, *Die neuen œsterreichischen Landesgesetze in Betreff der Kirchen-und Pfarrhausbaulast* (*Archives*, t. XII, p. 302, 455; t. XIII, p. 150; t. XVI, p. 112, 264; t. XIX, p. 260, 425); pour la Bavière, Permaneder, *Kirchenrecht*, §§ 507-511, 516-518; ci-dessus, §§ 517-519, 524; Müller, *Lexikon des Kirchenrechtes*, t. III, p. 126, article *Baulast*; pour la Prusse, Jacobson, *Evangelisches Kirchenrecht*, p. 693; Altmann, *Praxis*, p. 45; Kletke, *Rechtsverh. bei Kirchen- Pfarr- Küster- und Schulbauten*, Neu-Ruppin, 1865; pour le Hanovre, Schlegel, *Kirchenrecht*, IV, p. 33; Grefe, *Hannov. Recht*, I, p. 300; pour la Hesse électorale, Büff, *Curh. Recht*, §§ 277, 280-289; pour la Saxe, Weber, *Sæchs. Kirchenrecht*, II, I, §§ 73, 93; II, II, § 100; pour la France et les pays de la rive gauche du Rhin, Léon Aucoc, *des Obligations respectives des fabriques et des communes relativement aux dépenses du culte catholique, et en particulier aux logements des curés et des desservants*, Paris, 1858; Regnier, *Die Verpflichtung der Civilgemeinden in Ansehung der Pfarrhæuser*, Trèves, 1844; Hüffer, *Die Verpflichtung der Civilgemeinden zum Bau und zur Ausbesserung der Pfarrhæuser* (*Archives*, t. IV, p. 39, 129, et imprimé à part, Munster, 1859). Contre ce dernier ouvrage, voy. Bluhme, *Das rhein-preussische Gesetz vom 14 Mærz 1845*, Munster, 1860. Voy. aussi Hüffer, *Forschungen auf dem Gebiete des franzœsischen und rheinischen Rechtes*, p. VIII, 157; R. Stieve, *Erœrterungen betreffend die den Civilgemeinden auf dem linken preussischen Rheinufer obliegende Pfarr-und Kirchenbaulast* (Dove, *Zeitschrift für Kirchenrecht*, t. VII, p. 252). Sur la loi prussienne-rhénane du 14 mars 1845, voyez les rescrits ministériels du 16 août 1858, 26 avril et 21 juillet 1859, reproduits dans la réplique de Huffer à Bluhme, et la décision du haut tribunal prussien du 12 avril 1864. (*Archives*, t. XII, p. 147.)

[1] Voy. Sixti V const. *Religiosa sanctorum*, an. 1587, § 12. (*Bull. rom.*, t. IV, part. IV, p. 296.)

[2] C. XXVII, C. 12, q. 2; c. I, II, C. 10, q. 3; Conc. Tolet. XVI, an. 693.

[3] C. IV, X, de his quæ fiunt a majore parte capituli, III, 11.

cathédrale, ou consacrer à cet objet quelques revenus accidentels : par exemple, les fruits intercalaires des bénéfices vacants, ou enfin prescrire des collectes[1]. A la suite des sécularisations opérées en 1803 par le congrès des princes de l'empire, la charge d'entretenir plusieurs cathédrales a passé au fisc en même temps que les biens ecclésiastiques[2]. Cette opération a été reconnue dans des bulles subséquentes de circonscription pour les nouveaux diocèses, par l'établissement d'une dotation déterminée[3].

ADDITION DU TRADUCTEUR.

En France, les églises métropolitaines et cathédrales sont considérées par le gouvernement comme propriété de l'État : c'est donc à lui que revient la charge de les entretenir, de les conserver et restaurer.

Quant aux autres églises, il est généralement admis en jurisprudence que les fabriques sont tenues de toutes les réparations des églises (et des presbytères) qu'elles peuvent faire ; la commune n'est obligée qu'en cas d'insuffisance.

Quand une fabrique possède des ressources suffisantes pour pourvoir aux dépenses qu'elle doit effectuer, si le montant des travaux d'embellissement, de construction ou de réparations à opérer, quelles que soient ces réparations, n'excède pas la somme de 50 francs dans les paroisses au-dessous de mille âmes, ou celle de 100 francs dans les paroisses d'une plus grande population, le bureau des marguilliers est en droit d'ordonner seul ces travaux. (Art. 12 et 41 du décret de 1809.)

Si le montant des travaux dépasse 50 francs, sans s'élever au-dessus de 100, quand la population est au-dessous de mille âmes, ou s'il est de plus de 100 francs sans s'élever au-dessus de 200, quand la paroisse renferme plus de vingt mille âmes, le conseil de fabrique peut, sur le rapport du bureau et sur un devis présenté par ce bureau, ordonner ces travaux, mais à la charge de faire procéder à leur adjudication au rabais, ou par soumission, après trois affiches, renouvelées de huitaine en huitaine. (*Ibid.*, art. 42.)

Dans tous ces cas, l'autorisation du pouvoir civil n'est pas nécessaire. Dans le doute cependant, il est opportun de consulter le préfet, afin

---

[1] Cf. Reiffenstuel, *Jus can.*, lib. III, tit. XLVIII, n. 18; Schmalzgrueber, *Jus eccl. univ.*, lib. III, tit. XLVIII, n. 41.

[2] *Reichs-Deputations-Hauptschluss*, § 36.

[3] En Prusse, le fisc s'est déchargé de cette obligation pour les quatre diocèses de l'Ouest, et l'a remplacée (ordonnances royales des 13 avril et 24 mai 1824, 23 mars 1831) par un impôt sur la cathédrale, que le curé perçoit pour les baptêmes, les mariages et les enterrements.

qu'il n'ordonne pas plus tard l'interruption des travaux. (Circulaire du 6 août 1871.)

Si le montant des travaux doit dépasser 100 francs dans une paroisse de moins de mille habitants, ou 200 francs dans une paroisse de mille ou de plus de mille habitants, des plans et devis doivent être soumis au préfet, et ce n'est qu'après son approbation formelle que les travaux peuvent être adjugés et exécutés.

Ces règles sont applicables soit que la fabrique pourvoie aux dépenses sur ses propres ressources, soit que les fonds lui soient fournis par des tiers, des bienfaiteurs, soit enfin qu'un secours lui ait été alloué par la commune, mais sans qu'aucune condition ait été jointe à cette allocation, et sans que l'emploi en ait été affecté à aucune destination spéciale.

Lorsqu'un conseil de fabrique est obligé, faute de ressources, de demander une subvention à la commune pour pourvoir aux frais des travaux qu'elle veut faire exécuter, ces travaux ne peuvent être entrepris qu'autant que le préfet a ordonné, sur l'avis du conseil municipal, qu'ils seront effectués aux frais de la commune, et que le conseil municipal a procédé, en la forme ordinaire, à leur adjudication au rabais. (Décret de 1809, art. 43, 94 et suiv.)

Dans le cas ci-dessus de recours de la fabrique à la commune, si le montant des travaux à effectuer ne doit pas dépasser 30,000 francs, le préfet est compétent pour approuver les plans et devis de ces travaux.

Si le montant des travaux doit s'élever à plus de 30,000 francs, ces plans et devis doivent toujours être adressés au préfet, mais ils doivent être approuvés par le ministre de l'intérieur.

Quand, les ressources de la fabrique et celles de la commune étant démontrées insuffisantes pour subvenir aux dépenses, il est demandé un secours au gouvernement, des plans et devis des travaux doivent, d'après les distinctions qui précèdent, être remis au préfet, et, avant le commencement des travaux, approuvés soit par lui, si le montant des travaux n'excède pas 30,000 francs, soit par le ministre, si le montant dépasse cette somme. Mais, indépendamment de ces règles ordinaires de compétence, chaque fois qu'un secours est demandé au gouvernement, il faut, pour que ce secours soit accordé, que des plans et devis soient transmis au préfet pour être examinés par lui, s'il accorde le secours sur les fonds affectés à cette destination, mis par le ministre à sa disposition, ou pour être soumis à l'examen du ministre des cultes, si le secours doit être directement accordé par le ministre sur la portion des fonds de secours dont ce ministre se réserve spécialement la répartition.

Quand un conseil de fabrique projette de faire ou fait exécuter des travaux dans une église, ni le maire ni le conseil municipal n'ont le droit, de leur propre autorité, de s'opposer à ces travaux et de les faire suspendre; ils ne peuvent que provoquer l'intervention du préfet.

Si le maire ou le conseil municipal ordonnait la suppression des travaux, la fabrique aurait le droit de passer outre.

Le préfet a le droit d'interdire ou même de faire interrompre et suspendre les travaux projetés ou entrepris dans une église par un conseil de fabrique, quels que soient ces travaux, sauf au conseil de fabrique à se pourvoir devant le ministre des cultes.

Le préfet peut notifier au conseil de fabrique ses ordres à cet égard, soit directement, soit par l'intermédiaire du maire, en donnant dans ce cas à ce fonctionnaire un mandat spécial à cet effet; les conseils de fabrique sont tenus d'obtempérer aux ordres qui leur sont ainsi notifiés par les maires au nom des préfets, toujours sauf recours à l'autorité supérieure.

Pour avoir droit de s'opposer à des réparations ou à des changements dans une église, un maire aurait besoin d'exhiber un mandat exprès émané du préfet. Le préfet même n'a pas toujours le droit de prendre un arrêté pour interdire l'exécution de certaines réparations : c'est ce qui résulte d'un avis du conseil d'État du 12 octobre 1831.

III. Dans les églises collégiales, quand les revenus de la fabrique ne suffisent pas à l'entretien des édifices et que des collectes ne fournissent pas les ressources nécessaires, les chanoines sont tenus d'y pourvoir dans la proportion de leurs bénéfices [1].

IV. Pour les églises paroissiales et les presbytères, les frais d'entretien, de même que ceux du culte divin, doivent, selon le concile de Trente [2], être d'abord couverts :

1° Avec les revenus de la fabrique;

2° Et, s'ils sont insuffisants, par les personnes qui y sont tenues en vertu de la coutume ou de la législation de chaque pays [3].

---

[1] Cependant un chanoine nouvellement élu peut se garantir de cette charge au moyen d'une convention, ainsi que le prouve D. Albertis, *De sacris ustensilibus*, c. XII, n. 129 et suiv., t. I, p. 202, en se référant aux décisions de la Congrégation du concile.

[2] Conc. Trid. et Bened. XIV, *loc. cit.*

[3] Dans la Prusse rhénane, selon la loi du 14 mai 1845 (Walter, *loc. cit.*, p. 507), les dépenses pour les besoins ecclésiastiques extraordinaires, y compris les réparations de l'église, sont couvertes par les ressources communales, et, en cas d'insuffisance, par la paroisse. — Nous avons rapporté ci-dessus les dispositions de la loi française. — La loi de 1845 concernant la Prusse rhénane, que nous avons mentionnée, ne se rapporte pas à l'entretien du presbytère (d'après le § 7). — Voyez les ouvrages cités plus haut, p. 566, note 6, surtout ceux de Hüffer et de Stiève. Richter

ADDITION DU TRADUCTEUR.

D'après le droit français, l'entretien du culte et des édifices religieux incombe d'abord à la fabrique, et, en cas d'insuffisance, à la commune :

ART. 37. Les charges de la fabrique sont : 1° de fournir aux frais nécessaires du culte, savoir : les ornements, les vases sacrés, le linge, le luminaire, le pain, le vin, l'encens, le paiement des vicaires, des sacristains, chantres et organistes, sonneurs, suisses, bedeaux et autres employés du service de l'église ;

2° De payer l'honoraire des prédicateurs de l'Avent, du Carême et autres solennités ;

3° De pourvoir à la décoration et aux dépenses relatives à l'embellissement intérieur de l'église ;

4° De veiller à l'entretien des églises, presbytères et cimetières, et, en cas d'insuffisance des revenus de la fabrique, de faire toutes les diligences nécessaires pour qu'il soit pourvu aux réparations et constructions, ainsi que tout est réglé au § 3, chap. IV, *des Charges des communes relativement au culte.*

ART. 92. Les charges des communes relativement au culte sont :

1° De suppléer à l'insuffisance des revenus de la fabrique pour les charges portées en l'article 37 ;

2° De fournir au curé ou desservant un presbytère, ou, à défaut de presbytère, un logement, ou, à défaut de presbytère et de logement, une indemnité pécuniaire ;

3° De fournir aux grosses réparations des édifices consacrés au culte.

ART. 93. Dans le cas où les communes sont obligées de suppléer à l'insuffisance des revenus des fabriques pour ces deux premiers chefs, le budget de la fabrique sera porté au conseil communal dûment convoqué à cet effet, pour y être délibéré ce qu'il appartiendra. La délibération du conseil municipal devra être adressée au préfet, qui la communiquera à l'évêque diocésain pour avoir son avis. Dans le cas où l'évêque et le préfet seront d'avis différents, il pourra en être référé, soit par l'un, soit par l'autre, à notre ministre des cultes.

ART. 94. S'il s'agit de réparations des bâtiments, de quelque nature qu'elles soient, et que la dépense ordinaire arrêtée par le budget ne laisse pas de fonds disponibles, ou n'en laisse pas de suffisants pour ces réparations, le bureau en fera rapport au conseil, et celui-ci prendra une délibération tendant à ce qu'il y soit pourvu par la commune ; cette délibération sera envoyée par le trésorier au préfet.

ART. 95. Le préfet nommera les gens de l'art par lesquels, en pré-

(*Manuel*, § 319, note 23) a passé en revue les dispositions du droit privé en ce qui regarde l'Allemagne. Voyez Schulte, *Manuel*, § 192, n. 4.

sence de l'un des membres du conseil municipal et de l'un des marguilliers, il sera dressé, le plus promptement qu'il sera possible, un devis estimatif des réparations. Le préfet soumettra ce devis au conseil municipal, et, sur son avis, ordonnera, s'il y a lieu, que ces réparations soient faites aux frais de la commune, et, en conséquence, qu'il soit procédé par le conseil municipal, en la forme accoutumée, à l'adjudication au rabais.

Art. 96. Si le conseil municipal est d'avis de demander une réduction sur quelques articles de dépenses de la célébration du culte, et dans le cas où il ne reconnaîtrait pas la nécessité de l'établissement d'un vicaire, sa délibération en portera les motifs.

Toutes les pièces seront adressées à l'évêque, qui prononcera.

Art. 97. Dans le cas où l'évêque prononcerait contre l'avis du conseil municipal, ce conseil pourra s'adresser au préfet, et celui-ci enverra, s'il y a lieu, toutes les pièces au ministère des cultes, pour être par nous, sur son rapport, statué en notre conseil d'État ce qu'il appartiendra.

Art. 98. S'il s'agit de dépenses pour réparations ou reconstructions qui auront été constatées conformément à l'article 95, le préfet ordonnera que ces réparations soient payées sur les revenus communaux, et, en conséquence, qu'il soit procédé par le conseil municipal, en la forme accoutumée, à l'adjudication au rabais.

Art. 99. Si les revenus communaux sont suffisants, le conseil délibérera sur les moyens de subvenir à cette dépense, selon les règles prescrites par la loi.

Art. 100. Néanmoins, dans les cas où il serait reconnu que les habitants sont dans l'impuissance de fournir aux réparations, même par levée extraordinaire, on se pourvoira devant nos ministres de l'intérieur et des cultes, sur le rapport desquels il sera fourni à cette paroisse tel secours qui sera par eux déterminé, et qui sera pris sur le fonds commun établi par la loi du 15 septembre 1807, relative au budget de l'État.

Art. 101. Dans tous les cas où il y aura lieu au recours d'une fabrique sur une commune, le préfet fera un nouvel examen du budget de la commune, et décidera si la dépense demandée pour le culte peut être prise sur les revenus de la commune, ou jusqu'à concurrence de quelle somme, sauf notre approbation pour les communes dont les revenus excèdent 20,000 francs.

Art. 102. Dans le cas où il y a lieu à la convocation du conseil municipal, si le territoire de la paroisse comprend plusieurs communes, le conseil de chaque commune sera convoqué et délibérera séparément.

Art. 103. Aucune imposition extraordinaire sur les communes ne pourra être levée pour les frais du culte, qu'après l'accomplissement préalable des formalités prescrites par la loi [1].

3° Ceux-là donc sont tenus subsidiairement et au même titre, *pro rata*, qui perçoivent des revenus sur les biens de l'église dont il s'agit, par conséquent :

a. Le décimateur, ou le fonds qui a été fourni en rachat de la dîme ;

b. Le patron, quand il a tiré des revenus de l'église [2] ;

c. Les bénéficiers, quand ils reçoivent au-delà de la portion congrue [3] ;

d. Quand les biens de l'église sont incorporés à un couvent, à une collégiale, etc., la charge des édifices incombe au couvent ou à la collégiale, etc.; quand il y a eu sécularisation, elle incombe à l'État, et cela sous bénéfice d'inventaire, jusqu'à concurrence des fonds de l'établissement sécularisé [4] ;

4° Les patrons sont généralement obligés, même quand ils ne tirent aucun revenu de l'église ;

5° Viennent ensuite les paroissiens, même ceux d'une paroisse succursale, à moins qu'il n'y ait union *ad æqualitatem* [5].

---

[1] Décret du 30 décembre 1809.

[2] Il en est ainsi selon le droit prussien, quand même il ne tire aucun revenu de l'église. Voyez Jacobson, *op. cit.*, p. 697.

[3] C. IV, X, de eccles. ædific. vel reparand., III, 48.

[4] Voyez ci-dessus, § 74, p. 144.

[5] Il en est de même des possesseurs de fonds *(qui fundos possident, licet alibi degant)*, des sociétés par actions, relativement à ce qu'elles possèdent dans la commune. Voyez les résolutions 8 et 9 sur le concile de Trente, sess. XXI, cap. VII, de reform., dans l'édition de Richter et Schulte. Circulaire du ministère prussien des affaires ecclésiastiques, 16 octobre 1863 (dans Dove, *Revue du droit eccl.*, t. IV, p. 238). — Voyez aussi l'arrêté du ministre prussien des cultes du 27 novembre 1861 (dans *Archives*, t. VII, p. 306).

Les §§ 260 et suiv., 710 et suiv. de l'*Allgm. Landrecht*, II, 11, n'imposent pas aux *forenses* l'obligation de concourir à l'entretien des églises et des presbytères. (Avis du haut tribunal prussien du 23 janvier 1837, dans Altmann, *Praxis*, p. 65.)

Un rescrit du ministère prussien du 3 avril 1866 (*Archives*, t. XVI, p. 204) porte que les possesseurs de biens-fonds appartenant à la confession de la paroisse doivent, dans le pays de Berg, concourir à l'entretien des édifices religieux en proportion de leurs biens-fonds ou des contributions que paient ces biens-fonds, quand même ils n'y résident pas, suivant ce que les §§ 2 et 6 de la loi du 14 mars 1845 (p. 14) prescrivent pour les pays de la rive gauche du Rhin.

Les paroissiens doivent aussi, d'après un droit coutumier passablement répandu, même quand les frais de construction sont couverts d'une autre manière, des services personnels, mains-d'œuvre, corvées [1], etc.

On peut aussi éventuellement consacrer une partie des fonds de l'église à l'entretien des édifices, en suivant les prescriptions requises pour l'aliénation des biens d'église [2].

V. Les chapelles et les églises qui ne sont point églises paroissiales, doivent être entretenues à l'aide de ressources particulières, ou par quelque personne qui s'en est spécialement chargée. On peut aussi faire usage des collectes.

VI. L'Église ne peut employer la contrainte civile pour faire supporter les frais des édifices religieux que lorsque les lois l'y autorisent. Sans cela, elle ne dispose que des censures ecclésiastiques [3]. Quand ces moyens demeurent sans effet, elle peut, comme ressource extrême, ordonner la fermeture des édifices caducs, les abandonner à des usages profanes, pourvu qu'ils soient honnêtes [4], ou les faire démolir [5]. Dans ce cas, on érige une croix où se trouvait le maître-autel, et les bénéfices sont transférés à des églises voisines.

Contrairement à cette décision administrative, la question de savoir si les *forenses* doivent, selon le droit rhénan-prussien, concourir à l'entretien des édifices religieux, a été résolue négativement par le tribunal de Bonn le 5 avril 1870. (Voy. *Archives*, t. XXIV, p. 302.)

[1] Voyez la déclaration ixe de la Congrégation du concile sur le concile de Trente, *loc. cit.*; D. Albertis, *loc. cit.*, n. 219, p. 216.

[2] Voyez le § suivant. — L'évêque ne pourrait employer les revenus d'une église plus riche en faveur d'une église plus pauvre qu'avec le consentement du Saint-Siége. Voyez dans Schulte, *Système*, p. 184, note 2, réponse de la Congrégation du concile, année 1712.

[3] Le concile de Trente, *loc. cit.*, et sess. VII, cap. VIII, permet la contrainte contre tous les patrons et autres personnes qui perçoivent les fruits, et, à leur défaut, contre les paroissiens, supposé toutefois qu'ils ne se trouvent pas dans un grand besoin. — On pourrait aussi sommer le patron ou de bâtir ou de renoncer à son droit dans un temps déterminé. (Congreg. conc., ad Conc. Trid., sess. XXI, cap. VII, n. 4, édition de Richter et Schulte.)

[4] Conc. Trid., *loc. cit.*

[5] La manière de procéder en ce cas fut tracée par saint Charles Borromée au quatrième concile provincial de Milan. (*Acta eccles. Mediol.*, t. I, p. 128.) L'emplacement de l'église peut être consacré à des usages profanes, mais non « sordides. »

§ 179. 7º Aliénation des biens ecclésiastiques [1].

Les « choses consacrées, » les objets précieux et les immeubles de l'église sont inaliénables [2].

I. Le droit canonique admet comme causes légitimes d'aliénation : une nécessité pressante *(urgens necessitas)* [3], un avantage évident pour l'Église *(evidens Ecclesiæ utilitas)* [4], une œuvre de charité chrétienne *(christiana charitas)* [5]. C'est aux supérieurs à prononcer, après un examen attentif des circonstances, s'il existe une pareille nécessité.

---

[1] C. XII, q. 2; *De rebus eccles. non alienandis.* X, III, 13; in VIº, III, 9.; in Clem. III, 4; in Extrav. comm. III, 4; Barthel, *De rebus eccles. non alienandis.* (*Opuscula juridica,* Bamberg, 1756, t. II, p. 805.)

[2] C. II, X, de donat. III, 24.

[3] Comme un paiement de dette, la reconstruction d'une église. C. II, § 1, C. 10, q. 2; c. XXXIX, C. 17, q. 4; c. VI, X, de immun., III, 48; c. I, h. t., in VIº; Clem. I, h. t.
On pourrait aussi, avec l'approbation du pape, aliéner des biens d'église pour venir au secours de l'État. Voyez ci-dessus, 7, X, de immun., III, 40 (Conc. Lateran. IV, an. 1215); c. un., h. t, in Extravag. com.
Dans le présent siècle, Pie VII, par bref du 14 juin 1805, a donné cette permission au roi d'Espagne, pour acquitter des dettes et amortir l'argent en papier. (*Bullar.,* XII, p. 319, et une seconde fois, *ibid.,* XIII, p. 74.) Le roi de Sardaigne en a obtenu une semblable le 10 août 1815 (*ibid.,* p. 383) et le 27 octobre 1815 (*ibid.,* p. 424); le grand-duc de Toscane, le 11 août 1815 (*ibid.,* p. 383). Des approbations analogues ont été données après coup aux gouvernements de France et d'Espagne, en vertu des concordats. Voyez Schulte, *Lehrbuch,* § 194, n. 8. Voyez aussi dans Walter, *Lehrbuch,* § 256, n. 19, des exemples de sacrifices considérables faits par l'Église pour subvenir à la détresse financière du gouvernement français.

[4] C. LII, C. 12, q. 2; c. VIII, X, h. t.; c. I, h. t., in VIº.

[5] Par exemple, pour racheter des captifs, secourir les pauvres dans une famine. Ces deux raisons suffisent pour justifier l'aliénation des choses sacrées. C. XII-XVI, LXX, C. 12, q. 2; c. XXI Cod. de sacr. eccl. alien., I, 2; Novella Justiniani, 120, c. IX.

Note du trad. — Lorsque Philippe le Bel opprimait son peuple par les changements continuels qu'il faisait subir à la monnaie, le clergé mit à sa disposition la dixième partie de ses revenus pour le détourner de ces procédés usuraires. Au seizième siècle, il offrit différents subsides pour dégager les biens de la couronne. Dans les sept années qui précédèrent la Révolution, le clergé français fournit en dons volontaires 42 millions de livres, et il proposa, pour empêcher la sécularisation des biens ecclésiastiques, de faire un don de 400 millions. (Walter, *Droit ecclés.,* p. 580, 14e édit.)

II. Les solennités requises pour procéder à une aliénation autorisée par de pareils motifs ne peuvent être omises que lorsqu'il s'agit de prêter de nouveau des biens-fonds qu'on avait coutume de donner en louage ou en emphytéose, et qui n'étaient pas encore rentrés en la possession de l'église [1].

Ces solennités sont :

1° Entendre toutes les personnes intéressées dans l'aliénation. Quand une église possède un collége de prêtres, il faut que l'aliénation y soit précédée d'une délibération et d'une résolution en forme, afin qu'on puisse demander ensuite à l'évêque un décret d'aliénation. Dans les églises vacantes, on doit établir un défenseur et entendre ses raisons [2].

2° L'évêque doit ensuite délibérer avec le chapitre, quand le chapitre n'a pas encore discuté et résolu l'aliénation en première ligne, parce qu'il s'agit des biens de l'église cathédrale, c'est-à-dire de l'évêque et du chapitre. Quand le chapitre consent [3], ainsi que le patron quand il s'agit des biens dotaux d'une église de patronage [4], l'évêque peut :

3° Publier le décret nécessaire d'aliénation [5].

---

[1] C. II, de fend., III, 20. Voyez sur ce passage Berardi, *Comment.*, p. 303. Il peut aussi se former une coutume qui déroge à telle solennité. Mais une coutume qui ferait disparaître toute formalité dans l'aliénation des biens d'église serait irrationnelle et invalide. Voyez Phillips, *Manuel*, § 223.

[2] C. I, h. t., in VI°.

[3] C. I, h. t., in VI°, cit., c. XX, LI, LII, LIII, C. 13, q. 2; c. I, II, III, VII, VIII, X, de his quæ fiunt a prælatis, III, 10; c. II, X, de donationibus, III, 24; c. VI, X, h. t., in VI°. Le collége de l'église dont il s'agit, doit signer le décret d'aliénation. C. LII, C. 12, q. 2; c. VIII, de his quæ fiunt a prælatis, III, 10. La minorité doit signer aussi, à moins qu'elle ne soit pleinement convaincue de l'inopportunité de l'aliénation; dans ce cas, chaque clerc est tenu d'en informer le supérieur. C. VI, X, h. t.; c. II, X, de donationibus; c. II, h. t., in VI°.

[4] Voyez ci-dessus, p. 178, 474. Le patron peut, en fondant une église, se réserver le droit d'aliéner. Cependant quand il refuse son consentement sans raison, on peut lui intenter une action *in integrum*.

[5] Les prélats *nullius* (voy. ci-dessus, § 72, n. V; § 117, n. III), qui n'appartiennent pas à la classe des prélats complètement exempts, ont besoin du consentement du monastère et de celui de l'évêque, même pour des choses futiles. (C. XLI, c. 12, q. 2.) — Le vicaire général ne peut publier le décret d'aliénation que lorsqu'il y est spécialement autorisé (§ 131, p. 362).

Le vicaire capitulaire ne peut aliéner aucun des biens appartenant à la cathédrale, mais il peut approuver les aliénations faites par des églises subordonnées. (Voyez D. Albertis, *loc. cit.*, n. 68, p. 399.) Il fallait

4° L'évêque ne peut, à cause de son serment, aliéner les biens de la mense épiscopale sans demander l'avis du pape. Le droit moderne exige en général que toute aliénation soit approuvée de Rome [1]. De nos jours, plusieurs évêques ont obtenu du pape, sur leur demande, l'autorisation expresse de donner leur consentement au nom du souverain-pontife [2].

5° Des concordats et des légations civiles récentes soumettent presque toujours l'aliénation des biens ecclésiastiques à l'approbation du gouvernement [3].

III. Aliéner ou grever un bien d'église sans décret épiscopal ou sans observer les formalités requises, est un acte nul et invalide [4]. L'aliénant lui-même [5], eût-il promis par serment de ne pas attaquer l'aliénation [6], son successeur [7], le chapitre, tout ecclésiastique [8] et même tout catholique peut faire valoir la nullité de l'aliénation. Il en est de même lorsque, l'aliénation étant approuvée par les supérieurs ecclésiastiques et les forma-

---

autrefois, outre l'approbation de l'évêque, la confirmation du concile provincial (c. xxxix, C. 17, q. 4).

[1] C. ii, h. t., in VI°; Paul. II const. *Cum in omnibus*, an. 1463 (*Bullar. rom.*; t. III, part. III, p. 118); Const. *Ambitiosæ*, an. 1468 = c. unic. in Extravag. comm., h. t., III, 4; *Congregatio concilii in Vratislav.*, I, an. 1647 (dans Ferraris, *Prompta Bibl.*, v. *Alienatio*, art. vi, n. 11). Les prélats des ordres religieux doivent également demander l'autorisation du pape. Cf. *Decret. Congreg. concilii*, an. 1624 (dans Ferraris, *loc. cit.*, art. 4, n. 30). Le concordat autrichien, art. 30, inculque de nouveau ce devoir aux évêques et aux prélats.

[2] Pie IX, par bref du 3 avril 1860, a donné ces pleins pouvoirs pour dix ans aux évêques d'Autriche; il les a renouvelés pour le même laps de temps dans un nouveau décret du 16 mai 1870, sous une forme restreinte. Il a fait de même pour les biens des couvents par bref du 16 avril 1861, renouvelé le 23 septembre 1871, chaque fois pour dix ans. Voyez Phillips, *Compendium juris ecclesiast.*, ed. 3°, § 223, in fine, p. 462 et suiv. Voyez aussi *Archives*, t. VI, p. 146; t. VII, p. 143.

[3] Voyez le concordat autrichien, art. 30, et l'ordonnance autrichienne des 20 juin et 13 juillet 1860; arrêté du ministre des cultes du 20 juillet 1860 (*Archives*, t. V, p. 465; t. XIX, p. 448; t. VI, p. 166; t. VII, p. 76); pour la Bavière, édit de religion, §§ 47 et suiv.; pour le Wurtemberg, tome Ier, p. 274; pour Bade, ordonnance du 20 novembre 1861, § 16 (*op. cit.*, p. 169); pour la Prusse, la loi citée ci-dessus, § 171, p. 531, note; pour la Saxe, le projet de loi cité au même lieu.

[4] C. vi, 12, X, h. t. Il en est de même, au point de vue du droit ecclésiastique, quand l'approbation du souverain est exigée par un concordat et qu'elle n'a pas été donnée.

[5] C. vi, X, cit. — [6] Voy. c. ii, X, de jurejurando. — [7] C. i, X, h. t.; c. ii, X, de donationibus, III, 24. — [8] Voy. c. vi, h. t.; c. ix, X, de donat.

II. — DROIT CANON.

lités observées, il n'y a pas de juste cause d'aliénation[1]. Du reste, l'action en nullité, supposé la bonne foi de l'acquéreur, est soumise à la prescription canonique de quarante ans[2]. Mais le droit canon et le droit commun accordent à l'église, quand une aliénation de biens ecclésiastiques a eu lieu conformément aux prescriptions du droit canon, la restitution *in integrum* pendant quatre ans[3]. Peut-on de nos jours exécuter ces règles? Cela dépend de la législation de chaque pays. Mais il va de soi que les principes relatifs aux formalités ne sont pas applicables à la vente forcée résultant de réclamations contre une église[4].

IV. L'aliénation illégitime est soumise à de sévères censures; les contractants notamment encourent l'excommunication *latæ sententiæ*[5] réservée au pape. Cependant, d'après la constitution *Apostolicæ Sedis* du 16 octobre 1869, elle n'est plus réservée pour personne. La suspense *latæ sententiæ* que les clercs consentants encouraient pour trois ans[6], l'interdit de l'entrée de l'église, qui atteignait les évêques et les prélats *nullius* coupables d'aliénation illégitime, de même que la suspense encourue *ipso facto* si dans l'espace de six mois ils ne satisfaisaient pas à l'église dont ils avaient violé les droits, ne sont pas renouvelés dans la constitution *Apostolicæ Sedis* de 1869. Aujourd'hui les peines à encourir dépendent de la volonté des supérieurs et ne sont plus infligées *ipso facto*. Quant à la perte des bénéfices, dont Paul II menace les clercs inférieurs comme « peine vindicative[7], » elle n'a pas été abolie par cette constitution : elle continue donc d'être en vigueur.

ADDITION DU TRADUCTEUR.

En France, il n'est pas d'usage de s'adresser au pape pour autoriser les aliénations des biens qui dépendent d'une église sujette à la juridiction de l'ordinaire.

---

[1] Arg., c. I, X, de confirm. utili vel inutili, II, 30. — [2] C. IX, X, de donat., III, 24. — [3] C. XI, X, h. t.; c. I, X, de in integrum restitut., I, 41.
[4] Aussi les brefs pontificaux que nous avons cités pour l'Autriche permettent, dans ces cas de nécessité, d'aliéner sans condition; et voilà pourquoi aussi les ordonnances autrichiennes que nous avons indiquées autorisent les créanciers de bénéfices à s'emparer des fruits, quand du reste le droit civil le permet. Voyez Schulte, *Lehrbuch*, § 194, note 27.
[5] C. XIII, § 1, C. 12, q. 2; c. VI, X, h. t.; c. un. Extrav. comm., h. t.; Conc. Trid., sess. XXII, cap. XI, de ref. — [6] C. II, h. t., in VI°. — [7] Const. *Ambitiosæ*, in Extrav. comm.

Les ventes ou aliénations des biens d'église ne peuvent être autorisées que par le roi et par l'évêque : le roi, comme protecteur des biens d'église; l'évêque, comme administrateur né des biens de son diocèse. L'autorisation du gouvernement pour aliéner les biens de fabriques, de communautés et autres établissements publics et ecclésiastiques, est prescrite par la loi du 2 janvier 1817.

Les aliénations des biens appartenant aux fabriques doivent avoir lieu dans les formes prescrites pour l'aliénation des biens des communes. La circulaire ministérielle du 12 avril 1819 porte ceci :

D'après la loi du 2 janvier 1817, les biens appartenant à un établissement ecclésiastique reconnu par la loi seront inaliénables, à moins que l'aliénation n'en soit autorisée par le roi. L'article 62 du décret du 30 décembre 1809 veut que les biens immeubles de l'église ne puissent être vendus, aliénés, échangés ni même loués pour un terme plus long que neuf ans, sans une délibération du conseil, l'avis de l'évêque diocésain et l'autorisation du gouvernement.

Les formalités à suivre pour les aliénations sont indiquées dans la circulaire ministérielle du 29 janvier 1831.

Les congrégations religieuses de femmes autorisées en vertu de la loi du 24 mai 1825, peuvent aliéner, avec l'autorisation du gouvernement, les biens immeubles ou les rentes dont elles sont propriétaires.

Art. 5. Nulle personne faisant partie d'un établissement autorisé ne pourra disposer par actes entre vifs, ou par testament, soit au profit de l'un de ses membres, au-delà du quart de ses biens, à moins que le don ou legs n'excède pas la somme de 10,000 francs. Cette prohibition cessera d'avoir son effet relativement aux membres de l'établissement, si le légataire ou donataire était héritière en ligne directe de la testatrice ou donatrice.

Art. 7. En cas d'extinction d'une congrégation ou maison religieuse de femmes, ou de révocation de l'autorisation qui lui aurait été accordée, les biens acquis par donation entre vifs ou par disposition à cause de mort, feront retour au donataire ou à leurs parents au degré susceptible, ainsi qu'à ceux des testateurs au même degré.

La transmission sera opérée avec les charges et obligations imposées aux précédents possesseurs.

Dans le cas de révocation, les membres de la congrégation ou maison religieuse de femmes auront droit à une pension alimentaire, qui sera prélevée : 1° sur les biens acquis à titre onéreux; 2° subsidiairement sur les biens acquis à titre gratuit, lesquels, dans ce cas, ne feront retour aux familles des donateurs ou testateurs qu'après l'extinction desdites pensions.

§ 180. II. Les biens d'église dans l'Église protestante.

I. La jurisprudence protestante relative aux biens ecclésiastiques a conservé la plupart des prescriptions du droit canonique, et les ordonnances de l'État sont généralement les mêmes pour les catholiques et les protestants.

II. L'Église protestante distingue aussi les choses qui se rapportent immédiatement au culte et les choses qui appartiennent à la fortune de l'église; cependant elle ne fait pas usage des principes du droit canon sur les choses sacrées. Les protestants considèrent tous les biens ecclésiastiques, même les édifices religieux, comme choses temporelles. Ils n'ont ni consécration ni bénédiction qui confère aux choses immédiatement destinées au culte une sainteté particulière [1]. Cependant ils admettent aussi que les objets qui se rattachent directement au culte doivent être traités avec un certain respect [2], qu'on ne peut les aliéner que pour de pressants motifs, et que leur profanation doit être sévèrement punie. Les protestants ont aussi des cérémonies particulières, une dédicace, comme ils disent, pour l'inauguration d'une nouvelle église ou d'un nouveau cimetière [3]. Cependant, comme leurs temples ne sont pas réellement consacrés et ne reçoivent pas un caractère religieux, leur destination au culte exclut seulement l'usage contradictoire, mais non toute espèce d'autre usage [4].

III. Les écoles, même en ce qui regarde l'instruction religieuse, de même que les établissements théologiques, peuvent être considérés chez les protestants comme de simples institutions de l'État.

---

[1] Art. *Schmalc.*, part. III, A. 15, de humanis traditionibus; J. Boehmer, *J. E. Prot.*, lib. III, tit. XLIX, § 2; Herrmann, *Ueber das Recht der Einræumung evang. Kirchen zu nicht gottesdienstlichem Gebrauche* (*Zeitschrift für Kirchenrecht*, t. V, p. 237); Klieffoth, *Allg. Kirchenblatt*, XII, p. 351; Büff, *Kurhessisches Kirchenrecht*, p. 241, remarque 1.

[2] *Helvetic. Conf.*, I, c. XXII.

[3] Klieffoth, *Liturgische Abhandlungen*, I, p. 208, et *Allg. Kirchenblatt*, XII, p. 351. Voyez aussi *Allg. Kirchenblatt*, V, p. 568; Jacobson, *Preuss. Kirchenrecht*, § 122; Wurttemberg, *Erlass vom 16 Januar 1857*, dans *Allg. Kirchenblatt*, 1857, p. 83.

[4] Voyez Herrmann, *op. cit.*, p. 234; Richter, *Manuel de droit eccl.*, § 305, note 1.

IV. Les biens de l'Église protestante doivent, d'après les principes du protestantisme, être considérés comme appartenant à une corporation, à la commune religieuse[1]. Cependant la législation de plusieurs pays, comme dans la Marche électorale de Prusse[2], dans la Saxe[3], la Hesse électorale[4], a maintenu le principe du droit canon d'après lequel c'est la personne juridique de l'église qui possède comme corporation les biens destinés à des fins religieuses, et non la commune religieuse. Selon les principes du protestantisme, l'administration des biens d'église appartient aux communes et à leurs représentants, les presbytéries, les conseils ecclésiastiques[5]. Cependant le patron y prend aussi une part active.

Les mesures importantes d'administration et d'aliénation demandent toujours l'agrément du pouvoir civil. Conformément aux principes de la constitution consistoriale, les pouvoirs de l'État avaient presque toujours accaparé toute l'administration : car ici encore les autorités ecclésiastiques établies par les souverains envahissaient l'administration épiscopale rejetée par les protestants; seule l'administration immédiate était gérée partie par les « pères de l'église, » partie par les ecclésiastiques eux-mêmes avec le concours des patrons[6].

Pendant la révolution religieuse du seizième siècle, les réformateurs déclarèrent que les biens des couvents et des chapitres supprimés étaient la propriété de l'Église; qu'ils devaient être protégés par les souverains et employés pour subvenir aux besoins de la prédication, des écoles et des pauvres; mais que

---

[1] C'est ainsi qu'ils sont envisagés dans *Preuss. Landrecht*, II, 11, § 160; *Rheinisch-westfæl. Kirch.-Ordnung*, § 147; voyez *ibid.*, § 16, n. 3; § 18, III d.; *Sachsen-Weimar, Kirch.-Ordnung* du 24 juin 1871, § 7, n. 3; *Oldenburg. revid. Kirch.-Verfassung*, art. 30, n. 5; *Œsterr. Kirch.-Verfassung*, § 54, 42, n. 7. Cf. aussi *Badische Kirch.-Verfassung*, § 37, n. 5. Voyez Richter, *Lehrbuch*, § 302, p. 1085, 7ᵉ édit.; Hübler, *op. cit.*, p. 79; Jacobson, *Preussisches Kirchenrecht*, § 160.

[2] Voyez Richter, *Lehrbuch*, § 302, p. 1086, note 10.

[3] Voyez Weber, *Kirchenrecht*, t. I, p. 478, 1ʳᵉ édit., et t. II, part. II, § 95, 2ᵉ édit.; *Gesetzbuch*, § 52, 2074, 2165; *Kirchenvorst.-Ordnung* du 30 mars 1868, § 1.

[4] Büff, *Kurhessisches Kirchenrecht*, § 278. — [5] Voyez ci-dessus, § 140.

[6] Voyez les détails dans Richter, *Kirchenrecht*, § 320, n. II, p. 1169, et t. 1ᵉʳ, p. 707 et suiv., notre résumé des nouvelles lois ecclésiastiques protestantes.

l'autorité, ces buts une fois remplis, pouvait user du superflu[1].

V. De ces principes du protestantisme que la commune religieuse est propriétaire des biens d'église, il s'ensuit qu'elle supporte aussi les charges attachées à ces biens, et qu'on doit procéder à cet égard d'après les principes généraux du droit qui régissent une société. On doit admettre également que les églises ont le droit d'imposer leurs fidèles pour se procurer les ressources nécessaires[2]. Ce principe a été effectivement reconnu, pour les provinces du Rhin, de la Westphalie et du Hanovre, dans le règlement synodal[3] dressé pour les huit anciennes provinces de la Prusse, dans le règlement synodal de Bade et dans une loi spéciale pour Oldenbourg.

VI. Les temples et les maisons curiales[4], quand il existe un patron, sont d'abord à sa charge, du moins pour une grande partie, quand même il ne tire aucun revenu de l'église. Sans

---

[1] Voyez Richter, *Lehrbuch*, § 312.

[2] Voy. Hinschius, dans Holtzendorff, *Encyclopædie*, 2ᵉ éd., § 72, p. 649.

[3] Le *General-Synodalordnung* prussien, § 13, est ainsi conçu : « Les dispositions du gouvernement ecclésiastique concernant l'adoption de nouvelles collectes qui se reproduisent régulièrement et l'abolition des collectes existantes doivent être approuvées du synode général. » § 14 : « L'approbation de nouvelles dépenses pour des fins ecclésiastiques, quand elles doivent être couvertes par les caisses de l'église ou les communes ecclésiastiques, a lieu par la voie de la législation ecclésiastique. Une dépense approuvée qui devra être couverte par des contributions, sera répartie dans les provinces ecclésiastiques d'après une mesure fixée provisoirement par ordonnance royale, et définitivement concertée entre le synode général et le gouvernement ecclésiastique. » « Les subventions de chaque province sont réparties d'après la règle établie dans les §§ 72 et 73 du règlement communal et synodal du 10 septembre 1873, pour les provinces du Rhin et de Westphalie, d'après le § 135 du règlement ecclésiastique du 5 mars 1835, et versées dans les caisses du consistoire, qui les remet au premier conseil évangélique. » § 15 : « Les revenus de la fortune de l'église et des bénéfices paroissiaux peuvent aussi être assujétis à concourir à des fins ecclésiastiques. » etc. — Joignez-y les dispositions du projet de loi de 1876 concernant la constitution de l'Église évangélique dans les huit anciennes provinces de la monarchie, art. 2, 9, 10, 11, 13, 14, 15.

[4] Voyez Herrmann, *Zur rechtlichen Natur der Kirchenlasten* (*Zeitschrift für deutsches Recht von Reyscher*, t. XVIII, p. 29); Purgold, *Ueber Kirchenbaulast in Bezug auf Neubau des Kirchengebæudes und auf Reparatur seiner inneren Einrichtung* (Dove, *Zeitschr.*, t. IV, p. 458; Richter, *Lehrbuch*, § 319, n. IV; J.-H. Boehmer, *Jus eccl. Prot.*, lib. III, tit. XLVIII, §§ 73-75; *Jus parochiale*, sect. VII, cap. III, §§ 5-7; G.-L. Boehmer, *Principia juris eccl.*, § 597.

cela, et quand les revenus de la fabrique sont insuffisants, ils sont au compte de la commune. Ici encore, du reste, ce sont la coutume et le droit particulier qui font loi. Les patrons et les communes ne sauraient obliger les ecclésiastiques à coopérer [1]. Pour le reste, et en l'absence de toute loi particulière, on s'en tient aux prescriptions du droit canonique. Pour toute espèce de construction, la commune est obligée de fournir des corvées.

VII. Sur les bénéfices, l'Église protestante a également adopté la plupart des principes catholiques [2]. Les ecclésiastiques étant ordinairement mariés, il n'y a point chez eux de « pécule clérical [3]. » Les biens du bénéfice se confondent avec les biens allodiaux. Quand un ecclésiastique est mis à la retraite pour cause d'âge ou d'infirmité, non-seulement il conserve les droits attachés à son état, mais il perçoit, en l'absence d'une caisse particulière, sur les revenus de sa charge, une pension, dont le montant est ordinairement réglé par un accord avec son successeur, quelquefois par la coutume et par la loi [4]. Quand on assigne à quelqu'un une pension contre son gré et par mesure disciplinaire, on suit des principes analogues à ceux du droit canon [5].

VIII. La même chose a lieu pour l'aliénation des biens ecclésiastiques, et c'est sur cette base que les lois particulières règlent les détails. Partout, ainsi que nous l'avons déjà remarqué, le consistoire ou le souverain prend la place de l'évêque.

---

[1] D'après le *Landrecht* prussien, l'entretien des églises de la campagne revient au patron pour les deux tiers, aux paroissiens pour un tiers. C'est le contraire pour les églises des villes. Voyez, sur les dispositions du *Landrecht*, Jacobson, *Evangelisches Kirchenrecht*, p. 693.

[2] Voyez cependant Richter, *Lehrbuch*, § 315, note 30. La situation à Bade est particulière. Comme les cures sont classées selon leurs revenus, les curés ne jouissent du revenu entier que lorsqu'ils ont tant d'années de service. Jusque-là, le surplus doit être versé dans la caisse centrale des curés; le haut conseil permet alors qu'on leur fournisse des subventions proportionnées à leur âge et à leurs mérites. Voyez *Bad. K.-Vf.*, §§ 100 et suiv., et loi du 5 septembre 1861. Voyez aussi plus haut, § 169, p. 535, note 1. *Oldenburg. rev. K.-Vf.*, art. 97-102.

[3] Voyez ci-dessus, § 174.

[4] Voyez Richter, *Manuel*, § 204, n. II, p. 611.

[5] Voyez pour la Prusse *Allg. Landrecht*, II, 11, § 135; *Cabinets-Ordre* du 27 avril 1830, dans Vogt, *Preussisches Kirchenrecht*, p. 408. Voy. aussi Jacobson, *Evangelisches Kirchenrecht*, p. 426.

LIVRE V.

DROITS ECCLÉSIASTIQUES DES INDIVIDUS ET DES CORPORATIONS RELIGIEUSES.

§ 181. I. Admission dans l'Église par le baptême.

I. Le baptême[1] est l'unique et indispensable condition pour entrer dans le sein de l'Église ; contracter le devoir de l'obéissance aux lois ecclésiastiques et acquérir la capacité juridique appartient généralement à tous les fidèles[2]. Quand des personnes baptisées, mais non catholiques, demandent justice devant le for de l'Église catholique, ou lorsqu'il s'agit de constater la situation juridique d'une personne non catholique validement baptisée par rapport à un catholique (qui voudrait, par exemple, épouser cette personne) ; lorsqu'il s'agit de savoir notamment si on doit considérer cette personne comme mariée au point de vue catholique, on se conforme aux prescriptions du droit canon. Mais la contrainte directe cesse à l'égard de ceux qui ne sont pas attachés à l'Église volontairement et par conviction[3].

II. Le droit de conférer le baptême appartient au curé[4], ou à l'ecclésiastique qui lui sert d'auxiliaire[5]. Cependant chacun peut validement baptiser, et, en cas de nécessité, chacun est tenu de le faire[6], même une femme[7], un schismatique[8], un hérétique[9], un infidèle[10], pourvu qu'en baptisant ils aient vrai-

---

[1] D. 4, de consecr.; x, III, 42, De baptismo et ejus effectu; x, III, 42, De presbytero non baptizato, Clem. III, 15. De baptismo et ejus effectu. Conc. Trid., sess. VII, cap. VII, VIII, de baptismo ; Eugen. IV, decret. ad Armenos, anno 1439 (dans Hardouin, Concil., t. IX, col. 438).

[2] Voyez Schulte, Droit ecclés., t. II, p. 567. — [3] Voyez t. Ier, § 33, p. 137 ; § 35, n. I, p. 140. — [4] Voyez ci-dessus, § 134, p. 375. — [5] Voyez ci-dessus, § 135, p. 380. — [6] C. XIX, d. IV, de consecratione ; c. XXI, eod. — [7] C. XX, d. IV, de consecratione. — [8] C. XL, d. IV, de consecratione. — [9] C. XXVIII, XXIX, XXXII, eod.; Conc. Trid., sess. VII, cap. IV, de bapt. — [10] C. XXIII, XXXI, XXIV, d. cit.

ment l'intention de faire ce que fait l'Église dans l'acte du baptême. Mais nul ne peut se baptiser soi-même [1].

III. Anciennement le baptême était surtout administré aux adultes [2]; cependant l'usage généralement reçu aujourd'hui de baptiser les enfants se rencontre dès les premiers temps de l'Église [3]. On peut même, quand un enfant se trouve dans un grave danger de mort, le baptiser pendant sa naissance, en faisant l'ablution sur la tête [4]. Il n'est pas permis de baptiser un monstre [5].

IV. L'Église impose à tous les parents chrétiens l'obligation de faire baptiser leurs enfants le plus promptement possible [6].

---

[1] C. IV, X, h. t., III, 42. — Outre le baptême d'eau, *baptismus fluminis*, on distingue le baptême de sang, *baptismus sanguinis*, qui a lieu lorsqu'une personne non baptisée verse son sang pour Jésus-Christ (*Matth.*, X, 32, 39; c. XXXVII, d. 4, de consecr.), et le baptême de désir, *baptismus flaminis* ou *desiderii*, comme lorsqu'un mourant souhaite ardemment le baptême et n'est pas en état de le recevoir. Tous ceux-là participent à la grâce du baptême *ex voto*, selon l'expression reçue. C. XXXIV, d. 4, de consecr.; c. CXLIX, eod.; c. II, X, de presbyt. n. bapt., III, 43; Conc. Trid., sess. VI, de justif., cap. IV.

[2] Le baptême des adultes est précédé d'une instruction sur les vérités de la religion chrétienne. Dans les premiers temps de l'Église, cette instruction, ou « catéchèse, » était distribuée dans un ordre déterminé; elle pouvait être donnée non-seulement par les clercs, mais par les laïques et par les femmes aux personnes de leur sexe. Voyez Devoti, *Instit. canon.*, lib. II, tit. II, § 29.

[3] Cf. Bingham, *Orig. eccl.*, lib. XI, cap. IV, § 5 (t. IV, p. 192). L'Église a condamné comme hérétique cette assertion que le baptême des enfants est invalide. Conc. Trid., sess. V, decr. de peccato orig., § 4; sess. VII, de baptismo, can. XII, XIII, XIV.

[4] Cf. Benoît XIV, *De synodo diœces.*, lib. VII, cap. V, n. 2, n. 6. D'après le Rituel romain, le baptême est valide quand il est fait sur la tête au moment de la naissance; administré sur une autre partie, par exemple, sur un pied ou sur une main, il doit être réitéré sous condition quand l'enfant survit.

Une femme baptisée pendant sa grossesse ne communique point le baptême à son enfant. C. CXVI, d. 4, de consecr.; c. CXIV, CXV, eod.

[5] Quand il s'agit du baptême, cependant, le terme de monstre doit se prendre dans un sens restreint. Cf. Schmalzgrueber, *Jus eccl. univ.*, III, 42, n. 32; F.-X. Schmid, *Freiburger Kirchenlexikon*, t. VII, p. 252.

[6] Cf. Rituale rom., tit. de sacr. baptismi : « Quamprimum fieri poterit. » Bened. XIV, *De synodo diœc.*, lib. XII, cap. VI, n. 7; Conc. prov. Prag., an. 1860, tit. IV, cap. II, n. 1; Conc. prov. Vindob., an. 1858, tit. III, cap. II, in fine : « Infantium baptismus ultra biduum a nativitate non differatur; » Conc. prov. Colon., an. 1860, part. II, tit. II, cap. XI : « Nec ultra tertiam diem prolatandum est. »

Souvent aussi les lois civiles permettent qu'on force de baptiser les enfants nés de mères chrétiennes dans un laps de temps déterminé[1]. Les enfants des juifs, des païens, des hérétiques, qui n'ont pas encore atteint l'âge de raison, c'est-à-dire la septième année, ne doivent pas être baptisés sans la demande de leurs parents[2]; et dans ce cas même on ne doit autoriser leur baptême que lorsque le baptême conféré par le ministre de la confession à laquelle appartiennent les parents serait invalide au point de vue catholique, et lorsqu'on peut espérer que l'enfant sera élevé dans les principes du catholicisme[3]. Celui-là serait passible des peines ecclésiastiques qui baptiserait quelqu'un contre son gré[4], ou un enfant en bas âge contre la volonté de ses parents infidèles.

V. Le baptême imprime à celui qui le reçoit la marque indélébile du christianisme[5], en sorte que celui qui apostasie ne cesse pas d'être chrétien[6]. De là vient que l'Église revendique le droit d'élever chrétiennement les enfants baptisés issus de parents juifs ou païens[7].

---

[1] *Reichsabsch* de 1529, § 6. En Prusse, ce terme est de six semaines à dater de la naissance; de même en Saxe, à Altenbourg, à Lübeck, dans le Schleswig-Holstein; à Nassau et dans les deux Mecklembourg, il est de quatre semaines. Voyez les preuves dans Richter, *Lehrbuch*, § 264, notes 12-14.

[2] Et contre leur gré. Cf. Benoît XIV, *De synodo diœc.*, lib. VI, cap. IV, n. 2, avec les citations; encycliques de ce pape du 18 février 1747 et du 15 décembre 1851. — La loi autrichienne interconfessionnelle veut que les enfants légitimes, quand les deux parents appartiennent à la même confession, suivent la religion de ceux-ci, et enlève ainsi aux juifs la possibilité de faire élever leurs enfants dans la religion chrétienne quand ils ne se convertissent pas eux-mêmes. Voyez Richter-Dove, *Manuel*, § 264, note 9.

[3] Voyez les discussions des évêques allemands réunis à Wurzbourg en 1848. *Archives*, t. XXII, p. 300.

[4] La contrainte proprement dite rend le baptême invalide. C. III, X, h. t.

[5] On peut comparer les effets du baptême à une spécification.

[6] Conc. Trid., sess. VII, can. XI, de baptismo.

[7] Sur le cas de l'enfant juif Mortara, baptisé à Rome par une fervente chrétienne (1858), voy. Hergenrœther, *Archives*, t. IV, p. 294. Voy. aussi Moy, *ibid.*, t. III, p. 644; Phillips, *Droit eccl.*, t. II, p. 404. — Les lois civiles actuelles ne protègent pas l'éducation chrétienne des enfants nés de parents juifs ou infidèles. — Voyez la loi interconfessionnelle autrichienne, art. 8; la loi badoise du 9 octobre 1860, concernant l'exercice des droits d'éducation relativement à la religion, § 5; *Oldenb. revid. Verf.-Urkunde*, 1852, art. 34, § 1.

VI. Le baptême doit être régulièrement administré dans l'église de la paroisse où l'enfant est né. Il n'y a d'exception que pour les enfants des princes. On ne permet de baptiser les enfants dans la famille que lorsque le transport à l'église exposerait leur vie[1]. Cependant il est d'usage dans plusieurs villes de permettre, contre une augmentation des droits d'étole, de baptiser à la maison les enfants des familles aisées.

VII. Quant aux adultes, il faut qu'ils demandent eux-mêmes le baptême, et, s'ils veulent recevoir la grâce qui y est attachée, qu'ils aient la foi, le regret de tous leurs péchés passés et la résolution de n'en plus commettre[2]. Les enfants qui ne peuvent énoncer leur consentement sont suppléés par l'Église[3], et on leur donne ordinairement, bien que ce ne soit pas une nécessité, des parrains qui répondent en leur nom[4]. Les parrains garantissent qu'ils veilleront, autant qu'il est en eux, à ce que le baptisé remplisse les obligations qui lui sont imposées envers l'Église.

On peut aussi admettre comme parrains d'honneur ou comme témoins du baptême, sans les droits et les devoirs des parrains proprement dits, des chrétiens appartenant à d'autres confessions. Ces parrains d'honneur ne donnent lieu à aucune parenté spirituelle[5]. Les enfants en bas âge, les insensés, ceux qui sont frappés de censures publiques, les criminels notoires, les infidèles[6], les personnes religieuses[7], les propres parents du néophyte, ne sauraient faire les fonctions de parrains[8]. Pour ne pas trop multiplier les cas de parenté spirituelle, on doit, d'après le concile de Trente[9], n'admettre qu'un seul, ou tout au plus deux parrains véritables, et, dans ce dernier cas, qu'un seul homme et une seule femme.

VIII. Dans une nécessité pressante, quand le néophyte se trouve en danger de mort, on omet les cérémonies ecclésiastiques non indispensables. On les omet fréquemment aussi dans le baptême des enfants des princes, et on les supplée par quelque

---

[1] Clem. un., h. t. — [2] *Catechism. roman.*, part. II, cap. II, q. 30, § 5. — [3] Cf. Conc. Trid., sess. V, decr. de pecc. orig., § 4; sess. VII, de bapt., c. XII, XIV; Augustin., *De pecc. mer. et rem.*, lib. I, c. XXV. — [4] C. VII, d. 4, de cons.; c. VIII, § 1, d. cit.; c. XXVIII, LXXVI, LXXVII, eod. — [5] Voyez ci-dessus, § 200. — [6] C. CII, d. 4, de cons. — [7] C. CIII, CIV, eod. — [8] Const. *Mogunt.*, an. 813, cap. LV. (Hardouin, *Concil.*, t. IV, col. 1016.) — [9] Conc. Trid., sess. XXIV, cap. II, de ref. matr.

solennité particulière. Ces cérémonies, du reste, doivent toujours être suppléées quand elles ont été omises par nécessité, avec la permission de l'évêque, ou même sans permission. La réitération proprement dite du baptême est absolument défendue, et l'Église la considère comme un crime [1]. On ne peut rebaptiser sous condition que lorsqu'il y a doute sur la validité d'un précédent baptême, par exemple, sur la validité d'un baptême conféré dans une nécessité pressante [2], sur le baptême des enfants trouvés [3] et des convertis [4].

IX. Le droit protestant [5] admet aussi que c'est en vertu du baptême qu'on devient membre de l'Église; mais il ne pense point que l'Église ait sur l'enfant baptisé un droit définitif avant sa confirmation, où il renouvelle les vœux de son baptême. Les protestants considèrent comme un devoir des parents chrétiens de faire baptiser leurs enfants; mais ils n'emploient aucune mesure disciplinaire contre les parents négligents. Il y a même parmi eux des canonistes qui contestent aux lois civiles le droit d'employer des amendes pécuniaires, des moyens directs de coaction contre ceux qui ne font point baptiser leurs enfants dans un temps déterminé [6].

§ 182. II. Apostasie et retour dans le sein de l'Église.

I. Celui qui déserte le giron de l'Église est considéré comme un hérétique formel (§ 156), au point de vue du droit pénal de l'Église; lorsqu'il rentre dans son sein, il doit se soumettre aux peines qu'elle inflige. Quant à ceux qui sont nés et ont été élevés dans une autre confession chrétienne, on les tient pour des hérétiques purement matériels; on suppose qu'ils sont innocemment dans l'erreur [7]. Lorsqu'ils entrent dans le sein de

---

[1] Voyez ci-dessus, § 156.
[2] Voyez Decl. VIII ad Conc. Trid., sess. VII, de bapt., dans l'édition de Richter, p. 47; Bened. XIV, *loc. cit.*, n. 5.
[3] C. CX, CXI, d. 4, de cons.; Bened. XIV, *loc. cit.*, n. 5.
[4] Cf. Declar. VI ad Conc. Trid. — Quand il s'agit de constater la validité d'un baptême, il faut surtout s'enquérir de la forme qui a été employée (c. XXVIII, d. 4, de cons.) et de l'intention de celui qui a baptisé. V. Benoît XIV, *loc. cit.*, n. 9.
[5] Voy. Richter, *Lehrbuch*, § 264; Hinschius, *Kirchenrecht*, dans Holtzendorff, *Encyclopædie*, 2ᵉ éd., § 73, p. 649.
[6] Voyez Richter et Hinschius, *op. cit.* — [7] Voyez § 57, p. 10, note 1.

l'Église catholique, on se contente d'exiger d'eux une profession de foi¹.

II. Plusieurs législations civiles exigent un âge précis (l'âge de discernement), qui est d'ordinaire l'âge de puberté², pour que le passage d'une religion dans une autre soit civilement reconnu. D'autres demandent des formalités particulières : une déclaration à l'ancien curé, aux autorités civiles, à la justice. La loi civile impose quelquefois des formalités particulières pour le changement de religion. En Bavière³ et dans le Wurtemberg⁴, elle demande qu'on en fasse la déclaration à l'ancien curé; en Autriche, à l'autorité civile⁵; en Prusse⁶, aux tribunaux.

§ 183. III. **La jurisprudence du mariage.** — 1. **Choix d'ouvrages.**

I. Auteurs catholiques.

1. Thomas Sanchez, S. J. (mort en 1610), *De sancto matrimonii sacramento libri tres*, Jan., 1592; Lugduni, 1669, in-fol. (riche casuistique).
2. Roscovany, *De matrimonio in Ecclesia cath.*, Aug. Vind., 1837, 2 tom.
3. Carrière, *Prælectiones theologicæ de matrimonio*, Paris., 1837, 2 tom.; extrait de cet ouvrage : *Prælectionum theologicarum compendium*, ed. 5, Paris., 1857.
4. Contre Carrière : Martin, *De matrimonio et potestate ipsum dirimendi Ecclesiæ soli exclusive propria*, Lugd. et Paris., 1844, 2 tom.
5. Perrone (S. J.), *De matrimonio christ. libri tres*, Rom., 1858; Leod., 1862.
6. Schneemann (S. J.), *Die Irrthümer über die Ehe*, 2ᵉ édit., Frib., 1856.
7. Gissler, *Handbuch des gemeinen preussisch. Eherechtes*, Breslau, 1840.

---

¹ Voyez le *Modus profess. fidei a neo-conversis excipiendi eosdemque in gremium Ecclesiæ admittendi*, dans Schneider, *Manuale sacerdotum*, edit. septima, minoris formæ sexta, Coloniæ, 1874, p. 638. Parmi les décrets que la commission politique et religieuse du concile du Vatican avait en vue de proposer, on en trouve qui sont intitulés : « De communicatione in sacris cum hæreticis, » et « de heterodoxorum in Ecclesiam receptione, in quantum leges civiles libertati Ecclesiæ obsunt. »

² Voyez les détails dans Richter, *Lehrbuch*, § 265, p. 858, note 3.

³ Édit de religion bavarois, § 16.

⁴ Décision royale du 30 juillet 1819. L'enseignement dans la nouvelle confession qu'on a choisie et l'entrée dans cette confession ne peuvent avoir lieu que lorsqu'on a reçu le témoignage que cette déclaration a été faite.

⁵ Arrêté du 14 mai 1873. Voyez t. Iᵉʳ, § 35, p. 190.

⁶ Arrêté interconfessionnel de 1868, art. 6. Voy. t. Iᵉʳ, p. 375, 411.

8. Schulte, *Handbuch des katholischen Eherechtes nach dem gemeinen katholischen Kirchenrechte und dem œsterreichischen, preussischen und franzœsischen Particularrechte*, Giessen, 1855; le même, *Der Eheprocess* (*Archiv für Kirchenrecht*, t. I, et réimprimé à part, Giessen, 1858).
9. Kutschker, *Das Eherecht der katholischen Kirche nach seiner Theorie und Praxis*, Vienne, 1856, 1857, 5 vol.

(Cet ouvrage, en ce qui concerne la jurisprudence et les procès de mariage, remplace toute une bibliothèque. Il contient le texte des lois ecclésiastiques, les décisions des congrégations romaines et les opinions des divers auteurs.)

10. Bangen, *Instructio practica de sponsalibus et matrimonio*, Monast., 1858-60 (souvent d'après le texte littéral de Sanchez, mais en ayant égard à la loi prussienne).
11. J.-H. Feye, *De impedimentis et dispensationibus matrimonii*, edit. 2, Lovanii, 1874. (Il s'occupe surtout des décisions des congrégations romaines.)
12. Rauscher, cardinal, prince évêque de Vienne (mort en 1875), *Anweisung für die geistlichen Gerichte in Œsterreich bezüglich der Ehesachen* (en latin et en allemand dans les *Archives*, t. I, p. LXVIII). Cette instruction contient la jurisprudence et la procédure en matière de mariage; supplément du concordat, elle fut considérée en Autriche comme obligatoire pour les catholiques, même au point de vue civil, jusqu'à ce qu'une loi du 25 mai 1868 eût remis la loi civile en vigueur. (Voy. t. Ier, § 45, p. 391, 413.)

Du même, *Die Ehe und das zweite Hauptstück der bürgl. Gesetzbuches*, 2e édit., Vienne, 1868, et ses lettres, discours, etc., t. II, Vienne, 1875, p. 300; Michl, *Beiträge zur Geschichte des œster. Eherechtes* (1840-1856), 2e livrais., Gratz, 1870. Voyez aussi les décrets du cardinal prince-évêque Rauscher sur la procédure en matière de mariage. (*Archives*, t. XV, p. 125; t. XVI, p. 457.)

13. Binder, *Praktisches Handbuch des katholischen Eherechtes für Seelforger in Œsterreich*, Saint-Pœlten, 1857.
14. Sicherer, *Ueber Eherecht und Ehegerichtsbarkeit in Bayern*. (Ouvrage incomplet, où l'on vise surtout à recommander en Bavière le mariage civil obligatoire. Voy. *Archives*, t. XXXIII, p. 477.)
15. Vogt, *Kirchen und Eherecht der Katholiken und Evangelischen in den kœniglich preussischen Staaten*, Breslau, 1856. (Le second volume contient les dispositions du droit prussien, avec renvoi à la jurisprudence catholique et protestante sur le mariage.)
16. Kreuzer, *Katholisches Eherecht mit steter Berücksichtigung der württembergischen Civilgesetze*, Tubingue, 1869.
17. Pour l'usage pratique du clergé catholique : Knopp, *Vollständiges katholisches Eherecht*, 4e édit., Ratisbonne, 1873.

48. De même, Weber, *Die canonischen Ehehindernisse nach dem gemeinen Kirchenrecht*, Fribourg, 1872 (avec plusieurs formulaires), outre un supplément publié à part : *Die Ehescheidung*, 1875. Du même auteur, un Manuel du catéchisme sous ce titre : *Das katholische Eherecht für die Candidaten der Theologie und des Rechts*, Augsbourg, 1875.

II. Auteurs protestants.

1. Goeschen, *Doctrina de matrimonio ex ordinationibus Ecclesiæ evangelicæ sæculi decimi sexti*, Halæ, 1848.
2. Le même, dans Herzog, *Realencyclopædie der protestant. Theol.*, t. III, p. 666 et suiv. (art. *Ehe*).
3. Hartitsch, *Das im Kœnigreich Sachsen geltende Eherecht*, Dresde, 1836.
4. Hauber, *Württembergisches Eherecht der Evangelischen (Recht und Brauch der evangelisch-lutherischen Kirche in Württemberg*, t. II), Stuttgard, 1856.
5. Pour le grand-duché de Hesse : Rühl, *Die ehelichen Verhæltnisse*, Darmstadt, 1831, t. II.
6. Kuzmany, *Handbuch des allgemeinen und œster. evangel. protestantischen Eherechtes*, Vienne, 1860.
7. Pour la Prusse : Jacobson, *Preussisches Kirchenrecht*, t. II, §§ 126-45.
8. Pour la Hesse : Büss, *Kirchenrecht*, §§ 247-71.

La jurisprudence matrimoniale protestante contenue dans ces ouvrages n'a plus de raison d'être dans l'empire d'Allemagne, depuis l'introduction du mariage civil obligatoire. (Voy. ci-dessous, § 188.)

III. Jurisprudence du mariage dans l'Église orientale.

Zhishmann, Vienne, 1863 et suiv.

IV. Ouvrages sur le mariage civil.

Voyez ci-dessous, § 188.

§ 184. 2. Notion et essence du mariage [1].

I. 1. Le mariage est le don réciproque de l'homme et de la femme en vue de former une société durable pour tout ce qui concerne les intérêts de la vie [2].

2. Les trois biens du mariage chrétien *(tria bona matrimonii)* sont, d'après les théologiens : 1° le bien des enfants *(bonum*

---

[1] Conc. Trid., sess. XXIV, doctr. de sacramento matrimonii.
[2] « Nuptiæ sunt conjunctio maris et feminæ, consortium omnis vitæ, divini et humani juris communicatio, » — « individuam vitæ consuetudinem continens, » disent les sources du droit canon et du droit romain. Cf. l. 1, Dig. de ritu nupt., XXIII, 2; § 1, Inst. de patr. pot., I, 11; c. III, C. 27, q. 2; c. XI, X, de præsumpt., II, 23.

prolis), c'est-à-dire la génération et l'éducation chrétienne des enfants;

2° Le bien de la foi *(bonum fidei)*, la chasteté conjugale et la fidélité dans la concession réciproque et exclusive des droits du mariage;

3° Le bien du sacrement *(bonum sacramenti)*, l'amour mutuel des époux, conforme à l'amour de Jésus-Christ pour son Église, l'indissolubilité du lien conjugal et les grâces attachées au mariage en tant que sacrement [1].

Au concile du Vatican, la commission dogmatique a élaboré un *schema* de constitution sur le mariage chrétien, qui n'a pas encore été distribué parmi les Pères. Voici, d'après le sommaire qui en a été communiqué à la commission des demandes, ce qu'il contient au sujet des biens du mariage : 1° Sur le bien des enfants, elle expose le but du mariage chrétien, son légitime usage, les devoirs des époux concernant l'éducation religieuse de leurs enfants; 2° sur le bien de la foi, il rappelle la sainteté de l'union conjugale et le chaste amour que se doivent les époux chrétiens; 3° sur le bien du sacrement, il fait ressortir l'indissolubilité du lien matrimonial [2].

3. La possibilité d'établir cette communauté de vie entre les époux dépend des conditions d'âge et autres circonstances. Bien que le mariage ait pour but la procréation des enfants, il ne cesse pas d'être tel quand l'âge ou d'autres motifs empêchent d'atteindre cette fin, ou que les relations conjugales, auxquelles les époux avaient un droit mutuel, cessent d'un consentement réciproque, en vue d'un but plus élevé [3].

II. 1. Le mariage, selon la doctrine catholique, est un sacrement [4], supposé que les deux parties aient été baptisées et que

---

[1] Cf. Sanchez, *De matrim.*, lib. II, disp. XXIX; Kutschker, *Ehereçht*, t. I, p. 41; Decretum Eugenii IV ad Armenios (apud Denzinger, *Enchiridion symb. et defin.*, ed. 3, Wirceburgi, 1856, p. 207; ed. 5, 1874, p. 177) : « Assignatur autem triplex bonum matrimonii : primum est proles suscipienda et educanda ad cultum Dei; secundum est fides, quam unus conjugum alteri servare debet; tertium, indivisibilitas matrimonii, propter hoc quod significat indivisibilem conjunctionem Christi et Ecclesiæ. »

[2] Voy. Mgr Martin, *les Travaux du conc. du Vatican*, Paderborn, 1873, p. 66.

[3] Uhrig, dans son *Système du droit matrimonial* (Dillingen, 1854), traite avec beaucoup de détail et résout affirmativement la question de savoir « si le mariage de Joseph et de Marie était un vrai mariage. »

[4] Conc. Trid., sess. XXIV, doctrina de *sacramento matrimonii*.

les conditions matérielles et formelles du mariage, exigées par la loi ecclésiastique, aient été remplies.

Le précédent *schema* d'une constitution sur « le mariage chrétien » dit, au sujet de son excellence et de sa nature : C'est un dogme formulé par le concile de Trente que Jésus-Christ a élevé le mariage à la dignité de sacrement. Il repousse comme une hérésie cette doctrine moderne que le mariage est une affaire temporelle, et qu'il peut y avoir parmi les chrétiens un mariage qui ne soit point un sacrement [1].

2. Le ministre du sacrement n'est pas le curé [2], mais les contractants eux-mêmes, par le consentement mutuel qu'ils donnent au mariage [3].

3. Les mariages de ceux qui ne sont pas baptisés sont valides aux yeux de l'Église, mais ils ne sont pas considérés comme un sacrement [4].

III. Un mariage validement conclu entre chrétiens se nomme *matrimonium ratum* [5]; un mariage civilement valide s'appelle « mariage légitime. »

IV. Le concile de Trente a expressément déclaré comme dogme catholique que le droit de légiférer et de prononcer sur

---

[1] Voyez Martin, *op. cit.*; joignez-y les nos 65 et 73 du Syllabus, et ce que nous communiquerons de ce *schema* aux nos IV et VI.

[2] L'opinion selon laquelle le prêtre serait le ministre du sacrement de mariage est aujourd'hui à peu près universellement rejetée. Elle a eu pour principal défenseur le dominicain espagnol Melchior Canus (mort en 1568, *Loci theol.*, lib. VIII, cap. v), et a été combattue par Bellarmin (*De matrimonio*).

[3] Voyez aussi Conc. Trid., sess. XXIV, cap. I, de ref. matr. : « Tametsi dubitandum non est *clandestina matrimonia, libero contrahentium consensu facta, rata et vera esse matrimonia*, quamdiu Ecclesia ea irrita non fecit, et proinde damnandi sunt illi, ut eos sancta synodus anathema damnat, qui ea vera et rata esse negant, nihilominus sancta Dei Ecclesia ex justis causis illa semper detestata est atque prohibuit. » Avant le concile de Trente (voyez ci-dessous, § 186), un mariage valide pouvait être conclu sans formalité. Aujourd'hui encore, quand des époux protestants reviennent à l'Église catholique, ou que des époux juifs ou païens se font baptiser, le prêtre ne rebénit point leur mariage.

[4] Innocent. III, c. VII, X, de divortiis, IV, 19 : « ... etsi matrimonium *verum* quidem inter infideles existat, non tamen est ratum; inter fideles autem *verum quidem et ratum* existit, quia sacramentum fidei, quod semel est admissum, nunquam amittitur, sed *ratum efficit conjugii sacramentum.* » Voyez aussi *Catechism. roman.*, part. II, c. XVI, q. 16; Kutschker, *Eherecht*, t. I, p. 24, 541.

[5] Voyez la note précédente.

les questions de validité ou de nullité, sur les effets personnels du mariage, est essentiellement du ressort de l'Église¹.

Le même *schema* d'une constitution sur le mariage chrétien qui devait être proposé au concile du Vatican, revendique le droit qu'a l'Église de prononcer sur la légitimité du contrat de mariage (voyez ci-dessous, n° vi), et il le détermine en fixant les conditions de sa validité. Il montre que c'est là un droit primordial et divin, qui n'appartient qu'à elle. Mais il ne conteste pas au pouvoir civil le droit de fixer à quelles conditions le mariage sortira ses effets civils².

V. Les protestants admettent aussi que le mariage présente un côté religieux, mais ils abandonnent au pouvoir civil tout ce qui touche à l'ordre extérieur. Ils exigent seulement que l'État n'introduise dans ses règlements sur le mariage rien de contraire à l'Écriture. C'est pour cela qu'on appelait des théologiens quand il s'agissait de les rédiger³.

VI. Le mariage, comme toute espèce de contrat, se fonde sur l'union des volontés. Cet échange de consentement, le droit canon l'appelle contrat de mariage, *contractus matrimonialis*, et c'est en cela qu'il fait consister le sacrement⁵.

---

¹ Conc. Trid., sess. xxiv, doctrina de sacram. matr., can. iii : « Si quis dixerit eos tantum consanguinitatis et affinitatis gradus, qui Levitico exprimuntur, posse impedire matrimonium contrahendum et dirimere contractum, nec posse Ecclesiam in nonnullis illorum dispensare aut constituere, ut plures impediant et dirimant, anathema sit; » can. iv : « Si quis dixerit Ecclesiam non potuisse constituere impedimenta matrimonii dirimentia vel in iis constituendis errasse, anathema sit; » can. viii : « Si quis dixerit Ecclesiam errare, quum ob multas causas separationem inter conjuges quoad thorum seu quoad habitationem ad certum incertumve tempus fieri posse decernit, anathema sit; » can. xii : « Si quis dixerit causas matrimoniales non spectare ad judices ecclesiasticos, anathema sit. » Cf. Bened. XIV, *De syn. diœc.*, IX, 9, c. iii-v; Pie VI, bulle *Auctorem fidei*, du 28 août 1794, surtout n. LVIII; München, *De jure Ecclesiæ catholicæ statuendi impedimenta matrimonium dirimentia*, Colon., 1827; Heuser, *De potestate statuendi impedimenta dirimentia pro fidelium matrimoniis solis Ecclesiæ propria*, Lovan., 1853 (Colon., 1854); Schurer, *Archives*, t. VII, p. 3.

² Voyez Martin, *op. cit.*, p. 66, et le *Syllabus*, n. 68. (*Archives*, t. XIII, p. 324.)

³ Strampf, *Luther über die Ehe*, Berlin, 1856.

⁴ Voyez Stahl, *Rechtsphilosophie*, t. II, part. I, p. 438, 3ᵉ édit.; (Gerlach), *Ueber die heutige Gestalt des Eherechtes*, 2ᵉ édit., Berlin, 1842.

⁵ Voyez aussi le *Catéchisme romain*, part. II, cap. viii, §§ 5-7.

Le *schema* de la constitution sur le mariage chrétien proposé au concile du Vatican déclare que le contrat même d'où résulte l'union conjugale a été revêtu par Jésus-Christ de la sainteté du sacrement, lequel ne peut être séparé du contrat matrimonial passé entre chrétiens. Cette doctrine est diamétralement opposée à celle des réformateurs et de Launoy, des régaliens gallicans, des joséphistes et des pseudopolitiques modernes, assurant que le contrat de mariage, même entre chrétiens, n'est pas un sacrement; que le sacrement s'ajoute au contrat et en est séparable; qu'il peut y avoir entre chrétiens, par le seul fait du contrat civil, un véritable mariage [1].

Cependant le mariage n'est pas un contrat dans le sens qu'on attache à ce mot dans les transactions civiles : car son objet ne dépend point de la volonté des contractants, et il n'est pas appréciable à prix d'argent, comme un simple objet de fortune. Il échappe, sous plusieurs rapports, aux règles qui gouvernent les questions de droit, et il ne cesse pas, comme un contrat de droit privé, quand les obligations sont remplies [2].

Dans le siècle dernier, les philosophes du droit naturel et les anciens parlements français ont traité le mariage comme un contrat civil ordinaire; ces idées ont passé dans le Code Napoléon, ainsi que dans les lois prussiennes, badoises (1803) et autrichiennes (1811).

§ 185. 3. Les fiançailles.

I. Les fiançailles [3] sont une promesse que deux personnes de différents sexes se font l'une à l'autre [4] de se prendre pour mari et pour femme : *Sponsalia, quæ futurarum sunt nuptiarum promissa* [5].

---

[1] Voyez Martin, *op. cit.*, p. 65. Voyez aussi le *Syllabus*, n. 66, 70, 83. (*Archives*, t. XIII, p. 323.)

[2] Voyez Vering, *Rœmisches Privatrecht*, § 220, p. 552, 4ᵉ édit.

[3] Nicolaus, an. 866, c. III, C. 30, q. 5. — [4] Voyez ci-dessous, § 186.

[5] La déclaration réciproque des volontés doit avoir pour objet la conclusion du mariage entre les personnes dont il s'agit. Il n'y aurait point de fiançailles valides dans cette promesse négative : « Je n'épouserai personne autre que vous. »

La déclaration doit enfin être dirigée sur une personne déterminée. La promesse d'épouser l'une ou l'autre des deux sœurs serait invalide. (Voy. Kutschker, *Eherecht*, t. II, p. 7.)

II. Les fiançailles, étant un acte préparatoire au mariage, sont, comme le mariage lui-même, considérées dans l'Église catholique comme une chose ecclésiastique, *res spiritualis*. Ainsi les conditions de la validité des fiançailles doivent être établies par la loi de l'Église, et les controverses qui naissent à ce sujet ressortissent à sa juridiction [1].

III. 1. L'âge requis pour la validité d'une telle promesse est fixé par le droit canonique à sept ans accomplis [2] : il faut avoir l'usage de raison [3]. Mais, pour qu'elle soit valide, il faut qu'il n'y ait entre les parties ni empêchement dirimant ni empêchement prohibitif, à moins qu'il ne disparaisse de lui-même avec le cours du temps.

2. Quand les deux parties ou l'une d'elles sont impubères, les fiançailles doivent être maintenues jusqu'à l'âge de puberté. Quand l'une des parties a atteint cet âge, elle peut se rétracter sans raison particulière [4]. Il en est de même, selon le droit canonique moderne, des fiançailles conclues par les parents au nom de leurs enfants impubères, tandis que l'ancien droit canon les considérait comme si elles avaient été formées par les enfants eux-mêmes à l'âge de puberté [5].

IV. Le défaut de consentement de la part des parents n'invalide point les fiançailles selon le droit canonique, mais il peut être un motif de se rétracter.

---

[1] Pie VI, bulle *Auctorem fidei*, n. LVIII : « Propositio quæ statuit sponsalia proprie dicta actum mere civilem continere, qui ad matrimonium celebrandum disponit, eademque civilium legum præscripto omnino subjacere — quasi actus disponens ad sacramentum non subjaceat sub hac ratione juri Ecclesiæ — falsa, juris Ecclesiæ quoad effectus etiam e sponsalibus vi canonicarum sanctionum profluentes læsiva, disciplinæ ab Ecclesia constitutæ derogans. » Voyez aussi le *Syllabus*, n. 74. (*Archives*, t. XIII, p. 325.)

[2] Dictum Gratiani, ad C. xxx, q. 2 : « Sponsalia ante septennium contrahi non possunt. Solo enim consensu contrahuntur, qui intervenire non potest, nisi ab utraque parte intelligatur, quod inter eos agitur. »

[3] Les insensés, les idiots, les ivrognes, ne peuvent pas contracter des fiançailles valides.

[4] Le droit canon se rattachait au droit romain, qui fixait l'âge de puberté à quatorze ans révolus pour les hommes et à douze ans révolus pour les femmes.

[5] Voyez les règles de l'ancien droit canon dans Honorius (vers 520), c. 1, X, de desponsatione impuberum, IV, 2; celles du nouveau dans Bonifac. VIII (1298), cap. un., in VI°, de despons. impub., IV, 2. Voyez Kutschker, *Eher.*, t. II, § 78, p. 41.

V. Il n'est pas nécessaire que les fiançailles aient lieu sous une forme précise, ou que la déclaration des volontés soit rendue publique; mais il faut que la volonté soit vraiment sérieuse. La coaction et l'erreur annulent les fiançailles.

VI. On peut y joindre des conditions[1]. Si la condition était suspensive, c'est-à-dire si la promesse était attachée à l'intervention d'une circonstance future incertaine (comme si elle portait que l'époux aura obtenu tel emploi, telle position), il n'y aurait point de fiançailles, tant que la condition serait en suspens *(conditio pendet)*. Quand la condition se réalise *(existente conditione)*, la promesse entre en vigueur sans autre formalité, comme si elle eût été sans condition dès le principe. Ceux qui se sont fiancés sous une condition suspensive sont déjà liés pendant que la condition est en suspens, en ce sens qu'ils sont obligés d'attendre si la condition se réalisera ou ne se réalisera pas, et qu'ils ne peuvent plus sans motif se retirer de leur propre gré. Quand les deux parties renoncent à la condition, les fiançailles cessent d'être conditionnelles et deviennent absolues. La renonciation peut être expresse ou tacite. Elle est tacite quand on fait des actes qui permettent de la conclure, par exemple, quand il y a commerce charnel entre les fiancés[2].

Si les fiançailles ont eu lieu sous une condition résolutoire, c'est-à-dire sous cette condition qu'elles seront considérées comme non avenues, si telle circonstance future et incertaine se présente (par exemple, si la guerre éclate ou si l'époux n'obtient pas tel emploi dans la présente année), les fiançailles subsistent tant que la condition est en suspens. Si, au contraire, la condition résolutoire se réalise, il en est des fiançailles comme si elles n'avaient jamais existé.

Des conditions affirmatives physiquement ou moralement impossibles (par exemple, si une chose qui est impossible se réalise), ou des conditions contraires à l'essence du mariage (celle-ci, par exemple, qu'aucun des époux ne sera tenu à la

---

[1] Lib. X, IV, 5, *De conditionibus appositis in desponsatione vel in aliis contractibus.* — Goeschius, *De sponsalibus sub conditione contractis*, Lips., 1697. — Voyez la théorie générale des conditions dans les Pandectes, par exemple dans Vering, *Rœmisches Privatrecht*, 4ᵉ édit., § 86; Arndts, *Pandekten*, 7ᵉ éd., § 66.

[2] C. III, V, VI, X, h. t., IV, 5.

fidélité envers l'autre); puis les conditions négatives moralement impossibles (par exemple, si on ne fait pas telle chose que la loi morale oblige de faire) annulent les fiançailles.

Les conditions négatives physiquement impossibles, par exemple, si l'on posait pour condition que telle chose, qui est impossible, ne se fera pas, seraient considérées comme non ajoutées. Une telle condition, *conditio in non faciendo impossibilis,* n'est pas une condition véritable, car il est certain d'avance qu'elle ne se présentera pas.

Il en est de même d'une circonstance qui tombe dans le passé ou dans le présent, et non dans l'avenir ; ce n'est pas une vraie condition, quand même les personnes qu'elle concerne ignoreraient encore si elle est déjà ou n'est pas encore réalisée, celle-ci par exemple : le mariage aura lieu si l'épouse est propriétaire de telle maison, ou si l'époux a obtenu telle fonction : *conditio in præsens vel præteritum tempus relata.* Les fiançailles conclues sous cette condition purement apparente sont valides ou invalides, suivant que le fait ajouté sous forme de condition existait ou n'existait pas quand il y a eu échange des volontés.

La validité des fiançailles subsiste également quand même on y ajoute pour condition expresse une chose qui en soi fait déjà partie de l'objet ou de la nature de la promesse. Ainsi cette condition tacite, que l'époux attendra pour conclure le mariage que l'épouse ait atteint l'âge nubile, n'est pas une condition réelle, mais apparente.

ADDITION DU TRADUCTEUR.

Un mariage fait sous condition de n'en jamais user est-il invalide ?

Une femme a fait vœu de chasteté et l'a déclaré à celui qui la recherche en mariage. Celui-ci s'engage à la prendre à titre de sœur, et tient parole pendant plusieurs années. Mais enfin il se ravise. L'évêque consulté ne sait quel parti prendre, et les théologiens qu'il consulte sont partagés d'opinion.

Ceux qui regardent ces mariages comme essentiellement nuls, se fondent sur les raisons suivantes :

1º Toute condition contre la substance du mariage l'anéantit de plein droit : ainsi l'a décidé Grégoire IX[1]. Or la condition des futurs

---

[1] Si conditiones contra substantiam conjugii inferantur, puta si alter dicat alteri : Contraho tecum si generationem prolis evites, vel donec inveniam aliam honore vel facultatibus digniorem, aut si pro quæstu

conjoints est directement opposée à la substance du mariage : car enfin, quoique l'usage du mariage ne soit pas de son essence, la tradition mutuelle des corps, qui suppose le droit d'en user, lui appartient foncièrement.

Qu'on ne dise pas que Grégoire IX ne parle que de certaines conditions honteuses, comme sont les trois qu'il a lui-même spécifiées. Les exemples dont se sert ce pontife ne touchent point à sa raison, qui est générale. Le principe d'où il part est celui-ci : « Si conditiones contra substantiam conjugii inferantur, matrimonialis contractus caret effectu. » Or la condition honnête par laquelle on renonce à tout droit sur son épouse n'est pas moins contraire à la substance du mariage que la plus honteuse condition. Que l'on dise : « Contraho tecum ea lege ut usui corporis mei perpetuo renunties; » ou bien : « ea lege ut generationem prolis quacumque via evites, » ce ne sera pas la même chose devant Dieu, mais c'est la même chose par rapport au mariage.

2° On avoue que ni l'usage ni l'intention de l'usage n'appartiennent à la substance du mariage. Mais au moins faut-il avouer que le droit radical et le pouvoir éloigné y est essentiellement attaché; or ce pouvoir éloigné, ce droit radical est incompatible avec un vœu de continence. C'est donner un fonds à quelqu'un pour sa vie, à condition qu'il n'y pourra toucher sans crime. *Or, bailler et retenir ne vaut.*

3° Un troisième motif, c'est la grande autorité de ceux qui suivent ce premier sentiment. Il est adopté par saint Thomas [1], saint Bonaventure, Soto, Covarruvias, Navarre, Adrien, Henriquez, Barbosa, Gonzalez, Sanchez, Layman.

Cependant il n'est pas universellement suivi, et l'opinion contraire a d'habiles défenseurs. Basile Ponce est de ce nombre [2]. Il dit : 1° que si deux personnes, avant de se marier, avaient fait chacune de son côté un vœu de continence, qui ne fût ignoré ni de l'une ni de l'autre, et qu'elles se fussent proposé de garder ce vœu, même après leur mariage, leur mariage serait valide; or, poursuit-il, il n'y aurait entre ces personnes et celles dont il s'agit dans le cas proposé aucune différence réelle. Ce qui s'y trouverait de plus, et ce surplus ne change rien, c'est que dans le premier cas il y aurait convention formelle de ne point exiger et de ne point rendre, et dans le second cette convention ne serait que tacite : partout il y aurait une tradition sans usage,

---

adulterandam te tradas, matrimonialis contractus, quantumcumque sit favorabilis, caret effectu. (Greg. IX, c. vii, de conditionib. appositis, etc., lib. IV, tit. v.)

[1] S. Thomas in IV, dist. xxviii, q. unic., a. 4, ad 3; S. Bonav., ead. dist., q. ult., n. 33. Sotus, *ibid.*, dist. xxix, et alii apud Sanchem, lib. V, disp. x, n. 2.

[2] Pontius, lib. III, cap. xi, n. 6.

partout il y aurait obligation de ne rien accorder contre la religion du vœu.

2° Il y a bien de la différence, poursuit ce théologien, entre une condition directement opposée à la substance du mariage et une condition qui ne lui est opposée que négativement, en tant qu'elle en empêche l'usage. La première ne peut s'opposer au mariage ni avant ni après. La seconde peut, de l'aveu de tous, s'y mettre après qu'il a été contracté. Or, dès qu'elle peut s'y mettre après, elle n'est pas contre sa substance.

3° L'essence du mariage ne demande qu'une tradition mutuelle des corps. Or, dans les choses qui ne se consument point par l'usage, on peut, sans vouloir accorder l'usage, transporter le domaine du fonds. Il y a eu sans contredit un vrai mariage entre la Vierge et saint Joseph. Or Marie ne le contracta que dans la résolution de garder en tout sens le vœu de virginité qu'elle avait fait [1]. Que son époux en fût informé, comme il est très-vraisemblable, ou qu'il l'ignorât, cette circonstance ne change rien : car une condition directement contraire à la substance du mariage, n'y fût-elle mise que par un des contractants, suffirait pour l'annuler. Il y eut donc transport de domaine, avec rétention d'usage.

Hugues de Saint-Victor, appelé de son temps un second Augustin, explique fort bien cela dans son *Traité sur la virginité de la Mère de Dieu :* « Quid est conjugium, » dit-il, « nisi legitima societas inter virum et feminam, in qua videlicet societate ex pari consensu uterque semetipsum alteri debet? » Et il ajoute : « Spontaneus ergo consensus inter virum et feminam legitime conjunctos facit, et conjugium est ipsa societas tali consensu confœderata, quæ altero vivente alterum ab altero non dissolvit. *Est adhuc* alius consensus, sed carnalis commercii ad invicem exigendi atque reddendi ... comes, non effector conjugii, officium et non vinculum, qui et ipse tamen cum pari ab utroque voto suscipitur, pari etiam necesse est debito teneatur. *Hujus* autem debiti necessitas illos conjugatos sibi ad invicem non subjicit, in quibus dum conjugium contraheretur vel sanciretur, hujus operis consensus non præcessit. Nec tamen hoc officio cessante veritatem seu virtutem conjugii cessare credendum est, imo potius tanto verius ac sanctius conjugium esse, quod in solo charitatis vinculo, et non in concupiscentia carnis fundatum est. »

Ainsi l'union seule de la charité suffit pour un vrai mariage; elle le rend plus parfait; elle forme le lien; l'intention charnelle s'y trouve d'ordinaire, mais à titre de compagne, et non de cause efficiente :

---

[1] Le chapitre *Beatæ*, t. XXVII, q. II, qui semble résoudre cette difficulté, n'est pas de saint Augustin, à qui Gratien l'attribue.

comes, non effector. Quand elle manque, le lien subsiste, quoique l'office ou plutôt un certain office n'ait pas lieu : « Illos conjugatos sibi ad invicem non subjicit, » etc. Ce n'est donc pas un champ qu'on donne et qu'on retienne ; c'est un champ destiné à porter des fruits d'une plus belle espèce, ceux de la grâce et de la plus pure charité. « Poterat, » dit saint Augustin [1], « esse in utroque sexu etiam sine tali commixtione alterius obsequentis amicabilis quædam et germana conjunctio. » Ajoutez que toute condition de ne point user du mariage est elle-même accompagnée de cette autre condition tacite : « A moins que Dieu ne fasse connaître de quelque manière qu'il ne le veut pas ou ne le veut plus ainsi [2]. »

VII. Les fiançailles obligent à garder la fidélité et à contracter le mariage. Elles produisent en outre un empêchement (d'honnêteté publique), qui défend de contracter mariage avec une personne autre que la fiancée ; un mariage contracté avec un tiers est valide, il est vrai, mais illicite. La convention par laquelle les fiancés se soumettraient à une peine en cas de rétractation serait invalide en droit canonique comme en droit romain [3].

Il est permis aussi de donner des arrhes pour confirmer les fiançailles et garantir la conclusion future du mariage. Celui qui se retire sans raison les perd, ainsi que les présents qu'il aurait faits à l'autre partie. Selon le droit ancien, mais non selon le droit romain ultérieur, on pouvait intenter une action en accomplissement des fiançailles. D'après le droit canon, on peut demander l'application des censures contre la partie qui se désiste sans motif, afin de la forcer à conclure le mariage, et, si les censures demeurent sans effet, réclamer des dédommagements. Selon la pratique actuelle, les censures sont rarement employées (notamment en Allemagne et en Autriche) : l'Église cherche [4] plutôt à agir par la persuasion que par la violence sur ceux qui refusent de remplir leur parole [5].

---

[1] Lib. *De bono conjug.*, c. v. — [2] Collet, *Traité des dispenses*, lettre xviie.

[3] Greg. IX, c. xxix, IX, de spons. *OEsterr. Anweisung*, § 109. Schmalzgrueber (*Jus eccl. univ.*, lib. IV, tit. i, n. 139) est d'un autre avis : il croit que la peine conventionnelle n'est invalide que lorsqu'elle s'attache à un désistement légitime. La loi défend la peine conventionnelle, afin de ne pas restreindre la liberté du mariage.

[4] Comme il est dit dans l'instruction pour les tribunaux ecclésiastiques de l'Autriche.

[5] Sur les obligations des pasteurs à cet égard, voy. Kutschker, *Archiv.*, t. XII, p. 246; Oberkamp, *ibid.*, t. XXVIII, p. 128. — *Note du trad.* : Le

En cas de protestation au sujet des fiançailles, le curé doit, quand elles sont invalides, en informer les parties, et, s'il les tient pour valides, essayer de les réconcilier. Quand la plainte est portée immédiatement au tribunal ecclésiastique et que l'invalidité des fiançailles n'est pas évidente, le mieux est de l'adresser d'abord au curé, pour qu'il agisse par des représentations et de paternels avertissements.

Comme on suppose toujours en faveur de la liberté des époux, on doit prononcer contre les fiançailles toutes les fois que leur validité n'est pas pleinement établie. Quand le tribunal ecclésiastique a constaté l'invalidité, il faut prendre les mesures nécessaires pour que le mariage ne souffre pas d'autre délai. Si les fiançailles sont reconnues valides, le tribunal doit essayer, par un délégué, d'amener les parties à une conciliation amiable.

Il en est de même en ce qui concerne les dédommagements : le tribunal peut, sur la demande de l'une des parties, fixer la quotité. S'il n'y a point entente sur la dissolution des fiançailles ou sur le dédommagement à fournir, on doit considérer la permission du mariage projeté comme un moindre mal [1] ; le tribunal ne peut pas s'occuper davantage de la plainte élevée contre le mariage, et il doit laisser au plaignant, s'il n'est pas satisfait, le soin de se pourvoir en dédommagement près du tribunal civil. Aujourd'hui la fixation du dédommagement, en l'absence de conciliation entre les parties, est faite par le tribunal civil [2].

Un grand nombre de règlements évangéliques et de lois civiles assignent à l'épouse enceinte les mêmes droits qu'à l'épouse divorcée.

Chez les catholiques, les fiançailles produisent en outre un empêchement dirimant du mariage à l'égard des parents au premier degré de l'autre partie. (Voyez ci-dessous, § 198.)

Code civil français ne parle plus des fiançailles. Cependant il n'en faut pas conclure qu'il les ait abrogées. Les auteurs des *Pandectes françaises* et M. Merlin pensent que les fiançailles, considérées comme simple promesse, peuvent encore se pratiquer. (L'abbé André, *Cours de droit canon*.)

[1] Voyez le décret de Gratien et l'inscription qui précède le c. 1, d. 12.

[2] En Bavière, avant l'introduction du mariage civil dans l'empire d'Allemagne, les procès de mariage ressortissaient au tribunal ecclésiastique. Cependant les querelles de fiançailles étaient immédiatement déférées au tribunal civil.

VIII. Relativement à ceux qui ont leur domicile dans une paroisse où les prescriptions du concile de Trente sur le mariage ne sont pas publiées, les fiançailles *(sponsalia de futuro)* continuent de se traduire en un mariage réel *(sponsalia de præsenti)* par le commerce charnel des fiancés [1], de même que par toute espèce de consentement dénué de formalités [2].

IX. *Dissolution des fiançailles* [3]. Les fiançailles sont dissoutes :

1° Par le consentement mutuel, quand même elles auraient été confirmées par serment [4];

2° Par l'accomplissement d'une condition résolutoire ;

3° Par le mariage avec une tierce personne [5], sauf à dédommager, si elle l'exige, la fiancée abandonnée ;

---

[1] Par suite de la présomption qu'il y a consentement au mariage. Greg. IX, c. xxx, X, de sponsal. et matrim., IV, 1 : « Is qui fidem dedit M. mulieri super matrimonio contrahendo carnali copula subsecuta, etsi in facie Ecclesiæ ducat aliam et cognoscat, ad primam redire tenetur, quia licet præsumptum primum matrimonium videatur, contra præsumptionem tamen hujusmodi non est probatio admittenda. Ex quo sequitur quod nec verum, nec aliquod censetur matrimonium, quod de facto est postmodum subsecutum. » Voyez le § suivant.

[2] Weber, *De vera inter sponsalia de præsenti et de futuro differentia*, Parchim, 1825.

[3] Wiesand, *De dissolutione sponsalium, sive repudio*, Viteb., 1778 ; Seitz, *Zeitschrift für Kirchen-und Pastoral-Wissenschaft*, t. III, livrais. 3, *von der Auflœsung gültig abgeschlossener Eheverlœbnisse.*

[4] Innoc. III, c. II, X, de spons. et matr., IV, 1 : « Præterea hi qui de matrimonio contrahendo pure et sine omni conditione fidem dederunt *aut juramentum fecerunt, commonendi sunt et diligentius exhortandi et modis omnibus inducendi, ut præstitam fidem vel juramentum factum observent, et se, sicut promiserint, conjungant.* Si autem se ad invicem admittere noluerint, ne forte deterius inde contingat, ut talem scilicet ducat, quam semper odio habet, videtur quod ad instar eorum qui societatem juramento vel interpositione fidei contrahunt, et postea eamdem sibi remittunt, hoc possit in patientia tolerari. »

[5] Greg. IX, c. xxxi, X, de spons. et matr., IV, 1 : « Si inter virum et mulierem legitimus consensus interveniat de præsenti ita, quod unus alterum mutuo consensu verbis consuetis expresso recipiat, utroque dicente : Ego te in meam accipio, in meum, vel alia verba consensum exprimentia de præsenti, sive sit juramentum interpositum, sive non, non licet alteri ad alia vota transire ; quod si fecerit, secundum matrimonium de facto contractum (etiamsi sit carnalis copula subsecuta) separari debet, et primum in sua formitate manere. Verum si inter ipsos accessit tantummodo promissio de futuro, utroque dicente alteri : Ego te recipiam in meam, et ego te in meum, sive verba similia ; si alius mulierem illam per verba de præsenti desponsaverit, etiamsi inter ipsam et primum juramentum intervenerit, sicut diximus de futuro, hujusmodi desponsa-

4° Par l'entrée dans un ordre religieux¹;

5° Par la réception d'un ordre majeur;

6° Par la survenance d'un empêchement dirimant quelconque;

7° Les mineurs, les impubères, tant qu'ils n'ont pas atteint l'âge de puberté (14 ans pour les garçons, 12 pour les filles), ne peuvent pas se désister des fiançailles faites pendant l'âge d'impuberté. (Voyez ci-dessus, n. III.) Quand ils ont atteint l'âge de puberté, ils peuvent se désister l'un et l'autre sans motif particulier, à moins qu'ils n'aient confirmé les fiançailles par serment². Plus tard, ils ne peuvent plus, sans motif sérieux, se rétracter sans consentement mutuel; ils sont liés comme s'ils s'étaient promis après l'âge de puberté.

8° Les fiançailles de ceux qui sont encore sous la puissance paternelle, doivent être dissoutes, quand les parents y font une légitime opposition³.

9° Chaque partie est libre de se retirer de son propre chef si l'autre partie a manqué à sa parole, si elle a quitté le pays à mauvais dessein⁴, ou si elle ajourne sans motif l'exécution de sa promesse.

10° Quand des défauts physiques ou moraux, des lacunes dans les biens temporels surviennent après coup, ou ne se révèlent que plus tard, ce sont là des raisons suffisantes pour se rétracter, quand leur connaissance eût empêché les fiançailles ou fait présumer un mariage malheureux⁵. Cela est vrai surtout d'une différence de religion précédemment inconnue ou

---

tionis intuitu secundum matrimonium non potuit separari, sed eis est de violatione fidei pœnitentia conjungenda. »

¹ C. XXVII, C. 27, q. 2 : « Desponsatam puellam non licet parentibus alii viro tradere, licet tamen illi monasterium sibi eligere. »

² C. VII, X, de desponsatione impuberum, IV, 2.

³ Voyez *Anweisung für die geistlichen Gerichte in OEsterreich in Ehesachen*, § 5.

⁴ Alexander III, c. V, X, de sponsal. et matr., IX, 2 : « De his autem qui præstito juramento promittunt, se aliquas mulieres ducturos et postea eis incognitis dimittunt terram, se ad partes alias transferentes; hoc tibi volumus innotescere, quod liberum erit mulieribus ipsis (si non amplius in facto est processum) ad alia se vota transferre, recepta tamen de perjurio pœnitentia, si per eas steterit, quominus fuerit matrimonium consummatum. »

⁵ Voyez *Anweisung für die gestlichen Gerichte in OEsterreich in Betreff der Ehesachen*, §§ 6-10.

survenue depuis. Si la partie lésée s'en montre mécontente, c'est au juge à décider s'il y a une raison suffisante pour accorder un dédommagement.

§ 186. 4. Forme du mariage selon le droit canon.

I. Avant le concile de Trente, on pouvait généralement — et ceux-là le peuvent encore aujourd'hui qui ont leur domicile dans des paroisses où les prescriptions du concile de Trente sur la forme du mariage n'ont pas été publiées — conclure un mariage valide sans formalités, pourvu que le consentement mutuel fût suffisamment constaté [1]. Cependant l'Église a toujours exigé, pour qu'un mariage soit licite, qu'il fût contracté en présence de l'Église, *in facie Ecclesiæ*, c'est-à-dire devant les fidèles et avec les bénédictions du prêtre ou de l'évêque. Les mariages autrement conclus sont les mariages clandestins de l'ancien droit.

II. 1. Déjà précédemment l'usage avait prévalu de faire précéder le mariage de la proclamation des bans [2] (*declaratio, proclamatio*), afin qu'on découvrît plus facilement les empêchements de mariage ; mais ce n'est qu'au quatrième concile de Latran (1215, can. LI) [3] que l'Église en a fait une loi universelle. Le concile de Trente [4] a confirmé cette prescription et l'a précisée en ordonnant que les bans seraient proclamés trois dimanches ou trois fêtes de suite (*tribus diebus continuis festivis*) [5], par le curé ou son remplaçant, dans l'église paroissiale de chacun des fiancés, par conséquent dans les deux endroits, quand les deux fiancés ont leur domicile en des localité différentes.

2. Le domicile [6], qui est la résidence proprement dite, est le

---

[1] Voy. c. XXXI, de spons. et matr., IV, 1 ; Conc. Trid., sess. XXIV, c. I, de ref. et matr. (voir le § précédent, p. 593, note 4); Feye, *De impedim. et dispens. matr.*, ed. 2, cap. XI.

[2] Voyez Moy *(Archiv für Kirchenrecht)*, I, p. 129, 257; Hoffmann, *ibid.*, II, p. 546; IV, p. 391; *Erlass des Bischofs von Rottenburg*, ibid., t. XXX.

[3] C. III, X, de clandestina desponsatione, IV, 3.

[4] Sess. XXIV, cap. I, de ref. matrim.; *Anweisung für die geistlichen Gerichte in Œsterreich*, §§ 60-65.

[5] Des lois et des coutumes particulières ont décidé qu'entre ces dimanches et ces fêtes il devait y avoir au moins un jour d'intervalle.

[6] Le Code civil définit ainsi le domicile (art. 102) : « Le domicile de tout

lieu où quelqu'un séjourne ou a l'habitude de séjourner, et dont il fait le centre de ses occupations civiles et domestiques[1].

D'après la pratique dominante de la curie romaine, on a un quasi-domicile, un séjour improprement dit, dans le lieu où l'on a fixé sa résidence pour un temps plus ou moins long, déterminé ou indéterminé[2] (et non pas un pur séjour pendant un voyage), dans l'intention d'y passer la majeure partie de l'année *(habitatio in eo loco atque animus ibi permanendi per majorem anni partem)*.

Quand il n'est pas possible de déterminer s'il y a volonté de passer dans un lieu la plus grande partie de l'année, il faut s'en rapporter aux indices extérieurs qui peuvent donner une certitude morale : parmi ces indices, Benoît XIV, dans sa constitution *Paucis abhinc*, indique la présence dans un lieu pendant un mois, *menstruam habitationem;* en l'absence d'indices contraires, il existe une présomption juridique qu'on a dessein d'y passer la plus grande partie de l'année. Ce quasi-domicile se rencontre pour les domestiques, les ouvriers, les soldats, les étudiants et les élèves des établissements d'instruction.

3. Quand les fiancés n'ont ni domicile ni quasi-domicile, on les nomme vagabonds *(vagi)*; leurs bans doivent, avec la permission de l'évêque, être proclamés par le curé du lieu où ils séjournent présentement et par le curé du lieu de leur naissance[3].

La proclamation doit désigner exactement les personnes des deux époux, en indiquant leurs noms de baptême et de famille, le lieu de leur naissance, leur condition et leur domicile.

4. Si le mariage n'est pas conclu dans un certain laps de temps

---

Français, quant à l'exercice de ses droits civils, est au lieu où il a son principal établissement. » (*Note du trad.*)

[1] Voyez Vering, *Rœm. Privatrecht*, § 58; Laurin, *Archives*, t. XXVI, p. 165; Schœdrey, *ibid.*, t. XXX, p. 3. Voyez aussi Voncina, *Müssen im Sinne des § 72 des œsterr. allgem. bürgerl. Gesetzbuches die von ihrem zuständigen Pfarrer bereits aufgebotenen Brautleute lediglich auf Grund ihres geänderten Wohnsitzes abermals aufgeboten werden? (welche Frage zu verneinen ist)*. *Archives*, t. XXXII, p. 429.

[2] Feye, *De imped. et dispens. matr.*, Lovanii, 1874, p. 145. Ce que nous disons dans le texte, l'auteur prouve par un document authentique que c'est l'opinion ordinaire des congrégations romaines touchant le quasi-domicile.

[3] Conc. Trid., sess. XXIV, cap. VII, de ref. matr.

fixé par la loi diocésaine, et qui est tantôt de six semaines, tantôt de six mois[1], suivant la coutume diocésaine, la proclamation doit être réitérée; et si une personne séjourne depuis six mois dans une autre paroisse que celle de son domicile, la proclamation doit se faire dans les deux.

5. Le concile de Trente[2] laisse à la prudence et au jugement de l'évêque de dispenser de quelques-unes ou de toutes les proclamations, notamment quand il y a danger que le mariage ne soit différé de mauvaise foi. D'autres motifs raisonnables de dispense sont : le danger d'un scandale public, la crainte que la réputation des époux ne soit compromise. Des motifs de dispenser de quelques-uns des bans sont : le danger de perdre une partie notable de ses biens, l'approche des temps où le mariage est interdit. Quand les bans ecclésiastiques sont exigés par la loi civile, il faut aussi demander dispense à l'autorité civile.

Lorsqu'une personne veut conclure un mariage à l'article de la mort pour sauver l'honneur de l'autre partie, pour légitimer des enfants, le curé ne doit pas demander à l'évêque une dispense des bans, mais procéder immédiatement au mariage[3].

Si un témoin digne de créance lui signale un empêchement, le curé doit suspendre la proclamation des bans ou la conclusion du mariage jusqu'à ce qu'il ait reçu la décision de son ordinaire sur cet empêchement, ou une dispense de l'empêchement.

6. L'omission des bans sans dispense n'invalide point le mariage; mais les époux sont soumis à la pénitence, et si quelque empêchement est mis au jour, ils ne doivent jamais en être dispensés. Cette dernière disposition du concile de Trente[4] a été tacitement mitigée par le Saint-Siège. Un mariage conclu sans proclamation passe pour un mariage clandestin dans le second sens, même quand le mariage a été conclu selon les formes. Un curé qui fait un mariage qui n'a pas été publié est suspens de son office pour trois ans.

7. On se sert aussi, pour découvrir les empêchements de mariage, comme pour s'assurer si les parties sont suffisamment instruites de leur religion, de l'examen des époux, qui précède

---

[1] Ce dernier cas a lieu d'après l'*Instruction autrichienne*, § 64. — [2] Conc. Trid., *loc. cit.* — [3] Voyez Schulte, *Droit matrimonial*, p. 52. — [4] Conc. Trid., sess. XXIV, cap. V, de ref. matr.

la publication des bans. Les personnes instruites en sont ordinairement dispensées.

8. Si les parties résident dans différentes paroisses, le curé qui doit conclure le mariage doit demander à l'autre partie un certificat attestant que les publications ont été faites et qu'aucun empêchement n'a été découvert (dimissoires, certificats de congé) [1].

III. 1. Le concile de Trente [2] a décidé que ceux qui ont leur domicile dans la paroisse où le chapitre 1ᵉʳ du décret de Trente sur la réforme du mariage est expressément publié comme loi du concile de Trente depuis au moins trente jours [3], ne peuvent contracter un mariage valide qu'autant que les deux parties ont déclaré devant leur propre curé, *proprius parochus*, c'est-à-dire devant le curé du domicile ou du quasi-domicile (voir ci-dessus, n. II, 2, p. 606) de l'époux ou de l'épouse, et aussi en

---

[1] Dans les pays où le mariage civil est maintenant obligatoire (voir plus loin, § 188), il est presque toujours statué, comme dans le Code civil français, dans les législations allemande et suisse, que le curé ne pourra, sous peine d'amende, procéder au mariage avant d'avoir reçu des agents civils la déclaration écrite que le mariage civil est déjà conclu.

[2] Conc. Trid., sess. XXIV, cap. I, de ref. matr. : « Qui aliter quam præsente parocho vel alio sacerdote de ipsius parochi seu ordinarii licentia, et duobus vel tribus testibus, matrimonium contrahere attentabunt, eos sancta synodus ad sic contrahendum omnino inhabiles reddit, et hujusmodi contractus irritos et nullos esse decernit, prout eos præsenti decreto irritos facit et annullat. » — « Ne vero hæc tam salubria præcepta quemquam lateant, ordinariis omnibus præcipit ut, cum primum potuerint, curent hoc decretum populo publicari ac explicari in singulis suarum diœcesium parochialibus ecclesiis, idque in primo anno quam sæpissime fiat ; deinde vero quoties expedire viderint. Decernit insuper ut hujusmodi decretum in unaquaque parochia suum robur post triginta dies habere incipiat, a die primæ publicationis in eadem parochia factæ numerandos. » Ce décret est aussi publié chez les Orientaux unis.

[3] Il ne suffirait point que ce décret fût publié quant à son contenu, et non en tant qu'il est une prescription du concile de Trente, comme s'il était publié à titre d'ordonnance d'un concile provincial ou d'un synode diocésain. On peut cependant, d'après les principes généraux du droit, considérer comme une publication suffisante l'observation qui serait faite dans une paroisse du décret de Trente sur le mariage. C'est ainsi que l'a décidé la Congrégation du concile, le 26 septembre 1602 : « Publicationem præsumi, ubi id decretum fuerit aliquo tempore in parochia tanquam decretum concilii observatum. » Cf. Bened. XIV, *De synodo diœc.*, lib. V, p. 5, n. 6.

présence de deux témoins [1] (c'est-à-dire devant des personnes capables de rendre témoignage), la volonté qu'ils ont de contracter mariage en ce moment [2].

2. Cette déclaration se fait ordinairement en paroles; mais elle peut se faire aussi, selon les circonstances, par d'autres marques non équivoques (des gestes, des signes et des actes) [3].

3. Que le curé soit présent à la suite d'une invitation ou par accident, volontairement ou contre son gré, par l'effet de la ruse ou de la contrainte, cela ne fait rien à la validité du mariage. Il en serait de même si le curé, présent contre son gré, fermait les yeux et se bouchait les oreilles au point de ne pas constater la déclaration du consentement exprimé devant lui: le mariage conclu dans la forme du concile de Trente n'en serait pas moins valide [4].

4. Il suffit donc, pour que le mariage soit valide, que le curé y assiste d'une manière passive, *tanquam testis autorisabilis pro Ecclesia* [5], c'est-à-dire qu'il perçoive la déclaration des contractants comme simple témoin officiel. Régulièrement cependant, le curé prête une assistance active; il fait un mariage en forme [6], en interrogeant selon le rite de l'Église les deux parties

---

[1] Le mariage serait invalide si un seul témoin était présent, ou si l'un des deux témoins s'éloignait avant la déclaration du consentement, ou enfin si la déclaration était faite d'abord devant le seul curé et ensuite devant les seuls témoins. (Declarat. Congr. conc., 14 janvier 1673, dans Benoît XIV, *De synodo diœc.*, lib. XII, cap. v, n. 5.)

[2] Dans les lieux où la forme du concile de Trente est obligatoire, toute autre manifestation des volontés est un acte complètement nul; il n'en résulte pas même des fiançailles.

[3] Decretum Eugenii IV ad Armenios (ap. Denzinger, *Enchirid. symbol. et definitionum*, ed. 3, Wirceburgi, 1856, p. 207) : « Causa efficiens matrimonii regulariter est mutuus consensus per verba de præsenti expressus. » — Innocent. III, c. XXIII, X, *De spons. et matrimon.*, IV, 1 : « Sane consuluisti nos, utrum mutus et surdus alicui possint matrimonialiter copulari. Ad quod taliter respondemus quod cum prohibitorium sit edictum de matrimonio contrahendo, ut quicumque non prohibetur, per consequentiam admittatur, et sufficiat ad matrimonium solus consensus illorum, de quorum quarumque conjunctionibus agitur : videtur quod si talis velit contrahere, sibi non possit, vel debeat denegari; cum quod verbis non potest, signis valeat declarare. » Voyez Kutschker, *Eherecht*, t. IV, p. 96.

[4] La Congrégation du concile l'a ainsi décidé à plusieurs reprises. Cf. Benoît XIV, *De synodo diœc.*, lib. XIII, cap. XXIII, n. 11.

[5] Benoît XIV, *loc. cit.*, n. 6.

[6] Le droit prussien, conforme en cela au droit ecclésiastique protes-

sur leur consentement; après avoir reçu leur déclaration, il les unit formellement en prononçant ces paroles ou autres semblables : *Ego vos conjungo in matrimonium*, en les bénissant et en consacrant leur alliance. Bien que cette bénédiction, qui a lieu pendant la messe des époux *(missa votiva pro sponso et sponsa)* ou en dehors de cette messe, de même que toute la partie formelle du mariage, ne soit pas essentielle à sa validité¹, le concile de Trente², suivant une ancienne coutume, ne souhaite pas moins que les époux (à plus forte raison les simples fiancés) s'abstiennent d'habiter sous le même toit avant qu'ils aient reçu la bénédiction nuptiale. Cette bénédiction doit être donnée par le propre curé, et nul autre que lui ou l'ordinaire ne peut accorder à un autre prêtre la permission de la donner³. Tout curé, tout prêtre séculier ou régulier qui oserait marier ou bénir des fiancés sans la permission de leur curé, même par un privilége particulier ou une possession de temps immémorial, demeure de droit suspens jusqu'à ce qu'il ait été absous par l'ordinaire du curé⁴.

tant, l'exige même pour la validité civile des mariages catholiques. A parler rigoureusement, cette exigence aurait dû tomber d'elle-même, puisque la constitution garantit l'indépendance de l'Église. Il en est de même de celle qui veut qu'une paroisse nouvellement érigée ait été civilement reconnue pour que le curé puisse obtenir civilement la permission d'entreprendre des mariages. — Depuis l'introduction du mariage civil en Prusse, la première question est devenue sans importance; et quant à la seconde, elle dépend des « lois de mai » et de la suppression de l'article de la constitution qui la concerne.

¹ Dans un second mariage, la bénédiction n'a pas lieu à la messe des époux, et dans le mariage d'une veuve il n'y a aucune bénédiction nuptiale. (Benoît XIV, *De syn. diœc.*, lib. VIII, tit. XIII, n. 7; Kutschker, *Eherecht*, t. IV, p. 605.) Il en est de même, selon le droit commun, pour les mariages mixtes. (Voir ci-dessous le paragraphe qui les concerne.) — Sous l'ancien droit, ainsi qu'il résulte des livres pénitentiaux, celui qui contractait un second ou un troisième mariage devait auparavant subir une pénitence ecclésiastique. Voyez Bingham, *Antiq. eccl.*, t. III, p. 436; Moy, *Histoire du droit matrimonial*, p. 412 (en allem.).

² Conc. Trid., sess. XXIV, cap. I, de ref. matr. : « Præterea sancta synodus hortatur ut conjuges ante benedictionem sacerdotalem in templo suscipiendam, in eadem domo non cohabitent. »

³ Conc. Trid., *loc. cit.* : « Statuitque benedictionem a proprio parocho fieri, neque a quoquam, nisi ab ipso parocho vel ab ordinario licentiam ad prædictam benedictionem faciendam alii sacerdoti concedi posse; quacumque consuetudine etiam immemorabili, quæ potius corruptela dicenda est, vel privilegio, non obstante. »

⁴ Conc. Trid., *loc. cit.* : « Quod si quis parochus, vel alius sacerdos,

5. La déclaration d'un mariage conforme au concile de Trente peut aussi être faite devant le simple curé putatif[1], c'est-à-dire devant celui qui paraît tel en public et que des raisons ecclésiastiques extérieures font passer pour tel (par exemple, quand un prêtre exerce les fonctions pastorales ensuite d'une collation ecclésiastique qui a été invalide pour simonie secrète). Si le prêtre avait été institué curé non par l'autorité ecclésiastique compétente, mais seulement par le pouvoir civil, nul mariage valide ne pourrait être conclu en sa présence[2].

6. Mais il n'importe nullement à la validité du mariage que le curé soit prêtre ou simplement diacre, qu'il soit irrégulier, suspens ou même excommunié[3], ou que l'évêque lui ait interdit de faire ce mariage ou tout autre mariage en général[4]. Si, au contraire, le curé était destitué par l'autorité ecclésiastique, aucun mariage valide ne pourrait plus être conclu devant lui.

7. L'évêque, le vicaire général, et, pendant la vacance du siège épiscopal, le vicaire capitulaire, sont le propre curé de tout le diocèse, comme le pape l'est de l'Église universelle. Devant tout autre clerc, un mariage ne peut être validement conclu que lorsqu'il est prêtre[5], qu'il y a été préalablement autorisé par le propre curé, ou par l'ordinaire (l'évêque diocésain, le vicaire général, le vicaire capitulaire), ou par le pape. Une approbation préalable, simplement tacite de la part de l'ayant-droit est suffisante[6]. Quant à une permission qui ne serait que présumée, elle ne suffirait point, même dans le cas où l'ayant-droit, si on la lui avait demandée, l'eût accordée, et

sive regularis sive sæcularis sit, etiamsi id sibi ex privilegio vel immemorabili consuetudine licere contendat, alterius parochiæ sponsos sine illorum parochi licentia matrimonio conjungere aut benedicere ausus fuerit, ipso jure tamdiu suspensus maneat, quamdiu ab ordinario ejus parochi, qui matrimonio interesse debeat, seu a quo benedictio suscipienda erat, absolvatur. »

[1] George, *De parocho putativo*, Vratisl., 1859.
[2] Kutschker, *Eherecht*, t. IV, p. 383-89.
[3] Kutschker, op. cit., p. 381-83; Phillips, *Lehrbuch des Kirchen*, § 258.
[4] Ainsi l'a décidé la Congrégation du concile en 1581. Cf. Benoît XIV, *De synodo diœc.*, lib. XIII, cap. XXIII, n. 1.
[5] Kutschker, *Eherecht*, t. IV, p. 470.
[6] Mais l'*Instruction pour les tribunaux ecclésiastiques de l'Autriche* ajoute : « Cependant, hors le cas de nécessité extrême, nul ne doit entreprendre un mariage sans avoir obtenu la permission expresse du curé ou de l'évêque. »

quand même il donnerait après coup son approbation. La permission peut être donnée de vive voix ou par écrit, pour un cas particulier (mandat spécial) ou pour un ensemble de cas (mandat général).

Celui qui est autorisé pour un ensemble de cas par le curé ou l'ordinaire, par conséquent un prêtre généralement délégué pour remplacer le curé, peut aussi subdéléguer un autre prêtre dans un cas spécial; tandis que le prêtre autorisé pour un seul cas particulier ne peut subdéléguer que lorsqu'il y a été spécialement autorisé [1]. Les chapelains et les vicaires ont régulièrement une délégation générale [3].

8. La déclaration du consentement au mariage peut aussi être faite par procuration [4]; mais le procureur doit avoir des pouvoirs spéciaux, et il ne peut se donner un remplaçant que lorsqu'il y est spécialement autorisé. Il ne faut pas qu'au moment où le procureur déclare que le mariage est conclu, la commission ait déjà été révoquée, sinon le mariage serait nul, quand même le procureur n'aurait pas encore été informé de la révocation lorsqu'il a déclaré le consentement au mariage au nom du mandant. Ces sortes de mariages par procuration ne se recontrent d'ordinaire que dans les familles princières.

IV. Quand il est physiquement impossible de contracter mariage devant le propre curé, soit parce qu'on n'en a pas, soit parce qu'il y a moralement impossibilité d'aller le trouver, sans exposer gravement sa vie ou sa liberté (comme pendant la Révolution française et aujourd'hui en Prusse sous l'empire des lois de mai 1873), le mariage peut être conclu validement aux yeux de l'Église par une simple déclaration devant deux témoins [5].

---

[1] *Instruction pour les tribunaux ecclésiastiques de l'Autriche,* loc. cit. — C'est aussi à cause de l'absence du propre curé, *propter defectum proprii parochi,* ou de tout autre légalement autorisé, que le mariage de Napoléon Ier avec Joséphine, conclu devant son oncle, le cardinal Fesch, fut déclaré invalide. Voyez les détails dans Kutscher, *Droit matrim.,* t. V, § 373, p. 473.

[2] Voyez l'*Instruction* citée, § 48; Schulte, *Eherecht,* p. 59; Congr. conc. in causa Melevit., 22 juillet 1758, édition du concile de Trente de Richter, n. 52.

[3] Voyez ci-dessus, § 135.

[4] C. IX, de procur., in VI°, I, 9; Kutschker, *Eherecht,* t. IV, §§ 247-249.

[5] Bened. XIV, *De syn. diœc.,* lib. XII, cap. v, n. 5 : « Congreg. concilii;

ADDITION DU TRADUCTEUR.
Du curé.

C'est le curé, non du lieu de la naissance des parties, mais du lieu où elles ont leur domicile, qui les doit marier. Si les contractants sont de deux paroisses, le curé de la femme doit faire le mariage. Il ne serait cependant pas nul, de droit commun, s'il était célébré par le curé de la paroisse du mari, quand même ce dernier curé le célébrerait dans la paroisse de la femme, sans ou contre le consentement du curé. Il pourrait même le bénir dans un diocèse étranger, parce qu'il n'y a là qu'un acte de juridiction volontaire, qui se peut exercer partout. Ces sortes d'actes, quoique valides, seraient contraires aux règles : on ne doit marier personne dans la paroisse d'un autre sans sa permission, et même sans celle de l'évêque obtenue par écrit, s'il s'agit d'un diocèse étranger. Il y a imprudence aussi à marier avec sa propre paroissienne un homme d'une autre paroisse ou d'un autre diocèse, sans qu'il ait été certifié en bonne forme que cet homme a fait publier ses bans et qu'il n'y a point eu d'opposition. On a vu ci-dessus, d'après notre auteur, qu'il n'est pas nécessaire que le curé soit prêtre pour que le mariage soit valide. On peut croire cependant qu'il doit l'être pour bénir le mariage au moins licitement, et il semble que ceux-mêmes qui ne croient pas que le prêtre soit ministre du mariage, doivent dans la pratique s'en tenir à ce sentiment : il est plus sûr que l'autre, et le concile de Trente paraît le favoriser, quand il exige que le mariage se fasse en présence du curé ou *d'un autre* prêtre [1]. Ces mots : *ou d'un autre prêtre,* marquent que le curé doit l'être.

postposito dubio super validitate matrimonii contracti coram duobus testibus sine parocho, in loco, ubi hæreticus tantummodo minister residebat, catholicus autem parochus aliusve sacerdos vel omnino non aderat, vel illius adeundi libera potestas non erat, omnibus facti circumstantiis rite perpensis, pro validitate respondit die 30 martii anni 1669. »

Dans plusieurs localités de la Prusse, les catholiques qui vivent au milieu du *Kulturkampf* se trouvent dans une position difficile. Catholiques, ils ne peuvent ni ne veulent se contenter du mariage civil, et ils n'ont pas de propre curé, parce que celui-ci est interdit par le gouvernement prussien, et que l'État punirait le curé du voisinage qui bénirait leur mariage.

Pour faire connaître, dans ce cas, que le mariage civil exigé par l'État n'est pas le mariage exigé par les lois de l'Église, on devrait, avec toute la solennité et devant le plus grand nombre de témoins possible, déclarer à l'église, ou, au besoin, dans un local privé, avec accompagnement de prières analogues à la circonstance, que dans les temps où l'on se trouve, on entend par cette déclaration conclure un mariage ecclésiastique.

[1] Qui aliter quam præsente parocho, vel alio sacerdote, de ipsius pa-

Nous avons dit aussi qu'un curé irrégulier ou frappé de censures peut validement bénir un mariage, mais c'est à condition qu'il ne soit ni dénoncé ni privé de son bénéfice. Dénoncé, il ne le peut pas, dans le sentiment de ceux qui le regardent comme ministre du sacrement; ceux qui ne lui donnent que la qualité de témoin nécessaire croient communément que, dénoncé ou non, sa présence suffit pour valider le mariage auquel il assiste.

Tout prêtre qui a un titre coloré, sans aucun empêchement de droit divin ou de droit naturel, et qui passe pour vrai curé, célèbre validement un mariage. Des docteurs prétendent même que l'erreur publique suffit, sans titre coloré, pour donner la juridiction, et ils reconnaissent cette juridiction dans un intrus, *à moins que l'intrusion ne soit publique* [1].

Quelques-uns croient que le curé ne peut sans une permission spéciale marier les paroissiens de son voisin en son absence, quand même celui-ci l'aurait prié d'administrer les sacrements en sa place. Il semble cependant qu'une permission générale de faire les fonctions curiales en l'absence du curé suffirait pour y faire un mariage valide: le mot de fonctions curiales renferme tout, et le concile de Trente n'exige pas une permission spéciale. La ratification que ferait un curé d'un mariage célébré sans son consentement, ne le rendrait pas valide. Il en serait de même de sa permission présumée et non obtenue. Les prêtres habitués dans une paroisse ne peuvent y faire de mariages sans commission du curé ou de l'évêque. Si celui-ci nommait un vicaire pour marier des personnes d'une autre paroisse, le curé de ce vicaire ne pourrait les marier en son absence ni même de son consentement, parce que le délégué *in casu particulari* ne peut pas subdéléguer.

Des témoins.

Le concile de Trente ne demande pour la validité d'un mariage que deux ou trois témoins. Quant aux qualités des témoins, Sylvius et d'autres croient qu'il n'en faut pas d'autres que la capacité de comprendre ce qui se passe et celle d'en rendre témoignage. On voit tous les jours, disent-ils, des gens qui n'ont ni conscience ni religion

---

rochi seu ordinarii licentia, et duobus vel tribus testibus, matrimonium contrahere attentabunt, eos sancta synodus ad sic contrahendum omnino inhabiles reddit. (Trid., sess. XXIV, de ref. matr., cap. I.)

[1] Lisez sur cette matière Sanchez, qui est contre Innocent, qui est pour, et Heislenger, qui n'est ni pour ni contre. Sanchez, lib. III, cap. XII, n. 49 et 60; Innocent., in cap. I, de fide instrum.; Heislinger, *Resolut. moral. de matrim.*, edit. an. 1739, part. II, cap. XXIII. Lisez aussi Pontas, v. *Curé*, cas 12.

souscrire aux actes des mariages de leurs parents, de leurs amis et de tous ceux qui les prient de leur rendre ce service.

Il est d'usage que ceux qui doivent servir de témoins à un mariage aient été invités à sa célébration. Cependant, quoi qu'en pensent quelques canonistes, nous ne croyons pas que des personnes qui se seraient trouvées par hasard à la bénédiction nuptiale fussent incapables de servir de témoins. Il suffit, ce semble, qu'elles voient ce qui se passe, qu'elles signent l'acte et puissent déposer juridiquement en faveur de la vérité, quand elles en seront requises.

Lieu où se célèbre le mariage.

Le concile de Trente [1] a réglé que son décret n'aurait force de loi que trente jours après sa publication dans chaque paroisse : il n'oblige donc pas dans les lieux où il n'a pas été publié, et les mariages clandestins n'y sont pas invalides; pour les contracter, il ne faut pas plus de séjour dans ces endroits qu'il n'en faut à un homme pour se marier dans une paroisse où il est venu s'établir de bonne foi. D'où il suit, par une raison contraire, que deux étrangers qui de Douvres passent à Boulogne-sur-Mer, ne peuvent s'y marier validement que selon la forme du concile de Trente : 1° parce que la publication de ce concile est locale, et que, comme telle, elle affecte les personnes pendant le temps qu'elles passent dans un certain lieu ; 2° parce que, dit Sanchez [2], les étrangers mêmes doivent garder dans les contrats les lois des lieux où ils contractent.

Si deux personnes passaient dans un pays où le concile de Trente n'aurait pas été publié, dans la seule vue de s'y marier et de s'en revenir immédiatement, leur mariage serait nul, parce qu'elles se seraient mariées dans un lieu où elles n'ont pas même un commencement de domicile. C'est la décision de la Congrégation du concile, consultée par Ferdinand, archevêque de Cologne : « 1° An incolæ tam masculi quam feminæ loci in quo Concilium Tridentinum in puncto matrimonii est promulgatum, transeuntes per locum in quo dictum concilium non est promulgatum, retinentes idem domicilium, valide possint in isto loco matrimonium sine parocho et testibus contrahere; 2° quid si eo prædicti incolæ, tam masculi quam feminæ, solo animo sine parocho et testibus contrahendi, se transferunt, habitationem non mutantes. » — *Resp.* : Ad 1 et 2 : « Non esse legitimum matrimonium inter sic se transferentes, ac transeuntes cum fraude. » Cette décision fut confirmée par Urbain VIII (14 août 1627).

---

[1] Decernit insuper ut hujusmodi decretum in unaquaque parochia suum robur post triginta dies habere incipiat a die primæ publicationis in eadem ecclesia facta numerandos. (Trid., sess. XXIV, cap. I.)

[2] Sanchez, lib. III, disp. XXVIII, n. 25.

Que dire si ces personnes avaient eu intention d'acquérir un domicile suffisant dans ce pays étranger uniquement parce qu'elles voulaient s'y marier?

Les théologiens ne sont pas d'accord. Les uns croient que ce mariage serait nul, parce que le domicile serait acquis par fraude et que la fraude ne peut servir à son auteur. Sylvius[1] est d'un sentiment contraire : « Quoique ces personnes, » dit-il, « n'aient pas eu des vues droites, il est cependant vrai de dire que, si elles l'ont acquis réellement, elles sont dans la même condition que ceux qui sont domiciliés en ce même endroit. »

Ce sentiment de Sylvius est conforme au décret cité d'Urbain VIII. Le troisième doute était proposé en ces termes par l'archevêque de Cologne : « An valide contrahant incolæ, tam masculi quam feminæ, si e loco ubi concilium in puncto matrimonii publicatum est, in alium ubi idem concilium non est promulgatum, transferant habitationem illo solo animo ut absque parocho et testibus contrahant? » La décision porte que le mariage est valide, « si domicilium vere transferant, secus si habitationem non mutent. »

Le P. Alexandre[2] rapporte et suit une autre décision de la même Congrégation, qui se trouve dans Fagnan (cap. *Significavit*, tit. *De parochiis*, n. 39) : « Quæsitum erat an duo, qui aliquod a parentibus impedimentum veriti, Trajecto ad vicinam urbem Aquisgranum transierant, ibique aliquandiu morati contraxerant matrimonium, valide contraxissent : respondit sacra Congregatio valere matrimonium, si partes unius saltem mensis spatio mansissent Aquisgrani. » L'auteur des *Conférences d'Angers*[3] avoue que ceux qui suivraient cette route pour se marier, seraient très-coupables devant Dieu; mais il n'ose dire que leur mariage serait invalide. Le respect pour la sacrée Congrégation porte à parler ainsi.

La loi du concile de Trente est censée publiée dans les lieux où elle a quelque temps été observée comme loi de ce concile, soit parce que l'usage d'une loi est équivalent à une publication formelle, soit parce que cet usage est une preuve que la loi a été antérieurement publiée. C'est le sentiment de Sylvius, et Reiffenstuel[4] le confirme par une déclaration des cardinaux.

Quand les orthodoxes et les hérétiques ont chacun leurs propres paroisses dans la même ville, le décret du concile de Trente n'est pas censé publié chez les hérétiques, par cela seul qu'il est publié dans

---

[1] Sylvius, in supplem., q. XLV, art. 5.
[2] Natal. Alex., t. II, p. 306, cap. I, art. 2, reg. 6.
[3] Gerbais, *Traité pacifique du pouvoir de l'Église*, etc., p. 453; *Confér. d'Angers*, t. I, p. 474.
[4] Sylvius, *ibid.*, p. 190; Reiffenstuel, ad tit. III, lib. IV *Decretal.*, n. 118.

les églises catholiques, parce que, selon la remarque de Fagnan et de Barbosa, le saint concile, pour éviter, autant que possible, de tendre aucun piége à ceux-mêmes qui ne méritent pas de ménagement, a voulu que sa loi n'obligeât que dans les paroisses où elle aurait été publiée, *in unaquaque parochia* : elle peut donc être en vigueur dans une partie d'un diocèse et même d'une ville sans y être dans l'autre.

Des contractants.

Un curé ne pouvant marier que ses paroissiens, il s'agit de savoir quelles personnes doivent être réputées telles. Pour décider cette question, il faut donner une juste idée du domicile.

Le domicile est, selon les jurisconsultes [1], le lieu où quelqu'un habite et où il a résolu d'établir le siége de sa fortune et de sa demeure ordinaire. Ainsi deux choses forment le domicile : l'habitation réelle et le dessein de la fixer au lieu dans lequel on l'a établie. C'est ce qui fait dire aux théologiens qu'un homme peut être domicilié dans un lieu où il n'a encore demeuré qu'un jour, pourvu qu'il soit dans la volonté d'y rester. Ceux qui ne restent dans un endroit qu'à dessein d'y passer six ou sept mois et quelquefois plus, comme les soldats dans les garnisons, les étudiants dans les universités, n'y acquièrent que ce qu'on appelle *quasi domicilium*. Un homme qui a deux maisons en deux paroisses différentes, et qui passe à peu près autant de temps en l'une que dans l'autre, a deux domiciles selon le droit commun.

« Le concile de Trente, » dit M#gr# Bouvier, « en ordonnant que le mariage soit célébré devant le propre curé, n'a fixé aucun temps pour qu'il y eût domicile acquis. En arrivant dans une paroisse avec l'intention de s'y fixer, on appartient réellement à cette paroisse. D'où il suit que le consentement du curé du domicile de droit, ou du domicile légal, n'est pas nécessaire pour la validité du mariage, et qu'au contraire le consentement du curé où demeurent maintenant les parties, ne fût-ce que depuis un jour, est absolument requis. »

Le Code civil, art. 74, dit que « le mariage sera célébré dans la commune où l'un des deux époux aura son domicile. Ce domicile, quant au mariage, s'établira par six mois d'habitation continue dans la même commune. »

Un homme qui, après avoir demeuré six mois dans une paroisse, demeure pendant une année dans une autre, et revient ensuite dans sa première paroisse, a-t-il besoin d'y demeurer un an entier pour pouvoir s'y marier valablement ?

---

[1] Domicilium est locus in quo quis sedem posuit, laremque et summam rerum suarum. (Leg. 7 Cod., de incol.)

Il semble qu'un homme, mineur ou majeur, ne peut se marier dans la paroisse où il est revenu, sans faire publier ses bans dans la paroisse où il a demeuré un an, et sans obtenir du curé de cette dernière un certificat de publication de bans. Si les enfants mineurs, qui sont ici la principale difficulté, ont toujours un domicile de droit chez leurs pères, mères, tuteurs ou curateurs, ils peuvent cependant avoir ailleurs un domicile de fait; or, d'après de bons auteurs, c'est le curé de ce dernier domicile qui doit bénir leur mariage : ils ne peuvent donc se marier ailleurs sans sa permission expresse ou virtuelle; s'ils ne veulent pas la demander, il faut qu'ils passent de bonne foi dans leur nouveau séjour le temps d'un an prescrit par la loi.

Quel est le curé de ceux dont la maison est située sur deux paroisses?

C'est le curé sur la paroisse duquel est la principale entrée. S'il y a deux portes égales, c'est le curé qui est en possession d'y administrer les sacrements. S'il y a contestation entre les deux curés, on a deux moyens pour se mettre en sûreté : le premier est de faire publier ses bans dans les deux paroisses, et d'en demander un certificat à celui des curés devant lequel on ne se mariera pas; le second est de consulter l'ordinaire.

Des personnes dont le mariage est nul et clandestin, pour avoir été célébré dans une paroisse étrangère, peuvent-elles prendre un autre engagement dans le monde ou dans la religion, sans avoir fait dissoudre leur mariage?

Il semblerait que ce mariage, étant invalide, n'a pas besoin d'être cassé; cependant il faut que les parties, avant de contracter aucun engagement, le fassent déclarer nul[1]. Si néanmoins un mariage était si clandestin, qu'il ne fût moralement connu que de ceux qui ont prétendu le contracter, un confesseur ne les obligerait pas à se diffamer.

Un curé peut-il marier des enfants mineurs qui ne témoignent du consentement de leur père que par écriture privée?

Un savant canoniste, Gibert[2], répond ainsi : « 1° L'importance du mariage semble demander que le consentement du père soit certifié par écriture publique; ce parti est beaucoup plus sûr, parce qu'il y a moins à craindre d'être trompé par un acte public que par un acte sous seing privé; 2° si le mariage presse et que la lettre portant consentement du père soit déjà arrivée, le curé peut s'en contenter, s'il connaît certainement le caractère et la signature; s'il ne la connaît pas, il doit la faire certifier par quatre personnes dignes de foi; 3° s'il ne peut avoir d'assurance de ce côté, il doit s'arrêter et attendre des éclaircissements qui aillent jusqu'à la certitude. »

Deux catholiques ne peuvent-ils jamais se marier validement sans

---

[1] Voyez Horri, *Nouveau Traité*, etc., p. 198. — [2] Gibert, t. I, consult. LXX.

curés? Les théologiens répondent communément que, s'ils se trouvent de bonne foi dans un pays hérétique où il n'y ait point de prêtre, leur mariage est valide comme contrat et valide comme sacrement, d'après ceux qui admettent que les contractants en sont les ministres. Au reste, on regarde comme destitués de pasteurs, quant au mariage, ceux qui n'en peuvent avoir sans une extrême difficulté, comme dans certains États où il est défendu à tout prêtre, sous peine de mort ou de bannissement, de célébrer aucun mariage.

Si les contractants trouvaient un prêtre séculier ou régulier qui pût et voulût les marier, ils seraient obligés de contracter devant lui : ils observeraient alors autant qu'il leur serait possible la loi du concile de Trente; et il n'est guère de doute que l'Église n'accorde en pareil cas à tous ses ministres ce qui de droit commun ne convient qu'aux pasteurs ordinaires.

Quant au mariage des chrétiens de la Chine, en supposant que ni le décret de Trente ni aucun autre semblable n'ait été publié dans les églises que les missionnaires y ont établies, on peut admettre : 1° que ces chrétiens sont obligés de se marier devant un de leurs pasteurs, s'il s'en trouve qui puisse bénir leur mariage; 2° que ces mariages, quoique illicites, seraient cependant valides quand on n'y aurait observé que les lois du prince; 3° il faut raisonner des esclaves ou des marchands qui sont en Chine de bonne foi comme des naturels du pays, c'est-à-dire que leurs mariages sont valides, quoique illicites, s'ils ne se marient pas devant un prêtre; qu'ils sont même exempts de péché si, ne trouvant pas de prêtres, ils ont de justes raisons de ne pas différer leur mariage.

Le concile de Trente ayant réglé que son décret n'obligerait que dans les paroisses où il aurait été publié, le mariage contracté dans les lieux où cette publication n'a pas été faite demeure ce qu'il était auparavant; or, avant le concile de Trente, le mariage clandestin, quoique illicite, était valable.

On objecte que les chrétiens dont il s'agit ne seraient pas obligés à l'abstinence des vendredis et des samedis, puisque les lois qui la prescrivent n'ont pas été publiées en Chine, et qu'on pourrait se dispenser d'obéir à une loi qu'on connaît parfaitement.

Mais il y a bien de la différence entre la loi de l'abstinence ou du jeûne, et la loi qui annule un mariage fait sans certaines solennités. La loi du jeûne affecte tous les chrétiens à raison de la personne et indépendamment du lieu : ceux qui l'ont portée n'ont pas marqué qu'elle n'aurait de force que trente jours après sa publication et n'obligerait que dans les lieux où elle aurait été publiée.

V. Quelques canonistes sont d'avis[1] que la prescription du concile de Trente sur la forme du mariage peut perdre sa vigueur par une coutume contraire. Cela n'est pas possible en droit, puisque le concile de Trente déclare expressément invalides toutes les coutumes opposées à ses prescriptions.

VI. Pour que les mariages des protestants et les mariages mixtes soient valides au for de l'Église, on exige aussi qu'ils soient conclus en la forme du concile de Trente, quand les parties se marient dans un district de l'Église catholique où ce concile a été publié[2]. Il y a des pays cependant où, par suite

---

[1] Z.-B. Kutschker, *Eherecht*, t. IV, p. 339; t. IX, p. 461; H. Gerlach, *Lehrbuch des Kirchenrechtes*, § 68, p. 130, 3ᵉ éd.

[2] Dans l'état présent de l'Allemagne, surtout dans les contrées où prédomine le protestantisme, il serait plus funeste à la religion et à la morale d'insister trop vivement et d'office sur la nullité des mariages clandestins ou des mariages défectueux pour d'autres causes de nullité, qu'il ne le serait de dissimuler cette nullité, à moins que des circonstances particulières n'obligeassent à les révéler. (Voyez tome Iᵉʳ, § 53, n. VI, p. 637.)

En cas de doute, il est certainement opportun de garder le silence dans le confessionnal, pour épargner des angoisses de conscience à un innocent qui ignore la nullité de son mariage et qui pourrait être exposé à commettre des péchés mortels formels. La réserve imposée par de tels motifs consisterait pour le confesseur à se taire sur ce qui ne lui serait pas soumis, et non à permettre une infraction volontaire à la loi de l'Église sur le mariage.

Le même principe doit être observé dans le for extérieur *(in foro fori)*: on doit se borner, pour les raisons marquées ci-dessus, afin d'éviter de plus grands maux, à ne pas s'enquérir d'office de la clandestinité.

On pourrait aussi faire valoir en faveur de cette dissimulation la nécessité d'échapper aux invectives que des catholiques et des protestants se permettent contre la discipline et la doctrine de l'Église catholique, si l'on pouvait encore parler d'ignorance en pareille matière. Mais depuis que tous les Manuels de droit canon enseignent la nullité des mariages clandestins, depuis que des décisions ecclésiastiques ont été rendues et publiées dans ce sens, depuis que les avocats et les pasteurs des âmes ont, dans une foule de cas, fait prévaloir la vraie théorie pour faciliter à leurs clients la conclusion d'un vrai mariage; depuis enfin que des explications réitérées ont été données par les congrégations romaines, on ne peut plus se retrancher dans le silence.

On doit donc (notamment dans un mariage mixte), quand il y a plainte en séparation, que le certificat du mariage catholique fait défaut, et que la forme du concile de Trente est prescrite dans la province en question, on doit, au point de vue ecclésiastique, rejeter la demande en séparation pour cause de nullité.

S'il est vrai, comme on l'assure, qu'un évêque de Bavière ait obtenu,

d'une déclaration pontificale ; les prescriptions de Trente sur le mariage sont considérées comme insuffisamment publiées et n'ont point d'application ; d'autres, où le pape dispense de les appliquer.

Ainsi Benoît XIV a déclaré, le 4 novembre 1741 [1], qu'il n'était

sur sa demande, un décret de la Congrégation du concile qui permette de dissimuler aussi au for extérieur et d'introduire un procès en séparation de corps et de biens pour annuler le mariage à cause de sa clandestinité, il est à croire que ce décret a été rendu sur des allégations inexactes, puisque la nullité de ces sortes de mariages est de notoriété juridique, et que celui qui entendait se marier doit savoir si et comment le mariage a été conclu. (Sicherer, dans son ouvrage indiqué § 184, n. I, 14, dit que le silence est aussi gardé en Bavière et donne lieu à de nombreuses attaques.)

En ce qui regarde les protestants, ils ont eu si peu de rapports avec les paroisses catholiques pendant les siècles écoulés depuis leur séparation, qu'on pourrait certainement ne pas faire dépendre la validité de leur mariage, au point de vue catholique, de la déclaration du consentement devant le curé catholique de leur domicile ou quasi-domicile.

De plus, comme la question du domicile, et par conséquent celle du propre curé, peut facilement donner lieu à des erreurs, et que plusieurs des mariages même conclus devant l'Église sont nuls à ses yeux, il serait à désirer qu'on prît en considération le vœu exprimé au concile du Vatican par plusieurs évêques français. Il s'agirait de décider qu'un mariage non conclu devant le propre curé ou devant un prêtre par lui délégué, tout en étant illicite et sujet aux censures, ne sera plus invalide, et, en ce qui est des protestants et des schismatiques, dont le nombre est si considérable, qu'il ne sera plus question de l'empêchement de clandestinité. (Voyez Martin, *Collect.*, ed. 2, p. 163.)

[1] Quod attinet ad matrimonia ab hæreticis inter se in locis fœderatorum ordinum dominio subjectis celebrata, non servata forma per Tridentinum præscripta, licet Sanctitas sua non ignoret alias in casibus quibusdam particularibus et attentis tunc expositis circumstantiis, sacram Congregationem concilii pro eorum invaliditate respondisse, æque tamen compertum habens nihil adhuc generatim et universe super ejusmodi matrimoniis fuisse ab apostolica Sede definitum, et alioquin oportere omnino ad consulendum universis fidelibus in iis locis degentibus et plura avertenda gravissima incommoda, quid generaliter de hisce matrimoniis sentiendum sit, declarare ; negotio mature perpenso, omnibusque rationum momentis hinc inde sedulo libratis, declaravit statuitque matrimonia in dictis fœderatis Belgii provinciis inter hæreticos usque modo contracta, quæque in posterum contrahentur, etiamsi forma a Tridentino præscripta non fuerit in his celebrandis servata, dummodo aliud non obstiterit canonicum impedimentum, pro validis habenda esse ; adeoque si contingat utrumque conjugem ad catholicæ Ecclesiæ sinum se recipere, eodem quo antea conjugali vinculo ipsos omnino teneri, etiamsi mutuus consensus coram parocho catholico non renovetur ; sin autem unus tantum ex conjugibus, sive masculus, sive fœmina, convertatur,

pas nécessaire, pour les mariages mixtes et les mariages protestants conclus en Hollande et en Belgique, d'observer la forme

neutrum posse, quamdiu alter superstes erit, ad alias nuptias transire. Quod vero spectat ad ea conjugia quæ pariter in iisdem fœderatis Belgii provinciis absque forma a Tridentino statuta contrahuntur a catholicis cum hæreticis, sive catholicus vir hæreticam fœminam in matrimonium ducat, sive catholica fœmina hæretico viro nubat, dolens imprimis quam maxime Sanctitas sua, eos esse inter catholicos qui insano amore turpiter dementati ab hisce detestabilibus connubiis, quæ sancta mater Ecclesia perpetuo damnavit atque interdixit, ex animo non abhorrent et prorsus sibi abstinendum non ducunt, laudansque magnopere zelum illorum antistitum, qui severioribus propositis spiritualibus pœnis catholicos coercere student, ne sacrilego hoc vinculo sese hæreticis conjungant, episcopos omnes, vicarios apostolicos, parochos, missionarios et alios quoscumque Dei et Ecclesiæ fideles ministros in iis partibus degentes serio graviterque hortatur et monet, ut catholicos utriusque sexus ab hujusmodi nuptiis in propriarum animarum perniciem ineundis, quantum possint, absterreant, easdemque nuptias omni meliori modo intervertere, atque efficaciter impedire satagant. At si forte aliquod hujus generis matrimonium, Tridentini forma non servata, ibidem contractum jam sit aut in posterum (quod Deus avertat) contrahi contingat, declarat Sanctitas sua matrimonium hujusmodi, alio non concurrente canonico impedimento, validum habendum esse et neutrum ex conjugibus, donec alter eorum supervixerit, ullatenus posse, sub obtentu dictæ formæ non servatæ, novum matrimonium inire, et id vero debere sibi potissime in animum inducere conjugem catholicum, sive virum, sive fœminam, ut pro gravissimo scelere quod admisit, pœnitentiam agat ac veniam a Deo precetur, coneturque pro viribus alterum conjugem a vera fide deerrantem ad gremium catholicæ Ecclesiæ pertrahere, ejusque animam lucrari, quod porro ad veniam de patrato crimine impetrandum opportunissimum foret, sciens de cætero, ut mox dictum est, se istius matrimonii vinculo perpetuo ligatum iri.

Ad hæc declarat Sanctitas sua ut quidquid hactenus sancitum dictumque est de matrimoniis, sive ab hæreticis inter se, sive inter catholicos et hæreticos initis in locis fœderatorum ordinum dominio in Belgio subjectis, sancitum dictumque intelligatur etiam de similibus matrimoniis extra fines dominii eorumdem fœderatorum ordinum contractis ab iis qui addicti sunt legionibus seu militaribus copiis quæ ab iisdem fœderatis ordinibus transmitti solent ad custodiendas muniendasque arces conterminas, vulgo dictas *di Barriera;* ita quidem, ut matrimonia ibi præter Tridentini formam, sive inter hæreticos utrinque, sive inter catholicos et hæreticos inita, valorem suum obtineant, dummodo uterque conjux ad easdem copias sive legiones pertineant, et hanc declarationem vult Sanctitas sua complecti etiam civitatem Mosæ Trajectensis a republica fœderatorum ordinum quamvis non jure dominii, sed tantum oppignorationis, ut aiunt, nomine possessam.

Tandem circa conjugia quæ contrahuntur, vel in regionibus principum catholicorum ab iis qui in provinciis fœderatis domicilium habent, vel in fœderatis provinciis ab habentibus domicilium in regionibus cadu concile de Trente pour que ces mariages fussent valides. Comme Benoît XIV n'a point donné ici de dispense, mais une simple déclaration, il a affirmé par cela même, non seulement que les mariages protestants et les mariages mixtes conclus en Hollande et en Belgique sous la forme du concile de Trente seront valables à l'avenir, mais encore que ceux qui avaient été conclus avant cette déclaration l'étaient également.

Clément XIII (1764) a expressément étendu cette déclaration de Benoît XIV au Québec et au Canada, à Breslau, à Malabar (1765) et à Bombay (1767); Clément XIV, à Culm (1774); Pie VI, à la Pologne russe (1780), à l'Irlande (1785) et à Clèves (1793); Léon XII (1824), à la Nouvelle-Orléans. Grégoire XVI, dans un bref adressé le 30 avril 1841 [1] aux évêques de Hongrie, et accompagné d'une instruction du cardinal Lambruschini [2] sur les mariages mixtes, a déclaré que de tels mariages, conclus en Hongrie, étaient illicites mais valides. Ces déclarations viennent de ce que la loi du concile de Trente sur le mariage n'est pas suffisamment publiée dans les différentes paroisses.

Cette déclaration de Benoît XIV, du reste, ainsi que l'a expliqué Pie VII dans un écrit au vicaire général d'Ehrenbreitenstein, Joseph de Hommer, en date du 23 avril 1817, ne doit pas être tacitement étendue à d'autres contrées; il y faut une autorisation spéciale de Rome [3], car une pareille décision fait partie des causes majeures. (Voy. ci-dessus, § 97, n. II, p. 237.)

De nos jours, dans certains pays, il a été donné dispense de la forme du concile de Trente pour les mariages mixtes. Mais dans les pays qui ont de telles dispenses, les mariage conclus sans la forme du concile de Trente ne sont valables, au point de vue du droit catholique, que depuis la concession de la dispense. Pie VIII, par bref du 25 mars 1830 [4] (accompagné d'une

tholicorum principum, nihil Sanctitas sua de novo decernendum, aut declarandum esse duxit, volens, ut de iis, juxta canonica juris communis principia, probatasque in similibus casibus alias editas a sacra Congregatione concilii resolutiones, ubi disputatio contingat, decidatur; et ita declaravit, statuitque, ac ab omnibus in posterum servari præcepit. Die 4 novembris 1741. » *(Note du trad.)*

[1] Reproduit dans Schulte, *Eherecht*, p. 471-474.
[2] Reproduit dans Schulte, *Eherecht*, p. 474-476.
[3] Voyez Kutschker, *Eherecht*, t. I, p. 516.
[4] Reproduit dans Walter, *Fontes jur. eccl.*, p. 588-592.

instruction du cardinal Albani du 27 mars 1830)[1], a donné une dispense semblable pour l'archevêché de Cologne et les évêchés de Trèves, Munster et Paderborn; l'évêché de Limbourg en a reçu une autre dans une instruction de la Congrégation de l'inquisition (15 mars 1854)[2].

On peut aussi dans ces diocèses conclure valablement des mariages mixtes sans curé et sans témoins, pourvu qu'il n'y ait pas d'empêchement dirimant. Dans ces pays, un mariage mixte devient même, *per copulam carnalem* entre fiancés, un mariage valide au point de vue catholique[3].

VII. Si deux personnes sortent d'une paroisse où la loi de Trente sur la forme du mariage est en vigueur et passent dans un lieu où elle ne l'est pas, le mariage conclu dans ce dernier lieu est invalide : car il aurait dû se conclure selon la forme du concile de Trente, devant le propre curé du domicile ou quasi-domicile de l'époux ou de l'épouse. Que si, au contraire, deux personnes transfèrent leur domicile dans un lieu où la forme de Trente n'est pas en pratique, elles peuvent conclure un marige informe, et pourtant valide, même quand elles ont changé de domicile pour éluder les prescriptions du concile de Trente[4]. L'Église, du reste, a déclaré à Trente[5] que si, en certains cas, elle reconnaissait pour valides les mariages clandestins et informes, elle les avait toujours eu en horreur et les considérait comme illicites.

VIII. Il y a encore des mariages clandestins dans un sens particulier : nous voulons parler de ceux qui sont conclus dans la forme du concile de Trente, mais qui, pour des raisons graves et avec la permission de l'évêque, ne sont pas publiés ni inscrits dans les registres de l'Église[6].

---

[1] Reproduit dans Walter, *Fontes jur. eccl.*, p. 593.

[2] *Amtsblatt des Bisthums Limburg*, année 1870, p. 36.

[3] Schmitz, *Die clandestinen Ehen in der oberrheinischen Kirchenprovinz.* (*Archiv für Kirchenrecht*, t. XVII, p. 315.)

[4] Ainsi l'a décidé la Congrégation du concile. (Édition du concile de Trente de Richter, p. 226, n. 35, et Læmmer, *Archives*, t. XII, p. 23.) Voyez le bref d'Urbain VIII, *Exponi nobis*, et la constitution de Benoît XIV, *Paucis abhinc*.

[5] Sess. XXIV, cap. I, de ref. matr.

[6] Voyez l'encyclique de Benoît XIV, *Satis nobis*, du 17 novembre 1741, et dans l'édition de Richter, p. 546; Feye, *De imped. et dispens. matr.*, ed. 2, cap. XII, de matr. conscientiæ et morganaticis.

ADDITION DU TRADUCTEUR.

Des limites de la législation et de la juridiction ecclésiastiques et civiles en matière de mariage.

Dieu, en créant dans le paradis un seul homme et une seule femme, a élevé la monogamie à la dignité d'une institution divine ; il a voulu que ce premier couple humain, en devenant la souche de notre race, servît de modèle à tous les mariages futurs. Il réprouva ainsi d'un même coup la polygamie, la polyandrie, le divorce et les seconds mariages. A mesure que l'humanité se multiplia, le droit matrimonial dut nécessairement se développer aussi, mais en demeurant toujours sous la garde de Dieu. Moïse, agissant au nom du Seigneur, sanctionna plus tard l'union entre parents plus ou moins rapprochés, union contraire à la nature non moins qu'au sentiment moral, et établit les degrés de parenté en se fondant sur des considérations à la fois physiques et morales. Si la grossièreté des Juifs ne lui permit point de conserver le mariage dans sa pureté originelle, il mit cependant un frein au divorce, et retint, ici encore, le mariage sous l'autorité de la loi divine, en exigeant la remise solennelle du billet de répudiation.

Le Christ, dans sa législation matrimoniale, édifie sur les bases établies par Moïse ; il achève ce qui n'a pu être exécuté par son devancier, et, ramenant le mariage à sa primitive institution, il établit la monogamie et transforme le mariage en mystère ou sacrement. Toute la législation du mariage existe en germe dans saint Matthieu, saint Marc et saint Luc. Le billet de répudiation y est supprimé pour les Juifs, pour les chrétiens et les gentils, et nous y trouvons tous les éléments nécessaires pour apprécier le divorce, les secondes noces, les mariages valides ou invalides, surtout si nous les rapprochons des prescriptions mosaïques que le Christ a laissé subsister.

Immédiatement après la mort du Sauveur, la notion du mariage se développe en conformité avec l'esprit chrétien. Nul d'entre les apôtres n'a pénétré plus avant que saint Paul, en ses Épîtres aux Romains, aux Corinthiens et aux Éphésiens, dans les mystères du christianisme, dans celui du mariage en particulier, dont il rapporte toutes les prescriptions à Jésus-Christ. Il saisit parfaitement la nature de cette institution, qui lui apparaît comme une figure de l'union du Christ avec son Église, union qui commence à la naissance du Sauveur et se continue jusqu'au supplice de la croix, pour se perpétuer jusqu'à la fin des âges. Ces vues magnifiques autant que profondes ne furent bien comprises de l'Apôtre qu'après la mort du Christ et lorsqu'il eut été témoin des abus criants provoqués par les relations des fidèles avec les infidèles.

Or, s'il est vrai que Dieu a lui-même établi les lois primordiales du mariage, s'il en a confié le développement et l'application à ses représentants, principalement à Moïse ; si le Sauveur, en se référant à la loi mosaïque, a déterminé tout ce qui concerne la rupture et l'indissolubilité, la validité et la nullité du mariage; si saint Paul enfin, en nous montrant le rapport de ce lien sacré avec l'incarnation, la mort et l'ascension du Sauveur, a le premier éclairé d'une vive lumière les profondeurs de ce mystère, résolu les difficultés qu'il rencontrait dans l'Église naissante, nous demandons à qui devait appartenir dans la suite des temps le droit de règlementer et de maintenir dans sa pureté native cette salutaire institution? était-ce à l'État, au hasard ou à l'Église ?

Transporter le mariage hors du sein de l'Église, c'est rompre l'union du Christ avec sa divine Épouse. Que l'on consulte du reste la tradition catholique, qu'on interroge la conscience de l'Église à travers tous les siècles de l'ère chrétienne. Sans doute la législation païenne, en ce qui touchait aux intérêts civils du mariage, continua longtemps d'être appliquée, même après la conversion des empereurs ; l'État païen ne fut pas baptisé aussi promptement que les princes ; le mariage, en un mot, éprouva le même sort que le christianisme en général.

En attendant, les Pères de l'Église élevèrent de bonne heure d'énergiques protestations contre le divorce, et l'Église n'eut point de cesse qu'elle n'eût éliminé du droit civil tout ce qui était contraire à ses dogmes. Elle établit des règles en harmonie avec les besoins du temps et admit dans son droit tout ce qui lui parut acceptable. Insensiblement, ses idées finirent par prévaloir, et à l'époque du concile de Trente, la doctrine du Christ et des apôtres était depuis longtemps passée dans la théorie et la pratique de l'Église.

Il n'aurait servi de rien à Luther de brûler tous les exemplaires du *Corpus juris* avec toutes les bulles des papes : les décrets du concile de Trente, réuni dans les dernières années de sa vie, suffiraient pour renseigner sur la nature du mariage et sur la manière dont l'Église l'a envisagé, sans qu'on fût exposé à confondre ce qu'il faut rendre à l'Église et ce qui revient à César.

Les droits de l'Église sont donc faciles à déterminer. Tout ce qui se rapporte au sacrement est de son ressort. « C'est à l'Église seule, » disait Pie VI le 16 septembre 1788, « dépositaire de tout ce qui concerne les sacrements, qu'appartient tout droit et toute puissance. » Chose digne de remarque, quand les ennemis de l'Église parlent de ses droits, ils insistent de préférence sur la question des sacrements, ils avouent que tout ce qui s'y rapporte est de sa compétence ; le reste, disent-ils, c'est l'affaire de l'État. Mais, tout en reconnaissant que l'Église a le droit d'en réglementer l'administration et de les faire distribuer par ses ministres, ils lui concèdent tout au plus la faculté de prendre quelques mesures disciplinaires, même avec l'assentiment du pouvoir civil. Ainsi, tandis que l'autorité de l'Église ne dépasserait guère le Rituel, on étend celle de l'État à tous les points qui affectent l'essence même du sacrement, à la forme, à la validité, à la conclusion et à la rupture du mariage, à la législation et à la juridiction. Celui qui jugeait de l'accessoire devient l'arbitre du principal, et l'Église n'a plus qu'à ajouter *Amen*, — encore faut-il qu'elle en ait obtenu la permission. L'art suprême des grands politiques a été de séparer le mariage du sacrement en l'appelant un contrat, et de donner ainsi la première place à ce qui n'est qu'accessoire et conventionnel.

Nous l'accordons volontiers : si l'union du Christ avec l'Église est un contrat, le mariage en est un aussi; — mais s'ensuit-il que ce contrat soit, comme tout autre, laissé à l'arbitraire des parties? Le mariage emportant avec soi des droits et des devoirs aussi vieux que le monde, les époux n'y peuvent rien introduire de nouveau; ils ne sauraient se lier pour un temps, sauf à se séparer ensuite. Sur ce point, tous les contrats ressemblent à celui qui a été passé dans le paradis, où l'on ne vit point de notaire. De ce que le mariage a cela de commun avec les contrats civils qu'il exige le consentement, est-il vrai que la notion du mariage se confonde avec celle d'un contrat civil? Si les époux acceptent librement le joug du mariage, le Christ a été plus libre encore lorsqu'il a formé son union avec l'Église en revêtant notre chair et en portant sa croix. Où faut-il chercher l'essence du mariage? est-ce en haut, dans l'union du Christ avec l'Église? ou en bas, dans les contrats humains? Le mariage est-il un pur contrat civil, parce qu'il comporte d'autres droits accidentels? — Non : de ce que l'État a des droits sur la fortune des époux, par exemple, le mariage ne perd rien de son essence; il ne saurait descendre des hauteurs de la révélation pour devenir une affaire purement naturelle. Ainsi, quand il y a contrat valide, il y a mariage valide, et réciproquement. Dans les vues de Dieu et de l'Église, le contrat et le mariage sont inséparables. *Nulla sacramenta sunt nulla matrimonia, et nulla matrimonia nulla sacramenta.*

Droits de l'Église en matière de mariage.

En disant que le mariage est un vrai sacrement institué par Jésus-Christ, le concile de Trente a posé les fondements dogmatiques de toute la jurisprudence matrimoniale ; et en déclarant que les causes matrimoniales ressortissent aux juges ecclésiastiques, il a fixé le point de départ de notre examen sur ses droits. Mais quelle portée faut-il donner à cette proposition : les causes matrimoniales sont du ressort de l'Église? Le meilleur interprète du concile de Trente doit être le concile de Trente lui-même. Or ce concile a d'abord solennellement déclaré qu'il pouvait établir des empêchements dirimants, et cela sans risque de se tromper. Nous savons donc d'une certitude dogmatique que sur ce point le droit de législation et de juridiction appartient à l'Église; nous sommes tenus de l'admettre sous peine d'excommunication. Quand même nous n'aurions point d'autre décision dogmatique que les canons XII et IV, nous saurions déjà que l'essence du mariage avec tout ce qui s'y rattache est de la compétence de l'Église.

Il suit de là, en effet, que l'Église a le droit de prononcer sur les causes qui annulent un mariage, d'établir des empêchements, de prescrire certaines formes sous peine de nullité, etc. L'eau bénite, la prière, dans lesquelles les canonistes du dix-huitième siècle faisaient consister les fonctions de l'Église, sont choses excellentes, assurément; mais ce sont des accessoires, qui n'ont rien de commun avec la validité du mariage et du sacrement.

Du reste, l'Église s'est chargée elle-même de tirer les conséquences qui découlent des canons XII et IV, en formulant les empêchements dirimants exprimés par les vers *Error, conditio, votum*, etc., en prenant sous sa juridiction le mariage conclu mais non consommé, et en déclarant qu'il peut être dissous par la profession solennelle de religion, etc.

Ce pouvoir de poser des empêchements dirimants, le concile le mit aussitôt en pratique, en établissant (ch. I, *De reform.*) le nouvel empêchement de clandestinité, qui étendait celui du rapt (ch. VI) et défendait à une personne enlevée d'épouser son ravisseur tant qu'elle était en sa puissance, ce qui avait été jusque-là toléré.

Les mariages des juifs, des païens, des Turcs, qui entrent en union avec l'Église par le baptême, sont placés sous sa juridiction; il en est de même à plus forte raison des mariages des incrédules qui ont été baptisés. Outre la question de validité, l'Église s'attribue le droit de vider les controverses qui s'élèvent sur les mariages, de prononcer sur la séparation de corps et de biens : car on ne peut nier que ces objets ne soient d'une nature religieuse. Ici encore, le jugement de l'Église est infaillible. Qu'on se rappelle les canons VIII et XII, ainsi que le chapitre XX, de la réformation du mariage, session XXIVe.

Le concile de Trente range encore sous sa juridiction les empêchements prohibitifs, comme on le voit par le chapitre III de la réformation, où il est parlé des fiançailles uniquement à cause de l'empêchement d'honnêteté publique qui en résulte.

L'Église revendique le droit d'empêcher la célébration solennelle des mariages à certaines époques de l'année; et ce droit, il faut le lui reconnaître sous peine d'anathème, d'après le canon XIe.

Nous avons vu ce qu'il faut penser de la forme du mariage (can. IV).

La délégation pour les fiançailles, l'union des époux, la bénédiction du mariage sans proclamation, les dispenses, sont autant d'objets religieux qui ont leur fondement dogmatique dans le concile de Trente (cap. I, De reform., can. IV, XI, XII). Quant au droit pénal de l'Église sur la question du mariage, il est fondé d'abord sur l'autorité disciplinaire de l'Église en général, puis sur le décret qui concerne spécialement la matière. Ainsi le chapitre 1er traite des peines à infliger au curé, aux époux et aux témoins qui font un mariage invalide quant à la forme, et il frappe de suspense un prêtre qui bénit un mariage sans y être autorisé; le chapitre II a pour objet le maintien des degrés de parenté spirituelle; le chapitre V s'occupe de ceux qui contractent sciemment sans observer les degrés défendus; le chapitre VI traite des ravisseurs; le chapitre VIII excommunie les concubinaires, les polygames; enfin, le chapitre IX statue contre les princes temporels et ceux qui forcent leurs sujet à se marier.

Telle est en abrégé la constitution de l'Église sur le mariage. C'est avec ce code à la main ou plutôt dans le cœur, qu'il faut combattre à la cour des princes, dans les chambres, dans les chaires publiques, les hérésies et les nouveautés de notre temps, ainsi que l'ont fait nos pères il y a trois cents ans.

Tous les points que nous avons relevés subsistent invariablement; nul fidèle, nul prêtre, nul évêque, n'est plus libre de croire, sans encourir l'anathème du canon XII, que ces causes matrimoniales ne ressortissent pas aux juges ecclésiastiques. « Après le concile de Trente, » écrivait Pie III, « quiconque nie que ces causes soient du ressort de l'Église encourt l'excommunication. » Or on nie cela non-seulement en enseignant que les princes peuvent légiférer sur le mariage, mais en admettant qu'un commissaire de l'État peut décider une question de validité.

Le concile de Trente n'a pas voulu, évidemment, établir un droit matrimonial complet, mais seulement combattre les novateurs et les hérétiques, apporter certaines modifications au droit ancien, corriger les abus et surtout établir une forme universelle. En attaquant les bases fondamentales du mariage, les novateurs nous ont rendu un véritable service : car l'Église, en corroborant ses doctrines par autant d'anathèmes, nous a mis en garde contre les novateurs futurs et nous a fourni, dans les canons du concile de Trente, tous les éléments du droit matrimonial. Le reste est laissé à l'appréciation du juge, qui résout les cas spéciaux en partant de ces principes immuables.

Mais, dira-t-on, le canon XII ne porte pas que « toutes » ces causes appartiennent aux « seuls » juges ecclésiastiques. — On peut répondre à ce sophisme par les paroles suivantes de Pie VI à l'évêque de Motula : « Les termes du canon sont si généraux, qu'ils embrassent toutes les causes indistinctement. » Cependant, comme la généralité de ces termes a vivement préoccupé les canonistes, demandons encore une fois au concile quelles sont les causes comprises dans le canon XII. Voici sa réponse : Tout ce que j'ai enseigné il y a trois cents ans ; toutes les lois et les institutions que j'ai faites ; toutes les causes que j'ai traitées dans mes douze canons et mes dix chapitres ; tous les objets que j'ai décidés dogmatiquement, tout cela est protégé par l'anathème du canon XII. Tout ce qui tient à l'essence du mariage appartient donc au for de l'Église. Les décisions des tribunaux ecclésiastiques, tels que la Congrégation du concile, le Saint-Office, la Rote, les solutions et les bulles données dans certains cas importants, les sentences *ex cathedra*, la bulle *Auctorem fidei* de 1794, etc., ne sont que le développement du principe posé au concile de Trente et comme les mille rameaux de cet arbre gigantesque [1].

Quand les prescriptions de l'Église ne sont pas d'accord avec celles de la loi civile, l'Église a le droit de les maintenir dans le for ecclésiastique, tandis que l'État laisse à la conscience des sujets le soin de s'y conformer et n'exerce aucune contrainte sur eux ni sur l'Église.

Quant au rapport mutuel des deux puissances sur la question du mariage, on pourrait, en partant de ce principe que l'État considère aussi le mariage comme la base de l'ordre civil et se croit autorisé à le soumettre à sa législation en ce qui regarde les conséquences sociales, on pourrait peut-être, en séparant exactement les deux domaines, établir les principes suivants :

1. Si l'État revendique contre l'Église un droit exclusif en matière de mariage et demande la séparation complète des deux domaines, on doit lui reconnaître le droit, en ce qui concerne les effets civils du mariage, de n'admettre que les mariages conclus conformément à ses lois. Mais il faut aussi, dans ce cas, que l'Église exerce librement le droit qui lui appartient dans sa propre sphère : l'État ne peut la forcer de coopérer à la conclusion des mariages qui contredisent ses lois. L'État, dans cette hypothèse, n'a pas le droit d'agir contre l'Église, sous prétexte que l'Église n'a pas observé les lois de l'État, puisque l'Église ne fait qu'appliquer ses propres lois et qu'elle y est autorisée par cela même que son existence est reconnue. L'État ne peut que punir ses sujets d'avoir violé sa législation ; il ne lui appartient pas de sévir contre les fonctionnaires de l'Église : car ils n'agissent pas comme sujets, mais en vertu d'une mission officielle, qui trouve sa garantie dans l'existence légale de l'Église.

2. Si l'État conserve l'élément religieux du mariage, il doit reconnaître les droits de l'Église ; son intervention serait un empiètement sur

---

[1] *Archives du droit canon*, janvier 1862.

la liberté de conscience et violerait le dogme selon lequel l'Église seule est compétente en matière de mariage.

Dans un État où plusieurs confessions religieuses sont sur le pied d'égalité, le droit matrimonial doit s'adapter aux différentes confessions, parce qu'il repose sur des dogmes qui varient selon les religions.

3. En ce qui est des conséquences civiles (*dos, donatio propter nuptias, contractus, debita, successio, alimenta*, etc.), l'État a évidemment le droit de législation et de juridiction. Ces points, qui ressortissaient autrefois aux juges ecclésiastiques, ont été assignés à l'État par des législations nouvelles; ce n'est point là une violation du droit [1].

§ 187. 5. Le mariage dans l'Église protestante [2].

Luther maintint à ce sujet le point de vue du droit canonique : aussi plusieurs règlements protestants considèrent-ils la bénédiction comme chose accidentelle, et ils admettent la validité du mariage par cela seul qu'il y a accord des volontés ; ils croient notamment que les fiançailles se transforment en mariage par l'union charnelle des époux. Parmi leurs livres symboliques, la *Confession helvétique* [3] est le seul qui décide que la bénédiction est essentielle au mariage ; les réformés, dans quelques anciens règlements, ont adopté cette manière de voir.

Peu à peu, à la suite d'une coutume appuyée par des législations particulières, il a été déclaré que le mariage devait être conclu en présence d'un ecclésiastique en fonction [4]. Ainsi

---

[1] Schulte, *Droit eccl. cath.*, t. II, p. 594.

[2] Ernest Meier, *Jus quod de forma matr. ineundi valet.*, Berol., 1856, p. 49; Friedberg, *Recht der Eheschliessung in seiner geschichtlichen Entwickelung*, Leipsig, 1856, livre XXXI; Richter, *Lehrbuch*, § 182; Sohm, *Das Recht der Eheschliessung aus dem deutschen und canonischen Recht geschichtlich entwickelt. Eine Antwort auf die Frage nach dem Verhæltniss der kirchlichen Trauung zur Civilehe*, Weimar, 1875. Contre cet ouvrage, Friedberg, *Verlobung und Trauung*, Leipsig, 1876, et contre ce dernier, voyez Sohm, *Trauung und Verlobung*, Weimar, 1876; Bierling, *Das Verhæltniss der kirchlichen Trauung zur bürgerl. Eheschliessung* (Dove, *Zeitsch. f. Kirchenr.*, t. XIII, p. 292).

[3] Conf. Helv., I, cap. XXIX ; II, cap. XXXVII.

[4] On suit presque toujours le *Manuel* de Luther sur le mariage. Quand on rebénit les époux séparés, on emploie une formule plus courte. Voyez J.-H. Bœhmer, *J. E. P.*, lib. IV, tit. XIX, § 46; Gœschen, *Doctr. de matr.*, n. 200, 234. Sur le mariage protestant dans ses rapports avec le mariage civil, voyez la fin du paragraphe suivant.

un mariage conclu devant un autre ecclésiastique que le propre curé de l'époux ou de l'épouse n'en est pas moins valide, quoique punissable selon les circonstances. Dans l'Église évangélique, le mariage est ordinairement conclu devant le curé de l'époux ou de l'épouse; la coutume veut souvent qu'il ait lieu en présence du curé de l'épouse. Cette circonstance toutefois n'intéresse que les droits d'étole et le caractère licite de l'action; le mariage n'en est pas moins valide.

II. Sur les proclamations, l'examen des époux, le mariage par procuration, on suit les mêmes règles que dans l'Église catholique.

III. Le prince du pays, en sa qualité de « souverain-pontife, » *summus episcopus*, a le droit de se soustraire à la forme du mariage; et quand la constitution ne prescrit aucune forme particulière pour les dispenses, il peut en outre se dispenser tacitement, par exemple, en concluant un mariage informe (mariage de conscience)[1].

IV. Relativement à la situation de l'Église protestante à l'égard du mariage civil, nous renvoyons à la fin du paragraphe suivant.

§ 188. 6. Le mariage civil[2].

I. Depuis le moyen âge, les États chrétiens ont fait dépendre la validité du mariage, au point de vue civil, de l'observation des

---

[1] Voyez Dieck, *Ueber Gewissensehe, Legitimation u. s. w.*, Halle, 1838; Wilda et Reyscher, *Zeitschrift für deutsches Recht*, t. IV, p. 148 (1840); Friedberg, *Recht der Eheschliessung*, p. 261.

[2] Cf. Friedberg, *Das Recht der Eheschliessung in seiner geschichtlichen Entwickelung*, Leipsig, 1865; le même, *Die Geschichte der Civilehe*, Berlin, 1870; *Zwei Gutachten, erstattet dem deutschen Juristentag über die Civilehe und das connubium zwischen Christen und Nichtchristen* (par Friedberg et Wasserschleben, *Zeitschrift für Kirchenrecht*, p. 272, 287, t. IX). Ces auteurs protestants se prononcent pour le mariage civil. Les suivants sont d'un avis contraire. V. Gerlach, *Die Civilehe und der Reichskanzler*, 2e éd., Berlin, 1874; Sohm, sur l'ouvrage précédent, *Das Recht der Eheschliessung*. Du côté des catholiques, Ph. Hergenrœther, *Die Civilehe*, Munster, 1870; Lingg, *Die Civilehe vom Standpunkte des Rechtes*, Augsbourg, 1870; Swientek, *Archives*, t. XXIV, p. 8; Hirschel, *Geschichte der Civilehe in Frankreich*, Mayence, 1873; P. Sauzet, *Die Civilehe und die kirchliche Ehe* (traduit du français), Mayence, 1873; Vering, *Geschichte und Wesen der Civilehe* (*Archives*, t. XXIX, p. 148); Martin, évêque de Paderborn, *Die Christliche Ehe und die Civilehe*, 1874; Adams, *Die Civilehe in ihrer Berührung mit der kirchlichen Ehe*, Ratisbonne, 1875; *Die franzœsischen und amerikanischen*

lois de l'Église, même en ce qui concerne la forme du mariage. Aujourd'hui les législations civiles de plusieurs États subordonnent le mariage à des conditions qui s'écartent des lois ecclésiastiques. Jusqu'à notre époque cependant, il n'y avait que peu de pays où la loi civile assujétît le mariage à une forme particulière et attachât à cette forme les effets civils du mariage. Dans le mariage civil, on exige des proclamations distinctes et un mariage particulier conclu devant un officier civil, qui est ordinairement le maire. Dans ce mariage, on ne s'occupe que de l'accomplissement des conditions exigées par la loi civile ; on ne se soucie point des conditions requises par l'Église. Il y a trois espèces de mariage civil :

1° Le mariage obligatoire : ici le mariage civil est le seul qui soit civilement valable ;

2° Le mariage facultatif : il a lieu lorsque les deux parties peuvent à leur gré conclure un mariage ecclésiastique ayant des effets civils, ou un mariage civil;

3° Le mariage civil de nécessité : il n'existe que pour les personnes qui ne peuvent contracter un mariage ecclésiastique, et qui n'ont pas d'empêchement civil.

II. Le mariage civil facultatif a été introduit pour la première fois dans les Pays-Bas en 1580 pour les provinces de la Hollande et de la Frise occidentale. Les catholiques et les dissidents

---

Synoden über die Civilehe (*Archives*, t. XXXIV, p. 32); *Bemerkungen zu dem preussischen Gesetz über die Beurkundung des Personenstandes und die Form der Eheschliessung von einem Mitgliede des preussischen Abgeordnetenhauses* (*Archives*, t. XXXI, p. 451); *Das Verhalten der katholischen Kirche in Preussen und der evangelischen Landeskirche Preussens gegenüber dem Civilehegeseiz* (*Archives*, t. XXXIII, p. 191); *Vorstellung des Gesammtepiscopats in Bayern vom Januar 1875 an Se. Majestæt den Kœnig in Betreff der obligatorischen Civilehe* (*Archives*, t. XXXIII, p. 349); *Hirtenschreiben des Bischofs von Regensburg vom 18 Januar 1875 über die Civilehe im Regensburger oberhirtlichen Verkündigungsblatt*, 1845, p. 47, und mit einigen Abkürzungen in der Berliner Germania, 1875, n. 21, 1re livrais.; *Oberhirtliche Instruction für den Seelsorgclerus des Bisthums Regensburg vom 7 December 1875, betreffend das Civilehegeseizt* (*Archives*, t. XXXV, p. 198); *Oberhirtliche Instruction für die Seelforgvorstændt der Erzdiœcese München vom 26 November 1875*, ibid., p. 147. Voyez aussi *Münchener Pastoralblatt*, 1875, n. 11; *Erlass des Bischofs von Rottenburg vom 12 November und Hirtenbrief vom 22 November 1875 betreffend das Civilehegesetz*, ibid., p. 311; Dr Joseph Winkler, *Die Katholische Ehe unter der neuen (Schweizer) Bundesgesetzgebung nach der bischœfliche baselschen Instruction vom 16 December 1875*, Lucerne, 1876.

furent astreints à se faire marier par un ministre réformé ou à contracter un mariage civil. En 1656, cette ordonnance fut étendue à tous les Pays-Bas, où le mariage civil obligatoire, tel que la Révolution française l'a imaginé, fut introduit en 1745.

III. En Angleterre, le mariage civil obligatoire fut adopté en 1653, au milieu des plus cruelles persécutions religieuses, et bientôt après en Écosse et en Irlande. Cette innovation fut très-mal accueillie du peuple, et, après le rétablissement des Stuarts, elle disparut d'elle-même, sans qu'il fût besoin d'une loi pour l'abroger.

Depuis le règne de la reine Élisabeth, les catholiques furent mis hors la loi et dans l'impossibilité de faire reconnaître leurs unions ; les effets civils et juridiques du mariage dépendaient du mariage contracté devant un ministre anglican, bien qu'on pût encore conclure validement un mariage informe en suivant l'ancien droit canon. Mais en 1753, il fut décidé que le mariage, pour être valide devant la loi civile, devait être conclu en présence d'un ministre anglican.

En 1836 enfin, le mariage civil facultatif fut établi pour tous les sujets de l'Angleterre, de sorte que le mariage devint civilement valide dès qu'il fut civilement conclu. La présence du ministre n'était plus requise.

IV. En Écosse, les mariages informes continuent d'être valides ; seulement ils sont punis d'une légère amende pécuniaire. Pour se procurer un témoignage attestant qu'ils sont véritablement mariés, plusieurs, au lieu de s'unir devant l'Église après la proclamation des bans, se rendent chez le juge de paix et y font enregistrer leur mariage. D'autres fois, des époux anglais se hâtent vers la frontière d'Écosse et s'en vont à Gretna-Green ou à Springsfield, déclarer leur mariage devant le juge de paix. D'après une loi de 1856, les mariages écossais informes, ou les mariages conclus devant le juge de paix, ne sont plus valides qu'après que les époux ont séjourné vingt-et-un jours en Écosse.

V. En France, le mariage civil fut d'abord imposé aux protestants, qui l'accueillirent avec une grande répugnance, et sollicitèrent du gouvernement la reconnaissance de leur mariage religieux.

On demanda d'abord, et les protestants eux-mêmes, que le

mariage fût conclu devant le curé catholique du domicile, et l'on n'introduisit que quelques modifications provisoires. Mais en 1787, on permit aux protestants le mariage civil facultatif, soit devant le curé catholique, soit devant le juge royal. Les parlements essayaient depuis longtemps de ravaler le caractère sacramentel du mariage au niveau d'un contrat purement civil. Ces vues, accréditées par les philosophes du dix-huitième siècle, prévalurent enfin pendant la Révolution française : le mariage fut traité comme un contrat exclusivement civil, et le mariage civil obligatoire fut introduit en 1792. La république française imposa son mariage en même temps que sa législation aux pays dont elle fit la conquête, à la Belgique et aux contrées allemandes de la rive gauche du Rhin.

ADDITION DU TRADUCTEUR.

Voici les lois civiles qui règlent en France les obligations d'un prêtre qui doit procéder à la célébration d'un mariage.

I. L'art. 54 de la loi organique du 8 avril 1802 défend aux ministres de la religion de donner la bénédiction nuptiale avant d'avoir acquis la preuve que le contrat civil a été passé devant le magistrat compétent. Le Code pénal renferme des dispositions extrêmement rigoureuses contre ceux qui enfreindraient cette obligation; il y est dit :

Art. 199. « Tout ministre d'un culte qui procédera aux cérémonies religieuses d'un mariage, sans qu'il lui ait été justifié d'un acte de mariage préalablement reçu par les officiers de l'état civil, sera, pour la première fois, puni d'une amende de 16 à 100 fr.

Art. 200. « En cas de nouvelles contraventions de l'espèce exprimée en l'article précédent, le ministre du culte qui les aura commises sera puni, savoir, pour la première récidive, d'un emprisonnement de deux à cinq ans, et pour la seconde, de la détention [1]. »

II. Il est donc essentiel et même d'une obligation étroite, pour les curés et desservants, d'exiger des fidèles qui réclament la bénédiction nuptiale, qu'ils justifient, par un certificat en bonne forme délivré par l'officier de l'état civil, qu'ils ont rempli les conditions exigées par le Code civil (art. 165 et suiv.).

III. Pendant plusieurs années on a pu délivrer ces certificats sur papier libre; mais il n'a pu en être ainsi depuis la publication du décret du 9 décembre 1810, portant :

---

[1] L'article 200 a été modifié par la loi du 1er mai 1831, qui a substitué la peine de la détention à celle de la déportation.

Art. 1er. « Les certificats que les officiers de l'état civil délivreront aux parties, pour justifier aux ministres des cultes de l'accomplissement préalable des formalités civiles, avant d'être admises à la célébration religieuse de leur mariage, seront assujétis au timbre de 25 centimes. »

IV. Le mariage des militaires exige des formalités particulières, qui ont été prescrites par un décret du 16 juin 1808 :

1° Les officiers en activité ne peuvent se marier sans en avoir obtenu la permission, par écrit, du ministre de la guerre ; cependant un tel mariage ne serait pas nul, mais ceux qui l'auraient contracté encourraient la destitution et la perte de leurs droits, tant pour eux que pour leurs veuves et leurs enfants, à toute pension ou récompense militaire [1].

2° Il est également défendu aux sous-officiers et soldats en activité de se marier sans la permission du conseil supérieur de leurs corps [2].

3° L'officier de l'état civil ne peut procéder à cet acte sans s'être fait remettre lesdites permissions, et les avoir jointes à l'acte de la célébration du mariage. Celui qui contreviendrait à la défense serait destitué [3].

Les militaires en congé limité ou en permission sont astreints aux justifications prescrites par le décret du 16 juin 1808, et il n'y a que ceux qui sont porteurs de congés absolus ou définitifs qui en soient dispensés.

Les bénédictions nuptiales sont du nombre des cérémonies religieuses pour lesquelles les fidèles peuvent offrir un honoraire aux ministres de la religion. Il faut, à cet égard, se conformer aux usages et aux tarifs respectifs de chaque diocèse.

VI. L'agitation catholique allemande, comme on l'appelle, a introduit pour les dissidents le mariage civil de nécessité à Bade (1846-1852), en Prusse (1847), dans le Hanovre (1867), en Bavière (1868) et dans quelques autres provinces peu étendues.

VII. Pendant la révolution de 1848, le mariage civil obligatoire fut également demandé au parlement de Francfort, et inséré dans les « droits fondamentaux » décrétés par l'assemblée nationale allemande. Il passa ensuite dans la législation de plusieurs pays, mais il fut aboli dans quelques-uns peu de temps après (dans la Hesse électorale, excepté pour les dissidents, et dans le Anhalt). Ces « droits fondamentaux » eurent pour contre-coup l'établissement du mariage obligatoire à Francfort en 1850, et à Oldenbourg en 1855 ; à Hambourg

---

[1] Décret du 16 juin 1808, article 1er. — [2] Ibid., art. 2. — [3] Ibid., art. 3.

l'établissement du mariage facultif en 1861 ; du mariage civil de nécessité dans le Wurtemberg en 1855.

A Bade (voy. tome Ier, p. 282), le mariage civil de nécessité fut introduit en 1860, et le mariage obligatoire en 1869. Dans différents cantons de la Suisse, le mariage civil, facultatif ou obligatoire, est adopté depuis trente ans et même davantage. D'après la loi fédérale du 23 mai 1875[1], le mariage civil obligatoire est en vigueur pour toute la Suisse à dater du 1er janvier 1876. Il existe en Italie depuis 1866. Le mariage civil obligatoire a été introduit dans la constitution prussienne de 1848 (art. 16) comme résultat des « droits fondamentaux » de Francfort ; mais les résistances qu'il a rencontrées, même parmi les protestants, ont empêché sa mise en pratique. La constitution révisée de 1851 prévoit seulement la possibilité d'introduire un mariage civil de nécessité (art. 19). L'adoption du mariage civil en Prusse fut empêchée en 1856 et en 1859 par l'opposition du parlement. Les catholiques firent valoir ce que le concordat prussien statuait sur le maintien ou le rétablissement de la législation et de la juridiction catholique concernant le mariage. Mais une loi du 9 mars 1874[2] et une autre du 6 février 1875 introduisirent le mariage civil obligatoire dans tout « l'empire allemand[3]. »

[1] Reproduite avec le message du conseil fédéral dans les *Archives*, t. XXXVI, p. 90.

[2] Voyez le texte de la loi dans *Archives*, t. XXXI, p. 439, avec les remarques critiques, p. 451. Les ouvrages sur cette loi prussienne, supprimée peu de temps après par une loi sur le mariage civil, sont indiqués dans les *Archives*, t. XXXIII, p. 204. Voyez aussi Phillips, *Lehrbuch*, § 259, note, dans la traduction latine de Vering.

[3] La loi impériale du 6 février 1875, *Uber die Beurkundung des Personenstandes und der Eheschliessung*, est réimprimée avec les éclaircissements du Dr Bernard Kah, dans les *Archives*, t. XXXIII, p. 402. Voyez aussi l'ordonnance royale d'exécution dans *Bayer Gesetz und Verordnungsbl.* du 19 octobre 1875, et les décrets épiscopaux cités note 1 de ce paragraphe. Parmi les nombreux ouvrages cités dans les *Archives*, nous mentionnerons surtout : Hinschius, *Das Reichsgesetz über die Beurkundung des Personenstandes*, etc., Berlin, 1875; Stœlzl, *Deutsches Eheschliessungsrecht*, Berlin, 1875; Vœlk, *Das Reichsgesetz über die Beurkundung*, etc., Nordlingen, 1876; Dreyer, dans Puchelts, *Zeitschrift für franz. Civilrecht*, t. VI, livrais. 1 et 2, Mannheim, 1875, p. 196-201 : *Bemerkungen über den Einfluss des Reichsgesetzes von 1875, betreffs der Beurkundung des Personenstandes und die Eheschliessung auf die eherechtlichen Bestimmungen des Code Napoléon*.

VIII. Déjà Benoît XIV avait déclaré, dans son bref *Redditæ sunt nobis*, du 14 septembre 1746, à propos de la Hollande, que les catholiques ne pouvaient contracter de mariage civil qu'autant qu'ils n'avaient pas d'autre moyen d'assurer à leur mariage la reconnaissance civile. Pie IX a répété en différentes occasions, notamment dans une lettre du 9 septembre 1852 au roi de Sardaigne, que le mariage civil n'est qu'un concubinage immoral. Les mêmes idées ont été développées par la Sacrée-Pénitencerie dans son instruction du 15 janvier 1866, lorsque le mariage civil fut introduit dans le royaume actuel de l'Italie. Elle a rappelé notamment, avec Benoît XIV, qu'on ne peut se soumettre au mariage civil qu'autant que cela est nécessaire pour faire reconnaître civilement son mariage; que les parties, en se présentant devant les agents de l'État, doivent avoir pour unique intention d'accomplir une cérémonie civile et se garder de croire que c'est en cela que consiste l'essence du mariage.

Le mariage civil, au surplus, n'est rien moins qu'une simple formalité aux yeux de l'État : car, lorsqu'il le prescrit, il fixe lui-même les conditions de validité ou d'invalidité, et il écarte le plus souvent les empêchements ecclésiastiques qui s'opposent à sa conclusion. La forme civile du mariage, même au point de vue de ses apologistes, a pour objet d'attester que le mariage est une affaire qui regarde l'État et non l'Église.

IX. Si, après que les formalités civiles ont été remplies, une partie refusait, contre le gré de l'autre, de contracter le mariage religieux, ce refus entraînerait nécessairement la nullité de l'acte civil tout entier, puisqu'il y manquerait la condition essentielle pour laquelle l'acte civil a été accompli, c'est-à-dire le mariage ecclésiastique. Sans doute, au point de vue de la loi humaine, l'action civile en accomplissement du mariage religieux ne serait pas admise; comme aussi, au point de vue de la liberté de conscience, au point de vue de la reconnaissance ou de la simple tolérance des convictions religieuses, on ne pourrait pas accepter l'action en maintien de ce mariage purement civil. La partie lésée dans ses sentiments religieux pourrait tout au plus intenter une action en nullité du mariage civil, en alléguant l'absence d'une condition indispensable, puisque le mariage ecclésiastique est chose essentielle, selon les principes catholiques.

Ajoutons que la partie qui veut se contenter du mariage purement civil, contrairement aux convictions religieuses de l'autre partie, demande une chose moralement impossible. Si les interprètes de la loi civile refusaient d'admettre qu'il y a eu défaut de consentement en ce qui regarde le mariage purement civil, ou, ce qui est uniquement vrai, que le contrat civil est nul; s'ils admettaient seulement que le mariage civil peut être rescindé, on pourrait faire valoir en faveur de la rescision la fraude réelle *(dolus)* exercée par la partie qui voulait se contenter du mariage civil, car elle a trompé sur ses dispositions religieuses la partie qui demandait le mariage ecclésiastique. Dans la législation civile de l'empire d'Allemagne, on s'est contenté, sur le désir de l'empereur Guillaume, d'ajouter au § 82 : « Cette loi laisse intactes les obligations religieuses concernant le baptême et le mariage [1]. »

X. Les protestants ne sont pas d'accord entre eux sur la manière de concevoir le mariage ecclésiastique depuis l'introduction du mariage civil : faut-il admettre que le mariage proprement dit résulte du mariage civil, et que le mariage ecclésiastique n'est plus qu'une confirmation, une bénédiction du mariage déjà conclu par l'acte civil ? ou bien le mariage ecclésiastique n'existe-t-il qu'en vertu de la cérémonie ecclésiastique ? Nous ne voulons pas décider laquelle de ces deux opinions concorde

---

[1] Cette disposition manquait dans l'ancienne loi prussienne du 9 mars 1874 concernant le mariage civil. Quand cette loi fut discutée dans la commission de la chambre, quelques-uns demandèrent qu'on insérât une disposition portant que lorsqu'un des époux refuserait de se marier devant l'Église, ce fût là pour l'autre partie un motif de séparation.

Cette demande fut rejetée. Une telle disposition, disait le ministre de la justice, sortirait entièrement des limites de la loi et aurait d'incalculables conséquences.

Hinschius, dans son commentaire de la loi prussienne, *Uber die Beurkundung des Personenstanden,* Berlin, 1874, p. 50, renvoie aux ouvrages de quelques juristes français sur cette question, et pense que le refus d'un des époux ne donnerait pas à l'autre le droit d'exiger le mariage religieux ni de porter plainte en séparation ou en nullité.

Dans ce commentaire sur la même loi (Berlin, 1875, p. 216, § 82 de notre texte), Hinschius n'aborde plus directement la question ; cependant les remarques qu'il fait accessoirement, en disant que les prescriptions ecclésiastiques sur le mariage continuent d'être en vigueur pour les catholiques, bien qu'il ait tort de vouloir les restreindre au pur domaine de la conscience, semblent indiquer qu'il a tacitement rétracté sa première opinion.

le mieux avec les vûes des protestants. La première a trouvé son expression [1] dans les ordonnances des autorités ecclésiastiques protestantes, dans les formulaires du mariage et dans les actes des gouvernements [2].

ADDITION DU TRADUCTEUR.

Instructions de la Sacrée-Pénitencerie sur le mariage civil.

1. Ce qu'on craignait depuis longtemps, ce que les évêques ont essayé d'éloigner par des remontrances pleines de zèle et de doctrine; ce que des hommes de toute classe ont combattu par de savants écrits, enfin ce que le souverain-pontife a voulu écarter avec toute l'autorité de sa voix, n'est, hélas! que trop réellement établi en Italie. Ce qu'on appelle le contrat civil de mariage n'est plus un mal que l'Église de Jésus-Christ doive déplorer seulement au-delà des Alpes; le voilà transplanté en Italie, où il menace d'infecter de ses déplorables suites la famille et la société chrétienne. Ces funestes effets ont été signalés par les évêques et les ordinaires des lieux : quelques-uns ont déjà prémuni leur troupeau par des instructions opportunes; d'autres se sont empressés de demander à ce Saint-Siége des règles de conduite pour une chose aussi importante et aussi dangereuse. Le sacré tribunal de la Pénitencerie a déjà, par ordre du souverain-pontife, transmis plusieurs réponses et instructions sur des demandes particulières; néanmoins, afin de répondre aux consultations qui se multiplient de jour en jour, le saint-père a ordonné d'adresser par l'organe de ce tribunal aux ordinaires des lieux où la déplorable loi a été publiée, une instruction qui serve de règle générale pour conduire les fidèles et agir d'une manière uniforme dans le but de sauvegarder la pureté des mœurs et la sainteté du mariage chrétien.

2. En remplissant les ordres du saint-père, cette Sacrée-Pénitencerie croit superflu de rappeler ce qui est un dogme bien connu dans notre

---

[1] Voyez, pour Bade, la loi ecclésiastique provisoire du 20 janvier 1870 et l'ordonnance du haut conseil évangélique (même date), dans la *Revue* de Dove *pour le droit ecclés.*, t. X, p. 279, 283; les ordonnances du haut conseil évangélique prussien des 21 septembre et 25 novembre 1874 (la première dans les *Archives*, t. XXXIII, p. 196); le projet wurtembergeois d'une loi ecclésiastique sur le mariage religieux (cf. Sohm, *Das Recht der Eheschliessung*, p. 301, note); les résultats de la conférence tenue à Eisnach par les gouvernements ecclésiastiques protestants d'Allemagne en août 1875 (cf. Sohm, p. 17).

[2] La seconde opinion est adoptée par Sohm dans l'ouvrage cité, *Das Recht der Eheschliessung*, tandis que Friedberg (notamment dans sa réponse à Sohm), et Dove (Richter, *Lehrbuch*, p. 888, 7e éd.), et Hinschius, *Das Reichsgesetz über die Beurkundung des Personenstandes*, note 36, § 82, p. 218, soutiennent l'opinion officielle.

sainte religion, que le mariage est un des sept sacrements institués par Jésus-Christ, et par conséquent c'est à l'Église, à qui Jésus-Christ a confié la dispensation de ses divins mystères, qu'il appartient exclusivement de le régler. Elle croit également inutile de rappeler la forme prescrite par le concile de Trente (sess. XXI, cap. I, *De reform. matr.*), sans l'observation de laquelle on ne contracte pas validement mariage dans les pays où le décret du concile a été publié.

3. Les pasteurs doivent faire des instructions pratiques sur ces maximes et doctrines catholiques, et faire bien entendre aux fidèles ce que le saint-père a proclamé dans le consistoire secret du 27 septembre 1852 : « qu'il ne peut y avoir parmi les fidèles de mariage qui ne soit à la fois un sacrement, par conséquent que toute autre union, entre chrétiens, de l'homme et de la femme, hors du sacrement, n'est qu'un honteux et déplorable concubinage. » — « Inter fideles matrimonium dari non posse, quin uno eodemque tempore sit sacramentum, atque idcirco quamlibet aliam inter christianos viri et mulieris, præter sacramentum, conjunctionem, nihil aliud esse nisi turpem atque exitialem concubinatum. »

4. Les fidèles pourront facilement déduire de ce principe que l'acte civil ne peut être considéré devant Dieu et son Église ni comme sacrement ni comme contrat ; et que, comme l'autorité civile est radicalement incapable d'unir les fidèles en mariage, elle n'a également aucun pouvoir de dissoudre le lien matrimonial : d'où il suit, ainsi que la Pénitencerie l'a déclaré en réponse à des consultations particulières, que tout jugement de séparation émanant du pouvoir civil à l'égard des époux légitimement mariés devant l'Église serait sans valeur aucune, et l'époux qui, se prévalant d'un semblable jugement, oserait se marier avec une autre personne, serait un vrai adultère, et celui qui prétendrait se marier en n'accomplissant que l'acte civil serait un vrai concubinaire ; l'un et l'autre seraient indignes de l'absolution tant qu'ils ne rentreraient pas en eux-mêmes et ne se soumettraient pas aux prescriptions de l'Église.

5. Quoique le vrai mariage des fidèles ne soit contracté que lorsque l'homme et la femme, libres de tout empêchement, expriment leur consentement mutuel devant le curé et les témoins conformément au saint concile de Trente, et quoique le mariage contracté de cette manière ait toute sa vigueur sans avoir besoin d'être reconnu ou confirmé par le pouvoir civil, néanmoins, afin d'éviter des vexations et des poursuites, et dans l'intérêt des enfants que l'autorité civile ne reconnaîtrait pas comme légitimes, et aussi afin d'éloigner le danger de polygamie, on croit à propos et utile que les fidèles, après s'être mariés légitimement devant l'Église, se présentent pour accomplir l'acte imposé par la loi, en ayant toutefois l'intention de faire une cérémonie

purement civile lorsqu'ils se présenteront à l'officier du gouvernement, comme l'enseigne Benoît XIV, dans le bref *Redditæ sunt nobis*, du 17 septembre 1746.

6. Pour les mêmes raisons, et jamais dans le but de prêter la main à l'exécution de cette déplorable loi, les curés ne devront pas admettre indistinctement à la célébration du mariage devant l'Église les fidèles qui ne rempliraient pas les conditions de la loi et ne seraient pas admis à l'acte civil. Les curés devront apporter en cela beaucoup de circonspection et de prudence, consulter l'ordinaire, qui ne permettra pas facilement, et, dans les cas d'une gravité particulière, devra recourir à cette S. Pénitencerie.

7. S'il est à propos et avantageux que les fidèles qui se présenteront pour remplir l'acte civil se fassent connaître comme de légitimes époux devant la loi, ils ne doivent jamais remplir cet acte sans avoir au préalable célébré le mariage devant l'Église. Et si la force ou la nécessité, qu'il ne faut pas admettre facilement, oblige d'intervertir cet ordre, on doit mettre le plus grand empressement à célébrer le mariage devant l'Église, en exigeant que les contractants soient séparés tant que le mariage religieux n'aura pas été célébré. On recommande sur ce point la doctrine développée par Benoît XIV dans le bref précité, auquel renvoient Pie VI dans le bref *Laudabilem majorum suorum*, du 20 septembre 1791, adressé aux évêques de France, et Pie VII, dans la lettre adressée le 11 juin 1807 aux évêques des Marches, qui avaient demandé des instructions pour guider les fidèles par rapport au mariage civil. On voit par là que la pratique en vigueur jusqu'ici demeure sans atteinte par rapport au mariage, notamment par rapport aux livres paroissiaux, aux fiançailles, et aux empêchements de tout genre qui sont établis ou reconnus par l'Église.

8. Telles sont les règles générales que la S. Pénitencerie a cru devoir indiquer pour obéir aux ordres du saint-père. Elle voit avec plaisir que beaucoup d'évêques et d'ordinaires ont déjà donné des instructions d'après ces principes, et elle conserve la confiance que tous les autres feront de même, et acquerront par leur zèle pastoral des mérites devant Jésus-Christ, pasteur de tous les pasteurs,

Donné à Rome, à la S. Pénitencerie, le 15 janvier 1866.

A. M. Card. CAGIANO, pénitencier majeur. — L. PEIRANO, secrétaire [1].

§ 189. 7. Les empêchements de mariage. — Des empêchements en général [2].

I. Les empêchements dirimants (*impedimenta dirimentia*)

---

[1] *Analecta juris pontificii.*

[2] Voyez surtout Pontius, *Tractatus de impedimentis matrimonii*, Venet.,

sont, à proprement parler, les seuls empêchements de mariage. On nomme ainsi les causes qui rendent le mariage invalide. Les empêchements empêchants ou prohibitifs *(impedimenta impedientia)* ne font que défendre le mariage ; ce sont des obstacles qui le rendent illicite mais non invalide.

II. Le concile de Trente a établi comme dogme catholique que l'Église seule a le droit de mettre au mariage des empêchements proprement dits [1]. Quand l'État en établit, l'Église les considère comme une défense, et non comme un empêchement.

III. On ne peut pas dispenser des empêchements de droit naturel et de droit divin *(impedimenta juris divini sive naturalis)*. Ces empêchements, d'après le droit ecclésiastique, s'appliquent même aux païens et aux juifs.

Les empêchements de droit humain n'émanent que de la loi ecclésiastique et n'appartiennent qu'au droit positif.

IV. On distingue aussi des empêchements de droit privé *(impedimenta juris privati* ou *privata)* : les personnes qu'ils intéressent peuvent seules les faire valoir (l'erreur, la violence, l'enlèvement, le défaut de condition ajoutée), et des empêchements de droit public *(impedimenta publici juris* ou *publica)*, qui ont leur source dans un intérêt public : chacun est obligé de les signaler dans l'intérêt de l'ordre ecclésiastique ; ils sont même poursuivis d'office. (Ce sont tous les autres empêchements.)

V. On appelle empêchements publics *(impedimenta publica)*, par opposition aux empêchements occultes, les empêchements qui sont connus de plus de cinq personnes. On dispense plus facilement des empêchements occultes, qui sont du ressort de la Pénitencerie romaine [2].

ADDITION DU TRADUCTEUR.

Quand un homme a deux empêchements, dont l'un est public,

1645, in-fol.; Moser, *De impedimentis matrim.*, ed. 4, Mechlin., 1834; Feye, *De impedim. matrim.*, etc., ed. 2, Lovan. 1873; Weber, *Die canonischen Ehehindernisse*, Fribourg, 1872, 1874. — Sur la demande faite au concile du Vatican par plusieurs évêques de différentes nations en vue d'obtenir une diminution des empêchements de mariage, notamment de celui de la parenté, et une réforme dans les dispenses, voyez Martin, *Collect.*, ed. 2, p. 162, 183.

[1] Voyez ci-dessus, § 184, p. 594, note 1.

[2] Saint Liguori (*Theol. mor.*, tract. VI, n. 1111) cite cependant un cas où la Pénitencerie a dispensé d'un empêchement de parenté connu d'environ dix personnes.

l'autre secret, on s'adresse à la Daterie pour celui qui est notoire et à la Pénitencerie pour celui qui est occulte. Cependant on découvre à la Pénitencerie ces deux empêchements, en lui marquant qu'on s'est adressé ou qu'on s'adressera à la Daterie pour celui qui est public. Par là, on évite toute surprise et tout danger de se diffamer soi-même : la surprise, parce que le grand-pénitencier ou les officiers peuvent examiner si cette complication d'empêchements ne doit pas être un obstacle à la dispense; tout danger de se diffamer, parce qu'à la Pénitencerie on ne fait connaître ni son nom ni sa famille. Ceux qui sont dans ce cas doivent commencer par la Pénitencerie, pour ne pas faire des frais inutiles à la Daterie. On ne peut être dispensé par celle-ci sans être dispensé par celle-là.

VI. Les empêchements de mariage sont absolus, quand ils excluent le mariage avec toute espèce de personnes ; relatifs, quand ils ne l'excluent qu'avec certaines personnes déterminées, comme l'empêchement de parenté.

DIFFÉRENTES ESPÈCES D'EMPÊCHEMENTS.

§ 190. 1. **Empêchements par défaut de consentement. — Empêchement de la folle (Impedimentum amentiæ)** [1].

Ceux qui n'ont pas conscience de leurs actes, les insensés [2], ceux qui sont en état d'ivresse [3], les enfants (voy. ci-dessous § 195, l'empêchement de l'âge), ne peuvent pas contracter de mariage valide.

Les sourds-muets peuvent se marier quand ils ont l'intelligence assez développée pour comprendre la nature du mariage [4].

---

[1] Voyez Kutschker, *Eher.*, t. IV, p. 103; Weber, *Die canon. Ehehindernisse*, § 5.

[2] C. xxiv, X, de sponsal. et matr., IV, 1 ; *Œsterr. Anweisung*, § 30 ; *Œsterr. allgem. bgl. Gesetzbuch*, § 48. Si la folie d'un homme cessait de temps à autre et qu'il eût des moments lucides, il pourrait se marier. On doit autant que possible empêcher ces sortes de mariages ; mais il peut y avoir des raisons qui, en certains cas, les rendent désirables. (Cf. C. *Orzemisliensis*, dans Kutschker, *op. cit.*, t. III, p. 494; Knopp, *Eherecht*, p. 104.) Ceux qui ont de bons moments, le curé ne doit les marier qu'après avoir consulté l'évêque.

[3] C. vii, C. 15, q. 1, § 1. — [4] C. xxiii, X, de sponsal. et matrim., IV, 1.

§ 191. Empêchement de l'erreur [1].

L'erreur, selon le droit canon, annule le mariage :

1° Quand elle concerne l'identité de la personne (*error personæ*), ou

2° Quand l'autre partie est en esclavage (*error conditionis, scilicet liberæ*) [2];

3° Quand l'erreur tombe sur une qualité de l'autre partie, qui, dans les circonstances données, détermine l'individualité de la personne (*error qualitatis in personam redundans*). Mais l'erreur qui tombe sur d'autres qualités, l'erreur même sur la grossesse par le fait d'un tiers ou sur des crimes infamants, n'annule pas le mariage selon le droit canonique. Il n'en est pas de même d'après le droit protestant et d'après un grand nombre de législations civiles : ces sortes d'erreurs constituent un motif de nullité [3].

ADDITION DU TRADUCTEUR.

Quand l'erreur tombe sur la personne, il n'importe qu'elle soit grossière ou non, qu'elle vienne de celui qui contracte ou d'un autre; elle opère toujours la nullité du mariage, parce qu'elle ôte toujours le consentement. Il en serait de même quand l'erreur ne serait que concomitante, c'est-à-dire lorsque celui qui épouse Berthe, croyant épouser Marie, serait disposé à épouser Berthe, quand même il la connaîtrait pour ce qu'elle est : car il est toujours vrai qu'actuellement et de fait il n'a pas consenti à l'épouser. *Aliud est consensissem, aliud de facto consensi.*

Il en serait autrement d'un homme qui serait dans l'intention actuelle d'épouser la personne qui est présente, quelle qu'elle fût, ou de celui qui, sans se tromper sur la personne, ne se tromperait que sur le nom.

---

[1] Œsterr. Anweisung, § 14; München, *Ueber Irrthum als Ehehinderniss* (Bonner Zeitschrift für Philosophie und kath. Theologie, année 1839, p. 37); Stahl, *De matrimonio ob errorem riscindendo*, Berolini, 1841; Daller, *Der Irrthum als trennendes Ehehinderniss*, Landshut, 1862.

[2] C. xxix, q. 2; x, IV, 9, de conjugio servorum; München, *Die Knethtschaft als Ehehinderniss* (Bonner Zeitschrift für Philosophie und kathol. Theologie, année 1840, § 1, p. 44).

[3] Par exemple, la grossesse par le fait d'un tiers, dans le Code civil autrichien, § 58, et plusieurs motifs semblables dans le *Landrecht* prussien, th. II, tit. II, § 40, et th. I, tit. IV, § 77. Voyez Schulte, *Handbuch des Eherechtes*, p. 516.

On convient universellement que l'erreur fondée sur le droit naturel n'est absolument pas susceptible de dispense. Il faut donc que la personne trompée donne un nouveau consentement, ce qu'elle peut faire en particulier, pourvu que l'empêchement ne soit pas notoire et qu'elle ait reçu en face de l'Église la bénédiction nuptiale; ou qu'elle porte plainte devant le juge, pour qu'il déclare juridiquement que son mariage est nul. Elle ne peut pas d'elle-même se séparer, quoiqu'elle puisse et doive refuser le devoir, si elle ne veut pas contracter un nouvel engagement avec la personne.

Quant à l'erreur de la qualité ou de la fortune, nous avons dit que régulièrement elle ne rend pas le mariage invalide. Celui qui épouse une fille pauvre et débauchée qu'il croyait riche et honnête, ne peut dissoudre son mariage sous prétexte qu'il a été dans l'erreur.

Cette règle cependant souffre deux exceptions : 1º quand une personne a l'intention de ne contracter avec l'autre que sous la condition qu'elle ait telle qualité. Cette limitation, que tout le monde admet avec le Maître des Sentences [1], serait auprès des juges une faible ressource à un homme qui se serait mépris; il serait toujours présumé avoir contracté comme contractent tous les autres. Cependant elle a autrefois servi aux docteurs de Salamanque pour déclarer nul le mariage d'une fille qui, après avoir cent fois protesté qu'elle aimerait mieux mourir que d'épouser un homme issu d'une famille juive, avait été trompée.

Deuxième exception, quand l'erreur de la qualité emporte l'erreur de la personne, ce qui arrive lorsque la personne est désignée par une certaine qualité, ou par un degré de noblesse qui lui est propre et qui la distingue de tout autre. Ainsi, si Titia veut épouser l'héritier présomptif d'une telle couronne, ou le fils aîné d'un tel marquis, et qu'un aventurier ou même un cadet de la maison à laquelle elle veut s'allier lui fasse croire qu'il est celui-là même sur lequel elle a jeté les yeux, le mariage ne subsistera pas, parce que l'erreur de la qualité entraîne ici l'erreur de la personne.

Il en serait autrement si Titia connaissait d'une manière distincte celui qui la recherche en mariage, et que, trompée par ses discours imposteurs et des lettres contrefaites, elle le prît pour un homme de qualité et le fils de quelque grand seigneur. Quoiqu'il soit vrai de dire qu'elle n'aurait pas consenti à l'épouser, si elle l'eût mieux connu, cependant elle ne s'est point méprise sur la personne, mais seulement sur la condition. Ainsi l'ont autrefois décidé quelques savants docteurs de Sorbonne [2] contre deux avocats qui avaient pensé autrement.

Quoique rien ne soit plus commun que cet indigne manège, le

---

[1] Magister Sentent., lib. IV, dist. XXX. — [2] Vid. Habert, t. VII, p. 816.

trompeur et ceux qui concourent à son iniquité sont obligés solidairement à restitution : le premier, en accordant à son épouse tout ce qu'il peut lui donner selon les lois; les seconds, en la dédommageant jusqu'à concurrence du tort qu'ils lui ont fait, selon l'estimation d'un homme prudent [1].

§ 192. La violence (vis ac metus) [2].

La crainte rend le mariage invalide, quand l'une des parties, ou les deux, ou leurs proches ont agi dans la crainte des inconvénients réels dont ils étaient menacés, et qu'il ne leur restait pas d'autre moyen de les détourner. De simples menaces d'encourir la colère paternelle (la crainte révérentielle) ne produisent point un empêchement de mariage.

ADDITION DU TRADUCTEUR.

On distingue deux sortes de violences : l'une absolue, l'autre conditionnelle. La violence absolue est une impression extérieure par laquelle on arrache à une personne un consentement que son cœur désavoue : comme si un père faisait pencher la tête de sa fille pour montrer qu'elle consent. Cette espèce de violence annule le mariage.

La violence conditionnelle ne diffère pas de la crainte.

La crainte est quelquefois grave, quelquefois légère. On appelle grave celle qui fait impression même sur un homme résolu; légère, celle qui ne peut effrayer que les gens timorés.

Parmi les choses capables d'inspirer une crainte grave, on compte la mort, la mutilation, les tourments, la servitude, la captivité, l'exil et la prison, surtout quand elle doit être rigoureuse; la nécessité imposée à une fille ou de prendre un tel pour mari, ou d'entrer en religion [3]; la perte de son rang, de son état, d'une notable partie de son bien, d'un gain important ou nécessaire, et qui ne peut que difficilement revenir. Il en serait de même de la crainte d'une excommunication injuste, de la crainte de l'infamie de droit, et même de fait. Ce que dit saint Thomas, qu'une fille qu'on a menacée de diffamer pour un crime qu'elle n'a pas commis n'est pas dans le cas d'une crainte grave, parce qu'elle a une ressource dans l'autorité du magistrat; ce sentiment peut être faux en quelques occasions.

[1] Collet, *Traité des dispenses*, empêchement de l'erreur.
[2] Œsterr. Anweisung, § 18; München, *Ueber Gewalt und Furcht als Ehehinderniss* (*Bonner Zeitschrift für Philosophie und kathol. Theologie*, 1839, § 1, p. 34; § 2, p. 52); Ploch, *De matrimonio vi ac metu contracto*, Berolini, 1853.
[3] Vid. Comitolum, lib. I, q. 122.

La crainte est juste ou injuste, selon que celui qui fait des menaces a ou n'a pas droit de les faire. Le principe est aisé; l'application est quelquefois difficile. Un père trouve sa fille avec un débauché qui la corrompt; il le menace de le tuer, s'il ne consent à l'épouser : cette impression de crainte est injuste, parce qu'un homme n'en peut tuer un autre de son autorité privée. Mais rien ne serait plus juste que la menace qu'il lui ferait de le déférer au magistrat, pour l'obliger à doter celle qu'il a déshonorée [1].

La crainte peut naître ou d'un principe intérieur ou d'une cause étrangère, et cette cause est libre ou non libre. Un homme se marie parce qu'il craint la mort ou qu'il appréhende d'être damné, si de sa concubine il ne fait une légitime épouse : sa crainte vient de lui-même. Un autre, dans la crainte du naufrage, fait vœu d'épouser celle qu'il a séduite : sa crainte naît d'une cause extérieure, mais nécessaire et dépourvue de liberté. Enfin, un homme, pour éviter la mort qu'un assassin est prêt à lui donner, s'engage à prendre sa fille en mariage : sa crainte vient d'une cause extérieure et très-libre.

RÈGLE I. — La crainte légère n'annule pas le mariage, car elle n'empêche pas la liberté du consentement : de là cette maxime du droit civil [2] qu'une vaine frayeur ne fournit que des excuses frivoles. Alexandre III et Innocent III [3] ont regardé comme valide le vœu d'entrer en religion, ou même la profession qui y avait été faite, quand la crainte n'était pas de nature à ébranler un homme courageux.

Toutefois, ce qui n'imprime à une personne qu'une crainte légère peut en imprimer à une autre une très-grave. Ainsi les femmes sont plus aisées à intimider que les hommes; une jeune personne naturellement timide est plus propre à prendre l'alarme. On ne peut trop avoir égard à l'âge, au tempérament, au degré d'esprit, à la sensibilité. Cette réflexion est confirmée par Alexandre III. Il faut toujours cependant [4] que le mal redouté soit considérable en lui-même en même temps que probable.

RÈGLE II. — La crainte grave qui naît ou d'une cause naturelle ou d'une cause libre mais juste, n'anéantit pas le mariage : car la crainte ne peut annuler le mariage qu'autant qu'elle est injurieuse à celui à qui elle est imprimée. Un homme qui s'est marié parce qu'il y a été condamné justement ou parce que la vue de la mort ou des jugements de Dieu l'y a engagé, ne peut se plaindre. Dans le premier cas, il est lui-même le principe de sa crainte : en commettant la faute, il a donné

---

[1] Vid. Sanchez, lib. IV, disp. XIII.

[2] Vani *seu levis* timoris, justa excusatio non est, vel ut alii legunt, et melius, *nulla æstimatio est*.

[3] Vid. cap. I et cap. VI, de his quæ vi, metusve causa fiunt.

[4] Sanchez, lib. IV, disp. I, n. 14, 15, etc.

droit au magistrat de lui imposer la peine portée par les lois ou la coutume; c'est librement qu'il choisit le mariage pour se dérober au châtiment.

Sanchez [1] infère de ce principe que si un malade épousait la fille d'un médecin qui ne l'aurait voulu guérir qu'à cette condition, le mariage serait valide.

Cela serait vrai peut-être si celui qui s'offre à traiter ce malade n'était point obligé à le faire et que les contractants fussent de condition à peu près égale. En serait-il ainsi s'il s'agissait d'un médecin gagé par la communauté pour prendre soin de la santé et de la vie des habitants, ou d'un autre dont l'honoraire serait taxé?

Règle III. — La crainte grave qui vient d'une cause libre et injuste, annule le mariage quand celui qui l'a imprimée ne l'a fait qu'à dessein de le faire contracter. Le droit l'a ainsi réglé. Une crainte de cette nature est injurieuse dans son principe et très-funeste dans ses effets [2].

Il en est ainsi quand même la crainte ne vient pas de la personne qui veut en épouser une autre, mais d'un parent, d'un ami, etc. : 1° parce que la crainte est aussi injurieuse, aussi funeste dans ce cas que dans le précédent; 2° parce que tout ce qui peut faire casser les autres contrats annule le mariage avant qu'il soit contracté.

Il n'est pas nécessaire que la crainte d'un mal sérieux soit ressentie par la femme qu'on recherche en mariage. Le mal dont on menacerait son père, sa mère et ses autres ascendants, ses enfants et ceux qui en seraient descendus, ses frères et ses sœurs, serait censé son propre mal. Sanchez [3] étend cette règle aux parents et aux alliés légitimes jusqu'au quatrième degré; il croit même qu'on doit l'étendre jusqu'aux amis.

Une crainte grave peut être l'occasion d'un mariage valide. Un homme tombe entre les mains des voleurs, qui sont prêts à le tuer : il promet à un autre homme qui passe d'épouser sa fille, s'il veut bien lui sauver la vie; celui-ci, sans y être obligé, le défend à ses risques; ce mariage, quoique fondé sur la crainte, est valable, comme serait un vœu en pareille occasion. Il en serait de même du mariage d'une femme qui, enfermée injustement dans une prison, s'engagerait à épouser quelqu'un qui l'en ferait sortir.

Le mariage contracté sous une crainte grave et confirmé par serment n'est pas plus valide que s'il n'y avait point eu de serment. L'Église l'a réglé ainsi, afin qu'un mariage forcé ne fût pas sans remède : les seigneurs temporels, les magistrats qui contraignent directement ou

---

[1] Sanchez, lib. IV, disp. XII, n. 15; Collat. Andeg., t. III, p. 94.

[2] *Matrimonium* plena debet securitate gaudere, ne *conjux* per timorem dicat sibi placere quod odit, et sequatur exitus qui de invitis nuptiis solet provenire. (Cap. XIV, de sponsalib.)

[3] Sanchez, lib. IV, disp. IV, n. 1, 2.

indirectement les personnes qui leur sont soumises à en épouser d'autres, sont excommuniés *ipso facto* par le concile de Trente [1].

— Des théologiens ne croient pas qu'un père l'encourût s'il forçait ses enfants à se marier contre leur gré, parce que le concile ne parle que de ceux qui ont juridiction au for extérieur, comme il paraît par ces expressions : *temporalium dominorum ac magistratuum ... a quibus jura expectantur*, etc.

On n'entend pas ici par crainte révérentielle le respect qu'ont les enfants pour leurs parents : il est commandé par les lois divines et humaines. Les pères peuvent même quelquefois commander à leurs enfants de se marier pour arrêter leur libertinage, pour réparer l'honneur des personnes dont ils auraient abusé sous promesse de les épouser. Cependant ils doivent éviter la contrainte, ainsi que le prescrit Urbain II [2] dans un cas semblable.

Comment peut-on juger que les enfants ont été violentés jusqu'à n'être plus libres? Quand on les maltraite jusqu'à les frapper gravement, qu'on leur fait des menaces dont on a tout à craindre, qu'on ne les regarde plus qu'avec malveillance et qu'ils peuvent croire que cette malveillance durera longtemps.

Sanchez et d'autres théologiens croient que les prières importunes, surtout quand elles sont faites par ceux à qui l'on doit du respect, tels que sont les évêques par rapport à leurs clercs, les magistrats, les pères et ceux qui les représentent par rapport aux personnes qui dépendent d'eux, peuvent former une crainte capable d'annuler le mariage. Mais ils avertissent en même temps que par des prières importunes on ne doit pas entendre celles qui sont seulement assidues, mais celles qui joignent à de vives instances des reproches également vifs d'ingratitude et de défaut d'amitié; celles qui fatiguent, vexent, accablent, épuisent la constance la plus ferme; celles enfin dont nous trouvons un modèle si funeste dans les importunités de Dalila [3].

La cohabitation qui suit un mariage forcé le rend-elle valide ?

[1] Cum maxime nefarium sit matrimonii libertatem violari, et ab iis injurias nasci, a quibus jura expectantur; præcipit S. synodus omnibus cujuscumque gradus, dignitatis et conditionis existant, sub anathematis pœna quam ipso facto incurrant, ne quovis modo directe vel indirecte subditos suos, vel quoscumque alios cogant, quominus libere matrimonia contrahant. (Trid., sess. XXIV, de reform. matrim., cap. IX.)

[2] Si illa virum illum omnino ... renuit, et in eadem *voluntate* persistit, ut viro illi prorsus se deneget nupturam, nequaquam eam invitam et renitentem ejusdem viri cogat conjugio sociari : quorum enim unum corpus est, unus debet esse et animus. (Urban. II, can. XXIII, q. 2.)

[3] « Cumque molesta esset ei, et per multos dies jugiter adhæreret, spatium ad quietem non tribuens. » Vel ut legunt LXX interpretes : *Et factum est quando vexavit illum sermonibus suis*. (Judic., XVI, 16.)

Quelques-uns l'admettent, mais sous trois conditions : 1° qu'elle soit volontaire, et il suffit devant Dieu qu'elle l'ait été pendant un instant ; si elle a été aussi forcée que le mariage, elle ne peut rien opérer ; 2° qu'elle ait été exempte d'erreur : si une personne forcée au mariage n'y avait consenti que parce qu'elle croyait faussement que, malgré la violence qu'on lui a faite, il était valide, ce consentement erroné ne suffirait pas ; 3° enfin, que la partie qui a librement consenti n'ait pas rétracté son premier consentement.

Le droit canonique [1] présume qu'un mariage a été ratifié quand la partie qui prétend avoir été contrainte a vécu, sans réclamer, un temps considérable avec l'autre, un an ou dix-huit mois ; mais cela ne fait rien pour le for de la conscience, où l'on s'en tient à la déposition du pénitent.

Quand un directeur trouve des personnes qui se sont mariées malgré elles [2], il doit les exhorter à réhabiliter leur mariage par un consentement volontaire. Que si, pour de bonnes raisons ou par une répugnance invincible, une femme ne peut se résoudre à le ratifier, il faut la faire souvenir qu'elle doit traiter son prétendu mari comme un étranger, vivre avec lui comme un frère vit avec sa sœur. Elle pourrait aussi entrer en religion, si ce faux mariage n'avait point été consommé [3].

§ 193. Le rapt (raptus) [4].

Selon les lois de Constantin et de Justinien, le ravisseur ne pouvait jamais conclure un mariage valide avec la personne enlevée. Le concile de Chalcédoine punissait ce crime de l'excommunication. Chez les Germains, on permettait le mariage du ravisseur avec la personne ravie, quand le premier avait

---

[1] Quamvis *ea mulier* ab initio fuisset invita ... et renitens, quia postmodum per annum et dimidium sibi cohabitans consensisse videtur, ad ipsum *virum* cogenda est redire ; nec de cætero recipiendi sunt testes ... cum mora tanti temporis hujusmodi probationem excludat. Clemens III, cap. XXI, de sponsalibus quem in locum sic ludit Glossa : « Effuge cum poteris, ne consensisse puteris : nam, si perstiteris, illius uxor eris. »

[2] *Confér. de Paris*, t. II, p. 352.

[3] Collet, *Traité des dispenses*, empêchement de la crainte.

[4] München, *Ueber Entführung als Ehehinderniss* (Bonner Zeitschrift für Philosophie und kathol. Theologie, 1841, §§ 1-4) ; Kaiser, *Ueber das impedimentum raptus nach canonischem Recht* (Archiv für Kirchenrecht, t. III, p. 120-226) ; Fessler, *Beitr. zum richtigen Verstændniss des Ehehindernisses der Entfürung* (Archives, t. VII, p. 109) ; Colberg, *Ueber das Ehehinderniss der Entführung*, Halle, 1869.

fait pénitence et que celui qui avait droit sur la personne séduite consentait au mariage.

Au neuvième siècle, on fut de nouveau obligé, par la grossièreté des mœurs, de défendre le mariage entre le ravisseur et la personne enlevée. Plus tard, la discipline fut mitigée. Le décret de Gratien permettait le mariage quand le père de la personne enlevée y consentait. Depuis le treizième siècle, le consentement du père n'est plus exigé pour la validité du mariage : il suffit en général que la femme, après avoir recouvré la liberté, donne son consentement[1]. Cependant quand la personne ravie est encore mineure, l'empêchement du rapt subsiste, d'après la pratique de la Congrégation du concile, jusqu'à ce que les parents ou le tuteur aient consenti. Il peut donc y avoir, pour une personne mineure, un rapt exécuté de son propre consentement[2]; on peut même enlever sa propre épouse, quand les parents ou le tuteur ne consentent pas aux fiançailles.

Du reste, l'empêchement du rapt ne provient pas de la soustraction d'une jeune personne en vue d'en abuser, bien qu'il en résulte le crime de l'enlèvement ; l'empêchement de mariage suppose qu'on transporte la femme hors de son séjour habituel dans un lieu soumis à la puissance du ravisseur, pour la contraindre au mariage. Un tel rapt pourrait être opéré même sur une femme publique.

La simple ruse ou séduction *(raptus seductionis)* ne suffit pas pour constituer un empêchement. Cependant on présume l'emploi de la violence.

Le rapt ne peut s'exercer sur un homme; on n'admet que l'empêchement de la violence et de la crainte.

---

[1] Conc. Trid., sess. XXIV, cap. VI, de ref. matr. : « Decernit S. synodus, inter raptorem et raptam, quamdiu ipsa in potestate raptoris manserit, nullum posse consistere matrimonium. Quod si rapta a raptore separata, et in loco tuto et libero constituta, illum in virum habere consenserit, eam raptor in uxorem habeat; et nihilominus raptor ipse, ac omnes illi consilium, auxilium et favorem præbentes, sint ipso jure excommunicati, ac perpetuo infames, omniumque dignitatum incapaces; et, si clerici fuerint, de proprio gradu decidant. Teneatur præterea raptor mulierem raptam, sive eam uxorem duxerit, sive non duxerit, decenter arbitrio judicis dotare. » — *Œsterr. Anweis.*, § 19.

[2] Voyez Fessler et *Œsterr. Anweis.*, loc. cit.

ADDITION DU TRADUCTEUR.

Collet, très-habile en ces matières, pense que c'est une grande difficulté de savoir si le rapt de séduction est, comme le rapt de violence, un empêchement dirimant. Sanchez, Cabassut, etc., disent que non, parce qu'une fille qui consent à son enlèvement, ne perd pas sa liberté; que le rapt de séduction ne fait injure qu'aux parents, puisque leur consentement n'est pas requis pour la validité du mariage.

Cependant plusieurs théologiens cités par Sanchez, et notamment un grand nombre de théologiens et de juristes français, sont d'un avis opposé : 1° parce qu'il est faux que la séduction ne nuise point à la liberté; 2° parce qu'on ne doit pas distinguer où la loi ne distingue pas; or les auteurs de la loi n'ont pas distingué, tout en sachant bien que le rapt de séduction est au moins aussi fréquent que l'autre. L'article 52 de l'édit de Henri III, donné à Blois en mai 1579, disait formellement : « Ceux qui se trouveront avoir suborné fils ou filles mineurs de quinze ans, sous prétexte de mariage ou autre couleur, sans le gré, su et vu, vouloir et consentement exprès de pères, mères et de tuteurs, seront punis de mort [1]. »

§ 194. Le défaut d'une condition (deficiens conditio) [2].

Le droit canonique autorise aussi le mariage, sous une condition suspensive [3], avec l'approbation de l'évêque; mais il faut que la condition soit déclarée au moment de la conclusion du mariage, ou immédiatement avant [4], afin qu'on ne puisse pas inférer qu'on a renoncé après coup à la condition.

Tant que la condition est en suspens, les parties doivent s'abstenir de consommer le mariage; autrement ils renonceraient à la condition. Les conditions physiquement ou moralement impossibles sont censées n'être pas sérieuses, jusqu'à preuve du contraire, et on les tient pour non avenues, dans l'intérêt du mariage [5]. Les conditions contraires à l'essence du mariage [6], par conséquent les conditions résolutoires, quand

---

[1] Collet, *Traité des dispenses,* t. I, p. 333.

[2] Phillips (neveu protestant du canoniste catholique), *Das Ehehinderniss der beigefugten Bedingung nach kathol. Kirchenrecht.* (Dove, *Zeitschrift für Kirchenrecht,* t. V, p. 369.)

[3] Voyez ci-dessus, § 185, p. 597. — [4] C. IV-VI, X, de conditionibus appos. in desponsat., IV, 5. — [5] C. VII, X, eod.

[6] C'est-à-dire aux trois biens du mariage (voyez ci-dessus, § 184, n. I, 2, p. 571). Les Orientaux et les protestants admettent la dissolubilité du mariage en cas d'adultère, et les protestants l'admettent encore pour

elles posent un motif que l'Église ne peut accepter, rendent le mariage invalide [1]. Quand le consentement au mariage se rapporte à une chose présente ou passée, sous la forme d'une condition apparente, *conditio in præsens vel præteritum tempus relata* [2], le mariage existe d'une manière absolue ou il n'existe pas, suivant que la circonstance s'est déjà réalisée ou non, quand même les parties l'ignorent [3].

L'Église protestante n'admet point de mariages conditionnels, parce que la forme de son mariage les exclut.

§ 195. 2. Raisons tirées de l'impuissance physique. — Empêchement de l'âge [4].

1. Le droit canon et le droit romain exigent, pour la validité du mariage, l'âge de puberté, quatorze ans révolus pour les hommes, douze ans accomplis pour les femmes. Le droit protestant exige l'âge requis pour la confirmation.

La plupart des lois civiles fixent un terme plus éloigné, et l'Église l'admet aussi comme un empêchement. Le Code civil français porte que « l'homme avant dix-huit ans révolus, la femme avant quinze ans révolus, ne peuvent contracter mariage; néanmoins qu'il est loisible au roi d'accorder des dispenses d'âge pour des motifs graves [5]. »

Le Code autrichien [6] exige quatorze ans accomplis pour l'homme comme pour la femme. La loi civile de l'empire d'Alle-

---

d'autres motifs. Si, quand ils font un mariage, ils ajoutaient comme condition expresse un, ou plusieurs, ou la totalité de leurs motifs de dissolution du mariage, ils ne concluraient jamais un mariage valide au point de vue du droit catholique. S'ils n'ajoutaient aucun de ces motifs, le mariage serait valide au point de vue catholique, parce qu'ils auraient l'intention générale de faire un mariage chrétien. (Voyez Gerlach, *Manuel du droit eccl.* (en allem.), § 71, remarque 1.)

[1] La prononciation des vœux solennels avant la consommation du mariage est un motif de dissolution admis par l'Église. (Voy. ci-dessous, § 211.) Si ce motif de dissolution, qui s'entend de lui-même, était formellement exprimé pendant la conclusion du mariage, elle ne le rendrait pas invalide.

[2] Voyez ci-dessus, § 185, p. 601. — [3] *OEsterr. Anweis.*, § 52.

[4] x, IV, 2, de desponsatione impuberum; München, dans *Bonner Zeitschrift für Philosophie und Theologie*, 1840, livrais. 3, p. 86.

[5] Code civil, art. 144.

[6] *OEsterr. allg. B.-G.-B.*, §§ 21, 48; *OEsterr. Hofkanzlei-Decret* du 18 août 1831.

magne de 1875 [1] fixe l'âge de majorité pour les hommes à vingt ans, pour les femmes à seize ans révolus. Le Code suisse demande pour l'homme dix-huit ans accomplis, pour la femme seize ans révolus [2].

Tant qu'un enfant n'a pas l'intelligence assez mûre pour comprendre la nature de cette alliance, il est absolument impossible qu'il contracte un mariage. Mais quand la maturité de l'esprit et la maturité du corps se prononcent avant l'âge voulu, le mariage peut être permis avant cet âge [3], moyennant le consentement de l'évêque ou du Saint-Siége. Le simple défaut de maturité corporelle n'est pas un empêchement de droit divin. On pourrait donc en dispenser pour des raisons très-graves, par exemple, pour rétablir la concorde entre des familles princières, quand la maturité de l'esprit existerait déjà.

§ 196. Empêchement d'Impuissance [4].

I. Il y a empêchement dirimant, non-seulement dans la simple stérilité, mais encore dans l'impuissance de consommer le mariage ou l'union des sexes. Mais il faut qu'elle ait précédé le mariage, qu'elle ne puisse pas être supprimée, ou qu'elle ne puisse l'être que par une opération dangereuse ou illicite.

L'impuissance qui ne se déclare qu'après le mariage (*impotentia superveniens*) n'influe point sur sa validité, quand même elle se présente dans un mariage conclu, non consommé, *matrimonium ratum, non consummatum*.

II. L'impuissance est absolue, comme chez les eunuques, ou

---

[1] *Deutsches Reichsgesetz vom 6 Februar 1875 betreffend die Beurkundung des Personenstandes*, etc., § 28.

[2] Loi suisse du 23 mai 1875, art. 27.

[3] *Instruction pour les tribunaux ecclésiastiques de l'Autriche*, § 17. — Dans les localités où la loi du concile de Trente sur la forme du mariage n'est pas en vigueur, un mariage conclu avant l'âge de quatorze ans pour l'homme et de douze ans pour la femme doit être considéré comme valide, quand il est établi que la maturité corporelle et intellectuelle existait avant cet âge. Ainsi la présomption légale que la maturité n'existe point avant cet âge, se trouve infirmée dans ce cas par la preuve du contraire. C. I, X, h. t., IV, 2.

[4] C. XXIX, C. 27, q. 2; c. XXVII, C. 32, q. 7; c. I-VII, X, de frigidis et malif., IV, 15; München, *Ueber Unwermœgen als Ehehinderniss* (*Bonner Zeitschrift für Philosophie und kathol. Theologie*, 1840, livrais. 2, p. 67; livrais. 3, p. 54); Bangen, *Instructio practica de sponsalibus et matrimonio*, fasc. II, p. 106; fasc. III, p. 167, 177-232; Feye, *loc. cit.*, c. XXIV, p. 406.

relative¹, comme celle d'un homme à l'égard d'une femme. L'une et l'autre impuissances, quand elles ne sont point passagères², constituent un empêchement dirimant. Quand l'impuissance absolue a été déclarée, et que, le mariage dissous, le contraire se manifeste, les deux parties doivent revenir à leur premier mariage, quand même l'un et l'autre auraient contracté une nouvelle union. Dans l'impuissance relative, cette nécessité n'existerait que si le conjoint séparé de l'autre pour impuissance consommait avec lui le mariage.

III. Il n'y a pas de distinction à faire entre l'impuissance qui vient de nature et celle qui résulte d'un évènement ultérieur. Il n'importe pas non plus que l'impuissance de l'un ait été ou n'ait pas été connue de l'autre quand ils ont contracté mariage.

IV. L'impuissance, quand elle est notoire, est de « droit public : » il en est toujours ainsi de celle des *castrati*, des eunuques et de ceux qui *utroque teste carent*³. En ce cas, le juge doit entamer d'office le procès en nullité de mariage. Dans tous les autres cas, l'empêchement n'est que de droit privé, c'est-à-dire qu'il dépend des parties de faire valoir l'empêchement ou de vivre comme frère et sœur.

V. Personne n'a le droit, sous prétexte d'impuissance, de dissoudre la communauté de son propre chef ; il faut une procédure juridique⁴. Si des hommes compétents, au nombre de deux au moins et assermentés, déclarent, après constatation, que l'impuissance est extérieurement reconnaissable, constante et incurable, le mariage doit être à l'instant dissous. Mais si ces mêmes hommes attestent unanimement que l'impuissance provient de causes certaines, il est vrai, mais purement intérieures, il faut que les parties confirment l'impuissance par serment, afin que le mariage puisse être annulé.

---

¹ C. XXXI, C. 27, q. 2.

² On ne peut admettre ici qu'une seule exception en matière d'impuissance : quand une personne entrée depuis peu dans l'âge de puberté se marie et que la puberté supposée n'existe pas en fait; quand elle ne se déclare pas chez l'homme après l'âge de dix-huit ans, et chez la femme après l'âge de quatorze ans : dans ce cas, l'alliance est dissoute. Voy Schmalzgrueber, *h. t.*, p. 80 et 86; Kutschker, *Eherecht*, t. III, p. 196.

³ Voir pour les détails la constitution *Quum frequenter*, de Sixte V (22 juin 1587), reproduite dans l'édition du concile de Trente par Richter, p. 555. Voyez Schulte, *Handbuch des Eherechtes*, p. 83.

⁴ Voyez, sur la procédure, Bangen, *loc. cit.*

Selon l'ancien droit canonique, le serment devait être prêté en outre par sept témoins de part et d'autre, et, au besoin, par deux parents ou amis de chacune des parties *(juramentum septimæ manus propinquorum)*. Ces témoins juraient qu'ils étaient convaincus de la vérité de la déclaration des parties.

Dans la pratique actuelle, en Autriche notamment, ainsi qu'on le voit par l'*Instructio pro judiciis ecclesiasticis*[1] en matière de mariage, les témoins ont disparu. Quand les hommes de l'art ne peuvent constater aucune cause intérieure ni extérieure d'impuissance *(impotentia diabolica)*, le juge doit d'abord imposer aux parties « l'expérience d'une cohabitation triennale. » Il faut toujours qu'au moins trois ans se soient écoulés depuis la conclusion du mariage, et le juge peut, s'il le juge à propos, prolonger ce terme. S'il s'est écoulé sans résultat, et s'il est établi par les hommes du métier qu'aucun changement ne s'est produit dans l'état des choses, on permet aux parties de confirmer leur impuissance par serment, puis on prononce l'annulation du mariage.

VI. Chez les hermaphrodites[2], il s'agit de savoir, par leurs déclarations et par celles du médecin, quel est le sexe dominant. Mais il faut qu'ils jurent en même temps qu'ils se comporteront d'après le sexe qui prévaut. Les hermaphrodites sont souvent frappés d'impuissance[3].

§ 197. 3. Raisons qui empêchent le consentement légal.
1° La parenté[4].

I. La dignité et l'autorité paternelles, le respect que les enfants doivent à leurs parents, le droit et le devoir qu'ont les

---

[1] *Œsterr. Anweis.*, § 175.

[2] C. III, § 22, C. 4, q. 2, avec la glose; Schulte, *Handbuch*, p. 102.

[3] Selon le Code civil, art. 313, le mari ne peut désavouer l'enfant conçu pendant son mariage en alléguant son impuissance naturelle. Cette cause de désaveu a été supprimée, non-seulement parce qu'elle était difficile à apprécier, mais encore parce qu'elle donnait lieu à de scandaleux débats. Cette disposition toutefois ne regarde que le for extérieur. (L'abbé André, *op. cit.*, article *Impuissance*.) (Note du trad.)

[4] Lib. X, de consanguinitate et affinitate, IV, 14; Clem., eod., IV, 1; Schlegel, *Kritische und systematische Darstellung der verbotenen Grade der Verwandtschaft und Schwægersshaft*, Hanovre, 1802; Laspeyres, *Diss. canon. computationis et nuptiarum propter sanguinis propinquitatem ab Ecclesia christiana prohibitarum sistens historiam*, Berolin., 1824; Moufang, *Das*

parents de diriger leurs enfants, ne comportent pas entre les uns et les autres la familiarité et l'égalité qui règnent entre les époux. Les enfants sont de plus le dernier but de l'amour sexuel des parents : il est donc contre nature que l'amour sexuel commence et entre en exercice précisément quand il a atteint son but et porté ses fruits. Le mariage même entre frères et sœurs, — en faisant exception de la multiplication du genre humain par nos premiers ancêtres et de sa séparation en plusieurs familles une fois accomplie, — est également défendu par la nature, soit parce que le frère et la sœur reflètent d'une manière trop directe l'image de leurs parents, soit parce qu'ils sont destinés à réaliser le but de la famille, et non à servir de but à la famille même.

A ces raisons il faut joindre celles qui se tirent de l'ordre moral : les désordres se commettraient plus facilement s'ils pouvaient être couverts par un mariage subséquent[1].

La nature elle-même tend généralement à multiplier les relations entre les hommes, à porter ailleurs ses inclinations et ses intérêts, et cela est vrai surtout de la nature ennoblie par le christianisme. Un autre motif, sans parler des considérations d'ordre physique que l'expérience fournit contre les mariages entre parents, c'est que ces mariages, en resserrant les liens de l'affection qui unissent les parents entre eux, rétrécissent leurs relations avec les personnes étrangères et favorisent l'égoïsme parmi les hommes.

II. La loi mosaïque[2] défendait les mariages avec les parents,

---

Verbot der Ehen zwischen nahen Verwandten, Mayence, 1863; Thiersch, *Das Verbot der Ehe innerhalb der nahen Verwandtschaft, nach der heiligen Schrift und nach den Grundsætzen der christlichen Kirche dargestellt*, Nordlingen, 1869; Eichborn, *Das Ehehinderniss der Blutsverwandtschaft nach canonischem Rechte*, Breslau, 1872.

[1] « Il a toujours été naturel aux pères de veiller sur la pudeur de leurs enfants. Chargés du soin de les établir, ils ont dû leur conserver et le corps le plus parfait et l'âme la moins corrompue, tout ce qui peut mieux inspirer des désirs et tout ce qui est le plus propre à donner de la tendresse. Des pères toujours occupés à conserver les mœurs de leurs enfants ont dû avoir un éloignement naturel pour tout ce qui pourrait les corrompre. — Le mariage n'est point une corruption, dira-t-on. Mais avant le mariage il faut parler, il faut se faire aimer, il faut séduire : c'est cette séduction qui a dû faire horreur. » (Montesquieu, *Esprit des lois*, livre XXVI, ch. XIV.) (*Note du trad.*)

[2] Michaelis, *Mosaisches Recht*, t. II, p. 217; *Levit.*, XVIII, 6-18; XX, 17; *Deut.*, XXVII, 23.

la belle-mère, la sœur du père et de la mère, la fille du fils et la nièce de la fille, avec la sœur des deux parents ou d'un seul.

III. Le droit romain[1] défend absolument les mariages entre descendants et ascendants et les personnes unies par les liens de la parenté *(respectus parentelæ)*, c'est-à-dire quand l'un des parents descend directement de la souche, tandis que l'autre en est plus éloigné, parce qu'il y a là un rapport analogue à celui des parents. Les mariages entre les enfants de frères et de sœurs (cousins germains) furent défendus par Théodose le Grand et autorisés par Arcade. Le mariage avec la fille de son frère fut permis par un sénatus-consulte en considération de Claude, mais il fut de nouveau interdit dans la suite.

IV. Depuis le sixième siècle, l'Église établit aussi l'empêchement de mariage entre les enfants des frères et sœurs[2], et bientôt après entre les petits-fils des frères et sœurs *(sobrini)*[3]. Ainsi le mariage entre parents fut défendu jusqu'au sixième degré du calcul romain; l'Église étendit même la défense jusqu'au septième degré[4], c'est-à-dire à tout ce qu'on désignait alors sous le terme général de parents.

V. Dans le droit germanique on ne comptait pas, comme dans le droit romain, les degrés de la ligne collatérale d'après le nombre des générations, mais d'après les couples de parents *(parentelæ)*[5]. Peu à peu[6], l'Église emprunta aux Germains le calcul des degrés de parenté (elle le fit complètement à dater du neuvième siècle), et c'est d'après cette manière de calculer qu'elle défendit les degrés de parenté jusqu'à la septième génération[7].

---

[1] Voy. Vering, *Geschichte und Pand. des rœmischen Privatrechtes*, 4e éd., § 221, p. 557.

[2] Voyez can. LXI Conc. Agath., an. 506.

[3] Voyez Schulte, *Handbuch des Eherechtes*, p. 160; Moy, *Geschichte des Eherechtes*, t. I, p. 255.

[4] C. VI, C. 35, q. 5. Voyez Pauli S. R., lib. IV, tit. XI; l. 4 pr. Dig. de gradib. et affin., XXVIII, 10.

[5] Voyez Phillips, *Deutsche Geschichte*, t. I, p. 161; Schulte, *Lehrbuch der deutschen Rechtsgeschichte*, p. 542.

[6] Le premier usage fait par l'Église de la computation germanique se trouve dans une lettre de Grégoire le Grand à saint Augustin, c. XX, C. 35, q. 2; c. II, § 5, C. 35, q. 5. Voyez Phillips, *Lehrbuch*, § 269, note 14; Schulte, *Handbuch des Eherechtes*, p. 162.

[7] Voy. Gregor. III, Epist. ad Bonif., an. 731, c. V; can. I, C. 35, q. 5; c. XVIII, C. 35, q. 2 et 3 (Nicol. II, in Concil. Roman., an. 1057).

VI. La difficulté d'observer les empêchements de mariage dans cette étendue décida Innocent III[1], au quatrième concile de Latran, en 1215, de restreindre l'empêchement public et dirimant de mariage pour cause de parenté au quatrième degré inclusivement, selon le calcul germanique; quand il y aurait distance inégale de la souche commune, on compterait le degré le plus éloigné. Il est indifférent que la parenté naisse d'un mariage ou non, qu'elle provienne des deux parents ou d'un seul.

VII. L'empêchement de mariage entre parents dans la ligne directe, entre ascendants et descendants, repose sur le droit naturel, *in jure divino*; il n'est pas susceptible de dispense. On ne dispense pas non plus de la consanguinité au premier degré de la ligne collatérale, entre frères et sœurs, ou demi-frères et sœurs, bien que cet empêchement ne soit plus de droit divin.

Au second degré de consanguinité, même quand il touche le premier, comme entre l'oncle et la nièce, il a été souvent dispensé de nos jours, mais seulement pour des raisons graves et à contre-cœur. D'après le concile de Trente[2], on ne doit jamais accorder de dispense au second degré, sinon pour les princes et pour des raisons d'ordre public *(ob causam publicam)*. Au troisième et au quatrième degré, les dispenses sont devenues si fréquentes et si faciles, que plusieurs voix se sont déjà prononcées pour la suppression de l'empêchement de mariage dans ces deux degrés[3].

ADDITION DU TRADUCTEUR.

Trois choses sont à considérer dans la parenté naturelle : 1° la tige, 2° la ligne, et 3° le degré.

1° La tige ou souche est la personne dont les autres tirent leur origine. Tout ce qui dépasse le quatrième degré n'est pas regardé comme tige.

2° La ligne est l'ordre de plusieurs personnes qui sont du même rang. Il y a deux sortes de lignes : la ligne directe et la ligne collatérale.

---

[1] C. VIII, IX, X, h. t., IV, 14.
[2] Conc. Trid., sess. XXIV, cap. V, de ref. matr.
[3] Voy. ci-dessus, note 2, p. 642, fin, les propositions faites au concile du Vatican; Gerlach, *Archives*, t. XXIII, p. 169, 317. Gerlach a été combattu par Hirschel dans *le Catholique* de Mayence, 1872, livraison de juillet, p. 50; août, p. 207. Gerlach répliqua dans *le Catholique*, décembre 1872, p. 667.

La ligne directe comprend les ascendants, ceux qui nous ont donné la vie ou qui l'ont donnée à ceux dont nous la tenons ; puis les descendants, ceux qui tiennent la vie de nous, ou qui la tenaient de ceux à qui nous l'avons donnée, *qui a nobis geniti sunt,* disent les jurisconsultes. Ainsi le père, l'aïeul, le bisaïeul, le trisaïeul et les autres au-dessus sont dans l'ordre des ascendants ; le fils, le petit-fils, l'arrière-petit-fils et les autres ensuite, dans l'ordre des descendants.

La ligne indirecte ou collatérale est une suite de personnes qui sortent d'une souche commune, sans sortir les unes des autres. Tels sont les frères, les cousins, les oncles, les nièces, etc. Cette ligne est égale ou inégale : égale, quand deux personnes sont aussi éloignées l'une que l'autre de la tige commune, comme le frère et la sœur ; inégale ou mixte, quand l'une en est plus éloignée que l'autre, comme l'oncle et la nièce.

3° Le degré est la distance où les parents sont les uns des autres. Pour bien connaître cette distance, les canonistes assignent trois règles : la première regarde la ligne directe, et les deux autres, la ligne indirecte ou transversale. Nous allons les expliquer.

Règle I. — Dans la ligne directe il y a autant de degrés qu'il y a de personnes qui de père en fils descendent d'une souche commune, sans compter la souche. Pierre et Jean, son fils, sont au premier degré ; Pierre et Lucius, fils de Jean, sont au second ; Pierre et Martin, fils de Lucius, sont au troisième, etc. : car, en retranchant Pierre, qui est la tige, il ne reste dans le premier cas qu'une personne, deux dans le second, trois dans le dernier.

La raison de cette règle est évidente : chaque génération éloignant d'un degré de la tige, il doit y avoir autant de degrés qu'il y a de générations, et il y a autant de générations qu'il y a de personnes qui descendent l'une de l'autre. On ne compte point la tige, parce qu'elle est un principe de réunion : autrement le fils serait éloigné de deux degrés de son père.

Règle II. — Dans la ligne collatérale égale, deux parents sont éloignés entre eux d'autant de degrés qu'ils le sont de la souche commune : le frère et la sœur sont éloignés l'un de l'autre d'un seul degré ; les enfants du frère et de la sœur, les cousins germains, sont au second degré entre eux, parce que les premiers ne sont éloignés que d'un degré de la tige commune et que les seconds en sont éloignés de deux. La raison en est que ceux qui descendent de la même tige, ne peuvent avoir plus d'union entre eux qu'ils n'en ont avec cette tige, puisque c'est elle qui fait le nœud.

Règle III. — Si la ligne collatérale est inégale ou mixte, il y a autant de degrés d'un parent à l'autre qu'il y en a de la tige commune jusqu'au degré le plus éloigné : ainsi il y a deux degrés entre un oncle et sa nièce, parce qu'il y en a deux de la nièce à son aïeul, qui est la tige commune. S'il en était autrement, une petite-nièce serait aussi proche parente de son grand-oncle que celui-ci l'est de son propre frère. Il est de principe en cette matière que le degré le plus éloigné emporte le degré le plus prochain : *Gradus remotior secum trahit propinquiorem.*

Il semble résulter de là qu'il suffit à ceux qui sont en degré inégal d'exprimer le degré le plus éloigné, et c'est en effet ce que dit expressément Pie V dans une de ses constitutions[1]; mais il y met deux exceptions importantes.

La première est que, si de deux personnes qui sont parentes en degré inégal, l'une est au premier, la réticence de ce premier degré rendrait son mariage invalide, parce que Sa Sainteté ne veut jamais dispenser en pareil cas[2]. Des théologiens croient cependant qu'un grand-oncle pourrait épouser sans dispense la fille de son arrière-petite-nièce, parce que le cinquième degré collatéral ne doit pas se compter. C'est le sentiment de Covarruvias. Corradus paraît enseigner la même chose quand il dit que lorsqu'une personne est au cinquième degré, toutes les autres sont censées y être aussi. Il en serait autrement si des personnes doublement parentes l'étaient d'un côté au quatrième degré et de l'autre au cinquième : l'empêchement du quatrième degré subsistant toujours, elles ne pourraient se marier sans dispense.

La seconde exception de Pie V est plus embarrassante.

Ce saint pape, après avoir déclaré qu'une dispense obtenue sur un exposé dans lequel les suppliants n'ont pas fait mention du degré le plus proche, ne peut être regardée ni comme obreptice ni comme subreptice, ajoute aussitôt qu'il faut néanmoins que les parties obtiennent du Saint-Siége des lettres qui fassent connaître qu'il n'y a effectivement dans cette même dispense aucune nullité. Urbain VIII et Innocent X ont déclaré invalides des dispenses fulminées par certains officiaux qui n'avaient pas eu la précaution d'obtenir les lettres déclaratoires.

Reiffenstuel prétend, en conséquence de la bulle de saint Pie V et des brefs des deux papes nommés, que la dispense accordée à celui qui a supprimé le degré le plus proche est valide ; mais il soutient en même temps que l'exécution ne peut s'en faire que par un official pourvu des lettres déclaratoires impétrées du Saint-Siége. Corradus et plusieurs autres docteurs sont du même sentiment.

Quand les parties sont en degré inégal et que le plus proche degré est le premier, comme il arrive entre un oncle et sa nièce, une tante

---

[1] Pius V, in bulla *Sanctissimus* XIII, data die 20 augusti an. 1566.
[2] Cum in eo *primo* gradu Sanctitas Sua nunquam dispensare intendat. (*Ibid.*)

et son neveu, il faut expliquer quel sexe est dans le plus proche degré, parce qu'une tante aurait bien plus de peine à obtenir dispense pour épouser son neveu, qu'un oncle pour épouser sa nièce : rien de plus juste, puisque le neveu deviendrait par le mariage chef de celle qui lui est en quelque sorte supérieure de droit naturel, et qui lui tient lieu de seconde mère.

Ces dispenses sont rares. Si Alexandre IV permit à Waldemar, roi de Suède, d'épouser sa nièce, la princesse Sophie, il ne s'y détermina que parce qu'on lui fit connaître le bien qui devait en revenir, non-seulement aux peuples, mais encore à l'Église.

Dans les suppliques qui se dressent pour des degrés mixtes ou inégaux, on doit toujours exprimer d'abord le degré de l'homme, qu'il soit le plus proche ou le plus éloigné : ainsi l'on dit que les parties sont du second au premier, s'il s'agit d'une tante relativement à son neveu ; qu'elles sont du premier au second, s'il s'agit d'un oncle relativement à sa nièce. C'est le style d'usage.

Pour ne pas se tromper dans le compte des degrés, il faut dresser sur un morceau de papier un arbre de généalogie, et commencer par écrire au bas de la page le nom et le surnom de celui qui veut se marier, puis, à côté, un peu loin, le nom et le surnom de celle qu'il veut épouser ; on mettra ensuite au-dessus de chacun des deux les noms de leur père, mère, et au-dessus de ceux-ci les noms de leur aïeul et de leur aïeule. On continuera ainsi jusqu'à ce qu'on soit parvenu à la souche commune. En descendant de là jusqu'à celui des deux qui en est le plus éloigné, on trouvera dans quel degré sont parents ceux qui se recherchent en mariage.

En quel degré l'Église peut-elle ou ne peut-elle pas dispenser ? et en quel degré a-t-on besoin de dispense ?

Nous avons dit que, dans la ligne directe, le mariage est nul en quelque degré que ce soit. Un tel contrat est réprouvé par les lois de l'Église[1]. Il est même condamné, au moins jusqu'à un certain degré, par le cri de la nature.

On ne peut guère définir jusqu'à quel degré la loi naturelle défend le mariage en ligne directe. L'auteur des *Conférences d'Angers* prétend que cela va jusqu'à l'infini : d'où il suit que si Adam revenait sur la terre, il ne pourrait s'y marier. Sanchez[2], Cajetan, Sylvius et plusieurs autres soutiennent le contraire, et ils en concluent qu'un infidèle qui aurait épousé sa petite-fille ne devrait pas en être séparé, s'il se conver-

---

[1] « Inter personas quæ parentum liberorumve locum inter se obtinent, nuptiæ contrahi non possunt ... usque in infinitum. » (Nicol. I, ad consulta Bulgaror., t. VIII *Concil.*, p. 530 ; Justinian., lib. I *Instit.*, tit. x, § 1.)

[2] Sanchez, lib. VII, disp. LI, n. 1 ; Sylvius, in supplem., part. III, q. 54, art. 3, etc.

tissait à la foi. Ils avouent qu'un tel mariage serait indécent; mais tout ce qui est indécent n'est pas nul de droit naturel.

En ligne collatérale, nous l'avons dit, le mariage n'est nul, selon le droit nouveau, que jusqu'au quatrième degré inclusivement. Le concile de Latran [1], en 1215, sous Innocent III, a révoqué la lettre décrétale de Grégoire III qui, en fixant l'empêchement de la parenté au septième degré, avait lui-même révoqué les lois antérieures, selon lesquelles la parenté la plus éloignée annulait le mariage, pourvu qu'on la connût.

Reste à savoir si, dans la ligne collatérale, il n'y a point de degrés dans lesquels le mariage soit nul de droit naturel. Toute la difficulté roule sur le frère et la sœur, la tante et le neveu : le mariage entre le frère et la sœur a quelque chose qui effraie; celui de la tante avec le neveu est formellement réprouvé dans le Lévitique [2].

Comme la discipline du peuple juif a été abrogée par la loi de l'Évangile, nous ne croyons ni défendu tout ce qu'a défendu Moïse, ni permis tout ce qu'il a permis ou ordonné. Ainsi l'on convient assez que l'Église pourrait, dans un cas pressant, approuver le mariage de l'oncle avec la nièce et du neveu avec la tante. Il n'en est pas ainsi du mariage entre frère et sœur : on peut dire que cette dispense est réservée à Dieu, qui n'en a jamais usé qu'au commencement du monde. Il n'y a pour ainsi dire sur ce point qu'une voix dans tout l'univers. Ce fut pour cela qu'Abraham ayant dit à Abimélech que Sara était sa sœur, ce roi païen jugea qu'elle ne pouvait être sa femme. Ce fut encore par la même raison que Cambyse ayant demandé aux sages de son royaume s'il lui était permis d'épouser sa sœur, on lui répondit que les lois de la nature le défendaient; mais que chez les Perses la volonté du prince tenait lieu de toute loi, c'est-à-dire qu'il pouvait commettre un crime et demeurer impuni. Enfin ce fut pour cela que Jean, comte d'Armagnac, qui voulait à quelque prix que ce fût épouser sa sœur, fit fabriquer une fausse dispense, parce qu'il ne lui fut pas possible d'en obtenir une vraie du souverain-pontife [3].

En fait de parenté, les enfants illégitimes sont traités comme les autres : les conciles de Latran et de Trente n'ont pas dérogé sur ce point à l'ancien droit. Ainsi un bâtard ne peut épouser aucune de ses parentes,

---

[1] « Prohibitio copulæ conjugalis quartum consanguinitatis et affinitatis gradum de cætero non excedat, quoniam in ulterioribus gradibus jam non potest absque gravi dispendio hujusmodi prohibitio generaliter observari. » (Conc. Lateran. IV, can. L.) Cette règle n'a pas lieu ni dans les Indes ni dans la Chine. Les fidèles convertis peuvent, en vertu d'un bref de Paul III, s'y marier sans dispense dans le troisième et quatrième degré de la ligne collatérale. (Vid. Sanchem, lib. VII, disp. LXV, n. 2.)

[2] *Turpitudinem sororis patris tui* (vel *matris tuæ*) *non discooperies.* (Levit., XVIII, 12 et 13.)

[3] Voyez Paul Émile et Gaguin, dans la *Vie de Louis XI*.

qu'en suivant les règles des enfants légitimes. L'affinité qui provient d'un mauvais commerce, est traitée moins rigoureusement[1].

VIII. Dans les règlements de l'Église protestante[2], on est revenu à la loi mosaïque, mais on n'a pas restreint l'empêchement aux cas particuliers qu'elle renferme; on s'en est simplement rapporté aux degrés qu'elle indique : on a donc étendu la défense au second et au troisième degré. On a également gardé le *respectus parentelæ* du droit romain. Cependant plusieurs législations ultérieures ont réduit l'empêchement de mariage au second degré, et la Prusse (loi du 6 janvier 1875) l'a même restreint au premier[3]. La loi civile de l'empire d'Allemagne de 1875 ne défend le mariage[4] entre parents que dans la ligne ascendante et descendante, entre les frères et sœurs. La loi civile autrichienne[5] permet le mariage entre parents dans le troisième et le quatrième degré de la ligne collatérale. Le Code conjugal suisse[6] défend le mariage entre parents dans tous les degrés de la ligne ascendante et descendante, entre les frères et sœurs, les demi-frères et sœurs, l'oncle et la nièce, la tante et le neveu, que la parenté provienne ou ne provienne pas d'un mariage.

ADDITION DU TRADUCTEUR.

Suivant le droit civil français, « en ligne directe on compte autant de degrés qu'il y a de générations entre les personnes : ainsi le fils est à l'égard du père au premier degré; le petit-fils au second, et réciproquement du père et de l'aïeul à l'égard des fils et des petits-fils. » (Art. 737.)

« En ligne collatérale, les degrés se comptent par les générations, depuis les parents jusques et non compris l'auteur commun, et depuis celui-ci jusqu'à l'autre parent.

» Ainsi deux frères sont au deuxième degré; l'oncle et le neveu sont au troisième degré, les cousins germains au quatrième : ainsi de suite. » (Art. 738.)

---

[1] Collet, *Traité des dispenses*, livre II.
[2] Voy. Richter, *Lehrbuch*, § 276, n. III, p. 930, 7ᵉ édition.
[3] Le *Preuss Landrecht*, II, 1, §§ 3, 8, ne défendait le mariage dans la ligne collatérale qu'entre les frères légitimes ou illégitimes. Celui qui voulait épouser sa tante devait demander dispense au consistoire.
[4] *Deutches Rechtsgesetz* du 6 février 1875, § 33.
[5] *Œsterr. Allgem. B.-G.-B.*, § 65.
[6] Loi du 25 mai 1875, art. 28, n. 2, a.

« En ligne directe, le mariage est prohibé entre tous les ascendants et descendants légitimes ou naturels et les alliés dans la même ligne. » (Art. 161.)

« En ligne collatérale, le mariage est prohibé entre le frère et la sœur légitimes ou naturels et les alliés au même degré. » (Art. 162.)

« Le mariage est encore prohibé entre l'oncle et la nièce, la tante et le neveu. » (Art. 163.)

« Néanmoins il est loisible au roi de lever, pour des causes graves, les prohibitions portées par l'article 162 aux mariages entre beaux-frères et belles-sœurs, et par l'article 163 aux mariages entre l'oncle et la nièce, la tante et le neveu. »

§ 198. 2° **Empêchements d'affinité et d'honnêteté publique (impedimentum affinitatis et quasi affinitatis, vel publicæ honestatis)** [1].

I. Selon la loi mosaïque, l'affinité constitue un empêchement de mariage avec la belle-sœur et la belle-fille, avec la fille de la belle-fille ou du beau-fils, avec la femme du frère de son père, avec la bru, la femme du frère et la sœur de la femme.

II. Dans le droit romain, le mariage avec la femme du frère et la sœur de la femme n'a été interdit que sous l'influence de la législation de l'Église. Précédemment il ne défendait que les mariages entre les beaux-parents et les enfants, entre le beau-père et la femme du beau-fils défunt, et avec la fille de l'épouse défunte engendrée par un tiers après la dissolution du mariage.

III. La source de l'affinité, selon le droit canon, réside dans le commerce charnel *(copula)*. C'est là ce que l'Église considère comme la véritable raison de l'affinité. *Secundum canones, affinitas est proximitas duarum personarum quarum altera cum consanguine alterius carnalem copulam habuit.* Quand il y a mariage, ce commerce est toujours supposé, et l'on admet une « affinité légitime » entre l'un des époux et les parents de l'autre. L'Église admet aussi une affinité illégitime résultant de l'union des sexes hors du mariage : cette affinité peut être antécédente *(affinitas antecedens)* ou subséquente au mariage

---

[1] x, IV, 14, de consang. et affinitate; Clem. eod., IV, 1; x, IV, 13, de eo qui cognovit consanguineam uxoris suæ vel sponsæ; Œsterr. Anweis., §§ 33, 35. Voyez les ouvrages indiqués au paragraphe précédent, et Læmmer, *Affinitas illegitima nata in infidelitate als Ehehinderniss.* (*Archives*, t. XI, p. 150.)

(affinitas subsequens, superveniens). Il s'est établi de plus, outre l'affinité du « premier genre, » une affinité du « second genre, » comprenant les enfants que l'époux survivant a eus d'un second mariage et les consanguins de l'époux défunt, puis l'un des époux et les personnes liées avec l'autre par affinité.

Il existe enfin une affinité du « troisième genre : » elle s'étend à l'un des conjoints et aux parents de l'autre par affinité du second genre. En un mot, on étendait l'affinité au même degré que la consanguinité, jusqu'au sixième ou au septième.

IV. Innocent III[1], au quatrième concile de Latran, supprima l'affinité *secundi et ulterioris generis,* à cause des difficultés pratiques qu'elle présentait : il permit le mariage des enfants de second lit avec les consanguins de l'époux défunt du premier mariage ; il restreignit les effets de l'affinité survenante au for intérieur : en d'autres termes, la partie coupable perdit le droit de demander à l'autre le devoir conjugal *(jus petendi debitum conjugale),* et il fixa la limite de l'empêchement dirimant et public d'affinité au quatrième degré inclusivement. De son côté, le concile de Trente a restreint l'affinité illégitime au deuxième degré inclusivement[2]. Comme pour la consanguinité, on compte les degrés de l'affinité par le degré le plus éloigné, parce que l'affinité de l'un des époux se juge par le degré de consanguinité qui existe entre les alliés et l'autre degré.

En Allemagne, plus qu'en d'autres pays, il a été souvent dispensé de l'empêchement d'affinité au premier degré de la ligne collatérale, parce que les lois civiles n'ont pas maintenu cet empêchement. Ces sortes de dispenses toutefois sont difficilement accordées et demandent de sérieuses raisons. Quant à une dispense de l'affinité légitime au premier degré de la ligne directe (entre le beau-père et la belle-fille, la belle-mère et le beau-fils), on ne trouve point d'exemple que les papes en aient accordé. Il n'en est pas de même quand l'affinité est illégitime et secrète.

ADDITION DU TRADUCTEUR.

Nous avons déjà dit que l'affinité illégitime ne passe pas le second degré, et que celle qui vient du mariage va jusqu'au quatrième. Ici se présente deux difficultés : la première, si en ce genre d'affinité il faut raisonner des degrés mixtes ou inégaux, comme en matière de pa-

---

[1] C. VIII, h. t., IV, 14. — [2] Conc. Trid., sess. XXIV, cap. IV, de ref. matr.

renté; la seconde, si un mariage invalide produit, comme celui qui est valable, une affinité qui aille jusqu'au quatrième degré.

Sur le premier point, on croyait que, puisqu'on n'a point égard au cinquième degré dans la parenté naturelle, à moins que par une sorte d'impossible il ne fût question de la ligne directe, on ne doit pas non plus y avoir égard dans l'affinité, soit légitime, soit criminelle. D'où il résulte que Titius peut épouser la cousine issue de germaine de Berthe, avec laquelle lui ou son frère a péché, parce que le degré de cette cousine de Berthe est censé être le degré de Titius.

Pour résoudre la seconde difficulté, il faut distinguer : ou le mariage invalide a été contracté de mauvaise foi, ou il a été contracté de bonne foi.

Dans le premier cas, l'affinité ne semble pas dépasser le second degré, parce qu'elle naît alors d'un commerce formellement illicite. On croit cependant que comme il y a dans ce mauvais commerce quelque chose de plus que dans un autre auquel on n'aurait point voulu donner les couleurs du mariage, il produirait le même empêchement d'honnêteté publique que produit tout mariage qui est nul autrement que par défaut de consentement [1].

Sur le second cas, Gibert décide que l'affinité produite par un mariage nul, mais contracté de bonne foi, irait jusqu'au quatrième degré.

L'affinité qui survient au mariage déjà contracté, ne le dissout pas; cependant, à moins qu'elle ne vienne ou d'une violence grave ou d'une ignorance invincible, elle ôte à la partie coupable le droit d'exiger le devoir conjugal, droit qu'elle ne perdrait pas en péchant avec son propre parent ou avec les alliés de son époux, parce que les canons qui ont réglé l'un n'ont rien décidé sur l'autre [2]. Si les deux conjoints avaient, chacun de son côté, commis le même crime, ni l'un ni l'autre ne pourrait user du mariage sans dispense, à moins, dit Bonacina, qu'ils ne l'eussent fait à dessein de se frustrer l'un l'autre; alors, selon ce théologien, sans pouvoir exiger, ils seraient obligés de rendre. La

---

[1] Gibert, au tome II de ses *Consultations sur le mariage,* p. 173, dit que l'affinité et l'honnêteté publique diffèrent si fort, que l'une ne peut renfermer l'autre. Cela semble difficile à admettre : 1° parce que les autres canonistes remarquent que l'honnêteté publique est imbibée dans l'affinité, et que si, dans les suppliques, on ne parle point de l'honnêteté publique, c'est qu'on la conçoit assez dès qu'on conçoit l'affinité; 2° les papes, qui ont si généralement déclaré que l'honnêteté publique naît des mariage nuls *aliter quam ex consensus defectu,* ont-ils supposé que ces mariages n'étaient jamais consommés? Qui doute que la fureur qui porte à les contracter ne les fasse consommer plutôt que s'ils étaient légitimes?

[2] Voyez Sanchez, lib. VII, disp. xv, n. 16, où il cite saint Thomas, saint Antonin et grand nombre d'autres qui pensent comme lui sur ce point.

peine dont nous parlons s'encourt avant la sentence du juge, et l'ignorance de la loi n'en exempte pas, non plus que de l'irrégularité. La crainte de la mort même n'en exempterait pas. Une femme a toujours tort d'y céder : il fallait mourir, et ne pas se souiller. *Pudicitia*, dit saint Augustin [1], *potius quælibet mala tolerare, quam malo consentire decernit*. Comme l'affinité qui précède le mariage ne le dissout que dans les deux premiers degrés, elle n'en empêche l'usage que lorsqu'elle se contracte dans ces mêmes degrés.

Plusieurs théologiens ont cru qu'un homme qui a péché avec la parente de sa femme ne pouvait après sa mort en épouser une autre, ni, en cas qu'il passât outre, exiger le devoir conjugal; l'usage a dérogé à cet empêchement [2]. Navarre, qui a vécu plus d'un siècle, témoigne qu'il n'a remarqué nulle part qu'un incestueux fût obligé de demander dispense pour se remarier, à moins qu'il ne voulût épouser une de celles à qui son crime l'avait rendu allié.

L'empêchement de l'affinité est-il de droit naturel ou de droit divin? en d'autres termes, l'Église peut-elle en dispenser?

On convient qu'elle le peut dans tous les degré de la ligne collatérale, et qu'il n'y a rien là contre la loi de Dieu ni contre la loi naturelle. Jacob épousa Rachel, malgré l'affinité qu'il avait contractée avec elle par son commerce avec Lia, commerce qui après un jour ne fut plus l'effet de la surprise, et qui malgré la surprise avait produit l'affinité. Moïse ordonna à un frère d'épouser la veuve de son frère mort sans enfants. Innocent III, Alexandre VI et d'autres papes ont permis ce que Moïse avait commandé. Jules II accorda dispense à Henri VIII pour se marier avec Catherine d'Arragon, veuve d'Artus, frère de Henri.

Les reproches que saint Jean fit à Hérode pour avoir épousé la femme de Philippe, son frère, ne sont pas concluants, parce que Philippe vivait encore, ainsi que le disent Josèphe [3] et saint Jérôme. Quand même il eût été mort, c'eût été un crime à Hérode d'épouser sa veuve, puisqu'elle avait des enfants, et entre autres cette infâme danseuse qui demanda et obtint la mort de Jean-Baptiste.

Il est plus malaisé de définir si l'affinité annule de droit naturel le mariage en ligne directe, au moins pour le premier degré; pour les degrés inférieurs, on convient assez qu'elle ne l'annule pas.

Il y a là-dessus trois sentiments : les uns prétendent qu'elle l'annule toujours; les autres, qu'elle ne l'annule jamais; les derniers, qu'elle

---

[1] Augustin. apud Gratian., can. v, XXXIII, q. 5.

[2] Vid. Cabassut, lib. VIII, cap. XXI, n. 9; Pontas, v. *Empêchements prohibitifs*; Sanchez, lib. VII, disp. XVII, n. 8; Navar., cap. XXII *Summæ*, n. 75.

[3] Josèphe, lib. XVIII *Antiq.*, cap. IX.

l'annule quand elle vient du mariage, mais qu'elle ne l'annule pas quand elle vient d'un commerce illégitime.

Le second sentiment est appuyé sur des preuves assez fortes, et semble préférable aux deux autres : 1° on ne peut bien montrer que le droit naturel défende à des personnes alliées au premier degré, en vertu d'un mariage légitime, de se prendre pour mari et femme, ou plutôt qu'il le leur défende jusqu'à annuler leur mariage.

2° Le troisième concile d'Orléans[1] n'a pas voulu qu'on séparât des personnes qui avant leur conversion avaient épousé, les uns la veuve de leur père, les autres la fille que leur femme avait eue d'un premier mariage.

3° L'Église dispense quelquefois au premier degré de l'affinité qui provient du crime, surtout quand on ne la découvre qu'après coup ; or, ajoute-t-on, il est difficile de concevoir comment, entre une affinité qui vient du crime et celle qui n'en vient pas, il y a une si prodigieuse différence, que celle-ci annule de droit naturel le mariage subséquent, et que l'autre ne l'annule que de droit ecclésiastique, puisqu'on ne devient pas moins une seule chair par une action criminelle que par celle qui ne l'est pas.

4° L'exemple de l'incestueux de Corinthe, qui fut regardé par saint Paul comme un pécheur abominable, ne prouve rien : il s'agissait d'un homme qui avait commis un crime avec sa belle-mère du vivant de son père[2].

V. 1. La prohibition du mariage entre le fils et l'épouse du père, et réciproquement, de même qu'entre l'époux et la mère de l'épouse, dans le droit romain[3], peut se ramener à l'honnêteté publique *(honestas publica)* ou à une espèce d'affinité *(quasi affinitas)*. Le droit ecclésiastique a étendu l'empêchement dirimant et public de la quasi-affinité à l'un des mariés et aux consanguins de l'autre, et il l'a fait peu à peu dans la même étendue que pour l'affinité. Et comme l'affinité proprement dite suppose nécessairement l'union charnelle des époux, on a également admis, par analogie, qu'un mariage conclu et

---

[1] Sylvius, sur l'article 6 de la question LV du supplément, répond que le troisième concile d'Orléans, auquel il joint ceux d'Agde et d'Épone, n'était qu'un concile provincial ; mais je ne sais où il a pris que l'autorité des conciles provinciaux se compte pour rien en matière d'empêchement.

[2] Collet, *Traité des dispenses*, livre II.

[3] L. 12, § 1; l. 14, § 3, de ritu nuptiarum, XXIII, 2; l. 6, § 1; l. 8, de gradibus consanguinitatis, XXXVIII, 10, § 9; Instit. de nuptiis, I, 10.

non consommé produisait une quasi-affinité entre l'un des parents et les parents de l'autre[1].

2. Dans le même temps où il restreignait l'empêchement de consanguinité et d'affinité, Innocent III[2] limitait la quasi-affinité au quatrième degré. On en est resté là au sujet de la quasi-affinité provenant d'un mariage non consommé[3]. Il en est de même quand le mariage est annulé; seulement il n'y a pas de quasi-affinité quand le mariage est annulé pour défaut de consentement[4]. Par contre, le concile de Trente a décidé que l'empêchement de quasi-affinité résultant de fiançailles valides ne s'étendrait pas au-delà du premier degré, « l'usage ayant démontré, » dit-il, « que la défense aux degrés plus éloignés ne se peut observer sans inconvénient ou embarras[5]. » Des fiançailles invalides ou des fiançailles simplement conditionnelles[6], qui n'auraient d'effet qu'après l'accomplissement de la condition, ne produisent point d'empêchement de mariage.

ADDITION DU TRADUCTEUR.

Le mariage civil produit-il l'empêchement d'honnêteté publique?

Le P. Gury répond ainsi : « Videtur affirmandum, sive contrahentes intendant contrahere deinde coram Ecclesia, sive non : nam in primo casu censetur contractus *sponsalitius*; in secundo censetur matrimo-

---

[1] C. XII, XXXI, XXXII, C. 27, q. 2; c. III, IV, VIII, X, de sponsalibus et matrimonio; c. IV, V, XII, X, de desponsatione impuberum, IV, 2; c. un. in VI°, de sponsalibus, IV, 1. — C. XI, C. 27, q. 2; c. XV, eod.

[2] C. VIII, X, de consanguinitate et affin., IV, 14.

[3] Pii V const. *Ad romanum*, an. 1568 (*Bull. rom.*, t. IV, part. III, p. 18); Prosper. Lambertini (Bened. XIV), dans la résolution n. 101 sur la session XXIV, de ref. matrimon.; *Œsterr. Anweis.*, § 33.

[4] *Œsterr. Anweis.*, § 34; Schulte, *Handbuch des Eherectes*, p. 181.

[5] Conc. Trid., sess. XXIV, cap. III, IV, de ref. matrim.

[6] C. un., in VI°, cit.; *Œsterr. Anweis.*, § 35. — On a demandé au concile du Vatican de décider que l'empêchement d'honnêteté publique et « l'empêchement empêchant » ne résulteraient plus que des fiançailles solennelles, c'est-à-dire conclues soit par écrit, soit devant le curé (quoique sans témoins), soit devant un notaire et des témoins; que les fiançailles solennelles seraient dissoutes quand elles n'auraient pas été renouvelées dans l'espace d'un an; que, lorsqu'elles seraient dissoutes d'un commun accord, l'ordinaire pourrait dispenser de l'empêchement qu'elles ont produit et qui survit à leur dissolution.

On a également proposé que l'empêchement du mariage au second et au troisième degré d'affinité résultant d'un commerce licite, et l'empêchement provenant d'un commerce illicite fussent supprimés au-delà du premier degré. (Martin, *Collect.*, ed. 2, p. 190; le même, *les Travaux du concile du Vatican* (en allem.), p. 102.)

nium *clandestinum*, quod, licet invalidum sit, ... matrimonium ad quartum usque gradum dirimit. » (Gury, editio Ballerini, t. II, p. 723.)

Giovine pense que l'empêchement d'honnêteté publique n'est pas contracté, si ceux qui se présentent devant l'officier civil le font pour remplir une simple formalité obligatoire, dont l'effet, à leurs yeux, est nul au point de vue du lien matrimonial, puisqu'ils se sont déjà mariés à l'église ou qu'ils ont l'intention de s'y marier devant leur curé.....
« Si vero a civili lege sub pœna privationis effectuum civilium coacti, adierunt magistratum civilem, atque præscriptam a nationali consessu declarationem fecerunt, illud semper præ oculis habentes nullum ab ipsis eo actu contrahi matrimonium, sed actum mere civilem exerceri, dum verum matrimonium aut jam antea contraxerant in facie Ecclesiæ, aut postmodum ad hoc ineundum se coram parocho conferent, in tali eventu non habetur matrimonium clandestinum, neque contrahitur publicæ honestatis impedimentum ex eo.

» Attamen, » ajoute le même canoniste, « si coram civili magistratu consensum de futuro posuerit, ea intentione ut sponsalia inirent, ex iis enasceretur quidem honestatis impedimentum, sed ad unicum primum gradum. » (T. I, p. 540, n° 2.)

L'inscription et la publication des bans supposent-elles toujours de vraies fiançailles?

Pas toujours, surtout chez les gens de la campagne. Ils inscrivent souvent leurs bans, ils les font publier, sans l'intention de s'engager absolument à contracter mariage, se réservant leur liberté jusqu'au dernier moment. Ils regardent ces formalités comme les préliminaires en quelque sorte des fiançailles ou de la promesse formelle de leur futur mariage. Ils ne se croient pas liés par ces premières démarches. Il n'y a donc pas de vraies fiançailles, puisqu'il n'y a point de promesse de mariage. Il n'y a donc pas d'empêchement.

Pour qu'elles donnent naissance à l'honnêteté publique, faut-il que les fiançailles soient solennelles?

L'Église n'a jamais distingué entre les fiançailles solennelles et privées; nous ne pouvons donc faire cette distinction, suivant la règle de droit : « Ubi lex non distinguit, nec nos distinguere debemus. » Que les fiançailles soient solennelles ou simplement privées, dès lors qu'elles sont réelles, l'honnêteté publique en résulte [1].

VI. L'affinité, dans les règlements ecclésiastiques protestants, est un empêchement de mariage au même degré que la consanguinité [2]. Les protestants ont emprunté au droit romain un

---

[1] Téphany, chanoine de Quimper, *Traité des dispenses matrimoniales*.
[2] Gœschen, *loc. cit.*, p. 30.

cas d'affinité du « second genre, » en interdisant le mariage entre le beau-père et la femme du beau-fils défunt, sans parler des autres cas. Ils ont généralement conservé à la quasi-affinité la même étendue que lui donne le droit romain ; ce n'est que par exception qu'ils l'ont attachée au deuxième degré[1]. Dans les nouvelles ordonnances particulières, la quasi-affinité a généralement disparu, et l'affinité proprement dite est souvent restreinte à la ligne directe.

Le Code autrichien[2] ne reconnaît l'empêchement d'affinité que jusqu'au deuxième degré canonique ; il ne parle point de la quasi-affinité. Les législations allemande et suisse n'admettent l'empêchement qu'entre les beaux-parents et les beaux-enfants de chaque degré[3].

§ 199. 3° **La parenté légale ou civile**[4].

I. Le droit romain et le droit canonique défendent le mariage : 1° entre la personne qui adopte et la personne adoptée, sa femme et ses enfants jusqu'à la quatrième génération ; 2° entre la personne adoptée et les frères et sœurs du père adoptif ou de la mère adoptive. Après la dissolution de l'adoption, l'empêchement de mariage n'existe plus qu'entre l'ancien père adoptif, la fille adoptive de la nièce ou la femme du fils adoptif, puis entre l'ancien fils adoptif et la femme du père adoptif. L'empêchement de mariage est public et dirimant, que l'adoption soit *plena* ou *minus plena*, c'est-à-dire qu'elle établisse l'autorité paternelle ou simplement le droit pour l'enfant adoptif d'hériter du père adoptif mort *ab intestat*[5].

II. Les règlements ecclésiastiques protestants défendent également, sans distinguer les différentes espèces d'adoption, le mariage entre les enfants véritables et les enfants adoptifs,

---

[1] Voyez les preuves dans Richter, *Lehrbuch*, § 296, n. II.
[2] *Œsterr. allg. bürgerl. Gesetzbuch*, § 66 ; voyez *ibid.*, § 40 ; Schulte, *Handbuch des Eherechtes*, p. 523.
[3] Loi de l'empire allemand du 6 février 1875, § 33, n. II. Loi de la Suisse sur le mariage civil, art. 28, n. 2 b.
[4] C. xxx, q. 3, c. un., X, de cognatione legali, IV, 12 ; *Œsterr. Anweis.*, § 28 ; Laurin, *Das Ehehinderniss der bürgerlichen und gesetzlichen Verwandtschaft mit besonderer Beziehung auf Œsterreich* (*Archives*, t. XIX, p. 193, 259).
[5] Voyez Schulte, *Handbuch des Eherechtes*, p. 183 ; Læmmer (*Archives*, t. X, p. 363).

puis entre ces derniers et les parents adoptifs. Mais les législations modernes, admises par la discipline de l'Église protestante, restreignent presque toujours l'empêchement de mariage aux personnes qui en ont adopté d'autres, et seulement pour le temps que dure l'adoption. C'est ce qui a été fait par la loi allemande, et aussi, selon toute apparence, par la loi suisse [1]. Dans le droit civil autrichien, la parenté adoptive ne forme un empêchement ni dans la ligne directe ni dans la ligne collatérale.

Selon le Code civil français, « le mariage est prohibé entre l'adoptant, l'adopté et ses descendants, entre les enfants adoptifs du même individu, entre l'adopté et les enfants qui pourraient survenir à l'adoptant, entre l'adopté et le conjoint de l'adoptant, et réciproquement entre l'adoptant et le conjoint de l'adopté. » (Art. 348.)

§ 200. 4° La parenté spirituelle [2].

I. Déjà l'empereur Justinien avait établi comme empêchement civil du mariage la parenté spirituelle entre celui qui baptise ou qui confirme et le parrain, d'une part, puis entre le baptisé ou le confirmé et ses parents, d'autre part. Le droit canonique a développé cet empêchement, comme il a fait pour celui de parenté, en l'appliquant au parrain et à la marraine entre eux; mais le concile de Trente [3] l'a restreint dans les bornes précédemment indiquées.

ADDITION DU TRADUCTEUR.

Il n'y a donc plus de parenté spirituelle : 1° qu'entre le ministre du baptême, d'une part, et l'enfant, le père et la mère, d'autre part; 2° entre le ministre et le père et la mère de l'enfant; 3° entre ceux qui tiennent l'enfant sur les fonts et l'enfant qui est tenu et ses père et mère.

---

[1] § 33, n. 4 de la loi allemande. La loi suisse sur le mariage civil, art. 28, n. 2 b, défend le mariage entre les parents adoptifs et les enfants adoptifs, sans dire expressément que l'empêchement du mariage cesse par la dissolution de l'adoption.

[2] x, IV, 11, de cognat. spirituali, in VI°, IV, 3; Concil. Tridentin., sess. XXIV, cap. II, de ref. matr.; Laurin, *Die gestliche Verwandtschaft in ihrer geschichtlichen Entwickelung bis zum Recht der Gegenwart* (*Archives*, t. XV, p. 216-274).

[3] Conc. Trid., *loc. cit.* Voyez aussi, p. 587, la restriction apportée par ce concile au nombre des parrains proprement dits.

Le baptême est regardé comme une seconde naissance ; les parrains et les marraines, et à plus forte raison les ministres du sacrement, sont regardés comme les père et mère de l'enfant : ils contractent donc et avec lui et avec ceux dont il a reçu la vie (légitimement ou non, peu importe) une liaison qu'ils n'avaient pas auparavant. Aussi le Saint-Siège accorde-t-il plus difficilement les dispenses de cette espèce de parenté qu'il n'accorde celles de la parenté naturelle. Fagnan[1] rapporte qu'une fille qui, à l'âge de neuf ans, avait été marraine, ne put obtenir de Grégoire XIII la permission d'épouser celui qu'elle avait tenu sur les fonts. C'est pour cela que le concile de Trente[2], afin d'éviter les inconvénients qui naissent de la multiplicité des alliances spirituelles, veut que chaque enfant ne soit tenu que par une personne ou deux tout au plus, c'est-à-dire par un parrain et une marraine, et il ajoute que si quelqu'un, non désigné pour parrain, touchait l'enfant, il ne contracterait avec lui aucune alliance spirituelle.

Il suit de là que lorsqu'un enfant a déjà été ondoyé, et qu'on ne prend un parrain et une marraine que pour le nommer et assister aux cérémonies du baptême, ces personnes ne contractent avec lui et avec ses parents aucune alliance spirituelle[3]. Il suit encore de là assez naturellement que ceux qui, hors le cas du baptême solennel, feraient la fonction de parrains ou de marraines, ne contracteraient pas non plus la parenté spirituelle, parce qu'on ne peut dire que *infantem de sacro fonte suscipiant*, comme s'exprime le concile de Trente. Inutile d'objecter qu'un laïque qui baptise un enfant sans solennité ne contracte pas moins l'alliance spirituelle que s'il le baptisait à l'église. En quelque lieu qu'un homme en baptise un autre, il est toujours ministre du baptême, au lieu que celui qui lui sert de parrain à la maison n'est pas parrain dans le sens des saints canons ; s'il en prend le nom, ce n'est que par ignorance des règles de l'Église. Soto, Vega, Bonacina, Sanchez et plusieurs autres sont de ce sentiment. Il est combattu par des autorités assez graves, mais il paraît sûr dans la pratique[4]. Les curés doivent être exacts à exprimer dans l'acte du baptême que telle personne n'a fait la fonction de parrain que lorsque l'enfant a été baptisé

---

[1] Fagnan, in cap. Ex litteris, *De cognat. spirit.*, lib. IV, tit. XI.

[2] S. Synodus... statuit ut unus tantum sive vir, sive mulier ... vel ad summum unus et una baptisatum de baptismo suscipiant, inter quos ac baptisatum ipsum, et illius patrem et matrem, nec non inter baptisantem et baptisatum, baptisatique patrem ac matrem, tantum, spiritualis cognatio contrahatur ...; quod si alii ultra designatos baptisatum tetigerint, cognationem spiritualem nullo pacto contrahant. (Trid., sess. XXIV, de ref. matr., cap. II.)

[3] Tridentinum, *ibid.*

[4] Patrini non adhibentur, si baptismus conferatur extra ecclesiam. (*Rit. Paris.*, p. 46.)

à la maison où qu'on a suppléé à l'église les cérémonies du baptême.

Que penser des parrain et marraine d'un enfant qui a été baptisé sous condition, parce qu'on doutait qu'il l'eût été, du moins convenablement?

Plusieurs croient qu'en ce cas un parrain est censé avoir contracté la parenté spirituelle, parce que, dans le doute, il faut prendre le parti le plus sûr. Mais ils croient aussi qu'à raison de ce doute la dispense de l'évêque suffit. Si un homme qui a servi de parrain dans un baptême administré sous condition épousait sans dispense la mère de son filleul, il ne faudrait pas l'en séparer, puisqu'il n'y aurait que du doute sur la validité de son mariage et qu'un mariage douteux ne peut être regardé comme nul; surtout quand on y peut remédier. Il faudrait donc s'adresser à l'évêque et réparer en vertu de ses pouvoirs ce qui peut être défectueux. On n'aurait pas besoin d'en venir là si l'on découvrait après coup que le premier baptême avait été conféré dans les règles.

Si l'on rebaptisait un enfant qui aurait déjà été validement baptisé, ni le ministre ni les parrains ne contracteraient une alliance spirituelle. Un baptême évidemment nul ne peut produire aucun effet, selon cette règle du droit canonique : *Non præstat impedimentum quod de jure non sortitur effectum* [1].

Il y a plus de difficulté à décider si, lorsque quelqu'un tient un enfant par procureur, c'est lui ou le procureur qui contracte l'affinité. Les théologiens [2] sont fort partagés : il y en a qui croient que ni le procureur ni celui au nom duquel il agit ne contractent la parenté; d'autres pensent que c'est le procureur, et non celui dont il exécute les ordres; d'autres croient que ce n'est pas le procureur, mais celui qui l'a chargé de le représenter.

Ce dernier sentiment semble préférable : 1° c'est une maxime de droit [3], qu'on est censé faire par soi-même ce qu'on fait par autrui; 2° le concile de Trente [4] ne fait tomber l'affinité que sur ceux que les parents ont désignés pour parrains : d'où il conclut que si d'autres personnes tiennent l'enfant sur les fonts, ils ne la contractent point; or le procureur n'a point été désigné pour parrain : ce doit donc être le parrain qui contracte l'alliance, quoiqu'il ne touche pas réellement et physiquement le baptisé. Ainsi l'a décidé, au rapport de Navarre et de Fagnan, la Congrégation interprète du concile de Trente.

Il résulte trois choses du sentiment que nous embrassons : 1° que si

---

[1] Reg. LII juris, in 6. — [2] Vid. Sanchez, lib. VII, disp. LIX.
[3] Qui facit per alium, est perinde ac si faciat per se ipsum. (Reg. LXXII juris in VI°.
[4] Si alii ultra designatos baptisatum tetigerint, cognationem spiritualem nullo pacto contrahant. (Trid., sess. XXIV, cap. II.)

une ville entière députait quelqu'un pour tenir un enfant, tous les particuliers qui forment ce corps contracteraient l'alliance spirituelle; 2° que, pour la contracter, il n'est pas nécessaire de toucher physiquement la personne baptisée : l'exemple de celui qui, par procureur, tient un enfant sur les fonts, prouve l'un et l'autre; la sage-femme et les domestiques qui aident à lever le baptisé, ne contractent point la parenté spirituelle; 3° que si un enfant avait, contre la défense du concile de Trente, deux ou trois parrains et autant de marraines, ils contracteraient tous cette affinité, à moins que le curé, pour se conformer au décret du concile, n'en eût exclu quelques-uns, comme il est obligé de le faire, et même sous peine de péché mortel, selon Bonacina et plusieurs autres.

Un homme qui, par erreur, aurait tenu un enfant, croyant en tenir un autre, ne contracterait point d'affinité spirituelle, parce que, quoiqu'on la contracte sans avoir intention de la contracter, ainsi que le démontre Sanchez [1], on ne la contracte pas sans avoir intention d'être parrain d'un tel enfant. Il en serait autrement si une personne avait dessein d'être parrain de l'enfant qu'elle a devant les yeux, quel qu'il puisse être.

On croit que, pour contracter l'affinité spirituelle, soit par l'administration du baptême, soit par la fonction de parrain, il faut avoir l'usage de raison et avoir été soi-même baptisé : d'où il suit 1° qu'un insensé, un homme ivre, un enfant de quatre à cinq ans, dont le père tiendrait la place, ne pouvant avoir l'intention d'être parrains, ne contracteraient aucune alliance spirituelle; 2° qu'un infidèle et un cathécumène qui baptiseraient dans la nécessité, pourraient épouser sans dispense ou la personne qu'ils auraient baptisée, ou son père ou sa mère, après qu'ils auraient été baptisés eux-mêmes. Par la même raison, un fidèle pourrait épouser la mère de l'enfant qu'il aurait tenu ou baptisé, si, dans le temps du baptême de son fils, elle n'eût pas elle-même été baptisée et qu'elle se fût convertie dans la suite. Sanchez ajoute que celui qui, sans avoir été confirmé, sert de parrain à quelqu'un qui reçoit la confirmation, ne contracte aucune alliance avec lui ; le canon de Gratien [2], que cite ce savant auteur, prouve assez bien ce sentiment.

Ce que nous avons dit de l'affinité contractée par le baptême a lieu lors même qu'une personne n'en baptise une autre que dans un cas d'extrême nécessité ; les canons sont tellement rigides, qu'un père qui en cette occasion baptiserait l'enfant de sa concubine, ne pourrait plus

---

[1] Sanch., lib. VII, disp. LVIII.

[2] In baptismate vel in chrismate non potest alium suscipere in filiolum ipse qui non est baptisatus vel confirmatus. (Can. CII, de consecr., dist. IV.)

l'épouser sans dispense [1] ; mais si dans un besoin si pressant il conférait le baptême à un de ses enfants légitimes, il pourrait vivre avec sa femme comme auparavant [2].

Je dis : *dans un besoin si pressant*, car celui qui, sans nécessité, baptiserait son enfant, ne pourrait plus exiger le devoir conjugal, quoiqu'il fût obligé de le rendre si son épouse le lui demandait, comme elle peut toujours faire, à moins qu'elle n'ait consenti à la faute qu'il a commise en baptisant son enfant *extra casum necessitatis*.

Plusieurs docteurs croient qu'un père n'est censé dans la nécessité de baptiser son fils que quand il ne se trouve ni prêtre ni personne qui puisse lui rendre ce service. D'autres pensent qu'un père qui baptise son enfant lors même que cet enfant pourrait être baptisé par la sage-femme ou par un laïque, ne contracte aucune affinité spirituelle avec son épouse, parce qu'aucun canon ne le lui défend que lorsqu'il y a un prêtre présent. A plus forte raison, si le trouble ou la crainte avaient porté un père à précipiter le baptême de son enfant, Sanchez croit qu'il ne serait pas déchu de ses droits ordinaires, quoiqu'en prenant d'autres mesures il eût pu faire baptiser son fils par quelque voisin.

L'Église peut dispenser de cet empêchement, puisqu'elle l'a établi : car on n'en trouve aucun vestige ni dans les livres saints ni dans la tradition des trois premiers siècles du christianisme.

Si l'empêchement de l'affinité spirituelle était de droit naturel ou divin, l'Église ne pourrait y toucher, ni par conséquent le modifier et le restreindre. Elle l'a fait cependant au concile de Trente [3] : pour s'en convaincre, il n'y a qu'à comparer son décret avec les canons des siècles précédents [4].

II. Chez les protestants, la parenté spirituelle a été rejetée par les articles de Schmalcalde [5] et n'a été conservé que dans quelques règlements [6]. Aujourd'hui cet empêchement est devenu inapplicable, parce qu'il n'est pas reconnu par les nouvelles législations civiles ; les codes français, autrichien, allemand et suisse ne reconnaissent point la parenté spirituelle.

---

[1] Vide Navar., *Man.*, c. XXII.
[2] Voyez le canon VII, XXX, q. 1. Ce canon est de Jean VIII.
[3] Vide Trident., *ubi supra*, et titulum *De cognat. spirituali*.
[4] Collet, *Traité des dispenses*, liv. II.
[5] Articuli Smalcald., de pot. episc., Hase, p. 355.
[6] Voyez Richter, *Lehrbuch*, § 277, note 36.

§ 204. 5° Empêchement de l'ordre (impedimentum ordinis)[1].

I. Les ecclésiastiques initiés aux ordres majeurs ne peuvent plus contracter de mariage valide aux yeux de l'Église, même après qu'ils ont été déposés et dégradés[2]. Cet empêchement de droit public repose uniquement sur une loi positive de l'Église. Le pape peut donc en dispenser dans les cas très-urgents. Il n'existe pas, cela va sans dire, quand un ordre majeur a été invalidement reçu. Les ordres mineurs ne constituent ni un empêchement dirimant ni un empêchement prohibitif.

ADDITION DU TRADUCTEUR.

Estius et d'autres théologiens prétendent qu'avant le premier concile de Latran, en 1123, l'empêchement des ordres n'était que prohibitif. D'Argentré[3] a vivement réfuté cette opinion, qu'il traite de fausse et de téméraire. Il est persuadé que, depuis saint Paul, ni évêques, ni prêtres, ni diacres n'ont jamais pu se marier validement sans dispense.

L'Église peut-elle permettre à un homme engagé dans les saints ordres de contracter mariage ?

Elle le peut : 1° parce que, selon l'opinion la plus probable et la plus commune, la continence n'est attachée que de droit ecclésiastique aux ordres sacrés. On sait que dans l'Église grecque les diacres et les prêtres peuvent user du mariage contracté avant leur ordination.

2° Parce que l'Église a déjà accordé quelques dispenses de cette na-

---

[1] Mittermüller, *Ueber den Zeitpunkt in welchem das verbietende Ehehinderniss der Weihe in ein trennendes überging* (*Archives*, t. XVI, p. 1); le même, *Ueber das Alter des kirchlichen Cœlibatsgesetzes* (*Katholik*, Mayence, mai 1866, p. 528); Læmmer, *Das impedimentum ordinis und seine Anwendung auf den Clerus der orient. Riten* (*Archiv.*, t. X, p. 242); Feye, *loc. cit.*, éd. 2, c. XX, p. 374. — Sur le pamphlet de Schulte, *Der Cœlibatszwang und dessen Aufhebung*, Bonn, 1876, voyez le *Katholik*, 1876, juin, p. 618.

[2] Conc. Trid., sess. XXIV, de sacr. matr., can. IX : « Si quis dixerit, clericos in sacris ordinibus constitutos, vel regulares castitatem solemniter professos, posse matrimonium contrahere contractumque validum esse, non obstante lege ecclesiastica, vel voto, et oppositum nil aliud esse quam damnare matrimonium, posseque omnes contrahere matrimonium, qui non sentiunt se castitatis, etiamsi eam voverint, habere donum : anathema sit : « Cum Deus id recte petentibus non deneget, » nec patiatur nos supra id quod possumus tentari. » La constitution *Apostolicæ Sedis* de 1869 déclare que les clercs promus aux ordres majeurs qui essaient de contracter un mariage, encourent *ipso facto* une excommunication réservée à l'évêque, comme aussi celles qui tentent de conclure un mariage avec eux.

[3] *Explication des sept sacrements*, t. III, p. 287.

ture : le prince Casimir, à qui l'on permit de se marier pour le bien de la Pologne, était moine de Cluny et diacre ; Remire, dont parle Helmus, était prêtre et religieux. Nous avons d'autres exemples depuis la révolution de 1793. Aussi, quand le cardinal Henri, devenu roi de Portugal par la mort de don Sébastien, son neveu, pria saint Charles de lui obtenir du pape une dispense pour se marier, le saint prélat [1] ne lui répondit point que cela passait le pouvoir du souverain-pontife ; mais il lui fit sentir qu'une dispense de cette nature, accordée à un prêtre et à un archevêque, comme il était, serait d'une terrible conséquence et ouvrirait la porte au plus funeste renversement de la discipline.

On trouve peu d'exemples de ces sortes de dispenses, parce qu'elles sont de la dernière conséquence ; il faut, pour les obtenir, de si fortes raisons, qu'elles ne se rencontrent que très-rarement en ceux qui ont reçu les ordres sans y être forcés.

On peut se faire relever de l'obligation de ses ordres ou par voie de grâce ou par voie de justice. Le rescrit de grâce ne s'accorde que pour le bien public et des raisons d'État [2] : par exemple, pour perpétuer une maison royale qui, réduite à un seul homme engagé dans les ordres ou profès en religion, est sur le point de tomber. Le rescrit de justice a lieu en faveur de ceux qui, par une crainte grave, ont pris un état malgré eux. Ceux qui ont fait trois fois les fonctions de leur ordre, ou qui sont montés à un ordre supérieur, obtiennent difficilement des rescrits de justice : on ne présume pas que la violence ait duré si longtemps. Autrefois cependant, quand elle était dûment prouvée, le rescrit était admis dans les parlements, comme il arriva en 1656 par rapport à un diacre [3].

On ne peut réclamer contre ses vœux [4] quand on a laissé passer cinq ans après les avoir faits. Si on avait laissé passer cinq ans sans réclamer, il faudrait un bref du pape, parce que, le concile de Trente n'ayant accordé que ce temps, il faut être dispensé de la loi de ce concile par une autorité supérieure à celle de l'ordinaire.

Il n'est pas sûr qu'on puisse réclamer contre les ordres devant l'é-

---

[1] *Vie de saint Charles*, liv. VIII, ch. XXIV, p. 803, édit. de 1685.
[2] Cependant un gentilhomme du diocèse de Séez, qui, pour ne pas épouser une fille mineure qu'il avait enlevée et connue sous promesse de mariage, avait pris le sous-diaconat, se voyant prêt à être condamné à mort, obtint dispense. (D'Argentré, *Explication des sept sacrements*, t. III, ch. XV, art. 2, p. 368.)
[3] L'arrêt, qui est du 12 décembre, est rapporté dans le *Journal des audiences*, t. Ier, liv. VIII, ch. XLVIII.
[4] Vid. Trid., sess. XXV, de regular., cap. XIX. Voyez aussi Ducasse, qui dit que, quand on a fait des vœux dont on était incapable, on peut toujours réclamer : ce qu'il prouve par l'exemple d'un homme qui a fait profession contre la volonté de sa femme, et qui, tant qu'elle vivra, peut réclamer.

vêque, comme on le peut contre la profession religieuse ; mais il paraît sûr que, si l'on n'a que cinq ans pour réclamer contre ses vœux, on peut toujours réclamer devant le pape contre une ordination forcée.

Un homme marié peut recevoir les ordres sacrés, quand sa femme y consent et fait vœu de chasteté perpétuelle, soit en religion, si elle est encore jeune, soit dans le siècle, si son âge et sa vertu la mettent hors de soupçon. Si son mari devait être élevé à l'épiscopat, il faudrait que, jeune ou non, elle embrassât l'état religieux. Alexandre III le prescrit sans distinction de mœurs ni d'âge [1]. Cependant on a vu il y a deux siècles un évêque de Saint-Malo [2] dont la femme ne se fit point religieuse ; mais elle était âgée et l'évêque aussi, et, quoiqu'elle eût visité son mari évêque, on ne les a jamais soupçonnés. En ce cas toutefois, il est plus sûr de s'en tenir à la lettre des canons.

II. Comme le droit ecclésiastique protestant, les lois civiles allemande et suisse ne reconnaissent point l'empêchement de l'ordre. En France [3], au contraire, ainsi qu'en Autriche [4], il est rigoureusement maintenu par la loi civile.

ADDITION DU TRADUCTEUR.

En France cependant, les décisions des tribunaux n'ont pas toujours été uniformes : plusieurs arrêtés ont favorisé le mariage des prêtres ; aujourd'hui la jurisprudence paraît fixée en sens contraire. Le texte des articles organiques dit formellement à l'article 26 : « Les évêques ne pourront ordonner aucun ecclésiastique s'il n'a atteint l'âge de vingt-cinq ans *et s'il ne réunit les qualités requises par les canons reçus en France.* » Le 20 décembre 1813, Napoléon, président le conseil d'État, disait : « Quand j'autorise l'ordination d'un clerc, je reconnais nécessairement en lui le caractère sacerdotal, je l'avoue pour prêtre. Quiconque s'engage dans les ordres sacrés, contracte l'obligation de garder le célibat, et cette obligation est approuvée par le prince. »

Et à la même époque, pour donner encore plus de force à la pensée qu'il avait eue dans le concordat, il demanda au conseil d'État une sanction pénale et une loi pour déclarer *bigames* les prêtres qui se ma-

---

[1] Prohibemus ne uxoratum præsumatis in episcopum ordinare, nisi uxor prius professa continentiam, sacrum sibi vel velamen imponat, et religiosam vestem assumat. (Cap. VI, de convers. conjug.)
[2] M. de Villemonte, vers 1660.
[3] Voyez dans la *Germania* de Berlin un article sur le mariage des prêtres (1875, n. 237, supplém.).
[4] *Œsterr. Allgem.*, § 63. En 1876, la chambre des députés a décidé que l'empêchement de mariage cesserait pour un ecclésiastique qui sortirait d'une église ou société religieuse qui défend le mariage. (Voyez *Archives*, t. XXXVI, p. 123.)

rieraient, en se fondant sur ce que le sacerdoce est une sorte de mariage. Cette proposition fut accueillie par le conseil d'État, et les événements seuls empêchèrent de la convertir en loi.

« En présence du texte précis des articles organiques, » dit M. Grelier-Dufougeroux, dans son *Rapport au comité des cultes, en 1849, au nom de la sous-commission sur le célibat des prêtres*, « le simple bon sens aurait dû suffire pour bien comprendre cette question ; mais, pour la décider, on a provoqué plus d'une fois le talent des avocats les plus habiles et les décisions de la magistrature. Plusieurs jugements ont été rendus, et les arrêts des tribunaux doivent dissiper les derniers doutes, s'il pouvait en rester encore.

» Sous l'empire, deux arrêts des cours de Bordeaux et de Turin décidèrent que les lois et décrets sur le mariage des prêtres étaient abrogés par les dispositions de la loi du 18 germinal an x, qui avait érigé le concordat en loi de l'État.

» Pendant la Restauration, en 1818 et 1828, la cour royale de Paris se prononça dans le même sens.

» Enfin, après la révolution de Juillet, en 1831, au milieu de la réaction qui se manifestait alors contre les idées religieuses, un arrêt du tribunal de la Seine vint, il est vrai, contredire ce qui avait été admis jusque-là par les décisions de la justice et l'opinion du pays. Mais, le 14 janvier 1832, la cour royale de Paris annula le jugement, et le sieur Dumonteil, s'étant pourvu en cassation, fut condamné par elle le 21 février 1833.

» Ces deux arrêts, rendus après une savante discussion et de brillantes plaidoiries, mirent fin à la lutte, et il resta démontré que le concordat avait replacé les ecclésiastiques sous la règle et la discipline des anciens canons, et que l'engagement dans les ordres sacrés était un empêchement au mariage. Depuis cette époque on a osé, il est vrai, produire devant le tribunal de Bellac une action nouvelle, qui a été admise par lui en 1845 ; mais la cour d'appel de Limoges réforma cet arrêt en 1846. »

« Toutes les fois, » ajoute le rapporteur, « qu'une grande commotion politique remue profondément la société, à côté des nobles et généreuses idées se trouvent des passions mauvaises qui croient que le moment est venu de se produire. Les pétitionnaires se sont trompés d'époque : ils n'ont pas compris que la révolution de 1848 ne s'est pas accomplie sous l'empire de l'esprit irréligieux qui dominait la génération qui nous a précédés... Le clergé aime et respecte la chaîne que ses faux amis voudraient briser... Quelle mère ne tremblerait si celui qui a reçu les secrets de la conscience de sa fille pouvait, en sortant du saint tribunal, la conduire devant l'officier de l'état civil et devenir son époux !... »

« Un prêtre catholique, » disait M. de Portalis dans une lettre au préfet de Rouen, »aurait trop de moyens de séduire, s'il pouvait se promettre d'arriver au terme de sa séduction par un mariage légitime. Sous prétexte de diriger les consciences, il chercherait à gagner, à corrompre les cœurs, et à tourner à son profit particulier l'influence que son ministère ne lui donne que pour le bien de la religion [1]. »

§ 202. 6° Le vœu (professio religiosa) [2].

I. L'entrée dans un ordre religieux approuvé par le Saint-Siége produit, après la prononciation valide du vœu solennel (votum solemne, professio religiosa), en vertu d'une loi ecclésiastique positive, un empêchement dirimant [3]. Dans la Compagnie de Jésus [4], les vœux simples produisent déjà cet empêchement dirimant pour les membres de cette Compagnie, mais non pour ceux qui en ont été expulsés [5]. Sur les empêchements de mariage résultant des vœux simples, voyez § 207.

ADDITION DU TRADUCTEUR.

L'Église peut-elle dispenser d'un vœu solennel et permettre à un religieux profès de se marier, quand de fortes raisons semblent l'exiger?

Saint Thomas a varié sur cette question; il paraît à plusieurs qu'il a pris son parti et qu'il a décidé [6] que l'Église ne peut dispenser en ce point. Saint Antonin [7], Cajetan et plusieurs de l'école même des thomistes ont adopté le sentiment contraire; Sylvius, quoique attaché à l'opinion de saint Thomas, admet le sentiment contraire comme probable.

Il est sûr, en effet, que plusieurs souverains-pontifes ont accordé de ces sortes de dispenses. Lessius [8] en cite trois exemples. Le prince Casimir, dit Thomassin [9], s'étant fait moine à Cluny et ayant reçu le diaconat,

---

[1] *Rapport de M. Grelier-Dufougeroux* (1849) *sur le célibat du prêtre*.

[2] Pour les détails historiques, voy. Thomassin, *Vetus et nova Eccl. disc.*, part. I, lib. III, cap. XLII-XLVIII; Schulte, *Handbuch des Eherechtes*, p. 246; Feye, *loc. cit.*, cap. XXI, p. 386.

[3] Cap. un., in VI°, de voto et voti redemptione, III, 15; Conc. Trid., sess. XXIV, de sacram. matrim., cap. IX. La constitution *Apostolicæ Sedis* de 1869 maintient la loi selon laquelle les religieux et les religieuses qui osent contracter mariage après avoir fait le vœu solennel de chasteté, encourent une excommunication *latæ sententiæ* dont l'absolution est réservée au supérieur diocésain.

[4] Gregorii XIII const. *Quanto fructuosius*, année 1582, et *Ascendente Domino*, année 1584.

[5] Cf. Bened. XIV, *De synodo diœc.*, lib. XIII, cap. XI, n. 29.

[6] S. Thomas, in IV, dist. XXXVIII, q. I, art. 4, et II II, q. LXXXVIII, art. 11.

[7] Cajetan., *ibid.*; S. Antonin, part. III, tit. XL, cap. I, § 10.

[8] Lessius, q. LXXXVIII, *De voto*, art. 12, et lib. II *De voto*, c. XL, dub. 19.

[9] Thomassin, t. II, part. II, lib. III, cap. XXVII, n. 3.

les Polonais ne laissèrent pas de l'élire pour leur roi, comme le plus proche héritier de cette illustre couronne. Leurs ambassadeurs, qui étaient venus le redemander à l'abbé de Cluny, reçurent de lui cette réponse, qu'il n'était pas en son pouvoir d'émanciper un religieux et un diacre, qu'ils devaient s'adresser au pape. Le pape donna la dispense, permit à Casimir de prendre le sceptre et de se marier. « Casimirum illis precario regem donat, uxorem illi ducere et filios procreare permittit, » dit l'historien de Pologne.

L'Église peut dispenser de ce qui est de droit purement ecclésiastique : or telle est, selon le plus grand nombre des théologiens, la solennité du vœu. Boniface VIII l'a expressément défini [1], et Grégoire XIII l'a répété dans sa bulle pour les premiers vœux des jésuites.

Enfin le vœu solennel n'a pas *ex natura rei* plus de force de nos jours qu'il n'en avait dans les premiers siècles de l'Église : or de très habiles docteurs soutiennent [2] qu'il n'était pas alors un empêchement dirimant du mariage.

La fameuse décrétale XII, *Cum ad monasterium*, d'Innocent III, sur laquelle s'appuient les partisans de l'opinion contraire, prouve bien qu'un moine, tant qu'il reste moine, ne peut être dispensé de la pauvreté ni de la continence : ce serait être à la fois moine et ne l'être pas; mais elle ne prouve point tellement que son état soit invariable, que pour de pressantes raisons on ne puisse l'en tirer. On voit par la pratique que l'Église l'a toujours entendu ainsi.

II. L'empêchement du vœu religieux n'est pas admis par les lois civiles prussienne, allemande et suisse; il l'est au contraire par le Code civil autrichien [3].

§ 203. 7° Empêchement du lien matrimonial (impedimentum ligaminis) [4].

I. Il y a empêchement de droit public non susceptible de dispense quand les deux parties ou l'une d'elles, au moment où

---

[1] Voti solemnitas ex sola constitutione Ecclesiæ est inventa. (Cap. un., de voto, in VI°.)

[2] Vid. Thomass., part. II, lib. II, cap. XI; Tournely, *De matrim.*, etc.

[3] *Allgem. G.-B.*, § 63. En 1876, la chambre des députés adopta un projet de loi portant que l'empêchement de la profession religieuse cesserait par la sortie de l'ordre. — Voyez, sur les développements du rapporteur, le docteur Weeber, Laurin, Dr *Weeber und canonisches Recht*, Vienne, 1876 (*Archives*, t. XXXVI, p. 123).

[4] X, IV, de sponsa duorum; Œsterr. Anweis., § 36; Frenzel, *De indissolubilitate matrimonii commentar.*, Paderb., 1863; Wanner, *Das Ehehinderniss des Ehebandes im kirchlichen und rœmischen Rechte bis auf Justinian* (*Archives*, t. XXXI, p. 396). — Œsterr. Ab. G., § 62; *deutsches Rechscivil-Ehegesetz*, § 34.

elles déclarent leur consentement (alors même qu'elles seraient séparées par le tribunal civil), se trouvent liées à une autre personne par un mariage valide[1]. Lorsque, après une déclaration de mort, la partie survivante a obtenu la permission de contracter un nouveau mariage[2], ce mariage est nul s'il arrive que le premier époux soit encore en vie; cependant les enfants nés de ce second mariage (mariage putatif) sont légitimes.

D'après le droit ecclésiastique « évangélique, » et aussi d'après la loi civile, le nouveau mariage serait valide si la dissolution du premier avait été prononcée pour cause d'abandon coupable[3].

II. Le mariage des infidèles (juifs et païens) est aussi généralement indissoluble[4], quand même il aurait contre lui un empêchement fondé sur la loi ecclésiastique positive[5]. Ce mariage demeure également valide après que les deux parties ou une seule des deux se sont fait baptiser. Cependant si un seul des conjoints s'était converti, il pourrait, même du vivant de l'autre, contracter un nouveau mariage dans les conditions suivantes :

1° Quand l'époux infidèle refuse de continuer le mariage avec le conjoint devenu chrétien[6], ou du moins qu'il ne promet pas de lui laisser pratiquer la foi chrétienne ou de ne pas l'induire au péché mortel, *absque contumelia Creatoris vel ut alium pertrahat ad mortale peccatum*[7];

2° Quand l'époux infidèle a été interrogé à cet égard, *interpellatio conjugis infidelis*[8]. Cependant le pape peut en dispenser en cas de nécessité : par exemple, quand la partie infidèle a été vendue en esclavage dans une lointaine contrée à un maître inconnu.

Toutefois le premier mariage du conjoint devenu chrétien n'est dissous que par la conclusion d'un nouveau. Il est indiffé-

---

[1] Alex. III, c. III, h. t., IV, 4. Voy. C. Schmidt (*Arch.*, t. XXVIII, p. 123).
— [2] Dworzak (*Archives*, t. XII, p. 37; t. XIII, p. 214, 223); Schœnhaus (*Archives*, t. XXVII, p. 114). — [3] Voyez ci-dessous, § 214. — [4] XXXVIII, q. 1 et 2. — [5] Voyez ci-dessus, § 189, p. 643.
[6] I Cor. VII, 12-15. — Sur ce *casus Apostoli*, voyez Feye, *De impedim. et disp. matr.*, ed. 2, c. XX, p. 339.
[7] C. VII, VIII, X, de divort., IV, 19.
[8] Læmmer, *Die interpellatio conjugis infidelis und die pæpstliche Dispens von derselben.* (*Archives*, t. XI, p. 245-251.)

rent que le précédent mariage ait été ou n'ait pas été consommé.

III. En Autriche, la loi civile maintient pour les catholiques l'empêchement de mariage résultant d'un lien déjà existant, de sorte que dans les mariages mixtes la partie non catholique est soumise à cette loi. Cet empêchement s'appelle « empêchement de mariage du catholicisme[1]. »

§ 204. 8° Adultère qualifié ou meurtre de l'époux (Impedimentum criminis)[2].

I. Dans l'ancien droit canonique, l'adultère ne pouvait point contracter de nouveau mariage, parce qu'il était condamné à la pénitence perpétuelle[3]. Selon le droit nouveau[4], l'adultère forme un empêchement public dirimant entre l'époux adultère et ses complices, quand l'adultère est accompagné d'une promesse de mariage en cas de mort de l'époux innocent, ou que les coupables ont déjà essayé, du vivant de l'autre partie, de

---

[1] Cet empêchement est fondé sur la fin du § 111 du Code civil général, ainsi conçue : « Le lien du mariage est également indissoluble quand même une seule des parties appartenait à la religion catholique au moment où le mariage a été conclu. »
Il se fonde aussi sur la fin du § 116 du même Code, où il est dit que la loi permet à l'époux non catholique (par les motifs indiqués § 115 de la loi) de demander la séparation, bien que l'autre partie soit déjà passée au catholicisme. Ainsi l'époux non catholique, quand l'autre partie était déjà catholique lors de la conclusion du mariage, ne peut faire usage du droit qui lui est accordé par le § 115 de la loi.
Cet empêchement repose aussi sur des décrets impériaux du 26 août 1814, J.-G. S., n. 1099, et du 17 juillet 1835, J.-G. S., n. 61, portant que lorsque des mariages entre personnes non catholiques, mais chrétiennes, doivent être dissous, la partie non catholique séparée ne peut pas se remarier avec un catholique, mais avec un non catholique. Ainsi un catholique ne peut jamais épouser une non catholique séparée d'un premier époux encore vivant. Voyez tome Ier, p. 374. — En 1876, la chambre des députés a décrété la suppression de « l'empêchement du catholicisme. »

[2] x, IV, 7, de eo qui duxit in matrimonium quam polluit per adulterium ; Bened. XIV const. Redditæ nobis, année 1744 ; Uihlein, Ueber das Verbrechen des Ehebruches in Beziehung auf die Eingehung einer Ehe, dans Weiss, Archives, t. V, p. 249 ; München, Ueber Verbrechen als Ehehinderniss (Bonner, Zeitschrift für Philosophie und kathol. Theologie, année 1842, p. 91, 387) ; L. Schultz (diss. inaug.), De adulterio matrimonii impedimento, Berol., 1857 ; Feye, loc. cit., ed. 2, cap. XIX, p. 313.

[3] C. IV, C. 32, q. 4 ; c. XXII, C. 32, q. 7 ; c. VIII, C. 33, q. 2.

[4] Cf. Dictum Gratiani, ad can. III, C. 31, q. 1 ; c. II-VI, X, h. t., IV, 7 ; Œsterr. Anweis., § 36.

conclure un mariage de fait, ou enfin quand l'adultère a été accompagné du meurtre ou d'une tentative de meurtre (*machinatio mortis*) sur l'autre époux, de la part d'une des parties adultères, au su ou à l'insu de l'autre.

Du reste, le meurtre de l'un des époux forme déjà à lui seul un empêchement de mariage, quand les deux parties ont concouru à l'attentat, ou du moins que l'une d'elles a commis le meurtre dans l'intention d'épouser l'autre. Quand il y a coïncidence entre l'adultère et le meurtre, et qu'ils sont publiquement connus, la dispense n'est jamais accordée; elle ne l'est que rarement et pour de graves raisons quand il y a crime secret joint au meurtre.

ADDITION DU TRADUCTEUR.

Ainsi un adultère [1] ne peut épouser en deux cas celle avec qui il a péché : 1° quand il lui a promis de se marier avec elle après la mort de sa légitime épouse; 2° ni, à plus forte raison, quand il a osé l'épouser et qu'il a consommé avec elle ce prétendu mariage, du vivant de sa première femme. La première partie de cette règle est d'Innocent III [2]; elle modère la rigueur de l'ancien droit canonique [3], qui ne voulait pas que deux adultères pussent jamais s'épouser. La seconde est de Clément III [4] : c'est comme une suite de la première.

Il suit de la première partie de cette règle que ni le seul adultère sans promesse de mariage, ni la seule promesse de mariage sans adultère ne forment un empêchement dirimant. Il y a plus : toute promesse jointe à l'adultère, et tout adultère joint à une promesse de mariage ne suffisent pas pour introduire cet empêchement.

Car 1° la promesse doit être acceptée; le silence seul ne serait pas une preuve suffisante d'acceptation, au jugement de plusieurs théolo-

---

[1] On ne regarde ici comme adultère que celui dont le mariage était valide; mais il n'est pas nécessaire que ce mariage ait été consommé, ni moins encore que les parties n'aient point été séparées *quoad thorum*. (Sanchez, lib. VII, disp. LXXIX, in fine.)

[2] Respondemus quod, nisi alter eorum *adulterorum* in mortem uxoris defunctæ fuerit machinatus, vel ea vivente sibi fidem dederit de matrimonio contrahendo, legitimum judices matrimonium. (Innoc. III, cap. v, de eo qui duxit in matrimonium quam polluit per adulterium, lib. IV, tit. vii.)

[3] Voyez le canon li du concile de Tribur, maison royale auprès de Mayence; on y lit ces paroles : «Nolumus, nec christianæ religioni convenit, ut ullus ducat in conjugium quam prius polluit per adulterium.» (Apud Gratian, can. iii, xxxi, q. 1. Le nouveau droit est conforme à saint Augustin, lib. I *De nupt. et concup.*, cap. x.)

[4] Clément III, cap. iv, et alibi passim., eod. tit.

giens; 2° il faut que l'acceptation de cette promesse n'ait pas été révoquée avant l'exécution du crime, sinon elle serait comme non avenue. 3° l'adultère auquel est jointe la promesse, doit être formel, c'est-à-dire connu de part et d'autre. Si Titius, sous promesse de mariage, corrompait une fille qui le croyait libre, il pourrait l'épouser après la mort de sa femme; il le pourrait même, s'il l'avait épousée du vivant de sa femme, pourvu que cette fille ignorât son mariage, à moins que cette ignorance ne fût crasse, car cette espèce d'ignorance n'excuse ni du péché ni des peines qui y sont attachées. 4° il faut que l'adultère ait été consommé, « et ad hoc sufficit in præsenti casu sola feminæ vasis penetratio, citra seminis effusionem, ex communiori et tutiori doctorum sententia. Alioquin enim lex facile, et quidem per novum scelus eluderetur. Nec nocet quod penetratio sola non inducit affinitatem, quia in his quæ ex usu pendent, non valent argumentum a pari. »

Pourquoi n'est-il pas nécessaire que l'adultère ait été consommé? 1° Parce qu'un tel homme est tenu pour adultère; 2° parce qu'un homme éviterait l'empêchement à proportion qu'il serait plus scélérat; 3° parce que c'est le sentiment des meilleurs canonistes et des plus habiles théologiens. « Nec obstat, » dit Anac. Reiffenstuel [4], « quod ad contrahendam affinitatem requiratur ut saltem vir seminet. Quia impedimentum affinitatis inductum est principaliter ob unitatem carnis; quæ non nisi ex perfecta copula ad generationem sufficiente causatur, ac propterea etiam absque omni delicto contrahitur. Secus est de impedimento criminis, quod præcise in odium et pœnam delicti et ad illud evitandum ab Ecclesia est institutum; quod delictum longe majus ac etiam frequentius est, si penetrato jam vase seminatur extra vas, vel saltem haud minus, si omnino non seminat vir : consequenter a pœna immerito eximitur.

» Illud *tamen* verum est, » continue ce savant interprète, « quod si vir solos lascivos actus exerceat et absque immissione virilium in muliebria solam pollutionem committat extra vas, impedimentum non consurgat, quia in hoc casu proprium ac perfectum adulterium non est. »

Pour opérer la nullité du mariage, il n'est pas nécessaire que la

---

[1] Quia præfata mulier erat inscia quod ille aliam haberet uxorem, non sunt aliquatenus separandi. (Alexander III, cap. I, eod. tit.)

[2] Sanchez, lib. VII, d. LXXIX, n. 38, est d'un autre sentiment; mais il avoue que le gros des théologiens ne pense pas comme lui.

[3] A plus forte raison si ceux qui tombent dans ce crime doutent qu'ils soient libres : si un mari, par exemple, doute que Titia, sa femme, soit morte, et que celle avec qui il pèche en doute aussi, l'empêchement a lieu en cas que Titia vécût encore.

[4] Reiffenst., t. IV, in tit. lvii, lib. IV Decret., n° 13 et 14.

promesse jointe au crime soit sincère, ni qu'elle soit pure et absolue [1], ni qu'elle soit honnête et possible : car l'empêchement dont il s'agit ne dépend pas de la valeur de cette promesse, qui est essentiellement nulle ; une promesse feinte, quand elle paraît extérieurement vraie, est très-propre à porter au crime, et c'est ce que l'Église s'est proposé de détourner. Du reste, il n'importe que la promesse précède ou suive l'adultère, pourvu que l'un et l'autre se fassent pendant le même mariage. Si la promesse se faisait du vivant d'une première femme et que l'adultère se commit du vivant d'une autre, on ne pense pas que de ces deux actions il résultât un tout capable d'annuler le mariage qu'on contracterait dans la suite avec la personne complice de l'adultère [2]. Au moins ce point est douteux, et il suffirait en ce cas de recourir à l'évêque.

La promesse que se font deux personnes de s'épouser après la mort de ceux à qui Dieu les a joints, est criminelle et nulle, quand même elle serait confirmée par serment et séparée de toute vue d'adultère.

L'adultère et l'homicide, séparés ou réunis, ne forment un empêchement dirimant que sous certaines conditions :

1° Il faut que l'homicide soit consommé. Il ne suffit pas d'avoir attenté à la vie de la personne dont on voulait se défaire, ni de l'avoir blessée ; si la plaie n'était pas mortelle et qu'une personne ne fût morte que par sa faute, ou par celle du chirurgien qui l'a traitée, il n'y aurait point alors d'empêchement dirimant. C'est la décision de saint Thomas, de Sanchez [3], etc. La raison en est qu'en matière de lois pénales, les termes des canons se prennent à la rigueur ; on ne doit leur faire dire que ce qu'ils disent.

2° Il faut que le meurtre ait été commis sur le mari ou sur la femme d'une des deux personnes qui veulent se marier ensemble. S'ils avaient tué un parent qui s'opposait à leur dessein, ce crime n'annulerait pas le mariage dont il serait suivi.

3° Quand le meurtre est séparé de l'adultère, il faut que les deux parties y aient trempé par une action physique ou morale, c'est-à-dire en l'exécutant elles-mêmes, ou en le commandant à d'autres, ou en y consentant avant qu'il fût commis, parce que la ratification d'une des

---

[1] Cette décision est de Navarre, de Pontas, *hic* cas 5, et de Sanchez, lib. VII, disp. LXXIX, n. 22. Ce dernier remarque cependant que si la condition sous laquelle un homme aurait promis d'épouser celle qu'il voulait corrompre, venait à manquer avant qu'il péchât avec elle, cette promesse, ne subsistant plus, n'opérerait pas l'empêchement du crime, parce qu'elle n'influerait plus sur l'adultère dont elle serait suivie.

[2] C'est le sentiment de Panorme, de Basile Ponce, liv. VII, ch. XLV, n. 2, etc.

[3] Vid. Sanchez, lib. VII, disp. LXXVIII, num. 7.

parties qui approuverait l'homicide commis par l'autre à son insu, ne suffirait pas. Il en serait de même d'un commandement qui aurait été révoqué.

4° Mais il n'est pas nécessaire que les deux complices du meurtre, même séparé de l'adultère, aient eu tous deux dessein de s'épouser; il suffit qu'un d'eux ait eu cette intention. Quelques-uns prétendent que cette intention doit être manifestée et agréée de l'autre complice. Sanchez le nie, et son sentiment est plus sûr et plus probable.

L'auteur de la *Conduite des confesseurs* paraît porté à croire que l'homicide simple, concerté sans vue de mariage, produirait l'empêchement du crime. Nous croyons que, lors même que le meurtre est joint à l'adultère, il faut que celui qui a commis ou procuré l'homicide à l'insu de l'autre ait eu intention d'épouser celle avec qui il a péché. Sanchez cite pour ce sentiment vingt-deux jurisconsultes et trente-deux théologiens, à la tête desquels sont saint Thomas, saint Bonaventure et saint Antonin. Ceux qui ont pensé autrement n'ont pas assez considéré que l'Église n'a introduit l'empêchement du crime que pour ôter à un homme qui aime une autre femme que la sienne toute espérance de l'épouser.

Sanchez[1] prétend même qu'un mari qui a fait mourir son épouse dans le dessein d'en reprendre une autre, mais sans en déterminer aucune, pourrait épouser celle avec qui il aurait péché du vivant de sa femme. Quoi qu'il en soit de cette opinion, Sanchez reconnaît au même endroit que si un homme avait commis l'adultère avec plusieurs femmes, et qu'en tuant son épouse il eût l'intention de se marier avec une d'elles, il ne pourrait en épouser aucune validement, quand même dans le temps de l'homicide il n'en eût fixé aucune en particulier, parce qu'alors il serait vrai de dire que cet homme n'a tué sa femme que dans le dessein de contracter mariage avec une personne qu'il a rendue complice d'adultère.

Ce même théologien[2] remarque : 1° qu'on ne doit pas permettre, dans le for extérieur, à un homme qui a assassiné sa femme d'épouser une personne avec laquelle il a eu un mauvais commerce, quelque protestation qu'il fasse qu'il n'avait pas celle-ci en vue;

2° Dans le cas d'un adultère joint à l'homicide, il n'est ni nécessaire que cet homicide ait été fait de concert, ni que celui qui l'a commis ait fait connaître à l'autre l'intention qu'il avait de l'épouser;

3° Une femme qui se serait défaite de ses deux premiers maris, serait obligée d'exposer ce double crime à la Pénitencerie, si elle voulait en épouser un troisième.

Titius, pour épouser Berthe, donne du poison à sa femme; après la

---

[1] Sanchez, lib. VII, disp. LXXVIII, n. 18. — [2] *Ibid.*, n. 19.

mort de cette femme, Berthe pèche avec Titius : peuvent-ils se marier ensemble ?

Il faut distinguer. Si Berthe a concouru au meurtre de la femme de Titius, elle ne peut l'épouser, parce que l'homicide concerté par deux personnes dont une au moins se propose d'épouser l'autre, opère, indépendamment de tout adultère, la nullité du mariage dont il est suivi. Mais si Berthe n'a rien su de cet homicide, elle peut épouser Titius ; elle le pourrait encore quand il y aurait eu entre eux promesse de mariage, parce qu'aucun texte du droit ne décide que l'homicide commis par un seul et séparé de l'adultère rende le mariage nul, quand il est intervenu une promesse de le contracter. D'où il suit, à plus forte raison, qu'un soldat qui, à l'insu d'une femme qu'il aime, tue son mari pour l'épouser, peut l'épouser sans dispense, quand il n'a point péché avec elle, qu'il n'en est pas venu jusqu'à l'adultère, car des libertés indécentes ne suffiraient pas pour former l'empêchement du crime.

Les canonistes font sur cette matière deux réflexions. La première, que, pour encourir l'empêchement de l'homicide, il n'est pas nécessaire que les deux complices soient fidèles, il suffit qu'un seul le soit. C'est pourquoi Clément III [1] décida que des femmes chrétiennes n'auraient pu épouser des Sarrasins qui, à la sollicitation de ces mêmes femmes, avaient tué leurs maris et s'étaient convertis depuis [2]. Il est vrai que l'Église ne peut rien commander aux infidèles, et que par conséquent le mariage de deux personnes qui n'auraient point été baptisées [3] serait valide en pareil cas ; mais il est vrai aussi que l'Église peut défendre quelque chose à ses enfants relativement aux infidèles, et cela suffit pour justifier la loi.

La seconde réflexion, c'est qu'on tombe dans l'empêchement du crime, quand même on ignore qu'il est établi par l'Église. Pour subir la peine décernée contre un crime, il suffit, régulièrement, de l'avoir commis. Cette règle a ses exceptions ; mais on ne peut prouver qu'elles aient lieu dans le cas présent, ni dans aucun empêchement de mariage. On peut sur ce point lire utilement Sanchez, lib. III, disp. LXXVIII, n. 3.

L'empêchement du crime n'est ni de droit naturel ni de droit divin. David épousa Bethsabée, dont il avait fait périr le mari par le glaive des enfants d'Ammon. L'Église, qui l'a établi, peut en dispenser.

---

[1] Cap. I, de convers. infidel.

[2] Et cela serait vrai quand une femme fidèle n'aurait eu d'autre vue dans son crime que de convertir un païen. (Sanchez, l. VII, disp. LXXVIII, n. 3.)

[3] Si un infidèle avait tué sa femme avant d'être baptisé, et qu'après son baptême il eût commis l'adultère avec sa complice, il pourrait encore l'épouser, selon Basile Ponce, liv. VII, ch. XLV, n. 6.

II. Les anciens règlements ecclésiastiques protestants[1] acceptaient tacitement les prescriptions du droit canonique. Le plus souvent, dans la pratique comme dans la législation, l'adultère n'était considéré comme un empêchement de mariage que lorsque le premier mariage n'avait été dissous qu'en vue d'un autre mariage; on permettait le second mariage au couple adultère avec le consentement du consistoire. Le droit prussien traitait l'adultère, lorsqu'il était accompagné d'embûches contre la vie de l'époux innocent, comme un empêchement de mariage, quand même la mort était venue séparer les époux.

La dispense de cet empêchement a été interdite aux consistoires[2] par un ordre du cabinet en date du 18 juin 1857; elle est depuis réservée au souverain[3].

Le droit civil allemand[4] défend le mariage entre un conjoint séparé pour cause d'adultère et son complice, mais il déclare expressément qu'il peut y avoir lieu à dispense.

La loi suisse sur le mariage civil ne défend pas le mariage entre deux personnes qui ont commis ensemble un adultère, quand même l'adultère est juridiquement constaté[5].

En Autriche[6], l'adultère forme un empêchement public dirimant[7] entre les deux coupables, quand il a été constaté par jugement du tribunal criminel[8]. Lorsque deux personnes, sans avoir commis d'adultère, promettent de s'épouser, et que, pour

---

[1] Gœschen, *Doctrina de matrimonio*, p. 36; Hermann, *Ueber den Ehebruch als Ehehinderniss besonders nach protest. Kirchenrecht* (*Jahrbücher für deutsche Theologie*, t. V (1860), p. 254); Richter, *Lehrbuch*, § 278, n. II.

[2] *Actenstücke des evang. Oberkirchenrathes*, t. II, p. 218.

[3] Un arrêté royal du 16 avril 1873 porte que cette dispense réservée au souverain sera donnée désormais par le ministre de la justice.

[4] *Deutsches Reichsgesetz* du 6 février 1865, § 33, n. V.

[5] Un projet de loi sur le mariage civil en Suisse, art. 26, n. 3, demandait que l'empêchement de mariage fût maintenu dans ce cas.

[6] *A. B. G.*, § 67.

[7] L'*Instruction autrichienne* avait rétabli la prescription du droit canon relative à l'empêchement dirimant de l'adultère; mais la loi du 8 octobre 1856 sur les mariages des catholiques (voyez le § 89 de l'instruction) fit de l'empêchement civil du mariage entre deux personnes dont l'adultère avait été juridiquement constaté, une simple défense pour les catholiques (*impedimentum impediens*). Tandis que le § 67 de la loi générale était remis en vigueur en 1868, l'Église s'en tenait aux prescriptions du droit canonique ou de l'*Instruction*.

[8] La preuve de l'adultère par un aveu ou par sentence juridique est insuffisante. (Ordonnance ministérielle des 8 et 30 mai 1859, *Archives*, t. XI, p. 438.)

atteindre ce but, une seule d'entre elles a attenté à la vie de l'époux qui faisait obstacle, elles ne peuvent, d'après le droit civil autrichien[1], contracter mariage, quand même le meurtre n'a pas été accompli.

ADDITION DU TRADUCTEUR.

Dans le Code français, l'adultère figure parmi les causes qui motivent la séparation de corps[2]. Lorsque la séparation a lieu pour cause d'adultère de la femme, celle-ci doit être condamnée à un emprisonnement de trois mois à deux ans. La condamnation de l'adultère peut être poursuivie, par action principale devant les tribunaux criminels, par l'époux outragé, ou par le ministère public, mais seulement sur la plainte de cet époux[3].

§ 205. 8. **La différence de religion (cultus disparitas).**

I. En vertu d'une coutume universelle, reconnue par les protestants eux-mêmes, il y a empêchement dirimant entre un chrétien et un infidèle[4]. Le pape en dispense rarement, sauf dans les pays où l'on travaille à la conversion des païens[5].

II. De nos jours, la loi civile a supprimé cet empêchement dans l'Oldenbourg, à Bade, à Weimar, à Meiningen, dans la Hesse-Hambourg, dans le Brunschwig, à Hambourg, à Anhalt et dans le royaume de Saxe[6]. Les Prussiens et les Suisses l'ignorent. En Autriche, on peut l'éluder en déclarant qu'on n'appartient à aucune confession.

§ 206. **Les empêchements purement prohibitifs.**
1. Les confessions mixtes[7].

Les mariages entre chrétiens de confessions différentes sont valides quand il n'y a pas d'autre empêchement, mais l'Église

---

[1] *OEsterr. A. B. G.*, § 68. Voyez *Anweis.*, § 37. — [2] Code civil, art. 229, 230, 306. — [3] Code pénal, art. 336, 359.
[4] Cf. Bened. XIV, const. *Singulari nobis*, du 9 février 1749 (dans l'édition du *Concile de Trente* de Richter, p. 550).
[5] Voyez dans les *Archives*, t. VII, p. 278, un cas de dispense papale dans l'île danoise de Saint-Thomas. Voyez aussi Kutschker, *Eherecht*, t. I, p. 578.
[6] Voyez Richter, *Lehrbuch*, § 279, note 5, p. 952.
[7] Roskovany, *De matrimoniis mixtis inter catholicos et protestantes*, 3 vol., Quinque Eccl., 1842-1851 (avec indication complète des auteurs et

les désapprouve. La raison pour laquelle l'Église les rejette, c'est, d'après le *schema* d'une constitution du concile du Vatican, parce qu'ils répugnent aux trois biens du mariage[1]. (Voyez ci-dessus, § 184.)

L'Église ne permet les mariages mixtes que lorsque le pape, ou l'évêque autorisé par le pape, dispense de cet empêchement.

Les conditions requises pour obtenir dispense sont :

1° Que la partie non catholique promette par serment qu'elle n'empêchera pas la partie catholique de remplir ses devoirs religieux ;

2° Qu'elle promette par écrit et avec serment que tous les enfants seront élevés selon les maximes de l'Église catholique ;

3° Que la partie catholique promette de faire son possible pour convaincre son conjoint de la vérité de la religion catholique.

Quand même la dispense a été donnée sous ces conditions, le droit commun ne veut pas que le mariage soit conclu avec les bénédictions de l'Église, ni dans le « lieu saint ; » il doit l'être, avec l'assistance passive du curé catholique, au presbytère, à la sacristie, dans la demeure des époux, etc.

En 1853, l'évêque de Trèves voulut rétablir cette discipline sévère dans son diocèse, après avoir obtenu de Rome une réponse négative à cette question : « Le Saint-Siège approuve-t-il une pratique moins sévère ? » Mais un ordre du cabinet prussien, en date du 7 juin 1853[2], défendit aux officiers de l'armée, sous peine de licenciement, de garantir par serment que leurs enfants seraient élevés selon les principes catholiques, et il s'opposa à ce que les mariages mixtes fussent célébrés dans un

---

réimpression des décrets pontificaux); Dœllinger, *Ueber gemischte Ehen*, Ratisbonne, 1839 ; Kutschker, *Die gemischten Ehen*, 3e édition, Vienne, 1842 ; Kunstmann, *Die gemischten Ehen unter den christlichen Confessionen Deutschlands geschichtlich dargestellt*, Ratisbonne, 1839 ; v. Linde, *Ueber Abschliessung der Ehe und über gemischts Ehen*, Giessen, 1846 ; le même, *Ueber religiœse Kindererziehung in gemischten Ehen*, Giessen, 1846 ; Reinerding, *Die Principien des kirchlichen Rechtes in Ansehung der Mischehen*, Paderborn, 1853 ; Schulte, *Ueber gemischte Ehen vom Standpunkte der Paritæt*, Prague, 1862 (Vering, *Archives*, t. VIII, p. 475) ; Aich, *Archives*, t. XIV, p. 321 ; Feye, *loc. cit.*, c. XXVI, p. 433. Voyez dans Martin les propositions faites au concile du Vatican sur les mariages mixtes, *Collect.*, p. 203, 2e éd., et *Die Arbeiten des Vaticanischen Concils*, p. 66.

[1] Voyez Martin, *Arbeiten des Vaticanischen Concils*, p. 66.

[2] *Archives*, t. IX, p. 331.

« lieu non sacré. » Cependant cet ordre du cabinet ne défend point aux officiers protestants de promettre d'élever leurs enfants dans la religion catholique.

En Allemagne et en Autriche (la Hongrie exceptée)[1], on se contente, dans la plupart des diocèses, d'une simple promesse par écrit, quoique non confirmée par serment, que les enfants recevront une éducation catholique; la dispense obtenue, la bénédiction est donnée comme pour un mariage catholique. Une lettre circulaire du Saint-Siége, du 15 novembre 1858, adressée à tous les évêques[2], leur recommande d'observer la discipline de l'Église en ce qui concerne les mariages mixtes; elle ne leur permet d'user de tempéraments que lorsque de plus grands maux seraient à craindre. Le mariage devant le ministre protestant, avant ou après la conclusion du mariage catholique, est défendu aux catholiques[3]; l'Église ne l'autorise que comme un acte purement politique, lorsqu'il est nécessaire pour que la validité civile du mariage soit reconnue[4].

ADDITION DU TRADUCTEUR.

Les catholiques peuvent-ils assister comme témoins requis aux mariages mixtes qui se célèbrent devant les ministres du culte dissident?

Nous ferons ici la distinction de la Sacrée Congrégation : ou ces ministres sont présents à ces mariages comme de purs officiers civils, et alors les catholiques peuvent y assister comme témoins; ou bien ces ministres ont la prétention d'agir comme hommes revêtus d'un caractère sacré, et dans ce cas les catholiques ne peuvent y figurer comme témoins.

Les parents et amis ne peuvent pas non plus assister à un mariage religieux qui se ferait devant un ministre protestant. Ce serait communiquer *in divinis* avec les hérétiques, ce qui est toujours défendu aux catholiques : « Non idcirco, » dit Benoît XIV, « tamen arbitrari debent catholici fas sibi esse, indistincte cum hæreticis, quamvis non denuntiatis, in rebus sacris et divinis communicare; si quidem Pau-

---

[1] Voyez tome Ier, p. 411.

[2] Reproduite dans les *Acta sanctæ Sedis*, t. VI, p. 456; *Archives*, t. XIV, p. 331.

[3] Voyez l'instruction pontificale du 17 février 1865 aux évêques du Hanovre, *Archives*, t. XV, p. 532.

[4] Voyez la lettre du cardinal secrétaire d'État Antonelli, *Archives*, t. XV, p. 332, et une ordonnance semblable du cardinal archevêque de Prague, 15 janvier 1869. Voyez aussi Phillips, *Compend. jur. eccl.*, ed. 3, § 274, note 46, i. f.

lus V... neutiquam licere definivit catholicis regni Angliæ hæreticorum templa adire, ritibusque interesse, quos inibi exercent [1]. »

Voici le texte de l'instruction de Pie IX aux évêques catholiques sur les mariages mixtes :

« *Instructio ad omnes archiepiscopos, episcopos aliosque locorum ordinarios, de dispensationibus super impedimento mixtæ religionis quoad promiscua conjugia.*

» Etsi sanctissimus dominus noster Pius IX, pontifex maximus, gravissimis causis impulsus, aliquod immutandum esse censuerit in formula dispensationum quæ ab hac apostolica Sede conceduntur ad mixta ineunda matrimonia, veluti Amplitudo Tua ex adjecta formula intelliget, tamen idem summus pontifex, de universi gregis salute sibi divinitus commissa vel maxime sollicitus, pro apostolici ministerii sui munere non potest non summopere inculcare omnibus archiepiscopis, episcopis aliisque locorum ordinariis, ut sanctissima catholicæ Ecclesiæ de hisce conjugiis documenta integra et inviolata religiosissime serventur. Omnes enim norunt quid ipsa catholica Ecclesia de hujusmodi catholicos inter et acatholicos nuptiis constanter senserit, cum illas semper improbaverit, ac tanquam illicitas, planeque perniciosas habuerit, tum ob flagitiosam in divinis communionem, tum ob impendens catholico conjugi perversionis periculum, tum ob pravam sobolis institutionem. Atque huc omnino pertinent antiquissimi canones ipsa mixta connubia severe interdicentes, ac recentiores summorum pontificum sanctiones, de quibus immortalis memoriæ Benedictus XIV loquitur in suis encyclicis litteris ad Poloniæ regni episcopos, atque in celeberrimo opere quod *De synodo diœcesana* inscribitur. Hinc porro evenit, ut hæc apostolica Sedes, ad quam unice spectat potestas dispensandi super hujusmodi mixtæ religionis impedimento, si de canonum severitate aliquid remittens, mixta hæc conjugia quandoque permiserit, id gravibus duntaxat de causis ægre admodum fecit et nonnisi sub expressa semper conditione de promittendis necessariis, opportunisque cautionibus, ut scilicet non solum catholicus ipse conjux ab acatholico perverti non posset, quinimo catholicus ipse conjux teneri se sciret ad acatholicum pro viribus ab errore retrahendum, verum etiam ut universa utriusque sexus proles ex mixtis hisce matrimoniis procreanda in sanctitate catholicæ religionis educari omnino deberet. Quæ quidem cautiones remitti, seu dispensari nunquam possunt, cum in ipsa naturali ac divina lege fundentur, quam Ecclesia, et hæc sancta Sedes sartam tectamque tueri omni studio contendit, et contra quam sine ullo dubio gravissime peccant, qui promiscuis hisce nuptiis

---

[1] *De syn. diœces.*, lib. VI, cap. v, n° 2.

temere contrahendis se ac prolem exinde suscipiendam perversionis periculo committunt. Insuper in tribuendis hujusmodi dispensationibus præter enunciatas cautiones, quas præmitti semper debent, et super quibus dispensari nullo modo unquam potest, adjectæ quoque fuere conditiones, ut hæc mixta conjugia extra ecclesiam, et absque parochi benedictione, ulloque alio ecclesiastico ritu celebrari debeant. Quæ quidem conditiones eo potissimum spectant, ut in catholicorum animis nunquam obliteretur memoria tum canonum, qui istiusmodi mixta matrimonia detestantur, tum constantissimi illius studii, quo sancta mater Ecclesia nunquam destitit filios suos avertere ac deterrere ab iisdem mixtis conjugiis, in eorum et futuræ prolis perniciem contrahendis.

» Jam vero quod attinet ad prædictas conditiones de his nempe mixtis nuptiis extra ecclesiam, et sine parochi benedictione, alioque sacro ritu celebrandis, cum conditiones ipsæ in plurimis similium dispensationum rescriptis clare, aperteque fuerint enunciatæ, in aliis vero permultis rescriptis haud explicite expressæ, quamvis iisdem rescriptis implicite continerentur, idcirco sanctissimus dominus noster, pro summa ac singulari sua prudentia, hanc formularum varietatem de medio tollendam existimavit, ac jussit in posterum unam eamdemque formulam esse adhibendam ab omnibus Congregationibus, per quas hæc apostolica Sedes dispensationes super hoc mixtæ religionis impedimento concedere solet.

» Itaque, rebus omnibus maturo examine perpensis, temporumque ratione habita, et iis consideratis quæ a pluribus episcopis exposita fuere, atque in consilium adhibitis nonnullis S. R. E. cardinalibus, idem sanctissimus dominus noster constituit, in harum dispensationum concessione utendam esse formulam illius rescripti, quo etiamsi conditiones prædictæ de mixtis hisce conjugiis extra ecclesiam et absque parochi benedictione, alioque ecclesiastico ritu celebrandis haud aperte declarantur, tamen implicite continentur. Ac Sanctitas Sua omnes archiepiscopos, episcopos aliosque locorum ordinarios vehementer in Domino monet, hortatur et excitat, eisque mandat ut cum ipsi in posterum hujus rescripti formula, ab hac sancta Sede obtinuerint facultatem dispensandi super impedimento mixtæ religionis, in eadem facultate exequenda nunquam desistant omni cura studioque advigilare ut sedulo quoque impleantur conditiones de mixtis hisce matrimoniis extra ecclesiam, et absque parochi benedictione, alioque ecclesiastico ritu celebrandis.

» Quod si in aliquibus locis sacrorum antistites cognoverint easdem conditiones impleri haud posse, quin graviora exinde oriantur damna ac mala, in hoc casu tantum Sanctitas Sua, ad hujusmodi majora damna ac mala vitanda, prudenti eorumdem sacrorum antistitum arbitrio committit, ut ipsi, salvis firmisque semper ac perdiligenter servatis cautionibus de perversionis periculo amovendo a conjuge catholico, de conversione a catholici conjugis ab ipso conjuge catholico pro viribus procuranda, deque universa utriusque sexus prole in sanctitate catholicæ religionis omnino educanda, judicent quando commemoratæ conditiones de contrahendis mixtis hisce nuptiis extra ecclesiam, et absque parochi benedictione impleri minime possint, et quando in promiscuis hisce conjugiis ineundis tolerari queat mos adhibendi ritum pro matrimoniis contrahendis in diœcesano rituali legitime præscriptum, exclusa tamen semper missæ celebratione, ac diligentissime perpensis omnibus rerum, locorum ac personarum adjunctis, atque onerata ipsorum antistitum conscientia super omnium circumstantiarum veritate et gravitate.

» Summopere autem exoptat Sanctitas Sua ut iidem sacrorum antistites hujusmodi indulgentiam, seu potius tolerantiam eorum arbitrio, et conscientiæ omnino commissam, majori, quo fieri potest, silentio ac secreto servent. Cum vero contingere possit ut iidem antistites nondum fuerint exequuti illa similium dispensationum rescripta, quæ ipsis ante hanc instructionem concessa fuere, idcirco ad omnes dubitationes amovendas Sanctitas Sua declarandum esse jussit eosdem antistites hanc instructionem sequi debere in commemoratis exsequendis rescriptis.

» Nihil vero dubitat sanctissimus dominus noster quin omnes sacrorum antistites, ob spectatam eorum religionem, pietatem et pastoralis muneris officium, pergant flagrantiori usque zelo catholicos sibi concreditos a mixtis hisce conjugiis avertere, eosque accurate edocere catholicæ Ecclesiæ doctrinam legesque ad eadem conjugia pertinentes, atque eidem sanctissimo domino nostro persuasissimum est, ipsos sacrorum antistites præ oculis semper habituros litteras et instructiones, quæ a suis felicis recordationis prædecessoribus, ac præsertim a Pio VI, Pio VII, Pio VIII et Gregorio XVI, de hoc gravissimo sane argumento maximique momenti negotio, ad plures catholici orbis episcopos scriptæ fuerunt.

» Hæc Amplitudini Tuæ erunt significanda jussu ipsius sanctissimi domini nostri Pii papæ IX, cui nihil potius, nihil antiquius est, quam ut catholicæ Ecclesiæ doctrina ac disciplina ubique illibata custodiatur ac servetur.

» Datum Romæ, die 15 novembris 1858.

» J. card. Antonelli[1]. »

2. *Les fiançailles*. — Nous en avons déjà traité ci-dessus, § 185.

---

[1] L'abbé Téphany, *Traité des dispenses matrimoniales*, p. 19 et suiv.

§ 207. 3. Les vœux simples.

On appelle vœux simples *(vota simplicia)* tous les vœux de chasteté qui, tout en devant être faits avec des solennités ecclésiastiques, ne sont pas prononcés lors de l'entrée définitive dans un ordre proprement dit, approuvé par le pape[1]. De ces vœux simples[2], les quatre suivants forment un empêchement prohibitif du mariage :

1° Le vœu de chasteté perpétuelle *(votum perpetuæ castitatis)*[3];

2° Le vœu d'entrer dans un ordre religieux *(votum ingrediendi religionem* ou *religionis)*;

3° Le vœu de recevoir un ordre majeur *(votum suscipiendi sacrum ordinem* ou *sacri ordinis)*;

4° Le vœu de ne se point marier *(votum non nubendi)*.

Celui qui contracte mariage après avoir fait un de ces vœux, sans avoir obtenu dispense ou fait commuer son vœu, contracte un mariage valide, mais illicite devant l'Église[4]. La dispense ou la commutation du vœu, dans les deux premiers cas, appartient au pape[5], et à l'évêque seulement en vertu de pouvoirs spéciaux accordés par le Saint-Siége; dans les deux derniers cas, elle appartient à l'évêque.

§ 208. 4. Défaut de consentement du côté des parents, des tuteurs ou de l'autorité civile.

I. Le défaut de consentement de la part des parents ou des tuteurs n'invalide point le mariage, selon le droit canonique; il

---

[1] Voyez ci-dessus, § 202, p. 683.

[2] Sur les effets des vœux simples chez les membres de la Compagnie de Jésus, voyez ci-dessus, § 202, p. 683.

[3] Le vœu de chasteté, de quelque manière qu'il se fasse, rend le mariage criminel, mais ne l'annule pas, ainsi que l'a décidé formellement le pape Célestin III : « Cum votum simplex matrimonium impediat contrahendum, non tamen dirimat jam contractum. »
Aussi l'Église, tout en défendant à ceux qui se marient malgré leur vœu de demander le devoir conjugal, les oblige à le rendre quand ils ont une fois consommé le mariage. *(Note du trad.)*

[4] C. IV, X, qui clerici vel voventes matrimonium contrahere possunt, IV, 5 : « ... Simplex votum matrimonium impedit contrahendum et non dirimit jam contractum. »

[5] Epistola encycl. Bened. XIV du 3 décembre 1749, § 42.

le rend seulement illicite. Dans une foule de législations civiles, il est annulé ou sujet à rescision[1].

II. Autrefois, dans la plupart des pays, il fallait en outre, pour contracter mariage, la permission du gouvernement ou de la commune[2], et quelquefois sous peine de nullité au point de vue civil. Dans la confédération du nord de l'Allemagne, ce

---

[1] Conc. Trid., sess. XXIV, decretum de ref. matrimonii, cap. 1; *Œsterr. Anweisung*, § 68. Voy. Moy, *Geschichte des christlichen Eherechtes*, t. I, p. 55, 156, 316; Sanchez, *loc. cit.*, lib. IV, disp. XXIII; Schulte, *Handb.*, p. 123; Kutschker, *Eherecht*, t. III, p. 595; Phillips, *Lehrbuch*, p. 1080, 1re édit.

D'après l'article 148 du Code civil, le fils ne peut se marier sans le consentement de ses parents avant l'âge de vingt-cinq ans, la fille avant l'âge de vingt et un ans accomplis; et les enfants nubiles, quand ils ont atteint cet âge, sont tenus, avant de se marier, de demander l'avis de leurs parents par un acte formel de déférence.

L'article 148 de la loi badoise contient les mêmes dispositions.

En Autriche, d'après le Code civil général, § 40, le défaut de consentement des parents forme un empêchement dirimant, tandis que, selon l'article 10 du Concordat et la loi civile sur le mariage de 1856, § 32, le mariage contracté sans le consentement du père pourrait tout au plus entraîner un préjudice de fortune.

Le § 29 de la loi civile allemande porte : « Les enfants nubiles, tant que le fils n'a pas atteint l'âge de vingt-cinq ans, et la fille l'âge de vingt-quatre ans, ont besoin, pour contracter mariage, du consentement du père; après la mort du père, du consentement de la mère, et, quand ils sont mineurs, de celui du tuteur. Le père ou la mère sont censés morts lorsqu'ils sont, d'une manière durable, hors d'état de faire une déclaration ou que leur séjour est inconnu. Le consentement du tuteur n'est pas requis pour les mineurs qui, d'après la loi, ne sont pas soumis à une tutelle » (à Nassau, dans le Schleswig-Holstein, dans le district d'Appenzell et le Greifswald).

La question de savoir s'il faut instituer une tutelle (voyez *Preuss. Landrecht*, part. II, tit. I, § 84; *Hoenzoller. Sigm.-Verordnung*, du 12 mai 1810; *Œsterr. burgerl. Gesetzbuch*, §§ 49, 50; *Sæchs. burgerlich. Gesetzbuch*, § 1921; *Gotha'sches Ehegesetz*, § 4; *Altenburg. Ehe-O.*, § 36), ou un conseil de famille (voyez Code civil, art. 406; *Bad. Landrecht*, art. 160, et § 2, Z. 2, §§ 11-16 de la loi badoise du 28 mai 1864 sur l'exercice de la juridiction volontaire) se décide d'après le droit du pays.

§ 30 : « Les dispositions du paragraphe précédent, relatives aux enfants nubiles orphelins de père, s'appliquent aux enfants illégitimes; »

§ 31 : « Pour les enfants adoptés, la place du père est occupée par l'adoptant. » Cette disposition n'est pas applicable aux pays de la confédération où l'adoption ne confère pas les droits paternels.

En Suisse, l'article 27, sect. 2, de la loi civile sur le mariage, porte : « Les personnes qui n'ont pas encore atteint la vingtième année, ont besoin, pour contracter mariage, du consentement de celui qui est investi de l'autorité paternelle (le père ou la mère. S'ils sont morts ou hors d'état d'exprimer leur volonté, le consentement du tuteur est requis. Contre le refus du tuteur, on peut recourir à l'autorité supérieure. »

[2] Voyez Schulte, *Handbuch des Eherechtes*, p. 325; Kutschker, *Eherecht*, t. III, p. 649; Thudichum, *Ueber unzulæssige Beschrænkungen des Rechtes*

consentement politique a été supprimé par la loi du 24 mai 1868, et en 1870 cette loi a été étendue à tout l'empire d'Allemagne[1]. En Autriche, à l'exception du Tyrol et du Voralberg, où le consentement politique a été conservé pour les personnes non indigènes de la classe des domestiques, des ouvriers, des manœuvres, etc., le consentement politique a été aboli[2].

§ 209. 5. Défense spéciale d'un supérieur ecclésiastique.

Quand l'évêque défend de conclure un mariage, par exemple, à cause de l'opposition qu'il rencontre, le mariage une fois conclu, même avant le retrait de la défense épiscopale, n'est pas invalide, mais seulement illicite[3]. Le pape seul peut défendre un mariage sous cette clause que, s'il est conclu, il sera nul, *cum clausula irritante*.

§ 210. 6. Les temps interdits. — L'année de deuil, etc.

Le concile de Trente, conformément à l'ancienne législation de l'Église, défend la solennité des noces depuis le premier dimanche de l'Avent jusqu'au jour de l'Épiphanie (6 janvier), et depuis le mercredi des Cendres[4] jusqu'au dimanche *in albis*. Dans plusieurs diocèses, les mariages mêmes sont généralement défendus, à moins d'une dispense de l'évêque. Cette défense toutefois ne rend pas le mariage invalide[5].

---

der Verehelichung, Tubingue, 1866; Vering, sur les mariages des Autrichiens à l'étranger et des étrangers en Autriche, *Archives*, t. XV, p. 275. Voyez *ibid.*, t. XXVIII, p. 76; sur les conditions civiles requises pour les mariages entre Suisses et Italiens, voyez *Archives*, t. XX, p. 259; t. XXIII, p. 296; entre Badois et Suisses, *ibid.*, t. XXV, p. 255.

[1] Voyez *Archiv.*, t. XXI, p. 446; t. XXIII, p. 201; Kreuzer, *Das deutsche Reichsgesetz* v. 4 mai 1868, *für pfarramtliche Behandlung erlæutert*, 2ᵉ éd., corrigée et augmentée, Stuttgard, 1873. L'article 38 de la loi civile de l'empire allemand sur le mariage porte ceci : « Le défaut de cette permission n'a aucune influence sur la validité légale d'un mariage conclu. Il en est de même des prescriptions qui exigent avant le mariage que les biens soient déterminés ou assurés. »

[2] Voyez Vering, *Archives*, t. XX, p. 448; t. XXI, p. 171, 454.

[3] C. II, X, de matrimonio contracto contra interdictum eccles., IV, 16.

[4] La première interdiction des noces pendant le Carême a été portée par le concile de Laodicée : « Non oportet in Quadragesima aut nuptias vel quælibet natalitia celebrare. »

[5] Des auteurs ont prétendu à tort que le concile de Trente défendait de contracter aucun mariage dans le temps ci-dessus indiqué. Ce que le

II. Dans un grand nombre de règlements protestants et de législations civiles, cette défense, qui figure dans le droit romain, comprend l'année du deuil de la veuve[1] et quelquefois du veuf.

III. Le droit romain défendait aussi au tuteur et à ses enfants de se marier avec le pupille avant que le tuteur eût rendu ses comptes[2]. Ces dispositions ont été maintenues en grande partie par le droit ecclésiastique protestant dans le Hanovre (*Calenberger K. Ord.*), le Schleswig-Holstein, la Hesse électorale[3].

Le *Preussich.-Landrecht*[4] et le Code saxon[5] exigent pour le mariage le consentement du juge de tutelle. Dans l'empire d'Allemagne, le § 37 de la loi civile sur le mariage porte : « Un pupille ne peut pas conclure un mariage avec son tuteur et les enfants de celui-ci pendant la durée de la tutelle. Le mariage, s'il a été conclu, peut être attaqué comme invalide. »

---

concile défend, ce n'est point le mariage lui-même, c'est la « solennité des noces, » *antiquas* SOLEMNIUM *nuptiarum prohibitiones*.
La suite du texte montre évidemment que c'est là le sens de ces paroles : « En tout autre temps, il (le concile) permet lesdites *solennités* des noces. » Ce n'est donc pas le mariage qu'il permet en « tout autre temps, » ce sont les « noces solennelles ; » seulement, ajoute-t-il, les évêques auront soin qu'elles se passent avec la modestie et l'honnêteté requise : car le mariage est chose sainte et doit être saintement traité.
Le sens de ce texte, suffisamment clair par lui-même, est encore confirmé par ce passage du Rituel romain : « Postremo meminerint parochi a dominica … *solemnitates* nuptiarum prohibitas esse, ut nuptias benedicere, sponsam traducere, nuptialia celebrare convivia, matrimonium autem omni tempore contrahi potest. » (Conc. Trid., sess. XXIV, cap. X, Decret. de reform.) *(Note du trad.)*

[1] Ainsi l'article 35 de la loi civile de l'empire d'Allemagne défend aux femmes de se remarier avant que dix mois se soient écoulés depuis la fin du premier mariage. Cependant il permet les dispenses.
L'article 28 de la loi civile suisse porte ceci : « Les veuves, les personnes séparées, les femmes mariées dont le mariage a été déclaré invalide, ne peuvent contracter un nouveau mariage avant l'expiration de trois cents jours après la dissolution du premier mariage. »
Note du trad. : Le Code civil français fixe également le terme de dix mois révolus.

[2] L. 7, pr. ad legem Juliam de adulteriis, XLVIII, 5 ; l. 59, 60, 62, 64, 67 D. h. t., XXIII, 2 ; Cod. V, 6, de interdicto matrimon. inter pupillam, etc.

[3] Voyez Hinschius, *Das Reichsgesetz über die Beurkundung des Personenstandes*, Berlin, 1875, note 81, sur le § 37, p. 129.

[4] *Allgem. Landrecht*, part. II, titre I, § 14.

[5] *Sæchsisches Gesetzbuch*, § 1604.

§ 211. IV. **Dispenses des empêchements de mariage.**

I. Un empêchement de droit privé ne peut être levé que par le consentement ultérieur des parties. Ce consentement, ils peuvent le donner d'une manière purement tacite en continuant la vie en commun. Cependant, si l'empêchement a été connu du public et que les parties aient leur domicile dans un lieu où la forme du concile de Trente est prescrite, il faut, quand l'obstacle a été enlevé, que le consentement soit renouvelé sous cette forme [1].

II. Les empêchements qui ne sont pas de droit naturel, de droit divin immédiat *(in jure divino)*, peuvent être levés par dispense [2]. Les empêchements de droit divin sont : la violence et la coaction, le rapt, l'erreur essentielle, le non-accomplissement d'une condition ajoutée, par conséquent les empêchements de droit privé.

Viennent ensuite les empêchements qui ne cessent que lorsque certaines circonstances disparaissent : l'impuissance et le défaut d'âge, quand il y manque à la fois la maturité du corps et la maturité de l'esprit ; puis le lien matrimonial existant, et enfin la parenté en ligne directe et au premier degré de la ligne collatérale.

Cependant, ainsi que nous l'avons remarqué en son lieu, il y a des empêchements de mariage dont on n'a pas coutume de dispenser, encore qu'ils ne soient pas fondés en droit naturel.

III. La dispense des empêchements dirimants et des empêchements fondés en droit naturel, ainsi que la dispense des empêchements prohibitifs réservés au pape, appartient au souverain-pontife.

Le pape, aujourd'hui, accorde les dispenses de mariage par

---

[1] Voyez la lettre du cardinal Rauscher à l'évêque de Transylvanie, *Archives*, t. I, p. 492; *OEsterr. Anweis.*, § 88; Okuliky, *De revalidatione et restitutione matrimonii*, Vratislav., 1855; Schulte, *Handbuch*, p. 338; Phillips, *Lehrbuch*, § 276.

[2] Florens, *De dispensationibus eccl.*, Paris, 1648; Pyrrhus Corradus, *Praxis dispensat. apost.*, Colon., 1678; Kreslinger, *Dissertatio sistens theoriam et praxim impetrandi dispensationes*, Ingolst., 1750; De Justis, *De dispensat. matrimon.*, Venet., 1739; Kutschker, *Eherecht*, t. V, § 308; Vering, *De principiis dispensationum* (*Archives*, t. I, p. 577); Feye, *loc. cit.*, cap. XXX-XXXV, p. 485.

l'entremise de quatre autorités [1] : par la Daterie, pour tous les empêchements publics et pour la parenté au deuxième degré, quand elle est secrète ou que la dispense est demandée pour un mariage qui est encore à conclure; par la Pénitencerie, pour les cas secrets, à moins qu'il ne s'y joigne un crime dont le jugement appartienne à la congrégation de l'Inquisition. Autrefois les dispenses pour cause d'hérésie, dans les mariages mixtes, étaient aussi demandées à cette dernière congrégation ; aujourd'hui elles regardent principalement la congrégation *super negotiis ecclesiasticis extraordinariis*.

Les évêques ont le pouvoir, en vertu des facultés spéciales qu'ils reçoivent du pape, d'accorder des dispenses, et, par un mandat spécial, de conférer des pouvoirs au vicaire général. — Le siége vacant, ces pleins pouvoirs ne passent pas au vicaire capitulaire.

1° En vertu de ces facultés, qu'on appelle quinquennales (voy. § 96, p. 209)[2], les évêques peuvent dispenser :

a. Dans le for extérieur, aux troisième et quatrième degrés de consanguinité et d'affinité, pour un mariage qui est encore à conclure, et pour des convertis, quand le mariage est déjà conclu, au deuxième degré, à moins que ce degré ne touche le premier; puis de l'empêchement d'honnêteté publique provenant des fiançailles; de l'empêchement du crime, quand il ne s'y joint pas de meurtre; de la parenté spirituelle, excepté entre parrains et filleules ;

b. Au for intérieur, de l'empêchement d'affinité provenant d'un commerce charnel hors du mariage, au premier et au second degré, quand le mariage est déjà conclu ; s'il ne l'est pas encore, dans les cas seuls où tout est déjà prêt pour les noces et que le mariage ne peut être différé sans danger de grave scandale [3]; de l'empêchement du crime sans meurtre, quand le mariage est déjà conclu ; de la consanguinité et de l'affinité aux deuxième et quatrième degrés, quand la dispense déjà accordée est invalide pour cause de commerce charnel hors du

---

[1] Voyez Kutschker, *Eherecht*, t. V, p. 70.

[2] Sur le pouvoir qu'ont les évêques de lever les empêchements de consanguinité et d'affinité, en vertu des facultés quinquennales, voyez la décret de la congr. de l'Inquisition du 13 juin 1875. (*Arch.*, t. XXVI, p. 184.)

[3] Voyez une décision de la Pénitencerie du 30 juillet 1873. (*Archives*, t. XXXI, p. 381.)

mariage, qu'on n'a pas révélé dans le principe ou qui est survenu plus tard.

2° En vertu d'autres facultés particulières que les évêques obtiennent sur leur demande, et aussi pour un temps déterminé, ils peuvent dispenser à l'effet de contracter un mariage mixte, en certains cas de consanguinité ou d'affinité dans le troisième degré qui touche au second ; valider des dispenses qui étaient invalides pour des raisons particulières.

3° Les évêques ont le droit, par une permission tacitement présumée du Saint-Siége *(ex licentia præsumpta)*, dans un cas de réelle nécessité, de dispenser au for intérieur d'empêchements secrets [1], qu'il s'agisse d'un mariage qui est encore à conclure (par exemple d'un mariage au lit de la mort, pour sauver l'honneur d'une personne et légitimer les enfants), ou d'un mariage déjà conclu en la forme ordinaire et de bonne foi, au moins par l'une des parties (mariage putatif). Cette faculté ne doit être étendue au for extérieur que lorsqu'il est non-seulement difficile, mais absolument impossible de s'adresser à la curie pontificale [2].

4° De sa pleine autorité, l'évêque diocésain peut dispenser des temps interdits, du vœu de garder la chasteté hors du mariage pour un temps déterminé, du vœu de ne pas contracter mariage ou de recevoir les ordres sacrés. Le concile de Trente accorde aussi aux évêques le pouvoir de dispenser de la publication des bans. (Voy. ci-dessus, § 186, p. 605 et suiv.)

IV. Les dispenses ne sont d'ordinaire accordées que pour des motifs suffisants. Les lois et la pratique de la curie romaine, outre les raisons générales de nécessité urgente ou de grande utilité, reconnaissent comme suffisantes un nombre précis de raisons, qui ont reçu des appellations techniques [3]. Elles se divisent

---

[1] Voyez les décisions de la Congrégation du concile dans Richter, édition du *Concile de Trente*, sess. XXIV, de ref. matr., 279 (n. 120); Kutschker, *Eherecht*, t. V, p. 28.

[2] Voyez Phillips, *Manuel*, § 277; Kutschker, *op. cit.* — Plusieurs évêques français ont demandé au concile du Vatican qu'on étendît le pouvoir qu'ont les évêques d'accorder des dispenses de mariage. Cf. Martin, *Collect.*, t. II, p. 163.

[3] L'explication la plus complète des causes de dispense a été donnée par Feye, *De impedimentis et dispensationibus matrim.*, n. 651, ed. 2, Lovan., 1874; Kutschker, *Eherecht*, t. V, p. 108; Schulte, *Handbuch des Eherechtes*, p. 357; voyez Bangen, *Instructio practica*, fasc. II, p. 151.

en raisons honnêtes *(causæ honestæ)* et en raisons infamantes *(causæ infamantes)*. Ces dernières sont de telle nature, que le refus d'une dispense compromettrait l'honneur des suppliants ou de l'un d'eux, à la suite d'une faute dont ils se sont rendus coupables.

Les causes honnêtes sont les suivantes :

1° *Angustia loci :* quand une personne du sexe, à cause de l'exiguité du lieu de sa naissance ou de son séjour, ou des deux à la fois, trouverait difficilement un mari de sa condition et désire se marier avec un parent, un allié, etc. Cette exiguité de lieu ne fournit une raison de dispense que lorsqu'il ne renferme pas plus de 300 feux et 1,500 habitants[1].

ADDITION DU TRADUCTEUR.

Il faut remarquer, dit Collet, que cette raison ne peut servir ni à un garçon ni à une fille de la lie du peuple, ni à celle qui est dans un lieu où il y a plus de 300 feux, ni à celle dont le parent est dans un degré plus proche que le troisième. Les villes même épiscopales qui n'ont pas plus de 300 feux, sont regardées comme de petits lieux. Une personne qui demeurerait dans un faubourg, serait censée habiter la ville même.

Le lieu dont il est ici question, est-ce la ville où la paroisse où demeurent les suppliants? Il existe des pays où il y a des hameaux ou des villages distants du siége ou du bourg paroissial d'une, de deux ou même de trois lieues. Les habitants de ces villages sont en général très-peu nombreux : il est rare qu'on y rencontre 300 feux. Il est évident que la raison « angustia *loci* » milite et vaut pour eux, puisque le bref ou rescrit qui accorde la dispense ne dit pas : « Angustia *parochiæ* vel *civitatis*; » mais bien « angustia *loci*... » Or, *verba valent quantum sonant.*

Que penser d'un village ou d'un faubourg séparé de la ville par une distance de moins d'un kilomètre? Au sentiment de Pyrrhus Corradus, il n'y a pas alors « angustia loci. » Cet auteur exige au moins la distance d'un kilomètre : « Neque hac ratione appellatione loci per cujus angustiam datur ista dispensatio, veniunt suburbia civitatis, licet aliquantulum ab ea distent, quamvis si per milliare, sive paulo minus distent, licite videtur posse hujusmodi causam admitti. » (P. 565.)

Faut-il, quand on invoque l'*angustia loci,* dire que c'est le lieu d'origine ou du domicile qui est petit?

---

[1] Ainsi l'a décidé Pie IX (30 août 1847), ou 6 septembre 1847. Voy. Feye, *loc. cit.*, p. 593.

Le cardinal Soglia dit que la petitesse du lieu s'entend du lieu du domicile : « Quum mulier in loco ubi *degit* virum paris conditionis invenire nequeat. » (*Institutiones juris privati*, cap. IX, p. 412.) Filliucius est du même avis : « Ob loci angustiam vel nimiam cognationem, in loco quem *habitat*, nisi tradatur consanguineis vel affinibus. » (*Tractatio x de sacram. matrim.*, pars II, n° 316.) Schmalsgrueber (locis jam citatis) pense de même : « Cum scilicet locus in quo habitant contrahere volentes, » etc.

D'autres auteurs veulent que la raison « angustia loci » s'entende surtout du lieu de l'origine. Cependant on peut être né dans un petit village, que l'on a quitté depuis dix-huit ou vingt ans, et habiter *hic et nunc* une grande ville. Dira-t-on qu'il y a, pour la personne qui est dans ce cas, *angustia loci?* Caillaud, p. 21, n° 20, se prononce résolûment pour l'affirmative : « S'il n'y a petitesse que dans le lieu de l'origine, le motif est suffisant. C'est le motif canonique, car les brefs sont toujours conçus en ces termes : « Oratrix in loco unde ipsa et orator » orti sunt, propter illius loci angustiam virum paris conditionis invenire nequeat. » Je n'ai jamais vu d'exemple que la dispense ait été refusée dans ce cas.

Il résulte de là qu'il est bon de distinguer l'*angustia loci originis* de l'*angustia loci domicilii*. Il faut avouer qu'il est bien rare que l'on fasse cette distinction. Pendant dix-huit ans, dit le chanoine Téphani, je ne me souviens pas de l'avoir vue une seule fois sur les suppliques que j'étais chargé d'adresser à Rome. Il suffisait, pour obtenir la dispense, d'exprimer ainsi la raison : « angustia loci in quo oratores habitant ; » ou simplement : « angustia loci, unde fit ut difficilius oratrix virum paris conditionis inveniat. »

La raison *angustia loci* existe-t-elle pour le jeune homme comme pour la jeune fille ?

Il semble que non. Settler dit, cap. v, quæst. II : « Hæc causa præcipue valet pro oratrice. » Voit dit sans détour : « Angustia loci, quæ tunc locum habet quando oratrix, *non vero orator*, in loco ubi orta est, non potest nubere æquali. » (N° 1367.)

Filliucius (loco jam citato) est aussi explicite. Voici comment il s'exprime : « Nec requiritur ut in locis circumvicinis non reperiatur matrimonium æquale : satis est enim non reperiri in *loco ipso mulieris*, ut declaravit congregatio... Ad eam autem verificandam satis est si major pars sibi æqualium in *loco mulieris* sint ei consanguinei vel affines. »

Faut-il que la jeune fille qui invoque la petitesse du lieu n'y trouve pas, *hic et nunc*, un homme de sa condition ?

Oui, cela est requis et suffit. Aurait-elle trouvé plus tôt, si elle ne trouve pas actuellement un mari convenable, la raison existe, alors même qu'il y aurait dans la localité, au dire de témoins dignes de foi, des hommes de la condition de la suppliante. C'est le sentiment de Monacelli. « Etsi dispensatio matrimonialis reperiatur concessa inter consanguineos *ob angustiam loci*, erit exequenda, etiamsi testes deponant homines loci esse pares. » Ce sentiment, il l'appuie sur des réponses de la S. Congrégation des évêques, *in* Alban., 13 februar. 1596, et de la S. Congrégation du concile, *in* Bisacciarum, 19 junii 1706. (Voir Monacelli, *Formularium legale*, t. II, titre xvi, formule 2, n° 33.)

La raison *angustia loci*, au rapport de Pyrrhus Corradus, n'était admise de son temps que pour le troisième degré au plus. Aujourd'hui, du moins en France, on obtient souvent des dispenses du second degré, avec cette seule raison, qui paraît être maintenant finale. Il est bon cependant d'y ajouter quelque autre raison.

« Licet enim, » dit Giovine, « pro hac causa non obtineatur dispensatio super gradibus proximioribus, nisi adjiciatur altera ob dotis incompetentiam, vel qualitas personarum, nempe si sint nobiles, aut principales cives, vel saltem ex honestis familiis [1]. » (T. II, n° 15.)

2° *Defectus vel incompetentia dotis :* quand une personne du sexe n'a pas de dot ou n'a qu'une dot insuffisante pour sa localité, et qu'elle ne trouve point ailleurs l'occasion de faire un mariage sortable. Ce motif de dispense se nomme *incompetentia dotis cum augmento*, lorsque quelqu'un promet d'augmenter la dot, qu'il se propose d'épouser lui-même la suppliante, ou qu'il désire qu'elle épouse telle autre personne déterminée et qu'il y a un obstacle au mariage.

3° *Ætas sponsæ superadulta ;* quand une personne du sexe, non encore mariée jusque-là, a atteint l'âge de vingt-quatre ans révolus, et qu'elle ne trouve point à se marier ailleurs selon sa condition.

ADDITION DU TRADUCTEUR.

Il faut qu'une fille ait vingt-quatre ans bien accomplis. S'il y manquait un jour ou même une heure, Reiffenstuel [2] prétend que la grâce serait nulle. Il en serait de même, dit-il, si la fille excédait l'âge marqué dans le temps où il faut entériner sa dispense, mais qu'elle ne l'eût pas atteint dans le temps où la dispense a été souscrite. Il suffit à une fille âgée de trente-quatre ou trente-cinq ans de dire qu'elle en a passé vingt-quatre, sans accuser au juste l'âge qu'elle a, quoique plus elle est nubile, plus sa dispense est aisée à obtenir. Elle peut dire,

---

[1] Téphani, *op. cit.* — [2] Reiffenstuel, in append., n. 93.

sans blesser la vérité, que jusque-là elle n'a point trouvé de mari, lorsqu'en se présentant comme les filles de son état, personne ne l'a recherchée [1], ou lorsque ses parents ont fait les démarche que l'usage prescrit en ces sortes d'occasions. Cette cause n'a pas lieu pour les veuves.

4° *Vidua filiis gravata* : quand une veuve chargée d'enfants issus d'un premier mariage trouverait sa subsistance, outre un secours pour mieux élever sa famille. L'éducation de plusieurs enfants *(educatio multorum filiorum)*, c'est-à-dire la nécessité de recevoir les secours nécessaires pour y subvenir, forme déjà à elle seule une raison de dispense suffisante, et cette raison vaut pour un veuf comme pour une veuve [2].

5° *Bonum pacis* : quand une longue inimitié ou un long procès entre des familles peuvent être dissipés par un mariage.

ADDITION DU TRADUCTEUR.

Cette cause en renferme quatre autres : l'extinction d'un procès, la cessation d'une inimitié, la fin d'un scandale, la confirmation de la bonne intelligence. Tout cela, quoique traité séparément par les canonistes, se réduit à la paix, un des plus grands biens qu'on puisse posséder sur la terre, et qui permet à l'Église de relâcher un peu de la sévérité de ses lois, selon cette maxime de la Glose [3] : « Pax ut servetur, moderamen juris habetur. »

Toute dissension entre les familles ne suffit pas à cet effet : il faut que l'animosité ou les procès aient quelque chose de considérable, au moins à raison de leurs suites. Ainsi l'on peut se servir de la voie de dispense quand il s'agit ou de calmer un homme d'ailleurs peu patient, à qui l'on a fait une injure atroce ; ou de terminer un procès qui doit dépouiller une des familles d'une grande partie de son bien ; ou d'empêcher soit un homicide, soit quelque autre crime semblable. Dans le doute, il faut exposer avec sincérité le fait tel qu'il est.

[1] Illa verba quibus dicitur quod puella virum invenire nequeat....., præsupponunt in perquirendo virum necessario diligentias præcessisse; at non apponuntur in hac causa in qua sermo est de puella annos 24 excedente, sed solum quod excedens illa 24 annum hactenus virum paris conditionis non invenit. (Pyrr. Corrad., num 23.)

[2] Gerlach assure que cela est admis dans plusieurs rescrits de la Daterie *(Lehrbuch des Kirchenrechtes)*, et il invoque l'ouvrage (que nous n'avons pas eu sous les yeux) de Haringer, *Das Sacrament der Ehe*, Ratisbonne, 1854, p. 270, et Sanchez, dans lequel nous n'avons rien trouvé sur cette question.
Le pape, dit Corradus, n'admet pas aisément cette cause, quand elle est seule, et on ne l'admet que lorsque l'orateur ou le futur époux s'est engagé à fournir des aliments aux enfants de la veuve. *(Note du trad.)*

[3] Glossa, in cap. II, de desponsat. impuber.

Quand il s'agit d'une inimitié déjà existante, il faut qu'elle soit prouvée *in specie* par des témoins, qui doivent en connaître la cause et les progrès, parce que c'est une chose de fait et que les faits ne se présument pas. C'est à quoi ceux qui sont chargés d'exécuter les brefs de Rome doivent faire beaucoup d'attention. Corradus rapporte qu'un official n'ayant pas voulu entériner une dispense, parce que les témoins ne justifiaient pas bien la prétendue inimitié des familles, son jugement fut confirmé par les ministres du Saint-Siége [1].

6° *Matrimonium bona fide contractum* : un mariage conclu de bonne foi et dans la forme voulue, sans qu'on ait eu connaissance de l'empêchement de mariage, est une raison suffisante de dispenser.

7° *Periculum fidei hæresis* (ou *seductionis*) : lorsque les hérétiques forment la majorité du lieu du domicile des suppliants, et qu'il est à craindre, s'ils ne se marient entre eux, qu'ils n'épousent des hérétiques [2].

8° *Conservatio bonorum in eadem illustri familia* : la conservation des biens dans une famille distinguée par sa noblesse et ses mérites.

ADDITION DU TRADUCTEUR.

Ce cas arrive 1° quand une branche d'une maison respectable n'a que des filles : il faut alors, pour que le bien ne sorte pas de la famille, ou qu'elles vivent dans le célibat, ce qui n'est pas donné à tous, ou qu'elles épousent un de leurs parents ; 2° quand un homme fait héritière de tous ses biens une fille de qualité, à condition qu'elle épousera un de ses parents.

On justifie cette cause par différentes raisons : 1° il est de l'intérêt de l'État que des familles qui en sont l'appui ne tombent pas en décadence ; 2° il est toujours pénible aux premières maisons de voir leurs anciens héritages tomber en des mains étrangères et d'être réduites à dire avec Jérémie : *Hæreditas nostra versa ad alienos, domus nostra ad extraneos* ; 3° Dieu voulait dans l'ancienne loi qu'une femme épousât un homme de sa famille, pour empêcher par ce moyen la distraction des biens ; 4° de grands biens ne peuvent guère passer d'une maison dans

---

[1] Pyrrh. Corrad., lib. VII, cap. II, n. 71.

[2] L'Église, dit le P. Semelier, fait alors ce qu'ont pratiqué les plus saints patriarches. Ils aimaient mieux prendre des femmes dans leur propre famille, que d'aller chercher des étrangères qui eussent séduit leur cœur, ainsi qu'il arriva à Salomon, et peut-être anéanti leur foi.

(Note du trad.)

une autre sans qu'il en résulte des jalousies, des haines et des procès qui ne finissent point.

Cette dernière considération est de grand poids à Rome; cependant Corradus avoue [1] qu'on a peine à l'admettre pour les degrés trop rapprochés, comme quand il s'agit de permettre à un oncle d'épouser sa nièce. Néanmoins Grégoire XIII dispensa pour ce sujet un grand d'Espagne, ainsi que le rapporte Sanchez.

9° *Excellentia meritorum :* services éminents rendus à l'Église par le suppliant ou par ses parents.

ADDITION DU TRADUCTEUR.

Cette cause est expressément marquée dans le droit [2]. Il est juste que l'Église reconnaisse le courage et la piété de ceux qui soutiennent ses intérêts et qui, en défendant ses biens, la mettent en état de vaquer en paix aux fonctions de son ministère; elle témoigne sa gratitude envers ceux qui l'ont servie, et elle anime les autres à ne pas l'abandonner dans l'occasion.

Sur ce motif, Roger-André de la Paluelle [3] décide la difficulté suivante. On avait demandé à ce casuiste si un curé pouvait accepter des ornements que le seigneur de sa paroisse voulait donner à l'église, et sur lesquels il avait fait mettre ses armes en broderie. De la Paluelle répond qu'il le peut, pourvu que ces armoiries n'aient rien d'indécent et que les statuts du diocèse ne le défendent pas. La raison qu'il en donne et qu'il justifie par un bel exemple, c'est que les enfants se portent par là à imiter la piété de leurs pères.

Les familles qui ont fourni des soldats à l'armée du saint-père ont droit à sa bienveillance, dit le chanoine Téphani. Les familles dont les pères ont recueilli, dans les jours de persécution religieuse, les prêtres fugitifs ou exilés, ont à coup sûr bien mérité de la religion. Il en est de même de celles qui ont contribué par leurs largesses à bâtir et enrichir les églises, à soutenir des monastères, à fonder des écoles, des institutions chrétiennes, etc., etc.

Cette cause est une de celles que la cour de Rome agrée le plus facilement. Je n'ai jamais vu refuser aucune dispense quand on l'alléguait.

A la cause *excellentia meritorum* se rapporte la raison *copiosior compositio*. Les suppliants, afin d'obtenir plus facilement la dispense, offrent au souverain-pontife une componende plus considérable; ils

---

[1] Solet hæc causa admitti, licet non sine maximis favoribus, in gradibus propinquioribus, puta in secundo, vel primo et secundo. (Pyrrh. Corrad., *ibid.*, num. 100.)

[2] Arg. can. *Tali* XVII, caus. I, q. 7.

[3] La Paluelle, *Résolutions de plusieurs cas*, p. 24, 1re et 2e édit

savent les charges bien lourdes qui pèsent sur le trésor pontifical, ils mettent à sa disposition une somme d'argent plus forte qu'on n'en propose ordinairement dans les cas semblables. Le saint-père agrée souvent cette raison. On l'apporte surtout quand les autres raisons canoniques sont faibles. Les intéressés ne comprennent pas toujours comment on leur demande une componende plus considérable pour obtenir la dispense qu'ils sollicitent. C'est au prêtre à leur expliquer qu'en offrant au pape cette large componende, ils deviennent en quelque sorte les bienfaiteurs du Saint-Siége, qu'ils mettent ainsi en mesure de faire plus de bonnes œuvres, etc.

10° *Prærogativa principalis vel regiæ dignitatis* : prérogative due à la dignité princière ou royale.

11° *Sine causa*. Le pape peut dispenser même en l'absence de toute cause ordinaire de dispense, pour une raison personnelle, et qu'il n'est pas obligé d'indiquer.

ADDITION DU TRADUCTEUR.

Ces sortes de dispenses sont en usage environ depuis quatre siècles. Plusieurs théologiens les ont combattues, mais d'autres les ont justifiées, notamment de Marca, l'auteur des *Conférences de Luçon*[1], Babin dans ses *Conférences d'Angers*, et un grand nombre des canonistes.

Une aumône considérable et bien appliquée vaut bien autant aux yeux de Dieu que la noblesse du sang ; or celle-ci est quelquefois un titre pour obtenir des dispenses, comme nous l'avons dit ci-dessus : pourquoi donc n'en pourra-t-on pas accorder à un homme qui, ayant déjà quelques raisons d'épouser sa parente, mais moins fortes qu'il ne les faudrait, s'engage par exemple à payer la dot de vingt filles que ce secours garantira du naufrage ?

Il en est de ces sortes de dispenses comme il en était autrefois des indulgences accordées à ceux qui contribuaient à l'expulsion des Maures ou des infidèles qui menaçaient la chrétienté. Or, dans cette concession, il n'y avait rien qui fût contraire aux vraies règles, et l'abus qui pouvait s'y glisser ne visait pas le fond de la chose. Qui empêche de dire la même chose des dispenses qu'on appelle *sine causa* ?

C'est mal à propos, du reste, qu'on appelle ces dispenses *sine causa* : ces paroles, dans le langage des canonistes, signifient seulement que le pape n'a pas voulu exprimer ses motifs d'accorder la dispense, et non pas qu'il l'ait accordée sans raison.

L'official qui doit entériner une grâce de cette nature, n'a pas droit

---

[1] De Marca, *De concordia*, lib. III, cap. xv, n. 3; *Confér. de Luçon*, p. 505, etc.

de se faire déclarer les causes secrètes qui ont été expliquées au pape et admises par lui. Paul V ayant accordé une dispense *ex certis causis*, un grand-vicaire de Nicotera ne voulut pas la fulminer, si on ne lui en exposait les motifs; mais sa conduite fut blâmée. Sa commission se borne donc à examiner si les parties n'ont point d'empêchement plus fort que celui qu'elles ont exposé.

Comme les rescrits qui contiennent ces sortes de grâces commencent d'ordinaire par ces paroles : « Ex parte M. et N. petitionis series continebat, quod ipsi qui ex principalioribus civitatis N. existunt, ex certis rationabilibus causis animos eorum moventibus cupiunt invicem matrimonialiter copulari, » etc., on peut douter si le délégué du Saint-Siége est obligé de vérifier que les parties sont de bonne famille. Sanchez[1] et Corradus répondent que non, parce que, quand le rang d'une famille n'est exprimé que dans le préambule d'une dispense, il ne contribue pas à la faire obtenir. Il en serait autrement si le rang était exprimé dans le corps de la dispense; il ferait partie alors des motifs déterminants. Ainsi, quand le rescrit est conçu en ces termes : « Oblata nobis petitio continebat quod Martha, utroque parente orbata, et vigesimum quintum ætatis annum agens, hactenus virum paris conditionis, cui nubere possit, non invenit, habetque dotem minus competentem juxta status sui conditionem. Cumque, etc., cupiant exponentes præfati, asserentes se ex principalioribus civitatis N. existere, invicem matrimonialiter copulari. Sed quia tertio consanguinitatis gradu sunt conjuncti, etc., monemus ut te de præmissis diligenter informes, et si preces hujusmodi veritate niti repereris, » etc., il faut vérifier si la famille est ce qu'elle s'est dit être; autrement ou pourrait douter de la validité de la dispense, ainsi que l'enseigne Corradus[2].

A Rome comme ailleurs on distingue quatre sortes de familles. On regarde comme gens d'honnête famille ceux à la famille desquels on ne peut rien objecter qui soit humiliant[3] et qui déshonore devant les hommes, comme seraient apparemment des métiers vils et méprisables. On met parmi les nobles ceux qui vivent noblement et ne font aucun des commerces qui dégradent. On regarde comme issus de race noble ceux dont le père et la mère étaient nobles; il faut que cette clause soit vérifiée par l'official, qui doit par conséquent ou entendre des témoins ou se faire représenter des titres justificatifs de noblesse. Corradus observe que ceux que le droit civil[4] appelle nobles, ou parce

---

[1] Sanchez, lib. VIII, disp. XXXV, n. 25; Corradus, *ubi statim*, n. 115.
[2] Corradus, *ibid.*, n. 116.
[3] Honestus dicitur ille qui nihil habet turpitudinis, et sic sufficit probari oratores honeste vivere, eorumque familiam nullo turpitudinis vitio laborare. (Corradus, *ibid.*, n. 118.)
[4] Leg. nobiliores III, Cod. *De commerciis et mercator.*, lib. IV, tit. LXIII.

qu'ils ont de grands biens, ou parce qu'ils possèdent certains emplois honorifiques, n'ont pas ce genre de noblesse que demandent les rescrits de Rome. Quant à ceux qui demanderaient des dispenses comme étant issus d'une maison illustre, il faut, dit le même auteur, qu'ils soient titrés, c'est-à-dire ducs, comtes, etc.

Les causes infamantes de dispense *(causæ infamantes)* sont :
1° *Infamia mulieris* : lorsqu'il plane sur une femme un soupçon de mauvaise vie qui peut être dissipé par le mariage. Ce « scandale à éviter » concorde en partie avec le motif de dispense qui précède et en partie avec celui qui suit.

2° *Copula carnalis inter oratores*, commerce charnel entre deux personnes parentes ou alliées, *copula cum consanguinea vel affine, vel alia impedimentum habente perpetrata*.

ADDITION DU TRADUCTEUR.

Si les parties ou l'une d'elles avaient péché dans le dessein d'être plus facilement dispensées, elles courraient risque d'être refusées, et si elles obtenaient dispense sans avoir exprimé cette intention dans leur supplique, cette dispense serait absolument nulle. Il est de principe partout que le dol et la fraude ne doivent jamais servir à leurs auteurs.

Lorsque les futurs conjoints, sans en être venus au dernier crime, ont vécu dans une familiarité qui les déshonore et a donné lieu à de mauvais soupçons, en sorte que, s'ils ne s'épousent, la fille ne pourra trouver de parti convenable et restera dans un état très-dangereux : *nimia partium familiaritas*, ou, comme disent d'autres, *infamia sine copula*. Cette *diffamation* doit être grave et aller jusqu'à faire supposer que la personne ne trouvera pas un époux de sa condition. Une fille qui a de grands biens, est communément beaucoup moins exposée qu'une autre à passer ses jours dans le célibat : aussi l'infamie dont nous parlons ne suffirait pas toujours pour lui faire obtenir dispense [1].

Fagnan dit, dans son commentaire sur le chapitre *Quia circà*, que quand une femme a eu d'un parent ou d'un allié, avant ou après son mariage, des enfants qui vivent encore, on la dispense tant à la Pénitencerie qu'à la Daterie, parce que le besoin d'écarter le scandale est une raison de tempérer les dispositions du droit positif : *quia propter scandalum receditur a dispositione juris positivi*. Il dit la même chose du cas où l'on appréhenderait des inimitiés, des dissensions : *idem si timeantur futuræ inimicitiæ et jurgia* [2].

---

[1] Neque perperam adducitur hodie illa dictio, *graviter infamata* ... nihilominus si mulier dotem habeat opulentam, non ita facile illius connubium a viro recusatur. (Pyrr. Corrad., lib. VII, cap. III, n. 12.)

[2] Fagnan cite trois textes du droit pour confirmer ce sentiment.

Il dit ensuite qu'on a examiné à Rome si cette dernière raison, la nécessité d'empêcher des haines et des différends, suffisait pour donner dispense à des gens alliés ou parents au second degré, et issus d'une illustre famille. Quoiqu'il fût question de la maison de Bavière et qu'on supposât d'ailleurs, avec la Congrégation chargée d'expliquer le concile de Trente, que dans le décret de ce concile ces paroles : « In secundo gradu nunquam dispensetur, nisi inter magnos principes, *et ob publicam causam*, » sont équivalentes à celles-ci, qui forment un sens disjonctif : « Non dispensetur, nisi inter magnos principes, *vel ob publicam causam*, » la dispense fut refusée. Le mot de *magni principes* fut pris dans la plus rigoureuse signification, et l'on décida que les inimitiés qui s'élèvent entre particuliers, quoique très-illustres, ne font point ce que le concile appelle *publicam causam*. Ce qu'ajoute Fagnan de la dispense refusée aux premières familles de Séville, quoique le roi d'Espagne intercédât pour elles et qu'on parût craindre des dissensions et des meurtres, est peut-être encore plus fort.

Quant au duc de Bavière, il paraît que pour obtenir dispense il avait allégué que, son futur mariage étant déjà publié, ce serait un scandale s'il ne le contractait pas; peut-être même avait-il prétexté quelque familiarité. Quoi qu'il en soit, Fagnan répond que, comme il n'y avait eu ni mauvais commerce ni mauvais soupçon entre le prince et celle qu'il recherchait en mariage, il n'y avait rien qui pût produire ces inimitiés graves que l'Église veut arrêter par ses dispenses; que le bruit qui s'était répandu de ce même mariage ne formait ni une cause considérable ni une cause publique; qu'autrement il n'y aurait ni parents ni alliés qui, se voyant plus librement qu'à l'ordinaire, ne fussent dans le cas de se faire dispenser, et qu'enfin quelques personnes qui avaient eu un mauvais commerce, sans avoir dessein d'obtenir plus aisément dispense, l'ayant demandée pour le second degré d'affinité, de peur que la femme ne restât diffamée, la Congrégation interprète du concile avait déclaré que ces causes ne suffisaient pas dans un degré si proche. Quoique le cardinal Arigon représentât que la Daterie en avait souvent accordé en pareil cas, la Congrégation tint ferme, et jugea qu'il ne fallait point répondre à ceux qui sollicitaient la dispense : *Cum tamen S. Congregatio semper existimaverit non concedendas, censuit nihil esse rescribendum*. Tel est le sens de Fagnan; ce savant homme enseigne deux choses : 1° que le scandale et la crainte des divisions suffisent pour faire obtenir dispense, *nedum super matrimonio jam contracto, sed etiam super contrahendo*; 2° mais qu'ils ne suffisent pas dans des degrés aussi rapprochés.

Mais, dira-t-on, si les causes infamantes sont admises pour le troisième et le quatrième degré, il ne tiendra qu'aux parties d'obtenir dispense en péchant avec éclat.

Cette difficulté est aisée à résoudre. L'Église, aussi éloignée d'une molle condescendance que d'une rigueur excessive, a déclaré que ceux qui voudraient se frayer par le crime un chemin aux dispenses, n'en obtiendraient point : *spe dispensationis consequendæ careat*, dit le saint concile de Trente [1]. Lorsqu'une foule de circonstances concourent à exiger qu'on se relâche de cette dernière loi, comme on le doit quelquefois, on ne le fait qu'en imposant aux pauvres une pénitence si rigoureuse et aux riches une aumône si forte, qu'ils ont tout lieu de détester et leur péché et la criminelle intention qu'ils ont eue en le commettant. Que si, malgré cela, on voit encore assez souvent des personnes dispensées contre les règles, c'est qu'elles font de fausses suppliques, qu'elles y mettent ou y font mettre tout ce qu'elles jugent à propos, qu'elles trompent par de faux témoins les délégués du Saint-Siège. S'il n'y avait point de vraie, de solide raison exposée, il est sûr que le dispensateur et le dispensé seraient très-coupables devant Dieu.

En ce qui regarde les mariages déjà contractés et qu'on ne peut rompre sans faire tort aux enfants et scandaliser le public, les parties doivent exprimer si elles ont connu l'empêchement dont elles demandent dispense ; si elles ont fait publier leurs bans ; si, supposé qu'elles aient ignoré l'empêchement lorsqu'elles se sont mariées, elles ont vécu comme frère et sœur aussitôt qu'elles en ont eu connaissance ; si elles n'ont commencé par le crime que dans l'intention d'obtenir dispense, etc. En cas de mauvaise foi, on les oblige régulièrement à se séparer ; mais on a beaucoup d'indulgence pour celles qui n'ont agi que par ignorance.

1° Outre les raisons de dispense que nous venons d'expliquer, et qui sont les plus communes, il s'en peut trouver d'autres qui suffiraient seules, et sur lesquelles il faut s'en rapporter au jugement des supérieurs. 2° Plus la loi est importante, plus les raisons doivent être considérables : ainsi ce qui suffit pour dispenser de l'honnêteté publique, qu'on regarde comme un des plus petits empêchements, ne suffit pas pour dispenser de la parenté au troisième degré ; ce qui suffit pour dispenser de celle-ci, ne suffit pas pour dispenser de l'alliance spirituelle *inter levantem et levatum*, puisqu'on n'en dispense guère que quand le mauvais commerce des parties les expose au danger d'être tuées par leurs parents. Cette dernière raison, toute forte qu'elle est, ne suffirait pas pour obtenir dispense de l'empêchement du crime, *utroque vel alterutro machinante*, puisque la Daterie n'en a encore jamais voulu accorder [2], et qu'un homme d'une très-grande considération qui en sollicitait une pour lui, ayant allégué l'exemple de David

---

[1] Conc. Trid., sess. XXIV, de reform. matrim., cap. v.
[2] Pyrr. Corrad., lib. VIII, cap. IX, n. 8.

qui avait épousé Bethsabée, Clément VIII lui répondit que la loi ancienne permettait bien des choses qui sont défendues dans la loi nouvelle.

3° *Imprægnatio oratricis*, état de grossésse chez l'épouse.

4° *Legitimatio filiorum illegitimorum per subsequens matrimonium*, légitimation d'enfants nés hors du mariage par un mariage subséquent.

5° *Periculum perseverantiæ in concubinatu*, danger que les suppliants ne continuent de vivre dans le concubinage. Ce danger subsiste encore quand il y a déjà mariage valide devant la loi civile *(matrimonium civiliter contractum)*.

6° *Periculum perversionis* : quand le curé est convaincu par les dispositions du suppliant que le refus de la dispense pourra l'entraîner dans l'apostasie ou l'hérésie.

7° *Si oratoribus vel alteri eorum vitæ periculum imminet, per matrimonii concessionem præcavendum* : quand le mariage peut prévenir les dangers qui menacent la vie de l'une ou des deux parties, notamment lorsque quelqu'un a lieu de craindre que ses parents attentent à ses jours s'il n'épouse pas telle personne. Si le suppliant, contrairement à ce qui arrive d'ordinaire, n'était pas en partie coupable, cette cause de dispense se rapporterait aux « causes honnêtes. »

V. La dispense pour le for extérieur peut être accordée sous trois formes différentes :

1° *In forma pro nobilibus :* quand les suppliants appartiennent à une haute et riche noblesse. Dans ce cas, il n'est pas nécessaire d'indiquer les raisons précises de la dispense ; elle est simplement accordée en considération des grands sacrifices que s'imposent les suppliants pour une œuvre de bienfaisance, *ex certis rationabilibus causis*.

2° *In forma communi :* quand les suppliants peuvent alléguer une cause honnête à l'appui de leur demande, et que, sans être de haut rang, ils ne sont pas pauvres, dans le sens où l'entend le droit canon ; s'ils sont pauvres, ou s'ils demandent dispense pour une cause infamante, ils l'obtiennent.

3° *In forma pauperum*[1]. Le droit canon entend par le nom de pauvres, non-seulement ceux qui ne peuvent vivre des

---

[1] Bangen, *Instr. practica*, fasc. II, p. 212.

revenus de leurs biens, mais ceux qui sont obligés de se procurer par leur travail les moyens de vivre convenablement [1].

La Daterie demande une componende plus élevée pour les dispenses *in forma nobilium*, moins élevée pour les dispenses *in forma communi*. Les dispenses *in forma pauperum* sont gratuites; cependant Rome exige des pauvres « canoniques » une faible contribution quand ils peuvent la supporter sans inconvénient, *sine gravamine*.

ADDITION DU TRADUCTEUR.

Voici une règle pratique pour apprécier le degré de pauvreté : elle a été donnée en 1841 à Mgr Bouvier, évêque du Mans, par les recteurs de la Daterie. On doit regarder comme pauvres ceux dont la fortune ne dépasse pas 3,000 francs de capital [2], et presque pauvres ceux qui ne possèdent pas plus de 10,000 francs. On considère comme riches ceux qui jouissent de plus de 10,000 francs.

Lorsque la dispense n'a pas été accordée *in forma pauperum*, l'erreur sur la fortune n'annule pas la dispense, quand même il y aurait eu erreur grave dans l'exposé de la fortune. Tel est le sens de la réponse suivante, donnée à M. Caillaud le 7 mars 1851 par les officiers de la Daterie : « Falsam expressionem fructuum dispensationis validitatem non infirmare; curet vero officialis, si fieri potest, aliquam eleemosynam pro juribus Datariæ eo tempore non solutis, juxta vires oratorum, obtinere. » (Voir Caillaud, p. 248, n° 271.)

Lorsque la dispense a été accordée *in forma pauperum*, si les impétrants ne sont ni *pauvres* ni *presque pauvres*, la dispense est-elle nulle?

Il faut établir ici, suivant M. Caillaud, une distinction : la dispense a été accordée ou par la Pénitencerie ou par la Daterie.

Si elle vient de la Pénitencerie, elle est probablement nulle, au sentiment de M. Caillaud, car ce tribunal ne dispense que les pauvres des empêchements publics; il n'accorde jamais dispense de tels empêchements, quand il sait que les suppliants sont riches. (S'il l'accorde par exception, il a soin de prescrire de rendre la componende proposée.)

Si la dispense vient de la Daterie, il y a deux hypothèses. Ou le bref porte cette clause : « Dummodo oratores, præter supra dicta bona,

---

[1] Voyez, sur la pratique de la Pénitencerie à cet égard, les réponses données en 1868. (*Archives*, t. XXIV, p. 4.)

[2] La 7e édition de Gury, éditée par le P. Ballerini, porte, t. II, n° 879, 5,000 francs au lieu de 3,000. C'est une faute typographique, puisqu'il cite lui-même la réponse faite à Mgr Bouvier. Or, d'après le texte de cette réponse, on est pauvre quand la valeur de ce que l'on possède ne dépasse pas 3,000 francs.

nihil aliud possideant. » Dans ce cas, si les impétrants ont une fortune notablement plus considérable, la dispense est nulle.

Une réponse de la Sacrée Pénitencerie à l'évêque de Saint-Flour ne laisse aucun doute à cet égard :

« Quoniam autem interdum accidit ut sincera declaratio non obtineatur sicque nullæ fiant litteræ dispensationis quibus, ut plurimum, apponitur hæc clausula : « Dummodo oratores, præter supra dicta bona, nihil aliud habeant. » (Août 1846.)

Ou bien le bref de la Daterie, qui accorde la dispense *in forma pauperum*, ne porte pas la clause susdite : dans ce cas les auteurs sont partagés. Selon les uns, la dispense est encore invalide : ils se fondent sur ce que, souvent consultée sur ce point, la Pénitencerie a toujours répondu par la concession soit d'un rescrit revalidant la dispense, soit d'une dispense *in radice*.

Ainsi, l'évêque de Tulle ayant demandé pour le cas qui nous occupe une dispense *in radice*, il lui fut répondu, le 24 février 1836 : « S. D. N. P. Gregorius XVI, audita relatione dicta supplicis libelli ..., suffragiis benigne annuit pro gratia. »

Le 4 juillet 1834, M. Lavernhe, official de Nevers, obtint la réponse suivante à une consultation du même genre : « Juxta praxim recurrendum pro convalidatione. »

L'official de Périgueux posa plus tard la question en ces termes : « 1° Utrum dispensationes a Sede apostolica concessæ in favorem pauperum validæ sint, licet detegatur error sive voluntarius sive involuntarius circa fortunam? 2° utrum tales dispensationes executioni demandari possint saltem urgente causa, imposita tantum solutione componendæ debita pro fortunæ augmento, quin recursus ad sanctam Sedem necessarius sit? »

La Pénitencerie répondit : « Sacra Pœnitentiaria, perpensis expositis, ad primum et secundum respondet, recurrendum esse in casibus particularibus ad sanctam Sedem. » (25 avril 1854.)

D'autres pensent, malgré ces réponses, que la dispense est valide : ils s'appuient sur l'usage de la Pénitencerie, qui est de suivre le sentiment le plus sûr et d'accorder des dispenses qui ne sont pas nécessaires, et ce pour tranquilliser les consciences et écarter les scrupules. Benoît XIV dit (inst. LXXXVII, n° 70) : « Diana sapienter advertit concedi a Sacra Pœnitentiaria dispensationes ejusmodo (ad cautelam) non tanquam necessarias, sed ut omni scrupulo animique sollicitudini fideles eripiantur. »

Ils s'appuient encore : 1° sur une décision de la Sacrée Congrégation du concile, rapportée par Monacelli, t. II, tit. XVI, form. 2, n° 33 (*Formul. legale pract.*) : « Qui dispensationem obtinuit super impedimenta consanguinitatis in forma pauperum, falsa narrata paupertate, dicitur valide dispensatus et proles legitima. » (S. Cong. conc., 9 septembris 1679, lib. III, decr. fol. 406);

2° Sur l'autorité de Monacelli lui-même, qui, citant cette décision, ajoute ces mots : « Matrimonii dispensatio obtenta super impedimenta consanguinitatis in forma pauperum, falso narrata paupertate, est valida; »

3° Sur l'autorité de Ferraris, qui extrait de Monacelli la déclaration de la Congrégation du concile précitée;

4° Sur l'autorité de saint Alphonse de Liguori, qui s'exprime aussi nettement que possible : « Si autem sponsi falso exposuissent pauperes esse, et propterea dispensatio concederetur ex forma pauperum, dispensatio etiam est valida, ut declaravit Sacra Congregatio, 9 septemb. 1679. » (*Homo apost.*, tract. XVIII.)

Nous ferons ici une remarque.

Nous avons tout-à-l'heure rapporté la distinction faite par Caillaud entre le cas où la dispense *in forma pauperum* est accordée par la Pénitencerie ou la Daterie; nous avons relaté son opinion pour la nullité de la dispense dans le premier cas. La distinction émise par le savant official de Bourges, on le notera, n'est faite ni par la Congrégation du concile, ni par Monacelli, ni par Ferraris, ni par saint Alphonse, ni par aucun des autres auteurs qui embrassent leur opinion. On leur demande si la dispense obtenue *in forma pauperum*, falso narrata paupertate, est valide; ils répondent affirmativement, sans distinguer si elle a été accordée par la Pénitencerie ou la Daterie. N'est-ce pas le lieu d'appliquer la règle du droit : « Ubi lex non distinguit, nec nos distinguere debemus? » La Sacrée Congrégation n'a pas distingué, pourquoi distinguerions-nous?

Maintenant, que vaut-il mieux faire dans la pratique?

Nous dirons très-volontiers avec M. Caillaud, n° 274 : « Si l'official vient à reconnaître que des suppliants qu'il avait portés sur la supplique comme pauvres, ne le sont pas véritablement, il doit suspendre la fulmination et demander à Rome un *perinde valere*. »

Si la dispense était fulminée, Pontius dit qu'il y a autorité de la chose jugée, et que cet acte est valide tant qu'il n'a pas été cassé : « Postquam præcessit inquisitio et ordinarius declaravit causas expressas esse veras, sententia illa et declaratio, etiamsi foret injusta, est valida et habet auctoritatem rei judicatæ et retractari non potest, et proindo sequens ordinarii dispensationes matrimonium ex illa contractum valet. » (Lib. VIII, c. XVII.)

Pour obtenir la dispense *in forma pauperum*, il ne suffit pas, comme l'observe Schmalzgrueber contre Gobat, que l'un des suppliants soit pauvre; il faut absolument que les deux le soient. Ainsi le déclarent les lettres de Rome, puisqu'elles portent ces mots au pluriel : « Dummodo sint pauperes... »

Quant aux espérances de fortune, on ne doit pas, à coup sûr, les compter comme des biens que l'on tient déjà, puisque les espérances sont plus ou moins certaines. Les biens qu'on espère dépendent, soit de la volonté des personnes qui les possèdent, soit des évènements incertains de la vie humaine.

Schmalzgrueber pense que l'on ne doit, en aucun cas, tenir compte des espérances, même les plus certaines, d'avoir plus tard de la fortune. Ce n'est pas l'espérance, dit-il, qui délivre de la pauvreté présente, c'est la chose ou la réalité. L'espérance ne donne à l'homme ni la nourriture ni le vêtement : « *Idque verum* (nempe vere pauperes et miserabiles censendi sunt), et si spem certam, vel jus habeant in futurum acquirendi bona, v. g., ex legato, hæreditate consanguineorum, aut fidei commisso; quia a paupertate præsenti non liberat spes, sed res, cum sola spes non alat, nec vestiat hominem. »

Pyrrhus Corradus, Vincent de Justis [1], Reiffenstuel, Voit, Giovine (II, 55, 83), sont du même avis. M. Brillaud (*Traité pratique des empêchements*) dit, après Giovine, que tel est le sentiment de la plupart des docteurs.

Nous ferons cependant, avec quelques auteurs, une distinction. Si les espérances sont seulement fondées sur la succession de collatéraux, oncles, tantes ou autres parents plus éloignés, on doit les négliger dans l'évaluation de la fortune, quand même elles seraient assurées par des actes authentiques.

Si, au contraire, ces espérances reposent sur la succession de parents en ligne directe, tels que père, mère, aïeul, qui *ne peuvent* ou *ne veulent pas déshériter* (Brillaud, p. 92, n. 124, u), on ne doit pas les négliger. « Autrement, » dit M. Caillaud (p. 50), « il s'ensuivrait qu'un fils de famille auquel un père riche de plusieurs millions ne constituerait point de dot, obtiendrait la dispense *in forma pauperum*; tandis qu'un petit propriétaire, dont la fortune actuelle s'élèverait à 30 ou 40,000 francs, paierait une componende assez élevée : ce serait une injustice. »

Quand on tient compte des espérances solides, il est des auteurs qui disent qu'on peut les apprécier à la moitié de la valeur réelle. Telle est la pratique de plusieurs chancelleries épiscopales : Moulins, Montauban, Quimper... Cette règle peut servir de donnée à l'ordinaire qui dispense par indult, ou propose lui-même à la cour romaine la componende que doivent payer les impétrants.

Il va sans dire qu'en appréciant les espérances, il est juste de les

---

[1] Deus, qui est de l'avis contraire, s'appuie sur De Justis, juxta Fagnanum, et De Justis, etc. Voir Caillaud, p. 49, n° 61. Or Schmalzgrueber cite ce dernier auteur pour son sentiment à lui, p. 397, n° 235, vol. V. (Vérifier lequel a raison.)

diminuer en raison directe des dettes qui les grèvent ou des périls spéciaux qui les menacent [1].

Pour les dispenses dans le for intérieur émanées de la Pénitencerie, on ne demande jamais aucune componende ; la dispense est donnée *gratis sub quocumque titulo* [2].

VI. Dans les demandes de dispenses pour le for intérieur, on n'indique pas les noms véritables des parties ; on se sert de noms fictifs. Mais dans celles qui regardent le for extérieur, on doit signaler exactement les noms et prénoms des deux parties, le lieu de leur domicile, leur paroisse et leur diocèse.

Les empêchements de mariage doivent toujours être exposés d'une manière exacte et complète : il faut indiquer notamment s'il y a un seul ou plusieurs empêchements, ou si, à côté de l'empêchement dirimant, il n'y aurait pas un empêchement prohibitif [4] ; s'il n'existe pas des circonstances qui rendent la concession de la dispense plus difficile [5] ; sinon la dispense serait nulle [6].

Quand un empêchement public concorde avec un empêchement secret et infamant, la dispense de l'empêchement public doit être demandée à la Daterie, et celle de l'empêchement secret à la Pénitencerie ; mais il faut déclarer, dans la demande à la Pénitencerie, qu'on a sollicité dispense à la Daterie de l'empêchement public.

---

[1] Voy. le chanoine Téphani, *Traité des dispenses matrimoniales*.

[2] Voyez Schulte, *Handbuch des Eherectes*, p. 364 ; Gerlach, *Lehrbuch des Kirchenrechtes*, § 104, 2ᵉ édit.

[3] Ces dispenses exigent toujours l'indication détaillée des motifs.
(*Note du trad.*)

[4] On doit surtout, quand les deux parties ne sont pas catholiques, indiquer cette circonstance dans la demande adressée à Rome : car Rome ne dispense d'un empêchement dirimant pour les mariages mixtes que lorsque cette circonstance est expressément indiquée. Voyez le *Decretum S. Congregat. Inquisitionis* du 12 septembre 1866, *de dispensationibus super impedimento mixtæ religionis, cum concurrant alia matrimonii impedimenta*, en réponse à la consultation d'un évêque allemand. (*Archives*, t. XVII, p. 175.)

[5] Comme lorsqu'on allègue le commerce charnel pour cause de la dispense, bien que ce commerce ait eu lieu de part et d'autre en vue de l'obtenir plus facilement.

[6] On surprendrait une dispense, et elle serait invalide, si l'on indiquait des faits controuvés, inexacts (dispense obreptice) pour l'obtenir plus aisément, ou si l'on taisait des faits vrais (dispense subreptice), lesquels, s'ils étaient connus, empêcheraient ou rendraient plus difficile l'obtention de la dispense. (Voyez Vering, *Archives*, t. I, p. 583.)

VII. Régulièrement, les dispenses de Rome ne sont pas directement envoyées aux suppliants, mais à un commissaire : les rescrits qui émanent de la Pénitencerie sont adressés au confesseur librement choisi par le suppliant ; ceux de la Daterie sont envoyés à l'évêque, qui est ordinairement celui de l'épouse. Celui qui est autorisé à fulminer la dispense et qui veut en autoriser un autre à sa place, doit s'assurer que la demande de dispense est vraie et complète. S'il a déjà fait ce qui est nécessaire à cet égard en présentant la demande de dispense, cela suffit quand l'état des choses n'a pas changé. L'information prescrite par la Daterie, et qui doit précéder l'exécution de la dispense, est simple ou solennelle : quand elle est simple, celui qui exécute la dispense n'a qu'à s'enquérir avec soin de la vérité de la demande ; quand elle est solennelle, il est obligé de procéder formellement à l'audition juridique des témoins et de leur faire prêter serment [1].

La dispense n'est censée exécutée que lorsque celui qui en est chargé l'a transmise lui-même ou par un subdélégué aux personnes qu'elle concerne. Il doit, en l'exécutant, observer fidèlement les clauses qu'elle renferme, et notamment, pour les rescrits de la Pénitencerie, la clause qui porterait que les époux doivent être informés de l'empêchement qu'ils ignorent [2]. Il est tenu de brûler ou déchirer le bref de la Pénitencerie aussitôt après la confession et l'absolution du pénitent; autrement, avant la bulle *Apostolicæ Sedis* de 1869, il encourait *ipso facto* l'excommunication [3]. Quand une dispense est invalide pour un motif quelconque [4] et ne peut être exécutée, il faut adresser une nouvelle demande, afin d'obtenir qu'elle soit validée par un nouveau rescrit (*rescriptum perinde valere*).

---

[1] H.-J. Schmitz a réfuté (*Archives*, t. XX, p. 251) les fausses allégations de l'agent Sassi sur l'information qui a lieu pour les empêchements de mariage. (*Ibid.*, t. XVIII, p. 485.)

[2] Voyez Schulte, *op. cit.*, p. 372; Kutschker, t. V, p. 258.

[3] Voyez Benoît XIV, *Institutio* LXXXVII, v. *In matrimonialibus*; Kutschker, *op. cit.*, p. 258.

[4] Gerlach, *op. cit.*, § 105, remarque II, cite de nombreux exemples. Cependant la dispense n'est pas invalide quand les suppliants ont allégué à tort la « pauvreté canonique. »

§ 212. La dispense *in radice*, ou *sanatio in radice matrimonii* [1].

I. C'est là une dispense particulièrement étendue. Le pape y attache expressément la vertu non-seulement de lever l'empêchement existant, mais encore de rendre valide, depuis le moment où le consentement mutuel avait été donné, un mariage invalidement contracté, de telle sorte que toutes les conditions juridiques du mariage se réalisent sans qu'il soit besoin de renouveler le consentement. Les enfants nés depuis sont considérés comme parfaitement légitimes, quand même un des deux époux putatifs serait mort sur ces entrefaites.

II. Une dispense *in radice* a été souvent donnée en une seule fois et pour une multitude de cas, lorsque, à la suite de difficultés religieuses et politiques, plusieurs mariages invalides ayant été conclus dans un pays, il était nécessaire de les valider pour prévenir de graves inconvénients temporels et pourvoir au salut des âmes. L'archevêque de Trèves, Clément Venceslas, qui avait participé au congrès d'Ems (voy. ci-dessus, p. 306, note 4) et accordé des dispenses sans indult du pape, fit demander depuis et obtint des lettres appelées *sanatoria*, pour réparer le vice de ces dispenses.

ADDITION DU TRADUCTEUR.

Dans un diocèse de France, il n'y a pas longtemps, des vicaires capitulaires ayant accordé des dispenses en vertu d'indults obtenus par l'évêque défunt, des difficultés s'élevèrent sur la validité de ces dispenses. Rome fut consultée, et la Pénitencerie répondit : *Sacra Pœnitentiaria, expositis mature perpensis, omnia matrimonia nulliter contracta, de quibus in precibus, in radice sanat et convalidat*. Pie VII, par l'organe du cardinal Caprara, accorda aux évêques de France le pouvoir de dispenser *in radice* pendant un an pour tous les mariages contractés jusqu'au 14 août 1804. Ce pouvoir fut renouvelé par un indult du 7 février 1809. Il fut accordé le 27 septembre 1820 à l'évêque de Poitiers pour les mariages contractés devant les prêtres de la *Petite Église* [2].

Le même pape dispensa *in radice* de plusieurs mariages invalidement conclus pendant la Révolution, notamment par

---

[1] Sanchez, *De matrimonio*, lib. VIII, disp. VII; Knopp, *Eherecht*, p. 508, 3ᵉ éd.; Schulte, *Handbuch*, p. 388; Kutschker, *Eherecht*, t. V, p. 330; Phillips, *Lehrbuch*, § 279; Feye, *loc. cit.*, cap. XXXV, § 3, n. 765, p. 770.

[2] Voyez l'abbé André, *Cours de droit canon*, au mot *Dispense*.

des prêtres¹. Pie IX, lors de la conclusion du concordat autrichien en 1856, revalida les mariages contractés en Autriche avec divers empêchements sous l'empire de la législation civile².

III. Il est aussi des cas, lorsque la nullité du mariage provient d'un empêchement de droit public dont il peut être dispensé, où la dispense *in radice* s'emploie comme une dernière ressource, principalement lorsque, la nullité du mariage étant inconnue à une et peut-être aux deux parties, il est à craindre que sa révélation ne rende le mariage malheureux, que les conjoints ne refusent de renouveler leur consentement et n'arrivent à une séparation.

§ 213. Les dispenses de mariage dans l'Église protestante et les empêchements de droit civil.

I. Dans l'Église protestante, les dispenses sont régulièrement données par les consistoires, en vertu d'un mandat du souverain, agissant comme évêque du pays. Dans les cas graves, elles sont réservées au souverain lui-même, appuyé du ministère³.

II. Quand les empêchements de mariage sont en même temps de droit civil ou de droit civil seulement, la dispense doit être demandée au gouvernement⁴ : en Prusse, par exemple, elle est demandée au premier président de la province, et, dans les cas graves, au ministère.

§ 214. V. Effets du mariage.

Ces effets sont en partie d'une nature morale et ressortissent par conséquent au for intérieur. Ceux qui concernent la fortune tombent dans le domaine civil. Les effets ecclésiastiques et civils du mariage sont la fidélité réciproque⁵, la communauté de domicile dans le lieu où réside le mari, l'obligation du devoir

---

¹ Voyez sur ce cas et autres semblables les détails dans Kutschker, *op. cit.*, p. 363.
² Voy. Pii IX rescr. *ad episc. Austriæ*, du 17 mars 1856 (dans Kutscher, *op. cit.*, p. 365).
³ Voir les détails dans Richter, *Droit ecclés.*, § 280, n. II, p. 956, 7ᵉ édit.
⁴ Sur la question de savoir jusqu'à quel point la dispense ecclésiastique est valable civilement, voyez l'exposé des différentes lois civiles dans Schulte, *Handbuch des Eherechtes*, p. 571.
⁵ C'est le droit canon qui, le premier, a imposé à l'homme le devoir de la fidélité.

conjugal, la légitimation des enfants nés des deux époux avant le mariage, excepté les enfants adultérins[1].

Dans un mariage putatif, c'est-à-dire invalide parce qu'une partie ou les deux ignoraient qu'il le fût, les enfants qui en proviennent sont considérés comme légitimes tant que les deux parties ignorent l'invalidité. Il n'en est pas de même des enfants engendrés avant le mariage putatif. Les mariages morganatiques, ou mariages de la main gauche, sont pleinement valides aux yeux de l'Église; seulement ils n'ont pas tous les effets civils en ce qui concerne les droits de rang et d'héritage pour l'un des époux (ordinairement pour la femme) ni pour les enfants[2].

§ 215. Dissolution du lien matrimonial.

Le lien du mariage est dissous :

1° Par la mort, et de plus, chez les protestants, par le divorce.

ADDITION DU TRADUCTEUR.

Pour permettre un second mariage, il faut des preuves moralement certaines de l'extinction du premier. Une absence de plusieurs années, sans aucune nouvelle, ne suffirait point. « Quæsivisti, » disait en 1188 Clément III à un évêque, « quid agendum sit de mulieribus quæ viros suos causa captivitatis vel peregrinationis absentes ultra septennium præstolatæ fuerint nec certificari possunt de vita vel de morte ipsorum, licet super hoc sollicitudinem adhibuerint diligentem et pro juvenili ætate seu fragilitate carnis nequeunt continere, petentes aliis matrimonio copulari. Consultationi ergo tuæ respondemus quod *quantocumque annorum numero* ita remaneant, viventibus viris suis non possunt ad aliorum consortium canonice convolare, nec auctoritate Ecclesiæ permittas contrahere, donec certum nuncium recipiant de morte virorum[3]. »

---

[1] *I Cor.*, VII, 3, 4; c. III, C. 27, q. 2. Cf. c. XIX, XXI, XXII, XXIII, XXVI, c. 27, q. 2.

[2] C. VIII, XIII, XVI, X, qui filii sint legitimi, IV, 17; c. III, VI, X, de eo qui duxit in matrimonium quam polluit per adulterium, IV, 7. Cf. Benoît XIV, const. *Redditæ sunt nobis*, de 1744; Schulte, *Eherecht*, p. 101; Kutschker, *Eherecht*, t. V, p. 412. La nouvelle doctrine protestante (cf. J.-H. Bœhmer, *Jus eccl. prot.*, lib. IV, tit. XVII, § 22; Dieck, *Beitrag zur Lehre von der Legitimation*, Halle, 1838; Bangerow, *Lehrbuch der Pandekten*, § 255, remarq. 2 de la 7ᵉ édit., avec les citations); et l'*OEsterr. Civilgesetzbuch*, § 161 (voyez aussi *Ministerialerlass* du 30 juin 1857, *Archives*, t. XI, p. 434) admettent la légitimation *per subsequens matrimonium*, même pour les enfants adultérins.

[3] Cap. In præsentia, XIX, de sponsalibus et matrim.

On oppose le chapitre *Quoniam*, 5, *Ut lite contestata*, § *Si autem*, où Innocent III parle en ces termes : « Si autem de carnali conjugio sit agendum, tandiu alteruter conjugum expectetur, donec de ipsius obitu vero similiter præsumatur. » Mais puisque la grande règle est d'éviter l'antilogie des lois, il faut entendre les paroles de ce pontife non d'une vraisemblance conjecturale, mais d'une présomption de droit qui aille jusqu'à la certitude et établisse le *certum nuncium* de Clément III. Et c'est aussi ce qu'exige Luce III par ces paroles : « Super matrimoniis quæ quidam ex vobis, nondum habita obeuntis conjugis certitudine, contraxerunt, id vobis respondemus ut nullus amodo ad secundas nuptias migrare præsumat, *donec ei constet* quod ab hac vita migraverit conjux ejus[1]. » Qui dit *donec constet* ne dit point *donec conjecturaliter præsumat*.

Cela est si vrai que, selon le commun sentiment des maîtres, la déposition d'un seul témoin *de visu* ne suffit pas pour constater la mort d'une personne, parce que, selon le droit, *vox unius, vox nullius*.

2° Un mariage non consommé peut être dissous par dispense du pape[2]. Ce cas est rare ; il ne se présente d'ordinaire que lorsque l'impuissance, la contrainte, l'erreur ou une condition déficiente est moralement certaine, mais non attestée par toutes les preuves juridiques.

3° Tant que le mariage n'est pas consommé (et chaque partie peut attendre deux mois avant de le consommer), chacun des conjoints est libre de faire un vœu solennel[3], ou le mari d'entrer dans les ordres. Le mariage est alors dissous. Mais ils ont besoin d'une dispense pour faire des vœux solennels.

4° Quand le mariage est consommé, l'un des conjoints ne peut entrer dans un couvent, et, s'il s'agit du mari, recevoir les ordres qu'avec le consentement de l'autre. Si le mari reçoit les ordres ou entre dans un couvent, la femme doit aussi se retirer dans une maison religieuse ; elle ne peut rester dans le monde et habiter un « lieu honnête » que si elle est âgée de quarante-cinq ans.

Quand les époux sont séparés de corps et de biens, *quoad*

---

[1] Cap. Dominus, II, de secundis nuptiis, lib. IV, tit. XXI.

[2] Les preuves de ce pouvoir du pape sont fournies en grande partie par les décisions de la Congrégation du concile. *(Note du trad.)* — Voyez Schulte, *Eherecht*, p. 426-430 ; Kutschker, *Eherecht*, t. I, p. 307 ; Feye, *loc. cit.*, cap. xxx, n. 601, p. 489. Ce dernier cite en supplément, p. 803, tous les récents exemples.

[3] Lib. X, III, 32, de conversione conjugatorum.

torum, quoad mensam, la partie innocente peut ou entrer dans un couvent ou recevoir les ordres.

§ 216. Séparation de corps et de biens selon le droit catholique

I. La séparation perpétuelle de corps et de biens n'est admissible qu'en cas d'adultère ou de sodomie. Pour l'apostasie et l'hérésie, la pratique actuelle n'autorise qu'une séparation temporaires de corps et de biens. On peut aussi demander une séparation pour un temps déterminé ou indéterminé, selon les circonstances, lorsque de graves dangers temporels ou spirituels sont à craindre pour l'époux qui la demande : tels sont, notamment, la tentation d'induire au crime l'autre époux, le péril de la vie et les mauvais traitements, la haine et l'aversion, le trouble de l'esprit ou une maladie longue et contagieuse.

II. La séparation, qu'elle soit temporaire ou perpétuelle, ne doit jamais être faite par la seule autorité des époux, mais d'une manière juridique.

III. Pour qu'une demande en séparation perpétuelle pour cause d'adultère soit admissible, il faut que l'adultère soit formel, et non pas seulement matériel; il faut qu'il ait été réellement accompli. Il ne faut pas non plus que la partie plaignante ait déjà pardonné à la partie coupable, soit expressément, soit tacitement, par exemple, en rendant le devoir conjugal après avoir connu l'adultère. Le plaignant est également repoussé quand il

---

¹ x, IV, 19, de divortiis; Sanchez, *De matrimonio*, lib. X; Carrière, *Prælectiones theolog.*, part. II, n. 330, t. I, p. 240; Knopp, *Eher.*, p. 535; Schulte, *Handbuch*, p. 430; Kutschker, *Eherecht*, t. V, p. 661; le même, *Ehescheidung und Ehescheidungsprocess*, Freisingue, 1864; Schulte, *Darstellung des Processes vor den kath. geistl. Ehegerichten* (Archives, t. I, et imprimé à part, Giessen, 1868); Dworzak, *Aus den Erfahrungen eines Untersuchungsrichters in Ehestreitsachen*, Vienne, 1867. Voy. aussi *Instructio Congregat. concilii* du 22 août 1840, sur la procédure en matière de mariage, Archives, t. XVI, p. 467; *OEsterr. Anweis.*, §§ 205-210, et l'*Instruction* du cardinal Rauscher (Archives, t. I, p. 235; t. XV, p. 126; t. XVI, p. 457); Vering, *Darstellung einer Ehescheidungsklage* (en Bavière) *in ihren einzelnen Processtadien durch drei Instanzen* (Archives, t. XIII, p. 33, 177); Feye, *loc. cit.*, cap. XXVIII, p. 458; Weber (v. § 178 cit.); Kutschker, *Die Mitwirkung der Pfarrer und bischœfl. Untersuchungscommissære zu den ehegerichtlichen Amtshandlungen* (Archives, t. XII, p. 260); v. Oberkamp, même sujet, *ibid.*, t. XXVIII, p. 134; le même, *Das Processverfahren bei den katholischen Ehegerichten II und III Instanz in Bayern.* (Archives, t. XVIII, p. 294).

s'est rendu lui-même coupable d'adultère ou qu'il a induit l'autre partie à le commettre.

IV. Avant d'accepter la plainte en séparation, le curé doit essayer, dans des intervalles de huit en huit jours, à trois ou au moins à deux reprises, de réconcilier les époux. On peut cependant dispenser de cette tentative de réconciliation en cas d'impossibilité[1]; le tribunal, sur la demande de l'une ou de l'autre partie, autorise alors une séparation provisoire quant à l'habitation.

V. L'adultère est suffisamment prouvé par une « violente présomption; » une surprise en flagrant délit n'est pas absolument nécessaire[2]. L'aveu seul ne fournit pas une preuve complète, le juge doit encore s'assurer s'il n'y a pas eu connivence coupable entre les deux parties[3]. Le serment *delatum* ou *relatum* est absolument inadmissible; on doit même user de grandes précautions en imposant à l'un des époux des témoins assermentés. Après deux jugements conformes, aucun autre appel n'est recevable[4].

VI. Les intérêts de fortune[5] sont aujourd'hui réglés partout par les tribunaux civils, de même que ce qui regarde l'éducation des enfants des époux séparés.

VII. Les époux peuvent revenir à la société conjugale sans le concours du juge. La partie innocente peut toujours réclamer la réunion; si elle commet elle-même un adultère, le juge doit l'obliger d'office de retourner à son conjoint[6].

§ 217. VI. La séparation du mariage dans l'Église protestante et selon le droit civil[7].

I. La séparation temporaire de corps et de biens est expressément maintenue dans une foule de règlements ecclésiastiques

---

[1] Voyez l'instruction du cardinal Rauscher, 1856, dans les *Archives*, t. XV, p. 126.

[2] C. XXVII, X, de testib., II, 20; c. XII, X, de præsumpt., II, 23. Voyez *Œsterr. Anweis.*, § 220.

[3] Voyez *Œsterr. Anweis.*, § 232. — [4] Voyez *Œsterr. Anweisung*, § 239.

[5] Autrefois, cette affaire ressortissait aussi aux tribunaux ecclésiastiques, c. III, X, de donat. int. V. et U., IV, 10; c. IV, X, eod.

[6] C. V, X, de divort., IV, 19.

[7] Strippelmann, *Das Ehescheidungsrecht nach gemeinen und besonders nach hessischem Recht*, Cassel, 1854; Büff, *Kurhess. Kirchenrecht*, §§ 268-271; Ja-

du seizième siècle, principalement pour cause de sévices. Mais depuis que la rupture du lien lui-même est devenue si facile, elle n'a plus lieu en pratique, comme mesure provisoire, que lorsqu'on a fait une demande en séparation : on l'emploie alors comme un essai de réconciliation ou pour prévenir les mauvais traitements.

Les règlements ecclésiastiques s'appuient sur l'autorité des réformateurs et sur le droit romain. Ils permettent une séparation perpétuelle, la dissolution même du lien conjugal, en cas d'adultère ou de « désertion coupable, » *malitiosa desertio*; ils autorisent la partie innocente à se marier sans dispense, et la partie coupable après dispense. Il n'est pas défendu aux conjoints séparés de se remarier entre eux; mais quand la séparation a été complète, il faut un nouveau mariage : la permission peut en être refusée quand la séparation a été contraire à la loi ecclésiastique ou illicite. C'est le consistoire ou le conseil ecclésiastique supérieur qui décide s'il faut permettre un nouveau mariage [1].

II. Les règlements ecclésiastiques en vigueur dans le Hanovre, le Brunschwig, le Lauenbourg, le Mecklembourg et la Saxe ne reconnaissent comme raisons de divorce que l'adultère et l'abandon coupable. Aux seizième et dix-septième siècles, ces deux motifs étaient aussi les seuls qui fussent généralement admis. Mais après que Thomasius (mort en 1728), Samuel Stryk, etc., eurent accrédité cette fausse opinion, combattue par J.-H. Bœhmer dans son *Droit ecclésiastique protestant*, que le mariage n'était qu'un contrat privé, subordonné aux fins que se proposaient les contractants, le divorce ne fut plus au-

---

cobson, *Preuss. Kirchenrecht*, §§ 143-145 ; Hauber, *Württemb. Eherecht der evang. Kirche (Recht und Brauch der evang.-luther. Kirche in Württemberg*, t. II), Stuttgard, 1859, §§ 191-251 ; Bartels, *Ehe und Verlœbniss nach gemeinem und particularem Rechte in der Provinz Hannover*, Hanovre, 1871, §§ 74-81 ; Richter, *Lehrbuch*, § 287 ; le même, *Beitræge zur Geschichte des Ehescheidungsrechtes in der evang. Kirche*, Berlin, 1858 ; Mejer, *Lehrbuch des deutschen Kirchenrechtes*, 3ᵉ éd., § 233.

[1] Un avis des syndics de la couronne prussienne, en 1856, portait que les autorités civiles sont incompétentes pour décider les plaintes pour refus de mariage. Cet avis est reproduit dans les *Archives*, t. XXVI, p. 91. — D'après un ordre du cabinet prussien, juin 1873, c'est le ministre de la justice qui doit décider sur un rapport des tribunaux. Voyez *Gazette populaire de Cologne*, 1873, n. 184, 2ᵉ feuille.

torise seulement dans les cas qui entraînaient la peine de mort ou le bannissement pour crime, et qui produisaient par conséquent la séparation des époux; on alla plus loin encore : en Prusse, dans le *Preussisch. Landrecht*[1]; en France, dans certains articles du Code civil supprimés plus tard[2]; à Bade[3]; en Autriche, d'après le Code des protestants[4], on permit le divorce quand les fins privées du mariage étaient rendues inefficaces par le malheur de l'une des parties, par une infirmité de l'esprit ou du corps, par une aversion réciproque ou un simple caprice.

La patente des mariages de Saxe-Gotha, du 15 août 1834, l'ordonnance matrimoniale de Saxe-Altenbourg[5], du 12 mai 1837, et la loi du divorce pour Schwarzbourg-Sondershausen n'allèrent pas aussi loin que le *Landrecht* prussien[6]. Comme ce dernier, le Code des lois civiles saxon[7] établit une jurisprudence excessivement large en matière de divorce : les moindres fautes, comme celles qui entraînaient la perte de la liberté pendant trois ans[8]; un malheur, telle qu'une maladie mentale[9], étaient des causes suffisantes de divorce. Plusieurs protestants éminents[10] ont vainement essayé de nos jours, et la pratique prus-

---

[1] *Allg. Preuss. Landrecht*, part. I, tit. I, § 668.

[2] Code civil, art. 229-280. Le Code civil français permettait aussi une séparation à l'amiable, mais il y attachait des formalités si sévères qu'elle se présenta rarement, d'autant plus que le divorce était inadmissible pour les catholiques. Plus tard, en 1816, le divorce fut exclu même par la loi civile, aussi bien pour les protestants et autres dissidents que pour les catholiques. En Alsace-Lorraine, le divorce a été rétabli sous la domination prussienne. Voyez tome Ier, p. 356.

[3] *Badisches Landrecht*, § 220. — [4] *Œsterr. bgl. Gesetzbuch*, § 93. — [5] *Sæchs. Altenb. E.-O.*, § 194. — [6] Voyez Richter, *Lehrbuch*, § 287, note 27, 7e édit. — [7] *Sæchsisches bgl. Gesetzbuch*, § 1712. — [8] *Ibid.*, § 1740. — [9] *Ibid.*, § 1743. Voyez aussi § 1742.

[10] Ont agi dans ce sens : Otto v. Gerlach, *Ueber die heutige Gestalt des Eherechtes*, Berlin, 1833, 2e éd., 1842; le même, *Welches ist die Lehre und das Recht der evang. Kirche zunæchst in Preussen in Bezug auf die Ehescheidungen?* Erlangen, 1839; Savigny, *Darstellung der in den Preuss. Gesetzen über die Ehescheidung unternommenen Reform*, Berlin, 1844, et du même, *Vermischten Schriften*, t. V, p. 222; Julius Müller, *Ueber Ehescheidung und Wiederverehelichung geschiedener Gatten*, Berlin, 1855; Strippelmann, Richter et Mejer, op. cit. Voyez aussi : *Verhandlungen über den Entwurf des Ehescheidungsgesetzes in dem Hause der Abgeordneten*, Berlin, 1857; *Verhandlungen über den Gesetzentwurf, das Eherecht betr.*, Berlin, 1859, 1860, 1861, 3 vol.; E. Huschke, *Was lehrt Gottes Wort über die Ehescheidung?* Leipsig et Dresde, 1860; G. Chr. Ad. v. Harless, *Die Schei-*

sienne a inutilement tenté de faire prévaloir des idées plus sérieuses, en demandant qu'il n'y eût séparation que lorsqu'une des parties serait coupable.

III. En Prusse [1], depuis 1875, la dissolution du mariage peut être prononcée dans tous les cas où l'ancien droit permettait la séparation permanente de corps et de biens; et si, avant le jour où cette loi entrera en vigueur, une déclaration en séparation définitive de corps et de biens a été prononcée, chacun des époux peut, quand ils ne sont pas réunis, demander, en s'appuyant du jugement rendu, la dissolution du lien conjugal devant les tribunaux ordinaires.

ADDITION DU TRADUCTEUR.

En ce qui est de la France en particulier, le Code civil statue ce qui suit relativement à la séparation de corps :

Art. 306. Dans le cas où il y a lieu à la demande en divorce pour cause déterminée, il sera libre aux époux de former demande en séparation de corps.

Art. 307. Elle sera intentée, instruite et jugée de la même manière que toute action civile; elle ne pourra avoir lieu par le consentement mutuel des époux.

Art. 308. La femme contre laquelle la séparation de corps sera prononcée pour cause d'adultère, sera condamnée, par le même jugement et sur la réquisition du ministère public, à la réclusion dans une maison de correction pendant un temps déterminé, qui ne pourra être moindre de trois mois ni excéder deux années.

Art. 309. Le mari restera le maître d'arrêter l'effet de cette condamnation, en consentant à reprendre sa femme.

Art. 311. La séparation de corps emportera toujours la séparation de biens.

La simple séparation de biens, qui n'a rien de commun avec la séparation de corps, ne produit d'effet que par rapport aux intérêts civils, et ne change en rien l'état des conjoints quant au devoir conjugal. Voici ce que le Code civil a statué sur la séparation de biens :

Art. 1443. La séparation de biens ne peut être poursuivie qu'en justice par la femme dont la dot est mise en péril, et lorsque le

---

dungsfrage. *Untersuchung der ... Schriftstellen*, Stuttgard, 1860; v. Scheurl, *Die Scheidungsgründe eines christlichen Eherechtes* (Angef. Samml., livrais. 4, p. 525); le même, *Juristische Prüfung der Schriftgrundlage des Scheidungsrechtes* (p. 541); du même, *Ehereform in Bayern, Zeitschrift für Kirchenr.*, VI, p. 1.

[1] Voy. *Deutsches Reichs-Civilehegesetz* de 1875, § 77; voy. aussi § 78.

désordre des affaires du mari donne lieu de craindre que les biens de celui-ci ne soient point suffisants pour remplir les droits et reprises de la femme. — Toute séparation volontaire est nulle.

Art. 1444. La séparation de biens, quoique prononcée en justice, est nulle, si elle n'a point été exécutée par le paiement réel des droits et reprises de la femme, effectué par acte authentique jusqu'à concurrence des biens du mari, ou au moins par des poursuites commencées dans la quinzaine qui a suivi le jugement, et non interrompues depuis.

Art. 1445. Toute séparation de biens doit, avant son exécution, être rendue publique par l'affiche sur un tableau à ce destiné, dans la principale salle du tribunal de première instance, et de plus, si le mari est marchand, banquier ou commerçant, dans celle du tribunal de commerce du lieu de son domicile; et ce, à peine de nullité de l'exécution.

Le jugement qui prononce la séparation de biens, remonte, quant à ses effets, au jour de la demande.

Art. 1446. Les créanciers personnels de la femme ne peuvent, sans son consentement, demander la séparation de biens.

Néanmoins, en cas de faillite ou de déconfiture du mari, ils peuvent exercer les droits de leur débitrice jusqu'à concurrence du montant de leurs créances.

Art. 1447. Les créanciers du mari peuvent se pourvoir contre la séparation de biens prononcée et même exécutée en fraude de leurs droits; ils peuvent même intervenir dans l'instance sur la demande en séparation pour la constater.

Art. 1448. La femme qui a obtenu la séparation de biens, doit contribuer, proportionnellement à ses facultés et à celles du mari, tant aux frais du ménage qu'à ceux d'éducation des enfants communs.

Elle doit supporter entièrement ces frais, s'il ne reste rien au mari.

Art. 1449. La femme séparée, soit de corps et de biens, soit de biens seulement, en reprend la libre administration.

Elle peut disposer de son mobilier et l'aliéner.

Elle ne peut aliéner ses immeubles sans le consentement du mari, ou sans être autorisée en justice, à son refus.

Art. 1451. La communauté dissoute par la séparation, soit de corps et de biens, soit de biens seulement, peut être rétablie du consentement des deux parties.

Elle ne peut l'être que par un acte passé devant notaires et avec minute, dont une expédition doit être affichée dans la forme de l'article 1445.

En ce cas, la communauté rétablie reprend son effet du jour du mariage; les choses sont remises au même état que s'il n'y avait point eu de séparation, sans préjudice néamoins de l'exécution des actes qui, dans cet intervalle, ont pu être faits par la femme en conformité de l'article 1449.

Toute convention par laquelle les époux rétabliraient leur communauté sous des conditions différentes de celles qui la réglaient antérieurement, est nulle.

IV. En Suisse, la loi de 1875, art. 43, sur le mariage civil, porte ce qui suit : « Les plaintes en séparation et les plaintes en nullité de mariage doivent être déférées au tribunal de la résidence de l'époux. L'article 29 de la loi fédérale sur l'organisation de l'administration de la justice fédérale (27 juillet 1874) renvoie la question d'éducation au tribunal de la confédération. »

Quand il n'y a pas de résidence en Suisse, la plainte peut être portée au lieu natal, ou au lieu de bourgeoisie, ou au dernier endroit de la résidence de l'époux.

« Art. 44. Après avoir entendu la plainte, le juge permet à la femme, si on l'exige, de vivre séparée de son mari, et prend les mesures requises pour l'entretien de la femme et des enfants pendant la durée du procès.

» Art. 45. Si les deux époux demandent la séparation, le tribunal la prononcera quand l'état des choses permettra de croire que la vie en commun est incompatible avec l'essence du mariage.

» Art. 46. Sur la demande d'un seul des époux, le mariage doit être dissous : *a.* pour cause d'adultère, quand il ne s'est pas écoulé plus de six mois depuis que la partie lésée en a eu connaissance ; *b.* pour cause d'attentat contre la vie, de sévices graves ou de profondes atteintes à l'honneur ; *c.* pour cause de condamnation à une peine infamante ; *d.* pour cause d'abandon coupable, quand il dure depuis deux ans et qu'une invitation juridique de rentrer dans l'espace de six mois a été vaine ; *e.* pour cause de maladie mentale, quand elle dure depuis trois ans et a été déclarée incurable.

» Art. 47. Quand il n'existe aucun des motifs susdits de séparation et que cependant les relations conjugales semblent gravement compromises, le juge peut prononcer ou une séparation définitive ou une séparation de corps et de biens. Cette dernière ne doit pas être prononcée pour plus de deux ans. Si la réunion n'a pas lieu pendant ce temps, on peut renouveler la plainte en séparation définitive, et le tribunal décide à son gré.

» Le tribunal peut proroger ce terme pour trois ans.

» Art. 49. Les autres conséquences du divorce ou de la séparation de corps et de biens, relativement aux droits personnels des époux, à leurs intérêts de fortune, à l'éducation et instruction des enfants, aux dédommagements que doit fournir la partie coupable, sont réglées par la législation du canton à laquelle l'époux est soumis. »

Le tribunal décide ces questions d'office ou à la demande des parties, dans le temps même où il prononce sur la plainte en séparation.

V. La procédure en matière de divorce, dans le droit protestant comme dans le droit civil [1], est soumise aux prescriptions générales du droit canon, sauf quelques exceptions de droit privé. Cependant il s'est établi une procédure particulière pour le cas d'abandon coupable [2]. Quand l'époux a abandonné le domicile, et qu'on connaît la résidence de l'époux fugitif, on ordonne à ce dernier, *sub præjudicio malæ desertionis*, de revenir. S'il est contumax, on prononce la séparation. Si la résidence est inconnue, le plaignant doit attester par serment son ignorance et la diligence qu'il a mise dans ses recherches; alors l'absent est cité par trois fois *edictaliter*. S'il revient, il doit se purger par serment du soupçon d'adultère et revenir au mariage. S'il ne revient pas après le temps voulu, le décret de divorce est rendu.

§ 218. Déclaration de la nullité du mariage [3].

I. Quand l'empêchement est de droit privé, la partie lésée

---

[1] Pour l'Autriche, voyez *II Hauptstück des allgem. bürgl. Gesetzbuches und Hofdecret vom 23 Aug. 1819.* Cf. Schulte, *Handbuch des Eherechtes*, p. 581.

[2] Cf. Hinschius, *Beiträge zur Geschichte des Desertionsprocesses* (*Zeitschrift für Kirchenrecht*, t. II, p. 1); Goeschen, *Doctrina de matrimonio*, note 223; Richter, *Kirchenordnungen des 16 Jahrhunderts*, t. II, p. 517; Strippelmann, *op. cit.*, p. 240, 290.

[3] x, Qui matrimonim accusare possunt vel contra illud testari, IV, 18; Sanchez, *De matrim.*, lib. VII, disp. c; Knopp, *Eherecht*, p. 80; Schulte, *Handbuch*, p. 441; le même, *Darstellung des Processes*, etc. (sur le § 211, p. 754, n. 3); Kutschker, *Eherecht*, t. V, p. 435, 701; Feye, *loc. cit.*, cap. XXVIII. Voyez aussi les ouvrages et les articles cités plus haut, p. 728, n. 4, de Dworzak, Rauscher, Kutscker, Oberkampf; *Œsterr. An-*

peut seule intenter une action en nullité[1]. Quant aux empêchements de droit public, quiconque ne demande pas la séparation dans son propre intérêt, peut les faire valoir[2]. Lorsqu'un empêchement de cette sorte est publiquement connu, le tribunal procède d'office[3]. C'est dans ce but qu'un « fiscal du Saint-Siège » est établi dans chaque diocèse[4]. Quand l'une des parties ou les deux sont déjà mortes, il n'y a plus lieu à aucune action en nullité[5].

II. Le tribunal, après que l'action en nullité est introduite, s'efforce, par l'entremise du curé ou d'un autre prêtre, d'amener les parties, s'il est possible, à revalider le mariage, par exemple, en demandant dispense[6], etc. Cependant, même après que l'action est introduite, la suppression de la communauté n'est prononcée que lorsque la vie en commun exciterait du scandale, ou que la fornication serait à craindre entre les parties[7].

III. Benoît XIV, dans la bulle *Dei miseratione* du mois de novembre 1741[8], ordonne, sous peine de nullité de la procédure, que, dans tout acte relatif à un procès en nullité, on appelle, même depuis l'enquête préparatoire, « un défenseur du mariage » assermenté, autant que possible un ecclésiastique, qui recherche et fasse valoir d'office tout ce qui milite en faveur du mariage.

IV. Le juge doit aussi, au lieu de s'en rapporter absolument aux dires des parties, rechercher d'office tout ce qui peut aider à découvrir la vérité.

V. On présume toujours la validité du mariage[9]. Il faut donc fournir la preuve complète de l'empêchement.

---

weisung, § 115. Voyez les cas cités par Schulte, *Archives*, t. XI, p. 220, 337, et par Dworzak, *ibid.*, t. XIII, p. 309.

[1] *Œsterr. Anweisung*, §§ 116-119, 132. Voyez Kutschker, *Eherecht*, t. V, p. 703, 721; c. XI, X, qui filii sint legit., IV, 17. — [2] *Œsterr. Anweisung*, § 115; c. v, X, h. t., IV, 18. — [3] C. III, eod; *Œsterr. Anweisung*, § 122. — [4] Voyez Kutschker, *op. cit.*, p. 756. — [5] Voyez Kutschker, *op. cit.*, p. 714; c. XI, X, qui filii. — [6] *Œsterr. Anweisung*, § 133. — [7] C. II, X, ut lite pend., II, 16; c. XIII, X, de restit. spol., II, 13; c. X, X, eod.

[8] Benoît XIV, constitution *Dei miseratione* de novembre 1741 (reproduite dans *Bullar. magn.*, t. XVI; dans l'édition du *Concile de Trente* de Richter, p. 565, et dans Schulte, *Handbuch des Eherechtes*, p. 465), §§ 5-7; *Œsterr. Anweisung*, §§ 124, 146, 161, 176, 180.

[9] *Œsterr. Anweisung*, § 147; Kutschker, *op. cit.*, p. 830.

VI. L'aveu[1], la déclaration par serment des parties[2] ne sont pas reçus comme moyens de preuve. Dans les affaires de famille sur lesquelles ils sont en mesure d'être le mieux renseignés, par exemple, sur la consanguinité, l'affinité, le consentement au mariage, l'impuissance, on admet surtout comme témoins les parents et les familiers, quand on n'a pas de raison de douter de leur crédibilité[3].

VII. Avant de prononcer la sentence définitive, on doit tenir une dernière séance, y appeler les parties et le « défenseur du mariage, » afin, s'il est possible, d'amener une revalidation du mariage[4].

VIII. Il n'est pas nécessaire que les motifs de la décision soient ajoutés au jugement ecclésiastique[5].

IX. Le jugement n'a jamais force de droit[6] ; on peut, au contraire, interjeter appel dans une mesure plus large, ou faire une demande en restitution, notamment à cause des nouveaux moyens de preuve qu'on a découverts, ou intenter une action en nullité. Ce dernier cas a lieu surtout quand la sentence a été rendue par un juge incompétent, ou qu'une partie essentielle de la procédure juridique a été omise, ou qu'on a délibéré sans avoir appelé le « défenseur du mariage. »

L'appellation est permise au plaignant quand le jugement de première instance s'est déclaré pour la validité du mariage ; mais si la seconde, ou même la troisième instance s'est prononcée pour la validité du mariage, nulle appellation n'est plus recevable. Que si, au contraire, la première instance s'était prononcée pour la nullité du mariage, le « défenseur » devrait appeler de ce jugement, quand même aucune des parties ne le

---

[1] C. v, X, de eo qui cogn., IV, 13 ; c. vii, X, de frig. et malif., IV, 15. Voyez *Anweisung*, § 142, excepté dans un empêchement privé de mariage, quand l'aveu est en faveur du mariage. Voyez *Anweisung*, §§ 149, 172.

[2] Arg. c. xi, X, de transact., I, 36. Voyez *Anweisung*, § 167 ; Kutschker, *op. cit.*, p. 855.

[3] C. iii, X, h. t.; Palea, in can. ii, C. 35, q. vi ; c. ix, X, de testib. et attest., II, 20.

[4] *Œsterr. Anweisung*, §§ 178, 192.

[5] Voyez l'ordonnance du cardinal Rauscher, de 1857, dans les *Archiv.*, t. XVI, p. 457.

[6] C. vii, X, de sentent. et re jud., II, 27 ; c. v, X, de frigid. et malef.; IV, 15, c. vi, eod.; Bened. XIV, const. *Dei miserat.*, cit. § 11 ; *Œsterr. Anweisung*, § 196.

ferait. Si le jugement de la seconde instance est en faveur de la nullité, c'est au « défenseur du mariage » à décider dans sa conscience s'il doit ou ne doit pas en appeler encore. Quand le mariage a été déclaré invalide en première et en troisième instances, et valide en seconde instance, le défenseur doit en appeler à une quatrième, dont la décision fera loi. Si la première et la deuxième instances se sont prononcées contre le mariage, et la première en sa faveur, le plaignant peut invoquer la quatrième, mais il doit s'en tenir à sa décision.

X. Le droit protestant et les lois civiles admettent en substance les règles établies par le droit canonique [1]. Mais on n'y voit point de « défenseur du mariage. » Seules, les législations autrichienne [2] et prussienne [3] l'ont remplacé par quelque chose d'analogue. Il est également admis, dans le droit particulier, et chez les protestants en général, que le jugement en nullité de mariage a force de droit, comme tout jugement ordinaire [4].

ADDITION DU TRADUCTEUR.

Voici, en ce qui concerne la France, les articles du Code civil sur les demandes en nullité de mariage :

---

[1] Sur l'admission d'un serment nécessaire chez les protestants, voyez Wetzell, *System des ordentlichen Civilprocesses*, 2e édit., Leipsig, 1865, p. 251, remarque IX; Strippelmann, *Ehescheidung*, p. 282; le même, *Der nothwend. Eide*, Cassel, 1857, p. 124; Büff, *Kurhess. Kirchenrecht*, p. 691; *Altenburgische Ehe-Ordnung*, § 252; *Preuss. Verordnung* du 29 juin 1869.
Dans le Hanovre, le § 25 de la loi du 1er mars 1869 (voyez tome Ier, p. 223) rejette la délation du serment, le serment de purgation et le serment « d'édition, » de la part d'une des parties. Le serment complémentaire est admis, mais la remise du serment complémentaire par l'adversaire de l'émission du serment ne produit pas le même effet. (Voyez Dove, dans Richter, *Lehrbuch*, § 285, note 9, 7e édit.)

[2] Voyez Barth. Barthenheim, *Das Ganze der œster. Administration*, t. II, p. 615.

[3] En Prusse, d'après l'ordonnance du 28 juin 1844, l'avocat général joue en partie le rôle de « défenseur du mariage; » il ne peut pas présenter des moyens de droit, mais il doit attaquer les mariages nuls par un empêchement de droit public, comme fait le fiscal du Saint-Siége d'après le droit canon. — L'avocat de la couronne, d'après la loi hanovrienne du 1er mars 1869, § 7, remplit les mêmes fonctions.

[4] D'après le rescrit prussien du 10 octobre 1816, dans Kamptz, *Jahrbuch*, t. VIII, p. 229; *Altenburg. Ehe-Ordnung*, § 257. — Pour le Hanovre, voyez Bartels, p. 379. — Dans la Hesse électorale, les protestants s'en tenaient encore au droit canon. Voyez Strippelmann, *Ehescheidungsrecht*, p. 279.

Art. 180. Le mariage qui a été contracté sans le consentement libre des deux époux, ou de l'un d'eux, ne peut être attaqué que par les époux, ou par celui des deux dont le consentement n'a pas été libre.

Lorsqu'il y a eu erreur dans la personne, le mariage ne peut être attaqué que par celui des deux époux qui a été induit en erreur.

Art. 181. Dans le cas de l'article précédent, la demande en nullité n'est plus recevable, toutes les fois qu'il y a eu cohabitation continuée pendant six mois depuis que l'époux a acquis sa pleine liberté ou que l'erreur a été par lui reconnue.

Art. 182. Le mariage contracté sans le consentement des père et mère, des ascendants, ou du conseil de famille, dans les cas où ce consentement était nécessaire, ne peut être attaqué que par ceux dont le consentement était requis, ou par celui des deux époux qui avait besoin de ce consentement.

Art. 183. L'action en nullité ne peut plus être intenté ni par les époux, ni par les parents dont le consentement était requis, toutes les fois que le mariage a été approuvé expressément ou tacitement par ceux dont le consentement était nécessaire, ou lorsqu'il s'est écoulé une année sans réclamation de leur part, depuis qu'ils ont eu connaissance du mariage. Elle ne peut être intentée non plus par l'époux, lorsqu'il s'est écoulé une année sans réclamation de sa part, depuis qu'il a atteint l'âge compétent pour consentir par lui-même au mariage.

Art. 144. L'homme avant dix-huit ans révolus, la femme avant quinze ans révolus, ne peuvent contracter mariage.

Art. 185. Néanmoins le mariage contracté par des époux qui n'avaient point encore l'âge requis, ou dont l'un des deux n'avait point atteint cet âge, ne peut plus être attaqué, 1° lorsqu'il s'est écoulé six mois depuis que cet époux ou les époux ont atteint l'âge compétent; 2° lorsque la femme qui n'avait point cet âge, a conçu avant l'échéance de six mois.

Art. 186. Le père, la mère, les ascendants et la famille qui ont consenti au mariage contracté dans le cas de l'article précédent, ne sont point recevables à en demander la nullité.

Art. 147. On ne peut contracter un second mariage avant la dissolution du premier.

Art. 188. L'époux au préjudice duquel a été contracté un second mariage, peut en demander la nullité, du vivant même de l'époux qui était engagé avec lui.

Art. 189. Si les nouveaux époux opposent la nullité du premier mariage, la validité ou la nullité de ce mariage doit être jugée préalablement.

- Art. 340. Quiconque étant engagé dans les liens du mariage en aura contracté un autre avant la dissolution du précédent, sera puni de la peine des travaux forcés à temps.

L'officier public qui aura prêté son ministère à ce mariage, connaissant l'existence du précédent, sera condamné à la même peine. (C. pén.)

Art. 228. La femme ne peut contracter un nouveau mariage qu'après dix mois révolus depuis la dissolution du mariage précédent.

XI. En Suisse, la loi civile sur le mariage contient encore les dispositions suivantes sur la déclaration en nullité du mariage :

Art. 50. « Un mariage qui a été conclu sans le libre consentement des deux ou de l'un des époux, par violence, tromperie ou erreur sur la personne, peut être déclaré invalide sur la plainte de la partie lésée. Cependant la plainte en nullité n'est plus recevable lorsqu'il s'est écoulé plus de trois mois depuis que ledit époux a recouvré sa pleine liberté ou reconnu l'erreur. »

Art. 51. « On doit procéder d'office en nullité du mariage quand il a été conclu contrairement aux dispositions de l'art. 28, chiffres 1, 2 et 3 (malgré le lien matrimonial existant, pour cause de consanguinité, d'affinité, d'imbécillité ou de maladie intellectuelle). »

Art. 52. « Un mariage conclu entre des époux dont les deux ou un seul n'ont pas encore atteint l'âge de majorité prescrit par l'article 27, peut être annulé sur la plainte du père, ou de la mère, ou du tuteur.

» Cependant la plainte en nullité n'est plus acceptable : *a*. quand les époux ont atteint l'âge légal ; *b*. quand la femme est devenue enceinte ; *c*. quand le père, ou la mère, ou le tuteur a consenti au mariage. »

Art. 53. « Ceux-là seuls peuvent porter plainte en nullité d'un mariage conclu sans le consentement des parents ou du tuteur (art. 27, al. 2) et sans les publications requises, dont le consentement était nécessaire, et ils ne le peuvent que jusqu'au moment où les époux ont atteint l'âge légal. »

Art. 54. « Un mariage conclu à l'étranger, sous la législation qui y est en vigueur, ne peut être attaqué ou annulé que lorsque la plainte est fondée, soit d'après la législation sous laquelle il y a été conclu, soit d'après la loi actuelle. »

Art. 55. « Quand on annule un mariage dans lequel les deux parties étaient de bonne foi, il en résulte, soit pour les époux, soit pour les enfants nés de ce mariage ou légitimés par lui, les conséquences civiles d'un mariage légitime. Si un seul des époux était de bonne foi, les conséquences civiles d'un mariage valide n'ont lieu que pour lui et pour les enfants.

» Enfin, si les deux époux étaient de mauvaise foi, les conséquences d'un mariage valide n'ont lieu que pour les enfants. »

Art. 56. « Quant aux mariages entre des étrangers, une plainte en séparation ou en nullité ne peut être admise par les tribunaux que lorsqu'il est prouvé que l'État auquel appartiennent les époux reconnaît le jugement qui doit être rendu. »

Art. 57. « Tous les jugements concernant la séparation ou la nullité d'un mariage doivent être immédiatement transmis, par les tribunaux qui les ont rendus, aux officiers de l'état civil du lieu de résidence et de la commune natale, qui doivent les noter à la marge du registre des mariages, à l'endroit où le mariage avait été inscrit. »

XII. D'après la loi sur le mariage civil de l'empire d'Allemagne, § 55, un mariage qui a été déclaré dissous, invalide ou nul, doit être noté dans le registre de l'état civil, à la marge de l'endroit où le mariage avait été inscrit.

ADDITION DU TRADUCTEUR.

Sur la révision des empêchements de mariage.

Si l'on jette un coup d'œil sur l'histoire de la législation relative aux empêchements du mariage, on remarque trois choses. Premièrement, l'Église, loin de considérer comme définitif son système des empêchements, s'est toujours efforcée de le réformer d'après les progrès et les nécessités des différentes époques. Deuxièmement, elle a eu égard à la législation civile en tant que celle-ci est l'expression de la morale publique, et elle l'a admise dans une certaine proportion. Troisièmement, les grandes transformations qui se sont opérées dans l'état moral des peuples, ont surtout influé sur cette partie de la législation ecclésiastique, notamment la jurisprudence du moyen âge et la révolution du seizième siècle. Ainsi une réforme de la législation matrimoniale où l'on tiendrait compte de la jurisprudence civile, est devenue nécessaire dans le temps présent, qui est incontestablement une période importante dans le développement intellectuel de l'Europe. La jurisprudence civile sur le mariage est devenue, en fait, valable sur le terrain ecclésiastique, et il semble plus convenable à la dignité de l'Église qu'elle établisse d'elle-même des règlements que de se les laisser imposer par l'État. Enfin, l'Église ne fera cesser la scission déplorable qui existe entre la législation ecclésiastique et la législation civile, elle ne rétablira l'unité, ou elle ne maintiendra l'unité rétablie, qu'en se mettant en harmonie avec les exigences du temps dans ce qu'elles peuvent avoir de légitime.

Ainsi 1° l'âge de quatorze et de douze ans requis pour contracter mariage et emprunté par l'Église au droit romain ne convient point aux circonstances actuelles, et il n'y aurait pas d'inconvénient pour l'Église de se rattacher aux lois de chaque pays, d'autant plus qu'elles sont déjà valables en fait sur le terrain ecclésiastique. 2° Il serait désirable que dans un certain âge le défaut de consentement des parents au mariage de leurs enfants fût au moins élevé à l'état d'empêchement suspensif. 3° L'empêchement provenant de la consanguinité pourrait, dans la ligne collatérale, être reporté à son ancienne limite et restreint aux enfants de frères et sœurs [1]. Les dispenses, hors de cette limite, sont généralement accordées et sans difficulté aucune; elles nuisent au prestige de la législation ecclésiastique. De plus, la trop grande étendue des empêchements de mariage fait dire aux ignorants et aux malintentionnés que l'Église a l'air de vouloir, sous une autre forme, laisser la porte ouverte à la séparation des époux. 4° On pourrait aussi, à plus forte raison, restreindre l'empêchement d'affinité dans la ligne directe et le ramener au premier degré. 5° L'empêchement de parenté spirituelle, que le droit canon n'a fait qu'emprunter au droit civil romain [2], pourrait aussi être réduit à sa limite primitive, au mariage de l'un des parents avec le baptisé [3].

Erreurs sur le mariage chrétien condamnées par le Syllabus.

On ne peut établir par aucune raison que le Christ a élevé le mariage à la dignité de sacrement.

LXVI. Le sacrement de mariage n'est qu'un accessoire du contrat et peut en être séparé; le sacrement lui-même ne consiste que dans la seule bénédiction nuptiale.

LXVII. De droit naturel, le lien du mariage n'est pas indissoluble, et dans différents cas le divorce proprement dit peut être sanctionné par l'autorité civile.

LXVIII. L'Église n'a pas le pouvoir d'apporter des empêchements

---

[1] Benoît XIV (*De synodo diœc.*, lib. IX, cap. VI, n. 6) le fait dériver de Justinien.

[2] Au concile de Trente, dit Pallavicini, il était question de lever entièrement l'empêchement de l'affinité spirituelle. Un évêque d'Irlande s'y opposa en disant que dans sa patrie ce lien était le plus puissant de tous pour arrêter les inimitiés, et qu'il y était tellement respecté, que quiconque avait frappé son allié spirituel était excommunié et n'obtenait l'absolution qu'à l'article de la mort. (*Histoire du concile de Trente*, liv. XXIII, ch. IX, n. 17.)

[3] Walter, *Droit canon*, 14° éd.

dirimants au mariage; mais ce pouvoir appartient à l'autorité séculière, par laquelle les empêchements peuvent être levés.

LXIX. L'Église, dans le cours des siècles, a commencé à introduire les empêchements dirimants, non par son droit propre, mais en usant du droit qu'elle avait emprunté au pouvoir civil.

LXX. Les canons du concile de Trente qui prononcent l'anathème contre ceux qui osent nier le pouvoir qu'a l'Église d'opposer des empêchements dirimants, ne sont pas dogmatiques, ou doivent s'entendre de ce pouvoir emprunté.

LXXI. La forme prescrite par le concile de Trente n'oblige pas sous peine de nullité, quand la loi civile établit une autre forme à suivre et veut qu'au moyen de cette forme le mariage soit valide.

LXXII. Boniface VIII a le premier déclaré que le vœu de chasteté prononcé dans l'ordination rend le mariage nul.

LXXIII. Par la force du contrat purement civil, un vrai mariage peut exister entre chrétiens, et il est faux ou que le contrat de mariage entre chrétiens soit toujours un sacrement ou que ce contrat soit nul en dehors du sacrement.

LXXIV. Les causes matrimoniales et les fiançailles, par leur nature propre, appartiennent à la juridiction civile.

§ 219. VII. Le vœu (votum)[1].

I. Le vœu est une promesse faite à Dieu d'accomplir une chose qui lui est agréable et à laquelle on n'est pas d'ailleurs obligé[2]. On exprime cette idée en disant que le vœu doit être *de bono meliori*.

II. Le vœu est personnel *(votum personale)*, quand on s'engage à accomplir une action; il est réel *(reale)*, quand on promet de consacrer à Dieu une chose déterminée. Cette dernière obligation passe aux héritiers[3].

---

[1] X, de voto et voti redemptione, II, 34; in VI°, eod., III, 15; in Extravag. Joann., XXII, eod., 6; cf. Schmalzgrueber, *Jus eccl. univ.*, lib. III, tit. XXXIV; Ballay, *Quæstiones quædam de votis simplicibus, præsertim quæ votis solemnibus præmittuntur*, dans *Archives*, t. XVII, p. 3; Theod. Menden, *Doctrinæ de voto explicatio et refutatio argumentorum contrariorum*, Bonnæ, 1858.

[2] C. I, IV, C. 17, q. 4.

[3] Un vœu en faveur d'une œuvre pie fait publiquement par une personne capable de disposer donne lieu aussi, d'après le droit romain, à une action en justice (l. 2 D. de pollicit., l. 12); Vering, *Pandektes*, § 221; c. XVIII, X, de censibus, III, 39; c. VI, X, de testam., III, 26. — Le droit « évangélique » considère aussi le vœu réel comme obligatoire. Richter, *Lehrbuch*, § 262, 7° éd.

III. Les vœux sont ou solennels ou simples. Cette distinction se trouve déjà dans les sources du droit. Boniface VIII lui a donné force de loi, en décidant que le vœu solennel serait attaché à la réception des ordres majeurs et à la profession religieuse, mais que tous les autres ne seraient que des vœux simples [1]. La profession religieuse est considérée comme le plus excellent des vœux et celui qui embrasse tous les autres.

IV. Pour qu'un vœu soit valide, on suppose qu'il n'est pas une simple résolution [2], mais une promesse véritable, faite dans l'intention de se lier envers Dieu. Les vœux qui résultent de l'erreur, de la crainte ou de la coaction, ne sont pas obligatoires [3]. Il faut de plus que celui qui fait un vœu soit en pleine possession de ses facultés intellectuelles et qu'il ait la capacité de disposer de l'objet de son vœu. Ainsi, les vœux des enfants au-dessous de sept ans sont absolument invalides ; les vœux des impubères peuvent être annulés par le père ou le tuteur [4]. Il en est de même des vœux des mineurs qui seraient contraires à la gestion des biens par le père ou à l'ordre domestique [5].

Quand le mariage est consommé, nul époux ne peut, sans le consentement de son conjoint, faire un vœu contraire à l'essence du mariage [6]. Un religieux ne peut plus faire de vœu réel valide ; et quant à ses vœux personnels, à l'exception du vœu d'entrer dans un ordre plus sévère [7], ils peuvent être annulés par son supérieur [8]. Les clercs, pour les vœux qui entraîneraient une longue absence ou un grèvement de leurs bénéfices, dépendent du consentement de leur évêque. Les vœux des évêques sont entièrement subordonnés à l'approbation du pape [9].

---

[1] C. un., h. t., in VI°, III, 15 ; c. un., h. t., in Extravag. Joann. XXII. — [2] Cf. c. III, X, h. t., II, 34. — [3] C. I, X, de his quæ vi metusve causa fiunt, I, 40 ; c. II, VI, C. 33, q. 5. — [4] C. XIV, C. 32, q. 2. — [5] C. II, C. 20, q. 2 ; c. II, X, de regularibus, III, 31. Cf. Schmalzgrueber, *loc. cit.*, n. 78. Voyez aussi c. II, § 1, C. 20, q. 2.

[6] Voyez ci-dessus, § 202, p. 683 ; § 215, p. 726. Voyez aussi c. IX, X, h. t. (Innocent III ne fit d'exception que pour le vœu d'outre-mer, en permettant à l'époux de le remplir contre le gré de sa femme.) Voyez aussi Schmalzgrueber, *loc. cit.*, n. 88.

[7] C. XVIII, X, de regular., III, 31.

[8] C. XXVII, de electione, in VI°, I, 6. Cf. Schmalzgrueber, *loc. cit.*, n. 83 ; c. II, de regular. in Extravag. comm., III, 8.

[9] C. VII, X, h. t. ; c. XI, X, h. t. Voyez aussi c. X, X, h. t. ; Phillips, *Lehrbuch*, § 311, note 20.

DROITS ECCLÉSIASTIQUES DES INDIVIDUS.

V. Le vœu oblige en conscience [1], et le droit canonique permet de recourir aux censures pour en procurer l'accomplissement [2]. Cependant un vœu valide en soi peut, dans les cas déjà signalés, être annulé par le père de famille, par l'autre conjoint, par l'évêque et le supérieur d'ordre. Un vœu peut aussi être levé par voie de dispense.

Le droit d'en dispenser appartient généralement à l'évêque, sauf dans les cinq cas suivants, réservés au pape : vœu de chasteté perpétuelle, vœu de religion, vœu de faire les pèlerinages de Rome, de Saint-Jacques de Compostelle et de Jérusalem *(votum ultramarinum)* [3].

Cependant, en ce qui concerne les pèlerinages, on a souvent commué les vœux en une somme d'argent *(redemptio voti)*; pour le vœu d'outre-mer, on a exigé en faveur de la Terre sainte l'argent qu'on serait censé dépenser en faisant le pèlerinage de Jérusalem [4].

La dispense peut aussi avoir lieu par voie de commutation du vœu en une autre bonne œuvre *(commutatio voti)* [5]. D'autres fois, dans des circonstances pressantes, on permet [6], ou le Saint-Siège ordonne d'ajourner l'accomplissement du vœu [7].

VI. Nous parlerons des vœux de religion dans les paragraphes suivants.

§ 220. Des ordres et des congrégations religieuses [8]. — Leur nature et leurs différences.

I. Les ordres religieux sont des associations reconnues par l'Église, dont les membres se proposent d'atteindre des fins re-

---

[1] C. v, ix, d. 25; c. ix, C. 27, q. 1; c. vi, X, h. t.; c. i, C. 17, q. 4; c. iv, eod. — [2] C. vi, viii, X, h. t.

[3] C. v, X, de pœnit. in Extravag. comm., V, 9. Les facultés quinquennales n'exemptent que le vœu de chasteté et l'entrée en religion.

[4] C. i, vii, viii, X, h. t. — [5] C. i, ii, X, h. t. — [6] C. viii, X, h. t.— [7] C. v, X, h. t.; c. viii, cit.

[8] Voy. X, de conversione conjugatorum, III, 32. — De regularibus et transeuntibus ad religionem, X, III, 31; in VI°, III, 14; in Clem., III, 9; Extravag. comm., III, 8. — De statu monachorum et canonicorum regularium, X, III, 35; in Clem., III, 10. — De statu regularium, in VI°, III, 16; de religiosis domibus, X, III, 36; in VI°, III, 17; Clem., III, 11; Extravag. Joann., XXII, 7; Extravag. comm., III, 9. — Conc. Trid.,

ligieuses plus élevées, ont des prérogatives et des devoirs particuliers.

II. On distingue les ordres proprement dits, qui font des vœux

sess. xxv, de regularibus et monialibus. — Sur la congrégation *super negotiis episcop. et regular.*, et la congrégation extraordinaire *super statu regularium*, voyez ci-dessus, § 111. Voyez aussi les projets et les propositions du concile du Vatican pour affermir la discipline dans les ordres et les congrégations religieuses, dans Martin, *Omn. Conc. Vatic. docum. Coll.*, ed. 2, p. 235, avec l'indication du contenu dans Martin, *Die Arbeiten des Vaticanischen Concils*, p. 116.

Holstenius, *Codex regularum monasticarum et canonicarum*, Rom., 1661. *Regula S. Benedicti cum commentar. card. de Turrecremata et Smaragdi abbatis, tum etiam regulæ SS. Basilii, Augustini, Francisci*, Colon., 1625, in-fol. — J'ai recueilli dans les *Archives* les actes et les décrets les plus importants de la Congrégation des *Réguliers* (t. VIII, p. 143; t. IX, p. 435; t. XV, p. 412); de même que les actes de la Congrégation sur l'état des réguliers, *ibid.*, t. XVI, p. 332, 353.

Voyez aussi Ballay, *Archives*, t. XVII, p. 3; Smetana, *Die Exemtion der Congregation des allh. Erlœsers*, ibid., p. 452; Verhœven, *De regul. et sæcul. juribus et officiis*, Lovanii, 1846; Bouix, *De jure regularium*, 2 vol., Paris, 1857 (extrait, avec additions, P.-Rup. Mittermüller, *Canonisches Recht der Regularen*, Landshut, 1861); Schels, *Die neueren religiœsen Frauengenossenschaften nach ihren rechtlichen Verhæltnissen*, Schaffhouse, 1857. (Moy a donné un sommaire détaillé des ouvrages de Bouix et de Schels dans les *Archives*, t. II, p. 600; t. III, p. 310, 661.) Schuppe, *Das Wesen und die Rechtsverhæltnisse der neueren religiœsen Frauengenossenschaften*, Mayence, 1868. (Ce travail a été remanié dans les *Archives*, t. XII, p. 205; t. XIV, p. 167; t. XIX, p. 353.)

Sur les mesures préparées depuis 1870 en Prusse et dans le nouvel empire d'Allemagne contre les congrégations religieuses, l'expulsion des jésuites (1872) et les ordres qu'on leur dit affiliés (1873), voyez t. Ier, p. 177, avec les ouvrages cités.

Voyez aussi Hinschius, *les Ordres et les Congrégations de l'Église catholique en Prusse* (en allem.), Berlin, 1874, et Dürrschmid, *les Corporations religieuses en Bavière et la Mission de la législature de l'empire* (en allem.), Noerdlingue, 1875.

Sur ces deux ouvrages, qui essaient de justifier l'expulsion de la Prusse de tous les ordres et congrégations religieuses, en vertu de la loi du 31 mai 1875 (*Archives*, t. XXXIV, p. 165) et de l'ordonnance d'exécution du 26 juin 1875, voy. *Archiv.*, t. XXXV, p. 334; t. XXXIII, p. 381).

Sur la situation des ordres religieux en Bavière, voyez tome Ier, p. 159, l'ordonnance ministérielle du 9 décembre 1873 (*Archives*, t. XXXII, p. 157); la réponse d'un évêque de Bavière (*ibid.*, t. XXXI, p. 318); les représentations des évêques bavarois, octobre 1875 (*ibid.*, t. XXXV, p. 144).

Sur la position des ordres religieux en Saxe, voyez tome Ier, p. 241; dans la Hesse, tome Ier, p. 166, 264, et *Archives*, t. XXXIII, p. 239.

Dans le Wurtemberg, tome Ier, p. 273; à Bade, p. 305, et Maas (*l'Ex-*

solennels *(vota solemnia)*, et les congrégations religieuses, qui ne font que des vœux simples.

III. Les vœux des ordres religieux proprement dits, comme les vœux des simples congrégations, sont les trois suivants, qui ont leur fondement divin dans les trois conseils évangéliques correspondants [1] :

1° Le vœu d'obéissance à la règle et aux supérieurs de l'ordre, en tout ce qui n'est pas contraire à la loi divine, aux droits et aux devoirs proprement dits [2] ;

2° Le vœu de pauvreté ;

---

pulsion à Bade des congrégations analogues aux ordres religieux). *Archives*, t. XXXI, p. 320.

Dans l'Alsace-Lorraine, tome Ier, p. 346 ; en Autriche, tome Ier, p. 368, 460, 499.

En Suisse, tome Ier, p. 534, 537, 557, 561.

A Genève aussi, toutes les congrégations religieuses catholiques ont été expulsées en 1875, y compris les sœurs de la Miséricorde. Attenhofer, *Die rechtliche Stellung der katolischen Kirche gegenüber der Staatsgewalt in der Diœcese Basel* (livrais. 3, Lucerne, 1871, réimprimé à part d'après les *Archives*, t. XXIII, p. 73 ; t. XXIV, p. 148 ; t. XXVI, p. 1), traite longuement des lois et ordonnances suisses sur les congrégations religieuses.

Sur la situation des ordres religieux surtout en ce qui regarde le vœu de pauvreté d'après la jurisprudence française, voyez Sentis, *la Situation des ordres religieux sous l'empire de la législation française et autres législations analogues* (en allem., *Archives*, t. XIV, p. 344) ; Schœnhold, *les Jésuites à Mayence comme administrateurs de l'église Saint-Christophe, et la Position civile des ordres religieux au point de vue des droits de la conscience et des droits d'association* (en allem., *Archives*, t. II, p. 263 ; t. XII, p. 169) ; joignez-y sur cette question les deux ouvrages de Mgr de Ketteler, évêque de Mayence, 1874 (*Archives*, t. XI, p. 184 ; t. XII, p. 171).

D'autres ouvrages, surtout historiques, concernant les ordres religieux, sont indiqués dans Phillips, *Compend. jur. eccl.*, § 291. Voy. surtout Mœhler, *Histoire du monachisme* (*Mélanges*, t. II, p. 164, en allem.) ; Fehr, *Histoire générale des ordres religieux*, Tubingue, 1845, 2 vol. (en allem.) ; Montalembert, *les Moines d'Occident*, Paris, 1860 (en allem., par Brandis, Einsiedeln, 1860) ; Hurter, *Histoire du pape Innocent III*, t. III, p. 427 ; t. IV, p. 1 et suiv. (en allem.).

[1] *Matth.*, XIX, 21, 10 ; XVI, 24 ; X, 38.

[2] Sur cette calomnie souvent ressassée que le supérieur des jésuites peut, en vertu des statuts de l'ordre, obliger ses inférieurs même à commettre un péché, voyez tome Ier, § 43, n. VIII, p. 363, note 3, et surtout Mgr de Ketteler, *Un Jésuite peut-il être obligé par son supérieur à commettre un péché?* (2e éd., Mayence, 1874, en allem.), et enfin les ouvrages cités dans les *Archives*, t. XI, p. 272 ; t. XXVII, p. 303. — Les jésuites font un quatrième vœu, celui d'aller partout où les envoie le père de la chrétienté.

3° Le vœu de chasteté.

Ces trois vœux, qu'ils soient faits dans de véritables ordres ou dans de simples congrégations, sont accompagnés de solennités ecclésiastiques. Les vœux qui se font dans les premiers, sont régulièrement pour toute la vie ; les vœux des simples congrégations ne sont jamais que pour une série d'années. Les effets diffèrent aussi dans l'un et l'autre cas.

Le vœu de chasteté *(votum castitatis)*, qui se fait dans un ordre proprement dit (profession religieuse), empêche son auteur de pouvoir jamais contracter un mariage valide devant l'Église (voyez ci-dessus, § 202) ; il dissoudrait même un mariage déjà contracté, mais non consommé *(matrimonium ratum, sed nondum consummatum)*[1] ; tandis que le simple vœu de chasteté, tel qu'il est fait dans les congrégations ordinaires, rend seulement le mariage ultérieur illicite, mais non invalide (voyez ci-dessus, § 207).

Le vœu de pauvreté *(votum paupertatis)* n'enlève point aux membres des simples congrégations les droits qu'ils possèdent sur leurs biens, ni la faculté d'en disposer par testament ; il les oblige seulement à vivre comme des pauvres, conformément aux statuts de l'ordre, à renoncer personnellement à l'administration, à l'emploi, à l'usage de leurs revenus. Ils peuvent donc, avant de faire vœu, en confier l'administration et l'usufruit à une personne de leur gré, et, s'ils le jugent à propos, faire plus tard les changements qu'ils croiront convenables, en disposer, s'ils le veulent, en faveur de l'institut. La congrégation ne reçoit à titre de propriété que la dot fixée par les constitutions[2]. Si un religieux sort d'une congrégation après l'expiration du temps des vœux, ou s'il est congédié, il rentre dans l'administration et l'usufruit de ses biens ; la dot seule demeure à la congrégation.

Les membres des ordres religieux proprement dits, au contraire, sont, aux yeux de l'Église, à jamais incapables de possé-

---

[1] Les vœux simples n'ont pas cet effet. Voyez la déclaration du 25 janvier 1861. (*Archives*, t. XVI, p. 377.)

[2] Voyez Vering, *Archives*, t. XIII, p. 225. — Un projet relatif aux congrégations demandait que tous les biens d'une sœur passassent à la congrégation ou à l'institut dès qu'elle aurait fait profession. Il a été rejeté par une *Animadversio* de la Congrégation sur l'état des réguliers, le 25 avril 1860. (Voyez *Archives*, t. XV, p. 419.)

der : ils doivent donc, dans les deux derniers mois qui précèdent la prononciation des vœux solennels, faire leur testament. Pour être capables d'accepter encore dans la suite un héritage, une donation, un bien quelconque, supposé du reste que la loi civile les y autorise, ils ont besoin d'une dispense du pape[1]. Civilement, l'incapacité de posséder n'a lieu que lorsqu'un ordre est autorisé par une loi générale ou spéciale[2]. Quant aux maisons mêmes des ordres religieux, elles peuvent posséder et acquérir sans obstacle, à l'exception, du côté de l'Église, des ordres mendiants. Depuis le concile de Trente[3], ces derniers le peuvent aussi, hors les franciscains de l'étroite observance et les capucins.

Sous le rapport civil, elles ne le peuvent que lorsqu'elles ont reçu la personnalité juridique par une loi générale ou par une concession particulière. Si une maison religieuse ne possède pas la personnalité juridique, elle doit se faire représenter devant la loi civile par une personne du dehors, en tant que possesseur des biens mobiliers et immobiliers qui servent aux fins

---

[1] Voyez Grosspietsch, *De ficta morte sive de vi et effectu professionis religiosæ in causis privatis*, Vratislaviæ, 1871 ; Franklin, *Sentent. cur. reg.*, Hannov., 1870, p. 39 ; Hellmann, *Das gemeine Erbrecht der Religiosen*, Munich, 1874 ; Altmann, *Zeitschrift für Kirchenrecht*, t. IV, p. 198 ; Sentis, *op. cit.*; *Archives*, t. XVI, p. 381.

[2] Voyez l'ordonnance du ministre de l'intérieur (en Prusse), du 16 avril 1862, *Archives*, t. XI, p. 275. Voyez aussi *Archives*, t. XXIII, p. 143.

[3] Le saint concile accorde permission de posséder à l'avenir des biens-fonds à tous monastères et à toutes maisons, tant d'hommes que de femmes, des mendiants mêmes, et de ceux à qui, par leurs constitutions, il était défendu d'en avoir, ou qui jusqu'ici n'en avaient pas eu permission par privilège apostolique, excepté les maisons des religieux de Saint-François, capucins, et de ceux qu'on appelle Mineurs de l'Observance. Que si quelqu'un des lieux susdits, auxquels, par autorité apostolique, il avait été permis de posséder de semblables biens, en ont été dépouillés, ordonne le saint concile qu'ils leur soient tous rendus et restitués.

Dans tous les susdits monastères et maisons, tant d'hommes que de femmes, soit qu'ils possèdent des biens-fonds ou qu'ils n'en possèdent point, on n'établira et on ne gardera à l'avenir que le nombre de personnes qui pourront être commodément entretenues ou des revenus propres des monastères ou des aumônes ordinaires et accoutumées. Et ne pourront de semblables lieux être ci-après de nouveau établis, sans en avoir auparavant obtenu la permission de l'évêque dans le diocèse duquel on voudra faire la fondation. (Sess. xxv, cap. III, de regular.)

(Cit. du trad.)

du couvent, et assurer par des contrats particuliers, etc., la conservation de ces biens.

IV. Le devoir de l'obéissance qui résulte du vœu, impose aux membres des ordres religieux, comme à ceux des simples congrégations, l'obligation de se conformer au règlement relatif à la vie en commun, à la nourriture, au vêtement [1]. Ils ne peuvent s'y soustraire sans la permission du supérieur [2]. Celui-là même qui sollicite une déclaration en nullité de ses vœux et qui a de suffisantes raisons de le faire, ne doit pas, de son propre chef, déposer l'habit religieux avant que l'autorité ecclésiastique ait prononcé la nullité [3].

[1] Le saint concile, n'ignorant pas combien l'Église de Dieu tire d'éclat et d'avantage des monastères bien réglés et bien conduits, et voulant pourvoir à ce que la discipline ancienne et régulière soit plus aisément et plus promptement rétablie aux lieux où elle est déchue, et soit maintenue plus constamment en ceux où elle s'est conservée, a jugé nécessaire d'ordonner, comme il ordonne par le présent décret, que tous réguliers de l'un et de l'autre sexe mènent une vie et gardent une conduite conforme à la règle dont ils ont fait profession, et surtout qu'ils observent fidèlement les choses qui regardent la perfection de leur état, comme sont les vœux d'obéissance, de pauvreté et de chasteté, et les autres, soit vœux, soit préceptes et commandements, qui peuvent être particuliers à certaines règles et à certains ordres, et qui sont respectivement de leur esssence, avec tout ce qui regarde l'observation de la communauté de vie dans le vivre et dans le vêtement, et que les supérieurs appliquent tout leur soin et toute leur diligence, soit dans les chapitres généraux et provinciaux, soit dans leurs visites, auxquelles ils ne manqueront pas de satisfaire, à ce qu'on ne s'écarte point de l'observation de ces choses, étant très-certain qu'il n'est pas en leur pouvoir de rien relâcher de ce qui est de l'essence de la vie régulière : car, si on ne maintient pas exactement les choses qui sont comme les bases et les fondements de toute la discipline régulière, il faut de nécessité que tout l'édifice tombe par terre. (Sess. xxv, cap. i, de regular.) *(Cit. du trad.)*

[2] Le saint concile défend qu'aucun régulier, sous prétexte de prêcher, d'enseigner ou d'être employé à quelque autre occupation sainte et pieuse, ne se mette au service d'aucun prélat, prince, université, communauté, ou de quelque autre personne ou maison que ce soit, sans permission de son supérieur ; nul privilége ou faculté obtenue d'ailleurs ne lui pourra de rien servir à ce sujet, et, s'il contrevient en cela, il sera châtié à la discrétion de son supérieur, comme désobéissant.

Ne pourront non plus les réguliers s'éloigner de leurs couvents, même sous prétexte d'aller trouver leurs supérieurs, s'ils ne sont par eux envoyés ou mandés, et quiconque sera trouvé sans obéissance par écrit, sera puni par les ordinaires des lieux comme déserteur de sa règle. (Sess. xxv, cap. iv, *ibid.*) *(Cit. du trad.)*

[3] Nul régulier que ce soit, dit le concile de Trente, qui prétendra être

V. Aux deux vœux de chasteté et d'obéissance se rattache étroitement, pour tous les membres de l'ordre, le devoir de la clôture [1], c'est-à-dire la défense de recevoir dans le couvent ou dans certaines parties du couvent des personnes d'un autre sexe, de sortir sans une permission du supérieur, chaque fois renouvelée, et sans le compagnon assigné par lui [2].

Dans les ordres de femmes, la clôture est encore plus étroite : les religieuses ne peuvent jamais sortir du couvent, et nulle personne du dehors n'y peut entrer sans une permission écrite de l'évêque [3]. En général, les relations avec le monde extérieur sont aussi restreintes que possible, et ne peuvent avoir lieu que dans un parloir muni d'une grille.

Il peut y avoir des vœux simples sans que les membres de la congrégation mènent en commun la vie claustrale et sans qu'il leur soit défendu de se marier, comme dans le tiers-ordre de Saint-François [4]. D'autres fois, c'est le régime de la clôture qui est modifié, comme pour les religieuses qui s'occupent des pauvres et des malades dans les maisons particulières, telles que les sœurs de Niederbronn, de la Miséricorde, de Saint-Vincent-de-Paul, etc.

entré par force ou par crainte en religion, ou qui dira même qu'il a fait profession avant l'âge requis, ou quelque autre chose semblable, ou qui voudra quitter l'habit pour quelque cause que ce soit, ou s'en aller avec l'habit sans la permission des supérieurs, ne sera écouté, s'il n'allègue ces choses dans les cinq premières années du jour de sa profession, et si, même alors, il n'a déduit ses prétendues raisons devant son supérieur et l'ordinaire, et non autrement.

Que si de lui-même il a quitté l'habit auparavant, il ne sera en quelque façon que ce soit reçu à alléguer aucune raison ; mais il sera contraint de retourner à son monastère et comme apostat, sans pouvoir cependant se prévaloir d'aucun privilége de sa religion.

Nul régulier ne pourra non plus, en vertu de quelque pouvoir et faculté que ce soit, être transféré dans une religion moins étroite, et ne sera accordé permission à aucun régulier de porter en secret l'habit de sa religion. (Conc. Trid., sess. XXV, cap. XIX, ibid.)   (Cit. du trad.)

[1] Cf. Van Espen, *Jus eccl. univ.*, part. I, tit. XXX, cap. II.

[2] Clement. VIII, const. *Nullus* ; Bened. XIV, const. *Regularis disciplinæ*. Voyez aussi *schema* IV Conc. Vatic., de regular.; const. *De clausura*, dans Martin, *loc. cit.*

[3] Cap. unic., in VI°, de statu regular. — Conc. Trid., *loc. cit.*, cap. V. Voyez aussi la constitution de Pie IX, du 12 octobre 1869 : « Excommun. latæ sententiæ S. Pontifici reservatæ, » n. 6, 7.

[4] Sur la faculté d'acquérir des biens et d'administrer des affaires dans le tiers-ordre de Saint-François, voy. *Arch.*, t. XIII, p. 225 ; t. XIV, p. 120.

VI. Nul ordre religieux ne peut être fondé sans l'approbation du Saint-Siége; mais l'approbation de l'évêque suffit pour instituer une simple congrégation : celle du pape n'est requise que pour lui donner un caractère général en dehors des limites diocésaines.

VII. Les statuts des ordres se nomment « règles; » ceux des congrégations, « constitutions. » Les membres des premiers s'appellent « réguliers; » ceux des secondes, « quasi-réguliers. »

VIII. La plupart des ordres et des congrégations d'hommes sont composés d'ecclésiastiques et de laïques : ces derniers (les frères lais) font l'office de serviteurs et sont chargés de la tenue de la maison; les autres, les pères, occupent un rang proportionné aux fins particulières de l'ordre. (Voyez plus loin, § 223, n. II.)

Il existe aussi des ordres et des congrégations où les laïques sont seuls ou prédominent, comme les ordres de chevaliers, les frères de la Miséricorde.

La plupart des congrégations sont des congrégations de femmes[1].

IX. L'érection des couvents d'hommes et de femmes est subordonnée à l'approbation de l'évêque diocésain[2].

X. Les protestants, dans leurs confessions religieuses, ont rejeté les vœux d'ordre comme une superfétation et une torture pour les consciences. Les institutions de demoiselles, autrefois catholiques, qu'on a laissées subsister çà et là comme établissements protestants, avec des formes extérieures en partie canoniques, sont de simples établissements de bienfaisance.

De nos jours, les protestants ont essayé de contrefaire les

---

[1] Conc. Trid., sess. XXV, cap. III, de regul. Voy. *Archives*, t. III, p. 320.

[2] Dans les couvents de femmes de la Bavière, on ne fait plus de vœux solennels, mais seulement des vœux simples, depuis l'automne de 1847, quand même ces maisons font partie d'un ordre religieux proprement dit.

A la suite d'une demande faite par Mgr Charles-Auguste, archevêque de Munich-Frisingue, tous les évêques de Bavière ont reçu, par bref pontifical du 22 septembre 1847, la permission d'autoriser ce changement. Chaque fois que, depuis ce temps, une novice a été admise à la profession dans un ordre religieux proprement dit, la supérieure n'a jamais reçu que la permission de lui faire prononcer des vœux simples, suivant ce qui a lieu dans les congrégations. (Voy. *Münchner-Pastoralblatt*, 1875, p. 80.)

sœurs et les frères de la Miséricorde, en instituant leurs « diaconesses » et leurs « frères *des rauhen Hauses*. » Ces diaconesses et ces frères font une sorte de vœux, mais jamais perpétuels, et reçoivent une bénédiction; mais ni ces vœux ni cette bénédiction n'ont les effets des vœux [1].

§ 221. **L'entrée dans les ordres et les congrégations religieuses** [2].

I. La première condition pour entrer dans un ordre religieux est évidemment de jouir du plein usage de sa liberté et de sa raison.

D'après le concile de Trente, la validité d'une profession religieuse peut être attaquée pendant cinq ans à dater du jour où elle a été faite, pour cause de violence et de coaction [3].

Le même concile [4], voulant sauvegarder la liberté des personnes du sexe, ordonne que l'évêque ou son remplaçant s'enquerra avant la vêture, et derechef avant la profession, si le

---

[1] Voyez Richter, *Droit ecclés.*, § 297, 7ᵉ édit.

[2] Voyez le décret de la Congrégation *super statu regularium*, du 25 janvier 1848 (*Archives*, t. VIII, p. 143); le décret de la même Congrégation, *Regulari disciplinæ*, de la même date (*Archives*, t. XVI, p. 353; voy. t. IX, p. 443), et, sur la réception dans les monastères d'hommes, les *litteræ encyclicæ* de la même Congrégation, du 9 mars 1857, publiées par ordre spécial du pape (*Archives*, t. IX, p. 437); le bref de Pie IX du 7 février 1842 (*Archives*, t. VIII, p. 144).

[3] « Nul régulier qui prétendra être entré par force, ne sera écouté, s'il ne le déclare dans les cinq premières années du jour de sa profession, et si, même alors, il ne disait ses prétendues raisons devant son supérieur et son ordinaire. » (Trid., sess. XXV, c. XIX, de regular.) — (*Cit. du trad.*)

[4] Le concile, voulant pourvoir à la liberté de la profession des vierges qui doivent être consacrées a Dieu, ordonne qu'une fille qui voudra prendre l'habit, ayant plus de douze ans, ne le prendra point, et que ni elle ensuite, ni telle autre que ce soit, ne fera point profession, qu'auparavant l'évêque, ou, s'il est absent ou empêché, son vicaire général, ou quelque autre par eux commis, et à leurs dépens, n'ait soigneusement examiné la volonté de la fille, si elle n'a point été contrainte ou séduite, et si elle sait bien ce qu'elle fait. Et après que l'on aura reconnu son pieux désir, et que sa volonté est libre, ensemble qu'elle a les qualités et conditions requises, conformément à l'ordre et à la règle du monastère, et enfin que la maison lui est propre et convenable, il lui sera permis de faire librement sa profession. Et afin que l'évêque n'en puisse ignorer le temps, sera tenue la supérieure du monastère de l'en avertir un mois auparavant; et, si elle manque à le faire, elle sera interdite de la fonction de sa charge aussi longtemps qu'il plaira à l'évêque. (Conc. Trid., sess. XXV, cap. XVII, de regular.) (*Cit. du trad.*)

candidat possède les qualités requises par la règle de l'ordre, et surtout s'il n'a pas agi par contrainte [1]. Pour assurer la pleine liberté de sortir du couvent avant d'avoir fait profession, le concile de Trente [2] veut que les donations qui seraient faites à l'ordre par les candidats des deux sexes et par leurs parents, ou en faveur d'une œuvre pie, ne soient valables que dans les deux derniers mois [3] qui précèdent la profession, et qu'elles aient lieu avec l'approbation de l'évêque. Les couvents sont obligés en outre de rendre à la personne qui sort avant sa profession tout ce qu'elle a apporté, après avoir déduit les frais de nourriture et d'habillement pendant le temps de l'épreuve [4].

II. Celui qui veut entrer dans un ordre, doit avoir la libre disposition de sa personne. Les enfants ont besoin du consentement de leurs parents [5]; mais ce consentement, en cas de refus non motivé, peut être suppléé par l'évêque.

Une personne mariée doit demander l'assentiment de son conjoint, à moins que le mariage ne soit pas encore consommé (voy. § 215, p. 727), ou que l'autre conjoint ne se soit rendu coupable d'un adultère, qui autorise l'époux innocent à une séparation perpétuelle de corps et de biens [6].

III. L'âge nécessaire pour faire des vœux simples ou solennels est fixé par le concile de Trente [7] à seize ans révolus [8]. Cepen-

---

[1] Ceux qui forcent une personne du sexe à entrer dans un couvent contre son gré, comme aussi ceux qui, sans motif suffisant, l'empêchent d'y entrer, encourent l'excommunication, d'après le concile de Trente. (Sess. XXV, cap. XVIII, de regular. et monial.)

[2] Nulle renonciation, nulle obligation faite avant la profession, même avec serment, et en faveur de quelque œuvre pieuse que ce soit, ne sera valable, si elle n'est faite avec la permission de l'évêque ou de son vicaire général, dans les deux mois précédant immédiatement la profession, et elle ne sera point entendue avoir son effet que la profession ne s'en soit suivie; autrement, quand on aurait même expressément renoncé au bénéfice présent que le concile accorde, ou quand on se serait engagé par serment, le tout sera nul et sans effet. (Conc. Trid., sess. XXV, cap. XVI, de regul. et monial. — Voyez ce qui regarde l'Autriche, t. Ier, § 45, p. 362.)

[3] Voyez les déclarations de la Congrégation *Super statu reg.*, du 1er août 1862. (*Archives*, t. XVI, p. 381.)

[4] Voyez, pour l'Autriche, t. Ier, § 45, p. 503.

[5] Voyez, pour l'Autriche, tome Ier, § 45, n. I, 8, p. 368, 503.

[6] C. XV, XVI, XXI, X, de conversione conjugatorum, III, 21.

[7] Conc. Trid., sess. XXV, cap. XVIII, de regularibus.

[8] L'ancien institut des oblats, tombé peu à peu en désuétude depuis le

dant le concile permet que « les filles qui ont plus de douze ans et qui ont été reconnues, à la suite d'un examen, douées des qualités requises, puissent prendre l'habit et faire plus tard profession. » Quant aux hommes, Pie IX (voyez le § suivant) ordonne, pour que la profession solennelle soit valide, qu'ils aient atteint l'âge de dix-neuf ans accomplis.

IV. L'entrée dans un ordre religieux ou dans une congrégation doit toujours être précédée d'un temps d'épreuve, ou noviciat, qui, chez les jésuites et dans une foule de congrégations, dure au moins une année entière, et plus encore². L'entrée au noviciat est presque toujours accompagnée d'une prise d'habit, qui est le costume de l'ordre, sinon au complet. C'est pour cela qu'avant d'admettre au noviciat on exige une épreuve préparatoire dans l'enceinte du couvent. Les candidats qui subissent cette épreuve se nomment postulants³.

Celui qui veut prendre l'habit de novice dans un ordre ou une congrégation, doit, suivant le décret *Romani pontifices*, du 25 janvier 1858, rendu par la Congrégation sur l'état des réguliers sur un ordre exprès du pape⁴, fournir un témoignage de l'évêque du lieu de sa naissance, et, dans le cas où, après avoir atteint l'âge de quinze ans, il aurait séjourné dans un autre diocèse, un témoignage de l'évêque du lieu de son domicile, attestant sa naissance, son âge, ses mœurs, sa vie, sa vocation, sa condition, son éducation, ses connaissances; il doit prouver qu'il n'a été l'objet d'aucune enquête, qu'il n'a pas

---

dix-huitième siècle, recevait les enfants que leurs parents consacraient à Dieu dès le bas âge, et il les préparait à la vocation religieuse. Cette coutume existait dans la plupart des couvents, notamment chez les bénédictins. Voyez Magagnotti, *Disciplina de antiquo ritu offerendi Deo pueros adhuc impuberes* (dans Fleury, *Disciplina populi Dei*, t. III, p. 189); Seidl, *Die Gottverlobung von Kindern in Mœnch's- und Nonnenklœstern*, Passau, 1871. (*Archives*, t. XXVI, p. 265.)

¹ Conc. Trid., sess. xxv, cap. xvii, de regular.

² Nul ne peut être admis au noviciat des jésuites avant l'âge de quinze ans accomplis; le noviciat dure deux années. L'âge de vingt-cinq ans est requis pour les vœux solennels. — Chez les religieux de Saint-Charles-Borromée, le noviciat est de trois ans. Ailleurs il est plus court, mais il dure au moins une année. Voyez Schuppe, *loc. cit.*, p. 122.

³ Ce temps d'épreuve préparatoire est aussi d'une durée déterminée dans plusieurs congrégations. Il dure six mois chez les Fidèles-Servantes de Jésus-Christ.

⁴ Voyez ci-dessus, p. 733, note 2.

encouru de censure, d'irrégularité ou autre empêchement canonique ; qu'il est exempt de dettes, et qu'il n'a pas à rendre compte de l'administration de quelque bien. La même Congrégation, dans un autre décret intitulé *Regulari disciplinæ instaurandæ*, du même jour, établit en quatorze articles les règles qu'on doit suivre dans l'examen qui précède l'admission au noviciat des ordres religieux et des congrégations.

D'après une lettre circulaire de la Congrégation sur l'état des réguliers, du 19 mars 1857, écrite sur l'ordre exprès du Saint-Siége, et d'après un bref de Pie IX du 7 février 1862 [1], ceux qui ont achevé le noviciat dans les couvents d'hommes doivent faire d'abord les vœux simples [2], puis les vœux solennels après un laps de trois autres années. Le général ou le provincial pourra même, pour de bonnes raisons, ajourner encore l'admission aux vœux solennels, non toutefois au-delà de la vingt-cinquième année du novice.

Pour que les vœux solennels soient valides après les vœux simples, on exige maintenant une prononciation expresse des vœux ; celle qui était autrefois tacitement admise dans les ordres de moines, est abolie [3].

§ 222. Effets de l'admission dans un ordre ou une congrégation religieuse.

I. Ces effets résultent, en grande partie, des effets mêmes du vœu que nous avons exposés ci-dessus (§ 219, n. v), et ils dépendent souvent, quant aux détails, des statuts de chaque ordre particulier.

II. En tout cas, la profession religieuse confère toujours les

---

[1] Voyez, sur l'âge de la profession religieuse en Autriche, t. I*er*, § 45, n. I, 8, p. 368, 503.

[2] Mais ces vœux simples sont déjà considérés comme perpétuels, et la dispense en est réservée au pape. L'ordre peut cependant, pour de bonnes raisons, renvoyer un simple profès et le dispenser de ses vœux simples. (Voyez les déclarations de la Congrégation sur l'état des réguliers, *Archives*, t. XVI, p. 373.)

[3] Declar. S. Congr. super statu regul., du 12 juin 1858, *Archives*, t. XVI, p. 375. Sur l'émission tacite des vœux autrefois admise par des actes concluants, voyez c. XXIII, X, de regul.; c. I, h. t., in VI°, et les décisions de la Congrégation du concile de Trente, sur sess. XXV, cap. XVI, de reg.; Schmalzgrueber, *Jus eccl. univ.*, lib. III, tit. XXXI, n. 156.

privilèges spirituels attachés à cet état[1]; elle permet aux enfants nés hors de mariage d'entrer dans les saints ordres[2], délie des obligations contractées par un vœu simple fait antérieurement[3], dissout les fiançailles[4] et rompt les liens d'un précédent mariage, conclu mais non consommé[5]. Le profès a droit à l'alimentation de la part du couvent ou de l'ordre[6].

III. Les membres d'une congrégation religieuse acquièrent aussi, par leur entrée définitive, des droits à l'alimentation[7]. Mais, ainsi qu'il résulte de ce que nous avons dit sur les effets des vœux simples, les quasi-réguliers conservent une multitude de droits auxquels les réguliers renoncent en faisant des vœux solennels.

§ 223. Sortie d'un ordre ou d'une congrégation.

I. On peut sortir d'un ordre proprement dit :

1° Par dispense du Saint-Siége[8];

2° Par annulation du vœu religieux[9]. Quand une des conditions essentielles, soit générale, soit particulière à tel ordre, n'a pas été remplie, le profès, ses parents ou le couvent lui-même peuvent, dans l'espace de cinq ans à dater du jour de la profession, intenter devant l'évêque et le supérieur du couvent un procès en nullité. Benoît XIV a institué dans ce but un mode de procédure analogue à celui de la procédure en nullité de

---

[1] C. XXXVIII, C. 11, q. 1; c. XL, C. 16, q. 1; c. XXIX, C. 17, q. 4; c. I, X, de juram. calumn.

[2] C. I, X, de filiis presbyter. ordin. vel non, I, 17.

[3] C. IV, X, de voto et voti redempt., III, 34; c. V, in VI°, de R. J., III, 14.

[4] C. XVI, X, de sponsalibus, IV, 1.

[5] C. II, VII, XIV, X, de convers. conjug., III, 32; Conc. Trid., sess. XXIV, de sacram. matrim., can. VI.

[6] C. I, X, de statu monach., III, 35; Conc. Trid., sess. XXV, cap. II, de regul. et monial. : « Nihil etiam quod sit necessarium eis denegetur. »

[7] Un projet de statut d'après lequel les sœurs, après avoir fait des vœux perpétuels, pourraient être congédiées pour faiblesse de santé, a été rejeté comme contraire à la charité et à la justice par l'*Animadversio* de la Congrégation sur l'état des réguliers, du 10 mars 1860. Voyez *Archives*, t. XV, p. 417, n. 10.

[8] C. V, de pœnit. in Extrav. comm.

[9] Conc. Trid., sess. XXV, cap. XIX, de regular. Voyez les nombreuses décisions annotées de la Congrégation du concile, dans l'édition de Richter et Schulte.

mariage. On doit notamment établir un défenseur de la validité de la profession, *defensor professionum* [1].

3° On peut aussi sortir d'un ordre pour entrer dans un autre dont la règle est plus sévère; autrement, il faut une dispense du pape [2].

4° L'expulsion d'un religieux n'est permise que pour des raisons autorisées par les statuts [3]. Cette expulsion ne dissout pas les vœux, non plus que la fuite et l'abandon définitif de l'ordre. Les fugitifs ne sont frappés que des peines portées par les règles de leur ordre; les apostats, au contraire (*apostatæ a religione* ou *a monachatu*), sont soumis par le droit commun à de graves châtiments [4].

5° Le pape peut aussi séculariser un ordre, une maison religieuse ou un religieux. Cet acte toutefois ne supprime point

---

[1] Benoît XIV, constitution *Si datam*, IV non. martii 1748 (ou supplément à l'édition du *Concile de Trente* de Richter et Schulte, p. 600). Cette constitution fixe aussi les conditions sous lesquelles une restitution doit être accordée par le Saint-Siége, quand se sont écoulés les cinq ans accordés pour introduire un procès en nullité de profession.

[2] C. x, XVIII, X, h. t., III, 31; Clement. s. de regular.; c. I, eod., in Extravag. comm.; Conc. Trid., sess. XXV, cap. XIX; sess. XIV, cap. XI; Ferraris, *Prompta Bibl. can. s. voce* CONVENTUS, art. 1, n. 55.

C'est la décision d'Innocent III (cap. Licet, XVIII, *De regularib.*, etc., lib. III, tit. XXXI). « Talis ergo, » dit ce savant pontife, « postquam a prælato suo licentiam postulaverit, ex lege privata (quæ publicæ legi præjudicat) absolutus, libere potest sanctioris vitæ propositum adimplere, *non obstante proterva indiscreti contradictione prælati.* »

Mais il faut que l'observance soit actuellement plus étroite, et ce n'est qu'à cette condition que le Saint-Siége permet de quitter la première vocation.

Ce n'est point par la sévérité primitive d'une règle, mais par la manière dont cette règle est actuellement observée, qu'on juge si un ordre est plus ou moins stricte qu'un autre. « Requiritur, » dit Fagnan (in cap. Non est vobis, *De regularib.*, etc., n. 29), « ut secunda religio sit strictior quoad actualem observantiam; neque enim sufficit ut habeat arctiorem regulam, nisi actu ducatur in ea vita strictior. » Du reste, la chose parle d'elle-même. Tel ordre qui fut autrefois l'édification de l'Église, peut n'être présentement qu'un sel affadi, et moins un ordre qu'un vrai désordre, comme le disait un saint. (*Cit. du trad.*)

[3] On doit aussi évidemment épuiser les autres moyens d'amendement. C. x, X, de M. et O., I, 33; c. VI, X, de statu monach.; c. VII, X, ne clerici vel monachi, III, 50. Les jésuites ont plus de liberté à l'égard de ceux qui n'ont fait que des vœux simples. (Voyez Resolut. I Congr. conc., ad sess. XXV, cap. XIX (dans Richter-Schulte, n. 21.)

[4] C. V, VI, X, de apostas., V, 9; Conc. Trid., sess. XXV, cap. XIX, de regul.; Resolut. Congr. conc.

le vœu de chasteté, à moins que le pape n'en dispense expressément[1].

II. La sortie, dans les congrégations religieuses, se règle d'après leurs constitutions. Si le vœu n'est que temporaire, l'évêque peut en dispenser avant l'expiration du terme; s'il est perpétuel, le pape seul peut accorder dispense.

§ 224. Direction de la discipline dans les ordres religieux [2].

I. Anciennement, chaque monastère d'hommes avait à sa tête un abbé, et chaque couvent de femmes une abbesse, pour maintenir la discipline, diriger la maison et administrer les biens. Chaque abbé avait aussi le droit de nommer pour ces fonctions ou pour d'autres analogues les employés nécessaires. Ainsi, le prieur *(prior claustralis)* assistait l'abbé dans la direction générale de la maison et occupait le premier rang après lui; le sous-prieur, et, dans les grands monastères, les doyens, avaient chacun la surveillance de dix religieux; le cellerier ou économe était chargé du soin des pauvres, des malades, des hôtes, et principalement de l'administration du temporel; les prieurs des fermes *(priores obedientiæ)* présidaient à l'administration des fermes appartenant au couvent. Chacun des établissements particuliers qui dépendent d'une maison mère, est dirigé par un prieur conventuel, soumis à l'abbé de la maison principale [3].

II. De même que l'évêque, dans toutes les affaires importantes, a besoin de l'avis de son chapitre, et dans certains cas de son assentiment (voyez § 125, n. III), l'abbé [4] doit consulter la totalité de ses religieux *(conventus monachorum)*, et dans quelques cas, surtout lorsqu'il s'agit d'aliéner des biens, obtenir l'adhésion du couvent [5]. Pour avoir droit de suffrage dans un couvent de moines, il faut être au moins sous-diacre [6]. L'u-

---

[1] Voyez Schulte, *Lehrbuch*, § 173, n. IX, a. E, X, p. 472, 2e éd.
[2] Sur le développement historique et les diverses constitutions des ordres religieux, voyez Thomassin, *Vetus et nova Ecclés. discipl.*, lib. I, part. III, cap. XXIII, LXV; Van Espen, *Jus eccl. univ.*, part. I, tit. XXXI et XXXII; Phillips, *Compend. jur. eccl.*, § 292.
[3] Tous ces emplois figurent dans la règle des bénédictins.
[4] Ce point a été établi pour la première fois dans la règle des bénédictins.
[5] Voyez surtout c. VII, X, de arbitr., I, 43.
[6] Clem. II, de act. et qualit., I, 6; Clem. 1, § 8, de statu monach.

sage ayant prévalu que plusieurs moines reçussent les ordres, il s'est établi une différence entre les profès du chœur et les frères convers. La même distinction a été adoptée dans les couvents de femmes : il y a eu les sœurs du chœur et les sœurs converses [1].

III. Jusqu'au dixième siècle, tous les abbés étaient égaux entre eux et indépendants les uns des autres [2]. Leur élection, faite par le couvent, était à vie. Depuis ce temps, à commencer par les bénédictins, l'abbé de la maison mère devint le supérieur général de tous les autres abbés et prieurs conventuels (l'abbé général reçut le nom de *Pater abbas*). Dans les ordres mendiants, les supérieurs ne furent plus élus que pour un nombre d'années déterminé ; il en fut de même du général placé à la tête de l'ordre et résidant ordinairement à Rome.

Les jésuites seuls font ici exception : ils nomment leur général à vie, et ce général choisit lui-même tous les autres supérieurs. Dans les ordres mendiants, le supérieur ne se nommait point abbé, parce que ce terme exprime une dignité [3] ; le général s'appelait ministre, et les supérieurs des maisons particulières, gardiens, recteurs, supérieurs.

IV. D'après le concile de Trente, l'élection des supérieurs d'ordres doit toujours être secrète. On y applique généralement les mêmes principes que dans l'élection des évêques [4]

---

[1] Van Espen, *loc. cit.*, cap. IV, n. 12.

[2] Reg. S. Bened., cap. LXIV (Palea, in c. XIV, d. 61). Voy. can. II-V, VIII, C. 18, q. 2.

[3] Afin, dit le concile de Trente, que tout se passe comme il faut et sans fraude en l'élection de quelques supérieurs que ce soit, abbés qui sont pour un temps et autres officiers et généraux, comme aussi des abbesses et autres supérieures, le saint concile ordonne surtout très-étroitement que toutes ces personnes soient élues par suffrages secrets, de manière que les noms de ceux qui donnent leur voix ne viennent jamais à être connus. Il ne sera permis à l'avenir d'établir aucuns provinciaux, abbés, prieurs ou autres, sous quelque titre que ce soit, à l'effet de faire élection, ni de suppléer les voix et les suffrages des absents ; et si quelqu'un est élu contre l'ordonnance du présent décret, l'élection sera nulle, et celui qui aura consenti d'être créé à cet effet provincial, abbé ou prieur, demeurera inhabile à remplir à l'avenir aucune charge dans la religion ; toutes facultés et pouvoirs accordés à ce sujet, seront estimés dès maintenant abrogés, et, si à l'avenir il s'en accorde quelques-uns, ils seront tenus pour subreptices. (Conc. Trid., sess. XXV, cap II, de regul.)

[4] Voyez Van Espen, *loc. cit.*, cap. I, n. 12.

(§ 121). Pour l'élection d'une abbesse, on exige la majorité des deux tiers des suffrages; mais, après la publication du scrutin, cette majorité des deux tiers peut être produite par accès [1]. On exige toujours, évidemment, que la personne à élire soit de mœurs irréprochables; quant aux autres qualités, ce sont les statuts de l'ordre qui en décident. Dans les couvents de moines, on exige ordinairement le sacerdoce [2] et au moins l'âge de vingt-cinq ans [3]. Pour l'abbesse, prieure, supérieure, de quelque nom enfin qu'elle s'appelle, nulle ne « pourra être proposée au gouvernement, qu'elle n'ait quarante ans et n'en ait passé huit, depuis sa profession, dans une conduite louable et sans reproche. S'il ne s'en trouve point avec ces qualités dans le même monastère, on en pourra prendre d'une autre maison du même ordre; et si le supérieur qui préside à l'élection trouve encore en cela quelque inconvénient, du consentement de l'évêque ou autre supérieur, on en pourra élire une entre celles de la même maison qui auront plus de trente ans, et qui depuis leur profession auront au moins passé cinq ans dans la maison, avec une conduite sage et réglée.

« Nulle supérieure ne pourra être préposée au gouvernement de deux monastères, et si quelqu'une se trouve en avoir deux ou plusieurs sous sa conduite, elle sera obligée, n'en gardant qu'un, de résigner tous les autres dans six mois; et si elle ne le fait après ledit temps, tous seront vacants de droit [4]. »

Dans les couvents d'hommes dont les revenus annuels s'élèvent à 200 florins d'or, la nomination du supérieur appartient au pape [5]. Dans ces sortes de cas, le droit de nomination est souvent conféré au souverain du pays.

Les abbés des couvents exempts (§ 72, n. v; § 117, n. III) doivent, quand ils ne sont pas directement nommés par le pape, être confirmés par lui; ceux des couvents non exempts doivent l'être par l'évêque diocésain, qui les bénit [6].

V. Une pratique tout-à-fait conforme à la constitution des ordres religieux fut introduite pour la première fois chez les cisterciens. Elle consiste en ce que tous les abbés et prieurs

---

[1] C. XLIII, § 1, in VI°, de electione, I, 6. — [2] C. I, X, de ætate et qualitate, I, 14 (Conc. Pictav., ann. 1078). — [3] Clem. I, § 7, de statu monach., III, 10. — [4] Conc. Trident., *loc. cit.*, cap. VII. — [5] Regula cancellar. II. — [6] C. I, X, de suppl. negl. præl. I, 10 (Alex. III).

conventuels de chaque maison se réunissaient tous les ans en chapitre général pour travailler, par de salutaires statuts et par l'établissement de visiteurs, au maintien ou à la restauration de la discipline¹. Innocent III ordonna que tous les ordres religieux, y compris les chanoines réguliers, tiendraient tous les trois ans de pareils chapitres dans chaque royaume ou province². Le concile de Trente a renouvelé cette prescription³. C'est en conséquence de cette mesure qu'on trouve aussi des chapitres généraux chez les bénédictins et chez les chanoines réguliers, puis dans d'autres ordres; les religieux mendiants ont de plus des chapitres provinciaux. Maintenant, les supérieurs provinciaux sont élus par les chapitres provinciaux, et les supérieurs généraux par les chapitres généraux.

VI. Les abbés, quand ils ont reçu la prêtrise et la bénédiction épiscopale, ont le droit de donner la tonsure et les ordres mineurs aux profès de leur couvent⁴. Les abbés, de même que les autres supérieurs des couvents d'hommes, ont aussi les droits de curé sur les membres du couvent qui leur sont soumis⁵. Ils peuvent même se réserver l'absolution de certains cas et donner à des prêtres la faculté d'en absoudre. Pour les couvents de femmes, notamment les nouvelles congrégations religieuses, ils sont entièrement soumis, à moins qu'ils ne puissent prétendre à un privilége particulier, aux droits ordinaires du curé de la paroisse où ils sont établis; seulement, l'évêque doit leur assigner tous les trois ans des confesseurs

---

[1] Voy. c. xxxiv, X, de decim., III, 30 (Conc. Lat. IV).

[2] C. vii, X, de statu monachorum. Cf. Clement. I, § 9, eod. tit.

[3] Conc. Trid., sess. xxv, cap. viii, de regul. Cf. Van Espen, *loc. cit.*, tit. xxxii, cap. iii, n. 20.

[4] C. xi, X, de ætate et qualitate et ordine præficiendorum, I, 14; Conc. Trid., sess. xxiii, cap. x, de ref.

[5] Un ordre exempt dont la maison ou le couvent a été canoniquement institué, par conséquent avec la permission préalable de l'ordinaire, et qui possède les qualités requises pour l'exemption, n'a pas besoin d'une nouvelle autorisation de l'évêque pour bâtir une église dans son établissement exempt de la juridiction épiscopale. Verhœgen est d'un avis contraire (*De regul. et sæcul. clericorum jurib.*, p. 42-50); il a été réfuté par de Buck, *Examen historicum et canonicum* libri B. D. Mar. Verhœven, t. I, p. 472 et suiv., et par Treugott (*Archives*, t. XXVI, p. 130). Il est défendu aux religieux de s'immiscer, hors du couvent et sans l'approbation de l'évêque, dans la charge d'âmes.

qui pourront seuls recevoir validement leur confession, excepté à l'article de la mort¹.

VII. Selon le concile de Trente, « les réguliers, de quelque ordre qu'ils soient, ne peuvent prêcher, même dans les églises de leur ordre, sans l'approbation et la permission de leurs supérieurs et sans avoir été par eux dûment examinés sur leur conduite, leurs mœurs et leur capacité; mais, avec cette permission, ils sont encore obligés, avant de commencer à prêcher, de se présenter en personne aux évêques et de leur demander la bénédiction. Dans les églises qui ne sont point de leur ordre, outre la permission de leurs supérieurs, ils seront encore tenus d'avoir celle de l'évêque, sans laquelle ils ne pourront en aucune façon prêcher dans les églises qui ne sont point de leur ordre, et cette permission sera donnée gratuitement par les évêques². »

VIII. Le concile de Trente veut également que « tout régulier non soumis à l'évêque et faisant sa demeure dans la clôture de son monastère, qui aura commis au dehors une faute si notoire que le peuple en a été scandalisé, soit sévèrement puni par son supérieur, à l'instance de l'évêque et dans le temps qu'il marquera. Ce supérieur sera tenu d'informer l'évêque du châtiment qu'il aura infligé; autrement, il sera lui-même privé de sa charge par son supérieur, et le coupable pourra être puni par l'évêque³. Contre un régulier qui vit hors du couvent, l'évêque pourra, dans un tel cas, procéder en vertu de l'autorité apostolique et comme délégué du Saint-Siége⁴. »

« Les monastères des religieuses qui sont immédiatement soumis au Saint-Siége apostolique, seront gouvernés par les évêques, comme délégués du Saint-Siége, nonobstant toutes choses contraires; et pour ceux qui seront régis par des députés des chapitres généraux ou par d'autres réguliers, ils seront laissés à leur soin et à leur conduite⁵. »

IX. Dans les nouvelles congrégations de femmes⁶, la congré-

---

¹ Voyez Schuppe, *Archives*, t. XIX, p. 353.

² Conc. Trid., sess. v, cap. ii, de ref., sess. xxiv, cap. iv, de ref.; Chr. Lupus, *Exhibitio sacrorum canonum circa jus regularium ecclesiarum quoad prædicationem divini verbi* (Op., t. XI, p. 281, 309); Verhœven, *De regular. et sæcular. cleric. juribus et officiis*, Louvain, 1846, p. 137-158.

³ Conc. Trid., sess. xxv, cap. xiv, de regul. — ⁴ Conc. Trid., sess. vi, cap. iii, de ref. — ⁵ Conc. Trid., sess. xxv, cap. ix, de regul. — ⁶ Voyez Gerlach, *Lehrbuch des Kirchenrechtes*, § 266, a. E, § 270.

gation entière est ordinairement régie par une supérieure générale, nommée au scrutin secret et habituellement pour six ans. Son conseil est formé d'un nombre déterminé d'assistantes.

La plus haute représentation des congrégations religieuses est le chapitre général; il peut rendre des décrets qui lient même la supérieure générale. Entre la supérieure générale et la supérieure locale, il y a souvent une supérieure provinciale.

§ 225. VIII. Des confréries.

I. Il existe encore quantité d'autres associations religieuses, approuvées par l'évêque et placées sous sa direction[1], qui se destinent à des œuvres de piété ou de bienfaisance[2], et ne font point de vœux religieux. L'évêque diocésain peut leur assigner une église ou une chapelle, qui leur serve en quelque sorte de paroisse. Il peut aussi nommer le curé directeur de ces confréries ou associations[3]. Enfin, les confréries peuvent se rattacher à des ordres déjà existants[4]. (La plus ancienne de ces confraternités agrégées, ce sont les tertiaires des franciscains[5].) Les confréries peuvent obtenir des droits particuliers, en vertu d'un privilége pontifical[6].

II. Quand l'État ne leur donne aucune approbation particulière, aucun droit de corporation, les confréries ecclésiastiques sont soumises, comme les ordres religieux et les congrégations, aux règles ordinaires des associations; et, suivant qu'elles ont ou qu'elles n'ont pas des droits de corporations[7], elles dépendent des lois civiles relatives aux corporations et aux sociétés ordinaires[8].

---

[1] Conc. Trid., sess. XXII, cap. VIII, de ref.

[2] Plusieurs ont été créées dans le but de travailler à la christianisation des *Gildes* païens. Voyez Widda, *Das deutsche Gildenwesen*, p. 25.

[3] Voyez le décret de Pie IX du 8 janvier 1851. (*Archives*, t. VII, p. 277.)

[4] Voyez le décret *Urbis et Orbis*, du 8 janv. 1861. (*Archives*, t. VII, p. 337.)

[5] Comparez constit. Nicol. IV, *Supra montem*, 16 kal. sept. 1289, avec const. Leonis X, *Dum intra*, 4 kal. jan. 1516, et *Nuper in sacro*, 1 mart. 1518. Sur les priviléges de la confrérie en l'honneur du saint Nom de Jésus, affiliée à l'ordre des prêcheurs, voyez le bref pontifical du 18 avril 1871. (*Archives*, t. XXVI, p. CXXXV.)

[6] Voyez les priviléges accordés aux associations pour les divers États en matière d'indulgence. (*Archives*, t. IV, p. 758.)

[7] Voyez *Archives*, t. III, p. 50.

[8] En Autriche, Joseph II avait supprimé toutes les confréries, et les

ADDITION DU TRADUCTEUR.

En France, toutes les confréries ont été, comme établissements publics légalement privilégiés, abolies par la loi du 18 août 1792. N'étant plus reconnues par la loi, elles ne peuvent profiter directement des dons qui leur seraient faits, en tant qu'elles ont besoin de l'approbation du gouvernement; mais rien n'empêche qu'on fasse quelque don à ces pieuses associations. Si ces dons, quoique faits à la confrérie, étaient destinés aux réparations et à l'embellissement d'une chapelle, ils pourraient être acceptés par la fabrique et autorisés par ordonnance.

Un arrêt de la cour royale d'Aix a déclaré que les confréries, n'étant pas autorisées et ne formant pas aux yeux de la loi un être moral, ne peuvent avoir l'exercice d'aucune action, soit active, soit passive.

Ainsi, tout ce qui regarde les confréries se réduit maintenant à leurs exercices de piété, que l'évêque seul a le droit de régler, et aux dépenses nécessaires pour l'entretien de la chapelle où se font les réunions. Les dépenses sont votées et employées selon la libre volonté des membres de la confrérie, dont les engagements cessent quand ils le jugent convenable.

Une ordonnance du roi, du 28 mars 1831, décide que la suppression d'une congrégation religieuse ou confrérie établie dans une paroisse ne peut donner lieu à un appel comme d'abus contre le curé qui l'a supprimée.

Les biens des confréries, qui avaient subi le sort de ceux des fabriques, ont été restitués, par le décret du 17 juillet 1805, non aux confréries, mais aux fabriques.

Les fabriques ne sont pas tenues de mettre à la disposition des confréries le mobilier de l'église; si elles le font, elles ont droit à une redevance.

Les fabriques peuvent s'opposer aux quêtes des confréries et à l'établissement des troncs dans les églises. Ces quêtes, pour être régulières, doivent être approuvées par l'évêque, sur le rapport des marguilliers [1].

---

avait remplacées par la « Confrérie de l'amour actif du prochain, sous la protection de Notre-Sauveur Jésus-Christ, » qui devait être établie dans chaque paroisse. Toute autre confrérie était interdite. (Décrets des 9 août 1783, 3 mars 1784, 17 juillet 1795, 15 janvier 1796, etc.) L'État leur a restitué leur liberté à la suite de concordat.

Voyez la lettre de l'archevêque de Vienne, 18 août 1855, art. 19, dans les *Archives*, t. I, p. XXIII, décision impériale du 27 juin 1856; ordonnance ministérielle du 28 juin 1856. (*Archives*, t. VII, p. 63, 86.) — Joignez-y maintenant la loi autrichienne du 15 novembre 1867, concernant les associations. — Sur l'administration des biens localisés des confréries sur les côtes autrichiennes, voyez *Archives*, t. XIX, p. 446.

[1] Avis du conseil d'État, du 6 juillet 1831.

Quand une confrérie est dissoute, le partage des biens doit être fait entre tous ses membres par portions égales, à moins que les statuts approuvés par l'évêque n'aient fixé un autre mode de répartition[1].

§ 226. IX. De la sépulture ecclésiastique et de la prière pour les défunts[2].

1. L'Église accorde à ses membres une sépulture en terre bénite, accompagnée de solennités religieuses. Au point de vue religieux, comme au point de vue général de l'humanité, les membres d'une confession étrangère, quand ils n'ont point de cimetière ou de prêtre à eux, ont droit aussi à une sépulture honorable, mais sans les cérémonies proprement ecclésiastiques. Les membres d'une autre confession n'ont en soi aucun titre de droit à la sonnerie des cloches; ce droit n'est concédé que sous forme de demande[3]. Ceux qui autorisent dans le cimetière la sépulture d'un membre appartenant à une confession étran-

---

[1] Jugement du tribunal de la Seine, du 23 mars 1831. Voyez l'abbé André, *Cours de droit canon* et *Cours de législ. civ. eccl.*

[2] Baudri, *Das christliche Vegræbniss*, dans Dieringer, *Katholischer Zeitschr. Jahr. II* (1845), t. I, p. 65, 224; Aichner, *Das kirchliche Begräbniss und die Cœmeterien* (*Archiv für kath. Kirchenrecht*, t. I, p. 25, 80); P.-F.-X. de Ram, *De sepultura et cœmeteriis, dissert. hist.-jurid.*, Lovan., 1862; Joan. Simor, *De funeribus et exequiis defunctorum ad normam sanct. canonum persolvendis*, dans *Archives*, t. XIV, p. 52; v. Ketteler, *Ueber die Verweigerung des kirchl. Begräbnisses*, dans *Archives*, t. XVI, p. 323; Greith, *Die Begräbnissfrage*, Zurich, 1868. Voyez aussi, sur la concession ou le refus de sépulture ecclésiastique, les cas résolus par la Congrégation du concile (*Archives*, t. IV, p. 185), et les ordonnances des évêques autrichiens (*Archives*, t. I, p. 382; t. II, p. 361; t. III, p. 329; t. XXV, p. 122). Sur cette question en Autriche, voyez tome Ier, p. 382, 413.
Pour Rottenburg, *Archives*, t. III, p. 486. Pour la Bavière, Silbernagl, *Verfassung und Verwaltung*, §§ 62, 89. Auteurs protestants : Carpzow, *Jurisprudentia consist.*, lib. II, tit. XXIV; J.-H. Bœhmer, *Jus eccl. prot.*, lib. III, tit. XXVIII; Richter, *Lehrbuch*, § 291, 7e éd.; Mejer, *Kirchenrecht*, § 219.

[3] Le *Landrecht* prussien, part. II, tit. I, § 189, porte que les corporations religieuses admises dans l'État et appartenant à diverses confessions ne doivent pas, en l'absence de cimetières propres, se refuser mutuellement la sépulture et des places de sépulture dans leurs cimetières.
Un ordre exprès du cabinet prussien, 15 mars 1875, porte la même chose. Voyez à ce sujet l'ordonnance du vicariat général de Paderborn, 30 août 1852 (*Archives*, t. IV, p. 220); l'arrêté du gouvernement royal d'Oppeln, 24 juin 1860 (*Archives*, t. XVIII, p. 454).
Pour l'Autriche, voyez tome Ier, p. 382, 413.

gère et la sonnerie des cloches, peuvent exiger une déclaration portant qu'on n'en déduira aucune prétention à un droit de co-propriété, et prévenir chaque fois toute prétention de ce genre par une protestation formelle.

II. Les cimetières ont été, de temps immémorial, la propriété de l'Église [1], et l'on doit encore présumer qu'il en est ainsi de nos jours, quand ils entourent le lieu saint [2]. Mais il y a aussi

---

[1] C. un., in VI°, de consecr. eccles., III, 21. Il y est dit expressément que les cimetières qui se trouvent autour de l'église, sont un accessoire de l'église.

[2] En Autriche, quand il y a doute, le cimetière est considéré comme « chose sacrée » et propriété de l'église. Voyez Helfert, *Von der Erbauung*, etc. p. 213. Voyez aussi le concordat, art. 34 et 35; la lettre circulaire du ministre des cultes, 25 janvier 1856, n. 13, et son ordonnance du 21 mai 1856 concernant la sépulture des non-catholiques sur les cimetières catholiques (*Archives*, t. Ier, p. 41; t. VII, p. 83; t. XXV, p. 122. Voyez aussi tome Ier, p. 282, et l'article 12 de la loi interconfessionnelle du 25 mai 1868, tome Ier, p. 413.

Le droit prussien a complètement adopté le point de vue du droit canon. (Voyez *Allgm. Landrecht*, part. II, tit. II, § 183, et les rescrits cités dans Vogt, *Preuss. Kirchenrecht*, t. I, p. 223; Melchior, *Die Rechtsverhæltnisse der Kirchhœfe in den œstlichen Provinzen des preuss. Staates*, dans *Archives*, t. XXIX, p. 423.) Le § 190 du *Landrecht* prussien, part. II, tit. XI, demande que lorsque le cimetière, par exception, est la propriété de la commune, on en fournisse la preuve.

En Prusse, le *Kulturkampf* travaille aussi à séculariser les cimetières et à faire des enterrements mêmes un acte purement civil. Voyez le décret de M. Falk, ministre des cultes, octobre 1873, adressé aux premiers présidents (*Archives*, t. XXXI, p. 160), et l'article *Die Sæcularisation der Gottesæcker*, dans les *Voies de Maria Laach*, 1876, livrais. 1, p. 47.

Les mêmes efforts ont été tentés de nos jours, sous l'empire de la législation française, en Belgique et en partie dans la Prusse rhénane. On a invoqué les dispositions de la loi française qui assignent au maire la surveillance politique des cimetières, notamment pour le maintien de l'ordre. La vérité est qu'en France, ainsi que sur la rive gauche allemande du Rhin, les cimetières, étant des appartenances de l'église paroissiale, ont été restitués à l'Église au même titre que les églises mêmes, à titre de propriété. (Voyez ci-dessus, § 169.)

Voyez Mooren, *Ueber Eigenthum und Benutzung von Kirchhœfen*, Cologne, 1857; Græff, *Das Eigenthum an der Kirchhœfen, nach den in Frankreich und den übrigen Lændern des linken Rheinufers geltenden Gezetzen*, Trèves, 1860. Voyez aussi, sur la propriété des cimetières d'après le droit français et le droit prussien rhénan, avec un avis de Bauerband, *Archives*, t. IX, p. 279, une ordonnance du ministre des affaires ecclésiastiques, du 19 avril 1862, concernant la capacité d'acquérir pour les paroisses situées sur la rive gauche du Rhin, surtout en ce qui regarde les cimetières, *Archives*, t. XIV, p. 138; Hirschel, *Das Eigenthum an den*

des cimetières qui sont la propriété de la commune civile, qui ont été établis par elle, et dans lesquels les diverses confessions chrétiennes ont le droit d'être inhumées [1]. L'Église catholique fait toujours en sorte d'avoir, autant qu'il se peut, des places distinctes et séparées, qu'elle consacre par une bénédiction formelle à la sépulture de ses enfants. Quand les places

kathol. Kirchen nebst Zugehœrungen nach der franzœsischen Gesetzgebung, Mayence, 1867; Bauerband, *Kœnnen nach franzœsischem Recht, resp. nach der im linksrheinischen Theile der preuss. Rheinprovinz bestehenden Gesetzgebung nur die Civilgemeinden Eigenthümer von Kirchhœfen sein?* dans *Archives*, t. XVI, p. 447; le même, *Sind durch den Art. 49 der Verwaltungsordnung für das Grossherzogthum Berg vom 13 October 1807 die damals bereits bestehenden von den kirchlichen Gemeinden der verschiedenen christlichen Confessionen ausschliesslich besessenen Kirchhœfe diesen letzteren entzogen und in Eigenthum der Civilgemeinden verwandelt und dadurch zugleich die früheren usuellen Nutzungsrechte der resp. Pfarrei aufgehoben worden?* dans *Archives*, t. XVII, p. 94; le même, *Das Eigenthumssubject der Kirchhœfe*, dans *Archives*, t. XVII, p. 353.

Voyez aussi, sur les droits de propriété de l'église concernant les cimetières, dans les pays allemands de la rive gauche du Rhin, la décision du tribunal de Munich, 18 mars 1874. (*Archives*, t. XXXIII, p. 426.)

En Bavière aussi, les cimetières sont la propriété de l'église, à moins qu'ils n'aient été récemment établis par la commune civile obligée. Cependant le § 100 de l'édit de religion permet à la confession qui n'a pas de cimetière propre le co-usage du cimetière des autres confessions.

Selon le droit badois, les cimetières ne sont pas en soi la propriété de la commune politique, mais celle de l'église. (Voyez *Archives*, t. VIII, p. 146.) De même selon le droit saxon (Weber, t. III, p. 678) et le droit oldembourgeois (voyez le § 14 de la convention du 7 janvier 1830).

[1] En France, l'article 15 du *décret du 23 prairial an* XII (*24 juin* 1804) *sur les sépultures* porte que, « dans les communes où l'on professe plusieurs cultes, chaque culte doit avoir un lieu d'inhumation particulier, et, dans le cas où il n'y aurait qu'un seul cimetière, on le partagera par des murs, haies ou fossés, en autant de parties qu'il y aura de cultes différents, avec une entrée particulière pour chacun, et en proportionnant cet espace au nombre d'habitants de chaque culte. »

Cit. du trad. — « Les lieux de sépulture, soit qu'ils appartiennent aux communes, soit qu'ils appartiennent aux particuliers, seront soumis à l'autorité, police et surveillance des administrations municipales. »(Art. 16.)

Les autorités locales sont spécialement chargées de maintenir l'exécution des lois et règlements qui prohibent les inhumations non autorisées, d'empêcher qu'il ne se commette dans les lieux de sépulture aucun désordre, ou qu'on s'y permette aucun acte contraire au respect dû à la mémoire des morts. (Art. 117, décret ci-dessus indiqué.) En Prusse, un décret ministériel du 26 juillet 1864 prescrit qu'il y ait autant que possible des cimetières pour chaque confession. Voyez aussi une ordonnance du vicariat général d'Ulm (21 décembre 1866), sur l'établissement et l'entretien des places de sépulture. (*Archives*, t. XVIII, p. 156.)

sont en commun, on ne bénit pas le cimetière tout entier, mais on bénit chaque fois la sépulture où un catholique doit être enterré.

III. Chacun peut choisir lui-même le cimetière où il veut être inhumé[1]. Celui qui n'a pas fait de choix est enterré dans le sépulcre de sa famille, ou dans un sépulcre héréditaire, quand il en a un[2]. Chacun peut acheter une sépulture pour soi ou pour sa famille; mais celui qui est devenu propriétaire d'une place de cimetière, doit s'abstenir de toute disposition contraire au caractère religieux de ce lieu[3]. Quand le défunt n'a pas choisi sa sépulture ou qu'il n'a pas de sépulcre de famille, il doit être inhumé dans le cimetière de sa paroisse[4]. L'inhumation appartient[5] au curé de la paroisse, qui jouit d'un droit d'étole spécial, provenant de l'ancienne coutume de faire un legs à l'église où l'on voulait être inhumé. Si la sépulture a été choisie ailleurs, le curé, d'après une ancienne tradition, a droit à la quatrième partie, ou à toute autre portion fixée par la loi, de ce qui est donné à l'église choisie pour la sépulture; mais il n'a pas de droit sur les messes des défunts ou sur un legs pieux[6].

---

[1] C. III, VII, X, de sepult., III, 28; c. II, § 1; c. IV, in VI°, de sepultur., III, 12.

[2] C. I, III, X, de sepultur., III, 28.

[3] Voyez aussi Schulte, *System.*, p. 652; Richter, *Lehrbuch*, § 318, note 3, et les citations.

[4] C. XIII, q. 2, X, III, 28; in VI°, III, 12; in Clem., III, 7, de sepultur.

[5] Voyez ci-dessus, § 134, p. 375.

[6] Le concile de Trente a révoqué toutes les exemptions relatives à cette quarte funéraire qui avaient été accordées depuis l'an 1523; mais elle doit être conservée dans son ancienne étendue là où elle existe depuis quarante ans. (Conc. Trid., sess. XXV, cap. XIII, avec les décisions de la Congrégation du concile.)

Les ordres religieux étaient souvent exemptés de la quarte funéraire ou quarte canonique. V. Phillips, *Droit eccl.*, p. 1164, 1re éd. En Italie, ces exemptions ont été supprimées par la constitution *Romanus Pontifex* de 1725. (Zamboni, *Coll. decl.*, t. VIII, p. 2 et suiv.)

« Le concile ordonne que dans tous les lieux où la quatrième portion qu'on appelle des funérailles avait coutume, il y a quarante ans, d'être payée à l'église cathédrale ou paroissiale, et où depuis, par quelque privilège que ce soit, elle a été appliquée à d'autres monastères, hôpitaux ou autres lieux de dévotion, ladite part et portion tout entière, et avec tous ses droits tels qu'auparavant, soit dorénavant payée à ladite église cathédrale ou paroissiale, nonobstant toutes concessions, grâces, privilèges, ceux mêmes qu'on appelle *mare magnum*, et autres quels qu'ils puissent être. »   (Cit. du trad.)

Ce droit d'étole, ou de quarte funéraire, le curé n'en jouit pas quand le corps d'un étranger mort dans sa paroisse est transporté dans sa paroisse véritable, ou quand un de ses paroissiens mort ailleurs veut être inhumé au lieu où il est décédé, parce que le transport du défunt dans la paroisse autorisée ne peut se faire sans difficultés, ni enfin quand le cadavre ne fait que traverser la paroisse [1], bien qu'autrefois des législations privées obligeassent souvent, dans le dernier cas surtout, à payer des droits d'enterrement à la paroisse.

IV. La plupart des lois civiles défendent maintenant d'inhumer dans les églises, excepté les évêques et les membres de la famille régnante [2]. Elles exigent une permission de la police pour enterrer hors du cimetière, comme pour établir des cimetières nouveaux [3].

V. La sépulture ecclésiastique est refusée aux infidèles [4], aux apostats [5], aux hérétiques [6], aux schismatiques [7], aux excommuniés ou interdits [8], aux suicidés volontaires [9], lorsqu'avant d'expirer ils n'ont pas donné des signes de repentir, aux duellistes qui ont succombé dans le duel [10], aux pécheurs notoires [11] (comme les usuriers, les brigands), à ceux qui sont publiquement connus pour avoir négligé la communion pascale et sont morts en contempteurs des sacrements et sans marque de regret [12], aux enfants morts sans baptême [13]. Dans les cas douteux, le curé doit demander l'avis de l'évêque, et,

---

[1] Argum., c. III, h. t., in VI°; voyez Richter, § 291, n. 17.

[2] Voyez Richter, § 291, note 19.

[3] Voyez Jacobson, *Preuss. Kirchenrecht*, p. 510; *Hannover'sche Anweis. für die Kirchenvorstænde vom 26 Juli* 1849; *kgl. bayerische Verordnung v. 14 October* 1862. Il est presque toujours prescrit de n'établir des cimetières qu'en dehors de la ville ou du village. Voyez Richter, § 291, note 6.

[4] C. XXVII, XXVIII, d. 1, de consecr.

[5] C. VIII, C. 24, q. 2.

[6] C. VIII, XIII, § 5, X, de hæreticis, V, 7; c. II, eod., in VI°, V, 2.

[7] C. III, C. 24, q. 2.

[8] C. XXXVII, C. 11, q. 3; c. XII, XIV, X, de sepult.; c. XX, in VI°, de sent. excomm., V, 11; Clem., I, de sepult.

[9] C. XII, C. 23, q. 5. Pour l'Autriche, voy. *Archives*, t. II, p. 361, 752, 783.

[10] Conc. Trid., sess. XXV, cap. XIX, de ref.; const. Bened. XIV *Detestabilem*, an. 1752; const. Gregorii XIII *Ad abolendam*, non. dec. 1582.

[11] C. XVI, C. 8, q. 2; c. III, X, de usur., V, 19; c. II, X, de rapt., V, 17

[12] C. XII, X, de pœnit. et remiss., V, 30.

[13] C. I, C. 24. q. 2.

quand il ne peut le demander ou l'attendre à cause de la brièveté du temps, prendre le parti le plus doux et accorder la sépulture ecclésiastique [1].

VI. Le droit ecclésiastique protestant admet des règlements analogues en ce qui regarde la sépulture. Cependant la coutume et des lois récentes ont mitigé en bien des points les lois qui interdisaient la sépulture ecclésiastique aux excommuniés, aux suicidés et autres criminels [2].

VII. L'Église catholique offre le saint sacrifice de la messe et différentes prières pour ses membres défunts, afin d'abréger le temps de leur purification dans les flammes du purgatoire et de leur ouvrir plus tôt la porte du ciel [3].

L'Église catholique, dit le concile de Trente, instruite par le Saint-Esprit, ayant toujours enseigné, suivant les saintes Écritures et la doctrine ancienne des Pères, dans les saints conciles précédents et depuis peu encore dans ce concile général, qu'il y a un purgatoire et que les âmes qui y sont détenues sont soulagées par les suffrages des fidèles, et particulièrement par le sacrifice de l'autel, si digne d'être agréé de Dieu, le saint concile ordonne aux évêques qu'ils aient un soin particulier que la foi et la créance des fidèles touchant le purgatoire soit conforme à la saine doctrine qui nous en a été donnée par les saints Pères et par les saints conciles, et qu'elle leur soit partout prêchée et enseignée de la sorte. Qu'ils bannissent des prédications publiques qui se font devant le peuple ignorant et grossier les questions difficiles et trop subtiles sur cette matière, qui ne servent de rien pour l'édification, et dont la société ne retire aucun fruit. Qu'ils ne permettent point non plus qu'on avance, ni qu'on agite sur ce sujet des choses incertaines et qui ont apparence de fausseté; qu'ils défendent comme un

---

[1] Regul. XV, XLIX, in VI°, V, 2.

[2] Voyez Richter, *Lehrbuch*, § 291, gg. E; *Allg. K.-Bl.*, t. III, p. 340.

[3] Voyez II Mach., XII, 46; c. XXII, 19, 22, C. 13, q. 2; Conc. Trid., décret *de Purgatorio*. On ne peut pas offrir des suffrages pour les âmes condamnées aux peines éternelles, et les saints qui sont arrivés à la vision face à face n'ont pas besoin de prières, mais ils peuvent être invoqués comme intercesseurs. Voyez c. un., de reliquiis et vener. sanct., in VI°, III, 25; Conc. Trid., sess. XXV, de invoc. sanct.; Bened. XIV, *De servor. Dei beatificatione et canonizatione*, Patav., 1744, 4 tom. in-fol., lib. II, tit. VI; Bangen, *Die rœmische Curie*, p. 214.

sujet de scandale et de mauvaise édification pour les fidèles tout ce qui tient d'une certaine curiosité ou manière de superstition, ou qui ressent un profit sordide et messéant. Mais que les évêques tiennent la main à ce que les suffrages des fidèles, comme les messes, les prières, les aumônes et les autres œuvres de piété qu'ont coutume d'offrir les fidèles qui sont encore en cette vie pour les autres fidèles défunts, soient faites et accomplies avec piété et dévotion, selon l'usage de l'Église, et que ce qu'on leur doit par fondations testamentaires ou autrement, soit acquitté avec soin et exactitude, et non par manière de décharge, par les prêtres, par ceux qui servent à l'église, et autres qui y sont tenus [1].

Le protestantisme rejette le purgatoire et par conséquent la prière pour les morts. L'Église catholique ne permet point de faire des prières publiques pour les protestants défunts; elle n'autorise que les prières particulières et les messes de *Requiem*, et seulement quand on présume qu'étant nés au sein du protestantisme et ayant été élevés par des parents protestants, leur ignorance de la foi catholique ne leur a pas permis d'en faire profession. L'Église catholique les considère alors comme justifiés devant Dieu. Cependant, comme ils n'appartenaient pas publiquement à la société visible de l'Église de Jésus-Christ, on ne peut offrir pour eux que des prières et des messes privées de *Requiem* [2].

---

[1] Conc. Trid., sess. XXV, décret sur le purgatoire.

[2] Voyez les brefs de Grégoire XVI, du 13 février 1842 à l'évêque d'Augsbourg, et du 3 juillet 1842 à l'abbé de Seheyern. Ces deux princes de l'Église avaient ordonné des prières et des messes publiques pour la reine protestante de Bavière, morte en novembre 1841. En 1852, le ministère badois demanda également au clergé catholique du pays des prières publiques à l'occasion de la mort du grand-duc Léopold de Bade, qui était protestant. Une partie du clergé, s'étant conformé au vœu du gouvernement, fut condamné à des exercices spirituels dans le séminaire de Saint-Pierre.

Voyez les dispositions du concile provincial de Gran, 1858, conformes à ces brefs du pape, *Archives*, t. IX, p. 421, et Joan. Simon, *De funeribus et exequiis defunctorum*, t. XIV, p. 64.

APPENDICE.

En traitant des fabriques d'église dans le présent volume (p. 545), nous nous sommes exclusivement attaché, en ce qui regarde la France, au décret du 30 décembre 1809.

Nous croyons utile, en présence de la proposition de loi soumise par M. Labuze aux Chambres françaises, et tendant à modifier la législation en vigueur, de signaler ici le travail de M. Fédou [1], prêtre du diocèse de Toulouse, et de rapporter les principaux arguments qu'il fait valoir contre cette proposition.

M. l'abbé Fédou réfute d'abord cette erreur que, « dès les premiers temps de l'ère chrétienne et jusqu'à la Révolution française, les églises et les biens dont les revenus étaient affectés au culte catholique étaient gérés par des conseils de fabrique. » Les évêques, dit-il, ont joui jusque vers le sixième siècle du droit absolu de gérer *seuls et sans contrôle* les biens de leurs églises épiscopales et les biens des églises nouvellement établies par eux dans les campagnes. Plus tard, les évêques se déchargèrent de ce soin sur les curés, et jusqu'au treizième siècle cette administration demeura exclusivement entre les mains du clergé. On croit que les conseils de fabrique *proprement dits* ne remontent guère au delà du quatorzième siècle.

La nomination des membres de ces conseils était toujours soumise à l'approbation de l'évêque.

M. Labuze affirme que « les communes, les provinces ou l'État, n'ayant pas à intervenir dans les frais du culte et dans les réparations des édifices qui y étaient destinés, n'étaient point représentés au sein de ces conseils. »

M. Fédou allègue contre cette assertion plusieurs arrêts des parlements. Si le maire ou son lieutenant sont de droit membres du conseil de fabrique, c'est parce que les communes ont à intervenir dans les frais du culte.

[1] *Les Fabriques d'église en péril ...*, et *Mémoire à consulter sur la propriété des églises et des presbytères.* (Paris, librairie Palmé.)

« La législation qui nous régit depuis 1809, continue M. Labuze, tout en laissant à la charge des communes la responsabilité de pourvoir aux frais du culte, à la réparation et à la réédification des églises, etc., nous semble ne pas leur avoir attribué une part suffisamment sérieuse dans la surveillance ..., dans la gestion... » Erreur. « Ce sont les fabriques et non les communes qui sont *chargées* de veiller à l'*entretien* et à la *conservation des temples* ..., d'administrer ... les sommes *supplémentaires* fournies par les communes. » La commune ne concourt aux frais du culte que lorsqu'il y a nécessité absolue.

A qui appartiennent les immeubles affectés au culte ? A la commune, assure M. Labuze, d'après une réponse du conseil d'État à l'empereur, en date du 22 janvier 1805, où se trouve le terme de « propriétés communales ».

Or, dit M. Fédou, l'administration de l'an XIII appelait *biens communaux* des biens qu'elle déclarait elle-même être la propriété des *fabriques* et des *paroisses*. D'après une opinion qui avait cours, on considérait les biens des paroisses comme une espèce particulière de biens communaux. C'était le sentiment des auteurs du Code civil.

Poursuivant son but, l'auteur du projet arrive à cette conclusion qu'il est « juste et logique de donner à la commune la part prépondérante dans la composition des conseils de fabrique », et il propose en conséquence de modifier ainsi quelques articles du décret du 30 décembre 1809.

Art. 3. — Rédaction actuelle. (Voyez le texte ci-dessus, p. 546.)

Rédaction proposée par M. Labuze :

« Dans les paroisses où la population sera de 5,000 âmes ou au-dessus, le conseil sera composé de neuf conseillers de fabrique. Dans toutes les autres paroisses, il devra l'être de cinq. Ils seront pris parmi les citoyens domiciliés dans la paroisse. »

C'est-à-dire, quand on le jugera à propos, parmi les protestants, les juifs, les libres penseurs, etc., qui auront à voter sur les besoins du culte.

Art. 4. — Rédaction actuelle. (Voyez le texte ci-dessus, p. 546.)

Rédaction proposée par M. Labuze :

« De plus, seront de droit membres du conseil :

« 1° Le maire du chef-lieu de la cure ou succursale ; il pourra s'y faire remplacer par l'un de ses adjoints ou déléguer extraordinairement un membre du conseil municipal ;

« 2° Le curé ou desservant ; il pourra s'y faire remplacer par l'un de ses vicaires. »

M. Labuze veut bien admettre le curé, « pour qu'il fasse connaître au conseil les besoins du culte ». Ce qui veut dire, sans doute, que, s'il n'était pas indispensable, on ne l'admettrait point. Quelle figure un curé pourrait-il bien faire dans un pareil conseil ?

Voici la modification la plus importante :

Art. 6. — Rédaction actuelle. (Voy. le texte ci-dessus, p. 547.)

Rédaction proposée par M. Labuze :

« Dans toutes les paroisses ou succursales, les membres du conseil de fabrique seront nommés *par le conseil municipal*. L'élection se fera au scrutin de liste et à la majorité absolue des voix. Au deuxième tour de scrutin, la majorité relative sera suffisante. En cas de partage des voix, il sera procédé à un troisième tour de scrutin ; si le résultat obtenu est le même, le plus âgé des candidats sera déclaré élu. »

M. Labuze prétend que « les délibérations des conseils de fabrique ne sont jamais portées à la connaissance des conseils municipaux que lorsque ceux-là veulent réclamer un complément utile à leurs ressources, ou signaler la nécessité de réparations ou de constructions nouvelles. »

Or, d'après le décret de 1809, les conseils municipaux peuvent, s'ils le veulent, être tenus au courant des actes administratifs des fabriques, quand même celles-ci ne leur demanderaient aucun secours. « Le compte, dit l'article 89, sera en double copie, dont l'une sera déposée dans la caisse ou armoire à trois clefs, *l'autre à la mairie.* »

Selon M. Fédou, « l'article 7 du projet n'a été rédigé que dans un but électoral, peut-être aussi pour arriver plus sûrement à la destruction complète du culte catholique dans les paroisses. Tout fabricien, en effet, élu par le conseil municipal devra, s'il veut continuer d'exercer ses fonctions, se préoccuper avant tout, non d'assurer l'exercice d'un culte auquel il peut être étranger et qu'il voudrait détruire par tous les moyens possibles, mais de suivre en tous points le mot d'ordre donné par ses électeurs. »

Art. 10. — Rédaction actuelle : « Le conseil s'assemblera le premier dimanche des mois d'avril, de juillet, d'octobre et de janvier, à l'issue de la grand'messe ou des vêpres, dans l'église, dans un lieu attenant à l'église ou dans le presbytère. L'avertissement de chacune de ses séances sera publié, le dimanche précédent, au prône de la grand'messe. Le conseil pourra, de plus, s'assembler extraordinairement, sur l'autorisation de l'évêque ou du préfet, lorsque l'urgence des affaires ou de quelques dépenses imprévues l'exigera. »

Rédaction proposée par M. Labuze :

« Le conseil s'assemblera le premier dimanche des mois d'avril, de juillet, d'octobre et de janvier. Le président adressera à chacun des membres du conseil une convocation écrite, indiquant l'heure et le lieu de la réunion. Le conseil pourra, de plus, s'assembler extraordinairement, sur l'autorisation du préfet, lorsque l'urgence des affaires ou de quelques dépenses imprévues l'exigera. »

Avec de telles propositions, conclut justement M. Fédou, on arriverait à créer deux fabriques dans chaque paroisse, et peu à peu à supprimer l'exercice du culte catholique. Quel curé pourrait assister à un conseil de fabrique où il serait admis par grâce et parce qu'on ne pourrait se passer de lui ? Il serait loisible au maire de tenir la séance durant les offices paroissiaux, ou dans un local où il ne serait pas séant au curé de se présenter.

Devant de telles conséquences, conçoit-on que M. Labuze puisse terminer ainsi son *Exposé des motifs* : « La loi que nous proposons n'est point une loi de combat ; nous ne donnons aux communes rien qui ne leur soit nettement attribué par les lois antérieures » ?

Voici maintenant comment M. Fédou résume son travail :

« 1° Les conseils de fabrique proprement dits datent, non des premiers temps de l'ère chrétienne, mais du quatorzième siècle.

« 2° Les communes, avant la Révolution, étaient représentées par les maires au sein des conseils de fabrique, parce que les charges des réparations aux édifices paroissiaux et même les frais du culte incombaient, en certains cas, à tous les habitants de la paroisse.

« 3° L'obligation principale et directe de pourvoir aux frais du culte incombe, non aux communes, mais aux fabriques.

« 4° Il n'est nullement hors de doute que les églises et presbytères, restitués au culte en l'an X, soient des propriétés communales. Tout porte à croire que le législateur a eu l'intention de rendre ces édifices, non aux communes, mais aux *paroisses*.

« 5° La loi proposée par M. Labuze est une loi de spoliation, dont les conséquences sont plus graves qu'on ne serait tenté de le croire. En effet :

« *a*. Elle est de nature à susciter un antagonisme sérieux et de tous les instants entre les deux autorités ecclésiastique et civile de chaque paroisse ;

« *b*. Elle froisse les catholiques, dont les intérêts devront être confiés à des personnes souvent ennemies de leur culte et de conscience parfois peu délicate ;

« *c*. Elle exclut en réalité le curé des conseils de fabrique ;

« *d*. Elle crée indirectement deux conseils de fabrique dans chaque commune : l'un *municipal*, reconnu par l'État et voué souvent au mépris des catholiques de la paroisse ; l'autre *canonique*, institué par l'évêque conformément aux lois de l'Église ;

« *e*. Elle tend à la suppression plus ou moins immédiate de l'exercice du culte catholique dans les paroisses ;

« 6° Le décret du 30 décembre 1809 fournit aux communes les moyens de se tenir au courant, si elles le veulent, des actes administratifs des fabriques ;

« 7° La responsabilité réelle de la gestion des biens des fabriques appartient, non au bureau, mais au conseil de fabrique ;

« 8° Enfin, les modifications qu'on propose ne sont pas réclamées par la nation, mais par un petit groupe de citoyens désireux, les uns de s'emparer des biens de l'Église, les autres d'accorder satisfaction à leurs rancunes personnelles [1]. »

---

[1] Addition du traducteur.

FIN.

TABLE DES MATIÈRES.

LIVRE II.
LA CONSTITUTION DE L'ÉGLISE.

CHAPITRE PREMIER.
LA CONSTITUTION DE L'ÉGLISE EN GÉNÉRAL.

I. L'Église catholique.

§ 57. Propriétés essentielles de l'Église catholique	1
§ 58. Caractère et hiérarchie du pouvoir ecclésiastique.	11
§ 59. Constitution de l'Église protestante. — Origine et caractère de l'Église protestante	15
§ 60. Organisation des pouvoirs dans l'Église protestante.	18

CHAPITRE II.
L'ÉTAT ECCLÉSIASTIQUE ET LES FONCTIONS QUI Y SONT ATTACHÉES.

ARTICLE Ier. — L'Ordination; ses conditions d'après le droit canonique.

§ 61. 1. Qualités personnelles des ordinands	23
§ 62. 2. Conditions de fortune requises pour l'ordination.	80
§ 63. 3. Compétence requise pour conférer les ordres sacrés	82
§ 64. 4. Examen des ordinands	85
§ 65. 5. Temps et succession des ordres	85
§ 66. 6. Éducation et instruction scientifique du clergé	87
§ 67. 7. L'ordination dans l'Église protestante	91

II. Droits et Devoirs des ecclésiastiques.

§ 68. 1. Droits généraux du clergé catholique	92
§ 69. Devoirs des ecclésiastiques	100
§ 70. 2. Droits et devoirs des ecclésiastiques protestants	130

CHAPITRE III.
LES OFFICES ECCLÉSIASTIQUES DANS L'ÉGLISE CATHOLIQUE.
Les Offices ecclésiastiques.

§ 71. 1. Leur notion et leurs espèces	131
§ 72. 2. La préséance et l'obédience canonique (*majoritas et obedientia*)	136

§ 73. 3. Institution des emplois dans l'Église catholique . . . 139
§ 74. 4. Changement ou suppression des bénéfices 140
§ 75. 5. Collation des bénéfices ecclésiastiques. — Notions générales. 148

Le Droit de patronage.

§ 76. Notion et nature du droit de patronage 166
§ 77. Développement historique du droit de patronage 167
§ 78. Différentes espèces de patronage. 168
§ 79. L'aptitude au droit de patronage 172
§ 80. Manière d'acquérir un droit de patronage. 173
§ 81. Transmission d'un droit de patronage 174
§ 82. Droits et devoirs du patron. 176
§ 83. Extinction du droit de patronage. 178
§ 84. 6. Droits et devoirs des bénéficiers 179
§ 85. Du devoir de la résidence 180
§ 86. Défense de cumuler les emplois ecclésiastiques 185
§ 87. 7. Vacance des emplois ecclésiastiques 186

Les Emplois ecclésiastiques dans l'Église protestante.

§ 88. 1. Leur notion, leurs espèces et leurs mutuelles relations. . 189
§ 89. 2. Institution et mutation des emplois ecclésiastiques protestants 189
§ 90. 3. Collation des emplois ecclésiastiques chez les protestants. 190
§ 91. Le droit de patronage dans l'Église protestante. 192
§ 92. Droits et devoirs des fonctionnaires ecclésiastiques protestants. 193
§ 93. Vacance des emplois dans l'Église protestante. 193

CHAPITRE IV.
LES REPRÉSENTANTS DU POUVOIR ECCLÉSIASTIQUE DANS L'ÉGLISE CATHOLIQUE.

I. La Primauté du pape.

§ 94. 1. La primauté du pape en général. 194

II. Les Principaux Droits du pape.

§ 95. Droit de haute surveillance. 207
§ 96. Législation suprême (privilèges, dispenses) 208
§ 97. La juridiction suprême du pape 237
§ 98. L'enseignement infaillible du pontife romain 239
§ 99. Droits du pape relatifs aux évêchés et aux évêques. . . . 270
§ 100. Confirmation et suppression des ordres religieux. . . . 270
§ 101. Droit de conférer tous les bénéfices. 271
§ 102. Droit du pape d'exiger des subsides 273
§ 103. Droits honorifiques du pape 274
§ 104. Le pape comme souverain des États de l'Église. . . . 276
§ 105. Les droits métropolitains du pape 280
§ 106. Droits diocésains du pape 280

III. L'Élection du pape.

§ 107. Aperçu historique 281
§ 108. Le droit actuel 281

IV. La Curie romaine.

§ 109. Considérations générales. 286
§ 110. Les cardinaux. 287
§ 111. Principales autorités de la curie romaine. 294
§ 112. Les légats du pape et les vicaires apostoliques. . . . 303

V. Les Métropolitains.

§ 113. 1. Considérations générales. 305
§ 114. 2. Des patriarches et des exarques 306
§ 115. 3. Les primats. 308
§ 116. 4. Les archevêques. 310

VI. Les Évêques.

§ 117. De la puissance épiscopale. 313
§ 118. Conditions requises pour l'épiscopat 316
§ 119. Nomination aux évêchés. — Aperçu historique . . . 317
§ 120. Le droit actuel. 318
§ 121. De la nomination des évêques en particulier; confirmation par le pape de l'élu, postulé ou nommé. 323
§ 122. Principaux droits de l'évêque dans son diocèse . . . 325

VII. Les Auxiliaires des évêques.

§ 123. Les chapitres des collégiales et des cathédrales. — Leur notion et leur développement historique. 331
§ 124. Constitution actuelle des chapitres. 336
§ 125. Droits du chapitre quand le siège épiscopal est occupé, « sede plena ». 342
§ 126. Droits du chapitre pendant la vacance du siège, « sede vacante ». 345
§ 127. Droits du chapitre quand l'évêque est empêché d'administrer le diocèse, « sede impedita » 349
§ 128. Les chorévêques et les évêques titulaires. 350
§ 129. Les coadjuteurs des évêques 351
§ 130. Les archidiacres. — Développement historique du vicariat général. 353
§ 131. Le vicaire général. 354

VIII. Les Auxiliaires actuels de l'évêque dans les diverses parties du diocèse.

§ 132. 1. Développement historique des décanats et des paroisses. 362
§ 133. 2. Situation exacte des doyens ruraux. 364
§ 134. 3. Position actuelle des curés. 366
§ 135. Les auxiliaires et les remplaçants des curés. 379

IX. Les Conciles et les Synodes.

§ 136. 1. Notions générales 385
§ 137. 2. Les conciles œcuméniques. 387
§ 138. 3. Les conciles provinciaux et les synodes diocésains. . 390

Constitution de l'Église protestante.

§ 139. 1. Ses deux principales formes et son caractère actuel. . 398

§ 140. 2. La commune et les curés protestants. 403
§ 141. 3. Les surintendants et les consistoires. 405
§ 142. 4. Les synodes protestants. 406
§ 143. 5. Les chapitres de cathédrales et de collégiales chez les protestants 408

LIVRE III.

LA JURIDICTION ECCLÉSIASTIQUE.

§ 144. I. La juridiction volontaire. 412
§ 145. II. La juridiction contentieuse. — Son étendue. . . . 413
§ 146. III. La procédure ecclésiastique. — 1. Les tribunaux ecclésiastiques. 422
§ 147. 2. La juridiction ordinaire, mandée et déléguée. . . 424
§ 148. 3. La procédure 430
§ 149. IV. La procédure criminelle ecclésiastique. — 1. Différentes espèces de peines ecclésiastiques. 431
§ 150. 2. Développement historique de la juridiction pénale ecclésiastique. 432
§ 151. V. Des censures ecclésiastiques. — Notions générales. . 436
§ 152. Des censures en particulier. — 1° L'excommunication. . 440
§ 153. 2° L'interdit. 442
§ 154. 3° La suspense 443
§ 155. 4° Les peines vindicatives 460
§ 156. Les délits particuliers. — 1° L'apostasie, l'hérésie, le schisme et autres crimes semblables. 462
§ 157. 2° Le blasphème, la superstition et la magie. 464
§ 158. 3° Le parjure et les conditions du serment en général. . 466
§ 159. 4° Le sacrilège. 476
§ 160. 5° La simonie. 477
§ 161. 6° Crimes contre le corps et la vie de l'homme. . . . 483
§ 162. 7° Délits de la chair. 486
§ 163. 8° Crimes contre le bien temporel du prochain 500
§ 164. 9° Délits des clercs contre leur état et leur office. . . 503
§ 165. VI. La procédure ecclésiastique en matière criminelle. . . 509
§ 166. La juridiction dans l'Église protestante. 514

LIVRE IV.

DROIT DE L'ÉGLISE SUR LES BIENS TEMPORELS.

I. Dans l'Église catholique.

§ 167. 1. Caractère mixte du droit de l'Église sur les biens temporels. 518
§ 168. 2. L'Église a le droit d'acquérir des biens temporels. . . 520
§ 169. 3. Le sujet des biens ecclésiastiques. 526

§ 170. 4. Des objets qui composent la fortune de l'Église. . . . 536
§ 171. 5. Administration et emploi des biens ecclésiastiques. . . 541
§ 172. 6. Différents objets dont se composent les biens de l'Église.
— 1°. Les prémices, les oblations, les collectes. . . . 549
§ 173. 2° Les dîmes. 551
§ 174. 3° Les bénéfices. 552
§ 175. 4° Les droits d'étole (*jura stolæ*). 560
§ 176. 5° Les fruits intercalaires. 563
§ 177. Soin des prêtres impropres au service. 566
§ 178. 6° Entretien des édifices religieux et du culte divin. . . 566
§ 179. 7° Aliénation des biens ecclésiastiques. 575
§ 180. II. Les biens d'église dans l'Église protestante. 580

LIVRE V.

DROITS ECCLÉSIASTIQUES DES INDIVIDUS ET DES CORPORATIONS RELIGIEUSES.

§ 181. I. Admission dans l'Église par le baptême. 584
§ 182. II. Apostasie et retour dans le sein de l'Église. 588
§ 183. III. La jurisprudence du mariage. — 1. Choix d'ouvrages. . 589
    I. Auteurs catholiques 589
    II. Auteurs protestants 591
    III. Jurisprudence du mariage dans l'Église orientale. . 591
    IV. Ouvrages sur le mariage civil. 591
§ 184. 2. Notion et essence du mariage. 591
§ 185. 3. Les fiançailles. 595
§ 186. 4. Forme du mariage selon le droit canon 603
§ 187. 5. Le mariage dans l'Église protestante. 631
§ 188. 6. Le mariage civil. 632
§ 189. 7. Les empêchements de mariage. — Des empêchements en général. 642

Différentes espèces d'empêchements.

§ 190. 1. Empêchements par défaut de consentement. — Empêchement de la folie (*impedimentum amentiæ*). . . 644
§ 191. Empêchement de l'erreur 645
§ 192. La violence (*vis ac metus*). 647
§ 193. Le rapt (*raptus*). 651
§ 194. Le défaut d'une condition (*deficiens conditio*). 653
§ 195. 2. Raisons tirées de l'impuissance physique. — Empêchement de l'âge. 654
§ 196. Empêchement d'impuissance 655
§ 197. 3. Raisons qui empêchent le consentement légal. — 1° La parenté 657
§ 198. 2° Empêchements d'affinité et d'honnêteté publique (*impedimentum affinitatis et quasi affinitatis, vel publicæ honestatis*) 666

§ 199. 3° La parenté légale ou civile.	673
§ 200. 4° La parenté spirituelle.	674
§ 201. 5° Empêchement de l'ordre (*impedimentum ordinis*).	679
§ 202. 6° Le vœu (*professio religiosa*).	683
§ 203. 7° Empêchement du lien matrimonial (*impedimentum ligaminis*).	684
§ 204. 8° Adultère qualifié ou meurtre de l'époux (*impedimentum criminis*)	686
§ 205. 9° La différence de religion (*cultus disparitas*).	693
§ 206. Les empêchements purement prohibitifs. — 1. Les confessions mixtes	693
2. Les fiançailles.	698
§ 207. 3. Les vœux simples.	699
§ 208. 4. Défaut de consentement du côté des parents, des tuteurs ou de l'autorité civile.	699
§ 209. 5. Défense spéciale d'un supérieur ecclésiastique.	701
§ 210. 6. Les temps interdits. — L'année de deuil, etc.	701
§ 211. IV. Dispenses des empêchements de mariage.	703
§ 212. La dispense *in radice*, ou *sanatio radice matrimonii*.	724
§ 213. Les dispenses de mariage dans l'Église protestante et les empêchements de droit civil	725
§ 214. V. Effets du mariage.	725
§ 215. Dissolution du lien matrimonial.	726
§ 216. Séparation de corps et de biens selon le droit catholique.	728
§ 217. VI. La séparation du mariage dans l'Église protestante et selon le droit civil	729
§ 218. Déclaration de la nullité du mariage.	735
§ 219. VII. Le vœu (*votum*).	743
§ 220. Des ordres et des congrégations religieuses. — Leur nature et leurs différences.	745
§ 221. L'entrée dans les ordres et les congrégations religieuses.	753
§ 222. Effets de l'admission dans un ordre ou une congrégation religieuse	756
§ 223. Sortie d'un ordre ou d'une congrégation.	757
§ 224. Direction de la discipline dans les ordres religieux.	759
§ 225. VIII. Des confréries.	764
§ 226. IX. De la sépulture ecclésiastique et de la prière pour les défunts	766
APPENDICE.	773

FIN DE LA TABLE.

TABLE ANALYTIQUE

DU DROIT CANON.

A.

Abbés (bénédiction des), II, 326.
— (droit d'ordination des), II, 83.
— leur élection, II, 60.
Abbesses (bénédiction des), II, 326.
— élection, II, 326.
Abjuration de l'hérésie, II, 582.
Absolue, ordination, II, 91.
Absolution, I, 94.
— des censures, II, 438.
— des irrégularités, II, 54.
— réservée, II, 369.
— dans l'Église protestante, II, 512.
Acatholique, voyez Protestants.
Accession dans les élections, II, 284.
Accusation des clercs et des évêques, I, 73; II, 92, 431.
— par les laïques, II, 92.
— devant les tribunaux civils, II, 92, 431.
— procédure, I, 731; II, 509.
Accusateurs, irréguliers, II, 40.
Acolytes, II, 14.
Adjoints dans l'Église protestante (voyez Auxiliaires des curés protestants).
Administrateurs des biens d'église, II, 541.
Administration d'un diocèse vacant, II, 345.
— d'une paroisse vacante, II, 384.

Admission des postulants, II, 151, 323.
Adoption, cause de la parenté légale, II, 673.
Adrien Ier, I, 85.
Adrien II, I, 85.
Adrienne (collection). Voy. Collection dionysio-adrienne.
Adultérins (enfants), ils ne peuvent être légitimés, II, 726.
Ætas sponsæ superadducta, II, 708.
Affinité, II, 666.
— légitime et illégitime, II, 666.
— survenante, II, 667.
— du deuxième et du troisième degré, II, 667.
— légale, II, 673.
— spirituelle, II, 674.
Afrique (sources du droit en), I, 67.
— (conciles d'), II, 53.
Age canonique des domestiques des ecclésiastiques, II, 100, note 4.
— légitime pour le mariage, II, 54.
— pour la réception d'un ordre, II, 29.
— pour la tonsure, II, 29.
— pour l'épiscopat, II, 316.
— pour les canonicats, II, 338.
— pour les fonctions paroissiales, II, 164.
— dans l'Église protestante, II, 91.

II. — DROIT CANON.

Âge pour le mariage, II, 654.
— pour les fiançailles, II, 596.
— pour les vœux, II, 500.
— pour le serment, II, 467.
— pour la profession religieuse, II, 647.
Agendes, I, 706.
Aix-la-Chapelle (diète et concile de 816), I, 85; II, 332.
Alain, collection de décrétales, I, 104, note.
Alexandrie (patriarche d'), II, 306.
Alger de Liège, I, 98.
Aliénation des biens d'église, II, 575.
Alimentation, devoir de l'Église envers les patrons, II, 177.
— pour les ecclésiastiques, II, 81.
— lors de la séparation des époux, II, 729.
Aliments (controverse sur les), I, 419.
Allocutions pontificales, II, 289.
Alsace-Lorraine, situation de l'Église catholique, I, 338.
— constitution de l'Église protestante, I, 711.
Alternative des mois, II, 272, 338.
Altes sera, I, 41.
Alumnaticum, II, 330.
Amalaire, diacre, I, 85.
Amortissement (loi d'), II, 527.
Anastase, voy. *Livre des papes*.
Anathème, voy. Excommunication.
Ancien Testament, source du droit, I, 588.
Anciens dans la constitution de l'Église apostolique, II, 13.
— dans l'Église protestante, II, 399, 404.
Ancyre (concile d'), I, 56.
— sur le célibat des clercs, II, 127, note 3.
André, Jean, II, 107.
Andreas Hispanus, son *Modus confitendi*, I, 94.
Andronic, empereur, I, 62.
Angilram, évêque de Metz, I, 84, 85.

Anglicans, leurs ordinations, II, 82.
Anglo-saxonne (Église), I, 90.
Angustia loci, motif de dispense, II, 706.
Anhalt, constitution ecclésiastique catholique, I, 255.
Annates (*Annalia*), I, 273.
Anneau du pêcheur, I, 584.
— épiscopal, II, 331.
Anniversaires, II, 553.
Annulation du mariage, II, 553.
— des vœux, II, 745, 857.
Annus carentiæ, II, 564.
— *decretorius*, II, 138.
— *deservitus*, II, 564.
— *discretionis*, I, 589.
— *gratiæ*, II, 564.
— *luctus*, II, 704.
— *normalis*, I, 138.
Anségise, collection de capitulaires, I, 89, note 2.
Anselme II, archevêque de Milan (*Collect. Anselmo dedicata*), I, 96.
Antioche (concile d'), I, 56.
— (patriarche d'), II, 306.
Antoine Augustin, I, 93.
Antoine Le Conte, I, 106.
Apologie de la confession d'Augsbourg, I, 136.
Apostasie, II, 442.
— elle prive de la sépulture ecclésiastique, II, 442.
— cause d'irrégularité, II, 442.
— d'un clerc, II, 503, 588.
— de l'Église, du christianisme, II, 462, 582.
— cause de séparation temporaire de corps et de biens, II, 728.
— de l'état ecclésiastique, II, 503.
— d'un ordre religieux, II, 503.
Apostoliques (constitutions et canons), I, 54.
— constitution communale, II, 150, note, à la fin.
— confession, II, 179, note 4.
Apparatus, I, 99.
Appel comme d'abus, I, 143, 186; II, 434.

Appellations (principes généraux sur les), II, 422.
— à l'évêque, II, 354.
— à l'archevêque, au patriarche, II, 306.
— au pape, II, 238.
— (instances de l'), II, 422, 424.
— en matière pénale, II, 509.
— chez les protestants, II, 514.
Appendice (des fabriques d'église en France), II, 773.
Appendix Lateranensis concilii (tertii), I, 105, note 2.
Approbation pour la charge d'âmes, II, 151.
Archéologie religieuse, I, 34.
— juive, I, 36.
Archevêque, II, 305, 310.
— sa position, II, 310.
— sa confirmation, II, 311.
— ses droits de gouvernement, II, 368.
— droits honorifiques, II, 312.
— visites, II, 312.
— confirmation, II, 312.
— dévolution, II, 150.
— accusation, I, 73.
— ses droits honorifiques, II, 310.
— protestants. V. Surintendants.
Archiprêtre, II, 336, 364.
Archidiaconats, II, 15.
Archidiacres, II, 353.
— leurs droits, II, 353.
— relations avec les archiprêtres, II, 364.
— juridiction, sa fin, II, 353.
Arles (concile d'), I, 56.

Armes, défense aux clercs d'en porter, II, 102.
Arnon, archevêque de Salzbourg, I, 87.
Arrhes des fiançailles, II, 602.
Aschaffenbourg (concordat d'). Voy. Concile de Vienne.
Asile (droit d'), II, 476, 539.
Assistance passive aux mariages, II, 609.
Astesanius, son *Pénitentiel*, I, 93, 110.
Astrologie, II, 465.
Athanase (symbole de saint), II, 179, note 4.
Augsbourg (confession d'), I, 135.
— (affiliés à la conf. d'), I, 138.
— (paix religieuse d'), I, 136.
Augustin, Antoine, I, 38.
Autels, II, 537.
Autriche, I, 362.
— concordat, I, 362.
— constitution de l'Église protestante, I, 719.
Autonomie des chapitres et autres corporations religieuses, I, 632; II, 398.
— des communes protestantes, II, 380, 405.
Avent (noces interdites pendant l'), II, 711 et note.
Aveu, dans un procès de mariage, II, 729.
Avocasserie (défendue aux clercs), II, 102.
Avocat, II, 168.

B.

Bade, Ems (congrès de), II, 303, note 4.
Bade (grand-duché de), constitution de l'Église catholique, concordats, lois, etc., I, 255, 275.
Bade, constitution de l'Église protestante, I, 716.
— (union de), I, 707.
Bâle (évêché de), I, 527, 529, 559.

Bâle-Campagne (canton de), I, 573.
— (concile de), I, 138.
— sur les réserves pontificales, I, 108.
— sur les appellations, II, 423.
— (décrets de), I, 108, 130, 423.
Ballerini, I, 84.
Bals, interdits aux clercs, II, 113.
Balsamon, I, 63.

Bambergensis Collect. decretal., I, 105, note 2.
Baptême, admission dans l'Église par le baptême, II, 584. — Sa notion, sa forme, sa matière, son ministre, 584, 587. — Défense de le réitérer, 588. — A la maison, II, 87. — Cas de nécessité, II, 587.
— de sang, de désir, II, 585, note 2.
Barbe des clercs, II, 126, n. 1.
Barbosa, I, 40.
Barthélemi de Bresse, I, 100.
Basile, empereur, I, 61.
Bavière, concordat et édit de religion, I, 654.
— situation ecclésiastique et politique jusqu'au temps présent, I, 159.
— constitution de l'Église protestante, I, 718.
— (union de), I, 707.
Béatification, II, 298.
Beaumanoir, II, 417, note 4.
Bède, son *Pénitentiel*, I, 91.
Belgique, I, 357.
Bénédictins (ordre des), II, 332.
Bénédiction des choses religieuses, II, 536.
— du mariage, II, 610.
— des cimetières, II, 768.
Bénéfices, collation, II, 148.
— vacance, perte (v. Déposition).
— (for des controverses sur les), II, 419.
— (cumul de), II, 185.
— vacants en curie, II, 271.
— *sub eodem tecto uniformia* (voy. Emplois ecclésiastiques), II, 182.
— motif de compétence pour l'ordination, II, 80.
— de compétence pour les ecclésiastiques, II, 99.
Beneficia majora, curata, simplicia, compatibilia et incompatibilia, II, 131-135.

Bénéficiales (affaires), leur for, II, 413, 419.
Bénéficiers (droits et devoirs des), II, 179.
— (sépulture), II, 556.
— édifices, II, 566.
— (notion des), II, 131.
— institution et changement, II, 140.
Benoît Lévite, I, 83.
Béranger, Fredoli, I, 107, note 1.
Berg, II, 20.
Bernard de Boltone (de Parme), I, 106.
Bernard de Bresse, I, 100.
Bernard Circa, I, 105.
Bernard de Pavie, I, 86.
Berne (canton de), I, 574.
Berthold Huelen, I, 94.
Bible (la) comme source du droit, I, 582.
— (canon de la), I, 582.
Biens-fonds de la paroisse, II, 528.
Bienfaisance (établissements de), pendant le Kulturkampf prussien, I, 809.
Biens temporels, droits de l'Église, II, 518, 520.
— sujets des biens ecclésiastiques, II, 526.
— objets de la fortune de l'Église, II, 536.
— son administration, II, 541.
— d'église dans l'Église protestante, II, 580.
Bigamie, I, 35.
— successive, II, 610, note 1.
— similitudinaire, II, 35.
Binage, II, 562.
Blasphème, II, 464.
Blastarès, I, 63.
Blondel, I, 81.
Bœkhe, I, 40.
Bœhmer (J.-H.), I, 110.
Bonaventure, son *Pénitentiel*, I, 93.
Boniface VIII, I, 106, 127.
— ses réserves, I, 106; II, 272.
— ses décrétales, I, 106.

Bonum pacis, motif de dispense, II, 709.
Bouix, I, 41.
Bourchard de Wormes, I, 86, 93, 97.
Bourguignon, Code de lois, I, 89.
Brandebourg, constitution de l'Église protestante, II, 400.
Brefs du pape, I, 584.
Brême, constitution de l'Église catholique, I, 229.
Bréviaire, II, 129.
Breviarium visigoth d'Alaric, I, 89.
Breviarium extravagantium, Bernardi, I, 105.
Breviatio canon. de Fulgence, I, 68.
Brugensis Collectio decretalium, I, 105, n. 2.
Brunschwig, constitution de l'Église catholique, I, 225.
— constitution de l'Église protestante, I, 713.
Bulgarus, I, 88.
Bullaires, I, 69, note 1.
Bulles, I, 592.
Bulle Unam sanctam, I, 128.

C.

Calixte, concordat, I, 129.
Calvin, I, 137; II, 404.
— son institution, I, 137, 402.
Candidats au ministère pastoral chez les protestants, II, 91.
— leur ordination (v. Examen).
Canons (collection des), I, 54.
— occidentaux, I, 63.
— pénitentiaux, I, 90.
— africains, I, 67.
— grecs, I, 62.
— canones, I, 25, 54.
— Apostolorum, I, 55.
Canonique (institution), II, 151.
Canonisation, II, 298.
Canon (droit canon), sa valeur dans l'Église protestante et dans l'Église catholique, I, 26.
— comme source du droit commun, I, 26.
— des saintes Écritures, I, 583.
Capitula Angilramni, episcoporum, I, 83.
Capitulaires (v. Chapitre), I, 69, 89.
— collection d'Anségise, I, 89, note 2.
— faux, I, 69. (Voyez aussi Benoît Lévite.)
Capitulaire (vicaire), II, 346.
Caractère ineffaçable des ordres, II, 11.
Cardinal évêque, II, 287.
— prêtre, II, 287.
Cardinal diacre, II, 288.
— secrétaire d'État, II, 302.
— vicaire, II, 280.
Cardinaux, historique; leurs relations, nomination et position, II, 287.
— droit de nommer le pape, II, 282.
— droit de conférer les ordres inférieurs, II, 83.
— dans les conciles généraux, II, 388.
— jugement d'un cardinal, II, 289.
— leurs bénéfices, II, 288.
Carême (noces défendues en), II, 70.
Carpzov, I, 41; II, 512.
Carthage (conciles de), I, 53, 58.
Cassandre, Georges, I, 81.
Cassiodore, histor. de l'Église, I, 72.
Cathedra (décisions ex), II, 237, 243.
Cathédrale, II, 331, 567, 576.
— impôt sur les cathédrales en Prusse, II, 327, 568, note 3.
Cathedraticum, II, 330.
Causes, dans le décret de Gratien, I, 100.
— majeures, II, 237.
— ecclésiastiques, I, 675.
— honnêtes, infamantes, II, 706.
Célibat du clergé catholique, I, 126.
— (idées des protestants sur le), II, 130.

Céllerier dans les collégiales, II, 333.
Censures, II, 436.
— *ferendæ* et *latæ sententiæ*, II, 438.
— particulières, I, 440.
— contre les évêques, II, 439.
— lois prussiennes et les censures, I, 186.
— droit de censure sur les ouvrages théologiques. Voyez *Index*.
Centre (fraction du). Proposition pour la suppression des lois de mai, I, 213.
Centuriateurs de Magdebourg, I, 34, note 6, 81.
Chalcédoine (concile de), I, 55.
Chancellerie apostolique, II, 302.
— (règles de la), I, 601.
— (taxes de la), II, 717.
Chanoines, origine de ce nom, II, 332.
— leurs qualités, II, 338.
— assistance obligatoire au service divin, II, 336, 340.
— devoir de la résidence, II, 180.
— droits sur leurs revenus, II, 235.
— (jeunes), II, 336.
Chapelains, II, 540.
Chapelles, II, 534.
Chapitres de cathédrales, II, 331.
— leur histoire, II, 331.
— leur composition, constitution et statuts, II, 336.
— leurs droits, II, 342.
— leur autonomie, I, 632; II, 333.
— relations avec l'évêque, I, 633.
— droits pendant la vacance du siège, II, 345.
— droits de nommer l'évêque, II, 347.
— droits quand le siège est empêché, II, 349.
— en matière de bénéfices, II, 333, 340.
— clos, II, 331.

Chapitres protestants, II, 408.
— mixtes, II, 409, note 1.
— ruraux, II, 362.
— assemblées, II, 364.
Chappuis, I, 109.
Charge d'âmes, II, 131, 151, 153 (voyez Curé).
Charles Borromée, I, 94.
Chasse, défendue aux clercs, II, 109.
Chevaliers (ordre de), II, 752.
Chevelure des clercs, II, 125.
Chirurgie, II, 102.
Chœur (service du), II, 135.
Chorévêque, II, 350.
Chrétiens, leurs mariages avec les non chrétiens, II, 693.
Chrétiens (persécution des) en Suisse et dans le nouvel empire d'Allemagne, I, 168, 210.
Chrétien (État), I, 127.
Christianitas, II, 364.
Chrodegang de Metz, I, 85; II, 332.
Chronologie ecclésiastique, I, 36.
Circonscription (bulles de), I, 692.
Cironius, I, 105, note 1.
Civil (contrat), ses rapports avec le sacrement, II, 642.
— mariage civil en général et dans les différents pays, II, 634. — En Prusse, II, 636. — Voyez aussi I, 210.
— (droit), défense aux clercs de l'étudier, II, 102.
— (registre de l'état), II, 634.
Civile (juridiction) de l'Église, I, 92.
Classical (concile), II, 400.
Clément Ier, I, 53.
Clément V, ses décrétales, I, 107.
Clément VIII, *Liber septim*., I, 108.
Clémentines (gloses sur les), I, 107.
Clérical (séminaire), II, 87.
Clercs ecclésiastiques, II, 11, 23.
— leurs droits, II, 92.
— leurs devoirs, II, 100.
— leurs prérogatives, II, 100, 420.
Clercs, en matière criminelle, II, 100, 432.

Clercs majeurs et mineurs, II, 131.
Clergé, son éducation, II, 11, 23.
— son origine, II, 23.
— sa position, II, 87.
— différences d'avec les laïques, II, 11.
— droits et devoirs, II, 100.
— du clergé protestants, II, 130.
Clèves (constitution religieuse de), II, 20.
Cloches, II, 538.
Clôture, II, 75.
Coadjuteurs des évèques, II, 351.
— des curés et des bénéficiers, II, 384.
Codex canonum Eccl. Africanæ, I, 67.
— *Rom.*, I, 67.
— *Justinian.*, *Theodos.*, I, 88, 89.
Coire (diocèse de), I, 527; voyez aussi Zurich.
Cologne (archevêché de), légat-né, II, 304.
Collation des charges ecclésiastiques, II, 148.
— extraordinaire, II, 150.
— épiscopale, II, 149.
— simoniaque, II, 152.
— selon le droit protestant, II, 189.
— terme où elle doit se faire, II, 150.
Collectes, II, 549.
Collection du droit canon depuis le IVe siècle, I, 60; du IVe au Ve, 63; collections du IXe au XIIe siècle, I, 96.
Collectio canonum Anselmo dedicata, I, 97.
— *Casselana, Lipsiensis*, I, 105.
— *trium partium*, I, 97.
Collégial (système), II, 21.
Collégiales, voyez Chapitre.
Colloque, II, 400.
Colomban (*Pénitentiel* de), I, 90.
Comédie, interdite aux clercs, II, 120.
Comites jurisjurandi, voyez Conditions du serment.

Commater, II, 587.
Comméan, voy. Cumméan.
Commendes, II, 135.
Commensalitium, raison de compétence pour l'ordination, II, 83.
Commentaires sur les parties du *Corpus juris*, I, 108.
Commerce interdit aux clercs, II, 102.
Communicatio in divinis, II, 463, 477.
Communes et curés protestants, II, 403.
Communion pascale, II, 372, note 2, 375.
Compassion (personnes dignes de), juridiction sur elles, II, 414.
Compatronage, II, 170.
Compensation de l'adultère, II, 729.
Compétence (motif de) pour l'ordination, II, 82.
Compilationes decretalium antiquæ quinque, I, 104, 105, note 3.
Compositions, I, 95.
Compromis, mode d'élection, II, 284, 338.
Comptes (reddition des) par les administrateurs des biens d'église, II, 349, 548.
Computation des degrés de parenté, II, 659.
— des degrés d'affinité, II, 666.
Conciles du IVe au XIIe siècle, I, 55.
— ultérieurs, I, 60, 106, 107, 129.
— en général, II, 385. Voyez aussi Synodes, Écrits synodaux. — Voyez aussi les noms des lieux où des conciles ont été tenus.
— historique, II, 385.
— différentes espèces, II, 387.
— convocation et confirmation, II, 387, 390.
— œcuménique, II, 387.
— métropolitain, II, 390.
— comme juge, I, 75.
— fausses décrétales, I, 74.
— africains, I, 58, 64.
— grecs, I, 57, 60.

Concile quinisexte, I, 60.
— (collections des), I, 630, note 4.
— francs et espagnols, I, 64.
— romains, I, 58.
— français, I, 63.
— généraux, II, 387.
— leur disposition et composition, II, 314.
— rapport au pape, II, 387.
— nationaux et provinciaux, I, 630, 391.
— Calixte, I, 129; II, 318.
— de la nation germanique (Constant; princip. Videbon), I, 129.
— du centre de l'Amérique, I, 693.
— de France, I, 335.
— modernes, en Allemagne, I, 153, 693.
— en Bavière, I, 153.
— dans les Pays-Bas, I, 357.
— dans le Haut-Rhin, I, 256.
— en Autriche, I, 362
— en Prusse, I, 161.
— en Suisse, en Espagne, I, 693.
— dans le Wurtemberg, I, 265.
— à Bade, I, 275.
— avec les évêques, I, 148, 292.
Conclave, II, 262.
Conclusa corporis evangelicorum, II, 281.
Concordats, I, 680, 692.
— (notion des) comme source du droit; leur nature juridique, I, 681.
Concordia discordantium canonum, I, 98.
— *canonum*, de Cresconius, I, 68.
Concorde de Wittemberg, I, 137.
Concorde (formules de), I, 137.
Concours (examen de), II, 153.
Condition (défaut d'une), II, 653.
— des fiançailles, II, 598.
— dans le mariage, II, 653.
Confessions de Jean de Fribourg (Jean le Teutonique) et de Berthold Huenlen, I, 94, 100.
Confessio variata, I, 137.

Confession d'Augsbourg, I, 135.
— de la Marche, gallicane, I, 706.
— helvétique, tétrapolitaine, I, 137.
— auriculaire chez les protestants, II, 515.
Confessionnel (état), I, 135.
Confessions, leur situation légale, I, 135.
— d'après le traité de Wesphalie, I, 138.
— nouveaux développements depuis les actes de la confédération allemande, I, 147, 152.
— dans la confédération du Nord et dans l'empire d'Allemagne, I, 152. Voyez aussi Prusse, Bade, Autriche, etc.
— relations mutuelles, II, 9.
— rapports confessionnels, II, 173.
— influence sur le droit de patronage, II, 368.
— sur le mariage, II, 685.
— sur le baptême des enfants, II, 586, 587.
— analogues, étrangères, I, 136, 147.
— leurs sépultures, II, 776.
— changement de confession, II, 589.
— chez les souverains et les ecclésiastiques au temps de la Réforme, I, 137.
— ses effets relativement aux enfants, II, 589.
Concubinage, II, 487.
— des clercs, II, 126, 487.
Concurrence des fiançailles, II, 602.
Confirmation, II, 14.
— (parrains de), II, 674.
— des évêques, II, 324.
— des conciles généraux par le pape, II, 390.
— des conciles provinc., II, 398.
Confréries, II, 764.
Congrégations des cardinaux, II, 290.

TABLE ANALYTIQUE

Congrégation du concile, I, 133 ; II, 207, 290, 393.
— de l'Index, II, 291.
— des Rites, II, 298.
— de la Propagation de la foi, II, 290.
— consistoriale, de l'Inquisition, II, 290.
— des Indulgences et des Reliques, II, 306.
— interprète du Concile de Trente, II, 295.
— des Évêques et Réguliers, II, 298.
— particulières dans les conciles généraux, II, 389.
Congrès d'Ems, II, 303, note 4.
— de Vienne, I, 152.
Congrue (portion), II, 552.
Conscience (for de la), voyez For intérieur.
— (mariage de), II, 624.
— des princes protestants, II, 632.
Consécration, II, 536.
— des églises, II, 540.
— des ustensiles religieux, II, 536.
Consécration des évêques, II, 325.
— du pape, II, 285.
Conseil du chapitre, II, 342.
Conseillers des communes, II, 548.
Consentement des parents, du curateur et du tuteur pour le mariage des enfants, II, 699.
— du souverain, II, 700.
— pour les fiançailles, II, 597.
déclaration de consentement devant le curé et des témoins, II, 608.
— rénovation du consentement, II, 703.
Conservateur, II, 426.
Consistoria publica et secreta, II, 289.
Consistoires en France et en Alsace-Lorraine, I, 711.
Constitution consistoriale, II, 398.
— position des communes sous ce régime, II, 404.
Consistoires des cardinaux, II, 290.

Consistoires des évêques, II, 354.
— ecclésiastiques politiques à Hildesheim et Osnabrück, I, 220.
— des protestants, II, 398, 405.
— leur développement historique, II, 399.
— constitution, II, 398.
— des villes et des États, II, 406.
— protestants ; leur compétence, II, 406.
Constance, livre de formules, I, 87.
— (concile de), I, 129.
Constantin le Grand, 278, 414, 520.
— sa prétendue donation, II, 278.
— sa constitution sur la juridiction des évêques, II, 414.
— sur la capacité de l'Église pour hériter, II, 520.
Constantinople (patriarche de), I, 60.
— (conciles de), I, 55, 57, 74.
Constitutions des apôtres, I, 54.
— impériales, I, 89.
— pontificales, I, 588, 600.
Constitution de l'Église protestante, II, 298.
Contius, Le Conte, I, 81, 100, note 1, 106.
Conventionnelle (peine) dans les fiançailles, II, 602.
Conventuelle (messe), II, 340, note 5.
Conversion, II, 589.
Copula carnalis, II, 727.
Copulatio, voyez Mariage.
Corneille, I, 53.
Corporations religieuses, II, 140, 520.
— (droits de) des sociétés religieuses, II, 140, 340.
Corpus evangelicorum, I, 707.
— *juris canonici*, I, 23, 108.
— le nom, I, 99, 108.
— forme extérieure, éditions, critiques, I, 108-111.
— son application actuelle, I, 113.
— chez les protestants, I, 706.
— *clausum et non clausum*, I, 109.

Corpus juris can. (proposition au concile du Vatican pour la correction du), I, 111.
— *juris civilis*, I, 88.
Correction (maisons de), II, 461.
— des ecclésiastiques, II, 461.
Correcteur de Bourkard, I, 93.
Correcteurs romains, I, 109.
Coustant, I, 59, note.
Coutume, ses effets, I, 663-674.
Couvent, II, 745.
Crainte, empêchement de mariage, II, 647.
— révérentielle, II, 647.
Cresconius, évêque, I, 68.
Criminelle (juridiction) de l'Église, II, 431.
— procédure canonique, II, 509.
Cujas, I, 39.
Cultes (ministère des) en Autriche et en Prusse, I, 175, note 4.
Cummeani *Pœnit.*, I, 91.

Cumul des charges ecclésiastiques, II, 185.
Cura beneficii du patron, II, 176.
Curatelle ; les clercs en sont affranchis, II, 96.
Curateurs, irréguliers, II, 23.
Curé, II, 132, 153.
— chapelain, II, 381.
— historique, II, 380.
— sa situation juridique, II, 364.
— ses qualités, II, 151.
— ses auxiliaires, II, 379.
— droit de vote aux synodes protestants, II, 403.
— auxiliaires, II, 379.
— relations avec les communes, II, 379, 366.
— (examen des), II, 153.
Curialistes, II, 287.
Curie romaine, II, 286.
Cyprien, I, 53.

D.

Danemark, I, 229.
Damase, I, 60.
— canoniste du XIIIe siècle, I, 88.
Danse, interdite aux clercs, II, 113.
Daterie romaine, II, 302.
David (livre (*Pénitentiel*) de), I, 90.
Décimateurs chargés des bâtiments de l'église, II, 573.
Decimæ personales, prædiales, sanguinales, II, 554.
Déclaration du clergé gallican, I, 140, note 3.
— pour les mariages de Hollande, II, 622.
— du consentement devant le curé et des témoins, II, 608.
— de la Congrégation du Concile, I, 133, II, 295.
Decorum clericale, II, 100.
Décrétales, historique, I, 60, 104.
— (collections de) avant le pape Grégoire IX, I, 104.
— dans le *Corpus juris*, I, 105.
— leur division, I, 106.

Décrétales, leur application, I, 107.
— pseudo-isidoriennes, I, 69.
Décrétalistes, I, 100.
Décrets dogmatiques du pape, I, 53 ; II, 237.
Décrets des conciles, I, 615, 630, 681 ; II, 385.
Décrétistes (école des), I, 100.
Décret d'Ives de Chartres, I, 97.
— de Gratien, I, 98.
— sa valeur, I, 99.
— gloses sur lui, I, 99.
— sa division, son importance, I, 100, 102.
Dédicace des églises protestantes, II, 580.
— des cimetières, II, 580.
Défaut d'âge, d'esprit, de corps, II, 28, 29, 31.
— de réputation, de foi, II, 48, 49.
— de liberté, II, 28.
— de naissance, II, 24.
— de douceur, de sacrement, II, 40, 35.

Défaut de science, II, 32.
Defectus dotis, II, 708.
Défenseur du mariage, II, 737.
— de la profession religieuse, II, 758.
Dégradation, II, 462.
— verbale et actuelle, II, 462.
Dégradation selon le droit ecclésiastique protestant, II, 516.
Déléguée (juridiction), II, 425.
Delicta mixti fori, II, 432.
Délits de la chair, II, 486.
Délits disciplinaires des ecclésiastiques, II, 503.
Démembrement des paroisses, II, 140.
Démérités (maison des), II, 461.
Denier de Saint-Pierre, II, 273.
Dénonciation évangélique, II, 432.
Déport (droit de), II, 563.
Déposition, II, 462.
— d'après le droit ecclésiastique protestant, II, 516.
Dépouilles (droit de), II, 555.
Désertion malicieuse, cause de divorce dans le protestantisme, II, 734, 740.
Desservants, sur le territoire du droit français, I, 204 ; II, 132.
Déservites (année des), II, 565.
Deusdedit, cardin., ses canons, I, 97.
Devoir conjugal, II, 725.
Dévolution (droit de), II, 150, 212.
Devoti, I, 41, 43.
Dévotion domestique, I, 138.
Diaconat, diacres, I, 215.
— (ordre du), II, 15.
Diaconesses dans l'Église protestante, II, 753.
Diacres dans la constitution presbytérienne protestante, II, 400.
— régionnaires dans l'Église romaine, II, 288.
— (ordination de), voy. Diaconat.
Dicta Gratiani, I, 99.
Didascalia des apôtres, I, 54.
Dies decretorius, I, 138.
Dignité, II, 135.

Diligence (serment de), II, 735.
Dîmes, historique, II, 531.
— principes de droit, abolition, II, 554.
— (controverse sur les), II, 416, 251.
Diminution du bénéfice, II, 140.
Dimissoires pour les ordres, II, 84.
— pour établir un vicaire capitulaire, II, 349.
— par le vicaire général, II, 360.
— pour les mariages, II, 608.
*Dinus Mugellanus, I, 107, note 1.
Diocésains (états) en Suisse, I, 163.
— synodes, II, 394.
— protestants, II, 406.
Diocésaine (constitution), II, 304.
Diocèses, II, 314.
— protestants, II, 406, 408.
Discipline sur les laïques, II, 138.
— sur les clercs, II, 138.
— ses rapports avec l'État (voyez Prusse).
Discipline dans l'Église protestante, II, 516.
Disciplinaire (juridiction), II, 314, 327.
Discordantium canonum concordia, de Gratien, I, 98.
Dispenses, II, 208.
— in radice matrimonii, II, 724.
— de l'irrégularité, II, 24.
— des empêchements de mariage, II, 703.
— des bans, II, 605.
— d'un mariage non consommé, I, 727.
— du vœu, I, 745.
— du vœu monastique en particulier, II, 757.
— dans les mariages mixtes, II, 693.
— selon le droit ecclésiastique protestant, II, 406.
— pouvoir de dispenser, II, 328.
— selon le droit protestant, II, 407, 408.
— (taxe pour les), II, 717.

Discrétion (âge de), II, 584.
Dissimulation de l'invalidité du mariage, II, 620, note 2.
Distinctions dans le décret de Gratien, I, 100.
Distributions, II, 182, 336.
Divination, II, 465.
Divin (droit), I, 11.
Division, II, 141.
Divorce, II, 726.
Doctorat, requis pour les hautes charges ecclésiastiques, II, 317, 336, 355.
— pour le vicaire capitulaire, II, 317.
Doctrine, I, 539.
Dœllinger, I, 629, note 2.
Dogmatique, I, 34.
Dogmes (histoire des), I, 34.
Domicellares, II, 235, 340.
Domicile, condition de compétence pour les ordres, II, 83.
— des paroissiens, II, 371.
Dot, controverse sur la dot dans les procès de mariage, II, 729.
Dotation des églises et des emplois, II, 173.
Dove, I, 163, note 1.
Doyen, II, 332.
Doyens dans les chapitres, II, 331.
— ruraux, II, 363.
— protestants, II, 405.
Droit canon ; on peut l'envisager sous deux aspects, I, 4. — Considéré comme science, I, 6. — Manière de le traiter, son but, son objet, I, 7. — Sa notion, I, 11. — Droit divin et droit humain, I, 11.
Droit coutumier, I, 634.
Droit des peuples, II, 485.
— romain, I, 36.
— (écoles de), I, 98.
— pseudo-historique, I, 11.
— naturel, I, 14 ; intérieur, extérieur, public, privé, I, 18. Place du droit canon dans le droit général, I, 19. — Divisions du droit, I, 23. — Caractère du droit canon, son rapport avec le droit civil, I, 26. — Sciences auxiliaires du droit canon, I, 34. — Ouvrages, I, 37. — Sources du droit canon dans les premiers siècles, I, 53.
— matrimonial, I, 85.
— sources du droit eccl., I, 580.
— sources du droit protestant, I, 706.
Duel, II, 484, 770.
Duellistes, excommuniés, II, 484.
— leur sépulture, II, 770.
Dumoulin, I, 101.
Durant, I, 88, note 1.

E.

Ebbon de Reims, I, 71.
Économes pendant la vacance du siège, II, 349.
— administrateurs de biens d'église, II, 548.
Écoles paroissiales, I, 753.
— en Prusse, I, 218.
— relations avec l'Église et l'État, I, 440.
— suppression des inspecteurs ecclésiastiques, I, 184.
— autres conflits scolaires, I, 440.
Écriture sainte et Tradition, I, 582.
Édifices religieux, leur entretien, II, 566 ; par le patron, le bénéficier, II, 573, 421.
Éducation des enfants nés de mariages mixtes, II, 694.
Egbert d'York, son *Pénitentiel*, I, 91.
Église. Sa constitution, II, 1 ; ses propriétés, II, 1.
— constitution de l'Église protestante, II, 15 (voy. Pouvoirs).
Église évangélique, I, 134 ; II, 15.
— son développement historique, I, 134 ; II, 15.

Église, les grands principes de sa constitution, II, 16, 398.
— ses rapports avec l'État, I, 136.
— véritables sources de son droit, II, 706.
— constitution, II, 18.
— législation, II, 18, 399, 406.
Église, étymologie de ce mot, I, 1.
— sa notion générale, I, 1; II, 1.
Église protestante, son développement, I, 136; II, 15.
— selon la doctrine catholique, II, 1.
— réformée, I, 137; II, 15.
— entrée dans l'Église, II, 584.
Églises. Leurs rapports mutuels, II, 11.
— avec le pouvoir temporel, I, 127, 130, 139; II, 2, note. Voy. aussi Église catholique et Église protestante et les différents pays.
Élection par scrutin, compromis et quasi-inspiration, II, 284.
Elvire (concile d'), I, 56.
Émérites (maisons d'), II, 565, 566.
Éminence, titre des cardinaux, II, 288.
Empêchements de mariage, II, 642.
— différentes espèces, II, 643.
— secrets, II, 643.
— en détail, II, 644.
— du crime, II, 686.
— de la différence de culte, II, 693.
— de l'honnêteté publique, II, 686.
— effets des empêchements dirimants, II, 644.
— droit de les établir, II, 643.
— dispenses des empêchements, II, 703.
Emphytéose sur les biens d'église II, 563.
Empire et sacerdoce, I, 127.
Empire romain, sa dissolution, I, 150.
— recez de la diète impériale de Spire, I, 135.

Empire (ban de l'), I, 136.
— congrès des princes, I, 151.
— (lois de l'), I, 151.
— (États de l'), I, 137.
Emplois, leur institution dans l'Église catholique, II, 139.
— leur vacance dans l'Église protestante, I, 193.
— défense de les cumuler, II, 185.
— vacance, II, 186.
— dans l'Église protestante, II, 189. — Institution et mutation, II, 189. — Collation, II, 190.
— surveillance, II, 515.
— établissement et changement des emplois, II, 189.
— juridiction, II, 515.
— impôts, II, 399.
— confession, I, 135, 706.
— chapitres et collégiales, II, 408.
— mariage, II, 595.
— fortune, II, 580.
— règlements, 706.
Ems (congrès d'), II, 363, note 4.
Éparchie, voyez Diocèse.
Éphèse (concile d'), I, 55.
Épiscopat, évêque, II, 313; voyez Évêque.
Épiscopal, droit des souverains temporels, II, 21.
Épiscopal (système), II, 21.
Epistolæ rom. pontif. (voy. Lettres).
— *a pari*, I, 58.
Epitome canonum, en Espagne, I, 68.
— *Novellarum Juliani*, I, 89.
Époux (meurtre des), II, 687.
Érasme, II, 81.
Érection, II, 139.
— *vi restitutionis et dotationis*, II, 139, 144.
Erreur, empêchement de mariage, II, 475, 645, 605.
Esclaves, irréguliers, II, 28.
Espen (van), I, 40, 141.
État ecclésiastique, II, 23.
État, rapports avec l'Église, I, 127. (Voyez Église catholique et Église protestante.)

État; fonctions dans l'État interdites aux clercs, II, 101.
— ils en sont exempts, II, 96.
— examen d'État pour les clercs, à Bade, 186; II, 785.
— en Prusse, I, 186.
— législation de l'État, source du droit, I, 674.
— catholiques d'État, en Prusse, I, 206, 213.
— en Suisse, II, 149, note 3.
États protestants, II, 20.
État (devoir d') des clercs, II, 100.
— droits des protestants, II, 92, 130.
— des religieux, II, 100.
— (délits des clercs contre leur), II, 92.
Étienne de Tournay, I, 99, note 1.
Étole (droit d'), II, 560.
Eugène IV, I, 132.
Eunuques (volontaires), II, 486.
Évangile, I, 582.
Évêque propre, II, 13.
— in partibus, II, 331.
Évêque, II, 313, 342.
— développement historique, II, 11, 13.
— nomination, II, 323.
— principaux droits, II, 325.
— enseignement, II, 326.
— conditions requises pour l'épiscopat, II, 316.
— influence de l'État, II, 319.
— relations avec le pape, II, 11, 325.
— ses auxiliaires, II, 331.
— ses droits au concile, II, 314.
— confirmé par le pape, II, 325.
— consécration, II, 325.
— droit d'administrer les biens d'église, II, 542.
— droit d'ordination, II, 83.
— législation, I, 630; II, 395.
— exempts, II, 138, 280.
— translation, II, 270.
— déposition, II, 188, 270.
— protestants, II, 398, 405.

Évêques, souverains temporels dans l'ancien empire d'Allemagne, I, 149, note 2.
— droit de dispenser, II, 23, 328.
— ordonnances, I, 632; II, 396.
— surveillance, II, 326.
— collation, II, 148.
Examen pour la candidature pour le ministère, II, 91, 189.
Examinateurs synodaux, II, 153.
Exarques, II, 306, 189.
Exceptio spolii, I, 75, note.
Exclusive, II, 319.
Excommunication, II, 440.
Excommunication majeure et mineure, II, 440.
— d'un défunt, II, 441.
— dans l'Église protestante, II, 516.
— Tentatives politiques pour la supprimer en Prusse, I, 207.
Excommuniés vitandi et tolerati, II, 441.
— ils sont exclus de la communion, de la sépulture, des emplois, du droit de votation, de l'office de juge, comme témoins, II, 440.
Exécration des églises, II, 326, 442.
Exemptions, II, 138, 314.
— du droit paroissial, II, 368, note.
Exercices avant les saints ordres, II, 85.
— privé et public de la religion, I, 138.
Exil, voyez Prusse.
Ex informata conscientia, II, 67.
Exorcismes, exorcistes, II, 40.
Expectative, II, 271.
Expédition (frais d') pour les dispenses, II, 273.
— pour les actes de l'administration épiscopale, II, 329.
Expositione dei sentimenti, I, 140, note 3.
Expulsion des ordres religieux en Alsace et en Prusse, I, 182.

Ex-religieux, II, 758.
Extravagantes (communes de Jean XXII), I, 141.
Extravagantes (recueil d'), I, 409.
Extrême-Onction, II, 375.
Eybel, I, 141.

F.

Fabriques, II, 528, 545.
Facultates de promovendo quocumque, II, 85.
Facultés quinquennales, II, 209.
Facultés théologiques, II, 209.
Fagnan (Prosp.), I, 39.
Falsification (faux), II, 501.
Familiarité, raison de compétence pour les ordres, II, 83.
Fausse doctrine, condamnation, II, 291.
Fébronius, I, 141.
Femmes, exclues des ordres, II, 23.
— relations des clercs avec elles (voyez Age canonique).
— (confréries de), II, 764.
— (couvents de), II, 761.
— visites, II, 764.
Ferrare (concile de), I, 62, 130.
Ferto, II, 554.
Festa fori, festa chori, I, 3.
Fiançailles, II, 595.
Fiscalis S. Sedis, II, 736.
Florence (concile de), I, 130.
Fondation, titre d'acquisition du patronage, II, 173.
Fonds intercalaires, II, 564.
Fonctionnaires ecclésiastiques protestants, droits et devoirs, II, 193.
Force de droit en fait de mariage, I, 755, 760.
Formulaires, I, 87.
— formules du moine Marculfe, I, 87.
Formule *Salva Sedis apostol. auctoritate*, I, 98, note 5.

Fornication, II, 487.
For privilégié des clercs, II, 92; II, 437.
— interne, externe, I, 3, 26, 432.
Français (concordats), I, 335.
Françaises, communes réformées, II, 400.
France, traduction du Recueil des canons grecs, I, 64.
— constitution de l'Église catholique, I, 335.
— sécularisation, I, 335.
— appel comme d'abus, I, 187.
— constitution de l'Église protestante, I, 714.
Francfort-sur-le-Mein, constitution de l'Église catholique, I, 225.
— constitution de l'Église protestante, I, 910.
Francs (constitution religieuse des), I, 128.
— (lois du royaume des), I, 89.
Francs-Maçons, I, 141, note 2; II, 463.
Frédéric II, empereur, I, 137.
Frédéric III, I, 137.
Frédéric-Guillaume II, de Prusse, son injustice envers l'Église catholique, I, 162, note 3.
Frédéric IV, de Prusse, I, 162.
Fredum, compensation, I, 95.
Frères des Écoles en Alsace, I, 182.
Friedberg, I, 167, note.
Fructus medii temporis, II, 564.
Fulgence Ferrandus, I, 68.
Funérailles, II, 766.

G.

Gallicane (Église), I, 140.
— ses libertés, I, 140.
— articles, I, 140, note 2.
— réfutation par Bossuet, II, 255.
Gandoulfe, I, 99, note 1.

Gangres (concile de), I, 57.
Garanties italiennes. Voyez Saint-Siège, II, 276.
Garde (La), I, 54, note 2.
Gardiens, II, 760.

Garsia Hispanus, I, 88, 760, n. 1.
Gaule, collection de canons, I, 64.
— Général, chapitre, II, 762.
— séminaire, II, 89, note 2.
— surintendant, II, 406.
— visiteur, II, 516.
— synode protestant, II, 406.
— vicaire, II, 354.
— visites, II, 516.
Genève, évêché, I, 527, 577.
— constitution de l'Église protestante, I, 403, 720.
Géographie religieuse, I, 35.
Germaniques (droits), I, 127.
Gérant d'affaires, irrégulier, II, 29.
Gilbert, collectionneur de décrétales, I, 104, note 2.
Giraldi, U., I, 40.
Glaive spirituel et temporel, I, 128.
Glaris, constitution de l'Église catholique, I, 539.
Gloses, I, 99.
— sur les diverses parties du *Corpus juris*, I, 99-105.
— ordinaires, I, 99-105.

Gnesen, archevêque de Posen.
Gnesen, I, 184.
Godefroi de Trano, I, 106, note 3.
Gonzalez Tellez, I, 39.
Gran (primat de), II, 307.
Gratia, canon. du XIII° siècle, I, 88.
Gratien, I, 98.
Gratien, cardinal, I, 99, note 1.
Grecque (Église). Son développement, sa séparation d'avec l'Occident, I, 65.
— célibat, II, 127, note 3.
— collections de droit, I, 55, 60.
— langue des anciens conciles, I, 56.
Grégoire, cardinal, auteur du *Polycarpe*, I, 98.
Grégoire Ier, pape, I, 91.
Grégoire VII, I, 86.
— son influence sur le célibat, I, 128.
Grégoire IX. Collection de décrétales, I, 104, 105, 106.
— Glose sur elles, I, 106.
Guillaume de Monte-Laudano, I, 109.

H.

Habit clérical, II, 126.
Halitgaire de Cambrai, I, 91.
— de Mayence, I, 71.
Hambourg, constitution de l'Église catholique, I, 228.
— constitution de l'Église protestante, I, 714.
Hanovre, constitution de l'Église catholique, I, 220.
— de l'Église protestante, I, 710.
Hasso-Cassellana Collect. decretal., I, 105, note.
Hauts Consistoires, II, 19, 398, 406.
Haut Conseil ecclésiastique en Prusse, I, 708.
Haut-Rhin, province, I, 255.
— évêché, I, 256.
Haymon, I, 97, note 5.
Heidelberg (Catéchisme de), I, 137.
Henri V (concordat de), I, 129.

Hérédité ou dotation, II, 173.
Hérésie, II, 462.
Héritage des bénéficiers, II, 555.
Héribald d'Auxerre, I, 92.
Hesse-Darmstadt, I, 261.
— constitution de l'Église protestante, I, 716.
Heures canoniales, II, 429.
Hiérarchie d'ordre et de juridiction, II, 13.
Hildesheim, érection de l'évêché, I, 221.
Hincmar, évêque de Laon, I, 83.
Hinschius, I, 81.
Hippolyte, I, 54.
Hispana, voyez Traduction espagnole; Collection, I, 63.
Hodie vigens Ecclesiæ disciplina, I, 580.
Hohenzollern, I, 331.

Hollande, I, 335.
Holstein, I, 229.
— constitution de l'Église protestante, I, 710.
Hommage, serment des évêques, I, 170, note 3.
Hongrie, I, 370, 507.
— constitution de l'Église protestante, I, 370, 719.
Honorius III, I, 104.
Hontheim, I, 141.
Hôpitaux (visite des), II, 327.
Hostiensis, son *Pénitentiel*, I, 93.
Huguccio de Pise, I, 94.
Hypothèques (églises grevées d'). Voyez Aliénation.

I.

Ignace de Constantinople, I, 61.
Illatio canonica, II, 522.
Illégitimes, irréguliers, II, 24.
Immunité (civile) de l'Église, I, 93.
— des clercs, I, 96.
Imposition des mains, II, 11.
Impôts, exemption des ecclésiastiques, II, 96.
Impuissance, empêchement de mariage, II, 655.
Incarcération dans un couvent, II, 461.
Incendiaire, II, 500.
Inceste, II, 497.
Incestueux, irréguliers, II, 23.
Incompatibilité de premier et de second ordre, II, 185.
Incorporation des paroisses, II, 142.
— son effet sur l'entretien des paroisses, II, 144.
Index librorum prohibitorum, II, 290.
Indigénat, requis pour exercer des fonctions ecclésiastiques, II, 164.
Indulgences, I, 94.
Infaillibilité de l'Église, du pape, II, 239.
Infamie, empêchement des ordres, II, 49.
Inféodation, II, 576.
Information (procès d'), II, 324.
Infule, II, 274, 331.
Initiation aux charges ecclésiastiques protestantes, II, 190.
Injure contre les clercs, II, 477.
— contre les cardinaux, II, 287.
Innocent II, I, 98.
Innocent III, I, 104; II, 605.

Innocent IV, II, 106.
Innocent X, I, 138; II, 343, note.
Innocent XII, II, 343, note.
Innovation des institutions ecclésiastiques, II, 140.
Inquisition, II, 290, 324, note 2.
— (procédure de l'), II, 540.
Insignes pontificaux, II, 274.
— archiépiscopaux, II, 310.
— épiscopaux, II, 330.
Inspecteurs protestants. Voyez Surintendants.
Inspection des écoles, II, 365, 370. Voyez Autriche, Prusse, etc.
Inspiration, voyez Élection.
Installation, II, 151.
Instances. Voyez Appellation.
Institution, collation, corporelle, II, 151.
Instituts ecclésiastiques, sujet de la fortune de l'Église, II, 526.
Instrumentum pacis Osnabr. Voyez Traité de Westphalie.
Intercalaire (fonds), II, 683.
Intercalaires (fruits), II, 563.
— des évêchés, II, 562.
Interdiction de l'entrée de l'église, II, 443.
Interdictum judicis, II, 436.
— *ecclesiæ*, II, 437.
Interdit, II, 442.
— exercice des ordres pendant sa durée, II, 442.
Interpellation des époux infidèles, II, 639.
Interstices dans l'ordination, II, 86.
Intestat (succession *ab*) des ecclésiastiques, II, 554.

Investiture, I, 128; II, 318.
— (querelle des), I, 120; II, 318.
Irlandaise (collection de canons), I, 90.
Irlande (mode électoral en), II, 321.
Irrégularité, II, 23.
— *ex defectu*, II, 24.
— *ex delicto*, II, 24.
— sa suppression, II, 54.
— mode d'élection, II, 321.

Isidore de Séville, I, 63, 68.
Isidore Mercator, I, 72.
Isidorienne (collection), I, 68.
— (version) ou espagnole, I, 63, 68.
Italie (traduction d'une collection grecque de canons en), I, 63, 85.
Ives de Chartres, I, 88, 97.
Ivrognes, leurs mariages, II, 644.

J.

Jaffé, *Regesta rom. pont.*, I, 59, note 1.
Jansénisme, évêques jansénistes, I, 175.
Janus, I, 630, notes.
Jean XXII, ses décrétales, I, 109.
— réserves, II, 272.
Jean André, I, 86.
Jean Bazian, I, 99, note 1.
Jean de Dieu, I, 93.
Jean Faventinus, I, 99, note 1.
Jean, moine, I, 90.
Jean Nesteuta, I, 90.
Jean Paléologue VII, I, 62.
Jean Scholastique, I, 60.
Jean Semera de Fribourg, ou le Teutonique, I, 94, 100.
Jean Zonaras, I, 63.
Jeu, interdit aux clercs, II, 113.
Jérôme (saint), I, 583.
Jérusalem, patriarche, II, 307.
Jésuites, II, 747, note 2; 755, note 2; 758, note 3.
— en Bavière, I, 152.
— expulsés de Prusse et de l'empire d'Allemagne, I, 180.
Joseph, patriarche, I, 63.
Joséphistes, législation, I, 141.
Judaïsme (passage au), II, 587.
Judices in partibus, II, 238.
— *synodales*, II, 398.
— *prosynodales*, II, 238, 398.
— *ordinarii*, II, 424.
Judicium in jurante, II, 466.
Jugement de Dieu, II, 512.
Juges, irréguliers, II, 40.

Juifs (enfants), leur baptême, II, 586.
— exclus du patronage, II, 172.
— mariage avec les chrétiens, II, 685.
Julien, constitution presbytérienne, II, 20.
Jura bernois. Voyez Berne.
Jura circa sacra, I, 141; II, 21.
— *collegiata*, II, 20.
— des consistoires protestants, II, 405.
— des souverains protestants, II, 18.
— *ordinis*, II, 92.
— *pontificalia*, II, 194.
— *quæsita*, I, 142, 150.
— *reservata*, II, 271.
— *stolæ*, II, 560.
— *synodalia*, II, 385, 405.
— *vicaria*, II, 426.
Juramentum diligentiæ, II, 735.
— *Integritatis seu de statu libero*, II, 607.
— *solemne*, II, 474.
Juridiction ordinaire, déléguée, mandée, *vicaria*, II, 424.
— de l'Église, II, 92.
— au point de vue canonique, II, 413.
— nouveaux développements, II, 419.
— instances, II, 422.
— du pape, II, 237.
— des archevêques, II, 310.
— des évêques, II, 325.

Juridiction épiscopale; suspendue par la paix religieuse d'Augsbourg, I, 137.
— comme épiscopale. Voyez Exemption.
— volontaire, II, 412.
— contentieuse, II, 413.
— pénale, II, 432.
— dans l'Église protest., II, 514.
— moyens de la sauvegarder, I, 2; II, 421, 430.
— compétence de l'Église catholique, II, 431.
— procédure, II, 509.
— par rapport à l'État, I, 2, 26, 421. Voyez Prusse.
Juridiques (personnes), droit de présentation, II, 176.
Jus advocatæ, I, 142.
— canonicum, I, 25.
— cavendi, I, 142.
— circa sacra, I, 141.
— deportus, II, 564.
— divinum, I, 11; II, 643.

Jus episcopale, II, 343, 325.
— humanum, I, 11; II, 643.
— in re, ad rem, II, 451.
— in sacra, I, 141.
— inspiciendi, I, 142.
— liberæ collationis, II, 451.
— naturale, I, 21.
— patronatus ecclesiasticum, laïcale, II, 169.
— patronatus hæreditarium, familiare, II, 171.
— placeti regii, I, 143.
— præsentandi, II, 176.
— provisionis plenæ, II, 151.
— reformandi, I, 142.
— sepeliendi, II, 770.
— spolii, II, 555.
— spirituali annexum, II, 166.
Jusjurandum. Voyez Juramentum, Serment.
Justice (refus de), II, 417.
Justinien, Code de lois, I, 88.
Justitia in objecto, dans le serment, II, 475.

L.

Laborans, cardinal, I, 100.
Laïques, contraires du clergé, II, 11.
— leur concours aux élections dans l'ancienne constitution, II, 150, note.
— patronage, II, 166.
— (dîmes des), obligation qui en résulte d'entretenir l'église, II, 573.
Lancelot de Pérouse, I, 110.
Laodicée (concile de), II, 57.
Latine (langue), au concile de Sardique, I, 56.
— assemblée religieuse de l'Église latine, I, 63.
Latran (conciles de), I, 35, 106.
— troisième concile, I, 104.
— sur l'élection du pape, II, 282.
— quatrième concile, I, 104.
— sur les bans, II, 605.
— sur les empêchements de consanguinité et d'affinité, II, 660.

Latran, cinquième concile, I, 128.
Lausanne (évêché de). V. Genève, I, 527.
Laymann, I, 39.
Lazaristes, chassés du royaume d'Allemagne, I, 182.
Lecteurs, II, 15.
Légats du pape, II, 303, 581.
Législation, I, 23.
— selon le droit protestant, I, 405, 706.
Legs pour œuvres pies, II, 521.
Légitimation, II, 54.
Légitimés (enfants), II, 724.
Léon, empereur, I, 62.
Léon Ier, I, 59, note.
Léon X, I, 128.
Lettres pontificales, brefs, I, 592.
Lex jurisdictionis, diœcesana, II, 316.
— Lutziana, I, 159, 186.
— romana canonice sumpta, I, 96.

Lex Burgundiorum, I, 89.
— *Wisigothorum*, I, 89.
Liber diurnus, I, 87.
— *pontificalis*, I, 72.
— *septimus* Clem. V, I, 109.
— Clement. VII (officiel), I, 108.
— de Pierre Matthieu, I, 110.
— *sextus*, I, 107.
— gloses sur ce dernier, I, 107.
— *de misericordia*, I, 98.
Libertés gallicanes, II, 255.
Libri pœnitentiales, I, 89.
Licentia binandi, II, 56.
— *concionandi*, II, 191.
Licinius (édit de), II, 520, note 5.
Limbourg (dioc. de). Voyez Nassau.
— (duché de), I, 335.
Lippe-Detmold, constitution de l'Église catholique, I, 231.
— constitution de l'Église protestante, I, 714.
Lipsiensis Collectio decret., I, 105, note 2.
Litteræ apostolicæ, I, 58.
— *synodicæ*, I, 158.
— *dimissoriales*. Voyez Dimissoires.

Loi civile, source du droit ecclésiastique, I, 674.
Lois canoniques, I, 23, 584.
— du pays, comme source du droit ecclésiastique, I, 674.
— dans l'Église protestante, I, 136, 706; II, 19, 399, 410.
Louis XIV, I, 140.
Lubeck, constitution de l'Église catholique, I, 228.
— constitution de l'Église protestante, I, 714.
Lucerne, constitution religieuse, I, 536, 563.
Luther, ses idées sur la constitution, I, 135.
— ses idées sur le ministère ecclésiastique, II, 16.
— ses idées sur le mariage, II, 594.
Luthérienne et réformée (Église), I, 137, 707.
— leur réunion, I, 707.
Luthériens, séparés, I, 708.
Lutz, ministre bavarois, I, 157.
Luxembourg, I, 357.
Lyon (conciles de), I, 62.
— sur l'élection du pape, II, 282.

M.

Machinatio in mortem, empêchement de mariage, II, 687.
Magdebourg (Centuriateurs de), I, 34, note 5, 81.
Magie, II, 464.
Magistrats, leurs droits de nomination. Voyez Prince.
Magistri fabricæ, II, 543. Voyez Fabrique.
Magnétisme, II, 466.
Majesté (droit de). Voyez *Jus circa sacra*.
Mai (lois de), en Autriche, 1874, I, 459.
— en Prusse, 1873, I, 186.
Main-d'œuvre, corvée, etc., II, 574.
Main-morte, II, 522.
Mandée (juridiction), II, 427.
Marculf (formules de), I, 87.

Marche, Comté, constitution de l'Église protestante, II, 399.
Mariage (jurisprudence du), II, 589.
— sa forme, II, 605.
— *ratum, legitimum*, II, 593.
— putatif, II, 726.
— clandestin, II, 605, 620, 621.
— non consommé, II, 727.
— de conscience, II, 632, 683.
— dans l'Église protestante, II, 631.
— civil, II, 632.
— empêchements, II, 642.
— déclaration de nullité, II, 735.
— du vœu monastique, II, 757.
Marie, congrégations de Marie interdites en Prusse dans les établissements d'instruction, I, 176.
Marius Mercator, I, 70.

Martin V, I, 129.
Matière du sacrement dans le mariage, II, 591.
Matines. Voyez Bréviaire.
Mecklembourg, I, 228.
— constitution de l'Église protestante, I, 717.
Médecine, irrégularité, II, 40.
— défense aux clercs de s'y appliquer, II, 102.
Médiats, consistoires, II, 405.
Medii fructus, II, 564.
Mémoires des évêques, I, 148, notes 1 et 2, 191, 260.
Mense commune, II, 82, 332.
Mère (Église), II, 141, 573.
Mère, son consentement au mariage, II, 699.
Merlin, sa *Collection des conciles*, I, 81.
Messe (application de la) pour les paroissiens, II, 373.
— ornements de la messe, II, 536.
— (fondations de), II, 563.
— (honoraires de), II, 561.
— des fidèles, II, 371.
— conventuelle pour les bienfaiteurs, II, 340, note 5.
— paroissiale, II, 371.
— publique, II, 371.
— privée, II, 549, 562.
— pour les époux, II, 606.
Messiers en Bavière, I, 15.
— en Autriche, I, 453.
Métropoles, II, 305, 310.
— relations avec les patriarches, II, 307.
Métropolitain (chapitre), II, 331.
Métropolitaine (constitution), II, 305, 310.
Meurtre, II, 483.
— motif d'irrégularité, II, 40.
— profane une église, II, 442.
Michel Cérulaire, I, 61.
Michel III, empereur, I, 51.

Michel Paléologue, empereur, I, 62.
Militaire (aumônerie) en Autriche, II, 134, note 3.
— en Prusse, I, 173; II, 134, note 3.
Militaires (devoirs des) dans l'empire d'Allemagne, I, 195.
— en Autriche et en Hongrie, I, 213, 375.
Ministère, par opposition à sacerdoce, II, 11.
Ministre du sacrement de mariage, II, 593.
— du Verbe divin dans l'Église protestante, II, 489.
Mission légitime, II, 12.
— ecclésiastique pour les professeurs de théologie, II, 442.
— son retrait, II, 326.
Missions (territoire des), II, 303.
— (évêchés de), II, 303.
— (régime des), II, 303.
— titre de la mission, II, 81.
Missionnaires, II, 81, 303.
— ordination, II, 18.
— chez les protestants, II, 91.
Mitre, II, 274, 331.
Moderamen, II, 400.
Moines, II, 752.
— leurs règles, II, 750.
Morganatique (mariage), II, 726.
Mortara, II, 586, note 7.
Mosaïque (loi), empêchements de mariage, II, 658.
— droit, I, 36.
Monarchie sicilienne, II, 304, note.
Morale, théologie, I, 34.
Mort (déclaration de), II, 685.
— (peine de), II, 462.
Morts (messe des), II, 774.
Munera sordida, les clercs et les églises en sont affranchis, II, 96.
Municipales (fonctions). Les clercs en sont exempts, II, 96.
Mutilation, II, 486.

N.

Naissance légitime, requise pour l'ordination, II, 24.
— requise pour les emplois ecclésiastiques, II, 152.
Nassau, constitution de l'Église catholique, I, 332.
— constitution de l'Église protestante, I, 707.
National (concile), II, 310.
Nature (prestations en), II, 561.
Naturel (droit), I, 14.
Naumbourg (chapitre de), II, 407.
Néocésarée (concile de), I, 35.
— décisions sur le célibat, I, 128, note 4.
Néophytes, irréguliers, II, 587.
Nicée (concile de), I, 55.
— dispositions sur le célibat, II, 128, note 4.
— (symbole de), II, 180.
Nicolas Ier, I, 74.
Nicolas de Cuse, I, 81.
Nicolas V, I, 108.
Noblesse, condition d'entrée dans les chapitres, II, 336.
— à Olmutz, II, 339, note 4.
— dans les chapitres protestants, II, 410.

Nomination aux emplois premiers de l'Église, II, 281.
— des évêques, II, 317.
— du pape, II, 281.
— du vicaire capitulaire, II, 346.
— des doyens, II, 364.
— des supérieurs d'ordre, II, 759.
— des coadjuteurs, II, 351.
— des fabriciens, II, 542.
— des curés protestants, II, 403.
— des membres des presbytéries protestantes, II, 404.
— (droit de) des souverains, II, 150, 187, note 3; 318, 322, 337.
Nomocanon, I, 61.
Nonces, II, 303.
Nonciature pontificale, II, 303.
— à Munich, etc., II, 309.
Nord (mission du), I, 228.
Normale (année), I, 138.
Notariat, interdit aux clercs, II, 102.
Notoriété, II, 510.
Novelles, I, 89.
Noviciat, II, 755.
Nouveau Testament, source du droit, II, 582.
Nuremberg (paix religieuse de), I, 135.

O.

Obédience, II, 136.
— (serment d'), II, 136-138.
Oblations, II, 549, 561.
Oblats (enfants), II, 755.
Obligati ad ratiocinia, II, 342, 548.
Occupation de Rome par les Piémontais, II, 280.
— Guillaume de Prusse à ce sujet, I, 169.
Œcuménicité d'un concile, I, 387, 615.
Office divin, diurne, nocturne. (Voyez Bréviaire.)
Offices divins, obligation des paroissiens, II, 301.
— suppression, II, 444.

Offices ou bénéfices ecclésiastiques, II, 131.
Officia majora, curata, simplicia, officia in specie, I, 135.
Officialité, II, 354.
Officiaux de l'évêque, I, 354.
— forains et principaux, II, 353.
Oldenbourg, constitution de l'Église catholique, I, 230.
— constitution de l'Église protestante, II, 715.
Opinion de la nécessité, dans le droit coutumier, I, 635.
Option (droit d'), II, 289.
Oratoires, II, 362.
Ordinands, leurs qualités, I, 23.

Ordinands, leur examen, II, 85.
Ordinariat, II, 354.
Ordination dans l'Église catholique, II, 11, 80.
— des religieux, II, 91.
— sa notion, II, 11, 80.
— ses conditions, II, 80.
— ses degrés, II, 11.
— (titre d'), II, 81.
— collation, II, 84.
— compétence pour la conférer, II, 82.
— actes préparatoires, II, 14.
— (publication de l'), II, 85.
— procédure, II, 85.
— effets, II, 11.
— des clercs réguliers, II, 83.
— obreptice, II, 53.
— simoniaque, sa peine, II, 482.
— par le pape, II, 82.
— absolue, II, 82.
— dans l'Église protestante, II, 91.
— dans l'Église anglicane, II, 86, n. 6.
Ordines romani, I, 86.
— judiciorum, I, 87.
Ordonnances des papes et des congrégations romaines, I, 584.
Ordo, terme employé par les Pères, I, 86.
Ordo de celebrando concilio, II, 392.
Ordres religieux, II, 745.
— leurs constitutions, II, 746.
— exemptions, autonomie et statuts, I, 632.
— de femmes, II, 752, 761, 763.

Ordres, châtiments pour les réceptions simoniaques, I, 482.
— majeurs et mineurs; temps et succession des ordres, II, 85.
Ordres (prêtres d'), II, 752.
— leur expulsion en Prusse, I, 178, 182, 217.
— leur expulsion en Autriche, I, 499.
— leur expulsion en Suisse, I, 561.
— point de vue de l'Église protestante, II, 752.
Ordre (général d'), II, 760.
— au concile universel, II, 388.
— (supérieurs d'), II, 759.
— leur élection, II, 760.
— (provincial d'), II, 760.
— (règles des), II, 752.
— exercice d'un ordre non reçu, II, 53.
— motif d'irrégularité, II, 23.
— conditions requises pour un emploi ecclésiastique, II, 150.
Organiques (articles), I, 335.
Orient (Église d'), schisme, I, 60.
Oriental (sources du droit), I, 60.
— rites, unis et non unis, I, 62.
Origine, raison de compétence pour l'ordination, II, 82.
Ornements de la messe. Voy. Messe.
Ostensoir, II, 536.
Osnabruck, érection de l'évêché, I, 220.
Ostie (évêché d'), II, 285, 288.
Otgar, archev. de Mayence, I, 92.
Ouvrages de droit canon, I, 37.

P.

Pacte calixtin, I, 129.
Païens, mariage avec les chrétiens, II, 693.
Pallavicini, I, 134.
Paleæ, I, 99.
Pallium, II, 274, 275.
— (taxes du), II, 274.
Panormia d'Ives de Chartres, I, 97.
Pape, II, 11, 194.

Pape (décrets du), I, 58.
— sources du droit, I, 584.
— leur publication, I, 582.
— (mois du), II, 272.
— ordinations, II, 82.
— dimissoires, II, 84.
— dispenses, II, 208.
— réserves, II, 272.
— système papal, II, 197.

Pape, sa position dans l'Église, II, 11, 194.
— d'après le pseudo-Isidore, I, 73.
— d'après le concile du Vatican, II, 239.
— à l'égard du concile universel, I, 615.
— ses droits de juridiction, II, 237, 387.
— ses droits honorifiques, II, 274.
— droits de nomination aux bénéfices, II, 271.
— de juridiction, II, 237.
— de législation, II, 208.
— de haute surveillance, II, 207.
— relatifs aux évêchés et aux évêques, II, 270.
— aux ordres religieux, II, 270.
— d'exiger des subsides, II, 273.
— souverain des États de l'Église, II, 276.
— ses droits métropolitains, II, 280.
— diocésains, II, 281.
— droit actuel, II, 284.
— lettres du pape, I, 53.
— livre du pape, I, 72.
— élection du pape, II, 281.
— menées italo-prussiennes à ce sujet, I, 170.
Parenté, II, 657.
— légale, II, 673.
— spirituelle, II, 674.
Parité des sujets immédiats de l'empire, I, 136.
— sa violation à l'égard des catholiques, I, 151, 152.
— État où règne la parité, I, 152.
Parjure, II, 466.
Paroisse, II, 366.
Paroissiales (charges), influence qu'exerce sur elles la diversité de religion, II, 549.
— (messe), II, 371.
Paroissiaux (droits), II, 366.
— relativement aux membres des autres confessions, II, 268, note 3.

Paroissiaux (droits), exemption, II, 372, note 2; 375, note 3.
— for pour les controverses à ce sujet, II, 521.
Paroissiens, II, 366.
— notion. Rapports avec le curé, II, 366.
— obligation pour eux d'assister à l'office divin, II, 372.
— d'entretenir les bâtiments de l'église, II, 566.
Parrains de baptême, II, 587.
— leurs mariages avec leurs filleuls; parrains de confirmation, II, 674.
Partes decisæ, dans les décrétales, I, 106.
Particuliers (conciles), II, 385, 390, 630.
— anciens, I, 53, 56.
Passage d'une confession à l'autre, II, 589.
Passau (traité de), I, 136.
Pastorales (conférences), II, 365.
— lettres des évêques, II, 327, note 1.
Pasteurs, voyez Curé.
Patènes, II, 537.
Patriarches, II, 306.
Patrimoine de Saint-Pierre, II, 520.
Patron, II, 176.
— obligé d'entretenir les bâtiments de l'église, II, 176.
— droits honorifiques, II, 176.
— droits de présentation, II, 176.
— impôts qui lui sont dus, II, 177.
Patronage (droit de), sa notion, II, 166.
— historique de ce droit, II, 167.
— réel et personnel, II, 168.
— ecclésiastique, laïque, mixte, II, 168, 169.
— aptitude à ce droit, II, 172.
— acquisition, II, 173.
— en Prusse, I, 165.
— son abus sous l'empire des lois prussiennes de mai, I, 202.

Patronage, sa translation, II, 174.
— ce qu'il contient, II, 176.
— notamment en ce qui regarde les biens, II, 176, 192.
— sa perte, comme châtiment, II, 178.
— controverses à son sujet, II, 168, 416, 419.
— du souverain, I, 164.
— dans l'Église protestante, II, 192.
Paucapalea, I, 99.
Paul II, II, 577, note 1.
Paul IV et V, I, 110.
Pedum rectum, II, 274.
Pegna François, I, 109.
Pehem, I, 141.
Peines ecclésiastiques, II, 431.
— vindicatives, II, 460.
Pénale (juridiction), II, 431.
— moyens de la maintenir, I, 28 ; II, 432.
— ses rapports à l'État, I, 28 ; II, 432.
— dans l'Église protestante, II, 546.
Pénitence publique, I, 89 ; II, 434.
— empêchement de l'ordination, II, 23.
— empêchement de mariage, II, 643.
— dans l'Église protestante, II, 91, 643.
Pénitencerie. Voyez Dispense de mariage.
Pénitencier (dans les chapitres), II, 333.
Pénitentiels (livres), I, 89, 90, 91, 92.
Pension (fonds de). Voyez Fonds intercalaires.
Pensions sur les fruits de l'emploi, II, 187.
— réserve de pension, II, 187.
Père, ses droits sur l'éducation religieuse des enfants, II, 585, 586.
Personæ miserabiles, II, 414.
Personat, II, 135.

Personnalité juridique des établissements religieux, II, 526.
Personnelle, commune, II, 705.
— dîme, II, 551.
Pfaff (système collégial de), II, 21, note 1.
Phillips, I, 40, 42.
Photius, I, 63.
Piæ causæ, II, 521.
Pie IX. Voyez *Syllabus*, Concile du Vatican.
Pierre, apôtre, II, 11.
— Matthieu, I, 110.
Pilius, I, 88.
Pinelli, cardinal, I, 108.
Pise (concile de), I, 129.
Pistoie (concile de), II, 396, note 3.
Placet du gouvernement. Voyez Saxe, Suisse, I, 143, 148.
Plebanus, II, 363.
Plebes (église paroissiale), II, 363.
Podalion, I, 63.
Pœna medicinalis, II, 432, 436.
Pœnitent. Summæ et *Tractatus de pœnit.*, I, 86, 100.
Pœnitentiale romanum, I, 91.
— *Theodori*, etc., I, 91.
Politiques (droits), II, 112.
Pollution des églises, II, 442.
Polycarpe (le) de Grégoire, I, 98.
Polygamie, I, 685.
Poméranie, constitution de l'Église protestante, II, 401, note.
Pontifex maximus. Voyez Pape.
Pontificaux, II, 326.
Pontifical (vêtement), II, 326.
Pont (diocèse du), II, 306.
Portier, I, 15.
— dans les chapitres, II, 333.
Portion canonique, II, 336.
— congrue, II, 54.
Posen, I, 84.
Postulation, II, 151, 323.
Potthast, *Regesta pontif. rom.*, I, 59, note 1.
Pouvoir disciplinaire des chapitres, II, 341.
— des évêques, II, 314, 327, 431.

Pouvoir des évêques restreint en Prusse, I, 187.
— ecclésiastique, sa nature, II, 11.
— son organisation dans l'Église protestante, II, 18.
— d'ordre, de juridiction, II, 11.
— dans l'Église protestante, II, 15.
— d'enseigner, II, 11.
— des clefs, II, 413, 432.
— de lier et de délier, II, 432.
Pourpre des cardinaux, II, 288.
Pragmatique de Bourges, I, 131.
Prébendes. Voyez Bénéfices.
Prédicant. Voyez Prédication.
Prédication pendant l'office divin, II, 370.
— chez les protestants, II, 18.
— (fonction de la), II, 12, 48.
Prélats, II, 286.
— avec juridiction comme épiscopale, I, 149.
— (exemptions des). Droit d'institution, I, 149.
— *nullius diœcesis*. Voy. Exemption dans les conciles, II, 387, 391.
Prélature romaine, II, 286.
Prémices, II, 549.
Préposé (le) dans les chapitres, II, 332.
Presbytère, II, 536 et suiv.
Presbytérienne (constitution) dans l'Église protestante, II, 399.
Presbyterium, II, 288, 332.
Préséance, II, 136.
Présentation (terme de la), II, 169.
— droit de, II, 169, 176.
Prêtre, II, 13.
— de paroisse, II, 365.
— selon le droit ecclésiastique protestant, II, 192.
Prêtres du Saint-Esprit, leur expulsion de l'empire d'Allemagne, I, 182.
— impropres au service, II, 566.
Prévention dans les délits mixtes, II, 434.

Prévôts, dans la constitution des ordres religieux, II, 760.
— dans les collégiales, II, 332.
— dans l'Église protestante. Voy. Surintendant.
Prieur, prieure, II, 761.
Prisca translatio, I, 64.
Prison (peine de la), II, 461.
— en Prusse, I, 201.
Primatiaux (droits), II, 194, 308.
Primats, II, 308.
Primauté d'honneur, de juridiction. Voyez Pape.
— du pape, II, 11, 194.
Primicère, dans les chapitres, II, 333.
Princes (concordat des), I, 133, 692.
— leurs ambassadeurs aux conciles, I, 626.
Privation du bénéfice, II, 129, 461.
Privé, dévotion privée, I, 138.
— (confession) supprimée par les protestants, II, 514.
— office religieux, I, 138.
— messes, II, 561.
— oratoires, II, 363. Voyez Chapelles.
Privées, assemblées privées, pour l'office divin, I, 138.
Privilèges, raison pour acquérir un patronage, II, 174.
— *canonis, immunitatis competentiæ*, II, 92, 96, 98.
— du for, pour les clercs, II, 94, 436.
— en matière pénale, II, 94.
Procédure criminelle, II, 431, 509.
— ecclésiastique, II, 422, 430.
Procès, en matière de biens ecclésiastiques, II, 415, 419.
— au sujet des revenus des bénéfices, II, 415, 419.
Processions, interdites en Prusse, I, 211 et suiv.
Proclamations du mariage, II, 605.
— avant l'ordination, II, 86.
Procurations, II, 329.

Procureur, II, 102.
Profès, II, 683.
Profession de foi, II, 179.
Profession monastique, II, 753.
Promotio per saltum, II, 53.
Promulgation des lois de l'Église, I, 581.
— *urbi et orbi facta*, I, 582.
Propagande, II, 301, 305.
Provision, II, 148.
— ordinaire, extraordinaire, plénière, moins plénière, II, 150.
— son temps, II, 150.
Prosynodal (juge), II, 153, 399.
Prosynodaux (examinateurs), II, 399.
Protection (droit de) de l'État, I, 142.
Protonotaires, II, 412.
Provinces, diocèse métropolitain, II, 305.
— suburbaines, II, 280, 287.
— de la Propagande, II, 304.
Provincial, II, 375.
Provincial (chapitre), II, 775, 777.
Provincial (concile), II, 390.
— autorisé à confirmer et à consacrer les évêques, I, 74, 75; II, 270.
— juge des délits des évêques, I, 74; II, 390.

Provincial (concile) protestant, II, 406.
Prusse, développement de la constitution civile ecclésiastique dans notre temps, I, 161.
— concordat prussien, I, 161.
— dotation de l'Église catholique, I, 161.
— interdiction du culte, I, 216.
— le roi Frédéric-Guillaume IV, I, 162.
— la constitution prussienne, I, 163.
— suppression des articles 15-18 de la constitution, I, 186, 217.
— institution des diocèses catholiques, I, 216, 249.
— union des luthériens et des réformés, I, 707.
— constitution de l'Église protestante, I, 707; II, 401, note.
— constitution de l'Église protestante dans les nouvelles provinces, I, 707; II, 401, note.
Pseudo-isidoriennes (décrétales), I, 69.
Puberté, II, 466, 637.
Publication des lois ecclés., II, 581.
Purgation canonique, II, 511.
Putatif (mariage), II, 511.

Q.

Qualification ecclésiastique, II, 149.
Quarte Falcidie, II, 521.
Quarte funéraire ou canonique, II, 770.
Quasi-affinité, II, 673.
Quasi-désertion (motif de divorce), II, 765.
Quasi-domicile, II, 606, 608.

Quasi-inspiration, mode d'élection, II, 284, 318.
Quatre-Temps (jeûne des), II, 86.
— (dimanche soir des), terme de l'ordination, II, 86.
Quesnel (sa *Collection*), I, 64.
Quiercy (diète de), I, 69.
Quinquennales (facultés), II, 209.

R.

Raban Maur, I, 92.
Rapine, II, 500.
Rapt, II, 486, 651.
— de séduction, II, 652.
Rationalité du droit coutumier, I, 635.

Rautenstrauck, I, 141.
Raymond de Pennafort, I, 86.
Réception du droit canon, II, 26; II, 341, note 1.
Réconciliation (essai de) avant le divorce, II, 775.

Recteur. Voyez Curé, Supérieur de couvent.

Récusation (droit de) des communes, II, 191.

Rédemption des pénitences, I, 94.
— des vœux, II, 763, 772.
— des dîmes, II, 551.

Rédemptoristes, expulsés de l'empire d'Allemagne, I, 182.

Réelles (injures) contre les cardinaux, II, 49, note 3.
— contre les ecclésiastiques, II, 92.

Réformation, I, 134.
— (principes de la constitution de la) en Saxe, II, 20, 399.
— en Suisse, I, 137, 399, note 4.
— (droit de), I, 37.

Réformée (Église) et luthérienne, I, 134.
— leur opposition dogmatique, I, 136.
— leur union, I, 707.
— constitution de l'Église réformée, II, 19; II, 394.

Réformés, en France, II, 19.

Regesta, registres, I, 59.

Réginon de Prum, I, 90, 97.

Régionnaire (clergé), II, 288.

Régions ecclésiastiques, à Rome, II, 288.

Regnum (couronne pontificale), II, 274.

Règles de la chancellerie, I, 601.

Regula ecclesiastica (canon.), I, 2.

Régulier (chanoine), II, 331.

Régulier (clergé), II, 331.

Reiffenstuel, I, 39.

Reims, I, 71.

Reingkink, II, 20, note 3.

Réintégration du mariage, II, 746.

Relaxatio jurisjurandi, II, 467.

Relaxationis status, II, 207.

Relégation, motif de divorce, II, 756.

Religieuse (confession); les droits politiques n'en dépendent point, I, 152.

Religieuse (paix), I, 131.

Religieux. Ils ne sont pas admis comme parrains, II, 587.
— leurs vœux, II, 747.

Religion (édit de), en Bavière, I, 154.
— (liberté de), I, 152.
— (fonds de), II, 565.
— (sociétés de), voyez Église.
— (exercices de la), I, 136.
— (enseignement de la), II, 369.
— conflit religieux en Prusse, I, 183, 203, 217.
— diversité de religion, empêchement de mariage, II, 698.
— (vœux de), II, 745.

Religionis exercitium publicum, I, 127.
— privé, II, 138.

Reliques, II, 301.

Réparation des édifices religieux, II, 553, 566.

Représentants des évêques au concile, II, 387.
— dans le mariage, II, 612.
— des communes, II, 542, 582.

Réprimandes en chaire, II, 316.

Res sacræ, ecclesiasticæ, religiosæ, II, 536.

Rescrits pontificaux, I, 588.

Reservatum ecclesiasticum, I, 136.

Réserve ecclésiastique, I, 137.

Réserves pontificales, II, 271, 387.

Réservés (cas) pour l'absolution, II, 238, 326, 439.

Résidence (devoir de la), II, 180.

Résignation des emplois ecclésiastiques, II, 187.

Résolutions des congrégations, I, 644; II, 284.

Respectus parentelæ, II, 666.

Restitution à propos des contrats des administrateurs des biens d'église, II, 522, 577.
— des aliénations, II, 577.
— des prescriptions, II, 522.
— pour avoir laissé s'écouler le terme pour exécuter l'annula-

...tion du vœu de religion, II, 758.
Révalidation du mariage, II, 724.
Rhin (contrats de la confédération du), I, 154.
— (provinces du), constitution de l'Église protestante, I, 708.
Rhin-Westphalie, ordre ecclésiastique, I, 708.
Richard Anglicus, I, 88.
Richter, canoniste protestant, I, 134.
Riculf de Mayence, archevêque, I, 75.
Rites de l'Église catholique orientale, I, 62.
Rituale romanum, I, 86.
Rituels, I, 86.
Robert de Flammesbork, I, 86.
Rodolphe de Bourges, I, 92.
Romain (droit); ouvrages; son importance, I, 36, note 5.
— ses collections, I, 96.
Romains (conciles), I, 58, 72. Voy. aussi concile de Latran.
Rome, métropole, II, 270.
— (occupation piémontaise de), I, 630.
Rote romaine, II, 302.
Rothad de Soissons, évêque, I, 71.
Rufin, historien de l'Église, I, 72.

S.

Sacerdoce, II, 23.
— (examen des candidats au), II, 85.
— général chez les protestants, II, 18, 91.
Sacerdoce et Empire, I, 128.
— son opposition *ad magisterium*, II, 2.
Sacré-Cœur, I, 182.
— expulsé de l'empire d'Allemagne, I, 82.
Sacrements. Voy. Mariage, Pénitence, Extrême-Onction, etc.
— (contempteurs des); leur inhumation, II, 770.
Sacrilège, II, 476.
Sacriste dans les collégiales, II, 333.
Salomon III, de Constance; formulaire, I, 87.
Salva Sedis apostolicæ auctoritate, historique de cette formule, I, 98, note 5.
Salzbourg (formulaire de), I, 87.
Saint-Gall, I, 527, 544.
Sardique (concile de), I, 56, 63.
Sarpi, I, 134.
Satisfactions, rédemptions, I, 94.
Saxe, constitution de l'Église protestante, I, 713.
Saxe (royaume de), état de l'Église catholique, I, 236.
— constitution de l'Église catholique à Altenbourg, I, 254.
— de l'Église protestante, I, 713.
— constitution de l'Église catholique à Cobourg, I, 250.
— de l'Église protestante, I, 713.
— constitution de l'Église catholique à Meiningen, I, 254.
— de l'Église protestante, I, 713.
— Gotha, constitution de l'Église catholique, I, 252.
— de l'Église protestante, I, 713.
— confédération des réformés, I, 713.
— Weimar, constitution de l'Église catholique, I, 242.
— de l'Église protestante, I, 713.
Sceau de la confession, II, 504, n. 1.
— du pape, I, 584.
Schismatiques, exclus des ordres, II, 53.
— de la sépulture ecclés., II, 770.
Schisme, I, 61; II, 462.
— (notion du); châtiments, II, 462.
— cause d'irrégularité, II, 53.
— grec, I, 61.
— (grand), de 1378-1617, I, 129.

Schleswig-Holstein, constitution de l'Église catholique, I, 228.
— constitution de l'Église protestante, I, 710.
Schmalcalde (articles de), I, 135.
Schmalzgrueber, I, 39.
Scholastique, dans les collégiales, II, 333.
Schulte, canoniste, I, 134.
Schwarzbourg-Rudolstadt, I, 254.
— Sondershausen, I, 254.
— constitution de l'Église protestante, I, 713, 324.
Science requise pour les emplois ecclésiast., II, 85, 87, 316, 339.
Scrutins avant l'ordination, II, 85.
— forme d'élection, II, 284.
Secrétairerie des brefs, II, 302.
Sectes (baptême des), II, 588.
Section d'une paroisse, II, 24.
Sécularisation en Allemagne, II, 534.
— (fonds de), II, 565.
Sedes impedita, II, 349.
— droits des cardinaux, II, 287.
— des chapitres, II, 345.
Séduction, II, 486.
Séminaires, leur établissement, leur inspection, II, 88.
— en Bavière, I, 157.
— suppression dans le diocèse de Bâle, I, 562.
Seminaristicum, II, 330.
Seniores protest. (surintendants), II, 405.
Separatio a thoro et mensa, II, 728.
Sepulcrum majorum, privatum, II, 769.
Sépulture, II, 766.
Serment, II, 466.
— de purgation, II, 513.
Servitia communia et minuta. Voy. Annates.
Servitium, procuration, II, 330.
Servus servorum Dei, II, 274.
Sévices, II, 734.
Sicard, I, 99.
Simonie, II, 177.

Simonie, sa notion, son châtiment, II, 477, 482.
— cause d'irrégularité, I, 54.
— réelle et confidentielle, II, 480.
Simultané (usage) des églises, II, 534.
— des cimetières, II, 534.
Simbald Fliscus, I, 106, note 3.
Sion (évêché de), I, 527.
Sirice, pape, I, 91.
Sixte IV et V, I, 109.
Sociétés secrètes, II, 463.
Sodomie, II, 487.
Sœurs des écoles en Alsace, I, 182.
Soldats, II, 40.
Sollicitatio ad turpia, en confession, II, 488, 503.
Sortilège, II, 465.
Soter, I, 53.
Sous-diaconat, ordination, II, 86.
Sous-diacres, historique, II, 15.
— leur importance, II, 15.
Sources du droit ecclésiastique; histoire, I, 53.
— actuelles, I, 580.
— du droit protestant, identiques aux sources catholiques, I, 706.
Spire (diète de), I, 135.
— (recèz de la députation de), I, 135.
Spiritisme, II, 466.
Spoliations, *exceptio spolii*, I, 75, note 1.
— sous délégation, II, 426.
Sponsalia de futuro, de præsenti, II, 603.
Sportule, II, 273, 326.
Statistique ecclésiastique, I, 35.
Status politicus, ecclesiasticus, œconomicus, II, 18.
Statuta Ecclesiæ antiquæ vel orientalis, I, 63.
Statuts des chapitres, II, 332, 345, note 11.
Stipendium (procuration), II, 329.
Stuprum, II, 486.
Subsidium caritativum, II, 330.

Suburbains (évêques, églises et provinces), II, 280, 288.
Succursaliste (curé), I, 205; II, 132.
— sous le régime des lois de mai en Prusse, I, 205.
Suffragants, II, 311.
Suicidés, leur sépulture, II, 770.
Suisse, la réforme. Développements de sa constitution, I, 157; II, 399.
— constitution de l'Église catholique, I, 527; mesures du conseil fédéral, 533; constitution de l'Église protestante, 720.
Summa decreti Lipsiensis, I, 99, note 1.
Summæ, summulæ de matrim., I, 86.
— *legum*, I, 88.
— *de pœnit.*, I, 93, 94.
Summus Pontifex. Voyez Pape.
Superstition, II, 464.
Suppliciés, leurs cadavres, II, 770.
Suppression des bénéfices, II, 140.
Surintendants, historique, II, 398.
— selon le droit actuel, II, 405.
— leur nomination, II, 191.
— leur sphère d'action, II, 406.
Suspense, II. 442.
— *ab ordine, ab officio, a beneficio*, II, 443.
— comme mesure de précaution, II, 444.

Suspense *ex informata conscientia*, II, 440.
— selon le droit protestant, II, 516.
Syllabus errorum, I, 30, note 2; II, 523.
Sylvestre Giraldi de Cambrai, I, 88.
Symbole catholique, II, 179.
— protestant, I, 706.
Symmaque Ier, I, 73.
Synodal (juge), II, 153.
Synodale, constitution de l'Église protestante, II, 398, 407.
— réunie à la constitution synodale, II, 329.
Synodalia, II, 329.
Synodaticum, II, 329.
Synodaux (décrets), sources du droit, I, 615, 630; II, 385.
— (décrets) du pape, II, 387.
— (examinateurs), II, 153, 398.
— (impôts), II, 239.
— (statuts), II, 389.
Synodes diocésains, II, 300, 390.
— la constitution consistoriale, II, 403, 406.
— la constitution synodale protestante, II, 406.
Synodica, I, 56.
Syntagma, I, 63.

T.

Tabernacle, II, 536.
Tancrède, I, 86, 88.
Témoignage pour l'ordination, II, 84.
— pour le mariage, II, 607.
Témoins synodaux, II, 365.
Temporel (suppression du) par le gouvernement prussien, I, 202.
Tempus clausum, II, 701.
Territoires ecclésiastiques, I, 137.
Territorial (système), II, 21.
Tessin, I, 527, 538.
Testament des clercs, II, 554.
— *ad piam causam*, II, 554.

Testament devant le curé et des témoins, II, 544.
— (controverses sur le), II, 420, 554.
Tester (liberté de) pour les clercs, II, 554.
Théâtre interdit aux clercs, II, 120.
Théologal, II, 235.
Théologal dans les chapitres, II, 333.
Théologie morale, I, 34.
— pastorale, I, 34.
Théologiques (disciplines, ouvrages), I, 34.
— facultés, II, 326.

Théodulphe d'Orléans, I, 92.
Thomas d'Aquin, I, 583; II, 12.
Thomasius, auteur du système territorial, II, 21, fin de la note depuis 20.
Thomassin, I, 38.
Thurgovie, I, 569.
Titres des cardinaux, II, 287.
— majeurs, mineurs, II, 363.
— d'ordination, de bénéfice, II, 807.
— (manque de), II, 83.
Titulaire, évêché. Voyez Évêque consécrateur.
Titulus, sa signification originaire, II, 80.
Tolède (concile de), I, 57.
Tonsure, II, 15, 29; II, 125.
— ses conditions préalables d'après le concile de Trente, II, 125.
— juridiction des tonsurés. Voyez Privilége du for.
Torrès, I, 81.
Tournois, II, 485.
Tractatus ordinandorum, I, 99.
— *de pœnitentia*, I, 100.
Tradition, source du droit canon, I, 634.
Translatio prisca, hispanica, etc. Voyez Version.
Translation d'un poste à un autre, II, 461.
Transylvanie, église protestante, I, 720.
Trente (concile de), I, 133.
— comme source du droit, I, 133.
— validité de ses décrets disciplinaires, I, 133.
— dispositions sur la tonsure, II, 29.
— les scrutins, II, 85.
— les interstices dans l'ordination, II, 86.
— sur le célibat, II, 485.
— sur les archevêques, II, 310.
— sur les archidiacres, II, 353.

Trente (concile de), sur les chapitres, II, 330.
— sur les exemptions, II, 315.
— sur les vicaires de paroisse, II, 381.
— sur la collation des expectatives, II, 271.
— sur le concours paroissial, II, 164.
— sur la preuve du droit de patronage, II, 174.
— sur le devoir de la résidence, II, 180.
— sur les conciles, II, 302.
— sur les visites, II, 330.
— sur la juridiction ecclésiastique, II, 422.
— sur les dispenses, II, 514.
— sur le cumul des emplois, II, 185.
— sur l'appellation, II, 423.
— sur l'excommunication, II, 440.
— sur la suspense, II, 443.
— sur la dégradation, II, 464.
— sur la prédication et le catéchisme, II, 370.
— sur le mariage, II, 571.
— sur le rapt, II, 652.
— sur l'affinité, II, 666.
— sur la parenté spirituelle, II, 674.
— sur la conclusion du mariage, II, 605; publication du décret à ce sujet, II, 608.
— sur la juridiction en fait de mariage, II, 593.
— sur les livres d'église, II, 382.
— sur la profession religieuse, II, 753.
— sur les séminaires, II, 88.
— sur les édifices, II, 566.
— profession de foi du concile, II, 479.
— catéchisme, II, 475.
Trésorier, dans les chapitres, II, 433.
Tribunaux ecclésiastiques, II, 68.
— (pratique des), I, 638.

Tribunaux (pratique des) ecclésiastiques, II, 422.
Triennale (épreuve), II, 657.
Tripartita, voyez Cassiodore.
Triregnum, (couronne du pape), II, 274.

Turbatio sanguinis, voyez Année de deuil, II, 700.
Turrecremata, I, 81.
Tutelle, les clercs en sont affranchis, II, 96.
Tuteurs, irréguliers, II, 29.

U.

Union des luthériens et des réformés, I, 708.
— de l'Église grecque et de l'Église romaine, I, 61.
— des emplois ecclésiastiques, II, 141.

Universités en Autriche, I, 436.
— en Prusse, I, 152, note 6.
Urbain II, II, 98.
Usage des tribunaux, I, 638.
Usure, II, 501.

V.

Vacances des chanoines, II, 181.
Vagabonds, fonctions paroissiales en ce qui les concerne, II, 368.
— leurs mariages, II, 606.
Variation (droit de) des patrons, II, 170.
Vatican (concile du), I, 622.
— ce concile et le gouvernement bavarois, I, 159.
— le gouvernement d'Autriche, I, 455.
— le gouvernement de Prusse, I, 169.
— sa suspension, I, 630.
— primauté et infaillibilité du pape, II, 239.
Veritas in mente, dans le serment, II, 467.
Version isidorienne ou espagnole, I, 63.
— prisca, I, 64.
Veuves (soin des), II, 414.
— (deuxième mariage des), II, 709.
Vicaires du pape, II, 303.
— capitulaires, II, 346.
— de saint Pierre, du Christ, de Dieu. Voyez Pape.
— dans les pays de mission, II, 303.
— dans les collégiales, II, 337, 338.

Vicaires dans l'Église protestante, II, 403.
— épiscopaux (vic. gén.), II, 354.
— pendant la vacance du siége, II, 345.
— paroissiaux, II, 379.
Vices gerente, II, 280.
Victor Ier, I, 53.
Victor III, I, 97.
Vidua filiis gravata, cause de dispense, II, 709.
Vie canonique, II, 87, 331.
Vienne, concile universel, I, 107.
— sur l'élection du pape, II, 282.
— concordat, II, 133, 272.
— droit de dévolution, II, 150.
— concordat. Réserves du pape, II, 272.
— (congrès de), I, 152.
Vieux-catholiques, II, 2, note 1.
— à Bade, I, 318, 328; II, 3.
— en Bavière, I, 158; II, 3.
— dans la Hesse, II, 5.
— en Prusse, I, 168; II, 5.
Vincent d'Espagne, glossateur, I, 106, note 3.
Vinniai pœnit., I, 90.
Violence, empêchement, II, 647.
Visitatio liminum, II, 207.
Visites, II, 325.
— des archevêques, II, 312.
— des évêques, II, 327.

II. — DROIT CANON.

Visites des doyens, II, 364.
— des vicaires généraux, II, 362.
— dans l'Église protestante, II, 515.
— (rapport sur la), II, 515.
— (frais de), II, 329.
Vocation (droit de) du patron protestant, II, 191.
Vœu, II, 743.
— d'entrer en religion, II, 699.
— simple, II, 699, 744.
— solennel, II, 683, 744.
— réel, personnel, II, 743.
— de pauvreté, II, 747.
— de chasteté, II, 748.

Vœu d'obéissance, II, 747.
— d'outre-mer, II, 745.
— négatif de la commune protestante, II, 191.
— de la commune ecclésiastique protestante, II, 191.
Vœux de religion, II, 747.
— comme empêchement de mariage, II, 683, 699.
— des époux, II, 744.
— le vœu dissout le mariage non consommé, II, 727.
Vol, II, 500.
Vulgate, I, 583.

W.

Waldeck, constitution de l'Église catholique, I, 234.
— de l'Église protestante, I, 713.
Wasserschleben, I, 89, n. 4; 97, note 1; 168, note.
Wénilon de Sens, I, 71.
Westphalie (traité de), I, 138, 70.
— constitution de l'Église protestante, II, 400.
Wisigoths, codification, I, 89.
Wittenberg (concordat de), I, 137.
— consistoire, II, 398, note 6.

Worms (concordat de), I, 129.
— (édit de), I, 135.
— (colloque de), I, 137.
Wurtemberg, constitution de l'Église catholique, I, 255, 265.
— biens généraux de l'Église, I, 274.
— concordat, I, 266.
— législation sur l'Église catholique, I, 268.
— constitution de l'Église protestante, I, 747.

Z.

Zarabella, glossateur, I, 107.
Zallinger, I, 40.
Zengelinus de Cassanio, I, 109.
Zoesius, I, 39.

Zonaras, I, 63.
Zurich, constitution de l'Église catholique, I, 540.
Zwingle, I, 137; II, 399.

FIN DE LA TABLE ANALYTIQUE.

BESANÇON, IMPRIMERIE DE J. BONVALOT.